山东统计年鉴

SHANDONG STATISTICAL YEARBOOK

2016

(总第28期 No. 28)

山　东　省　统　计　局
国家统计局山东调查总队　编

Compiled by

Shandong Provincial Bureau of Statistics

Survey Office of the National Bureau of Statistics in Shandong

中国统计出版社

China Statistics Press

图书在版编目（CIP）数据

山东统计年鉴. 2016 : 汉英对照 / 山东省统计局,国家统计局山东调查总队编.
-- 北京 : 中国统计出版社,2016.8
ISBN 978-7-5037-7827-8

Ⅰ. ①山… Ⅱ. ①山… ②国… Ⅲ. ①统计资料－山东省－2016－年鉴－汉、英
Ⅳ. ①C832.52-54

中国版本图书馆 CIP 数据核字(2016)第 151222 号

山东统计年鉴-2016

作　　者/ 山东省统计局　国家统计局山东调查总队
责任编辑/ 佘竞雄　王立群　赵善胜
装帧设计/ 乔　平
出版发行/ 中国统计出版社
地　　址/ 北京市丰台区西三环南路甲 6 号　邮政编码/100073
电　　话/ 邮购（010）63376909　书店（010）68783171
网　　址/ http://www.zgtjcbs.com
印　　刷/ 山东省统计局印务中心　山东新华印刷厂
经　　销/ 新华书店
开　　本/ 890mm×1240mm　1/16
字　　数/ 1900 千字
印　　张/ 52
版　　别/ 2016 年 8 月第 1 版
版　　次/ 2016 年 8 月第 1 次印刷
定　　价/ 460.00 元

本书附同版本 CD-ROM 一张，光盘内容以书面文字为准。
如有印装差错，由本社发行部调换。

《山东统计年鉴－2016》
编辑委员会

Shandong Statistical Yearbook – 2016

EDITORIAL BOARD AND STAFF

编 辑 说 明

一、《山东统计年鉴》是一部全面反映山东省国民经济和社会发展情况的资料性年刊，是认识和研究山东省情、制定政策、指导国民经济发展的重要资料和历史性工具书。

二、《山东统计年鉴—2016》共包括特载、统计表和附录三大部分。特载部分包括政府工作报告、统计公报和统计工作综述，综合反映全省经济社会发展概况和山东省统计工作情况。

统计表部分收录了 2015 年度山东省国民经济和社会发展方面的统计数据，共有二十一篇：第一篇，综合；第二篇，国民经济核算；第三篇，人口；第四篇，就业、工资和社会保障；第五篇，固定资产投资；第六篇，对外经济、旅游和开发区；第七篇，能源；第八篇，财政和金融；第九篇，价格指数；第十篇，居民生活；第十一篇，城市建设；第十二篇，资源和环境；第十三篇，农业；第十四篇，工业；第十五篇，建筑业；第十六篇，运输和邮电；第十七篇，批发和零售、住宿和餐饮业；第十八篇，教育和科技；第十九篇，文化、体育和卫生；第二十篇，公共管理和社会服务；第二十一篇，各县（市、区）主要经济指标。

各篇章插页后附有简要说明，概括介绍各篇主要内容和资料来源；各篇章最后附有主要统计指标解释，简要介绍指标的概念、统计方法、统计口径和统计范围。

附录部分包括全国各省（市、自治区）主要经济指标、部分国际统计资料和山东省统计局工作大事记等。

三、本《年鉴》所列各项指标，《政府工作报告》和《统计公报》使用的数字为快报数或初步统计数；其他各部分为正式年报数据。凡与本《年鉴》数字不符的一律以本《年鉴》为准。

四、本《年鉴》的编辑，已根据现行国家统计制度，对统计指标概念、口径、范围、计算方法、计算价格等，作了统一调整，并分别在各部分的主要指标解释或表末加以注释；各表中价值量指标，凡未加说明的，均按当年价格计算。部分数据合计数或相对数由于单位取舍不同而产生的计算误差均未作机械调整。

五、《山东统计年鉴》公开出版以来，受到了广大读者的关心与支持，对此深表谢意。本《年鉴》编辑中难免存在不足之处，恳请广大读者提出宝贵意见，以便改进、提高。

PREFACE

I. *Shandong Statistical Yearbook* is an annual publication, which covers very comprehensive data and reflects various aspects of Shandong's social and economic development. It can also work as an important and historical reference book which will play a great role in comprehending and studying the basic conditions of Shandong, making policies, and guiding the development of society and economy.

II. The yearbook contains the following three parts: part one feature, part two statistics and part three appendixes. Feature mainly includes Government Work Report, Shandong Statistics Communique and Summary of Shandong Statistical Undertaking, comprehensively reflecting the development of society and economy and showing the achievements in statistics of Shandong Province.

Part 2 contains the following twenty-one chapters, 1. General Survey; 2. National Accounts; 3. Population; 4. Employment, Wages and Social Security ; 5. Investment in Fixed Assets; 6. Foreign Trade, Tourism and Development Zone; 7. Energy; 8. Government Finance and Banking; 9. Price Indices; 10. People's Livelihood; 11. City Construction; 12. Natural Resources and Environment; 13. Agriculture; 14. Industry; 15. Construction; 16. Transport, Postal and Telecommunication Services; 17. Wholesale, Retail, Hotels and Catering Services; 18. Education, Science and Technology; 19. Culture,Sports and Health；20.Public Management and Social Services;21. Main Indicators of Counties (Cities and Districts at County Level).

In brief introduction at the beginning of each chapter, main coverage of this chapter, data sources and statistical coverage are concerned. In addition, explanatory notes on main statistical indicators are provided at the end of each chapter, giving a brief explanation of statistical indicators, such as definition, statistical methods, statistical coverage and statistical scope.

Appendix contains the main economic indicators of some other provinces (municipality), international statistics and Events of Shandong Provincial Bureau of Statistics.

III. Data used in Government Work Report and Shandong Statistics Communiqué are preliminary statistics. data in other chapters is official annual data. Data in Shandong Statistical Yearbook are all verified and should be based on this standard.

IV. In *Shandong Statistical Yearbook*, statistical definitions, statistical coverage, statistical methods and prices are adjusted according to the current state statistical standards, and all changes have been noted at the end of the table or in the explanatory notes. Data in value terms are calculated at current prices if there are no notes. Statistical discrepancies on totals and relative figures due to rounding are not adjusted.

V. After this yearbook was published, it has received lots of concerns and support from readers whom we should thank. Because of our ability, it is inevitable that there are shortcomings in this book, so we welcome all candid comments and criticism from our readers to perfect this book and to offer readers better service.

目录
Contents

特　载
ESPECIALLY PRINTED HERE ARE

统 计 表
STATISTICAL TABLE

第一篇　综　　合
CHAPTER 1 General Survey

第二篇 国民经济核算
CHAPTER 2 National Accounts

第三篇 人 口
CHAPTER 3 Population

第四篇 就业、工资和社会保障
CHAPTER 4 Employment , Wages and Social Security

第六篇 对外经济、旅游和开发区
CHAPTER 6 Foreign Trade, Tourism and Development Zone

第八篇 财政和金融
CHAPTER 8 Government Finance and Banking

第九篇　价格指数
CHAPTER 9 Price Indices

第十篇 居民生活
CHAPTER 10 People's Livelihood

第十一篇 城市建设
CHAPTER 11 City Construction

第十二篇 资源和环境
CHARPTER 12 Natural Resources and Environment

第十三篇 农 业
CHAPTER 13 Agriculture

第十四篇 工　业
CHAPTER 14 Industry

第十五篇 建筑业
CHAPTER 15 Construction

第十六篇　运输和邮电
CHAPTER　16　Transport, Post and Telecommunication Services

第十七篇　批发和零售、住宿和餐饮业
CHAPTER　17　Wholesale, Retail, Hotels and Catering Services

第十八篇 教育和科技
CHAPTER 18 Education, Science and Technology

第十九篇 文化、体育和卫生
CHAPTER 19 Culture, Sports and Health

第二十篇 公共管理和社会服务
CHAPTER 20 Public Management and Social Services

政府工作报告

——2016年1月24日在山东省第十二届人民代表大会第五次会议上

山东省省长　郭树清

各位代表：

现在，我代表省人民政府向大会报告工作，请予审议，并请省政协各位委员提出意见。

一、“十二五”经济社会发展规划完成情况

2011年至2015年，全省人民辛勤劳动、开拓创新，奋力推进经济建设、政治建设、文化建设、社会建设、生态文明建设，实现“十二五”胜利收官。全省生产总值达到6.3万亿元，年均增长9.4%。按当年平均汇率计算，人均生产总值从6千美元增加到1万美元。市场物价基本稳定，对外收支总体良好。城镇累计新增就业594万人，农村劳动力转移就业665万人。地方一般公共预算收入增长1倍以上，达到5529亿元。“十二五”规划27项主要指标中，12项约束性指标全部完成，12项预期性指标超额完成，3项预期性指标接近目标值。经济文化强省建设站在了新的历史起点上。

（一）人民生活水平大幅提高。城镇居民人均可支配收入年均实际增长8%，达到31545元，农村居民人均可支配收入年均增长10.1%，达到12930元，城乡收入比由2.70缩小到2.44。农村贫困人口每年减少100万人以上。人均预期寿命提高1.5岁，达到78岁左右。婴儿死亡率由千分之7.69下降到千分之4.77。高中阶段毛入学率达到97.4%，高等教育毛入学率达到48.1%。人均受教育年限8.87年，提高0.11年。城乡人均住房建筑面积增加约5平方米，分别达到36.4平方米和40.9平方米。城镇每百户拥有汽车由19.9辆提高到49.4辆，农村由5.4辆提高到23.6辆。农村自来水普及率达到95%，基本实现农村人口饮水安全。互联网普及率提高13.9个百分点，达到48.6%。

（二）经济综合实力迈上新台阶。结构调整和产业升级步伐加快，新技术、新产业、新业态、新模式蓬勃发展。农业现代化水平稳步提升，粮食产量由867.1亿斤增加到942.5亿斤。规模以上工业增加值年均增长10.8%，高新技术产业和装备制造业比重持续提高。服务业增加值占比提高8.7个百分点，成为吸引投资、吸纳就业、创造税收的主体。知识产权创造能力和保护水平显著提升，全社会研发投入占生产总值比重由1.72%提高到2.23%左右。“两区一圈一带”区域发展战略深入推进，东中西部差距不断缩小。农业转移人口市民化取得实质性进展，城镇化水平大幅提高。综合交通体系建设全面展开，17市实现铁路网全覆盖，96%的县（市、区）通了高速公路。全省发电装机达到9716万千瓦，比2010年增长48%。南水北调东线一期工程、胶东调水主体工程投入使用。

（三）市场经济新体制进一步完善。全省95.7%的村（社区）完成了承包地确权登记颁证工作，多种土地流转方式和新型农业经营组织健康成长。供销社改革取得新成绩。国有企业改革深入推进，法人治理结构进一步规范。设立省社保基金理事会，划转部分国有资本充实社保基金。政府定价项目削减67%。商事制度改革、投融资体制改革和营商环境建设成效显著。各类商品和要素市场体系进一步健全，市场主体发展到618.2万户，比2010年翻了将近一番。规范透明的预算制度基本建立，转移支付调整和债务管理得到加强，省以下财政体制进一步理顺。小贷公司等民间金融机构蓬勃发展，农信社银行化改革基本完成，新型农村合作金融试点扎实推进，政府股权投资引导基金稳健起步，在全国率先建立起地方金融监管体系。济南区域性金融中心建设步伐加快，青岛财富管理综合改革试验区取得实质性进展。中小学去行政化试点顺利实施，基础教育综合改革和职业教育改革走在全国前列。医药卫生体制改革深入推进。城乡居民基本养老保险和基本医疗保险先后实现整合，居民大病保险全面实施，保障水平持续提高。公务人员工资、养老、住房、交通和休假制度日益规范。

（四）对外开放取得重要进展。主动对接“一带

一路”战略，加强了与欧洲、北美、日本、韩国、东南亚和澳大利亚经济界的合作，与世界 500 强及行业领军企业的经贸联系进一步密切。新增友城 38 对、友好合作关系城市 40 对，来鲁工作的外国专家达 13 万人次。正式启动中韩自贸区地方经济合作示范区建设。鲁港、鲁台交流合作成果丰硕。2015 年，全省外贸进出口 2417.5 亿美元，比 2010 年增长 27.8%；实际利用外资 163 亿美元，增长 77.8%；对外实际投资 57.8 亿美元，增长 205.6%。五年累计实际利用外资 691 亿美元。成功举办国际历史科学大会、国际教育信息化大会等一批重大国际活动。国际海事司法研究基地和国家法官学院青岛海事分院落户山东。中小企业到境外对标交流，乡村旅游带头人赴海外学习培训，都取得了持续明显的成效。全国工商联知名民企洽谈会签约项目落地率超过 80%，到位资金 7842.5 亿元。

（五）社会主义民主政治全面加强。坚持党的领导、人民当家作主、依法治国有机统一，各方面制度和程序不断完善。政府系统严格执行人大制定的地方性法规和决定、决议，自觉接受人大及其常委会的监督。在重大问题决策前、决策中主动加强与政协的民主协商。省政府及部门与各民主党派、工商联和无党派人士的对口联系逐步常态化、机制化。提请省人大常委会审议通过地方性法规和决定 46 件，制定政府规章 64 件。办理人大代表建议 1815 件、政协提案 3362 件。行政审批事项大幅削减，非行政许可审批全部取消。公布实施行政权力清单、行政审批事项目录清单、政府部门责任清单，省级政务服务平台上线运行。政府机构改革逐步深入，公益性事业单位改革有序展开。持续推进司法体制改革，着力健全司法权力运行机制。省市县政府法律顾问制度普遍建立，一批历史遗留问题得到依法解决。基层民主进一步扩大，法治观念普遍加强。深入推进廉洁政府建设，督促落实省政府廉政会议部署，严治“四风”、严惩腐败取得显著成效。纪检监察机关立查案件累计 70080 件，党纪政纪处分 69688 人。

（六）文化软实力和影响力显著提升。坚持把文化建设放在与经济发展同等重要的位置。中国梦和社会主义核心价值观深入人心，齐鲁优秀传统文化得到大力弘扬，四德工程、群众性精神文明创建活动积极推进。乡镇（街道）综合性文化服务中心覆盖率由 61% 提高到 99.2%。文化体制改革不断深化，公共文化服务体系进一步完善。文学艺术、新闻出版、广播影视和社会科学事业繁荣发展，各个领域的文艺创作硕果累累。在全国影视剧业内和广大观众中，赢得了“山影出品，必属精品”的美誉。文化产业增加值年均增长 17%，达到 2370 亿元。成功举办尼山世界文明论坛、青岛世界园艺博览会、世界儒学大会、中国艺术节、孔子文化节和世界休闲体育大会等重大活动。全民健身活动深入开展，竞技体育取得新成绩。

（七）社会治理体系逐步健全。积极促进政府治理与社会自我调节和居民自治良性互动。建立健全城乡社区协商、社区居（村）委会联席会议、居（村）民代表会议、社区事务议事制度。广泛构筑起社区、社会组织、社会工作者、社区志愿者联动机制。社会组织达到 4.56 万个。社会信用体系建设持续推进。居民养老保险参保 4534.2 万人，居民医疗保险参保 7331.4 万人，基本实现应保尽保。社会救助体系不断健全。行政复议体制改革任务基本完成，人民调解、行政调解、司法调解联动工作体系初步形成。信访工作持续加强。省政府及各部门新闻发布机制进一步完善。普法、依法治理深入开展，平安山东建设取得新进展，安全生产、食品药品安全和道路交通安全工作得到加强。国防动员、维稳处突、抢险救灾能力进一步提升。顺利完成 23.14 万名兵员征集任务。

（八）生态文明建设扎实推进。实施大气污染防治规划和行动计划，建立空气质量第三方监测和财政补偿制度。可吸入颗粒物平均浓度改善 13.8%，二氧化硫下降 47.7%，二氧化氮减少 12.8%。新能源发电装机增加 837 万千瓦，占比提高 7.1 个百分点。节能减排指标超额完成，淮河、海河流域治污国家考核连续多年保持第一。城市污水集中处理率由 87.9%提高到 95.5%。治理水土流失面积 8085 平方公里，湿地保护面积新增 300 多万亩，植树造林 1561 万亩。加强生态文明乡村建设，开展乡村文明行动，城乡环卫一体化实现镇村全覆盖。

五年的实践使我们深刻认识到，做好政府工作，必须坚决贯彻落实中央决策部署，紧密结合山东实际，创造性地开展工作。必须尊重人民的主体地位，发挥基层首创精神，充分调动社会各界的积极性和主动性。必须始终坚持问题导向，勇于改革，敢于担当，针对经济社会发展的短板和薄弱环节，有的放矢、精准施策。必须在法治框架内，有效统筹协调多方利益，大力推行政务公开和司法民主，运用法治思维和法治方式破解难题。必须充分发挥党总揽全局、协调各方的领导核心作用，坚决服从省委领导，自觉接受人大监督，加强多党合作和政协民主协商，积极争取方方面面的支持。

各位代表，党中央、国务院对山东一直给予高度重视、亲切关怀。特别是2013年习近平总书记视察山东发表重要讲话，明确要求我们努力在推动科学发展、全面建成小康社会历史进程中走在前列，为我省发展指明了方向。五年来我省取得的每项成绩，都是党中央、国务院和中共山东省委正确领导的结果，是省人大、省政协和社会各界大力支持的结果，是全省上下努力拼搏的结果。在此，谨代表省人民政府，向全省各族人民、各界人士、驻鲁人民解放军指战员、武警官兵和公安干警致以崇高敬意！向关心支持山东发展的港澳台同胞、海外侨胞和国际友人表示诚挚感谢！

各位代表，我们清醒地认识到，我省传统优势正在改变，实现新旧动力转换、引领经济发展新常态仍然需要付出艰苦努力。经济结构不合理不协调不可持续问题比较突出，企业整体创新能力不强，大多处于产业价值链中低端。居民收入的城乡差别、地区差别、城镇中的“二元结构”比较明显。部分群众生活非常困难，脱贫攻坚任务十分艰巨。农村社区基本公共服务的均等化还有较大差距。人口老龄化加快，居民文明素质和社会文明程度有待提高。生态环境特别是大气污染、土壤污染和超采地下水问题仍然十分严重。劣五类水体基本消除，但一、二类水体没有明显增加。安全生产事故时有发生，道路车辆伤亡人数居高不下。政府机关及工作人员作风不严不实问题仍然存在，法治素养有待提高。对这些问题，我们一定高度重视，在制定“十三五”规划和安排年度工作中，采取扎实有效措施，努力加以解决。

二、“十三五”经济社会发展的主要目标和重点任务

从今年起到2020年，是全面建成小康社会的决胜阶段，是实现我省由大到强战略性转变的关键时期。党的十八届五中全会和省委十届十三次全体会议，擘画了“十三五”时期经济社会发展的主要目标和重点任务，我们要全面贯彻落实。今后五年，要努力实现以下目标要求。

——经济保持中高速增长。全省生产总值年均增长7.5%左右，提前实现经济总量和城乡居民人均收入比2010年翻一番。产业迈向中高端水平，服务业占比达到55%左右，发展的质量效益明显提高。创新型省份建设达到更高水平，全社会研发经费占比提高到2.6%。

——人民生活水平和质量普遍提高。居民收入城乡差别和地区差别持续缩小，健康水平得到提升，基本公共服务均等化稳步提高。新农村建设成效显著。常住和户籍人口城镇化率分别提高到65%和55%以上。

——国民素质和社会文明程度全面提升。社会主义核心价值观更加深入人心，文明山东、诚信山东、美德山东建设加快推进。覆盖城乡的公共文化服务体系基本建成，文化产业成为国民经济支柱性产业。

——生态环境质量总体改善。生产方式和生活方式绿色、低碳水平上升，能源资源利用效率明显提高。主要污染物排放总量大幅减少。主体功能区布局和生态安全屏障基本形成。

——各方面体制机制更加健全。省域治理体系和治理能力现代化水平不断提高。重要领域和关键环节改革取得决定性成果，开放型经济新体制更加完善。平安山东建设不断深化，人民群众安全感进一步增强。法治山东建设成效显著，人权得到切实保障，产权得到有效保护。人民民主更加健全，法治政府基本建成。推动军民深度融合发展。党的建设制度化水平显著提高。

实现“十三五”规划目标，必须深入贯彻习近平总书记系列重要讲话精神，坚持“四个全面”战略布局，积极适应和引领经济发展新常态，坚持以人民为中心的发展思想，把创新、协调、绿色、开放、共享五大发展理念贯穿于发展全过程，按照“一个定位、三个提升”的要求，努力保持经济社会持续健康发展，确保我省在全面建成小康社会进程中走在前列。为此，要紧紧抓住以下任务。

（一）强化创新第一动力作用。始终坚持把创新摆在发展全局的核心位置，全面推进理论创新、制度创新、科技创新、文化创新，让创新在全社会蔚然成风。深入实施创新驱动发展战略，深化知识产权创造、使用和保护，完善各类人才创新激励机制，持续扩大人才政策开放度。推动驻鲁高校、科研院所的智力人才资源同当地经济社会发展深度融合。鼓励企业主导构建产业技术创新联盟，促进科研成果资本化、产业化。支持济南创建开放型经济新体制示范城市。加快创建山东半岛自主创新示范区，支持青岛海洋国家实验室建设。积极推进农业现代化，巩固提升农业发展优势，努力实现藏粮于地、藏粮于技。坚持工业强基，加快食品、轻工、纺织、原材料等传统优势产业转型升级，培育发展新一代信息技术、轨道交通设备、海洋工程装备、先进机械设备、生物医药、新材料、新能源等新兴产业，推动其他各类知识密集型产业快速成长。落实中国制造2025山东省行动纲要，加快建设

先进制造业基地。推动服务业扩大规模、拓展空间，形成以服务经济为主导的现代产业新体系。鼓励基于互联网的各类创新，大力发展网络经济。加强国防动员和后备力量建设，鼓励军民产品、技术、人才、信息广泛交流。

（二）实现改革与开放相互促进。以改革助推开放，以开放倒逼改革。加快政府职能转变，创造全国领先的营商环境。毫不动摇地巩固和发展公有制经济，毫不动摇地鼓励、支持、引导非公有制经济发展。进一步加快国有企业改革，大力发展中小微企业，激发民营经济活力。健全市场导向的投融资体制，完善国民收入分配格局，统筹国际国内两个市场，促进经济资源全球优化配置。合理划分省和市、县政府间事权和支出责任，规范财政转移支付，完善财税激励约束机制，建立健全现代财税制度。发展壮大地方金融机构和新兴金融业态，加强多层次资本市场建设，强化地方金融监管和风险防范，提升金融普惠程度和服务实体经济能力。加快事业单位分类改革，推动学校、医院和科研院所去行政化。实施新一轮高水平对外开放，积极参与“一带一路”、京津冀协同发展、长江经济带和自贸区战略，全面融入环渤海地区合作发展，形成开放型经济新优势。

（三）提升基础设施现代化水平。基本实现市市通高铁、县县通高速，争取通车里程分别达到2100公里和7600公里。新建改建穿城公路、瓶颈路段2840公里，整治完成国省道6100公里和县乡路2.95万公里。建成运营青岛胶东国际机场、菏泽机场，争取建成济宁机场、聊城机场，开工建设济南国际机场新航站区工程和枣庄机场，建成东营国产大飞机试飞基地。推进港航一体化，发展现代化港口群。建设海阳、荣成核电基地和海陆多处风电基地。加快外电入鲁，接纳省外来电能力达到2400万千瓦。完善新一代互联网等信息基础设施，加快大数据、云计算、物联网系统建设。抓好雨洪资源利用，提高引黄能力，完成黄河下游防洪工程和南水北调配套工程。加强城市规划、建设、管理，加快城市基础设施改造提升。推动海绵城市建设，建成地下综合管廊800公里以上。抓住国家政策机遇，加快城镇和工矿区老旧小区改造步伐，完成180万户棚户区改造任务。完善城市微循环立体交通网络，积极推进青岛、济南等城市轨道交通建设。加快气象现代化步伐。落实农村抗震设防标准，平房要普及钢筋圈梁和构造柱，新建改建房屋最低按7度抗震设防。按照节能环保要求新建改建农村供暖设施。2018年底完成647万农户无害化卫生厕所改造。

（四）优化区域发展格局。坚持东部提升、中部崛起、西部跨越，纵深推进“两区一圈一带”战略。加快建设山东半岛城市群，提高综合竞争力。发挥好青岛龙头带动作用，推动青岛西海岸新区创新发展，把山东半岛蓝色经济区建成具有国际竞争力的高端产业、海洋经济集聚区。海洋经济占生产总值比重达到20%以上。坚持资源高效利用和生态环境改善，发展现代生态产业体系，建设黄河三角洲农业高新技术产业示范区。强化省会辐射引领，支持济南建设区域性经济、金融、物流和科技创新中心，推动济莱协作区建设。支持德州打造京津冀协同发展示范区，鼓励聊城、滨州、东营等市承接北京非首都功能疏解和京津产业转移。加快沂蒙等革命老区发展，加强与中原经济区交流合作，把西部经济隆起带建设成邻边经济新高地。

（五）推进城乡发展一体化。加快以人为核心的新型城镇化步伐，有序推进外来务工人员市民化、城中村和城边村原有居民市民化、其他农村地区就地转移就业人口市民化。全面实现教育、医疗、社保、就业服务和住房保障等城镇基本公共服务常住人口全覆盖。实施新一轮县域经济提升行动，支持县城和重点镇发展为新生中小城市。积极稳妥推进撤县设区（市）、乡镇合并、镇改街、村改居。鼓励农村新型社区建设，支持符合条件的农村社区和工矿区纳入城镇体系管理。推动医疗、卫生、教育、文化等公共服务向农村延伸，加强乡村教师、乡村医生队伍建设。加快农村金融、邮政物流等公用事业发展。

（六）繁荣发展先进文化。努力建设文化强省，更好满足人民群众精神文化需求。实施齐鲁优秀传统文化传承创新工程，推进社科理论研究创新、历史文化展示和乡村记忆工程，建设曲阜优秀传统文化传承发展示范区和齐文化传承创新示范区。努力营造激励齐鲁文化精品创作的社会环境，支持富有山东特色的文学、戏曲、美术、影视、出版、传媒事业加速发展。建设积极向上的网络文化。创新公共文化服务方式，实现基层综合性文化服务中心全覆盖。加强各级档案馆建设，完成第二轮修志任务。深化文化体制改革，培育发展新型文化业态，鼓励文化企业走出去，建设一批具有较强竞争力的文化产业集聚区、文化企业和文化品牌。推动文化旅游融合发展，不断扩大好客山东品牌影响。

（七）持续加强民生保障。坚持科学扶贫、注重实效，做到精准扶贫、精准脱贫，提前实现省定标准贫困人口全部脱贫。实施更加积极的就业政策，促进以高校毕业生为重点的各类群体就业创业。鼓励大众创业、万众创新。城镇每年新增就业 110 万人。推动基础教育均衡提升，加快发展现代职业教育，探索建立现代大学制度，努力建设一流大学和一流学科。加强健康山东建设，基本建成覆盖城乡的基本医疗卫生制度，统筹推进大健康产业发展。鼓励社会力量兴办教育、卫生、体育等事业。实施全民参保计划，建立更加公平更可持续的社会保障制度。完善国有资本划转充实社保基金政策措施。不断发展基层群众自治和社区民主协商。加快推进公共法律服务体系建设。加强社会治安综合治理，严厉打击违法犯罪活动。强化安全发展理念，确保各领域安全形势总体稳定。抓好人民防空建设，完善防灾减灾体系。提升人口质量，继续降低出生人口性别比，促进人口均衡发展。加大对失独家庭关爱扶助力度。保障妇女儿童合法权益，健全扶残助残服务体系，大力发展老龄事业和养老服务业。进一步做好民族工作，依法管理宗教事务。

（八）建设美丽文明新山东。维护好我省的壮美山河、富饶湖海和广袤平原，多姿多彩地展现齐鲁风光的独特魅力。加大对自然人文遗迹、历史文化名城、特色老街区老村落老建筑，以及非物质文化遗产的保护力度。在尊重农村形态和农民生活习惯基础上，有序开展村容村貌整治，加快美丽乡村建设。把大气污染治理放在突出位置，有效遏制重污染天气频发态势。加强重点流域、近岸海域和湖泊生态环境保护，治理地下水超采。强化农业面源污染防治，发展生态循环农业，促进土壤质量明显提升。实施大规模国土绿化行动，林木绿化率达到 27%。开展地质环境恢复和塌陷地综合治理，推进资源型城市转型和独立工矿区改造。增加对重点功能区生态转移支付，健全地区间横向生态补偿机制。落实省以下环保机构监测监察执法垂直管理制度。

三、2016 年政府工作总体安排

刚刚过去的 2015 年，面对错综复杂的国内外形势，我们坚持稳中求进总基调，统筹做好各项工作，较好完成了省十二届人大四次会议确定的主要目标任务。全省生产总值比上年增长 8%，地方一般公共预算收入增长 10%。城镇新增就业 116.8 万人，农村劳动力转移就业 127.5 万人。城镇和农村居民人均可支配收入分别增长 8%和 8.8%。居民消费价格上涨 1.2%。这为实现“十三五”良好开局打下坚实基础。

2016 年主要预期目标是：地区生产总值增长 7.5%-8%，地方一般公共预算收入增长 8.5%。城镇新增就业 110 万人，城镇登记失业率控制在 4%以内。进出口保持稳定。城镇和农村居民人均可支配收入分别增长 8%和 8.5%。居民消费价格上涨 3%。常住和户籍人口城镇化率分别达到 59%和 49%。全面完成国家下达的年度节能减排约束性指标。

实现今年目标任务，我们要按照中央和省委的部署要求，全面落实宏观政策要稳、产业政策要准、微观政策要活、改革政策要实、社会政策要托底的总体思路，实施去产能、去库存、去杠杆、降成本、补短板五大任务，以体制机制创新促进转型升级，努力提高经济发展质量和效益。

（一）加强供给侧结构性改革。用改革的办法推进结构调整，减少无效和低端供给，扩大有效和中高端供给，增强供给结构对需求变化的适应性和灵活性，提高全要素生产率。深入实施质量强省和品牌战略，推进好品山东建设，支持企业主导或参与制定国家和国际标准。引导企业在满足一般消费需求的同时，积极开展品牌营销和个性定制，多生产绿色、健康、智能的高附加值产品。健全农产品、食品、药品等重要产品追溯体系，提升产品质量安全水平。大力发展教育、医疗、养老、健康、旅游、文化、休闲、娱乐、体育等产业，引导各类服务业改善供给结构。支持企业创新经营模式、服务模式和管理模式，鼓励建设创业大学、创业孵化基地、创业园区和创客空间。下决心推动钢铁、煤炭、水泥、有色、船舶、玻璃、轮胎、地炼等行业去产能，实施化工产业搬迁改造和结构调整攻坚战。对丧失自我修复能力的企业，通过兼并重组、债务重组、破产清算等方式，实现市场出清。妥善安置产能过剩行业失业人员。引导企业多措并举消化库存，总结推广近些年各行业压缩支出的有效办法，支持企业全面降低成本，特别是减少材料消耗，降低能源损失，减轻企业税费负担，压缩管理、销售和财务费用。鼓励企业多渠道筹资，增加资本金，减少银行贷款比重，降低债务率。积极化解企业间担保链、担保圈风险。

（二）贯彻好积极稳健的宏观经济政策。推动具备条件的高速铁路、高速公路、水利、电力等重大项目尽早开工，形成较大规模的实物工作量。实施一批重大技术升级改造工程。开工保障性住房 49.3 万套，基本建成 22.5 万套。改造农村危房 5 万户，建设无害化卫生厕所 200 万户，启动农村供暖改造工程。解决城镇普通中小学大班额问题，今年要完成一半任务，新建、改扩建1500所学校。进一步优化消费环境，扩大传统消费，促进信息、网络消费。总结交流临沂、潍坊等地的经验，推动流通体制改革，大力发展电子商务与实体流通相结合的物流体系。推广菏泽、滨州、日照、泰安等地的好做法，重点培育一批特色电商镇、电商村，鼓励发展农村淘宝项目。深化住房制度改革，提高新市民购买和租赁住房的能力。落实好公积金使用、信贷、税收等优惠政策，积极消化房地产库存。大力发展住房租赁市场，培育专业化、规模化租赁企业。提高公租房租赁补贴比重，打通保障房和商品房的通道。支持各地各部门收购或长期租用符合条件的商业房、写字楼，改造为中小学、幼儿园、养老院用房。鼓励房地产企业将库存商品房改造为电商用房、教师公寓、养老地产、旅游场所等专业设施。

（三）进一步健全企业微观运行机制。支持各类企业规范改制，完善公司治理结构，健全财务制度，实现更多企业挂牌上市。深化国有资本投资运营公司试点。建立国有企业职业经理人制度，积极推行经理层契约化管理。将省属经营性国有资产纳入统一监管。开展首批58户国有企业混合所有制改革试点。国有企业管理人员要严格执行任职回避、公务回避、亲友回避，公开透明履行职责。加强关联交易监管，切断各种形式的利益输送。鼓励民营企业规范成本核算，引导民营企业家参照市场正常水平领取薪酬，依法缴纳企业和个人所得税。深化工商登记制度改革，完成企业信用信息公示系统建设。发挥企业家在推动经济发展中的重要作用，尊重、关心、保护企业家，搞好企业家培训培养，造就一大批优秀企业家和高素质企业经营管理人才。完善人才流动机制、评价机制和激励机制，以企业为主体，以重点人才工程为引领，集聚更多对产业转型升级具有带动作用的首席科学家、产业领军人才、科技创业人才和高技能人才。借鉴淄博、济宁、德州、聊城等地做法，健全引进人才制度，吸引包括外国专家在内的各类专业型、技能型人才来鲁工作。

（四）加快农业结构调整和农村脱贫攻坚。继续抓好高产创建、渤海粮仓、精准农业、高标准农田建设工程，全面实施耕地质量提升计划。加强基本农田保护，做好永久基本农田划定工作。大力发展节水农业和水肥一体化。顺应市场规律，尊重农民意愿，合理安排轮作，积极探索符合各地实际的休耕方式。适度调减玉米种植面积，因地制宜发展青贮玉米、优质牧草，以及大豆、花生、杂粮等经济作物。树立大食物理念，大力发展肉蛋奶、果蔬茶等高效生态农业，加快发展现代渔业，建设海上粮仓。加强产业技术体系创新团队建设，建立农业信息监测分析预警体系。创建农产品质量安全县。开展化肥农药使用量零增长行动。积极培育农村经济新业态，推进一二三产融合发展，培育农村“第六产业”，促进农民增收。坚决打好脱贫攻坚第一仗，确保今年脱贫人口不少于120万。抓好农村土地确权登记颁证成果验收和应用，推进农村产权交易服务平台建设，加快农村集体产权制度改革步伐。深化供销社综合改革。抓好防汛抗旱和森林防火工作。

（五）落实300万农业转移人口市民待遇。今年为200万进城农民工和140万城中村、城边村原有居民办理城镇户口，落实同等公共服务。对进城落户农民的土地承包经营权、宅基地使用权、集体收益分配权保持不变。普遍降低大中城市外来人员落户门槛，使其真正享受到市民待遇。制定城中村改造规划，拓展棚改范围，改造完成棚户区48万户。同时，将棚改纳入政府购买服务指导目录，提高货币化安置比重。完善连接镇村间的道路、公园等基础设施，把非农经济和就业超过70%的村庄和人口纳入城镇管理。推动住房建设、环境保护、安全生产、交通管理等政府监督和服务向乡镇下沉。试行农业转移人口市民化与财政转移支付、投资基金安排、建设用地指标挂钩政策。改进城乡规划，提升建筑质量，治理违法建设，提高精细化管理水平。建成城市地下综合管廊100公里。提高城乡供水水质，大力发展集雨型绿地。加大低效闲置土地处理力度。实施示范镇提升行动。

（六）改善投融资环境的同时防范金融风险。完成营改增任务。完善国地税联合办税机制，加强税务队伍建设，提高税收征管水平。县及县级以上所有使用财政资金的部门，全部依法依规公开预算决算。扩大涉农专项资金整合试点范围。继续清理财政专项资金，省级再压减10%，用于增加扶贫投入和产业引导基金。继续压减三公经费等一般性支出，腾出更多资金用于基本公共服务。根据国家部署，调整机关事业单位基本工资标准。省级国有资本经营预算调入一般公共预算的比例提高到15%。在保持政府债务率处于合理区间前提下，适当扩大地方债券发行规模。加强债务分类管理，重视债务结构调整和存量置换。大力推广政府与社会资本合作投资模式和政府购买服务。充分利用多层次资本市场，提高直接融资比重。大力发展私募市场和股权投资基金，审慎探索股权众筹、第三方支付等互联网金融，发挥好齐鲁和蓝海两个股交中心平台作用。进一步优化城商行股权结构，深入开展新型农村合作金融试点。稳妥推进介于现货与期货之间的大宗商品交易试点。积极发展现代保险业。着力去杠杆，规范信托、理财等表外融资业务，降低金融资产风险。加强地方金融监管体系建设，加大对非法集资、网络诈骗等违法行为清理打击力度，坚决守住不发生系统性区域性风险底线。

（七）推动对外经贸投资双向优化。实施优进优出战略，培育壮大以技术、品牌、质量、服务为核心的对外经济新优势。加大先进技术、能源资源、关键设备和重要零部件进口。大力发展服务贸易。加快推进跨境电商和外贸综合服务企业发展。坚持引资与引智、引技有机结合，深度推进产业、企业、项目、人才国际化。加强与世界 500 强及行业领军企业战略合作和产业对接。推动企业开展境外工程承包、能源资源开发、国际产能和装备制造合作，加强境外项目风险管控。抓住中韩、中澳自贸协定正式实施机遇，在贸易、投资、金融、旅游、交通和产业合作等领域争取先行先试。加快推动威海中韩自贸区地方经济合作示范区和烟台中韩产业园建设。探索实行准入前国民待遇加负面清单管理模式。积极申建中国（山东）自由贸易试验区。推进海关特殊监管区域整合优化，加快各类开发区转型升级。因地制宜建设国际学校、国际医院、国际社区。

（八）强力推行清洁燃烧等治霾措施。加强区域协作、联防联控，推进污染防治一体化。严格执行大气污染物排放标准第二时段限值，对不达标企业依法实施限产停产治理。推动工业绿动力计划，抓好燃煤电厂、锅炉超低排放改造。推广煤炭高效利用技术，探索多种清洁燃煤实用办法，减少散烧煤总量。强化成品油全过程监管。抓好企业挥发性有机物治理。开展秸秆综合利用试点和扬尘综合整治。加强重点用能企业节能管理，创建绿色交通省份，城市新建建筑全部执行绿色标准，公共机构单位建筑面积能耗降低 2%以上。积极推进地热能调查评价和开发利用。支持新能源汽车发展，规范电动汽车生产、销售、使用的管理。

（九）力争社会民生事业有新的较大进展。加快基础教育综合改革，全面推开中小学校长职级制和去行政化。改善义务教育薄弱学校基本办学条件，新建、改扩建 2000 所幼儿园。落实中小学教师编制“县管校聘”。抓好职业教育，健全校企合作长效机制。深化高等教育综合改革，扩大办学自主权，提升立德树人水平。加快文化体制改革，省直转制文化单位改制到位。持续建设十大旅游目的地品牌，按期完成旅游厕所、游客服务中心和集散中心年度建设计划，加快乡村旅游转型升级，强化旅游市场监管。启动所有城市公立医院综合改革，全面推动分级诊疗，有序放开医疗服务价格。抓好公共卫生服务项目实施，提高基层、中医药、妇幼、传染病、精神卫生等薄弱领域的服务能力。实施全面两孩政策。完善机关事业单位养老保险制度，开展非营利性民办学校教师社会保障与公办学校教师同等待遇试点。建立职工大病保险制度，开展职工长期护理保险。提高基本养老金、失业保险金、城乡低保等保障水平。推动医疗卫生事业和养老服务业融合发展，建设一批医养结合服务综合体，新增养老床位 6 万张。落实困难残疾人生活补贴和重度残疾人护理补贴，年内为 1000 名听障儿童实施人工耳蜗植入手术。加强社会救助体系建设，倡导社会慈善捐助。

四、汇聚全面建成小康社会强大力量

各位代表，习近平总书记指出，以人民为中心的发展思想，体现了我们党全心全意为人民服务的根本宗旨，体现了人民是推动发展根本力量的唯物史观。要坚持人民主体地位，顺应人民群众对美好生活的向往，不断实现好、维护好、发展好最广大人民根本利益，做到发展为了人民、发展依靠人民、发展成果由人民共享。要把增进人民福祉、促进人的全面发展作为发展的出发点和落脚点，发展人民民主，维护社会公平正义，保障人民平等参与、平等发展权利，充分调动人民积极性、主动性、创造性。

面对新形势、新任务，必须动员全社会各方面力量，为经济社会发展提供坚强的人才保证和智力支持。巩固和发展最广泛的爱国统一战线，全面落实党的知识分子、民族、宗教、侨务等政策。认真听取民主党派、工商联、无党派人士的意见建议。发挥好工会、共青团、妇联等群团组织的作用。高度重视和做好新经济组织、新社会组织工作。加强与港澳台同胞和海外侨胞的交流合作。拥护和支持军队改革，扎实开展双拥共建，巩固和发展军政军民团结。全面落实尊重劳动、尊重知识、尊重人才、尊重创造方针，鼓励社会各界群众辛勤劳动、诚实劳动、创造性劳动，以昂扬的精神状态在各自岗位上建功立业。

政府工作人员要增强政治意识、大局意识、看齐意识、责任意识和服务意识。领导干部必须具备专业思维、专业素养和专业方法。大力倡导敢于担当、勇于负责，不断创新工作方式。着力克服庸懒散现象，认真解决不愿为、不会为、不敢为问题。积极适应新常态、学习新知识，在实践中开阔视野、增长才干。坚持引进来和走出去相结合，进一步加大境内外培训力度，切实提高干部、人才的能力和素质。完善考核评价体系，对主动作为、做有成效的予以表彰，对不作为的部门和干部严肃问责。建立合理的容错机制、及时的纠错机制和正常的免责制度，营造宽容失败、鼓励创新的环境和氛围。

坚持依宪施政、依法行政、简政放权，把政府工作全部纳入法治轨道。全面提升尊法学法守法用法意识能力，自觉运用法治思维和法治方式深化改革、推动发展。强化决策法定程序的刚性约束，坚持重大行政决策集体讨论决定，健全公众参与、专家论证、风险评估、合法性审查制度。全面梳理公开公共服务事项目录，简化优化公共服务流程。推进综合行政执法体制改革，规范行政执法行为。注重发挥律师、法律顾问和司法机关作用，通过协商调解和必要的法律程序解决问题。扎实细致地做好群众思想政治工作，依靠广大群众推动任务落实。

深化平安山东建设，创新立体化社会治安防控体系，完善社会矛盾排查预警和调处化解机制。深刻汲取安全事故沉痛教训，强化安全生产和消防安全责任，深入开展隐患大排查快整治严执法集中行动，消除各类非法违法行为和事故隐患。加快食安山东建设。加强消费品安全风险防控和检验检测。继续搞好公路安全生命防护工程，深化“平安行•你我他”行动。

自觉接受人大及其常委会监督，定期报告政府工作。主动加强同人民政协的民主协商，大力推进多层次协商民主。切实做好人大代表建议和政协提案办理工作。开展省以下地方审计机关人财物管理改革试点，有序推进领导干部经济责任审计全覆盖。加强行政监察和行政执法监督。建立行政复议纠错、行政诉讼败诉报告制度。进一步健全政务公开制度，完善社会监督和舆论监督机制。

巩固党的群众路线教育实践活动成果，拓展“三严三实”专题教育实际成效。牢固树立群众观念，深入基层、深入群众，向群众学习请教，为群众办实事。坚决把纪律挺在前面，落实全面从严治党主体责任，持之以恒纠正“四风”。完善防止利益冲突和权力寻租的体制机制，着力解决群众身边的不正之风和腐败问题。

各位代表，美好明天属于勤劳智慧的山东人民，幸福生活需要我们用双手来创造。让我们紧密团结在以习近平同志为总书记的党中央周围，在中共山东省委领导下，改革创新，攻坚克难，扎实工作，为加快建设经济文化强省，夺取全面建成小康社会决胜阶段伟大胜利，实现中华民族伟大复兴的中国梦而努力奋斗！

2015年山东省
国民经济和社会发展统计公报

山 东 省 统 计 局
国家统计局山东调查总队

2016年2月29日

2015年，在省委、省政府的正确领导下，全省深入贯彻党的十八大、十八届三中四中五中全会和习近平总书记系列重要讲话精神，积极适应引领新常态，坚持稳中求进工作总基调，以提高经济发展质量和效益为中心，全面深化改革扩大开放，积极应对各种风险挑战，全省经济保持平稳运行态势，转型升级步伐加快，民生保障持续加强，社会事业全面发展，生态环境继续改善，经济文化强省建设成效显著。

一、综合

经济运行总体平稳。初步核算，全省实现生产总值（GDP）63002.3亿元，按可比价格计算，比上年增长8.0%。其中，第一产业增加值4979.1亿元，增长4.1%；第二产业增加值29485.9亿元，增长7.4%；第三产业增加值28537.4亿元，增长9.6%。产业结构调整优化，三次产业比例由上年的8.1:48.4:43.5调整为7.9:46.8:45.3。人均生产总值64168元，增长7.3%，按年均汇率折算为10305美元。

图1 "十二五"时期地区生产总值（GDP）及增长速度

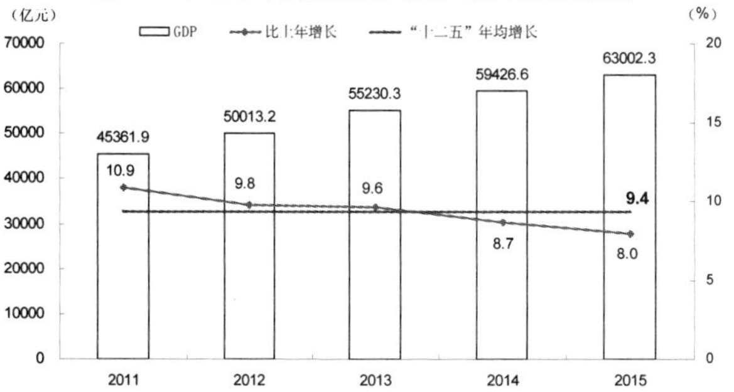

图2 "十二五"时期三次产业构成（GDP=100）

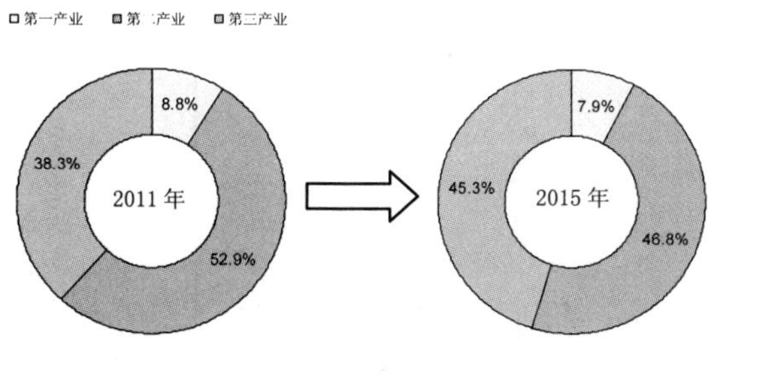

就业形势基本稳定。城镇新增就业116.8万人。其中，失业人员再就业51.2万人，困难群体再就业11.4万人，零就业家庭全部实现动态消零。农村劳动力转移就业127.5万人。城镇登记失业率为3.35%，低于4%的全年控制目标。

物价水平低位运行。居民消费价格总水平上涨1.2%。其中，城市上涨1.4%，农村上涨0.9%；服务项目价格上涨1.6%，消费品价格上涨1.1%。农业生产资料价格下降0.7%，农产品生产者价格上涨0.1%。工业生产者出厂价格下降4.8%，购进价格下降5.0%。固定资产投资价格下降2.3%。

表1 2015年居民消费价格指数(以上年为100)

指标	全省	城市	农村
居民消费价格指数（CPI）	101.2	101.4	100.9
食品	101.2	101.3	101.0
#粮食	101.7	102.3	100.5
油脂	98.4	98.7	98.0
肉禽及其制品	104.1	103.8	104.5
蛋	90.4	89.9	91.2
鲜菜	110.1	110.1	110.2
烟酒	101.8	101.6	101.9
衣着	103.5	103.4	104.1
家庭设备用品及维修服务	101.7	101.2	102.9
医疗保健和个人用品	101.6	101.8	101.2
交通和通信	98.4	98.2	99.0
娱乐教育文化用品及服务	101.9	102.1	101.4
居住	100.8	101.4	99.4

区域经济统筹发展。半岛蓝色经济区、省会城市群经济圈分别实现生产总值29447.3亿元和21824.6亿元，分别增长8.0%和7.7%。黄河三角洲高效生态经济区和西部经济隆起带公共财政预算收入分别为671.2亿元和1364.5亿元，分别增长9.2%和10.4%。县域经济实力不断壮大。公共财政预算收入过30亿元、50亿元、70亿元、100亿元的县（市、区）分别达到53个、25个、15个和5个。

民营经济发展壮大。民营经济增加值 32070.0 亿元，比上年增长 8.7%。规模以上民营工业增加值增长 10.4%，民营固定资产投资增长 18.1%，限额以上民营单位消费品零售额增长 11.1%。

市场主体快速增长。新登记注册各类市场主体 154.1 万户，比上年增长 23.3%；新登记注册资本（金）16292.4 亿元，增长 41.3%。

重点改革持续深化。取消下放省级行政审批事项 89 项，放开政府定价项目 127 项。全面实施“三证合一”登记制度，核发“一照一码”营业执照 35.4 万份。设立省社保基金理事会，18 家省管企业 30%国有资本划转充实社保基金。省级公共信用信息平台大框架基本形成。农村信用社银行化改革基本完成，累计组建农商行 71 家。基层医疗卫生机构综合改革基本完成。

二、农林牧渔业

农林牧渔业平稳增长。农业增加值 2900.8 亿元，比上年增长 4.7%；林业增加值 98.4 亿元，增长 8.2%；牧业增加值 1043.7 亿元，增长 3.1%；渔业增加值 936.2 亿元，增长 3.2%。

种植业增产提质。粮食总产量 4712.7 万吨，比上年增长 2.5%，连续 13 年增产。无公害农产品产地认定面积 101 万公顷。绿色食品原料产地监测面积 123 万公顷，增长 43.1%。无公害农产品、绿色食品、有机农产品和农产品地理标志产品共 6705 个，新增 1354 个。

图3 “十二五”时期粮食产量

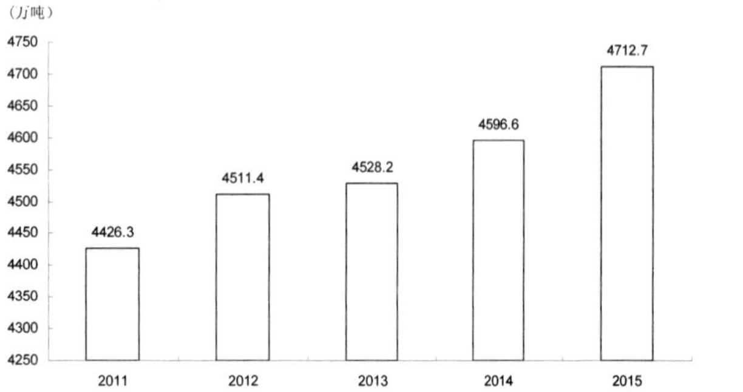

表 2　2015 年主要种植业产品产量及增长速度

产品名称	单位	产　量	比上年增长（%）
粮食	万吨	4712.7	2.5
夏粮	万吨	2347.3	3.7
秋粮	万吨	2365.4	1.4
棉花	万吨	53.7	-19.2
油料	万吨	324.1	-3.5
蔬菜	万吨	10272.9	3.0
园林水果	万吨	1703.0	2.3

林业平稳发展。新造林面积 20.6 万公顷，完成水系绿化 3.8 万公顷，年末林地面积 396.4 万公顷，林木绿化率达到 25.1%。木材产量 485.8 万立方米，活立木总蓄积量 14832 万立方米。

畜牧业生产基本稳定。猪牛羊禽肉产量 762.0 万吨，比上年增长 0.5%。禽蛋产量 423.9 万吨，增长 9.2%。牛奶产量 275.4 万吨，下降 1.5%。新增国家级标准化示范场 65 家、省级标准化示范场 289 家。

渔业生产稳定增长。水产品总产量（不含远洋渔业产量）884.3 万吨，比上年增长 2.0%。其中，海水产品产量 727.8 万吨，增长 2.6%；淡水产品产量 156.6 万吨，下降 0.6%。投放苗种 65.8 亿单位，新建人工鱼礁区 10 处，新建省级水产种质资源保护区 6 处。年末专业远洋渔船 450 艘，总功率 49.2 万千瓦。

农田水利建设稳步推进。除险加固小型水库 963 座，开工建设雨洪资源利用项目 17 个，综合治理水土流失面积 1793 平方公里。新增国家级和省级水利风景区 21 处。

农业生产机械化程度提高。农业机械总值 890.0 亿元，比上年增长 6.0%；农业机械总动力 1.35 亿千瓦，增长 3.1%；农作物生产综合机械化水平达到 81.3%。

三、工业

工业企业持续增加。年末规模以上工业企业达到 40347 家，比上年末增加 1385 家。其中，年主营业务收入过 10 亿元、100 亿元、1000 亿元的企业分别为 1599 家、135 家和 4 家。

工业生产平稳增长。全部工业增加值 25910.8 亿元，比上年增长 7.4%。其中，规模以上工业增加值增长 7.5%。在规模以上工业中，轻工业增长 7.4%，重工业增长 7.5%。41 个行业大类中，36 个行业增加值实现增长，14 个行业增加值过千亿。新产业发展加快。高新技术产业产值增长 10.5%，占规模以上工业总产值的比重为 32.5%，比上年提高 1.1 个百分点。

表 3　2015 年规模以上工业增加值增长速度

指　标	比上年增长（%）
规模以上工业	7.5
按经济类型分	
国有企业	-0.5
集体企业	4.2
股份合作企业	0.6
股份制企业	7.8
外商及港澳台商投资企业	7.5
其他经济类型企业	7.1
按主要行业分	
农副食品加工业	5.8
纺织业	8.9
家具制造业	12.1
造纸和纸制品业	7.4

指 标	比上年增长（%）
文教、工美、体育和娱乐用品制造业	9.9
石油加工、炼焦和核燃料加工业	19.8
化学原料和化学制品制造业	12.3
医药制造业	8.3
化学纤维制造业	7.1
橡胶和塑料制品业	11.8
非金属矿物制品业	6.1
黑色金属冶炼和压延加工业	8.3
有色金属冶炼和压延加工业	14.4
金属制品业	9.6
通用设备制造业	3.7
专用设备制造业	6.0
汽车制造业	6.6
铁路、船舶、航空航天和其他运输设备制造业	11.6
电气机械和器材制造业	7.9
计算机、通信和其他电子设备制造业	9.5
电力、热力生产和供应业	3.0

产品产销衔接良好。全省重点调度的120种工业产品中，73种产品产量实现增长。规模以上工业产品产销率为98.7%。

表4 2015年主要工业产品产量及增长速度

产品名称	单位	产量	比上年增长（%）
啤酒	万千升	589.4	-22.4
纱	万吨	892.9	4.1
布	亿米	115.9	1.9
机制纸及纸板	万吨	2001.5	0.4
合成氨（无水氨）	万吨	744.9	3.0
化学药品原药	万吨	96.1	62.1
橡胶轮胎外胎	万条	41300.3	2.1
塑料制品	万吨	463.5	-1.9
水泥	万吨	15173.9	-9.7
平板玻璃	万重量箱	7345.6	-13.1
粗钢	万吨	6619.3	-1.3
钢材	万吨	9003.2	0.1
数控金属切削机床	万台	4.9	16.7
金属成形机床	万台	2.0	-9.1
环境污染防治专用设备	台（套）	111305	2.7
汽车	万辆	117.1	-19.4
动车组	辆	2202	14.6
摩托车整车	万辆	49.6	-2.9
家用电冰箱	万台	872.1	12.8
家用洗衣机	万台	712.7	0.6
微型计算机设备	万台	47.5	-51.7
手机	万台	6732.6	2.2
彩色电视机	万台	1766.9	0.9

企业效益低位运行。规模以上工业主营业务收入146886.7亿元，比上年增长2.8%；实现利润8617.2亿元，下降1.6%；实现利税14107.7亿元，下降0.9%。亏损企业亏损额496.2亿元。总资产贡献率为16.6%，成本费用利润率为6.3%。

四、固定资产投资和建筑业

固定资产投资较快增长。固定资产投资（不含农户）47381.5亿元，比上年增长13.9%。其中，服务业投资22390.4亿元，增长14.2%。新开工项目40868个，增长35.3%。其中，亿元以上新开工项目4681个，下降22.3%。重点领域投资增势稳定。工业技术改造投资14074.0亿元，增长15.2%；高新技术产业投资7457.5亿元，增长10.9%；基础设施投资6234.0亿元，增长21.5%。

房地产市场基本平稳。房地产开发投资5892.2亿元，比上年增长1.3%。其中，住宅投资4399.4亿元，增长5.1%；商业营业用房投资765.0亿元，下降5.0%。房屋施工面积57206.4万平方米，增长4.9%。房屋竣工面积8277.8万平方米，增长6.3%。商品房销售面积9727.0万平方米，增长6.0%。其中，住宅销售面积8526.9万平方米，增长7.0%。

保障性安居工程建设顺利推进。新开工各类保障性安居工程54.7万套，开工任务完成率为101.9%；基本建成33.7万套，任务完成率为144.1%。棚户区改造开工47.5万套，任务完成率为101.8%。

建筑业生产保持增长。具有资质等级的总承包和专业承包建筑业企业6074家。其中，特级和一级建筑企业557家，比上年增加64家。建筑业总产值9381.7亿元，比上年增长0.7%。其中，国有及国有控股企业产值2312.9亿元，增长5.2%；非国有建筑企业产值7068.8亿元，下降0.7%。

五、国内贸易

市场消费稳定增长。社会消费品零售总额27761.4亿元，比上年增长10.6%。其中，餐饮收入额2840.1亿元，增长13.1%；商品零售额24921.3亿元，增长10.3%。城镇消费品零售额22179.4亿元，增长10.3%；乡村消费品零售额5582.0亿元，增长11.4%。

主要商品销势良好。在限额以上单位商品零售中，粮油、食品类零售额1609.7亿元，比上年增长10.8%；服装、鞋帽、针纺织品类零售额1107.1亿元，增长8.5%；日用品类零售额425.6亿元，增长7.7%；建筑及装潢材料类零售额403.3亿元，增长12.2%；家用电器和音像器材类零售额934.8亿元，增长10.3%；通讯器材类零售额175.9亿元，增长14.1%。

六、对外经济

对外贸易持续低迷。进出口总额 2417.5 亿美元，比上年下降 12.7%。其中，出口 1440.6 亿美元，下降 0.4%；进口 976.9 亿美元，下降 26.1%。主要出口市场中，对美国、东盟和韩国出口分别增长 7.6%、7.0%和 5.5%，对欧盟、日本出口分别下降 2.0%和 7.8%。主要出口商品中，机电产品出口 576.3 亿美元，增长 2.6%；高新技术产品出口 177.1 亿美元，下降 14.0%。

利用外资平稳增长。新批准设立外商投资企业 1509 家，比上年增长 11.6%；新签合同外资 200.4 亿美元，增长 25.7%；实际到帐外资 163.0 亿美元，增长 7.3%。其中，制造业到账外资 98.3 亿美元，增长 7.3%；服务业到帐外资 60.7 亿美元，增长 11.8%。总投资过亿美元的项目 59 个，合同外资 67.0 亿美元，增长 80.1%。引进世界 500 强企业投资项目 46 个，实际到帐外资 32.0 亿美元，分别增长 1.1 倍和 1.7 倍。

国际经济合作纵深推进。实际对外投资 57.8 亿美元，比上年增长 31.0%。对外承包工程新签合同额 119.8 亿美元，完成营业额 101.7 亿美元，分别增长 13.0%和 10.0%；派出各类劳务人员 60764 人，增长 1.4%。离岸服务外包执行额 66.1 亿美元，增长 20.1%。

七、交通、邮电和旅游

交通运输业平稳发展。铁路、公路、水路共完成旅客运量 7.1 亿人次，货运量 27.3 亿吨。沿海港口货物吞吐量 13.4 亿吨，比上年增长 4.4%。年末公路通车里程 26.3 万公里，比上年增加 3933 公里。其中，高速公路通车里程 5348 公里，增加 240 公里。年末民用汽车拥有量 1553.6 万辆，增长 10.4%。其中，私人轿车 886.4 万辆，增长 16.1%，占轿车拥有量的 94.2%。

表 5　2015 年客货运输量及增长速度

指标	旅客			
	运输量（亿人次）	比上年增长(%)	周转量（亿人公里）	比上年增长(%)
合计	7.1	-3.8	1185.4	5.6
铁路	1.1	14.0	662.5	10.6
公路	5.8	-6.5	511.3	-0.02
水路	0.2	-1.1	11.6	-1.5

表 5 续表

指标	货物			
	运输量（亿吨）	比上年增长(%)	周转量（亿吨公里）	比上年增长(%)
合计	27.3	4.7	8229.7	0.6
铁路	1.6	-5.9	1088.0	-12.1
公路	24.2	5.4	5738.6	0.5
水路	1.5	6.9	1403.1	14.3

邮电通信业快速增长。邮电业务总量 1461.5 亿元，比上年增长 20.4%。其中，电信业务总量 1256.0 亿元，增长 17.6%；邮政业务总量 205.5 亿元，增长 41.0%。光缆线路总长度 127.4 万公里，增长 81.5%。固定长途电话交换机容量 31.3 万路端。年末固定电话用户 1117.1 万户，下降 21.2%；移动电话用户 9413.8 万户，增长 8.7%。电话普及率为每百人 107 部。

旅游业快速发展。旅游消费总额 7062.5 亿元，比上年增长 14.0%。其中，入境游客消费 28.9 亿美元，国内游客消费 6505.1 亿元。年末 A 级旅游景区 921 家，比上年增加 138 家。其中，5A 级景区 9 家；4A 景区 199 家，增加 13 家。省级旅游强乡镇 425 个，省级旅游特色村 804 个，分别增加 44 个和 165 个。省级以上旅游度假区 42 家，增加 1 家。

八、财政和金融

财政收支平稳增长。公共财政预算收入 5529.3 亿元，比上年增长 10.0%。其中，税收收入 4203.1 亿元，增长 6.0%。公共财政预算支出 8249.2 亿元，增长 14.9%。其中，社会保障和就业支出增长 18.3%，节能环保支出增长 30.1%，城乡社区支出增长 18.5%，住房保障支出增长 13.3%。

金融信贷结构优化。年末金融机构本外币存款余额 76795.5 亿元，比年初增加 6935.6 亿元。年末金融机构本外币贷款余额 59063.3 亿元，比年初增加 5382.5 亿元。其中，涉农贷款余额 23373.3 亿元，增加 1994.5 亿元；县域贷款余额 18589.4 亿元，增加 1409.7 亿元；小微企业贷款余额 12206.4 亿元，增加 1640.9 亿元。

资本市场快速发展。新增境内上市公司 8 家，融资额 21.8 亿元。上市公司再融资 48 家次，融资额 501.9 亿元。新增“新三板”挂牌企业 239 家，融资额 62.0 亿元。新增齐鲁股权交易中心、蓝海股权交易中心挂牌企业分别为 200 家和 187 家。新增债券融资额 4031.8 亿元，比上年增长 33.8%。证券公司代理买卖证券交易金额 19.4 万亿元，增长 3.1 倍。其中，股票基金交易量 18.9 万亿元，增长 4.2 倍。期货公司代理交易金额 16.3 万亿元，增长 1.8 倍。

保险业较快发展。保费收入 1787.6 亿元，比上年增长 22.9%。其中，财产险保费收入 593.0 亿元，增长 9.8%；人身险保费收入 1194.5 亿元，增长 30.6%。承担各类风险责任 50.5 万亿元，增长 18.3%。支付各项赔款与给付 622.2 亿元，增长 19.9%。农业保费收入 17.7 亿元，增长 84.2%，为 1792 万户次农户提供了 455.5 亿元的风险保障。

九、科学技术

自主创新能力增强。登记科技成果 3011 项。获得国家自然科学奖 2 项，国家技术发明奖 5 项，国家科学技术进步奖 26 项。发明专利申请量 9.3 万件，比上年增长 20.9%；发明专利授权量 1.7 万件，增长 60.2%。年末有效发明专利 4.8 万件，增长 37.2%，每万人口有效发明专利拥有量 4.9 件。登记技术合同 20651 项，成交金额 339.7 亿元，增长 26.3%。

人才队伍继续壮大。新建国家级高技能人才培训基地 4 个，国家级技能大师工作室 6 个，国家级引智试验区 1 处，国家级引智基地 3 个。新增博士后科研工作站 74 家，新增院士 2 人，泰山产业领军人才 175 人，国家百千万人才工程人选 26 人，国务院政府特殊津贴专家 121 人，"外专千人计划"专家 6 人，省有突出贡献的中青年专家 99 人，省首席技师 100 人，高技能人才 24 万人。

创新平台建设步伐加快。青岛海洋科学与技术国家实验室正式启用。设立黄河三角洲农业高新技术产业示范区。新增国家级高新技术产业开发区 3 个，国家级农业科技园区 10 个，企业国家重点实验室 7 个，省级示范工程技术研究中心 136 家。共有国家级工程技术研究中心 36 个，省级示范工程技术研究中心 266 家，国家级科技企业孵化器 55 个，院士工作站 306 个，国家火炬计划特色产业基地 60 家。

信息产业较快发展。信息技术产业实现主营业务收入 1.4 万亿元，比上年增长 12.0%；利润 831.2 亿元，增长 12.0%；利税 1293.8 亿元，增长 13.0%。软件业实现业务收入 3750 亿元，增长 20.8%；利润 239.7 亿元，增长 23.0%；利税 457.2 亿元，增长 22.3%。软件业务出口 12.4 亿美元，增长 7.6%。地理信息产业稳步发展，县级数字城市地理空间框架开工率和建成率分别达到 100%和 75%。

好品山东建设扎实推进。制造业产品质量合格率达 94.3%，比上年提高 2.5 个百分点。新增驰名商标 118 件，著名商标 368 件，地理标志商标 30 件。新增山东名牌产品 264 个和山东省服务名牌 146 个。共有质量管理体系认证有效证书 26858 张，环境管理体系认证有效证书 9325 张。公用计量标准 4328 项，新增 321 项。有效地方标准 2402 项，新增 294 项。

气象地震服务能力提升。人工作业增加降水 10.5 亿立方米，减少雹灾损失 3.1 亿元。记录并分析天然地震事件 1409 次，妥善处置了 16 次有感地震事件。

十、教育、文化、卫生和体育

教育事业稳步发展。共有研究生培养机构 33 所，招生 2.8 万人，比上年增加 0.1 万人。普通高等学校 143 所，比上年增加 1 所。普通本专科招生 59.6 万人，比上年增加 1.5 万人。

表 6　2015 年各类学校基本情况

指　标	机构数（所）	招生数（万人）	在校生数（万人）
研究生培养机构	33	2.8	7.8
普通高等学校	143	59.6	190.1
中等职业学校（不含技工学校）	435	29.4	85.7
技工学校	194	13.2	31.8
普通高中	555	55.4	169.1
普通初中	2891	95.8	310.8
普通小学	10404	124.4	674.6
特殊教育学校	147	0.4	2.4
幼儿园	18648	108.9	271.8

文化产业事业融合发展。成功举办了第十届山东文化艺术节、纪念中国人民抗日战争暨世界反法西斯战争胜利 70 周年展演展览、曼谷"尼山论坛"等文化活动。年末广播人口综合覆盖率为 98.78%，电视人口综合覆盖率为 98.55%。360 家影院加入城市电影院线，城市电影票房收入 17.3 亿元，比上年增长 57.0%。出版各类图书 17374 种，报纸 87 种，杂志 262 种。共有历史文化名城 20 座，艺术表演团体 104 个，艺术表演场馆 92 个，博物馆 352 个，公共图书馆 154 个，群众艺术馆和文化馆 157 个，文化站 1814 个，农村文化大院 7.6 万个。国家级、省级文化产业示范基地分别为 15 个和 126 个。

卫生服务条件改善。年末医疗卫生机构 7.7 万所。其中，医院 1927 所，基层医疗卫生机构 7.3 万所。医疗卫生机构床位 51.9 万张。卫生技术人员 61.9 万人。其中，执业医师及执业助理医师 23.7 万人，注册护士 25.4 万人。完成诊疗服务 6.2 亿人次。人均基本公共卫生服务经费补助标准由 35 元提高至 40 元。

体育运动广泛开展。举办各类赛事活动 3468 项次，成功举办了山东省第五届全民健身运动会。97%的县（市、区）、83%的乡镇街道、73%的行政村覆盖体育健身工程。获得世界大赛冠军 15 人次、国内最高水平比赛金牌 37 枚。举办了 7 个项目的全省大中小学体育联赛，参加省、市级联赛运动员分别为 6629 人和 4.9 万人。

十一、城乡建设

城镇化水平加快提升。全省常住人口城镇化率达到 57.01%，比上年提高 2.0 个百分点。

村镇居住环境明显改善。村镇建设完成投资 1740.2

亿元，比上年增长 9.4%。新建农房 38.1 万户，改造危房 9.2 万户。累计建成并入住农村新型社区 3803 个。73.8%的镇建有污水处理设施、96.7%的镇建有垃圾转运设施。城乡环卫一体化实现镇村全覆盖，6.4 万个行政村全部完成“三清”（清理垃圾堆、粪堆、柴草堆）工作。

城市综合承载能力增强。城市市政公用设施建设完成投资 1017.3 亿元。其中，轨道交通投资 150.1 亿元，海绵城市综合管廊建设投资 80.6 亿元。新建城市生活垃圾无害化处理场 11 座，城市污水处理厂 24 座。新增生活垃圾日无害化处理能力 5380 吨，日污水处理能力 61.7 万立方米，城市道路面积 3000 万平方米，公园绿地面积 6000 公顷，集中供热面积 8100 万平方米。累计建成地下综合管廊 208 公里。

十二、资源、环境和安全生产

资源勘探取得新进展。新发现矿产地 26 处，新增查明金金属量 1111.2 吨，铁矿石资源量 1.1 亿吨，煤炭资源量 10.4 亿吨，岩盐矿资源量 15.2 亿吨。

节能降耗成效显著。初步核算，万元 GDP 能耗降低率完成年度和“十二五”规划目标。重点调查的 72 种产品中，51 种产品单位能耗比上年下降。关停小型煤电机组 122.9 万千瓦。淘汰生铁产能 119.4 万吨，粗钢 465.0 万吨，焦炭 40.0 万吨，造纸 10.3 万吨，制革产能 30.0 万标张，印染产能 9357.9 万米，铅蓄电池极板产能 228.7 万千伏安时，组装产能 150.7 万千伏安时。

清洁能源生产规模扩大。可再生能源发电量 212.3 亿千瓦时，比上年增长 29.0%。其中，风力发电 121.4 亿千瓦时，增长 20.3%；生物质发电 76.9 亿千瓦时，增长 36.9%。

生态环境继续改善。细颗粒物（PM2.5）、可吸入颗粒物（PM10）、二氧化硫和二氧化氮平均浓度分别比上年下降 7.3%、7.7%、23.7%和 10.9%。省控重点河流化学需氧量（COD）平均浓度下降 2.4%，氨氮平均浓度下降 5.8%。年末森林公园面积达到 43.6 万公顷。共有国家级森林公园 51 处，新增 3 处；省级森林公园 64 处，市级森林公园 131 处。国家级湿地公园 59 处，新增 9 处；省级湿地公园 113 处，新增 17 处。湿地类型自然保护区 17 处。

安全生产事故持续下降。七个行业（领域）发生各类生产安全事故 2778 起，比上年下降 10.6%；死亡 1399 人，下降 10.3%。亿元 GDP 生产安全事故死亡 0.063 人。

十三、人口、居民生活和社会保障

人口保持低速增长。全年出生人口 123.58 万人，出生率 12.55‰；死亡人口 65.68 万人，死亡率 6.67‰；人口自然增长率 5.88‰。年末常住人口 9847.16 万人。其中，0-14 岁人口占总人口的 16.62%，15-64 岁人口占 71.17%，65 岁及以上人口占 12.21%。

居民生活水平继续提高。全省居民人均可支配收入 22703 元，比上年增长 8.8%，扣除价格因素实际增长 7.5%；人均消费支出 14578 元，增长 9.4%。城镇居民人均可支配收入 31545 元，增长 8.0%，扣除价格因素实际增长 6.5%；人均消费支出 19854 元，增长 8.4%。农村居民人均可支配收入 12930 元，增长 8.8%，扣除价格因素实际增长 7.8%；人均消费支出 8748 元，增长 9.9%。全省居民人均现住房建筑面积 38.5 平方米，城镇居民人均现住房建筑面积 36.4 平方米，农村居民人均现住房建筑面积 40.9 平方米。

图4 “十二五”时期城镇居民人均可支配收入及增长速度

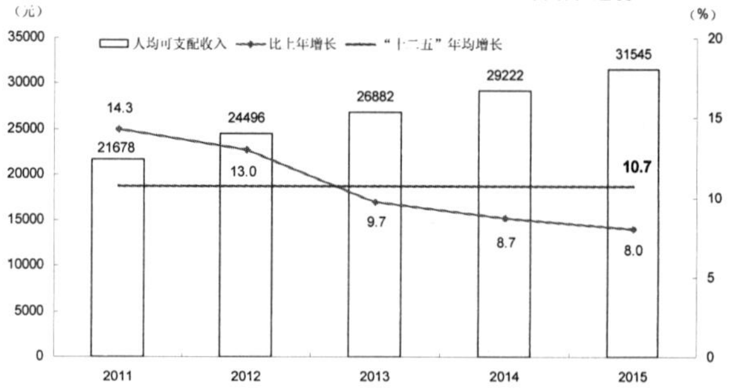

图5 “十二五”时期农村居民人均可支配收入及增长速度

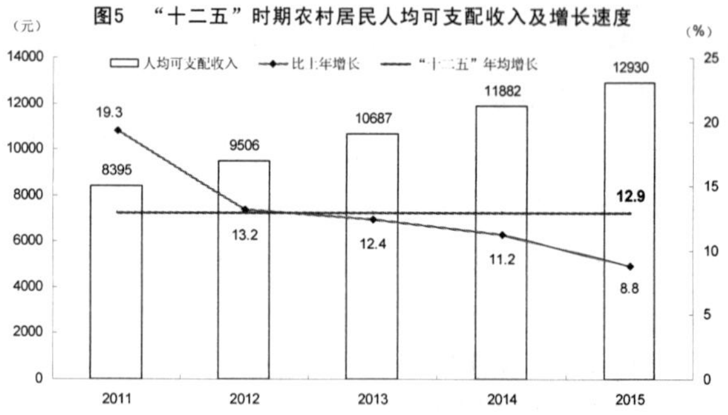

表 7 2015 年居民人均可支配收入及增长速度

指 标	全体居民		城镇居民		农村居民	
	绝对值（元）	比上年增长（%）	绝对值（元）	比上年增长（%）	绝对值（元）	比上年增长（%）
可支配收入	22703	8.8	31545	8.0	12930	8.8
工资性收入	13144	9.1	20386	8.1	5139	9.0
经营净收入	5079	7.9	4375	8.4	5857	7.8
财产净收入	1454	10.6	2475	9.0	326	13.6
转移净收入	3026	8.2	4309	6.4	1608	10.8

表 8　2015 年居民人均消费支出及增长速度

指标	全体居民		城镇居民		农村居民	
	绝对值（元）	比上年增长（%）	绝对值（元）	比上年增长（%）	绝对值（元）	比上年增长（%）
消费支出	14578	9.4	19854	8.4	8748	9.9
食品烟酒	4166	5.9	5527	4.3	2662	8.0
衣着	1277	9.2	1943	7.9	540	10.4
居住	2903	2.7	4059	1.1	1627	5.1
生活用品及服务	1038	4.5	1477	3.2	553	5.6
交通通信	2104	15.5	2748	15.6	1393	13.6
教育文化娱乐	1557	19.5	2141	21.0	912	13.8
医疗保健	1180	19.2	1416	19.2	919	18.4
其他用品和服务	353	20.1	543	22.8	142	5.9

表 9　2015 年末每百户居民家庭主要耐用消费品拥有量

指标	单位	数　量		
		全体居民	城镇居民	农村居民
家用汽车	辆	37.8	49.4	23.6
摩托车	辆	43.6	22.7	68.9
电冰箱(柜)	台	94.9	98.2	90.8
洗衣机	台	91.9	96.1	86.8
热水器	台	84.0	93.9	72.1
空调	台	77.5	109.4	38.8
彩色电视机	台	108.7	108.0	109.5
摄像机	台	5.9	10.2	0.7
照相机	台	26.3	43.8	5.1
计算机	台	59.2	79.3	34.8
中高档乐器	架	3.2	5.4	0.6
固定电话	部	35.2	39.6	29.9
移动电话	部	214.7	220.4	207.8
接入互联网的移动电话	部	80.8	99.6	58.1

社会保障水平提升。职工基本养老、职工基本医疗、失业、工伤、生育保险参保人数分别比上年增加 107.3 万人、44.2 万人、49.5 万人、52.0 万人和 64.9 万人。年末居民基本养老保险参保人数 4534.3 万人，待遇领取人员 1407.8 万人，基础养老金最低标准提高到 85 元。居民基本医疗保险参保人数 7331.4 万人。居民大病保险累计补偿 180.7 万人次、37.8 亿元。居民以及职工政策范围内住院费用报销比例分别为 70%和 75%以上。企业退休人员基本养老金月人均达到 2454 元。失业保险金标准平均增长 5.9%，1 至 4 级工伤职工伤残津贴平均增长 10.6%。

困难群众生活保障标准提高。城镇最低生活保障人数 37.2 万人，月人均保障标准 472 元，比上年提高 20 元。农村最低生活保障人数 237.4 万人，年人均保障标准 3391 元，提高 401 元。

社会服务全面展开。城乡医疗救助资金支出 10.7 亿元，比上年增长 17.2%；救助和资助居民 276 万人次。共有儿童福利机构 17 个，床位 5390 张；各类养老机构 3129 个，床位 60.5 万张；社会福利企业 1154 个，安置残疾人员就业 3.3 万人。各级慈善总会用于朝阳助学、夕阳扶老、情暖万家、康复助医、爱心助残五大工程的支出善款为 14.1 亿元。

注：

1. 本公报中数据均为初步统计数。

2. 全省生产总值、各产业增加值总量按现价计算，增长速度按不变价格计算。邮电业务总量按 2010 年不变价格计算。

3. 各类市场主体包括在工商部门登记注册的国有集体性质企业、外商投资企业、私营企业、个体工商户和农民专业合作社。

4. 规模以上工业企业指年主营业务收入 2000 万元及以上的工业法人企业。

5. 固定资产投资（不含农户）包括城镇和农村各种登记注册类型的企业、事业、行政单位以及城镇个体户计划总投资 500 万元及以上的建设项目投资，全部房地产开发经营业法人单位开发项目投资。

6. 限额以上批发业企业指年主营业务收入 2000 万元及以上的批发业企业，限额以上零售业企业指年主营业务收入 500 万元及以上的零售业企业，限额以上住宿和餐饮业企业指年主营业务收入 200 万元及以上的住宿和餐饮业企业。

7. 各类生产安全事故起数、死亡人数统计范围包括生产经营性道路交通、水上交通、铁路交通、民航飞行、农业机械、渔业船舶和工矿商贸七个行业（领域）发生的事故，不包括森林火灾、火灾事故和非生产经营性道路交通。

8. 全省自 2013 年开始实施城乡住户调查一体化改革。2011-2013 年城镇居民、农村居民可支配收入均为城乡住户调查一体化改革后可比口径数据。

2015年山东统计工作综述

2015年，全省统计系统以党的十八大和十八届三中、四中、五中全会精神为指导，深入学习贯彻习近平总书记系列重要讲话精神，紧紧围绕全省稳增长、促改革、调结构、惠民生、防风险工作大局，积极适应、反映和服务新常态，深化统计改革创新，大力实施依法统计，全面准确及时反映经济社会发展实际，各项统计事业取得新进展。

一、全面落实党要管党、从严治党要求。突出抓好机关党建工作。牢固树立抓好党建就是最大政绩的理念，自觉把党要管党、从严治党落到实处，全面加强党组织建设，顺利完成机关党委、机关纪委和基层党支部换届工作。全力抓好政治理论学习，深入学习习近平总书记系列重要讲话精神，党组多次组织中心组专题学习，在理论与实践结合上下功夫，进一步强化党性修养，筑牢理想信念，不断增强中国特色社会主义道路自信、理论自信、制度自信。扎实开展“三严三实”专题教育。将专题教育与统计工作目标任务相结合、与推进依法治统相结合、与统计干部队伍建设相结合。坚持以上率下，认真讲授党课。坚持突出主题，深入学习研讨。坚持问题导向，注重立根固本。坚持边学边查边改，着力在发现问题、建章立制上下功夫。省统计局的专题教育扎实有效，得到了省直机关工委的充分肯定。强化党风廉政建设“两个责任”。认真执行中央八项规定精神，坚决反对“四风”，厉行勤俭节约。召开党风廉政工作会议和行风建设会议，逐级签订党风廉政建设责任书。全力支持驻局纪检组依法履行监督职责，完善监督方式，开展前置式监督、建议式监督、集体提醒式监督、个别谈话式监督、督查式监督和民意汇总监督等，严格执纪问责，坚决把纪律和规矩挺在前面。

二、统计改革全面推进。GDP统一核算改革有序推进。认真分析研究GDP统一核算改革对我省的影响，严格审核全省及各市GDP数据，把各市GDP总量、速度与全省的差距控制在合理范围内，建立全省文化及相关产业增加值、非公有和民营经济统一核算制度，统一测算全省及17市文化及相关产业增加值、非公有和民营经济增加值，为全省地区GDP统一核算工作积累了经验。积极开展自然资源资产负债表和资产负债表编制试点工作。选取东营市垦利县和泰安市泰山区作为自然资源资产负债表编制试点单位，分别探索湿地和森林资源资产负债表编制工作。开展了住户部门资产负债表编制试点工作。固定资产投资统计改革工作稳妥推进。开展固定资产投资统计制度方法改革试点工作，建立起非金融资产财务支出法投资统计制度，投资统计范围由“固定资产投资”扩大为“非金融资产投资”，首次实现了投资统计直接向法人单位采集数据。能源核算制度改革不断深入。以经济普查结果为依据，完成能耗历史数据调整工作，实现了能耗数据总量平衡、结构一致、品种吻合、三级衔接的目标。严格执行能源生产和销售统计制度，建立能源经销企业名录管理维护制度，全面开展名录清查摸底工作，对重点地区能源流通企业实施动态监控，为实现能源核算由消费端向供应端全面过渡奠定坚实基础。服务业统计改革加快推进。实施重点服务业企业月度统计调查，做好服务业生产指数试编的准备工作，建立高效规范、权责明晰的工作机制，加大数据质量审核和评估力度，定期开展督导，服务业统计数据质量进一步提高。劳动力调查改革积极推进。按照国家“扩面、增容、提质”的要求，开始实施月度劳动力调查制度，采用手持电子设备采集数据，真实准确及时地反映就业失业状况。文化产业统计改革实现突破。建成文化产业月报统计制度，并按期编印文化产业统计季报。

三、各项普查、专项调查顺利开展。1%人口抽样调查取得阶段性成果。调查准备工作扎实有效，建立健全调查机制，积极落实调查经费物资，并向部分财政困难地区倾斜，对38个县（市、区）下拨专项补助经费。认真开展试点工作，探索创新试点组织方式，积极应用现代信息技术，变革调查员选调与培训模式，提升数据处理技术水平，为正式调查积累了经验。从严从实抓好清查摸底、入户登记、事后质量抽查等各个环节工作，保证了调查数据质量。积极筹备第三次农业普查工作。省政府下发了《关于开展第三次农业普查的通知》，对第三次农业普查工作进行全面部署。积极推进各级普查机构的组建工作，开展主要农作物播种面积遥感测量，为普查顺利开展奠定基础。加强与国家统计局、省财政厅的汇报沟通，做好普查经费的预算编制和申请工作，争取普查经费按时拨付、足额到位。积极开发应用第三次经济普查资料。及时发布了《山东省第三次经济普查主要数据公报》，完成57项经济普查课题研究，编印了普查数据摘要、业务论文汇编、系列分析和普查年鉴。利用普查资料全面更新基本单位名录库，修订核实有关历史数据。各市局也积极开发利用三经普数据，扩大普查成果，东营市局依据普查资料建设新的统计地理信息系统，威海市局与高校合作研究普查课题。

四、统计服务水平不断提升。加强统计监测。深入开展全面建成小康社会和“两区一圈一带”统计监测，全面反映全省经济发展和重点战略状况，动态监测新业态、新产业、新商业模式、先进制造业、现代服务业等。城镇化统计监测取得新进展，多次向国家统计局汇报我省城镇化发展情况，研究建立全省年度1%人口抽样调查制度，加强部门协作合力推进城镇化统计工作，全面反映我省城镇化建设成果。提升统计分析和信息质量。围绕结构调整、转型升级、“三农”、新型城镇化建设等领域开展专题分析，形成立意准确、观点鲜明、支撑有力的分析报告，其中，《我省农村土地流转状况的调查分析》得到省委副书记王军民批示，《积极引导投资结构调整，打造新常态下文化产业发展新亮点》得到省委常委、宣传部部长孙守刚批示。聚焦经济新常态的规律和特征，坚持超前谋划、提前调度、准确预警，统计数据快报与分析第一时间报送省领导。省统计局全年累计向省委、省政府及国家统计局“每日调查”报送各类经济信息 514 条，在省委办公厅和省政府办公厅考核中均位居前列，省统计局报送的《我省工业经济效益运行存在四大问题》获省政府办公厅表彰。拓展服务方式。认真做好全省“两会”统计信息服务，受省委组织部等部门委托，顺利完成全省科学发展综合考核、第二届文化强省建设先进市县考评等工作，为部门提供了优质高效的统计服务。圆满完成各类电话访问调查20余项，成功访问量达40余万人次。利用各类统计产品及各种新闻媒体，及时发布经济运行情况；依托第六届“中国统计开放日”、阳光政务热线、统计信息外网等多个平台，集中宣传统计知识热点,为社会各界提供咨询服务。各市局统计服务工作亮点纷呈，济南、泰安、临沂市局研发移动端综合数据信息平台，青岛市局建立“互联网+”、“海洋+”等监测制度，淄博市局牵头对首次纳入规模以上工业企业统计范围的小微企业给予奖励支持，枣庄市局打造电访、面访、网访和问卷调查四位一体的社情民意调查平台，东营市局完善《统计数据资料提供管理办法》，烟台市局开展“四式服务”，潍坊市局超前筹划《潍坊市“十三五”经济社会发展战略研究》，济宁市局举办“统计分析论坛”，日照市局开展转型升级专题调研，聊城市局建立乡镇和重点企业联系制度，充分发挥出统计部门“参谋部、晴雨表、信息窗”的作用。

五、统计数据质量进一步提高。全省统计系统认真学习贯彻中央领导关于基层数据造假问题的重要批示精神，大力推进依法统计。加强统计执法检查，在全省范围开展“四上”企业统计执法检查。2015 年全省共检查单位 7902 个，其中立案 226 件，已结案 165 件。在统计信息外网设立“统计上严重失信企业信息公示平台”，公开举报电话和邮箱。加强统计普法宣传，继续推动《统计法》纳入党校和行政学院的教学计划，青岛、枣庄、日照、聊城等市委党校举办统计法专题报告会，全省接受统计法制教育领导干部达2000多人。加强数据审核，各专业认真落实《国家统计质量保证框架》、《省统计局统计数据质量管理办法》等重要统计工作规范和行为准则，严格执行联网直报各项规定，坚决守住四条红线，强化联网直报即报即审机制，确保源头数据质量。各市坚持依法统计，积极构筑数据质量“防火墙”。济南市政府将诚信统计纳入全市社会信用体系示范工程建设，东营市局开展“统计法制建设提升年”活动，莱芜市局实行统计执法约谈，临沂市局建立数据质量星级评估机制，德州市局开展“统计质量提升年”活动，青岛、菏泽市局制定完善数据质量管理控制办法，保证了我省源头数据的质量。

六、统计基层基础不断巩固发展。基层统计机构建设取得新成绩。各地因地制宜，多措并举，乡镇统计机构网络不断完善。泰安市政府开展统计基层基础建设工作专题督查，济南市局出台了《关于进一步加强统计基层基础工作的意见》，威海市局开展了“基层基础建设年”活动，临沂市局推行县级统计机构首席统计员制度并创新基层统计“网格”体制机制，青岛、滨州等市的乡镇利用互联网技术，实现企业行政记录乡镇部门共享。目前，全省有 1859 个乡镇（街道）设立了各式统计站，占比达到99.8%。基层统计队伍得到加强。进一步强化对基层统计人员的业务培训，全省培训县乡统计人员8000多人，提高了基层统计人员的素质。各地采取积极措施，稳定壮大基层统计队伍。临沂市政府对乡镇（街道）统计人员给予每月 60-120 元的考核奖励，菏泽市积极解决基层统计人员的职位晋升问题，全年有12名统计站长走上了副科级领导岗位，激发乡镇统计人员工作热情。企业统计建设取得新进展。进一步拓展企业星级单位评级范围，把规模以上服务业企业纳入到企业统计星级管理中。由省文明委发起的“厚道鲁商”倡树行动，把企业统计星级单位纳入“厚道鲁商”评定指标体系中，凡获得统计三星级及以上的企业才有资格参加“厚道鲁商”倡树行动，并对统计失信企业实行一票否决。编制《科技统计指标填报标准化指南》，使企业填报数据有章可循。各市进一步重视企业统计工作，泰安市局明确各县级统计局一把手是星级单位管理第一责任人，莱芜市局推行规模以上企业统计人员补贴奖励制度。

七、部门统计工作实现新突破。省政府办公厅印发了《关于贯彻国办发〔2014〕60号加强和完善部门统计工作的实施意见》，对全行业统计、部门报表制度、部门调查项目管理、部门统计巡查、部门数据发布等作出具体规定。省统计局为推进《实施意见》落到实处，明确各业务处室对口联系部门，对部门数据的上报时间、上报方式等逐一落实。省直各部门和各市局根据文件精神开展了卓有成效的工作，省海洋与渔业厅、省交通运输厅积极推进全系统部门统计工作规范化建设，枣庄、东营、滨州等市政府也出台了加强部门统计工作的文件。省统计局不断强化对部门统计的业务指导及培训，协助省旅游局对县以上旅游统计人员进行了统计知识培训，协助省公安厅开展统计工作规范化建设，与省旅游局联合下发了《关于加强旅游业统计工作的指导意见》，与省质监局、省发改委联合下发了《关于做好2014年度检验检测服务业统计工作的通知》。

八、机关建设成效显著。积极推进系统文明创建工作。省统计局印发了创建“全国文明单位”的实施意见，召开了全局争创“全国文明单位”动员会，启动了创建“全国文明单位”各项准备工作。在济宁召开了全省系统文明创建工作现场会，对系统文明创建工作作出全面安排部署。大力推进干部队伍建设。组织3名副处级干部到淄博挂职锻炼，选派部分市局优秀工作人员到国家局挂职学习。举办领导干部综合能力提升研修班，组织开展了19个培训项目，干部队伍素质进一步提升。积极做好事业单位岗位聘用工作，稳步推进事业单位改革。全力做好第一书记工作，在首轮第一书记帮扶工作检查验收中，省统计局获得“表现突出的省直派出单位”称号，并进一步选派3名优秀年轻干部担任第二轮第一书记。全力推进信息化建设。高质量完成全省高清视频会议系统、网站安全云防护、等级保护安全服务等信息化重点项目建设，其中全省高清视频会议系统实现了国家、省、市、县四级联通，全省信息化水平大幅提高。持续推进统计行风建设。在年初签订统计行风建设责任书的基础上，各市局采取多项措施，积极推进各项机关建设。淄博市局开展“对标先进、担当有为”活动，潍坊市局加强制度化建设和规范化管理，济宁市局的“统计先锋”品牌被评为市直机关首批十佳党建品牌，烟台市局的岗位技能练兵活动、日照市局的“效能建设年”活动以及德州市局的“干部素质提升年”活动也都丰富多彩、各具特色。

与此同时，省统计局在政务管理、财务管理、科研教育、新闻宣传、后勤保障、老干部服务、学会建设等各方面工作都取得新进步。

回顾2015年的工作，全省统计系统付出了大量艰辛劳动，也收获了许多可喜成绩，得到了各级领导的肯定和表扬，为全面建成小康社会、推进经济文化强省建设作出了积极贡献。

第1篇 综　合

General Survey

简 要 说 明

一、本篇资料的主要内容

本篇资料是对我省乡镇以上行政区划、分行业法人单位数和国民经济、社会发展的综合反映，主要包括行政区划、法人单位数和平均每天社会经济活动、国民经济主要比例关系、国民经济和社会发展主要指标占全国的比重、国民经济和社会发展主要指标及其增长速度等资料。

二、本篇资料的来源

1、“行政区划一览表”主要包括2015年底各（地级）市、各县（市、区）和乡镇级的行政区划资料，数据来源于省民政厅。

2、法人单位情况由省统计局普查中心整理提供。

3、国民经济和社会发展综合部分来源于本年鉴各篇章中的资料，由省统计局综合处加工整理。

Brief Introduction

I. Main Content

Data in this chapter cover the main indicators on divisions of administrative areas, corporate units and national economy and social development, including divisions of administrative areas, number of corporate units and average daily social and economic activities, ratio, and percentage of main indicators of Shandong to the whole nation and growth rate.

II. Source of Data

(1) Data on divisions of administrative areas are provided by Shandong Provincial Department of Civil Affairs.

(2) Data on corporate units situation are provided and compiled by the Census Center of Shandong Provincial Bureau of Statistics.

(3) Data on general survey of economy and society are based on those of different chapters and compiled by the Division of Comprehensive Statistics of Shandong Provincial Bureau of Statistics.

1-1　行政区划(2015年底)

Divisions of Administrative Areas (Year-end of 2015)

单位:个　　　　(unit)

地　区	Region	县级单位数 Numbers of Counties	市辖区 Districts under the Jurisdiction of Cities	县级市 Cities at County Level	县 Coumty	乡镇级单位数 Numbers of Towns	街道办事处 Street Communities	乡 Townships	镇 Towns
全　省	**Total**	**137**	**51**	**28**	**58**	**1826**	**636**	**75**	**1115**
济南市	Jinan	10	6	1	3	143	95	2	46
青岛市	Qingdao	10	6	4		145	102		43
淄博市	Zibo	8	5		3	88	30		58
枣庄市	Zaozhuang	6	5	1		64	18		46
东营市	Dongying	5	2		3	40	14	2	24
烟台市	Yantai	12	4	7	1	154	66	6	82
潍坊市	Weifang	12	4	6	2	118	56		62
济宁市	Jining	11	2	2	7	156	47	4	105
泰安市	Tai'an	6	2	2	2	88	20	6	62
威海市	Weihai	4	2	2		71	23		48
日照市	Rizhao	4	2		2	55	11	4	40
莱芜市	Laiwu	2	2			20	7		13
临沂市	Linyi	12	3		9	156	28	9	119
德州市	Dezhou	11	2	2	7	134	27	16	91
聊城市	Liaocheng	8	1	1	6	135	32	9	94
滨州市	Binzhou	7	2		5	91	29	4	58
菏泽市	Heze	9	1		8	168	31	13	124

1-2 国民经济和社会发展主要指标

类 别		Category		2000	2005
一、人 口		**Population**			
年末总人口	(万人)	Total Population at the Year-end	(10 000 persons)	8997	9248
按性别分		**By Sex**			
男	(万人)	Male	(10 000 persons)	4562	4676
女	(万人)	Female	(10 000 persons)	4413	4537
按农业非农业分		**Agricultural and Non-agricultural Population**			
农业人口	(万人)	Agricultural Population	(10 000 persons)	6566	6066
非农业人口	(万人)	Non-agricultural Population	(10 000 persons)	2409	3147
人口密度	(人/平方公里)	Population Density	(persons/sq.km)	574	589
二、就业人员和劳动工资		**Employment and Wages**			
年末就业人员	(万人)	Year-end Employed Persons	(10 000 persons)	5441.8	5840.7
第一产业	(万人)	Primary Industry	(10 000 persons)	2887.7	2350.3
第二产业	(万人)	Secondary Industry	(10 000 persons)	1286.0	1781.4
第三产业	(万人)	Tertiary Industry	(10 000 persons)	1268.1	1709.0
乡村就业人员	(万人)	Rural Employed Persons	(10 000 persons)	3617.1	3563.9
城镇就业人员	(万人)	Urban Employed Persons	(10 000 persons)	1825.2	2276.8
职工年末人数	(万人)	Number of Staff and Workers at the Year-end	(10 000 persons)	790.1	871.1
# 国有单位	(万人)	State-owned Units	(10 000 persons)	542.1	415.8
城镇集体单位	(万人)	Urban Collective-owned Units	(10 000 persons)	103.9	63.3
工资总额	(亿元)	Total Wages Bill	(100 million yuan)	695.1	1440.3
# 国有单位	(亿元)	State-owned Units	(100 million yuan)	524.4	823.7
城镇集体单位	(亿元)	Urban Collective-owned Units	(100 million yuan)	58.8	73.2
平均工资	(元)	Average Wage	(yuan)	8772	16614
# 国有单位	(元)	State-owned Units	(yuan)	9655	19823
城镇集体单位	(元)	Urban Collective-owned Units	(yuan)	5585	11474
三、国民经济核算		**National Accounting**			
地区生产总值	(亿元)	Gross Domestic Product	(100 million yuan)	8337.47	18366.87
第一产业	(亿元)	Primary Industry	(100 million yuan)	1268.57	1963.51
第二产业	(亿元)	Secondary Industry	(100 million yuan)	4164.45	10478.62
第三产业	(亿元)	Tertiary Industry	(100 million yuan)	2904.45	5924.74
工 业	(亿元)	Industry	(100 million yuan)	3665.74	9418.58
建筑业	(亿元)	Construction	(100 million yuan)	498.71	1060.04
交通运输仓储邮电通信业	(亿元)	Transportation Post and Telecommunication Services	(100 million yuan)	545.13	
批发零售贸易餐饮业	(亿元)	Wholesale Retail and Catering	(100 million yuan)	856.94	
人均地区生产总值	(元)	Per Capita GDP	(yuan)	9326	19934
支出法计算的国内生产总值		**Gross Domestic Product by Expenditure Approach**			
#最终消费	(亿元)	Government Final Consumption Expenditure	(100 million yuan)	4021.46	7478.35
居民消费	(亿元)	Household Consumption Expenditures	(100 million yuan)	3082.06	5451.19
政府消费	(亿元)	Government Consumption Expenditure	(100 million yuan)	939.40	2027.16
资本形成总额	(亿元)	Gross Capital Formation	(100 million yuan)	4122.26	9411.18
#固定资形成总额	(亿元)	Gross Capital Formation	(100 million yuan)	3159.03	8974.77
居民消费水平		**Household Consumption Expenditure**			
全省居民	(元)	Average Expenditure of All Residents	(yuan)	3447	5916
农村居民	(元)	Rural Residents	(yuan)	2118	3109
城镇居民	(元)	Urban Residents	(yuan)	5603	9453
四、固定资产投资		**Investment in Fixed Assets**			
全社会固定资产投资额	(亿元)	Total Investment in Fixed Assets	(100 million yuan)	2542.65	10541.87
国有经济	(亿元)	State-Owned Units	(100 million yuan)	1153.65	1853.29
集体经济	(亿元)	Collective-Owned Units	(100 million yuan)	679.48	1042.41
个体经济	(亿元)	Individuals Economy	(100 million yuan)	353.93	2736.61

注：1.2000和2010年年末总人口数据为人口普查时点数据。
2.2010年起，工资总额、平均工资数据为城镇单位就业人员口径。

Main Indicators on National Economic and Social Development

2006	2007	2008	2009	2010	2011	2012	2013	2014	2015
9309	9367	9417	9470	9579	9637	9685	9733	9789	9847
4707	4739	4761	4792	4839	4870	4868	4883	4960	4999
4575	4606	4632	4658	4697	4721	4712	4729	4787	4823
6055	5909	5860	5902	5698	5646	5559	5482	5462	5120
3228	3436	3532	3548	3839	3945	4021	4130	4285	4702
592	596	599	603	610	613	616	619	620	624
5960.0	6081.4	6187.6	6294.2	6401.9	6485.6	6554.3	6580.4	6606.5	6632.5
2328.0	2265.2	2313.5	2297.4	2273.1	2211.6	2168.0	2086.0	2023.2	1963.2
1870.3	1989.9	1955.5	2014.1	2086.7	2185.6	2245.2	2270.2	2294.2	2338.0
1761.7	1826.3	1918.6	1982.7	2042.1	2088.4	2141.1	2224.2	2289.1	2331.3
3535.0	3519.9	3507.5	3490.8	3474.5	3471.2	3470.0	3427.4	3405.5	3376.6
2425.0	2561.5	2680.1	2803.4	2927.4	3014.4	3084.3	3153.0	3201.0	3255.9
874.3	879.7	872.7	889.6	919.9	1006.0	1060.2	1237.6	1210.0	1178.0
409.3	411.6	413.9	413.3	422.4	424.4	431.8	397.6	386.2	374.6
59.6	57.8	54.1	54.4	54.6	58.4	60.5	55.5	48.3	44.5
1664.5	1992.6	2294.5	2629.3	3166.7	3956.1	4628.2	6098.9	6545.4	7054.6
929.9	1118.8	1285.8	1432.8	1683.5	1885.8	2125.1	2184.5	2334.1	2677.1
78.8	90.9	101.6	118.1	147.1	182.1	216.3	247.7	232.8	235.4
19228	22844	26404	29688	33321	37618	41904	46998	51825	57270
22804	27290	31169	34794	38490	43469	47894	52811	58485	69050
13132	15636	18656	21496	25626	29683	34001	41416	45015	50191
21900.19	25776.91	30933.28	33896.65	39169.92	45361.85	50013.24	55230.32	59426.59	63002.33
2138.90	2509.14	3002.65	3226.64	3588.28	3973.85	4281.70	4565.97	4798.36	4979.08
12574.03	14647.53	17571.98	18901.83	21238.49	24017.11	25735.73	27442.85	28788.11	29485.90
7187.26	8620.24	10358.64	11768.18	14343.14	17370.89	19995.81	23221.51	25840.12	28537.35
11378.82	13283.72	15894.95	16896.14	18861.45	21275.89	22798.33	24265.31	25340.86	25910.75
1195.21	1363.81	1677.03	2005.69	2377.04	2741.22	2937.40	3261.07	3534.48	3664.86
23603	27604	32936	35894	41106	47335	51768	56885	60879	64168
8888.17	10352.82	12368.40	13574.79	15331.20	18095.43	20543.68	23101.63	24193.05	26144.42
6553.88	7603.39	9085.22	9910.18	11058.97	12999.98	14583.38	16741.40	18726.59	20308.37
2334.29	2749.43	3283.18	3664.61	4272.23	5095.45	5960.30	6360.23	5466.46	5836.05
11177.54	13105.80	15587.57	18109.95	21499.29	24944.34	27551.54	30952.89	33780.80	35587.41
10829.36	12505.88	15035.08	17734.43	20800.55	24281.22	26808.85	29249.45	31647.07	33229.42
7064	8142	9673	10494	11606	13524	15095	17243	19184	20684
3608	4251	5081	5395	5730	7041	8212	9509	11215	12651
11193	12633	14815	16027	17717	19923	21528	24076	25869	26993
11136.06	12537.02	15435.93	19030.97	23276.69	26769.73	31255.96	36789.07	42495.55	48312.46
1855.41	1838.55	2431.54	3086.82	3648.45	3783.31	3949.65	4757.31	5455.94	6304.58
1063.61	1269.64	1811.23	2308.54	2627.32	2715.00	3129.27	3113.17	3380.39	3125.74
3096.56	3566.49	4360.90	5235.29	6505.00	8234.50	9879.75	12827.66	16215.47	20268.78

a)Total population data of 2000 and 2010 year-end are based on the national population census.

b)Since 2010,data of total wages bill and average wage refer to the range of employed persons in urban.

1-2 续表 1

类　　别		Category		2000	2005
其他经济	(亿元)	Others	(100 million yuan)	355.59	4909.56
五、能　源		**Energy**			
能源生产总量	(万吨标煤)	Total Energy Production	(10 000 tons of SCE)	9648.75	13995.62
原　煤	(万吨标煤)	Coal	(10 000 tons of SCE)	5741.96	10021.63
原　油	(万吨标煤)	Crude Oil	(10 000 tons of SCE)	3822.49	3849.36
天燃气	(万吨标煤)	Natural Gas	(10 000 tons of SCE)	83.54	123.03
水　电	(万吨标煤)	Hydro-power	(10 000 tons of SCE)	0.76	1.60
水电、风电和太阳能光伏发电	(万吨标煤)	Hydro,Wind and Solar PV Power	(10 000 tons of SCE)		
六、财　政		**Government Finance**			
公共财政预算收入	(亿元)	Local Government Budgetary Revenue	(100 million yuan)	463.68	1073.13
#增值税		Value Added Tax		89.69	193.00
营业税		Business Tax		87.66	217.79
企业所得税		Company Income Tax		81.87	110.83
个人所得税		Personal Income Tax		24.75	38.89
资源税		Resource Tax		6.22	18.24
城市维护建设税		Urban Maintenance and Development Tax		27.62	65.95
房产税		Tax on Real Estates		15.56	32.80
城镇土地使用税		Urban Land Using Tax		8.82	29.44
土地增值税		Land Value-added Tax		0.74	14.39
车船税		Tax on Vehicle and License		3.19	5.60
行政事业性收费收入		Incom from Adiministrative Work Fees		30.57	108.07
公共财政预算支出	(亿元)	Local Government Budgetary Expenditure	(100 million yuan)	613.08	1466.23
#基本建设支出		Expenditure for Capital Construction		29.51	70.48
城市维护费		City Maintenance		38.88	117.97
支援农业支出		Expenditure for Supporting Rural Production		41.19	89.58
文教科学卫生事业费		Operating Expenses for Culture,Education, Science and Health Care		167.79	375.17
行政管理费		Expenditure for Government Administratio		62.21	162.95
#一般公共服务		General Public Service			
教育		Education			
社会保障和就业		Social Security and Employment			
医疗卫生		Health			
农林水事务		Farming、Forestry and Irrigation Affairs			
七、金　融		**Fiancial Intermediation**			
金融机构人民币存款余额	(亿元)	RMB Deposits	(100 million yuan)	7471.20	17103.51
#企业存款		Deposits by Enterprises		2077.20	4123.86
财政存款		Fiscal Deposits		76.45	259.66
农业存款		Agricultural Deposits		135.15	322.20
储蓄存款		Urban and Rural Household Savings Deposits		4466.72	9035.14
金融机构人民币贷款余额	(亿元)	RMB Loans	(100 million yuan)	6209.05	13381.75
#工业贷款		Loans to Industrial Sector		993.80	2021.82
农业贷款		Loans to Agricultural Sector		528.18	1561.11
商业贷款		Loans to Commercial Sector		1124.92	1086.77
基建贷款		Loans to Capital Construction		731.59	2040.32
技改贷款		Loans to Technical Innovation		267.82	206.97
八、价格指数		**Price Indices**			
居民消费价格总指数	(上年=100)	Consumer Price Index	(preceding year=100)	100.2	101.7
商品零售物价总指数	(上年=100)	Retail Price Index	(preceding year=100)	98.6	100.6
九、居民生活		**People's Livelihood**			
农民生活		Rural's Livelihood			
人均年末生活用房面积	(平方米)	Per Capita Living Floor Space(the End of Year)	(sq.m)	23.61	29.64

注：2009年开始，一次能源包含水电、风电和太阳能光伏发电，2000—2008年数据不包括风电和太阳能光伏发电。

continued

2006	2007	2008	2009	2010	2011	2012	2013	2014	2015
5120.48	5862.34	6832.27	8400.32	10495.92	12036.92	14297.30	16090.93	17443.75	18613.36
14083.40	14616.67	14615.32	14600.08	16055.71	15997.81	16973.80	15165.08	15220.40	14632.77
10042.24	10526.28	10500.62	10424.07	11913.14	11585.87	12528.16	10722.56	10699.80	10242.27
3935.89	3990.22	3998.91	4040.38	3980.08	3973.65	3963.94	3894.94	3876.09	3725.83
103.46	99.22	113.05	119.97	129.01	64.33	75.71	65.11	62.89	58.61
1.82	0.95	2.74							
			15.66	33.48	53.35	79.19	116.19	133.13	161.90
1356.25	1675.40	1957.05	2198.63	2749.38	3455.93	4059.43	4559.95	5026.83	5529.33
242.83	290.79	333.78	324.48	378.23	413.82	438.12	489.56	596.96	594.98
271.73	339.71	396.09	470.61	631.51	765.72	896.64	1068.33	1135.92	1252.40
148.28	198.50	229.97	220.30	293.31	398.56	441.64	445.95	483.01	498.72
45.84	56.81	61.13	64.67	81.01	96.58	95.11	104.59	115.18	143.12
26.14	28.99	28.81	32.81	33.29	38.36	91.11	92.62	119.57	103.81
78.43	92.46	104.14	109.08	130.74	179.60	198.88	217.84	231.33	243.71
38.70	44.35	47.26	57.86	64.65	74.02	100.83	111.75	122.49	133.86
35.97	65.96	103.57	120.88	137.69	158.46	211.69	229.16	264.69	358.75
22.02	32.53	36.56	43.84	66.19	105.67	145.21	205.91	257.74	259.51
6.42	7.53	12.64	17.69	23.27	29.72	35.86	40.26	46.65	53.31
133.20	144.44	163.20	171.59	203.02	278.82	305.29	284.12	302.20	296.74
1833.44	2261.85	2704.66	3267.67	4145.03	5002.07	5904.52	6688.80	7177.31	8250.01
82.20									
147.03									
108.38									
454.28									
192.95									
	421.82	468.24	490.14	544.31	618.48	705.51	749.96	725.33	738.11
	453.36	550.99	613.49	770.45	1047.90	1311.80	1399.67	1461.05	1690.62
	251.78	285.05	342.79	416.77	501.54	596.48	681.98	763.53	904.64
	99.65	140.42	189.24	250.77	360.36	422.91	485.86	605.67	701.43
	163.01	235.30	369.35	465.98	564.00	673.82	748.14	772.84	964.42
19633.99	22072.24	26930.18	34697.78	41104.96	46345.41	54301.53	62077.88	67498.29	74524.16
4774.57	5910.20	6828.95	10020.94	11585.54					
343.11	479.06	535.25	868.34	1026.07	1109.49	1172.88	1226.84	1297.72	920.97
395.44	431.06	447.17	660.50	277.96					
10358.03	11438.11	14382.19	17082.76	19648.21	22173.27	26343.31	29796.08	33178.56	
15709.60	17545.15	20053.91	25961.32	30722.64	35179.00	42899.91	44761.26	50058.64	55437.00
2837.25	3300.69	3550.94	3941.55						
1844.65	2155.94	2463.43	2962.97						
998.19	1053.05	943.99	1117.77						
2627.80	3047.84	3644.33	5252.66						
143.32	140.52	152.83	132.83						
101.0	104.4	105.3	100.0	102.9	105.0	102.1	102.2	101.9	101.2
100.6	103.6	104.9	99.4	102.7	104.7	101.6	101.4	101.0	100.2
30.69	31.69	32.98	34.24	34.71	36.31	38.43	39.56	40.25	40.91

a)Since 2009, Primary Energy has included hydro,wind and solar PV power. 2000-2008 data do not include wind and solar PV power.

1-2 续表 2

类　　别		Category		2000	2005
人均总收入	(元)	Annual Per Capita Gross Income of Rural Households	(yuan)	3872	5677
人均纯收入	(元)	Annual Per Capita Disposable Income of Rural Households	(yuan)	2659	3931
人均总支出	(元)	Annual Per Capita Gross Expenditure of Rural Households	(yuan)	3036	4561
#购置生产性固定资产	(元)	Expenditure for Purchasing Productive Fixed Assets	(yuan)	108	117
生活消费支出	(元)	Living Expenditure of Rural Households	(yuan)	1771	2736
城镇居民生活		**Urban's Livelihood**			
人均全年可支配收入	(元)	Annual Per Capita Disposable Income of Urban Households	(yuan)	6490	10745
人均全年消费性支出	(元)	Annual Per Capita Consumption Expenditure of Urban Households	(yuan)	5022	7457
人均全年非消费支出	(元)	Annual Per Capita Non-consumption Expenditure of Urban Households	(yuan)	1037	2432
年末人均建筑面积	(平方米)	Per Captia Construction Area of Buildings	(sq.m)	13.8	28.5
十、农林牧渔业		**Farming,Forestry,Animal Husbandry and Fishery**			
农林牧渔业总产值	(亿元)	Gross Output Value of Farming Forestry, Animal Husbandry and Fishery	(100 million yuan)	2294.4	3741.8
农　业	(亿元)	Farming	(100 million yuan)	1300.4	2034.0
林　业	(亿元)	Forestry	(100 million yuan)	47.6	57.6
牧　业	(亿元)	Animal Husbandry	(100 million yuan)	599.2	1125.0
渔　业	(亿元)	Fishery	(100 million yuan)	347.1	465.5
农林牧渔服务业	(亿元)	Services for Agriculture	(100 million yuan)		59.7
农业生产情况		**Farming**			
粮食总产量	(万吨)	Total Output of Grain	(10 000 tons)	3837.7	3917.4
粮食单产	(千克/公顷)	Grain	(kilogram/hectare)	4938	5837
棉花总产量	(万吨)	Total Output of Cotton	(10 000 tons)	59.0	84.6
棉花单产	(千克/公顷)	Cotton	(kilogram/hectare)	1085	1000
油料总产量	(万吨)	Total Output of Oil-bearing Crops	(10 000 tons)	356.9	363.9
油料单产	(千克/公顷)	Oil-bearing Crops	(kilogram/hectare)	3730	4044
肉类总产量	(万吨)	Total Output of Grain	(10 000 tons)	500.0	657.8
猪存栏	(万头)	Number of Pigs	(10 000 heads)	2401.8	2772.0
牛存栏	(万头)	Number of Cattles	(10 000 heads)	779.9	750.4
羊存栏	(万只)	Number of Sheep and Goats	(10 000 heads)	2260.1	2646.0
家禽存栏	(万只)	Number of Poultry	(10 000 heads)	47789.9	54641.3
猪出栏	(万头)	Slaughtered Pigs	(10 000 heads)	3213.2	4263.5
牛出栏	(万头)	Slaughtered Cattle	(10 000 heads)	322.2	425.7
羊出栏	(万只)	Slaughtered Sheep	(10 000 heads)	2375.7	3003.0
家禽出栏	(万只)	Slaughtered Poultry	(10 000 heads)	91195.0	145089.4
禽蛋产量	(万吨)	Poultry Eggs	(10 000 tons)	301.0	363.2
奶类产量	(万吨)	Milk	(10 000 tons)	62.7	196.7
水产品总产量	(吨)	Total Aquatic Products	(tons)	6306551	6648983
海水产品	(吨)	Seawater Aquatic Products	(tons)	5375169	5655207
海洋捕捞	(吨)	Catching in Ocean	(tons)	2780483	2421396
海水养殖	(吨)	Seawater Aquiculture	(tons)	2594685	3233811
淡水产品产量	(吨)	Freshwater Aquatic Products	(tons)	931382	993776
捕捞量	(吨)	Catching	(tons)	81214	110887
养殖量	(吨)	Freshwater Aquiculture	(tons)	850168	882889
水产品养殖面积	(万亩)	Aquiculture Area	(10 000 mu)	788.4	1033.1
海　水	(万亩)	Seawater Aquiculture Area	(10 000 mu)	420.7	611.1
淡　水	(万亩)	Freshwater Aquiculture Area	(10 000 mu)	367.6	422.0
十一、工　业		**Industry**			
工业总产值	(亿元)	Gross Industrial Output Value	(100 million yuan)	12509.5	35387.4
#国有经济	(亿元)	State-owned Enterprises	(100 million yuan)	2474.5	1982.9
集体经济	(亿元)	Collective-owned Enterprises	(100 million yuan)	2394.0	2264.9

continued

2006	2007	2008	2009	2010	2011	2012	2013	2014	2015
6189	7150	8137	8684	9877	12147	13645			
4368	4985	5641	6119	6990	8342	9446	10620	11809	12849
5090	5863	6697	7258	7981	10299	11463			
149	111	124	234	192	295	205			
3144	3622	4077	4417	4807	5901	6776	6877	7962	8748
12192	14265	16305	17811	19946	22792	25755	26882	29222	31545
8468	9667	11007	12013	13118	14561	15778	16646	18323	19854
3249	3522	3640	4060	4298	4781	4879.14			
29.3	29.8	31.3	31.8	32.1	33.2	33.4	36.4	37.3	36.4
4058.6	4766.2	5613.0	6003.1	6650.9	7409.8	7945.8	8750.0	9198.3	9549.6
2283.3	2604.1	2895.7	3224.0	3670.1	3843.6	3960.6	4509.9	4765.8	4929.9
65.5	82.0	102.2	101.3	86.5	100.0	107.0	120.3	131.5	139.9
1025.4	1313.0	1704.9	1683.8	1774.5	2171.9	2285.9	2359.0	2418.3	2523.2
522.9	580.4	686.3	747.4	847.4	999.1	1267.1	1397.4	1481.7	1524.7
161.5	186.8	223.9	246.6	272.5	295.1	325.1	363.4	400.9	431.9
4093.0	4148.8	4260.5	4316.3	4335.7	4426.3	4511.4	4528.2	4596.6	4712.7
5848	5981	6125	6140	6120	6194	6264	6208	6178	6290
102.3	100.1	104.1	92.1	72.4	78.5	69.8	62.1	66.5	53.7
1149	1112	1172	1151	945	1043	1012	923	1122	1042
328.2	328.6	340.6	334.5	342.2	341.0	351.0	349.6	335.9	324.1
4136	4097	4192	4247	4193	4227	4409	4398	4344	4274
681.0	618.7	660.3	684.1	704.4	711.1	764.2	774.8	770.2	774.0
2508.5	2656.5	2725.8	2753.1	2747.6	2837.1	2902.4	2931.4	2910.7	2849.6
632.7	570.7	522.5	485.6	483.7	492.9	499.3	500.1	495.4	503.6
2368.3	2342.3	2142.9	2096.9	2138.9	2150.9	2163.8	2158.1	2174.6	2235.7
52100.3	48779.5	53971.8	52028.8	54110.0	58541.2	64050.3	62299.0	60934.3	61526.9
4389.9	3654.0	3916.7	4155.7	4301.1	4234.2	4599.9	4797.7	4955.1	4836.1
436.6	449.7	458.2	454.3	449.3	433.4	437.3	443.4	440.8	447.5
3026.2	3080.7	3098.8	3057.1	3005.1	2901.2	2915.7	2967.3	3117.8	3195.8
151090.9	139652.9	152889.1	156864.2	163295.6	173553.9	188715.2	184002.0	169647.0	177148.9
353.9	359.9	365.6	377.7	384.8	401.6	402.4	396.6	388.4	424.3
212.4	242.2	254.9	258.2	271.6	279.0	294.1	281.2	289.6	284.9
6837469	7133795	7303048	7535939	7838259	8138280	8418840	8631599	9037382	9312693
5783299	5986873	6094766	6263895	6463345	6647212	6860649	6994590	7461343	7746994
2359570	2451596	2481256	2449591	2350888	2512437	2498206	2428240	2662236	2751340
3423729	3535277	3613510	3814304	3962643	4134775	4362443	4566350	4799107	4995654
1054170	1146922	1208282	1272044	1374914	1491068	1558191	1637009	1576039	1565699
117390	114368	129643	128342	130896	135378	139308	142253	111983	102627
936780	1032554	1078639	1143702	1244018	1355690	1418883	1494756	1464056	1463072
840.0	885.0	993.5	1029.3	1136.5	1174.4	1205.2	1240.4	1252.7	1269.2
564.6	609.3	639.3	662.1	751.4	768.2	785.6	820.2	822.7	844.8
275.4	275.7	354.1	367.2	385.1	406.2	419.6	420.1	429.9	424.4
43900.2	54428.3	62958.5	71209.4	83851.4	99505.0	114707.3	129906.0	141415.0	145964.2
2307.8	2988.1	4577.2	4074.7	5486.1	6200.8	5022.1	4250.1	4262.2	4547.1
2469.7	2922.8	2464.1	2775.7	2632.6	2983.4	3129.1	1750.4	1672.3	1686.3

1-2 续表 3

类 别		Category		2000	2005
按轻重工业分		**Grouped by Light & Heavy Industries**			
轻工业	(亿元)	Light Industry	(100 million yuan)	5964.7	13124.1
重工业	(亿元)	Heavy Industry	(100 million yuan)	6544.8	22263.3
十二、交通运输邮电		**Transport,Posts and Telecommunications**			
铁路通车里程	(公里)	Length of Railways	(km)	2672	3402
公路通车里程	(公里)	Length of Highways	(km)	70686	80132
#晴雨通车	(公里)	Length of Highways Operating under All Weathers	(km)	70038	79854
内河通航里程	(公里)	Length of Navigable Inland Waterways	(km)	1476	1012
客运量	(万人)	Passenger Traffic	(10 000 persons)	66128	98485
铁 路	(万人)	Railways	(10 000 persons)	3840	3952
公 路	(万人)	Highways	(10 000 persons)	61466	93178
水 路	(万人)	Waterways	(10 000 persons)	822	1355
客运周转量	(百万人公里)	Passenger Turnover	(million passenger-km)	54873	82778
铁 路	(百万人公里)	Railways	(million passenger-km)	22180	28268
公 路	(百万人公里)	Highways	(million passenger-km)	32358	53910
水 路	(百万人公里)	Waterways	(million passenger-km)	335	600
货运量	(万吨)	Freight Traffic	(10 000 tons)	92483	147999
铁 路	(万吨)	Railways	(10 000 tons)	11253	18338
公 路	(万吨)	Highways	(10 000 tons)	76778	120455
水 路	(万吨)	Waterways	(10 000 tons)	4452	9206
货运周转量	(百万吨公里)	Freight Turnover	(million ton-km)	403315	558286
铁 路	(百万吨公里)	Railways	(million ton-km)	79964	121908
公 路	(百万吨公里)	Highways	(million ton-km)	40575	71182
水 路	(百万吨公里)	Waterways	(million ton-km)	282776	365196
邮政局总计	(处)	Number of Post & Telecommunications Offices	(unit)	3011	3025
邮路总长度	(万公里)	Length of Postal Routes	(10 000 km)	16.95	17.34
函 件	(万件)	Number of Letters	(10 000 pcs)	32878	24075
电信业务总量	(亿元)	Business Volume of Telecommunication Services	(10 000 yuan)	186.5	675.5
长话电路	(路)	Long-distance Telephone Lines	(line)	222500	290996
长途电话	(万次)	Number of Long Distance Telephone Calls	(10 000 times)	96010	152883
市内电话	(万户)	Number of Urban Telephone Calls	(10 000 subscribers)	547.0	1410.9
农村电话	(万户)	Number of Rural Telephone Calls	(10 000 subscribers)	559.0	1275.7
十三、国内贸易		**Domestic Trade**			
社会消费品零售总额	(亿元)	Total Retail Sales of Consumer Goods	(100 million yuan)	3264.05	6166.94
市	(亿元)	City	(100 million yuan)	2017.18	3890.93
县	(亿元)	County	(100 million yuan)	313.35	687.50
县以下	(亿元)	Under County Level	(100 million yuan)	933.52	1588.51
按行业分		**By Sector**			
批零贸易业	(亿元)	Wholesale and Retail Trades	(100 million yuan)	2075.94	5173.89
住宿和餐饮业	(亿元)	Hotels and Catering Services	(100 million yuan)	339.46	776.51
其他行业	(亿元)	Others	(100 million yuan)	156.67	216.54
十四、对外贸易和旅游		**Foreign Economy and Trade,Tourism**			
对外贸易		Foreign Economy and Trade			
海关进出口总值	(万美元)	Total Value of Imports and Exports	(10 000 USD)	2498998	7688876
海关出口总值	(万美元)	Total Exports	(10 000 USD)	1552905	4625113
#一般贸易	(万美元)	General Trade	(10 000 USD)	746563	2310122
来料加工装配贸易	(万美元)	Processing and Assembling with Customer's Materials	(10 000 USD)	293008	594991
进料加工贸易	(万美元)	Processing and Assembling with Import Materials	(10 000 USD)	507050	1668351

注：交通运输部2014年修订了公路、水运运输量统计试行方案，统计口径发生了变化。

continued

2006	2007	2008	2009	2010	2011	2012	2013	2014	2015
15638.9	19011.8	21315.3	24195.8	27161.8	31019.1	36682.8	40763.8	43837.1	46775.9
28261.4	35416.5	41643.3	47013.6	56689.6	68485.8	78024.5	89142.2	97577.9	99188.3
3405	3379	3329	3620	3833	4177	4306	4397	4546	4863
204911	212236	220687	226693	229858	233189	244586	252785	259514	263447
203363	211279	219525	225235	228906	232264	243779	252066	259031	262986
1012	1012	1012	1012	1150	1150	1150	1150	1150	1150
109472	123963	213387	234234	248720	250469	264935	269391	73582	59625
4757	5127	5470	5806	6041	6609	7650	8484	9508	10666
103298	117309	205917	226134	240044	241457	254711	258327	62052	46960
1417	1527	2000	2294	2635	2403	2574	2580	2022	1999
93014	106879	141867	158713	164471	172751	183196	189285	114056	112745
32223	34039	36694	37993	42135	45872	50951	54995	61734	64444
60128	72022	104569	119723	121151	125691	130995	133137	51141	47137
663	818	604	997	1185	1188	1250	1153	1181	1164
167511	198507	247489	284463	298055	314962	330270	344401	260983	258444
19126	19923	20872	19596	18056	19711	19814	19043	16792	15786
136750	163959	216604	251587	264366	279380	296752	311812	230018	227934
11635	14625	10013	13280	15633	15871	13704	13546	14172	14724
665521	642854	1010234	1095569	1174705	1258364	1099119	1026088	817690	833415
151159	131151	134133	134139	144775	152606	149384	138910	123808	107728
84510	106926	511792	604502	621680	662435	705922	749888	571138	587699
429852	404777	364309	356928	408250	443323	243813	137290	122744	137988
3043	3046	2934	2862	2840	2851	2856	2861	2870	2870
16.96	17.38	17.68	18.08	6.80	6.60	7.30	7.30	7.57	8.00
44356	47157	46362	52074	53963	46014	45663	42389	29233	18787
928.7	1179.9	1426.2	1586.8	1920.9	723.6	797.6	863.7	1067.8	1253.1
462662	350028	413082							
148631	157152	124858	123510						
1380.5	1377.6	1398.4	1291.3	1193.5	1087.6	1071.3	1032.2	879.3	773.2
1256.7	1211.5	1053.7	965.0	829.6	809.0	786.8	712.2	538.9	343.9
7217.13	8607.45	10658.76	12362.97	14620.30	17155.49	19651.94	22294.84	25111.53	27761.41
4593.55	5488.52	6766.32	8038.46						
804.90	971.12	1240.07	1437.80						
1818.68	2147.81	2652.37	2886.71						
6044.60	7205.96	9314.97	10348.40						
925.47	1123.47	1063.78	1673.61						
247.06	278.02	280.00	340.96						
9528817	12261798	15814480	13860378	18895058	23599191	24554487	26715854	27711549	24174867
5864717	7524374	9317486	7956530	10424695	12578809	12873171	13450998	14474545	14406069
3013461	3800924	4739880	3637582	4973019	6466907	6875045	7603996	8373918	9042024
655916	679014	722044	697915	750340	842878	867657	866031	802064	739933
2083042	2863332	3573434	3296132	4230872	4737751	4566215	4392892	4734553	4183875

a)The pilot statistical investigation program on passenger traffica and turnover was revised in 2014,and the statistical scope was adjusted.

1–2 续表 4

类 别		Category		2000	2005
海关进口总值	(万美元)	Total Imports	(10 000 USD)	946093	3063763
利用外资		**Utilization of Foreign Capital**			
合同项目个数	(个)	Number of Contracts	(unit)	2733	6415
#外商直接投资	(个)	Direct Foreign Investments	(unit)	2728	6415
合同外资金额	(万美元)	Total Amount of Contracted Foreign Capital	(10 000 USD)	561066	2884398
#外商直接投资	(万美元)	Direct Foreign Investments	(10 000 USD)	507435	2749510
实际利用外资金额	(万美元)	Total Amount of Foreign Capital Actually Utilized	(10 000 USD)	381243	1101441
#外商直接投资	(万美元)	Direct Foreign Investments	(10 000 USD)	297119	897072
对外承包工程和劳务合作		**Foreign Contracted Projects Labor Cooperation**			
合同个数	(个)	Number of Contracts	(unit)	1250	2171
合同金额	(万美元)	Contracted Value	(10 000 USD)	61601	164091
营业额	(万美元)	Value of Business	(10 000 USD)	45229	174518
年末在外人数	(人)	Population in Foreign Countries and Regions	(person)	35028	71610
旅 游		**Tourism**			
接待海外旅游人数	(人次)	International Tourists	(person-times)	723145	1551056
外国人	(人次)	Foreigners	(person-times)	480090	1247842
港澳台胞	(人次)	Compatriots from Hong Kong Macao and Taiwan	(person-times)	243055	303214
旅游外汇收入	(万元)	Foreign Exchange Earnings	(10 000 yuan)	260839	639142
旅游外汇收入	(万美元)	Foreign Exchange Earnings	(10 000 USD)	31513	78023
人民币对主要外币年平均汇价(中间价)		**Average Exchange Rate of RMB Yuan Against Main Convertible Currencies (Middle Rate)**			
100美元	(人民币元)	100 US Dollars	(RMB yuan)	827.72	819.17
100日元	(人民币元)	100 Japanese Yen	(RMB yuan)	7.39	7.45
100港元	(人民币元)	100 Hong Kong Dollars	(RMB yuan)	106.08	105.30
十五、教 育		**Education**			
普通高等学校		**Regular Institutions of Higher Education**			
学校数	(所)	Number of Schools	(unit)	58	104
招生数	(人)	New Enrollment	(person)	124817	400573
在校学生数	(人)	Total Enrollment	(person)	303826	1171284
毕业生数	(人)	Graduates	(person)	49687	224611
教职工数	(人)	Teachers and Staff	(person)	54910	109920
#专任教师	(人)	Full-time Teachers	(person)	24764	64636
中等专业学校基本情况		**Secondary Professional Schools**			
学校数	(所)	Number of Schools	(unit)	243	134
招生数	(人)	New Enrollment	(person)	93493	86044
毕业生数	(人)	Graduates	(person)	103629	75076
在校学生数	(人)	Total Enrollment	(person)	333184	257161
教职工数	(人)	Teachers and Staff	(person)	37241	20406
#专任教师	(人)	Full-time Teachers	(person)	20409	12193
普通中学基本情况		**Regular Senior Secondary Schools**			
学校数	(所)	Number of Schools	(unit)	4575	4404
招生数	(万人)	New Enrollment	(10 000 persons)	234.18	179.71
毕业生数	(万人)	Graduates	(10 000 persons)	167.96	207.29
在校学生数	(万人)	Total Enrollment	(10 000 persons)	678.60	592.49
教职工数	(人)	Teachers and Staff	(person)	430754	470584
#专任教师	(人)	Full-time Teachers	(person)	350353	377133
技工学校基本情况		**Technical Schools**			
学校数	(所)	Number of Schools	(unit)	279	229
招生数	(人)	New Enrollment	(person)	48008	138505
毕业生数	(人)	Graduates	(person)	66546	78091
在校学生数	(人)	Total Enrollment	(person)	137718	325924

注：2010年起，中等专业学校数据改为中等职业学校口径。

continued

2006	2007	2008	2009	2010	2011	2012	2013	2014	2015
3664100	4737424	6496994	5903848	8470390	11020382	11681316	13264856	13237004	9768798
4030									
4030	2717	1527	1468	1632	1433	1333	1405	1352	1509
1645089									
1624175	1173880	1014959	871045	1363381	1579081	1655717	1770879	1595327	2004467
1020966									
1000069	1101159	820246	801007	916833	1116022	1235267	1405315	1519511	1630090
2513	2642	2880	2397	3075					
392134	540344	754137	932312	1092504	948287	988209	1078349	1237694	1344383
232293	301928	358867	509083	602415	819857	898864	940828	1021544	1120799
83974	93797	90623	96421	102149	108662	103736	98988	115328	116100
1931342	2496437	2537575	3100379	3667909	4242277	4699116	4527082	4456513	4607800
1560436	2020311	2065007	2411857	2778699	3123264	3422261	3273678	3256968	3358600
370906	476126	472568	688522	889210	1119013	1276855	1253404	1199545	1249200
808382	1027946	966397	1205874	1458866	1647486	1845554	1691487	1667300	1804062
101405	135185	139148	176530	215506	255076	292365	273120	271424	289651
797.18	760.40	694.51	683.10	676.95	645.88	631.25	619.32	614.28	622.84
6.86	6.46	6.74	7.30	7.73	8.11	7.90	6.33	5.82	5.15
102.62	97.46	89.19	88.12	87.13	82.97	81.38	79.85	79.22	80.34
109	111	114	128	133	139	137	140	142	143
445034	453479	514176	501082	495722	497292	498621	527539	580763	595646
1338122	1440378	1534009	1592974	1631373	1645589	1658490	1698545	1796665	1900612
268384	355735	411143	431598	444003	472882	474266	475858	464076	474195
121167	128761	134072	136753	139100	142698	142370	142240	143939	147035
74676	81889	87432	89734	91413	94621	96058	98685	101380	104724
130	135	130	124	640	591	560	525	460	435
90432	98634	93217	99212	426954	444703	404670	363547	319143	294033
79902	92275	83077	88355	439337	386564	380451	378626	354032	320353
264456	283231	271905	271993	1131621	1177130	1147012	1031585	948167	857264
20563	20985	20308	19981	78769	74232	71449	66810	64488	62319
12634	13223	13224	13093	55465	53569	52430	50243	49274	48926
4175	4039	3893	3750	3645	3569	3522	3464	3461	3446
164.60	162.49	160.54	160.24	164.12	161.83	159.88	158.53	153.58	151.12
196.70	191.02	172.88	158.65	156.89	157.80	153.20	156.04	153.73	156.01
554.04	520.31	502.14	499.34	501.07	501.58	492.64	488.48	486.06	479.93
462298	454920	445545	442447	438787	462765	464942	466088	471653	475798
372370	370255	367658	372550	372082	376760	376819	382340	386923	390059
197	200	197	196	209	208	213	207	203	194
148625	159954	161000	147000	136995	149407	154546	144165	128007	131550
98239	110278	121000	140300	133615	123404	113066	121782	108046	98154
357648	385325	415000	396200	397719	381503	401207	369922	329473	318182

a)Data of secondary professional schools refer to the caliber of secondary vocational school since 2010 .

1-2 续表 5

类　别		Category		2000	2005
教职工数	(人)	Teachers and Staff	(person)	24484	22049
#专任教师	(人)	Full-time Teachers	(person)	14066	15058
小学基本情况		**Regular Primary Schools**			
学校数	(所)	Number of Schools	(unit)	26017	15871
招生数	(万人)	New Enrollment	(10 000 persons)	104.48	104.27
毕业生数	(万人)	Graduates	(10 000 persons)	195.12	113.31
在校学生数	(万人)	Total Enrollment	(10 000 persons)	774.88	615.37
教职工数	(人)	Teachers and Staff	(person)	440161	410394
#专任教师	(人)	Full-time Teachers	(person)	408200	377729
成人高等学校基本情况		**Adult Institutions of Higher Education**			
学校数	(所)	Number of Schools	(unit)	40	24
招生数	(人)	New Enrollment	(person)	82423	108707
毕业生数	(人)	Graduates	(person)	70810	118379
在校学生数	(人)	Total Enrollment	(person)	219977	258521
教职工数	(人)	Teachers and Staff	(person)	14090	11481
#专任教师	(人)	Full-time Teachers	(person)	7084	6683
十六、科　技		**Science**			
重要科技成果		**Major Scientific Achievements**			
成果数量	(项)	Number of Achievements	(unit)	3728	2408
农　业	(项)	Agricultural	(unit)	575	320
工　业	(项)	Industry	(unit)	1289	539
国际领先先进水平	(项)	Internationally Advanced	(unit)	599	534
国内领先先进水平	(项)	Nationally Advanced	(unit)	2861	1741
省内领先先进水平	(项)	Provincial Advanced	(unit)	182	133
专利情况		**Patent Applications**			
申请量	(件)	Number of Patent Applications Examined	(unit)	10019	28835
授权量	(件)	Number of Patent Applications Granted	(unit)	6962	10743
十七、卫生、文化事业基本情况		**Public Health and Culture**			
卫生机构床位数	(万张)	Number of Beds in Health Institutions	(10 000 units)	21.5	25.1
卫生技术人员数	(万人)	Medical Technical Personnel	(10 000 persons)	31.5	32.5
#医生数	(万人)	Doctors	(10 000 persons)	14.5	14.1
文化(艺术)馆		**Cultural(Arts) Centers**			
机构数	(个)	Number of Institutions	(unit)	159	158
人　数	(人)	Number of Employed Persons	(person)	3055	2982
文化站		**Cultural Stations**			
机构数	(个)	Number of Institutions	(unit)	2422	1768
人　数	(人)	Number of Employed Persons	(person)	3304	3166
艺术表演团体		**Arts Performance Troupes**			
机构数	(个)	Number of Institutions	(unit)	118	117
人　数	(人)	Number of Employed Persons	(person)	5943	6066
剧场(院)		**Theaters and Music Halls**			
机构数	(个)	Number of Institutions	(unit)	105	94
人　数	(人)	Number of Employed Persons	(person)	2473	1881
图书馆		**Libraries**			
机构数	(个)	Number of Institutions	(unit)	133	145
人　数	(人)	Number of Employed Persons	(person)	2506	2690
博物馆		**Museums**			
机构数	(个)	Number of Institutions	(unit)	59	75
人　数	(人)	Number of Employed Persons	(person)	1633	1723

continued

2006	2007	2008	2009	2010	2011	2012	2013	2014	2015
22309	26744	24700	24963	18183	24379	29909	30860	29404	29228
16211	23586	18847	19378	14962	21050	21451	23977	23000	22613
14611	14064	13503	12858	12405	12047	11573	11151	10770	10404
107.18	111.46	104.61	101.78	111.30	119.40	109.55	115.69	124.70	124.43
101.69	103.87	107.48	109.47	110.26	106.82	106.16	103.30	101.02	98.92
623.02	634.01	632.98	626.81	629.25	644.07	627.67	625.98	648.47	674.63
415117	420353	420552	421057	417504	393612	387203	383692	378886	379239
381673	386641	387957	389962	387453	386280	382562	387312	389080	396368
24	23	22	21	18	17	17	11	11	11
95858	106857	152713	136048	133191	147677	166515	165522	178737	163012
34999	97584	93079	105081	110347	144703	120404	128297	147592	161377
295189	297085	355307	377343	388741	386481	428180	459803	485274	484493
12775	12627	7390	6240	4225	3951	4286	2843	2259	2200
7516	7537	4840	4142	2946	2731	2917	1982	1544	1493
2313	2346	2330	2364	2367	2379	2393	2332	2955	3011
338	330	301	306	391	305	338	297	440	385
630	704	677	849	751	723	853	866	1095	1019
448	543	592	751	676	647	609	681	817	967
1742	1662	1618	1412	1316	1296	1349	1067	1146	1212
123									
38284	46849	60247	66857	80856	109599	128614	155170	158619	193220
15937	22821	26688	34513	51490	58843	75522	76976	72818	98101
25.9	28.3	32.0	34.7	38.2	41.6	47.3	49.0	50.0	51.9
33.7	34.6	37.6	40.6	44.1	48.2	53.0	59.8	60.4	61.9
14.6	15.0	16.0	16.9	17.8	18.6	20.1	23.2	23.1	23.7
158	157	156	158	158	160	158	159	158	157
3058	3012	3025	3115	3055	3086	3033	3062	3047	3034
1857	1826	1826	1867	1855	1828	1821	1807	1811	1814
3330	3715	3754	4593	4543	4643	4987	4915	5181	5534
118	119	119	118	119	116	104	103	104	104
6250	6163	6254	6279	6268	6163	5722	5557	5728	5368
95	92	90	82	91	93	93	93	93	92
2098	1937	1827	1640	1904	2134	2083	1719	1734	1632
143	145	147	150	149	150	150	153	153	154
2624	2640	2606	2669	2680	2697	2647	2760	2730	2750
76	87	96	111	114	120	178	194	243	312
1770	1915	2064	2307	2456	2787	4353	4748	5369	6310

1-3 国民经济和社会发展主要指标增长速度

单位:%

类　别	Category	2000	2005
一、人　口	**Population**		
年末总人口	Population at the Year-end	1.3	0.7
按性别分	**By Sex**		
男	Male	0.6	0.5
女	Female	0.6	0.6
按农业非农业分	**Agricultural and Non-agricultural Population**		
农业人口	Agricultural Population	-0.5	-2.4
非农业人口	Non-agricultural Population	3.8	6.6
人口密度	Population Density	1.2	0.5
二、就业人员和劳动工资	**Employment and Wages**		
年末就业人员	Year-end Employed Persons	2.4	2.0
第一产业	Primary Industry	2.7	-7.5
第二产业	Secondary Industry	3.2	12.7
第三产业	Tertiary Industry	0.9	6.5
乡村就业人员	Rural Employed Persons	-0.8	-0.7
城镇就业人员	Urban Employed Persons	9.3	6.4
职工年末人数	Number of Staff and Workers at the Year-end	-2.4	12.2
#国有单位	State-owned Units	-4.3	-14.0
城镇集体单位	Urban Collective-owned Units	-12.8	-5.8
工资总额	Total Wages Bill	12.1	30.1
#国有单位	State-owned Units	10.2	6.6
城镇集体单位	Urban Collective-owned Units	-2.2	8.6
平均工资	Average Wage	14.6	15.9
#国有单位	State-owned Units	15.1	23.7
城镇集体单位	Urban Collective-owned Units	12.0	16.3
三、国民经济核算	**National Accounting**		
地区生产总值	Gross Domestic Product	10.3	15.0
第一产业	Primary Industry	3.8	4.8
第二产业	Secondary Industry	12.0	17.4
第三产业	Tertiary Industry	10.4	14.4
工　业	Industry	12.2	18.1
建筑业	Construction	9.7	12.0
交通运输仓储邮电通信业	Transportation Post and Telecommunication Services	11.3	14.4
批发零售贸易餐饮业	Wholesale Retail and Catering	11.6	11.6
人均地区生产总值	Per Capita GDP	9.0	14.5
居民消费水平	**Household Consumption Expenditure**		
全省居民	Average Expenditure of All Residents	8.2	15.2
农村居民	Rural Residents	5.6	13.0
城镇居民	Urban Residents	9.1	13.3
四、固定资产投资	**Investment in Fixed Assets**		
全社会固定资产投资额	Total Investment in Fixed Assets	14.4	38.2
国有经济	State-Owned Units	10.6	5.2
集体经济	Collective-Owned Units	6.9	-57.6
个体经济	Individuals Economy	13.9	254.4
其他经济	Others	52.7	86.1

注：1.2000和2010年年末总人口增速根据人口普查数据计算。
　　2.2010年起，工资总额、平均工资增长速度为城镇单位就业人员口径。

Growth Rates of Main Indicators on National Economic and Social Development

(%)

2006	2007	2008	2009	2010	2011	2012	2013	2014	2015
0.7	0.6	0.5	0.6	1.2	0.5	0.5	0.5	0.6	0.6
0.7	0.7	0.5	0.6	1.0	0.6	-0.0	0.3	1.6	0.8
0.8	0.7	0.6	0.6	0.9	0.5	-0.2	0.4	1.2	0.8
-0.2	-2.4	-0.8	0.7	-3.5	-0.9	-1.5	-1.4	-0.4	-6.3
2.6	6.4	2.8	0.5	8.2	2.8	1.9	2.7	3.8	9.7
0.5	0.7	0.5	0.7	1.2	0.5	0.4	0.5	0.2	0.6
2.0	2.0	1.7	1.7	1.7	1.3	1.1	0.4	0.4	0.4
-1.0	-2.7	2.1	-0.7	-1.1	-2.7	-2.0	-3.8	-3.0	-3.0
5.0	6.4	-1.7	3.0	3.6	4.7	2.7	1.1	1.1	1.9
3.1	3.7	5.1	3.3	3.0	2.3	2.5	3.9	2.9	1.8
-0.8	-0.4	-0.4	-0.5	-0.5	-0.1	-0.0	-1.2	-0.6	-0.8
6.5	5.6	4.6	4.6	4.4	3.0	2.3	2.2	1.5	1.7
0.4	0.6	-0.8	1.9	3.4	5.4	5.4	16.7	-2.2	-2.6
-1.6	0.6	0.6	-0.1	2.2	-3.0	1.7	-7.9	-2.9	-3.0
-5.9	-3.0	-6.4	0.6	0.4	3.5	3.6	-8.3	-13.0	-7.9
15.6	19.7	15.2	14.6	17.3	24.9	17.0	31.8	7.3	7.8
12.9	20.3	14.9	11.4	15.2	12.0	12.7	2.8	6.8	14.7
7.7	15.4	11.8	16.2	20.3	23.8	18.8	14.5	-6.0	1.1
15.7	18.8	15.6	12.4	13.3	12.9	11.4	13.7	10.3	10.5
15.0	19.7	14.2	11.6	11.5	12.9	10.2	12.3	10.7	18.1
14.5	19.1	19.3	15.2	15.5	15.8	14.5	23.6	8.7	11.5
14.7	14.2	12.0	12.2	12.3	10.9	9.8	9.6	8.7	8.0
5.2	4.0	5.1	4.2	3.6	4.0	4.7	3.6	3.8	4.2
16.6	15.8	12.0	13.9	12.8	11.7	10.5	10.5	9.2	7.4
14.5	14.6	13.9	11.2	13.5	11.3	9.8	9.5	8.9	9.5
17.2	16.6	12.6	12.8	12.8	12.5	11.1	10.9	9.3	7.4
11.1	8.2	6.4	25.4	12.6	5.1	5.9	8.4	8.2	7.5
13.9	13.5	11.4	11.6	11.3	10.2	9.2	9.0	8.1	7.3
15.4	13.6	13.3	10.8	10.4	9.6	10.4	10.1	10.1	9.0
14.8	15.2	12.1	11.1	11.6	13.2	15.6	12.0	16.1	15.0
13.4	11.5	12.7	9.5	8.4	6.6	6.9	7.7	6.6	5.2
19.6	24.2	23.1	23.3	22.3	21.8	20.2	17.7	15.5	13.7
2.9	4.4	32.3	26.9	18.2	3.7	12.0	21.8	14.7	15.6
19.3	37.3	42.7	27.5	13.8	3.3	21.6	0.7	8.6	-7.5
34.8	34.0	22.3	20.1	24.3	26.6	25.8	31.1	26.4	25.0
18.8	29.3	16.5	23.0	24.9	14.7	50.1	13.7	8.4	6.7

a)Growth rate on Total population of 2000 and 2010 are based on the national population census.
b)Since 2010,data of total wages bill and average wage refer to the range of employed persons in urban.

1-3 续表 1

单位:%

类 别	Category	2000	2005
五、能 源	**Energy**		
能源生产总量	Total Energy Production	-6.5	-2.8
原 煤	Coal	-10.6	-4.2
原 油	Crude Oil	0.4	0.8
天燃气	Natural Gas	-6.2	10.0
水 电	Hydro-power	4.1	226.5
水电、风电和太阳能光伏发电(万吨标煤)	Hydro,Wind and Solar PV Power		
六、财 政	**Government Finance**		
公共财政预算收入	Local Government Budgetary Revenue	14.6	29.6
#增值税	Value Added Tax	14.7	66.3
营业税	Business Tax	11.0	23.4
企业所得税	Company Income Tax	29.6	28.8
个人所得税	Personal Income Tax	31.9	21.7
资源税	Resource Tax	4.1	35.0
城市维护建设税	Urban Maintenance and Development Tax	16.0	20.1
房产税	Tax on Real Estates	15.4	22.5
城镇土地使用税	Urban Land Using Tax	22.8	39.1
土地增值税	Land Value-added Tax	111.9	58.4
车船税	Tax on Vehicle and License	64.2	13.5
行政性收费收入	Incom from Adiministrative Fees	43.9	18.8
公共财政预算支出	Local Government Budgetary Expenditure	11.5	23.3
#基本建设支出	Expenditure for Capital Construction	-9.2	17.4
城市维护费	City Maintenance	10.7	33.2
支援农业支出	Expenditure for Supporting Rural Production	2.3	22.5
文教科学卫生事业费	Operating Expenses for Culture,Education,Science and Health Care	15.5	21.4
行政管理费	Expenditure for Government Administration	14.2	24.1
#一般公共服务	General Public Service		
教育	Education		
社会保障和就业	Social Security and Employment		
医疗卫生	Health		
农林水事务	Farming、Forestry and Irrigation Affairs		
七、金 融	**Fiancial Intermediation**		
金融机构人民币存款余额	RMB Deposits	13.8	17.8
#企业存款	Deposits by Enterprises	20.4	6.5
财政存款	Fiscal Deposits	30.7	15.0
农业存款	Agricultural Deposits	24.6	18.7
储蓄存款	Urban and Rural Household Savings Deposits	8.7	17.0
金融机构人民币贷款余额	RMB Loans	9.3	13.6
#工业贷款	Loans to Industrial Sector	-4.4	5.0
农业贷款	Loans to Agricultural Sector	19.1	16.5
商业贷款	Loans to Commercial Sector	-11.1	-6.8
基建贷款	Loans to Capital Construction	31.5	21.2
技改贷款	Loans to Technical Innovation	6.2	6.3
八、价格指数	**Price Indices**		
居民消费价格	Consumer Price	0.2	1.7
商品零售物价	Retail Price	-1.4	0.6
九、居民生活	**People's Livelihood**		
农民生活	Rural's Livelihood		
人均年末生活用房面积	Per Capita Living Floor Space(the End of Year)	-5.8	10.1
人均总收入	Annual Per Capita Gross Income of Rural Households	6.2	12.7
人均纯收入	Annual Per Capita Disposable Income of Rural Households	4.3	12.1
人均总支出	Annual Per Capita Gross Expenditure of Rural Households	6.7	14.1
# 购置生产性固定资产	Expenditure for Purchasing Productive Fixed Assets	10.8	8.7
生活消费支出	Living Expenditure of Rural Households	5.4	14.5

continued

(%)

2006	2007	2008	2009	2010	2011	2012	2013	2014	2015
0.6	3.8	0.0	-0.1	10.0	-0.4	6.1	-10.7	0.4	-3.9
0.2	4.8	-0.2	-0.7	14.3	-2.7	8.1	-14.4	-0.2	-4.3
2.3	1.4	0.2	1.0	-1.5	-0.2	-0.2	-1.7	-0.5	-3.9
-15.9	-4.1	13.9	6.1	7.5	-50.1	17.7	-14.0	-3.4	-6.8
13.8	-47.8	188.4							
				113.8	59.4	48.4	46.7	14.6	21.6
26.4	23.5	16.8	12.3	25.0	25.7	17.5	12.3	10.2	10.0
25.8	19.8	14.8	-2.8	16.6	9.4	5.9	11.7	21.9	-0.3
24.8	25.0	16.6	18.8	34.2	21.3	17.1	19.1	6.3	10.3
33.8	33.9	15.9	-4.2	33.1	35.9	10.8	1.0	8.3	3.3
17.9	24.0	7.6	5.8	25.3	19.2	-1.5	10.0	10.1	24.3
43.3	10.9	-0.6	13.9	1.5	15.2	137.5	1.7	29.1	-13.2
18.9	17.9	12.6	4.7	19.9	37.4	10.7	9.5	6.2	5.4
18.0	14.6	6.6	22.4	11.7	14.5	36.2	10.8	9.6	9.3
22.2	83.4	57.0	16.7	13.9	15.1	33.6	8.3	15.5	35.5
53.0	47.7	12.4	19.9	51.0	59.6	37.4	41.8	25.2	0.7
14.7	17.2	68.0	39.9	31.5	27.7	20.6	12.3	15.9	14.3
23.3	8.4	13.0	5.1	18.3	37.3	9.5	-6.9	6.4	-1.8
25.0	23.4	19.6	20.8	26.8	20.7	18.0	13.3	7.3	14.9
16.6									
24.6									
21.0									
21.1									
18.4									
	21.6	11.0	4.7	11.1	13.6	14.1	6.3	-3.3	1.8
	34.3	21.5	11.3	25.6	36.0	25.2	6.7	4.4	15.7
	28.4	13.2	20.3	21.6	20.3	18.9	14.3	12.0	18.5
	31.4	40.9	34.8	32.5	43.7	17.4	14.9	24.7	15.8
	22.7	44.3	57.0	26.2	21.0	19.5	11.0	3.3	24.8
14.8	12.4	22.0	28.8	18.5	12.7	17.2	14.3	8.7	9.4
15.8	23.8	15.6	46.7	15.6					
32.1	39.6	11.7	62.2	18.2	8.1	5.7	4.6	5.8	-29.0
22.7	9.0	3.7	47.7	-57.9					
14.6	10.4	25.7	18.8	15.0	12.9	18.8	13.1	11.4	
17.4	11.7	14.3	29.5	18.3	14.5	21.9	4.3	11.8	10.7
40.3	16.3	7.6	11.0						
18.2	16.9	14.3	20.3						
-8.2	5.5	-10.4	18.4						
28.8	16.0	19.6	44.1						
-30.8	-2.0	8.8	-13.1						
1.0	4.4	5.3	持平	2.9	5.0	2.1	2.2	1.9	1.2
0.6	3.6	4.9	-0.6	3.3	4.7	1.6	1.4	1.0	0.2
3.5	3.3	4.1	3.8	1.4	4.6	5.8	2.9	1.7	1.6
9.0	15.5	13.8	6.7	13.7	23.0	12.3			
11.1	14.1	13.2	8.5	14.2	19.3	13.2	12.4	11.2	8.8
11.6	15.2	14.2	8.4	10.0	29.0	11.3			
27.5	-25.6	11.6	88.7	-17.9	53.4	-30.3			
14.9	15.2	12.6	8.3	8.8	22.7	14.8	9.1	15.8	9.9

1-3 续表 2

单位:%

类　　别	Category	2000	2005
城镇居民生活	**Urban's Livelihood**		
人均全年可支配收入	Annual Per Capita Disposable Income of Urban Households	11.7	13.9
人均全年消费性支出	Annual Per Capita Consumption Expenditure of Urban Households	11.2	11.7
人均全年非消费支出	Annual Per Capita Non-consumption Expenditure of Urban Households	-4.2	3.4
年末人均建筑面积	Per Captia Construction Area of Buildings	5.0	8.0
十、农林牧渔业	**Farming,Forestry,Animal Husbandry and Fishery**		
农林牧渔业总产值	**Gross Output Value of Farming Forestry,Animal Husbandry and Fishery**	**3.9**	**5.2**
农　业	Farming	4.0	3.9
林　业	Forestry	6.2	-3.7
牧　业	Animal Husbandry	5.4	7.3
渔　业	Fishery	0.5	6.7
农林牧渔服务业	Services for Agriculture		9.2
农业生产情况	**Farming**		
粮食总产量	Total Output of Grain	-10.1	11.4
粮食单产	Grain	-6.3	4.8
棉花总产量	Total Output of Cotton	50.5	-23.0
棉花单产	Cotton	1.2	-3.5
油料总产量	Total Output of Oil-bearing Crops	11.4	-1.6
油料单产	Oil-bearing Crops	3.2	3.4
肉类总产量	Total Output of Grain	-4.7	5.8
猪存栏	Number of Pigs	-6.2	0.4
牛存栏	Number of Cattles	-20.2	-2.7
羊存栏	Number of Sheep and Goats	-10.9	-0.8
家禽存栏	Number of Poultry	-10.4	-3.9
猪出栏	Slaughtered Pigs	-1.1	5.0
牛出栏	Slaughtered Cattle	-17.6	3.0
羊出栏	Slaughtered Sheep	-16.3	4.7
家禽出栏	Slaughtered Poultry	-9.0	18.3
禽蛋产量	Poultry Eggs	-13.8	2.1
奶类产量	Milk	2.3	17.1
水产品总产量	Total Aquatic Products	0.5	2.5
海水产品	Seawater Aquatic Products	-1.2	2.3
海洋捕捞	Catching in Ocean	-7.4	-0.8
海水养殖	Seawater Aquiculture	6.5	4.7
淡水产品产量	Freshwater Aquatic Products	11.2	3.7
捕捞量	Catching	1.5	18.6
养殖量	Freshwater Aquiculture	12.2	2.1
水产品养殖面积	Aquiculture Area	9.1	1.8
海　水	Seawater Aquiculture Area	25.2	2.2
淡　水	Freshwater Aquiculture Area	-4.9	1.4
十一、工　业	**Industry**		
工业总产值	**Gross Industrial Output Value**	**17.9**	**36.6**
#国有经济	State-owned Enterprises	6.2	16.6
集体经济	Collective-owned Enterprises	17.7	-25.1
按轻重工业分	**Grouped by Light & Heavy Industries**		
轻工业	Light Industry	20.0	11.3
重工业	Heavy Industry	15.9	57.7

continued

(%)

2006	2007	2008	2009	2010	2011	2012	2013	2014	2015
13.5	17.0	14.3	9.2	12.0	14.3	13.0	9.7	8.7	8.0
13.6	14.1	13.9	9.1	9.2	11.0	8.4	8.5	10.1	8.4
33.6	8.4	3.4	11.5	5.9	11.2	2.1			
2.8	1.7	5.1	1.5	0.9	3.4	0.8	8.8	2.5	-2.5
5.2	**3.3**	**5.1**	**4.3**	**3.6**	**3.8**	**4.7**	**3.8**	**4.0**	**4.3**
5.4	3.4	3.6	2.7	2.5	3.9	2.5	4.4	4.6	4.7
10.7	7.8	13.9	9.9	9.9	9.3	3.4	9.0	9.7	8.1
4.4	0.8	5.9	5.2	3.9	2.5	7.7	2.1	2.4	3.1
3.9	4.7	5.9	6.2	4.9	4.4	4.1	3.3	2.7	3.2
18.8	10.8	13.3	10.1	9.9	7.2	7.7	9.5	9.3	8.5
4.5	1.4	2.7	1.3	0.4	2.1	1.9	0.4	1.5	2.5
0.2	2.3	2.4	0.2	-0.3	1.2	1.1	-0.9	-0.5	1.8
20.9	-2.2	4.0	-11.5	-21.4	8.4	-11.0	-11.1	7.1	-19.2
14.9	-3.2	5.4	-1.8	-17.9	10.4	-3.0	-8.8	21.6	-7.1
-9.8	0.1	3.7	-1.8	2.3	-0.4	2.9	-0.4	-3.9	-3.5
2.3	-0.9	2.3	1.3	-1.3	0.8	4.3	-0.2	-1.2	-1.6
3.5	-9.1	6.7	3.6	3.0	1.0	7.5	1.4	-0.6	0.5
-9.5	5.9	2.6	1.0	-0.2	3.3	2.3	1.0	-0.7	-2.1
-15.7	-9.8	-8.4	-7.1	-0.4	1.9	1.3	0.2	-0.9	1.7
-10.5	-1.1	-8.5	-2.1	2.0	0.6	0.6	-0.3	0.8	2.8
-4.7	-6.4	10.6	-3.6	4.0	8.2	9.4	-2.7	-2.2	1.0
3.0	-16.8	7.2	6.1	3.5	-1.6	8.6	4.3	3.3	-2.4
2.6	3.0	1.9	-0.8	-1.1	-3.6	0.9	1.4	-0.6	1.5
0.8	1.8	0.6	-1.3	-1.7	-3.5	0.5	1.8	5.1	2.5
4.1	-7.6	9.5	2.6	4.1	6.3	8.7	-2.5	-7.8	4.4
-2.6	1.7	1.6	3.3	1.9	4.4	0.2	-1.5	-2.1	9.2
8.0	14.0	5.3	1.3	5.2	2.7	5.4	-4.4	3.0	-1.6
2.8	4.3	2.4	3.2	4.0	3.8	3.4	2.5	4.7	3.0
2.3	3.5	1.8	2.8	3.2	2.8	3.2	2.0	6.7	3.8
-2.6	3.9	1.2	-1.3	-4.0	6.9	-0.6	-2.8	9.6	3.3
5.9	3.3	2.2	5.6	3.9	4.3	5.5	4.7	5.1	4.1
6.1	8.8	5.3	5.3	8.1	8.4	4.5	5.1	-3.7	-0.7
5.9	-2.6	13.4	-1.0	2.0	3.4	2.9	2.1	-21.3	-8.4
6.1	10.2	4.5	6.0	8.8	9.0	4.7	5.3	-2.1	-0.1
-18.7	5.4	12.3	3.6	10.4	3.3	2.6	2.9	1.0	1.3
-7.6	7.9	4.9	3.6	13.5	2.2	2.3	4.4	0.3	2.7
-34.7	0.1	28.4	3.7	4.9	5.5	3.3	0.1	2.3	-1.3
21.2	**22.8**	**14.1**	**20.1**	**12.1**	**12.0**	**17.2**	**15.1**	**10.6**	**8.4**
13.7	28.2	19.2	-5.4	-11.8	6.6	-17.7	-14.0	1.9	12.1
6.6	16.5	9.0	19.7	11.7	6.9	6.6	-43.2	-2.9	5.9
17.9	23.9	16.0	20.6	12.5	7.7	20.2	12.9	9.3	12.1
22.4	24.1	11.5	19.9	11.9	14.0	15.8	16.1	11.2	6.8

1-3 续表 3

单位:%

类 别	Category	2000	2005
十二、交通运输邮电	**Transport,Posts and Telecommunications**		
铁路通车里程	Length of Railways	持平	1.6
公路通车里程	Length of Highways	4.2	3.0
#晴雨通车	Length of Highways Operating under All Weathers	4.5	3.1
内河通航里程	Length of Navigable Inland Waterways	持平	持平
客运量	Passenger Traffic	11.4	10.2
铁 路	Railways	4.6	2.5
公 路	Highways	12.1	10.5
水 路	Waterways	-4.8	9.2
客运周转量	Passenger Turnover	5.9	10.7
铁 路	Railways	7.8	5.9
公 路	Highways	12.2	13.4
水 路	Waterways	-19.1	7.5
货运量	Freight Traffic	15.3	12.1
铁 路	Railways	6.6	2.7
公 路	Highways	13.4	12.7
水 路	Waterways	14.1	26.3
货运周转量	Freight Turnover	26.7	16.7
铁 路	Railways	8.7	9.7
公 路	Highways	14.8	19.4
水 路	Waterways	70.9	18.7
邮政局总计	Number of Post & Telecommunications Offices	-31.8	0.5
邮路总长度	Length of Postal Routes	-8.5	6.8
函 件	Number of Letters	-6.4	-51.9
电信业务总量	Business Volume of Telecommunication Services	32.1	39.4
长话电路	Long-distance Telephone Lines	36.2	-42.9
长途电话	Number of Long Distance Telephone Calls	-0.6	26.1
市内电话	Number of Urban Telephone Calls	32.2	7.4
农村电话	Number of Rural Telephone Calls	97.0	6.5
十三、国内贸易	**Domestic Trade**		
社会消费品零售总额	**Total Retail Sales of Consumer Goods**	**13.6**	**16.6**
市	City	14.4	17.2
县	County	13.6	16.8
县以下	Under County Level	12.1	15.0
按行业分	**By Sector**		
批零贸易业	Wholesale and Retail Trades	14.9	16.4
餐饮业	Catering Services	20.6	17.5
其他行业	Others	16.0	16.8
十四、对外贸易和旅游	**Foreign Economy and Trade,Tourism**		
对外贸易	Foreign Economy and Trade		
海关进出口总值	Total Value of Imports and Exports	36.8	26.5
海关出口总值	Total Exports	34.1	28.9
#一般贸易	General Trade	37.9	28.4
来料加工装配贸易	Processing and Assembling with Customer's Materials	34.0	23.1
进料加工贸易	Processing and Assembling with Import Materials	28.4	33.2
海关进口总值	Total Imports	41.4	23.0

continued

(%)

2006	2007	2008	2009	2010	2011	2012	2013	2014	2015
0.1	-0.8	-1.5	8.7	5.9	9.0	3.1	2.1	3.4	7.0
155.7	3.6	4.0	2.7	1.4	1.4	4.9	3.4	2.7	1.5
154.7	3.9	3.9	2.6	1.6	1.5	5.0	3.4	2.8	1.5
持平	持平	持平	持平	13.6	持平	持平	持平	持平	持平
11.2	13.2	72.1	9.8	6.2	0.7	5.8	1.7	-1.0	-19.0
20.4	7.8	6.7	6.1	4.0	9.4	15.7	10.9	12.1	12.2
10.9	13.6	75.5	9.8	6.2	0.6	5.5	1.4	-3.1	-24.3
4.6	7.8	31.0	14.7	14.9	-8.8	7.1	0.2	11.8	-1.1
12.4	14.9	32.7	11.9	3.6	5.0	6.0	3.3	5.5	-1.1
14.0	5.6	7.8	3.5	10.9	8.9	11.1	7.9	12.3	4.4
11.5	19.8	45.2	14.5	1.2	3.7	4.2	1.6	-1.7	-7.8
10.5	23.4	-26.1	65.0	18.9	0.3	5.2	-7.8	7.3	-1.5
13.2	18.5	24.7	14.9	4.8	5.7	4.9	4.3	0.1	-1.0
4.3	4.2	4.8	-6.1	-7.9	9.2	0.5	-3.9	-11.8	-6.0
13.5	19.9	32.1	16.2	5.1	5.7	6.2	5.1	1.0	-0.9
26.4	25.7	-31.5	32.6	17.7	1.5	3.5	-1.2	2.7	3.9
19.2	-3.4	57.1	8.4	7.2	7.1	-12.7	-6.6	0.9	1.9
24.0	-13.2	2.3	0.0	7.9	5.4	-2.1	-7.0	-10.9	-13.0
18.7	26.5	378.6	18.1	2.8	6.6	6.6	6.2	3.9	2.9
17.7	-5.8	-10.0	-2.0	14.4	8.6	5.5	2.1	1.3	12.4
0.6	0.1	-3.7	-2.5	-0.8	0.4	0.2	0.2	0.3	持平
-2.0	2.5	1.7	2.4	-62.4	-2.9	10.6	持平	3.7	4.4
84.2	6.3	-1.7	12.3	3.6	-14.7	-0.8	-7.2	-31.0	-35.7
37.5	27.1	20.9	11.3	21.1	14.8	10.2	8.3	23.6	17.3
59.0	-24.3	18.0							
-2.8	5.7	-20.6	-1.1						
-2.2	-0.2	1.5	-7.7	-7.6	-9.2	-1.5	-3.6	-14.8	-12.1
-1.5	-3.6	-13.0	-8.4	-14.0	-2.5	-2.7	-9.5	-24.3	-36.2
17.0	**19.3**	**23.8**	**16.0**	**18.3**	**17.3**	**14.6**	**13.4**	**12.6**	**10.6**
18.1	19.5	23.3	18.8						
17.1	20.7	27.7	15.9						
14.5	18.1	23.5	8.8						
16.8	19.2	29.3	11.1						
19.2	21.4	-5.3	57.3						
14.1	12.5	0.7	21.8						
23.9	28.7	29.0	-12.4	36.3	24.9	4.1	8.8	3.7	-12.8
26.8	28.3	23.8	-14.6	31.0	20.7	2.4	4.5	7.6	-0.5
30.5	26.1	24.7	-23.3	36.7	30.0	6.3	10.6	10.1	8.0
10.2	3.5	6.3	-3.3	7.5	12.3	2.9	-0.2	-7.4	-7.7
24.9	37.5	24.8	-7.8	28.4	12.0	-3.6	-3.8	7.8	-11.6
19.6	29.3	37.1	-9.1	43.5	30.1	6.0	13.6	-0.2	-26.2

1-3 续表 4

单位:%

类　　别	Category	2000	2005
利用外资	**Utilization of Foreign Capital**		
合同利用外商直接投资	Direct contracted Foreign Investments	63.1	35.5
实际利用外商直接投资	Direct Foreign Investments	20.4	3.1
对外承包工程和劳务合作	**Foreign Contracted Projects Labor Cooperation**		
合同个数	Number of Contracts (unit)	12.0	15.5
合同金额	Contracted Value	-9.1	11.9
营业额	Value of Business	-28.9	15.1
年末在外人数	Population in Foreign Countries and Regions	13.1	14.2
旅　游	**Tourism**		
接待海外旅游人数	International Tourists	16.3	30.0
外国人	Foreigners	14.9	29.8
港澳台胞	Compatriots from Hong Kong Macao and Taiwan	23.5	31.0
旅游外汇收入(人民币)	Foreign Exchange Earnings(RMB)	18.8	36.3
旅游外汇收入(美元)	Foreign Exchange Earnings(USD)	18.8	37.7
人民币对主要外币年平均汇价（中间价）	**Average Exchange Rate of RMB Yuan Against Main Convertible Currencies (Middle Rate)**		
100美元	100 US Dollars	0.0	-1.0
100日元	100 Japanese Yen	-8.5	-2.7
100港元	100 Hong Kong Dollars	-0.4	-0.9
十五、教　育	**Education**		
普通高等学校	**Regular Institutions of Higher Education**		
学校数	Number of Schools	11.5	7.2
招生数	New Enrollment	51.5	22.3
毕业生数	Graduates	0.2	34.5
在校学生数	Total Enrollment	42.2	23.8
教职工数	Teachers and Staff	10.7	17.4
#专任教师	Full-time Teachers	16.5	20.0
中等专业学校	**Secondary Professional Schools**		
学校数	Number of Schools	-3.2	-7.6
招生数	New Enrollment	-23.6	-2.1
毕业生数	Graduates	-2.9	13.8
在校学生数	Total Enrollment	-3.2	-1.2
教职工数	Teachers and Staff	-5.2	-5.6
#专任教师	Full-time Teachers	-4.2	-4.5
普通中学	**Regular Senior Secondary Schools**		
学校数	Number of Schools	-0.2	-3.6
招生数	New Enrollment	5.4	-6.6
毕业生数	Graduates	1.9	-3.0
在校学生数	Total Enrollment	9.4	-5.7
教职工数	Teachers and Staff	3.9	-0.7
#专任教师	Full-time Teachers	4.9	-0.5
技工学校	**Technical Schools**		
学校数	Number of Schools	-7.6	-8.0
招生数	New Enrollment	-5.7	14.1
毕业生数	Graduates	-6.9	32.7
在校学生数	Total Enrollment	-14.7	18.8

continued

(%)

2006	2007	2008	2009	2010	2011	2012	2013	2014	2015
-40.9	7.4	-10.0	-14.2	56.5	15.8	4.9	7.0	-9.9	25.6
11.5	10.1	10.2	-2.3	14.5	21.7	10.7	13.8	8.1	7.3
15.8	5.1	9.0	-16.8	28.3					
139.0	37.8	39.6	23.6	17.2	-13.2	4.2	12.1	14.8	8.6
33.1	30.0	18.9	41.9	18.3	36.1	9.6	4.5	8.6	9.7
17.3	11.7	-3.4	6.4	5.9	6.4	-4.5	2.3	16.5	0.7
24.5	29.3	1.7	22.2	18.3	15.7	10.8	-3.7	-1.6	3.4
25.1	29.5	2.2	16.8	15.2	12.4	9.6	-4.3	-0.5	3.1
22.3	28.4	-0.8	45.7	29.1	25.8	14.1	-1.8	-4.3	4.1
26.5	27.2	-6.0	24.8	21.0	12.9	12.0	-8.3	-1.4	8.2
30.0	33.3	2.9	26.9	22.1	18.4	14.6	-6.6	-0.6	6.7
-2.7	-4.6	-8.7	-1.6	-0.9	-4.6	-2.3	-1.9	-0.8	1.4
-7.9	-5.8	4.3	8.3	5.9	4.9	-2.5	-19.9	-8.1	-11.4
-2.6	-5.0	-8.5	-1.2	-1.1	-4.8	-1.9	-1.9	-0.8	1.4
4.8	1.8	2.7	12.3	3.9	4.5	-1.4	2.2	1.4	0.7
11.1	1.9	13.4	-2.5	-1.1	2.6	-0.2	-0.1	10.1	2.6
19.5	32.5	15.6	5.0	2.9	3.5	1.5	2.7	-2.5	2.2
14.2	7.6	6.5	3.8	2.4	0.3	0.3	5.8	5.8	5.8
10.2	6.3	4.1	2.0	1.7	0.9	0.8	2.4	1.2	2.2
15.5	9.7	6.8	2.6	1.9	6.5	0.3	0.3	2.7	3.3
-3.0	3.8	-3.7	-4.6		-7.7	-5.2	-6.3	-12.4	-5.4
5.1	9.1	-5.5	6.4		4.2	-9.0	-10.2	-12.2	-7.9
6.4	15.5	-10.0	6.4		-12.0	-1.6	-0.5	-6.5	-9.5
2.8	7.1	-4.0	0.0		4.0	-2.6	-10.1	-8.1	-9.6
0.8	2.1	-3.2	-1.6		-5.8	-3.7	-6.5	-3.5	-3.4
3.6	4.7	0.0	-1.0		-3.4	-2.1	-4.2	-1.9	-0.7
-5.2	-3.3	-3.6	-3.7	-2.8	-2.1	-1.3	-1.6	-0.1	-0.4
-8.4	-1.3	-1.2	-0.2	2.4	-1.4	-1.2	-0.8	-3.1	-1.6
-5.1	-2.9	-9.5	-8.2	-1.1	0.6	-2.9	1.9	-1.5	1.5
-6.5	-6.1	-3.5	-0.6	0.3	0.1	-1.8	-0.8	-0.5	-1.3
-1.8	-1.6	-2.1	-0.7	-0.8	5.5	0.5	0.2	1.2	0.9
-1.3	-0.6	-0.7	1.3	-0.1	1.3	0.02	1.5	1.2	0.8
-14.0	1.5	-1.5	-0.5	6.6	-0.5	2.4	-2.8	-1.9	-4.4
7.3	7.6	0.7	-8.7	-6.8	9.1	3.4	-6.7	-11.2	2.8
25.8	12.3	9.7	16.0	-4.8	-7.6	-8.4	7.7	-11.3	-9.2
9.7	7.7	7.7	-4.5	0.4	-4.1	5.2	-7.8	-10.9	-3.4

1-3 续表 5

单位:%

类　别	Category	2000	2005
教职工数	Teachers and Staff	-15.2	3.2
#专任教师	Full-time Teachers	-3.2	3.1
小　学	**Regular Primary Schools**		
学校数	Number of Schools	-11.7	-6.3
招生数	New Enrollment	-10.0	-5.4
毕业生数	Graduates	1.9	-9.1
在校学生数	Total Enrollment	-11.0	-2.0
教职工数	Teachers and Staff	-2.4	0.0
#专任教师	Full-time Teachers	-2.5	-0.3
成人高等学校	**Adult Institutions of Higher Education**		
学校数	Number of Schools	持平	持平
招生数	New Enrollment	-5.4	-17.8
毕业生数	Graduates	14.9	10.0
在校学生数	Total Enrollment	-0.5	-3.6
教职工数	Teachers and Staff	-1.7	3.8
#专任教师	Full-time Teachers	-0.7	7.0
十六、科　技	**Science**		
重要科技成果	**Major Scientific Achievements**		
成果数量	Number of Achievements	1.1	-20.5
#农　业	Agricultural	3.2	-29.5
工　业	Industry	1.5	-51.9
国际领先先进水平	Internationally Advanced	-19.5	10.1
国内领先先进水平	Nationally Advanced	4.5	-27.2
省内领先先进水平	Provincial Advanced	-12.1	-11.9
专利情况	**Patent Applications**		
申请量	Number of Patent Applications Examined	16.7	56.8
授权量	Number of Patent Applications Granted	6.5	10.4
十七、卫生、文化事业	**Public Health and Culture**		
卫生机构床位数	Number of Beds in Health Institutions	0.7	8.4
卫生技术人员数	Medical Technical Personnel	2.3	0.6
#医生数	Doctors	4.3	1.5
文化(艺术)馆	**Cultural (Arts) Centers**		
机构数	Number of Institutions	0.6	-0.6
人　数	Number of Employed Persons	-4.4	-4.9
文化站	**Cultural Stations**		
机构数	Number of Institutions	-2.9	-0.8
人　数	Number of Employed Persons	0.3	-0.8
艺术表演团体	**Arts Performance Troupes**		
机构数	Number of Institutions	0.9	-0.9
人　数	Number of Employed Persons	-2.2	1.2
剧场(院)	**Theaters and Music Halls**		
机构数	Number of Institutions	-1.9	-1.1
人　数	Number of Employed Persons	-2.8	-9.9
图书馆	**Libraries**		
机构数	Number of Institutions	持平	2.1
人　数	Number of Employed Persons	-1.9	2.2
博物馆	**Museums**		
机构数	Number of Institutions	3.5	4.2
人　数	Number of Employed Persons	-1.8	2.3

continued

(%)

2006	2007	2008	2009	2010	2011	2012	2013	2014	2015
1.2	19.9	-7.6	1.1	-27.2	34.1	22.7	3.2	-4.7	-0.6
7.7	45.5	-20.1	2.8	-22.8	40.7	1.9	11.8	-4.1	-1.7
-7.9	-3.7	-4.0	-4.8	-3.5	-2.9	-3.9	-3.6	-3.4	-3.4
2.8	4.0	-6.2	-2.7	9.4	7.3	-8.2	5.6	7.8	-0.2
-10.3	2.1	3.5	1.9	0.7	-3.1	-0.6	-2.7	-2.2	-2.1
1.2	1.8	-0.2	-1.0	0.4	2.4	-2.5	-0.3	3.6	4.0
1.2	1.3	0.1	0.1	-0.8	-5.7	-1.6	-0.9	-1.3	0.1
1.0	1.3	0.3	0.5	-0.6	-0.3	-1.0	1.2	0.5	1.9
持平	-4.2	-4.4	-4.5	-14.3	-5.6	持平	-35.3	持平	持平
-11.8	11.5	42.9	-10.9	-2.1	10.9	12.8	-0.6	8.0	-8.8
-70.4	178.8	-4.6	12.9	5.0	31.1	-16.8	6.6	15.0	9.3
14.2	0.6	19.6	6.2	3.0	-0.6	10.8	7.4	5.5	-0.2
11.3	-1.2	-41.5	-15.6	-32.3	-6.5	8.5	-33.7	-20.5	-2.6
12.5	0.3	-35.8	-14.4	-28.9	-7.3	6.8	-32.1	-22.1	-3.3
-4.0	1.4	-0.7	1.5	0.1	0.5	0.6	-2.5	26.7	1.9
5.6	-2.4	-8.8	1.7	27.8	-22.0	10.8	-12.1	48.1	-12.5
16.9	11.7	-3.8	25.4	-11.5	-3.7	18.0	1.5	26.4	-6.9
-16.1	21.2	9.0	26.9	-10.0	-4.3	-5.9	11.8	20.0	18.4
0.1	-4.6	-2.6	-12.7	-6.8	-1.5	4.1	-20.9	7.4	5.8
-7.5									
32.8	22.4	28.6	11.0	20.9	35.5	17.3	20.6	2.2	21.8
48.4	43.2	16.9	29.3	49.2	14.3	28.3	1.9	-5.4	34.7
3.4	9.1	13.1	8.4	10.1	8.9	13.8	3.4	2.1	3.8
3.6	2.8	8.7	8.0	8.6	9.2	10.0	12.8	1.0	2.5
3.7	2.5	6.7	5.6	5.3	4.5	7.8	15.7	-0.4	2.6
持平	-0.6	-0.6	1.3	持平	1.3	-1.3	0.6	-0.6	-0.6
2.6	-1.5	0.4	3.0	-1.9	1.0	-1.7	1.0	-0.5	-0.4
5.0	-1.7	持平	2.2	-0.6	-1.5	-0.4	-0.8	0.2	0.2
5.2	11.6	1.0	22.3	-1.1	2.2	7.4	-1.4	5.4	6.8
0.9	0.8	持平	-0.8	0.8	-2.5	-10.3	-1.0	1.0	持平
3.0	-1.4	1.5	0.4	-0.2	-1.7	-7.2	-2.9	3.1	-6.3
1.1	-3.2	-2.2	-8.9	11.0	2.2	持平	持平	持平	-1.1
11.5	-7.7	-5.7	-10.2	16.1	12.1	-2.4	-17.5	0.9	-5.9
-1.4	1.4	1.4	2.0	-0.7	0.7	持平	2.0	持平	0.7
-2.5	0.6	-1.3	2.4	0.4	0.6	-1.9	4.3	-1.1	0.7
1.3	14.5	10.3	15.6	2.7	5.3	48.3	9.0	25.3	28.4
2.7	8.2	7.8	11.8	6.5	13.5	56.2	9.1	13.1	17.5

1-4 国民经济主要比例关系
Proportions on National Economic Indicators

单位:% (%)

项 目	Item	2010	2011	2012	2013	2014	2015
一、地区生产总值比例	**Structure of Gross Domestic Product**						
第一产业	Primary Industry	9.2	8.8	8.6	8.3	8.1	7.9
第二产业	Secondary Industry	54.2	52.9	51.4	49.7	48.4	46.8
第三产业	Tertiary Industry	36.6	38.3	40.0	42.0	43.5	45.3
二、国内支出总额比例	**Structure of Government Consumption**						
最终消费	Final Consumption	39.1	39.9	41.1	41.8	40.7	41.5
资本形成	Capital Formation	54.9	55.0	55.1	56.0	56.8	56.5
三、人口比例	**Structure of Population**						
按性别分	Sexual Structure						
男	Male	50.7	50.8	50.8	50.8	50.9	50.9
女	Female	49.3	49.2	49.2	49.2	49.1	49.1
按农业非农业分	Agricultural and Non-agricultural Structure						
农业人口	Agricultural Structure	59.8	58.9	58.0	57.0	56.0	52.1
非农业人口	Non-agricultural Structure	40.3	41.1	42.0	43.0	44.0	47.9
四、社会就业人员比例	**Structure of Employment**						
第一产业	Primary Industry	35.5	34.1	33.1	31.7	30.7	29.6
第二产业	Secondary Industry	32.6	33.7	34.2	34.5	34.7	35.2
第三产业	Tertiary Industry	31.9	32.2	32.7	33.8	34.6	35.2
五、农林牧渔业总产值比例	**Structure of Gross Output Value of Agriculture**						
农 业	Farming	55.2	51.9	49.8	51.5	51.8	51.6
林 业	Forestry	1.3	1.3	1.3	1.4	1.4	1.5
牧 业	Animal Husbandry	26.7	29.3	28.8	27.0	26.3	26.4
渔 业	Fishery	12.7	13.5	15.9	16.0	16.1	16.0
农林牧渔服务业	Services of Farming,Forestry,Animal Husbandry and Fishery	4.1	4.0	4.1	4.2	4.4	4.5
六、工业总产值中轻重工业比例	**Structure of Output Value of Light and Heavy Industries**						
轻工业	Light Industry	32.4	31.2	32.0	31.4	31.0	32.0
重工业	Heavy Industry	67.6	68.8	68.0	68.6	69.0	68.0
七、全社会固定资产投资比例	**Structure of Investment in Fixed Assets**						
国有经济	State-owned Units	15.7	14.1	12.6	12.9	12.8	13.0
集体经济	Collective-owned Units	11.3	10.1	10.0	8.5	8.0	6.5
个体经济	Self-employed Units	27.9	30.8	31.6	34.9	38.2	42.0
八、地方财政收入占地区生产总值的比重	**Proportion of Local Government Revenue to GDP**	**7.0**	**7.6**	**8.1**	**8.3**	**8.5**	**8.8**
九、财政支出比例	**Structure of Local Government Expenses**						
一般公共服务支出	General Public Service	13.1	12.4	11.9	11.2	10.1	8.9
科学技术	Science and Technology	2.0	2.2	2.1	2.2	2.0	1.9
教 育	Education	18.6	20.9	22.2	20.9	20.4	20.5

1-5 平均每天社会经济活动

Selected Indicators on Average Daily Social and Economic Activities

指 标 名 称	Item	2011	2012	2013	2014	2015
一、全省每天创造的财富	**Daily Production**					
地区生产总值 (万元)	Gross Domestic Product (10 000 yuan)	1242790	1370226	1513159	1628126	1726091
工业总产值 (万元)	Gross Output Value of Industry (10 000 yuan)	2726164	3142665	3559069	3874384	3999019
农林牧渔业总产值 (万元)	Gross Output Value of Farming,Forestry, Animal Husbandry and Fishery (10 000 yuan)	203007	217692	239726	252007	261634
地方财政收入 (万元)	Government Revenue (10 000 yuan)	94683	111217	124930	137721	151488
布 (万米)	Cloth (10 000 m)	3411	3929	3521	3162	3175
发电量 (万千瓦时)	Electricity (10 000 kwh)	86916	90570	98561	102404	128345
原 油 (万吨)	Crude Oil (10 000 tons)	7.6	7.6	7.5	7.4	7.1
粗 钢 (吨)	Steel (ton)	154937	163205	174000	175644	181351
二、全省每天消费量	**Daily Consumption**					
城乡居民消费总量 (万元)	Resident Consumption (10 000 yuan)	356164	399545	458668	513057	556394
社会消费品零售额 (万元)	Total Retail Sails of Consumer Goods (10 000 yuan)	470013	538409	610818	687987	760587
三、其他经济活动	**Other Daily Economic Activities**					
铁路、公路和水路客运人数 (万人)	Passenger Traffic (10 000 persons)	686.2	725.8	738.1	201.6	163.4
住宅竣工面积 (平方米)	Floor Space of Residential Buildings Completed(sq.m)	145528	166759	166119	166870	169468
四、全省人口变动和婚姻	**Daily Population Changes and Marriages**					
出生人口 (人)	Birth (person)	3137	3082	3204	6029	3912
死亡人口 (人)	Death (person)	1852	2189	1639	1695	1651
结婚对数 (对)	Marriages (couples)	2655	2557	2442	2279	1921
离婚对数 (对)	Divorces (couples)	498	539	617	641	660

1−6 国民经济和社会发展主要指标占全国的比重(2015年)

Proportion of Main Economic and Social Indicators to the Whole Country(2015)

指 标 名 称	Item	山 东 Shandong	全 国 China	山东占全国比重(%) Proportion of Shandong to China (%)
一、人口与就业	**Population and Employment**			
年末总人口 (万人)	Population at the Year-end (10 000 persons)	9847	137462	7.2
就业人员 (万人)	Employment (10 000 persons)	6633	77451	8.6
二、土地面积 (万平方公里)	**Area of Land (10 000 sq.km)**	**15.79**	**960**	**1.6**
三、农林牧渔业总产值 (亿元)	**Gross Output Value of Farming, Forestry,AnimalHusbandry and Fishery (100 million yuan)**	**9550**	**107056**	**8.9**
四、地区生产总值 (亿元)	**Gross Domestic Product (100 million yuan)**	**63002**	**676708**	**9.3**
第一产业 (亿元)	Primary Industry (100 million yuan)	4979	60863	8.2
第二产业 (亿元)	Secondary Industry (100 million yuan)	29486	274278	10.8
第三产业 (亿元)	Tertiary Industry (100 million yuan)	28537	341567	8.4
五、人均地区生产总值 (元)	**Per Capita Gross Domestic Product (yuan)**	**64168**	**49351**	
六、主要工农业产品产量	**Output of Major Farm and Industrial Products**			
粮 食 (万吨)	Grain (10 000 tons)	4712.7	62143.9	7.6
棉 花 (万吨)	Cotton (10 000 tons)	53.7	560.3	9.6
油 料 (万吨)	Oil-bearing Crops (10 000 tons)	324.1	3537.0	9.2
肉 类 (万吨)	Meat (10 000 tons)	774.0	8625.0	9.0
水产品 (万吨)	Aquatic products (10 000 tons)	931.3	6699.6	13.9
原 油 (万吨)	Crude Oil (10 000 tons)	2608.0	21455.6	12.2
发电量 (亿千瓦时)	Electricity (100 million kwh)	4684.6	58105.8	8.1
家用电冰箱 (万台)	Household Refrigerators (10 000 units)	872.1	7992.8	10.9
彩色电视机 (万台)	Color Television Sets (10 000 units)	1766.9	14475.7	12.2
原 盐 (万吨)	Salt (10 000 tons)	1658.9	5975.0	27.8
化 肥 (万吨)	Chemical Fertilizer (10 000 tons)	617.5	7432.0	8.3
粗 钢 (万吨)	Steel (10 000 tons)	6619.3	80382.5	8.2
平板玻璃 (万重量箱)	Plate Glass (10 000 weight cases)	7345.6	73862.7	9.9
七、固定资产投资	**Investment in Fixed Assets**			
全社会固定资产投资额 (亿元)	Total Investment in Fixed Assets (100 million yuan)	48312	562000	8.6
八、运输、邮电	**Transport,Post and Telecommunication Services**			
货物周转量 (亿吨公里)	Total Freight Ton-kilometers (100 million ton-km)	8334	173482	4.8
旅客周转量 (亿人公里)	Total Passenger-kilometers (100 million person-km)	1127	22776	5.0
沿海主要港口货物吞吐量 (万吨)	Volume of Freight Handled in Major Coastal Ports (10 000 tons)	134218	784578	17.1
邮电业务总量 (亿元)	Total Volume of Post and Telecommunication Services (100 million yuan)	1459	28220	5.2
九、财政金融	**Finance and Financial Intermediation**			
公共财政预算收入 (亿元)	Local Government Revenue (100 million yuan)	5529	82983	6.7
公共财政预算支出 (亿元)	Local Government Expenditure (100 million yuan)	8250	150219	5.5
住户人民币存款余额 (亿元)	RMB Savings and Deposit of Urban and Rural Households at the Year-end (100 million yuan)	37320	546078	6.8
十、国内贸易	**Domestic Trade**			
社会消费品零售额 (亿元)	Total Retail Sales of Consumer Goods (100 million yuan)	27761	300931	9.2
十一、外贸外经旅游	**Foreign Trade and Tourism**			
进出口总额 (亿美元)	Total Value of Imports and Exports (100 million USD)	2417.5	39569.0	6.1
出口总额 (亿美元)	Exports (100 million USD)	1440.6	22749.5	6.3
国际旅游外汇收入 (亿美元)	Foreign Exchange Earnings (100 million USD)	29.0	1136.5	2.5
十二、价格指数	**Price Indices**			
商品零售价格指数 (%)	Retail Price Indices (%)	100.2	100.1	
居民消费价格指数 (%)	Consumer Price Indices (%)	101.2	101.4	
十三、人民生活	**People's Livelihood**			
城镇单位就业人员工资总额 (亿元)	Total Wages of Employed Persons in Urban Units (100 million yuan)	7054.6	112007.8	6.3
城镇单位就业人员平均工资 (元)	Average Wage of Employed Persons in Urban Units (yuan)	57270	62029	
城镇居民人均可支配收入 (元)	Per Capita Disposabal Income of Urban Households (yuan)	31545	31195	
农村居民人均可支配收入	Per Capita Annual Net Income of Rural Households (yuan)	12930	11422	
十四、教育、卫生	**Education and Health Care**			
普通本专科学校在校生数 (万人)	Total Enrollment of Institutions of Higher Education (10 000 persons)	190.1	2625.3	7.2
医院床位数 (万张)	Number of Hospital Beds (10 000 beds)	37.9	533.1	7.1
专业卫生技术人员数 (万人)	Number of Medical Technical Personnel (10 000 persons)	61.9	800.8	7.7

1-7 按行业分法人单位数

Number of Corporate Units by Sector

单位:个 (unit)

行 业	Sector	2013	2014	2015
总 计	**Total**	**825706**	**1042809**	**1269917**
农、林、牧、渔业	Agriculture,Forestry,Animal Husbandry and Fishing	12933	48678	69181
采矿业	Mining	3727	3759	3726
制造业	Manufacturing	183233	208334	235765
电力、燃气及水的生产和供应业	Production and Supply of Electric Power and Heat Power	2399	2947	3734
建筑业	Construction	29959	44937	58288
批发和零售业	Wholesale and Retail Trade	236208	310631	403975
交通运输、仓储和邮政业	Traffic,Transport,Storage and Post	21654	27638	33781
住宿和餐饮业	Hotels and Catering Services	12168	14296	17774
信息传输、软件和信息技术服务业	Information Transfer, Software and Information Technology Services	10079	16620	25611
金融业	Financial Intermediation	1809	5514	6953
房地产业	Real Estate	21817	28633	32596
租赁和商务服务业	Leasing and Business Services	49917	74033	101011
科学研究和技术服务业	Scientific Research and Technical Service	40568	48629	59213
水利、环境和公共设施管理业	Management of Water Conservancy,Environment and Public Facilities	5025	5898	6534
居民服务、修理和其他服务业	Households Services, Repair and Other Services	11903	16531	22923
教 育	Education	24364	24931	25908
卫生和社会工作	Health and Social Work	18572	18638	18964
文化、体育和娱乐业	Culture,Sports and Entertainment	11541	13593	15590
公共管理、社会保障和社会组织	Public management,Social Security and Social Organization	127830	128569	128390
国际组织	International Organization			

1-8 按机构类型分法人单位数
Number of Corporate Units by Status of Organization

单位:个 (unit)

机构类型	Organization Status	2008	2009	2010	2011	2012	2013	2014	2015
合 计	**Total**	**610064**	**674839**	**773752**	**832443**	**906064**	**825706**	**1042809**	**1269917**
企 业	Enterprises	435959	496125	592359	649509	722344	616676	819036	1048470
事业单位	Institutions	37603	36692	36631	36470	36366	41349	41210	40919
机 关	Agencies & Organizations	12136	12154	12145	12117	12085	12431	12420	12411
社会团体	Social Groups	12359	13392	13531	13739	13545	15553	15909	15919
民办非企业单位	Private Non-enterprise Units	17072	17537	17805	17928	17951	15495	16099	16098
基金会	Foundation	21	23	24	23	18	77	78	81
居委会	Neighborhood Committee	6126	5958	5950	5941	6101	7452	7574	7507
村委会	Village Committee	80343	80131	79002	78969	77470	73506	73957	73947
其他组织机构	Others	8445	12827	16305	17747	20184	43167	56526	54565

1-9 按地区分法人单位数
Number of Corporate Units by Region

单位:个 (unit)

地 区	Region	2008	2009	2010	2011	2012	2013	2014	2015
全省总计	**Total**	**610064**	**674839**	**773752**	**832443**	**906064**	**825706**	**1042809**	**1269917**
济 南 市	Jinan	73417	78868	85972	90588	100313	83999	100614	119575
青 岛 市	Qingdao	98130	111608	130498	145414	160640	145067	183720	230230
淄 博 市	Zibo	38437	42795	49615	50484	53616	45720	56058	68198
枣 庄 市	Zaozhuang	16848	20307	24618	26763	29357	27657	32120	37887
东 营 市	Dongying	11918	14217	17078	17507	19593	17048	21081	28465
烟 台 市	Yantai	65151	68733	75741	81475	89959	78051	97998	118699
潍 坊 市	Weifang	46693	53576	65071	71739	77854	75265	97326	115593
济 宁 市	Jining	36721	41299	47936	52812	57972	60054	79974	101533
泰 安 市	Tai'an	34299	34599	37759	39267	42531	43362	51211	56600
威 海 市	Weihai	24571	26683	30173	34149	37214	30581	41837	51595
日 照 市	Rizhao	14390	16454	18554	19038	22083	19085	26083	29516
莱 芜 市	Laiwu	7909	10459	13798	15055	15552	13205	15537	17200
临 沂 市	Linyi	36364	41317	48297	50580	55623	53039	71599	92164
德 州 市	Dezhou	35276	37091	39447	40115	37427	39638	46164	51189
聊 城 市	Liaocheng	19852	21417	25359	28617	32272	31371	38347	46442
滨 州 市	Binzhou	19075	20705	23788	26006	28582	25697	34187	44869
菏 泽 市	Heze	31013	34711	40048	42834	45476	36867	48953	60162

1−10 山东半岛蓝色经济区主要经济指标
Shandong Peninsula Blue Economic Zone Major economic indicators

指 标		Indicator		2015年	比上年增长 (%) Growth over the previous year (%)
地区生产总值	(亿元)	Gross Dommestic Product	(100 million yuan)	29447.3	8.0
第一产业	(亿元)	Primary Industry	(100 million yuan)	1807.5	4.0
第二产业	(亿元)	Secondary Industry	(100 million yuan)	14481.9	7.5
第三产业	(亿元)	Tertiary Indusrtry	(100 million yuan)	13157.9	9.3
规模以上工业增加值	(亿元)	Value-added of Industrial Enterprises above Designated Size	(100 million yuan)		7.8
规模以上工业主营业务收入	(亿元)	Revenue from Principal Business of Industrial Enterprise above Designated Size	(100 million yuan)	67814.4	3.5
规模以上工业利税总额	(亿元)	Total Profits and Taxes of Industrial Enterprise above Designated Size	(100 million yuan)	6298.7	-5.0
规模以上工业利润总额	(亿元)	Total Profits of Industrial Enterprise above Designated Size	(100 million yuan)	4042.7	-4.9
固定资产投资	(亿元)	Investment in Fixed Assets	(100 million yuan)	23362.5	14.0
社会消费品零售总额	(亿元)	Total Retail Sales of Consumer Goods	(100 million yuan)		10.5
进出口总额	(亿美元)	Total Value of Imports and Exports	(100 million USD)	1839.9	-14.5
#出口总额	(亿美元)	Exports	(100 million USD)	1082.4	-1.5
实际到账外资	(亿美元)	Total Amount of Foreign Capital Actual Arrival	(100 million USD)	115.3	9.3
公共财政预算收入	(亿元)	Total Local Government Budgetary Revenue	(100 million yuan)	2656.0	11.5
公共财政预算支出	(亿元)	Total Local Government Budgetary Expenditure	(100 million yuan)	3314.8	13.7
金融机构本外币存款余额	(亿元)	RMB and Foreign Currencies Deposits of Financial Institutions	(100 million yuan)	35029.0	3047.4
#住户存款	(亿元)	Household Deposit	(100 million yuan)	16427.9	1258.5
金融机构本外币贷款余额	(亿元)	RMB and Foreign Currencies Loans of Financial Institutions	(100 million yuan)	28055.7	2361.0
农民人均可支配收入	(元)	Per capita Annual Disposable Income of Rural Households	(yuan)	15135	8.9

注：1.“山东半岛蓝色经济区”包括青岛、东营、烟台、潍坊、威海、日照6市及滨州市沾化区和无棣县。

2.金融机构本外币存贷款余额比上年增长栏为比年初增加额。

a)"Shandong Peninsula Blue Economic Zone" includes Qingdao, Dongying, Yantai, Weifang, Weihai, Rizhao,Zhanhua District of Binzhou City,Wudi County.

b)RMB and Foreign Currencies Deposits of Financial Institutions "Growth over the previous year" compare with the beginning of the year to increase the amount.

1-11 黄河三角洲高效生态经济区主要经济指标
Efficient eco economic zone in the Yellow River Delta Major economic indicators

指　　标	Indicator		2015年	比上年增长(%) Growth over the previous year (%)
地区生产总值 (亿元)	Gross Dommestic Product	(100 million yuan)	8741.2	7.4
第一产业 (亿元)	Primary Industry	(100 million yuan)	620.5	4.3
第二产业 (亿元)	Secondary Industry	(100 million yuan)	4924.7	7.3
第三产业 (亿元)	Tertiary Indusrtry	(100 million yuan)	3196.1	8.3
规模以上工业增加值 (亿元)	Value-added of Industrial Enterprises above Designated Size	(100 million yuan)		7.1
规模以上工业主营业务收入 (亿元)	Revenue from Principal Business of Industrial Enterprise above Designated Size	(100 million yuan)	28120.5	0.2
规模以上工业利税总额 (亿元)	Total Profits and Taxes of Industrial Enterprise above Designated Size	(100 million yuan)	2381.4	-21.6
规模以上工业利润总额 (亿元)	Total Profits of Industrial Enterprise above Designated Size	(100 million yuan)	1533.9	-20.7
固定资产投资 (亿元)	Investment in Fixed Assets	(100 million yuan)	6873.8	13.8
社会消费品零售总额 (亿元)	Total Retail Sales of Consumer Goods	(100 million yuan)		9.7
进出口总额 (亿美元)	Total Value of Imports and Exports	(100 million USD)	300.3	3.4
#出口总额 (亿美元)	Exports	(100 million USD)	145.7	-6.5
实际到账外资 (亿美元)	Total Amount of Foreign Capital Actual Arrival	(100 million USD)	12.8	3.9
公共财政预算收入 (亿元)	Total Local Government Budgetary Revenue	(100 million yuan)	671.2	9.2
公共财政预算支出 (亿元)	Total Local Government Budgetary Expenditure	(100 million yuan)	875.0	13.4
金融机构本外币存款余额 (亿元)	RMB and Foreign Currencies Deposits of Financial Institutions	(100 million yuan)	8257.6	854.8
#住户存款 (亿元)	Household Deposit	(100 million yuan)	3949.3	404.2
金融机构本外币贷款余额 (亿元)	RMB and Foreign Currencies Loans of Financial Institutions	(100 million yuan)	6674.3	733.8
农民人均可支配收入 (元)	Per capita Annual Disposable Income of Rural Households	(yuan)	13683	9.0

注：1. "黄河三角洲高效生态经济区"包括东营、滨州两市及潍坊寒亭区、寿光市、昌邑市，德州乐陵市、庆云县，淄博高青县和烟台莱州市。
2. 金融机构本外币存贷款余额比上年增长栏为比年初增加额。

a)"Efficient eco economic zone in the Yellow River Delta" includes Dongying, Binzhou, Hanting District of Weifang, Shouguang City, Changyi City,Dezhou City, Qingyun County,Gaoqing County,Laizhou City.

b)RMB and Foreign Currencies Deposits of Financial Institutions "Growth over the previous year" compare with the beginning of the year to increase the amount.

1-12 省会城市群经济圈主要经济指标

Capital city group economic circle Major economic indicators

指 标		Indicator		2015年	比上年增长(%) Growth over the previous year (%)
地区生产总值	(亿元)	Gross Dommestic Product	(100 million yuan)	21824.6	7.7
第一产业	(亿元)	Primary Industry	(100 million yuan)	1589.7	4.3
第二产业	(亿元)	Secondary Industry	(100 million yuan)	10210.2	7.4
第三产业	(亿元)	Tertiary Indusrtry	(100 million yuan)	10024.7	8.6
规模以上工业增加值	(亿元)	Value-added of Industrial Enterprises above Designated Size	(100 million yuan)		8.5
规模以上工业主营业务收入	(亿元)	Revenue from Principal Business of Industrial Enterprise above Designated Size	(100 million yuan)	53506.7	2.2
规模以上工业利税总额	(亿元)	Total Profits and Taxes of Industrial Enterprise above Designated Size	(100 million yuan)	5333.8	4.6
规模以上工业利润总额	(亿元)	Total Profits of Industrial Enterprise above Designated Size	(100 million yuan)	3080.9	3.7
固定资产投资	(亿元)	Investment in Fixed Assets	(100 million yuan)	15796.3	13.9
社会消费品零售总额	(亿元)	Total Retail Sales of Consumer Goods	(100 million yuan)		10.5
进出口总额	(亿美元)	Total Value of Imports and Exports	(100 million USD)	381.1	-7.1
#出口总额	(亿美元)	Exports	(100 million USD)	228.9	0.9
实际到账外资	(亿美元)	Total Amount of Foreign Capital Actual Arrival	(100 million USD)	33.8	9.2
公共财政预算收入	(亿元)	Total Local Government Budgetary Revenue	(100 million yuan)	1750.6	10.3
公共财政预算支出	(亿元)	Total Local Government Budgetary Expenditure	(100 million yuan)	2445.4	15.9
金融机构本外币存款余额	(亿元)	RMB and Foreign Currencies Deposits of Financial Institutions	(100 million yuan)	28993.3	2843.4
#住户存款	(亿元)	Household Deposit	(100 million yuan)	13009.1	1259.1
金融机构本外币贷款余额	(亿元)	RMB and Foreign Currencies Loans of Financial Institutions	(100 million yuan)	21982.5	2184.1
农民人均可支配收入	(元)	Per capita Annual Disposable Income of Rural Households	(yuan)	12556	9.0

注：1."省会城市群经济圈"包括济南、淄博、泰安、莱芜、德州、聊城、滨州7个市。

2.金融机构本外币存贷款余额比上年增长栏为比年初增加额。

a)"Capital city group economic circle" includes Ji'nan, Zibo, Tai'an, Laiwu, Dezhou, Liaocheng, Binzhou.

b)RMB and Foreign Currencies Deposits of Financial Institutions "Growth over the previous year" compare with the beginning of the year to increase the amount.

1-13 西部经济隆起带主要经济指标

Western economic uplift belt Major economic indicators

指　　　标		Indicator		2015年	比上年增长 (%) Growth over the previous year (%)
地区生产总值	（亿元）	Gross Dommestic Product	(100 million yuan)	18370.3	8.0
第一产业	（亿元）	Primary Industry	(100 million yuan)	1920.3	4.2
第二产业	（亿元）	Secondary Industry	(100 million yuan)	8975.8	7.9
第三产业	（亿元）	Tertiary Indusrtry	(100 million yuan)	7474.3	9.2
规模以上工业增加值	（亿元）	Value-added of Industrial Enterprises above Designated Size	(100 million yuan)		8.5
规模以上工业主营业务收入	（亿元）	Revenue from Principal Business of Industrial Enterprise above Designated Size	(100 million yuan)	47013.4	3.7
规模以上工业利税总额	（亿元）	Total Profits and Taxes of Industrial Enterprise above Designated Size	(100 million yuan)	4651.5	0.8
规模以上工业利润总额	（亿元）	Total Profits of Industrial Enterprise above Designated Size	(100 million yuan)	2861.1	-0.2
固定资产投资	（亿元）	Investment in Fixed Assets	(100 million yuan)	13790.2	14.0
社会消费品零售总额	（亿元）	Total Retail Sales of Consumer Goods	(100 million yuan)		10.7
进出口总额	（亿美元）	Total Value of Imports and Exports	(100 million USD)	286.7	-7.2
#出口总额	（亿美元）	Exports	(100 million USD)	180.4	5.7
实际到账外资	（亿美元）	Total Amount of Foreign Capital Actual Arrival	(100 million USD)	16.4	-12.7
公共财政预算收入	（亿元）	Total Local Government Budgetary Revenue	(100 million yuan)	1364.5	10.4
公共财政预算支出	（亿元）	Total Local Government Budgetary Expenditure	(100 million yuan)	2436.4	15.9
金融机构本外币存款余额	（亿元）	RMB and Foreign Currencies Deposits of Financial Institutions	(100 million yuan)	18346.1	2027.6
#住户存款	（亿元）	Household Deposit	(100 million yuan)	12021.8	1453.3
金融机构本外币贷款余额	（亿元）	RMB and Foreign Currencies Loans of Financial Institutions	(100 million yuan)	12515.4	1065.3
农民人均可支配收入	（元）	Per capita Annual Disposable Income of Rural Households	(yuan)	11089	9.2

注：1.“西部经济隆起带”包括枣庄、济宁、临沂、德州、聊城、菏泽6市及泰安市宁阳县和东平县。
　　2.金融机构本外币存贷款余额比上年增长栏为比年初增加额。

a)"Western economic uplift belt" includes Zaozhuang, Jining, Linyi, Dezhou, Liaocheng, Heze,Ningyang county , Dongping County.

b)RMB and Foreign Currencies Deposits of Financial Institutions "Growth over the previous year" compare with the beginning of the year to increase the amount.

主要统计指标解释

行政区划 指国家对行政区域的划分。根据宪法规定，我国的行政区域划分如下：(1)全国分为省、自治区、直辖市；(2)省、自治区分为自治州、县、自治县、市；(3)自治州分为县、自治县、市；(4)县、自治县分为乡、民族乡、镇；(5)直辖市和较大的市分为区、县；(6)国家在必要时设立的特别行政区。

国民经济行业分类 自2012年定期报表开始使用新的《国民经济行业分类》(GB/T4754-2011)该分类是由国家统计局组织修订，经国家质量监督检验检疫总局批准，于2011年4月29日发布实施。这次修订是在2002年分类标准的基础上，参照联合国《全部经济活动的国际标准产业分类》(ISIC/Rev.4)进行的。修订后的《国民经济行业分类》(GB/T4754-2011)共有门类20个，大类96个，中类432个，小类1094个。大类增加1个，中类增加36个，小类增加181个。

企业(单位)登记注册类型 是以在工商行政管理机关登记注册的各类企业为划分对象，以工商行政管理部门对企业登记注册的类型为依据，将企业登记注册类型分为内资企业、港澳台商投资企业和外商投资企业三大类。内资企业包括国有企业、集体企业、股份合作企业、联营企业、有限责任公司、股份有限公司、私营公司和其他企业；港澳台商投资企业和外商投资企业分别包括合资经营企业、合作经营企业、独资经营企业和股份有限公司。对不在工商行政管理部门进行登记注册的行政机关、事业单位和社会团体，主要按其经费来源和管理方式进行划分。

国有企业 指企业全部资产归国家所有，并按《中华人民共和国企业法人登记管理条例》规定登记注册的非公司制的经济组织。不包括有限责任公司中的国有独资公司。

集体企业 指企业资产归集体所有，并按《中华人民共和国企业法人登记管理条例》规定登记注册的经济组织。

股份合作企业 指以合作制为基础，由企业职工共同出资入股，吸收一定比例的社会资产投资组建，实行自主经营，自负盈亏，共同劳动，民主管理，按劳分配与按股分红相结合的一种集体经济组织。

联营企业 指两个及两个以上相同或不同所有制性质的企业法人或事业单位法人，按自愿、平等、互利的原则，共同投资组成的经济组织。联营企业包括国有联营企业、集体联营企业、国有与集体联营企业和其他联营企业。

有限责任公司 指根据《中华人民共和国公司登记管理条例》规定登记注册，由两个以上、五十个以下的股东共同出资，每个股东以其所认缴的出资额对公司承担有限责任，公司以其全部资产对其债务承担责任的经济组织。有限责任公司包括国有独资公司以及其他有限责任公司。

股份有限公司 指根据《中华人民共和国公司登记管理条例》规定登记注册，其全部注册资本由等额股份构成并通过发行股票筹集资本，股东以其认购的股份对公司承担有限责任，公司以其全部资产对其债务承担责任的经济组织。

私营企业 指由自然人投资设立或由自然人控股，以雇佣劳动为基础的营利性经济组织。包括按照《公司法》、《合伙企业法》、《私营企业暂行条例》规定登记注册的私营有限责任公司、私营股份有限公司、私营合伙企业和私营独资企业。

其他企业 指上述企业之外的其他内资经济组织。

与港澳台商合资经营企业 指港澳台地区投资者与内地企业依照《中华人民共和国中外合资经营企业法》及有关法律的规定，按合同规定的比例投资设立、分享利润和分担风险的企业。

与港澳台商合作经营企业 指港澳台地区投资者与内地企业依照《中华人民共和国中外合作经营企业法》及有关法律的规定，依照合作合同的约定进行投资或提供条件设立、分配利润和分担风险的企业。

港澳台商独资经营企业 指依照《中华人民共和国外资企业法》及有关法律的规定，在内地由港澳台地区投资者全额投资设立的企业。

港澳台商投资股份有限公司 指根据国家有关规定，经原外经贸部依法批准设立，其中港、澳、台商的股本占公司注册资本的比例达25%以上的股份有限公司。凡其中港、澳、台商的股本占公司注册资本的比例小于25%的，属于内资企业中的股份有限公司。

中外合资经营企业 指外国企业或外国人与中国内地企业依照《中华人民共和国中外合资经营企业法》及有关法律的规定，按合同规定的比例投资设立、分享利润和分担风险的企业。

中外合作经营企业 指外国企业或外国人与中国内地企业依照《中华人民共和国中外合作经营企业法》及有关法律的规定，依照合作合同的约定进行投资或提供条件设立、分配利润和分担风险的企业。

外资企业 指依照《中华人民共和国外资企业法》及有关法律的规定，在中国内地由外国投资者全额投资设立的企业。

外商投资股份有限公司 指根据国家有关规定，经原外经贸部依法批准设立，其中外资的股本占公司注册资本的比例达25%以上的股份有限公司。凡其中外资股本占公司注册资本的比例小于25%的，属于内资企业中的股份有限公司。

行政机关、事业单位和社会团体 参照企业登记注册类型，主要按其经费来源和管理方式划分。具体规定如下：

⑴行政机关：包括国家机关和政党机关，原则上均列为“国有”。但有特殊规定的，如供销社等，则列为“集体”。

⑵事业单位：包括经国家机构编制部门和有关业务主管部门批准成立的各类事业单位，不包括实行企业化管理的事业单位。事业单位的划分办法如下：

①由国家财政预算拨款或列入财政预算外资金管理以及经费主要来源于国有主管部门或国有上级单位的事业单位，列为“国有”。

②经费主要来源于集体单位的事业单位，列为“集体”。

③公民个人(或个人合伙)开办的事业单位，列为“私营”。

④上述以外的其他事业单位，如果其经费来源不明确，按管理方式进行归类。

⑶社会团体：包括经民政部门批准成立以及未纳入社会团体管理条例范围的工会、妇联等各类社会团体。社会团体的划分办法如下：

①未纳入民政部社会团体管理条例范围的工会、妇联、共青团、青联、工商联、科协、侨联等社会团体，国家拨款设立的基金会或基金管理组织以及经费主要来源于国有业务主管部门或国有上级单位的社会团体，列为“国有”。

②经费主要来源于集体单位的社会团体，列为“集体”。

③公民个人(或个人合伙)开办的社会团体，划为“私营”。

④上述以外的其他社会团体，如果其经费来源不明确，改按管理方式进行归类。

Explanatory Notes on Main Statistical Indicators

Divisions of Administrative Areas refers to the division of administrative areas by the state. The Constitution of the People Republic of China stipulates that the administrative areas in China are divided as: 1) The whole country is divided into provinces, autonomous regions and municipalities directly under the central government; 2) Provinces and autonomous regions are divided into autonomous prefectures, counties, autonomous counties and cities; 3) Autonomous prefectures are divided into counties, autonomous counties and cities; 4) Counties and autonomous counties are divided into townships, nationality townships and towns; 5) Municipalities and large cities are divided into districts and counties, 6) The state shall, when necessary, establish special administrative regions.

Industrial Classification of the National Economy The new Industrial Classification of the National Economy (GB/T 4754-2011) is introduced starting from the compilation of 2012 annual statistics. The new revision was based on the 2002 classification and organized by the National Bureau of Statistics taking into consideration of the International Standards of the Industrial Classification of All Economic Activities (ISIC/Rev.4) of the United Nations, and the new Classification was promulgated by the National Administration of Quality Supervision, Inspection and Quarantine on April 29, 2011. The revised version of the Industrial Classification of the National Economy (GB/T 4754-2011) is composed of 20 major divisions, 96 divisions, 432 major groups and 1094 groups, including 1 new divisions, 36 major groups and 181 groups.

Registration Status of Enterprises are classified into 3 categories, namely domestic funded enterprises, enterprises with investment from Hong Kong, Macau and Taiwan, and enterprises with foreign investment, in the light of the registration status of an enterprise in industrial and commercial administration agencies. Domestic-funded enterprises include state-owned enterprises, collective-owned enterprises, cooperative enterprises, joint ownership enterprises, limited liability corporations, share-holding corporations Ltd., private enterprises and other enterprises. Included in the enterprises with investment from Hong Kong, Macau and Taiwan and enterprises with foreign investment are joint-venture enterprises, cooperative enterprises, sole investment enterprises and share holding corporations Ltd. For government agencies, institutions and social organizations which are not requested to be registered in industrial and commercial administration agencies, they are classified mainly by their sources of funds and way of management.

State-owned Enterprises refer to non-corporation economic units where the entire assets are owned by the state and which have registered in accordance with the Regulation of the People' s Republic of China on the Management of Registration of Corporate Enterprises. Excluded from this category are sole state funded corporations in the limited liability corporations.

Collective-owned Enterprises refer to economic units where the assets are owned collectively and which have registered in accordance with the Regulation of the People' s Republic of China on the Management of Registration of Corporate Enterprises.

Cooperative Enterprises refer to a form of collective economic units (enterprises) where capitals come mainly from employees as their shares, with certain proportion of capital from the outside, where production is organized on the basis of independent operation, independent accounting for profits and losses, joint work, democratic management, and a distribution system that integrates remuneration according to work with dividend according to capital share.

Joint Ownership Enterprises refer to economic units established by two or more corporate enterprises or corporate institutions of the same or different ownership, through joint investment on the basis of equality, voluntary participation and mutual benefits. They include state joint ownership enterprises, collective joint ownership enterprises, joint state-collective enterprises, other joint ownership enterprises.

Limited Liability Corporations refer to economic units established with investment from 2-50 investors and registered in accordance with the Regulation of the People' s Republic of China on the Management of Registration of Corporations, each investor bearing limited liability to the corporation depending on its share of investment, and the corporation bearing liability to its debt to the maximum of its total assets. Limited liability corporations include exclusive state funded limited liability corporations and other limited liability corporations.

Share-holding Corporations Ltd. refer to economic units registered in accordance with the Regulation of the People' s Republic of China on the Management of Registration of Corporations, with total registered capitals divided into equal shares and raised through issuing stocks. Each investor bears limited liability to the corporation depending on the holding of shares, and the corporation bears liability to its debt to the maximum of its total assets.

Private Enterprises refer to profit-making economic units invested and established by natural persons, or controlled by natural persons using employed labour. Included in this category are private limited liability corporations, private share-holding corporations Ltd., private partnership enterprises and private-funded enterprises registered in accordance with the Corporation Law, Partnership Enterprises Law and Interim Regulations on Private Enterprises.

Other Domestic-funded Enterprises refer to domestic funded economic units other than those mentioned above.

Cooperative Enterprises with Funds from Hong Kong Macau and Taiwan established by investors from Hong Kong, Macau and Taiwan with enterprises in the mainland of China in accordance with the Law of the People' s Republic of China on Sino-foreign Cooperative Enterprises and other relevant laws, where the investment or provision of facilities, and the share of profits and risks is stipulated in the cooperative contract.

Enterprises with Sole (exclusive) Investment from Hong Kong, Macau and Taiwan refer to enterprises established in the mainland of China with exclusive investment from investors from Hong Kong, Macau and Taiwan in accordance with the Law of the People's Republic of China on Foreign Funded Enterprises and other relevant laws.

Share-holding Corporations Ltd. with Investment from Hong Kong, Macau and Taiwan refer to share holding corporations Ltd. established with the approval from the former Ministry of Foreign Trade and Economic Relations in line with relevant state regulations, where the share of investment from Hong Kong, Macau or Taiwan businessmen exceeds 25% of the total registered capital of the corporation. In case the share of investment from Hong Kong, Macau or Taiwan is less than 25% of the total registered capital, the enterprise is to be classified as domestic-funded share-holding corporation Ltd.

Joint-venture Enterprises with Foreign Investment refer to enterprises jointly established by foreign enterprises or foreigners with enterprises in the mainland of China in accordance with the Law of the People' s Republic of China on Sino-foreign Joint Venture Enterprises and other relevant laws, where the share of investment, profits and risks is stipulated in the contract.

Cooperation Enterprises with Foreign Investment refer to enterprises jointly established by foreign enterprises or foreigners with enterprises in the mainland of China in accordance with the Law of the People' s Republic of China on Sino foreign Cooperative Enterprises and other relevant laws, where the investment or provision of facilities, and the share of profits and risks is stipulated in the cooperative contract.

Enterprises with Sole (exclusive) Foreign Investment refer to enterprises established in the mainland of China with exclusive investment from foreign investors in accordance with the Law of the People' s Republic of China on Foreign Funded Enterprises and other relevant laws.

Share-holding Corporations Ltd. with Foreign Investment refer to share-holding corporations Ltd. established with the approval from the Ministry of Foreign Trade and Economic Relations in line with relevant state regulations, where the share of investment from foreign investors exceeds 25% of the total registered capital of the corporation. In case the share of foreign investment is less than 25% of the total registered capital, the enterprise is to be classified as domestic funded share holding corporation Ltd.

Government Agencies, Institutions and Social Organizations are classified into following categories by source of funds and way of management taking reference of the registration status of enterprises:

(1) Government agencies: include state and party agencies, classified in principle as state owned. There are exceptions, such as supply and marketing cooperatives which are classified as collective-owned.

(2) Institutions: include institutions of various types established with the approval by organization and staffing departments of the government, but exclude institutions where enterprise management system is introduced. Institutions are further classified as follows:

(a) Institutions whose main budget is listed in the government budget appropriations or extra budget funds, or allocated from the budget of their competent government agencies. Such institutions are classified as state owned.

(b) Institutions whose budget mainly comes from collective units. Such institutions are classified as collective owned.

(c) Social organizations established by individual or a group of citizens,which are classified as private.

(d) Institutions other than those mentioned above whose source of budget is not clear. Such institutions are classified by way of management.

(3) Social organizations: include social organizations established with the approval from the Ministry of Civil Affairs, and organizations that are not covered by social organization management regulations such as trade unions, womens federations etc.. Social organizations are further classified as follows:

(a) Social organizations that are not covered by social organization management regulations of the Ministry of Civil Affairs such as trade unions, womens federations, communist youth leagues, youth associations, industrial and commerce associations, scientists associations, overseas Chinese associations, etc., foundations and fund management organizations established with funds from the state, and social organizations whose funds mainly come from the budget of their competent government agencies. Such institutions are classified as state owned.

(b) Social organizations whose budget mainly comes from collective units. Such institutions are classified as collective owned.

(c) Social organizations established by individual or a group of citizens, which are classified as private.

(d) Social organizations other than those mentioned above whose source of budget is not clear. Such organizations are classified by way of management.

第
2
篇

国民经济核算

National Accounts

简 要 说 明

一、本篇资料的主要内容

本篇资料从宏观上反映了经济发展的总体状况和发展水平，主要包括地区生产总值及其增长、结构、三次产业对经济增长的贡献、消费水平等方面的资料。

二、本篇资料的来源

本篇资料来源于国民经济核算统计报表，由省统计局核算处整理提供。

Brief Introduction

I. Main Content

Data in the chapter reflect the overall situation and development of economy on the macro level, including growth rate and components of GDP, share of the three industries to the increase of GDP and household consumption expenditure.

II. Source of Data

Data in this chapter are prepared according to the data of national accounts and compiled by the Division of National Accounts of Shandong Provincial Bureau of Statistics.

2-1 主要年份地区生产总值

Gross Domestic Product in Major Years

单位:亿元 (100 million yuan)

年份 Year	地区生产总值 Gross National Product	第一产业 Primary Industry	第二产业 Secondary Industry	第三产业 Tertiary Industry	#工业 Industry	#建筑业 Construction	人均地区生产总值(元) Per Capita GDP (yuan)
1952	43.81	29.55	7.27	6.99	6.82	0.45	91
1955	57.78	35.52	11.42	10.84	10.81	0.61	113
1957	61.39	31.95	17.59	11.85	16.62	0.97	116
1962	64.38	30.42	16.91	17.05	15.90	1.01	120
1965	86.25	42.24	28.96	15.05	25.99	2.97	152
1970	126.31	52.23	53.71	20.37	50.16	3.55	199
1975	166.19	65.54	75.31	25.34	69.76	5.55	240
1976	179.58	68.88	84.70	26.00	78.23	6.47	242
1977	207.07	79.01	95.34	32.72	88.05	7.29	293
1978	225.45	75.06	119.35	31.04	108.53	10.82	316
1979	251.60	91.12	127.68	32.80	114.67	13.01	350
1980	292.13	106.43	146.11	39.59	130.55	15.56	402
1981	346.57	132.21	155.41	58.95	138.09	17.32	472
1982	395.38	154.07	166.05	75.26	147.10	18.95	531
1983	459.83	185.57	178.75	95.51	159.15	19.60	611
1984	581.56	222.13	239.27	120.16	214.20	25.07	765
1985	680.46	235.96	293.07	151.43	259.42	33.65	887
1986	742.05	252.73	313.21	176.11	274.80	38.41	956
1987	892.29	287.31	384.57	220.41	341.31	43.26	1131
1988	1117.66	331.94	497.10	288.62	435.51	61.59	1395
1989	1293.94	359.14	579.65	355.15	513.97	65.68	1595
1990	1511.19	425.29	635.98	449.92	568.25	67.73	1815
1991	1810.54	521.85	745.90	542.79	663.90	82.00	2122
1992	2196.53	534.62	999.11	662.80	889.59	109.52	2556
1993	2770.37	596.63	1355.71	818.03	1201.67	154.04	3212
1994	3844.50	775.03	1891.43	1178.04	1692.10	199.33	4441
1995	4953.35	1010.13	2355.78	1587.44	2098.06	257.73	5701
1996	5883.80	1200.17	2784.09	1899.54	2475.99	308.10	6746
1997	6537.07	1195.00	3147.37	2194.70	2796.02	351.35	7461
1998	7021.35	1215.81	3408.06	2397.49	3008.45	399.61	7968
1999	7493.84	1221.00	3644.32	2628.52	3197.16	447.16	8483
2000	8337.47	1268.57	4164.45	2904.45	3665.74	498.71	9326
2001	9195.04	1359.49	4556.01	3279.53	4004.09	551.92	10195
2002	10275.50	1390.00	5184.98	3700.52	4518.87	666.11	11340
2003	12078.15	1480.67	6485.05	4112.43	5706.71	778.34	13268
2004	15021.84	1778.45	8478.69	4764.70	7576.12	902.57	16413
2005	18366.87	1963.51	10478.62	5924.74	9418.58	1060.04	19934
2006	21900.19	2138.90	12574.03	7187.26	11378.82	1195.21	23603
2007	25776.91	2509.14	14647.53	8620.24	13283.72	1363.81	27604
2008	30933.28	3002.65	17571.98	10358.64	15894.95	1677.03	32936
2009	33896.65	3226.64	18901.83	11768.18	16896.14	2005.69	35894
2010	39169.92	3588.28	21238.49	14343.14	18861.45	2377.04	41106
2011	45361.85	3973.85	24017.11	17370.89	21275.89	2741.22	47335
2012	50013.24	4281.70	25735.73	19995.81	22798.33	2937.40	51768
2013	55230.32	4565.97	27442.85	23221.51	24265.31	3261.07	56885
2014	59426.59	4798.36	28788.11	25840.12	25340.86	3534.48	60879
2015	63002.33	4979.08	29485.90	28537.35	25910.75	3664.86	64168

注:1、本表按当年价格计算。2013年为第三次经济普查数据。
2、从2013年开始，根据《国民经济行业分类》(GB/T4754—2011)标准规定和国家统计局要求，将“农、林、牧、渔业”中的“农、林、牧、渔服务业”、“采矿业”中的“开采辅助活动”、“制造业”中的“金属制品、机械和设备修理业”等三个大类行业调入第三产业(下表同)。

a)Data in this table are calculated at current prices.Data of 2013 are based on the third National Economic Census.
b)According to the Standard Industrial Classification Codes (GB / T4754-2011) and the requirements of the National Bureau of Statistics, service in support of agriculture in the industry of agriculture, forestry, animal husbandry and fishery, support activities for mining in the industry of mining, repair service of metal products, machinery and equipment in the industry of manufacturing have been included in the Tertiary Industry since 2013.

2-2 主要年份地区生产总值指数

Indices of Gross Domestic Product in Major Years

(以1952年为100) (1952=100)

年 份 Year	地 区 生产总值 Gross Domestic Product	第一产业 Primary Industry	第二产业 Secondary Industry	第三产业 Teritary Industry	#工 业 Industry	#建筑业 Construction
1952	100.0	100.0	100.0	100.0	100.0	100.0
1955	127.5	115.6	155.3	147.0	157.1	126.5
1957	137.5	101.6	262.0	154.6	264.6	226.6
1962	113.5	69.7	214.8	184.4	213.2	236.4
1965	171.3	107.2	405.0	197.8	386.0	693.0
1970	251.6	129.3	753.3	260.9	748.4	833.4
1975	361.8	154.6	1366.0	310.5	1374.6	1325.5
1976	380.6	162.0	1452.1	318.3	1450.2	1544.2
1977	423.6	185.7	1553.7	376.5	1544.5	1738.8
1978	466.4	174.6	1948.3	379.5	1907.5	2580.4
1979	497.2	188.9	2071.0	395.1	2004.8	3060.4
1980	557.9	207.4	2319.5	469.8	2233.3	3586.8
1981	590.3	220.9	2393.7	524.8	2329.3	3382.4
1982	657.0	244.8	2527.7	667.5	2443.4	3774.8
1983	748.3	284.0	2719.8	825.7	2648.6	3823.9
1984	878.5	336.0	3201.2	952.0	3090.9	4810.5
1985	978.6	343.4	3793.4	1093.8	3619.4	6200.7
1986	1040.3	341.3	4199.3	1189.0	4035.6	6504.5
1987	1183.9	366.6	4917.4	1391.1	4794.3	6764.7
1988	1331.9	365.9	6033.6	1524.6	5858.6	8537.1
1989	1385.2	363.7	6462.0	1567.3	6356.6	8101.7
1990	1458.6	383.3	6927.3	1578.3	6865.1	8028.8
1991	1671.6	437.7	7897.1	1830.8	7894.9	8478.4
1992	1954.1	438.6	10155.7	2129.2	10216.0	10225.0
1993	2352.0	465.4	13005.4	2554.0	13142.9	12506.2
1994	2733.9	499.3	15269.6	3081.4	15454.7	14448.4
1995	3115.8	544.0	17419.6	3604.3	17579.7	16984.1
1996	3491.3	579.9	19830.5	4054.1	19993.4	19521.5
1997	3878.5	582.6	22350.9	4639.9	22532.6	22032.0
1998	4295.4	615.5	25048.7	5159.6	25254.5	24658.2
1999	4725.8	644.4	28069.5	5639.4	28340.7	27237.5
2000	5211.6	668.9	31429.5	6228.2	31795.4	29884.9
2001	5734.9	697.0	34883.6	6927.6	35366.0	32649.3
2002	6407.6	714.1	40102.1	7682.7	40515.3	38519.6
2003	7266.8	753.7	46839.3	8555.5	47613.6	42987.9
2004	8385.9	806.1	55855.9	9608.6	57664.8	45154.5
2005	9643.7	845.2	65595.0	10995.6	68077.3	50554.3
2006	11063.2	888.7	76495.4	12593.5	79812.9	56166.3
2007	12636.4	924.2	88552.1	14426.5	93032.1	60798.6
2008	14155.5	970.9	99201.0	16437.5	104738.8	64685.6
2009	15879.3	1011.2	112952.6	18279.7	118122.1	81147.8
2010	17832.9	1047.9	127369.5	20752.6	133220.3	91364.1
2011	19769.1	1089.8	142274.7	23102.1	149911.5	96062.9
2012	21698.7	1140.5	157227.9	25375.7	166483.6	101717.2
2013	23772.4	1181.3	173682.1	27781.1	184635.2	110270.0
2014	25840.6	1226.0	189703.1	30253.4	201881.6	119276.8
2015	27895.2	1276.9	203672.7	33137.3	216726.7	128171.7

注：本表按可比价格计算。

a) Data in this table are calculated at constant prices.

2-2 续表 continued

(以上年为100) (preceding year=100)

年 份 Year	地 区 生产总值 Gross Domestic Product	第一产业 Primary Industry	第二产业 Secondary Industry	第三产业 Teritary Industry	#工 业 Industry	#建筑业 Construction	人均地区 生产总值 Per Capita GDP
1955	109.5	110.4	104.6	112.2	104.7	101.8	
1957	96.5	87.5	110.8	101.9	112.9	81.0	
1962	97.4	106.8	79.8	108.2	80.7	72.6	
1965	122.0	126.6	130.0	102.5	125.7	182.8	
1970	115.7	103.5	126.1	117.4	127.1	111.7	
1975	129.2	110.6	159.8	104.7	163.6	117.0	
1976	105.2	104.8	106.3	102.5	105.5	116.5	
1977	111.3	114.6	107.0	118.3	106.5	112.6	
1978	110.1	94.0	125.4	100.8	123.5	148.4	
1979	106.6	108.2	106.3	104.1	105.1	118.6	105.6
1980	112.2	109.8	112.0	118.9	111.4	117.2	111.2
1981	105.8	106.5	103.2	111.7	104.3	94.3	115.3
1982	111.3	110.8	105.6	127.2	104.9	111.6	109.8
1983	113.9	116.0	107.6	123.7	108.4	101.3	112.6
1984	117.4	118.3	117.7	115.3	116.7	125.8	116.3
1985	111.4	102.2	118.5	114.9	117.1	128.9	110.3
1986	106.3	99.4	110.7	108.7	111.5	104.9	105.0
1987	113.8	107.4	117.1	117.0	118.8	104.0	112.0
1988	112.5	99.8	122.7	109.6	122.2	126.2	110.8
1989	104.0	99.4	107.1	102.8	108.5	94.9	102.7
1990	105.3	105.4	107.2	100.7	108.0	99.1	102.5
1991	114.6	114.2	114.0	116.0	115.0	105.6	111.9
1992	116.9	100.2	128.6	116.3	129.4	120.6	116.1
1993	120.4	106.1	128.1	120.0	128.7	122.3	119.9
1994	116.2	107.3	117.4	120.7	117.6	115.5	115.8
1995	114.0	108.9	114.1	117.0	113.7	117.6	113.6
1996	112.1	106.6	113.8	112.5	113.7	114.9	111.6
1997	111.1	100.5	112.7	114.5	112.7	112.9	110.6
1998	110.8	105.7	112.1	111.2	112.1	111.9	110.1
1999	110.0	104.7	112.1	109.3	112.2	110.5	109.7
2000	110.3	103.8	112.0	110.4	112.2	109.7	109.0
2001	110.0	104.2	111.0	111.2	111.2	109.3	109.1
2002	111.7	102.5	115.0	110.9	114.6	118.0	111.2
2003	113.4	105.6	116.8	111.4	117.5	111.6	112.9
2004	115.3	106.9	119.3	112.3	121.1	105.0	114.7
2005	115.0	104.8	117.4	114.4	118.1	112.0	114.5
2006	114.7	105.2	116.6	114.5	117.2	111.1	113.9
2007	114.2	104.0	115.8	114.6	116.6	108.2	113.5
2008	112.0	105.1	112.0	113.9	112.6	106.4	111.4
2009	112.2	104.2	113.9	111.2	112.8	125.4	111.6
2010	112.3	103.6	112.8	113.5	112.8	112.6	111.3
2011	110.9	104.0	111.7	111.3	112.5	105.1	109.9
2012	109.8	104.7	110.5	109.8	111.1	105.9	109.2
2013	109.6	103.6	110.5	109.5	110.9	108.4	109.0
2014	108.7	103.8	109.2	108.9	109.3	108.2	108.1
2015	108.0	104.2	107.4	109.5	107.4	107.5	107.3

2-3 主要年份地区生产总值构成
Composition of Gross Domestic Product in Major Years

单位:% (%)

年份 Year	地区生产总值 Gross Domestic Product	第一产业 Primary Industry	第二产业 Secondary Industry	第三产业 Teritary Industry	#工业 Industry	#建筑业 Construction
1952	100	67.4	16.6	16.0	15.6	1.0
1955	100	61.5	19.7	18.8	18.7	1.0
1957	100	52.0	28.7	19.3	27.1	1.6
1962	100	47.2	26.3	26.5	24.7	1.6
1965	100	49.0	33.5	17.5	30.1	3.4
1970	100	41.4	42.5	16.1	39.7	2.8
1975	100	39.4	45.3	15.3	42.0	3.3
1976	100	38.3	47.2	14.5	43.6	3.6
1977	100	38.2	46.0	15.8	42.5	3.5
1978	100	33.3	52.9	13.8	48.1	4.8
1979	100	36.2	50.8	13.0	45.6	5.2
1980	100	36.4	50.0	13.6	44.7	5.3
1981	100	38.2	44.8	17.0	39.8	5.0
1982	100	39.0	42.0	19.0	37.2	4.8
1983	100	40.3	38.9	20.8	34.6	4.3
1984	100	38.2	41.1	20.7	36.8	4.3
1985	100	34.7	43.0	22.3	38.1	4.9
1986	100	34.1	42.2	23.7	37.0	5.2
1987	100	32.2	43.1	24.7	38.3	4.8
1988	100	29.7	44.5	25.8	39.0	5.5
1989	100	27.8	44.8	27.4	39.7	5.1
1990	100	28.1	42.1	29.8	37.6	4.5
1991	100	28.8	41.2	30.0	36.7	4.5
1992	100	24.3	45.5	30.2	40.5	5.0
1993	100	21.5	49.0	29.5	43.4	5.6
1994	100	20.2	49.2	30.6	44.0	5.2
1995	100	20.4	47.6	32.0	42.4	5.2
1996	100	20.4	47.3	32.3	42.1	5.2
1997	100	18.3	48.1	33.6	42.7	5.4
1998	100	17.3	48.5	34.2	42.8	5.7
1999	100	16.3	48.6	35.1	42.6	6.0
2000	100	15.2	50.0	34.8	44.0	6.0
2001	100	14.8	49.5	35.7	43.5	6.0
2002	100	13.5	50.5	36.0	44.0	6.5
2003	100	12.3	53.7	34.0	47.3	6.4
2004	100	11.8	56.5	31.7	50.5	6.0
2005	100	10.7	57.0	32.3	51.3	5.8
2006	100	9.8	57.4	32.8	52.0	5.5
2007	100	9.7	56.8	33.5	51.5	5.3
2008	100	9.7	56.8	33.5	51.4	5.4
2009	100	9.5	55.8	34.7	49.8	5.9
2010	100	9.2	54.2	36.6	48.2	6.1
2011	100	8.8	52.9	38.3	46.9	6.0
2012	100	8.6	51.4	40.0	45.6	5.9
2013	100	8.3	49.7	42.0	43.9	5.9
2014	100	8.1	48.4	43.5	42.6	5.9
2015	100	7.9	46.8	45.3	41.1	5.8

注:本表按当年价格计算。

a)Data in this table are calculated at current prices.

2-4 地区生产总值
Gross Domestic Product

单位:亿元 (100 million yuan)

分　组	Sector	2014	2015	2014年为2013年 % 2013=100	2015年为2014年 % 2014=100
地区生产总值	**Gross Domestic Product**	**59426.59**	**63002.33**	**108.7**	**108.0**
第一产业	Primary Industry	4798.36	4979.08	103.8	104.2
第二产业	Secondary Industry	28788.11	29485.90	109.2	107.4
第三产业	Tertiary Industry	25840.12	28537.35	108.9	109.5
农林牧渔业	Agriculture, Forestry, Animal Husbandry and Fishery	4992.88	5182.90	104.0	104.3
工　业	Industry	25340.86	25910.75	109.3	107.4
建筑业	Construction	3534.48	3664.86	108.2	107.5
批发和零售业	Wholesale and Retail Trades	7826.46	8416.13	111.6	109.7
交通运输、仓储和邮政业	Transport, Storage and Postal Services	2326.25	2503.65	111.6	104.0
住宿和餐饮业	Hotels and Catering Services	1112.19	1301.36	108.8	111.6
信息传输、软件和信息技术服务业	Information Transmission, Software and Information Technology	1009.62	1061.97	110.2	103.1
金融业	Financial Intermediation	2709.65	2994.66	113.0	110.5
房地产业	Real Estate	2526.16	2592.67	105.0	104.8
租赁和商务服务业	Leasing and Business Services	1267.77	1478.40	103.7	106.1
科学研究和技术服务业	Scientific Research and Technical Services	860.48	974.87	114.0	103.3
水利、环境和公共设施管理业	Management of Water Conservancy, Environment and Public Facilities	353.32	413.90	87.5	112.6
居民服务、修理和其他服务业	Service to Households, Repair and Other Services	809.75	965.77	110.6	117.3
教　育	Education	1476.75	1734.11	107.8	114.6
卫生和社会工作	Financial Intermediation	947.25	1014.18	94.4	104.2
文化、体育和娱乐业	Culture, Sports and Recreation	236.82	315.04	109.3	130.0
公共管理、社会保障和社会组织	Public Management,Social Security and Social Organization	2095.91	2477.14	103.8	118.9
人均地区生产总值(元)	**Per Capita GDP (yuan)**	**60879**	**64168**	**108.1**	**107.3**
支出法计算的地区生产总值中	**Gross Domestic Product by Expenditure Approach**				
一、最终消费支出	Final Consumption Expenditure	24193.05	26144.42	105.4	107.7
居民消费支出	Household Consumption Expenditure	18726.59	20308.37	110.7	109.7
农村居民	Rural Household	4994.23	5463.69	113.5	111.5
城镇居民	Urban Household	13732.36	14844.68	109.7	109.0
二、资本形成总额	Gross Capital Formation	33780.80	35587.41	109.4	107.8
三、货物和服务净流出	Net Exports of Goods and Services	1452.74	1270.50	146.1	113.0

注:本表绝对数按当年价格计算,指数按可比价格计算。
a)Data in this table are calculated at current prices.Indices are calculated at constant prices.

2-5 1978-2015年支出法计算的地区生产总值

Gross Domestic Product by Expenditure Approach from 1978 to 2015

单位:亿元 (100 million yuan)

年份 Year	地区生产总值(支出法) Gross Domestic Product by Expenditure Approach	最终消费 Final Consumption Expenditure	居民消费 Household Consumption	政府消费 Government Consumption	资本形成总额 Gross Capital Formation	固定资本形成总额 Gross Capital Formation	存货增加 Change in Inventories	货物和服务净流出 Net Exports of Goods and Services
1978	225.45	143.67	120.59	23.08	77.08	62.32	14.76	4.70
1979	251.60	155.83	133.42	22.41	81.05	65.45	15.60	14.72
1980	292.13	188.26	161.67	26.59	95.27	71.31	23.96	8.60
1981	346.57	212.91	181.79	31.12	100.41	81.95	18.46	33.25
1982	395.38	257.12	221.77	35.35	126.52	102.30	24.22	11.74
1983	459.83	285.15	242.31	42.84	142.59	121.09	21.50	32.09
1984	581.56	318.40	264.67	53.73	192.49	153.86	38.63	70.67
1985	680.46	365.69	297.92	67.77	253.68	195.39	58.29	61.09
1986	742.05	410.40	330.87	79.53	279.80	230.54	49.26	51.85
1987	892.29	481.01	377.18	103.83	371.44	293.40	78.04	39.84
1988	1117.66	592.91	471.31	121.60	458.97	335.12	123.85	65.78
1989	1293.94	700.93	522.40	178.53	537.52	333.27	204.25	55.49
1990	1511.19	807.32	588.46	218.86	638.78	412.59	226.19	65.09
1991	1810.54	914.36	667.63	246.73	815.00	555.76	259.24	81.18
1992	2196.53	1078.95	780.50	298.45	1045.40	758.28	287.12	72.18
1993	2770.37	1259.92	906.93	352.99	1371.58	1023.16	348.42	138.87
1994	3844.50	1878.65	1319.71	558.94	1775.44	1225.52	549.92	190.41
1995	4953.35	2457.11	1684.63	772.48	2229.66	1473.83	755.83	266.58
1996	5883.80	2961.31	1988.53	972.78	2731.98	1765.43	966.55	190.51
1997	6537.07	3250.52	2375.94	874.58	3158.91	2027.75	1131.16	127.64
1998	7021.35	3477.58	2543.69	933.89	3409.36	2324.02	1085.34	134.41
1999	7493.84	3742.49	2807.77	934.72	3590.75	2632.54	958.21	160.60
2000	8337.47	4021.46	3082.06	939.40	4122.26	3159.03	963.23	193.75
2001	9195.04	4479.42	3360.92	1118.50	4422.24	3518.25	903.99	293.38
2002	10275.50	4887.40	3555.72	1331.68	4840.39	4192.58	647.81	547.71
2003	12078.15	5608.60	3960.91	1647.69	5668.51	5180.82	487.69	801.04
2004	15021.84	6568.66	4506.51	2062.15	7455.96	6896.07	559.89	997.22
2005	18366.87	7478.35	5451.19	2027.16	9411.18	8974.77	436.41	1477.34
2006	21900.19	8888.17	6553.88	2334.29	11177.54	10829.36	348.18	1834.48
2007	25776.91	10352.82	7603.39	2749.43	13105.80	12505.88	599.92	2318.29
2008	30933.28	12368.40	9085.22	3283.18	15587.57	15035.08	552.49	2977.31
2009	33896.65	13574.79	9910.18	3664.61	18109.95	17734.43	375.52	2211.91
2010	39169.92	15331.20	11058.97	4272.23	21499.29	20800.55	698.74	2339.43
2011	45361.85	18095.43	12999.98	5095.45	24944.34	24281.22	663.12	2322.08
2012	50013.24	20543.68	14583.38	5960.30	27551.54	26808.85	742.69	1918.02
2013	55230.32	23101.63	16741.40	6360.23	30952.89	29249.45	1703.44	1175.80
2014	59426.59	24193.05	18726.59	5466.46	33780.80	31647.07	2133.73	1452.74
2015	63002.33	26144.42	20308.37	5836.05	35587.41	33229.42	2357.99	1270.50

注:本表按当年价格计算。
a)Data in this table are calculated at current prices.

2-6 1978–2015年居民消费水平及指数

Household Consumption Expenditure and Indices from 1978 to 2015

年份 Year	绝对额(元) Value(yuan)			指数(上年=100) Index(Preceding Year=100)			指数(1978年=100) Index(1978=100)		
	全省居民 All Households	农村居民 Rural Household	城镇居民 Urban Household	全省居民 All Households	农村居民 Rural Household	城镇居民 Urban Household	全省居民 All Households	农村居民 Rural Household	城镇居民 Urban Household
1978	169	136	529	110.0	113.9	97.5	100.0	100.0	100.0
1979	185	150	544	106.1	106.7	101.7	106.1	106.7	101.7
1980	223	181	632	107.6	106.3	110.8	114.2	113.4	112.7
1981	247	203	662	109.7	109.7	105.7	125.3	124.4	119.1
1982	298	259	642	111.3	116.2	96.2	139.5	144.6	114.6
1983	322	285	633	108.7	111.8	96.3	151.6	161.7	110.4
1984	348	310	642	106.7	107.2	99.8	161.8	173.3	110.2
1985	388	338	737	104.7	102.8	105.5	169.4	178.2	116.3
1986	426	373	795	106.3	107.2	102.7	180.1	191.0	119.4
1987	478	415	933	102.3	101.3	107.7	184.2	193.5	128.6
1988	588	494	1160	105.0	101.9	105.6	193.4	197.2	135.8
1989	644	514	1277	72.3	92.0	101.9	139.8	181.4	138.4
1990	698	563	1310	137.3	104.0	92.2	191.9	188.7	127.6
1991	780	617	1501	110.5	107.1	112.5	212.0	202.1	143.6
1992	909	667	1893	108.5	102.5	115.3	230.1	207.2	165.5
1993	1051	757	1935	112.0	110.2	107.6	257.7	228.3	178.1
1994	1524	1126	2265	116.3	111.2	119.8	299.7	253.8	213.4
1995	1939	1413	2895	112.5	107.2	114.0	337.1	272.1	243.2
1996	2280	1655	3391	108.5	106.4	106.8	365.8	289.5	259.8
1997	2712	1901	4123	111.4	110.7	111.1	407.5	320.5	288.6
1998	2887	1952	4479	108.9	106.2	111.8	443.8	340.4	322.7
1999	3178	2034	5085	110.1	106.7	113.4	488.6	363.2	365.9
2000	3447	2118	5603	108.2	105.6	109.1	528.7	383.5	399.2
2001	3726	2260	6020	107.6	104.9	107.8	568.8	402.3	430.3
2002	3924	2366	6232	108.1	103.8	108.3	614.9	417.6	466.0
2003	4351	2467	6974	107.5	103.9	106.8	661.0	433.9	497.7
2004	4924	2662	7965	109.9	104.0	111.1	726.5	451.3	553.0
2005	5916	3109	9453	115.2	113.0	113.3	836.8	509.9	626.3
2006	7064	3608	11193	115.4	114.8	113.4	965.7	585.4	710.3
2007	8142	4251	12633	113.6	115.2	111.5	1096.8	674.2	792.2
2008	9673	5081	14815	113.3	112.1	112.7	1243.2	755.6	892.5
2009	10494	5395	16027	110.8	111.1	109.5	1377.4	839.2	977.3
2010	11606	5730	17717	110.3	111.6	108.3	1519.4	936.5	1058.5
2011	13524	7041	19923	109.6	113.2	106.6	1665.9	1059.7	1128.4
2012	15095	8212	21528	110.4	115.6	106.9	1839.8	1225.3	1205.7
2013	17243	9509	24076	110.1	112.0	107.7	2026.0	1371.8	1298.4
2014	19184	11215	25869	110.1	116.1	106.6	2230.4	1592.3	1383.5
2015	20684	12651	26993	109.0	115.0	105.2	2432.1	1830.7	1456.0

注：本表绝对额按当年价格计算，指数按可比价格计算。

a)Data in this table are calculated at current prices.Indices are calculated at constant prices.

2-7 三次产业对经济增长的贡献率及拉动百分点

Share and Contribution of the Three Industries to the Inctrease of GDP

单位:% (%)

年 份 Year	贡 献 率 Share			地 区 生产总值 增 长 率 (%) Increase Rate of Gross Domestic Product	拉动百分点 Contribution		
	第一产业 Primary Industry	第二产业 Secondary Industry	第三产业 Tertiary Industry		第一产业 Primary Industry	第二产业 Secondary Industry	第三产业 Tertiary Industry
1980	25.6	53.4	21.0	12.2	3.1	6.5	2.6
1981	42.0	25.2	32.8	5.8	2.4	1.5	1.9
1982	36.2	22.4	41.4	11.3	4.1	2.5	4.7
1983	43.3	23.3	33.4	13.9	6.0	3.2	4.7
1984	40.3	41.0	18.7	17.4	7.0	7.1	3.3
1985	7.3	65.4	27.3	11.4	0.8	7.5	3.1
1986	-3.7	73.7	30.0	6.3	-0.2	4.6	1.9
1987	17.6	55.3	27.1	13.8	2.4	7.6	3.8
1988	-0.6	83.2	17.4	12.5	-0.1	10.4	2.2
1989	-4.6	89.3	15.3	4.0	-0.2	3.6	0.6
1990	27.0	70.3	2.7	5.3	1.4	3.7	0.2
1991	27.2	40.2	32.6	14.6	4.0	5.9	4.7
1992	0.3	70.7	29.0	16.9		12.0	4.9
1993	7.2	63.4	29.4	20.4	1.5	12.9	6.0
1994	9.5	52.5	38.0	16.2	1.5	8.5	6.2
1995	12.5	49.8	37.7	14.0	1.7	7.0	5.3
1996	10.2	56.8	33.0	12.1	1.2	6.9	4.0
1997	0.8	57.6	41.6	11.1	0.1	6.4	4.6
1998	8.4	57.3	34.3	10.8	0.9	6.2	3.7
1999	7.2	62.1	30.7	10.0	0.7	6.2	3.1
2000	5.4	61.2	33.4	10.3	0.6	6.3	3.4
2001	6.4	54.7	38.9	10.0	0.6	5.5	3.9
2002	3.0	64.3	32.7	11.7	0.4	7.5	3.8
2003	5.5	64.9	29.6	13.4	0.7	8.7	4.0
2004	3.9	66.9	29.2	15.3	0.5	10.3	4.5
2005	3.7	64.2	32.1	15.0	0.6	9.6	4.8
2006	3.7	64.4	31.9	14.7	0.5	9.5	4.7
2007	2.7	64.3	33.0	14.2	0.4	9.1	4.7
2008	3.7	58.8	37.5	12.0	0.4	7.1	4.5
2009	2.9	66.9	30.2	12.2	0.4	8.1	3.7
2010	2.3	61.9	35.8	12.3	0.3	7.6	4.4
2011	3.4	58.4	38.2	10.9	0.4	6.3	4.2
2012	4.1	58.8	37.1	9.8	0.4	5.8	3.6
2013	2.9	59.9	37.2	9.6	0.3	5.7	3.6
2014	3.2	58.5	38.3	8.7	0.3	5.1	3.3
2015	3.7	51.3	45.0	8.0	0.3	4.1	3.6

2-8 各市生产总值

Gross Domestic Product by Region

单位:亿元 (100 million yuan)

地 区	Region	地区生产总值 Gross Domestic Product			第一产业增加值 Value-added of Primary Industry			第二产业增加值 Value-added of Secondary Industry		
		2014	2015	2015年为2014年% 2014=100	2014	2015	2015年为2014年% 2014=100	2014	2015	2015年为2014年% 2014=100
全省总计	**Total**	**59426.59**	**63002.33**	**108.0**	**4798.36**	**4979.08**	**104.2**	**28788.11**	**29485.90**	**107.4**
济南市	Jinan	5770.60	6100.23	108.1	290.29	305.39	104.1	2261.66	2307.00	107.4
青岛市	Qingdao	8692.10	9300.07	108.1	349.62	363.98	103.2	3890.41	4026.46	107.1
淄博市	Zibo	4029.77	4130.24	107.1	140.15	144.88	104.3	2247.54	2228.83	106.8
枣庄市	Zaozhuang	1980.13	2031.00	107.1	147.71	154.11	104.0	1075.72	1070.19	106.7
东营市	Dongying	3430.49	3450.64	106.9	115.86	117.75	104.1	2284.73	2230.61	106.6
烟台市	Yantai	6002.08	6446.08	108.4	426.60	440.85	104.3	3179.78	3323.46	107.9
潍坊市	Weifang	4786.74	5170.53	108.3	437.30	455.15	104.1	2372.31	2490.75	107.9
济宁市	Jining	3800.06	4013.12	108.4	431.37	454.19	104.1	1864.63	1896.13	107.6
泰安市	Tai'an	3002.19	3158.39	108.1	260.26	269.05	104.1	1429.98	1461.82	107.2
威海市	Weihai	2790.34	3001.57	108.5	207.58	217.14	104.3	1354.86	1422.22	108.2
日照市	Rizhao	1611.84	1670.80	107.5	133.15	140.60	104.0	811.66	813.06	108.0
莱芜市	Laiwu	687.60	665.83	106.6	52.74	52.72	103.4	373.62	344.16	106.6
临沂市	Linyi	3569.80	3763.17	107.1	331.22	346.49	104.5	1648.11	1687.10	106.5
德州市	Dezhou	2596.08	2750.94	107.6	270.53	283.71	104.3	1306.21	1358.00	107.1
聊城市	Liaocheng	2516.40	2663.62	108.8	304.19	316.39	104.5	1305.05	1360.25	110.0
滨州市	Binzhou	2276.71	2355.33	107.1	210.88	217.53	104.9	1145.24	1150.17	106.8
菏泽市	Heze	2222.19	2400.96	109.3	260.83	270.09	103.0	1190.59	1267.43	110.0

注:本表绝对额按当年价格计算,速度按可比价格计算。

a)Absolute figure in this table are calculated at current prices while growth rate at constant prices.

2-8 续表 continued

单位:亿元 (100 million yuan)

地 区	Region	第三产业增加值 Value-added of Tertiary Industry			工业增加值 Value-added of Industry			人均地区生产总值(元) Per Capita GDP (yuan)	
		2014	2015	2015年为2014年% 2014=100	2014	2015	2015年为2014年% 2014=100	2014	2015
全省总计	**Total**	**25840.12**	**28537.35**	**109.5**	**25340.86**	**25910.75**	**107.4**	**60879**	**64168**
济南市	Jinan	3218.65	3487.84	108.9	1822.11	1844.37	107.1	82052	85919
青岛市	Qingdao	4452.07	4909.63	109.4	3434.97	3547.60	106.9	96524	102519
淄博市	Zibo	1642.08	1756.53	107.8	1988.57	1959.51	106.7	87531	89235
枣庄市	Zaozhuang	756.69	806.70	108.3	968.30	958.78	106.7	51890	52692
东营市	Dongying	1029.90	1102.28	107.9	2249.48	2190.40	106.7	163982	163938
烟台市	Yantai	2395.70	2681.77	109.8	2866.97	2994.80	107.8	85795	91979
潍坊市	Weifang	1977.13	2224.63	109.8	2078.53	2182.36	107.8	51826	55824
济宁市	Jining	1504.06	1662.80	110.7	1649.66	1670.29	107.5	46213	48529
泰安市	Tai'an	1311.95	1427.52	109.9	1215.15	1243.77	107.5	53853	56490
威海市	Weihai	1227.90	1362.21	109.5	1221.38	1281.70	108.0	99392	106922
日照市	Rizhao	667.03	717.14	107.4	715.62	712.38	107.9	56348	58110
莱芜市	Laiwu	261.24	268.95	107.1	338.13	306.74	106.4	51352	49377
临沂市	Linyi	1590.47	1729.58	108.4	1373.67	1402.96	106.4	35032	36656
德州市	Dezhou	1019.34	1109.23	109.1	1164.85	1214.53	107.3	45641	48062
聊城市	Liaocheng	907.16	986.98	107.9	1219.74	1273.86	110.3	42482	44743
滨州市	Binzhou	920.58	987.63	107.9	1047.21	1047.91	106.7	59557	61189
菏泽市	Heze	770.77	863.44	110.1	1043.51	1112.68	110.1	26446	28350

2-9 各市生产总值构成

Composition of Gross Domestic Product by Region

单位:% (%)

地 区	Region	地区生产总值 Gross Domestic Product		第一产业 Primary Industry		第二产业 Secondary Industry		第三产业 Teritary Industry	
		2014	2015	2014	2015	2014	2015	2014	2015
全 省	**Total**	**100.0**	**100.0**	**8.1**	**7.9**	**48.4**	**46.8**	**43.5**	**45.3**
济南市	Jinan	100.0	100.0	5.0	5.0	39.2	37.8	55.8	57.2
青岛市	Qingdao	100.0	100.0	4.0	3.9	44.8	43.3	51.2	52.8
淄博市	Zibo	100.0	100.0	3.5	3.5	55.8	54.0	40.7	42.5
枣庄市	Zaozhuang	100.0	100.0	7.5	7.6	54.3	52.7	38.2	39.7
东营市	Dongying	100.0	100.0	3.4	3.4	66.6	64.7	30.0	31.9
烟台市	Yantai	100.0	100.0	7.1	6.8	53.0	51.6	39.9	41.6
潍坊市	Weifang	100.0	100.0	9.1	8.8	49.6	48.2	41.3	43.0
济宁市	Jining	100.0	100.0	11.3	11.3	49.1	47.3	39.6	41.4
泰安市	Tai'an	100.0	100.0	8.7	8.5	47.6	46.3	43.7	45.2
威海市	Weihai	100.0	100.0	7.4	7.2	48.6	47.4	44.0	45.4
日照市	Rizhao	100.0	100.0	8.3	8.4	50.3	48.7	41.4	42.9
莱芜市	Laiwu	100.0	100.0	7.7	7.9	54.3	51.7	38.0	40.4
临沂市	Linyi	100.0	100.0	9.3	9.2	46.2	44.8	44.5	46.0
德州市	Dezhou	100.0	100.0	10.4	10.3	50.3	49.4	39.3	40.3
聊城市	Liaocheng	100.0	100.0	12.0	11.9	51.9	51.0	36.1	37.1
滨州市	Binzhou	100.0	100.0	9.3	9.3	50.3	48.8	40.4	41.9
菏泽市	Heze	100.0	100.0	11.7	11.2	53.6	52.8	34.7	36.0

注:本表按当年价格计算。
a)Data in this table are calculated at current prices.

2-10 各市居民消费水平及指数

Household Consumption Expenditure and Indices by Region

地 区	Region	绝对额(元) Value(yuan)						2015年为2014年% Preceding Year =100		
		全体居民 All Households		农村居民 Rural Households		城镇居民 Urban Households		全省居民 All Households	农村居民 Rural Household	城镇居民 Urban Household
		2014	2015	2014	2015	2014	2015			
全 省	**Total**	**19184**	**20684**	**11215**	**12651**	**25869**	**26993**	**109.0**	**115.0**	**105.2**
济南市	Jinan	26390	28388	10255	11424	34627	36386	105.6	109.3	103.1
青岛市	Qingdao	24671	26510	13450	15050	29935	31610	107.2	111.5	105.4
淄博市	Zibo	22711	24492	14119	15479	27195	28880	107.4	109.2	105.7
枣庄市	Zaozhuang	14942	15177	10461	11106	19189	18721	99.4	103.9	95.4
东营市	Dongying	24093	26595	16889	19467	28145	30347	106.5	112.1	103.7
烟台市	Yantai	20756	23113	10016	11420	28470	31088	111.4	114.2	109.2
潍坊市	Weifang	17903	20147	12369	13733	22877	25461	110.4	109.0	109.2
济宁市	Jining	16167	17668	10007	11281	22263	23390	109.5	114.5	104.6
泰安市	Tai'an	20209	22615	11227	11835	27552	31075	111.3	105.1	112.1
威海市	Weihai	30843	33698	25573	27118	34240	37937	108.8	104.5	110.6
日照市	Rizhao	16622	18716	8889	10075	23560	26147	106.3	107.5	104.6
莱芜市	Laiwu	16251	16331	9221	9813	21817	21122	107.9	114.0	104.0
临沂市	Linyi	10617	11516	6361	7725	14699	14768	108.6	121.4	100.7
德州市	Dezhou	15051	16512	7157	8209	23094	24260	112.9	116.2	108.6
聊城市	Liaocheng	13586	14800	7358	7863	21841	23026	109.5	108.4	105.5
滨州市	Binzhou	18600	20371	11795	13072	24764	26704	109.3	108.7	108.5
菏泽市	Heze	13120	14093	9197	10151	18463	19090	110.5	112.9	106.7

注:本表绝对数按当年价格计算,指数按可比价格计算。
a)Data in this table are calculated at current prices.Indices are calculated at constant prices.

主要统计指标解释

国内生产总值（GDP） 指一个国家（或地区）所有常住单位在一定时期内生产活动的最终成果。

国内生产总值有三种表现形态，即价值形态、收入形态和产品形态。

从价值形态看，它是所有常住单位在一定时期内生产的全部货物和服务价值超过同期中间投入的全部非固定资产货物和服务价值的差额，即所有常住单位的增加值之和；

从收入形态看，它是所有常住单位在一定时期内创造并分配给常住单位和非常住单位的初次收入分配之和；

从产品形态看，它是所有常住单位在一定时期内最终使用的货物和服务价值与货物和服务净出口价值之和。

在实际核算中，国内生产总值有三种计算方法，即生产法、收入法和支出法。三种方法分别从不同的方面反映国内生产总值及其构成。

①生产法 是从生产过程中生产的货物和服务总产品价值入手，剔除生产过程中投入的中间产品的价值，得到增加价值的一种方法，公式为：

增加值＝总产出－中间投入

总产出 是一定时期内一个国家（或地区）常住单位生产的所有货物和服务的价值。既包括新增价值，也包括转移价值。

中间投入 是常住单位在生产或提供货物与服务过程中，消耗和使用的所有非固定资产货物和服务的价值。中间投入也称为中间消耗。

增加值 是指常住单位生产过程创造的新增价值和固定资产的转移价值。按生产法计算它等于总产出减去中间投入。

②收入法 收入法也称分配法，按收入法计算国内生产总值是从生产过程创造收入的角度，对常住单位的生产活动成果进行核算。按照这种计算方法，增加值由劳动者报酬、生产税净额、固定资产折旧和营业盈余四个部分组成。

用公式表示为：

增加值＝劳动者报酬+生产税净额+固定资产折旧+营业盈余

国民经济各部门的增加值之和等于国内生产总值。

劳动者报酬 指劳动者因从事生产活动所获得的全部报酬。它包括劳动者获得的各种形式工资、奖金和津贴，既包括货币形式的，也包括实物形式的，它还包括劳动者所享受的公费医疗和医疗卫生费、上下班交通补贴和单位直接支付的社会保险费等。

生产税净额 生产税减生产补贴后的差额。

生产税指政府对生产单位生产、销售和从事经营活动以及因从事生产活动使用某些生产要素，如固定资产、土地、劳动力所征收的各种税、附加费和规费。具体包括销售税金及附加、增值税、管理费中开支的各种税、应交纳的养路费、排污费和水电费附加、烟酒专卖上缴政府的专项收入等。

生产补贴与生产税相反，是政府对生产单位的单方面收入转移，因此视为负生产税处理，包括政策亏损补贴、粮食系统价格补贴、外贸企业出口退税收入等。

固定资产折旧 指一定时期内为弥补固定资产损耗按照核定的固定资产折旧率提取的固定资产折旧，或按国民经济核算统一规定的折旧率虚拟计算的固定资产折旧。它反映了固定资产在当期生产中的转移价值。各种类型企业和企业化管理的事业单位的固定资产折旧指实际计提并计入成本费用中的折旧费；不计提折旧的单位，如政府机关、非企业化管理的事业单位和居民住房的固定资产折旧则是按照统一规定的折旧率和固定资产原值计算的虚拟折旧。

营业盈余 是指常住单位创造的增加值扣除劳动者报酬、生产税净额和固定资产折旧后的余额。它相当于企业的营业利润加上生产补贴，但要扣除从利润中开支的工资和福利等。

③支出法 支出法是从最终使用角度来反映国内生产总值最终去向的一种方法。最终使用包括货物和服务的最终消费支出、资本形成总额、货物和服务净出口三部分。

最终消费 指常住单位在一定时期内对于货物和服务的全部最终消费支出，也就是常住单位为满足物质、文化和精神生活的需要，从本国经济领土和国外购买的货物和服务的支出；不包括非常住单位在本国经济领土内的消费支出。最终消费分为居民消费和政府消费。

居民消费 指常住住户对货物和服务的全部最终消费支出。居民消费按市场价格计算，即按居民支付的购买者价格计算。购买者价格是购买者取得货物所支付的价值，包括购买者支付的运输和商业费用。

居民消费除了直接以货币形式购买货物和服务的消费之外，还包括以其他方式获得的货物和服务的消费支出，即所谓的虚拟消费支出。居民虚拟消费支出包括以下几种类型：单位以实物报酬及实物转移的形式提供给劳动者的货物和服务；住户生产并由本住户消费的货物和服务，其中的服务仅指住户的自有住房服务；金融机构提供的金融媒介服务；保险公司提供的保险服务。

政府消费 指政府部门为全社会提供公共服务的消费支出和免费或以较低价格向住户提供的货物和服务的净支出。前者等于政府服务的产出价值减去政府单位所获得的经营收入的价值，政府服务的产出价值等于它的经常性业务支出加上固定资产折旧；后者等于政府部门免费或以较低价格向住户提供的货物和服务的市场价值减去向住户收取的价值。

资本形成总额 指常住单位在一定时期内获得减去处置的固定资产和存货的净额，包括固定资本形成总额和存货增加两部分。

固定资本形成总额 指常住单位购置、转入和自产自用的固定资产价值，扣除销售和转出的价值，包括有形固定资产形成总额和无形固定资产形成总额。有形固定资产形成总额包括一定时期内完成的建筑工程、安装工程和设备工器具购置（减处置）价值，商品房销售增值，土地改良形成的固定资产，新增役、种、奶、毛、娱乐用牲畜和新增经济林木价值。无形固定资产形成总额包括矿藏勘探、计算机软件、娱乐和文学艺术品原件等获得减处置的价值。

存货增加 指常住单位存货实物量变动的市场价值，即期末价值减期初价值的差额。存货增加可以是正值，也可以是负值；正值表示存货上升，负值表示存货下降。它包括生产单位购进的原材料、燃料和储备物资等存货，以及生产单位生产的产成品、在制品等存货等。

货物和服务净出口 指货物和服务出口减货物和服务进口的差额。出口包括常住单位向非常住单位出售或无偿转让的各种货物和服务的价值；进口包括常住单位从非常住单位购买或无偿得到的各种货物和服务的价值。由于服务活动的提供与使用同时发生，因此服务的进出口业务并不发生出入境现象，一般把常住单位从国外得到的服务作为进口，非常住单位从本国得到的服务作为出口。货物的出口和进口都按离岸价格计算。

三次产业 是根据社会生产活动历史发展的顺序对产业结构的划分，产品直接取自自然界的部门称为第一产业，对初级产品进行再加工的部门称为第二产业，为生产和消费提供各种服务的部门称为第三产业。它是世界上较为通用的产业结构分类，但各国的划分不尽一致。

按照国民经济行业分类标准（GB/T 4754—2011）和我国的实际情况，我国的三次产业划分是：

第一产业 农、林、牧、渔业（不含农、林、牧、渔服务业）。

第二产业 指采矿业（不含开采辅助活动），制造业（不含金属制品、机械和设备修理业），电力、热力、燃气及水生产和供应业，建筑业。

第三产业 第三产业即服务业，是指除第一产业、第二产业以外的其他行业。具体包括：批发和零售业，交通运输、仓储和邮政业，住宿和餐饮业，信息传输、软件和信息技术服务业，金融业，房地产业，租赁和商务服务业，科学研究和技术服务业，水利、环境和公共设施管理业，居民服务、修理和其他服务业，教育，卫生和社会工作，文化、体育和娱乐业，公共管理、社会保障和社会组织，国际组织，以及农、林、牧、渔业中的农、林、牧、渔服务业，采矿业中的开采辅助活动，制造业中的金属制品、机械和设备修理业。

当年价格 指报告期的实际价格，如工业品的出厂价格，农产品的收购价格，商业的零售价格等。按当年价格计算，是指一些以货币表现的物量指标，如工农业总产值、国内生产总值等，按照当年的实际价格来计算总量。使用当年价格计算的数字，是为了使国民经济各项指标互相衔接，便于考察当年社会经济效益，便于对生产流通、生产和分配、生产和消费进行经济核算和综合平衡。

按当年价格计算的价值指标，在不同年份之间进行对比时，因为包含有各年间价格变动的因素，不能确切地反映实物量的增减变动。必须消除价格变动因素后，才能真实反映经济发展动态。因此，在计算增长速度时都使用按可比价格计算的数字。

可比价格 指计算各种总量指标所采用的扣除了价格变动因素的价格，可进行不同时期总量指标的对比。按可比价格计算总量指标有两种方法：一种是直接用产品产量乘某一年的不变价格计算；另一种是用价格指数进行换算。

不变价格 指以同类产品某一时期的平均价格作为固定价格，用于计算各时期的产品价值。按不变价格计算的产品价值消除了价格变动因素，不同时期对比可以反映生产的发展速度。新中国成立后，随着工农业产品价格水平的变化，国家统计局先后八次制定了全国统一的工业产品不变价格和农业产品不变价格。从 1949 年到 1957 年使用 1952 年工（农）业产品不变价格，从 1957 年到 1971 年使用 1957 年不变价格，从 1971 年到 1981 年使用 1970 年不变价格，从 1981 年到 1990 年使用 1980 年不变价格，从 1991 年到 2000 年使用 1990 年不变价格，从 2001 年到 2005 年使用 2000 年不变价格，从 2006 年开始使用 2005 年不变价格，从 2011 年开始使用 2010 年不变价格。

Explanatory Notes on Main Statistical Indicators

Gross Domestic Product refers to the final products at market prices produced by all residents in a country (or a region) during a certain period of time.

Gross domestic product is expressed in three different forms, i.e. value, income, and products respectively.

GDP in its value form refers to the total value of all goods and services produced by all resident units during a certain period of time, minus the total value of input of goods of non-fixed assets and services; in other term, it is the sum of the value-added of all resident units.

GDP in the form of income includes the income created by all resident units and distributed to resident and non-resident units.

GDP in the form of products refers to the value of all goods and services for final consumption by all resident units minus the net exports of goods and services during a given period of time.

In the practice of national accounting, gross domestic product is calculated with three approaches, i.e. production approach, income approach and expenditure approach, which reflect gross domestic product and its composition from different aspects.

Production Approach focuses on the total value of goods and services produced in production activities. GDP by Production Approach equals the value of total output minus that of input consumed in production process.

GDP by Production Approach = gross output—intermediate input

Gross Output refers to the total value of goods and service produced by all residents in a given period,including newly-produced goods and service, and intermediate input.

Intermediate Input refers to non-fixed assets and paid service consumed during production process when goods and service are produced. Intermediate input is also called intermediate consumption.

Value-added refers to the value of newly-produced goods and service and that of consumed fixed assets. By production approach, it equals gross output minus intermediate input.

Income Approach (also known as distribution approach): refers to the method measuring the final results of production activities o from the perspective of income made by all residents. GDP of income approach includes laborers' remuneration,net taxed on production, depreciation of fixed assets and operating surplus.

GDP by income approach = laborers' remuneration+ net taxed on production+depreciation of fixed assets+operating surplus.

The sum of value added made by different industries is GDP.

Laborers' Remuneration refers to the whole payment of various forms earned by the laborers' from the productive activities they are engaged in. It includes wages, bonuses and allowances the laborers' earned in monetary form and in kind. It also includes the free medical services provided to the laborers' and the medicine expenses, traffic subsidies and social insurance, housing fund paid by the employers.

Net Taxes on Production refers to the difference of the taxes on production minus the subsidies on production.

Taxes on production refers to the various taxes, extra charges and fees levied on the production units on their production, sale and business activities as well as on the use of some factors of production, such as fixed assets, land and labor force in the production activities they are engaged in.

In contrast to the taxes on production, the subsidies on production refer to the unilateral government transfer to the production units and are therefore regarded as negative taxes on production.They include subsidies on the loss due to implementation of government policies, price subsidies, etc.

Depreciation of Fixed Assets refers to the depreciation of fixed assets of a given period, drawn in accordance with the stipulated depreciation rate for the purpose of compensating the wear loss of the fixed assets or the depreciation of fixed assets calculated in a fictitious way in accordance with the stipulated unified depreciation rate in the national economic accounting system. It reflects the value of transfer of the fixed assets in the production of the current period. The depreciation of fixed assets in various enterprises and institutions managed as enterprises refers to the depreciation expenses actually drawn. In government agencies and institutions not managed as enterprises which do not draw the depreciation expenses, as well as for the houses of residents, the depreciation of fixed assets is the imputed depreciation, which is calculated in accordance with the stipulated unified depreciation rate. In principle, the depreciation of fixed assets should be calculated on the basis of the re-purchased value of the fixed assets.

Operating Surplus refers to the balance of the value added created by the resident units deducting the laborers' remuneration, net taxes on production and the depreciation of fixed assets. It is equivalent to the business profit of the enterprises plus subsidies on production, but the wages and welfare expenses paid from the profits should be deducted.

GDP by Expenditure Approach refers to the method of measuring the final results of production activities of a country (region) during a given period from the perspective of final use. It includes final consumption expenditure, total capital formation and net export of goods and services.

Final Consumption Expenditure refers to the total expenditure on goods and services in a given period, which means the total expenditure of resident units for purchases of goods and services from domestic economic territory and abroad to meet the requirements of material, cultural and spiritual life. It excludes the expenditure of non-resident units on consumption in the economic territory of the country. The final consumption expenditure is broken down into household consumption expenditure and government consumption expenditure.

Household consumption refers to the consumption expenditure made by household on goods and services. It is calculated at market price which is the purchasers'price. Purchasers'price means the money the purchasers paid for goods, including transportation fees and operating fees.

In addition to the consumption of goods and services bought by the households directly with money, the households consumption expenditure also includes expenditure on goods and services obtained by the households in other ways, i.e. the so-called imputed consumption expenditure, which includes the following: (a) the goods and services provided to the households by the employer in the form of payment in kind and transfer in kind; (b) goods and services produced and consumed by the households themselves, in which the services refer only to the owner-occupied housing and domestic and individual services provided by the paid household workers; (c) financial intermediate services provided by financial institutions; (d) insurance services provided by insurance companies.

Government Consumption Expenditure refers to the expenditure on the consumption of the public services provided by the government to the whole society and the net expenditure on the goods and services provided by the government to the households free of charge or at low prices. The former equals to the output value of the government services minus the value of operating income obtained by the government departments. The latter equals to the market value of the goods and services provided by the government free of charge or at low prices to the households minus the value received by the government from the households.

Total Capital Formation refers to the fixed assets acquired minus those disposed of and the net value of inventory, including the total fixed capital formation and the increase in inventory.

Total Fixed Capital Formation refers to the value of fixed assets acquired minus those disposed of during a given period. Fixed assets are the assets produced through production activities with specified unit value which could be used for over one year, excluding natural assets. Total fixed capital formation can be categorized into total tangible capital formation and total intangible capital formation. The total tangible capital formation include the value of the construction projects, installation projects completed and the equipment,apparatus and instruments purchased as well as the value of land improved, the value of draught animals, breeding stock, animals for milk, wool and for recreational purpose, and the newly increased forest with economic value during a given period. The total intangible capital formation includes the prospecting of minerals, the acquisition of computer software, artisticworks artistic minus the disposal of them.

Increase in Inventory refers to the market value of the change in inventory of resident units during a given period, i.e. the difference of value between the beginning and the end of the period minus the current gains due to the change in prices. The increase in inventory can be positive or negative. A positive value indicates the increase in inventory while a negative value indicates the decrease in stock. The inventory includes the raw materials, fuels and reserve materials purchased by the production units as well as the inventory of finished products, semi-finished products, work-in-progress, etc.

Net Export of Goods and Services refers to the difference of the exports of goods and services minus the imports of goods and services. The imports include the value of various goods and services sold or gratuitously transferred by the resident units to the non-resident units. The imports include the value of various goods and services purchased or gratuitously acquired by the resident units from the non-resident units. Because the provision of services and the use of them happen simultaneously, the acquisition of services by the resident units from abroad is usually treated as import while the acquisition of services by non-resident units in this country is usually treated as export. The export and import of goods are calculated at FOB.

Three Industries: Classification of economic activities into three branches of industries is based on the development of production. Primary industry refers to the production activities that obtain products from nature. Secondary industry refers to the production activities that process primary goods. Tertiary industry refers to the production activities that provide primary and secondary industries with services. Classification of economic activities into three branches of industries is a common practice in the world, although the grouping varies to some extent from country to country.

According to the new Industrial Classification of National Economy(GB/T 4754—2011), economic activities are categorized into following industries:

Primary industry refers to agriculture, forestry, animal husbandry and fishery (do not contain agriculture, forestry, animal husbandry and fishery service industry).

Secondary Industry refers to mining industry (do not contain mining auxiliary activities),manufacturing industry (do not contain metal products, machinery and equipment repair industry), eectricity, heat, gas and water production and supply industry, construction industry.

Tertiary industry refers to all other economic activities not included in primary or secondary industry.According to the economic condition in China, tertiary industry includes Transport, Storage and Post, Information Transmission, Computer Services and Software, Wholesale and Retail Trades, Hotels and Catering Services, Financial Intermediation, Real Estate, Leasing and Business Services, Scientific Research, Technical Services and Geologic Prospecting,Management of Water Conservancy, Environment and Public Facilities, Services to Households and Other Services,Education, Health, Social Security and Social Welfare, Culture, Sports and Entertainment, Public Management and Social Organizations, and International Organizations.

Tertiary industry is the service industry, refers to all other economic activities not included in primary or secondary industry. Tertiary industry includes wholesale and retail industry, transportation, storage and postal industry, accommodation and catering industry, information transmission, software and information technology service industry, financial industry, real estate, leasing and business services, scientific research and technical services industry, water conservancy, environment and public facilities management industry, residents service, repair and other services, education, health and social work, culture, sports and entertainment, public management, social security and social organizations, international organizations, as well as agriculture, forestry, animal husbandry and fishery, agriculture, forestry, animal husbandry and fishery industry, mining industry in mining, manufacturing of metal products, machinery and equipment repair industry.

Current Price refers to the actual price during the reporting period, such as Ex-factory Price of Industrial Products, purchasing price of agricultural produces and retail price. Some indicators calculatedat current price are volume indicators in the value form, such as total value of output of industrial and agricultural industries and GDP, etc. Data calculated at current price are useful when it comes to evaluating the economic development and analyzing different aspects of economy, such as production, circulation,distribution and consumption.

When the different indicators calculated at current price are compared, it is in evitable that price changes will affect the comparison. Therefore, the change in volume cannot be showed. In order to eliminate the effect of price and reflect economic development, growth rate is calculated at current price.

Constant Price refers to the price without the effect of price change. By using constant price, total amount indices of different periods can be compared. There are two methods in which total amount indices are obtained, one using current price of some year to multiply the physical volume of certain products and the other using price index.

Fixed Price refers to the average price of similar products in a given period, with which the product value of different period can be calculated. The product value calculated at fixed price can show the growth rate of production in different period. Since 1949, NBS has framed the united industrial and agricultural fixed price 8 times, including the fixed price of 1952 used from 1949 to 1957, the fixed price of 1957 used from 1957 to 1971, the fixed price of 1970 used from 1971 to 1981, the fixed price of 1980 used from 1981 to 1990, the fixed price of 1990 used from 1991 to 2000, the fixed price of 2000 used from 2001 to 2005， the fixed price of 2005 used from 2006， and the fixed price of 2010 used from 2011.

第3篇

人　口

Population

简 要 说 明

一、本篇资料的主要内容

本篇资料主要反映了我省人口方面的基本情况，包括全省 17 个市的主要人口统计数据、历年人口数、农业和非农业人口数、人口出生率、死亡率、自然增长率。另外，还对建国以来开展的 6 次人口普查主要数据进行了比较。

二、本篇资料的来源

本篇资料分别来源于国家开展的人口普查、人口抽样调查和省公安厅的户籍登记资料，由省统计局人口处整理提供。

Brief Introduction

I. Main Content

Data in this chapter show the basic condition of population, such as the basic condition of 17 cities, population, agricultural and non-agricultural population, birth rate, death rate and natural growth rate. Furthermore, relevant figures obtained from six national population censuses have been compared.

II. Source of Data

Data in this chapter are from national population censuses, national sample survey. Some are derived from household registration provided by Shandong Provincial Department of Public Security. The data above are compiled by the Division of Population and Employment Statistics of Shandong Provincial Bureau of Statistics.

3-1 主要年份总人口

Population in Major Years

单位:万人 (10 000 persons)

年 份 Year	总人口 Total	按性别分 Grouped by Sex		按农业非农业分 Grouped By Agricultural and Non-agricultural		人口密度 Density of Population (人/平方公里) (Person/sq.km)
		男 Male	女 Female	农业人口 Agricultural	非农业人口 Non-agricultural	
1949	(4549)	(2199)	(2350)	(4289)	(260)	290
1952	(4827)	(2392)	(2435)	(4538)	(289)	308
1955	(5174)	(2587)	(2587)	(4796)	(378)	330
1957	(5373)	(2694)	(2679)	(4936)	(437)	343
1962	(5426)	(2718)	(2708)	(5015)	(411)	346
1965	(5711)	(2866)	(2845)	(5258)	(453)	364
1970	(6441)	(3241)	(3200)	(5966)	(475)	411
1975	(6971)	(3524)	(3447)	(6408)	(563)	445
1976	(7038)	(3561)	(3477)	(6455)	(583)	449
1977	(7099)	(3592)	(3507)	(6507)	(592)	453
1978	(7160)	(3624)	(3536)	(6533)	(627)	457
1979	(7232)	(3660)	(3572)	(6570)	(661)	462
1980	(7296)	(3694)	(3602)	(6605)	(691)	466
1981	(7395)	(3750)	(3645)	(6659)	(736)	472
1982	(7494)	(3806)	(3688)	(6720)	(774)	478
1983	(7564)	(3847)	(3717)	(6753)	(811)	483
1984	(7637)	(3887)	(3750)	(6701)	(936)	487
1985	7711(7695)	(3922)	(3773)	(6676)	(1017)	492
1986	7818(7776)	(3967)	(3810)	(6797)	(979)	499
1987	7958(7889)	(4029)	(3860)	(6844)	(1045)	508
1988	8061(8009)	(4092)	(3917)	(6702)	(1307)	514
1989	8160(8181)	(4181)	(4000)	(6698)	(1483)	521
1990	8493(8424)	(4299)	(4125)	(6846)	(1578)	542
1991	8570(8534)	(4352)	(4182)	(6884)	(1650)	547
1992	8610(8580)	(4373)	(4207)	(6819)	(1761)	549
1993	8642(8620)	(4392)	(4228)	(6724)	(1896)	551
1994	8671(8653)	(4407)	(4246)	(6574)	(2079)	553
1995	8705(8701)	(4429)	(4272)	(6531)	(2170)	556
1996	8738(8747)	(4452)	(4295)	(6484)	(2263)	558
1997	8785(8810)	(4483)	(4327)	(6500)	(2310)	561
1998	8838(8872)	(4513)	(4359)	(6575)	(2296)	564
1999	8883(8922)	(4537)	(4385)	(6600)	(2322)	567
2000	8997(8975)	(4562)	(4413)	(6566)	(2409)	574
2001	9041(9024)	(4584)	(4440)	(6507)	(2517)	577
2002	9082(9069)	(4607)	(4463)	(6435)	(2634)	580
2003	9125(9108)	(4624)	(4484)	(6275)	(2833)	582
2004	9180(9163)	(4652)	(4512)	(6212)	(2951)	586
2005	9248(9212)	(4676)	(4537)	(6066)	(3147)	589
2006	9309(9282)	(4707)	(4575)	(6055)	(3228)	592
2007	9367(9346)	(4739)	(4606)	(5909)	(3436)	596
2008	9417(9392)	(4761)	(4632)	(5860)	(3532)	599
2009	9470(9449)	(4792)	(4658)	(5902)	(3548)	603
2010	9579(9536)	(4839)	(4697)	(5698)	(3839)	610
2011	9637(9591)	(4870)	(4721)	(5646)	(3945)	613
2012	9685(9580)	(4868)	(4712)	(5559)	(4021)	616
2013	9733(9612)	(4883)	(4729)	(5482)	(4130)	619
2014	9789(9747)	(4960)	(4787)	(5462)	(4285)	620
2015	9847(9822)	(4999)	(4823)	(5120)	(4702)	624

注:1990、2000和2010年为人口普查数,其余年份均为人口抽样调查数,括号内为公安户籍人口数。2006年之后的农业、非农业人口数据分别为公安机关统计的户口在农村、城镇的人口。

a)Data of 1990、2000 and 2010 are based on the national population census,and others are based on the sample surveys.Data in the brackets are taken from the annual reports of the Public Security Departments.Since 2006,the Agriculture, non-agricultural population are changed to the rural population and urban population from the the Public Security Departments.

3-2 主要年份人口出生率、死亡率、自然增长率

Birth Rate,Death Rate and Natural Growth Rate of Population in Major Years

年 份 Year	出生率(‰) Birth Rate(‰)	死亡率(‰) Death Rate(‰)	自然增长率(‰) Natural Growth Rate(‰)	出生人口数(万人) Population of Birth(10 000 persons)	死亡人口数(万人) Population of Death(10 000 persons)	自然增长人数(万人) Population of Natural Growth(10 000 persons)
1949	(28.10)	(12.20)	(15.90)			
1952	(31.50)	(12.20)	(19.30)			
1955	(37.30)	(13.70)	(23.60)	(191)	(70)	(121)
1957	(35.80)	(12.10)	(23.70)	(190)	(64)	(126)
1962	(38.10)	(12.40)	(25.70)	(204)	(66)	(138)
1965	(35.50)	(10.20)	(25.30)	(201)	(58)	(143)
1970	(33.89)	(7.34)	(26.55)	(215)	(47)	(168)
1975	(21.56)	(7.53)	(14.03)	(149)	(52)	(97)
1976	(18.46)	(7.63)	(10.83)	(129)	(53)	(76)
1977	(16.96)	(7.24)	(9.72)	(120)	(51)	(69)
1978	(16.80)	(6.50)	(10.30)	(119)	(46)	(73)
1979	(16.94)	(6.15)	(10.79)	(122)	(44)	(78)
1980	(13.91)	(6.40)	(7.51)	(101)	(47)	(54)
1981	(16.48)	(6.41)	(10.07)	(121)	(47)	(74)
1982	(17.05)	(6.10)	(10.95)	(127)	(45)	(82)
1983	15.10(12.76)	6.73(5.87)	8.37(6.89)	114(96)	51(44)	63(52)
1984	13.80(12.99)	5.80(6.03)	8.00(6.96)	104(99)	44(46)	60(53)
1985	15.12(11.75)	6.64(5.90)	8.48(5.85)	116(90)	51(45)	65(45)
1986	19.90(14.71)	7.28(5.86)	12.62(8.85)	156(114)	57(46)	99(68)
1987	23.35(17.43)	7.07(5.64)	16.28(11.79)	184(137)	56(44)	128(93)
1988	17.54(17.95)	6.04(5.95)	11.50(12.00)	140(143)	48(47)	92(96)
1989	16.88(18.87)	5.70(5.51)	11.18(13.36)	137(153)	46(45)	91(108)
1990	18.21(26.10)	6.96(6.02)	11.25(20.08)	152(217)	58(50)	94(167)
1991	15.40(16.39)	6.54(5.73)	8.86(10.66)	131(139)	56(49)	75(90)
1992	11.43(10.95)	6.88(6.02)	4.55(4.93)	98(94)	59(52)	39(42)
1993	10.49(9.47)	6.76(5.84)	3.73(3.63)	90(81)	58(50)	32(31)
1994	9.69(9.31)	6.67(5.99)	3.02(3.32)	84(80)	58(52)	26(28)
1995	9.82(9.66)	6.47(5.83)	3.35(3.83)	85(84)	56(51)	29(33)
1996	10.60(10.33)	6.76(6.04)	3.84(4.29)	92(90)	59(53)	33(37)
1997	11.28(10.84)	6.65(5.90)	4.63(4.94)	99(95)	58(52)	41(43)
1998	11.58(11.52)	6.12(5.95)	5.46(5.57)	102(102)	54(53)	48(49)
1999	11.08(10.23)	6.27(5.72)	4.81(4.51)	98(91)	55(51)	43(40)
2000	10.75(11.38)	6.29(6.70)	4.46(4.68)	97(102)	56(60)	40(42)
2001	11.12(9.93)	6.24(5.46)	4.88(4.47)	100(89)	56(49)	44(40)
2002	11.17(10.20)	6.62(5.86)	4.55(4.34)	101(92)	60(53)	41(39)
2003	11.42(9.31)	6.64(6.07)	4.78(3.24)	104(85)	61(55)	43(30)
2004	12.50(10.59)	6.49(5.60)	6.01(4.99)	114(97)	59(51)	55(46)
2005	12.14(10.17)	6.31(5.85)	5.83(4.32)	112(94)	58(54)	54(40)
2006	11.60(9.59)	6.10(5.62)	5.50(3.97)	108(89)	57(52)	51(37)
2007	11.11(10.05)	6.11(6.47)	5.00(3.58)	104(94)	57(60)	47(33)
2008	11.25(10.13)	6.16(6.81)	5.09(3.32)	106((95)	58(64)	48(31)
2009	11.70(10.96)	6.08(6.11)	5.62(4.86)	110(103)	57(58)	53(46)
2010	11.65(15.82)	6.26(8.58)	5.39(7.24)	111(150)	60(81)	51(69)
2011	11.50(11.97)	6.10(7.07)	5.40(4.90)	110(114)	59(68)	51(47)
2012	11.90(11.74)	6.95(8.33)	4.95(3.40)	115(113)	67(80)	48(33)
2013	11.41(12.19)	6.40(6.23)	5.01(5.95)	111(117)	59(60)	52(57)
2014	14.23(22.74)	6.84(6.39)	7.39(16.35)	139(220)	67(62)	72(158)
2015	12.55(14.59)	6.67(6.16)	5.88(8.43)	124(143)	66(60)	58(83)

注:1990、2000年为人口普查数，2010年为人口普查修正数据，其余年份均为人口抽样调查数，括号内为当年前往公安机关申报登记数。

a)Data of 1990 and 2000 are based on the national population census,2010 data are revised according to the national population census,others are based on the sample surveys. Data in the brackets are registration data of the public security department.

3-3 人口年龄结构、抚养比和性别比

Age Composition and Dependency Ratio of Population

单位：% (%)

年 份 Year	总人口性别比(以女性为100) Sex Ratio of Total Population (female=100)	各年龄段所占比重 The Proportion of Total Population By Age			总抚养比 Gross Dependency Ratio		
		0-14岁 Aged 0-14	15-64岁 Aged 15-64	65岁及以上 Aged 65 and Over		少儿抚养比 Children Dependency Ratio	老年抚养比 Old Dependency Ratio
1982	102.9	31.0	63.4	5.6	57.7	48.9	8.8
1990	103.5	26.6	67.2	6.2	48.8	39.6	9.2
1995	103.7	24.6	68.0	7.4	47.1	36.2	10.9
2000	102.5	20.8	71.1	8.1	40.6	29.3	11.4
2001	102.7	20.4	71.4	8.2	40.1	28.6	11.5
2002	102.4	18.8	72.7	8.5	37.6	25.9	11.7
2003	100.4	18.4	72.6	9.1	37.8	25.3	12.5
2004	100.7	17.1	73.7	9.2	35.8	23.2	12.5
2005	102.0	15.9	74.1	9.9	34.9	21.5	13.4
2006	100.8	15.3	74.7	10.0	33.9	20.5	13.4
2007	101.4	15.0	74.8	10.2	33.7	20.1	13.6
2008	100.2	15.6	74.1	10.3	34.9	21.0	13.8
2009	102.3	15.7	73.9	10.4	35.4	21.2	14.1
2010	102.3	15.7	74.4	9.9	34.4	21.1	13.3
2011	102.0	15.7	74.3	10.0	34.6	21.1	13.5
2012	101.4	16.1	73.5	10.4	36.0	21.8	14.2
2013	101.2	16.1	72.9	11.0	37.1	22.1	15.0
2014	101.1	16.4	72.0	11.6	38.9	22.8	16.1
2015	102.1	16.6	71.2	12.2	40.4	23.3	17.1

注：1982、1990、2000和2010年数据为人口普查数据；2001—2004年为抽样调查样本数据；其他年份为抽样调查估算数据。
a)Data of 1982、1990、2000 and 2010 are taken from the national population census.Data of 2001-2004 are taken from Population Sample Survey. Others are estimated on population sample survey.

3-4 各市人口数和总户数(2015年)

Population and Households by Region (2015)

地 区	Region	年末总人口(万人) Total year-end Population (10 000 persons)	按性别分(万人) Grouped by Sex (10 000 persons)		按农村、城镇分(万人) Grouped by Agricultural and Non-agricultural (10 000persons)		年末总户数(万户) Total year-end Households (10 000 households)	平均家庭户规模(人/户) Average Family Size(person/household)
			男 Male	女 Femal	农村人口 Agricultural	城镇人口 Non-agricultural		
全省总计	**Total**	**9847.16(9821.73)**	**(4999.27)**	**(4822.46)**	**4233.29**	**5613.87**	**(3207.00)**	**(3.06)**
济南市	Jinan	713.20(625.73)	(310.92)	(314.81)	228.51	484.69	(203.59)	(3.07)
青岛市	Qingdao	909.70(783.09)	(388.93)	(394.16)	273.04	636.66	(255.12)	(3.07)
淄博市	Zibo	464.20(429.60)	(214.07)	(215.53)	151.98	312.22	(150.38)	(2.86)
枣庄市	Zaozhuang	387.80(407.77)	(214.47)	(193.30)	180.47	207.33	(119.21)	(3.42)
东营市	Dongying	211.06(190.62)	(95.12)	(95.50)	72.77	138.29	(65.84)	(2.90)
烟台市	Yantai	701.41(653.28)	(325.93)	(327.35)	278.10	423.31	(236.23)	(2.77)
潍坊市	Weifang	927.72(893.71)	(451.44)	(442.27)	410.09	517.63	(285.11)	(3.13)
济宁市	Jining	829.92(867.44)	(447.80)	(419.64)	392.10	437.82	(265.98)	(3.26)
泰安市	Tai'an	560.08(565.71)	(286.64)	(279.07)	240.61	319.47	(194.85)	(2.90)
威海市	Weihai	280.53(254.75)	(126.86)	(127.89)	103.33	177.20	(92.26)	(2.76)
日照市	Rizhao	288.00(295.95)	(150.97)	(144.98)	130.15	157.85	(108.08)	(2.74)
莱芜市	Laiwu	135.16(128.32)	(64.93)	(63.39)	55.63	79.53	(47.27)	(2.71)
临沂市	Linyi	1031.16(1124.04)	(582.71)	(541.33)	476.19	554.97	(356.66)	(3.15)
德州市	Dezhou	574.23(587.27)	(297.88)	(289.39)	277.19	297.04	(187.17)	(3.14)
聊城市	Liaocheng	597.06(622.34)	(320.03)	(302.31)	321.52	275.54	(197.18)	(3.16)
滨州市	Binzhou	385.90(389.07)	(196.34)	(192.73)	175.11	210.79	(130.22)	(2.99)
菏泽市	Heze	850.03(1003.06)	(524.23)	(478.83)	466.45	383.58	(311.85)	(3.22)

注：年末总人口根据人口抽样调查数据推算，括号内为公安户籍统计数字。
a)Data on total year-end population are projected according to the population census data.Data in the brackets are taken from the annual reports of public security departments.

3-5 六次人口普查主要数据
Major Data of All Previous Provincial Population Census

指标	Item	第一次人口普查 The First (1953.7.1)	第二次人口普查 The Second (1964.7.1)	第三次人口普查 The Third (1982.7.1)	第四次人口普查 The Fourth (1990.7.1)	第五次人口普查 The Fifth (2000.11.1)	第六次人口普查 The Sixth (2010.11.1)
一、总人口 （万人）	**Total (10000 person)**	**4887.65**	**5549.62**	**7441.91**	**8439.21**	**8997.18**	**9579.27**
按性别分	By Sex						
男	Male	2431.14	2790.45	3773.74	4291.32	4554.21	4844.69
女	Female	2456.52	2759.17	3668.16	4147.89	4442.97	4734.58
二、总户数 （万户）	**Total Households (10000 unit)**	**1109.77**	**1277.08**	**1739.04**	**2197.56**	**2732.04**	**3079.47**
家庭户 （万户）	Households (10000 unit)			1733.55	2187.44	2670.93	3010.55
平均家庭户规模(人)	Average Household Size (person)			4.20	3.75	3.22	2.98
三、民　族	**Nationalities**						
民族个数 （个）	The number of Nationalities (unit)	17	32	39	54	56	56
汉族人口 （万人）	Total Population of Han Nationality (10000 person)	4862.40	5520.04	7401.14	8388.62	8933.90	9506.68
少数民族人口(万人)	Total Population of Minority Nationalities (10000 person)	25.24	29.55	40.74	50.59	63.27	72.59
四、市镇人口 （万人）	**Population of City and Town (10000 person)**	**357.92**	**717.57**	**1419.05**	**2307.67**	**3432.59**	**4762.07**
五、平均预期寿命（岁）	**Life Expectancy (year old)**			**69.2**	**70.6**	**73.9**	**76.5**
六、各种文化程度人口	**Population by Education**						
大　学 （万人）	University and Above (10000 person)			26.32	82.29	300.08	832.87
高　中 （万人）	Senior Middle Schools (10000 person)			438.72	603.36	994.64	1332.26
初　中 （万人）	Junior Middle Schools (10000 person)			1316.97	2125.47	3297.35	3846.80
小　学 （万人）	Primary Schools (10000 person)			2510.81	3061.20	2946.97	2391.22
文盲半文盲 （万人）	Illiterate or Semiliterate (10000 Person)			2045.72	1425.61	765.43	475.73
七、6岁及以上人口平均受教育年限 （年）	**Years of education of Population Aged 6 and Over (year)**			**4.9**	**6.2**	**7.5**	**8.8**
八、就业人口 （万人）	**Economically Active Population (person)**			**4009.79**	**5077.21**	**5477.41**	**5902.34**

主要统计指标解释

人口数 指一定时点、一定地区范围内有生命的个人总和。

年度统计的年末人口数 指每年 12 月 31 日 24 时的人口数。

城镇人口和乡村人口 普查的城镇人口是指居住在城镇范围内的全部常住人口；乡村人口是除上述人口以外的全部人口。公安机关登记的城镇人口是指户口登记在城镇的人口，其统计口径是以居民常住户口所在地的城乡性质划分的。

出生率（又称粗出生率） 指在一定时期内(通常为一年)一定地区的出生人数与同期内平均人数(或期中人数)之比，用千分率表示。本资料中的出生率指年出生率，其计算公式为：

$$出生率=\frac{年出生人数}{年平均人数}\times 1000‰$$

式中：出生人数指活产婴儿，即胎儿脱离母体时(不管怀孕月数)，有过呼吸或其他生命现象。年平均人数指年初、年底人口数的平均数，也可用年中人口数代替。

死亡率（又称粗死亡率） 指在一定时期内(通常为一年)一定地区的死亡人数与同期内平均人数(或期中人数)之比，用千分率表示。本资料中的死亡率指年死亡率，其计算公式为：

$$死亡率=\frac{年死亡人数}{年平均人数}\times 1000‰$$

人口自然增长率 指在一定时期内(通常为一年)人口自然增加数(出生人数减死亡人数)与该时期内平均人数(或期中人数)之比，用千分率表示。计算公式为：

$$人口自然增长率=\frac{本年出生人数-本年死亡人数}{年平均人数}\times 1000‰$$

$$=人口出生率-人口死亡率$$

总抚养比 也称总负担系数。是指人口总体中非劳动年龄人口数与劳动年龄人口数之比。通常用百分比表示。说明每 100 名劳动年龄人口要负担多少名非劳动年龄人口。用于从人口角度反映人口与经济发展的基本关系。

计算公式为：

$$GDR=\frac{P_{0\sim14}+P_{65+}}{P_{15\sim64}}\times 100\%$$

其中：GDR 为总抚养比；

$P_{0\sim14}$ 为0~14岁少年儿童人口数；

P_{65+} 为65 岁及岁以上的老年人口数；

$P_{15\sim64}$ 为15~64 岁劳动年龄人口数。

老年人口抚养比 也称老年人口抚养系数。是指某人口总体中老年人口数与劳动年龄人口数之比。通常用百分比表示。用以表明每100名劳动年龄人口要负担多少名老年人。老年人口抚养比是从经济角度反映人口老化社会后果的指标之一。

计算公式为：

$$ODR=\frac{P_{65+}}{P_{15\sim64}}\times 100\%$$

其中：ODR 为老年人口抚养比；

P_{65+} 为65岁及岁以上的老年人口数；

$P_{15\sim64}$ 为15~64岁的劳动年龄人口数。

少年儿童抚养比 也称少年儿童抚养系数。是指某人口总体中少年儿童人口与劳动年龄人口数之比。通常用百分比表示。用以反映每100 名劳动年龄人口要负担多少名少年儿童。

计算公式为：

$$CDR=\frac{P_{0\sim14}}{P_{15\sim64}}\times 100\%$$

其中：CDR 为少年儿童抚养比；

$P_{0\sim14}$ 为0~14岁少年儿童人口数；

$P_{15\sim64}$ 为15~64岁劳动年龄人口数。

Explanatory Notes on Main Statistical Indicators

Total Population refers to the total number of people alive at a certain point of time within a given area.

The annual statistics on total population is taken at midnight, the 3lst of December.

Urban Population and Rural Population Urban population refer to all people residing in cities and towns, while rural population refer to population other than urban population. Urban population data of public security department only include persons whose household registration in urban.

Birth Rate (or Crude Birth Rate) refers to the ratio of the number of births to the average population (or mid period population) during a certain period of time (usually a year), expressed in ‰. Birth rate in the chapter refers to annual birth rate. The following formula is used:

$$\text{Birth Rate} = \frac{\text{Number of Births}}{\text{Annual Average Population}} \times 1000‰$$

Number of births in the formula refers to live births, i.e. when a baby has breathed or showed any vital phenomena regardless of the length of pregnancy.

Annual average number of population is the average of the number of population at the beginning of the year and that at the end of the year. Sometimes it is substituted by the mid year population.

Death Rate (or Crude Death Rate) refers to the ratio of the number of deaths to the average population (or mid period population) during a certain period of time (usually a year), expressed in ‰. Death rate in the chapter refers to annual death rate. The following formula is used:

$$\text{Death Rate} = \frac{\text{Number of Deaths}}{\text{Annual Average Population}} \times 1000‰$$

Natural Growth Rate of Population refers to the ratio of natural increase in population (number of births minus number of deaths) in a certain period of time (usually a year) to the average population (or mid period population) of the same period, expressed in ‰. The following formula is applied:

$$\text{Natural Growth Rate of Population} = \frac{\text{Number of Births} - \text{Number of Deaths}}{\text{Annual Average Population}} \times 1000‰$$

Natural Growth Rate of Population = Birth Rate − Death

Gross Dependency Ratio also called gross dependency coefficient, refers to the ratio of non-working-age population to the working-age population ,express in %. Describing in general the number of non-working-age population that every 100 people at working ages will take care of, this indicator reflects the basic relation between population and economic development from the demographic perspective. The gross dependency ratio is calculated with the following formula:

$$GDR = \frac{P_{0\sim14} + P_{65+}}{P_{15\sim64}} \times 100\%$$

Where: GDR is the gross dependency ratio,

$P_{0\sim14}$ is the population of children aged 0-14;

P_{65+} is the elderly population aged 65 and over ;

$P_{15\sim64}$ is the working –age population aged 15-64.

Old Dependency Ratio also called old dependency coefficient,refers to the ratio of the elderly population to the working-age population, express in %.It describes the number of the elderly population that every 100 people at working ages will take care of. Old dependency ratio is one of the indicators reflecting the social implication of population aging from the economic perspective. The old dependency ratio is calculated with the following formula:

$$ODR = \frac{P_{65+}}{P_{15\sim64}} \times 100\%$$

Where: ODR is the old dependency ratio,

P_{65+} is the elderly population aged 65 and over;

$P_{15\sim64}$ is the working –age population aged 15-64.

Children Dependency Ratio also called children dependency coefficient, refers to the ratio of the children population to the working-age population ,express in %.It describes the number of children population that every 100 people at working ages will take care of. The children dependency ratio is calculated with the following formula:

$$CDR = \frac{P_{0\sim14}}{P_{15\sim64}} \times 100\%$$

Where:CDR is the children dependency ratio;

$P_{0\sim14}$ is the children population aged 0-14;

$P_{15\sim64}$ is the working-age population aged 15-64.

第
4
篇

就业、工资和社会保障

Employment , Wages and Social Security

简 要 说 明

一、本篇资料的主要内容

本篇资料反映我省劳动经济方面的基本情况，包括经济活动人口数，就业人员及职工人数，城镇登记失业人数，劳动报酬总额，人均劳动报酬及指数变化情况等。

二、本篇资料的来源

1.就业基本情况及分组资料、劳动报酬总额、职工工资总额等资料取自《劳动统计报表制度》、《劳动力调查制度》及《乡村社会经济调查方案》。

2.私营企业及个体工商业人员资料取自省工商行政管理局年报。

3.城镇劳动力供给和配置情况、城镇登记失业人员及失业率、社会保障等资料由人力资源和社会保障厅根据其相关统计制度整理提供。

4.乡镇企业就业人员资料来源于省中小企业办公室。

5.本篇资料由省统计局人口就业处整理提供。

Brief Introduction

I. Main Content

Data in this chapter show the basic conditions of Shandong's labor economy, including the economically active population,number of employed persons in urban areas, earning of employed persons,average earning of employed persons and the changes in index, etc.

II. Source of Data

(1) Data on basic conditions of employment,data by groups, earning of employed persons,total wage bills of staff and workers are collected and compiled through The Reporting Form System on Labour Statistics,The Sample Survey System on Labour Force,The System of Rural Social and Economic Surveys.

(2) Data on employed persons in urban private enterprises and self-employed individuals are derived from the Annual report of Shandong Administration of Industry and Commerce.

(3) Data on urban labor supply and configuration, registered unemployed persons in urban areas and unemployment rate and social securities are provided by Shandong Provincial Department of Human Resource and Social Security.

(4) Data on persons employed in township enterprises are provided by Shandong Provincial Office for Development of Medium and Small Businesses.

(5) Data in this chapter are prepared and compiled by the Division of Population and Employment Statistics of Shandong Provincial Bureau of Statistics.

4-1 就业基本情况
Employment

类别		Category		2011	2012	2013	2014	2015
经济活动人口	**(万人)**	**Economically Active Population**	**(10 000 persons)**	**6546.5**	**6615.8**	**6641.5**	**6699.3**	**6737.5**
就业人员合计	**(万人)**	**Total Number of Employed Persons**	**(10 000 persons)**	**6485.6**	**6554.3**	**6580.4**	**6606.5**	**6632.5**
第一产业		Primary Industry	(10 000 persons)	2211.6	2168.0	2086.0	2023.2	1963.2
第二产业		Secondary Industry	(10 000 persons)	2185.6	2245.2	2270.2	2294.2	2338.0
第三产业		Tertiary Industry	(10 000 persons)	2088.4	2141.1	2224.2	2289.1	2331.3
就业人员构成	**(合计=100)**	**Composition of Employed Persons**	**(total=100)**					
第一产业		Primary Industry		34.1	33.1	31.7	30.7	29.6
第二产业		Secondary Industry		33.7	34.2	34.5	34.7	35.2
第三产业		Tertiary Industry		32.2	32.7	33.8	34.6	35.2
按城乡分就业人员		**Number of Employed Persons by Urban and Rural Areas**						
城镇就业人员	(万人)	Urban Employed Persons	(10 000 persons)	3014.4	3084.3	3153.0	3201.0	3255.9
#国有单位		State-owned Units		437.0	447.4	411.8	401.1	390.9
城镇集体单位		Urban Collective-owned Units		60.8	63.2	59.2	51.7	47.4
股份合作单位		Cooperative Units		13.5	12.7	8.5	7.7	7.1
联营单位		Joint Ownership Units		3.4	2.5	3.9	2.6	2.6
有限责任公司		Limited Liability Corporations		276.1	303.5	471.9	472.7	475.3
股份有限公司		Share-holding Corporations Ltd.		91.5	101.3	149.1	146.9	144.6
私营企业		Private Enterprises		410.9	431.2	428.5	477.3	481.9
港澳台投资单位		Units with Funds from Hong Kong,Macao & Taiwan		30.8	33.1	43.6	44.1	41.8
外商投资单位		Foreign Funded Units		115.6	121.2	120.5	119.4	109.8
个　体		Self-employed Individuals		293.1	301.8	333.5	384.0	423.5
乡村就业人员	(万人)	Rural Employed Persons	(10 000 persons)	3471.2	3470.0	3427.4	3405.5	3376.6
#私营企业		Private Enterprises		290.9	324.2	364.1	448.8	601.8
个　体		Self-employed Individuals		285.9	317.8	376.3	447.3	535.2
职工人数	**(万人)**	**Number of Staff and Workers**	**(10 000 persons)**	**1006.0**	**1060.2**	**1237.6**	**1210.0**	**1178.0**
国有单位		State-owned Units		424.4	431.8	397.6	386.2	374.6
城镇集体单位		Urban Collective-owned Units		58.4	60.5	55.5	48.3	44.5
其他单位		Units of Other Types of Ownership		523.3	567.9	784.5	775.4	758.8
城镇单位女性就业人员	**(万人)**	**Urban Employed Female Persons**		**374.8**	**380.8**	**437.7**	**443.4**	**441.3**
城镇累计新增就业人数	**(万人)**	**Number of Newly Employed Persons in Urban Areas**	**(10 000 persons)**	**118.7**	**119.9**	**120.0**	**118.5**	**116.8**
就业转失业人员再就业	**(万人)**	**Number of reemployed Persons**	**(10 000 persons)**	**55.0**	**55.6**	**55.5**	**52.3**	**51.2**
#困难群体再就业		Reemployed Persons in Difficult Groups		11.8	12.0	11.7	11.9	11.4
农村劳动力转移就业人数	**(万人)**	**Reemployed Persons in Difficult Groups**	**(10 000 persons)**	**136.0**	**137.4**	**133.3**	**131.2**	**127.5**
城镇登记失业人数	**(万人)**	**Number of Registered Unemployed Persons in Urban Areas**	**(10 000 persons)**	**45.1**	**43.4**	**42.2**	**43.1**	**43.7**
城镇登记失业率	**(%)**	**Registered Unemployment Rate in Urban Areas**	**(%)**	**3.4**	**3.3**	**3.2**	**3.3**	**3.4**

4-2 按三次产业分的年底就业人员数
Number of Employed Persons at the Year-end by Three Industries

年 份 Year	就业人员 (万人) Total Employed Persons (10 000 Persons)	第一产业 Primary Industry	第二产业 Secondary Industry	第三产业 Tertiary Industry	构成(合计=100) Composition in Percentage(Total=100) 第一产业 Primary Industry	第二产业 Secondary Industry	第三产业 Tertiary Industry
1949	1859.3						
1952	1897.2						
1955	1959.7						
1957	2150.4						
1962	1981.2						
1965	2146.0						
1970	2606.0						
1975	2925.0						
1978	2969.8	2350.9	366.6	252.3	79.2	12.3	8.5
1980	3117.5	2458.1	382.5	276.9	78.9	12.3	8.9
1981	3192.4	2508.2	389.0	295.2	78.6	12.2	9.3
1982	3270.0	2520.8	442.2	307.0	77.1	13.5	9.4
1983	3795.1	2950.8	465.8	378.5	77.8	12.3	10.0
1984	3563.7	2509.1	528.8	525.8	70.4	14.8	14.8
1985	3561.1	2438.6	705.3	417.2	68.5	19.8	11.7
1986	3651.2	2431.1	776.0	444.1	66.6	21.3	12.2
1987	3765.7	2422.6	848.2	494.9	64.3	22.5	13.1
1988	3887.1	2474.5	905.1	507.5	63.7	23.3	13.1
1989	3940.3	2527.6	902.6	510.1	64.2	22.9	13.0
1990	4043.2	2585.7	922.5	535.0	64.0	22.8	13.2
1991	4219.3	2708.0	958.7	552.6	64.2	22.7	13.1
1992	4302.6	2705.1	1000.8	596.7	62.9	23.3	13.9
1993	4379.3	2689.9	1070.4	619.0	61.4	24.4	14.1
1994	4382.1	2541.6	1098.0	742.5	58.0	25.1	16.9
1995	5207.4	2832.3	1305.5	1069.6	54.4	25.1	20.5
1996	5227.4	2788.0	1286.1	1153.3	53.3	24.6	22.1
1997	5256.0	2812.5	1311.9	1131.6	53.5	25.0	21.5
1998	5287.6	2837.3	1245.8	1204.5	53.7	23.6	22.8
1999	5314.7	2811.7	1245.7	1257.3	52.9	23.4	23.7
2000	5441.8	2887.7	1286.0	1268.1	53.1	23.6	23.3
2001	5475.3	2863.6	1308.6	1303.1	52.3	23.9	23.8
2002	5527.0	2769.6	1375.1	1382.3	50.1	24.9	25.0
2003	5620.6	2638.3	1474.3	1508.0	46.9	26.2	26.8
2004	5728.1	2542.1	1581.0	1605.0	44.4	27.6	28.0
2005	5840.7	2350.3	1781.4	1709.0	40.2	30.5	29.3
2006	5960.0	2328.0	1870.3	1761.7	39.1	31.4	29.5
2007	6081.4	2265.2	1989.9	1826.3	37.3	32.7	30.0
2008	6187.6	2313.5	1955.5	1918.6	37.4	31.6	31.0
2009	6294.2	2297.4	2014.1	1982.7	36.5	32.0	31.5
2010	6401.9	2273.1	2086.7	2042.1	35.5	32.6	31.9
2011	6485.6	2211.6	2185.6	2088.4	34.1	33.7	32.2
2012	6554.3	2168.0	2245.2	2141.1	33.1	34.2	32.7
2013	6580.4	2086.0	2270.2	2224.2	31.7	34.5	33.8
2014	6606.5	2023.2	2294.2	2289.1	30.7	34.7	34.6
2015	6632.5	1963.2	2338.0	2331.3	29.6	35.2	35.2

4-3 按行业分的年底就业人员数

Number of Employed Persons at the Year-end by Sector

单位：万人 (10 000 persons)

行 业	Sector	2012	2013	2014	2015
总 计	**Total**	**6554.3**	**6580.4**	**6606.5**	**6632.5**
农、林、牧、渔业	Agriculture,Forestry,Animal Husbandry and Fishing	2168.0	2086.0	2023.2	1963.2
采矿业	Mining	88.5	86.4	82.8	82.3
制造业	Manufacturing	1394.4	1410.1	1387.4	1390.3
电力、燃气及水的生产和供应业	Production and Supply of Electric Power and Heat Power	24.5	24.8	27.9	29.5
建筑业	Construction	737.9	749.9	736.2	738.6
批发和零售业	Wholesale and Retail Trade	686.8	701.2	669.9	660.7
交通运输、仓储和邮政业	Traffic,Transport,Storage and Post	256.4	269.8	271.4	276.0
住宿和餐饮业	Hotels and Catering Services	200.4	205.0	198.3	194.6
信息传输、软件和信息技术服务业	Information Transfer, Software and Information Technology Services	67.4	77.4	77.1	78.2
金融业	Financial Intermediation	38.4	39.8	42.7	48.6
房地产业	Real Estate	38.9	49.7	53.5	57.3
租赁和商务服务业	Leasing and Business Services	67.4	71.4	67.9	66.4
科学研究和技术服务业	Scientific Research and Technical Service	25.4	28.2	32.3	35.4
水利、环境和公共设施管理业	Management of Water Conservancy,Environment and Public Facilities	16.0	18.5	22.6	26.7
居民服务、修理和其他服务业	Households Services, Repair and Other Services	51.9	55.5	53.8	55.1
教 育	Education	121.6	132.2	124.3	125.9
卫生和社会工作	Health and Social Work	56.4	66.1	67.2	70.3
文化、体育和娱乐业	Culture,Sports and Entertainment	11.1	11.8	12.6	13.4
公共管理、社会保障和社会组织	Public management,Social Security and Social Organization	121.3	125.5	124.4	123.3
国际组织	International Organization				
其他	Others	381.5	371.1	531.0	596.7

4-4 按登记注册类型和行业分城镇单位就业人员数(2015年底)

Number of Employed Persons in Urban at the Year-end by Status of Registration and Sector(2015)

单位:万人 (10 000 persons)

类别	Category	总计 Total	在岗职工 Staff and Workers	国有单位 State-owned Units	城镇集体单位 Urban Collective-owned Units
总计	**Total**	**1236.7**	**1178.0**	**390.9**	**47.4**
按企、事业和机关分	**Grouped by Enterprises,institutions and Agencies**				
企业	Enterprises	925.0	876.9	93.8	38.8
事业	Institutions	216.9	209.4	206.8	8.0
机关	Agebcies & Organizations	89.2	86.2	89.0	
民间非营利组织	Civil Nonprofit Organization	1.7	1.6		0.1
其他	Others	4.0	3.9	1.4	0.6
按国民经济行业分	**Grouped by Sector**				
农、林、牧、渔业	Agriculture,Forestry,Animal Husbandry and Fishing	1.7	1.7	1.3	0.2
采矿业	Mining	64.5	62.3	6.8	0.5
制造业	Manufacturing	417.5	413.6	8.8	8.1
电力、燃气及水的生产和供应业	Production and Supply of Electric Power and Heat Power	23.5	22.6	11.1	0.1
建筑业	Construction	163.7	142.6	13.7	18.0
批发和零售业	Wholesale and Retail Trade	59.9	58.3	5.5	3.6
交通运输、仓储和邮政业	Traffic,Transport,Storage and Post	48.4	47.1	20.1	0.9
住宿和餐饮业	Hotels and Catering Services	14.0	13.6	3.4	0.4
信息传输、软件和信息技术服务业	Information Transfer, Software and Information Technology Services	17.4	17.3	2.0	
金融业	Financial Intermediation	41.6	30.8	10.3	3.5
房地产业	Real Estate	26.1	25.3	1.9	1.1
租赁和商务服务业	Leasing and Business Services	21.5	20.8	8.1	1.5
科学研究和技术服务业	Scientific Research and Technical Service	18.0	17.4	8.9	0.3
水利、环境和公共设施管理业	Management of Water Conservancy,Environment and Public Facilities	18.3	13.1	11.8	0.5
居民服务、修理和其他服务业	Households Services, Repair and Other Services	3.1	3.0	0.6	0.2
教育	Education	117.2	114.9	107.6	3.0
卫生和社会工作	Health and Social Work	60.7	57.9	51.6	5.4
文化、体育和娱乐业	Culture,Sports and Entertainment	7.0	6.7	5.1	0.1
公共管理、社会保障和社会组织	Public management,Social Security and Social Organization	112.8	109.1	112.3	0.2
国际组织	International Organization				

注：自2013年开始，劳动工资统计范围包含原属于乡镇企业的规模以上法人单位(下表同)。

a)Since 2013,the scope of labor wage statistics include Township Enterprises above Designated Size (the same below).

4-5 各市按城乡分的年底就业人员数(2015年底)

Number of Employed Persons at the Year-end in Urban and Rural Areas by Region(2015)

单位:万人 (10 000 persons)

地 区	Region	总计 Total	城镇小计 Subtotal of Urban Area	国有单位 State-owned Units	集体单位 Collective-owned Units	股份合作单位 Cooperative Units	联营单位 Joint Ownership Units	有限责任公司 Limited Liability Corporations	股份有限公司 Share-holding Corporations Ltd.
全省合计	**Total**	**6632.5**	**3255.9**	**390.9**	**47.7**	**7.1**	**2.6**	**475.3**	**144.6**
济南市	Jinan	468.6	252.4	42.0	3.0	0.8	1.6	56.0	18.4
青岛市	Qingdao	589.3	311.1	35.8	4.6	0.8		47.0	16.6
淄博市	Zibo	320.8	164.3	21.1	2.6	0.7		36.4	17.3
枣庄市	Zaozhuang	294.9	109.3	16.6	2.4	0.2	0.1	21.2	3.1
东营市	Dongying	150.7	82.8	12.7	0.8	0.2	0.1	15.4	12.9
烟台市	Yantai	461.9	207.0	29.8	5.0	0.4	0.1	29.2	7.3
潍坊市	Weifang	571.4	204.9	28.4	2.7	0.4		30.3	15.6
济宁市	Jining	552.6	152.6	29.0	4.5	0.9		39.1	7.0
泰安市	Tai'an	409.8	132.1	19.8	8.8	0.5	0.2	32.8	7.3
威海市	Weihai	200.3	107.3	12.0	1.7	0.3		19.0	7.2
日照市	Rizhao	209.3	143.3	9.0	0.7	0.2		15.0	3.3
莱芜市	Laiwu	111.5	44.4	3.2	0.3			13.0	0.8
临沂市	Linyi	720.9	164.6	33.3	3.5	0.4		34.4	11.2
德州市	Dezhou	356.1	100.2	22.5	2.2	0.4	0.1	22.2	4.8
聊城市	Liaocheng	410.2	93.7	20.0	1.2	0.3	0.2	18.7	4.7
滨州市	Binzhou	288.4	97.7	13.5	1.4	0.3		31.3	3.8
菏泽市	Heze	516.0	115.7	28.9	2.0	0.3	0.1	14.4	2.8

4-5 续表 continued

单位:万人 (10 000 persons)

地 区	Region	私营企业 Private Enterprises	港澳台商投资单位 Units with Funds from Hong Kong,Macao	外商投资单位 Foreign Funded Units	个体 Self-employed Individuals	乡村小计 Subtotal of Rural Area	私营企业 Private Enterprises	个体 Self-employed Individuals
全省合计	**Total**	**481.9**	**41.8**	**109.8**	**423.5**	**3376.6**	**601.8**	**535.2**
济南市	Jinan	61.3	4.9	3.8	43.9	216.2	48.3	24.0
青岛市	Qingdao	118.7	8.3	33.8	55.8	278.2	41.4	55.6
淄博市	Zibo	28.3	2.3	5.6	21.6	156.5	39.7	20.2
枣庄市	Zaozhuang	10.9	1.2	2.1	26.4	185.6	20.8	27.3
东营市	Dongying	12.4	0.6	0.6	11.2	254.9	10.7	8.8
烟台市	Yantai	61.1	8.0	23.5	37.9	242.0	37.6	37.9
潍坊市	Weifang	27.5	4.3	4.6	18.8	366.5	107.4	78.4
济宁市	Jining	19.4	1.9	4.5	30.1	400.0	53.3	47.9
泰安市	Tai'an	21.8	0.5	2.4	24.3	277.7	17.4	23.9
威海市	Weihai	16.9	1.9	14.5	14.9	93.0	22.8	12.0
日照市	Rizhao	12.0	0.7	2.0	7.3	66.0	21.6	13.8
莱芜市	Laiwu	7.4	0.1	0.3	4.0	67.1	9.3	8.4
临沂市	Linyi	20.3	3.8	5.9	42.2	556.3	47.5	37.7
德州市	Dezhou	11.1	0.8	2.2	21.0	255.9	32.3	30.7
聊城市	Liaocheng	7.0	0.8	1.0	20.3	316.5	28.8	33.8
滨州市	Binzhou	22.4	1.0	1.0	12.3	190.7	28.6	18.3
菏泽市	Heze	13.6	0.7	1.6	31.4	400.3	33.7	56.3

4-6 各市按行业分城镇单位就业人员数(2015年底)

Number of Employed Persons at the Year end by Sector(2015)

单位:万人 (10 000 persons)

地 区	Region	总 计 Total	农、林、牧、渔业 Agriculture, Forestry, Animal Husbandry and Fishing	采矿业 Mining	制造业 Manufacturing	电力、燃气及水的生产和供应业 Production and Supply of Electric Power and Heat Power	建筑业 Construction	批发和零售业 Wholesale and Retail Trade
全省总计	**Total**	**1236.7**	**1.7**	**64.5**	**417.5**	**23.5**	**163.7**	**59.9**
济 南 市	Jinan	131.9	0.1	0.3	29.7	1.8	25.5	10.6
青 岛 市	Qingdao	150.1	0.1	0.1	68.0	2.3	12.4	8.4
淄 博 市	Zibo	87.1	0.1	3.2	29.8	2.0	23.5	3.5
枣 庄 市	Zaozhuang	47.3		8.3	10.6	0.8	8.5	1.7
东 营 市	Dongying	43.9	0.1	12.8	8.9	0.4	5.0	1.4
烟 台 市	Yantai	105.2	0.2	4.2	44.7	1.9	6.8	3.8
潍 坊 市	Weifang	87.0	0.1	0.3	33.8	1.8	9.0	4.3
济 宁 市	Jining	87.9	0.1	18.8	17.6	1.5	13.1	3.4
泰 安 市	Tai'an	73.2	0.2	10.6	19.0	1.3	13.9	4.0
威 海 市	Weihai	57.6	0.1		32.7	1.4	3.1	2.3
日 照 市	Rizhao	31.0	0.1		11.3	0.5	5.3	1.6
莱 芜 市	Laiwu	17.9		1.6	8.1	0.4	1.9	0.7
临 沂 市	Linyi	93.9	0.2	2.4	31.4	1.6	13.1	5.9
德 州 市	Dezhou	56.3	0.1	0.3	18.5	1.4	5.7	3.3
聊 城 市	Liaocheng	47.6	0.1		16.4	1.1	3.9	1.7
滨 州 市	Binzhou	52.5		0.3	28.3	1.2	4.2	1.7
菏 泽 市	Heze	52.0	0.1	1.2	8.0	1.3	8.4	1.6

4-6 续表 1 continued

单位:万人 (10 000 persons)

地 区	Region	交通运输、仓储和邮政业 Traffic, Transport, Storage and Post	住宿和餐饮业 Hotels and Catering Services	信息传输、软件和信息技术服务业 Information Transfer, Software and Information Technology Services	金融业 Financial Intermediation	房地产业 Real Estate	租赁和商务服务业 Leasing and Business Services	科学研究和技术服务业 Scientific Research and Technical Service
全省总计	**Total**	**48.4**	**14.0**	**17.4**	**41.6**	**26.1**	**21.5**	**18.0**
济 南 市	Jinan	4.6	2.6	8.3	7.7	4.2	3.5	3.2
青 岛 市	Qingdao	7.6	2.2	1.4	5.8	3.7	2.7	2.7
淄 博 市	Zibo	1.4	0.7	0.4	2.0	1.2	1.7	0.6
枣 庄 市	Zaozhuang	1.0	0.3	0.2	0.9	0.8	0.4	0.3
东 营 市	Dongying	0.6	0.7	0.4	1.0	0.5	3.9	0.8
烟 台 市	Yantai	4.9	1.1	1.0	3.1	3.6	1.4	2.2
潍 坊 市	Weifang	2.5	1.1	1.1	1.8	1.6	0.7	0.9
济 宁 市	Jining	2.1	0.9	0.5	4.0	1.1	0.7	0.6
泰 安 市	Tai'an	1.8	0.7	0.6	1.9	1.3	1.2	0.9
威 海 市	Weihai	1.6	0.7	0.3	1.4	1.8	0.5	1.4
日 照 市	Rizhao	2.5	0.3	0.2	0.9	0.5	0.2	0.2
莱 芜 市	Laiwu	0.7	0.2	0.1	0.3	0.7	0.1	0.1
临 沂 市	Linyi	2.5	0.7	0.9	2.9	1.6	1.2	1.3
德 州 市	Dezhou	1.7	0.7	0.5	1.9	1.2	0.8	0.9
聊 城 市	Liaocheng	2.1	0.5	0.3	3.1	0.7	0.3	0.3
滨 州 市	Binzhou	1.0	0.3	0.4	1.1	0.7	1.4	0.3
菏 泽 市	Heze	1.6	0.3	0.4	1.8	0.8	0.3	0.6

4-6 续表 2 continued

单位:万人 (10 000 persons)

地 区	Region	水利、环境和公共设施管理业 Management of Water Conservancy, Environment and Public Facilities	居民服务、修理和其他服务业 Households Services, Repair and Other Services	教 育 Education	卫生和社会工作 Health and Social Work	文化、体育和娱乐业 Culture,Sports and Entertainment	公共管理、社会保障和社会组织 Public management, Social Security and Social Organization	国际组织 International Organization
全省总计	**Total**	**18.3**	**3.1**	**117.2**	**60.7**	**7.0**	**112.8**	
济南市	Jinan	1.4	0.3	10.5	6.3	1.6	9.7	
青岛市	Qingdao	2.0	1.0	12.5	6.2	1.1	9.9	
淄博市	Zibo	1.1	0.1	6.6	3.4	0.7	5.1	
枣庄市	Zaozhuang	0.6	0.1	4.5	2.4	0.2	5.7	
东营市	Dongying	0.4	0.1	2.5	1.1	0.1	3.3	
烟台市	Yantai	1.4	0.2	11.3	5.5	0.7	7.3	
潍坊市	Weifang	4.1	0.1	10.1	5.2	0.3	8.3	
济宁市	Jining	0.8	0.1	8.3	4.6	0.3	9.2	
泰安市	Tai'an	0.5	0.3	6.6	3.2	0.2	5.1	
威海市	Weihai	1.2	0.2	3.4	2.3	0.2	3.0	
日照市	Rizhao	0.2		2.8	1.5	0.1	2.6	
莱芜市	Laiwu	0.1	0.1	1.0	0.7		1.2	
临沂市	Linyi	1.5	0.2	11.2	5.5	0.4	9.3	
德州市	Dezhou	0.8	0.2	6.8	2.8	0.2	8.5	
聊城市	Liaocheng	0.7		6.1	3.3	0.3	6.8	
滨州市	Binzhou	0.3	0.1	3.8	2.1	0.2	5.0	
菏泽市	Heze	1.1	0.1	9.3	4.3	0.3	10.5	

4-7 各市按行业分私营企业和个体就业人数(2015年底)

Number of Engaged Persons in Private Enterprises and Self-employed Individuals at Year-end by Sector and Region(2015)

单位：万人 (10 000 persons)

地 区	Region	合 计	制造业 Manufacturing	建筑业 Construction	批发和零售业 Wholesale and Retail Trades	交通运输、仓储和邮政业 Traffic, Transport, Storage and Post	住宿和餐饮业 Hotels and Catering Services	租赁和商务服务业 Leasing and Business Service	居民服务、修理和其他服务业 Households Services, Repair and Other Services
全省总计	**Total**	**2042.4**	**401.1**	**82.8**	**936.1**	**52.6**	**117.4**	**106.4**	**117.7**
济南市	Jinan	177.5	19.1	8.5	83.2	3.3	11.5	16.9	9.3
青岛市	Qingdao	271.5	53.8	14.3	114.1	6.1	12.9	18.0	14.1
淄博市	Zibo	109.8	24.3	4.8	49.8	1.8	6.3	5.6	6.6
枣庄市	Zaozhuang	85.5	15.4	1.8	44.5	3.6	5.1	3.5	6.0
东营市	Dongying	43.2	4.5	2.1	21.5	0.7	3.5	2.0	3.6
烟台市	Yantai	174.5	34.4	8.8	81.5	4.5	8.4	10.8	9.3
潍坊市	Weifang	232.1	66.0	10.2	82.6	7.3	10.6	9.9	11.6
济宁市	Jining	150.7	23.9	4.0	71.7	5.0	14.1	6.4	8.8
泰安市	Tai'an	87.5	15.3	3.1	42.0	2.7	5.8	3.4	5.7
威海市	Weihai	66.7	12.7	4.0	26.7	1.4	4.1	4.4	4.5
日照市	Rizhao	54.7	9.0	4.1	25.0	2.2	2.6	2.8	3.0
莱芜市	Laiwu	29.2	3.5	1.5	16.2	0.6	1.7	1.6	1.5
临沂市	Linyi	147.8	36.4	3.9	74.2	4.0	8.2	4.0	7.9
德州市	Dezhou	95.1	22.2	3.1	41.5	3.1	6.8	3.0	5.4
聊城市	Liaocheng	90.0	20.9	1.5	43.9	1.7	5.3	2.4	7.4
滨州市	Binzhou	81.7	15.7	2.9	38.8	1.9	4.1	4.8	4.6
菏泽市	Heze	135.0	23.1	3.5	76.5	2.7	6.2	4.0	8.4

4-8 各市按行业分城镇私营企业和个体就业人员数(2015年底)

Number of Engaged Persons in Urban Private Enterprises and Self-employed Individuals at Year-end by Sector and Region(2015)

单位：万人 (10 000 persons)

地 区	Region	合 计 total	制造业 Manufacturing	建筑业 Construction	批发和零售业 Wholesale and Retail Trades	交通运输、仓储和邮政业 Traffic, Transport, Storage and Post	住宿和餐饮业 Hotels and Catering Services	租赁和商务服务业 Leasing and Business Service	居民服务、修理和其他服务业 Households Services, Repair and Other Services
全省总计	**Total**	**905.4**	**126.6**	**41.8**	**439.1**	**20.6**	**61.3**	**63.4**	**61.7**
济南市	Jinan	105.1	9.2	5.3	51.3	1.7	7.2	10.3	6.0
青岛市	Qingdao	174.5	33.2	11.7	69.7	4.6	9.3	13.4	9.8
淄博市	Zibo	50.0	7.8	2.3	23.5	0.9	3.4	3.2	3.5
枣庄市	Zaozhuang	37.2	5.1	0.7	20.1	1.5	2.7	1.6	3.7
东营市	Dongying	23.6	1.7	1.1	12.6	0.3	2.2	1.2	2.1
烟台市	Yantai	99.0	15.1	5.7	47.5	2.1	5.4	8.6	5.7
潍坊市	Weifang	46.3	7.0	2.3	20.4	1.0	2.7	3.5	3.2
济宁市	Jining	49.4	3.7	1.3	26.9	1.1	5.6	3.2	3.9
泰安市	Tai'an	46.1	6.9	1.6	22.9	1.5	3.6	2.4	3.2
威海市	Weihai	31.9	5.2	1.8	13.2	0.7	2.4	2.4	2.7
日照市	Rizhao	19.4	1.7	1.7	9.5	0.8	1.2	1.5	1.1
莱芜市	Laiwu	11.5	1.6	0.6	6.3	0.2	0.6	0.6	0.7
临沂市	Linyi	62.5	9.5	0.7	39.7	1.3	4.0	1.8	3.3
德州市	Dezhou	32.2	4.3	0.8	17.4	0.8	2.8	1.5	2.6
聊城市	Liaocheng	27.4	3.4	0.4	14.5	0.4	2.8	0.8	3.7
滨州市	Binzhou	34.7	5.6	1.6	16.2	0.6	2.0	2.7	2.3
菏泽市	Heze	45.0	4.9	1.3	25.1	0.9	3.4	1.9	4.1

4-9 各市私营企业就业人员数(2015年底)

Number of Employed Persons in Private Enterprises at the Year-end by Region(2015)

单位：万人 (10 000 persons)

地 区	Region	户数(户) Number of Enterprises (household)	就业人数 Number of Employed Persons	#投资者 Investor	城镇就业人数 Number of Employed Persons in Urban Areas	#投资者 Investor	乡村就业人数 Number of Employed Persons in Rural Areas	#投资者 Investor
全省总计	**Total**	**1343366**	**1083.7**	**229.5**	**481.9**	**133.4**	**601.8**	**96.1**
济南市	Jinan	153645	109.6	28.6	61.3	15.8	48.3	12.8
青岛市	Qingdao	277378	160.1	48.9	118.7	37.6	41.4	11.3
淄博市	Zibo	75828	68.0	12.7	28.3	6.4	39.7	6.3
枣庄市	Zaozhuang	38173	31.7	5.7	10.9	3.0	20.8	2.7
东营市	Dongying	33813	23.1	6.5	12.4	4.1	10.7	2.4
烟台市	Yantai	118558	98.7	21.9	61.1	13.6	37.6	8.3
潍坊市	Weifang	126385	134.9	20.5	27.5	9.2	107.4	11.3
济宁市	Jining	93484	72.7	15.3	19.4	6.6	53.3	8.7
泰安市	Tai'an	43880	39.2	8.9	21.8	5.3	17.4	3.6
威海市	Weihai	49441	39.7	8.6	16.9	5.0	22.8	3.6
日照市	Rizhao	36620	33.6	6.4	12.0	4.1	21.6	2.3
莱芜市	Laiwu	17818	16.7	2.7	7.4	1.7	9.3	1.0
临沂市	Linyi	89962	67.8	13.3	20.3	6.5	47.5	6.8
德州市	Dezhou	39480	43.4	6.6	11.1	3.0	32.3	3.6
聊城市	Liaocheng	46601	35.8	7.4	7.0	3.0	28.8	4.4
滨州市	Binzhou	42539	51.0	6.3	22.4	4.0	28.6	2.3
菏泽市	heze	55491	47.3	7.8	13.6	3.1	33.7	4.7

4-10 各市个体就业人员数(2015年底)

Number of Self-employed Individuals at the Year-end by Region(2015)

地 区	Region	个体户数(户) Number of Households (household)	个体就业人数(万人) Number of Engaged Persons (10 000 persons)	城镇 Urban	乡村 Rural
全省总计	**Total**	**4530415**	**958.7**	**423.5**	**535.2**
济南市	Jinan	302050	67.9	43.9	24.0
青岛市	Qingdao	636671	111.4	55.8	55.6
淄博市	Zibo	206312	41.8	21.6	20.2
枣庄市	Zaozhuang	226633	53.7	26.4	27.3
东营市	Dongying	89505	20.0	11.2	8.8
烟台市	Yantai	418739	75.8	37.9	37.9
潍坊市	Weifang	488214	97.2	18.8	78.4
济宁市	Jining	347563	78.0	30.1	47.9
泰安市	Tai'an	215842	48.2	24.3	23.9
威海市	Weihai	136146	26.9	14.9	12.0
日照市	Rizhao	120135	21.1	7.3	13.8
莱芜市	Laiwu	53906	12.4	4.0	8.4
临沂市	Linyi	319585	79.9	42.2	37.7
德州市	Dezhou	227890	51.7	21.0	30.7
聊城市	Liaocheng	236979	54.1	20.3	33.8
滨州市	Binzhou	136948	30.6	12.3	18.3
菏泽市	Heze	367297	87.7	31.4	56.3

4-11 按登记注册类型和行业分城镇单位就业人员工资总额(2015年)
Total Wages Bill of Employed Persons in Urban by Status of Registration and Sector(2015)

单位:万元 (10 000 yuan)

类 别	Category	总 计 Total	在岗职工 Staff and Workers	国有单位 State -owned Units	城镇集体单位 Urban Collective -owned Units
总 计	**Total**	**70546319**	**68308242**	**26771206**	**2354010**
按企、事业和机关分	**Grouped by Enterprises,institutions and Agencies**				
企 业	Enterprises	49165246	47226393	6189283	1856536
事 业	Institutions	15252728	15043427	14662717	471424
机 关	Agebcies & Organizations	5826298	5741642	5809489	2372
民间非营利组织	Civil Nonprofit Organization	76100	74180	1040	2726
其 他	Others	225947	222602	108677	20953
按国民经济行业分	**Grouped by Sector**				
农、林、牧、渔业	Agriculture,Forestry,Animal Husbandry and Fishing	88521	87799	71989	9625
采矿业	Mining	4086748	3953596	462827	25786
制造业	Manufacturing	20280313	20042105	505538	453946
电力、燃气及水的生产和供应业	Production and Supply of Electric Power and Heat Power	1644092	1608707	825169	4035
建筑业	Construction	7840787	6853468	725679	719816
批发和零售业	Wholesale and Retail Trade	2661653	2610351	313297	132920
交通运输、仓储和邮政业	Traffic,Transport,Storage and Post	3174435	3113647	1381615	36156
住宿和餐饮业	Hotels and Catering Services	557096	542309	146238	12201
信息传输、软件和信息技术服务业	Information Transfer, Software and Information Technology Services	1405914	1398443	167539	1374
金融业	Financial Intermediation	3653911	3366694	965080	291781
房地产业	Real Estate	1357444	1327707	101535	48786
租赁和商务服务业	Leasing and Business Services	1203926	1178762	483472	56212
科学研究和技术服务业	Scientific Research and Technical Service	1259125	1229247	690913	18014
水利、环境和公共设施管理业	Management of Water Conservancy,Environment and Public Facilities	726107	658212	562185	17358
居民服务、修理和其他服务业	Households Services, Repair and Other Services	129114	126201	33025	9294
教 育	Education	8512853	8453787	7993459	207258
卫生和社会工作	Health and Social Work	4205700	4107924	3714144	296634
文化、体育和娱乐业	Culture,Sports and Entertainment	491817	482386	389227	3533
公共管理、社会保障和社会组织	Public management,Social Security and Social Organization	7266763	7166898	7238273	9281
国际组织	International Organization				

注：自2013年开始，劳动工资统计包含原属于乡镇企业的规模以上法人单位（下表同）。

a)Since 2013,the scope of labor wage statistics include Township Enterprises above Designated Size (the same as following table).

4—12 各市城镇单位就业人员工资总额和指数(2015年)

Total Wage Bill of Employed Persons in Urban Units and Related Indices by Region(2015)

地 区	Region	工资总额（亿元） Earning(100 million yuan)				指数（上年=100） Indices(preceding year=100)			
		合计 Total	在岗职工 Staff and Workers	国有单位 State-owned Units	城镇集体单位 Urban Collective-owned Units	合计 Total	在岗职工 Staff and Workers	国有单位 State-owned Units	城镇集体单位 Urban Collective-owned Units
全省合计	**Total**	**7054.6**	**6830.8**	**2677.1**	**235.4**	**107.8**	**107.9**	**114.7**	**101.1**
济南市	Jinan	888.5	851.2	328.2	14.3	105.0	104.2	112.7	96.6
青岛市	Qingdao	1022.2	993.0	339.4	36.7	111.4	111.5	112.9	111.6
淄博市	Zibo	487.7	476.8	147.4	14.4	105.2	105.3	117.1	111.6
枣庄市	Zaozhuang	231.1	227.7	96.3	9.4	105.5	105.8	115.6	91.3
东营市	Dongying	291.7	286.9	93.1	4.5	101.1	101.5	123.5	104.7
烟台市	Yantai	635.5	622.5	220.1	23.9	108.5	108.6	117.4	97.2
潍坊市	Weifang	470.3	442.4	194.4	13.8	110.0	109.6	122.7	100.0
济宁市	Jining	456.1	429.8	179.6	16.6	100.9	101.0	106.4	100.6
泰安市	Tai'an	378.6	368.4	128.2	41.7	103.5	103.7	112.3	95.9
威海市	Weihai	309.7	306.9	86.4	8.9	113.3	113.3	119.0	108.5
日照市	Rizhao	165.8	160.5	56.4	3.7	108.2	108.1	104.4	102.8
莱芜市	Laiwu	88.6	86.4	22.1	1.2	94.8	96.9	92.5	66.7
临沂市	Linyi	511.4	485.5	228.1	15.6	112.4	114.9	117.6	98.7
德州市	Dezhou	266.9	264.4	115.3	9.3	109.0	109.4	110.3	106.9
聊城市	Liaocheng	228.1	216.8	109.1	6.9	111.9	111.9	121.1	93.2
滨州市	Binzhou	276.3	271.1	87.5	6.5	109.9	110.1	115.7	114.0
菏泽市	Heze	228.9	223.4	135.7	7.3	117.5	117.1	122.9	98.6

4—13 各市按行业分城镇单位就业人员工资总额(2015年)

Total Wages Bill of Employed Persons by Sector and Region (2015)

单位:万元 (10 000 yuan)

地 区	Region	总计 Total	农、林、牧、渔业 Agriculture, Forestry, Animal Husbandry and Fishing	采矿业 Mining	制造业 Manufacturing	电力、燃气及水的生产和供应业 Production and Supply of Electric Power and Heat Power	建筑业 Construction	批发和零售业 Wholesale and Retail Trade
全省合计	**Total**	**70546319**	**88521**	**4086748**	**20280313**	**1644092**	**7840787**	**2661653**
济南市	Jinan	8885256	3213	21000	1559451	130026	1429768	510306
青岛市	Qingdao	10221768	6010	4980	3730038	174845	675276	424235
淄博市	Zibo	4877425	4576	236433	1421162	147054	1213264	138441
枣庄市	Zaozhuang	2310914	1742	450485	393878	44042	346249	73593
东营市	Dongying	2917225	2868	1038693	428389	38943	239518	52996
烟台市	Yantai	6355296	13587	232980	2419446	154788	343494	156720
潍坊市	Weifang	4702684	3718	17287	1609708	120414	415341	210270
济宁市	Jining	4561261	8083	1244371	738238	116762	493848	117623
泰安市	Tai'an	3785914	15007	488014	854614	73011	615784	192725
威海市	Weihai	3096680	3823	1244	1606906	93405	138209	100075
日照市	Rizhao	1658038	3286	1545	526776	36044	227615	60884
莱芜市	Laiwu	885671		78254	347968	26385	77521	28660
临沂市	Linyi	5113851	14428	154875	1478456	113981	632627	241099
德州市	Dezhou	2668630	2655	18241	820961	99077	244527	131618
聊城市	Liaocheng	2281094	1630		623787	72866	212657	77076
滨州市	Binzhou	2762810	415	13320	1329595	64418	198912	72809
菏泽市	Heze	2289042	3480	85027	284945	69778	313045	65661

4-13 续表 1 continued

单位:万元 (10 000 yuan)

地 区	Region	交通运输、仓储和邮政业 Traffic, Transport, Storage and Post	住宿和餐饮业 Hotels and Catering Services	信息传输、软件和信息技术服务业 Information Transfer,Software and Information Technology Services	金融业 Financial Intermediation	房地产业 Real Estate	租赁和商务服务业 Leasing and Business Services	科学研究和技术服务业 Scientific Research and Technical Service
全省合计	**Total**	**3174435**	**557096**	**1405914**	**3653911**	**1357444**	**1203926**	**1259125**
济南市	Jinan	381284	107217	709050	852132	229973	217836	259212
青岛市	Qingdao	588903	104457	134948	689455	267160	168985	252113
淄博市	Zibo	74570	28325	29455	215819	56854	86920	38319
枣庄市	Zaozhuang	35222	8464	17401	74017	34719	18507	15815
东营市	Dongying	34367	32227	32124	106900	26740	259398	59319
烟台市	Yantai	305083	42655	78109	227039	208769	62986	152230
潍坊市	Weifang	148850	37344	59824	162507	80266	34504	51324
济宁市	Jining	83665	28648	39636	227866	44544	24375	36189
泰安市	Tai'an	86896	27860	49057	153536	60036	55063	48573
威海市	Weihai	76557	27510	26429	123839	86503	23180	80486
日照市	Rizhao	195457	13062	12606	65192	20240	6772	9644
莱芜市	Laiwu	33528	5487	7092	32618	24954	4531	2588
临沂市	Linyi	124887	23916	81550	155517	74764	43035	67161
德州市	Dezhou	88691	25554	32869	134278	55187	31734	37327
聊城市	Liaocheng	107442	13254	21917	191225	25917	12538	17555
滨州市	Binzhou	49731	9375	26746	115345	30464	94562	19974
菏泽市	Heze	72195	9861	26871	126626	29992	10571	23000

4-13 续表 2 continued

单位:万元 (10 000 yuan)

年 份 / 地 区	Year / Region	水利、环境和公共设施管理业 Management of Water Conservancy, Environment and Public Facilities	居民服务、修理和其他服务业 Households Services, Repair and Other Services	教 育 Education	卫生和社会工作 Health and Social Work	文化、体育和娱乐业 Culture, Sports and Entertainment	公共管理、社会保障和社会组织 Public management, Social Security and Social Organization	国际组织 International Organization
全省合计	**Total**	**726107**	**129114**	**8512853**	**4205700**	**491817**	**7266763**	
济南市	Jinan	76657	9678	872539	583175	161678	771063	
青岛市	Qingdao	104284	46307	1240445	552497	85449	971382	
淄博市	Zibo	47068	5324	482117	247056	52316	352352	
枣庄市	Zaozhuang	26127	4827	285246	144164	9196	327222	
东营市	Dongying	18996	3653	220974	77855	7125	236141	
烟台市	Yantai	73183	7449	867066	416870	40543	552300	
潍坊市	Weifang	57716	4370	762554	355888	16069	554733	
济宁市	Jining	32139	4841	537907	266689	17378	498463	
泰安市	Tai'an	27943	11703	462908	221310	12643	329231	
威海市	Weihai	58404	6470	257803	146801	11433	227603	
日照市	Rizhao	10431	607	210138	82596	7165	167978	
莱芜市	Laiwu	4478	1609	81731	47693	1821	78752	
临沂市	Linyi	78885	5289	829207	387931	19781	586462	
德州市	Dezhou	35414	7015	336836	145607	9322	411718	
聊城市	Liaocheng	26643	1749	332005	200391	12764	329678	
滨州市	Binzhou	15365	4734	263621	131069	11943	310414	
菏泽市	Heze	32373	3022	467376	195717	13322	456180	

4-14 按登记注册类型和行业分城镇单位就业人员平均工资(2015年)

Average Earning of Employed Persons in Urban Units by Status of Registration and Sector(2015)

单位:元 (yuan)

类 别	Category	总计 Total	在岗职工 Staff and Workers	国有单位 State-owned Units	城镇集体单位 Urban Collective-owned Units
总 计	**Total**	**57270**	**58197**	**69050**	**50191**
按企、事业和机关分	**Grouped by Enterprises,institutions and Agencies**				
企 业	Enterprises	53258	53938	66270	48355
事 业	Institutions	71058	72561	71634	59925
机 关	Agebcies & Organizations	65884	67190	65857	63412
民间非营利组织	Civil Nonprofit Organization	45984	46522	61147	40986
其 他	Others	57489	58596	78174	39040
按国民经济行业分	**Grouped by Sector**				
农、林、牧、渔业	Agriculture,Forestry,Animal Husbandry and Fishing	51003	52777	53444	55509
采矿业	Mining	61718	62026	66512	47454
制造业	Manufacturing	48519	48442	57417	56861
电力、燃气及水的生产和供应业	Production and Supply of Electric Power and Heat Power	70580	71759	74772	44095
建筑业	Construction	47881	48323	53238	40540
批发和零售业	Wholesale and Retail Trade	44386	44782	56788	37458
交通运输、仓储和邮政业	Traffic,Transport,Storage and Post	66189	66799	69634	41279
住宿和餐饮业	Hotels and Catering Services	39723	39916	43284	33328
信息传输、软件和信息技术服务业	Information Transfer, Software and Information Technology Services	81249	81625	85123	70122
金融业	Financial Intermediation	90869	109887	95298	83698
房地产业	Real Estate	52575	53193	51005	47128
租赁和商务服务业	Leasing and Business Services	56970	57762	59141	38799
科学研究和技术服务业	Scientific Research and Technical Service	70959	71698	78421	55806
水利、环境和公共设施管理业	Management of Water Conservancy,Environment and Public Facilities	42743	51475	48607	37378
居民服务、修理和其他服务业	Households Services, Repair and Other Services	42675	43049	58837	41675
教 育	Education	73073	73968	74684	68352
卫生和社会工作	Health and Social Work	70385	72015	73101	56023
文化、体育和娱乐业	Culture,Sports and Entertainment	71453	72477	76623	50986
公共管理、社会保障和社会组织	Public management,Social Security and Social Organization	65158	66432	65166	55605
国际组织	International Organization				

4-15 各市按登记注册类型分城镇单位就业人员平均工资(2015年)

Average Earning of Employed Persons in Urban Units by Status of Registration(2015)

单位：元 (yuan)

地区	Region	总计 Total	在岗职工 Staff and Workers	国有单位 State-owned Units	城镇集体单位 Urban Collective-owned Units	股份合作单位 Cooperative Units	联营单位 Joint Ownership Units
全省合计	**Total**	**57270**	**58197**	**69050**	**50191**	**63919**	**45808**
济南市	Jinan	67112	68997	78733	47013	84236	48046
青岛市	Qingdao	68703	69465	95471	79666	53062	50012
淄博市	Zibo	56153	56782	70280	54498	54548	47409
枣庄市	Zaozhuang	49001	49673	58618	41133	57316	53362
东营市	Dongying	66031	67466	73255	55043	41308	35528
烟台市	Yantai	59519	59906	73962	49853	52939	30899
潍坊市	Weifang	55124	57148	68762	52272	100947	40531
济宁市	Jining	52698	54077	62175	37762	51261	41983
泰安市	Tai'an	51524	51835	64650	48163	69326	51257
威海市	Weihai	53428	53494	72236	51808	41708	35313
日照市	Rizhao	53756	54734	63188	50677	57564	32105
莱芜市	Laiwu	49253	49713	67938	46841	25940	
临沂市	Linyi	54581	56312	68877	44344	47617	53663
德州市	Dezhou	48410	48589	52968	43167	64053	45390
聊城市	Liaocheng	47245	48070	54595	54437	79198	35295
滨州市	Binzhou	53546	53865	65098	49989	86349	55200
菏泽市	Heze	44646	45060	47490	37791	84953	36590

4-15 续表 continued

单位：元 (yuan)

地区	Region	有限责任公司 Limited Liability Corporations	股份有限公司 Share-holding Corporations Ltd.	其他内资 Others	港、澳、台商投资单位 Units with Funds from Hong Kong, Macao&Taiwan	外商投资单位 Foreign Funded Units
全省合计	**Total**	**49457**	**59259**	**46992**	**55353**	**51977**
济南市	Jinan	57891	73605	46799	80420	55614
青岛市	Qingdao	59913	73462	52649	58202	53308
淄博市	Zibo	49481	58378	46370	50047	44455
枣庄市	Zaozhuang	44910	45413	39383	42671	34254
东营市	Dongying	56198	73716	52877	52442	51351
烟台市	Yantai	53088	54397	49701	51404	56766
潍坊市	Weifang	45025	48920	60270	57707	49956
济宁市	Jining	49518	43696	34968	43990	55281
泰安市	Tai'an	45103	49737	47207	38969	49746
威海市	Weihai	45144	47556	49305	58217	51921
日照市	Rizhao	48614	57058	39456	40596	51380
莱芜市	Laiwu	43377	65708	74539	52314	43618
临沂市	Linyi	45428	51945	42522	46461	47182
德州市	Dezhou	43621	51691	47643	51153	46157
聊城市	Liaocheng	39168	50917	38289	38099	38917
滨州市	Binzhou	48073	59032	45198	47826	49352
菏泽市	Heze	40887	42886	35067	49642	34596

4-16 各市按行业分城镇单位就业人员平均工资(2015年)
Average Earning of Employed Persons in Urban Units by Sector and Region (2015)

单位:元 (yuan)

地 区	Region	总 计 Total	农、林、牧、渔业 Agriculture, Forestry, Animal Husbandry and Fishing	采矿业 Mining	制造业 Manufacturing	电力、燃气及水的生产和供应业 Production and Supply of Electric Power and Heat Power	建筑业 Construction	批发和零售业 Wholesale and Retail Trade
全省合计	**Total**	**57270**	**51003**	**61718**	**48519**	**70580**	**47881**	**44386**
济南市	Jinan	67112	40465	69722	52249	73782	54406	46557
青岛市	Qingdao	68703	35416	45024	54932	76912	57648	50779
淄博市	Zibo	56153	65750	71851	47552	73752	52150	38565
枣庄市	Zaozhuang	49001	47076	52784	37507	52077	41178	44502
东营市	Dongying	66031	54006	79173	48309	100549	47365	38759
烟台市	Yantai	59519	67361	53000	52287	83125	49229	42660
潍坊市	Weifang	55124	37669	47926	47830	66337	48027	49207
济宁市	Jining	52698	54839	65688	43327	80597	38741	35379
泰安市	Tai'an	51524	62347	43750	45274	57435	44667	47994
威海市	Weihai	53428	61764	28868	48636	68204	41584	44140
日照市	Rizhao	53756	52745	42919	46005	77463	44147	37648
莱芜市	Laiwu	49253		46918	42904	71894	42228	42891
临沂市	Linyi	54581	60671	62224	47204	70954	47104	41565
德州市	Dezhou	48410	33655	61292	44960	70931	43040	40000
聊城市	Liaocheng	47245	25078		37710	68304	44796	43856
滨州市	Binzhou	53546	48824	43373	47896	52139	47935	44480
菏泽市	Heze	44646	28087	72985	36335	54306	37929	40357

4-16 续表 1 continued

单位:元 (yuan)

地 区	Region	交通运输、仓储和邮政业 Traffic, Transport, Storage and Post	住宿和餐饮业 Hotels and Catering Services	信息传输、软件和信息技术服务业 Information Transfer,Software and Information Technology Services	金融业 Financial Intermediation	房地产业 Real Estate	租赁和商务服务业 Leasing and Business Services	科学研究和技术服务业 Scientific Research and Technical Service
全省合计	**Total**	**66189**	**39723**	**81249**	**90869**	**52575**	**56970**	**70959**
济南市	Jinan	85586	41253	85331	116628	56151	62362	81207
青岛市	Qingdao	76781	45513	99711	124646	71296	64041	95245
淄博市	Zibo	53686	42632	71632	108605	46200	52794	64575
枣庄市	Zaozhuang	34576	29357	87486	85986	43000	45460	58227
东营市	Dongying	60805	46652	82139	113038	53847	65887	70947
烟台市	Yantai	62781	37254	77581	73904	58255	46080	70285
潍坊市	Weifang	59719	36723	54454	92760	49352	50636	59265
济宁市	Jining	39680	33759	86353	57910	41995	35239	61140
泰安市	Tai'an	49336	40477	80276	80975	46830	47873	55254
威海市	Weihai	48091	38347	83162	92569	48162	41735	58366
日照市	Rizhao	78570	40180	57537	74056	39539	36528	56038
莱芜市	Laiwu	47323	35106	66782	95347	35587	49356	49019
临沂市	Linyi	49158	35841	85134	56490	47081	35859	53379
德州市	Dezhou	52291	38601	62692	71779	48537	42636	47124
聊城市	Liaocheng	51425	29323	63162	66640	39250	40641	58829
滨州市	Binzhou	49493	31136	73255	102411	42335	79437	66823
菏泽市	Heze	45043	29028	72000	72578	38855	34980	39683

4-16 续表 2 continued

单位:元 (yuan)

地 区	Region	水利、环境和公共设施管理业 Management of Water Conservancy, Environment and Public Facilities	居民服务、修理和其他服务业 Households Services, Repair and Other Services	教育 Education	卫生和社会工作 Health and Social Work	文化、体育和娱乐业 Culture, Sports and Entertainment	公共管理、社会保障和社会组织 Public management, Social Security and Social Organization	国际组织 International Organization
全省合计	**Total**	**42743**	**42675**	**73073**	**70385**	**71453**	**65158**	
济南市	Jinan	52740	33935	83727	93498	98807	79642	
青岛市	Qingdao	53266	50230	99713	90770	74583	98901	
淄博市	Zibo	43453	43816	73822	72659	80092	69724	
枣庄市	Zaozhuang	44411	45363	63454	61118	58167	58226	
东营市	Dongying	53136	46186	87535	69520	73830	71815	
烟台市	Yantai	51984	47353	76614	77947	60748	75695	
潍坊市	Weifang	18705	57352	75865	69314	57389	66840	
济宁市	Jining	38843	42648	65580	58645	52627	54254	
泰安市	Tai'an	57259	43997	70198	69465	53325	64624	
威海市	Weihai	50196	42016	77270	63495	58122	75931	
日照市	Rizhao	54386	45313	73815	54652	55626	65034	
莱芜市	Laiwu	56822	23253	76858	68162	68966	63705	
临沂市	Linyi	51926	28915	75177	71455	53812	62963	
德州市	Dezhou	47497	33611	51105	52520	51082	50247	
聊城市	Liaocheng	41780	45780	54602	62098	45651	48369	
滨州市	Binzhou	47175	34962	70265	62796	63900	62006	
菏泽市	Heze	30072	33840	50825	45846	45251	44138	

4-17 各市按行业分城镇私营单位就业人员平均工资(2015年)
Average Wage of Staff and Workers by Sector and Region(2015)

单位:元 (yuan)

地 区	Region	总计 Total	农、林、牧、渔业 Agriculture, Forestry, Animal Husbandry and Fishing	采矿业 Mining	制造业 Manufacturing	电力、燃气及水的生产和供应业 Production and Supply of Electric Power and Heat Power	建筑业 Construction	批发和零售业 Wholesale and Retail Trade
全省合计	**Total**	**43608**	**39982**	**44082**	**43587**	**48763**	**45462**	**41325**
济南市	Jinan	37381	29676	39345	38629	42239	39405	34888
青岛市	Qingdao	41709	46791	46283	42313	40517	40960	39281
淄博市	Zibo	37733	30206	42594	36685	37468	48932	33249
枣庄市	Zaozhuang	34211	32685	34350	35018	34217	33036	32745
东营市	Dongying	43495	33361	32517	44509	47766	38280	42442
烟台市	Yantai	41581	36823	43108	42603	38958	41217	39324
潍坊市	Weifang	42186	38096	41813	42393	41895	43280	41065
济宁市	Jining	34431	29374	35629	34844	41281	37350	32723
泰安市	Tai'an	35134	30575	34631	34705	32345	36107	34616
威海市	Weihai	36329	34390	29882	36685	29384	38336	36057
日照市	Rizhao	32907	30024	45641	32881	33796	35613	31277
莱芜市	Laiwu	33595	30618	45402	32762	30729	37875	31282
临沂市	Linyi	41449	34287	44730	42637	45528	38172	37785
德州市	Dezhou	41735	38426	54836	42380	40421	41191	40111
聊城市	Liaocheng	32103	34565	27651	30515	34819	37969	33025
滨州市	Binzhou	36918	32122	44584	37513	37426	37601	34659
菏泽市	Heze	32670	30025	36656	33059	33494	33553	30424

注：全省数据为城镇私营单位口径，各市数据为全部私营单位口径。
a)The statistics range of provincial data include urban private units,region data include all private units.

4-17 续表 1 continued

单位:元 (yuan)

地 区	Region	交通运输、仓储和邮政业 Traffic, Transport, Storage and Post	住宿和餐饮业 Hotels and Catering Services	信息传输、软件和信息技术服务业 Information Transfer, Software and Information Technology Services	金融业 Financial Intermediation	房地产业 Real Estate	租赁和商务服务业 Leasing and Business Services	科学研究和技术服务业 Scientific Research and Technical Service
全省合计	**Total**	**48254**	**39812**	**50778**	**48159**	**43925**	**44896**	**47437**
济 南 市	Jinan	38935	35447	39856	42413	36990	38015	37646
青 岛 市	Qingdao	45251	35861	53409	49678	40057	43448	45359
淄 博 市	Zibo	39206	33399	42224	33349	36560	36529	43514
枣 庄 市	Zaozhuang	38122	30275	30336	39731	33516	31633	30977
东 营 市	Dongying	51663	35258	46726	35026	41126	51027	44126
烟 台 市	Yantai	41945	37762	41008	43815	41705	41883	45054
潍 坊 市	Weifang	51968	36337	43632	45211	39756	43272	41809
济 宁 市	Jining	36969	31319	37221	53521	32360	33376	34926
泰 安 市	Tai'an	38418	36878	41360	39427	31420	37665	35606
威 海 市	Weihai	34543	34428	40238	32763	34334	33843	36773
日 照 市	Rizhao	37623	35177	29656	33955	27815	30177	31303
莱 芜 市	Laiwu	33922	26879	26563	31101	34393	30756	30685
临 沂 市	Linyi	44565	35093	44064	37614	41526	38568	40118
德 州 市	Dezhou	44961	39675	35904	39261	41133	41587	42171
聊 城 市	Liaocheng	40583	30098	33957	39344	32856	31193	41299
滨 州 市	Binzhou	45145	31367	32431	40781	32405	32894	37214
菏 泽 市	Heze	36460	29913	30946	32039	32598	31935	32205

4-17 续表 2 continued

单位:元 (yuan)

地 区	Region	水利、环境和公共设施管理业 Management of Water Conservancy, Environment and Public Facilities	居民服务、修理和其他服务业 Households Services, Repair and Other Services	教 育 Education	卫生和社会工作 Health and Social Work	文化、体育和娱乐业 Culture, Sports and Entertainment	公共管理、社会保障和社会组织 Public management, Social Security and Social Organization	国际组织 International Organization
全省合计	**Total**	**43439**	**45263**	**44516**	**42563**	**42204**	**39998**	
济 南 市	Jinan	31521	33932	37652	33426	30238	34758	
青 岛 市	Qingdao	42707	40144	27983	40525	56869		
淄 博 市	Zibo	29817	31965	31989	37989	33317	34000	
枣 庄 市	Zaozhuang	34517	32451	29871	29448	29380	34000	
东 营 市	Dongying	36501	33581	44017	29641	33425		
烟 台 市	Yantai	38572	36443	40627	40861	39355	29000	
潍 坊 市	Weifang	39247	36543	40754	36789	37155	43961	
济 宁 市	Jining	33361	32075	34935	33374	33778	29707	
泰 安 市	Tai'an	34234	36279	34570	33435	34137	34039	
威 海 市	Weihai	30201	34556	34508	36886	38421	24205	
日 照 市	Rizhao	21139	32332	33066	31083	31438	19179	
莱 芜 市	Laiwu	30522	28693	34226	26421	28550	31167	
临 沂 市	Linyi	39340	36689	40936	40207	35068	37500	
德 州 市	Dezhou	41555	36429	40489	36339	40046	25328	
聊 城 市	Liaocheng	36206	27163	32502	37883	29562		
滨 州 市	Binzhou	32680	34331	29271	33119	32074	11095	
菏 泽 市	Heze	32015	30408	34098	37400	29811	26000	

4-18 各市城镇登记失业人员及失业率

Registered Urban Unemployed Persons and Unemployment Rate by Region

地区	Region	失业人员(万人) Unemployment(10 000 persons)					登记失业率(%) Unemployment Rate(%)				
		2011	2012	2013	2014	2015	2011	2012	2013	2014	2015
全省总计	**Total**	**45.1**	**43.4**	**42.2**	**43.1**	**43.7**	**3.4**	**3.3**	**3.2**	**3.3**	**3.4**
济南市	Jinan	5.6	4.8	3.7	3.3	3.2	3.6	3.1	2.4	2.1	2.0
青岛市	Qingdao	6.5	6.4	7.0	7.2	7.5	3.0	2.9	3.0	3.0	3.0
淄博市	Zibo	2.4	2.7	2.9	2.9	3.0	2.8	2.5	2.7	2.5	2.8
枣庄市	Zaozhuang	1.9	1.8	1.9	1.8	1.9	2.9	2.4	2.5	2.2	2.3
东营市	Dongying	1.0	0.9	0.9	1.0	1.0	1.9	1.9	2.0	2.0	2.2
烟台市	Yantai	4.9	5.0	5.1	5.1	5.4	3.3	3.3	3.3	3.2	3.2
潍坊市	Weifang	4.0	3.9	3.8	3.9	3.9	3.2	3.1	3.0	3.0	2.9
济宁市	Jining	3.9	3.1	3.1	3.1	3.1	3.0	3.0	3.0	3.0	3.0
泰安市	Tai'an	2.4	2.5	1.9	2.0	2.1	2.8	2.7	1.9	2.0	2.1
威海市	Weihai	0.8	0.8	0.8	0.8	0.8	1.5	1.5	1.5	1.5	1.5
日照市	Rizhao	1.2	1.3	1.3	1.1	1.1	2.3	2.4	2.3	2.0	2.0
莱芜市	Laiwu	0.5	0.5	0.5	0.6	0.7	2.1	2.1	2.1	2.2	2.5
临沂市	Linyi	1.8	1.9	1.7	1.9	2.6	1.6	1.6	1.6	1.7	2.4
德州市	Dezhou	2.0	1.8	1.8	1.9	1.9	2.8	2.9	2.9	2.9	2.8
聊城市	Liaocheng	2.7	2.6	2.6	2.5	2.6	3.3	3.1	3.1	2.9	3.0
滨州市	Binzhou	1.4	1.3	1.2	1.2	1.2	2.7	2.7	2.2	2.2	2.2
菏泽市	Heze	1.9	1.9	1.8	1.8	1.8	3.4	3.4	3.2	3.1	3.2

4-19 主要年份年末离休、退休、退职人员人数

Numbers of Retired and Resigned Persons at Year-end in Major Years

单位:人 (person)

年份 Year	总计 Total	离休人员 Retired Veterans	退休人员 Retired Persons	领取定期生活费的退职人员 Resigned Persons
2000	1803820	144063	1592549	67208
2001	1880547	141761	1684005	54781
2002	2005227	130318	1830820	44089
2003	2121128	124002	1948428	48698
2004	2244567	118302	2077937	48328
2005	2487619	114650	2372969	
2006	2617076	104437	2512563	
2007	2821703	99016	2722687	
2008	3050455	93560	2956895	
2009	3260326	88574	3171752	
2010	3450734	79974	3370760	
2011	3730537	71844	3623657	35036
2012	4163329	68132	4058431	36766
2013	4591639	62261	4492295	37083
2014	5115111	56939	5020415	37757
2015	5543745	49531	5454932	39282

注:本表不包括民政部门支付离休、退休、退职费的人数。
a)Data in this table exclude the number of retired or resigned people whose pensions are paid by civil affair departments.

4-20 离休、退休人员数(2015年底)

Numbers of Retired and Resigned Persons at Year-end(2015)

单位:人 (person)

类　别	Category	离休、退休退职人员 Retired and Resigned Persons	离休人员 Retired Veterans	退休人员 Retired Persons
总　计	**Total**	**5543745**	**49531**	**5454932**
一、城镇单位	**Urban Units**			
(一)企　业	Enterprises	3408760	24943	3351048
1.内资企业	Domestic Funded Enterprises			
国有企业	State-owned Enterprises	1600394	17693	1574659
集体企业	Collective Owned Enterprises	812956	3321	799842
其他企业	Others	944128	3789	926047
2.港、澳、台及外资企业	Enterprises with Investment from Hong Kong, Macao and Taiwan	51282	140	50500
(二)事　业	Institutions	743798	14776	727447
(三)机　关	Government Agencies	229667	9804	219224
二、其　他	**Others**	**1161520**	**8**	**1157213**

4-21 各市离休、退休人员数(2015年底)

Numbers of Retired and Resigned Persons at Year-end by Region(2015)

单位:人 (person)

地　区	Region	离休、退休退职人员 Retired and Resigned Persons	离休人员 Retired Veterans	退休人员 Retired Persons
全省总计	**Total**	**5543745**	**49531**	**5454932**
济南市	Jinan	468448	5172	460358
青岛市	Qingdao	853902	4910	844325
淄博市	Zibo	340192	3064	334196
枣庄市	Zaozhuang	135984	1181	133050
东营市	Dongying	45773	528	44872
烟台市	Yantai	600284	5718	589531
潍坊市	Weifang	435548	4132	426657
济宁市	Jining	297464	3241	291899
泰安市	Tai'an	222142	2001	218381
威海市	Weihai	287014	1872	283876
日照市	Rizhao	174022	399	173037
莱芜市	Laiwu	115131	486	114005
临沂市	Linyi	313556	3392	309734
德州市	Dezhou	172481	1158	170253
聊城市	Liaocheng	162446	1690	159831
滨州市	Binzhou	151056	1200	146246
菏泽市	Heze	183119	2681	179697

注：各市数据不包括省直管企业参保离退休人数。
a)Municipal data exclude the number of retired and resigned persons in provincial enterprises.

4-22 离休、退休人员保险福利费用(2015年)

Social Insurance and Welfare Funds for Retired Persons(2015)

单位:万元 (10 000 yuan)

类 别	Category	总 计 Total	离休金 Pensions for Retired Veterans	退休金 Pensions for Retired Persons
总 计	**Total**	**17535179**	**414141**	**17029041**
一、城镇单位	**Urban Units**			
(一)企 业	Enterprises	10526162	195358	10261577
1.内资企业	Domestic Funded Enterprises			
国有企业	State-owned Enterprises	5583117	130188	5414083
集体企业	Collective Owned Enterprises	2249060	27503	2205709
其他企业	Others	2475222	35350	2426308
2.港、澳、台及外资企业	Enterprises with Investment from HongKong,Macao and Taiwan	218763	2317	215477
(二)事 业	Institutions	3635679	135109	3494358
(三)机 关	Government Agencies	1132730	83638	1045159
二、其 他	**Others**	**2240608**	**36**	**2227947**

4-23 各市离休、退休保险福利费用(2015年)

Social Insurance and Welfare Funds for Retired Persons by Region(2015)

单位:万元 (10 000 yuan)

地 区	Region	总 计 Total	离休金 Pensions for Retired Veterans	退休金 Pensions for Retired Persons
全省总计	**Total**	**17535179**	**414141**	**17029041**
济南市	Jinan	1562095	37151	1514488
青岛市	Qingdao	2511553	51016	2449689
淄博市	Zibo	1009141	18233	984572
枣庄市	Zaozhuang	448299	11572	433747
东营市	Dongying	174084	3836	169581
烟台市	Yantai	1890133	55144	1824873
潍坊市	Weifang	1380387	34232	1336081
济宁市	Jining	973791	26614	942609
泰安市	Tai'an	675492	19385	652947
威海市	Weihai	736751	19616	714752
日照市	Rizhao	382346	3691	372032
莱芜市	Laiwu	292988	3269	288885
临沂市	Linyi	906565	27929	877824
德州市	Dezhou	554967	15459	537502
聊城市	Liaocheng	525211	12877	510770
滨州市	Binzhou	424811	10652	410726
菏泽市	Heze	655118	22060	631838

注：各市数据不包括省直管企业离退休费用。

a)Municipal data exclude the costs of retired and resigned persons in provincial enterprises.

4-24 社会保险基金收支及累计结余

Revenue, Expenses and Balance of Social Insurance Fund

单位：亿元　　　　(100 million yuan)

年　份 Year	合　计 Total	基本养老保险 Basic Pension Insurance	失业保险 Unemployment Insurance	城镇基本医疗保险 Basic Medical Care Insurance	工伤保险 Work Injury Insurance	生育保险 Maternity Insurance
基金收入 Revenue						
2005	474.9	360.5	23.5	82.1	5.0	3.8
2006	593.0	441.2	31.3	108.2	7.3	5.0
2007	782.9	591.8	36.5	137.9	10.2	6.5
2008	938.3	687.4	45.5	183.0	13.3	9.1
2009	1109.3	825.7	41.8	215.4	16.7	9.7
2010	1283.0	943.5	43.1	264.2	20.5	11.7
2011	1646.0	1191.2	65.5	343.1	28.4	17.8
2012	1883.4	1316.6	83.2	425.8	34.7	23.1
2013	2114.7	1489.0	57.3	500.3	40.0	28.1
2014	2589.5	1672.7	68.6	770.5	45.1	32.6
2015	3206.8	2105.5	71.6	942.7	51.0	36.0
基金支出 Expenses						
2005	379.0	296.2	14.0	63.2	3.3	2.3
2006	450.9	352.2	13.2	77.7	4.8	3.0
2007	570.9	444.0	13.5	101.9	7.3	4.2
2008	690.7	530.5	14.7	131.2	8.7	5.6
2009	840.5	622.7	22.4	177.0	11.7	6.7
2010	1027.1	749.3	31.4	222.2	15.1	9.1
2011	1223.9	886.8	25.9	279.4	20.1	11.7
2012	1475.6	1059.0	35.3	336.0	28.0	17.3
2013	1783.8	1270.5	46.3	413.5	31.3	22.3
2014	2365.8	1557.7	49.3	692.3	35.0	31.5
2015	2791.4	1845.2	57.3	820.4	38.4	30.1
累计结余 Balance at Year-end						
2005	409.9	293.7	40.2	63.9	6.4	5.7
2006	551.7	382.7	58.3	94.4	8.6	7.7
2007	756.1	523.5	81.3	130.4	10.9	10.0
2008	1002.5	680.4	112.1	182.2	14.3	13.5
2009	1270.0	883.4	131.5	220.6	18.0	16.5
2010	1525.1	1077.6	143.2	262.6	22.6	19.0
2011	1946.1	1382.0	182.8	326.3	29.8	25.1
2012	2359.8	1639.5	230.7	416.7	41.9	31.0
2013	2693.4	1858.0	241.7	506.3	50.6	36.8
2014	2959.3	1973.0	261.0	626.8	60.6	37.9
2015	3378.0	2233.4	275.3	752.4	73.1	43.8

注：基本养老保险不包含居民养老保险；自2014年起，基本医疗保险包括职工基本医疗保险和居民基本医疗保险。

a)Basic Pension Insurance doesn't include that for residents. Since 2014, Basic Medical Care Insurance includes employee and residents medical care insurance.

4-25 主要年份年末社会保险参保人数

Number of Persons Participated in Social Insurance in Major Years

单位:万人 (10 000 persons)

年 份 Year	城镇职工社会基本养老保险 Urban Basic Pension Insurance	企业基本养老保险 Enterprise's Pension Insurance	机关事业养老保险 Institution and Government Agency's Pension Insurance	医疗保险 Medcial Care Insurance	失业保险 Unemployment Insurance	工伤保险 Work Injury Insurance	生育保险 Maternity Insurance
2000	972.2	757.6	214.6	255.5	715.0	279.4	325.5
2001	1022.2	793.9	228.3	490.2	700.2	285.5	331.8
2002	1043.0	805.0	238.0	625.6	701.2	278.2	323.2
2003	1135.9	883.5	252.4	691.1	719.1	281.8	336.5
2004	1218.7	958.1	260.6	771.9	747.5	476.7	390.8
2005	1302.5	1027.4	275.1	861.5	771.1	578.7	461.2
2006	1368.0	1086.2	281.8	996.1	789.7	647.3	488.8
2007	1455.7	1165.4	291.6	1115.9	814.9	745.0	563.3
2008	1565.8	1266.1	299.7	1266.2	864.1	865.0	638.0
2009	1661.0	1352.1	308.9	2540.2	899.5	1064.6	703.0
2010	1773.0	1459.5	313.5	2770.6	931.2	1211.2	774.1
2011	1907.1	1589.4	317.6	2947.8	964.9	1276.1	857.8
2012	2063.2	1739.8	323.4	3101.2	1009.8	1339.6	919.0
2013	2259.6	1931.7	327.8	3647.9	1089.6	1371.9	974.4
2014	2370.2	2037.5	332.7	3988.0	1154.3	1421.5	1046.5
2015	2477.5	2138.5	339.0	9235.8	1203.8	1473.5	1111.3

注：城镇职工社会基本养老保险参保人数包含离退休人数；2009年起，医疗保险参保人数包含城镇居民医疗保险。2013年起，医疗保险参保人数中含新农合并入人员。

a) Number of persons participated in urban basic pension insurance include retirees.Since 2009,number of persons participated in medical care insurance include urban residents participated in medicalcare insurance. Since 2013,number or persons participated in medical care insurance included the new rural co-operative medical system incorporated into the personnel.

4-26 各市社会保险参保人数(2015年底)

Number of Persons Participated in Social Insurance at Year-end by Region(2015)

单位:万人 (10000 persons)

地 区	Region	城镇职工社会基本养老保险 Urban Basic Pension Insurance	企业基本养老保险 Enterprise's Pension Insurance	机关事业养老保险 Institution and Government Agency's Pension Insurance	医疗保险 Medcial Care Insurance	失业保险 Unemployment Insurance	工伤保险 Work Injury Insurance	生育保险 Maternity Insurance
全省总计	**Total**	**2477.5**	**2138.5**	**339.0**	**9235.8**	**1203.8**	**1473.5**	**1111.3**
济南市	Jinan	266.1	241.1	25.1	627.4	130.1	144.5	136.4
青岛市	Qingdao	410.5	379.6	30.9	821.1	189.8	239.7	194.2
淄博市	Zibo	146.4	129.5	17.0	428.8	80.3	100.1	64.7
枣庄市	Zaozhuang	80.0	66.0	14.0	385.0	42.4	47.2	35.8
东营市	Dongying	51.8	43.8	8.0	194.1	27.6	61.1	46.9
烟台市	Yantai	237.0	210.6	26.4	622.6	108.3	120.9	112.3
潍坊市	Weifang	182.3	150.9	31.4	818.1	92.7	129.2	83.9
济宁市	Jining	143.5	115.4	28.1	809.9	79.7	96.9	72.0
泰安市	Tai'an	114.4	97.0	17.4	527.1	61.3	88.9	77.9
威海市	Weihai	114.9	104.0	10.9	251.3	56.0	71.4	60.4
日照市	Rizhao	64.8	56.0	8.8	268.2	26.0	35.4	28.4
莱芜市	Laiwu	41.5	37.0	4.6	120.4	21.0	26.5	18.8
临沂市	Linyi	136.9	106.1	30.8	1026.8	59.3	100.2	56.4
德州市	Dezhou	79.0	59.0	20.1	529.4	36.0	59.9	39.5
聊城市	Liaocheng	73.1	54.5	18.6	561.0	33.3	48.2	22.5
滨州市	Binzhou	72.0	58.8	13.2	371.3	41.8	45.3	28.1
菏泽市	Heze	97.2	65.2	32.1	873.3	35.6	58.2	33.0

注:各市养老、失业保险人数不包括省直管企业人数。

a)Municipal data on pension insurance exclude the staff and workers of provincial enterprise.

4-27 城镇职工养老保险基本情况

Basic Statistics on Pension Insurance in Urban Areas

类别		Category		2011	2012	2013	2014	2015
一、年末参保人数	**(万人)**	**Number of People Insured**	**(10 000 persons)**	**1907.1**	**2063.2**	**2259.6**	**2370.2**	**2477.5**
职　工	(万人)	Employed People	(10 000 persons)	1534.0	1646.9	1800.4	1858.7	1923.1
#企　业	(万人)	Enterprises	(10 000 persons)	1295.8	1407.2	1560.6	1618.7	1681.4
离休、退休、退职人数	(万人)	Retired and Resigned Persons	(10 000 persons)	373.1	416.3	459.2	511.5	554.4
二、基金收支情况		**Revenue and Expenses**						
基金收入	(亿元)	Revenue	(100 million yuan)	1191.2	1316.6	1489.0	1672.7	2105.5
基金支出	(亿元)	Expenses	(100 million yuan)	886.8	1059.0	1270.5	1557.7	1845.2
三、企业养老金社会化发放人情况		**Payment of Pension Insurance**						
养老金实发人数	(万人)	People Receiving Pension Insurance	(10 000 persons)	293.7	332.7	371.2	418.7	457.0
#社会化发放人数	(万人)	People Receiving Socialized Pension Insurance	(10 000 persons)	293.7	332.7	371.2	418.7	457.0
社会化发放率	(%)	Rate of Socialized Pension Insurance	(%)	100.0	100.0	100.0	100.0	100.0

4-28 各市居民基本养老保险情况(2015年)

Statistics on Residents Old-age Insurance by Region(2015)

地　区	Region	参保人数(人) Contributors at Year-end (person)	达到领取待遇年龄参保人数 Number of Participants Who Have Reached the Prescribed Age of Benefit Entilement	基金收支情况(亿元) Revenue and Expense(100 million yuan)		
				基金收入 Revenue	基金支出 Expenses	累计结余 Balance at Year-end
全省总计	**Total**	**45343166**	**14077516**	**285.9**	**187.2**	**563.9**
济南市	Jinan	2229039	767069	13.4	8.2	21.3
青岛市	Qingdao	2970637	974723	30.8	26.5	52.0
淄博市	Zibo	1516799	581270	12.0	7.7	33.3
枣庄市	Zaozhuang	1918857	503152	7.3	5.9	19.5
东营市	Dongying	740878	255081	7.5	4.8	11.6
烟台市	Yantai	3181367	1117039	31.3	20.1	106.7
潍坊市	Weifang	4744210	1460804	29.1	16.9	68.4
济宁市	Jining	4456160	1193404	22.9	13.2	45.5
泰安市	Tai'an	2849156	829285	14.2	9.0	20.3
威海市	Weihai	887860	410541	9.3	10.0	20.0
日照市	Rizhao	1407033	419114	7.9	5.0	13.2
莱芜市	Laiwu	509984	171968	3.2	2.7	4.0
临沂市	Linyi	5375436	1630411	30.7	17.4	49.6
德州市	Dezhou	3045838	867292	15.7	9.2	23.9
聊城市	Liaocheng	2982586	874000	16.0	9.2	25.9
滨州市	Binzhou	1892197	625719	10.6	6.6	13.1
菏泽市	Heze	4635129	1396644	24.2	14.8	35.7

主要统计指标解释

经济活动人口 指在16周岁及以上，有劳动能力，参加或要求参加社会经济活动的人口。包括就业人员和失业人员。

就业人员 指在16周岁及以上，从事一定社会劳动并取得劳动报酬或经营收入的人员。这一指标反映了一定时期内全部劳动力资源的实际利用情况，是研究我国基本国情国力的重要指标。

单位就业人员 指在各级国家机关、政党机关、社会团体及企业、事业单位中工作，取得工资或其他形式的劳动报酬的全部人员。包括在岗职工、再就业的离退休人员、民办教师以及在各单位中工作的外方人员和港澳台方人员、兼职人员、借用的外单位人员和第二职业者。不包括离开本单位仍保留劳动关系的职工。单位就业人员反映了各单位实际参加生产或工作的全部劳动力。

城镇私营和个体就业人员 城镇私营就业人员指在工商管理部门注册登记，其经营地址设在县城关镇(含县城关镇)以上的私营企业就业人员，包括私营企业投资者和雇工。城镇个体就业人员指在工商管理部门注册登记，并持有城镇户口或在城镇长期居住，经批准从事个体工商经营的就业人员，包括个体经营者和在个体工商户劳动的家庭帮工和雇工。

城镇登记失业人员 指有非农业户口，在一定的劳动年龄内(16周岁至退休年龄)，有劳动能力，无业而要求就业，并在当地就业服务机构进行求职登记的人员。

城镇登记失业率 城镇登记失业人员与城镇单位就业人员(扣除使用的农村劳动力、聘用的离退休人员、港澳台及外方人员)、城镇单位中的不在岗职工、城镇私营业主、个体户主、城镇私营企业和个体就业人员、城镇登记失业人员之和的比。计算公式为：

$$\text{城镇登记失业率}=\frac{\text{城镇登记失业人数}}{\text{(城镇单位就业人员－使用的农村劳动力－聘用的离退休人员－聘用的港澳台及外方人员)＋不在岗职工＋城镇私营业主＋城镇个体户主＋城镇私营企业及个体就业人员＋城镇登记失业人数}}\times 100\%$$

职工 指在国有、城镇集体、联营、股份制、外商和港、澳、台投资、其他单位及其附属机构工作，并由其支付工资的各类人员。不包括下列人员：(1)乡镇企业就业人员；(2)私营企业就业人员；(3)城镇个体劳动者；(4)离休、退休、退职人员；(5)再就业的离、退休人员；(6)民办教师；(7)在城镇单位中工作的外方及港、澳、台人员；(8)其他按有关规定不列入职工统计范围的人员。(1998年及以后的数据均为在岗职工数据，其他相关指标如职工工资总额，职工平均工资等指标也从1998年按此口径进行了相应调整)。

国有单位 指资产归国家所有的经济组织。包括按《中华人民共和国企业法人登记管理条例》规定登记注册的非公司制的经济组织，以及中央、地方各级国家机关、事业单位和社会团体。

集体单位 指生产资料归集体所有，并按《中华人民共和国企业法人登记管理条例》规定登记注册的经济组织。

其他单位 包括股份合作单位、联营单位、有限责任公司、股份有限公司、港澳台商投资单位以及外商投资单位等其他登记注册类型单位。

在岗职工 指在本单位工作并由单位支付工资的人员，以及有工作岗位，但由于学习、病伤产假等原因暂未工作，仍由单位支付工资的人员。

工资总额 指各单位在一定时期内直接支付给本单位全部职工的劳动报酬总额。工资总额的计算原则应以直接支付给职工的全部劳动报酬为根据。各单位支付给职工的劳动报酬以及其他根据有关规定支付的工资，不论是计入成本的还是不计入成本的，不论是按国家规定列入计征奖金税项目的，还是未列入计征奖金税项目的，不论是以货币形式支付的还是以实物形式支付的，均包括在工资总额内。

平均工资 指企业、事业、机关单位的职工在一定时期内平均每人所得的货币工资额。它表明一定时期职工工资收入的高低程度，是反映职工工资水平的主要指标。计算公式为：

$$\text{平均工资}=\frac{\text{报告期实际支付的全部职工工资总额}}{\text{报告期全部职工平均人数}}$$

平均工资指数 指报告期职工平均工资与基期职工平均工资的比率，是反映不同时期职工货币工资水平变动情况的相对数。计算公式为：

$$\text{平均工资指数}=\frac{\text{报告期职工平均工资}}{\text{基期职工平均工资}}\times 100\%$$

平均实际工资指数 职工平均实际工资指扣除物价变动因素后的职工平均工资。职工平均实际工资指数是反映实际工资变动情况的相对数，表明职工实际工资水平提高或降低的程度。计算公式为：

$$\text{平均实际工资指数}=\frac{\text{报告期职工平均工资指数}}{\text{报告期城镇居民消费价格指数}}\times 100\%$$

基本养老保险

1.（参保）职工人数：指报告期末按照国家法律、法规和有关政策规定参加基本养老保险并在社保经办机构已建立缴费记录档案的职工人数，包括中断缴费但未终止养老保险关系的职工人数，不包括只登记未建立缴费记录档案的人数。

2.（参保）离退休人员人数：指报告期末参加基本养老保险的离休、退休和退职人员的人数。

3.基本养老保险基金收入：指根据国家有关规定，由纳入基本养老保险范围的缴费单位和个人按国家规定的缴费基数和缴费比例缴纳的养老保险基金，以及通过其他方式取得的形成基金来源的收入。包括单位和职工个人缴纳的基本养老保险费、基本养老保险基金利息收入、上级补助收入、下级上解收入、转移收入、财政补贴和其他收入。

4.基本养老保险基金支出：指按照国家政策规定的开支范围和开支标准从养老保险基金中支付给参加基本养老保险的离休、退休、退职人员个人的养老金、丧葬抚恤补助，以及由于保险关系转移、上下级之间调剂资金等原因而发生的支出。包括离休金、退休金、退职金、各种补贴、医疗费、死亡丧葬补助费、抚恤救济费、社会保险经办机构管理费、补助下级支出、上解上级支出、转移支出、其他支出等。

5.基本养老保险基金累计结余：指截止报告期末基本养老保险基金收支相抵后的累计余额。

离休、退休、退职人员 指正式办理了离休、退休、退职手续，并享受相应的离休、退休、退职待遇的人员。

基本医疗保险

1.参保人数：指报告期末按国家有关规定参加基本医疗保险的人数。包括参加保险的职工人数和退休人员人数。

2.基金收入：指根据国家有关规定，由纳入基本医疗保险范围的缴费单位和个人，按国家规定的缴费基数和缴费比例缴纳的基金，以及通过其他方式取得的形成基金来源的款项，包括：单位缴纳的社会统筹基金收入、个人缴纳的个人账户基金收入、财政补贴收入、利息收入、其他收入。

3.基金支出：指按照国家政策规定的开支范围和开支标准从社会统筹基金中支付给参加基本医疗保险的职工和退休人员的医疗保险待遇支出，和从个人帐户基金中支付给参加基本医疗保险的职工和退休人员的医疗费用支出，以及其他支出。包括：住院医疗费用支出、门急诊医疗费用支出、个人账户基金支出、其他支出。

4.基金累计结余：指截止报告期末基本医疗保险的社会统筹和个人帐户基金累计结余金额。包括银行存款、财政专户、债券投资和其他。

失业保险

1.参保人数：指报告期末按照国家法律、法规和有关政策规定参加了失业保险的城镇企业事业单位的职工及地方政府规定参加失业保险的其他人员的人数。

2.失业保险基金收入：指按照规定从企业、事业及其他单位筹集的失业保险费及其他并入失业保险基金收入的总额。包括单位和个人缴纳的失业保险费、失业保险基金利息收入、上级补助收入、下级上解收入、转移收入、财政补贴和其他收入。

3.失业保险基金支出：指报告期内为保障失业人员和下岗职工基本生活、促进其再就业等支出的基金总额。包括失业救济金、医疗费、死亡丧葬补助费、抚恤救济费、转业训练费支出、失业保险经办机构管理费、补助下级支出、上解上级支出、转移支出和其他支出。

4.基金累计结余：指截止报告期末失业保险基金收支相抵后的累计余额。

工伤保险

1.参加保险人数：指报告期末依据国家有关规定参加工伤保险的职工人数。

2.享受保险待遇人数：指劳动者因工负伤致残、死亡或因患职业病致残，根据有关规定享受工伤保险待遇职工或供养直系亲属人数。包括伤残人数、职业病人数、因工死亡人数、供养直系亲属人数。

3.基金收入：指根据国家有关规定，由参加工伤保险的单位按国家规定的缴费基数和缴费比例缴纳的工伤保险基金，以及通过其他形式取得的形成基金来源的款项。包括：单位缴纳的社会统筹基金收入、财政补贴收入、利息收入、其他收入。

4.基金支出：指按照国家政策规定的开支范围和开支标准从工伤保险基金中支付给参加工伤保险的人员及供养直系亲属工伤保险待遇支出及其他支出。包括工伤医疗费、伤残补助金、工亡补助金、护理费、丧葬补助费、工伤预防费用、职业康复费用和其他支出。

5.基金累计结余：指截止报告期末工伤保险基金累计结余金额。包括银行存款、财政专户、债券投资和其他。

生育保险

1.参保人数：指报告期末依据有关规定参加生育保险的职工人数。

2.基金收入：指根据国家有关规定，由参加生育保险的单位按照国家规定的缴费基数和缴费比例缴纳的生育保险基金，以及通过其他方式取得的形成基金来源的款项，包括：单位缴纳的基金收入、利息收入和其他收入。

3.基金支出：指按照国家政策规定的开支范围和开支标准，从生育保险基金中支付给参加生育保险的职工，因妊娠、分娩和计划生育手术而享受的待遇及其他支出。包括：生育津贴、医疗费用支出及其他支出。

4.基金累计结余：指截止报告期末生育保险基金累计结余金额。包括银行存款、财政专户、债券投资和其他。

离休、退休、退职人员保险福利费用 指离休、退休、退职人员实际得到的生活费用总额，包括从社会保险经办机构和单位得到的费用。

1.离休金：指按规定支付给离休人员的生活费用。

2.退休金：指按规定支付给退休人员的生活费用。

3.退职生活费：指按规定支付给退职人员的生活费用。

4.医疗卫生费：指单位直接支付给离休、退休、退职人员的医疗费、住院费以及住院伙食补助等费用。

5.其他：指离休金、退休金、退职生活费和医疗卫生费以外的其他保险福利费用，如丧葬抚恤救济费、生活补贴、物价补贴、冬季取暖补贴等。

Explanatory Notes on Main Statistical Indicators

Economically Active Population refers to the population aged 16 and over who are capable to work, are participating in or willing to participate in economic activities, including employed persons and unemployed persons.

Employed Persons refer to the persons aged 16 and over who are engaged in social working and receive remuneration payment or earn business income. This indicator reflects the actual utilization of total labour force during a certain period of time and is often used for the research on China' s economic situation and national power.

Persons Employed in Units refer to all the persons working in government agencies of various levels, political and party organizations, social organizations, enterprises and institutions, and receiving wages or other forms of payment. They include fully employed staff and workers, re employed

retirees, teachers in schools run by the local people, foreigners and Chinese compatriots from Hong Kong, Macao, and Taiwan working in various units, part time employees, employees of other units working temporarily at current posts, and employees holding the second job, but exclude staff and workers who have left their working units while keeping their labour contract (employment relation) unchanged. This indicator reflects the total number of laborers actually engaged in production or other operations in various units.

Persons Employed in Private Enterprises and Self Employed Individuals in Urban Areas Persons employed in private enterprises refer to the persons employed in the private enterprises which have been registered at the departments of industrial and commercial administration and are situated at a county town (i.e. a town where the county government is located) for business operation or at urban areas with the level higher than a county town. The self employed individuals in urban areas refer to persons who hold the certificates of residence in urban areas or have resided in the urban areas for a long time and have been registered at the departments of industrial and commercial administration and approved to be engaged in individual industrial or commercial business, including self employed persons as well as helpers and hired labourers who work in the individual households engaged in industrial or commercial business.

Registered Urban Unemployed Persons refer to the persons with non agricultural household registration at certain working ages (16-50 years for male and 16-45 years for females), who are capable of work, unemployed and willing to work, and have been registered at the local employment service agencies to apply for a job.

Registered Urban Unemployment Rate refers to the ratio of the number of the registered unemployed persons to the sum of the number of persons employed in various units (minus the rural labour force, retirees, and Hong Kong, Macao, Taiwan or foreign employees they employ) laid off workers in urban units, owners and employees in urban private enterprises, urban self-employed individuals and the registered urban unemployed persons. The formula is as follows:

Registered urban unemployment rate=number of registered urban unemployed persons÷(number of persons employed in urban units - rural labour force employed retirees employed- Hong Kong, Macao, Taiwan or foreign employees employ+laid off workers+owners and employees in urban private enterprises+self employed individuals in urban areas+registered urban unemployed persons) ×100%.

Staff and Workers refer to persons working in, and receive payment from units of state ownership, collective ownership, joint ownership, share holding ownership, foreign ownership, and ownership by entrepreneurs from Hong Kong, Macao, and Taiwan, and other types of ownership and their affiliated units. They do not include 1) persons employed in township enterprises, 2) persons employed in private enterprises, 3) urban self employed persons, 4) retirees, 5) re employed retirees, 6) teachers in the schools run by the local people, 7) foreigners and persons from Hong Kong, Macao and Taiwan who work in urban units, and 8) other persons not to be included by relevant regulations. (Data of 1998 and afterward refer to fully employed staff and workers. Other related statistics such as total wage bill and average wage are adjusted since 1998 accordingly).

State owned Units refer to economic units whose assets are owned by the state. Included are non corporation units registered according to Regulation of the People Republic of China on the Registration of Enterprises and Corporations,state organs, institutions and social organizations at the central and local levels.

Collective Owned Units refer to economic units registered according to Regulation of the People Republic of China on the Registration of Enterprises and Corporations where the means of production are collectively owned.

Units of Other Types of Ownership refer to units registered with other types of ownership, including cooperative units, joint ownership units, limited companies, share holding corporations, units invested by entrepreneurs from Hong Kong, Macao, and Taiwan, and foreign invested units.

Fully Employed Staff and Workers refer to persons who work in, and receive wages from their working units, as well as persons who have their work posts, but are temporarily absent from work for reasons of study or on sick, injury or maternal leave and still receive wages from their working units.

Total Wages Bill refer to the total remuneration payment to staff and workers in various units during a certain period of time. The calculation of total wages is based on the total remuneration payment to the staff and workers. Therefore, all the wages and salaries and other payments to staff and workers are included in the total wages regardless of their sources, category, and forms (in kind or cash). (Total wages of staff and workers in this yearbook include only total wages of fully employed staff and workers, excluding the living allowances distributed to those who have left their working units while keeping their labour contract/employment relation unchanged).

Average Wage refers to the average wage in money terms per person during a certain period of time for staff and workers in enterprises, institutions, and government agencies, which reflects the general level of wage income during a certain period of time and is calculated as follows:

Average Wage=Total Wages of Staff and Workers at Reference Time/Average Number of Staff and Workers at Reference Time.

Average Wage Indices refers to the ratio of average wage of staff and workers in the report period to that in the base period, which reflects the change of wage of staff and workers at the different period. It is calculated as follows:

Average Wage Indices=Average Wage of Staff and Workers at Reference Time/Average Wage of Staff and Workers at Base Period × 100%

Average Real Wage Indices average real wage of staff and workers refers to the average wage of staff and workers after removing the effects of the price changes and average real wage indices of staff and workers refers to the change of real wage, which reflects the relative increasing or decreasing level of real wage of staff and workers, which is calculated as follows:

Average Real Wage Indices=Average Wage Indices of Staff and Workers at the Reference Time/Urban Consumer Price Indices at Reference Time × 100%

Basic Pension Insurance

1.Number of staff and workers covered refer to staff and workers participating in basic pension insurance programme in line with national laws, regulations and related policies by the end of reference period, who have already had payment records in social security management agencies, including those who interrupt payment without terminating the insurance programme. Those who have registered in the programme with no payment records are not included.

2. Number of retirees participating in basic pension insurance programme refer to number of retirees participating in basic pension insurance programme by the end of reference period.

3. Revenue of basic pension insurance refer to payments made by employers and individuals participating in pension insurance programs in accordance with the basis and proportion stipulated in state regulations, and income from other sources that become source of pension insurance fund, including the premium paid by employers and staff and works, interest income, subsidies from higher level agencies, income as transfer from subordinate agencies, transferred income, government financial subsidies and other income.

4. Expenses of basic pension insurance refer to payment made to those retired and resigned people covered in pension insurance program in terms of pension or compensation within the scope and standards of expenditure according to related national policies, and expenditure occurred due to shift of the insurance relationship or adjustment of funds among agencies, including pension for resigned people, pension for retired people, pension for people quitting jobs, various subsidies, medical fees, funeral subsidies, compensation pension, management fees for social security agencies, expenses on subsidies to lower subordinates, expenses as transfer to agencies at higher level, transferred expenditure and other expenditure.

5. Balance of basic pension insurance refers to the balance of basic pension insurance at the end of the reference period after deducting expenses from revenue.

Retired or Resigned Personnel refers to people who have formally completed formalities for their retirement or quitting work and enjoy the corresponding retirement treatments.

Basic Medical Care Insurance

1. Number of people participating in the insurance programme refers to people participating in the basic medical care insurance programme according to related regulations by the end of reference period, including number of staff and workers and retirees participating in this insurance programme.

2. Revenue of insurance programme refer to payments made by employers and individuals participating in medical care insurance programs in accordance with the basis and proportion stipulated in state regulations, and income from other sources that become source of medical insurance fund, including income of social comprehensive funds paid by employers, income from individual accounts, government financial subsidies, interest income and other income.

3. Expenses of insurance programme refer to payment made from social comprehensive funds to those retired and resigned people covered in basic medical care insurance within the scope and standards of expenditure according to related national policies, and medical care payment made from individual accounts to staff and workers and retirees, and other expenses, including medical expenses of hospital inpatients, medical expenses for outpatients and emergency patients, payment from individual accounts and other expenditure.

4. Balance of basic medical care insurance refer to the balance of medical care insurance of social comprehensive funds and individual accounts at the end of the reference period, including bank savings, special fiscal accounts, investment in bonds and others.

Unemployment Insurance

1. Number of people covered refers to staff and workers in urban enterprises or institutions who have participated in unemployment insurance programme in line relevant policies

and regulations, and other people who have participated according to local government regulations, by the end of reference period.

2. Revenue of unemployment insurance refer to payments made by employers and individuals participating in unemployment insurance programme in accordance with relevant regulations and other income contributed to this programme, including unemployment insurance premium made by employers and individuals, interest income, subsidies from higher level agencies, income as transfer from subordinate agencies, transferred income, government financial subsidies and other income.

3. Expenses of unemployment insurance refer to total expenses during the reference period to guarantee the basic livelihood of unemployed people and laid off staff and workers and to encourage their re employment. Included are unemployment relief, medical fees, funeral subsidies, compensation pension, training expenses, management fees for unemployment insurance agencies, subsidies to lower level agencies, expenses as transfer to higher level agencies, transferred expenditure and other expenditure.

4. Balance of unemployment insurance refer to the balance of unemployment revenue deducting unemployment expenses at the end of the reference period.

Work Injury Insurance

1. Number of people covered refers to staff and workers who have participated in work injury insurance programme in line with relevant national regulations.

2. Number of beneficiaries refers to staff and workers and their direct dependents who can, in line with relevant regulations, benefit from work injury insurance, as a result of work injury leading to disability or death of the staff/worker, or occupational disease leading to disability. Included in this category are number of injured and disabled people, number of people with occupational diseases, number of deaths at work places, and number of direct dependents.

3. Revenue of work injury insurance refer to payments made by employers participating in work injury insurance programs in accordance with the basis and proportion stipulated in state regulations, and income from other sources that become source of work injury insurance fund, including income of social comprehensive funds paid by employers, government financial subsidies, interest income and other income.

4. Expenses of work injury insurance refer to payments made from work injury insurance funds to those who participated in the work injury insurance programme and their direct dependents within the scope and standards of expenditure according to related national policies, and other expenditure, including medical fees for work injury, injury and disability subsidies, death subsidies, nursing fees, funeral subsidies, injury prevention fees, rehabilitation fees for occupational diseases and other expenditure.

5. Balance of work injury insurance refer to the balance of the work injury funds at the end of the reference period, including bank savings, special fiscal account, investment in bonds and others.

Maternity Insurance

1. Number of people covered refers to staff and workers who have participated in maternity insurance programme according to relevant regulation at the end of the reporting period.

2. Revenue of maternity insurance refers to payments made by employers participating in maternity insurance programs in accordance with the basis and proportion stipulated in state regulations, and income from other sources that become source of maternity insurance fund, including income of funds paid by employers, interest income and other income.

3. Expenses of maternity insurance refer to payments made from maternity insurance funds to staff and workers who participated in maternity insurance programme within the scope and standards of expenditure according to related national policies, expenses paid for pregnancy, child delivery or surgeries related to family planning, and other expenditure, including allowance for child bearing, medical fees and other expenditure.

4. Balance of the maternity insurance refers to the balance of the maternity insurance funds at the end of reference period, including bank savings, special fiscal account, investment in funds and others.

Insurance and Welfare Funds for Retirees refer to the total payment for living expenses actually received by retirees, including payment received from social insurance management agencies and units.

1. Pensions for retired veteran cadres refer to living expenses paid to retired veteran cadres according to related regulations.

2. Pensions for retirement refer to living expenses paid to retired staff and workers according to related regulations.

3. Living allowances for resigned staff and workers refer to living expenses paid to resigned staff and workers according to related regulation.

4. Medical care expenses refer to medical fees, hospitalization cost and per diem subsidies during hospitalizations paid by employers directly to retirees.

5. Others refer to insurance and welfare payments other than the above mentioned payments, including funeral subsidies, living allowances, price subsidies and heating subsidies during winter.

第 5 篇

固定资产投资

Investment in Fixed Assets

简 要 说 明

一、本篇资料的主要内容

本篇资料主要反映了全省固定资产投资方面的情况，主要包括固定资产投资的规模、结构、资金来源和投资的效果等方面的资料。2011 年，固定资产投资项目统计起点由 50 万元提高到 500 万元，名称统一规范为“固定资产投资”，其中包括城镇、非农户 500 万元及以上项目投资、房地产开发投资；“全社会固定资产投资”包括“固定资产投资加农户固定资产投资”。

二、本篇资料的来源

本篇资料来源于固定资产投资统计年报，由省统计局投资处整理提供。

Brief Introduction

I. Main Content

Data in this chapter show the basic conditions of investment in fixed assets of Shandong Province, mainly including the total investment in fixed assets, the structure of investment, the resources of investment and the results of investment, etc.Since 2011, the statistical criteria of fixed assets investment projects had been increased from 500 thousand to 5 million yuan. Investment in fixed assets include urban area and non-farmers 5 million and above project investments, real estate development investment; the total investment include investment in fixed assets and farmer investment in fixed assets.

II. Source of Data

Data in this chapter are based on the yearly report on investment in fixed assets and provided by the Division of Investment and Construction Statistics of Shandong Provincial Bureau of Statistics.

5-1 1978-2015年全社会固定资产投资总额

Total Investments in Fixed Assets from 1978 to 2015

单位:亿元 (100 million yuan)

年份 Year	全社会固定资产投资额 Total Investment	国有经济 State-owned Units	集体经济 Collective-owned Units	#城镇 Urban	个体经济 Self-employed Units	#农村 Rural	其他经济 Others
1978	41.87	29.27	8.42	1.78	4.18	3.98	
1979	61.35	31.62	18.97	1.55	10.76	10.41	
1980	69.97	35.83	22.24	3.12	11.90	11.47	
1981	79.60	29.63	32.08	3.27	17.89	17.28	
1982	85.00	43.29	23.38	4.38	18.33	17.46	
1983	96.46	49.11	19.19	3.76	28.16	26.48	
1984	140.15	67.09	25.29	5.01	47.77	44.43	
1985	194.33	100.42	30.21	8.64	63.70	58.51	
1986	223.08	121.95	43.09	11.95	58.04	52.32	
1987	297.77	155.65	78.75	17.84	63.37	56.05	
1988	369.82	192.20	100.97	35.46	76.65	64.83	
1989	305.54	162.30	69.68	19.68	73.56	62.00	
1990	335.66	185.44	71.51	18.63	78.71	67.47	
1991	439.82	234.04	104.73	25.06	101.05	85.73	
1992	601.50	343.17	186.43	42.27	71.90	54.19	
1993	892.48	476.26	245.90	49.90	105.44	83.05	64.88
1994	1108.00	537.59	318.42	56.42	118.45	92.30	133.54
1995	1320.97	611.92	383.97	51.62	140.54	113.13	184.55
1996	1558.01	691.76	484.79	79.79	202.65	166.14	178.81
1997	1792.22	773.30	569.70	60.15	241.76	198.68	207.46
1998	2056.97	938.73	610.20	66.70	274.20	227.00	233.84
1999	2222.17	1043.13	635.55	82.72	310.64	228.43	232.85
2000	2542.65	1153.65	679.48	108.63	353.93	254.11	355.59
2001	2807.79	1157.44	688.61	134.92	384.06	263.35	577.68
2002	3509.29	1237.16	812.65	196.78	487.31	285.64	972.17
2003	5328.44	1615.57	1177.00	321.79	733.64	296.03	1802.23
2004	7629.04	1762.29	2455.86	383.83	772.28	116.36	2638.61
2005	10541.87	1853.29	1042.41	620.23	2736.61	1491.55	4909.56
2006	11136.06	1855.41	1063.61	713.49	3096.56	1186.20	5120.48
2007	12537.02	1838.55	1269.64	857.34	3566.49	1141.34	5862.34
2008	15435.93	2431.54	1811.23	1333.23	4360.90	1304.02	6832.27
2009	19030.97	3086.82	2308.54	1717.74	5235.29	1586.71	8400.32
2010	23276.69	3648.45	2627.32	1841.40	6505.00	1822.99	10495.92
2011	26769.73	3783.31	2715.00		8234.50		12036.92
2012	31255.96	3949.65	3129.27		9879.75		14297.30
2013	36789.07	4757.31	3113.17		12827.66		16090.93
2014	42495.55	5455.94	3380.39		16215.47		17443.75
2015	48312.46	6304.58	3125.74		20268.78		18613.36

注:1.2011年起，集体经济和个体经济不再细分城镇和农村(下表同)。

2.2011年起，固定资产投资项目统计起点由50万元提高到500万元，名称统一规范为“固定资产投资”，其中包括城镇、非农户500万元及以上项目投资和房地产开发投资；“全社会固定资产投资”包括“固定资产投资加农户固定资产投资”(下表同)。

a)Collective-owned Units and Self-employed Units had no longer divided into urban and rural unit since 2011.The same applies to tables following.

b)Since 2011, the statistical criteria of fixed assets investment projects had been increased from 500 thousand to 5 million yuan. Investment in fixed assets include urban area and non-farmers 5 million and above project investments, real estate development and investment.Total investment include investment in fixed assets and farmer investment in fixed assets.The same applies to tables following.

5-2 1978-2015年全社会固定资产投资构成

Composition of Total Investments in Fixed Assets from 1978 to 2015

单位：% (%)

年 份 Year	全社会固定资产投资额 Total Investment	国有经济 State-owned Units	集体经济 Collective-owned Units	#城 镇 Urban	个体经济 Self-employed Units	#农 村 Rural	其他经济 Others
1978	100.0	69.9	20.1	4.2	10.0	9.5	
1979	100.0	51.5	30.9	2.5	17.6	17.0	
1980	100.0	51.2	31.8	4.5	17.0	16.4	
1981	100.0	37.2	40.3	4.1	22.5	21.7	
1982	100.0	50.9	27.5	5.1	21.6	20.5	
1983	100.0	50.9	19.9	3.9	29.2	27.5	
1984	100.0	47.9	18.0	3.6	34.1	31.7	
1985	100.0	51.7	15.5	4.5	32.8	30.1	
1986	100.0	54.7	19.3	5.4	26.0	23.5	
1987	100.0	52.3	26.4	6.0	21.3	18.8	
1988	100.0	52.0	27.3	9.6	20.7	17.5	
1989	100.0	53.1	22.8	6.4	24.1	20.3	
1990	100.0	55.2	21.3	5.6	23.5	20.1	
1991	100.0	53.2	23.8	5.7	23.0	19.5	
1992	100.0	57.1	31.0	7.0	11.9	9.0	
1993	100.0	53.4	27.6	5.6	11.8	9.3	7.2
1994	100.0	48.5	28.7	5.1	10.7	8.3	12.1
1995	100.0	46.3	29.1	3.9	10.6	8.6	14.0
1996	100.0	44.4	31.1	5.1	13.0	10.7	11.5
1997	100.0	43.1	31.8	3.4	13.5	11.1	11.6
1998	100.0	45.6	29.7	3.3	13.3	11.0	11.4
1999	100.0	46.9	28.6	3.7	14.0	10.3	10.5
2000	100.0	45.4	26.7	4.3	13.9	10.0	14.0
2001	100.0	41.2	24.5	4.8	13.7	9.4	20.6
2002	100.0	35.3	23.1	5.6	13.9	8.1	27.7
2003	100.0	30.3	22.1	6.0	13.8	5.6	33.8
2004	100.0	23.1	32.2	5.0	10.1	1.5	34.6
2005	100.0	17.6	9.9	5.9	25.9	14.1	46.6
2006	100.0	16.7	9.5	6.4	27.8	10.7	46.0
2007	100.0	14.7	10.1	6.8	28.4	9.1	46.8
2008	100.0	15.8	11.7	8.6	28.3	8.4	44.3
2009	100.0	16.2	12.1	9.0	27.5	8.3	44.1
2010	100.0	15.7	11.3	7.9	27.9	7.8	45.1
2011	100.0	14.1	10.1		30.8		45.0
2012	100.0	12.6	10.0		31.6		45.7
2013	100.0	12.9	8.5		34.9		43.7
2014	100.0	12.8	8.0		38.2		41.0
2015	100.0	13.0	6.5		42.0		38.5

5-3 按产业分固定资产投资总额

Total Investment in Fixed Assets by Three Strata of Industry

单位：亿元 (100 million yuan)

年 份 Year	固定资产投资额 Investment in Fixed Assets	按产业分 Grouped by Three Strata of Industry			构成(%) Grouped by Structure		
		第一产业 Primary Industry	第二产业 Secondary Industry	第三产业 Tertiary Industry	第一产业 Primary Industry	第二产业 Secondary Industry	第三产业 Tertiary Industry
2000	2542.7	77.1	1176.7	1288.8	3.0	46.3	50.7
2001	2807.8	95.0	1289.8	1423.1	3.4	45.9	50.7
2002	3509.3	131.7	1650.6	1727.0	3.8	47.0	49.2
2003	5328.4	167.5	2799.5	2361.5	3.1	52.5	44.3
2004	7629.0	249.7	4577.1	2802.3	3.3	60.0	36.7
2005	10541.9	308.4	6653.5	3579.6	2.9	63.1	34.0
2006	11136.1	291.7	6908.7	3935.6	2.6	62.0	35.3
2007	12537.0	360.4	7508.2	4668.4	2.9	59.9	37.2
2008	15435.9	563.2	8182.1	6690.6	3.6	53.0	43.3
2009	19031.0	614.8	9615.4	8800.8	3.2	50.5	46.2
2010	23276.7	551.8	11332.4	11392.5	2.4	48.7	48.9
2011	25927.1	533.3	12425.3	12968.5	2.1	47.9	50.0
2012	30319.8	679.6	14432.3	15207.9	2.2	47.6	50.2
2013	35875.9	644.8	17204.1	18027.0	1.8	48.0	50.2
2014	41599.1	705.3	21287.7	19606.1	1.7	51.2	47.1
2015	47381.5	898.3	24092.7	22390.4	1.9	50.8	47.3

注：2000—2010年数据为全社会固定资产投资口径，2011年以后数据为固定资产投资口径(不含农户固定资产投资）。
a)Caliber of 2000-2010 data is total investment, after 2011 data is investment in fixed assets.

5-4 固定资产投资(2015年)
Total Investments in Fixed Assets (2015)

单位:万元 (10 000 yuan)

类 别	Category	固定资产投资额 Investment in Fixed Assets	#房地产开发投资 Investment in Real Estate Development
总 计	**Total**	**473814559**	**58921606**
按登记注册类型分	**Registration Status**		
内 资	Domestic Fund	458753076	55895487
国 有	State-owned	56993659	987946
集 体	Collective-owned	28702859	190773
股份合作	Cooperative	2243832	52821
联 营	Joint Ownership Units	1344993	
有限责任	Limited Liability	116111106	34942381
股份有限	Share-holding Corporations Ltd.	21367569	2548901
私营	Private	192773338	17056573
其 他	Others	39215720	116092
港澳台商投资	Fund from Hong Kong,Macao and Taiwan	6293458	2472267
#合资经营	Joint Venture	2109431	967577
合作经营	Collaborative Operation	254792	80188
独 资	Solely Foreign-owned	3518601	1424442
股 份	Share-holding	239912	60
其 他	Others	170722	
外商投资	Fund from Overseas	7991799	553852
#合资经营	Joint Venture	2881272	233247
合作经营	Collaborative Operation	197338	82558
外 资	Foreign Funded	3909835	220547
股 份	Share-holding		
其 他	Others	583410	17500
个体经营	Self-employed	776226	
按隶属关系分	**Investment by Jurisdiction of Management**		
中 央	Central Investment	11654866	1561904
地 方	Local Investment	462159693	57359702
省(自治区、直辖市)	Provincial	7019813	1738786
地区(州、盟、省辖市)	Prefecture	20695963	6488353
县(旗、县级市)	County	47277007	8035495
其 他	Others	387166910	41097068
按建设性质分	**Investment by Type of Construction**		
#新 建	New Construction	175622001	
扩 建	Expansion	95617878	
改建和技术改造	Reconstruction and Technical Transformation	125377309	
单纯建造生活设施	Housing	3856785	
迁 建	Removal and Reconstruction	3876490	
恢 复	Resumption	312598	
单纯购置	Purchase only	10229892	

注：本表固定资产投资不含农户投资，下表同。

a)Data in this table of investment in fixed asset does not include farmers investment.The same applies to tables following.

5-5 固定资产投资项目情况(2015年)
Investment Projects in Fixed Assets(2015)

类 别		Category		总计 Total	地方项目 Local Investment
建设总投资	**(万元)**	**Total Investment in Construction**	**(10 000 yuan)**	**729429258**	**698731320**
自开始建设累计完成投资	(万元)	Completed Investment from Beginning	(10 000 yuan)	572553898	553182483
本年完成投资	(万元)	Investment Completed This Year	(10 000 yuan)	414892953	404799991
#住宅投资	(万元)	Residential Buildings	(10 000 yuan)	6988437	6923486
按构成分		**Investment by Structure**			
建筑工程	(万元)	Construction	(10 000 yuan)	214104505	207966687
安装工程	(万元)	Installation	(10 000 yuan)	35243543	34052457
设备工器具购置	(万元)	Purchase of Equipment and Instruments	(10 000 yuan)	139541241	137673325
#购置旧设备	(万元)	Purchase of Second-hand Equipment	(10 000 yuan)	1008849	998214
#用于更新的设备	(万元)	Purchase of Equipment to renwe old ones	(10 000 yuan)	19849237	19629196
其他费用	(万元)	Others	(10 000 yuan)	26003664	25107522
#旧建筑物购置费	(万元)	Purchase of Used Buildings	(10 000 yuan)	462598	457853
#土地购置费	(万元)	Purchase of Field	(10 000 yuan)	8283492	8191287
本年新增固定资产	**(万元)**	**Newly Increased Real Estate**	**(10 000 yuan)**	**303258796**	**296987231**
本年施工房屋面积	(平方米)	Project under Construction	(sq.m)	390443890	387238738
#住 宅	(平方米)	Residential Building	(sq.m)	45224519	44960361
本年竣工房屋面积	(平方米)	Project Completed and Put into Use	(sq.m)	102465976	101891769
#住 宅	(平方米)	Residential Building	(sq.m)	20669912	20637712
本年竣工房屋价值	(万元)	Value of Project Completed and Put into Use	(10 000 yuan)		
#住 宅	(万元)	Residential Building	(10 000 yuan)		
施工项目个数	(个)	Number of Projects Under Construction	(unit)	50165	49642
#本年新开工	(个)	Started This Year	(unit)	40887	40506
本年投产项目个数	(个)	Number of Projects Put into Use	(unit)	37350	36955
本年资金来源合计	**(万元)**	**Total Fund of Different Sources**	**(10 000 yuan)**	**426784426**	**414503545**
上年末结余资金	(万元)	Fund Left Last Year	(10 000 yuan)	7843745	7167803
本年资金来源小计	(万元)	Total Fund of This Year	(10 000 yuan)	418940681	407335742
国家预算内资金	(万元)	State Budgetary Appropriations	(10 000 yuan)	7526629	6938921
国内贷款	(万元)	Domestic Loans	(10 000 yuan)	31543649	30305285
债 券	(万元)	Stock	(10 000 yuan)	51735	51735
利用外资	(万元)	Overseas Funds	(10 000 yuan)	2591031	2591031
#外商直接投资	(万元)	Direct Foreign Investment	(10 000 yuan)	1303658	1303658
自筹资金	(万元)	Self-raised Fund	(10 000 yuan)	367612783	358056647
#企事业单位自有资金	(万元)	Fund of Enterprises	(10 000 yuan)	76032181	72407101
其他资金来源	(万元)	Others	(10 000 yuan)	9614854	9392123
本年各项应付款合计	**(万元)**	**Total of Account Payable**	**(10 000 yuan)**	**26928319**	**26412637**
#工程款	(万元)	for Projects	(10 000 yuan)	5902400	5835985

注：本表固定资产投资不含房地产开发投资和农户投资。
a)Data in this table of investment in fixed asset does not include investment in real estate development and farmers investment.

5-6 按行业分的固定资产投资(2015年)
Investments in Fixed Assets by Sector(2015)

单位:万元 (10 000 yuan)

类 别	Category	固定资产投资额 Investments in Fixed Assets	建设总投资 Total Investment in Construction	施工项目(个) Number of Project under Constructi-on(unit)	新开工项目 Started This Year
总 计	**Provincial Total**	**473814559**	**729429258**	**50165**	**40887**
(一)农、林、牧、渔业	**Farming, Forestry, Animal Husbandry and Fishery**	**11536104**	**14894195**	**2234**	**1958**
农 业	Farming	4396181	5905159	856	748
林 业	Forestry	1111301	1275606	192	172
畜牧业	Animal Husbandry	2149002	2932103	383	328
渔 业	Fishery	1326930	1558714	253	236
农、林、牧、渔服务业	Services for Farming, Forestry, Animal Husbandry and Fishery	2552690	3222613	550	474
(二)采矿业	**Mining**	**6490335**	**9645408**	**434**	**340**
煤炭开采和洗选业	Mining and Washing of Coal	759302	1599086	89	74
石油和天然气开采业	Extraction of Petroleum and Natural Gas	3078819	2985000	18	15
黑色金属矿采选业	Mining and Dressing of Ferrous Metal Ores	898393	2238813	57	33
有色金属矿采选业	Mining and Dressing of Nonferrous Metals Ores	544072	1312766	93	79
非金属矿采选业	Mining and Dressing of Nonmetal Ores	1076228	1322585	158	125
开采辅助活动	Mining Support Activities	116290	169927	15	10
其他采矿业	Mining and Dressing of Other Ores	17231	17231	4	4
(三)制造业	**Manufacture**	**208787883**	**365134881**	**24416**	**19688**
农副食品加工业	Processing of Farm and Sideline Food	11604196	17663170	1796	1439
食品制造业	Manufacture of Food	5571266	8958232	709	577
酒、饮料和精制茶制造业	Manufacture of Wine, Drinks and Refined Tea	2049365	4202034	291	234
烟草制品业	Tobacco Products	63387	218574	8	6
纺织业	Textile Industry	7494078	11944257	1070	867
纺织服装、服饰业	Manufacture of Textile Wearing Apparel and Finery	4627078	6691939	795	697
皮革、毛皮、羽毛及其制品和制鞋业	Manufacture of Leather, Fur, Feather & Its Products and Footwear	1670959	2343583	255	215
木材加工及木、竹、藤、棕草制品业	Timber Processing, Bamboo, Cane, Palm Fiber & Straw Products	4678566	6667784	860	750
家具制造业	Manufacture of Furniture	2611359	4323707	397	337
造纸及纸制品业	Papermaking and Paper Products	3221152	6584080	386	317
印刷和记录媒介复制业	Printing, Reproduction of Recording Media	2465949	3386206	372	317
文教、工美、体育和娱乐用品制造业	Manufacture of Culture, Education,Arts and crafts, Sport and Entertainment Goods	3189589	4195496	502	437
石油加工、炼焦和核燃料加工业	Petroleum Refining, Coking and Nuclear Fuel Processing	4416920	10408469	279	208
化学原料和化学制品制造业	Manufacture of Raw Chemical Materials and Chemica Products	25460697	50524801	2348	1809
医药制造业	Manufacture of Medicines	6732973	13283074	645	447
化学纤维制造业	Manufacture of Chemical Fibers	836548	1586639	59	42
橡胶和塑料制品业	Manufacture of Rubber and Plastic	10063918	17496207	1154	977
非金属矿物制品业	Nonmetal Mineral Products	17398911	25424261	2372	1962
黑色金属冶炼及压延加工业	Smelting and Pressing of Ferrous Metals	4897734	11585969	385	298
有色金属冶炼及压延加工业	Smelting and Pressing of Nonferrous Metals	7128095	14776659	353	259
金属制品业	Manufacture of Metal Products	13667430	21650616	1546	1306

注：建设总投资、施工及新开工项目个数等指标不含房地产企业开发数据(下表同)。
a)Data of total investment in construction , number of project under construction and new started no include those developed by real estate companies. The same applies to tables following.

5-6 续表 1 continued

单位:万元 (10 000 yuan)

类　别	Category	固定资产投资额 Investments in Fixed Assets	建设总投资 Total Investment in Construction	施工项目(个) Number of Project under Constructi-on(unit)	新开工项目 Started This Year
通用设备制造业	Manufacture of General Purpose Machinery	18834608	29311937	2501	2085
专用设备制造业	Manufacture of Special Purpose Machinery	17767570	29590186	2127	1706
汽车制造业	Manufacture of Automotive	10760704	23789316	955	663
铁路、船舶、航空航天和	Manufacture of Railroad,Marine,Aerospace and	2841178	5457228	289	232
其他运输设备制造业	Other Transportation Equipment	10728100	19294530	1102	837
电气机械及器材制造业	Manufacture of Electrical Machinery & Equipment	4393206	7572684	427	329
计算机、通信和其他电子设备制造业	Manufacture of Computer, Communications and Other Electronic Equipment				
仪器仪表制造业	Manufacture of Measuring Instrument	1620365	2678754	191	149
其他制造业	Other Manufacture	773828	1293435	123	103
废弃资源综合利用业	Comprehensive Utilization of Waste	834526	1458232	75	51
金属制品、机械和设备修理业	Metal Products, Machinery and Equipment Repair Industry	383628	772822	44	32
(四)电力、燃气及水的生产和供应业	**Production and Supply of Electric Power, Gas and Water**	**17285759**	**43811551**	**1446**	**1097**
电力、热力生产和供应业	Production and Supply of Electric Power and Heating Power	13330016	37941484	855	623
燃气生产和供应业	Production and Supply of Gas	1731279	2836677	210	168
水的生产和供应业	Production and Supply of Tap Water	2224464	3033390	381	306
(五)建筑业	**Construction**	**8863114**	**11632033**	**1476**	**1327**
房屋建筑业	Building Construction	1865932	2144063	290	263
土木工程建筑业	Civil Engineering Construction	5078196	7326264	863	766
建筑安装业	Construction Installment	466653	562441	95	81
建筑装饰和其他建筑业	Construction Decoration and Others	1452333	1599265	228	217
(六)批发和零售业	**Wholesale and Retail Trade**	**27202973**	**39550778**	**3607**	**3120**
批发业	Wholesale	15865330	23124156	2079	1810
零售业	Retail Trade	11337643	16426622	1528	1310
(七)交通运输、仓储和邮政业	**Transport, Storage and Postal Services**	**27891169**	**56114548**	**2556**	**2068**
铁路运输业	Railway Transport	1775591	4796430	81	55
道路运输业	Road Transport	13450716	27796239	1467	1229
水上运输业	Waterway Transport	2411072	6147138	123	64
航空运输业	Air Transport	1365103	1604344	17	16
管道运输业	Pipeline Transport	414591	853568	50	35
装卸搬运和运输代理业	Loading and Unloading and Other Transport Services	1403946	2122249	165	137
仓储业	Storage	6971524	12581744	638	518
邮政业	Postal Services	98626	212836	15	14
(八)住宿和餐饮业	**Accommodations and Catering Services**	**3432177**	**7190740**	**501**	**407**
住宿业	Accommodations	2059752	5311593	230	164
餐饮业	Catering Services	1372425	1879147	271	243
(九)信息传输、软件和信息技术服务业	**Information Transmission, Computer Services and Software**	**2837790**	**6133512**	**271**	**225**
电信、广播电视和卫星传输服务	Telecommunications, Radio and Television and Satellite Transmission Services	491091	1150930	64	54
互联网和相关服务	Internet and related Services	254083	543516	47	44
软件和信息技术服务业	Software and Information Technology Services	2092616	4439066	160	127
(十)金融业	**Finance**	**993850**	**1599369**	**119**	**103**
货币金融服务	Monetary and Financial Services	482160	711964	68	59
资本市场服务	Capital Market Services	277308	417020	29	25

5-6 续表 2 continued

单位:万元 (10 000 yuan)

类　别	Category	固定资产投资额 Investments in Fixed Assets	建设总投资 Total Investment in Construction	施工项目(个) Number of Project under Constructi-on(unit)	新开工项目 Started This Year
保险业	Insurance	128426	260008	9	9
其他金融业	Others	105956	210377	13	10
(十一)房地产业	**Real Estate**	**82925395**	**47160116**	**2546**	**1937**
房地产业	Real Estate	58921606	47160116	2546	1937
(十二)租赁和商务服务业	**Leasing and Business Services**	**8980545**	**16124314**	**845**	**677**
租赁业	Leasing Services	564958	592311	77	76
商务服务业	Business Services	8415587	15532003	768	601
(十三)科学研究和技术服务	**Scientific Research and Technical Services**	**10265684**	**15486732**	**1226**	**1016**
研究与试验发展	Research and Experimental Development	2550626	5067336	235	163
专业技术服务业	Special Technical Services	3461386	4797506	475	383
科技推广和应用服务业	Science and Technology Promotion and Application Services	4253672	5621890	516	470
(十四)水利、环境和公共设施管理业	**Management of Water Conservancy, Environment and Public Facilities**	**23389563**	**39034297**	**3844**	**3181**
水利管理业	Management of Water Conservancy	2977295	4616013	541	447
生态保护和环境治理业	Ecological Protection and Environmental Management	1916540	2913753	289	243
公共设施管理业	Management of Public Facilities	18495728	31504531	3014	2491
(十五)居民服务、修理和其他服务业	**Households services, Repair and Other Services**	**3708658**	**6098717**	**587**	**485**
居民服务业	Services to Households	2210558	3974478	350	283
机动车、电子产品和日用产品修理业	Motor Vehicles, Electronics and Household Products Repair	675210	890127	117	101
其他服务业	Other Services	822890	1234112	120	101
(十六)教　育	**Education**	**6056529**	**10378777**	**1095**	**873**
教　育	Education	6056529	10378777	1095	873
(十七)卫生和社会工作	**Health and Social Work**	**4296666**	**7515350**	**589**	**454**
卫　生	Health Care	2947512	5396300	337	240
社会工作	Social Work	1349154	2119050	252	214
(十八)文化、体育和娱乐业	**Culture, Sports and Recreation**	**7530692**	**15718676**	**726**	**564**
新闻和出版业	News and Publication	40573	282864	8	3
广播、电视、电影和影视录音制作业	Radio, Television, Film and Video Recording Production	972038	2466609	28	20
文化艺术业	Culture and Arts	3964756	7854051	393	302
体　育	Sports	549333	903418	96	81
娱乐业	Recreation	2003992	4211734	201	158
(十九)公共管理、社会保障和社会组织	**Public Management,Social Security and Social Organizations**	**11339673**	**16205264**	**1647**	**1367**
中国共产党机关	CPC Agencies	13349	13349	2	2
国家机构	Government Agencies	5593429	7545962	845	687
人民政协、民主党派	CPPCC and Democratic Parties				
社会保障	Social Security	770799	809867	32	30
群众团体、社会团体和其他成员组织	Mass Organizations, Social Organizations and Other Organizations	462345	1050821	57	41
基层群众自治组织	Self-governing Mass Organizations at the Grass-roots Level	4499751	6785265	711	607
(二十)国际组织	**International Organizations**				
国际组织	International Organizations				

5-7 各市房地产开发投资和销售情况(2015年)

General Scale of Investment Actually Completed by Enterprises for Real Estate Development and Floor Space of Commercialized Buildings Sold(2015)

地 区	Region	本年完成投资(万元) Investment Completed This Year (10 000 yuan)	#住宅 Residential Buildings	商品房销售面积(平方米) Floor Space of Commercialized Buildings Sold(sq.m)	#住宅 Residential Buildings	商品房销售额(万元) Total Sale of Commercialized Buildings Sold(sq.m)	#住宅 Residential Buildings
全省总计	**Total**	**58921606**	**43994427**	**97270416**	**85268531**	**54080063**	**45107586**
济南市	Jinan	10141433	7254184	11911661	9234805	9159131	6954738
青岛市	Qingdao	11223458	7569123	14185845	12389898	12628568	10452844
淄博市	Zibo	2276877	1797767	4123088	3735233	2253787	2014862
枣庄市	Zaozhuang	1866378	1391185	3430274	3171786	1325563	1179097
东营市	Dongying	1939439	1551309	2814184	2599776	1536481	1398595
烟台市	Yantai	6070567	4581221	7714383	6714001	4638435	3776171
潍坊市	Weifang	4679130	3560902	8445228	7567253	3639235	3128650
济宁市	Jining	3084754	2240961	7162229	6333347	3032421	2540213
泰安市	Tai'an	1451549	1164706	2378949	2244787	1123160	1039217
威海市	Weihai	3131931	2566220	8664936	7541790	4216334	3396974
日照市	Rizhao	1088536	848697	1477499	1365699	728449	654512
莱芜市	Laiwu	318505	192258	394429	346299	183476	162884
临沂市	Linyi	3929286	2947735	8741373	7714358	3584110	3070850
德州市	Dezhou	2145748	1774160	4472916	4002457	1774755	1543958
聊城市	Liaocheng	1904201	1466665	3932485	3444256	1576684	1344411
滨州市	Binzhou	1084975	913829	3490748	3167568	1307278	1180601
菏泽市	Heze	2584839	2173505	3930189	3695218	1372196	1269009

5-8 按登记注册类型分的房地产开发投资情况(2015年)

类别		Category		总计 Total	内资企业 Domestic Funded	国有企业 State-owned Enterprises
计划总投资	**(万元)**	**Intended Investment**	**(10 000 yuan)**	**351911275**	**330433659**	**7011288**
自开始建设累计完成投资	**(万元)**	**Cumulative Investment**	**(10 000 yuan)**	**239077593**	**222925662**	**3680663**
本年完成投资	**(万元)**	**Investment Completed in Current Year**	**(10 000 yuan)**	**58921606**	**55895487**	**987946**
按构成分		**Grouped by Use of Funds**				
建筑工程	(万元)	Construction	(10 000 yuan)	39178852	37040129	488154
安装工程	(万元)	Installation	(10 000 yuan)	6898112	6535245	66400
设备工器具购置	(万元)	Purchase of Equipment and Instruments	(10 000 yuan)	584545	537619	2465
其他费用	(万元)	Others	(10 000 yuan)	12260097	11782494	430927
#旧建筑物购置费	(万元)	Purchase of Used Building	(10 000 yuan)	110479	110479	1554
土地购置费	(万元)	Purchase of Land	(10 000 yuan)	10356711	9994535	407130
按工程用途分		**Grouped by Use of Buildings**				
住宅	(万元)	Residential Buildings	(10 000 yuan)	43994427	41737436	718649
#90平方米以下住宅	(万元)	Residential Buildings below 90sq.m	(10 000 yuan)	12527417	11783092	126987
144平方米以上住宅	(万元)	Residential Buildings above 144sq.m	(10 000 yuan)	7459108	6997015	79291
#别墅、高档公寓	(万元)	Villas and Upper-scale Apartments	(10 000 yuan)	1058414	887535	9146
办公楼	(万元)	Office Buildings	(10 000 yuan)	3318794	3157139	58086
商业营业用房	(万元)	Buildings for Business	(10 000 yuan)	7649604	7292526	48584
其他	(万元)	Others	(10 000 yuan)	3958781	3708386	162627
本年新增固定资产	**(万元)**	**Newly Increased Fixed Assets**	**(10 000 yuan)**	**25231433**	**23864834**	**315914**
本年资金来源合计	**(万元)**	**Total Funds of All Sources**	**(10 000 yuan)**	**91559999**	**85263486**	**1920383**
上年末结余资金	(万元)	Fund Left from Last Year	(10 000 yuan)	18130956	16098859	432803
本年资金来源小计	(万元)	Fund of All Sources in Current Year	(10 000 yuan)	73429043	69164627	1487580
国内贷款	(万元)	Domestic Loans	(10 000 yuan)	9524964	8891614	740016
#银行贷款	(万元)	from Banks	(10 000 yuan)	8368848	7737781	723416
非银行金融机构贷款	(万元)	from Other Financial Deparments	(10 000 yuan)	1156116	1153833	16600
利用外资	(万元)	Foreign Investment	(10 000 yuan)	152542		
#外商直接投资	(万元)	Foreign Direct Investment	(10 000 yuan)	152472		
自筹资金	(万元)	Self-Raising Funds	(10 000 yuan)	33289585	32237310	429201
#自有资金	(万元)	Self-owned Funds	(10 000 yuan)	15094119	14619800	53081
其他资金来源	(万元)	Others	(10 000 yuan)	30461952	28035703	318363
#定金及预付款	(万元)	Earnest Money and Advance Charge	(10 000 yuan)	18295731	16553285	260651
个人按揭贷款	(万元)	Mortgage Loans	(10 000 yuan)	7962628	7355916	31382
本年各项应付款合计	(万元)	Account Payable	(10 000 yuan)	16445641	15661046	170951
#工程款	(万元)	Payment for Construction	(10 000 yuan)	8871022	8254799	97135
待开发土地面积	(平方米)	Space of Land to be Developed	(sq.m)	28319020	25913799	394544
本年购置土地面积	(平方米)	Space of Land Purchased in Current Year	(sq.m)	17879744	17791470	254223
本年土地成交价款	(万元)	Value of Commercial Land	(10 000 yuan)	4734490	4716262	116807
契税	(万元)	Contract tax	(10 000 yuan)	76674	75838	3350

Investment in Real Development by Registration Status(2015)

集体企业 Collective-owned Enterprises	股份合作企业 Cooperative Enterprises	联营企业 Joint Ownership Enterprises	有限责任公司 Limited Liability Corporations	股份有限公司 Share-holding Corporations Limited	私营企业 Private Enterprises	其他企业 Other Enterprises	港澳台商投资企业 Enterprises with Funds from Hong Kong, Macao and Taiwan	外商投资企业 Foreign Funded Enterprises
1217261	**369902**		**201288212**	**16865137**	**103411254**	**270605**	**15327246**	**6150370**
823791	**346746**		**136858368**	**11759512**	**69275139**	**181443**	**11681334**	**4470597**
190773	**52821**		**34942381**	**2548901**	**17056573**	**116092**	**2472267**	**553852**
127543	50520		22875887	1583169	11861721	53135	1766685	372038
16394	206		4255235	307750	1875855	13405	341150	21717
145	25		394085	24080	116719	100	40993	5933
46691	2070		7417174	633902	3202278	49452	323439	154164
			86226	6915	15784			
45775	1784		6233237	552854	2704303	49452	236482	125694
146214	45481		26239541	1753038	12765316	69197	1834445	422546
40168	6726		7818581	358085	3397812	34733	571639	172686
10769	20147		4478577	234040	2163392	10799	415118	46975
	652		551362	16877	309498		125306	45573
967	2424		2148082	80609	866971		92790	68865
36829	1552		4329241	476258	2370485	29577	333218	23860
6763	3364		2225517	238996	1053801	17318	211814	38581
144163	**22009**		**12452885**	**1369705**	**9558245**	**1913**	**983432**	**383167**
311200	**119940**		**53217250**	**3656633**	**25869485**	**168595**	**4858120**	**1438393**
111199	19250		9665410	610234	5231771	28192	1598099	433998
200001	100690		43551840	3046399	20637714	140403	3260021	1004395
7360	3642		5949578	185867	2004351	800	473940	159410
7360	3642		5028061	170542	1804760		471657	159410
			921517	15325	199591	800	2283	
							146345	6197
							146345	6127
85763	10738		19990666	1612081	9975919	132942	727142	325133
42221	10358		9443584	999240	3956648	114668	254381	219938
106878	86310		17611596	1248451	8657444	6661	1912594	513655
46081	86125		10219674	677888	5256610	6256	1342344	400102
45718	185		4757365	283423	2237438	405	497462	109250
105597	3127		9157650	942903	5254656	26162	486487	298108
50376	2499		4904907	413753	2760001	26128	344687	271536
61697	33509		16587984	621295	8214770		1350988	1054233
155091			9328756	916167	7095891	41342	88274	
17251			2819708	155149	1561261	46086	18228	
			42412	2255	27821		836	

5–9 按登记注册类型分的房地产开发财务情况(2015年)

单位:万元

类 别	Category	总计 Total	内资企业 Domestic Funded	国有企业 State-owned Enterprises
一、期初存货	**Initial Inventory**	**142439273**	**132840038**	**3575391**
二、期末资产负债	**Property debt at the End**			
流动资产合计	Total Liquid Liabilities	270898293	254825426	6871562
#应收账款	Accounts receivable	9336735	8998217	136873
存 货	Inventory	161243882	151480043	4417517
固定资产原价	Fixed Asset Value	8905433	7809504	162635
累计折旧	Accumulated Depreciation	1982543	1752928	52372
#本年折旧	in Current Year	375598	333723	7160
资产总计	Assets	312386601	293714761	7542394
负债合计	Liabilities	252747857	240578772	6363787
所有者权益合计	Owners' Equity	59638743	53135990	1178608
#实收资本	Paid-up Capital	38571665	33422692	906858
三、损益及分配	**Net Income or Loss and Distribution**			
营业收入	Revenues from Business	47694347	43901273	1192608
#主营业务收入	Revenues from Principal Business	46621306	43239010	1179997
土地转让收入	Revenues from Land Transfer	227842	227842	
商品房屋销售收入	Revenues from Commercial Housing Sales	44452855	41121956	733580
房屋出租收入	Housing Rental Income	402498	359240	7028
其他收入	Others	1538111	1529973	439389
营业成本	Business Cost	36765753	33944263	1021115
#主营业务成本	Main Business Cost	35946934	33424908	1009440
营业税金及附加	Business Tax and Extra Charges	3750689	3422286	56042
#主营业务税金及附加	Main Business Tax and Extra Charges	3632649	3338777	53138
其他业务利润	Other Operating Profits	72810	65013	1206
销售费用	Sales Expenses	1385988	1260243	15292
管理费用	Management Expenses	2147333	2001421	54922
#税 金	Taxes	209931	198729	5223
财务费用	Financial Expenses	1162330	1091791	11311
营业利润	Business Profits	3017333	2675763	40750
营业外收入	Non-operating Income	274555	257331	10160
营业外支出	Non-operating Expenses	214365	205444	3548
利润总额	Total Profits	3077807	2727935	47362
应缴所得税	Income Tax Payable	801117	695005	6066
四、人工成本	**Labor costs**			
本年应付工资总额	Wages Payable in Current Year	1330343	1242396	32458

Financial Indicators of Real Estate Development by Registration Status(2015)

(10 000 yuan)

集体企业 Collective-owned Enterprises	股份合作企业 Cooperative Enterprises	联营企业 Joint Ownership Enterprises	有限责任公司 Limited Liability Corporations	股份有限公司 Share-holding Corporations Limited	私营企业 Private Enterprises	其他企业 Other Enterprises	港澳台商投资企业 Enterprises with Funds from Hong Kong, Macao and Taiwan	外商投资企业 Foreign Funded Enterprises
702732	**80116**		**84808952**	**5515279**	**38131371**	**26197**	**6898241**	**2700994**
1514536	202339		165205252	10342519	70472489	216730	11923192	4149675
61827	858		6145632	443491	2208701	835	216307	122210
813937	94928		97482865	5917618	42720847	32332	7270742	2493097
120149	6515		4522550	502065	2488061	7528	849573	246356
24852	3108		847999	144047	679467	1083	177241	52375
4264	360		169163	27106	125190	480	31851	10024
1778906	212682		191548894	12757858	79621791	252237	13869836	4802003
1535343	145732		154594650	10004367	67764952	169942	9175550	2993536
243563	66950		36954245	2753491	11856839	82295	4694287	1808467
95715	26322		22340919	1372726	8596084	84069	3877002	1271971
172542	45544		25979444	2624865	13867467	18804	2797714	995360
172310	45544		25811736	2512333	13498627	18462	2615265	767031
			163171		64671			
155381	45544		24689843	2466183	13012963	18462	2586592	744308
7203			185386	26836	132787		26377	16882
9726			773337	19315	288206		2296	5841
138174	32956		20090462	1988022	10654562	18972	2163408	658081
138174	32956		19845174	1921414	10458789	18962	1991255	530771
11176	3660		2101712	205994	1041542	2161	229960	98443
11149	3660		2068841	187919	1011930	2140	215738	78134
28			22875	20327	20235	342	-1029	8827
2796	2051		797966	58879	382859	402	83396	42349
12519	3049		1128500	122520	678318	1593	100614	45298
1527	260		126781	9849	55030	59	7710	3493
5669	752		585022	84486	404141	410	50161	20379
2716	3078		1616202	182546	834936	-4465	210908	130662
749	60		188097	12325	45614	327	15570	1654
621	41		122798	19325	59098	13	6308	2614
2844	3097		1681693	175612	821479	-4151	220170	129702
2207	813		462089	52624	170982	225	61304	44809
17295	980		709567	77615	401256	3225	65776	22172

5-10 房地产开发企业(单位)施工、销售和待售情况(2015年)

类 别		Category		合 计 Total
房屋施工面积	**(平方米)**	**Floor Space Under Construction**	**(sq.m)**	**572064425**
#新开工面积	(平方米)	Recently-started Projects	(sq.m)	120433798
房屋竣工面积	**(平方米)**	**Floor Space Completed**	**(sq.m)**	**82777598**
#不可销售面积	(平方米)	Space of Floor not Ready for Sale	(sq.m)	1770991
商品住宅竣工套数	**(套)**	**Number of Commercial Buildings Completed**	**(unit)**	
竣工房屋价值	**(万元)**	**Value of Buildings Completed**	**(10 000 yuan)**	**19093419**
出租房屋面积	**(平方米)**	**Floor Space of Buildings to Lease**	**(sq.m)**	**1091609**
商品房销售面积	**(平方米)**	**Floor Space of Commercial Buildings Sold**	**(sq.m)**	**97270416**
#现房销售面积	(平方米)	Floor Space of Complete Dapartments	(sq.m)	22973862
期房销售面积	(平方米)	Floor Space of Forward Delivery Housin	(sq.m)	74296554
商品房销售额	**(万元)**	**Total Sale of Commercial Building**	**(10 000 yuan)**	**54080063**
#现房销售额	(万元)	Sale of Complete Dapartments	(10 000 yuan)	11333747
期房销售额	(万元)	Sale of Forward Delivery Housing	(10 000 yuan)	42746316
商品住宅销售套数	**(套)**	**Number of Commercial Buildings Sold**	**(unit)**	
#现房销售套数	(套)	Complete Dapartments	(unit)	
期房销售套数	(套)	Forward Delivery Housing	(unit)	
待售面积	**(平方米)**	**Floor Space of Waiting For Sale**	**(sq.m)**	**42767954**
#待售1-3年(含1年)	(平方米)	1 to 3 years	(sq.m)	20766068
待售3年以上(含3年)	(平方米)	more than 3 years	(sq.m)	1655340

Construction and Sale of Buildings Made by Real Estate Enterprises(2015)

住 宅 Residential Buildings	按户型面积分		#别墅、高档公寓 Villas and Upper-scale Apartments	办公楼 Office Buildings	商业营业用房 Buildings for Business	其 他 Others
	#90平方米及以下住宅 Below or Equal 90 sq.m	144平方米以上住宅 Above 144 sq.m				
422765066	**108410748**	**62839795**	**10229472**	**23647073**	**71216505**	**54435781**
89842089	18886059	11569996	1366408	4965969	13578642	12047098
61855645	**15985961**	**8194512**	**1352463**	**3554944**	**9812109**	**7554900**
528948	256133	18279		182064	186296	873683
553856	**201153**	**44793**	**8553**			
13825539	**3731944**	**1904516**	**365050**	**1111588**	**2459495**	**1696797**
66089	**66089**			**214635**	**729016**	**81869**
85268531	**19979850**	**13338624**	**1689742**	**3000395**	**6359158**	**2642332**
18950625	5005199	3552350	525202	636105	2550665	836467
66317906	14974651	9786274	1164540	2364290	3808493	1805865
45107586	**10864285**	**8465545**	**1698285**	**2787432**	**5071704**	**1113341**
8776805	2328019	2024654	432773	385577	1784499	386866
36330781	8536266	6440891	1265512	2401855	3287205	726475
775586	**249580**	**76073**	**10844**			
171064	61165	20236	2736			
604522	188415	55837	8108			
29120921	**7698930**	**5174760**	**1166214**	**1800871**	**8617890**	**3228272**
13544786	3617293	2356355	723062	928405	4614390	1678487
827398	207548	258131	52606	208915	467596	151431

5-11 新增生产能力(2015年)

Newly Increased Production Capacity through Capital Construction(2015)

能力名称		Item		建设规模 Total Construc -tion Size	本年施工规模 Under Construc -tion This Year	新开工能力 Started This Year	累计新增生产能力 Accumul ated Newly Increased	本年新增能力 Newly Incre ased This Year
原煤开采	(万吨/年)	Coal Mining	(10 000 tons/year)	673	452	82	673	452
洗　煤	(万吨/年)	Coal Washing	(10 000 tons/year)	412	244	184	344	244
焦　炭	(万吨/年)	Coke	(10 000 tons/year)	79	59	47	63	59
天然原油开采	(万吨/年)	Petroleum Extraction	(10 000 tons/year)	252	252	252	252	252
石油加工:		Petroleum Processing						
蒸馏设备能力	(处理万吨/年)	Distillation Equipment Capacity	(10 000 tons/year)	573	544	544	572	544
裂化设备能力	(处理万吨/年)	FCC Equipment Capacity	(10 000 tons/year)	883	831	826	665	647
铁矿开采(原矿)	(万吨/年)	Iron Ore Mining	(10 000 tons/year)	1052	583	507	844	517
铁矿选矿处理量	(万吨/年)	Iron Ore Processing capacity	(10 000 tons/year)					
生　铁	(万吨/年)	Pig Iron	(10 000 tons/year)	803	803	803	803	803
粗　钢	(万吨/年)	Crude Steel	(10 000 tons/year)	661	660	660	660	660
铁合金	(万吨/年)	Iron Alloy	(10 000 tons/year)					
钢材	(万吨/年)	Steel	(10 000 tons/year)	1808	841	439	1738	837
铝加工材	(吨/年)	Aluminum Machining	(ton/year)	1766178	1435854	1060854	1512720	1248724
铜加工材	(吨/年)	Copper Machining	(ton/year)	27000	24500	24500	24500	24500
黄金	(公斤/年)	Gold	(Kilogram/year)	2636	1492	836	836	836
火力发电	(万千瓦)	Thermal Power	(10 000 kw)	1269	1124	1054	534	503
核能发电	(万千瓦)	Nuclear Power	(10 000 kw)	988	349	99	156	99
风力发电	(万千瓦)	Wind Power	(10 000 kw)	250	163	103	137	119
太阳能发电	(万千瓦)	Solar Power	(10 000 kw)	5183	5178	5167	5146	5126
其他发电	(万千瓦)	Others	(10 000 kw)	88	59	49	65	44
输电线路长度(11万伏及以上)	(公里)	Length of Transmission Line	(over 110kv) (km)	2996	2345	1866	2129	1847
水　泥	(万吨/年)	Cement	(10 000 tons/year)	897	696	649	807	684
平板玻璃	(万重量箱/年)	Plain Glass	(10 000 weight-box/year)	402	312	312	312	302
氮　肥	(吨/年)	Nitrogen Fertilizers	(ton/year)	994724	460893	198544	956058	279440
磷　肥	(吨/年)	Phosphate Fertilizers	(ton/year)	48156	48156	48156	48000	48000
钾　肥	(吨/年)	Potassium Fertilizer	(ton/year)	172300	172300	172300	172300	172300
化学农药原药	(吨/年)	Chemical Pesticides	(ton/year)					
塑料树脂及共聚物	(吨/年)	Plastics,Colophony and Copolymer	(ton/year)	507171	409179	258141	447841	359355

5-11 续表 continued

能力名称		Item		建设规模 Total Construc-tion Size	本年施工规模 Under Construc-tion This Year	新开工能力 Started This Year	累计新增生产能力 Accumulated Newly Increased	本年新增能力 Newly Increased This Year
合成橡胶	(吨/年)	Synthetic Rubber	(ton/year)	315591	315091	15091	14691	14691
轮胎外胎	(万条/年)	Tires	(10 000 units/year)	8056	6451	4804	6059	5257
轮胎内胎	(万条/年)	Tire Tubes	(10 000 units/year)	2	1	1	2	1
化学纤维	(吨/年)	Chemical Fiber	(ton/year)	25351	7991	7591	23163	6903
棉纺锭	(锭)	Cotton Spindles	(unit)	2058489	1604869	1524869	1987994	1386744
啤 酒	(万吨/年)	Beer	(10 000 tons/year)	3	3	3	3	3
白 酒	(万吨/年)	Wine	(10 000 tons/year)	3	3	3	3	3
其他酒	(万吨/年)	Others	(10 000 tons/year)					
机制纸浆	(万吨/年)	Machine-made Pulp	(10 000 tons/year)	68	55	35	38	25
新建铁路里程	(公里)	Length of Newly-built Railway	(km)	476	324	69	429	304
新建公路	(公里)	Length of Newly-built Highway	(km)	1782	1546	1405	1564	1379
#高速公路	(公里)	Expressway	(km)	190	158	59	132	100
一级公路	(公里)	Class-A Highway	(km)	546	542	542	512	502
二级公路	(公里)	Class-B Highway	(km)	157	152	138	117	117
改建公路	(公里)	Length of Reconstructed Highway	(km)	1470	1432	1222	1307	1264
一级公路	(公里)	Class-A Highway	(km)	197	187	133	142	114
二级公路	(公里)	Class-B Highway	(km)	399	381	361	299	290
新建独立公路桥梁	(延长米)	Length of Newly-built Bridges	(m)	6822	4277	3077	6757	3012
-座数	(座)	Number	(unit)	9	8	7	8	6
新(扩)建港口码头	(万吨/年)	Newly-built or Expanded Ports	(10 000 tons/year)	3945	3685	2633	2673	2673
-年吞吐量	(标准集装箱)	Annual Handling Capacity	(Standard Container)	262721	212721	12000	212721	212721
-泊位	(个)	Berths	(unit)	42	40	17	20	20
新(扩)建客、货运站	(个)	Cargo or Passenger Terminals	(unit)	50	50	49	47	46
-面积	(平方米)	Area	(sq.m)	348545	347457	341841	341829	340991
城市自来水供水能力	(万吨/日)	Volume of Water Supply	(10 000 tons/day)	45	41	38	31	31
城市污水处理能力	(万吨/日)	Capacity of Sewage Treatment	(10 000 tons/day)	17	11	11	11	11

主要统计指标解释

全社会固定资产投资　是以货币形式表现的在一定时期内全社会建造和购置固定资产的工作量以及与此有关的费用的总称。该指标是反映固定资产投资规模、结构和发展速度的综合性指标,又是观察工程进度和考核投资效果的重要依据。全社会固定资产投资按登记注册类型可分为国有、集体、个体、联营、股份制、外商、港澳台商、其他等。

房地产开发投资　指各种登记注册类型的房地产开发公司、商品房建设公司及其他房地产开发法人单位和附属于其他法人单位实际从事房地产开发或经营活动的单位统一开发的包括统代建、拆迁还建的住宅、厂房、仓库、饭店、宾馆、度假村、写字楼、办公楼等房屋建筑物和配套的服务设施，土地开发工程（如道路、给水、排水、供电、供热、通讯、平整场地等基础设施工程）的投资；不包括单纯的土地交易活动。

农村投资　指发生在农村区域范围内的非农户固定资产投资项目完成的投资。

建设总规模　是指在报告期内所有施工项目的计划总投资。这个指标和施工项目相对应。

在建总规模　是指在报告期末所有在建项目的计划总投资。

在建净规模　是指报告期末所有在建项目建成投产尚需的投资总量。

在建净规模＝在建总规模－累计完成投资

固定资产投资的资金来源　根据固定资产投资的资金来源不同，分为国家预算内资金、国内贷款、利用外资、自筹资金和其他资金。

(1)国家预算内资金：分为财政拨款和财政安排的贷款两部分。包括中央财政的基本建设基金(分经营性基金和非经营性基金两部分)、专项支出(如煤代油专项等)、收回再贷、贴息资金，财政安排的挖潜改造和新产品试制支出、城建支出、商业部门简易建筑支出、不发达地区发展基金等资金中用于固定资产投资的资金；地方财政中由国家统筹安排的资金等。

(2)国内贷款：指报告期固定资产投资单位向银行及非银行金融机构借入的用于固定资产投资的各种国内借款，包括银行利用自有资金及吸收的存款发放的贷款、上级主管部门拨入的国内贷款、国家专项贷款(包括煤代油贷款、劳改煤矿专项贷款等)、地方财政专项资金安排的贷款、国内储备贷款、周转贷款等。

(3)利用外资：指报告期收到的用于固定资产建造和购置的国外资金(包括设备、材料、技术在内)。包括对外借款(外国政府、国际金融组织贷款、出口信贷、外国银行商业贷款、对外发行债券和股票)、外商直接投资及外商其他投资。不包括我国自有外汇资金(国家外汇、地方外汇、留成外汇、调剂外汇和中国银行自有资金发行的外汇贷款等)。计算利用外资时，需要折算成人民币，折算中所使用的外汇汇率按现汇计算，即按使用外汇时的汇率计算。

(4)自筹资金：指固定资产投资单位报告期收到的，由各地区、各部门及企、事业单位筹集用于固定资产投资的预算外资金，包括中央各部门、各级地方和企、事业单位的自筹资金。

(5)其他资金：指在报告期收到的除以上各种资金之外其他用于固定资产投资的资金，包括企业或金融机构通过发行各种债券筹集到的资金、群众集资、个人资金、无偿捐赠的资金及其他单位拨入的资金等。

固定资产投资按国民经济行业分　根据建设项目建成投产后的主要产品或主要用途及社会经济活动性质来确定国民经济行业。一般情况下，一个建设项目或一个企业、事业单位只能属于一种国民经济行业。

固定资产投资按隶属关系分　是按建设单位或企业、事业、行政单位的主管上级机关确定的。

(1) 中央：是指中共中央、人大常委会和国务院各部、委、局、总公司以及直属机构直接领导的建设项目和企业、事业、行政单位。这些单位的固定资产投资计划由国务院各部门直接编制和下达，建设中所需物资、主要设备以及建设中的问题都由中央有关部门安排和解决。

(2) 地方：是由省（自治区、直辖市）、地区（州、盟、省辖市）、县（旗、县级市）三级政府及业务主管部门直接领导和管理的建设项目、企业、事业、行政单位。地方项目还包括不隶属以上各级政府及主管部门的建设项目和企业、事业单位，如外商投资企业和无主管部门的企业等。

固定资产投资按建设性质分　根据整个建设项目情况来确定。建设项目的性质一般分为新建、扩建、改建和技术改造、迁建、恢复。房地产开发单位投资不划分建设性质。

(1)新建：一般指从无到有“平地起家”开始建设的企业、事业和行政单位或建设项目。现有企业、事业、行政单位一般不属于新建。但如有的单位原有基础很小，经过建设后新增的固定资产价值超过该企、事业、行政单位原有固定资产价值(原值)三倍以上的也应作为新建。

(2)扩建：指在厂内或其他地点，为扩大原有产品的生产能力(或效益)或增加新的产品生产能力，而增建主要的生产车间(或主要工程)、分厂、独立的生产线。行政、事业单位在原单位增建业务用房(如学校增建教学用房、医院增建门诊部、病房等)也作为扩建。

现有企、事业单位为扩大原有主要产品生产能力或增加新的产品生产能力，增建一个或几个主要生产车间(或主要工程)、分厂，同时进行一些更新改造工程的，也应作为扩建。

(3)改建和技术改造：指现有企业、事业单位，对原有设施进行技术改造或更新(包括相应配套的辅助性生产、生活福利设施)的建设项目。现有企业、事业单位为适应市场变化的需要，而改变企业的主要产品种类(如军工企业转产民用品等)的建设项目，应作为改建。原有产品生产作业线由于各工序(车间)之间能力不平衡，为填平补齐充分发挥原有生产能力而增建不增加本企业主要产品设计能力的车间，也应作为改建。技术改造是指企业、事业单位在现有基础上，用先进的技术代替落后的技术，用先进的工艺和装备代替落后的工艺和装备，以改变企业落后的技术经济面貌，实现以内涵为主的扩大再生产，达到提高产品质量、促进产品更新换代、节约能源、降低消耗、扩大生产规模、全面提高社会经济效益的目的。技术改造具体包括以下内容：机器设备和工具的更新改造；生产工艺改革、节约能源和原材料的改造；厂房建筑和公共设施的改造；劳动条件和生产环境的改造等。

固定资产投资按构成分 固定资产投资活动按其工作内容和实现方式分为建筑安装工程，设备、工具、器具购置，其他费用三个部分。

(1)建筑安装工程(建筑安装工作量)：指各种房屋、建筑物的建造工程和各种设备、装置的安装工程。包括各种房屋建造工程；各种用途设备基础和各种工业窑炉的砌筑工程及金属结构工程；为施工而进行的各种准备工作和临时工程以及完工后的清理工作等；铁路、道路的铺设，矿井的开凿及石油管道的架设等；水利工程；防空地下建筑等特殊工程；列入房屋工程预算内的暖气、卫生、通风、照明、煤气等设备的价值及装设油饰工程；列入建筑工程预算内的各种管道(蒸汽、压缩空气、石油、给排水等管道)、电力、电讯电缆导线等的敷设工程；以及各种机械设备的安装工程；为测定安装工程质量，对设备进行的试运工作；房地产开发单位进行的商品房屋开发建设工程、土地开发工程。

在安装工程中，不包括被安装设备本身的价值。

(2)设备、工具、器具购置：指建设单位或企、事业单位购置或自制的，达到固定资产标准的设备、工具、器具的价值。新建单位及扩建单位的新建车间，按照设计或计划要求购置或自制的全部设备、工具、器具，不论是否达到固定资产标准均计入"设备、工具、器具购置"中。

(3)其他费用：指在固定资产建造和购置过程中发生的，除上述几项内容以外的各种应分摊计入固定资产的费用。

施工项目 指报告期内进行过建筑或安装施工活动的项目。凡是报告期内施过工的建设项目，不论施工时间长短，均作为施工项目统计。施工项目个数可以反映一定时期固定资产投资的实际规模，与同期全部建成投产项目个数相比，可以从建设速度的角度反映固定资产投资的效果。根据建设项目施工活动的不同性质，施工项目又分为：本年正式施工项目、本年收尾项目和以前年度全部停缓建项目。

全部建成投产项目 工业项目指设计文件规定形成生产能力的主体工程及其相应配套的辅助设施全部建成，经负荷试运转，证明具备生产设计规定合格产品的条件，并经过验收鉴定合格或达到竣工验收标准，与生产性工程配套的生活福利设施可以满足近期正常生产的需要，正式移交生产的建设项目。非工业项目指设计文件规定的主体工程和相应的配套工程全部建成，能够发挥设计规定的全部效益，经验收鉴定合格或达到竣工验收标准，正式移交使用的建设项目。

新增生产能力(或工程效益) 指通过固定资产投资活动而增加的设计能力(或工程效益)，该指标是以实物形态表现的反映固定资产投资成果的指标，也是考核投资经济效果的重要依据之一。

新增生产能力(或工程效益)一般有以下几种表现形式：

(1)用产品数量表示，以工程在单位时间内(一般是一年)所能生产的产品数量(即年产量)表示。如原煤开采用万吨／年表示，化学农药用吨／年表示，拖拉机制造用台／年表示等。某些化工产品由于含量差别较大，按其设计含量计算折合量表示，如硫酸、纯碱、烧碱等。

(2)用单位时间内所能处理的原料数量表示，以工程每天(或小时)所能处理原料的数量表示。如机制糖工程日处理原料吨，食用植物油日处理原料吨，城市污水处理能力用万吨／日表示等。

(3)用新增加的主要设备的数量或容量表示，如新增棉布织机、丝织机等台数，毛纺锭等锭数，发电厂新增发电机组容量用千瓦表示等。

(4)用建筑物容积、容量、面积、长度表示，是非工业项目或工程新增效益的一种表现形式。如铁路投产里程、新建公路、水库容量、粮食仓库、学校学生席位、医院病床、有效灌溉面积等。

根据工程的特点，有时需要用两种或两种以上的复合计量单位表示新增生产能力(或工程效益)，如新增内燃机生产能力同时用年产台数、千瓦数表示等。

为了规范新增生产能力(或工程效益)的名称和计算单位，国家统计局制订了《新增生产能力(或工程效益)目录及代码》。各固定资产投资单位在统计新增生产能力(或工程效益)时，必须按目录中规定的名称、计量单位和代码填报。

房屋建筑面积 指房屋建筑物勒脚以上外墙外围的水平截面面积，包括房屋建筑物的有效面积和结构面积。该指标是从实物形态上反映建设规模和建设成果的重要指标之一，也是检查工程形象进度、计算工程造价、分析投资效果、研究施工任务和建筑材料之间平衡情况的重要依据。

住宅建筑面积 指施工和竣工房屋建筑面积中供居住用的房屋建筑面积。

施工面积 指报告期内施工的全部房屋建筑面积。包括本期新开工的面积和上期开工跨入本期继续施工的房屋面积，以及上期已停建在本期恢复施工的房屋面积。本期竣工和本期施工后又停缓建的房屋，其建筑面积仍计入本期房屋施工面积中。

竣工面积 指在报告期内房屋建筑按照设计要求已经全部完工，达到住人和使用条件，经验收鉴定合格(或达到竣工验收标准)，正式移交使用单位的各栋房屋建筑面积的总和。

房屋建筑面积竣工率 指一定时期内房屋竣工面积占同期房屋施工面积的比率。是从房屋建筑施工速度的角度反映投资效果的指标。

新增固定资产 指报告期内已经完成建造和购置过程，并已交付生产或使用单位的固定资产价值。该指标是表示固定资产投资成果的价值指标，也是反映建设进度，计算固定资产投资效果的重要指标。

项目建设投产率 指一定时期内全部建成投产项目个数与同期施工项目个数的比率。该指标是从建设单位建设速度的角度反映投资效果的指标。

固定资产交付使用率 指一定时期新增固定资产与同期完成投资额的比率。该指标是反映固定资产动用速度，衡量建设过程中宏观投资效果的综合指标。由于新增固定资产是较长时期内形成的结果，而投资额则是当年完成的，因此，该指标一般适宜于反映较长时期内固定资产的动用情况。

商品房销售面积 指报告期内出售商品房屋的合同总面积(即双方签署的正式买卖合同中所确定的建筑面积)。由现房销售建筑面积和期房销售建筑面积两部分组成。

商品房销售额 指报告期内出售商品房屋的合同总价款(即双方签署的正式买卖合同中所确定的合同总价)。该指标与商品房销售面积同口径，由现房销售额和期房销售额两部分组成。

Explanatory Notes on Main Statistical Indicators

Total Investment in Fixed Assets in the Whole Country refers to the volume of activities in construction and purchases of fixed assets and related fees, expressed in monetary terms. It is a comprehensive indicator which shows the size, structure and growth of the investment in fixed assets, providing basis for observing the progress of construction projects and evaluating results of investment. Total investment in fixed assets in the whole country includes, by type of ownership, the investment by the state owned units, collective units, individuals, joint ownership units, share holding units, as well as investment by businessmen from foreign countries and from Hong Kong, Macao and Taiwan, and by other units.

Investment in Real Estate Development refers to the investment by the real estate development companies, commercial buildings construction companies and other real estate development units of various types of ownership in the construction of house buildings, such as residential buildings, factory buildings, warehouses, hotels, guesthouses, holiday villages, office buildings, and the complementary service facilities and land development projects, such as roads, water supply, water drainage, power supply, heating, telecommunications, land leveling and other projects of infrastructure. It excludes the activities in pure land transactions.

Investment in Rural Areas refers to investment in fixed assets by enterprises, institutions and individuals in rural areas.

Total Size of Construction refers to the planned total investment for all construction projects during the reference period.

Total Size of Investment in Projects under Construction refers to the planned total investment of all projects under construction at the end of the reference period.

Net Size of Investment in Projects under Construction refers to the required investment of all projects under construction at the end of the reference period.

Net Size of Investment=Total Size of Investment-accumulated completed investment

Sources of Funds for Investment in Fixed Assets include fund from state budget, domestic loans, foreign investment, self raised funds, and others depending on the source of investment.

(1) Fund from state budget consists of budgetary appropriation and loans from state budget. More specifically, it includes, from the budget of the central government, capital construction fund (operation fund and non-operational fund), special expenses (e.g. expenses on substituting petroleum with coal), loans from repayment, discount fund, expenses on innovation and trial production of new products, expenses on urban construction, expenses on temporary construction by trade departments, development fund for less developed areas, as well as local budgetary fund transferred from the central budget.

(2) Domestic loans refer to loans of various forms borrowed by investing units from banks and non-bank financial institutions during the reference period for the purpose of investment in fixed assets, including loans issued by banks from their self owned funds and deposit, loans appropriated by higher responsible authorities, special loans by government (including loan for substituting petroleum with coal, special loan for reform through labour coal mines), loans arranged by local government from special funds, domestic reserve loan, and working loan, etc.

(3) Foreign Investment refers to foreign funds received during the reference period for the construction and purchase of investment in fixed assets (covering equipment, materials and technology), including foreign borrowings (loans from foreign governments and international financial institutions, export credit, commercial loans from foreign banks, issue of bonds and stocks overseas), foreign direct investment and other foreign investment. Excluded in this category are capitals in foreign exchanges owned by China (foreign exchanges owned by the central and local governments, foreign exchanges retained by enterprises, foreign exchanges by enterprises through regulating mechanism, loans in foreign exchanges issued by the Bank of China with its own fund, etc.). In calculating the utilization of foreign capitals, foreign currencies are converted into Chinese Renminbi applying the current exchange rate when the foreign capitals are actually used.

(4) Self-raised funds refer to extra budgetary funds for investment in fixed assets received by investing units from central government ministries, local governments, enterprises and institutions, including their self raised funds.

(5) Others refer to funds for investment in fixed assets received from the sources other than those listed above, including capitals raised through issuing bonds by enterprises or financial institutions, funds raised from individuals and through donations, and funds transferred from other units.

Investment in Fixed Assets by Sector The classification of construction projects by sector is determined by the major products or the purpose of the projects when they are put into production or use, and by the nature of their social economic activities. In general, one project or one enterprise or institution can only be classified into one sector.

Investment in Fixed Assets by Jurisdiction of Management refers to the classification of investment by the competent authorities under which investment is made by construction units, enterprises, institutions or administrative units.

(1) Central investment refers to the investment in projects or by enterprises, institutions or administrative units which are under the direct leadership and management of the CPC Central Committee, the NPC Standing Committee, the State Council and of the national commissions, ministries, agencies and state

owned large corporations. Various ministries and departments of the State Council prepare and implement plans for investment in fixed assets by those departments, and arrange and ensure the supply of materials and key equipment required for the projects.

(2) Local investment refers to the investment in projects or by enterprises, institutions or administrative units which are under the direct leadership and management of departments under the provincial, prefecture and county governments. Also included are projects by foreign invested enterprises and enterprises without competent managing authorities.

Investment in Fixed Assets by Type of Construction The construction projects in general can be classified, by the type of construction, into new construction, expansion, reconstruction and technical transformation, moving and restoration. However, investment by type of construction is not applied to investment by real estate development units.

(1) New construction in general refers to newly constructed enterprises, institutions, administrative agencies or independent projects from scratch. Construction in the existing enterprises, institutions or agencies is not considered as new construction. In case the assets of the existing unit is quite small, and the value of newly added fixed assets exceeds the original value of assets by three times, the expansion will be considered as new construction.

(2) Expansion refers to construction of new major production workshop, branch factory or independent production line within a factory or in other locations, for the purpose of increasing the production capacity (or improving efficiency) of the original products. Newly constructed houses for the operation of institutions and administrative organizations (such as the newly constructed buildings for teaching in schools, buildings for clinics or wards in hospitals, etc.) are also classified as expansion.

Also included in the expansion are investments by existing enterprises or institutions in building major production line(s) or branch factory(ies) along with some work on innovation, for the purpose of expending the production capacity of original products or producing new products.

(3) Reconstruction refers to construction projects by existing enterprises or institutions in innovation or technical transformation of the old facilities (including auxiliary production equipment and welfare facilities).Also considered as reconstruction is the construction of new workshops by the existing enterprises or institutions to change the variety of products to meet the market demand (such as the production of civil products by defence industries), or to bring the designed production capacity into full play through a more balanced production process on production lines. Technical transformation refers to replacement of old technology or equipment by new technology or equipment, in order to expand the reproduction through improvement of technology contents in production, to improve product quality, to promote new products, to save energy and reduce consumption and to improve overall social economic efficiency. Contents of technical transformation include: updating of machinery, equipment and tools; reforming production process by using energy or materials saving technology; construction of factory workshops and transformation of public facilities; improvement of working conditions and environment, etc.

Investment in Fixed Assets by Structure By their contents, investment activities are classified into 3 categories, i.e. construction and installation, purchase of equipment and instrument, and other expenses.

(1) Construction and installation (work volume of construction and installation) refers to the construction of various houses and buildings and installation of various kinds of equipment and instruments. They include construction of various houses; equipment foundations, industrial kilns and stoves, and metal structure work; preparation works for project construction, and clearing up works post project construction; pavement of railways and roads, drilling of mines and putting up of oil pipes; construction of projects of water conservancy; construction of underground air raid shelters and construction of other special projects; value of equipment for heating, sanitation, ventilation, lighting, gas, painting, etc. that are covered by the budget of housing projects; laying out of various pipelines (for steam, compressed air, petroleum, tap water and sewage) and lines for electric power and for communications; installation of various machinery equipment, testing operation for pre testing the quality of installation projects, and land and other development work conducted by real estate developers for commercial housing. The value of equipment installed is not included in the value of installation projects.

(2) Purchase of equipment and instruments refers to the total value of equipment, tools, and instruments purchased or self produced which come up to standards for fixed assets by the construction units or investing enterprises or institutions. Equipment, tools and instruments purchased or self produced for new workshops by newly established or expanded units are categorized as "purchase of equipment and instruments" no matter whether they come up to the standards for fixed assets.

(3)Other expenses refer to expenses occurring during the construction or purchase of fixed assets other than those mentioned above.

Projects under Construction refer to projects with construction and installation activities undertaken in the reference period. All projects that have construction activities undertaken during the reference period are reported as projects under construction irrespective of the length of construction work. The number of projects under construction can reflect the actual size of investment in fixed assets during a given period, and when compared with the number of projects completed and put into use during the same period, it demonstrates the results of investment in fixed assets. Depending on the nature of construction activities, projects under construction can also be classified into projects under construction in current year, winding up projects in current year and stopped or suspended projects in previous years (with preservation work in current year).

Projects Completed and Put into Use Industrial projects refer to the major projects and accessory facilities completed which result in forming production capacity and have been checked and accepted while the living and welfare facilities have been completed and can ensure normal production and formally put into production. Non industrial projects refer to the major projects and accessory facilities completed which possess the designed capacity and have been checked, accepted and formally put into production.

Newly Increased Production Capacity(or Project Efficiency) refers to the increase of designed capacity (or project efficiency) through investment in fixed assets, which reflects the accomplishment of investment in fixed assets in kind and serves as important basis for evaluating the economic efficiency of investment.

The newly increased production capacity (project efficiency) are usually expressed in one of the following forms:

(1) output of products, i.e. the output that the project can produce during a given period (usually a year). For instance, the capacity in coal mining is expressed in 10,000 tons/year, the capacity in producing chemical pesticides expressed in ton/year, the capacity in producing tractors in tractor/year, etc. For some chemical products where the effective contents differ significantly, the production capacity is expressed as the designed effective content equivalent, such as in the case of sulphuric acid, soda ash, caustic soda, etc;

(2) raw materials processing capacity, i.e. the volume of raw materials that could be processed by the project per day (or per hour), such as tons of materials processed per day by a sugar refining project or edible vegetable oil project, or tons of urban sewage processed per day;

(3) number or capacity of major equipment increased, such as number of cotton or silk looms increased, wool spindles increased, or capacity (in kilowatts) of power generators increased;

(4) physical measures (volume, capacity, area, and length) of construction, which is typical for non industrial projects, for instance, the length of railways put into operation, the length of highways, the capacity of reservoirs, the capacity of warehouses, the floor space of housing projects, capacity for new students in schools or beds in hospitals, areas under new irrigation project, etc.

Features of projects sometimes call for combined use of two or more measurement to reflect the increased production capacity (or project efficiency), for instance, the new capacity for the production of internal combustion engines are expressed in sets per year and kilowatts per year simultaneously.

To standardize the nomenclature and unit of measurement for new production capacity (or project efficiency), the National Bureau of Statistics has developed Nomenclature and Codes for New Production Capacity (Project Efficiency). All reporting units with investment activities are required to follow these two nomenclatures in reporting statistics on new production capacity (project efficiency).

Floor Space of Buildings under Construction refers to total floor space of the horizontal section of outer walls above the plinth of the building, including the effective area and the area occupied by the structure. This indicator is one of the important indicators in physical terms to reflect the scale and accomplishment of the construction industry, and important basis for monitoring the progress, calculating the cost, analyzing the efficiency and studying the supply of building materials in relation with the construction projects.

Floor Space of Residential Buildings refers to the floor space of the residential buildings among the total space of buildings under construction or completed.

Floor Space under Construction refers to total floor space of all buildings under construction during the reference period, including floor space of newly started buildings during the reference period, floor space of construction extended from the previous period to the current period, and floor space of construction suspended during the previous period and resumed in the current period. Floor space of construction completed in the current period, and floor space of construction started and then suspended in the current period are also included in the floor space under construction of the current year.

Floor Space of Buildings Completed refers to the floor space of all buildings completed in the reference period, which have been appraised and accepted (or come up to the designed standards) and have been transferred to the owners for use.

Completion Rate of Floor Space of Buildings refers to the ratio of the floor space of buildings completed in certain period of time to the floor space of buildings under construction in the same period. This indicator reflects the investment result from the perspective of the speed of construction.

Newly Increased Fixed Assets refer to the newly increased value of fixed assets, constructed or purchased, that have been transferred to the investors. This is an indicator that demonstrates the results of investment in fixed assets in monetary terms, and an important indicator to reflect the speed of construction and to calculate the efficiency of investment.

Rate of Construction Projects Completed and Put into Use refers to the ratio of the number of construction projects completed and put into use in certain period of time to the number of projects under construction in the same period. This reflects the investment efficiency from the perspective of the speed of projects construction.

Rate of Projects of Fixed Assets Completed and Put into Operation refers to the ratio of the newly increased fixed assets to the total investment made in the same period. This is a comprehensive indicator reflecting the speed of the employment of fixed assets and the investment efficiency at the macro level. As the newly increase fixed assets is the result of a long period while the investment is completed in the current year, this indicator is expected to be used to reflect the employment of fixed assets over a long period of time.

Area of Commercial Housing Sold refers to total contracted area of commercial housing (i.e. area of floor space as designated in the formal contracts signed by both sides) during the reference time. It constitutes floor space of completed housing and floor space of future housing.

Value of Commercial Housing Sold refer to total value of contracts (i.e. value of sales/purchase for selling/purchase of commercial housing as designated in the contracts signed by both sides) during the reference time. It has the same coverage as the area of commercial housing sold, constituting completed housing and floor space of future housing.

第6篇

对外经济、旅游和开发区

Foreign Trade, Tourism and Development Zone

简 要 说 明

一、本篇资料的主要内容

本篇资料反映了全省外经外贸、旅游和开发区的基本情况，主要包括进出口、利用外资、境外投资、对外承包工程和劳务合作、人民币外汇牌价、旅游业基本情况、经济开发区和高新技术开发区等方面的内容。

二、本篇资料的来源

1.进、出口数据来源于海关统计，进出口商品价值，出口按离岸价（FOB）、进口按到岸价（CIF）统计。

2.利用外资、对外承包工程和劳务合作、境外投资等资料来源于省商务厅。

3.历年人民币对主要外币的年平均汇价资料来源于国家外汇管理局，是根据当年国家外汇管理局提供的每日汇价进行加权平均计算而得出的当年年平均汇价。

4.旅游资料来源于省旅游局。

5.开发区资料来源于省统计局开发区统计年报。

本篇资料由省统计局贸易外经处整理提供。

Brief Introduction

I. Content

Data in this chapter show the basic conditions of foreign trade, tourism and development zones, mainly including imports and exports, utilization of foreign capitals, overseas direct investments, contracted projects, labor services cooperation, exchange rate of RMB to other currencies, tourism and economic development zone, etc.

II. Source of Data

(1)Data on foreign trade are based on the statements made by the Administration of Customs. Exports are calculated at FOB, imports at CIF.

(2)Data on utilization of foreign capitals, contracted projects and labor services cooperation are provided by the Bureau of Commerce of Shandong Province.

(3)Average exchange rates of RMB yuan to other currencies over the years come from the State Administration of Exchange Control. The annual average exchange rate is calculated as the weighted mean of the daily exchange rates provided by the State Administration of Exchange Control.

(4)Data on tourism are provided by Shandong Tourism Administration.

(5)Data on economic development zones are based on the annual reports of economic development zones, which are provided by Shandong Provincial Bureau of Statistics.

Data in this chapter are prepared and compiled by the Division of Trade and External Economic Relations Statistics of Shandong Provincial Bureau of Statistics.

6-1 1978-2015年人民币对主要外币年平均汇价(中间价)
Average Exchange Rate of RMB Yuan Against Main Convertible Currencies from 1978 to 2015(Middle Rate)

单位:人民币元 (RMB yuan)

年 份 Year	100美元 100 US Dollars	100日元 100 Japanese Yen	100港元 100 Hong Kong Dollars	100欧元 100Euros
1978	168.36	0.8058	36.16	
1979	155.49	0.7131	31.35	
1980	149.84	0.6635	30.15	
1981	170.51	0.7735	30.41	
1982	189.26	0.7607	31.15	
1983	197.57	0.8318	27.36	
1984	232.70	0.9780	29.71	
1985	293.67	1.2457	37.57	
1986	345.28	2.0694	44.22	
1987	372.21	2.5799	47.74	
1988	372.21	2.9082	47.70	
1989	376.59	2.7360	48.28	
1990	478.38	3.3233	61.39	
1991	532.27	3.9602	68.45	
1992	551.49	4.3608	71.24	
1993	576.19	5.2020	74.41	
1994	861.87	8.4370	111.53	
1995	835.07	8.9225	107.96	
1996	831.42	7.6352	107.51	
1997	828.98	6.8600	107.09	
1998	827.91	6.3488	106.88	
1999	827.96	8.0720	106.53	
2000	827.72	7.3877	106.08	
2001	827.70	6.8075	106.08	
2002	827.70	6.6237	106.07	800.58
2003	827.70	7.1466	106.24	936.13
2004	827.68	7.6552	106.23	1029.00
2005	819.17	7.4484	105.30	1019.53
2006	797.18	6.8570	102.62	1001.90
2007	760.40	6.4632	97.46	1041.75
2008	694.51	6.7427	89.19	1022.27
2009	683.10	7.2986	88.12	952.70
2010	676.95	7.7279	87.13	897.25
2011	645.88	8.1050	82.97	900.11
2012	631.25	7.9037	81.38	810.67
2013	619.32	6.3323	79.85	822.19
2014	614.28	5.8196	79.22	816.51
2015	622.84	5.1543	80.34	691.41

6-2 1984-2015年海关进出口情况

Basic Statistics on Imports and Exports from 1984 to 2015

单位:万美元 (10 000 USD)

年份 Year	进出口总值 Total Value of Imports and Exports	出口总值 Total Value of Exports	一般贸易 General Trade	来料加工装配贸易 Processing and Assembling Trade with Sent Materials	进料加工贸易 Processing Trade with Imported Materials	其他贸易 Other Trades	进口总值 Total Value of Imports
1984	352012	207786					144226
1985	414448	234652					179796
1986	382840	191926					190914
1987	355294	289938	264633	2566	19232	3507	65356
1988	573361	309773	261451	3796	40458	4068	263588
1989	616511	327015	266337	6274	49047	5357	289496
1990	428522	341719	274898	8660	53152	5009	86803
1991	483200	375230	293951	13681	63430	4168	107970
1992	778140	433752	330729	18598	79452	4973	344388
1993	728586	420360	292058	23834	96748	7720	308226
1994	962927	587011	371013	40640	168470	6888	375916
1995	1395007	816101	460278	77503	270177	8143	578906
1996	1616394	918298	449683	130565	331035	6339	698096
1997	1753631	1085888	483895	185156	410664	6173	667743
1998	1661740	1034705	458607	172262	396013	7823	627035
1999	1827094	1157909	541405	218625	394880	2999	669185
2000	2498998	1552905	746563	293008	507050	6284	946093
2001	2896313	1812899	913253	310013	579125	10508	1083414
2002	3394175	2111511	1089063	341530	669958	10960	1282664
2003	4465752	2657285	1400709	392861	845249	18466	1808467
2004	6078136	3587286	1799792	483369	1252126	51999	2490850
2005	7688876	4625113	2310122	594991	1668351	51649	3063763
2006	9528817	5864717	3013461	655916	2083042	112298	3664100
2007	12261798	7524374	3800924	679014	2863332	181104	4737424
2008	15814480	9317486	4739880	722044	3573434	282128	6496994
2009	13860378	7956530	3637582	697915	3296132	324901	5903848
2010	18895085	10424695	4973019	750340	4230872	470464	8470390
2011	23599191	12578809	6466907	842878	4737751	531273	11020382
2012	24554487	12873171	6875045	867657	4566215	564254	11681316
2013	26715854	13450998	7603966	866031	4392892	588109	13264856
2014	27711549	14474545	8373918	802064	4734553	564010	13237004
2015	24174867	14406069	9042024	739933	4183875	440237	9768798

6-3 进出口主要分类情况

Imports and Exports by Category

单位:亿美元 (100 million USD)

类别	Category	2000	2005	2010	2012	2013	2014	2015
一、进出口总值	**Total Value of Imports and Exports**	**249.9**	**768.9**	**1889.5**	**2455.4**	**2671.6**	**2771.2**	**2417.5**
出口额	Exports	155.3	462.3	1042.5	1287.3	1345.1	1447.5	1440.6
进口额	Imports	94.6	306.4	847.0	1168.1	1326.5	1323.7	976.9
二、出口商品构成 (%)	**Structure of Exported Goods (%)**							
初级产品	Primary Goods	21.7	16.8	13.3	12.8	12.0	11.4	11.1
工业制品	Manufactured Goods	78.3	83.2	86.7	87.2	88.0	88.6	88.9
三、进口商品构成 (%)	**Structure of Imported Goods (%)**							
初级产品	Primary Goods	26.9	38.3	45.3	62.3	63.3	58.5	52.5
工业制品	Manufactured Goods	73.1	61.7	54.7	37.7	36.7	41.5	47.5
四、纺织服装进出口总值	**Total Value of Imports and Exports of Textile Apparel**	**58.4**	**121.3**	**188.5**	**213.4**	**231.9**	**238.0**	**228.8**
出口额	Exports	47.1	106.2	173.3	197.5	216.0	221.6	212.5
进口额	Imports	11.3	15.1	15.2	15.9	15.9	16.4	16.3
五、农(副)产品进出口总值	**Total Value of Imports and Exports of Agricultural Products(By-products)**	**57.3**	**119.2**	**250.6**	**366.8**	**409.8**	**427.0**	**313.7**
出口额	Exports	35.3	69.1	127.0	150.2	152.0	157.3	153.1
进口额	Imports	22.0	50.1	123.6	216.6	257.8	269.7	160.7
六、机电产品进出口总值	**Total Value of Imports and Exports of Mechanical and Electrical Products**	**61.3**	**240.3**	**725.0**	**754.2**	**781.3**	**885.8**	**871.8**
出口额	Exports	31.3	135.7	450.7	503.3	508.8	561.6	576.3
进口额	Imports	30.0	104.6	274.3	250.9	272.5	324.2	295.6
七、高新技术产品进出口总值	**Total Value of Imports and Exports of High and New-tech Products**	**17.2**	**85.0**	**329.1**	**283.9**	**328.8**	**392.5**	**352.8**
出口额	Exports	6.5	42.5	175.8	143.2	172.6	205.9	177.1
进口额	Imports	10.7	42.6	153.3	140.7	156.2	186.6	175.8
八、外商投资企业进出口总值	**Total Value of Imports and Exports of**	**139.3**	**413.9**	**962.8**	**1019.7**	**1010.3**	**1070.4**	**926.2**
出口额	Exports	79.3	238.1	565.7	604.9	582.4	622.9	561.3
进口额	Imports	60.0	175.8	397.1	414.8	427.9	447.5	364.9
九、一般贸易进出口总值	**Total Value of Imports and Exports under General Trades**	**105.1**	**358.6**	**974.4**	**1429.0**	**1669.5**	**1712.2**	**1493.7**
出口额	Exports	74.7	231.0	497.3	687.5	760.4	837.4	904.2
进口额	Imports	30.4	127.5	477.0	741.5	909.1	874.8	589.5
十、加工贸易进出口总值	**Total Value of Imports and Exports under Processing Trades**	**131.3**	**360.9**	**756.4**	**808.9**	**787.4**	**853.3**	**744.7**
出口额	Exports	80.0	226.3	498.1	543.4	525.9	553.7	492.4
进口额	Imports	51.3	134.6	258.3	265.5	261.5	299.6	252.3
来料加工贸易进出口总值	Total Value of Imports and Exports under Processing Trades with Sent Materials	49.4	99.0	118.3	135.4	131.9	124.8	113.2
出口额	Exports	29.3	59.5	75.0	86.8	86.6	80.2	74.0
进口额	Imports	20.1	39.5	43.3	48.6	45.3	44.6	39.2
进料加工贸易进出口总值	Total Value of Imports and Exports under ProcessingTrades with Imported Materials	81.9	261.9	638.1	673.5	655.5	728.5	631.5
出口额	Exports	50.7	166.8	423.1	456.6	439.3	473.5	418.4
进口额	Imports	31.2	95.1	215.0	216.9	216.2	255.0	213.1

注:农副产品2004年以后为农产品数据，2011年起，纺织服装进口额不含服装进口数据。

a)Since 2004,data of agricultural by-products is agricultural products data.Since 2011,Total value of imports of textile apparel no include the value of apparel.

6-4 按主要国家(地区)分海关进出口商品总值(2015年)

Total Value of Import and Export Commodities by Countries or Regions(2015)

单位:万美元 (10 000 USD)

国别(地区)	Country(Region)	进出口总值 Total Value of Imports and Exports	出口总值 Total Value of Exports	进口总值 Total Value of Imports
合　计	**Total**	**24174867**	**14406069**	**9768798**
亚　洲	**Asia**	**11732174**	**6735077**	**4997097**
东　盟	Asean	3057911	1501638	1556273
香　港	Hong kong	582809	558253	24556
日　本	Japan	1999577	1474562	525015
韩　国	Repulic of Korea	3224777	1459656	1765121
台　湾	Taiwan	468347	177183	291165
马来西亚	Malaysia	849656	255345	594311
印度尼西亚	Indonesia	504440	278710	225730
新加坡	Singapore	313850	220357	93492
印　度	India	492067	329603	162464
泰　国	Thailand	660422	220140	440282
非　洲	**Africa**	**1149322**	**835219**	**314103**
南　非	South Africa	197300	110664	86636
欧　洲	**Europe**	**3712259**	**2618675**	**1093584**
欧　盟	EU	2976324	2258895	717429
英　国	United Kingdom	432498	377476	55022
德　国	Germany	625453	415901	209552
法　国	France	248545	183458	65087
意大利	Italy	239915	171981	67934
荷　兰	Netherlands	428397	371972	56425
西班牙	Spain	186489	158361	28127
瑞　典	Sweden	81990	60787	21203
瑞　士	Switzerland	46638	21924	24713
俄罗斯	Russia	505490	261798	243693
比利时	Belgium	145195	116133	29062
拉丁美州	**Latin America**	**2301556**	**968174**	**1333381**
阿根廷	Argentina	170007	100430	69577
巴　西	Brazil	791498	162492	629006
智　利	Chile	389253	92708	296545
墨西哥	Mexico	297501	254564	42937
巴拿马	Panama	52283	51817	466
北美州	**North America**	**4025751**	**2864134**	**1161617**
美　国	United States	3594584	2621698	972885
加拿大	Canada	418978	236456	182522
大洋州	**Oceanic**	**1253226**	**384792**	**868435**
澳大利亚	Australia	1101070	326192	774878
新西兰	New Zealand	126719	39324	87396

注:进口国别指原产国,出口国别指最终消费国。
a)The importing country refers to country of origin and the exporting country refers to country of final consumption.

6-5 海关进出口商品分类金额(2015年)

Imports and Exports Value by Category of Commodities(2015)

单位:万美元 (10 000 USD)

商品类别	Category	出口 Export	进口 Import
总计	**Total**	**14406069**	**9768798**
一、活动物;动物产品	Live Animals & Animal Products	357840	304250
二、植物产品	Plant Products	491373	935449
三、动植物油脂、蜡及分解产品;食用油	Animal and Vegetable Oils; Fats and Wax; Edible Oils and Fats	5566	63912
四、食品饮料酒醋;烟草及代用品	Food; Beverages; Liquor and Vinegar; Tobacco and Tobacco Substitutes	628286	135933
五、矿产品	Minerals	94511	2591962
六、化学工业及其相关工业产品	Chemicals and Related Products	1157602	290560
七、塑料及其制品;橡胶及其制品	Plastics and Related Products; Rubber and Related Products	1239701	806904
八、皮及皮制品;旅行用品;动物肠线	Leather and Leather Products; Travel Articles; Animal Casing	205383	96678
九、木及软木制品、编结材料制品	Wood and Wooden Products; Plaited Products	278082	184176
十、木浆及纤维状纤维素浆;废纸纸板及制品	Paper Pulp and Cellulose Pulp; Paper and Waste Paper; Paperboard and Related Products	178169	309757
十一、纺织原料及纺织制品	Textile Materials and Products	2006386	281252
十二、鞋帽伞杖鞭及零件;羽毛人发制品	Footwear; Headgear; Umbrellas; Canes; Whips;Feather and Wigs and Related Products	330891	14963
十三、石料膏泥棉云母及制品;陶瓷玻璃	Gypsum; Cement; Asbestos; Mica; Ceramic Glass	483660	20169
十四、珍珠宝石贵金属及制品;仿首饰	Pearls and Precious Stones;Precious Metal and Related Products;Artificial Jewelry	65579	24447
十五、贱金属及制品	Base Metals and Related Products	1355658	824278
十六、机械、电气设备、电视机及音响设备	Machinery; Electric Equipment;TV Sets and Audio	3277181	2172328
十七、车辆,航空器,船舶及运输设备	Locomotives; Vehicles; Aircraft; Ship and Related Transportation Equipment	1066173	262788
十八、照相计量医疗精密仪器及设备,零附件	Photographic,Measuring and Mwdical Instruments and Equipment;Related Parts and Accessories	190852	402908
十九、武器弹药及其零件、附件	Weapons and Ammunition; Related Parts and Accessories	1782	6
二十、杂项制品	Miscellaneous Products	987370	45925
二十一、艺术品,收藏品及古物	Works of Art, Collectibles and Antiques	3193	129
二十二、特殊交易品及未分类商品	Special Transactions Goods and Products Not Otherwise Classified	832	25

6-6 各市进口总值
Import Value by Region

单位:万美元 (10 000 USD)

地 区	Region	2005	2008	2009	2010	2011	2012	2013	2014	2015
全省总计	**Total**	**3063763**	**6496994**	**5903848**	**8470390**	**11020382**	**11681316**	**13264856**	**13237004**	**9768798**
济南市	Jinan	198370	342979	260998	338077	435313	341237	408513	443894	391559
青岛市	Qingdao	1360157	2102054	1755250	2316976	3173616	3241127	3595284	3411137	2487228
淄博市	Zibo	111835	205905	177199	267156	371128	421339	375846	334093	184217
枣庄市	Zaozhuang	5843	15052	10567	16510	22341	19205	30477	28668	19188
东营市	Dongying	62810	214698	220500	524370	585887	731888	734502	716119	794434
烟台市	Yantai	499666	1438396	1446015	1830134	1865388	1944322	1983808	2334823	2134194
潍坊市	Weifang	98977	183779	187374	305563	372440	400365	455585	545743	593745
济宁市	Jining	70406	140346	128281	216172	267509	191947	189611	196240	200202
泰安市	Tai'an	19984	58676	37051	66296	63595	93837	111785	124246	53469
威海市	Weihai	281329	435009	379524	498919	618131	646678	644731	521511	431693
日照市	Rizhao	122377	674233	694373	1116594	1693053	2141712	2916013	2998036	1105077
莱芜市	Laiwu	39251	139664	98256	168635	245070	139196	175308	129828	91300
临沂市	Linyi	52039	135924	123114	194120	320861	398994	477219	509646	268604
德州市	Dezhou	18292	32854	48143	61408	93557	85025	151165	128026	96771
聊城市	Liaocheng	17787	139075	138370	234233	377913	374313	418645	336790	253633
滨州市	Binzhou	100308	222730	160084	253989	384626	344896	474668	341746	450673
菏泽市	Heze	4334	15620	38749	61237	129954	165234	121695	136457	212811

6-7 各市出口总值
Export Value by Region

单位:万美元 (10 000 USD)

地 区	Region	2005	2008	2009	2010	2011	2012	2013	2014	2015
全省总计	**Total**	**4625113**	**9317486**	**7956530**	**10424695**	**12578809**	**12873171**	**13450998**	**14474545**	**14406069**
济南市	Jinan	177843	459720	304706	405065	604702	571423	548093	606119	599604
青岛市	Qingdao	1942323	3263130	2729865	3388997	4058082	4079090	4195962	4577696	4532685
淄博市	Zibo	201683	363348	306267	403077	532422	531938	524998	559843	578724
枣庄市	Zaozhuang	31357	51829	48925	74567	84410	93923	94656	115373	140271
东营市	Dongying	85448	197233	175539	275753	435919	498199	580290	609488	496787
烟台市	Yantai	648308	2064703	1983380	2547962	2669482	2835914	2947468	2940357	2804476
潍坊市	Weifang	295085	654075	615288	869581	1036386	1096820	1160420	1232904	1298380
济宁市	Jining	116360	186457	156771	229866	307012	319613	333417	326913	343461
泰安市	Tai'an	54476	92087	70540	92614	118548	122221	136696	173108	174881
威海市	Weihai	473400	745478	681808	891721	1074178	1065926	1070238	1137218	1262087
日照市	Rizhao	132341	252525	162672	221080	390635	387622	387918	478865	413386
莱芜市	Laiwu	66029	136619	59144	103202	114131	73382	75095	92056	98413
临沂市	Linyi	127688	262958	218801	282591	362193	389726	463548	569408	605650
德州市	Dezhou	55209	121922	95504	133596	174642	186760	202646	222717	220674
聊城市	Liaocheng	46001	151546	83701	128938	187526	184919	200303	238553	253684
滨州市	Binzhou	124096	230108	176567	254980	284489	282876	354250	378169	363203
菏泽市	Heze	47465	83749	87050	121105	144051	152819	175000	215759	219703

6–8 各市外商投资企业进口总值

Import Value of Foreign- funded Enterprises by Region

单位:万美元 (10 000 USD)

地区	Region	2005	2008	2009	2010	2011	2012	2013	2014	2015
济南市	Jinan	64166	64408	74057	98172	94825	85119	137608	121857	59933
青岛市	Qingdao	765464	989834	800873	946037	1083821	941800	935831	963393	839443
淄博市	Zibo	55656	64871	51379	73952	101691	88517	72702	73356	54431
枣庄市	Zaozhuang	4407	8927	7449	9145	10917	6859	6137	7045	7476
东营市	Dongying	5119	66073	107460	225175	206647	259554	199707	194742	156487
烟台市	Yantai	426616	1288380	1249108	1523651	1415388	1408391	1318853	1600465	1481398
潍坊市	Weifang	56398	110498	91750	119937	172322	139381	153361	157793	135743
济宁市	Jining	63631	127769	115459	182080	194136	134841	138489	136729	124541
泰安市	Tai'an	2921	6216	1842	3546	5365	4938	4583	3722	8807
威海市	Weihai	213080	303899	288077	356285	367974	353942	332885	310320	270964
日照市	Rizhao	43823	159197	122795	200410	430882	462024	560543	582506	309894
莱芜市	Laiwu	1224	1659	944	4746	2946	703	4158	4086	5872
临沂市	Linyi	15493	59334	49853	81620	123438	141203	195419	178341	53095
德州市	Dezhou	7078	9274	4952	8884	11925	11957	14373	12673	9985
聊城市	Liaocheng	7034	43436	28062	41743	63460	43793	54378	44011	29577
滨州市	Binzhou	24800	77641	70753	83601	66914	42249	129309	73674	89302
菏泽市	Heze	1497	8378	16712	17199	18666	22938	20673	10837	12258

6–9 各市外商投资企业出口总值

Export Value of Foreign-funded Enterprises by Region

单位:万美元 (10 000 USD)

地区	Region	2005	2008	2009	2010	2011	2012	2013	2014	2015
济南市	Jinan	41785	114935	97779	131488	168105	152160	160182	169035	175359
青岛市	Qingdao	1072594	1715079	1424379	1676534	1930536	1764622	1660659	1727138	1623387
淄博市	Zibo	105493	187591	167562	212442	266416	261842	248033	245167	218869
枣庄市	Zaozhuang	6885	22154	15726	22546	30939	30954	29827	39001	37026
东营市	Dongying	7118	47085	33449	62815	63541	60123	46084	51501	28559
烟台市	Yantai	461920	1715035	1709612	2170903	2171242	2077348	1967676	2166016	1938415
潍坊市	Weifang	132678	273463	207628	301865	388930	381763	392609	420019	381747
济宁市	Jining	51804	78457	58687	81702	121998	125593	125724	126494	112577
泰安市	Tai'an	14106	24932	17665	22570	25976	23355	22901	23294	20907
威海市	Weihai	313405	472998	429674	566264	623334	607243	570564	571512	523011
日照市	Rizhao	57602	148180	80322	108232	237396	235944	243267	321319	237924
莱芜市	Laiwu	7370	8153	12198	15125	14208	8037	9245	12908	12661
临沂市	Linyi	51720	113847	97240	123593	154818	157795	172855	175650	141064
德州市	Dezhou	14710	33054	29539	38784	46408	49103	54410	49228	41164
聊城市	Liaocheng	17416	38064	21737	27318	31230	21974	18049	18274	20572
滨州市	Binzhou	12927	48031	48373	61757	59168	51299	51793	49035	40845
菏泽市	Heze	11242	26549	26736	32385	38242	39775	49986	63063	58844

6-10 1979-2015年利用外资情况

Statistics on Utilization of Foreign Capitals from 1979 to 2015

单位:万美元 (10 000 USD)

年 份 Year	合同项目个数(个) Number of Contracted Projects	#外商直接投资 Foreign Direct Investments	合同外资金额 Total Amount of Contracted Foreign Capital	#外商直接投资 Foreign Direct Investments	实际利用外资金额 Total Amount of Foreign Capital Actually Utilized	#外商直接投资 Foreign Direct Investments
1979	49		1278		1276	
1980	46		1254		1245	
1981	40	1	1296	10	1296	10
1982	60		1348		1327	
1983	51		2010		1831	
1984	100	16	15283	10470	1642	40
1985	232	32	10994	4925	6375	559
1986	109	37	13377	5927	11743	1939
1987	151	53	30520	3890	10219	2381
1988	458	203	59553	26020	14231	3908
1989	485	240	55272	17855	31498	13132
1990	674	366	55164	23283	31123	15084
1991	1187	801	102358	65481	46789	17950
1992	4651	4109	471994	391961	137684	97335
1993	8012	7229	754863	705116	226068	184319
1994	4747	3650	624570	526217	340137	253566
1995	5035	2709	532980	462521	326698	260719
1996	2223	2175	633894	539797	339426	259041
1997	1681	1597	454145	328037	358447	250044
1998	1434	1366	367072	221866	361036	222262
1999	1745	1717	421333	311087	374464	246878
2000	2733	2728	561066	507435	381243	297119
2001	3058	3047	715880	672040	424886	362093
2002	4072	4065	1186072	1130680	652124	558603
2003	5305	5305	1989296	1341413	1125985	709371
2004	5890	5890	2144647	2028958	982105	870064
2005	6415	6415	2884398	2749510	1101441	897072
2006	4030	4030	1645089	1624175	1020966	1000069
2007		2717		1173880		1101159
2008		1527		1014959		820246
2009		1468		871045		801007
2010		1632		1363381		916833
2011		1433		1579081		1116022
2012		1333		1655717		1235267
2013		1405		1770879		1405315
2014		1352		1595327		1519511
2015		1509		2004467		1630090

注:2003年实际利用外资金额是全口径数据包括对外借款,合同外资个数和合同外资金额不包括对外借款部分。2004年起实行新的外商投资统计制度取消对外借款部分,外商直接投资数据为商务部反馈数。2008年实际利用外资改为实际到帐外资。

a)In 2003,data of total amount of foreign capital actually utilized are including foreign loads.And Data of projects for contracted foreign capital and total amount of contracted foreign capital are excluding foreign loads.Since 2004,foreign loads is canceled according to the new statistical lations on foreign investments.Data of foreign direct investments come from the Ministry of Commerce.In 2008 the foreign capital actually utilized is changed to the actual received foreign capital.

6-11 按主要国家(地区)分外商直接投资

Foreign Direct Investment by Countries or Regions

单位:万美元 (10 000 USD)

国家(地区)	Country(Region)	合同项目个数(个) Number of Contracted Projects (unit)		合同外商投资金额 Total Amount of Contracted Foreign Capital		实际使用外商投资金额 Total Amount of Foreign Capital Actually Utilized	
		2014	2015	2014	2015	2014	2015
总计	**Total**	**1352**	**1509**	**1595327**	**2004467**	**1519511**	**1630090**
韩国	Republic of Korea	418	555	232623	302779	152990	206717
香港	Hong Kong	386	393	902529	1145168	762806	754834
美国	United States	69	71	50930	71392	126331	48894
日本	Japan	76	55	51029	62275	57875	73032
台湾省	Taiwan	100	120	57224	100072	48620	43292
英属维尔京群岛	Virgin Islands	12	19	27410	50889	43683	61342
新加坡	Singapore	52	31	73003	32490	120873	139899
英国	United Kingkom	17	18	2345	6465	8962	1892
加拿大	Canada	25	24	20319	6615	16543	9922
澳大利亚	Australia	19	23	19768	15623	9636	5344
法国	France	12	13	9893	12825	5358	4553
德国	Germany	17	32	5380	19591	10423	21722
毛里求斯	Mauritius	1	1	833	-821	3412	2288
马来西亚	Malaysia	8	8	6733	2776	1870	1486
萨摩亚	Samoa	12	6	12519	815	7035	13142
意大利	Italy	7	12	14628	7191	9406	5161
荷兰	Netherlands	5	5	-1947	5521	4968	11556
开曼群岛	Cayman Islands	4	1	8330	-742	3859	27186
泰国	Thailand	2		2159	5959	740	3040
澳门	Macao	4	4	5985	4788	283	952
瑞士	Switzerlan	1	2	-1206	11719	1615	4017
巴拿马	Panama				14		
百慕大	Bermuda	1	1	13058	22667	13927	54542
俄罗斯	Russia	10	9	3150	4231	2456	568
菲律宾	Philippines	1	2	519	3810	519	2800
丹麦	Denmark	5	7	4150	614	4661	5525
印度尼西亚	Indonesia	1	1	7	5	6	707
奥地利	Austria	1	2	-224	-1003	35	44
西班牙	Spain	3	7	-6392	894	470	287
新西兰	New Zealand	5	8	5163	6589	1019	2014
卢森堡	Luxembourg	2	2	14049	4387	9641	12112
瑞典	Sweden	4	2	365	98	1840	864
比利时	Belgium			10	-55	2060	
欧洲联盟	The European Union	83	107	44589	62550	69316	74911
东南亚联盟	Southeast Asian Union	64	43	82327	45070	125060	147984

6-12 按行业分外商直接投资(2015年)

单位:万美元

行　　业	Sector	项目数(个) Number of Projects(unit)		
		本年新增 Newly Added in the Year	比上年增长(%) Growth Rate (%)	2015年止累计 Accumulative number end to 2015
总　　计	**Total**	**1509**	**11.6**	**69130**
第一产业	**Primary Industry**	**34**	**-27.7**	**2312**
农、林、牧、渔业	Agriculture, Forestry, Animal Husbandry and Fishing	34	-27.7	2312
第二产业	**Secondary Industry**	**556**	**5.7**	**53115**
采矿业	Mining		-100.0	229
制造业	Manufacturing	518	5.5	51197
电力、燃气及水的生产和供应业	Production and Supply of Electricity, Gas and Water	30	30.4	462
建筑业	Construction	8	-11.1	1227
第三产业	**Tertiary Industry**	**919**	**18.0**	**13703**
交通运输、仓储和邮政业	Transport, Storage and Post	19	-26.9	773
信息传输、计算机服务和软件业	Information Transmission, Computer Services and Software	31	34.8	371
批发和零售业	Wholesale and Retail Trade	545	34.2	4448
住宿和餐饮业	Hotels and Catering Services	43	2.4	1445
金融业	Financial Intermediation	45	28.6	159
房地产业	Real Estate	17	-34.6	2287
租赁和商务服务业	Leasing and Business Services	95	-15.9	2376
居民服务和其他服务业	Services to Households and Other Services	12		214
科学研究、技术服务和地质勘查业	Scientific Research, Technical Service and Geologic Prospecting	91	8.3	674
水利、环境和公共设施管理业	Management of Water Conservancy, Environment and Public Facilities	4		122
教　育	Education	3	200.0	93
文化、体育和娱乐业	Culture, Sports and Entertainment	8	100.0	652
卫生、社会保障和社会福利业	Health, Social Security and Social Welfare	6	100.0	89

Foreign Direct Investment by Sector(2015)

(10000 USD)

合同外资金额 Total Amount of Contracted Foreign Capital			实际使用外资金额 Total Amount of Foreign Capital Actually Utilized		
本年 This Year	比上年增长(%) Growth Rate (%)	2015年止累计 Accumulative number end to 2015	本年 This Year	比上年增长(%) Growth Rate (%)	2015年止累计 Accumulative number end to 2015
2004467	**25.6**	**26375794**	**1630090**	**7.3**	**17070602**
57082	**0.0**	**831146**	**40230**	**-33.3**	**532510**
57082	0.0	831146	40230	-33.3	532510
892615	**10.6**	**18171641**	**983152**	**7.3**	**12110541**
300	-87.5	127701	8301	26.1	126886
824160	7.1	16926427	932448	7.8	11226451
48206	36.3	805581	37090	-12.9	588667
19949		311932	5312	138.8	165536
1054770	**44.2**	**7373007**	**606709**	**11.8**	**4427552**
79502	-4.9	883119	50250	-33.8	510108
25848	472.9	163360	25802	531.9	84885
235796	34.5	1129109	95426	-7.0	673997
1811	-72.4	277376	5332	216.3	158018
326820	87.8	613848	134284	48.0	302998
147365	43.6	2501976	155008	6.2	1744990
64896	-10.8	761657	38607	-16.5	393859
-7609		67911	10	-99.8	51586
164383	61.7	582068	90883	43.6	335153
8641	558.1	128954	2000	-19.6	55487
3432	192.6	23605	3720	304.8	12639
982	-19.4	188200	3036	-30.9	93431
2903	-41.0	51824	2351	4602.0	9401

6-13 按方式分外商直接投资

Basic Statistics on Foreign Direct Investments by Form

单位:万美元 (10 000 USD)

类别	Category	合同项目个数(个) Number of Contracted Projects(unit)				实际外资金额 Total Amount of Foreign Capital Actually Utilized			
		2012	2013	2014	2015	2012	2013	2014	2015
外商直接投资	**Foreign Direct Investments**	**1333**	**1405**	**1352**	**1509**	**1235267**	**1405315**	**1519511**	**1630090**
合资经营企业	Sino-foreign Joint-ventures enterprises	366	422	365	418	273852	365199	340244	397010
合作经营企业	Sino-foreign Cooperative Operation enterprises	17	8	8	7	55294	5057	5797	27998
外资企业	Foreign Investment Enterprises	949	974	975	1077	881521	1026169	1158128	1172994
外商投资股份制企业	Foreign Investment Share Enterprises	1	1	4	7	24600	8890	15343	32089
合作开发	Cooperative Development								
其他	Others								

6-14 各市外商直接投资

Foreign Direct Investment by Region

单位:万美元 (10 000 USD)

地区	Region	项目数(个) Number of Projects(unit)		合同外资 Amount of Contracted Foreign Capital		实际使用外资 Amount of Foreign Capital Actually Utilized	
		2014	2015	2014	2015	2014	2015
全省总计	**Total**	**1352**	**1509**	**1595327**	**2004467**	**1519511**	**1630090**
济南市	Jinan	78	104	187974	303100	143497	157851
青岛市	Qingdao	619	763	591761	827357	608100	669062
淄博市	Zibo	35	29	41412	25529	54419	58790
枣庄市	Zaozhuang	12	9	10305	20016	10455	9975
东营市	Dongying	9	10	-2186	15911	21510	22194
烟台市	Yantai	220	224	264482	286285	176903	191638
潍坊市	Weifang	40	38	174366	176493	89751	100116
济宁市	Jining	27	13	27987	29057	88648	91698
泰安市	Tai'an	78	72	78452	86784	41314	49564
威海市	Weihai	129	163	93366	97640	101220	112018
日照市	Rizhao	26	15	16763	19560	57302	57849
莱芜市	Laiwu	5	5	8667	27482	6123	13471
临沂市	Linyi	24	21	34086	23333	33883	14230
德州市	Dezhou	11	13	5574	8713	15655	11875
聊城市	Liaocheng	13	8	3532	9722	10629	5680
滨州市	Binzhou	10	9	55282	39164	38254	41022
菏泽市	Heze	16	13	3504	8321	21848	23058

6-15 境外投资情况
Overseas Investment

类 别	Category	境外投资项目(个) Overseas Investment Projects (unit)		备案核准中方投资总额(万美元) Approved and Registered Total Amount of Chinese Investment (10 000 USD)	
		2015	2015年止累计 Accumulative number end to 2015	2015	2015年止累计 Accumulative number end to 2015
总 计	**Total**	**589**	**4675**	**1559474**	**3830585**
贸易性企业	Trade Enterprises	227	1964	152322	562207
非贸易性企业	Non-trade Enterprises	332	2166	1407152	3268378
资源开发企业	Resource Development	61	418	342673	935419

6-16 各市境外投资情况
Overseas Investment by Region

单位:万美元 (10 000 USD)

地 区	Region	企业数(个) Number of Enterprises(unit)		备案核准投资额 Approved and Registered Amount of Investment		对外实际投资额 Actual amount of Overseas Investment	
		2014	2015	2014	2015	2014	2015
全省总计	**Total**	**524**	**589**	**628873**	**1559474**	**441095**	**577806**
济 南 市	Jinan	48	49	60174	103461	21177	56772
青 岛 市	Qingdao	138	195	140316	411826	111779	130859
淄 博 市	Zibo	35	42	57050	187197	20813	30738
枣 庄 市	Zaozhuang	3	6	5822	2504	601	2131
东 营 市	Dongying	45	36	26066	107094	7525	21666
烟 台 市	Yantai	56	59	58329	150408	55041	75417
潍 坊 市	Weifang	61	51	63789	157706	28685	44883
济 宁 市	Jining	24	19	39578	24993	132834	67475
泰 安 市	Tai'an	13	10	16265	19000	2953	2962
威 海 市	Weihai	25	49	41800	60448	21627	30751
日 照 市	Rizhao	12	24	27394	105922	11894	28402
莱 芜 市	Laiwu	3	1	366	130	184	221
临 沂 市	Linyi	24	17	45321	21666	10272	3776
德 州 市	Dezhou	6	9	6147	14707	1489	994
聊 城 市	Liaocheng	15	8	14138	29745	458	16324
滨 州 市	Binzhou	9	8	19879	31307	11509	40566
菏 泽 市	Heze	7	6	6440	131361	2254	23869

6-17 按主要国别(地区)分境外投资情况

Overseas Investment by Countries or Regions

单位:万美元 (10 000 USD)

国别(地区)	Country(Region)	项目数(个) Number of Projects(unit) 2014	2015	备案核准中方投资额 Approved and Registered Amount of Chinese Investment 2014	2015
总计	**Total**	**524**	**589**	**628873**	**1559474**
亚洲小计	**Subtotal of Asia**	**273**	**268**	**340897**	**674864**
阿富汗	Afghanistan				
阿联酋	UAE	3	13	639	2686
澳门	Macao				
巴基斯坦	Pakistan	4	8	16395	13550
巴林	Bahrain		1		500
朝鲜	Korea DPR				
东帝汶	East Timor				
菲律宾	Philippine	2	4	600	237
哈萨克斯坦	Kazakhstan	10	2	1350	3025
韩国	Republic of Korea	28	33	9033	16866
吉尔吉斯斯坦	Kyrgyzstan		2		1600
柬埔寨	Cambodia	12	17	23417	54445
卡塔尔	Qatar				
科威特	Kuwait				
老挝	Laos		1		121
马来西亚	Malaysia	13	12	20959	40113
蒙古	Mongolia	1	2	9080	501
孟加拉	Bangladesh	1	3	320	23715
缅甸	Myanmar	2	3	2000	948
日本	Japan	17	22	958	2876
沙特阿拉伯	Saudi Arabia				
斯里兰卡	Sri Lanka	1	1	950	600
塔吉克斯坦	Tajikistan	1	2	2000	23207
中国台湾	Taiwan,China	4		2348	
泰国	Thailand	6	11	16098	28648
土库曼斯坦	Turkmenistan				
乌兹别克斯坦	Uzbekistan	4	4	1220	22142
香港	Hong Kong	119	77	174864	179099
新加坡	Singapore	19	14	19973	89532
叙利亚	Syria				
也门	Yemen				
伊朗	Iran	1	1	1	3000
以色列	Israel		1		51
印度	India	4	10	701	43528
印度尼西亚	Indonesia	14	11	32676	62035
约旦	Jordan				
越南	Vietnam	4	13	1780	61840
伊拉克	Iraq				
马尔代夫	Maldives	1		2594	
阿曼	Oman	2		940	
非洲小计	**Subtotal of Africa**	**44**	**67**	**72675**	**94760**
阿尔及利亚	Algeria	1		6	
埃及	Egypt	1		4	
埃塞俄比亚	Ethiopia	2	8	4987	5055
安哥拉	Angola	1	2	100	2017
贝宁	Benin	1		750	
博茨瓦纳	Botswana				

6-17 续表 1 continued

单位:万美元 (10 000 USD)

国别(地区)	Country(Region)	项目数(个) Number of Projects(unit)		备案核准中方投资额 Approved and Registered Amount of Chinese Investment	
		2014	2015	2014	2015
赤道几内亚	Eq.Guinea	1	1	130	1
多哥	Togo		1		500
厄立特里亚	Eritrea				
佛得角	Cape Verde				
冈比亚	Gambia				
刚果(布)	Congo Rep			995	
刚果(金)	Congo DR				
几内亚	Guinea		2		3768
几内亚(比绍)	Guinea-Bissau		1		5000
加纳	Ghana	2	6	1800	9837
加蓬	Gabon				
津巴布韦	Zimbabwe	2	2	1800	9850
喀麦隆	Cameroon	1	2	600	1159
科特迪瓦	Cote D'Ivoire	1		9700	
肯尼亚	Kenya	1	4	100	4250
莱索托	Lesotho				
利比里亚	Liberia	3		6800	
利比亚	Libya				
马里	Mali				
马达加斯加	Madagascar	2	4	4000	8871
毛里求斯	Mauritius	1	1	9800	300
毛里塔尼亚	Mauritania		1		810
摩洛哥	Morocco				
马拉维	Mavila				
莫桑比克	Mozambique	2	3	8900	4587
纳米比亚	Namibia		2		100
南非	South Africa	5	9	5085	16610
南苏丹	South Sudan		1		5
尼日利亚	Nigeria	7	4	3227	1500
塞内加尔	Senegal		1		200
塞拉利昂	Sierra Leone				
塞浦路斯	Cyprus		1		370
塞舌尔	Seychelles	2	3	159	12990
北苏丹	North Sudan	1	1	110	1000
坦桑尼亚	Tanzania	3	2	1343	3000
突尼斯	Tunisia				
乌干达	Uganda	2	5	1180	2980
赞比亚	Zambia	2		11100	
中非	Central Africa				
欧洲小计	**Subtotal of Europe**	**51**	**57**	**59546**	**128868**
阿塞拜疆	Azerbaijan	1			
白俄罗斯	Belorussia	1		100	
保加利亚	Bulgaria				
比利时	Belgium	4		2563	
波黑	Bosnia and Heraegovinian				
波兰	Poland	2	1		556
德国	Germany	7	15	13075	54586
丹麦	Denmark		1		4250
俄罗斯	Russia	13	16	20859	33682
法国	France	2	3	1502	12524
芬兰	Finland				
荷兰	Netherlands	5	2	1661	3553
捷克	Czech				

6-17 续表 2 continued

单位:万美元 (10 000 USD)

国别(地区)	Country(Region)	项目数(个) Number of Projects(unit) 2014	2015	备案核准中方投资额 Approved and Registered Amount of Chinese Investment 2014	2015
拉托维亚	Latvia				
立陶宛	Lithuania				
卢森堡	Luxembourg	1		2850	
罗马尼亚	Romania	1		6800	
挪威	Norway				
葡萄牙	Portugal				
瑞典	Sweden	2	1	433	36
瑞士	Switzerland			638	
斯洛伐克	Slovakia				
塞浦路斯	Cyprus				
土耳其	Turkey	2			
乌克兰	Ukraine				
西班牙	Spain	2	2	797	2992
希腊	Greece				
匈牙利	Hungary		5		-7783
亚美尼亚	Armenia				
意大利	Italy	1	3		6165
英国	United Kingdom	6	8	2716	18308
塞尔维亚	Serbia	1		5553	
拉丁美洲小计	**Subtotal of Latin America**	**27**	**37**	**30324**	**122769**
阿根廷	Argentina	1	2	430	7869
安提瓜和巴布达	Antigua and Barbuda				
巴巴多斯	Barbados				
巴拉圭	Paraguay				
巴拿马	Panama				
巴西	Brazil	5	2	5000	65
玻利维亚	Bolivia	1			
多米尼加	Dominican Rep.				
厄瓜多尔	Ecuador	2	2	500	252
圭亚那	Guyana		1		8000
哥伦比亚	Colombia	3	1	1815	0
哥斯达黎加	Costa Rica	2		2000	
古巴	Cuba		4		
秘鲁	Peru	2	3	900	77841
墨西哥	Mexico	2	3	1395	2585
开曼群岛	Cayman Islands	2	1	5255	500
苏里南	Surinam				
圣卢西亚	Saint Lucia		1		350
特立尼达和多巴哥	Trinidad and Tobago				
危地马拉	Guatemala				
委内瑞拉	Venezuela		2		299
乌拉圭	Uruguay		8		12835.2
英属安圭拉	Anguilla		1		100
英属维尔京群岛	British Virgin Islands	6	3	5108	4032
智利	Chile	3	3	9316	8041
北美小计	**Subtotal of North America**	**111**	**115**	**69983**	**343144**
百慕大群岛	**Bermuda**		**1**		**18000**
加拿大	Canada	13	17	4741	126000
美国	United States	96	97	63846	199144
大洋洲小计	**Subtotal of Oceanic**	**18**	**45**	**55449**	**195069**
澳大利亚	Australia	10	33	39464	168525
巴布亚新几内亚	Papua New Guinea	1	2	700	1443
斐济	Fiji	1	3	70	5300
新西兰	New Zealand	4	7	9265	19801
所罗门	Solomon				
汤加	Tonga	1		950	
萨摩亚	Samoa	1		5000	

6-18 1982-2015年对外承包工程和劳务合作情况

Statistics on Contracted Projects and Labor Services Cooperation with Foreign Countries 1982 to 2015

年份 Year	合同个数 (个) Number of Contracts (unit)	合同金额 (万美元) Contracted Value (10 000 USD)	营业额 (万美元) Turnover (10 000 USD)	年末在外人数 (人) Number of Persons outside the Country at Year-end (person)	派出人数 (人) Number of Persons Sent out(person)
1982	1	421	421		
1983	1	1286	40	408	
1984	1	451	664	783	
1985	4	645	852	1147	
1986	26	1099	876	1597	
1987	33	802	999	1239	
1988	34	502	987	865	
1989	69	1389	1000	1179	
1990	91	3377	1712	1462	
1991	123	5952	3017	2326	
1992	192	8747	3882	3571	
1993	299	20250	6959	7254	
1994	411	31882	12222	10288	
1995	672	38604	18274	16217	
1996	880	52005	28933	23355	
1997	966	57654	36315	26626	
1998	1296	73703	46508	29121	
1999	1116	67729	63615	30979	
2000	1250	61601	45229	35028	
2001	1580	104622	55913	36489	
2002	1380	134098	83133	43554	
2003	1322	124243	99213	52077	
2004	1879	146590	151568	62705	
2005	2171	164091	174518	71610	37797
2006	2513	392134	232293	83974	41369
2007	2642	540344	301928	93797	45212
2008	2880	754137	358867	90623	45269
2009	2397	932312	509083	96421	46296
2010	3075	1092504	602415	102149	47300
2011		948287	819857	108662	48836
2012		988209	898864	103736	51425
2013		1078349	940828	98988	52591
2014		1237694	1021544	115328	59941
2015		1344383	1120799	116100	60764

注：2011年起，商务部不再对外公布对外劳务合作合同数(下表同)。

a)The Commerce Department had no longer published data refer to Contracts of Labor Cooperation since 2011.The same applies to tables following.

6-19 对外承包工程和劳务合作情况

Statistics on Contracted Projects and Labour Cooperation with Foreign Countries or Regions

项目		Item		2011	2012	2013	2014	2015
一、承包工程合同个数	**(个)**	**Number of Contracted Projects**	**(unit)**	**288**	**183**	**210**	**348**	**352**
二、合同金额	**(万美元)**	**Contracted Value**	**(10 000 USD)**	**948287**	**988209**	**1078349**	**1237694**	**1344383**
承包工程	(万美元)	Contracted Projects	(10 000 USD)	869806	879954	986474	1060559	1198283
劳务合作	(万美元)	Labor Cooperation	(10 000 USD)	78481	108255	91875	177135	146100
三、营业额	**(万美元)**	**Turnover**	**(10 000 USD)**	**819857**	**898864**	**940828**	**1021544**	**1120799**
承包工程	(万美元)	Contracted Projects	(10 000 USD)	747265	811423	847624	925011	1017083
劳务合作	(万美元)	Labor Cooperation	(10 000 USD)	72592	87441	93204	96533	103716
四、年末在国外人数	**(人)**	**Number of Persons outside the Country at year end**	**(person)**	**108662**	**103736**	**98988**	**115328**	**116100**
承包工程	(人)	Contracted Projects	(person)	26921	25302	27261	31832	31452
劳务合作	(人)	Labor Cooperation	(person)	81741	78434	71727	83496	84648
五、派出人数	**(人)**	**Number of Persons Sent out**	**(person)**	**48836**	**51425**	**52591**	**59941**	**60764**
承包工程	(人)	Contracted Projects	(person)	18328	14882	17687	19700	16826
劳务合作	(人)	Labor Cooperation	(person)	30508	36543	34904	40241	43938

6-20 旅 游 业 情 况

Tourism

类别		Category		2014	2015
旅行社总数	(个)	Total Number of Travel Agencies	(unit)	2024	2109
旅行社职工人数	(人)	Number of Staff and Workers of Travel Agencies	(person)	20346	20740
旅游饭店总数	(个)	Total Number of Tourist Hotels	(unit)	848	758
接待入境游客	(万人次)	Number of International Tourists Arrival to China	(10 000 person-time)	445.65	460.78
外国人	(万人次)	Foreigners	(10 000 person-time)	325.70	335.86
港澳台胞	(万人次)	Hong Kong, Macao and Taiwan Compatriots	(10 000 person-time)	119.95	124.92
港澳同胞	(万人次)	Compatriots from Hong Kong and Macao	(10 000 person-time)	67.30	70.07
台湾同胞	(万人次)	Compatriots from Taiwan	(10 000 person-time)	52.65	54.85
旅行社外联入境游客	(万人)	Number of International Tourists Outreached by Travel Agencies	(10 000 person)	159.50	166.74
旅行社接待入境游客	(万人)	Number of International Tourists Recepted by Travel Agencies	(10 000 person)	174.70	183.16
国内旅游人数	(万人次)	Number of Domestic Tourists	(10 000 person-time)	59577.4	65045.4
旅游消费总额	(亿元)	Total Tourism Consumption	(100 million yuan)	6192.5	7062.5
入境旅游收入	(万美元)	International Tourism Earnings	(10 000 USD)	271423.5	289651.0
国内旅游收入	(亿元)	Domestic Tourism Earnings	(100 million yuan)	5711.2	6505.1

6-21 1995-2015年国内旅游情况
Domestic Tourism 1995 to 2015

年　份 Year	总人次 (万人次) Domestic Tourists (10 000 person-time)	总花费 (亿元) Total Expenditure (100 million yuan)	人均花费 (元) Per Capita Expenditure (yuan)
1995	4655	157.68	338.7
1996	5151	187.43	363.9
1997	5488	213.02	388.2
1998	5844	245.83	420.7
1999	6429	285.17	443.6
2000	7007	386.49	551.6
2001	8086	462.64	572.2
2002	9573	571.53	597.0
2003	8918	542.78	608.6
2004	11749	767.65	653.4
2005	14097	974.59	691.3
2006	16775	1214.82	724.2
2007	20343	1550.76	762.3
2008	24046	1908.53	793.7
2009	28882	2331.70	807.3
2010	34990	2915.80	833.3
2011	41696	3573.70	857.1
2012	48739	4335.03	889.4
2013	54262	5014.74	924.2
2014	59577	5711.20	958.6
2015	65045	6505.11	1000.1

6-22 按主要国家分接待外国旅游人数

Number of Foreigner Tourists by Country

单位:人 (person)

国别	Country	2000	2005	2010	2011	2012	2013	2014	2015
总计	**Total**	**480090**	**1247842**	**2778699**	**3123264**	**3422261**	**3273678**	**3256968**	**3358553**
亚洲	**Asia**	**377862**	**1030169**	**2159102**	**2294655**	**2457852**	**2309149**	**2297202**	**2377625**
印度	India	2762	6759	23932	28861	29010	31113	30742	32543
印度尼西亚	Indonesia	6319	6881	24835	29759	30022	33275	29985	29906
日本	Japan	132619	278170	566511	524594	482360	381054	353641	357727
马来西亚	Malaysia	10700	22534	40230	55282	62954	63466	59870	62694
蒙古	Mongolia	851	1155	7064	8869	10550	11211	12060	12356
菲律宾	Philippines	14906	16327	42487	45599	40721	41097	34118	34364
新加坡	Singapore	16182	25509	70126	86383	99630	94525	94270	95077
韩国	Republic of Korea	183567	640056	1292880	1387535	1533199	1496143	1518088	1580582
泰国	Thailand	2545	7281	13387	17400	18006	21601	21625	22422
非洲	**Africa**	**1501**	**3819**	**15843**	**24621**	**26152**	**60911**	**52335**	**43580**
欧洲	**Europe**	**47999**	**109671**	**331858**	**433962**	**517852**	**483604**	**471825**	**484332**
英国	United Kingdom	6812	17295	62730	82692	99127	86088	82902	82032
德国	Germany	9065	22459	63694	83803	93166	87993	79758	80739
法国	France	6137	13794	40839	52925	67685	71115	65805	66841
意大利	Italy	3805	9004	24532	32443	34538	35071	32505	34034
荷兰	Netherlands	1750	3008	6376	10302	8569	7074	5997	6190
瑞典	Sweden	1573	3162	8498	10970	12157	10480	8792	9018
瑞士	Switzerland	1053	2435	8358	10365	10135	9908	10670	11031
俄罗斯	Russia	8926	19484	63036	86748	103432	97171	98948	102785
美洲	**America**	**40786**	**73303**	**191175**	**252620**	**290059**	**281332**	**270534**	**281514**
加拿大	Canada	7008	13513	39869	51624	56435	51458	47632	54636
美国	United States	31994	54510	133305	178310	198638	199980	193175	196761
大洋洲	**Oceanic**	**8009**	**15393**	**58310**	**83773**	**97920**	**91492**	**94719**	**93197**
澳大利亚	Australia	5956	10643	40738	56523	62649	56120	55602	57523
新西兰	New Zealand	1183	2369	12588	20270	20690	16279	16947	17359
其他	**Others**	**3933**	**15487**	**22311**	**33982**	**32426**	**47252**	**73933**	**79161**

6−23　各市按主要国家分接待外国旅游人数(2015年)

Number of Foreigner Tourists by Country and Region(2015)

单位:人次　　(person-time)

地　区	Region	合　计 Total	#韩　国 Republic of Korea	日　本 Japan	马来西亚 Malaysia	新加坡 Singapore	菲律宾 Philippines	印　尼 Indonesia	泰　国 Thailand	印　度 India	美　国 United States
全省总计	**Total**	**3358553**	**1580582**	**357727**	**62694**	**95077**	**34364**	**29906**	**22422**	**32543**	**196761**
济南市	Jinan	205477	34238	22154	10777	14837	2215	3373	3416	8817	21396
青岛市	Qingdao	995700	389807	140530	21188	21305	7300	5692	5330	8041	62668
淄博市	Zibo	112772	34689	28670	2174	6345	2148	1662	2153	1969	6569
枣庄市	Zaozhuang	13732	3245	1243	422	649	173	216	265	166	954
东营市	Dongying	36707	8380	345	858	5497	701	398	1050	442	3680
烟台市	Yantai	451601	288816	57358	2994	9919	4595	3240	1324	3305	13505
潍坊市	Weifang	272181	127212	18473	4157	6295	3081	1834	1415	1688	16084
济宁市	Jining	182257	31939	24563	6514	10578	4286	6813	3442	3921	11419
泰安市	Tai'an	189980	67134	15741	9088	9428	1263	2903	957	869	35457
威海市	Weihai	431669	374595	16947	436	816	575	239	234	196	3206
日照市	Rizhao	256085	173270	210	1125	3877	6231	1034	731	651	5156
莱芜市	Laiwu	6172	1453	1767	231	298	16	188	50	202	250
临沂市	Linyi	98052	18799	10249	1365	2656	999	1428	1363	1566	4369
德州市	Dezhou	10519	1712	1471	309	458	56	132	104	172	894
聊城市	Liaocheng	47135	18561	13587	404	739	405	150	303	204	7147
滨州市	Binzhou	44791	6152	4178	467	838	240	471	141	246	3764
菏泽市	Heze	3723	580	241	185	542	80	133	144	88	243

6−23　续表　continued

单位:人次　　(person-time)

地　区	Region	加拿大 Canada	德　国 Germany	俄罗斯 Russia	英　国 United Kingdom	法　国 France	意大利 Italy	瑞　典 Sweden	荷　兰 Netherlands	澳大利亚 Australia	新西兰 New Zealand
全省总计	**Total**	**54636**	**80739**	**102785**	**82032**	**66841**	**34034**	**9018**	**6190**	**57523**	**17359**
济南市	Jinan	5697	14688	4872	9693	6694	4086	1256	674	8934	1625
青岛市	Qingdao	10641	23412	28529	23778	19383	8740	2157	856	16783	2867
淄博市	Zibo	2096	1724	4266	1670	1342	865	682	267	2579	589
枣庄市	Zaozhuang	424	455	368	1370	828	154	31	32	513	129
东营市	Dongying	1581	1110	2916	1371	1113	291	48	62	1768	740
烟台市	Yantai	11194	8378	5401	8223	8394	4940	536	1145	4398	1108
潍坊市	Weifang	3565	5668	5770	5951	4098	2158	288	81	3495	907
济宁市	Jining	7547	4636	3693	9136	7425	3513	1684	1294	6018	4285
泰安市	Tai'an	2780	5637	5306	7151	6351	1110	647	427	3768	598
威海市	Weihai	578	1313	25724	1522	788	264	140	193	493	217
日照市	Rizhao	1789	6888	10472	7315	5457	3087	291	266	2535	444
莱芜市	Laiwu	131	220	118	35	71	224	11	25	137	11
临沂市	Linyi	2442	2043	1966	2082	2096	1182	667	569	2680	1311
德州市	Dezhou	481	636	173	375	247	259	78	101	356	111
聊城市	Liaocheng	406	786	111	1188	1016	523	225	17	242	78
滨州市	Binzhou	3135	3029	2976	983	1376	2582	249	169	2720	2312
菏泽市	Heze	149	116	124	189	162	56	28	12	104	27

6-24 接待入境游客构成

Structure of Foreigner Tourists

单位:% (%)

指　　标	Indicator	2008	2009	2010	2011	2012	2013	2014	2015
总　　计	**Total**	**100.0**	**100.0**	**100.0**	**100.0**	**100.0**	**100.0**	**100.0**	**100.0**
按性别分	**by Sex**	**100.0**	**100.0**	**100.0**	**100.0**	**100.0**	**100.0**	**100.0**	**100.0**
男	Male	70.3	69.8	67.8	68.7	69.9	67.7	68.9	70.4
女	Female	29.7	30.2	32.2	31.3	30.1	32.3	31.1	29.6
按年龄分	**by Age**	**100.0**	**100.0**	**100.0**	**100.0**	**100.0**	**100.0**	**100.0**	**100.0**
14岁以下	14 and under	1.2	1.6	1.6	1.5	2.2	1.9	1.8	2.2
15～24岁	15-24	9.6	9.7	9.1	9.6	10.0	9.3	9.2	10.5
25～44岁	25-44	49.5	49.6	51.5	50.3	51.6	46.8	48.3	49.7
45～64岁	45-64	33.3	32.9	31.8	32.1	29.8	36.1	35.2	32.0
65岁以上	65 and over	6.4	6.3	6.0	6.5	6.5	5.9	5.5	5.6
按来鲁目的分	**by Purpose of Coming to Shandong**	**100.0**	**100.0**	**100.0**	**100.0**	**100.0**	**100.0**	**100.0**	**100.0**
从事经济商务活动	Business	48.3	48.2	46.3	47.7	54.4	46.5	47.7	49.8
从事文化学术交流	Cultural and Academic Exchanges	5.7	5.7	7.7	6.3	8.2	7.9	8.1	6.1
探亲访友	Visiting relatives and Friends	4.3	4.2	4.4	4.5	6.2	6.4	5.9	5.2
旅游观光	Sightseeing	39.8	40.4	39.6	39.8	26.5	31.2	35.9	35.7
其　它	Others	2.0	1.6	2.1	1.8	4.6	8.1	2.4	3.2

6-25 各市接待入境游客人数

Number of Foreigner Tourists by Region

单位:万人次 (10 000 person-time)

地　区 Region	2010	外国人 Foreigner	2011	外国人 Foreigner	2012	外国人 Foreigner	2013	外国人 Foreigner	2014	外国人 Foreigner	2015	外国人 Foreigner
全省总计 Total	**366.8**	**277.9**	**424.2**	**312.3**	**469.9**	**342.2**	**452.7**	**327.4**	**445.7**	**325.7**	**460.8**	**335.9**
济南市 Jinan	23.1	15.3	29.0	19.4	31.6	20.6	30.7	19.4	31.4	19.4	33.3	20.5
青岛市 Qingdao	108.1	82.7	115.6	80.7	127.0	87.8	123.6	87.1	128.1	95.2	133.8	99.6
淄博市 Zibo	17.1	11.5	20.9	13.7	23.2	13.9	21.9	12.6	19.5	11.1	19.6	11.3
枣庄市 Zaozhuang	2.6	1.7	3.2	1.8	4.1	2.5	5.5	3.4	2.9	1.5	3.1	1.4
东营市 Dongying	3.3	2.2	4.3	3.2	5.3	3.9	3.1	1.2	5.6	3.6	5.8	3.7
烟台市 Yantai	47.2	39.0	54.9	44.5	53.0	41.7	52.0	41.6	54.6	42.8	57.4	45.2
潍坊市 Weifang	22.2	18.1	28.9	23.6	34.8	28.4	33.5	27.4	32.7	26.7	33.4	27.2
济宁市 Jining	28.9	16.1	34.0	20.9	37.4	24.2	35.4	21.5	30.6	17.9	32.1	18.2
泰安市 Tai'an	29.8	18.0	35.3	20.3	40.6	23.1	38.5	21.1	36.6	19.1	37.0	19.0
威海市 Weihai	37.3	35.6	41.5	38.9	45.7	42.8	44.0	41.3	44.8	41.9	46.2	43.2
日照市 Rizhao	21.5	21.1	25.5	24.7	29.3	27.7	28.1	26.6	27.0	25.6	27.0	25.6
莱芜市 Laiwu	0.4	0.3	0.6	0.5	0.8	0.6	0.7	0.6	0.7	0.5	0.7	0.6
临沂市 Linyi	12.1	6.7	14.7	8.5	18.9	10.7	18.2	10.3	17.7	10.0	17.5	9.8
德州市 Dezhou	5.8	2.7	6.5	3.4	6.8	4.1	6.3	4.4	2.5	1.3	2.3	1.1
聊城市 Liaocheng	3.5	3.1	4.5	4.0	5.5	4.7	5.4	4.5	5.4	4.4	5.5	4.7
滨州市 Binzhou	3.0	2.9	3.7	3.6	4.6	4.4	4.4	4.2	4.4	4.2	4.7	4.5
菏泽市 Heze	0.9	0.8	1.1	0.9	1.4	1.0	1.4	0.3	1.2	0.3	1.4	0.4

6-26 各市入境旅游外汇收入

Foreign Exchange Earnings by Region

单位:万美元 (10 000 USD)

地区	Region	2000	2005	2010	2011	2012	2013	2014	2015
全省总计	**Total**	**31513**	**78023**	**215506**	**255076**	**292365**	**273120**	**271424**	**289651**
济南市	Jinan	3152	4175	11354	14228	16034	15127	17058	18419
青岛市	Qingdao	14213	41493	60104	68933	82459	79363	82284	91798
淄博市	Zibo	407	982	9206	11441	12801	11574	9412	9565
枣庄市	Zaozhuang	39	113	824	976	1078	770	816	720
东营市	Dongying	39	77	3128	4126	5082	4772	5055	5188
烟台市	Yantai	6097	13207	37707	46816	48146	46313	47242	51859
潍坊市	Weifang	657	1055	16238	20535	25258	23182	21630	21976
济宁市	Jining	947	2603	17118	17767	18413	15965	13508	14615
泰安市	Tai'an	1118	3740	18380	21852	25745	23223	22508	23559
威海市	Weihai	4203	7086	19151	21855	25283	23851	24221	25134
日照市	Rizhao	202	1908	9795	11497	13583	12416	12786	11808
莱芜市	Laiwu	15	25	314	463	611	506	475	482
临沂市	Linyi	213	648	7717	9057	11325	10232	9755	9807
德州市	Dezhou	15	446	1752	2105	2195	1894	563	517
聊城市	Liaocheng	153	342	1580	2118	2703	2392	2539	2516
滨州市	Binzhou	14	85	898	1058	1345	1268	1289	1375
菏泽市	Heze	29	38	239	249	302	273	284	311

6-27 入境旅游外汇收入及构成

Foreign Exchange Earnings and Its Composition

单位:万美元 (10 000 USD)

类别	Category	2012		2013		2014		2015	
		数额 Value	比重(%) Proportion	数额 Value	比重(%) Proportion	数额 Value	比重(%) Proportion	数额 Value	比重(%) Proportion
总计	**Total**	**292365.1**	**100.0**	**273120.1**	**100.0**	**271423.5**	**100.0**	**289651.0**	**100.0**
长途交通	Long Distance Transportation	81833.0	28.0	76500.9	28.0	77952.8	28.7	83506.4	28.8
#民航	Civil Aviation	64671.2	22.1	60810.7	22.3	62563.1	23.1	67025.2	23.1
铁路	Railway	3713.0	1.3	3448.2	1.3	3067.1	1.1	3273.1	1.1
汽车	Highway	8595.5	2.9	7766.8	2.8	7274.1	2.7	7762.6	2.7
轮船	Waterway	4853.3	1.7	4524.0	1.7	5021.3	1.9	5445.4	1.9
游览	Visiting	29499.6	10.1	24978.6	9.1	23803.8	8.8	25518.3	8.8
住宿	Accommodation	37481.2	12.8	34365.0	12.6	33520.8	12.4	35714.0	12.3
餐饮	Food and Beverage	31721.6	10.9	24116.5	8.8	23722.4	8.7	25344.5	8.8
购物	Shopping	60665.7	20.8	59176.3	21.7	58898.9	21.7	62593.6	21.6
娱乐	Entertainment	22599.8	7.7	18440.7	6.8	17914.0	6.6	19232.8	6.6
邮电通讯	Post and Communication Services	10876.0	3.7	10153.3	3.7	10449.8	3.9	11035.7	3.8
市内交通	Local Transportation	6724.4	2.3	8977.0	3.3	8495.6	3.1	8892.3	3.1
其他服务	Other Services	10963.7	3.8	16363.0	6.0	16611.1	6.1	17813.5	6.2

6-28 各经济开发区主要经济指标(2015年)

Main Indicators of the Economic Development Areas(2015)

开发区名称	Development Area	注册企业数(个) Number of Registered Enterprises (unit)	外商投资企业 Foreign-funded Enterprises	高新技术企业 High and New-tech Enterprises	实际利用外资额(万美元) Amount of Foreign Capital Actually Utilized (10 000 USD)
国家级	**National**				
济南综合保税区	Jinan Bonded Zone	330	20	11	4900
明水经济技术开发区	Mingshui Economic and Technological Development Zone	1523	27	54	21750
青岛经济技术开发区	Qingdao Economic and Technological Development Zone	26376	719	114	113200
青岛保税港区	Qingdao Bonded Port	5503	413	14	14039
青岛西海岸出口加工区	Qingdao West Coast Export Processing Zone	42	10	1	1500
青岛出口加工区	Qingdao Export Processing Zone	96	43	4	232
胶州经济技术开发区	Jiaozhou Economic and Technological Development Zone	14609	441	73	54488
东营经济技术开发区	Dongying Economic and Technological Development Zone	2938	27	38	2226
烟台保税港区	Yantai Bonded Port	130	48		678
烟台经济技术开发区	Yantai Economic and Technological Development Zone	13278	504	70	57640
招远经济技术开发区	Zhaoyuan Economic and Technological Development Zone	695	80	18	13160
滨海经济技术开发区	Binzhou Economic and Technological Development Zone	1361	31	48	8054
威海经济技术开发区	Weihai Economic and Technological Development Zone	6065	256	31	17074
临港经济技术开发区	Lingang Economic and Technological Development Zone	2484	300	25	12535
威海出口加工区	Weihai Export Processing Zone	47	35	1	2245
日照经济技术开发区	Rizhao Economic and Technological Development Zone	3125	60	21	29749
临沂经济技术开发区	Linyi Economic and Technological Development Zone	4637	35	29	3572
德州经济技术开发区	Dezhou Economic and Technological Development Zone	3518	20	72	2338
聊城经济技术开发区	Liaocheng Economic and Technological Development Zone	4627	25	17	
滨州经济技术开发区	Binzhou Economic and Technological Development Zone	1924	18	6	2404
邹平经济技术开发区	Zouping Economic and Technological Development Zone	698	9	13	33000
省 级	**Provincial**				
济南市	Jinan				
济南槐荫工业园区	Jinan Huaiyin Industry Park	619	2	7	3220
济南化工产业园区	Jinan Chemical Industry Park	620	5	24	829
济南临港经济开发区	Jinan Lingang Economic Development Zone	4028	109	46	11821
济南经济开发区	Jinan Economic Development Zone	607	7	16	13000
平阴工业园区	Pingyin Industry Park	222	3	13	1700
济北经济开发区	Jibei Economic Development Zone	3002	98	23	8000
商河经济开发区	Shanghe Economic Development Zone	222	3	7	707
青岛市	Qingdao				
青岛环海经济开发区	Qingdao Seaside Economic Development Zone	1562	925	16	19183
即墨经济开发区	Jimo Economic Development Zone	2320	384	137	59330
平度经济开发区	Pingdu Economic Development Zone	8576	282	119	51850
胶南经济开发区	Jiaonan Economic Development Zone	1069	174	45	6638
青岛临港经济开发区	Qingdao Lingang Economic Development Zone	765	49	12	5912
淄博市	Zibo				
淄川经济开发区	Zichuan Economic Development Zone	1003	51	90	6085
张店经济开发区	Zhangdian Economic Development Zone	210	6	10	2012
博山经济开发区	Boshan Economic Development Zone	2679	21	78	3969
临淄经济开发区	Linzi Economic Development Zone	681	7	18	287
周村经济开发区	Zhoucun Economic Development Zone	619	22	9	3185

6-28 续表 1 Continued

开发区名称	Development Area	注册企业数(个) Number of Registered Enterprises (unit)	外商投资企业 Foreign -funded Enterprises	高新技术企业 High and New-tech Enterprises	实际利用外资额(万美元) Amount of Foreign Capital Actually Utilized (10 000 USD)
桓台东岳氟硅材料产业园	Huantai Dongyue International Fluorine -siliconMaterial Industry Zone	310	8	15	308
桓台经济开发区	Huantai Economic Development Zone	816	10	40	2000
高青经济开发区	Gaoqing Economic Development Zone	130		21	1970
沂源经济开发区	Yiyuan Economic Development Zone	261	7	30	11700
枣庄市	Zaozhuang				
枣庄经济开发区	Zaozhuang Economic Development Zone	249	14	25	790
薛城经济开发区	Xuecheng Economic Development Zone	176	9	20	2178
峄城经济开发区	Yicheng Economic Development Zone	226	36	98	513
台儿庄经济开发区	Taierzhuong Economic Development Zone	201	3	12	993
山亭经济开发区	Shantieng Economic Development Zone	207	5	2	141
滕州经济开发区	Tengzhou Economic Development Zone	1294	6	45	4522
东营市	Dongying				
东营胜利工业园区	Dongying Shengli Industry Park	228	17	61	584
河口经济开发区	Hekou Economic Development Zone	352		18	
垦利经济开发区	Kenli Economic Development Zone	397	12	12	2781
利津经济开发区	Lijin Economic Development Zone	125	1	13	
广饶经济开发区	Guangrao Economic Development Zone	361	5	23	
烟台市	Yantai				
牟平经济开发区	Muping Economic Development Zone	758	124	15	12769
龙口经济开发区	Longkou Economic Development Zone	2443	259	62	10740
龙口高新产业园区	Longkou Hi-Tech Industrial Park	220	59	21	5984
莱阳经济开发区	Laiyang Economic Development Zone	526	119	27	6167
莱州工业园区	Laizhou Hi-Tech Industrial Park	643	16	5	3606
莱州经济开发区	Laizhou Economic Development Zone	974	78	12	11165
蓬莱经济开发区	Penglai Economic Development Zone	731	169	25	10241
栖霞经济开发区	Qixia Economic Development Zone	1169	48	15	2152
海阳经济开发区	Haiyang Economic Development Zone	555	66	42	6731
潍坊市	Weifang				
潍城经济开发区	Weicheng Economic Development Zone	417	15	21	1790
潍坊经济开发区	Weifang Economic Development Zone	1925	223	61	2460
潍坊城南工业园区	Weifang Chengnan Industry Park	393	24	26	3219
临朐经济开发区	Linqu Economic Development Zone	3882	82	27	4607

6-28 续表 2 Continued

开发区名称	Development Area	注册企业数（个） Number of Registered Enterprises (unit)	外商投资企业 Foreign -funded Enterprises	高新技术企业 High and New-tech Enterprises	实际利用外资额（万美元） Amount of Foreign Capital Actually Utilized (10 000 USD)
昌乐经济开发区	continuedChangle Economic Development Zone	337	42	25	3140
青州经济开发区	Qingzhou Economic Development Zone	611	18	56	5903
诸城经济开发区	Zhucheng Economic Development Zone	5277	173	29	8160
寿光经济开发区	Shouguang Economic Development Zone	5263	39	43	19879
安丘经济开发区	Anqiu Economic Development Zone	533	91	12	2988
高密经济开发区	Gaomi Economic Development Zone	755	102	93	6293
昌邑经济开发区	Changyi Economic Development Zone	392	18	27	6828
济宁市	Jining				
济宁经济开发区	Jining Economic Development Zone	1151	1	18	2700
微山经济开发区	Weishan Economic Development Zone	512	4	31	3280
鱼台经济开发区	Yutai Economic Development Zone	205	1	25	2112
金乡经济开发区	Jinxiang Economic Development Zone	685	31	42	2230
嘉祥经济开发区	Jiaxang Economic Development Zone	80	1	15	323
汶上经济开发区	Wenshang Economic Development Zone	290	6	38	2345
泗水经济开发区	Shishui Economic Development Zone	358	21	42	2433
梁山经济开发区	Liangshan Economic Development Zone	491	43	30	2120
曲阜经济开发区	Qufu Economic Development Zone	508	34	45	6068
兖州经济开发区	Yanzhou Economic Development Zone	100			
兖州工业园区	Yanahou Industry Park	1500	18	18	14000
邹城经济开发区	Zoucheng Economic Development Zone	1049	25	76	6600
邹城工业园区	Zoucheng Industry Park	567	4	20	5080
泰安市	Taian				
泰山工业园区	Taishan Industry Park	195	6	60	4289
岱岳工业园区	Daiyue Industry Park	759	7	28	1982
宁阳工业园区	Ningyang Industry Park	395	10	47	3366
东平工业园区	Dongping Industry Park	176	10	48	826
威海市	Weihai				
文登经济开发区	Wendeng Economic Development Zone	690	175	67	3065
荣成经济开发区	Rongcheng	1405	111	65	7987
荣成工业园区	Rongcheng Industry Park	157	17	4	4161
乳山经济开发区	Rushan Economic Development Zone	858	127	40	7903

6-28 续表 3 Continued

开发区名称	Development Area	注册企业数（个）Number of Registered Enterprises (unit)	外商投资企业 Foreign -funded Enterprises	高新技术企业 High and New-tech Enterprises	实际利用外资额（万美元）Amount of Foreign Capital Actually Utilized (10 000 USD)
日照市	Rizhao				
岚山经济开发区	Lanshan	3099	53	4	10778
五莲工业园区	Wulian Industry Park	320	6	12	
莱芜市	Laiwu				
莱芜工业园区	Laiwu Industry Park	805	9	15	465
莱芜钢城经济开发区	Laiwu Gangcheng Economic Development Zone	854		18	
临沂市	Linyi				
临沂工业园区	Linyi Industry Park	421	21	23	229
临沂河东工业园区	Linyi Hedong Industry Park	338	11	11	2437
沂南经济开发区	Yinan Economic Development Zone	222	19	17	1736
郯城经济开发区	Tancheng Economic Development Zone	323	15	8	139
沂水经济开发区	Yishui Economic Development Zone	552	7	10	1264
兰陵经济开发区	Lanling Economic Development Zone	413	12	7	
费县经济开发区	Feixian Economic Development Zone	593	2	7	56
平邑经济开发区	Pinyi Economic Development Zone	395	17	15	
莒南经济开发区	Junan Economic Development Zone	440	18	17	
蒙阴经济开发区	Mengyen Economic Development Zone	271	3	5	
临沭经济开发区	Lienshu Economic Development Zone	473	22	8	4753
德州市	Dezhou				
德州运河经济开发区	Deznou Yunhe Economic Development Zone	1036	3	5	640
陵县经济开发区	Lingxian Economic Development Zone	323	15	52	1400
宁津经济开发区	Ningjin Economic Development Zone	320	26	21	100
庆云经济开发区	Qinyuen Economic Development Zone	291	18	13	47
临邑经济开发区	Linyi Economic Development Zone	498	11	72	247
齐河经济开发区	Qihe Economic Development Zone	221	50	87	785
平原经济开发区	Pingyuan Economic Development Zone	289	6	28	
夏津经济开发区	Xiajin Economic Development Zone	397	1	12	600
武城经济开发区	Wucheng Economic Development Zone	581	3	133	
乐陵经济开发区	Laoling Economic Development Zone	397	3	35	200

6—28 续表 4 Continued

开发区名称	Development Area	注册企业数(个) Number of Registered Enterprises (unit)	外商投资企业 Foreign -funded Enterprises	高新技术企业 High and New-tech Enterprises	实际利用外资额(万美元) Amount of Foreign Capital Actually Utilized (10 000 USD)
聊城市	Liaocheng				
聊城嘉明经济开发区	Liaocheng Jiaming	289	5	22	
阳谷工业园区	Yangu Industry Park	218	4	47	
莘县工业园区	Shenxian Industry Park	293	24	23	250
东阿工业园区	Donge Industry Park	227	1	16	818
滨州市	Binzhou				
惠民经济开发区	Huimin Economic Development Zone	215	2	14	171
阳信经济开发区	Yiangxin Economic Development Zone	160	5	9	148
无棣工业园区	Wudi Industry Park	1576	9	1	20
沾化经济开发区	Zhanhua Economic Development Zone	333	2	8	100
博兴经济开发区	Boxing Economic Development Zone	512	2	10	2853
菏泽市	Heze				
菏泽经济开发区	Heze Economic Development Zone	6160	27	24	456
菏泽牡丹工业园区	Heze Mudan Industry Park	194	16	15	900
曹县工业园区	Caoxian Industry Park	364	30	25	3000
单县工业园区	Shanxian Industry Park	345	3	32	710
成武工业园区	Chengwu Industry Park	496	7	24	674
巨野工业园区	Juye Industry Park	279	3	17	350
郓城工业园区	Yuncheng Industry Park	314	7	16	
鄄城工业园区	Juancheng Industry Park	350	5	31	10
定陶工业园区	Dingtao Industry Park	170	4	6	155
东明工业园区	Dongming Industry Park	229	6	51	7100

6-28 续表 5 continued

开发区名称	Development Area	固定资产投资额（万元）Investment in Fixed Assets (10 000 yuan)	公共财政预算收入（万元）Budgetary Revenue of Local Government (10 000 yuan)	规模以上工业总产值（万元）Gross Output of Industrial Enterprises above Designated Size (10 000 yuan)	规模以上工业主营业务收入（万元）Business Revenue of Industrial Enterprises above Designated Size (10 000 yuan)	规模以上工业利税总额（万元）Total Profits and Taxes of Industrial Enterprises above Designated Size (10 000 yuan)
国家级	**National**					
济南综合保税区	Jinan Bonded Zone	757574		415799	413996	26948
明水经济技术开发区	Mingshui Economic and Technological Development Zone	3511180	288012	11410478	11794835	1287146
青岛经济技术开发区	Qingdao Economic and Technological Development Zone	8787899	1131742	35724668	35739321	3501826
青岛保税港区	Qingdao Bonded Port	52898	100368	413339	419874	107183
青岛西海岸出口加工区	Qingdao West Coast Export Processing Zone	19199	2316	82192	67707	1849
青岛出口加工区	Qingdao Export Processing Zone	60405	15747	431337	372258	25971
胶州经济技术开发区	Jiaozhou Economic and Technological Development Zone	5628433	454414	18473642	18242130	2289974
东营经济技术开发区	Dongying Economic and Technological Development Zone	2694395	173780	16627509	15868002	1404571
烟台保税港区	Yantai Bonded Port	8050	3500	98471	97571	5553
烟台经济技术开发区	Yantai Economic and Technological Development Zone	4754515	792600	37954465	37497724	3523498
招远经济技术开发区	Zhaoyuan Economic and Technological Development Zone	2811669	373269	12199391	11515182	737170
滨海经济技术开发区	Binzhou Economic and Technological Development Zone	3801438	279356	8418510	8434466	1022893
威海经济技术开发区	Weihai Economic and Technological Development Zone	1497439	235948	3430348	3346386	286086
临港经济技术开发区	Lingang Economic and Technological Development Zone	1106752	90832	2528801	2474106	188559
威海出口加工区	Weihai Export Processing Zone	33686	4566	204630	202814	-4743
日照经济技术开发区	Rizhao Economic and Technological Development Zone	1705326	204990	7831050	7635346	381685
临沂经济技术开发区	Linyi Economic and Technological Development Zone	2963172	289723	10805560	10880679	781428
德州经济技术开发区	Dezhou Economic and Technological Development Zone	2072900	199696	9445258	9203063	949000
聊城经济技术开发区	Liaocheng Economic and Technological Development Zone	1274000	145092	2937600	2732400	136000
滨州经济技术开发区	Binzhou Economic and Technological Development Zone	1401743	107016	3661925	3602728	478588
邹平经济技术开发区	Zouping Economic and Technological Development Zone	773523	212119	23851627	26617781	1541565

6–28 续表 6 continued

开发区名称	Development Area	固定资产投资额(万元) Investment in Fixed Assets (10 000 yuan)	公共财政预算收入(万元) Budgetary Revenue of Local Government (10 000 yuan)	规模以上工业总产值(万元) Gross Output of Industrial Enterprises above Designated Size (10 000 yuan)	规模以上工业主营业务收入(万元) Business Revenue of Industrial Enterprises above Designated Size (10 000 yuan)	规模以上工业利税总额(万元) Total Profits and Taxes of Industrial Enterprises above Designated Size (10 000 yuan)
省 级	**Provincial**					
济南市	Jinan					
济南槐荫工业园区	Jinan Huaiyin Industry Park	501247	63060	503906	449682	68688
济南化工产业园区	Jinan Chemical Industry Park	735089	48048	289924	316224	-30487
济南临港经济开发区	Jinan Lingang Seaport Economic Development Zone	1798015	225731	1712633	1316397	80684
济南经济开发区	Jinan Economic Development Zone	1158900	64781	1298460	1230533	44142
平阴工业园区	Pingyin Industry Park	1246821	42210	2600352	2488126	405626
济北经济开发区	Jibei Economic Development Zone	1538268	162401	4383863	4298536	683323
商河经济开发区	Shanghe Economic Development Zone	647463	41801	1521364	1483027	94739
青岛市	Qingdao					
青岛环海经济开发区	Qingdao Seaside Economic Development Zone	462453	130949	3100639	2395698	234653
即墨经济开发区	Jimo Economic Development Zone	2770960	238424	19163030	17653738	1249578
平度经济开发区	Pingdu Economic Development Zone	5332719	252734	11094863	11393531	1204813
胶南经济开发区	Jiaonan Economic Development Zone	661195	226019	6427181	6124491	616949
青岛临港经济开发区	Qingdao Lingang Economic Development Zone	365230	68830	4056235	3845873	495612
淄博市	Zibo					
淄川经济开发区	Zichuan Economic Development Zone	1333308	272077	15899436	15065588	1799360
张店经济开发区	Zhangdian Economic Development Zone	645563	116384	5997688	4754414	680741
博山经济开发区	Boshan Economic Development Zone	2362824	156350	5957633	5701422	653334
临淄经济开发区	Linzi Economic Development Zone	376307	37785	5835068	5535418	243217
周村经济开发区	Zhoucun Economic Development Zone	1861005	121718	5483378	5360250	534107

6-28 续表 7 continued

开发区名称	Development Area	固定资产投资额(万元) Investment in Fixed Assets (10 000 yuan)	公共财政预算收入(万元) Budgetary Revenue of Local Government (10 000 yuan)	规模以上工业总产值(万元) Gross Output of Industrial Enterprises above Designated Size (10 000 yuan)	规模以上工业主营业务收入(万元) Business Revenue of Industrial Enterprises above Designated Size (10 000 yuan)	规模以上工业利税总额(万元) Total Profits and Taxes of Industrial Enterprises above Designated Size (10 000 yuan)
桓台东岳氟硅材料产业园区	Huantai Dongyue Fluorine and Silicon Material Industry Zone	1191679	98385	5491240	5294142	344914
桓台经济开发区	Huantai Economic Development Zone	1700819	187698	12106321	12003951	540512
高青经济开发区	Gaoqing Economic Development Zone	725111	82635	2356814	2315294	234796
沂源经济开发区	Yiyuan Economic Development Zone	288469	127741	3724336	3414714	688051
枣庄市	Zaozhuang					
枣庄经济开发区	Zaozhuang Economic Development Zone	820812	102170	4472716	4362198	296738
薛城经济开发区	Xuecheng Economic Development Zone	882325	86415	2134858	2159106	115871
峄城经济开发区	Yicheng Economic Development Zone	858406	75683	2694095	2766609	272756
台儿庄经济开发区	Taierzhuong Economic Development Zone	582104	57841	1721846	1584562	171280
山亭经济开发区	Shantieng Economic Development Zone	681582	35104	1564833	1560299	133973
滕州经济开发区	Tengzhou Economic Development Zone	3191300	464264	12889767	12725739	1156574
东营市	Dongying					
东营胜利工业园区	Dongying Shengli Industry Park	706024	177448	10554837	10194331	685139
河口经济开发区	Hekou Economic Development Zone	534318	23265	3898263	3642379	291391
垦利经济开发区	Kenli Economic Development Zone	2823109	139896	15705583	15148360	1413174
利津经济开发区	Lijin Economic Development Zone	891000	45895	10126103	10070503	971028
广饶经济开发区	Guangrao Economic Development Zone	1602451	107890	14740693	14578564	1440937
烟台市	Yantai					
牟平经济开发区	Muping Economic Development Zone	1529053	136921	9055836	8218542	878759
龙口经济开发区	Longkou Economic Development Zone	3219970	393000	20427122	20150500	2097610
龙口高新产业园区	Longkou Hi-Tech Industrial Park	1040187	182682	9864216	9840600	1039437
莱阳经济开发区	Laiyang Economic Development Zone	1101256	92134	5767068	5610458	495609
莱州工业园区	Laizhou Hi-Tech Industrial Park	1102259	126226	3451965	3106233	410619
莱州经济开发区	Laizhou Economic Development Zone	2776625	306207	8648477	8860790	843731
蓬莱经济开发区	Penglai Economic Development Zone	2085449	163758	10267505	10204060	1102011
栖霞经济开发区	Qixia Economic Development Zone	851031	77113	2040056	2119291	134968
海阳经济开发区	Haiyang Economic Development Zone	1200846	168274	2532331	1915850	98969
潍坊市	Weifang					
潍城经济开发区	Weicheng Economic Development Zone	1396330	138332	1283770	844110	71139
潍坊经济开发区	Weifang Economic Development Zone	2917563	179040	6589511	6465983	247111
潍坊城南工业园区	Weifang Chengnan Industry Park	1013704	118933	265956	298206	14391
临朐经济开发区	Linqu Economic Development Zone	2672391	115266	3156243	3178448	163741

6–28 续表 8 continued

开发区名称	Development Area	固定资产投资额（万元） Investment in Fixed Assets (10 000 yuan)	公共财政预算收入（万元） Budgetary Revenue of Local Government (10 000 yuan)	规模以上工业总产值（万元） Gross Output of Industrial Enterprises above Designated Size (10 000 yuan)	规模以上工业主营业务收入（万元） Business Revenue of Industrial Enterprises above Designated Size (10 000 yuan)	规模以上工业利税总额（万元） Total Profits and Taxes of Industrial Enterprises above Designated Size (10 000 yuan)
昌乐经济开发区	Changle Economic Development Zone	2276870	178572	7492750	7576980	414230
青州经济开发区	Qingzhou Economic Development Zone	4419535	392628	12564436	11967068	764984
诸城经济开发区	Zhucheng Economic Development Zone	4503975	609688	16328335	16279350	1472530
寿光经济开发区	Shouguang Economic Development Zone	5109498	596571	16089106	15609172	1106854
安丘经济开发区	Anqiu Economic Development Zone	1890914	129619	3296139	3293357	182221
高密经济开发区	Gaomi Economic Development Zone	2978632	362483	16413023	16140743	1668140
昌邑经济开发区	Changyi Economic Development Zone	2492957	211260	278376	2916593	214600
济宁市	Jining					
济宁经济开发区	Jining Economic Development Zone	852964	39541	276256	269224	15632
微山经济开发区	Weishan Economic Development Zone	1938305	63712	3987521	2415123	250384
鱼台经济开发区	Yutai Economic Development Zone	1181151	85212	1855402	436522	18405
金乡经济开发区	Jinxiang Economic Development Zone	1401660	54725	2128294	2000881	202240
嘉祥经济开发区	Jiaxang Economic Development Zone	360523	11021	957742	990140	28286
汶上经济开发区	Wenshang Economic Development Zone	1381613	54495	1292450	1264810	151560
泗水经济开发区	Shishui Economic Development Zone	1051201	75395	2362561	1130560	151211
梁山经济开发区	Liangshan Economic Development Zone	1151242	73817	2037743	1171608	101079
曲阜经济开发区	Qufu Economic Development Zone	1504473	117282	3486951	1835612	345127
兖州经济开发区	Yanzhou Economic Development Zone	28000	5000	190000	200000	10000
兖州工业园区	Yanahou Industry Park	2305065	354746	15827177	11201131	825955
邹城经济开发区	Zoucheng Economic Development Zone	2592956	313592	17516440	3165447	1008480
邹城工业园区	Zoucheng Industry Park	832106	104327	2798082	2885850	90488
泰安市	Taian					
泰山工业园区	Taishan Industry Park	1135208	77247	3797408	3809968	440898
岱岳工业园区	Daiyue Industry Park	1035467	37317	925362	916403	64435
宁阳工业园区	Ningyang Industry Park	1348765	39786	4248911	4213156	452262
东平工业园区	Dongping Industry Park	1278213	95859	8067743	7928963	765455
威海市	Weihai					
文登经济开发区	Wendeng Economic Development Zone	1043698	142011	3473488	2681306	85697
荣成经济开发区	Rongcheng	4007660	345950	16225424	15670290	1463938
荣成工业园区	Rongcheng Industry Park	695690	26786	4024544	3863508	290727
乳山经济开发区	Rushan Economic Development Zone	1988168	144787	5173036	4758691	437267

6-28 续表 9 continued

开发区名称	Development Area	固定资产投资额（万元） Investment in Fixed Assets (10 000 yuan)	公共财政预算收入（万元） Budgetary Revenue of Local Government (10 000 yuan)	规模以上工业总产值（万元） Gross Output of Industrial Enterprises above Designated Size (10 000 yuan)	规模以上工业主营业务收入（万元） Business Revenue of Industrial Enterprises above Designated Size (10 000 yuan)	规模以上工业利税总额（万元） Total Profits and Taxes of Industrial Enterprises above Designated Size (10 000 yuan)
日照市	Rizhao					
岚山经济开发区	Lanshan	4360105	199524	5674268	5901987	98641
五莲工业园区	Wuulian Industry Park	264235	4864	1997174	1973200	90140
莱芜市	Laiwu					
莱芜工业园区	Laiwu Industry Park	555700	27875	1399400	1376200	34500
莱芜钢城经济开发区	Laiwu Gangcheng Economic Development Zone	535400	19774	2473009	2405107	7934
临沂市	Linyi					
临沂工业园区	Linyi Industry Park	435001	53287	5675894	5584943	455899
临沂河东工业园区	Linyi Hedong Industry Park	1093000	68728	3576243	3550705	202833
沂南经济开发区	Yinan Economic Development Zone	1572488	108189	4803556	4800252	366185
郯城经济开发区	Tancheng Economic Development Zone	1556355	97483	4261204	4187150	515619
沂水经济开发区	Yishui Economic Development Zone	2216777	114667	10230265	10031825	685488
兰陵经济开发区	Lanling Economic Development Zone	1553713	130221	4902341	4876895	446252
费县经济开发区	Feixian Economic Development Zone	1289326	62067	5490467	5384312	603947
平邑经济开发区	Pinpyi Economic Development Zone	1512054	102387	3920048	3879467	341887
莒南经济开发区	Junan Economic Development Zone	1549146	116336	5641952	5705844	458785
蒙阴经济开发区	Mengyen Economic Development Zone	658154	51876	2277289	2310913	158046
临沭经济开发区	Lienshu Economic Development Zone	743952	42458	4167169	4663654	289005
德州市	Dezhou					
德州运河经济开发区	Dezhou Yunhe Economic Development Zone	418917	55083	1770677	1767928	405465
陵县经济开发区	Lingxian Economic Development Zone	763055	106609	6623999	6388638	691266
宁津经济开发区	Ningjin Economic Development Zone	1038835	49955	4096466	4064415	341324
庆云经济开发区	Qingyuen Economic Development Zone	750000	55192	4346558	4452108	487592
临邑经济开发区	Linyi Economic Development Zone	1868038	135648	7302800	7274712	749517
齐河经济开发区	Qihe Economic Development Zone	1804513	251997	9014874	9071661	1019588
平原经济开发区	Pingyuan Economic Development Zone	1558043	68599	5481219	5519626	540822
夏津经济开发区	Xiajin Economic Development Zone	749956	65721	6515117	6417034	699978
武城经济开发区	Wucheng Economic Development Zone	1423774	80933	7202555	7176426	799658
乐陵经济开发区	Laoling Economic Development Zone	1284212	82122	6050880	5833867	470400

6-28 续表 10 continued

开发区名称	Development Area	固定资产投资额（万元）Investment in Fixed Assets (10 000 yuan)	公共财政预算收入（万元）Budgetary Revenue of Local Government (10 000 yuan)	规模以上工业总产值（万元）Gross Output of Industrial Enterprises above Designated Size (10 000 yuan)	规模以上工业主营业务收入（万元）Business Revenue of Industrial Enterprises above Designated Size (10 000 yuan)	规模以上工业利税总额（万元）Total Profits and Taxes of Industrial Enterprises above Designated Size (10 000 yuan)
聊城市	Liaocheng					
聊城嘉明经济开发区	Liaocheng Jiaming Economic Development Zone	876297	79875	5104997	5022437	360121
阳谷工业园区	Yangu Industry Park	1454141	98927	7951587	7936747	760248
莘县工业园区	Shenxian Industry Park	1043386	67269	5425788	5399000	536000
东阿工业园区	Donge Industry Park	385368	60007	3039721	3102126	448419
滨州市	Binzhou					
惠民经济开发区	Huimin Economic Development Zone	1308573	60011	2148116	2097718	187635
阳信经济开发区	Yiangxin Economic Development Zone	354972	40753	1905172	1894744	245415
无棣工业园区	Wudi Industry Park	640117	74749	1204287	1181483	100002
沾化经济开发区	Zhanhua Economic Development Zone	1034016	76513	2214298	2203016	120711
博兴经济开发区	Boxing Economic Development Zone	1793465	193569	8699321	8984557	237002
菏泽市	Heze					
菏泽经济开发区	Heze Economic Development Zone	1022032	217415	7552854	7829972	1160559
菏泽牡丹工业园区	Heze Mudan Industry Park	24640	66650	483764	492215	48694
曹县工业园区	Caoxian Industry Park	693879	118922	4972567	4852666	606325
单县工业园区	Shanxian Industry Park	784538	86544	5325919	5175500	563717
成武工业园区	Chengwu Industry Park	561450	71150	3386950	3370700	517540
巨野工业园区	Juye Industry Park	636736	58301	2035972	1986851	218481
郓城工业园区	Yuncheng Industry Park	668974	103542	4234025	4314974	496385
鄄城工业园区	Juancheng Industry Park	724380	60884	3001929	2689789	345086
定陶工业园区	Dingtao Industry Park	366469	48079	1531446	1902954	320206
东明工业园区	Dongming Industry Park	518502	104626	8085251	8282359	656913

6-29 各高新技术产业开发区主要经济指标(2015年)

Main Indicators of the High and New-tech Development Zone(2015)

开发区名称	Development Area	注 册 企业数 (个) Number of Registered Enterprises (unit)	外商投资 企 业 Foreign -funded Enterprises	高新技术 企 业 High and New-tech Enterprises	实际利用 外资额 (万美元) Amount of Foreign Capital Actually Utilized (10 000 USD)
国家级	**National**				
济南高新技术产业开发区	Jinan High and New-tech Development Zone	12609	116	275	39000
青岛高新技术产业开发区	Qingdao High and New-tech Development Zone	4020	180	222	28657
淄博高新技术产业开发区	Zibo High and New-tech Development Zone	5308	239	100	11884
枣庄高新技术产业开发区	Zaozhuang High and New-tech Development Zone	1943	38	56	769
烟台高新技术产业开发区	Yantai High and New-tech Development Zone	1532	10	29	5000
烟台高新技术产业开发区(福山园)	Yantai High and New-tech Development Zone (Fushan Zone)	932	268	22	
烟台高新技术产业开发区(莱山园)	Jinan High and New-tech Development Zone (Laishan Zone)	8364	383	83	23228
潍坊高新技术产业开发区	Weifang High and New-tech Development Zone	7826	177	115	19282
济宁高新技术产业开发区	Jining High and New-tech Development Zone	2563	72	130	25011
泰安高新技术产业开发区	Taian High and New-tech Development Zone	2036	39	48	9264
威海高新技术产业开发区	Weihai High and New-tech Development Zone	7333	155	64	16365
临沂高新技术产业开发区	Linyi High and New-tech Development Zone	2576	74	40	4203
禹城高新技术产业开发区	Yucheng High and New-tech Development Zone	336	11	17	1506
莱芜高新技术产业开发区	Laiwu High and New-tech Development Zone	1995	19	22	12735
省　级	**Provincial**				
即墨高新技术产业开发区	Jimo High and New-tech Development Zone	243	48	47	8986
东营高新技术产业开发区	Dongying High and New-tech Development Zone	2938	27	38	2226
嘉祥高新技术产业开发区	Jiaxiang High and New-tech Development Zone	80	1	15	323
文登高新技术产业开发区	Wendeng High and New-tech Development Zone	723	15	120	7300
日照高新技术产业开发区	Rizhao High and New-tech Development Zone	753	79	11	4366
聊城高新技术产业开发区	Liaocheng High and New-tech Development Zone	984		6	13
滨州高新技术产业开发区	Binzhou High and New-tech Development Zone	432		120	303
菏泽高新技术产业开发区	Heze High and New-tech Development Zone	195	15	3	552

6-29 续表 continued

单位：万元 (10 000 yuan)

开发区名称	Development Area	固定资产投资额 Investment in Fixed Assets	公共财政预算收入 Budgetary Revenue of Local Government	规模以上工业总产值 Gross Output of Industrial Enterprises above Designated Size	规模以上工业主营业务收入 Business Revenue of Industrial Enterprises above Designated Size	规模以上工业利税总额 Total Profits and Taxes of Industrial Enterprises above Designated Size
国家级	**National**					
济南高新技术产业开发区	Jinan High and New-tech Development Zone	5651800	825400	23377800	24094435	4139400
青岛高新技术产业开发区	Qingdao High and New-tech Development Zone	3882291	558401	20030538	26488947	2498846
淄博高新技术产业开发区	Zibo High and New-tech Development Zone	3909854	1266588	22595021	22209021	3214715
枣庄高新技术产业开发区	Zaozhuang High and New-tech Development Zone	3298198	181895	7718144	7541118	612584
烟台高新技术产业开发区	Yantai High and New-tech Development Zone	413025	71725	315348	318222	25025
烟台高新技术产业开发区(福山园)	Yantai High and New-tech Development Zone (Fushan Zone)	1873122	67000	3252320	3280618	237301
烟台高新技术产业开发区(莱山园)	Jinan High and New-tech Development Zone (Laishan Zone)	3600935	331718	3223841	3069711	464153
潍坊高新技术产业开发区	Weifang High and New-tech Development Zone	2694053	873823	14694573	14860174	1211643
济宁高新技术产业开发区	Jining High and New-tech Development Zone	3844920	638739	14888925	15897852	917816
泰安高新技术产业开发区	Taian High and New-tech Development Zone	1006097	198397	5825032	5819639	337468
威海高新技术产业开发区	Weihai High and New-tech Development Zone	1469459	423236	9473768	9613548	1153630
临沂高新技术产业开发区	Linyi High and New-tech Development Zone	7388420	331269	13300830	13230510	1613600
禹城高新技术产业开发区	Yucheng High and New-tech Development Zone	1039280	91601	7682987	7940403	712476
莱芜高新技术产业开发区	Laiwu High and New-tech Development Zone	1130200	86672	3803335	3748700	229500
省　级	**Provincial**					
即墨高新技术产业开发区	Jimo High and New-tech Development Zone	854327	35213	3978726	3745828	365263
东营高新技术产业开发区	Dongying High and New-tech Development Zone	2694395	173780	16627509	15868002	1404571
嘉祥高新技术产业开发区	Jiaxiang High and New-tech Development Zone	360523	11021	957742	990140	28286
文登高新技术产业开发区	Wendeng High and New-tech Development Zone	2773041	87961	9524001	4599993	325823
日照高新技术产业开发区	Rizhao High and New-tech Development Zone	2097021	126041	1501343	1051022	42421
聊城高新技术产业开发区	Liaocheng High and New-tech Development Zone	888131	50059	1088700	1075200	44705
滨州高新技术产业开发区	Binzhou High and New-tech Development Zone	801901	45270	539308	519488	28154
菏泽高新技术产业开发区	Heze High and New-tech Development Zone	360100	74016	2839700	2811800	678700

主要统计指标解释

进出口总额 指实际进出我国国境的货物总金额。包括对外贸易实际进出口货物，来料加工装配进出口货物，国家间、联合国及国际组织无偿援助物资和赠送品，华侨、港澳台同胞和外籍华人捐赠品，租赁期满归承租人所有的租赁货物，进料加工进出口货物，边境地方贸易及边境地区小额贸易进出口货物(边民互市贸易除外)，中外合资企业、中外合作经营企业、外商独资经营企业进出口货物和公用物品，到、离岸价格在规定限额以上的进出口货样和广告品(无商业价值、无使用价值和免费提供出口的除外)，从保税仓库提取在中国境内销售的进口货物，以及其他进出口货物。该指标可以观察一个国家在对外贸易方面的总规模。我国规定出口货物按离岸价格统计，进口货物按到岸价格统计。

商品经营单位所在地进、出口额 指所在地海关注册登记的有进出口经营权的企业实际进、出口额。

商品目的地进口额和商品货源地出口额 目的地进口额指进口货物的消费、使用或最终抵运地的实际进口额；货源地出口额指出口货物的产地或原始发货地的实际出口额。

利用外资 指我国各级政府、部门、企业和其他经济组织通过对外借款、吸收外商直接投资以及用其他方式筹措的境外现汇、设备、技术等。

对外借款 指通过对外正式签订借款协议，从境外筹措的资金，包括外国政府贷款、国际金融组织贷款、外国银行商业贷款、出口信贷以及对外发行债券等。1996年及以前还包括对外发行股票。该指标是我国利用外资的重要部分。

外商直接投资 指外国企业和经济组织或个人(包括华侨、港澳台胞以及我国在境外注册的企业)按我国有关政策、法规，用现汇、实物、技术等在我国境内开办外商独资企业、与我国境内的企业或经济组织共同举办中外合资经营企业、合作经营企业或合作开发资源的投资(包括外商投资收益的再投资)，以及经政府有关部门批准的项目投资总额内企业从境外借入的资金。

外商其他投资 指除对外借款和外商直接投资以外的各种利用外资的形式。包括企业在境内外股票市场公开发行的以外币计价的股票（目前主要是在香港证券市场发行的H股和在境内证券市场发行的B股）发行价总额，国际租赁进口设备的应付款，补偿贸易中外商提供的进口设备、技术、物料的价款，加工装配贸易中外商提供的进口设备、物料的价款。

对外直接投资 指我国国内投资者以现金、实物、无形资产等方式在国外及港澳台地区设立、购买国（境）外企业，并以控制该企业的经营管理权为核心的经济活动。

对外承包工程 指各对外承包公司以招标议标承包方式承揽的下列业务：(1)承包国外工程建设项目；(2)承包我国对外经援项目；(3)承包我国驻外机构的工程建设项目；(4)承包我国境内利用外资进行建设的工程项目；(5)与外国承包公司合营或联合承包工程项目时我国公司分包部分；(6)对外承包兼营的房屋开发业务。对外承包工程的营业额是以货币表现的本期内完成的对外承包工程的工作量，包括以前年度签订的合同和本年度新签订的合同在报告期内完成的工作量。

对外劳务合作 指以收取工资的形式向业主或承包商提供技术和劳动服务的活动。我国对外承包公司在境外开办的合营企业，中国公司同时又提供劳务的，其劳务部分也纳入劳务合作统计。劳务合作营业额按报告期内向雇主提交的结算数(包括工资、加班费和奖金等)统计。

旅游者人数

(1)入境国际旅游者人数：指来中国参观、访问、旅行、探亲、访友、休养、考察、参加会议和从事经济、科技、文化、教育、宗教等活动的外国人、华侨、港澳同胞和台湾同胞的人数。不包括外国在我国的常驻机构，如使领馆、通讯社、企业办事处的工作人员；来我国常住的外国专家、留学生以及在岸逗留不过夜人员。

(2)出境居民人数：指大陆居民因公务活动或私人事务短期出境的人数。公务活动出境居民人数包括在国际交通工具上的中国服务员工，因私出境居民人数不包括在国际交通工具上的中国服务员工。

(3)国内旅游者人数：指我国大陆居民和在我国常住1年以上的外国人、华侨、港澳台同胞离开常住地在境内其他地方的旅游设施内至少停留一夜，最长不超过6个月的人数。

国际旅游(外汇)收入 指入境旅游的外国人、华侨、港澳同胞和台湾同胞在中国大陆旅游过程中发生的一切旅游支出，其对于国家来说就是国际旅游(外汇)收入。

国际旅行社 指经营对外招徕并接待外国人、华侨、港澳同胞和台湾同胞来中国、归国或回内地旅游业务的旅行社。

国内旅行社 指负责经营招徕、组团、接待国内旅客的旅游业务，以及不对外招徕，负责经营接待国际旅行社或其它涉外部门组织的外国人、华侨、港澳同胞和台湾同胞来中国、归国或回内地的旅游业务的旅行社。

Explanatory Notes on Main Statistical Indicators

Total Imports and Exports at Customs refer to the real value of commodities imported into and exported from the boundary of China. They include the actual imports and exports through foreign trade, imported and exported goods under the processing and assembling trades and materials, supplies and gifts as aid given gratis between governments and by the United Nations and other international organizations, and contributions donated by overseas Chinese, compatriots in Hong Kong and Macao and Chinese with foreign citizenship, leasing commodities owned by tenant at the expiration of leasing period, the imported and exported commodities processed with imported materials, commodities trading in border areas (excluding mutual exchange goods), the imported and exported commodities and articles for public use of the Sino foreign joint ventures, cooperative enterprises and ventures exclusively with foreign own investment. Also included are import or export of samples and advertising goods for whose CIF or FOB value are beyond the permitted ceiling (excluding goods of no trading or use value and free commodities for export), imported goods sold in China from bonded warehouses and other imported or exported goods. The indicator of the total imports and exports at customs can be used to observe the total size of external trade in a country. In accordance with the stipulation of the Chinese government, imports are calculated at CIF, while exports are calculated at FOB.

Import and Export Value by Location of Foreign Trade Managing Units refers to actual value of imports and exports carried out by corporations which have been registered by the local customhouse and are vested with right to run import export business.

Import and Export Value of Commodities by Destination and Origin of goods in China: The former indicator refers to the value of import commodities of the places of their consumption, utilization or the places of their final destination. The latter indicator refers to the value of export commodities of the places of their origin or the places of the commodities dispatched.

Utilization of Foreign Capitals refers to remittance, equipment and technology financed from abroad, by loans, foreign direct investment and other forms undertaken by the Chinese governments at all levels, by various departments, enterprises and other economic units.

Foreign Borrowings refer to funds borrowed from abroad through formal signing of borrowing agreements with foreign institutions, including loans of foreign governments, loans of international financial institutions, commercial loans of foreign banks, export credit, and funds raised by Chinese bonds (and shares before 1996) issued abroad. It is an important part of China' s utilization of foreign capitals.

Foreign Direct Investment refers to the investments inside China by foreign enterprises and economic organizations or individuals (including overseas Chinese, compatriots from Hong Kong, Macao and Taiwan, and Chinese enterprises registered abroad), following the relevant policies and laws of China, for the establishment of ventures exclusively with foreign own investment, Sino oreign joint ventures and cooperative enterprises or for co perative exploration of resources with enterprises or economic organizations in China. It includes the re investment of the foreign entrepreneurs with the profits gained from the investment and the funds that enterprises borrow from abroad in the total investment of projects which are approved by the relevant department of the government.

Other Investment by Foreign Entrepreneurs refers to all forms of utilization of foreign capitals other than foreign borrowings and foreign direct investment. It includes the total value of stock shares in foreign currencies issued by enterprises at domestic or foreign stock exchanges (now mainly consisting of H shares issued at Hong Kong Security Market and B shares issued at domestic security markets), rent payable for the imported equipment through international leasing arrangement, cost of imported equipment, technology and materials provided by foreign counterparts in compensation trade and processing and assembly trade.

Overseas Direct Investment refers to enterprises set up or bought by domestic investors in foreign countries and in Hong Kong, Macao and Taiwan, and the economic activities centering on operation and management of those enterprises are under the control of domestic investors. The statistical scope covers various corporation type enterprises and non-corporation type enterprises receiving direct investment from domestic investment entities.

Contracted Projects with Foreign Countries refer to projects undertaken by Chinese contractors (project contracting companies) through bidding process. They include:(1) overseas civil engineering construction projects financed by foreign investors; (2) overseas projects financed by the Chinese government through its foreign aid programs; (3) construction projects of Chinese diplomatic missions, trade offices and other institutions stationed abroad; (4) construction projects in China financed by foreign investment; (5) sub-contracted projects to be taken by Chinese contractors through a joint umbrella project with foreign contractor(s); (6) housing development projects. The business income from international contracted projects is the work volume of contracted projects completed during the reference period, expressed in monetary terms, including completed work on projects signed in previous years.

Service Cooperation with Foreign Countries refers to

the activities of providing technology and labour services to employers or contractors in the forms of receiving salaries and wages. Labour services providing by contractual joint ventures of Chinese international contracting corporations should be included in the statistics of service co-operation with foreign countries. The business income of labour service cooperation is the income in the form of wages and salaries, overtime pay, bonuses and other remuneration received from the employers during the reference period.

Number of Tourists

(1) International tourists refer to foreigners, overseas Chinese, Chinese compatriots from Hong Kong, Macao and Taiwan coming to China for sight seeing, visits, tours, family reunions, vacations, study tours, conferences and other activities of a business, scientific and technological, cultural, educational and religious nature. It does not include representatives and employees of resident institutions of foreign countries in China such as embassies, consulates, news agencies and offices of foreign companies and organizations, nor does it include long-term foreign experts or students residing in China, or persons in transition without spending a night in China.

(2) Chinese residents going abroad refer to Chinese residents going abroad for short terms for either public business or private purposes. Chinese employees working on international transport carriers are included in those going abroad for public business purpose, not in those for private purpose.

(3) Domestic tourists refer to residents of the mainland of China who stay for one night at least but no more than 6 months at tourist facilities in other places than their permanent residence within the territory of the mainland China, including foreigners, overseas Chinese and Chinese compatriots from Hong Kong, Macao and Taiwan who have resided in China for over one year.

Foreign Exchange Earnings from International Tourism refer to the total expenditures of foreigners, overseas Chinese, Chinese compatriots from Hong Kong, Macao and Taiwan during their stay in the mainland of China, which are earnings of foreign exchange from international tourism from the point of view from China.

International Travel Agencies refer to travel agencies engaged in the promotion, solicitation, organization and reception of tours to the mainland of China by foreigners, overseas Chinese, Chinese compatriots from Hong Kong, Macao and Taiwan.

Domestic Travel Agencies refer to travel agencies engaged in the promotion, solicitation, organization and reception of domestic tourists, and in the reception of foreigners, overseas Chinese, Chinese compatriots from Hong Kong, Macao and Taiwan organized by international travel agencies or other departments concerned, without their own promotion and solicitation programmes.

第7篇

能　源

Energy

简 要 说 明

一、本篇资料的主要内容

本篇资料反映了全省能源生产和消费状况，主要包括能源生产、消费及品种构成，能源生产和消费弹性系数，生活用能源消费量，全省各市主要发展约束性指标，以及分行业能耗情况。

二、本篇资料的来源

本篇资料主要来源于全省能源平衡表，全省主要能源统计指标公报，由省统计局能源处编制提供。

三、关于数据口径与计算的说明

1.一次能源生产量，采用工业能源产量统计数据。

2.行业分类采用现行统一的国民经济行业分类国家标准。

3.电力、热力折算成标准煤时，分别按照当量、等价两种折标系数计算。电力和热力折算标准煤的当量系数分别为1.229（吨标准煤/万千瓦时）、0.0341（吨标准煤/百万千焦）；电力和热力折算标准煤的等价系数，按平均发电、供热标准煤耗计算。

4.本篇出现的"煤碳"，包括原煤、洗精煤、其它洗煤和煤制品（即型煤），不包括焦炭。煤品包括煤碳、焦碳、焦炉煤气、高炉煤气、转炉煤气和其它焦化产品。

5.煤品占能耗总量的比重，包括入鲁火电所占能耗总量的比重。

6.依据2013年第三次全国经济普查资料，对2011年至2013年部分能源历史数据进行了调整。

Brief Introduction

I. Main Content

Data in this chapter show the energy production and consumption of Shandong Province, including mainly energy production and consumption and their composition, the elasticity ratio of energy production and consumption, the consumption of energy for residential use, main binding indicators on development of Shandong, and the energy consumption grouped by sector.

II. Source of Data

Data in this chapter are mainly based on the energy balance sheet of the whole province, the statistics communiqué of main energy indicators of Shandong. The data are provided by the Division of Energy Statistics of Shandong Provincial Bureau of Statistics.

III. Notes on Coverage and Calculation of Data

(1)Data on the production of primary energy are based on the output of industrial energy made by enterprises.

(2) Data by industries in this chapter are based on the new National Industrial Classification of All Economic Activities.

(3) The coefficient for conversion of electric power into the standard coal equivalent is calculated on the basis of heat value equivalent. One kilowatt is equal to 0.1229 kg SCE. The coefficient for conversion of heating into the standard coal equivalent is calculated on the basis of equal caloric value. One million KJ is equal to 0.0341 ton SCE. The coefficient is calculated according to the average consumption of coal for generating electricity or heating.

(4) In this chapter, Coal includes crude coal, washing coal, other washing coal and coal products and excludes coke. Coal products include coal, coke, coke oven gas, blast furnace gas, converter gas and other coking products.

(5) The proportion of coal consumption in total energy consumption includes the proportion of thermal power transmitted into Shandong Province

(6) Based on the third national economic census data in 2013, some energy historical data from 2013 to 2011 are adjusted.

7-1 主要年份一次能源生产总量

Primary Energy Output in Major Years

单位：万吨标煤 (10 000 tons of SCE)

年份 Year	能源生产总量 Total Energy Production	原煤 Coal	原油 Crude Oil	天然气 Natural Gas	水电、风电和太阳能光伏发电 Hydro, Wind and Solar PV Power
1949	120.79	120.79			
1952	258.58	258.58			
1955	342.73	342.73			
1956	386.58	386.58			
1957	440.37	440.37			
1962	1041.29	1041.17	0.01		0.11
1965	1362.94	1242.89	119.81		0.24
1970	2383.80	1716.18	667.59		0.03
1975	4555.04	2036.54	2388.62	128.62	1.26
1976	5013.70	2382.91	2500.65	128.88	1.26
1977	5387.37	2727.99	2502.71	155.88	0.79
1978	5901.83	2928.71	2781.49	190.46	1.17
1979	6075.07	3170.21	2697.14	205.49	2.23
1980	5873.37	3064.71	2616.94	189.00	2.72
1981	5392.54	2950.42	2301.75	138.72	1.65
1982	5505.80	3040.71	2335.21	129.41	0.47
1983	5898.00	3132.28	2625.00	139.79	0.93
1984	6696.54	3258.96	3288.36	148.17	1.05
1985	7531.89	3516.00	3861.74	151.89	2.26
1986	8046.80	3642.79	4215.52	185.94	2.55
1987	8511.34	3798.47	4514.38	197.24	1.25
1988	8918.29	3970.94	4757.61	188.73	1.01
1989	9038.69	4067.83	4765.07	205.35	0.44
1990	9262.21	4282.54	4786.70	191.39	1.58
1991	9269.98	4282.53	4793.22	191.25	2.98
1992	9508.88	4535.86	4780.24	191.92	0.86
1993	9875.38	4519.97	5171.83	182.08	1.50
1994	10624.66	5560.85	4887.14	173.78	2.89
1995	10757.67	6305.32	4294.76	156.04	1.55
1996	10697.72	6392.56	4159.57	144.62	0.97
1997	10620.51	6496.14	4002.01	121.67	0.69
1998	10436.05	6412.17	3901.51	122.09	0.28
1999	10322.39	6425.10	3807.55	89.01	0.73
2000	9648.75	5741.96	3822.49	83.54	0.76
2001	11550.26	7634.32	3811.52	103.34	1.08
2002	13241.75	9333.02	3816.52	91.07	1.14
2003	14384.08	10476.85	3808.65	98.36	0.22
2004	14394.61	10461.78	3820.50	111.84	0.49
2005	13995.62	10021.63	3849.36	123.03	1.60
2006	14083.40	10042.24	3935.89	103.46	1.82
2007	14616.67	10526.28	3990.22	99.22	0.95
2008	14615.32	10500.62	3998.91	113.05	2.74
2009	14600.08	10424.07	4040.38	119.97	15.66
2010	16055.71	11913.14	3980.08	129.01	33.48
2011	15997.81	11585.87	3973.65	64.33	53.35
2012	16973.80	12528.16	3963.94	75.71	79.19
2013	15165.08	10722.56	3894.94	65.11	116.19
2014	15220.40	10699.80	3876.09	62.89	133.13
2015	14632.77	10242.27	3725.83	58.61	161.90

注：1.本表使用当量折标系数折算标准煤。
2.2009年开始，一次能源包含水电、风电和太阳能光伏发电，1949—2008年数据不包括风电和太阳能光伏发电。
a)Data of standard coal equivalent is calculated on the basis of heat value equivalent.
b)Since 2009, Primary Energy has included hydro,wind and solar PV power. 1949-2008 data do not include wind and solar PV power.

7-2 1979-2015年能源生产、能源消费弹性系数

Elasticity Ratio of Energy Production and Energy Consumption from 1979 to 2015

年 份 Year	能源生产弹性系数 Elasticity Ratio of Energy Production				能源消费弹性系数 Elasticity Ratio of Energy Consumption			
	能源生产比上年增长(%) Growth Rate of Energy Production over Preceding Year (%)	电力生产比上年增长(%) Growth Rate of Electricity Production over Preceding Year (%)	能源生产弹性系数 Elasticity Ratio of Energy Production	电力生产弹性系数 Elasticity Ratio of Electricity Production	能源消费比上年增长(%) Growth Rate of Energy Consumption over Preceding Year (%)	电力消费比上年增长(%) Growth Rate of Electricity Consumption over Preceding Year (%)	能源消费弹性系数 Elasticity Ratio of Energy Consumption	电力消费弹性系数 Elasticity Ratio of Electricity Consumption
1979	1.69	9.68	0.15	0.84		11.03		0.95
1980	-3.33	8.78		0.55	0.62	5.96	0.03	0.40
1981	-8.17	4.58		0.25	-12.23	6.13		0.33
1982	2.12	4.62	0.15	0.33	21.98	6.06	1.56	0.43
1983	7.11	7.26	0.44	0.44	-13.50	7.43		0.46
1984	13.53	8.33	0.51	0.31	7.34	12.43	0.27	0.47
1985	12.46	10.83	0.73	0.63	-12.67	8.70		0.51
1986	6.83	14.46	0.75	1.59	7.34	11.02	0.81	1.22
1987	5.79	10.62	0.29	0.52	13.68	9.68	0.68	0.48
1988	4.78	14.41	0.19	0.57	5.73	8.04	0.23	0.32
1989	1.36	10.58	0.09	0.67	4.84	7.17	0.31	0.45
1990	2.46	6.33	0.15	0.38	3.46	9.76	0.21	0.58
1991	0.52	11.20	0.03	0.57	3.05	9.75	0.15	0.49
1992	2.14	14.06	0.16	0.66	1.92	13.92	0.09	0.65
1993	-0.14	7.85		0.30	-1.07	7.77		0.29
1994	8.27	10.95	0.21	0.28	13.09	10.50	0.33	0.29
1995	6.13	9.09	0.21	0.31	10.58	9.48	0.36	0.32
1996	-2.77	7.28		0.38	3.12	7.51	0.16	0.39
1997	1.52	7.68	0.13	0.66	-0.02	7.38		0.64
1998	-1.81	-7.09			12.70	-1.19	1.10	
1999	-1.01	14.84		0.58	0.22	14.57	0.87	0.53
2000	-6.52	9.91		0.55	-9.17	10.12		0.56
2001	1.71	9.86	0.17	0.98	10.41	10.94	1.03	1.09
2002	4.68	13.19	0.40	1.14	18.06	12.42	1.56	1.07
2003	8.49	11.75	0.62	0.86	18.74	13.47	1.36	0.98
2004	0.07	17.50	0.01	1.15	21.30	17.50	1.39	1.14
2005	-2.78	16.58		1.11	20.08	16.58	1.32	1.09
2006	0.64	15.24	0.04	1.04	10.96	15.24	0.74	1.04
2007	3.79	14.23	0.27	1.00	8.66	14.26	0.61	1.00
2008	-0.01	3.89		0.32	4.48	5.04	0.37	0.42
2009	-0.10	3.95		0.33	5.73	7.85	0.48	0.66
2010	9.97	6.29	0.80	0.50	7.54	12.15	0.60	0.97
2011	-0.36	2.64	-0.03	0.24	6.68	10.21	0.62	0.94
2012	6.10	4.20	0.63	0.43	4.73	4.38	0.48	0.45
2013	-10.66	8.82	-1.12	0.92	4.74	7.60	0.50	0.80
2014	0.36	3.90	0.04	0.45	3.29	3.44	0.38	0.40
2015	-3.86	5.48	-0.49	0.69	3.95	5.18	0.50	0.65

注：本表2015年电力生产和消费增速采用全省核算数据。

a) Data on growth rate of electricity production and consumption in 2015 is calculated according to accounting data of the whole province.

7-3 一次能源生产量及构成

Primary Energy Output and Composition

类 别	Category	2000	2005	2010	2011	2012	2013	2014	2015
能源生产总量(折标准煤)	**Total Energy Production**	**9648.8**	**13995.6**	**16055.7**	**15997.8**	**16973.8**	**15165.1**	**15220.4**	**14632.8**
(万吨标准煤)	**(10 000 tons of SCE)**								
构 成	Composition								
原 煤 (%)	Coal (%)	59.51	71.61	74.20	72.42	73.81	70.71	70.30	70.00
原 油 (%)	Crude Oil (%)	39.62	27.51	24.79	24.84	23.35	25.68	25.47	25.46
电 力 (%)	Electricity (%)	0.01	0.01	0.21	0.33	0.47	0.77	0.87	1.11

注：本表使用当量折标系数折算标准煤。

a)Data of standard coal equivalent is calculated on the basis of heat value equivalent.

7-4 能源消费量及构成

Total Consumption and Composition of Energy

类 别	Category	2011	2012	2013	2014	2015
能源消费量(折标准煤)	**Energy Consumption**	**31211.8**	**32686.7**	**34234.9**	**35362.6**	**36759.2**
(万吨标准煤)	**(10 000 tons of SCE)**					
构 成	Composition					
煤 品 (%)	Coal (%)	79.60	80.22	79.74	80.75	79.48
油 品 (%)	Crude Oil (%)	17.12	15.94	16.29	14.89	15.87
电 力 (%)	Electricity (%)	0.17	0.24	0.34	0.38	0.57
其 他 (%)	Others (%)	3.11	3.60	3.63	3.98	4.08

注：本表使用当量折标系数折算标准煤。

a)Data of standard coal equivalent is calculated on the basis of heat value equivalent.

7-5 综合能源平衡表

Overall Energy Balance Sheet

单位：万吨标准煤 (10 000 tons of SCE)

项　　目	Item	2011	2012	2013	2014	2015
可供消费的能源总量	**Total Energy for Consumption**	**31212**	**32687**	**34235**	**35363**	**36759**
一次能源生产量	Primary Energy Output	15998	16974	15165	15220	14633
回收能	Recover of Energe	-771	-723	-856	-859	-933
外省(区、市)调入量	Allocation from Other Provinces	21420	19959	20828	23441	25721
进口量	Imports	8417	11529	13663	13381	13409
本省(区、市)调出量(－)	Allocation to Other Provinces(-)	-13972	-15415	-14438	-15873	-16454
出口量(－)	Exports(-)	-412	-366	-524	-654	-745
年初年末库存差额	Stock Changes in the Year	-239	6	-460	-152	194
能源消费总量	**Total Energy Consumption**	**31212**	**32687**	**34235**	**35363**	**36759**
在总量中：	Consumption by srctor					
1.农林牧渔业	1.Agriculture,Forestry,Animal Husbandry and Fishery	360	408	420	437	474
2.工　业	2.Industry	25576	26761	28012	28919	30070
3.建筑业	3.Construction	336	345	376	394	380
4.交通运输、仓储和邮政业	4.Transport,Storage and Post	1739	1773	1799	1860	1926
5.批发、零售业和住宿、餐饮业	5.Wholesale and Retail Trades,Hotels and Catering Services	662	680	650	673	699
6.其他行业	6.Other Sectors	621	685	790	793	830
7.生活消费	7.Household Consumption	1917	2035	2190	2287	2380
在总量中：	Consumption by Usage					
(一) 终端消费	(Ⅰ)End-use Consumption	23273	25056	26197	27492	26868
#工业	Industry	17637	19130	19974	21049	20179
(二) 加工转换损失量	(Ⅱ)Losses During the Process of Energy Conversion	7939	7631	8038	7871	9891
#炼焦	Coking	599	574	593	618	571
炼油	Petroleum Refining	817	502	660	265	915
(三) 损失量	(Ⅲ)Energy Losses					
平衡差额	**Balance**					

注：本表使用当量折标系数折算标准煤。
a)Data of standard coal equivalent is calculated on the basis of heat value equivalent.

7-6 石油平衡表
Petroleum Balance Sheet

单位：万吨 (10 000 tons)

项 目	Item	2011	2012	2013	2014	2015
一、可供量	**Total Energy Available for Consumption**	**3816.4**	**3653.8**	**3898.7**	**3645.4**	**4042.3**
原油产量	Crude Output	2781.5	2774.7	2726.4	2713.2	2608.0
外省(区、市)调入量	Allocation from Other Provinces	761.6	1646.8	466.1	1053.0	2210.2
进口量	Imports	5216.4	6867.6	7663.1	7489.8	8311.9
本省(区、市)调出量(－)	Allocation to Other Provinces(-)	-4742.9	-7362.0	-6491.8	-7182.6	-8480.1
出口量(－)	Exports(-)	-227.9	-229.2	-332.6	-381.8	-399.7
年初年末库存差额	Stock Changes in the Year	27.8	-44.1	-132.5	-46.2	-208.1
年初库存量	Stock of early Year	365.2	278.5	536.9	527.9	695.0
年末库存量(－)	Stock of Year end(-)	-337.3	-322.6	-669.4	-574.1	-903.0
二、消费量	**Total Energy Consumption**	**3816.4**	**3653.8**	**3898.7**	**3645.4**	**4042.3**
在总量中：	Consumption by srctor					
1.农林牧渔业	1.Agriculture,Forestry,Animal Husbandry and Fishery	145.4	180.0	178.5	181.5	198.4
2.工 业	2.Industry	1786.4	1543.8	1742.0	1427.6	1759.7
3.建筑业	3.Construction	189.4	191.7	212.8	221.9	215.4
4.交通运输、仓储和邮政业	4.Transport,Storage and Post	1103.6	1109.5	1124.7	1157.8	1181.5
5.批发、零售业和住宿、餐饮业	5.Wholesale and Retail Trades, Hotels and Catering Services	57.4	65.9	61.5	63.9	72.4
6.其他行业	6.Other Sectors	72.4	84.1	85.1	86.4	92.3
7.生活消费	7.Household Consumption	461.9	478.9	494.1	506.2	522.8
在总量中：	Consumption by Usage					
1.终端消费	1.End-use Consumption	3134.6	3277.7	3460.4	3508.9	3389.8
#工业	Industry	1104.6	1167.7	1303.7	1291.1	1107.2
2.加工转换损失	2.Losses During the Process of Energy Conversion	681.8	376.1	438.3	136.5	652.5
火力发电	Thermal Power	25.3	20.3	12.6	6.3	15.9
供 热	Heating	60.5	62.3	47.0	65.4	62.0
炼油损耗	Petroleum Refining	596.1	293.5	378.7	64.8	574.6
制 气	Gas Production					
3.损 失 量	3.Other Losses					
三、平衡差额	**Balance**					

7-7 煤炭平衡表
Coal Balance Sheet

单位：万吨 (10 000 tons)

项　目	Item	2011	2012	2013	2014	2015
一、可供量	**Total Energy Available for Consumption**	**36470.3**	**37077.3**	**37683.4**	**39561.7**	**40926.9**
原煤生产量	Raw coal output	16113.6	17667.6	14961.5	14684.3	14220.2
外省(区、市)调入量	Allocation from Other Provinces	27605.9	23343.0	26180.8	28359.5	29561.6
进口量	Imports	1456.7	2529.1	3801.0	3715.5	1592.2
本省(区、市)调出量(－)	Allocation to Other Provinces(-)	-8226.9	-6405.6	-6856.1	-6957.8	-4944.0
出口量(－)	Exports(-)	-119.4	-68.0	-71.0	-148.2	-235.9
年初年末库存差额	Stock Changes in the Year	-359.7	11.2	-332.8	-91.6	732.9
年初库存量	Stock of early Year	2011.0	2301.8	2469.8	2600.8	4017.8
年末库存量(－)	Stock of Year end(-)	-2370.7	-2290.5	-2802.6	-2692.4	-3284.9
二、消费量	**Total Energy Consumption**	**36470.3**	**37077.3**	**37683.4**	**39561.7**	**40926.9**
在总量中：	Consumption by srctor					
1.农林牧渔业	1.Agriculture,Forestry,Animal Husbandry and Fishery	61.5	79.0	89.0	89.0	92.6
2.工　业	2.Industry	34935.0	35594.9	36000.6	37930.2	39304.3
3.建筑业	3.Construction	23.6	18.6	23.1	24.4	21.0
4.交通运输、仓储和邮政业	4.Transport,Storage and Post	25.2	20.6	27.3	25.8	25.8
5.批发、零售业和住宿、餐饮业	5.Wholesale and Retail Trades,Hotels and Catering Services	559.0	499.3	502.9	469.0	460.4
6.其他行业	6.Other Sectors	302.8	303.8	431.5	409.0	401.7
7.生活消费	7.Household Consumption	563.1	561.2	609.1	614.3	621.2
在总量中：	Consumption by Usage					
1.终端消费	1.End-use Consumption	10944.1	11898.7	11568.5	12753.2	10028.2
#工业	Industry	9408.8	10416.2	9885.6	11121.7	8405.6
2.用于加工转换	2.Energy Conversion	25526.2	25178.6	26115.0	26808.5	30898.7
火力发电	Thermal Power	13543.5	13798.7	14417.3	14657.4	18713.5
供　热	Heating	4307.3	4239.9	4394.0	4285.9	4722.1
洗煤损耗	Losses in Coal Washing and Dressing	2063.5	1394.3	1302.5	1469.0	1378.2
炼　焦	Coking	5553.7	5693.1	5959.9	6391.2	6085.0
制　气	Gas Production	58.1	52.7	38.2		
型煤加工损耗	Losses in briquette Processing	0.2				
3.损失量	3.Other Losses					
三、平衡差额	**Balance**					

7-8　电力平衡表
Electricity Balance Sheet

单位：亿千瓦小时 (100 million kwh)

项　　目	Item	2011	2012	2013	2014	2015
一、可供量	**Total Energy Available for Consumption**	**3635.3**	**3794.6**	**4083.1**	**4223.5**	**5182.2**
生产量	Output	3172.4	3305.8	3597.5	3737.8	4684.6
火力发电	Hydropower	3129.0	3241.4	3502.9	3629.4	4552.9
水力发电、核发电、其它发电	Hydro,Nuclear and other Power	43.4	64.4	94.5	108.3	131.7
外省(区、市)调入量	Allocation from Other Provinces	462.8	488.7	485.7	485.7	497.6
进口量	Imports					
本省(区、市)调出量(−)	Allocation to Other Provinces(-)					
出 口 量(−)	Exports(-)					
二、消费量	**Total Energy Consumption**	**3635.3**	**3794.6**	**4083.1**	**4223.5**	**5182.2**
在总量中：	Consumption by srctor					
1.农林牧渔业	1.Agriculture,Forestry,Animal Husbandry and Fishery	85.4	73.5	78.3	88.7	97.3
2.工　业	2.Industry	2812.0	2899.7	3117.6	3230.5	4119.9
3.建筑业	3.Construction	32.3	34.4	37.6	39.6	38.8
4.交通运输、仓储和邮政业	4.Transport,Storage and Post	57.8	65.9	66.5	72.5	80.9
5.批发、零售业和住宿、餐饮业	5.Wholesale and Retail Trades,Hotels and Catering Services	90.5	110.5	121.4	121.6	118.7
6.其他行业	6.Other Sectors	169.0	197.3	204.7	200.5	223.4
7.生活消费	7.Household Consumption	388.2	413.2	457.0	470.2	503.3
在总量中：	Consumption by Usage					
1. 终端消费	1.End-use Consumption	3635.3	3794.6	4083.1	4223.5	5182.2
#工业	Industry	2812.0	2899.7	3117.6	3230.5	4119.9
2. 输配电损失量	2.Losses in Transmission					
三、平衡差额	**Balance**					

7-9 按行业分能耗消费量(2015年)

Consumption of Energy by Sector(2015)

单位：万吨标准煤 (10 000 tons of SCE)

行业	Sector	消费量 Total Consumption	比上年增长(%) Growth Rate(%)
消费总计	**Total Consumption**	**37945.4**	**3.9**
农、林、牧、渔业	**Agriculture,Forestry,Animal Husbandry,Fishery**	**657.7**	**8.0**
工业	**Gross Industrial Enterprises**	**29253.9**	**3.9**
采矿业	**Mining**	**1522.7**	**-8.4**
煤炭开采和洗选业	Mining and Washing of Coal	756.4	-7.4
石油和天然气开采业	Extraction of Petroleum and Natural Gas	477.6	-8.5
黑色金属矿采选业	Mining and Dressing of Ferrous Metal Ores	65.9	-16.1
有色金属矿采选业	Mining and Dressing of Nonferrous Metals Ores	95.4	-2.8
非金属矿采选业	Mining and Dressing of Nonmetal Ores	91.7	-4.8
开采辅助活动	Mining Support Activities	20.9	-34.9
其他采矿业	Mining and Dressing of Other Ores	14.8	-11.1
制造业	**Manufacture**	**25636.5**	**5.2**
农副食品加工业	Processing of Farm and Sideline Food	730.7	-0.9
食品制造业	Manufacture of Food	377.3	-1.6
酒、饮料和精制茶制造业	Manufacture of Wine, Drinks and Refined Tea	100.6	-2.3
烟草制品业	Tobacco Products	7.2	-2.3
纺织业	Textile Industry	2531.0	2.3
纺织服装、服饰业	Manufacture of Textile Wearing Apparel and Finery	101.0	-3.8
皮革、毛皮、羽毛及其制品和制鞋业	Manufacture of Leather, Fur, Feather & Its Products and Footwear	34.9	-4.2
木材加工及木、竹、藤、棕、草制品业	Timber Processing, Bamboo, Cane, Palm Fiber & Straw Products	206.1	-3.1
家具制造业	Manufacture of Furniture	50.9	3.4
造纸及纸制品业	Papermaking and Paper Products	900.9	1.2
印刷和记录媒介复制业	Printing, Reproduction of Recording Media	38.6	0.2
文教、工美、体育和娱乐用品制造业	Manufacture of Culture, Education,Arts and crafts,Sport and Entertainment Goods	53.9	-2.2
石油加工、炼焦和核燃料加工业	Petroleum Refining, Coking and Nuclear Fuel Processing	2076.7	2.1
化学原料和化学制品制造业	Manufacture of Raw Chemical Materials and Chemica Products	5306.6	4.7
医药制造业	Manufacture of Medicines	347.1	3.9
化学纤维制造业	Manufacture of Chemical Fibers	131.3	2.9
橡胶和塑料制品业	Manufacture of Rubber and Plastic	712.8	1.6
非金属矿物制品业	Nonmetal Mineral Products	2770.3	-8.2
黑色金属冶炼及压延加工业	Smelting and Pressing of Ferrous Metals	5450.7	-5.4
有色金属冶炼及压延加工业	Smelting and Pressing of Nonferrous Metals	1502.6	6.9
金属制品业	Manufacture of Metal Products	626.4	-5.6
通用设备制造业	Manufacture of General Purpose Machinery	356.2	-2.9
专用设备制造业	Manufacture of Special Purpose Machinery	195.5	0.3
汽车制造业	Manufacture of Automotive	279.7	0.7
铁路、船舶、航空航天和其他运输设备制造业	Manufacture of Railroad,Marine,Aerospace and Other Transportation Equipment	56.3	-5.3
电气机械及器材制造业	Manufacture of Electrical Machinery & Equipment	494.3	-11.0
计算机、通信和其他电子设备制造业	Manufacture of Computer, Communications and Other Electronic Equipment	87.1	6.3
仪器仪表制造业	Manufacture of Measuring Instrument	18.4	-3.2
其他制造业	Other Manufacture	71.6	-3.6
废弃资源综合利用业	Comprehensive Utilization of Waste Repair Industry	18.6	-10.4
金属制品、机械和设备修理业	Metal Products, Machinery and Equipment	1.1	-2.9
电力、燃气及水的生产和供应业	**Production and Supply of Electric Power, Gas and Water**	**2094.6**	**-1.4**
电力、热力生产和供应业	Production and Supply of Electric Power and Heating Power	1964.3	-1.4
燃气生产和供应业	Production and Supply of Gas	40.6	-13.7
水的生产和供应业	Production and Supply of Tap Water	89.8	5.2
建筑业	**Construction**	**453.3**	**-3.6**
交通运输、仓储和邮政业	**Transport, Storage and Postal Services**	**2078.6**	**4.0**
批发、零售业和住宿、餐饮业	**Wholesale and Retail Trades,Hotels and Catering Services**	**922.9**	**1.7**
其他行业	**Others**	**1250.5**	**5.9**
生活消费	**Household Consumption**	**3328.5**	**4.2**

注：本表数据使用等价折标系数折算标准煤。

a)Data of standard coal equivalent are calculated on the basis of the consumed heat value equivalent.

7−10　平均每天各种能源消费量

Average Daily Energy Consumption by Type of Energy

类　　别	Category	2011	2012	2013	2014	2015
合　计　（吨标准煤）	**Total　(tons of SCE)**	**855118**	**895527**	**937942**	**968838**	**1007101**
煤　炭　(吨)	Coal　(ton)	999186	1015817	1032423	1083883	1121286
焦　炭　(吨)	Coke　(ton)	79857	87837	100830	103055	101467
原　油　(吨)	Crude Oil　(ton)	159627	171822	185370	214134	235809
燃 料 油　(吨)	Fuel Oil　(ton)	34629	40086	56318	65185	88959
汽　油　(吨)	Gasoline　(ton)	17243	18278	19326	19324	19891
煤　油　(吨)	Kerosene　(ton)	1802	2142	2346	2605	2699
柴　油　(吨)	Diesel Oil　(ton)	31052	32767	34600	34647	36582
液化石油气　(吨)	Liquefied Petroleum　(ton)	4004	4134	4151	5665	7106
电　力　(万千瓦时)	Electricity　(10 000 kwh)	99596	103960	111866	115712	141978

注：1.本表使用当量折标系数折算标准煤。2.2010年起，燃料油消费量含炼油再投入量，2000−2009年燃料油消费量不含此项。
a)Data of standard coal equivalent is calculated on the basis of heat value equivalent.
b)Since 2010,data on consumption of fuel oil include those for refining oil,but data of 2000-2009 no including.

7−11　平均每人年生活用能源

Annual Per Captita Energy Consumption for Non-Production Purpose

类　　别	Category	2011	2012	2013	2014	2015
合　计　（千克标准煤）	**Total　(Kg of SCE)**	**199.4**	**210.6**	**225.5**	**234.2**	**242.4**
煤　炭　(千克)	Coal　(kg)	58.6	58.1	62.7	62.9	63.3
汽　油　(千克)	Gasoline　(kg)	38.4	40.8	44.3	45.5	46.0
液化石油汽　(千克)	Liquefied Petroleum　(kg)	7.5	6.3	4.3	4.2	5.0
电　力　(千瓦小时)	Electricity　(kwh)	403.8	427.7	470.6	481.7	512.6

注：本表使用当量折标系数折算标准煤。
a)Data of standard coal equivalent is calculated on the basis of heat value equivalent.

7－12　分品种生活能源年消费总量

Annual Energy Consumption for Non-Production Purpose by Category

类　别		Category		2011	2012	2013	2014	2015
合　计	**（万吨标准煤）**	**Total**	**(10 000 tons of SCE)**	**1917.0**	**2034.8**	**2189.7**	**2286.6**	**2379.9**
煤　炭	（万吨）	Coal	(10 000 tons)	563.1	561.2	609.1	614.3	621.2
汽　油	（万吨）	Gasoline	(10 000 tons)	369.5	394.6	430.3	444.0	451.2
液化石油汽	（万吨）	Liquefied Petroleum	(10 000 tons)	72.6	60.8	42.0	41.0	48.9
电　力	（亿千瓦小时）	Electricity	(100 million kwh)	388.2	413.2	457.0	470.2	503.3

注：本表使用当量折标系数折算标准煤。

a)Data of standard coal equivalent is calculated on the basis of heat value equivalent.

7－13　各市万元GDP能耗

Energy Consumption per 10 000-yuan GDP by Region

地　区	Region	2010	2011	2012	2013	2014	2015
		比2009年上升或下降（±%）Increased or Decreased Compared with 2009	比2010年上升或下降（±%）Increased or Decreased Compared with 2010	比2011年上升或下降（±%）Increased or Decreased Compared with 2011	比2012年上升或下降（±%）Increased or Decreased Compared with 2012	比2013年上升或下降（±%）Increased or Decreased Compared with 2013	比2014年上升或下降（±%）Increased or Decreased Compared with 2014
全省总计	**Total**	**-4.39**	**-3.77**	**-4.55**	**-4.48**	**-5.00**	**-3.72**
济南市	Jinan	-4.21	-3.78	-4.68	-5.68	-6.22	-9.92
青岛市	Qingdao	-3.84	-3.93	-4.15	-3.82	-7.04	-7.69
淄博市	Zibo	-4.15	-3.96	-5.29	-5.90	-5.81	-5.64
枣庄市	Zaozhuang	-4.03	-3.76	-5.18	-5.27	-5.67	-10.80
东营市	Dongying	-4.26	-3.82	-4.21	-3.89	-3.56	-7.74
烟台市	Yantai	-4.06	-3.85	-4.05	-3.98	-4.66	-10.60
潍坊市	Weifang	-4.68	-3.80	-4.75	-4.89	-5.13	-7.72
济宁市	Jining	-4.38	-3.76	-4.80	-4.98	-5.43	-10.13
泰安市	Tai'an	-4.10	-3.95	-4.43	-5.07	-5.11	-10.69
威海市	Weihai	-4.20	-3.79	-4.11	-4.54	-5.33	-7.65
日照市	Rizhao	-3.47	-3.71	-4.01	-4.27	-6.88	-3.63
莱芜市	Laiwu	-5.06	-3.74	-4.77	-3.86	-3.34	-9.78
临沂市	Linyi	-4.41	-3.77	-4.23	-4.01	-5.25	-15.17
德州市	Dezhou	-4.57	-3.73	-4.12	-4.92	-5.20	-8.49
聊城市	Liaocheng	-4.82	-3.75	-4.37	-3.70	0.50	-7.37
滨州市	Binzhou	-4.16	-3.78	-4.56	-4.21	20.33	47.01
菏泽市	Heze	-3.93	-3.73	-4.69	-4.32	-4.11	-5.10

注：本表使用等价折标系数折算标准煤。2011年起，地区生产总值按2010年价格计算。

a)Data of standard coal equivalent is calculated on the basis of equivalent value.Gross regional product is at 2010 constant prices since 2011.

7-14　各市规模以上工业万元增加值能耗

Energy Consumption per 10 000-yuan Value Added of Industrial Enterprises above the Designated Size by Region

地　区	Region	2010 比2009年上升或下降(±%) Increased or Decreased Compared with 2009	2011 比2010年上升或下降(±%) Increased or Decreased Compared with 2010	2012 比2011年上升或下降(±%) Increased or Decreased Compared with 2011	2013 比2012年上升或下降(±%) Increased or Decreased Compared with 2012	2014 比2013年上升或下降(±%) Increased or Decreased Compared with 2013	2015 比2014年上升或下降(±%) Increased or Decreased Compared with 2014
全省总计	**Total**	**-9.11**	**-7.67**	**-8.23**	**-7.79**	**-7.22**	**-7.88**
济南市	Jinan	-6.83	-4.48	-7.90	-8.95	-7.79	-10.22
青岛市	Qingdao	-5.11	-5.13	-8.48	-6.11	-14.10	-6.70
淄博市	Zibo	-9.24	-7.90	-9.25	-8.99	-9.25	-3.65
枣庄市	Zaozhuang	-6.25	-7.56	-9.06	-8.53	-9.52	-14.21
东营市	Dongying	-5.91	-6.90	-7.62	-6.64	-4.87	-6.10
烟台市	Yantai	-5.82	-6.60	-8.07	-6.18	-9.39	-11.89
潍坊市	Weifang	-9.34	-6.10	-7.10	-7.51	-6.54	-7.09
济宁市	Jining	-9.88	-8.33	-8.67	-7.69	-11.11	-10.74
泰安市	Tai'an	-9.32	-5.19	-7.18	-7.94	-8.41	-10.49
威海市	Weihai	-6.06	-6.06	-7.66	-6.27	-7.55	-9.70
日照市	Rizhao	-7.15	-7.40	-7.47	-7.12	-9.79	-1.46
莱芜市	Laiwu	-9.85	-8.13	-8.83	-5.21	-4.16	-12.18
临沂市	Linyi	-7.46	-7.45	-8.47	-6.23	-7.17	-25.59
德州市	Dezhou	-8.36	-8.00	-7.78	-7.40	-9.15	-7.36
聊城市	Liaocheng	-9.14	-7.86	-8.78	-6.42	0.14	-11.18
滨州市	Binzhou	-6.14	-8.10	-9.10	-6.40	21.83	52.06
菏泽市	Heze	-5.40	-7.94	-8.86	-6.68	-8.07	-6.32

注：本表使用当量折标系数折算标准煤。2011年起，工业增加值按2010年价格计算。

a)Data of standard coal equivalent is calculated on the basis of heat value equivalent.Industrial value-added is at 2010 constant prices since 2011.

7-15　各市万元GDP电耗

Electricity Consumption per 10 000-yuan GDP by Region

地　区	Region	2011 比2010年上升或下降(±%) Increased or Decreased Compared with 2010	2012 比2011年上升或下降(±%) Increased or Decreased Compared with 2011	2013 比2012年上升或下降(±%) Increased or Decreased Compared with 2012	2014 比2013年上升或下降(±%) Increased or Decreased Compared with 2013	2015 比2014年上升或下降(±%) Increased or Decreased Compared with 2014
全省总计	**Total**	**-0.58**	**-4.89**	**-1.78**	**-4.84**	**-6.49**
济南市	Jinan	-5.31	-9.74	-7.07	-6.93	-6.47
青岛市	Qingdao	-4.18	-8.17	-3.12	-7.80	-6.24
淄博市	Zibo	-5.65	-10.06	-8.42	-8.43	-5.99
枣庄市	Zaozhuang	-0.97	-6.08	-3.13	-10.66	-8.58
东营市	Dongying	1.02	-6.09	0.95	-3.90	-0.63
烟台市	Yantai	-0.48	-2.61	-0.93	-3.28	-2.38
潍坊市	Weifang	1.39	-1.54	0.35	-1.27	-6.72
济宁市	Jining	1.63	-6.55	-4.34	-8.76	-9.38
泰安市	Tai'an	-3.23	-7.64	-0.33	-5.20	-7.87
威海市	Weihai	-1.65	-5.07	-6.83	-7.07	-5.53
日照市	Rizhao	0.34	-1.68	-5.50	-4.98	-5.96
莱芜市	Laiwu	1.69	-9.34	-4.90	-4.80	-13.41
临沂市	Linyi	1.32	0.01	3.05	-4.56	-9.76
德州市	Dezhou	-0.08	-2.43	-6.79	-4.65	-10.45
聊城市	Liaocheng	-4.59	-5.91	-3.45	-4.35	-7.19
滨州市	Binzhou	-0.91	-2.52	-1.70	0.28	294.14
菏泽市	Heze	-0.15	-2.95	1.42	-2.47	-2.96

注：2011年起，地区生产总值按2010年价格计算。

a)Gross regional product is at 2010 constant prices since 2011.

7-16 各市电力消费量
Electricity Consumption by Region

单位:亿千瓦时 (100 million kwh)

地区 Region	全社会用电量 Electricity Consumption				工业用电 Industrial Electricity Consumption				城乡居民生活用电 Household Electricity Consumption			
	2012	2013	2014	2015	2012	2013	2014	2015	2012	2013	2014	2015
全省总计 Total	**3794.6**	**4083.1**	**4223.5**	**5182.2**	**2899.7**	**3117.6**	**3230.5**	**4119.9**	**413.2**	**457.0**	**470.2**	**503.3**
济南市 Jinan	253.6	258.3	261.4	264.2	148.9	149.0	150.8	142.0	44.4	48.3	48.8	52.3
青岛市 Qingdao	318.4	339.3	337.8	342.3	200.0	208.5	205.8	201.3	51.6	57.5	59.9	64.7
淄博市 Zibo	327.5	328.4	323.0	325.1	283.9	281.3	273.6	271.9	21.7	24.4	24.5	26.1
枣庄市 Zaozhuang	120.4	128.4	125.1	122.4	91.3	96.1	93.0	87.9	13.5	15.6	15.5	16.5
东营市 Dongying	194.9	218.8	231.2	245.6	175.8	197.0	207.9	220.1	7.5	8.5	8.9	9.9
烟台市 Yantai	353.8	386.3	407.6	435.9	280.4	306.3	323.7	345.7	31.7	34.7	36.3	38.4
潍坊市 Weifang	361.3	401.0	431.8	434.5	273.3	305.5	331.7	328.7	39.6	42.6	44.3	46.7
济宁市 Jining	260.3	276.4	276.4	271.5	198.8	208.4	206.9	197.3	29.7	34.7	34.2	36.5
泰安市 Tai'an	151.9	167.4	173.6	172.8	114.7	125.7	130.0	126.8	19.0	21.8	22.7	23.8
威海市 Weihai	97.5	100.7	102.4	105.0	66.8	68.5	66.4	65.3	12.5	13.5	14.4	15.8
日照市 Rizhao	154.0	160.9	168.2	170.0	128.7	132.7	139.6	138.5	10.8	12.4	12.7	13.9
莱芜市 Laiwu	99.6	104.3	108.0	99.6	89.9	93.9	97.5	88.9	4.5	4.9	4.9	5.3
临沂市 Linyi	305.7	349.7	367.5	355.2	232.8	267.8	281.7	266.2	36.4	42.8	45.2	49.6
德州市 Dezhou	190.5	197.5	207.1	199.5	145.9	155.7	162.4	151.3	20.5	20.9	21.5	23.0
聊城市 Liaocheng	260.5	276.7	289.5	390.6	210.8	222.0	238.3	335.7	22.2	24.9	24.9	26.1
滨州市 Binzhou	195.2	210.7	227.4	960.6	163.7	177.6	193.7	926.5	14.5	15.8	16.4	18.2
菏泽市 Heze	138.8	157.7	169.5	179.7	84.4	100.9	111.6	118.0	32.0	33.7	34.8	36.6

注：本表2015年全省及烟台、聊城、滨州市采用核算数据，其余数据采用国网山东省电力公司数据。

a) Data of the whole province and cities of Yantai,Liaocheng and Binzhou in 2015 is from accounting data, that of other cities is provided by Shandong Electric Power Corporation.

主要统计指标解释

能源生产总量 指一定时期内，一个地区一次能源生产量的总和。该指标是观察一个地区能源生产水平、规模、构成和发展速度的总量指标。一次能源生产量包括原煤、原油、天然气、水电、核能及其他动力能(如风能、地热能等)发电量，不包括低热值燃料生产量、生物质能、太阳能等的利用和由一次能源加工转换而成的二次能源产量。

能源消费总量 指一定时期内，一个地区物质生产部门、非物质生产部门和生活消费的各种能源的总和。该指标是观察能源消费水平、构成和增长速度的总量指标。能源消费总量包括原煤和原油及其制品、天然气、电力，不包括低热值燃料、生物质能和太阳能等的利用。能源消费总量分为终端能源消费量、能源加工转换损失量和能源损失量三部分。

(1)终端能源消费量：指一定时期内，一个地区生产和生活消费的各种能源在扣除了用于加工转换二次能源消费量和损失量以后的数量。

(2)能源加工转换损失量：指一定时期内，一个地区投入加工转换的各种能源数量之和与产出各种能源产品之和的差额。该指标是观察能源在加工转换过程中损失量变化的指标。

(3)能源损失量：指一定时期内，能源在输送、分配、储存过程中发生的损失和由客观原因造成的各种损失量，不包括各种气体能源放空、放散量。

能源生产弹性系数 是研究能源生产增长速度与国民经济增长速度之间关系的指标。计算公式：

$$能源生产弹性系数=\frac{能源生产总量年平均增长速度}{国民经济年平均增长速度}$$

国民经济年平均增长速度，可根据不同的目的或需要，用国民生产总值、国内生产总值等指标来计算，本年鉴是采用国内生产总值指标计算的。

电力生产弹性系数 是研究电力生产增长速度与国民经济增长速度之间关系的指标。一般来说，电力的发展应当快于国民经济的发展，也就是说电力应超前发展。计算公式为：

$$电力生产弹性系数=\frac{电力生产量年平均增长速度}{国民经济年平均增长速度}$$

能源消费弹性系数 反映能源消费增长速度与国民经济增长速度之间比例关系的指标。计算公式为：

$$能源消费弹性系数=\frac{能源消费量年平均增长速度}{国民经济年平均增长速度}$$

电力消费弹性系数 反映电力消费增长速度与国民经济增长速度之间比例关系的指标。计算公式为：

$$电力消费弹性系数=\frac{电力消费量年平均增长速度}{国民经济年平均增长速度}$$

Explanatory Notes on Main Statistical Indicators

Total Energy Production refers to the total production of primary energy by all energy producing enterprises in the region in a given period of time. It is a comprehensive indicator to show the capacity, scale, composition and development of energy production of the country. The production of primary energy includes that of coal, crude oil, natural gas, hydro power and electricity generated by nuclear energy and other means such as wind power and geothermal power. However, it excludes the production of fuels of low calorific value, bio energy, solar energy and the secondary energy converted from the primary energy.

Total Domestic Energy Consumption refers to the total consumption of energy of various kinds by material production sectors, non material production sectors and households in the country in a given period of time. It is a comprehensive indicator to show the scale, composition and development of energy consumption. The total energy consumption includes that of coal, crude oil and their products, natural gas and electricity, However, it excludes the consumption of fuel of low calorific value, bio energy and solar energy. Total domestic energy consumption can be divided into three parts: final energy consumption, loss during the process of energy conversion, and energy loss.

(1)Final Energy Consumption: It refers to the total energy consumption by material production sectors, non material production sectors and households in the region in a given period of time, but excludes the consumption in conversion of the primary energy into the secondary energy and the loss in the process of energy conversion.

(2)Loss During the Process of Energy Conversion: It refers to the total input of various kinds of energy for conversion, minus the total output of various kinds of energy in the region in a given period of time. It is an indicator to show the loss that occurs during the process of energy conversion.

(3)Energy Loss: It refers to the total of the loss of energy during the course of energy transport, distribution and storage and the loss caused by any objective reason in a given period of time. The loss of various kinds of gas due to gas discharges and stocktaking is excluded.

Elasticity Ratio of Energy Production is an indicator to show the relationship between the growth rate of energy production and the growth rate of the national economy. The formula is:

$$\text{Elasticity Ratio of Energy Production} = \frac{\text{Average Annual Growth Rate of Energy Production}}{\text{Average Annual Growth Rate of National Economy}}$$

The average annual growth rate of the national economy can be shown by the gross national product, gross domestic product and other indicators, depending upon the purposes or needs. The gross domestic product is used in calculation of the ratio in this chapter.

Elasticity Ratio of Electricity Production is an indicator to show the relationship between the growth rate of electricity production and the growth rate of the national economy. Generally speaking, the growth rate of electricity production should be higher than that of the national economy.

Its formula is:

$$\text{Elasticity Ratio of Electricity Production} = \frac{\text{Average Annual Growth Rate of Electricity Production}}{\text{Average Annual Growth Rate of National Economy}}$$

Elasticity Ratio of Energy Consumption is an indicator to show the relationship between the growth rate of energy consumption and the growth rate of the national economy. The formula is:

$$\text{Elasticity Ratio of Energy Consumption} = \frac{\text{Average Annual Growth Rate of Energy Consumption}}{\text{Average Annual Growth Rate of National Economy}}$$

Elasticity Ratio of Electricity Consumption is an indicator to show the relationship between the growth rate of electricity consumption and the growth rate of the national economy. The formula is:

$$\text{Elasticity Ratio of Electricity Consumption} = \frac{\text{Average Annual Growth Rate of Electricity Consumption}}{\text{Average Annual Growth Rate of National Economy}}$$

第8篇

财政和金融

Government Finance and Banking

简 要 说 明

一、本篇资料的主要内容

本篇资料反映了全省财政收支、金融和保险、证券方面的情况，主要包括财政收入、财政支出、金融机构存贷款、现金收支、保险机构、保险业务开展和山东省辖区证券市场等方面的资料。

二、本篇资料的来源

1.财政部分的资料来源于省财政厅。根据财政部2007年《财政收支分类科目》，财政支出科目变动较大，与往年不可比。

2.金融方面的资料来源于中国人民银行济南分行。

3.保险方面的资料来源于中国保监会山东监管局。

4.证券方面的资料来源于中国证监会山东监管局。

5.本篇资料由省统计局综合处整理。

Brief Introduction

I. Main Content

Data in this chapter show the conditions of local government budgetary finance, banking and insurance,and securities, including government revenue and expenditure, credit funds, cash income and expenses, statistics on insurance companies and basic stituation of securities markets in Shandong province.

II. Source of Data

(1) Data on local government finance are provided by Shandong Provincial Department of Finance. Because of reform of Government Revenue and Expenditure Classification Items issued by the Ministry of Finance of China in 2007,data on items cannot be compared with those of preceding years.

(2) Data on banking are provided by Jinan Branch of the People's Bank of China.

(3)Data on insurance are provided by China Insurance Regulatory Commission of Shandong Bureau.

(4)Data on securities are provided by China Securities Regulatory Commission of Shandong Bureau.

(5)Data in this chapter are prepared and compiled by the Division of Comprehensive Statistics of Shandong Provincial Bureau of Statistics.

8-1 主要年份公共财政预算收入

Total Local Government Budgetary Revenue in Major Years

单位:万元 (10 000 yuan)

年份 Year	公共财政预算收入 Total Revenue	税收收入 Tax Revenue	增值税 Value Added Tax	营业税 Business Tax	企业所得税 Enterprise Income Tax	个人所得税 Individual Income Tax	城市维护建设税 Tax on City Maintenance and Construction	房产税 Tax on Real Estates	印花税 Stamp Tax
1950	44253	35209							
1952	76284	62545							
1955	89333	79914							
1957	107262	92112							
1962	125506	96577							
1965	164766	100184							
1970	309438	167361							
1975	459668	233132							
1976	496749	270119							
1977	559590	313898							
1978	641286	327465							
1979	569948	322814							
1980	481097	335362							
1981	511850	368177	471			3			
1982	492888	416477	3001			5			
1983	504050	428911	12980			8			
1984	536022	484039	21457	13611		15			
1985	675316	638230	45950	101566		216	30811		
1986	621535	567351	86294	131137		498	37058	440	
1987	727901	652813	108184	159799		515	41417	10663	
1988	826814	825681	192216	216442		371	51037	11012	362
1989	1009416	973118	223717	274118		452	59324	14781	7451
1990	1091082	1058745	241241	291283	84831	687	63936	19110	5754
1991	1285184	1145170	264599	315116	89766	744	71381	26116	5994
1992	1393225	1287334	312552	367710	76817	980	77163	27263	6175
1993	1943978	1908554	545599	458562	85753	1566	90282	32420	6515
1994	1346611	1264642	363371	311355	163942	22983	117238	38577	7115
1995	1790025	1635139	416401	405456	256396	55930	140782	49773	9273
1996	2416742	2156333	518976	515829	365781	89493	172075	61064	10053
1997	3044232	2648693	617844	622148	484919	126801	202164	80812	13373
1998	3523912	3019024	701402	752239	468054	46780	131149	226211	107540
1999	4044829	3429430	782176	789669	631666	187585	238123	134879	19983
2000	4636788	3929022	896895	876638	818659	247492	276205	155591	22440
2001	5731793	4883422	1002918	926921	1491110	369925	290458	165321	26963
2002	6102242	4950266	1112319	1176414	783934	310934	307978	209770	37256
2003	7137877	5582820	1260824	1447077	664382	260262	444019	244706	46613
2004	8283306	6274331	1160390	1764502	860624	319637	549266	267768	62914
2005	10731250	8264612	1930040	2177928	1108282	388938	659514	327950	92515
2006	13562526	10357905	2428345	2717252	1482753	458361	784298	387000	123031
2007	16753980	13083516	2907862	3397121	1985020	568145	924642	443522	159005
2008	19570541	15335324	3337763	3960900	2299728	611251	1041367	472576	203026
2009	21986324	17203455	3244846	4706109	2203040	646665	1090776	578637	238728
2010	27493842	21498997	3782348	6315107	2933058	810098	1307440	646535	337443
2011	34559267	26031329	4138174	7657247	3985551	965805	1796032	740189	411070
2012	40594301	30502010	4381207	8966409	4416434	951065	1988839	1008346	465851
2013	45599463	35334906	4895590	10683275	4459540	1045930	2178411	1117476	528630
2014	50268273	39657605	5969647	11359162	4830098	1151842	2313253	1224873	605607
2015	55293253	42031178	5949766	12523983	4987224	1431225	2437121	1338572	594147

注:本表中1994年以来的财政收入及分组均系新口径数,与历史资料不可比。
a)Data from 1994 are based on new grouping method,so they cannot compare with other data.

8-2　1950-2006年地方财政支出

Total Local Government Budgetary Expenditure from 1950 to 2006

单位:万元　　(10 000 yuan)

年份 Year	地方财政支出 Expenditure of Local Government	#基本建设 Expenditure for Capital Construction	#城市维护费 Expenditure on City Maintenance	#支援农业支出 Expenditure for Agriculture	#文教科学卫生事业费 Expenditure for Culture, Education, Science and Health	#行政管理费 Expenditure for Government Administration
1950	10281	556	79	266		4704
1951	15965	3221	490	364		7357
1952	31886	8860	245	735		8332
1953	32272	5719	263	433		9548
1954	33657	6505	245	1447		9381
1955	31143	4023	209	1954		9868
1956	47155	13244	107	3484		12695
1957	49164	10522	201	4770		11790
1958	120740	75087	67	4468		12461
1959	158857	78459	22	16116		14162
1960	239314	98855	82	23717		14571
1961	135988	19073	69	27392		13612
1962	63594	6560	334	9526		11753
1963	79714	10271	1018	12029		13054
1964	89615	17557	1535	12620		13212
1965	95407	18711	1807	10048		13144
1966	104100	24115	1690	10425		13691
1967	102007	33442	1669	9728		12064
1968	88752	31016	1719	7476		12264
1969	113952	49590	1756	7683		12669
1970	142528	70447	1805	8389		14245
1971	159105	67943	1743	11247		17779
1972	188907	82551	1621	15603		19336
1973	194872	66635	2419	21980		18541
1974	191061	56996	2005	24284		18435
1975	212560	52389	2194	26906		21241
1976	214205	48383	2579	29119		22899
1977	226136	48648	2610	32399		24449
1978	319044	83503	3750	40221		26553
1979	316239	69982	9535	41812	77298	31908
1980	300736	46680	9484	38422	90951	39017
1981	255341	32150	13144	28754	94093	39200
1982	294482	32395	17044	37525	110039	45512
1983	324119	39875	18184	38058	122536	52391
1984	389763	51801	22063	39512	144038	69508
1985	512953	55562	39340	42453	174126	70091
1986	679384	63375	47595	49892	208135	79655
1987	752168	48880	48156	57550	219751	83423
1988	940725	59630	63024	78301	278458	114421
1989	1136714	55472	75062	102293	324427	98493
1990	1238530	78060	76532	111848	354574	107220
1991	1320610	73926	80209	116383	390775	121071
1992	1456988	85542	89276	141474	457972	158948
1993	1883646	115922	104912	163489	536522	208572
1994	2187683	100904	121656	176277	721820	269520
1995	2758656	179597	163339	224793	832336	315337
1996	3589836	248334	226014	276556	1032168	402325
1997	4233342	239629	281070	367611	1182892	456970
1998	4878175	318452	367382	377198	1325393	501269
1999	5500034	325120	351390	402651	1453237	544497
2000	6130774	295068	388802	411914	1677928	622058
2001	7537781	409608	485770	478933	1936046	743144
2002	8606484	440415	547982	557939	2290732	900217
2003	10106395	636760	685165	618116	2553316	1123337
2004	11893716	600330	885953	731073	3091148	1312928
2005	14662271	704835	1179667	895847	3751654	1629489
2006	18334400	821963	1470287	1083756	4542846	1929519

8-3 1979-2006年财政支出中用于文、教、科、卫的支出
Expense on Culture,Education,Science and Health from 1979 to 2006

单位:万元 (10 000 yuan)

年 份 Year	合 计 Total	文体广播事业费 Operating Expenses for Culture,Sports and Broadcast	教育事业费 Operating Expenses for Education	科学事业费 Operating Expenses for Science	卫生经费 Operating Expenses for Health	科技三项经费 Science and Technology Promotion Funds
1979	80348	9219	43077	4141	20098	3813
1980	93350	9974	53296	4060	23290	2730
1981	95577	9791	54453	4094	24965	2274
1982	111630	11702	62804	4335	29737	3052
1983	125430	14353	67656	5040	33667	4714
1984	145710	18779	77533	6738	37382	5278
1985	175562	22631	97565	6513	44117	4736
1986	209611	29869	114757	8056	50910	6019
1987	225197	30555	125465	7053	56678	5446
1988	284003	39108	161889	10205	67256	5545
1989	333489	43029	187894	10535	82969	9062
1990	363035	48165	202060	11646	92703	8461
1991	401036	54145	225118	12757	98755	10261
1992	470129	61127	271681	14629	110310	12382
1993	568801	70133	337052	16678	129131	15807
1994	738553	84780	464330	22340	150028	17075
1995	856648	112065	523754	22551	173966	24312
1996	1066333	124463	670721	27256	209728	34165
1997	1229252	154418	753374	34974	240126	46360
1998	1388027	150517	886208	35703	252965	62634
1999	1532952	159272	999902	35491	258572	79715
2000	1770387	175745	1181042	38543	282598	92459
2001	2051303	206502	1377529	45428	306587	115257
2002	2427593	274203	1627761	53056	335712	136861
2003	2693986	307350	1791484	58375	396107	140670
2004	3091148	366895	2048284	65970	452199	157800
2005	3751654	449415	2487484	76471	544085	194199
2006	4542846	519674	2922839	90544	733206	276583

8-4 公共财政预算收入

Total Local Government Budgetary Revenue

单位:万元 (10 000 yuan)

类　　别	Category	2011	2012	2013	2014	2015
公共财政预算收入	**Local Government Budgetary Revenue**	**34559267**	**40594301**	**45599463**	**50268273**	**55293253**
一、税收收入	**Tax Revenue**	**26031329**	**30502010**	**35334906**	**39657605**	**42031178**
增值税	Value-added Tax	4138174	4381207	4895590	5969647	5949766
营业税	Business Tax	7657247	8966409	10683275	11359162	12523983
企业所得税	Enterprise Income Tax	3985551	4416434	4459540	4830098	4987224
个人所得税	Personal Income Tax	965805	951065	1045930	1151842	1431225
资源税	Resource Tax	383606	911081	926161	1195665	1038139
城市维护建设税	Tax on City Maintenance and Construction	1796032	1988839	2178411	2313253	2437121
房产税	Tax on Real Estates	740189	1008346	1117476	1224873	1338572
印花税	Stamp Tax	411070	465851	528630	605607	594147
城镇土地使用税	Holding tax on urban and county land	1584572	2116928	2291596	2646890	3587508
土地增值税	Land Value Added Tax	1056698	1452134	2059096	2577381	2595051
车船税	Tax on vehicles and Their Registration	297216	358557	402576	466492	533083
耕地占用税	Farmland Occupation Tax	973730	1535923	2050687	2554205	2515193
契　税	Contract tax	2024810	1913660	2656012	2736676	2477596
烟叶税	Tobacco Leaf Tax	19177	33627	39926	25814	22570
二、非税收入	**Non-tax Revenue**	**8527938**	**10092291**	**10264557**	**10610668**	**13262075**
专项收入	Specific Revenue	1307950	1389037	1635835	1535181	3368805
行政事业性收费收入	Income from Administrative Fees	2788242	3052903	2841150	3022000	2967436
罚没收入	Penalty and Confiscatory Income	1041924	1238547	1255129	1214541	1238569
国有资本经营收入	Profits of State-owned Enterprises	1000009	1035667	586813	556949	541826
国有资源(资产)有偿使用收入	Revenue of Compensable Use of State-owned Resources (Assets)	1888520	2869078	3435161	3819453	4694246
其他收入	Others	501293	507059	510469	462544	451193

8−5 公共财政预算支出
Total Local Government Budgetary Expenditure

单位:万元 (10 000 yuan)

类 别	Category	2011	2012	2013	2014	2015
公共财政预算支出	**Local Government Budgetary Expenditure**	**50020701**	**59045188**	**66888000**	**71773136**	**82500113**
一般公共服务	General Public Service	6184774	7055140	7499609	7253340	7381081
公共安全	Public Security	2746937	3173784	3418333	3805743	4257478
教 育	Education	10478987	13118009	13996715	14610483	16906234
科学技术	Science and Technology	1086163	1249751	1491372	1470572	1590522
文化体育与传媒	Culture、Sports and Media	915667	1142709	1275325	1277473	1372575
社会保障和就业	Social Security and Employment	5015394	5964793	6819826	7635304	9046399
医疗卫生与计划生育	Health and Family Planning	3603575	4229136	4858614	6056673	7014321
城乡社区事务	Urban and Rural Community Affairs	4016987	4680867	6184955	7779249	9205721
农林水事务	Farming、Forestry and Irrigation Affairs	5640015	6738161	7481384	7728411	9644150
交通运输	Transport	2949121	3229315	3711490	3991400	4606928

8−6 各市公共财政预算收入(2015年)
Total Local Government Budgetary Revenue by Region (2015)

单位:万元 (10 000 yuan)

地 区	Region	公共财政预算收入 Local Government Budgetary Revenue	税收收入 Tax Revenue	增值税 Value -added Tax	营业税 Business Tax	企 业 所得税 Enterprise Income Tax	个 人 所得税 Personal Income Tax
全省总计	**Total**	**55293253**	**42031178**	**5949766**	**12523983**	**4987224**	**1431225**
济南市	Jinan	6143172	4749422	625521	1690395	695012	257619
青岛市	Qingdao	10063220	7774068	1070389	2051221	1151030	471907
淄博市	Zibo	3179275	2239764	344224	588234	190137	74589
枣庄市	Zaozhuang	1493149	1131654	107102	346480	60797	18523
东营市	Dongying	2200829	1550210	254180	518186	141148	47722
烟台市	Yantai	5426570	4207223	580551	1101939	544042	135985
潍坊市	Weifang	4845057	3894246	507776	1039349	310342	75601
济宁市	Jining	3686166	2714194	410484	782864	269145	58211
泰安市	Tai'an	2053136	1459248	172764	409145	106352	38371
威海市	Weihai	2497470	2111662	215965	705311	169583	49106
日照市	Rizhao	1216512	967072	155718	355154	123769	26482
莱芜市	Laiwu	501717	391486	70492	122489	36836	11104
临沂市	Linyi	2838887	2367607	356420	933597	197942	50403
德州市	Dezhou	1827800	1408904	174515	553531	119811	28616
聊城市	Liaocheng	1759318	1256936	211609	371386	162869	33754
滨州市	Binzhou	2041481	1525512	255689	416589	196759	27799
菏泽市	Heze	1776571	1367986	177466	511194	141264	25433

8-6 续表 1 continued

单位:万元 (10 000 yuan)

地 区	Region	资源税 Resource Tax	城市维护建设税 Tax on City Maintenance and Construction	房产税 House Property Tax	耕地占用税 Farmland Occupation Tax	契税 Contract Tax	其他各项税收收入 Others
全省总计	**Total**	**1038139**	**2437121**	**1338572**	**2515193**	**2477596**	**1149800**
济南市	Jinan	8995	309815	159390	44878	303781	145860
青岛市	Qingdao	3521	470700	257392	610861	627745	184829
淄博市	Zibo	45131	153464	66289	193225	122045	64624
枣庄市	Zaozhuang	44219	114372	91243	48539	46116	24670
东营市	Dongying	3721	132489	45970	8337	62722	59729
烟台市	Yantai	143137	236952	122202	262650	222955	106676
潍坊市	Weifang	128017	212551	100745	209011	273818	106695
济宁市	Jining	117284	135704	83993	302893	146181	66089
泰安市	Tai'an	84490	66446	41286	163794	116004	33263
威海市	Weihai	28146	103353	128422	53214	160774	48478
日照市	Rizhao	6072	54005	21183	33051	56038	38080
莱芜市	Laiwu	9645	26294	16089	8340	14596	13316
临沂市	Linyi	99325	121806	50250	93620	95004	91295
德州市	Dezhou	5937	72292	36054	102354	60725	38954
聊城市	Liaocheng	485	64815	32358	140213	40488	42680
滨州市	Binzhou	8638	91353	45634	159807	59891	49937
菏泽市	Heze	43598	70710	40072	80406	68713	34625

8-6 续表 2 continued

单位:万元 (10 000 yuan)

地 区	Region	非税收入 Total Non-tax Revenue	专项收入 Special Program Receipts	行政事业性收费收入 Income from Administrative Fees	罚没收入 Penalty and Confiscatory Income	国有资本经营收入 Profits of State-owned Enterprises	国有资源(资产)有偿使用收入 Revenue of Compensable Use of State-owned Resources (Assets)	其他收入 Others
全省总计	**Total**	**13262075**	**3368805**	**2967436**	**1238569**	**541826**	**4694246**	**451193**
济南市	Jinan	1393750	383436	189062	91850	-3365	630056	102711
青岛市	Qingdao	2289152	674564	376698	121627	46258	991886	78119
淄博市	Zibo	939511	206168	117688	78387	246006	235300	55962
枣庄市	Zaozhuang	361495	75604	71263	75207	41410	69684	28327
东营市	Dongying	650619	155741	102241	43299	12255	306149	30934
烟台市	Yantai	1219347	262840	139048	93345	16270	697800	10044
潍坊市	Weifang	950811	255148	191085	99202	7675	378780	18921
济宁市	Jining	971972	194451	414331	71333	28665	258302	4890
泰安市	Tai'an	593888	107259	147649	50431	19397	261778	7374
威海市	Weihai	385808	111462	120137	44130	56142	51979	1958
日照市	Rizhao	249440	81646	57251	29223	10679	68647	1994
莱芜市	Laiwu	110231	45399	29431	10502	1157	20783	2959
临沂市	Linyi	471280	164384	164352	81778	1119	58725	922
德州市	Dezhou	418896	94380	149061	89816		77678	7961
聊城市	Liaocheng	502382	89439	133943	50860	58255	151583	18302
滨州市	Binzhou	515969	109064	170087	61334	23	117947	57514
菏泽市	Heze	408585	98155	169180	91982	-120	46863	2525

8-7 各市公共财政预算支出(2015年)

Total Local Government Budgetary Expenditure by Region (2015)

单位:万元 (10 000 yuan)

地 区	Region	公共财政预算支出 Local Government Budgetary Expenditure	一般公共服务 General Public Service	公共安全 Public Security	教 育 Education	科学技术 Science and Technology	文化体育与传媒 Culture、Sports and Media	社会保障和就业 Social Security and Employment	医疗卫生与计划生育 Health and Family Planning
全省总计	**Total**	**82500113**	**7381081**	**4257478**	**16906234**	**1590522**	**1372575**	**9046399**	**7014321**
济南市	Jinan	6581813	756213	426423	1163590	114769	148835	794581	600615
青岛市	Qingdao	12228664	1269558	622868	2340929	285793	163757	1052675	700007
淄博市	Zibo	3828905	392834	241466	849080	99933	75009	391638	358542
枣庄市	Zaozhuang	2364093	237042	114999	460601	12482	35218	276914	236490
东营市	Dongying	2576377	237135	124710	494462	26737	37312	229632	201518
烟台市	Yantai	6435311	597773	327517	1226863	186406	121895	867436	491611
潍坊市	Weifang	6121550	610302	293096	1599313	138059	87751	566049	574162
济宁市	Jining	5150877	504910	251486	1140273	80339	130783	485676	560110
泰安市	Tai'an	3268776	274857	141330	650584	41214	50264	459362	362836
威海市	Weihai	3383797	280865	149922	692775	122039	52619	377976	196565
日照市	Rizhao	1853745	131784	98227	409078	22793	30189	231177	180936
莱芜市	Laiwu	838437	72366	46405	190041	18862	15945	100938	86454
临沂市	Linyi	5335871	441319	245839	1282424	48327	64355	743767	640394
德州市	Dezhou	3378202	256969	194782	609782	75073	39420	445281	330239
聊城市	Liaocheng	3468067	332000	156568	620472	19832	49092	352061	370063
滨州市	Binzhou	3093104	220452	146150	581816	52655	41983	407060	288340
菏泽市	Heze	4004399	389021	152650	806069	23995	48633	712636	585065

8-7 续表 continued

单位:万元 (10 000 yuan)

地 区	Region	节能环保 Energy-saving and Environment Protection	城乡社区事务 Urban and Rural Community Affairs	农林水事务 Farming、Forestry and Irrigation Affairs	交通运输 Transport	资源勘探信息等事务 Exploration and Information Affairs	商业服务业等事务 Commerce and Services Affairs	金融监管等事务支出 Financial Supervision Affairs	国土海洋气象等事务 Land and Weather Affairs	住房保障支出 Housing Security Affairs
全省总计	**Total**	**2170775**	**9205721**	**9644150**	**4606928**	**2760627**	**1168789**	**487379**	**1108778**	**2041354**
济南市	Jinan	213501	1042670	474416	178442	293260	90302	8619	101933	103119
青岛市	Qingdao	72970	2546467	791895	852032	358371	139102	132775	153023	242530
淄博市	Zibo	177368	387267	352316	82498	214828	44763	11578	26397	58913
枣庄市	Zaozhuang	58203	167999	313609	69058	280619	15234	186	15159	49916
东营市	Dongying	72548	353859	338941	78035	113546	62750	5985	29146	32480
烟台市	Yantai	131607	704124	873285	198426	191091	152067	4383	111194	90528
潍坊市	Weifang	240952	604733	737217	190442	244975	64949	26305	47775	55383
济宁市	Jining	120856	623836	593513	186807	181480	51526	1619	84319	116924
泰安市	Tai'an	81329	343614	386988	114592	176186	35846	1269	45084	59595
威海市	Weihai	155366	391387	528259	138581	65720	50609	2007	61131	96224
日照市	Rizhao	65665	139599	263800	86904	41892	17091	927	46085	58548
莱芜市	Laiwu	23910	59884	93940	29605	26926	8227	25344	11839	13698
临沂市	Linyi	165875	248557	579607	305045	72922	67005	5032	74980	245192
德州市	Dezhou	112090	508088	406094	102891	46800	101476	3305	28849	82848
聊城市	Liaocheng	276087	419605	450934	139374	67184	42439	13310	12987	111017
滨州市	Binzhou	93955	306714	470644	188077	123326	40860	1824	33509	59884
菏泽市	Heze	68176	285061	511169	136514	70758	39470	12042	45434	71922

8-8 主要年份金融机构人民币存款余额
RMB Deposits of Financial Institutions in Major Years

单位:万元 (10 000 yuan)

年 份 Year	存款余额 Deposits	企业存款 Deposits of Enterprises	财政存款 Financial Deposits	农业存款 Agricultural Deposits	储蓄存款 Savings Deposits
1952	27761	13282	10177	101	4201
1955	66543	12862	38541	2255	12885
1957	66853	13671	21811	10970	20401
1962	147935	41050	53695	15974	20691
1965	173968	52426	65917	18600	37025
1970	539978	97982	355104	41358	45534
1975	722193	142258	417459	67018	95458
1976	765045	160536	419241	76113	109155
1977	782107	123030	460033	66737	132307
1978	900037	130437	556357	68941	144302
1979	655921	219751	27280	106696	195573
1980	879427	312830	22597	151545	297520
1981	1135778	403119	33461	150207	395513
1982	1231364	356001	38951	141051	510980
1983	1554862	397019	52104	164557	730519
1984	2333485	725014	47686	219520	1001699
1985	2788151	799892	66522	190082	1301761
1986	3515824	972556	73213	215275	1755638
1987	4702246	1201345	90726	247034	2427793
1988	5913422	1416925	77620	263310	3282031
1989	7246567	1544788	118179	276931	4291525
1990	9340575	1976484	153542	335938	5754706
1991	11636250	2845002	159394	404736	7216749
1992	14482703	3893897	114525	443904	8841510
1993	18166260	4648492	159034	492086	11182415
1994	25225337	6194052	257887	521413	16003992
1995	34243843	8776853	263884	656439	21971982
1996	42938411	11317043	239414	829448	28177108
1997	49698489	13914367	246182	852300	32657331
1998	57554782	15010890	441380	883521	37353766
1999	65629934	17250542	584925	1084540	41098425
2000	74711987	20771967	764478	1351492	44667153
2001	85017294	23079030	1140353	1613431	50637936
2002	102477706	27371339	1318673	2050450	58057165
2003	124382360	33965555	1486500	2438209	67683453
2004	145142781	38730410	2258323	2715491	77214610
2005	171035148	41238617	2596570	3221967	90351351
2006	196339878	47745652	3431146	3954365	103580272
2007	220722430	59101969	4790568	4310596	114381079
2008	269301809	68289510	5352549	4471688	143821895
2009	346977763	100209426	8683402	6605038	170827554
2010	411049645	115855356	10260711	2779643	196482092
2011	463454133		11094869		221732725
2012	543015254		11728756		263433050
2013	620778809		12268371		297960833
2014	674982880		12977186		331785596
2015	745241571		9209687		

8-9 主要年份金融机构人民币贷款余额
RMB Loans of Financial Institutions in Major Years

单位:万元 (10 000 yuan)

年份 Year	贷款余额 Loans	工业贷款 Industrial Loans	农业贷款 Agricultural Loans	商业贷款 Commercial Loans	基建贷款 Infrastructure Loans	技改贷款 Technology Loans
1952	15674	2786	3796	9092		
1955	140448	6580	11898	121970		
1957	168720	10248	33183	125289		
1962	414574	72815	75921	265838		
1965	389927	41769	86353	261805		
1970	669092	136735	97501	434856		
1975	917553	235441	69972	607077		5063
1976	1029329	282332	101031	639958		6008
1977	1208633	323841	122037	754734		8021
1978	1337139	352225	135620	839518		9776
1979	1248830	376931	119144	735148		3355
1980	1801830	456971	101552	1161848		29478
1981	2064250	515804	123506	1305492		51834
1982	2354235	533949	125550	1505177	1135	86526
1983	2650117	530720	144154	1742243	3916	110909
1984	3666770	713687	291226	2088860	51276	164851
1985	4464893	849353	290436	2496747	103677	212522
1986	5549438	1189134	386722	2731161	135384	285757
1987	6678425	1464076	533772	2938915	203120	383431
1988	8031351	1821004	635129	3261651	285119	467099
1989	9413406	2279606	782795	3637710	352348	513105
1990	11667880	3023434	939869	4179923	499006	595666
1991	14280093	3570738	1130450	4737915	736741	868499
1992	17205544	4033468	1389718	5360085	916789	1124986
1993	20791075	4795134	1568072	6225867	1243646	1342356
1994	25204369	5434972	1118700	7388355	1477151	1718007
1995	31289040	6487091	1516858	8850079	1985458	2013439
1996	36802427	7658151	2474472	10289962	2250044	2531164
1997	44567197	9219803	3177039	11798956	2780310	2536443
1998	51067900	9795567	4189496	12097868	3879386	2522862
1999	56798630	10391030	4435895	12657508	5563931	2522178
2000	62090468	9938023	5281785	11249154	7315876	2678175
2001	70176588	11472037	7071209	12227300	8373434	2854302
2002	85365991	13466479	9073641	12561986	11343636	1111118
2003	104671108	16329927	11565081	12566663	13992866	1537491
2004	117828279	19255716	13401333	11660566	16834244	1946567
2005	133817463	20218176	15611128	10867721	20403236	2069666
2006	157096014	28372457	18446480	9981885	26278047	1433182
2007	175451466	33006922	21559437	10530468	30478416	1405230
2008	200539104	35509421	24634301	9439945	36443285	1528325
2009	259613230	39415542	29629694	11177739	52526564	1328334
2010	307226360					
2011	351789985					
2012	400214919					
2013	447612638					
2014	500586442					
2015	554369993					

8-10 金融机构本外币信贷收支情况(2015年)
RMB and Foreign Currencies Credit Funds Balance Sheet of Financial Institution (2015)

单位:亿元 (100 million yuan)

类 别	Category	2015年末余额 2015 Year-end	比年初增减额 Increase/ Decrease from Year Beginning
各项存款	**Deposits in Various Forms**	**76795.5**	**6935.6**
境内存款	Domestic Deposits	76106.2	6965.7
住户存款	Household Deposits	37595.8	3405.2
活期存款	Demand Deposits	10847.1	1188.6
定期及其他存款	Fixed and Other Deposits	26748.7	2216.6
非金融企业存款	Non-financial Corporate Deposits	24108.2	1880.8
活期存款	Demand Deposits	9149.4	1359.8
定期及其他存款	Fixed and Other Deposits	14958.8	521.0
广义政府存款	General Government Deposits	11474.7	559.0
财政性存款	Fiscal Deposits	921.0	-377.0
机关团体存款	Non-profit Institution Deposits	10553.7	936.0
非银行业金融机构存款	Non-bank Financial Intermediary Deposits	2927.6	1120.7
境外存款	Overseas Deposits	689.3	-30.1
各项贷款	**Loans in Various Forms**	**59063.3**	**5382.5**
境内贷款	**Domestic Loans**	**57331.1**	**5219.0**
住户贷款	Household Loans	13981.5	1291.4
短期贷款	Short-term Loans	4183.1	-179.2
消费贷款	Consumption Loans	961.1	100.9
经营贷款	Business Loans	3221.9	-280.1
中长期贷款	Medium and Long-term Loans	9798.4	1470.7
消费贷款	Consumption Loans	8612.4	1391.8
经营贷款	Business Loans	1186.0	78.8
非金融企业及机关团体贷款	Non-financial Corporate and Institution Loans	43347.6	3927.5
短期贷款	Short-term Loans	24009.4	1444.8
中长期贷款	Medium and Long-term Loans	16370.4	1908.3
票据融资	Bill Financing	2747.5	591.1
各项垫款	Advances	196.0	-16.0
非银行业金融机构贷款	Non-bank Financial Intermediary Loans	2.1	0.0
境外贷款	**Overseas Loans**	**1732.1**	**163.5**

8-11 金融机构人民币信贷收支情况(2015年)

RMB Credit Funds Balance Sheet of Financial Institution (2015)

单位:亿元 (100 million yuan)

类别	Category	2015年末余额 2015 Year-end	比年初增减额 Increase/Decrease from Year Beginning
各项存款	**Deposits in Various Forms**	**74524.2**	**6703.2**
境内存款	Domestic Deposits	74378.9	6690.9
住户存款	Household Deposits	37320.0	3324.4
活期存款	Demand Deposits	10689.0	1141.2
定期及其他存款	Fixed and Other Deposits	26631.0	2183.2
非金融企业存款	Non-financial Corporate Deposits	22717.8	1694.6
活期存款	Demand Deposits	8614.0	1251.6
定期及其他存款	Fixed and Other Deposits	14103.8	443.0
广义政府存款	General Government Deposits	11470.9	560.9
财政性存款	Fiscal Deposits	921.0	-377.0
机关团体存款	Non-profit Institution Deposits	10549.9	937.9
非银行业金融机构存款	Non-bank Financial Intermediary Deposits	2870.2	1111.0
境外存款	Overseas Deposits	145.2	12.3
各项贷款	**Loans in Various Forms**	**55437.0**	**5359.7**
境内贷款	**Domestic Loans**	**55311.2**	**5392.4**
住户贷款	Household Loans	13980.4	1291.5
短期贷款	Short-term Loans	4182.1	-179.1
消费贷款	Consumption Loans	960.1	101.0
经营贷款	Business Loans	3221.9	-280.1
中长期贷款	Medium and Long-term Loans	9798.3	1470.7
消费贷款	Consumption Loans	8612.4	1391.8
经营贷款	Business Loans	1186.0	78.8
非金融企业及机关团体贷款	Non-financial Corporate and Institution Loans	41328.7	4100.8
短期贷款	Short-term Loans	22592.3	1702.5
中长期贷款	Medium and Long-term Loans	15814.0	1821.4
票据融资	Bill Financing	2747.4	591.1
各项垫款	Advances	150.7	-13.5
非银行业金融机构贷款	Non-bank Financial Intermediary Loans	2.1	0.0
境外贷款	**Overseas Loans**	**125.8**	**-32.7**

8-12 金融机构分行业本外币贷款情况(2015年)

Loans of RMB and Foreign Currencies of Financial institutions by sector (2015)

单位:亿元 (100 million yuan)

行业	Sector	2015年末余额 2015 Year-end	比年初增减额 Increase/ Decrease from Year Beginning
贷款总计	**Total**	**56327.91**	**4798.62**
农、林、牧、渔业	Agriculture,Forestry,Animal Husbandry and Fishing	610.18	27.28
采矿业	Mining	1561.76	113.97
制造业	Manufacturing	16982.22	920.12
电力、燃气及水的生产和供应业	Production and Supply of Electric Power and Heat Power	2071.95	261.22
建筑业	Construction	1992.11	149.95
批发和零售业	Wholesale and Retail Trade	5784.04	354.94
交通运输、仓储和邮政业	Traffic,Transport,Storage and Post	2776.60	203.23
住宿和餐饮业	Hotels and Catering Services	279.05	16.14
信息传输、软件和信息技术服务业	Information Transfer, Software and Information Technology Services	83.94	14.41
金融业	Financial Intermediation	389.42	295.71
房地产业	Real Estate	2364.26	224.20
租赁和商务服务业	Leasing and Business Services	2619.48	356.38
科学研究和技术服务业	Scientific Research and Technical Service	73.66	19.46
水利、环境和公共设施管理业	Management of Water Conservancy,Environment and Public Facilities	2278.91	358.44
居民服务、修理和其他服务业	Households Services, Repair and Other Services	97.44	0.93
教育	Education	181.71	41.00
卫生和社会工作	Health and Social Work	237.98	15.37
文化、体育和娱乐业	Culture,Sports and Entertainment	171.41	23.71
公共管理、社会保障和社会组织	Public management,Social Security and Social Organization	58.21	-52.74
国际组织	International Organization		

8-13 各市金融机构本外币存贷款余额(2015年)

RMB and Foreign Currencies Deposits and Loans of Financial Institutions by Region(2015)

单位:亿元 (100 million yuan)

地区	Region	各项存款 Total Deposits		#住户存款 Household Deposits		各项贷款 Total Loans	
		余额 Year-end	比年初增减 Increase/ Decrease from Year Beginning	余额 Year-end	比年初增减 Increase/ Decrease from Year Beginning	余额 Year-end	比年初增减 Increase/ Decrease from Year Beginning
全省总计	**Total**	**76795.48**	**6935.55**	**37595.79**	**3405.18**	**59063.27**	**5382.49**
济南市	Jinan	14174.72	1448.13	3991.83	296.33	11356.78	1335.89
青岛市	Qingdao	13155.70	1275.14	5113.08	407.92	11576.82	1046.22
淄博市	Zibo	3811.96	210.79	2272.33	168.41	2661.17	128.69
枣庄市	Zaozhuang	1436.81	106.43	982.49	98.06	1081.13	62.92
东营市	Dongying	3683.47	396.52	1329.54	109.97	3031.24	431.20
烟台市	Yantai	7029.82	555.40	3707.26	204.39	4470.45	185.08
潍坊市	Weifang	6217.63	649.96	3606.73	389.91	4760.44	309.98
济宁市	Jining	4098.35	418.04	2461.36	280.21	2723.80	160.77
泰安市	Tai'an	2720.76	249.64	1741.33	167.68	1806.66	208.36
威海市	Weihai	2790.42	174.05	1535.38	20.69	1842.25	106.97
日照市	Rizhao	1871.34	-50.36	971.08	103.20	2159.30	271.74
莱芜市	Laiwu	834.11	36.98	491.84	24.85	639.35	11.22
临沂市	Linyi	4762.27	507.30	2955.47	328.08	3399.64	366.00
德州市	Dezhou	2484.21	322.42	1733.24	235.51	1550.75	101.38
聊城市	Liaocheng	2592.28	303.07	1654.09	229.31	1872.33	172.82
滨州市	Binzhou	2375.27	272.32	1124.44	137.05	2095.47	225.77
菏泽市	Heze	2550.47	322.21	1912.26	239.13	1635.43	188.27

8-14 1997-2015年保险费收入和赔款给付

Premium and Payment of Insurance Companies 1997 to 2015

年 份 Year	保险费收入 (万元) Premium (10 000 yuan)	赔款及给付支出 (万元) Settled Claim and Payment (10 000 yuan)	简单赔付率 (%) Simple Payment Rate (%)
1997	785298	317889	40.5
1998	837500	294648	35.2
1999	956496	365490	38.2
2000	1110622	402204	36.2
2001	1533204	409588	26.7
2002	2238236	456801	20.4
2003	2835306	561804	19.8
2004	3171584	656966	20.7
2005	3408050	766254	22.5
2006	3962203	1209078	30.5
2007	5017177	1717385	34.2
2008	6739812	1983902	29.4
2009	7928870	2283924	28.8
2010	10300687	2286398	22.2
2011	10360352	2712276	26.2
2012	11280360	3245582	28.8
2013	12804211	4416570	34.5
2014	14549297	5189703	35.7
2015	17876030	6221728	34.8

8-15 人身保险公司主要业务指标(2015年)

Major Business Indicators of Life Insurance Companies (2015)

单位:万元 (10 000 yuan)

类 别	Category	保费收入 Premium Income	赔款支出 Indemnity Expenditure	年金给付 Total Annuity Payment	满期给付 Total Mature Payment	死伤医疗给 付 Payment for Death,Injury and Medical Treatment
总 计	**Total**	**11945960**	**312143**	**507752**	**1976617**	**298487**
一、人寿保险	**Life Insurance**	**10069536**		**507752**	**1974981**	**150278**
(一)非分红产品	Non-dividend Insurance	4575691		286932	85467	71731
定期寿险	Time Insurance	53452			30	10773
两全寿险	Endowment Insurance	1225739		54503	69786	19043
终身寿险	WLL	336544			1993	32570
年 金	Total Annuity Payment	2959955		232429	13657	9344
(二)分红产品	Dividend Insurance	5419070		220819	1882046	65861
定期寿险	Time Insurance					
两全寿险	Endowment Insurance	3427521		77941	1870137	48350
终身寿险	WLL	658996			7	10184
年 金	Total Annuity Payment	1332553		142879	11902	7327
(三)投资连接产品	Investment Link Insurance	1775			622	106
(四)万能产品	Universal Life Insurance	73000			6846	12581
二、意外伤害保险	**Accident Injury Insurance**	**284454**	**56630**			
一年期以内	Within-One-year Period Business	22754	2345			
一年期以上	One-year Period Business	261701	**54285**			
三、健康保险	**Health Insurance**	**1591970**	**255513**		**1636**	**148209**
一年期(及一年期以内)	Within-One-year Period Business	341476	255513			
一年期以上	One-year Period Business	1250493			1636	148209

8-16 财产保险公司主要业务指标(2015年)

Major Business Indicators of Insurance Companies(2015)

单位:万元 (10 000 yuan)

类 别	Category	保费收入 Premium	赔款支出 Payment
总 计	**Total**	**5930070**	**3125844**
机动车辆及第三者责任险	Motor Vehicle and Third Party Liability	4695612	2439746
企财险	Enterprise Property insurance	243201	123434
家财险	Family Property Insurance	23091	5649
工程险	Project Insurance	33288	9454
责任险	Liability Insurance	167458	74465
信用险	Credit Insurance	71132	50775
保证保险	Guarantee Insurance	154622	49449
船舶险	Ship Insurance	21399	7448
货运险	Freight Transport Insurance	47488	30386
特殊风险保险	Peculiar Risk Insurance	29494	5744
农业保险	Agriculture Insurance	177401	90851
健康险	Health Insurance	166455	200203
意外伤害险	Accident Injury Insurance	93652	33943
其 他	Other Property Insurance	5777	4299

8-17 各市保险业务情况(2015年)

Basic Statistics on Insurance by Region (2015)

单位:亿元 (100 million yuan)

地 区	Region	保费收入 Premium	财产险公司 Property Insurance	人寿险公司 Life Insurance	赔款与给付 Claim and Payment	财产险公司 Property Insurance	人寿险公司 Life Insurance
全省总计	**Total**	**1787.6**	**593.0**	**1194.6**	**622.2**	**312.7**	**309.5**
济 南 市	Jinan	222.7	58.9	163.9	65.7	29.3	36.3
青 岛 市	Qingdao	244.1	95.1	149.0	88.1	51.1	37.0
淄 博 市	Zibo	100.7	32.7	67.9	36.6	14.9	21.7
枣 庄 市	Zaozhuang	52.7	12.8	39.9	15.1	6.0	9.1
东 营 市	Dongying	65.5	27.5	38.0	25.3	13.3	12.0
烟 台 市	Yantai	166.1	53.8	112.3	56.3	27.8	28.5
潍 坊 市	Weifang	155.6	53.2	102.4	52.5	27.3	25.2
济 宁 市	Jining	125.8	41.9	83.8	43.8	22.5	21.3
泰 安 市	Tai'an	76.2	18.1	58.2	24.7	8.7	16.0
威 海 市	Weihai	70.7	22.3	48.4	28.7	13.7	15.0
日 照 市	Rizhao	44.2	18.7	25.6	17.4	10.0	7.5
莱 芜 市	Laiwu	19.1	5.5	13.6	7.0	3.0	4.1
临 沂 市	Linyi	149.3	56.6	92.7	53.4	31.7	21.7
德 州 市	Dezhou	77.7	24.0	53.6	29.7	12.5	17.2
聊 城 市	Liaocheng	73.9	26.4	47.5	23.5	14.6	8.9
滨 州 市	Binzhou	64.8	24.1	40.7	24.2	14.7	9.5
菏 泽 市	Heze	76.1	19.0	57.1	28.3	9.8	18.5

8-18 山东辖区(不含青岛)证券市场基本情况

Basic Stituation of Securities Markets Under Shandong Province(Excluding Qingdao)

项目		Item		2013	2014	2015
上市公司数	(家)	Number of Listed Companies	(unit)	134	135	142
#发行A股公司数	(家)	A Shares	(unit)	131	133	140
发行B股公司数	(家)	B Shares	(unit)	6	5	5
A、B股均发行公司数	(家)	Number of Listed Companies (A Shares and B Shares)	(unit)	4	3	3
境外发行公司数	(家)	Number of Overseas-listed companies	(unit)	6	6	6
境内、外均发行公司数	(家)	Companies Listed Overseas and Domestic	(unit)	6	6	6
ST公司数	(家)	Number of ST Listed Companies	(unit)	4	5	
*ST公司数	(家)	*ST Listed Companies	(unit)	4	4	1
证券公司数	(家)	No.of Securities Companies	(unit)	1	1	1
证券公司分公司	(家)	No.of Branches of Securities Companies		25	35	41
证券营业部数	(家)	No.of Securities Business Department	(unit)	244	302	327
期货公司	(家)	No.of Futures Broker Companies	(unit)	3	3	3
期货公司营业部	(家)	No.of Trading Offices of Futures Broker Companies	(unit)	51	59	68
证券投资咨询机构数	(家)	No.of Securities Investment Consultative Institutions	(unit)	6	6	6
证券投资者资金开户数	(万户)	No.of Opening Account of Securities Investors	(10 000 households)	526.8	551.0	725.5
上市公司当年境内募集资金总额	(亿元)	Total Domestic Capital Volume Collected by Listed Companies	(100 million yuan)	72.0	337.2	511.9
首次公开发行	(亿元)	IPO	(100 million yuan)		6.98	18.27
配股	(亿元)	Share Right Issued	(100 million yuan)			
增发	(亿元)	Adding the Share Issue	(100 million yuan)	43.0	199.7	465.6
可转债	(亿元)	Transferable Loans	(100 million yuan)		45	
公司债	(亿元)	Corporate Bond	(100 million yuan)	29.0	85.5	28.0
市价总值	(亿元)	Total Market Value	(100 million yuan)	7838.7	10154.7	15758.6
证券营业部代理证券交易额	(亿元)	Trading Volume of Securities Business Department	(100 million yuan)	29033.6	50577.5	161965.7
期货公司代理交易额	(亿元)	Trading Volume of Agency by Futures Managerial Institutions	(100 million yuan)	99678.0	29783.2	162914.7
全国中小企业股份转让系统挂牌公司	(家)	Listed Company on National SME Share Transfer System	(unit)		86	283

注：证券营业部、期货公司营业数为已开业家数。

a)The number of securities business department(trading offices of futures broker companies) refers to those that has been opened.

8-19 山东省证券市场基本情况
Basic Stituation of Securities Markets of Shandong Province

项　　目		Item		2013	2014	2015
上市公司数	(家)	Number of Listed Companies	(unit)	153	154	162
#发行A股公司数	(家)	A Shares	(unit)	150	152	160
发行B股公司数	(家)	B Shares	(unit)	6	5	5
A、B股均发行公司数	(家)	Number of Listed Companies (A Shares and B Shares)	(unit)	4	3	3
境外发行公司数	(家)	Number of Overseas-listed companies	(unit)	7	7	7
境内、外均发行公司数	(家)	Companies Listed Overseas and Domestic	(unit)	7	7	7
ST公司数	(家)	Number of ST Listed Companies	(unit)	4	5	
*ST公司数	(家)	*ST Listed Companies	(unit)	5	4	1
证券公司数	(家)	No.of Securities Companies	(unit)	2	2	2
证券公司分公司	(家)	No.of Branches of Securities Companies		29	42	51
证券营业部数	(家)	No.of Securities Business Department	(unit)	311	391	426
期货公司	(家)	No.of Futures Broker Companies	(unit)	3	3	3
期货公司营业部	(家)	No.of Trading Offices of Futures Broker Companies	(unit)	83	93	103
证券投资咨询机构数	(家)	No.of Securities Investment Consultative Institutions	(unit)	7	7	7
证券投资者资金开户数	(万户)	No.of Opening Account of Securities Investors	(10 000 households)	713.0	744.6	1007.9
上市公司当年境内募集资金总额	(亿元)	Total Domestic Capital Volume Collected by Listed Companies	(100 million yuan)	86.6	398.3	544.2
首次公开发行	(亿元)	IPO	(100 million yuan)		6.98	21.77
配股	(亿元)	Share Right Issued	(100 million yuan)			
增发	(亿元)	Adding the Share Issue	(100 million yuan)	55.6	260.8	487.4
可转债	(亿元)	Transferable Loans	(100 million yuan)		45	
公司债	(亿元)	Corporate Bond	(100 million yuan)	31.0	85.5	35.0
市价总值	(亿元)	Total Market Value	(100 million yuan)	9795.8	12314.7	18983.9
证券营业部代理证券交易额	(亿元)	Trading Volume of Securities Business Department	(100 million yuan)	45258.6	72549.8	231359.8
期货公司代理交易额	(亿元)	Trading Volume of Agency by Futures Managerial Institutions	(100 million yuan)	99678.0	29783.2	162914.7
全国中小企业股份转让系统挂牌公司	(家)	Listed Company on National SME Share Transfer System	(unit)		98	340

注：证券营业部、期货公司营业数为已开业家数。

a)The number of securities business department(trading offices of futures broker companies) refers to those that has been opened.

主要统计指标解释

财政收入 指国家财政参与社会产品分配所取得的收入，是实现国家职能的财力保证。财政收入所包括的内容几经变化，目前主要包括：

（1）税收收入：包括增值税、营业税、企业所得税、个人所得税、资源税、固定资产投资方向调节税、城市维护建设税、房产税、印花税、城镇土地使用税、土地增值税、车船税、耕地占用税、契税、烟叶税、其他税收收入。

（2）非税收入：包括专项收入、行政事业性收费收入、罚没收入、国有资本经营收入、国有资源(资产)有偿使用收入、其他收入。

财政支出 国家财政将筹集起来的资金进行分配使用，以满足经济建设和各项事业的需要，主要包括：

（1）一般公共服务支出：反映政府提供一般公共服务的支出。

（2）公共安全：反映政府维护社会公共安全方面的支出，有关事务包括武装警察、公安、国家安全、检察、法院、司法行政、监狱、劳教、国家保密、缉私警察等。

（3）教育支出：反映政府教育事务支出。有关具体教育事务包括教育行政管理、学前教育、小学教育、初中教育、普通高中教育、普通高等教育、初等职业教育、中专教育、技校教育、职业高中教育、高等职业教育、广播电视教育、留学生教育、特殊教育、干部继续教育、教育机关服务等。

（4）科学技术：反映政府用于科学技术方面的支出。

（5）文化体育与传媒：反映政府在文化、文物、体育、广播电视、新闻出版等方面的支出。

（6）社会保障和就业：反映政府在社会保障与就业方面的支出。有关事项包括社会保障与就业管理事务、民政管理事务、财政对社会保险基金的补助、补充全国社会保障基金、行政事业单位离退休、企业改革补助、就业补助、抚恤、退役安置、社会福利、残疾人事业、城市居民最低生活保障、其他城镇社会救济、农村社会救济、自然灾害生活补助、红十字事务等。

（7）医疗卫生支出：反映政府医疗卫生方面的支出。具体包括医疗卫生管理事务支出、医疗服务支出、医疗保障支出、疾病预防控制支出、卫生监督支出、妇幼保健支出、农村卫生支出等。

（8）城乡社区事务：反映政府城乡社区事务支出。具体包括：城乡社区管理事务支出、城乡社区规划与管理支出、城乡社区公共设施支出、城乡社区住宅支出、城乡社区环境卫生支出、建设市场管理与监督支出等

（9）农林水事务：反映政府农林水事务方面的支出。具体包括农业、林业、水利、扶贫支出、农业综合开发支出等。

存　款 指企业、机关、团体或居民根据资金必须收回的原则，把货币资金存入银行或其他信贷机构保管并取得一定利息的一种信用活动形式。根据存款对象或性质的不同可划分为企业存款、财政存款、机关团体存款、基本建设存款、储蓄存款、农村存款、委托存款、其他存款等科目。它是银行信贷资金的主要来源。

贷　款 指银行或其他信贷机构根据资金必须归还的原则，按一定利率，为企业、个人等提供资金的一种信用活动形式。我国银行贷款分为短期贷款、中期流动资金贷款、中长期贷款、信托贷款、融资租赁、委托贷款、票据融资、各项垫款等。

保险公司 在中国境内的、经过保险监督管理部门批准设立，并依法登记注册的各类商业保险公司。

保险金额 指保险人承担赔偿或者给付保险金责任的最高限额。

保　费 指投保人为取得保险人在约定范围内所承担赔偿责任而支付给保险人的费用。

赔　款 指保险人根据保险合同的规定，向被保险人支付的赔偿保险责任损失的金额。

给　付 包括死伤医疗给付和满期给付。死伤医疗给付是指保险人根据人寿保险及长期健康保险合同的规定，因被保险人在保险期内发生保险责任范围内的保险事故支付给被保险人(或受益人)的金额。满期给付是指被保险人生存期满，保险人按人寿保险合同规定支付给被保险人的满期保险金额。

Explanatory Notes on Main Statistical Indicators

Government Revenue refers to the revenue of the government finance by means of participating in the distribution of the social products, which is the financial resources for ensuring the government to function. The contents of government revenue have been changed several times. Now it includes the following main items:

(1) Various tax revenues including value added tax, business tax, enterprise income tax, personal income tax, resources tax, fixed assets investment direction regulating tax, tax on city maintenance and construction, real estate tax, stamp tax, tax on use of urban land, land value added tax, vehicle and vessel tax, tax on occupancy of cultivated land, property tax, tobacco leaf tax, and other tax revenues.

(2) Non-tax Revenues including special revenues, revenues from Administrative and institutional fees, penalty and confiscatory revenues , revenues from state-owned capital operationg,revenues from paid use of state-owned resources, and other revenues .

Government Expenditure refers to the distribution and use of the funds the government finance has raised, so as to meet the needs of economic construction and various causes. It includes the following main items:

(1) Expenditure for general public services: It reflects the expenditure from the government for general public services.

(2) Expenditure on public security: It reflects the expenditure from the government towards safeguarding the public security, including the related affairs of armed police, public security, state security, procuratorial administration,law court, judicial administration, jail , reeducation through labor, state confidentiality, anti-smuggling Patrol,etc.

(3) Expenditure on education: It reflects the expenditure from the government on education, including the related affairs of educational administration management, preschool education, primary education, junior secondary educate, regular senior secondary educate, regular higher education, primary vocational education, specialized secondary educate, technical educate, vocational senior secondary educate, vocational higher education, radio and television education, foreign student educate, special education, cadre continuing education, education institution services,etc.

(4) Expenditure on science and technology: It reflects the expenditure from the government on science and technology.

(5) Expenditure on culture, sport and media: It reflects the expenditure from the government on culture, cultural relics, sport, radio and television, publication, etc.

(6)Expenditure on social security and employment:It reflects the expenditure from the government on social security and employment, including the related affairs of management of social security and employment, civil administration, subsidies to social insurance funds, supplement to national social security funds, retirees of government agencies and institutions, subsidies to enterprises reform, subsidies to employment, pension, settling down demobilized servicemen,social security, disabled person administration, minimum living allowance in urban area, other social relief in urban area, social relief in rural area, subsidies to natural disaster, Red Cross business,etc.

(7)Expenditure on health care: It reflects the expenditure from the government on health care, including expenditure on management of health care, medical services, medical security, disease control and prevention, public health supervision, rural health care,etc.

(8) Expenditure on urban and rural community affairs: It reflects the expenditure from the government on urban and rural community affairs, including expenditure on management of urban and rural community affairs, plan and management of urban and rural community, public utility of urban and rural community, residential buildings of urban and rural community, environmental sanitation of urban and rural community, management and supervision of markets construction, etc.

(9) Expenditure on agriculture, forest and irrigation: It reflects the expenditure from the government on agriculture, forest and irrigation, including expenditure on agriculture, forest, irrigation, poverty alleviation, comprehensive development of agriculture, etc.

Deposit is a form of credit by which enterprises, institutions, organizations or households can put money into banks and other credit institutions for safekeeping and interest earning under the principle of free withdrawal. According to different depositors, deposits are divided into enterprise deposits, treasury deposits, deposits of government agencies and organizations, capital construction deposits, savings deposits, rural saving deposits, entrusted deposits and other deposits. Deposits are major sources of the credit funds of banks.

Loan is a form of credit by which banks and other credit institutions provide funds at certain interest rate to enterprises and individuals in the light of the principle of unconditional repayment. Loans from Chinese banks include circulating capital loans, fixed assets loans, loans to urban and rural individuals engaged in industrial and commercial business and agricultural loans.

Insurance Companies refers to commercial insurance companies of various forms registered by law and established in China with the approval of insurance regulatory agencies.

Amount Insured refers to the maximum that the insurant will get for the claim of the case insured.

Premium is the fee paid by the insurant to the insurer to obtain the obligation of compensation from the insurance within the agreed terms.

Settled Claim is the compensation paid by the insurer to the insurant in accordance with the insurance contract.

Payment includes payment for death, injury or medical treatment and mature payment. Payment for death, injury or medical treatment refers to the money paid to the insurant (or the beneficiary) in accordance with the life or health insurance contract when the insurant encounters accidents within the insured period covered in the contract. Mature payment refers to the mature payment to the insurant in accordance with the life insurance contract at the end of the insured period.

第9篇

价格指数

Price Indices

简要说明

一、本篇资料的主要内容

本篇资料反映了全省生产、投资、流通、消费等环节价格变动状况，主要包括居民消费、商品零售、生产资料、工业品出厂、原材料燃料动力购进、固定资产投资、房地产等价格指数。

二、本篇资料的来源

1.居民消费、商品零售和农业生产资料价格指数来源于消费价格统计调查年报，由国家统计局山东调查总队消费价格调查处整理提供。

2.工业生产者出厂、工业生产者购进、固定资产投资、住宅销售等价格指数来源于生产价格统计调查年报，由国家统计局山东调查总队生产投资价格调查处整理提供。

3.农产品生产者价格指数来源于农产品生产者价格调查年报，由国家统计局山东调查总队住户专项调查处整理提供。

Brief Introduction

I. Main Content

Data on the price indices in this chapter show the changing trend in production, investment, circulation and consumption, including mainly consumer price indices of residents, retail price indices, price indices of means of production, production price indices of industrial products, purchasing price indices of raw materials, fuels and power, price indices of investment in fixed assets and real estate price indices.

II. Source of Data

(1) Data on consumer price indices of residents, retail price indices and price indices of agricultural means of production are based on yearly report on consumer price and are provided by the Division of Consumer Price Survey of the National Bureau of Statistics in Shandong.

(2) Data on producer price indices of industrial products, industrial producer purchasing price indices, price indices of investment in fixed assets and real estate price indices are based on yearly report on production price and are provided by the Division of Production and Investment Price Survey of the National Bureau of Statistics in Shandong.

(3)Data on producer price index of agricultural products are based on yearly report on producer price of agricultural products and provided by the Division of Countryside Statistics of Shandong Provincial Bureau of Statistics.

9-1 居民消费价格指数

Consumer Price Indices

(上年=100)

类 别	Category	2010	2011	2012	2013	2014	2015
居民消费价格指数	**Consumer Price Index**	**102.9**	**105.0**	**102.1**	**102.2**	**101.9**	**101.2**
城 市	Urban Areas	102.6	104.7	102.1	102.1	102.1	101.4
农 村	Rural Areas	103.5	105.9	102.0	102.5	101.5	100.9
服务项目价格指数	**Services Price Index**	**100.8**	**103.5**	**102.1**	**101.8**	**102.8**	**101.6**
消费品价格指数	**Consumer Goods Price Index**	**103.5**	**105.6**	**102.1**	**102.4**	**101.6**	**101.1**
食 品	Food	108.3	111.3	103.5	104.8	102.6	101.2
粮 食	Grain	113.0	108.7	102.5	107.3	104.2	101.7
油 脂	Oil or Fat	106.2	113.2	107.5	102.6	94.9	98.4
肉禽及其制品	Meal, Poultry and Their Products	103.6	122.9	101.6	103.2	98.9	104.1
蛋	Eggs	107.1	114.7	95.9	102.2	114.2	90.4
水产品	Aquatic Products	106.8	114.4	108.8	103.4	104.0	101.8
鲜 菜	Fresh Vegetables	125.5	101.2	112.9	109.3	92.3	110.1
烟 酒	Tobacco and Liquor	102.5	103.9	102.8	100.3	100.3	101.8
衣 着	Clothing	97.6	101.5	103.3	103.3	102.9	103.5
家庭设备用品及维修服务	Household Facilities, Articles and Services	99.6	101.0	101.2	100.3	101.1	101.7
医疗保健和个人用品	Health Care and Personal Articles	101.9	102.5	102.1	101.0	101.2	101.6
交通和通信	Transportation and Communication	99.3	100.6	100.2	99.3	99.8	98.4
娱乐教育文化用品及服务	Recreation, Education and Culture Articles	99.7	100.4	100.3	101.3	102.0	101.9
居 住	Residence	103.6	105.8	101.8	101.4	102.1	100.8
商品零售价格指数	**Retail Price Index**	**102.7**	**104.7**	**101.6**	**101.4**	**101.0**	**100.2**
城 市	Urban Areas	102.4	104.3	101.5	101.2	101.3	100.2
农 村	Rural Areas	103.2	105.3	101.9	101.8	100.5	100.2
农业生产资料价格指数	**Price Indices of Means of Agricultural production**	**103.0**	**111.1**	**105.9**	**101.2**	**99.5**	**99.3**

9-2 居民消费和商品零售价格总指数(2015年)

General Consumer and Retail Price Indices(2015)

类 别	Categoty	居民消费价格总指数 General Consumer Price Indices			商品零售价格总指数 General Retail Price Indices			农业生产资料价格总指数 General Price Indices of Means of Agricultural Production
		全 省 Provincial Indices	城 市 Urban Indices	农 村 Rural Indices	全 省 Provincial Indices	城 市 Urban Indices	农 村 Rural Indices	
以1950年价格为100	1950=100	691.0	692.9		532.0	505.5	494.3	461.8
以1952年价格为100	1952=100	609.4	612.2		442.4	443.0	448.1	477.1
以1957年价格为100	1957=100	561.5	569.9		403.1	363.9	410.7	445.3
以1965年价格为100	1965=100	553.2	554.8		384.6	394.6	392.1	495.5
以1970年价格为100	1970=100	567.4	569.5		390.7	405.4	398.5	547.9
以1978年价格为100	1978=100	566.8	569.2	556.3	391.1	403.6	399.3	593.4
以1980年价格为100	1980=100	536.4	545.4	523.2	373.8	392.2	381.9	587.6
以1985年价格为100	1985=100	462.2	462.3	445.8	337.5	350.3	346.8	498.9
以1990年价格为100	1990=100	283.9	295.6	275.6	210.9	211.6	219.6	330.2
以1995年价格为100	1995=100	154.8	153.0	159.7	125.1	120.5	134.6	173.1
以2000年价格为100	2000=100	139.0	132.9	147.5	124.6	120.1	134.1	188.0
以上年价格为100	Preceding Year=100	101.2	101.4	100.9	100.2	100.2	100.2	99.3

9-3 历年居民消费价格总指数
General Consumer Price Indices over the Years

年 份 Year	以1950年为100 1950=100	以1952年为100 1952=100	以1978年为100 1978=100	以1990年为100 1990=100	以1995年为100 1995=100	以上年为100 Preceding Year=100
1952	113.2					102.2
1955	120.8	106.7				99.9
1957	122.9	108.6				101.0
1962	132.2	116.9				100.5
1965	124.8	110.4				97.8
1970	121.7	107.6				98.9
1975	121.5	107.4				100.2
1976	121.7	107.6				100.2
1977	121.5	107.4				99.8
1978	121.9	107.7				100.3
1979	122.8	108.5	100.7			100.7
1980	128.9	113.9	105.7			105.0
1981	131.2	116.0	107.6			101.8
1982	132.4	117.0	108.6			100.9
1983	135.6	119.8	111.2			102.4
1984	137.6	121.6	112.9			101.5
1985	149.6	132.2	122.7			108.7
1986	156.3	138.1	128.2			104.5
1987	169.1	149.5	138.7			108.2
1988	200.7	177.4	164.7			118.7
1989	235.5	208.1	199.1			117.3
1990	243.5	215.2	199.7			103.4
1991	255.4	225.7	209.5	104.9		104.9
1992	272.8	241.1	223.7	112.0		106.8
1993	307.4	271.7	252.2	126.3		112.7
1994	379.4	335.3	311.2	155.8		123.4
1995	446.1	394.3	365.9	183.2		117.6
1996	489.0	432.1	401.1	200.8	109.6	109.6
1997	502.6	443.2	412.3	206.4	112.7	102.8
1998	499.6	440.5	409.8	205.2	112.0	99.4
1999	496.1	437.4	406.9	203.8	111.2	99.3
2000	497.1	438.3	407.7	204.2	111.4	100.2
2001	506.0	446.2	415.0	207.9	113.4	101.8
2002	502.5	443.1	412.1	206.4	112.6	99.3
2003	508.0	448.0	416.6	208.7	113.8	101.1
2004	526.3	464.1	431.6	216.2	117.9	103.6
2005	535.2	472.0	439.0	219.9	119.9	101.7
2006	540.6	476.7	443.4	222.1	121.1	101.0
2007	564.4	497.7	462.9	231.9	126.4	104.4
2008	594.3	524.1	487.4	244.2	133.1	105.3
2009	594.3	524.1	487.4	244.2	133.1	100.0
2010	611.5	539.3	501.6	251.3	137.0	102.9
2011	642.2	566.4	526.7	263.9	143.9	105.0
2012	655.7	578.3	537.8	269.4	146.9	102.1
2013	670.2	591.0	549.6	275.4	150.2	102.2
2014	682.9	602.2	560.1	280.6	153.0	101.9
2015	691.1	609.5	566.8	284.0	154.8	101.2

9-4 历年城市居民消费价格总指数

General Urban Consumer Price Indices over the Years

年 份 Year	以1930–1936年平均价格为100 Average Price (1930-1936)=100	以1952年为100 1952=100	以1978年为100 1978=100	以1980年为100 1980=100	以1990年为100 1990=100	以1995年为100 1995=100	以上年为100 Preceding Year=100
1949	260.9						
1952	302.2						102.2
1955	322.5	106.7					99.9
1957	328.0	108.5					101.0
1962	352.9	116.8					100.5
1965	333.5	110.3					97.8
1970	324.9	107.4					98.9
1975	324.2	107.3					100.2
1976	324.9	107.5					100.2
1977	324.3	107.3					99.8
1978	325.2	107.6					100.3
1979	329.7	109.1	101.4				101.4
1980	339.3	112.3	104.3				102.9
1981	346.4	114.6	106.5	102.1			102.1
1982	347.4	115.0	106.9	102.4			100.3
1983	345.3	114.3	106.2	101.8			99.4
1984	350.5	116.0	107.8	103.3			101.5
1985	381.4	126.2	117.3	112.4			108.8
1986	400.5	132.5	123.2	118.0			105.0
1987	436.9	144.6	134.4	128.8			109.1
1988	526.9	174.4	162.1	155.3			120.6
1989	609.6	201.7	187.5	179.7			115.7
1990	625.5	207.0	192.4	184.4			102.6
1991	664.3	219.8	204.3	195.8	106.2		106.2
1992	721.4	238.7	221.9	212.6	115.3		108.6
1993	826.7	273.6	254.3	243.7	132.1		114.6
1994	1036.7	343.1	318.9	305.6	165.7		125.4
1995	1210.9	400.7	372.5	356.9	193.6		116.8
1996	1338.0	442.8	411.6	394.4	213.9	110.5	110.5
1997	1380.8	457.0	424.8	407.0	220.7	114.0	103.2
1998	1376.7	455.6	423.5	405.8	220.0	113.7	99.7
1999	1376.7	455.6	423.5	405.8	220.0	113.7	100.0
2000	1393.2	461.1	428.6	410.7	222.6	115.1	101.2
2001	1408.5	466.2	433.3	415.2	225.0	116.4	101.1
2002	1390.2	460.1	427.7	409.8	222.1	114.9	98.7
2003	1399.9	463.3	430.7	412.7	223.7	115.7	100.7
2004	1439.1	476.3	442.7	424.2	230.0	118.9	102.8
2005	1454.9	481.5	447.6	428.9	232.5	120.2	101.1
2006	1469.5	486.3	452.1	433.2	234.8	121.4	101.0
2007	1525.3	504.8	469.3	449.7	243.7	126.0	103.8
2008	1597.0	528.5	491.4	470.8	255.2	131.9	104.7
2009	1596.1	528.2	491.1	470.6	255.0	131.8	99.9
2010	1637.6	542.0	503.8	482.8	261.6	135.3	102.6
2011	1714.1	567.3	527.4	505.3	273.9	141.8	104.7
2012	1750.1	579.2	538.5	515.9	279.6	144.8	102.1
2013	1786.9	591.4	549.8	526.7	285.5	147.8	102.1
2014	1824.4	603.8	561.3	537.8	291.5	150.9	102.1
2015	1850.0	612.2	569.2	545.3	295.6	153.0	101.4

9-5 历年农村居民消费价格总指数

General Rural Consumer Price Indices over the Years

年 份 Year	以1978年为100 1978=100	以1980年为100 1980=100	以1985年为100 1985=100	以1990年为100 1990=100	以1995年为100 1995=100	以上年为100 Preceding Year=100
1979	100.4					100.4
1980	106.2					105.8
1981	107.9	101.6				101.6
1982	109.1	102.7				101.1
1983	113.0	106.4				103.6
1984	114.7	108.0				101.5
1985	124.7	117.4				108.7
1986	129.8	122.2	104.1			104.1
1987	139.4	131.2	111.8			107.4
1988	163.1	153.5	130.8			117.0
1989	194.0	182.5	155.5			118.9
1990	201.7	189.8	161.7			104.0
1991	209.8	197.4	168.2	104.0		104.0
1992	219.5	206.5	175.9	108.8		104.6
1993	242.9	228.6	194.7	120.4		110.7
1994	295.7	278.2	236.9	146.5		121.7
1995	348.6	328.0	279.3	172.7		117.9
1996	379.9	357.5	304.4	188.2	109.0	109.0
1997	389.1	366.1	311.7	192.7	111.6	102.4
1998	385.2	362.4	308.6	190.8	110.5	99.0
1999	379.8	357.3	304.3	188.1	109.0	98.6
2000	377.1	354.8	302.2	186.8	108.2	99.3
2001	386.2	363.3	309.5	191.3	110.8	102.4
2002	385.8	362.9	309.2	191.1	110.7	99.9
2003	391.6	368.3	313.8	194.0	112.4	101.5
2004	409.6	385.2	328.2	202.9	117.5	104.6
2005	419.4	394.5	336.1	207.8	120.3	102.4
2006	423.6	398.4	339.5	209.9	121.6	101.0
2007	446.1	419.5	357.5	221.0	128.0	105.3
2008	473.8	445.5	379.7	234.7	135.9	106.2
2009	474.1	445.8	380.0	234.9	136.0	100.1
2010	490.7	461.4	393.2	243.1	140.8	103.5
2011	519.5	488.7	416.4	257.4	149.1	105.9
2012	529.9	498.5	424.7	262.6	152.1	102.0
2013	543.1	510.9	435.3	269.1	155.9	102.5
2014	551.3	518.6	441.9	273.2	158.2	101.5
2015	556.2	523.3	445.8	275.6	159.6	100.9

9–6 历年商品零售价格总指数

General Retail Price Indices over the Years

年 份 Year	以1930–1936年平均价格为100 Average Price (1930-1936)=100	以1952年为100 1952=100	以1978年为100 1978=100	以1980年为100 1980=100	以1990年为100 1990=100	以1995年为100 1995=100	以上年为100 Preceding Year=100
1949	257.0						
1952	303.6						100.4
1955	325.6	107.2					100.2
1957	333.5	109.8					101.7
1962	359.9	118.5					100.4
1965	349.4	115.1					97.6
1970	343.8	113.3					99.2
1971	343.5	113.2					99.9
1972	342.5	112.8					99.7
1973	342.2	112.7					99.9
1974	341.8	112.6					99.9
1975	342.2	112.7					100.1
1976	342.5	112.8					100.1
1977	342.2	112.7					99.9
1978	343.5	113.2					100.4
1979	349.0	115.0	101.6				101.6
1980	359.5	118.5	104.6				103.0
1981	365.6	120.5	106.4	101.7			101.7
1982	367.8	121.2	107.1	102.3			100.6
1983	363.0	119.7	105.6	101.0			98.7
1984	367.0	121.0	106.8	102.1			101.1
1985	398.2	131.3	115.9	110.8			108.5
1986	416.1	137.2	121.1	115.8			104.5
1987	450.6	148.6	131.2	125.4			108.3
1988	536.3	176.8	156.1	149.2			119.0
1989	626.9	206.7	182.5	174.4			116.9
1990	636.9	210.0	185.4	177.2			101.6
1991	668.1	220.3	194.5	185.9	104.9		104.9
1992	709.5	233.9	206.6	197.4	111.4		106.2
1993	782.6	258.0	227.8	217.7	122.9		110.3
1994	941.5	310.4	274.1	261.9	147.8		120.3
1995	1075.2	354.5	313.0	299.1	168.8		114.2
1996	1150.6	378.9	334.9	320.1	180.6	107.0	107.0
1997	1159.8	381.9	337.6	322.7	182.0	107.9	100.8
1998	1126.2	370.8	327.8	313.3	176.7	104.8	97.1
1999	1093.5	360.0	318.3	304.2	171.6	101.8	97.1
2000	1078.2	355.0	313.8	299.9	169.2	100.4	98.6
2001	1078.2	355.0	313.8	299.9	169.2	100.4	100.0
2002	1065.3	350.7	310.0	296.3	167.2	99.2	98.8
2003	1067.4	351.4	310.7	296.9	167.5	99.4	100.2
2004	1097.3	361.3	319.4	305.2	172.2	102.2	102.8
2005	1103.9	363.4	321.3	307.0	173.2	102.8	100.6
2006	1110.5	365.6	323.2	308.9	174.3	103.4	100.6
2007	1150.5	378.8	334.8	320.0	180.6	107.1	103.6
2008	1206.9	397.4	351.2	335.7	189.4	112.3	104.9
2009	1199.3	394.9	349.0	333.6	188.3	111.6	99.4
2010	1231.6	405.5	358.4	342.6	193.3	114.7	102.7
2011	1288.9	424.3	375.1	358.5	202.3	120.0	104.7
2012	1309.6	431.1	381.1	364.2	205.6	121.9	101.6
2013	1327.9	437.1	386.4	369.3	208.4	123.6	101.4
2014	1341.2	441.5	390.3	373.0	210.5	124.8	101.0
2015	1343.8	442.4	391.1	373.8	211.0	125.1	100.2

注：本表已根据现行价格调查统计制度予以调整，均不包括农业生产资料部分。

a)The data in this form have been adjusted according to current statistical system of price survey.Means of agricultural production are excluded.

9-7 历年农业生产资料价格总指数
General Price Indices of Means of Agricultural Production over the Years

年 份 Year	以1950年为100 1950=100	以1952年为100 1952=100	以1978年为100 1978=100	以1990年为100 1990=100	以1995年为100 1995=100	以上年为100 Preceding Year=100
1952	97.0					102.2
1955	103.8	107.0				94.1
1957	103.4	106.7				99.7
1962	106.8	110.1				99.3
1965	92.7	95.5				96.8
1970	84.2	86.8				99.9
1975	79.2	81.6				100.0
1976	79.2	81.6				100.0
1977	79.2	81.6				100.0
1978	78.5	80.9				99.1
1979	78.6	81.0	100.1			100.1
1980	78.6	81.0	100.1			100.0
1981	79.9	82.4	101.8			101.7
1982	80.8	83.3	102.9			101.1
1983	82.9	85.5	105.6			102.6
1984	88.9	91.7	113.2			107.2
1985	92.5	95.5	117.8			104.1
1986	94.4	97.5	120.3			102.1
1987	99.9	103.2	127.3			105.8
1988	114.6	118.4	146.0			114.7
1989	135.5	139.9	172.6			118.2
1990	139.8	144.4	178.1			103.2
1991	142.6	147.3	181.7	102.0		102.0
1992	144.6	149.4	184.2	103.4		101.4
1993	161.4	166.7	205.6	115.4		111.6
1994	200.3	206.9	255.1	143.2		124.1
1995	267.0	275.8	340.1	190.9		133.3
1996	281.7	291.0	358.8	201.4	105.5	105.5
1997	272.1	281.1	346.6	194.6	101.9	96.6
1998	261.8	270.4	336.5	187.2	98.0	96.2
1999	249.0	257.2	320.0	178.0	93.2	95.1
2000	245.8	253.9	315.8	175.7	92.0	98.7
2001	250.2	258.5	321.5	178.9	93.7	101.8
2002	251.0	259.3	322.5	179.4	94.0	100.3
2003	257.0	265.5	330.2	183.7	96.2	102.4
2004	283.2	292.6	363.9	202.5	106.0	110.2
2005	300.7	310.7	386.4	215.0	112.6	106.2
2006	309.8	320.0	398.0	221.5	116.0	103.0
2007	331.8	342.7	426.3	237.2	124.2	107.1
2008	395.8	408.8	508.6	283.0	148.2	119.3
2009	381.2	393.7	489.8	272.5	142.7	96.3
2010	392.6	405.5	504.4	280.7	147.0	103.0
2011	436.2	450.6	560.4	311.9	163.4	111.1
2012	461.9	477.2	593.5	330.3	173.0	105.9
2013	467.5	482.9	600.6	334.3	175.1	101.2
2014	465.1	480.5	597.6	332.6	174.2	99.5
2015	461.9	477.1	593.4	330.3	173.0	99.3

9-8 居民消费价格分类指数(2015年)

Consumer Price Indices by Category(2015)

(上年=100) (preceding year=100)

商品类别	Category	全省 Provincial Indices	城市 Urban Indices	农村 Rural Indices
居民消费价格指数	**Consumer Price Index**	**101.2**	**101.4**	**100.9**
非食品价格指数	Non-food Price Index	101.2	101.4	100.8
服务项目价格指数	Services Price Index	101.6	101.7	101.5
扣除鲜菜鲜果总指数	General Index Discounting Fresh Vegetables and Fresh Fruit	101.3	101.5	101.0
消费品价格指数	Consumer Goods Price Index	101.1	101.3	100.6
一、食　品	**Food**	**101.2**	**101.3**	**101.0**
1.粮　食	Grain	101.7	102.3	100.5
2.淀粉及制品	Starch and related products	100.8	101.4	98.5
3.干豆类及豆制品	Beans and Bean Products	102.3	102.8	101.2
4.油　脂	Oil or Fat	98.4	98.7	98.0
5.肉禽及其制品	Meal, Poultry and Their Products	104.1	103.8	104.5
(1)食用畜肉及副产品	Animal Meat and Products	106.0	105.2	107.3
(2)禽	Poultry	100.2	101.3	98.9
(3)加工肉禽	Processing Products of Meal and Poultry	101.4	101.7	100.6
6.蛋	Eggs	90.4	89.9	91.2
7.水产品	Aquatic Products	101.8	101.2	103.7
(1)鱼	Fishes	102.8	102.5	103.7
(2)其它水产品	Other Aquatic Products	100.4	99.8	103.6
8.菜	Vegetables	109.2	109.2	109.3
9.调味品	Flavoring	104.0	104.7	102.2
10.糖	Carbohydrate	100.4	100.0	100.9
11.茶及饮料	Tea and Beverages	100.9	101.1	100.3
(1)茶　叶	Tea	101.4	101.6	100.3
(2)饮　料	Beverages	100.6	100.8	100.2
12.干鲜瓜果	Dried and Fresh Melons and Fruits	91.9	92.0	91.7
13.糕点饼干面包	Cake, Biscuit and Bread	101.3	101.4	101.0
14.液体乳及乳制品	Milk and Its Products	99.6	100.2	97.9
15.在外用膳食品	Outward Dinner	102.3	102.5	101.8
16.其它食品	Other Foods	102.2	102.6	101.6
二、烟　酒	**Tobacco and Liquor**	**101.8**	**101.6**	**101.9**
1.烟　草	Tobacco	104.4	104.4	104.5
2.酒	Liquor	99.8	99.9	99.5
三、衣　着	**Clothing**	**103.5**	**103.4**	**104.1**
1.服　装	Garments	103.5	103.4	104.2
(1)男式服装	Men's Clothing	103.5	103.4	103.8
(2)女式服装	Women's Clothing	103.5	103.3	104.5
(3)儿童服装	Children's Clothing	104.0	104.0	104.0
2.衣着材料	Clothing Material	102.9	101.4	103.8
3.鞋袜帽	Footwear and Hats	103.5	103.4	103.9
(1)鞋	Shoes	104.0	103.9	104.1
(2)袜子	Socks	100.0	99.2	103.6
(3)帽子	Hats	101.7	101.5	102.4
4.衣着加工服务费	Clothing Proceeding Services	103.4	102.1	104.5

9-8 续表 continued

(上年=100) (preceding year=100)

商品类别	Category	全省 Provincial Indices	城市 Urban Indices	农村 Rural Indices
四、家庭设备用品及维修服务	**Household Facilities, Articles and Services**	**101.7**	**101.2**	**102.9**
1.耐用消费品	Durable Consumer Goods	102.2	101.2	104.4
(1)家　具	Furniture	101.9	101.4	103.2
(2)家庭设备	Household Facilities	102.3	101.1	105.0
2.室内装饰品	Interior Decorations	100.3	99.7	103.1
3.床上用品	Bed Articles	99.9	99.5	101.5
4.家庭日用杂品	Grocery for Daily Use	100.5	100.5	100.6
5.家庭服务及加工维修服务	Household Service and Proceeding Upkeep	105.2	106.3	101.4
五、医疗保健和个人用品	**Health Care and Personal Articles**	**101.6**	**101.8**	**101.2**
1.医疗保健	Health Care	101.8	102.2	101.0
(1)医疗器具及用品	Medical Instrument and Articles	100.4	100.3	100.6
(2)中药材及中成药	Traditional Chinese Medicinal Materials and Medicines	101.0	101.8	99.0
(3)西　药	Western Medicine	101.5	101.8	101.0
(4)保健器具及用品	Health Care Appliances and Articles	104.6	106.1	100.9
(5)医疗保健服务	Health Care Services	102.1	102.0	102.4
2.个人用品及服务	Personal Articles and Services	101.1	100.8	101.7
(1)化妆美容用品	Makeup Beauty Products	100.7	100.6	100.9
(2)清洁类化妆品	Clean Cosmetics	101.3	101.4	101.0
(3)个人饰品	Personal Decorations	97.5	96.7	99.5
(4)个人服务	Personal Services	104.6	104.9	104.1
六、交通和通信	**Transportation and Communication**	**98.4**	**98.2**	**99.0**
1.交通	Transportation	97.3	97.1	97.8
(1)交通工具	Transportation Facility	99.3	99.1	99.8
(2)车用燃料及零配件	Fuels and Parts	83.9	83.5	85.0
(3)车辆使用及维修费	Using and Upkeep	101.4	101.5	100.5
(4)市区公共交通费	Incity Public Traffic	100.7	100.2	102.8
(5)城市间交通费	Intercity Traffic	99.7	98.5	101.9
2.通信	Communication	100.5	100.4	100.8
(1)通信工具	Communication Facility	102.8	102.1	103.9
(2)通信服务	Communication Service	100.1	100.1	100.0
七、娱乐教育文化用品及服务	**Recreation, Education and Culture Articles and Services**	**101.9**	**102.1**	**101.4**
1.文娱用耐用消费品及服务	Durable Consumer Goods for Cultural and Recreational Use and Services	100.8	100.5	102.1
2.教育	Education	102.5	103.2	101.3
(1)教材及参考书	Teaching Materials and Reference Books	100.8	101.2	100.4
(2)教育服务	Education services	102.7	103.4	101.4
3.文化娱乐类	Cultural and Entertainment	102.4	102.6	101.4
(1)文化娱乐用品	Cultural and Entertainment Supplies	100.3	100.1	100.9
(2)书报杂志	Books, Newspapers and Magazines	107.4	108.4	103.3
(3)文娱费	Expenditure of Culture and Recreation	101.3	101.4	100.5
4.旅游	Touring	99.6	99.4	101.1
八、居　住	**Residence**	**100.8**	**101.4**	**99.4**
1.建房及装修材料	Building and Building Decoration Materials	100.6	101.9	99.3
2.住房租金	Rent	100.8	100.6	102.2
3.自有住房	Private Housing	101.6	101.6	101.5
4.水、电、燃料	Water, Electricity and Fuels	99.8	101.1	95.9

9-9 商品零售价格分类指数(2015年)

Retail Indices by Category(2015)

(上年=100) (preceding year=100)

商品类别	Category	全省 Provincial Indices	城市 Urban Indices	农村 Rural Indices
商品零售价格总指数	**Retail Index**	**100.2**	**100.2**	**100.2**
一、食　品	**Food**	**101.1**	**101.2**	**101.0**
1.粮　食	Grain	101.6	102.4	100.4
2.淀粉及制品	Starch and Related Products	100.2	101.5	98.0
3.干豆类及豆制品	Beans and Bean Products	102.3	102.8	101.5
4.油　脂	Oil or Fat	98.1	98.7	97.4
5.肉禽及其制品	Meal, Poultry and Their Products	104.0	103.8	104.2
(1)食用畜肉及副产品	Animal Meat and Products	106.0	105.4	106.9
(2)禽	Poultry	99.7	100.6	98.8
(3)加工肉禽	Processing Products of Meal and Poultry	101.3	101.7	100.5
6.蛋	Eggs	90.7	90.0	91.7
7.水产品	Aquatic Products	101.9	100.8	104.6
(1)鱼	Fishes	103.2	102.5	104.4
(2)其它水产品	Other Aquatic Products	100.1	98.9	104.9
8.菜	Vegetables	109.1	109.2	109.0
9.调味品	Flavoring	103.6	104.3	102.4
10.糖	Carbohydrate	100.7	99.9	101.3
11.干鲜瓜果	Dried and Fresh Melons and Fruits	92.0	92.2	91.5
12.糕点饼干面包	Cake Biscuit and Bread	101.2	101.3	100.9
13.液体乳及乳制品	Milk and Its Products	99.6	100.5	97.5
14.在外用膳食品	Outward Dinner	102.2	102.4	101.7
15.其它食品	Other Foods	102.3	102.3	102.2
二、饮料、烟酒	**Beverages,Tobacco and Liquor**	**101.5**	**101.4**	**101.7**
1.茶及饮料	Tea and Beverages	100.9	100.9	101.1
(1)茶　叶	Tea	101.3	101.4	101.1
(2)饮　料	Beverages	100.7	100.4	101.1
2.烟　草	Tobacco	104.6	104.5	104.6
3.酒	Liquor	99.7	99.8	99.5
三、服装、鞋帽	**Garments,Footwear and Hats**	**103.4**	**103.2**	**103.7**
1.服装	Garments	103.5	103.4	104.0
(1)男式服装	Men's Clothing	103.5	103.4	103.8
(2)女式服装	Women's Clothing	103.5	103.3	104.4
(3)儿童服装	Children's Clothing	103.5	103.7	103.2
2.鞋袜帽	Footwear and Hats	103.5	103.5	103.4
(1)鞋	Shoes	103.8	103.9	103.5
(2)袜　子	Socks	100.4	99.2	103.1
(3)帽　子	Hats	103.1	102.8	103.8
3.其　它	Others	99.4	98.9	100.3
四、纺织品	**Textiles**	**100.6**	**99.9**	**101.6**
1.衣着材料	Clothing Material	101.5	101.1	101.7
2.床上用品	Bed Articles	100.1	99.7	101.6

9-9 续表 continued

(上年=100) (preceding year=100)

商品类别	Category	全 省 Provincial Indices	城 市 Urban Indices	农 村 Rural Indices
五、家用电器及音像器材	**Household Appliances, Music and Video Equipment**	**101.3**	**100.5**	**102.9**
1.家庭设备	Household Facilities	102.0	100.8	104.1
2.文娱用耐用消费品	Durable Consumer Goods for Cultural and Recreational Use	100.9	100.2	101.9
3.专业音像器材	Professional Music and Video Equipment	99.7	99.7	100.0
六、文化办公用品	**Cultural and Office Appliances**	**99.9**	**99.6**	**100.3**
七、日用品	**Articles for Daily Use**	**100.7**	**100.7**	**100.8**
1.日用百货	General Merchandise for Daily Use	100.7	100.8	100.6
2.日用杂品	Grocery for Daily Use	101.0	100.9	101.1
3.洗涤用品	Washing Products	100.8	101.0	100.3
4.其它日用品	Other Articles for Daily Use	100.5	100.1	101.6
八、体育娱乐用品	**Sports and Recreation Articles**	**101.0**	**100.4**	**102.2**
1.体育用品	Sports Articles	101.1	100.3	102.4
2.娱乐用品	Recreation Articles	100.9	100.4	101.8
九、交通、通信用品	**Transportation and Communication Articles**	**99.5**	**98.8**	**100.6**
1.交通运输机械	Transport machinery	98.3	98.0	98.9
2.通信器材	Communication Equipment	101.7	100.9	102.6
十、家　具	**Furniture**	**101.6**	**101.3**	**102.2**
十一、化妆品	**Cosmetics**	**100.9**	**100.8**	**101.0**
十二、金银珠宝	**Gold, Silver and Jewelry**	**94.2**	**92.9**	**97.7**
十三、中西药品及医疗保健用品	**Traditional Chinese and Western Medicines and Health Care Articles**	**101.6**	**102.2**	**100.4**
1.医疗器具及用品	Medical Apparatus and Articles	100.3	100.2	100.4
2.中药材及中成药	Traditional Chinese Medicinal Materials and Medicines	101.1	101.8	99.7
3.西　药	Western Medicines	101.4	101.8	100.8
4.保健器具及用品	Health Care Appliances and Supplies	104.1	105.6	100.6
十四、书报杂志及电子出版物	**Books, Newspapers, Magazines and Electronic Publications**	**103.0**	**103.8**	**101.6**
1.教材及参考书	Teaching Materials and Reference Books	101.2	101.1	101.4
2.书报杂志	Books, Newspapers and Magazines	106.1	107.9	102.7
3.电子音像制品	Electronic Audio-visual Products	100.8	101.3	100.2
十五、燃　料	**Fuels**	**89.4**	**90.6**	**87.0**
1.煤炭及制品	Coal and Products	93.9	96.3	91.1
2.石油及制品	Petroleum and Products	87.4	88.8	84.2
十六、建筑材料及五金电料	**Building Materials and Hardware**	**99.1**	**99.2**	**99.1**
1.建筑装潢材料	Building Decoration Materials	98.7	98.8	98.6
2.五金电料	Hardware	100.1	99.8	100.3

9-10 农产品生产者价格指数
Producers' Price Indices for Farm Products

(上年＝100) (preceding year=100)

指　标	Item	2011	2012	2013	2014	2015
农产品生产者价格指数	**Producers' Price Indices for Farm Products**	**109.7**	**102.5**	**105.9**	**100.5**	**100.1**
种植业产品	**Planting Products**	**102.0**	**104.3**	**111.0**	**102.4**	**98.3**
#谷物	Cereal	108.4	102.0	106.3	101.9	94.6
#小麦	Wheat	104.5	101.8	111.3	103.2	97.6
稻谷	Rice	110.0	100.1	104.2	100.6	99.2
玉米	Corn	111.7	102.2	102.1	101.7	92.2
大豆	Beans	113.1	109.4	105.2	99.3	95.7
油料	Oil-bearing Crops	113.7	109.5	93.1	90.9	109.1
棉花	Cotton	121.5	84.9	106.3	97.6	87.1
蔬菜	Vegetable	76.2	112.5	123.6	106.8	110.0
水果	Fruit	119.2	108.5	105.4	102.3	98.6
林业产品	**Forestry Products**	**105.6**	**101.9**	**103.9**	**99.9**	**100.9**
畜牧业产品	**Animal Husbandry Products**	**121.6**	**96.7**	**98.7**	**99.5**	**103.3**
活猪	Live Pig	131.9	95.9	98.8	91.2	110.0
活牛	Live Cattle and Buffaloes	108.8	114.9	107.8	104.3	97.1
活羊	Live Sheep and Goats	115.4	114.9	108.2	96.8	84.9
肉禽	Live Poultry	112.2	94.4	96.1	104.1	102.1
蛋类	Eggs	116.6	96.2	102.4	113.9	93.8
奶类	Milk	108.3	101.6	112.0	109.9	93.1
渔业产品	**Fishery Products**	**113.2**	**105.7**	**103.1**	**98.0**	**100.3**
海水养殖鱼类	Seawater Fish	104.4	110.1	83.1	93.5	100.6
淡水养殖鱼类	Freshwater Fish	107.6	107.4	105.5	107.0	101.0

9-11 工业、投资价格指数

Price Indices for Industrial, Investment

年 份 Year	以1988年为100 (1988=100)		以1990年为100 (1990=100)	以上年为100 (preceding year=100)		
	工业生产者出厂价格指数 Producer Price Indices for Industrial Products	工业生产者购进价格指数 Industrial Producer Purchasing Price Indices	固定资产投资价格指数 Price Indices for Investment in Fixed Assets	工业生产者出厂价格指数 Producer Price Indices for Industrial Products	工业生产者购进价格指数 Industrial Producer Purchasing Price Indices	固定资产投资价格指数 Price Indices for Investment in Fixed Assets
1988	100.0	100.0				
1989	123.8	136.7		123.8	136.7	
1990	129.6	144.1	100.0	104.7	105.4	
1991	133.5	154.2	112.4	103.0	107.0	112.4
1992	146.5	171.0	134.2	109.7	110.9	119.4
1993	180.1	230.3	163.9	123.0	134.7	122.1
1994	223.7	279.4	189.8	124.2	121.3	115.8
1995	261.8	316.2	202.3	117.0	113.2	106.6
1996	272.5	334.3	208.6	104.1	105.7	103.1
1997	275.8	336.3	209.4	101.2	100.6	100.4
1998	264.7	318.1	207.7	96.0	94.6	99.2
1999	257.3	297.1	206.9	97.2	93.4	99.6
2000	272.5	311.1	211.8	105.9	104.7	102.4
2001	270.1	311.1	214.8	99.1	100.0	101.4
2002	266.8	307.0	217.2	98.8	98.7	101.1
2003	276.2	324.5	223.5	103.5	105.7	102.9
2004	293.8	369.3	240.0	106.4	113.8	107.4
2005	304.7	391.1	247.0	103.7	105.9	102.9
2006	311.7	407.9	251.5	102.3	104.3	101.8
2007	322.0	427.5	261.7	103.3	104.8	104.0
2008	349.7	483.5	281.8	108.6	113.1	107.7
2009	329.1	461.7	273.1	94.1	95.5	96.9
2010	352.6	504.6	282.9	107.2	109.3	103.6
2011	373.7	550.9	302.3	106.0	109.2	106.8
2012	367.7	546.5	304.7	98.4	99.2	100.8
2013	361.8	537.8	305.9	98.4	98.4	100.4
2014	356.0	528.1	306.8	98.4	98.2	100.3
2015	338.9	501.7	299.7	95.2	95.0	97.7

9–12 工业生产者出厂价格指数
Producer Price Indices for Industrial Products

(上年=100) (preceding year=100)

类 别	Category	2011	2012	2013	2014	2015
总指数	**Total Price Indices**	**106.0**	**98.4**	**98.4**	**98.4**	**95.2**
轻工业	Light Industry	106.3	99.6	100.1	99.5	98.4
以农产品为原料	Agricultural Products as Raw Materials	107.4	99.7	100.5	99.5	98.2
以非农产品为原料	Non-agricultural Products as Raw Materials	102.8	99.4	98.9	99.5	98.8
重工业	Heavy Industry	105.8	97.9	97.7	97.9	93.7
采 掘	Mining	112.6	96.4	92.3	91.3	78.5
原 料	Raw Materials	108.0	97.6	96.8	97.5	90.3
加 工	Processing	104.0	98.1	98.6	98.8	96.9
生产资料	Means of Production	106.2	97.6	97.8	98.0	93.8
采 掘	Mining	112.6	96.4	92.3	91.3	78.5
原 料	Raw Materials	108.2	97.4	96.7	97.4	90.0
加 工	Processing	104.9	97.8	98.7	98.9	96.6
生活资料	Consumer Goods	105.1	100.9	100.4	99.8	99.7
食 品	Food	106.7	101.9	100.7	99.5	100.0
衣 着	Clothing	104.4	101.4	101.4	100.3	100.3
一般日用品	Articles for Daily Use	106.7	100.4	99.5	100.0	99.3
耐用消费品	Durable Consumer Goods	97.2	97.7	99.6	99.7	99.0
按工业部门分	**by Industrial Department**					
冶金工业	Metallurgical Industry	106.7	92.9	95.4	95.3	88.2
电力工业	Power Industry	102.9	104.1	100.6	99.9	98.2
煤炭及炼焦工业	Coal Industry	106.4	91.0	89.0	87.1	81.2
石油工业	Petroleum Industry	115.3	102.5	95.4	97.4	74.9
化学工业	Chemical Industry	109.2	97.3	97.7	98.3	95.7
机械工业	Machine Building Industry	101.2	99.5	99.3	99.7	98.9
建筑材料工业	Building Materials Industry	106.5	98.7	99.3	99.9	97.7
森林工业	Timber Industry	103.5	100.7	101.1	100.6	99.7
食品工业	Food Industry	106.7	102.2	101.1	99.4	98.9
纺织工业	Textile Industry	113.2	94.6	99.9	99.4	95.6
缝纫工业	Tailoring Industry	104.4	101.2	101.7	100.1	100.5
皮革工业	Leather Industry	104.2	102.0	100.8	100.8	99.8
造纸工业	Paper Industry	101.3	98.8	97.5	99.2	97.8
文教艺术用品工业	Industry of Cultural, Educational& Handicrafts Articles	99.8	101.5	99.7	100.5	100.4
其它工业	Others	105.0	99.9	99.7	100.4	100.5

9-13 工业生产者出厂价格指数(2015年)

Producer Price Indices for Industrial Products(2015)

(上年=100) (preceding year=100)

类别	Category	全年平均 Annual Average	一季度 1st Quarter	二季度 2nd Quarter	三季度 3rd Quarter	四季度 4th Quarter
总指数	**Total Price Indices**	**95.2**	**95.8**	**95.8**	**94.7**	**94.4**
(一)核心指数	**Core Indices**	**96.3**	**97.0**	**96.9**	**95.8**	**95.4**
(二)高技术	**High Technology**	**100.0**	**100.3**	**100.0**	**99.8**	**99.8**
(三)能源	**Energy**	**83.3**	**83.7**	**84.5**	**82.1**	**83.0**
(四)按轻重工业分	**By Light and Heavy Industry**					
1.轻工业	Light Industry	98.4	98.8	98.7	98.2	97.7
(1)以农产品为原料	Agricultural Products as Raw Materials	98.2	98.6	98.6	98.1	97.5
(2)以非农产品为原料	Non-agricultural Products as Raw Materials	98.8	99.2	99.2	98.6	98.1
2.重工业	Heavy Industry	93.7	94.4	94.5	93.1	92.9
(1)采掘	Mining	78.5	78.0	78.6	77.8	79.8
(2)原料	Raw Materials	90.3	91.4	91.8	89.3	88.8
(3)加工	Processing	96.9	97.6	97.4	96.5	96.1
(五)按生产生活资料分	**By Means of Production and Consumer Goods**					
1.生产资料	Means of Production	93.8	94.4	94.5	93.1	92.9
(1)采掘	Mining	78.5	78.0	78.6	77.8	79.8
(2)原料	Raw Materials	90.0	91.0	91.4	89.0	88.6
(3)加工	Processing	96.6	97.3	97.1	96.1	95.7
2.生活资料	Consumer Goods	99.7	100.1	100.0	99.8	99.0
(1)食品	Food	100.0	100.3	100.4	100.2	99.1
(2)衣着	Clothing	100.3	100.5	100.3	100.4	100.1
(3)一般日用品	Articles for Daily Use	99.3	99.5	99.5	99.4	98.9
(4)耐用消费品	Durable Consumer Goods	99.0	99.9	99.5	98.7	97.7
(六)按初级中间最终产品分	**By Primary、Intermediate and Final Products**					
1.初级产品	Primary Products	78.9	78.4	79.1	78.2	80.1
(1)矿产品	Minerals	78.6	78.1	78.7	77.8	79.8
(2)废料	Scrap	100.3	100.5	100.5	100.2	100.0
2.中间产品	Intermediate Products	95.1	95.7	95.8	94.6	94.1
3.最终产品	Final Products	97.5	98.0	98.0	97.2	96.9
(1)最终投资品	Investment Goods	96.4	96.9	97.0	95.9	95.9
(2)最终消费品	Consumer Goods	99.5	100.0	99.8	99.6	98.7
(七)按工业部门分	**By Industrial Department**					
1.冶金工业	Metallurgical Industry	88.2	90.8	90.1	86.6	85.3
2.电力工业	Power Industry	98.2	99.6	98.3	97.7	97.1
3.煤炭及炼焦工业	Coal Industry	81.2	82.2	81.6	81.3	79.7
4.石油工业	Petroleum Industry	74.9	74.1	77.5	72.7	75.4
5.化学工业	Chemical Industry	95.7	95.8	96.4	95.7	94.8
6.机械工业	Machine Building Industry	98.9	99.3	99.2	98.6	98.5
7.建筑材料工业	Building Materials Industry	97.7	98.7	98.0	97.0	97.1
8.森林工业	Timber Industry	99.7	101.0	100.2	99.3	98.5
9.食品工业	Food Industry	98.9	99.6	99.6	99.0	97.6
10.纺织工业	Textile Industry	95.6	95.7	95.9	95.2	95.7
11.缝纫工业	Tailoring Industry	100.5	100.7	100.8	100.5	99.9
12.皮革工业	Leather Industry	99.8	100.0	98.9	99.9	100.4
13.造纸工业	Paper Industry	97.8	98.2	97.9	97.4	97.7
14.文教艺术用品工业	Industry of Cultural, Educational & Handicrafts Articles	100.4	100.1	100.4	100.3	100.6
15.其它工业	Others	100.5	100.1	100.4	101.0	100.4

9-13 续表 continued

(上年=100) (preceding year=100)

类别	Category	全年平均 Annual Average	一季度 1st Quarter	二季度 2nd Quarter	三季度 3rd Quarter	四季度 4th Quarter
(八)按工业行业分	**by Industrial Sector**					
煤炭开采和洗选业	Mining and Washing of Coal	79.5	81.2	79.4	78.8	78.3
石油和天然气开采业	Extraction of Petroleum and Natural Gas	61.3	54.2	63.3	62.3	66.4
黑色金属矿采选业	Mining of Ferrous Metal Ores	75.7	76.2	74.8	76.2	75.5
有色金属矿采选业	Mining of Non-ferrous Metal Ores	95.4	97.5	95.7	92.9	95.7
非金属矿采选业	Mining and Processing of Nonmetal Ores	87.3	87.5	86.6	86.7	88.3
开采辅助活动	Mining Support Activities	100.0	100.0	100.0	100.0	100.0
其他采矿业	Mining of Other Ores					
农副食品加工业	Processing of Food from Agricultural Products	98.6	99.3	99.4	98.7	97.1
食品制造业	Manufacture of Foods	98.9	98.5	99.1	99.4	98.5
酒、饮料和精制茶制造业	Manufacture of Wine, Drinks and Refined Tea	99.9	100.5	100.2	99.7	99.3
烟草制品业	Manufacture of Tobacco	100.0	100.0	100.0	100.0	100.0
纺织业	Manufacture of Textile	96.0	96.1	96.3	95.7	96.0
纺织服装、服饰业	Manufacture of Textile Wearing Apparel and Finery	100.8	100.9	101.0	100.8	100.7
皮革、毛皮、羽毛及其制品和制鞋业	Manufacture of Leather, Fur, Feather & Its Products and Footwear	100.7	101.4	100.1	100.6	100.8
木材加工及木 竹、藤、棕、草制品业	Processing of Timbers, Manufacture of Wood, Bamboo, Rattan, Palm, and Straw Products	99.4	101.1	100.0	98.8	97.9
家具制造业	Manufacture of Furniture	100.1	100.2	100.2	100.2	99.7
造纸及纸制品业	Manufacture of Paper and Paper Products	97.8	98.2	97.9	97.4	97.7
印刷和记录媒介复制业	Printing, Reproduction of Recording Media	99.6	98.9	99.2	99.9	100.4
文教、工美、体育和娱乐用品制造业	Manufacture of Culture, Education,Arts and crafts, Sport and Entertainment Goods	101.1	101.0	101.3	101.2	100.7
石油加工、炼焦和核燃料加工业	Processing of Petroleum, Coking and Nucleus Fuel	78.9	79.4	81.6	76.6	77.8
化学原料和化学制品制造业	Manufacture of Chemical Raw Material and Chemical Products	94.6	94.9	95.8	94.5	93.2
医药制造业	Manufacture of Medicines	102.5	103.8	103.0	102.0	101.1
化学纤维制造业	Manufacture of Chemical Fiber	97.7	97.1	97.9	98.1	98.0
橡胶和塑料制品业	Manufacture of Rubber and Plastic	95.6	95.3	95.5	95.9	95.6
非金属矿物制品业	Manufacture of Non-metallic Mineral Products	97.9	98.6	98.1	97.4	97.6
黑色金属冶炼及压延加工业	Manufacture and Processing of Ferrous Metals	83.1	86.8	84.4	81.1	79.7
有色金属冶炼及压延加工业	Manufacture & Processing of Non-ferrous Metals	91.7	93.4	95.6	90.1	87.8
金属制品业	Manufacture of Metal Products	98.3	98.8	99.0	98.1	97.3
通用设备制造业	Manufacture of General Purpose Machinery	98.8	99.2	98.9	98.6	98.4
专用设备制造业	Manufacture of Special Purpose Machinery	98.7	99.6	98.8	98.4	98.1
汽车制造业	Manufacture of Automotive	99.2	100.3	99.8	98.5	98.3
铁路、船舶、航空航天和其他运输设备制造业	Manufacture of Railroad,Marine,Aerospace and Other Transportation Equipment	99.5	100.2	100.0	99.0	98.9
电气机械及器材制造业	Manufacture of Electrical Machinery & Equipment	98.2	98.4	98.8	97.9	97.6
计算机、通信和其他电子设备制造业	Manufacture of Computer, Communications and Other Electronic Equipment	98.8	98.7	98.6	98.7	99.2
仪器仪表制造业	Manufacture of Measuring Instrument	100.0	100.0	100.1	100.1	99.9
其他制造业	Other Manufacture	98.7	97.8	97.3	99.2	100.5
废弃资源综合利用业	Comprehensive Utilization of Waste	100.3	100.5	100.5	100.2	100.0
金属制品、机械和设备修理业	Metal Products, Machinery and Equipment Repair Industry	99.9	100.6	100.4	99.2	99.2
电力、热力生产和供应业	Production and Supply of Electric Power and Heat Power	98.2	99.6	98.3	97.7	97.1
燃气生产和供应业	Production and Supply of Gas	103.6	108.0	105.9	102.8	98.1
水的生产和供应业	Production and Supply of Water	101.7	101.9	101.3	102.5	101.2

9-14 工业生产者购进价格指数(2015年)
Industrial Producer Purchasing Price Indices(2015)

(上年=100) (preceding year=100)

类 别	Category	全年平均 Annual Average	一季度 1st Quarter	二季度 2nd Quarter	三季度 3rd Quarter	四季度 4th Quarter
总指数	**Total Price Indices**	**95.0**	**95.7**	**95.8**	**94.7**	**94.0**
一、按初级中间最终产品分	**By Primary and Intermediate Products**					
1.初级产品	Primary Products	88.2	88.3	88.8	88.0	87.8
(1)农产品	Farm Produce	98.7	99.6	100.2	98.9	96.3
(2)矿产品	Minerals	78.0	77.8	78.1	77.4	79.0
(3)废料	Scrap	92.2	93.5	92.4	91.4	91.4
2.中间产品	Intermediate Products	97.1	98.0	97.9	96.8	95.8
二、九大类原材料购进价格指数	**By Nine Categories of Raw Material**					
1.燃料、动力类	Fuel and Power	88.1	88.8	88.9	87.3	87.4
2.黑色金属材料类	Ferrous Metals	89.6	90.5	90.1	89.2	88.5
(1)钢材	Steel	96.8	97.1	97.9	96.5	95.4
(2)其它	Others	82.5	84.2	82.5	82.0	81.3
3.有色金属材料及电线类	Nonferrous Metals	92.4	94.7	94.5	90.8	89.6
4.化工原料类	Raw Chemical Materials	95.7	96.6	96.7	95.7	93.8
5.木材及纸浆类	Timber and Paper Pulp	98.1	98.6	97.8	97.9	98.2
6.建筑材料及非金属类	Building Materials and Nonmetal Ores	96.7	97.6	97.2	96.5	95.5
7.其它工业原材料及半成品类	Other Industrial Raw Materials and Semi-finished Products	98.7	99.1	99.1	98.5	98.0
8.农副产品类	Agricultural Products	98.7	99.6	100.2	98.9	96.2
9.纺织原料类	Textile Materials	98.9	98.4	98.9	99.0	99.3

9-15 固定资产投资价格指数(2015年)
Price Indices for Investment in Fixed Assets(2015)

(上年=100) (preceding year=100)

类 别	Category	全年平均 Annual Average	一季度 1st Quarter	二季度 2nd Quarter	三季度 3rd Quarter	四季度 4th Quarter
固定资产投资	**Investment in Fixed Assets**	**97.7**	**99.3**	**98.4**	**97.3**	**96.0**
建筑安装、装修装饰工程	Construction and Installation	96.6	98.8	97.6	96.0	94.2
人工费	Labor Costs	104.5	105.3	104.6	104.1	104.1
材料费	Material Costs	93.5	96.3	94.9	92.7	90.0
钢 材	Steel	88.2	92.5	89.7	88.8	81.7
木 材	Wood	99.1	99.1	98.0	101.7	97.5
水 泥	Cement	96.2	97.3	96.9	96.4	94.1
地方建筑材料	Local Building Materials	98.3	99.1	99.3	97.8	97.1
化工材料	Chemical Materials	92.6	96.6	93.4	90.4	90.2
电 料	Electric Materials	100.6	101.6	101.2	100.1	99.4
其他材料	Other Materials	99.7	100.7	99.8	99.8	98.7
机械费	Machinery Costs	100.1	100.3	99.7	100.1	100.5
设备、工器具购置	Purchase for Equipment,Tools and Instruments	99.2	99.7	99.4	99.0	98.6
其他费用	Other Costs	100.9	101.2	100.8	100.6	100.9

9-16 固定资产投资价格指数

Price Indices for Investment in Fixed Assets

(上年=100) (preceding year=100)

年份 Year	全省固定资产投资 Provincial Investment in Fixed Assets	建筑安装工程 Construction and Installation	人工费 Labor Costs	材料费 Material Costs	钢材 Steel	木材 Wood	水泥 Cement
1991	112.4	116.6	122.7	120.9	119.6	121.2	118.5
1992	119.4	123.8	118.7	122.4	117.0	109.4	107.8
1993	122.1	124.6	142.9	126.5	127.7	121.6	110.4
1994	115.7	120.1	159.1	119.4	118.9	132.0	107.0
1995	106.6	105.7	111.4	104.2	99.3	100.1	101.9
1996	103.1	103.2	112.8	101.0	99.6	99.9	102.1
1997	100.4	100.7	106.3	100.6	99.3	100.8	101.7
1998	99.2	100.2	104.7	99.0	97.6	100.9	98.3
1999	99.6	101.3	105.8	100.1	98.4	102.1	99.8
2000	102.4	105.1	105.1	106.2	107.4	109.9	98.2
2001	101.4	103.2	106.6	102.7	101.8	111.4	103.8
2002	101.1	102.3	103.3	100.5	100.9	106.1	99.3
2003	102.9	104.7	103.9	106.7	110.9	110.3	101.8
2004	107.4	110.4	108.0	113.2	120.3	106.4	108.6
2005	102.9	103.7	109.5	102.4	101.0	103.3	100.0
2006	101.8	102.1	109.0	100.1	97.2	102.7	101.4
2007	104.0	105.5	110.3	104.7	105.6	106.2	103.2
2008	107.7	110.7	110.5	112.4	116.3	110.4	110.2
2009	96.9	95.4	106.8	91.3	82.2	101.5	101.2
2010	103.6	105.3	110.3	104.4	105.1	102.7	104.3
2011	106.8	109.7	115.1	109.1	108.8	106.6	115.3
2012	100.8	101.2	111.0	97.8	94.8	101.7	98.1
2013	100.4	100.5	107.4	98.1	95.3	100.6	98.1
2014	100.3	100.2	106.0	98.1	95.1	100.7	99.7
2015	97.7	96.6	104.5	93.5	88.2	99.1	96.2

9-16 续表 continued

(上年=100) (preceding year=100)

年份 Year	地方材料 Local Building Materials	化工材料 Chemical Materials	电　料 Electric Materials	其它材料 Other Materials	机械使用费 Machinery Costs	设备工器具购置 Purchase of Equipment,Tools and Instruments	其它费用 Other Costs
1991	101.9	115.3	105.7	105.3	107.1	105.3	107.1
1992	99.9	113.6	96.5	115.0	106.2	115.0	106.2
1993	99.7	121.8	92.5	118.8	113.5	118.8	113.5
1994	100.5	122.6	100.4	107.6	106.0	107.6	106.0
1995	100.0	107.1	108.2	106.2	113.8	106.2	113.8
1996	100.1	102.0	104.8	101.6	107.2	101.6	107.2
1997	101.9	101.7	96.5	98.7	103.5	98.7	103.5
1998	99.9	100.0	92.5	96.0	102.0	96.0	102.0
1999	99.7	101.0	100.4	96.2	98.3	96.2	98.3
2000	100.0	101.6	102.2	97.2	100.4	97.2	100.4
2001	98.4	98.7	102.2	97.1	102.1	97.1	102.1
2002	100.6	101.0	107.6	97.3	104.1	97.3	104.1
2003	100.0	101.1	101.7	98.5	104.2	98.5	104.2
2004	108.5	104.7	103.4	101.1	106.7	101.1	106.7
2005	104.8	103.2	102.6	100.8	103.5	100.8	103.5
2006	103.7	103.5	103.9	100.6	103.4	100.6	103.4
2007	105.7	103.3	104.2	100.8	104.6	100.8	104.6
2008	110.0	114.5	102.7	105.8	104.8	102.5	104.4
2009	103.0	97.1	97.3	101.2	101.3	98.0	102.0
2010	103.9	105.3	103.2	100.9	103.3	100.2	103.6
2011	109.1	108.2	103.5	103.9	105.8	101.8	104.9
2012	100.8	100.6	101.3	103.4	103.6	99.2	103.0
2013	101.2	101.1	101.0	101.6	102.1	99.3	102.1
2014	101.1	101.2	100.9	101.2	101.4	99.9	101.4
2015	98.3	92.6	100.6	99.7	100.1	99.2	100.9

9–17 各市工业生产者出厂价格指数(2015年)

Ex-factory Price Indices of Industrial Products by Region(2015)

(上年=100) (preceding year=100)

类 别	Category	济南 Ji-nan	青岛 Qing-dao	淄博 Zi-bo	枣庄 Zao-zhuang	东营 Dong-ying	烟台 Yan-tai	潍坊 Wei-fang	济宁 Ji-ning	泰安 Tai'an
总指数	**Total Price Indices**	**95.0**	**97.0**	**91.4**	**92.1**	**81.9**	**97.1**	**96.7**	**93.7**	**95.9**
(一)核心指数	**Core Indices**	**95.0**	**97.7**	**93.7**	**93.6**	**97.0**	**96.6**	**98.2**	**97.7**	**98.0**
(二)高技术	**High Technology**	**101.0**	**96.6**	**99.9**	**96.6**	**105.6**	**100.0**	**101.2**	**101.2**	**100.6**
(三)能源	**Energy**	**89.6**	**84.5**	**81.8**	**85.0**	**66.0**	**98.1**	**84.4**	**85.1**	**87.1**
(四)按轻重工业分	**By Light and Heavy Industry**									
1.轻工业	Light Industry	99.5	99.9	98.4	97.9	100.0	100.1	97.7	99.7	99.1
(1)以农产品为原料	Agricultural Products as Raw Materials	99.3	100.8	98.3	96.6	100.0	100.2	97.5	99.6	99.1
(2)以非农产品为原料	Non-agricultural Products as Raw Materials	99.7	98.6	98.4	101.0	99.6	99.7	100.8	100.0	99.1
2.重工业	Heavy Industry	94.0	95.1	89.8	89.6	78.3	95.9	96.1	91.3	95.1
(1)采掘	Mining	71.2	95.1	81.7	85.2	57.2	92.2	65.0	83.9	85.0
(2)原料	Raw Materials	91.4	88.7	85.5	86.0	87.1	96.4	90.5	91.0	93.4
(3)加工	Processing	94.9	97.0	97.7	92.7	97.6	96.4	100.1	97.0	97.8
(五)按生产生活资料分	**By Means of Production and Consumer Goods**									
1.生产资料	Means of Production	93.6	95.2	90.1	90.1	79.8	96.5	96.4	92.1	95.1
(1)采掘	Mining	71.2	95.1	81.7	85.2	57.2	92.2	65.0	83.9	85.0
(2)原料	Raw Materials	90.8	88.6	84.7	86.4	87.1	96.6	90.2	90.4	93.0
(3)加工	Processing	94.6	97.1	97.8	93.0	96.9	97.0	99.3	97.2	97.6
2.生活资料	Consumer Goods	101.2	100.1	98.4	99.0	104.5	99.7	98.0	101.3	100.4
(1)食品	Food	101.5	102.5	100.3	96.6	106.0	99.7	96.4	101.7	100.4
(2)衣着	Clothing	104.9	100.4	100.2	101.0	95.5	99.4	98.6	100.2	101.5
(3)一般日用品	Articles for Daily Use	102.0	99.6	96.7	99.6	99.3	99.7	100.8	100.3	100.7
(4)耐用消费品	Durable Consumer Goods	99.0	98.3	100.1	102.8	101.0	100.1	100.0	101.2	97.8
(六)按初级中间最终产品分	**By Primary、Intermediate and Final Products**									
1.初级产品	Primary Products	75.5	95.1	81.7	85.2	55.8	92.1	65.0	83.9	85.0
(1)矿产品	Minerals	71.2	95.1	81.7	85.2	55.8	92.1	65.0	83.9	85.0
(2)废料	Scrap	100.9								
2.中间产品	Intermediate Products	93.4	95.6	91.5	90.5	93.0	97.1	95.0	95.4	96.5
3.最终产品	Final Products	98.1	97.6	93.6	98.0	93.0	99.2	98.3	98.7	99.2
(1)最终投资品	Investment Goods	97.1	96.0	92.0	97.4	90.9	99.2	98.5	97.7	98.8
(2)最终消费品	Consumer Goods	100.6	99.6	98.8	99.0	104.5	99.4	97.8	100.1	100.4
(七)按工业部门分	**by Industrial Department**									
1.冶金工业	Metallurgical Industry	80.0	87.0	85.3	85.9	94.7	91.2	87.8	98.5	92.7
2.电力工业	Power Industry	98.4	98.1	97.8	97.1	99.0	96.4	98.7	97.7	100.5
3.煤炭及炼焦工业	Coal Industry	89.8	100.0	82.0	81.4	115.3	101.2	82.6	81.7	84.2
4.石油工业	Petroleum Industry	83.2	77.1	78.1	102.1	65.5	102.3	70.9	97.0	100.7
5.化学工业	Chemical Industry	98.0	96.5	90.5	94.1	96.4	99.2	97.2	98.4	99.2
6.机械工业	Machine Building Industry	99.1	99.2	101.0	99.3	98.8	99.0	101.8	97.7	97.8
7.建筑材料工业	Building Materials Industry	95.7	100.8	99.2	81.3	94.8	91.7	92.1	92.4	102.6
8.森林工业	Timber Industry	104.6	100.0	100.2	93.5	101.2	98.3	98.3	99.9	100.0
9.食品工业	Food Industry	99.2	102.0	99.9	96.7	103.4	99.5	96.9	101.7	100.3
10.纺织工业	Textile Industry	96.1	98.6	97.5	91.5	96.0	101.9	97.1	97.5	95.9
11.缝纫工业	Tailoring Industry	106.1	100.8	100.2	101.1		99.3	98.6	100.2	100.9
12.皮革工业	Leather Industry	100.0	99.6	101.9	94.8	95.5	98.3			99.6
13.造纸工业	Paper Industry	99.6	99.8	97.1	97.9	100.3	99.6	98.7	98.1	98.6
14.文教艺术用品工业	Industry of Cultural, Educational & Handicrafts Articles	102.0	97.9	99.1	103.1	103.2	100.6	98.9	101.0	100.2
15.其它工业	Others	101.8	100.3	100.2	99.0	102.0	100.1	99.8	97.1	100.2

9-17 续表 continued

(上年=100) (preceding year=100)

类 别	Category	威海 Wei-hai	日照 Ri-zhao	莱芜 Lai-wu	临沂 Lin-yi	德州 De-zhou	聊城 Liao-cheng	滨州 Bin-zhou	菏泽 He-ze
总指数	**General Indices**	**98.5**	**91.3**	**85.3**	**95.9**	**98.1**	**96.3**	**91.9**	**94.2**
(一)核心指数	**Core Indices**	**97.3**	**90.4**	**82.7**	**94.5**	**97.0**	**95.1**	**93.7**	**95.7**
(二)高技术	**High Technology**	**96.1**	**100.7**	**98.1**	**101.8**	**99.2**	**118.6**	**99.7**	**100.7**
(三)能源	**Energy**	**97.6**	**93.9**	**94.6**	**92.6**	**97.8**	**95.1**	**71.1**	**84.4**
(四)按轻重工业分	**By Light and Heavy Industry**								
1.轻工业	Light Industry	100.9	95.5	101.1	99.1	98.7	99.4	95.5	96.7
(1)以农产品为原料	Agricultural Products as Raw Materials	101.7	94.8	101.1	98.9	99.3	99.5	95.3	95.9
(2)以非农产品为原料	Non-agricultural Products as Raw Materials	98.7	99.2	99.1	100.1	96.7	98.1	98.1	99.8
2.重工业	Heavy Industry	96.6	88.8	83.1	94.1	97.4	94.6	86.0	92.5
(1)采掘	Mining	104.5	92.2	71.7	89.9			71.2	69.0
(2)原料	Raw Materials	92.6	92.9	94.0	93.8	96.4	93.3	78.3	88.7
(3)加工	Processing	97.1	87.7	82.6	94.8	97.8	95.3	95.9	98.1
(五)按生产生活资料分	**By Means of Production and Consumer Goods**								
1.生产资料	Means of Production	96.7	89.3	83.9	93.5	97.0	95.1	89.7	92.0
(1)采掘	Mining	104.5	92.2	71.7	89.9			71.2	69.0
(2)原料	Raw Materials	92.7	94.0	94.0	93.9	96.1	93.2	78.5	88.2
(3)加工	Processing	97.1	88.2	83.7	93.8	97.4	95.9	94.0	95.6
2.生活资料	Consumer Goods	101.3	95.5	102.9	100.7	99.3	101.6	99.2	98.9
(1)食品	Food	102.0	93.6	103.2	100.8	100.5	103.4	99.1	98.1
(2)衣着	Clothing	102.5	100.1	101.1	101.7	98.1	101.3	99.6	95.6
(3)一般日用品	Articles for Daily Use	100.8	99.5	99.2	100.1	96.9	95.3	99.6	100.4
(4)耐用消费品	Durable Consumer Goods	95.0	100.4	101.3	100.0	98.1	111.7	100.2	99.5
(六)按初级中间最终产品分	**By Primary、Intermediate and Final Products**								
1.初级产品	Primary Products	104.5	91.2	71.7	89.9			71.2	69.0
(1)矿产品	Minerals	104.5	91.1	71.7	89.9			71.2	69.0
(2)废料	Scrap		91.7						
2.中间产品	Intermediate Products	97.9	88.9	86.1	96.0	97.9	96.0	91.6	93.7
3.最终产品	Final Products	99.2	98.8	99.5	99.0	98.6	100.2	93.4	95.5
(1)最终投资品	Investment Goods	97.7	97.7	98.0	97.6	97.3	99.8	88.9	93.0
(2)最终消费品	Consumer Goods	101.1	100.1	102.9	100.3	99.4	101.0	99.1	98.9
(七)按工业部门分	**by Industrial Department**								
1.冶金工业	Metallurgical Industry	91.7	76.6	79.8	85.8	100.2	88.5	87.0	90.9
2.电力工业	Power Industry	95.7	97.2	98.8	97.3	98.9	98.1	97.7	99.4
3.煤炭及炼焦工业	Coal Industry		73.6	85.4	85.7		61.1	64.5	75.5
4.石油工业	Petroleum Industry			101.1	87.4	96.0	117.1	63.9	77.2
5.化学工业	Chemical Industry	97.1	92.1	86.2	98.6	96.1	100.9	93.6	94.3
6.机械工业	Machine Building Industry	97.6	99.4	98.3	97.1	96.0	97.4	98.0	98.0
7.建筑材料工业	Building Materials Industry	93.9	94.2	90.8	93.4	98.0	93.5	92.4	99.0
8.森林工业	Timber Industry	100.0	100.0	101.0	100.1	97.3	93.6	100.4	97.1
9.食品工业	Food Industry	102.1	93.1	103.2	99.7	100.4	100.8	99.0	97.6
10.纺织工业	Textile Industry	99.3	94.9	98.6	93.8	97.7	92.2	93.3	93.7
11.缝纫工业	Tailoring Industry	102.6	100.1	100.9	101.1	98.1	102.0	99.6	94.7
12.皮革工业	Leather Industry	102.3		103.3	100.4	97.6	99.8	99.4	100.0
13.造纸工业	Paper Industry	97.4	101.0		94.8	93.2	108.5	94.8	94.2
14.文教艺术用品工业	Industry of Cultural, Educational & Handicrafts Articles	100.3	100.0	99.4	103.6	99.3	99.5	100.0	98.6
15.其它工业	Others	100.0	108.3	99.5	99.3	99.4	105.6	99.3	101.2

9-18 各市住宅销售价格指数(2015年)
Price Indices for Real Estate(2015)

(上月=100) (Last Month=100)

类 别	Category	1月 January	2月 February	3月 March	4月 April	5月 May	6月 June	7月 July	8月 August	9月 September	10月 October	11月 November	12月 December
新建商品住宅	**New Commercial Residential Buildings**												
济南	Jinan	99.7	99.8	99.8	100.0	100.3	100.1	99.8	100.2	100.2	100.4	100.2	100.3
青岛	Qingdao	99.3	99.2	99.4	99.7	99.8	100.1	100.2	100.0	99.9	99.9	99.8	100.3
淄博	Zibo	99.8	100.0	99.8	100.0	100.0	99.8	100.1	100.1	99.9	100.0	99.9	100.1
枣庄	Zaozhuang	99.9	99.9	99.9	100.0	99.9	99.9	99.9	100.0	99.9	99.9	99.9	99.9
东营	Dongying	99.5	99.7	99.9	99.8	100.0	99.9	100.1	100.0	99.9	99.8	99.7	99.8
烟台	Yantai	99.4	99.5	99.8	99.9	99.8	99.8	99.9	99.8	100.1	99.7	100.3	100.2
潍坊	Weifang	99.8	99.9	99.7	100.0	100.0	100.0	100.1	100.0	100.1	99.9	100.2	100.1
济宁	Jining	99.8	99.6	99.6	99.7	99.6	99.9	99.4	99.5	100.1	99.7	99.8	99.8
泰安	Tai'an	99.8	99.9	99.9	99.8	100.1	100.0	100.0	100.0	100.0	99.9	100.0	100.0
威海	Weihai	99.8	99.8	99.8	99.8	99.8	99.8	99.8	99.9	99.9	99.9	99.8	99.8
日照	Rizhao	99.8	99.9	100.0	100.0	100.0	99.9	100.0	100.0	99.9	100.0	99.9	99.9
莱芜	Laiwu	100.3	99.9	99.8	99.9	99.8	99.8	99.8	100.0	100.0	100.0	100.0	100.0
临沂	Linyi	99.8	99.8	99.8	99.8	99.9	99.9	99.9	100.0	100.0	100.0	100.0	100.0
德州	Dezhou	99.8	99.7	99.7	99.7	99.9	100.0	100.0	99.9	100.0	100.1	100.0	99.9
聊城	Liaocheng	99.9	99.9	99.8	99.9	100.0	99.9	99.9	99.9	99.9	100.0	99.9	100.0
滨州	Binzhou	100.0	100.0	99.8	99.8	99.8	100.0	100.1	100.1	100.0	100.0	100.0	99.9
菏泽	Heze	100.0	99.8	100.0	99.8	100.1	100.1	100.1	100.1	99.9	99.9	99.9	100.0
二手住宅	**Second-hand House**												
济南	Jinan	99.8	99.6	99.8	100.0	100.0	100.3	100.5	100.3	100.0	100.2	100.4	100.3
青岛	Qingdao	99.5	99.4	99.7	100.0	100.1	100.3	100.4	100.2	100.1	100.1	100.0	100.1
淄博	Zibo	99.7	99.7	99.7	100.0	100.2	100.0	100.1	100.1	99.8	99.9	99.9	100.0
枣庄	Zaozhuang	99.8	99.6	99.8	99.9	99.9	100.0	99.9	100.0	100.1	99.9	99.9	99.9
东营	Dongying	99.7	99.7	99.9	99.9	100.0	100.0	100.1	100.0	100.0	99.9	99.8	99.9
烟台	Yantai	99.5	99.6	99.5	99.8	99.9	99.9	100.0	100.0	100.1	100.0	100.0	99.9
潍坊	Weifang	99.6	99.8	99.7	100.1	99.9	100.0	100.0	100.0	100.0	100.0	100.0	99.9
济宁	Jining	99.5	99.4	99.6	99.8	99.8	99.9	99.9	100.2	100.0	99.9	99.9	100.1
泰安	Tai'an	99.7	99.8	99.9	99.8	99.9	99.8	99.7	99.7	100.0	100.0	100.0	100.1
威海	Weihai	99.5	99.6	99.7	99.8	99.8	99.8	99.9	99.9	99.9	99.8	100.2	99.9
日照	Rizhao	99.8	99.9	100.0	100.0	100.0	100.0	100.0	100.0	100.0	100.0	100.2	100.1
莱芜	Laiwu	99.6	99.9	99.7	99.8	99.9	99.9	99.8	99.9	99.9	99.6	100.2	99.8
临沂	Linyi	99.7	99.8	99.7	99.8	99.9	99.9	99.8	99.9	99.8	100.0	100.0	100.0
德州	Dezhou	99.8	99.8	99.7	99.8	100.0	100.0	100.0	99.9	100.0	99.9	99.9	100.0
聊城	Liaocheng	99.8	100.0	99.9	100.1	100.1	100.1	100.0	99.9	99.9	99.9	99.9	100.0
滨州	Binzhou	99.8	99.9	99.8	100.0	99.9	100.0	100.0	100.1	100.0	99.9	99.9	99.9
菏泽	Heze	99.9	99.9	100.0	99.9	100.0	100.0	100.1	100.1	100.0	100.0	100.0	100.0

主要统计指标解释

居民消费价格指数 是反映一定时期内城乡居民所购买的生活消费品价格和服务项目价格变动趋势和程度的相对数，是对城市居民消费价格指数和农村居民消费价格指数进行综合汇总计算的结果。该指数可以观察和分析消费品的零售价格和服务价格变动对城乡居民实际生活费支出的影响程度。

城市居民消费价格指数 是反映一定时期内城市居民家庭所购买的生活消费品价格和服务项目价格变动趋势和程度的相对数。该指数可以观察和分析消费品的零售价格和服务项目价格变动对城镇职工货币工资的影响，作为研究职工生活和确定工资政策的依据。

农村居民消费价格指数 是反映一定时期内农村居民家庭所购买的生活消费品价格和服务项目价格变动趋势和程度的相对数。该指数可以观察农村消费品的零售价格和服务项目价格变动对农村居民生活消费支出的影响，直接反映农民生活水平的实际变化情况，为分析和研究农村居民生活问题提供依据。

商品零售价格指数 是反映一定时期内城乡商品零售价格变动趋势和程度的相对数。商品零售价格的变动直接影响到城乡居民的生活支出和国家的财政收入，影响居民购买力和市场供需的平衡，影响到消费与积累的比例关系。因此，该指数可以从一个侧面对上述经济活动进行观察和分析。

农业生产资料价格指数 指反映一定时期内农业生产资料价格变动趋势和程度的相对数。农业生产资料价格指数分为农用手工工具、饲料、产品畜、半机械化农具、机械化农具、化学肥料、农药及农药械、农用机油、其他农业生产资料、农业生产服务十大类。其编制目的是了解农业生产中物质资料投入价格的变动状况，服务于国民经济核算。1994年以前，农业生产资料价格指数仅仅是商品零售价格指数的一个类别，此后，从商品零售价格指数中分离出来，单独编制。

农产品生产价格指数 是反映一定时期内，农产品生产者出售农产品价格水平变动趋势及幅度的相对数。该指数可以客观反映全国农产品生产价格水平和结构变动情况，满足农业与国民经济核算需要。其中某代表品生产价格指数是通过对全部有出售该产品行为的调查单位的个体指数进行几何平均求得的，类价格指数是通过对其所属的类（或代表品）的价格指数进行加权平均求得的。季度累计价格指数的计算方法与分季指数的计算方法相同。

工业生产者价格指数 是由工业生产者出厂价格指数和工业生产者购进价格指数两部分组成。

工业生产者出厂价格指数 是反映一定时期内工业企业产品第一次出售时的出厂价格总水平的变动趋势和程度的相对数，包括工业企业售给本企业以外所有单位的各种产品和直接售给居民用于生活消费的产品。该指数可以观察出厂价格变动对工业总产值及增加值的影响。

工业生产者购进价格指数 是反映工业企业作为生产投入，而从物资交易市场和能源、原材料生产企业购买原材料、燃料和动力产品时，所支付的价格水平变动趋势和程度的统计指标，是扣除工业企业物质消耗成本中的价格变动影响的重要依据。

固定资产投资价格指数 是反映一定时期内固定资产投资品及项目的价格变动趋势和程度的相对数。固定资产投资额是由建筑安装工程投资完成额、设备工器具购置投资完成额和其他费用投资完成额三部分组成的。编制固定资产投资价格指数应首先分别编制上述三部分投资的价格指数，然后采用加权算术平均法求出固定资产投资价格总指数。

该指数可以准确地反映固定资产投资中涉及的各类投资品和取费项目价格变动趋势和变动幅度，消除按现价计算的固定资产投资指标中的价格变动因素，真实地反映固定资产投资的规模、速度、结构和效益，为国家科学地制定、检查固定资产投资计划并提高宏观调控水平，为完善国民经济核算体系提供科学的、可靠的依据。

住宅销售价格指数 是综合反映住宅商品价格总体变化趋势和变化幅度的相对数。各市住宅销售价格指数是由新建住宅销售价格指数和二手住宅销售价格指数组成。

Explanatory Notes on Main Statistical Indicators

Consumer Price Indices reflect the trend and degree of changes in prices of consumer goods and services purchased by urban and rural households during a given period. They are obtained by combining Consumer Price Indices of Urban Household and Consumer Price Indices of Rural Household. The Indices enable the observation and analysis of the degree of impact of the changes in the prices of retailed goods and services on the actual living expenses of urban and rural residents.

Urban Consumer Price Indices reflect the trend and degree of changes in prices of consumer goods and services purchased by urban households during a given period. It can be used to observe and analyze the impact of price changes in consumer goods and services on wages (in monetary terms) of urban staff and workers, and provide basis for policy making concerning the living cost and wages of staff and workers.

Rural Consumer Price Indices reflect the trend and degree of changes in prices of consumer goods and services purchased by rural households during a given period. It can be used to observe the impact of change in retail prices of consumer goods and service prices in rural areas on living expenditure of rural households, and to show the changes in the living standard of peasants. It provides basis for analysis and research on condition of life in rural areas.

Retail Price Indices reflect the trend and degree of change in retail prices of commodities during a given period. The change in retail prices of commodities directly affect the living expenditure of urban and rural residents, government revenue, purchasing power of residents and the equilibrium of market supply and demand, and the ratio of consumption to accumulation. Therefore, the retail price indices are useful to analyze the changes of the above economic activities.

Price Indices of Means of Agricultural Production reflect the trend and degree of changes in prices of means of agricultural production during a given period. Price indices of means of agricultural production are composed of 10 categories including Agricultural hand tools, feeds, Product livestock, semi-mechanized farm machinery, mechanized farm machinery, chemical fertilizers, pesticides and spraying machinery, fuels for farm machinery, other means of agricultural production and Agricultural production services. Compilation of these indices helps to understand the changes in prices of input into agricultural production and facilitate the compilation of national account statistics. Before 1994, price indices of means of agricultural production was a sub-category in the in the retail price indices of commodities, and it has been compiled separately since 1994.

Indices of Producers' Prices for Farm Products reflect the trend and degree of changes in producers' prices received by farmers when they sell farm products during a given period. These indices depict the change in the level and structure of producers' prices of farm products of the country and meet the needs of agriculture statistics and national account statistics. The producers' price index of a given product is calculated through geometrical mean of individual indices of all surveyed units who sell such product, and the indices of a product category is obtained through weighted mean of price indices of all products in the category. Method for calculating accumulative quarterly indices is the same as for calculating the distinctive quarterly indices.

Producer Price Indices for Industrial Products reflect the trend and degree of changes in price of all industrial products for the first time to sell during a given period, including sales of industrial products by an industrial enterprise to all units outside the enterprise, as well as sales of consumer goods to residents. It can be used to analyze the impact of ex factory prices on gross output value and value added of the industrial sector.

Industrial Producer Purchasing Price Indices reflect changes in the level and degree of prices paid by industrial enterprises when they purchase production input such as raw materials, fuels and power from the market or from other energy or raw materials producing enterprises. These indices provide important basis for measuring the material consumption of industrial enterprises after removing influence of price changes.

At present, close to 1,800 products in 9 categories, including fuels and power, ferrous metals, non ferrous metals, chemicals, building materials, are covered in China for the survey to produce indices of purchasing prices of raw materials, fuels and power.

Price Indices of Investment in Fixed Assets reflect the trend and degree of changes in prices of investment goods and projects in fixed assets during a given period. The investment in fixed assets consists of three components, namely the investment in construction and installation, the investment in purchases of equipment and instrument, and the investment in other items. Price indices of investment in fixed assets are calculated as the weighted arithmetic mean of the price indices of the three components of investment in fixed assets.

Removing the factor of price change in the aggregates of investment at current prices, this indicator shows the changes in the prices of commodities and fees involved in the investment of fixed assets, and can be used to observe the actual size, growth, structure, and efficiency of investment in fixed assets and provides reliable and scientific data for government planning, management, decision making, and further improving the current national accounting system.

Price Indices for Real Estate reflect the trend and degree of changes in prices of real estate during a given period, including price indices for selling houses and buildings, price indices for leasing houses and buildings and price indices for land transaction. The methods for the compilation of the three sets of indices are similar in that they all use bottom—up approach under which data are reported from lower level to higher level.

第10篇

居民生活

People's Livelihood

简 要 说 明

一、本篇资料的主要内容

本篇资料反映了全省全体居民、城镇、农村居民的家庭收支、就业、居住、耐用消费品拥有、生产和生活等方面的情况。

二、本篇资料的来源

1.本篇资料中历年城乡居民收支相关资料来源于城镇住户调查年报和农村住户调查年报，自 2013 年起，全省实施城乡住户调查一体化改革，居民收支相关资料来源于住户收支与生活状况调查年报，指标名称和口径范围有所调整，由国家统计局山东调查总队居民收支调查处整理提供。

2.本篇资料中农村住户人口与就业情况，由国家统计局山东调查总队住户专项调查处整理提供。

Brief Introduction

I. Content

Data in this chapter show the basic conditions of the people's livelihood in Shandong Province, including income and expenditure of the households, employment, housing condition, consumption and possession of the major consumer goods, etc.

II. Source of Data

(1) Data in this chapter over the years are collected by the sample survey on urban and rural households. Since 2013, Integrated Household Survey has been launched, so data of 2013 collected by annual survey of household incomes and living conditions may different from those of prvious years due to the change of indexes and statistics scopes. All data are prepared and provided by the Division of Household Income and Expenditure Survey of the National Bureau of Statistics in Shandong.

(2) Data on population and employment of rural households are prepared and provided by the Division of Household Special Survey of the National Bureau of Statistics in Shandong.

10-1 主要年份城镇居民家庭基本情况
Basic Conditions of Urban Households of Major Years

年 份 Year	调查户数(户) Number of Households Surveyed (household)	平均每户家庭人口(人) Average Household Size (person)	平均每户就业人口(人) Average Number of Employed Persons per Household (person)	平均每一就业者负担人数(人) Number of Dependents per Employee (person)	人均全年可支配收入(元) Per Capita Annual Disposable Income (yuan)	人均全年消费支出(元) Per Capita Annual Consumption Expenditure (yuan)	人均住宅建筑面积(平方米) Per Capita Construction Area of Building (sq.m)
1984	430	3.93	2.35	1.67	639	521	6.90
1985	900	3.57	2.10	1.70	748	670	7.77
1986	1630	3.54	2.05	1.72	854	751	9.15
1987	1730	3.53	2.05	1.72	987	813	9.61
1988	1830	3.51	2.06	1.71	1163	1026	9.96
1989	2080	3.43	2.01	1.71	1349	1161	10.25
1990	2180	3.38	2.00	1.69	1466	1229	10.05
1991	2180	3.31	1.98	1.67	1688	1407	10.49
1992	2180	3.26	1.98	1.65	1974	1599	10.80
1993	2080	3.24	1.96	1.65	2515	1947	11.20
1994	2080	3.21	1.96	1.64	3444	2635	11.88
1995	2050	3.19	1.96	1.63	4264	3285	12.35
1996	2050	3.16	1.99	1.59	4890	3771	12.13
1997	2100	3.17	2.01	1.58	5191	4041	12.70
1998	2300	3.14	1.98	1.59	5380	4144	12.82
1999	2400	3.12	1.93	1.62	5809	4515	13.10
2000	2500	3.10	1.87	1.66	6490	5022	13.75
2001	2450	3.06	1.82	1.68	7101	5252	14.17
2002	2650	3.02	1.78	1.70	7615	5596	24.57
2003	2650	2.98	1.77	1.68	8400	6069	25.67
2004	2650	2.95	1.77	1.67	9438	6674	26.39
2005	2800	2.91	1.69	1.72	10745	7457	28.49
2006	3000	2.91	1.71	1.70	12192	8468	29.29
2007	3050	2.87	1.68	1.71	14265	9667	29.80
2008	3300	2.87	1.64	1.75	16305	11007	31.33
2009	3300	2.86	1.64	1.74	17811	12013	31.80
2010	3300	2.86	1.67	1.71	19946	13118	32.09
2011	3300	2.83	1.69	1.67	22792	14561	33.18
2012	3300	2.83	1.69	1.67	25755	15778	33.44
2013	3661	2.79	1.63	1.71	26882	16646	36.39
2014	3679	2.83	1.69	1.67	29222	18323	37.30
2015	3738	2.86	1.70	1.70	31545	19854	36.36

注：1.住宅建筑面积指标2001年以前为人均居住面积，2002年以后为人均建筑面积。
2.从2013年起，全省实施城乡住户调查一体化改革，居民收支调查指标与2013年前分别实施的城镇和农村住户调查的调查范围、方法、指标口径有所不同(以下相关表同)。

a)Data before 2001 on construction area of builiding means per capita living space, data after 2002 per capita floor space.

b)An integrated household survey institution has been emplemented since 2013,including both urban and rural households.The coverage,methodology and definitions used in the suvey are different from those used for the separate urban and rural household survey prior to 2013.(The same applies to tables following).

10–2 主要年份城镇居民收入

Per Capital Annual Income of Urban Households of Major Years

单位:元/人 (yuan/person)

年份 Year	可支配收入 Disposable Income	总收入 Total Income	工资性收入 Income of Wages and Salaries	经营净收入 Net Business Income	财产性收入 income from Properties	转移性收入 Income from Transfer
1984	638.6	651.8	594.8	0.4		54.8
1985	747.6	754.6	653.8	5.6		92.3
1986	853.5	855.2	717.6	6.9		125.9
1987	987.1	987.2	852.4	4.2		124.9
1988	1163.5	1169.7	976.9	4.5		183.8
1989	1349.2	1349.3	1091.6	6.5	12.1	233.6
1990	1466.2	1516.4	1233.7	5.6	15.6	256.9
1991	1687.6	1687.6	1369.9	5.6	16.3	290.4
1992	1974.5	1976.6	1680.4	5.4	27.1	259.7
1993	2515.1	2517.5	2123.5	13.0	37.4	340.9
1994	3444.4	3445.1	2940.6	1.9	54.5	445.3
1995	4264.1	4265.4	3651.1	10.3	66.6	532.3
1996	4890.2	4893.4	4315.7	4.2	103.0	465.6
1997	5190.8	5217.2	4617.4	7.2	118.9	462.0
1998	5380.1	5414.2	4737.8	16.1	118.5	532.5
1999	5809.0	5840.5	5044.0	26.7	108.1	659.0
2000	6490.0	6521.6	5561.0	74.1	112.5	769.4
2001	7101.1	7141.2	5981.9	93.2	147.8	898.9
2002	7614.5	8158.1	6703.0	155.1	79.1	1221.0
2003	8399.9	9057.6	7418.4	227.9	109.8	1301.5
2004	9437.8	10187.1	8327.1	299.9	116.8	1443.2
2005	10744.8	11607.8	9026.6	492.1	151.9	1937.3
2006	12192.2	13222.9	10442.1	558.2	220.7	2002.0
2007	14264.7	15366.3	11814.2	730.2	304.7	2517.2
2008	16305.4	17549.0	12940.6	1194.4	346.9	3067.1
2009	17811.0	19336.9	13985.8	1379.0	412.8	3559.3
2010	19945.8	21736.9	15731.2	1703.7	490.2	3811.8
2011	22791.8	24889.8	17629.4	2294.9	615.7	4349.9
2012	25755.2	28005.6	19856.1	2621.4	704.9	4823.2
2013	26882.4					
2014	29221.9					
2015	31545.3					

10−3 主要年份城镇居民消费支出

Per Capital Annual Expenditure of Urban Households of Major Years

单位:元/人 (yuan/person)

年份 Year	消费支出 Consumption Expenditure	食品 Food	衣着 Clothing	居住 Residence	家庭设备用品及服务 Household Appliances and Services	交通和通信 Transport and Communicatio-ns	教育文化娱乐服务 Recreation, Education and Cultural Services	医疗保健 Health care and Medical Services	其他商品和服务 Miscellaneous Goods and Services
1984	520.9	312.0	85.0	24.1	41.1	12.0	30.5	3.4	12.6
1985	670.0	338.9	102.9	32.4	72.4	10.9	86.2	4.6	21.4
1986	751.3	378.4	106.4	58.7	84.8	12.8	77.4	4.6	27.6
1987	812.5	433.1	120.8	37.7	96.6	13.9	72.0	7.4	30.3
1988	1025.8	523.6	154.7	38.9	155.7	19.0	85.8	11.5	35.7
1989	1160.5	603.4	158.0	47.6	145.3	18.7	121.2	16.2	50.1
1990	1229.3	636.0	186.1	46.5	141.2	23.0	125.5	22.5	48.4
1991	1407.1	734.2	228.9	59.7	150.7	28.1	123.6	23.0	59.1
1992	1598.9	816.4	266.8	78.8	166.2	38.3	140.9	32.4	59.0
1993	1946.9	898.0	349.2	124.7	186.2	58.8	205.9	48.2	75.6
1994	2635.2	1212.5	473.6	179.5	247.7	94.9	250.2	72.4	104.2
1995	3285.5	1489.1	570.8	223.9	309.2	169.2	294.1	107.2	121.8
1996	3771.0	1651.3	657.6	262.4	323.6	194.2	397.3	147.2	137.2
1997	4040.6	1662.2	674.4	325.0	344.3	236.0	474.9	179.9	143.9
1998	4144.0	1649.5	581.0	371.3	384.6	269.5	552.0	188.1	147.8
1999	4515.1	1682.3	613.3	455.1	467.3	289.9	624.7	219.8	162.7
2000	5022.0	1755.7	665.6	482.2	474.2	375.2	754.3	322.6	192.1
2001	5252.4	1809.9	700.3	512.0	451.8	434.2	827.8	327.5	188.8
2002	5596.4	1927.6	751.8	459.7	397.0	538.5	929.1	407.7	185.0
2003	6069.4	2051.3	790.6	551.8	461.1	638.2	931.5	444.0	200.9
2004	6673.8	2310.7	829.2	601.5	457.3	801.2	983.1	484.4	206.3
2005	7457.3	2512.7	925.9	751.7	503.4	902.3	1040.0	579.0	242.3
2006	8468.4	2711.7	1091.2	838.2	526.3	1175.6	1202.0	624.1	299.5
2007	9666.6	3180.6	1238.3	1027.6	661.0	1333.6	1191.2	708.6	325.6
2008	11006.6	3699.4	1394.1	1247.0	806.4	1410.5	1277.4	799.8	372.0
2009	12012.7	3954.3	1548.8	1280.0	885.0	1719.7	1333.0	885.2	406.8
2010	13118.2	4205.9	1745.2	1408.6	915.0	2140.4	1401.8	885.8	415.6
2011	14560.7	4827.6	2008.8	1510.8	1013.8	2204.0	1538.4	938.9	518.3
2012	15778.2	5201.3	2197.0	1572.4	1126.0	2370.2	1655.9	1005.3	650.2
2013	16646.5								
2014	18322.6								
2015	19853.8								

10–4 主要年份农村居民家庭基本情况

Basic Conditions of Rural Households of Major Years

年 份 Year	调查户数 (户) Number of Households Surveyed (household)	调查户常住人口 (人) Number of Permanent Residents in the Households Surveyed (person)	平均每户常住人口 (人) Average Number of Permanent Residents Per Household (person)	平均每户整半劳力 (人) Average Number of Full/Semi Labour Force Per Household (person)	人均年末生活用房面积 (平方米) Per Capita Space of Living House at Year-end (sq.m)	平均每人全年纯收入 (元) Per Capita Annual Net Income (yuan)	平均每人全年消费支出 (元) Expense on Household Consumption (yuan)
1978	715	4126	5.77	2.54	9.81	115	94
1979	732	4138	5.65	2.67	9.91	160	128
1980	825	4649	5.64	2.70	10.98	210	165
1981	827	4538	5.49	2.63	10.03	252	202
1982	1529	7849	5.13	2.54	10.64	300	230
1983	1438	7266	5.05	2.85	12.50	361	264
1984	1558	7730	4.96	2.86	14.54	395	287
1985	4000	18896	4.72	2.84	15.13	408	322
1986	4200	19667	4.68	2.85	15.74	449	365
1987	4200	19339	4.60	2.86	16.48	518	406
1988	4200	19074	4.54	2.86	17.34	584	482
1989	4200	18749	4.46	2.85	17.96	631	513
1990	4200	18486	4.40	2.82	18.48	680	547
1991	4200	18241	4.34	2.77	19.87	764	613
1992	4200	17886	4.26	2.75	19.31	803	656
1993	4200	17494	4.17	2.77	20.64	953	725
1994	4200	17239	4.10	2.76	21.15	1320	996
1995	4200	17089	4.07	2.78	21.56	1715	1339
1996	4200	16847	4.01	2.68	22.32	2086	1653
1997	4200	16574	3.95	2.65	23.16	2292	1626
1998	4200	16379	3.90	2.64	23.91	2453	1595
1999	4200	16116	3.84	2.60	25.07	2550	1680
2000	4200	15918	3.79	2.60	23.61	2659	1771
2001	4200	15671	3.73	2.54	24.60	2805	1905
2002	4200	15569	3.71	2.58	25.59	2954	1998
2003	4200	15405	3.67	2.62	26.53	3151	2133
2004	4200	15386	3.66	2.67	26.92	3507	2389
2005	4200	15382	3.66	2.69	29.64	3931	2736
2006	4200	15298	3.64	2.69	30.69	4368	3144
2007	4200	15204	3.62	2.69	31.69	4985	3622
2008	4200	15121	3.60	2.68	32.98	5641	4077
2009	4200	15012	3.57	2.68	34.24	6119	4417
2010	4200	14878	3.54	2.67	34.71	6990	4807
2011	4200	14722	3.51	2.53	36.31	8342	5901
2012	4200	14338	3.41	2.51	38.43	9446	6776
2013	3398	10702	3.15	2.30	39.56	10620	6877
2014	3404	10647	3.13	2.28	40.25	11809	7962
2015	3441	10810	3.13	2.28	40.91	12849	8748

注：1.1978年至1980年的生活用房面积中包括生产用房。
a)The space of production house is included in the space of living house from 1978 to 1980.

10−5 主要年份农村居民收入

Per Capita Annual Income of Rural Households of Major Years

单位：元/人 (yuan/person)

年 份 Year	纯收入 Net Income	工资性收入 Income from Wages and Salaries	家庭经营纯收入 Income from Household Operations	财产性收入 Income from Properties	转移性收入 Income from Transfers
1978	114.6	82.4	20.8	6.8	4.6
1979	159.8	109.4	36.7	3.4	10.3
1980	210.2	141.3	44.9	9.6	14.4
1981	251.6	165.0	57.4	10.9	18.3
1982	300.0	219.9	59.9	9.5	10.7
1983	360.6	54.5	285.6	7.7	12.8
1984	395.0	63.1	314.3	4.0	13.6
1985	408.1	80.9	309.2	5.7	12.3
1986	449.3	90.7	338.9	6.9	12.8
1987	517.7	111.6	384.6	6.2	15.3
1988	583.7	143.5	415.7	9.0	15.5
1989	630.6	161.2	443.5	9.2	16.7
1990	680.2	167.8	486.0	9.4	17.0
1991	764.0	180.5	551.0	9.4	23.1
1992	802.9	228.4	536.5	15.3	22.7
1993	952.7	226.2	687.7	8.5	30.3
1994	1319.7	294.8	961.3	16.5	47.1
1995	1715.1	409.0	1230.6	28.8	46.7
1996	2086.3	522.9	1466.6	47.5	49.3
1997	2292.1	686.3	1495.1	29.6	81.1
1998	2452.8	722.7	1603.1	49.0	78.0
1999	2549.6	791.2	1599.7	68.9	89.8
2000	2659.2	850.6	1676.9	57.8	73.9
2001	2804.5	965.7	1705.3	34.7	98.8
2002	2954.0	1056.7	1728.7	53.8	114.8
2003	3150.5	1095.5	1874.5	63.9	116.6
2004	3507.4	1178.3	2147.5	64.9	116.7
2005	3930.5	1437.6	2258.0	102.8	132.1
2006	4368.3	1671.5	2409.8	127.6	159.4
2007	4985.3	1950.8	2700.5	144.3	189.7
2008	5641.4	2263.5	2963.0	163.9	251.1
2009	6118.8	2496.6	3129.3	196.1	296.8
2010	6990.3	2958.1	3456.9	238.3	337.0
2011	8342.1	3715.3	3935.2	246.4	445.2
2012	9446.4	4383.2	4234.4	257.2	571.6
2013	10619.9				
2014	11809.4				
2015	12848.6				

10-6 主要年份农村居民消费支出

Per Capita Consumption Expenditure of Rural Households of Major Years

单位：元/人 (yuan/person)

年 份 Year	消费支出 Consumption Expenditure	食品 Food	衣着 Clothing	居住 Residence	家庭设备及用品 Household Facilities and Aticles	交通通信 Transport and Communications	文教娱乐 Education, Culture and Recreation	医疗保健 Health Care and Medical Services	其他 Others
1978	93.7	57.7	13.0	11.0					
1979	128.0	78.4	17.3	15.4					
1980	165.3	99.4	23.8	21.2	10.8	3.1	3.8	2.2	1.0
1981	202.1	112.7	27.0	31.7	18.6	3.8	4.3	2.8	1.2
1982	230.0	115.8	30.8	47.3	22.0	4.0	5.7	3.0	1.4
1983	264.4	134.1	34.6	50.1	25.4	5.7	8.3	4.5	1.7
1984	287.2	149.2	34.5	57.0	24.0	5.0	10.6	5.4	1.5
1985	322.0	168.2	35.7	66.1	24.3	5.4	14.2	6.7	1.4
1986	364.6	182.2	39.2	86.2	25.7	5.8	15.9	8.3	1.3
1987	406.3	202.2	42.3	97.0	27.8	5.9	20.6	9.5	1.0
1988	482.1	238.0	48.9	115.2	36.4	7.7	23.8	11.3	0.8
1989	513.1	259.1	53.5	113.2	37.3	6.0	30.5	12.7	0.8
1990	547.1	297.1	52.8	105.7	34.2	6.3	32.7	17.1	1.2
1991	613.0	333.1	60.6	105.1	39.9	10.0	41.3	20.8	2.2
1992	655.7	357.6	62.4	106.0	39.1	13.8	48.1	25.9	2.8
1993	724.5	415.6	60.2	98.8	40.6	14.8	60.3	24.7	9.5
1994	995.7	576.7	75.4	150.5	53.4	20.4	76.3	30.7	12.3
1995	1338.5	748.7	102.0	208.6	73.7	43.0	106.1	40.3	16.1
1996	1652.5	871.5	131.3	265.3	97.6	58.8	143.5	64.1	20.4
1997	1626.3	871.7	131.3	216.0	98.0	64.4	149.4	71.3	24.2
1998	1595.1	820.4	116.4	225.4	92.1	78.6	156.3	84.6	21.3
1999	1679.7	820.4	113.8	225.4	106.8	90.3	182.1	89.6	51.3
2000	1770.8	781.9	117.5	299.8	114.9	101.6	207.9	118.7	28.5
2001	1905.0	802.6	121.9	361.4	91.4	133.1	224.1	114.9	55.6
2002	1997.8	838.3	130.3	335.7	96.3	155.8	256.3	127.6	57.5
2003	2133.2	891.8	134.3	341.7	92.2	187.0	291.3	138.8	56.1
2004	2389.3	1000.1	139.2	366.0	110.1	221.9	298.2	155.9	97.9
2005	2735.8	1087.6	159.7	445.7	136.5	294.4	377.2	188.5	46.2
2006	3143.8	1191.3	198.1	548.1	158.7	352.2	408.8	221.8	64.8
2007	3621.6	1369.2	224.2	682.1	196.0	422.4	424.9	230.8	72.0
2008	4077.0	1551.8	250.3	804.8	240.9	452.6	417.3	280.5	79.0
2009	4417.2	1618.7	265.6	945.8	273.8	533.6	400.0	301.6	78.3
2010	4807.2	1804.4	305.6	832.9	324.7	649.2	421.9	383.9	84.5
2011	5900.6	2107.1	399.8	1127.0	411.6	753.0	482.7	508.4	111.0
2012	6776.1	2321.5	454.7	1399.9	405.7	937.6	501.0	635.3	120.2
2013	6877.3								
2014	7962.2								
2015	8747.6								

10-7 调查户和调查人口基本情况(2015年)

Condition of Households Surveyed and Residents Surveyed(2015)

指标名称		Indicator		全体居民 All Household	城镇居民 Urban Household	农村居民 Rural Household
一、调查户基本情况		**Basic Statistics on Households Surveyed**				
(一)调查样本住户数	(户)	Number of Households Surveyed	(household)	7179	3738	3441
(二)住户类型		Types of Households Surveyed				
1.家庭居住户	(%)	Family Households	(%)	98.7	97.7	100.0
2.集体居住户	(%)	Collective Households	(%)	1.3	2.3	
(三)户主文化程度		Education of Head of Household				
1.未上过学	(%)	Can not Read	(%)	0.5	0.2	0.9
2.小学	(%)	Primary School	(%)	3.5	1.8	6.2
3.初中	(%)	Junior High School	(%)	13.6	8.3	22.3
4.高中	(%)	Senior High School	(%)	6.2	7.4	4.4
5.大学专科	(%)	Junior College	(%)	2.9	4.4	0.4
6.大学本科	(%)	Bachelor	(%)	1.9	3.1	
7.研究生	(%)	Graduate	(%)	0.1	0.2	
(四)农业经营户比例	(%)	Proportion of Farming Households	(%)	47.9	12.0	91.4
二、期末户均调查人口	**(人)**	**Average Number of Residents Surveyed**	**(person)**	**3.1**	**2.9**	**3.3**
三、期末常住成员情况		**Condition of Permanent Residents**				
(一)户均常住成员	(人)	Average Number of Permanent Residents Per Household	(person)	3.0	2.9	3.1
其中：在校学生人数		Total Enrollment		0.5	0.5	0.6
(二)性别		Sex				
1.男性	(%)	Male	(%)	51.0	50.4	51.5
2.女性	(%)	Female	(%)	49.0	49.6	48.5
(三)户口状况		Condition of Resident Accounts				
1.农业	(%)	Agricultural	(%)	65.0	34.7	98.5
2.非农业	(%)	Non-agricultural	(%)	34.8	64.9	1.5
3.其他	(%)	Others	(%)	0.2	0.4	0.1
四、常住从业人员情况		**Employment of Permanent Residents**				
(一)户均常住从业人数	(人)	Average Number of Employed Permanent Residents Per Household	(person)	1.9	1.7	2.2
(二)就业状况		Employment				
1.雇主	(%)	Employer	(%)	0.9	1.5	0.2
2.公职人员	(%)	Public Officials	(%)	2.8	5.5	0.2
3.事业单位人员	(%)	Institution staff	(%)	6.1	11.7	0.8
4.国有企业雇员	(%)	Employees of State-owned Enterprises	(%)	5.7	11.2	0.4
5.其他雇员	(%)	Other Employees	(%)	45.4	53.7	37.6
6.农业自营	(%)	Agricultural Operations	(%)	31.2	7.5	53.7
7.非农自营	(%)	Non-Agricultural Operations	(%)	8.0	8.9	7.2
(三)主要从事行业		Sector Employment				
1.第一产业	(%)	Primary Industry	(%)	32.0	8.6	54.3
2.第二产业	(%)	Second Industry	(%)	28.9	31.1	26.8
3.第三产业	(%)	Teriary Industry	(%)	39.1	60.3	19.0

10－8 全体居民可支配收入

Disposable Income of All Households

单位：元/人 (yuan/person)

指 标 名 称	Indicator	2014	2015
可支配收入	**Diaposable Income**	**20864.2**	**22703.2**
一、工资性收入	**Income of Wages and Salaries**	**12044.4**	**13143.9**
(一)工资	Wage	11473.5	12769.7
(二)实物福利	Benefits in kind	29.5	28.8
(三)其他	Others	541.5	345.5
二、经营净收入	**Net Business Income**	**4708.3**	**5078.8**
(一)第一产业净收入	Net Income from Primary Industry	1983.2	2027.3
1.农业	Farming	1613.2	1659.1
2.林业	Forestry	93.1	86.5
3.牧业	Animal Husbandry	189.4	194.5
4.渔业	Fishery	87.5	87.2
(二)第二产业净收入	Net Income from Second Industry	429.6	486.2
(三)第三产业净收入	Net Income from Teriary Industry	2295.4	2565.3
三、财产净收入	**Net Income from Properties**	**1314.9**	**1454.6**
(一)利息净收入	Net Income from Interest	116.4	109.0
(二)红利收入	Income from Bonus	110.4	137.2
(三)储蓄性保险净收益	Income from Savings Insurance	4.6	12.0
(四)转让承包土地经营权租金净收入	Net Income from Land Management Rights Transfer	102.9	102.7
(五)出租房屋净收入	Ner Icome from Renting Houses	144.6	192.2
(六)出租其他资产净收入	Ner Icome from Renting Other assets	14.1	18.4
(七)自有住房折算净租金	Income from Net Rent Equivalent to the value of Owned housing	800.9	850.3
(八)其他	Others	21.1	32.8
四、转移净收入	**Net Income from Transfer**	**2796.7**	**3025.8**
(一)转移性收入	Income from Transfer	3643.7	4009.9
1.养老金或离退休金	Old-age Pensions	2746.5	3075.9
2.社会救济和补助	Relief and Pensions	28.6	34.2
3.惠农补贴	Subsidies for Agriculture from The Government	92.6	113.6
4.政策性生活补贴	Policy-living Allowance	36.4	36.0
5.报销医疗费	Allowance of Medical Expense	115.8	174.4
6.家庭外出从业人员寄回带回收入	Sent Back by Non-permanent Resident	319.7	304.2
7.赡养收入	Alimony Income	162.6	144.8
8.其他经常转移收入	Others	123.9	106.3
9.从政府和组织得到的实物产品和服务折价	Equivalent Monetary value of Physical products and services from The Government and other Organizations	17.5	20.6
(二)转移性支出	Expenditure for Transfers	847.0	984.1
1.个人所得税	Personal Income Tax	32.6	42.2
2.社会保障支出	Social Security Expenditure	624.7	760.6
3.外来从业人员寄给家人的支出	Sent to Familiy by Outland Employees	45.0	38.2
4.赡养支出	Alimony Expense	61.1	57.8
5.其他经常转移支出	Others	83.6	85.3

10-9 城镇居民可支配收入

Disposable Income of Urban Households

单位：元/人 (yuan/person)

指 标 名 称	Indicator	2014	2015
可支配收入	**Diaposable Income**	**29221.9**	**31545.3**
一、工资性收入	**Income of Wages and Salaries**	**18866.2**	**20386.1**
(一)工资	Wage	18105.5	19708.7
(二)实物福利	Benefits in kind	51.4	45.9
(三)其他	Others	709.3	631.5
二、经营净收入	**Net Business Income**	**4035.7**	**4375.2**
(一)第一产业净收入	Net Income from Primary Industry	650.7	572.5
1.农业	Farming	434.0	406.4
2.林业	Forestry	54.9	22.1
3.牧业	Animal Husbandry	18.5	18.2
4.渔业	Fishery	143.3	125.8
(二)第二产业净收入	Net Income from Second Industry	481.3	540.6
(三)第三产业净收入	Net Income from Teriary Industry	2903.7	3262.1
三、财产净收入	**Net Income from Properties**	**2271.2**	**2475.5**
(一)利息净收入	Net Income from Interest	158.4	148.5
(二)红利收入	Income from Bonus	195.1	225.4
(三)储蓄性保险净收益	Income from Savings Insurance	7.0	19.6
(四)转让承包土地经营权租金净收入	Net Income from Land Management Rights Transfer	55.6	55.6
(五)出租房屋净收入	Ner Icome from Renting Houses	259.0	343.3
(六)出租其他资产净收入	Ner Icome from Renting Other assets	14.3	16.5
(七)自有住房折算净租金	Income from Net Rent Equivalent to the value of Owned housing	1546.1	1619.6
(八)其他	Others	35.7	47.0
四、转移净收入	**Net Income from Transfer**	**4048.9**	**4308.5**
(一)转移性收入	Income from Transfer	5385.1	5851.7
1.养老金或离退休金	Old-age Pensions	4840.0	5323.7
2.社会救济和补助	Relief and Pensions	23.6	36.8
3.惠农补贴	Subsidies for Agriculture from The Government	19.1	21.5
4.政策性生活补贴	Policy-living Allowance	54.9	56.1
5.报销医疗费	Allowance of Medical Expense	73.9	120.9
6.家庭外出从业人员寄回带回收入	Sent Back by Non-permanent Resident	52.6	89.5
7.赡养收入	Alimony Income	186.9	109.1
8.其他经常转移收入	Others	112.6	71.1
9.从政府和组织得到的实物产品和服务折价	Equivalent Monetary value of Physical products and services from The Government and other Organizations	21.3	23.1
(二)转移性支出	Expenditure for Transfers	1336.2	1543.2
1.个人所得税	Personal Income Tax	62.1	78.6
2.社会保障支出	Social Security Expenditure	983.3	1195.5
3.外来从业人员寄给家人的支出	Sent to Familiy by Outland Employees	86.9	71.3
4.赡养支出	Alimony Expense	99.7	94.4
5.其他经常转移支出	Others	104.1	103.5

10-10 农村居民可支配收入

Disposable Income of Rural Households

单位：元/人 (yuan/person)

指标名称	Indicator	2014	2015
可支配收入	**Diaposable Income**	**11882.3**	**12930.4**
一、工资性收入	**Income of Wages and Salaries**	**4713.1**	**5139.5**
(一)工资	Wage	4346.1	5100.2
(二)实物福利	Benefits in kind	5.9	9.9
(三)其他	Others	361.1	29.3
二、经营净收入	**Net Business Income**	**5431.0**	**5856.4**
(一)第一产业净收入	Net Income from Primary Industry	3415.3	3635.2
1.农业	Farming	2880.4	3043.6
2.林业	Forestry	134.2	157.7
3.牧业	Animal Husbandry	373.0	389.3
4.渔业	Fishery	27.6	44.6
(二)第二产业净收入	Net Income from Second Industry	374.0	426.2
(三)第三产业净收入	Net Income from Teriary Industry	1641.7	1795.0
三、财产净收入	**Net Income from Properties**	**287.2**	**326.3**
(一)利息净收入	Net Income from Interest	71.3	65.3
(二)红利收入	Income from Bonus	19.4	39.7
(三)储蓄性保险净收益	Income from Savings Insurance	2.0	3.7
(四)转让承包土地经营权租金净收入	Net Income from Land Management Rights Transfer	153.7	154.7
(五)出租房屋净收入	Ner Icome from Renting Houses	21.7	25.3
(六)出租其他资产净收入	Ner Icome from Renting Other assets	13.9	20.6
(七)自有住房折算净租金	Income from Net Rent Equivalent to the value of Owned housing		
(八)其他	Others	5.3	17.1
四、转移净收入	**Net Income from Transfer**	**1450.9**	**1608.1**
(一)转移性收入	Income from Transfer	1772.3	1974.2
1.养老金或离退休金	Old-age Pensions	496.6	591.4
2.社会救济和补助	Relief and Pensions	33.9	31.3
3.惠农补贴	Subsidies for Agriculture from The Government	171.7	215.4
4.政策性生活补贴	Policy-living Allowance	16.6	13.8
5.报销医疗费	Allowance of Medical Expense	160.7	233.5
6.家庭外出从业人员寄回带回收入	Sent Back by Non-permanent Resident	606.7	541.6
7.赡养收入	Alimony Income	136.5	184.3
8.其他经常转移收入	Others	136.2	145.1
9.从政府和组织得到的实物产品和服务折价	Equivalent Monetary value of Physical products and services from The Government and other Organizations	13.4	17.8
(二)转移性支出	Expenditure for Transfers	321.4	366.0
1.个人所得税	Personal Income Tax	0.9	2.0
2.社会保障支出	Social Security Expenditure	239.3	279.8
3.外来从业人员寄给家人的支出	Sent to Familiy by Outland Employees	0.0	1.7
4.赡养支出	Alimony Expense	19.6	17.4
5.其他经常转移支出	Others	61.5	65.1

10-11 全体居民消费支出

Expense on Consumption of All Households

单位：元/人 (yuan/person)

指 标 名 称	Indicator	2014	2015
消费支出	**Expense on Household Consumption**	**13328.9**	**14578.4**
一、食品烟酒	Food,Tobacco and liquor	3932.3	4166.2
二、衣着	Clothing	1168.9	1276.6
三、居住	Residence	2825.8	2903.3
四、生活用品及服务	Supplies and Services	993.6	1038.1
五、交通和通信	Transport and Communications	1821.9	2104.2
六、教育、文化和娱乐	Recreation,Education and Cultural	1303.0	1557.3
七、医疗保健	Health care	989.6	1180.1
八、其他用品及服务	Others	293.7	352.7

10-12 城镇居民消费支出

Expense on Consumption of Urban Households

单位：元/人 (yuan/person)

指 标 名 称	Indicator	2014	2015
消费支出	**Expense on Household Consumption**	**18322.6**	**19853.8**
一、食品烟酒	Food,Tobacco and liquor	5298.1	5527.4
二、衣着	Clothing	1801.3	1943.0
三、居住	Residence	4015.6	4058.4
四、生活用品及服务	Supplies and Services	1430.7	1476.5
五、交通和通信	Transport and Communications	2376.6	2747.7
六、教育、文化和娱乐	Recreation,Education and Cultural	1769.8	2141.1
七、医疗保健	Health care	1188.0	1416.1
八、其他用品及服务	Others	442.4	543.5

10−13 农村居民消费支出
Expense on Consumption of Rural Households

单位：元/人 (yuan/person)

指 标 名 称	Indicator	2014	2015
消费支出	**Expense on Household Consumption**	**7962.2**	**8747.6**
一、食品烟酒	Food,Tobacco and liquor	2464.5	2661.6
二、衣着	Clothing	489.3	540.0
三、居住	Residence	1547.1	1626.6
四、生活用品及服务	Supplies and Services	523.9	553.5
五、交通和通信	Transport and Communications	1225.8	1393.0
六、教育、文化和娱乐	Recreation,Education and Cultural	801.4	912.1
七、医疗保健	Health care	776.4	919.2
八、其他用品及服务	Others	133.8	141.8

10−14 居民家庭能源消费数量和金额(2015年)
Energy consumption of Households(2015)

指 标 名 称	Indicator	全体居民 All Households		城镇居民 Urban Households		农村居民 Rural Households	
		数量 Amount	金额 (元/人) Money (yuan/person)	数量 Amount	金额 (元/人) Money (yuan/person)	数量 Amount	金额 (元/人) Money (yuan/person)
一、生活用电 (度)	**Electricity Consumption (kwh)**	**479.8**	**267.3**	**598.1**	**334.1**	**349.1**	**193.5**
二、生活用燃料	**Living With Fuel**						
(一)燃气	Gas						
1.罐装液化石油气 (公斤/人)	Bottled LPG (kg/person)	10.0	56.2	8.7	46.5	11.4	66.8
2.管道煤气 (立方米/人)	Gas Pipeline (Cum/person)	0.4	0.8	0.7	1.4	0.0	0.1
3.管道天然气 (立方米/人)	Natural gas pipeline (Cum/person)	19.1	44.4	35.6	82.6	0.8	2.3
(二)燃料用油	Fuel Oil						
1.汽油 (升/人)	Gasoline (Liters/person)	0.0	0.0	0.0	0.0	0.0	0.0
2.柴油 (升/人)	Diesel Oil (Liters/person)	0.0	0.3	0.0	0.1	0.1	0.5
(三)其他燃料	Other Fuels						
1.煤炭 (公斤/人)	Coke (kg/person)	144.9	116.5	82.8	69.7	213.5	168.2
2.柴 (公斤/人)	Firewood (kg/person)	0.01	0.25	0.01	0.29	0.01	0.21
3.草 (公斤/人)	Grass (kg/person)	0.00	0.23	0.01	0.43	0.00	0.01
4.沼气 (立方米/人)	Biogas (Cum/person)	0.11	0.13	0.03	0.09	0.19	0.18

10-15 居民家庭食品消费数量(2015年)
Food Consumption of Households(2015)

单位：公斤/人 (kg/person)

指 标 名 称	Indicator	全体居民 All Households	城镇居民 Urban Households	农村居民 Rural Households
一、粮食	**Grain**	**127.4**	**114.1**	**142.2**
(一)谷物	Cereal	118.2	104.0	133.9
1.大米	Wheat	14.0	17.2	10.4
2.面粉	Rice	92.5	77.1	109.6
3.玉米	Corn	4.9	2.2	8.0
4.其他谷物及制品	Others	6.8	7.4	6.1
(二)薯类	Tubers	1.7	1.8	1.7
1.红薯	Sweet Potato	1.0	0.9	1.1
2.马铃薯	Potato	0.4	0.5	0.3
3.其他薯类及制品	Others	0.3	0.4	0.3
(三)豆类	Beans	7.5	8.3	6.5
1.大豆	Soybean	0.8	0.8	0.8
2.其他豆类	Others	6.7	7.6	5.7
二、食用油	**Cooking oil**	**10.1**	**9.7**	**10.5**
(一)食用植物油	Edible vegetable oil	10.0	9.6	10.4
(一)食用动物油	Edible animal oil	0.1	0.1	0.0
三、蔬菜及食用菌	**Vegetables and Mushroom**	**88.9**	**99.9**	**76.7**
(一)鲜菜	Fresh Vegetables	86.1	96.6	74.6
(二)干菜及菜制品	Dried Vegetables and Products	1.1	1.2	1.0
(三)鲜菌	Fresh Mushrooms	1.5	1.9	1.0
(四)干菌及制品	Dry Bacteria and Products	0.2	0.3	0.1
四、肉禽及制品	**Products of Meat and Poultry**			
(一)肉类	Meat	20.3	24.9	15.1
1.猪肉	Pork	12.9	14.9	10.7
2.牛肉	Beef	1.0	1.7	0.2
3.羊肉	Mutton	1.0	1.4	0.5
4.其他肉类及制品	Other meat and Processed Products	5.4	7.0	3.7
(二)禽类	Poultry	5.9	6.5	5.2
1.鸡	Chickens	3.9	4.0	3.7
2.鸭	Ducks	0.2	0.3	0.1
3.鹅	Gooses	0.0	0.0	0.0
4.其他禽类及制品	Other Poultry and Processed Products	1.8	2.1	1.4
五、水产品	**Aquatic Products**	**11.2**	**15.6**	**6.4**
(一)鱼类	Fish	6.2	7.7	4.4
(二)虾蟹贝类	Shrimp,Shellfish and Crab	3.6	5.6	1.4
(三)藻类	Algae	0.3	0.5	0.1
(四)其他水产品及制品	Others	1.1	1.7	0.4
六、蛋类	**Eggs and Products**	**15.7**	**17.2**	**14.1**
(一)鲜蛋	Fresh Eggs	15.3	16.6	13.9
(二)蛋制品	Egg Products	0.4	0.6	0.2
七、奶类	**Milk and Dairy Products**	**18.2**	**24.3**	**11.6**
(一)鲜奶	Fresh Milk	11.6	16.2	6.6
(二)酸奶	Yoghurt	4.4	5.5	3.2
(三)奶粉	Milk Powder	0.3	0.4	0.3
(四)其他奶制品	Other Milk Products	2.0	2.3	1.6
八、干鲜瓜果类	**Dried and Fresh Melons and Fruits**	**60.7**	**74.5**	**45.6**
(一)鲜瓜果	Fresh Melons and Fruits	56.0	68.2	42.5
(二)瓜果制品	Processed Products of melons and Fruits	1.1	1.5	0.6
(三)坚果类	Nuts and Processed Products	3.7	4.8	2.5
九、糖果糕点类	**Candy and Pastry**	**7.4**	**9.0**	**5.6**
(一)食糖	Sugar	0.9	1.0	0.8
(二)糖果	Candy	0.6	0.7	0.4
(三)糕点	Pastry	5.1	6.1	3.9
(四)其他糖果糕点	Others	0.9	1.2	0.5

10-16 居民家庭住房和耐用消费品拥有情况(2015年)

Household Ownership of Housing and Durables Consumer Goods(2015)

单位：%　　(%)

指标名称	Indicator	全体居民 All Households	城镇居民 Urban Households	农村居民 Rural Households
一、现住房情况	**Housing Condition**			
(一)人均住房建筑面积　(平方米)	Per Capita Construction Area of Building　(sq.m)	38.52	36.36	40.91
(二)按居住空间样式分的户数比重	Proportion of Housing Style			
1.单栋楼房	Single Building Housing	7.06	6.97	7.17
2.单栋平房	Single Bungalow	52.10	21.83	88.75
3.单元房	Units Housing	38.48	68.79	1.78
4.筒子楼或连片平房	Tube-shaped Apartment or Contiguous Bungalow	1.65	2.19	0.98
5.其他	Others	0.71	0.22	1.31
(三)按主要建筑材料分的户数比重	Proportion of Housing Building Materials			
1.钢筋混凝土	Reinforced Concrete	24.64	40.14	5.87
2.砖混材料	Brick and Concrete Materials	43.92	46.58	40.70
3.砖瓦砖木	Brick and Wood Materials	30.09	12.70	51.15
4.竹草土坯	Bamboo,Grass, Adobe Materials	1.05	0.40	1.84
5.其他	Others	0.31	0.20	0.44
(四)按房屋来源分的户数比重	Proportion of Housing Source			
1.租赁住房	Leasehold	1.57	2.68	0.23
2.自建住房	Self-built	57.96	26.21	96.40
3.购买商品房	Commercial Housing	21.51	38.09	1.43
4.购买房改住房	Reform Housing	9.22	16.64	0.24
5.购买保障性住房	Indemnificatory Housing	0.90	1.65	
6.拆迁安置房	Resettlement Housing	6.07	10.28	0.98
7.继承或获赠住房	Inheritance or Gift Housing	0.55	0.64	0.46
8.其他	Others	2.21	3.82	0.26
(五)住房外道路为硬化路面的户比重	Proportion of Hardening Road Near Housing	89.78	97.08	80.94
二、生活设施状况	**Living Condition**			
(一)饮用水状况	Drinking Water Condition			
1.是否有管道设施	Pipeline Facilities Condition			
①管道供水入户	Pipeline into Housing	89.92	95.35	83.33
②管道供水至公共取水点	Pipeline into Public Points	1.62	1.72	1.49
③没有管道设施	No Pipeline Facilities	8.47	2.92	15.18
2.主要饮用水来源	Source of Drinking Water			
①经过净化处理的自来水	Tap Water	75.72	87.13	61.90
②受保护的井水和泉水	Protected Wells and Springs	15.43	4.98	28.08
③不受保护的井水和泉水	Non-Protected Wells and Springs	4.63	2.24	7.52
④江河湖泊水	Rivers and Lakes Water	0.62	0.69	0.54
⑤其他饮用水来源	Others(%)	3.60	4.96	1.96

10-16 续表 continued

单位：% (%)

指标名称	Indicator		全体居民 All Households	城镇居民 Urban Households	农村居民 Rural Households
3.获取饮用水存在的主要困难	Major Difficulty on Obtaining Drinking Water				
①单次取水往返时间超过半小时	Round-trip Time More Than Half Hour		0.5	0.4	0.6
②间断或定时供水	Intermittent or Regular Supply		5.9	2.5	9.9
③当年连续缺水超过15天	Water over More than 15 days		0.2	0.0	0.5
④获取饮用水无困难	No Difficulty		93.4	97.1	89.0
4.饮用前家里采取的主要处理措施	Treatment of Drinking Water				
①煮沸	Boiling		91.8	91.2	92.5
②加漂白剂/氯等	Add bleach / chlorine		0.2	0.2	0.3
③使用水过滤器	Water Filter		1.8	2.7	0.7
④其他处理措施	Others		1.0	0.9	1.0
⑤没有任何水处理措施	No Treatment		5.2	4.9	5.6
(二)住宅内厕所状况	Toilet Condition				
1.水冲式卫生厕所	Flushing Sanitary Toilet		47.1	79.0	8.5
2.水冲式非卫生厕所	Flushing Non-Sanitary Toilet		1.2	0.8	1.7
3.卫生旱厕	Sanitary toilet		12.5	5.5	21.0
4.普通旱厕	Ordinary Toilet		38.3	13.5	68.5
5.无厕所	No Toilet		0.8	1.3	0.3
(三)主要炊用能源	Major Source of Cooking				
1.天然气、煤气、液化石油气	Natural Gas, Coal Gas, Liquefied Petroleum Gas		61.0	81.6	36.0
2.煤炭	Coal		6.8	3.6	10.7
3.电	Electricity		13.0	10.3	16.3
4.沼气	Biogas		0.1	0.0	0.3
5.其他	Others		19.1	4.5	36.7
三、每百户耐用消费品拥有情况	**Number of Durable Consumer Goods Owned by Per 100 Households**				
(一)家用汽车	(辆) Automobiles	(unit)	37.8	49.4	23.6
(二)摩托车	(辆) Motorcycles	(unit)	43.6	22.7	68.9
(三)电冰箱(柜)	(台) Refrigerators	(unit)	94.9	98.2	90.8
(四)洗衣机	(台) Washing Machines	(unit)	91.9	96.1	86.8
(五)热水器	(台) Water Heaters	(unit)	84.0	93.9	72.1
其中：太阳能热水器	(台) Solar Water Heaters	(unit)	64.1	61.9	66.8
(六)空调	(台) Air Conditioner	(unit)	77.5	109.4	38.8
(七)彩色电视机	(台) Color TV Sets	(unit)	108.7	108.0	109.5
(八)摄像机	(台) Pickup Cameras	(unit)	5.9	10.2	0.7
(九)照相机	(台) Cameras	(unit)	26.3	43.8	5.1
(十)计算机	(台) Computers	(unit)	59.2	79.3	34.8
其中：接入互联网的计算机	(台) Computers With Internet Access	(unit)	49.2	67.1	27.5
(十一)中高档乐器	(架) High-grade Instruments	(unit)	3.2	5.4	0.6
(十二)固定电话	(线) Fixed-line Phones	(unit)	35.2	39.6	29.9
(十三)移动电话	(部) Mobile Phones	(unit)	214.7	220.4	207.8
其中：接入互联网的移动电话	(部) Mobile Phones With Internet Access	(unit)	80.8	99.6	58.1

10−17 社区基础设施和居民享有的基本社会服务情况(2015年)
Community Infrastructure and Basic Social Services(2015)

单位：%　　(%)

指 标 名 称	Indicator	全体居民 All Households	城镇居民 Urban Households	农村居民 Rural Households
一、社区基础设施情况和基本公共服务	**Community Infrastructure and Basic Social Services**			
(一)社区通公路的户比重	Proportion of Community Access Roads	100.0	100.0	100.0
(二)社区能便利地乘坐公共汽车的户比重	Proportion of Communities Through Bus	88.2	97.3	77.1
(三)社区通电的户比重	Proportion of Community Having Powered	100.0	100.0	100.0
(四)社区通电话的户比重	Proportion of Community Having Phone	100.0	100.0	100.0
(五)社区能接收有线电视信号的户比重	Proportion of Communities Can Receive TV signals	100.0	100.0	99.9
(六)社区饮用水经过了集中净化处理的户比重	Proportion of Community Drinking Purification water	79.3	91.0	65.1
(七)社区主要饮用水水源无化学污染的户比重	Proportion of Community Water Source Free of Chemical Contamination	95.3	93.5	97.6
(八)社区开通了管道燃气的户比重	Proportion of Community Open Gas Pipeline	40.7	73.2	1.4
(九)社区有集中供暖的户比重	Proportion of Community Have Central Heating	40.5	72.4	1.9
(十)按进社区道路状况分的户比重	Proportion of Road Into the Community			
1.水泥或柏油路面	Cement or Asphalt Road	95.8	98.7	92.2
2.沙石或石板等硬质路面	Hardening Road	3.5	1.0	6.6
3.其他	Others	0.7	0.3	1.2
(十一)按社区内主要道路状况分的户比重	Proportion of Community Road Conditions			
1.水泥或柏油路面	Cement or Asphalt Road	93.6	97.8	88.6
2.沙石或石板等硬质路面	Hardening Road	4.7	1.7	8.5
3.其他	Others	1.6	0.5	3.0
(十二)社区主要道路有路灯的户比重	Proportion of Community Main Road Have Streetlights	92.7	98.1	86.2
(十三)社区内垃圾能集中处理的户比重	Proportion of Community Can Focus Process Garbage	94.7	98.5	90.0
(十四)社区有健身器材的户比重	Proportion of Community With Fitness Equipment	79.8	88.7	69.2
(十五)社区有绿化园林景观的户比重	Proportion of Community Have Green Landscape	56.3	77.1	31.3
(十六)社区有卫生站(室)的户比重	Proportion of Community Have Health Stations	86.6	88.0	84.8
(十七)按上幼儿园便利程度分的户比重	Proportion of Classification by Kindergarten			
1.社区内有，且便利	Community kindergarten,Convenience	59.1	69.5	46.4
2.社区内无，但入园较便利	No Community kindergarten,Convenience	35.5	29.3	43.1
3.不便利	No Convenience	5.4	1.2	10.5
(十八)按上小学便利程度分的户比重	Proportion of Classification by Primary school and Convenience			
1.社区内有，且便利	Community Primary school,Convenience	44.7	52.7	35.0
2.社区内无，但入学校便利	No Community Primary school,Convenience	50.0	46.4	54.3
3.不便利	No Convenience	5.4	0.9	10.7
(十九)社区本年度未发生盗窃或其他刑事案件的户比重	Proportion of Community Without Theft or Other Criminal Cases	80.0	78.4	82.0
(二十)社区有安全保卫的户比重	Proportion of Community with Security	58.7	74.3	39.9
(二十一)行政村拥有合法行医证的医生的户比重	Proportion of Village have Legitimate Doctor	46.3	14.5	84.7
(二十二)行政村有合格接生员的户比重	Proportion of Village Have Qualified Midwives	2.3	1.7	3.1
二、社会保障	**Social Securities**			
参加医疗保险或享受公费医疗的人数比重	Proportion of Participated Medical Insurance or Public Health Services			
1.新型农村合作医疗	New Rural Cooperative Medical	59.0	26.5	94.9
2.城镇职工基本医疗保险	Urban Basic Medical Insurance	23.1	40.9	3.4
3.(城镇)居民基本医疗保险	Resident Basic Medical Insurance	15.7	25.3	5.1
4.公费医疗	Public Health Services	0.6	1.0	0.1
5.商业医疗保险	Commercial Medical Insurance	0.8	1.2	0.3
6.其他医疗保险	Others	0.9	1.5	0.1
7.没有参加任何医疗保险	No Medical Insurance	2.9	4.8	0.8

10-18 各市城镇居民主要指标(2015年)
Major Indicatous of Urban Households by Region(2015)

单位:元/人 (yuan/person)

地区	Region	可支配收入 Disposable Income	工资性收入 Income of Wages and Salaries	经营净收入 Net Business Income	财产净收入 Net Income from Properties	转移净收入 Net Income from Transfer	消费支出 Expense on Household Consumption
济南市	Jinan	39889	23575	2542	6393	7379	26319
青岛市	Qingdao	40370	25040	6277	3580	5473	26052
淄博市	Zibo	33793	23548	3342	3003	3899	22120
枣庄市	Zaozhuang	25792	18927	3475	1292	2097	14744
东营市	Dongying	38735	27010	3040	3427	5259	23140
烟台市	Yantai	35907	21058	6358	3678	4814	23410
潍坊市	Weifang	31060	17547	6350	3110	4052	19325
济宁市	Jining	27887	19213	2864	1732	4078	17093
泰安市	Tai'an	28132	19416	2946	2211	3559	16524
威海市	Weihai	36336	21940	6522	2860	5014	23525
日照市	Rizhao	26217	20176	4348	1231	461	16809
莱芜市	Laiwu	30219	23078	1705	1556	3880	17311
临沂市	Linyi	28627	15474	9981	1761	1410	13398
德州市	Dezhou	21039	12986	5238	1447	1368	13051
聊城市	Liaocheng	21570	15915	3388	1313	955	12405
滨州市	Binzhou	28388	18460	3888	2249	3790	19234
菏泽市	Heze	20370	9563	4783	2046	3977	12648

10-18 续表 continued

单位:元/人 (yuan/person)

地区	Region	食品烟酒 Food, Tobacco and liquor	衣着 Clothing	居住 Residence	生活用品及服务 Supplies and Services	交通通信 Transport and Communications	教育、文化和娱乐 Recreation, Education and Cultural	医疗保健 Health care	其他用品及服务 Others
济南市	Jinan	6415	2179	7246	2198	3270	2852	1485	674
青岛市	Qingdao	7856	2685	5607	1819	3810	2263	1352	659
淄博市	Zibo	5598	2108	5135	1678	2999	2756	1427	419
枣庄市	Zaozhuang	4634	1422	3023	1145	1936	1672	635	276
东营市	Dongying	5584	2484	5440	1494	3773	2495	1352	520
烟台市	Yantai	6969	2517	5176	1703	2947	1941	1473	685
潍坊市	Weifang	4614	1545	3952	1270	3806	2197	1592	349
济宁市	Jining	5089	1574	3174	1454	2215	1927	1221	439
泰安市	Tai'an	4373	1506	3522	1280	2047	2006	1502	287
威海市	Weihai	7410	2894	3740	1710	3242	2023	1659	847
日照市	Rizhao	5043	1667	2567	1431	3260	1658	896	287
莱芜市	Laiwu	4407	1555	4225	1351	2499	1901	1124	249
临沂市	Linyi	3612	1277	2959	973	2459	1277	621	222
德州市	Dezhou	3909	1061	3000	714	1918	1152	1029	268
聊城市	Liaocheng	3770	1198	2471	647	1560	1494	983	282
滨州市	Binzhou	5489	1900	3973	1517	2535	2126	1207	487
菏泽市	Heze	3818	926	2970	776	1415	1380	1143	221

10-19 各市农村居民主要指标(2015年)
Major Indicators of Rural Households by Region(2015)

单位:元/人 (yuan/person)

地 区	Region	可支配收入 Disposable Income	工资性收入 Income of Wages and Salaries	经营净收入 Net Business Income	财产净收入 Net Income from Properties	转移净收入 Net Income from Transfer	消费支出 Expense on Household Consumption
济南市	Jinan	14232	8050	5299	280	603	8597
青岛市	Qingdao	16730	9337	6919	236	238	11127
淄博市	Zibo	14531	11366	1815	355	995	10372
枣庄市	Zaozhuang	12038	6759	4219	66	995	7991
东营市	Dongying	13887	6418	5717	1325	428	10501
烟台市	Yantai	15540	6822	6556	686	1476	10675
潍坊市	Weifang	14890	8764	4405	483	1238	9099
济宁市	Jining	12570	7893	4005	110	562	7818
泰安市	Tai'an	13322	7320	4901	136	965	8588
威海市	Weihai	16313	8399	5038	249	2626	9938
日照市	Rizhao	12319	7603	4044	89	583	6741
莱芜市	Laiwu	13714	6233	6189	159	1132	9615
临沂市	Linyi	10828	5836	4094	142	756	6697
德州市	Dezhou	11269	5552	4314	104	1300	9117
聊城市	Liaocheng	10512	4648	4241	190	1433	7573
滨州市	Binzhou	12727	4619	6232	275	1602	8851
菏泽市	Heze	9802	3028	3731	60	2984	7581

10-19 续表 continued

单位:元/人 (yuan/person)

地 区	Region	食品烟酒 Food, Tobacco and liquor	衣着 Clothing	居住 Residence	生活用品及服务 Supplies and Services	交通通信 Transport and Communications	教育、文化和娱乐 Recreation, Education and Cultural	医疗保健 Health care	其他用品及服务 Others
济南市	Jinan	2776	475	1569	565	1492	876	718	125
青岛市	Qingdao	3442	826	2377	764	1965	895	604	253
淄博市	Zibo	2932	725	2042	665	1507	1325	1068	109
枣庄市	Zaozhuang	2612	647	1526	684	1124	688	606	106
东营市	Dongying	2534	569	2194	497	2873	1248	472	115
烟台市	Yantai	3760	773	1997	594	1459	905	963	225
潍坊市	Weifang	2587	539	1983	546	1565	1013	750	116
济宁市	Jining	2607	504	1373	498	1072	864	744	156
泰安市	Tai'an	2751	541	1804	542	913	892	1056	90
威海市	Weihai	3262	995	1739	643	1350	799	1000	150
日照市	Rizhao	2338	585	1561	459	958	498	280	62
莱芜市	Laiwu	2936	528	2079	563	1469	739	1193	108
临沂市	Linyi	2000	415	1578	528	811	703	573	88
德州市	Dezhou	2878	492	3164	549	852	462	602	119
聊城市	Liaocheng	2341	436	1559	469	905	890	809	164
滨州市	Binzhou	2668	547	1662	567	1454	954	835	163
菏泽市	Heze	2620	556	1157	476	1108	927	638	100

10-20 农村住户人口与就业情况

Population and Employment of Rural Households

单位：人 (person)

类 别	Category	2011	2012	2013	2014	2015
一、农村住户人口状况	**Population of Rural Households**					
(一)家庭人口	Households Population	14678	14591	15509	15519	15765
(二)家庭人口与户主关系	Relationship with the Head of Household					
1.户 主	the Head of the Household	4200	4200	4802	4802	4844
2.配 偶	Spouses	4041	4030	4424	4444	4588
3.子 女	Children	5312	5221	5165	5144	5237
4.孙子女	Grandchildren	698	736	705	755	782
5.父 母	Parents	381	356	376	342	291
6.祖父母	Grandparents	6	8	14	11	5
7.兄弟姐妹	Brothers and Sisters	15	14	17	15	11
8.其他亲属	Other Relatives	23	24	6	6	7
9.非亲属	Unrelated	2	2			
(三)年龄状况	Age Status					
1.6岁及以下	6 Year-old and Under	853	797	977	906	895
2.7-15岁	Between 7 and 15 Year-old	1638	1617	1514	1559	1721
3.16-18岁	Between 16 and 18 Year-old	441	479	481	543	554
4.19-22岁	Between 19 and 22 Year-old	1045	835	637	591	672
5.23-25岁	Between 23 and 25 Year-old	933	926	955	777	639
6.26-30岁	Between 26 and 30 Year-old	829	915	1105	1197	1144
7.31-40岁	Between 31 and 40 Year-old	1951	1798	1829	1772	1799
8.41-50岁	Between 41 and 50 Year-old	3146	3246	3358	3286	3409
9.51-60岁	Between 51 and 60 Year-old	2355	2332	2463	2572	2738
10.61岁及以上	61 Year-old and Above	1487	1646	2190	2316	2194
二、农村住户劳动力素质状况	**Labor Force Quality of Rural Households**					
(一)整半劳动力数	Number of Full/Semi Labour Force	11454	11530	12295	12358	12235
#男劳动力人数	Number of Male Labour Force	5966	5928	6387	6397	4033
整劳动力人数	Number of Full Labour Force	7255	6913	7052	6874	6824
(二)年龄状况	Age Status					
1.16-18岁	Between 16 and 18 Year-old	441	477	481	543	552
2.19-22岁	Between 19 and 22 Year-old	1045	832	635	588	670
3.23-25岁	Between 23 and 25 Year-old	933	919	947	773	636
4.26-30岁	Between 26 and 30 Year-old	829	912	1100	1193	1137
5.31-40岁	Between 31 and 40 Year-old	1951	1766	1815	1758	1788
6.41-50岁	Between 41 and50 Year-old	3146	3184	3322	3256	3383
7.51-60岁	Between51 and 60 Year-old	2241	2249	2410	2515	2628
8.61岁及以上	61 Year-old and Above	868	1191	1585	1732	1441

10-20 续表 1 continued

单位:人 (person)

类　别	Category	2011	2012	2013	2014	2015
(三)文化程度	Education of Labor Force					
1.不识字或识字很少	Can Not Read or Read Very Little	360	399	464	444	297
2.小学	Primary School	1967	2047	2471	2303	2014
3.初中	Junior High School	6246	6242	6661	6782	6828
4.高中(中专)	Senior High School	1682	1651	1907	1965	2154
5.中专	Secondary School	484	469			
6.大专及以上	Junior College and over	715	722	792	864	942
三、农村住户劳动力就业情况	**Employment of Rural Labor Force**					
(一)就业劳动力人数	Number of Full/Semi Labour Force	10385	10347	10983	10814	10926
#男劳动力人数	Number of Male Labour Force	5453	5448	5800	5745	5805
整劳动力人数	Number of Full Labour Force	6480	6231	6358	6114	5972
(二)年内就业状况	Employment during the year					
1.本地务农	Engaged Agriculture at Local	8029	7944	8040	7428	7275
2.本地非农自营	Operating at Local	1093	1058	1102	1108	1060
3.本地非农务工	Working at local	3727	3780	3560	3686	3697
4.外出从业	Working Outside	2327	2196	2233	2151	2216
(三)主要就业地点	Place of Employment					
1.乡　内	In the Village	8430	8397	8983	8814	8843
2.县内乡外	In the County but outside the Village	813	799	801	802	891
3.省内县外	In the Province but outside the County	759	781	879	882	862
4.国内省外	In China but outside the Province	374	362	314	308	320
5.国　外	Abroad	9	8	6	8	10
(四)行业分布	Sector Employment					
1.第一产业	Primary Industry	5202	5084	5383	4826	4716
2.第二产业	Secondary Industry	2989	3056	3329	3405	3426
3.第三产业	Teriary Industry	2194	2207	2271	2583	2784
(五)年内从业时间(月)	Working time during the year (month)					
1.本地务农	Engaged Agriculture at Local	44070	43094	42421	39367	38991
2.本地非农自营	Operating at Local	8089	8213	8771	9567	9363
3.本地非农务工	Working at local	22711	23739	26059	28996	30685
4.外出从业	Working Outside	18816	18860	19340	19444	19084
(六)年末就业状况	Employment at Year-end					
1.本地务农	Engaged Agriculture at Local	5331	5192	5289	4775	4691
2.本地非农自营	Operating at Local	818	813	875	941	929
3.本地非农务工	Non-agriculture Employment at local	2022	2139	2411	2789	2927
4.外出从业	Non-local Employment	1951	1952	2021	1978	1995
5.其他从业	Other Employment	117	113	132	130	121
6.未从业	No Employment	146	138	255	201	263

10－20 续表 2 continued

单位:人 (person)

类 别	Category	2011	2012	2013	2014	2015
(七)参加医疗保险情况	Conditions of Participated in Medical Insurance					
1.农村新型农村合作医疗	New Cooperative Medical System	9934	9911	10413	9974	9060
2.城镇医疗保险	Urban Medical Insurance	389	393	541	782	1793
3.商业医疗保险	Commercial Medical Insurance	110	106	60	63	68
4.其他医疗保险	Other Medical Insurance	3		7	10	24
5.没有参加任何医疗保险	Non-participated in Medical Insurance	83	68	20	29	33
(八)参加养老保险情况	Conditions of Participated in Pension Insurance					
1.农村社会养老保险	New Rural Old-age Insurance	6793	7339	10048	9599	8911
2.城镇基本养老保险	Urban Basic Pension Insurance	658	666	672	893	1619
3.商业养老保险	Commercial Pension Insurance	260	238	114	105	108
4.其他养老保险	Other Pension Insurance	13	1	8	15	31
5.没有参加任何养老保险	Non-participated in Pension Insurance	2752	2202	226	280	315
四、外出劳动力情况	**Migrant worker**					
(一)外出劳动力人数	Number of Migrant worker	2327	2196	2233	2151	2214
#男劳动力人数	Number of Male Migrant worker	1690	1628	1659	1589	1661
整劳动力	Number of Full Labour Force	2045	1922	1910	1825	1843
(二)年龄状况	Age Status					
1.16－18岁	Between 16 and 18 Year-old	46	35	49	41	33
2.19－22岁	Between 19 and 22 Year-old	362	262	168	129	135
3.23－25岁	Between 23 and 25 Year-old	444	402	396	304	246
3.26－30岁	Between 26 and 30 Year-old	340	392	433	488	483
5.31－40岁	Between 31 and 40 Year-old	434	405	429	405	466
6.41－50岁	Between 41 and50 Year-old	488	483	506	518	556
7.51－60岁	Between51 and 60 Year-old	182	184	198	214	243
8.61岁及以上	61 Year-old and Above	31	33	54	52	52
(三)文化程度	Education of Labor Force					
1.不识字或识字很少	Can Not Read or Read Very Little	13	14	19	23	11
2.小学	Primary School	171	148	193	177	165
3.初中	Junior High School	1420	1322	1362	1294	1373
4.高中(中专)	Senior High School	372	353	448	425	432
5.中专	Secondary School	177	157			
6.大专及以上	Junior College and over	174	202	211	232	233
(四)接受农业技术培训人数	Number of Persons accepted Agricultural Technology Training	294	286	268	273	328
(五)接受非农职业技能培训人数	Number of Persons accepted Non-agricultural Vocational Skills Training	646	607	853	955	1030
(六)外出地区	Work Region					
1.乡外县内	In the County but outside the Village	998	928	909	853	950
2.县外省内	In the Province but outside the County	907	861	975	956	911
3.省外	Outside Province	422	407	349	342	353

10-20 续表 3 continued

单位:人 (person)

类别	Category	2011	2012	2013	2014	2015
(七)地区类型	Type of Region					
1.直辖市	Municipalities	171	152	145	129	141
2.省会城市	Capital cities	265	272	270	278	291
3.地级市	Cities at Prefecture-level	681	628	614	635	675
4.县级市	Cities at County-level	815	796	968	915	864
5.建制镇	Towns	360	321	211	173	216
6.其他地区	Others	35	27	25	21	27
(八)从事行业	Sector Employment					
1.第一产业	Primary Industry	21	17	35	22	21
2.第二产业	Secondary Industry	1503	1429	1429	1349	1377
3.第三产业	Teriary Industry	803	750	769	780	816
(九)从事工作种类	Type of Job					
1.专业技术	Professional Technology	418	405	328	340	377
2.办事人员及有关	Staff Member	82	86	95	100	124
3.商业和服务业	Business	335	295	357	370	371
4.农、林、牧、渔、水利业生产	Production of Agriculture, Forestry, Animal Husbandry, Fishery and Water Conservancy	23	13	45	21	24
5.生产、运输设备操作人员及有关	Production and Transport Equipment Operators	816	823	908	887	845
6.其他	Others	653	574	500	433	473
(十)参加医疗保险情况	Conditions of Participated in Medical Insurance					
1.农村新型农村合作医疗	New Cooperative Medical System	2182	2072	2074	1962	1857
2.城镇医疗保险	Urban Medical Insurance	126	121	153	180	338
3.商业医疗保险	Commercial Medical Insurance	31	31	13	13	23
4.其他医疗保险	Other Medical Insurance	1		4	7	9
5.没有参加任何医疗保险	Non-participated in Medical Insurance	26	18	4	5	5
(十一)参加养老保险情况	Conditions of Participated in Pension Insurance					
1.农村社会养老保险	New Rural Old-age Insurance	1231	1311	1926	1808	1726
2.城镇基本养老保险	Urban Basic Pension Insurance	258	254	213	232	341
3.商业养老保险	Commercial Pension Insurance	95	77	27	27	27
4.其他养老保险	Other Pension Insurance	7	1	2	7	12
5.没有参加任何养老保险	Non-participated in Pension Insurance	758	575	79	93	120

主要统计指标解释

可支配收入 指调查户在调查期内获得的、可用于最终消费支出和储蓄的总和，即调查户可以用来自由支配的收入。可支配收入既包括现金，也包括实物收入。按照收入的来源，可支配收入包含四项，分别为：工资性收入、经营净收入、财产净收入、转移净收入。计算公式为：

可支配收入 ＝ 工资性收入 ＋ 经营净收入 ＋ 财产净收入 ＋ 转移净收入

其中：经营净收入 ＝ 经营收入 － 经营费用 － 生产性固定资产折旧－生产税净额（生产税－生产补贴）

财产净收入 ＝ 财产性收入 － 财产性支出

转移净收入 ＝ 转移性收入 － 转移性支出

工资性收入 指就业人员通过各种途径得到的全部劳动报酬和各种福利，包括受雇于单位或个人、从事各种自由职业、兼职和零星劳动得到的全部劳动报酬和福利。

经营净收入 指住户或住户成员从事生产经营活动所获得的净收入，是全部经营收入中扣除经营费用、生产性固定资产折旧和生产税之后得到的净收入。

财产净收入 指住户或住户成员将其所拥有的金融资产、住房等非金融资产和自然资源交由其他机构单位、住户或个人支配而获得的回报并扣除相关的费用之后得到的净收入。财产净收入包括利息净收入、红利收入、储蓄性保险净收益、转让承包土地经营权租金净收入、出租房屋净收入、出租其他资产净收入和自有住房折算净租金等。

转移性收入 指国家、单位、社会团体对住户的各种经常性转移支付和住户之间的经常性收入转移。包括政府、非行政事业单位、社会团体对居民转移的养老金或退休金、社会救济和补助、惠农补贴、政策性生活补贴、救灾款、经常性捐赠和赔偿以及报销医疗费等；住户之间的赡养收入、经常性捐赠和赔偿以及农村地区（村委会）在外（含国外）工作的本住户非常住成员寄回带回的收入等。转移性收入不包括住户之间的实物馈赠。

转移性支出 指调查户对国家、单位、住户或个人的经常性或义务性转移支付。包括缴纳的税款、各项社会保障支出、赡养支出、经常性捐赠和赔偿支出以及其他经常转移支出等。

消费支出 指住户用于满足家庭日常生活消费需要的全部支出，包括用于消费品的支出和用于服务性消费的支出。根据用途不同，消费支出可划分为食品烟酒、衣着、居住、生活用品及服务、交通通信、教育文化娱乐、医疗保健、其他用品及服务八大类。根据来源不同，消费支出可划分为现金消费支出、实物消费支出（含自产自用、来自单位、来自政府和其他社会组织）。

食品烟酒 指用于各种食品和烟草、酒类的支出，包括食品和烟酒两个中类。

衣着 指与居民穿着有关的支出，包括服装、服装材料、鞋类、其他衣类及配件、衣着相关加工服务的支出。

居住 指与居住有关的支出，包括房租、水、电、燃料、物业管理等方面的支出，也包括自有住房折算租金。

生活用品及服务 指家庭及个人的各类生活品及家庭服务。包括家具及室内装饰品、家用器具、家用纺织品、家庭日用杂品、个人用品和家庭服务。

交通通信 指用于交通和通信工具及相关的各种服务费、维修费和车辆保险等支出。

教育文化和娱乐 指用于教育和文化娱乐方面的支出。

医疗保健 指用于医疗和保健的药品、用品和服务的总费用。包括医疗器具及药品，以及医疗服务。

其他用品及服务 指无法直接归入上述各类支出的其他用品与服务支出。

就业者负担人数 指家庭人口与就业人口之比。

城镇家庭可支配收入（老口径） 指家庭成员得到可用于最终消费支出和其它非义务性支出以及储蓄的总和，即居民家庭可以用来自由支配的收入。它是家庭总收入扣除交纳的所得税、个人交纳的社会保障支出以及记账补贴后的收入。计算公式为：

可支配收入＝家庭总收入－交纳所得税
－个人交纳的社会保障支出－记帐补贴

农村居民纯收入 指农村住户当年从各个来源得到的总收入相应地扣除所发生的费用后的收入总和。计算方法：

纯收入＝总收入－家庭经营费用支出－税费支出
－生产性固定资产折旧

纯收入主要用于再生产投入和当年生活消费支出，也可用于储蓄和各种非义务性支出。“农民人均纯收入”按人口平均的纯收入水平，反映的是一个地区或一个农户农村居民的平均收入水平。

农村居民人均可支配收入与改革前的农民纯收入指标的主要区别是：可支配收入扣除了赠送农村以外亲友支出、农村居民用于购买住房、汽车等生活性贷款的利息支出，以及个人交纳的养老、医疗等社会保障支出，纯收入则不扣。同时，计算农村居民人均收入的分母调整为农村常住人口，调整了外出农民工寄带回收入的归类。

农村整、半劳动力 整劳动力指男子18周岁到50周岁，女子18周岁到45周岁；半劳动力指男子16周岁到17周岁，51周岁到60周岁；女子16周岁到17周岁，46周岁到55周岁，同时具有劳动能力的人。虽然在劳动年龄之内，但已丧失劳动能力的人，不应算为劳动力；超过劳动年龄，但能经常参加劳动，计入半劳动力数内。

Explanatory Notes on Main Statistical Indicators

Disposable Income refer to the households income sum that can be used for final consumption expenditure and savings during the period of investigation. Disposable income includes cash and real income. According to sources of income, disposable income includes the wage income, net operating income, net property income, and net transfer income. The formula for computing:

Disposable income = the wage income+ net operating income+net property income+net transfer income

Net operating income =
income - operating costs - depreciation of productive fixed assets - net taxes on production (production tax - production subsidies)

Net property income = income from property - property expenditure

The transfer of net income = income from transfer - transfer expenditure

Wage Income refers to income and all kinds of welfare obtained by laborers employed by different establishments, working independently or part time.

Net Operating Income refers to the net income from operation run by the members of households, and it equals to total income minus operating costs and depreciation of productive fixed assets and taxes on production.

Net Property Income refers to the net income obtained from the financial assets, non-financial assets such as housing and natural resources provided by its owners to other establishments, households or individuals. It includes net interest income, bonus, net income from saving insurance, net income from the transfer of the right to land contractual management, income from house renting, income from renting of other assets and net rental income of home ownership.

Income from Transfer refers to the current transaction between government, establishments, social organization and households, and to the income transaction between households. It includes annuity, pension, social relief, agricultural subsidy, disaster relief fund, and medical expense, which are provided by governments, institutions, social organizations. It also includes supporting expense, regular donations, and income provided by non-permanent population. It does not include donations between households.

Transfer Expenditure refers to the regular or obligatory expenditure provided by the households to governments, institutions, other households or residents. It includes taxes, social security expenditure, supporting expenditure, regular donation and compensation expenditure, etc.

Expense on Service Consumption refers to the consumption of all expenditure needs to meet the family daily life, including those for the consumer spending and for service consumption expenditure. According to different purposes, consumption can be divided into tobacco and food, clothing, housing, daily necessities and services, transportation and communication, education, culture and entertainment, health care, the other services. According to different sources, consumption can be divided into cash consumption, real consumer spending (including self occupied, from the unit, from the government and other social organizations).

Tobacco and Food refers to all kinds of expenditure on foods, tobaccos and beverages, including food and tobacco.

Clothing refers to the expenditure on clothes, clothing materials, shoes, accessories and charges for making clothes.

Housing refers to the expenditure related to residing, including rent, the expenditure of water, fuel, power and real estate management and net rental income of home ownership.

Daily Necessities and Services refers to the expenditure on daily necessities and home service, including the expenditures on furniture, decoration, appliance, textile, personal items and home service.

Transportation and Communication refers to the expenditure on transportation, communication, related service, maintenance, and vehicle insurance.

Education, Culture and Entertainment refers to the expenditure on education, culture and entertainment.

Health Care refers to the expenditure on health care, medicine, related products and service.

Other Services refers to the expenditure on the service that cannot be included in the services mentioned above.

Number of Dependents per Employee refers to the ratio between number of persons in households and the number of dependents.

Disposable Income of Households (in previous scope) refers to the households' income sum used for final consumption expenditure and savings during the period of investigation, meaning the income that is disposable for households. Disposable income is the general income of households minus income tax, social security expenditure and subsidy for account-keeping. The formula for computing:

Disposable Income of Households = general income-income tax- personal social security expenditure - subsidy for account keeping

Rural Households Net Income refers to the total income of rural households from all sources minus all corresponding expenses. The formula for calculation is as follows:

Net income=total income-household operation expenses-taxes and fees -depreciation of fixed assets for production

Net income is mainly used as input for reproduction and as consumption expenditure of the year, and also used for savings and non-compulsory expenses of various forms. "Per capita net income of farmers" is the level of net income averaged by population which reflects the average income level of rural households in a given area.

The main difference between rural household disposable income and rural household net income is that the disposable income does not include the expenditure of donations to urban relatives, the expenditure on house purchasing, interest expenditure on consumer loans, and expenditure on pension and health care, but the net income includes all the expenditure mentioned above. When calculating the average income of rural household, the denominator is changed to permanent rural residents and the classification of income brought back by migrant workers is also changed.

Rural Full/Semi Labor Force Full labor force refers to persons capable of work, aged 18-50 for males and 18-45 for females. Semi labor force refers to persons capable of work, aged 16-17 and 51-60 for males and 16-17 and 46-55 for females. Persons at their working ages but not capable of work are not to be included as labor force. Persons not at working ages but participating regularly in work are included in semi labor force. For staff and workers as resident population of the household, they are included as full or semi labor force of the household if they are in the labor force.

第
11
篇

城市建设

City Construction

简 要 说 明

一、本篇资料的主要内容

本篇资料反映了全省各城市基础设施基本情况，包括市政设施、设施水平、供水、公共交通、园林绿化、燃气供热和建设用地等方面的资料。

二、本篇资料的来源

本篇资料来源于省住房、城乡建设厅和省交通运输厅，由山东省统计局综合处和服务业处整理提供。

Brief Introduction

I. Content

Data in this chapter show the basic conditions of public facilities of main cities in Shandong, including urban construction and infrastructure, water supply, public communications, urban greenery, gas and heating and land for construction, etc.

II. Source of Data

Data in this chapter are provided by the Housing and Urban-Rural Development and Transportation Department of Shandong Province. Data in this chapter are prepared and compiled by the Division of Comprehensive Statistics and the Division of Comprehensive Service Statistics of Shandong Provincial Bureau of Statistics.

11-1 城市基础设施

Basic Statistics on Urban Infrastructure

指标名称		Item		2012	2013	2014	2015
一、设施水平		**Urban Facilities**					
城市人口密度	(人/平方公里)	Population Density	(person/sq.km)	1349	1361	1426	1452
人均日生活用水量	(升)	Per Capita Daily Water Consumption	(litre)	131.6	134.9	138.8	138.5
用水普及率	(%)	Coverage Rate of Water Supply	(%)	99.9	99.9	99.9	100.0
燃气普及率	(%)	Coverage Rate of Natural Gas Supply	(%)	99.5	99.6	99.5	99.4
人均城市道路面积	(平方米)	Per Capita Area of Roads	(sq.m)	24.7	25.3	25.8	25.8
建成区排水管道密度	(公里/平方公里)	Built-up Area Density of Sewage Pipelines	(km/sq.km)	11.0	11.0	10.8	11.3
人均公园绿地面积	(平方米)	Per Capita Public Green Areas	(sq.m)	16.4	16.8	17.1	17.4
建成区绿化覆盖率	(%)	Coverage Rate of Urban Green Areas	(%)	42.1	42.6	42.8	42.3
二、供水情况		**Water Supply**					
供水总量	(万立方米)	Volume of Water Supply	(10 000 cu.m)	327449	331898	347781	355903
#生产运营用水	(万立方米)	For Productive Use	(10 000 cu.m)	143546	140888	144396	147925
用水人口	(万人)	Population Using Water	(10 000 persons)	2887	2941	3036	3129
三、公共交通		**Public Transportation**					
客运总量	(万人次)	Volume of Passenger Traffic	(10 000 person-times)	398268	411311	403854	389972
运营车数	(辆)	Number of Operating Vehicles	(unit)	32869	35031	34138	39734
出租汽车数	(辆)	Number of Taxis	(unit)	58758	59080	60119	61231
四、市政设施		**Infrastructure by City**					
道路面积	(万平方米)	Area of Roads	(10 000 sq.m)	71390	74646	78308	80847
#人行道面积	(万平方米)	Area of Sidewalks	(10 000 sq.m)	14971	15701	16359	16862
道路长度	(公里)	Length of Roads	(km)	36566	37821	39404	40426
路灯盏数	(盏)	Number of Streetlights	(unit)	1629070	1687459	1789706	1864921
桥梁数	(座)	Numer of Bridges	(unit)	4660	4769	5109	5212
污水年排放量	(万吨)	Volume of Waste Water Discharged	(10 000 tons)	277438	281133	295185	302129
污水年处理量	(万吨)	Volume of Waste Water Treated	(10 000 tons)	261415	266889	280596	289339
五、园林绿化		**Parks,Gardens and Green Areas**					
园林绿地面积	(公顷)	Garden Green Area	(ha)	176342	193647	205208	213517
公园绿地面积	(公顷)	Park Green Area	(ha)	47318	49518	51952	54345
绿化覆盖面积	(公顷)	Coverage of Green Area	(ha)	199899	217366	232174	240024
#建成区绿化覆盖面积	(公顷)	Coverage of Urban Green Area	(ha)	165409	178529	188277	194763
公园个数	(个)	Number of Parks	(unit)	686	733	790	828
公园面积	(公顷)	Area of Parks	(ha)	25023	29466	32621	34112

11-2 城市设施水平(2015年)

Basic Statistics on Urban Infrastructure by City (2015)

城市名称	City	城市人口密度(人/平方公里) Population Density (person/sq.km)	人均日生活用水量(升) Per Capita Daily Water Consumption (litre)	用水普及率(%) Coverage Rate of Water Supply (%)	燃气普及率(%) Coverage Rate of Gas Supply (%)	人均城市道路面积(平方米) Per Capita Area of Roads (sq.m)	人均公园绿地面积(平方米) Per Capita Public Green Areas (sq.m)	建成区绿化覆盖率(%) Coverage Rate of Urban Green Areas (%)
全　省	**Total**	**1452**	**138.5**	**100.0**	**99.4**	**25.8**	**17.4**	**42.3**
济南市	Jinan	2504	141.0	100.0	100.0	27.6	10.5	40.0
章丘市	Zhangqiu	737	136.7	100.0	100.0	22.2	17.2	42.9
青岛市	Qingdao	1723	201.2	100.0	100.0	23.5	14.2	39.4
胶州市	Jiaozhou	832	135.8	100.0	100.0	22.6	15.0	44.6
即墨市	Jimo	913	114.9	100.0	99.9	21.9	13.3	44.1
平度市	Pingdu	660	123.1	100.0	99.9	19.9	12.5	42.0
莱西市	Laixi	729	136.2	100.0	100.0	25.7	14.3	44.5
淄博市	Zibo	2471	126.2	100.0	100.0	23.4	18.4	44.9
枣庄市	Zaozhuang	2784	131.5	99.4	99.5	25.5	15.1	42.2
滕州市	Tengzhou	3408	156.4	100.0	99.9	22.0	13.4	34.6
东营市	Dongying	617	149.1	100.0	100.0	34.8	25.0	44.4
烟台市	Yantai	1962	148.5	100.0	100.0	21.3	21.1	40.5
龙口市	Longkou	2756	82.1	100.0	99.7	26.5	15.0	44.9
莱阳市	Laiyang	1366	89.7	99.8	99.7	10.5	13.1	42.8
莱州市	Laizhou	1018	81.9	100.0	99.7	20.8	14.8	42.1
蓬莱市	Penglai	1115	113.0	99.3	99.4	27.1	16.1	43.0
招远市	Zhaoyuan	1464	102.4	100.0	100.0	22.5	17.6	42.3
栖霞市	Qixia	5531	108.0	98.8	100.0	8.4	12.2	35.6
海阳市	Haiyang	985	115.1	99.7	99.6	17.6	14.8	42.0
潍坊市	Weifang	1082	125.3	100.0	100.0	28.6	18.0	40.8
青州市	Qingzhou	1095	102.3	100.0	100.0	31.2	25.7	44.9
诸城市	Zhucheng	939	105.5	100.0	100.0	33.2	23.1	44.0
寿光市	Shouguang	1043	121.0	100.0	100.0	32.6	23.5	44.9
安丘市	Anqiu	940	105.8	100.0	100.0	25.1	25.1	40.1
高密市	Gaomi	1456	133.9	100.0	100.0	29.3	22.7	39.2
昌邑市	Changyi	1283	215.1	100.0	100.0	22.0	20.8	44.9
济宁市	Jining	1583	133.3	100.0	97.5	31.9	14.3	41.3
曲阜市	Qufu	3242	117.4	100.0	97.0	24.6	14.7	39.7
邹城市	Zoucheng	3187	112.7	100.0	93.0	20.4	14.1	36.6
泰安市	Tai'an	1658	167.7	100.0	100.0	25.9	20.2	45.0
新泰市	Xintai	1041	108.4	100.0	100.0	25.7	20.0	45.0
肥城市	Feicheng	1940	103.8	100.0	100.0	25.8	19.4	41.1
威海市	Weihai	1473	137.3	100.0	100.0	33.4	26.1	46.0
荣成市	Rongcheng	771	110.6	100.0	100.0	31.8	25.6	46.5
乳山市	Rushan	1345	105.0	100.0	100.0	32.6	18.9	45.7
日照市	Rizhao	1674	130.1	100.0	99.4	30.4	23.2	44.9
莱芜市	Laiwu	1003	101.7	100.0	99.9	29.1	22.7	44.9
临沂市	Linyi	1633	177.6	100.0	95.3	23.0	19.1	41.3
德州市	Dezhou	1448	103.4	100.0	99.7	33.0	24.9	44.9
乐陵市	Leling	2535	109.8	100.0	99.2	27.9	13.9	44.6
禹城市	Yucheng	3032	120.6	98.4	97.9	23.6	25.7	38.8
聊城市	Liaocheng	2088	123.1	100.0	99.7	27.3	12.6	44.6
临清市	Linqing	1196	142.6	99.2	99.2	30.7	13.6	42.9
滨州市	Binzhou	1110	105.2	100.0	100.0	22.0	18.9	44.7
菏泽市	Heze	1762	138.4	100.0	99.1	22.3	12.6	41.9

11-3 城市供水(2015年)

Urban Water Supply by City (2015)

城市名称	City	综合生产能力(万立方米/日) Production Capacity of Water Supply (10 000 cu.m/day)	地下水 Groundwater	供水管道长度(公里) Length of Water Supply Pioelines (km)	供水总量(万立方米) Volume of Water Supply (10 000 cu.m)	生产运营用水 For Productive Use	公共服务用水 For Public Service	居民家庭用水 For Households Use	用水人口(万人) Population with Access to Tap Water (10 000 persons)
全　省	**Total**	**1776.7**	**688.5**	**48911**	**355902.6**	**147924.7**	**43723.1**	**113702.3**	**3129.0**
济南市	Jinan	194.7	102.7	3712	34753.5	12164.7	3585.0	12004.9	303.0
章丘市	Zhangqiu	19.5	19.5	345	2724.9	995.2	115.0	1229.7	27.0
青岛市	Qingdao	183.8	14.6	6142	46203.0	14400.3	9367.3	15381.4	338.3
胶州市	Jiaozhou	14.0	4.0	450	3936.0	1494.0	706.0	1372.0	42.0
即墨市	Jimo	35.0	3.2	698	6668.2	3820.7	163.7	2183.4	56.0
平度市	Pingdu	13.5	8.7	548	3660.5	1010.0	404.0	1730.5	47.5
莱西市	Laixi	15.5	2.0	528	3184.7	1210.5	372.2	1252.9	32.7
淄博市	Zibo	177.3	116.1	2603	26611.2	16164.7	1516.5	6147.8	167.7
枣庄市	Zaozhuang	54.5	44.6	1691	10540.8	3707.5	993.3	3644.5	96.7
滕州市	Tengzhou	21.0	20.0	965	6809.2	3025.0	327.0	1765.0	36.6
东营市	Dongying	84.5		1249	9717.6	2979.2	975.3	2714.7	67.8
烟台市	Yantai	113.7	19.0	3700	18789.1	6494.1	3234.9	6465.5	179.0
龙口市	Longkou	15.9	1.9	337	1710.0	573.0	212.0	647.0	28.7
莱阳市	Laiyang	16.2	6.2	345	3450.0	1757.5	350.0	835.5	36.2
莱州市	Laizhou	15.5	0.5	645	1594.1	295.5	402.7	718.4	37.5
蓬莱市	Penglai	10.5	1.8	352	1418.8	504.1	246.5	477.0	17.6
招远市	Zhaoyuan	6.0	3.5	463	2127.5	1211.6	305.1	450.6	20.2
栖霞市	Qixia	4.3	1.3	118	797.0	59.0	267.0	414.0	17.5
海阳市	Haiyang	10.4		371	1630.6	368.6	147.3	933.1	25.7
潍坊市	Weifang	73.1	23.2	2224	14727.9	7652.5	2020.0	3853.9	128.4
青州市	Qingzhou	18.8	15.8	688	3324.0	1802.0	310.0	910.0	32.9
诸城市	Zhucheng	23.0		348	6507.0	3858.0	319.0	1494.0	47.1
寿光市	Shouguang	18.6	15.9	374	5775.0	3912.0	189.0	1323.0	34.3
安丘市	Anqiu	17.2	11.6	356	3718.8	2160.1	409.6	904.4	34.0
高密市	Gaomi	31.1	9.6	244	6617.6	4571.8	263.2	1146.0	28.8
昌邑市	Changyi	16.8	16.8	112	4849.0	3460.0	241.0	967.0	15.4
济宁市	Jining	76.0	76.0	1021	14955.3	5934.0	304.5	6019.8	139.9
曲阜市	Qufu	10.0	9.0	327	2923.7	1256.0	380.0	537.0	21.4
邹城市	Zoucheng	15.0	15.0	368	3923.9	2280.0	276.8	967.1	31.2
泰安市	Tai'an	30.0	9.0	1538	7515.3	2202.0	1862.0	2256.3	67.3
新泰市	Xintai	17.5	1.1	837	3069.6	577.0	308.0	1720.6	51.7
肥城市	Feicheng	6.1	6.1	182	1965.0	779.0	198.0	810.0	26.6
威海市	Weihai	51.9	4.9	3414	10493.0	4638.2	2185.4	2472.9	92.9
荣成市	Rongcheng	27.0	4.8	870	2982.2	1326.0	805.0	725.8	37.9
乳山市	Rushan	16.5	4.5	565	1522.0	614.0	315.0	410.0	18.9
日照市	Rizhao	33.9	12.0	1661	7293.1	3098.5	828.6	2379.9	67.6
莱芜市	Laiwu	23.2	7.1	985	4767.3	1754.0	512.8	1758.5	61.6
临沂市	Linyi	66.1	11.7	2048	21715.7	4553.1	3302.9	10219.9	208.6
德州市	Dezhou	54.0	2.0	1978	12076.3	7693.2	773.2	2515.3	87.2
乐陵市	Leling	9.2	6.1	97	1265.0	114.1	356.6	658.6	25.3
禹城市	Yucheng	11.0	9.5	180	2553.6	1531.5	166.5	621.6	17.9
聊城市	Liaocheng	25.8	22.8	1138	6944.5	2426.6	1218.5	2651.6	86.2
临清市	Linqing	16.0	15.0	271	2618.0	675.0	284.0	1334.0	31.1
滨州市	Binzhou	58.7		1534	8226.9	3607.8	592.8	2816.1	88.8
菏泽市	Heze	24.5	9.5	293	7246.3	3213.0	1610.0	1861.3	68.7

11-4 城市公共交通(2015年)
Public Transportation by City(2015)

城市名称	City	运营车数(辆) Number of Operating Vehicles (unit)	标准运营车数(标台) Number of Standard Operating Vehicles (unit)	运营线路总长度(公里) Length of Operation Lines (km)	客运总量(万人次) Volume of Passenger Traffic (10 000 person-times)	出租汽车数(辆) Number of Taxis (unit)
合　计	**Total**	**39734**	**45063**	**70911**	**389972**	**61231**
济南市	Jinan	5284	6700	4417	75126	8955
章丘市	Zhangqiu	163	169	827	1500	318
青岛市	Qingdao	6748	8726	8302	102402	10033
胶州市	Jiaozhou	836	911	966	6048	385
即墨市	Jimo	578	651	2394	4338	818
平度市	Pingdu	440	**380**	**1235**	**2370**	**234**
莱西市	Laixi	269	306	1933	2701	287
淄博市	Zibo	2018	2244	6679	14817	6084
枣庄市	Zaozhuang	1476	1529	2110	5564	833
滕州市	Tengzhou	616	729	1511	8286	706
东营市	Dongying	621	776	1796	6612	2932
烟台市	Yantai	2006	2484	3277	31209	2169
龙口市	Longkou	169	199	556	1389	442
莱阳市	Laiyang	74	74	125	1121	399
莱州市	Laizhou	55	58	73	852	450
蓬莱市	Penglai	101	94	190	711	617
招远市	Zhaoyuan	112	125	371	968	374
栖霞市	Qixia	173	156	1156	1380	366
海阳市	Haiyang	117	113	328	706	394
潍坊市	Weifang	1463	1779	2070	12596	2316
青州市	Qingzhou	382	334	780	3800	497
诸城市	Zhucheng	460	499	1536	2972	372
寿光市	Shouguang	653	604	1526	1740	376
安丘市	Anqiu	190	184	255	750	292
高密市	Gaomi	172	175	256	525	332
昌邑市	Changyi	179	179	585	1110	211
济宁市	Jining	1775	1960	1911	16049	2059
曲阜市	Qufu	143	127	817	1271	209
邹城市	Zoucheng	673	663	1674	3016	797
泰安市	Tai'an	1639	1643	1205	9188	1292
新泰市	Xintai	345	294	417	1317	258
肥城市	Feicheng	140	123	339	900	402
威海市	Weihai	1424	1644	3230	18357	1862
荣成市	Rongcheng	371	359	623	2073	325
乳山市	Rushan	267	246	966	1189	270
日照市	Rizhao	798	914	1498	6934	1068
莱芜市	Laiwu	1099	1100	2344	5991	1600
临沂市	Linyi	1679	1742	1717	13605	2770
德州市	Dezhou	521	545	1252	3321	2525
乐陵市	Leling	62	50	315	580	199
禹城市	Yucheng	42	29	175	160	259
聊城市	Liaocheng	1242	1289	2078	5085	1416
临清市	Linqing	290	259	297	641	333
滨州市	Binzhou	1119	1090	3438	4891	831
菏泽市	Heze	750	808	1362	3812	1564

11-5 城市市政设施(2015年)

Infrastructure by City (2015)

城市名称	City	道路长度(公里) Length of Roads (km)	道路面积(万平方米) Area of Roads (10 000 sq.m)	人行道面积(万平方米) Area of Sidewalks (10 000 sq.m)	路灯盏数(盏) Number of Streetlights (unit)	桥梁数(座) Number of Bridges (unit)
合　计	**Total**	**40426**	**80847.0**	**16861.7**	**1864921**	**5212**
济南市	Jinan	4854	8357.9	1786.2	122766	773
章丘市	Zhangqiu	243	598.1	155.0	28403	34
青岛市	Qingdao	4375	7940.8	1819.1	151907	634
胶州市	Jiaozhou	655	949.3	146.8	17550	72
即墨市	Jimo	856	1225.3	326.9	18774	56
平度市	Pingdu	683	945.7	226.1	18868	132
莱西市	Laixi	518	838.9	147.6	18611	54
淄博市	Zibo	1610	3923.9	752.4	73569	269
枣庄市	Zaozhuang	1177	2481.1	637.7	56810	109
滕州市	Tengzhou	580	806.2	225.0	22705	31
东营市	Dongying	862	2356.7	275.3	39702	138
烟台市	Yantai	1761	3815.1	769.4	133130	115
龙口市	Longkou	330	760.3	217.2	17592	33
莱阳市	Laiyang	191	379.1	106.3	8879	35
莱州市	Laizhou	211	781.6	116.1	28607	13
蓬莱市	Penglai	283	479.0	105.9	19214	43
招远市	Zhaoyuan	289	454.8	98.3	9986	56
栖霞市	Qixia	100	149.0	34.3	10379	27
海阳市	Haiyang	208	454.2	163.4	8874	34
潍坊市	Weifang	1756	3665.9	986.2	96457	85
青州市	Qingzhou	601	1025.7	245.3	46811	24
诸城市	Zhucheng	738	1562.8	399.8	26440	31
寿光市	Shouguang	723	1116.4	217.2	42972	7
安丘市	Anqiu	433	853.2	117.8	17375	72
高密市	Gaomi	531	844.3	250.9	16873	83
昌邑市	Changyi	163	338.4	87.5	8487	29
济宁市	Jining	1421	4455.6	863.8	60889	163
曲阜市	Qufu	302	525.3	95.9	51186	32
邹城市	Zoucheng	617	634.7	202.4	18532	42
泰安市	Tai'an	843	1739.4	379.2	39811	158
新泰市	Xintai	548	1327.0	155.0	13600	37
肥城市	Feicheng	214	687.2	71.8	20063	36
威海市	Weihai	1342	3104.7	604.5	71758	385
荣成市	Rongcheng	584	1205.7	180.9	29950	99
乳山市	Rushan	338	616.5	106.7	19049	86
日照市	Rizhao	1495	2054.4	413.0	54099	87
莱芜市	Laiwu	972	1790.9	361.2	39198	104
临沂市	Linyi	2550	4798.6	717.0	169118	148
德州市	Dezhou	1040	2872.2	518.6	59119	138
乐陵市	Leling	360	707.0	186.0	5880	25
禹城市	Yucheng	211	429.0	55.6	8166	65
聊城市	Liaocheng	691	2350.7	503.9	48410	133
临清市	Linqing	432	961.0	303.0	9018	30
滨州市	Binzhou	1060	1952.8	399.4	43419	284
菏泽市	Heze	673	1530.7	330.3	41915	171

11-5 续表 continued

城市名称	City	排水管道长度(公里) Length of Sewage Pipelines (km)	污水年排放量(万吨) Volume of Waste Water Discharged (10 000 tons)	污水处理总量(万吨) Volume of Waste Water Treated Yearly (10 000 tons)	生活垃圾清运量(万吨) Volume of Garbage Disposal (10 000 tons)	生活垃圾无害化处理量(万吨) Volume of Garbage Harmless Diposed (10 000 tons)
合　计	**Total**	**52183**	**302128.5**	**289338.6**	**1377.5**	**1377.5**
济南市	Jinan	2634	29540.5	28721.4	137.3	137.3
章丘市	Zhangqiu	780	2316.1	2144.7	8.8	8.8
青岛市	Qingdao	6993	39272.6	37478.3	185.0	185.0
胶州市	Jiaozhou	676	3345.6	3245.2	18.9	18.9
即墨市	Jimo	763	5668.0	5497.9	25.0	25.0
平度市	Pingdu	825	3111.4	3018.1	36.7	36.7
莱西市	Laixi	722	2707.0	2625.8	15.5	15.5
淄博市	Zibo	2695	22619.5	21726.0	53.5	53.5
枣庄市	Zaozhuang	1245	8959.7	8553.0	46.3	46.3
滕州市	Tengzhou	500	5787.8	5561.0	13.5	13.5
东营市	Dongying	1122	7871.2	7493.4	22.3	22.3
烟台市	Yantai	3837	15970.7	15298.6	119.9	119.9
龙口市	Longkou	535	1453.5	1409.9	12.4	12.4
莱阳市	Laiyang	300	2932.5	2844.5	19.4	19.4
莱州市	Laizhou	428	1355.0	1314.3	22.8	22.8
蓬莱市	Penglai	356	1206.0	1112.8	7.3	7.3
招远市	Zhaoyuan	478	1808.4	1701.7	6.9	6.9
栖霞市	Qixia	180	677.5	657.1	5.8	5.8
海阳市	Haiyang	344	1386.0	1322.0	8.4	8.4
潍坊市	Weifang	2208	12518.7	11763.6	47.4	47.4
青州市	Qingzhou	783	2825.4	2740.6	11.8	11.8
诸城市	Zhucheng	593	5531.0	5365.0	16.8	16.8
寿光市	Shouguang	828	4908.8	4761.5	12.6	12.6
安丘市	Anqiu	692	3161.0	3066.2	20.1	20.1
高密市	Gaomi	505	5625.0	5456.2	8.5	8.5
昌邑市	Changyi	193	4121.7	3998.0	5.1	5.1
济宁市	Jining	1780	12712.0	12063.7	49.1	49.1
曲阜市	Qufu	241	2485.2	2385.7	7.3	7.3
邹城市	Zoucheng	329	3335.3	3235.1	10.9	10.9
泰安市	Tai'an	898	6388.0	6149.0	31.7	31.7
新泰市	Xintai	541	2609.2	2525.7	17.6	17.6
肥城市	Feicheng	273	1670.3	1540.1	7.2	7.2
威海市	Weihai	3691	8919.1	8525.2	41.3	41.3
荣成市	Rongcheng	992	2534.9	2458.8	15.2	15.2
乳山市	Rushan	673	1293.7	1254.9	6.4	6.4
日照市	Rizhao	1475	6199.2	5855.2	25.5	25.5
莱芜市	Laiwu	1085	4052.2	3795.7	22.1	22.1
临沂市	Linyi	3007	18458.3	17510.0	86.2	86.2
德州市	Dezhou	1179	10264.9	9900.5	30.3	30.3
乐陵市	Leling	226	1075.3	945.0	11.1	11.1
禹城市	Yucheng	237	2170.5	2105.4	7.8	7.8
聊城市	Liaocheng	1372	5902.8	5616.5	40.7	40.7
临清市	Linqing	339	2225.3	2106.0	11.0	11.0
滨州市	Binzhou	1760	6992.9	6576.3	28.0	28.0
菏泽市	Heze	870	6159.4	5913.0	40.2	40.2

11-6 城市园林绿化(2015年)

Parks, Gardens and Green Areas by City (2015)

城市名称	City	绿化覆盖面积(公顷) Coverage of Green Area (ha)	建成区 Urban Green Area	园林绿地面积(公顷) Garden Green Area (ha)	公园绿地面积(公顷) Park Green Area (ha)	公园个数(个) Number of Parks (unit)	公园面积(公顷) Area of Parks (ha)
合　计	**Total**	**240024**	**194763**	**213517**	**54345**	**828**	**34112**
济南市	Jinan	15720	15720	13755	3183	39	2590
章丘市	Zhangqiu	1889	1888	1717	464	7	220
青岛市	Qingdao	30201	22339	29117	4803	87	3163
胶州市	Jiaozhou	2575	2392	2338	629	7	175
即墨市	Jimo	2762	2571	2472	743	9	321
平度市	Pingdu	2660	2460	2212	596	9	115
莱西市	Laixi	1649	1470	1371	466	9	327
淄博市	Zibo	18269	11995	17827	3078	38	1016
枣庄市	Zaozhuang	9050	6295	7179	1466	43	1662
滕州市	Tengzhou	2037	1931	1924	489	19	364
东营市	Dongying	7696	5266	7367	1694	40	2301
烟台市	Yantai	15761	13120	13787	3778	35	767
龙口市	Longkou	2481	1901	1689	429	10	223
莱阳市	Laiyang	1816	1802	1551	473	1	73
莱州市	Laizhou	1837	1809	1681	554	31	230
蓬莱市	Penglai	1470	1099	1148	285	10	109
招远市	Zhaoyuan	1384	1354	1236	355	9	348
栖霞市	Qixia	623	609	580	215	4	41
海阳市	Haiyang	1557	1448	1421	383	6	380
潍坊市	Weifang	10440	7268	10047	2308	22	897
青州市	Qingzhou	2577	2232	2475	845	16	148
诸城市	Zhucheng	3891	2169	3038	1090	13	592
寿光市	Shouguang	3383	1765	2990	803	11	606
安丘市	Anqiu	2587	2355	2254	853	5	709
高密市	Gaomi	2322	2021	1882	653	5	175
昌邑市	Changyi	1521	1123	1132	320	3	280
济宁市	Jining	8972	8006	7500	1996	30	2196
曲阜市	Qufu	1106	1073	966	314	25	379
邹城市	Zoucheng	1797	1726	1734	438	12	317
泰安市	Tai'an	6150	5881	5435	1359	12	627
新泰市	Xintai	3122	3122	3080	1032	17	971
肥城市	Feicheng	1854	1596	1629	515	5	454
威海市	Weihai	9933	8859	9005	2424	34	1068
荣成市	Rongcheng	2565	2378	2358	971	13	661
乳山市	Rushan	1753	1525	1533	358	8	101
日照市	Rizhao	4596	4530	4323	1564	30	1063
莱芜市	Laiwu	6785	5391	6592	1397	24	1234
临沂市	Linyi	12780	8798	11039	3978	38	4044
德州市	Dezhou	7533	6681	6388	2171	25	387
乐陵市	Leling	1534	1472	1172	352	5	240
禹城市	Yucheng	1816	1397	1527	468	9	168
聊城市	Liaocheng	6366	4402	3818	1088	16	802
临清市	Linqing	1412	1179	1183	426	7	192
滨州市	Binzhou	7017	6177	6050	1676	20	906
菏泽市	Heze	4776	4169	3993	864	10	472

11-7 城市燃气供热情况(2015年)

Gas Supply and Heating by City (2015)

城市名称	City	人工煤气供气量(万立方米) Total Gas Supply (10 000 cu.m)	居民家庭用量 Residential Use	天然气供气量(万立方米) Total Natural Gas Supply (10 000 cu.m)	居民家庭用量 Residential Use	液化石油气供气量(吨) Total Liquefied Petroleum Gas Supply (ton)	居民家庭用量 Residential Use	集中供热面积(万平方米) Heating Area (10 000 sq.m)	住宅 Houses
合　计	**Total**	**59.0**		**633917.5**	**161691.5**	**366750**	**227863**	**90150.1**	**73893.0**
济 南 市	Jinan	59.0		60793.0	15243.0	39200	14470	12822.2	10131.2
章 丘 市	Zhangqiu			2850.0	1082.0	4233	4165	964.0	728.0
青 岛 市	Qingdao			70311.0	18630.5	35255	16385	12327.2	10597.4
胶 州 市	Jiaozhou			7911.0	1589.0	2315	2315	1241.3	1095.3
即 墨 市	Jimo			6552.0	3051.0	5628	5628	1171.0	1058.0
平 度 市	Pingdu			4171.0	978.0	8447	7052	1054.0	959.0
莱 西 市	Laixi			4700.8	385.0	6110	4410	510.8	477.5
淄 博 市	Zibo			84547.4	16860.8	36495	16122	5678.2	5051.0
枣 庄 市	Zaozhuang			9841.0	3554.5	6045	4710	2112.3	1841.5
滕 州 市	Tengzhou			9955.7	1287.1			1026.0	975.0
东 营 市	Dongying			27931.3	13116.5	9274	8767	3675.2	2501.9
烟 台 市	Yantai			25572.4	6684.0	27813	7419	4769.9	3265.9
龙 口 市	Longkou			36656.2	2532.0	2516	2324	977.0	853.0
莱 阳 市	Laiyang			2576.0	610.0	4950	4600	492.6	436.3
莱 州 市	Laizhou			1775.0	630.0	3100	1800	726.0	577.0
蓬 莱 市	Penglai			3428.2	525.4	1800	1540	489.0	395.0
招 远 市	Zhaoyuan			1580.0	407.0	2458	1607	540.5	457.2
栖 霞 市	Qixia			1427.8	581.0	2730	2420	160.2	148.9
海 阳 市	Haiyang			842.4	371.0	2750	2425	590.0	560.0
潍 坊 市	Weifang			23772.0	4350.0	8590	8590	3536.0	2863.0
青 州 市	Qingzhou			3911.4	801.4	1000	300	923.1	834.0
诸 城 市	Zhucheng			6320.0	1006.0	7605	7400	1240.0	940.0
寿 光 市	Shouguang			9620.0	1200.0	2380	2380	803.6	710.3
安 丘 市	Anqiu			3861.1	503.0	5846	4789	620.2	453.8
高 密 市	Gaomi			3622.2	1822.9	1955	1950	496.0	256.0
昌 邑 市	Changyi			1853.0	1228.0	1370	1280	571.9	513.3
济 宁 市	Jining			20929.9	2958.2	6390	6388	3853.6	3412.2
曲 阜 市	Qufu			3219.0	839.0	2100	1900	504.0	447.0
邹 城 市	Zoucheng			2703.0	1004.0	980	372	960.0	920.0
泰 安 市	Tai'an			21273.2	8293.3	2813	1600	1921.7	1471.5
新 泰 市	Xintai			2390.0	360.0	3460	3440	675.0	540.0
肥 城 市	Feicheng			3800.0	2850.0			580.0	455.0
威 海 市	Weihai			10333.0	2826.0	9440	1000	4876.6	3855.4
荣 成 市	Rongcheng			1020.0	496.0	7604	2750	850.0	660.0
乳 山 市	Rushan			1199.5	682.0	142		475.0	360.0
日 照 市	Rizhao			14348.0	5820.0	12416	10263	1510.0	1150.0
莱 芜 市	Laiwu			9241.4	1463.0	13353	9873	1368.0	1134.0
临 沂 市	Linyi			52301.7	16182.0	40754	32408	4378.7	4040.7
德 州 市	Dezhou			20387.2	4592.8	6680	6640	3095.7	2189.1
乐 陵 市	Leling			2174.5	1670.6	3545	2752	160.6	150.0
禹 城 市	Yucheng			6172.9	2530.0	500	500	320.0	270.5
聊 城 市	Liaocheng			13702.5	3018.7	1400	1120	2004.0	1624.0
临 清 市	Linqing			3684.0	1451.0	521	521	628.7	460.3
滨 州 市	Binzhou			13075.8	3425.8	4812	4800	1686.4	1384.7
菏 泽 市	Heze			15580.0	2200.0	19975	6689	784.0	689.0

11-8 城市建设用地(2015年)

Land for Construction by City (2015)

城市名称	City	市区面积(平方公里) City Area (sq.km)	#建成区面积 Area of Urban Districts	城市现状建设用地面积(平方公里) Space of Land for Construction (sq.km)	#居住用地 Land for Dewelling	公用管理与公共服务用地 Land for Public Facilities	工业用地 Land for Industry	道路与交通设施用地 Land for Transport Facilities
全 省	**Total**	**87185.2**	**4609.3**	**4407.7**	**1308.0**	**458.0**	**1044.1**	**537.4**
济 南 市	Jinan	3257.0	393.0	392.9	105.7	59.8	75.5	70.0
章 丘 市	Zhangqiu	1855.0	44.0	42.6	9.3	13.0	9.3	1.2
青 岛 市	Qingdao	3231.2	566.4	469.4	133.1	29.4	157.8	54.3
胶 州 市	Jiaozhou	1324.0	53.7	53.7	13.5	4.7	18.0	6.0
即 墨 市	Jimo	1780.0	58.4	56.1	23.4	2.5	14.1	8.8
平 度 市	Pingdu	3167.0	58.6	58.6	23.2	4.5	18.0	6.5
莱 西 市	Laixi	1568.0	33.0	33.0	12.1	3.6	6.7	3.6
淄 博 市	Zibo	2989.0	267.0	261.3	91.1	18.7	74.7	31.6
枣 庄 市	Zaozhuang	3076.1	149.3	136.3	53.7	11.8	22.7	13.1
滕 州 市	Tengzhou	1496.0	55.8	52.7	25.9	5.0	10.9	1.3
东 营 市	Dongying	3294.4	118.7	116.0	38.3	15.6	21.1	4.6
烟 台 市	Yantai	2722.3	324.0	317.7	60.9	34.1	107.9	28.7
龙 口 市	Longkou	901.0	42.3	42.3	10.9	5.1	2.2	6.8
莱 阳 市	Laiyang	1731.5	42.2	42.2	18.9	7.2	1.6	2.5
莱 州 市	Laizhou	1878.1	43.0	43.0	14.0	12.9	10.1	0.4
蓬 莱 市	Penglai	1128.6	25.5	24.5	7.5	4.0	0.7	3.3
招 远 市	Zhaoyuan	1433.2	32.0	32.0	9.7	3.8	8.4	0.6
栖 霞 市	Qixia	2016.0	17.1	16.6	4.4	1.3	3.7	2.5
海 阳 市	Haiyang	1886.8	34.4	28.7	7.7	2.8	4.6	1.9
潍 坊 市	Weifang	2006.0	178.0	176.7	61.3	12.9	33.1	25.3
青 州 市	Qingzhou	1569.0	49.7	49.2	13.6	3.9	6.4	10.1
诸 城 市	Zhucheng	2151.0	49.3	48.8	14.8	4.5	9.4	5.0
寿 光 市	Shouguang	1990.0	39.3	39.3	9.1	5.4	7.2	2.7
安 丘 市	Anqiu	1712.0	58.7	58.7	14.7	4.6	17.6	8.9
高 密 市	Gaomi	1527.0	51.6	48.6	16.1	6.1	12.1	0.5
昌 邑 市	Changyi	1628.0	25.0	25.0	8.4	1.8	5.7	4.2
济 宁 市	Jining	1647.5	193.8	184.9	50.7	6.5	52.2	30.6
曲 阜 市	Qufu	815.0	27.0	27.0	9.0	3.0	4.9	1.5
邹 城 市	Zoucheng	1616.0	47.1	46.8	16.7	7.2	7.2	6.9
泰 安 市	Tai'an	2087.0	130.7	130.7	45.0	14.9	31.5	18.7
新 泰 市	Xintai	1933.0	69.4	69.4	16.2	4.8	1.6	7.7
肥 城 市	Feicheng	1277.0	38.8	38.8	17.6	1.9	4.8	5.5
威 海 市	Weihai	2605.9	192.6	188.4	48.0	13.4	55.0	27.5
荣 成 市	Rongcheng	1526.0	51.2	51.2	13.7	3.0	9.0	2.3
乳 山 市	Rushan	1665.0	33.3	33.3	7.5	4.5	5.6	2.5
日 照 市	Rizhao	2043.1	100.8	100.8	30.4	5.0	23.0	13.7
莱 芜 市	Laiwu	2246.0	120.0	105.0	37.4	17.0	22.9	3.9
临 沂 市	Linyi	2656.9	213.0	201.2	56.4	23.6	36.0	23.8
德 州 市	Dezhou	1752.4	148.9	147.0	39.8	24.9	39.5	21.0
乐 陵 市	Leling	1168.0	33.0	32.5	5.0	6.5	3.8	5.3
禹 城 市	Yucheng	990.0	36.0	30.5	6.1	4.4	5.7	5.9
聊 城 市	Liaocheng	1710.0	98.7	93.0	28.9	9.2	18.9	19.8
临 清 市	Linqing	950.0	27.5	27.5	9.0	3.9	5.1	3.6
滨 州 市	Binzhou	3763.1	138.3	135.3	36.5	15.4	31.5	20.1
菏 泽 市	Heze	1415.0	99.6	98.9	33.2	10.1	26.3	13.1

主要统计指标解释

供水综合生产能力 指按供水设施取水、净化、送水、出厂输水干管等环节设计能力计算的综合生产能力。包括在原设计能力的基础上，经挖、革、改增加的生产能力。计算时，以四个环节中最薄弱的环节为主确定能力。

年末供水管道长度 指从送水泵至用户水表之间所有管道的长度。不包括新安装尚未使用的管道。

全年供水总量 指报告期供水企业(单位)供出的全部水量。包括有效供水量和漏损水量。

生活用水量 包括公共服务用水和居民家庭用水。公共服务用水指为城市社会公共生活服务的用水。包括行政事业单位、部队营区和公共设施服务、社会服务业、批发零售贸易业、旅馆饮食业以及其他公共服务业等单位的用水。居民家庭用水指城市范围内所有居民家庭的日常生活用水。包括城市居民、农民家庭、公共供水站用水。

用水普及率 指城市用水人口数与城市人口总数的比率。计算公式：

$$用水普及率=\frac{城市用水人口数}{城市人口总数}\times 100\%$$

人工煤气生产能力 指报告期末人工煤气生产厂制气、净化、输送等环节的综合生产能力，不包括备用设备能力。一般按设计能力计算，如果实际生产能力大于设计能力时，应按实际测定的生产能力计算。测定时应以制气、净化、输送三个环节中最薄弱的环节为主。

供气管道长度 指报告期末从气源厂压缩机的出口或门站出口至各类用户引入管之间的全部已经通气投入使用的管道长度。不包括煤气生产厂、输配站、液化气储存站、灌瓶站、储配站、气化站、混气站、供应站等厂(站)内的管道。

全年供气总量 指全年燃气企业(单位)向用户供应的燃气数量。包括销售量和损失量。

燃气普及率 指报告期末使用燃气的城市人口数与城市人口总数的比率。计算公式为：

$$燃气普及率=\frac{城市用气人口数}{城市人口总数}\times 100\%$$

城市供热能力 指供热企业(单位)向城市热用户输送热能的设计能力。

城市供热总量 指在报告期供热企业(单位)向城市热用户输送全部蒸汽和热水的总热量。

城市供热管道长度 指从各类热源到热用户建筑物接入口之间的全部蒸汽和热水的管道长度。不包括各类热源厂内部的管道长度。

年末道路长度 指年末道路长度和与道路相通的广场、桥梁、隧道的长度，按车行道中心线计算。在统计时只统计路面宽度在3.5米(含3.5米)以上的各种铺装道路，包括开放型工业区和住宅区道路在内。

城市桥梁 指为跨越天然或人工障碍物而修建的构筑物。包括跨河桥、立交桥、人行天桥以及人行地下通道等。包括永久性桥和半永久性桥。

城市排水管道长度 指所有排水总管、干管、支管、检查井及连接井进出口等长度之和。城市污水日处理能力 指污水处理厂(或处理装置)每昼夜处理污水量的设计能力。

年末运营车数 指年末公交企业(单位)用于运营业务的全部车辆数。以企业(单位)固定资产台帐中已投入运营的车辆数为准。

园林绿地面积 指报告期末用作园林和绿化的各种绿地面积。包括公共绿地、居住区绿地、单位附属绿地、防护绿地、生产绿地、道路绿地和风景林地面积。

不包括：

1.屋顶绿化、垂直绿化、阳台绿化和室内绿化。

2.以物质生产为主的林地、耕地、牧草地、果园和竹园等。

3.城市总体规划中不列入绿地的水域。

Explanatory Notes on Main Statistical Indicators

Production Capacity of Water Supply refers to the designed comprehensive production capacity of water facilities, covering the 4 links of water collection, purification, conveyance, and outflow through trunk pipelines. Increase capacity through transformation and innovation projects are included as well. The capacity is determined mainly on the weakest of the above mentioned 4 links.

Length of Water Supply Pipelines at the Year-end refers to the total length of all the pipelines between the water pumps and the user water meters, excluding pipelines newly installed but not used yet.

Annual Volume of Water Supply refers to the total volume of water supplied by water works (units) during the reference period, including both the effective water supply and loss during the water supply.

Consumption of Water for Residential Use refers to the water consumption of households for daily life and the water consumption of public service facilities. The latter refers to water consumption for urban public services, including the consumption of government agencies and public institutions, military barracks, public facilities, wholesale and retail outlets, restaurants, hotels, and other units providing public services. Household water consumption refers to consumption of water for daily life of all households in the boundary of cities, including households of urban residents and farmers, and public water supply stations.

Percentage of Urban Population with Access to Tap Water refers to the ratio of the urban population with access to tap water to the total urban population. The formula is:

$$\text{Coverage of urban population with access to tap water} = \frac{\text{Urban population with access to tap water}}{\text{Urban population}} \times 100\%$$

Production Capacity of Gaswork Gas refers to the comprehensive production capacity of the urban gasworks in gas generation, purification and delivery at the end of the reference period, excluding capacity of the reserved facilities. In general, it is determined by the designed capacity, and when actual production capacity is larger than the designed capacity, the capacity is determined by the actual measurement on the weakest link in the production, purification and delivery.

Length of Gas Pipelines refers to the total length of pipelines in use between the outlet of the compressor of gas work or outlet of gas stations and the leading pipe of users, excluding pipelines within gasworks, delivery stations, LPG storage stations, refilling stations, gas mixing stations and supply stations.

Volume of Gas Supply refers to the total volume of gas provided to users by gas producing enterprises (units) in a year, including the volume sold and the volume lost.

Percentage of Urban Population with Access to Gas refers to the ratio of the urban population with access to gas to the total urban population at the end of the reference period. The formula is:

$$\text{Coverage rate of urban population with access to gas} = \frac{\text{Urban population with access to gas}}{\text{Urban population}} \times 100\%$$

Heating Capacity in Urban Area refers to the designed capacity of heating enterprises (units) in supplying heating energy to urban users during the reference period.

Quantity of Heat Supplied in Urban Area refers to the total quantity of heat from steam and hot water supplied to urban users by heating enterprises (units) during the reference period.

Length of Heating Pipelines refers to the total length of steam or hot water pipelines for sources of heat to the leading pipelines of the buildings of the users, excluding internal pipelines in heat generating enterprises.

Length of Paved Roads at the Year-end refers to the length of roads with paved surface including squares bridges and tunnels connected with roads by the end of the year.Length of the roads is measured by the central lines for vehicles for paved roads with a width of 3.5 meters and over, including roads in open ended factory compounds and residential quarters.

Urban Bridges refer to bridges built to cross over natural or man made barriers, including bridges over rivers, overpasses for traffic and for pedestrian, underpasses for pedestrian, etc. Both permanent and semi permanent bridges are included.

Length of Urban Sewage Pipes refers to the total length of general drainage, trunks. branch and inspection wells, connection wells, inlets and outlets, etc.

Daily Disposal Capacity of Urban Sewage refers to the designed 24 hour capacity of sewage disposal by the sewage treatment works or facilities.

Number of Vehicles under Operation at the Year-end refers to the total number of vehicles under operation by public transport enterprises (units) at the end of the year, based on the records of operational vehicles by the enterprises (units).

Garden Green Areas refers to the total area occupied for green projects at the end of the reference period, including public green land, green land in residential quarters, green land attached to institutions, protection green land, production green land, roadside green land and forest in scenic spots. It does not include the following:

(1)Greenery and plants on roofs, balconies, indoors and vertical green areas;

(2)Forest, cultivated land, grassland, orchards and bamboo grooves that are for production purpose;

(3)Water areas that are not included in urban master plan as green land.

第12篇

资源和环境

Natural Resources and Environment

简 要 说 明

一、本篇资料的主要内容

本篇资料主要反映了全省资源和环境保护事业发展状况，资源部分主要包括自然资源、湖泊、河流、山脉和气候以及土地利用和水资源状况，环境保护部分主要包括工业废水、废气、固体废物等工业污染物排放及处理情况和工业污染治理项目建设情况。

二、本篇资料的来源

1、自然资源和湖泊、河流、山脉等表，由省统计局综合处根据年鉴积累资料整理。

2、气象资料主要包括各市平均气温、降水量、日照等方面的资料，数据来源于省气象局，由省统计局综合处整理提供。

3、湿地和造林资料来源于省林业厅，由省统计局能源处整理提供。

4、土地利用情况来源于省国土资源厅，由省统计局能源处整理提供。

5、水资源资料来源于省水利厅，由省统计局能源处整理提供。

6、环境保护资料来源于省环境保护厅，由省统计局能源处整理提供。

Brief Introduction

I. Content

Data in this chapter reflect natural resources of Shandong and development in environment protection. Resources mainly include natural resources, lakes, rivers, mountains and climate. Environment protection mainly shows treatment and discharge of industrial waste water, solid waste and waste gas, construction of projects for pollution treatment.

II. Source of Data

(1) Data on natural resources, lakes, rivers, and mountains are prepared by the Division of Comprehensive Statistics of Shandong Provincial Bureau of Statistics.

(2) Data on climate mainly include average temperature, precipitation and sunshine hours. The data are provided by the Meteorological Bureau of Shandong Province and prepared by the Division of Comprehensive Statistics of Shandong Provincial Bureau of Statistics.

(3) Data on wetland and plantation are provided by the Department of Forestry of Shandong Province and prepared by the Division of Energy Statistics of Shandong Provincial Bureau of Statistics.

(4) Data on land use are provided by the Shandong Department of Land and Resources and prepared by the Division of Energy Statistics of Shandong Provincial Bureau of Statistics.

(5) Data on water resource are provided by the Department of Water Resources of Shandong Province and prepared by the Division of Energy Statistics of Shandong Provincial Bureau of Statistics.

(6) Data on environment protection are provided by the Environmental Protection Department of Shandong Province and prepared by the Division of Energy Statistics of Shandong Provincial Bureau of Statistics.

12-1 人口和自然资源(2015年)

Population and Natural Resources (2015)

项 目		Item		2015
一、人 口		Population		
年末总人口	(万人)	Total Population(year-end)	(10 000 persons)	9847.16
人口密度	(人/平方公里)	Density of Population	(person/sq.km)	624
二、土 地 (2014年)		Land(2014)		
全省土地面积	(万公顷)	Land Area	(10 000 hectares)	1579.01
农用地		Land for Agriculture Use		1154.81
耕地		Cultivated Land		762.06
园地		Garden Land		72.42
牧草地		Grazing and Pasture Land		0.58
建设用地		Land for Construction		279.22
城镇村及工矿用地		Land for Urban Village, Mining and Manufacturing		235.30
交通用地		Land for Transport Facilities		20.85
水利设施用地		Land for Water Conservancy Facilities		23.06
三、矿 产		Mineral Resources		
已发现矿产种类	(种)	Mineral Resources Discovered	(kind)	147
已探明储量的矿产种类	(种)	Number of Mineral Resources with Insured Reserves	(kind)	85
能源矿产	(种)	Energy Resources	(kind)	7
金属矿产	(种)	Metal Mineral	(kind)	25
非金属矿产	(种)	Nonmetal Mineral	(kind)	50
水气矿产	(种)	Water and Gas	(kind)	3
四、水文、水利		Water Resources		
水资源总量	(亿立方米)	Average Volume of Water Resources	(100 million cu.m)	168.4
地表水资源量	(亿立方米)	Surface Water Volume	(100 million cu.m)	84.3
海岸线长度	(公里)	Length of Coastlines	(km)	3345

12-2　主要湖泊、河流基本情况
Basic Statistics on Major Lakes and Rivers

湖泊名	Names of Lakes	面　积（平方公里） Area of Lakes (sq.km)	河流名	Names of Rivers	面　积（平方公里） Drainage Area (sq.km)	河　长（公里） Length (km)
小　计	Total	1494.6	徒骇河	Tuhaihe River	13136.6	446.5
微山湖	Weishan Lake	531.7	沂　河	Yihe River	10909.9	287.5
昭阳湖	Zhaoyang Lake	337.1	马颊河	Majiahe River	10638.4	448.0
独山湖	Dushan Lake	144.6	小清河	Xiaoqinghe River	10498.8	233.0
南阳湖	Nanyang Lake	211.0	大汶河	Dawenhe River	9069.0	211.0
东平湖	Dongping Lake	167.0	潍　河	Weihe River	6493.2	233.0
麻大湖	Mada Lake	110.0	沭　河	Shuhe River	6161.4	263.0
白云湖	Baiyun Lake	16.2	大沽河	Daguhe River	4161.9	179.9
青沙湖	Qingsha Lake	11.1	弥　河	Mihe River	3847.5	206.0

12-3　主要山脉高度
Height of Major Mountains

山　名	Mountain Range	标　高（米） Height of MountainPeak (m)	山　名	Mountain Range	标　高（米） Height of MountainPeak (m)
泰　山	Taishan Mountains	1532	马耳山	Maer Mountains	707
蒙　山	Mengshan Mountains	1156	龙须崮	Longxvgu Mountains	707
崂　山	Laoshan Mountains	1133	凤凰山	Fenghuang Mountains	648
鲁　山	Lushan Mountains	1108	四海山	Sihai Mountains	625
沂　山	Yishan Mountains	1032	鳌子崮	Aozigu Mountains	616
徂徕山	Culai Mountains	1028	黑　山	Heishan Mountains	612
昆嵛山	Kunyu Mountains	923	珂楼埠山	Keloubu Mountains	577
九顶山	Jiuding Mountains	834	大　山	Dashan Mountains	560
艾　山	Aishan Mountains	814	伟德山	Weide Mountains	554
牙　山	Yashan Mountains	806	招虎山	Zhaohu Mountains	550
大泽山	Daze Mountains	737	孟良崮	Mengliangu Mountains	536
摩天岭	Motianling Mountains	735	布　山	Bushan Mountains	447

12-4 各市平均气温(2015年)

Monthly Average Temperature by Region(2015)

单位:摄氏度 (℃)

城市名	City	一 月 Jan.	二 月 Feb.	三 月 Mar.	四 月 Apr.	五 月 May	六 月 June
济南市	Jinan	0.9	2.8	9.8	14.4	20.9	25.7
青岛市	Qingdao	0.7	1.8	7.2	13.0	18.3	22.6
淄博市	Zibo	0.7	2.3	9.5	14.4	21.0	25.7
枣庄市	Zaozhuang	2.5	4.0	9.8	14.7	20.9	25.1
东营市	Dongying	0.3	1.9	8.7	14.3	21.0	25.4
烟台市	Yantai	-0.1	0.9	6.3	12.7	18.4	22.8
潍坊市	Weifang	0.3	1.6	8.4	14.0	19.9	24.6
济宁市	Jining	1.7	3.6	9.9	14.6	21.2	25.5
泰安市	Tai'an	0.9	3.0	9.5	14.2	20.7	25.0
威海市	Weihai	0.1	1.1	5.2	11.4	16.9	21.1
日照市	Rizhao	1.2	2.7	8.1	13.5	18.9	23.3
莱芜市	Laiwu	0.8	2.7	9.3	14.3	20.9	25.0
临沂市	Linyi	1.5	3.2	9.1	14.2	20.1	24.5
德州市	Dezhou	0.0	2.1	9.1	14.1	20.5	25.4
聊城市	Liaocheng	0.4	2.6	9.3	14.0	20.3	25.4
滨州市	Binzhou	0.2	1.9	9.0	14.3	20.8	25.5
菏泽市	Heze	2.1	4.1	10.0	14.5	21.1	25.5

12-4 续表 continued

单位:摄氏度 (℃)

城市名	City	七 月 July	八 月 Aug.	九 月 Sept.	十 月 Oct.	十一月 Nov.	十二月 Dec.	全年平均 Annual Average
济南市	Jinan	27.5	25.4	21.4	15.8	5.7	1.7	14.4
青岛市	Qingdao	25.5	26.2	21.8	16.4	7.8	2.4	13.7
淄博市	Zibo	27.5	25.6	21.3	15.6	5.7	1.5	14.3
枣庄市	Zaozhuang	26.7	26.4	22.4	16.7	7.9	3.3	15.1
东营市	Dongying	27.4	26.6	22.0	15.9	5.9	1.4	14.3
烟台市	Yantai	25.5	25.6	21.4	15.8	7.1	2.2	13.3
潍坊市	Weifang	26.7	25.9	21.3	15.8	6.5	1.6	14.0
济宁市	Jining	27.4	26.2	22.3	16.4	6.7	2.3	14.9
泰安市	Tai'an	27.1	25.4	21.6	15.4	6.3	1.6	14.3
威海市	Weihai	24.3	25.3	21.9	16.2	8.6	3.1	13.0
日照市	Rizhao	25.6	25.8	21.7	16.5	7.5	2.7	14.0
莱芜市	Laiwu	27.0	25.4	21.5	15.9	6.1	1.8	14.3
临沂市	Linyi	26.2	25.8	21.8	16.2	7.3	2.5	14.5
德州市	Dezhou	27.3	25.6	21.1	14.9	4.7	0.7	13.9
聊城市	Liaocheng	26.9	25.3	21.0	15.0	5.2	1.1	13.9
滨州市	Binzhou	27.4	26.0	21.6	15.4	5.3	1.1	14.1
菏泽市	Heze	27.0	26.0	22.0	16.4	6.1	2.5	14.8

12-5 各市降水量(2015年)

Monthly Precipitation by Region(2015)

单位:毫米 (millimeter)

城市名	City	一 月 Jan.	二 月 Feb.	三 月 Mar.	四 月 Apr.	五 月 May	六 月 June
济南市	Jinan	5.7	6.9	2.7	71.2	41.2	48.0
青岛市	Qingdao	6.3	9.2	2.9	46.2	30.4	45.4
淄博市	Zibo	8.1	10.8	3.7	67.3	42.7	39.5
枣庄市	Zaozhuang	9.3	15.8	22.9	65.9	51.6	141.4
东营市	Dongying	9.2	7.3	1.4	53.4	34.7	38.6
烟台市	Yantai	13.5	8.9	1.8	36.7	33.0	31.5
潍坊市	Weifang	8.3	11.9	4.1	71.8	30.8	37.9
济宁市	Jining	6.7	18.5	6.6	97.1	45.4	107.1
泰安市	Tai'an	6.4	16.1	5.0	83.1	40.6	70.6
威海市	Weihai	15.7	16.3	1.3	27.8	61.4	23.9
日照市	Rizhao	3.9	15.2	8.0	38.1	38.7	58.1
莱芜市	Laiwu	4.7	13.6	1.6	81.8	40.6	67.3
临沂市	Linyi	5.6	14.5	10.9	54.1	54.3	108.6
德州市	Dezhou	4.6	11.1	5.3	57.0	36.9	47.0
聊城市	Liaocheng	6.4	10.9	3.1	54.3	47.0	49.4
滨州市	Binzhou	7.2	4.5	3.4	55.5	40.5	40.3
菏泽市	Heze	7.3	19.5	8.2	86.3	42.0	116.8

12-5 续表 continued

单位:毫米 (millimeter)

城市名	City	七 月 July	八 月 Aug.	九 月 Sept.	十 月 Oct.	十一月 Nov.	十二月 Dec.	全 年 Annual Total
济南市	Jinan	118.3	193.2	30.2	7.3	77.5	0.1	602.1
青岛市	Qingdao	69.9	95.0	46.8	25.3	69.3	4.0	450.5
淄博市	Zibo	101.6	201.0	36.9	5.9	112.7	0.3	630.6
枣庄市	Zaozhuang	74.4	125.7	78.0	20.5	113.4	3.8	722.7
东营市	Dongying	181.2	217.5	40.2	5.3	95.5	0.3	684.7
烟台市	Yantai	60.6	166.1	63.9	18.3	93.9	4.4	532.6
潍坊市	Weifang	64.0	102.6	29.2	9.4	89.0	1.4	460.4
济宁市	Jining	116.6	101.7	23.0	21.6	106.4	1.7	652.4
泰安市	Tai'an	106.9	141.5	12.7	16.4	92.0	1.5	592.6
威海市	Weihai	209.6	99.5	27.3	29.1	78.0	12.4	602.3
日照市	Rizhao	69.4	223.8	75.3	17.8	138.7	8.2	695.1
莱芜市	Laiwu	68.6	140.3	18.5	9.6	80.8	0.6	528.0
临沂市	Linyi	88.1	166.0	61.3	14.6	123.0	5.9	707.0
德州市	Dezhou	104.6	227.0	24.8	8.1	72.3	0.3	598.9
聊城市	Liaocheng	76.0	140.6	14.4	7.6	69.7	0.4	479.9
滨州市	Binzhou	147.5	260.9	23.9	7.0	87.4	0.2	678.2
菏泽市	Heze	126.0	94.6	29.7	21.6	104.5	1.0	657.4

12-6 各市日照时数(2015年)
Monthly Sunshine Hours by Region(2015)

单位:小时 (hour)

城市名	City	一 月 Jan.	二 月 Feb.	三 月 Mar.	四 月 Apr.	五 月 May	六 月 June
济南市	Jinan	155.4	163.8	240.4	220.8	261.8	220.8
青岛市	Qingdao	160.4	159.3	234.3	227.2	237.7	220.8
淄博市	Zibo	151.5	158.5	231.2	207.4	235.4	209.1
枣庄市	Zaozhuang	133.2	138.0	181.9	191.6	187.8	155.9
东营市	Dongying	159.5	168.2	245.1	222.9	255.8	232.4
烟台市	Yantai	172.6	178.6	250.5	242.5	273.0	264.6
潍坊市	Weifang	162.0	176.0	254.3	237.3	255.8	244.8
济宁市	Jining	144.1	152.8	208.9	209.0	228.4	184.7
泰安市	Tai'an	149.7	155.7	224.8	210.8	241.6	194.3
威海市	Weihai	174.7	175.3	226.3	231.6	258.0	218.3
日照市	Rizhao	152.0	157.0	229.4	212.1	226.9	192.5
莱芜市	Laiwu	168.1	174.4	234.9	203.3	234.4	167.4
临沂市	Linyi	143.6	159.0	216.5	199.0	218.5	189.9
德州市	Dezhou	158.2	160.9	243.3	219.1	264.1	234.1
聊城市	Liaocheng	144.4	142.8	207.8	202.3	229.9	199.4
滨州市	Binzhou	165.5	166.3	242.1	218.6	258.1	224.0
菏泽市	Heze	134.9	146.9	186.6	207.6	225.8	174.1

12-6 续表 continued

单位:小时 (hour)

城市名	City	七 月 July	八 月 Aug.	九 月 Sept.	十 月 Oct.	十一月 Nov.	十二月 Dec.	全 年 Annual Total
济南市	Jinan	198.4	209.7	179.5	194.4	53.4	136.4	2234.7
青岛市	Qingdao	194.2	208.2	204.1	201.1	85.9	130.4	2263.7
淄博市	Zibo	177.1	190.2	166.9	184.9	57.1	118.7	2087.9
枣庄市	Zaozhuang	165.7	193.0	157.4	188.3	66.4	128.3	1887.3
东营市	Dongying	201.2	207.0	185.0	192.0	62.8	134.5	2266.6
烟台市	Yantai	224.2	219.6	227.5	193.8	77.2	134.3	2458.3
潍坊市	Weifang	207.4	213.0	191.7	207.8	81.1	140.9	2372.2
济宁市	Jining	210.4	219.1	178.9	192.1	54.5	127.4	2110.2
泰安市	Tai'an	207.3	202.2	184.2	204.1	61.8	124.0	2160.6
威海市	Weihai	186.1	192.2	232.7	189.7	96.1	112.5	2293.6
日照市	Rizhao	185.6	208.1	190.9	214.8	87.8	140.5	2197.6
莱芜市	Laiwu	182.0	182.0	167.5	209.4	60.0	145.2	2128.6
临沂市	Linyi	189.1	204.1	174.4	202.8	76.4	140.8	2114.2
德州市	Dezhou	213.8	219.0	178.3	182.2	43.4	128.5	2244.8
聊城市	Liaocheng	181.1	197.1	170.6	180.7	43.5	126.8	2026.2
滨州市	Binzhou	186.3	202.9	180.5	178.5	50.8	126.8	2200.3
菏泽市	Heze	203.1	211.0	171.9	183.0	44.2	124.2	2013.5

12−7 各市土地利用情况（2014年）

Land Use by Region(2014)

单位:公顷 (hectare)

地 区	土地调查面积 Area under Land Survey	农用地 Land for Agriculture Use	建设用地 Land for Construction	城镇村及工矿用地 Land for Urban Village, Mining and Manufacturing	交通用地 Land for Transport Facilities	水利设施用地 Land for Water Conservancy Facilities	未利用地 unutilized land
全省总计	**15790106**	**11548061**	**2792170**	**2353017**	**208503**	**230650**	**1449875**
济南市	799841	541383	164968	141458	11866	11645	93491
青岛市	1128200	805518	243130	201291	22870	18969	79551
淄博市	596492	417829	119986	102913	10306	6767	58677
枣庄市	456353	331040	85972	72593	7516	5863	39341
东营市	824326	424390	137169	91272	11997	33900	262767
烟台市	1385150	1061174	206252	172549	19048	14655	117724
潍坊市	1614314	1159497	305227	262739	19707	22781	149590
济宁市	1118698	773846	186141	153271	14654	18217	158711
泰安市	776141	585588	128349	110574	8955	8819	62204
威海市	579698	443829	87435	77198	6371	3865	48435
日照市	535857	424348	81436	67394	6060	7982	30074
莱芜市	224603	146067	40134	33586	2868	3679	38403
临沂市	1719121	1321676	284150	239692	19560	24898	113296
德州市	1035767	814928	185232	156773	11997	16462	35608
聊城市	862801	696383	155280	140272	10926	4082	11137
滨州市	917219	636475	165338	137216	11332	16790	115406
菏泽市	1215523	964090	215972	192225	12472	11275	35461

12−8 各市湿地面积(2013年)

Area of Wetlands by Region (2013)

地 区	Region	湿地面积(千公顷) Area of Wetlands (1 000 hectares)	天然湿地 Natural Wetlands	近岸及海岸 Coasts and Seashores	河流 Rivers	湖泊 Lakes	沼泽 Marshland	人工湿地 Man-made Wetlands	湿地面积占行政面积比重(%) Proportion of Wetlands in Total Area of Territory (%)
全省总计	**Total**	**1737.50**	**1103.04**	**728.51**	**257.80**	**62.63**	**54.11**	**634.45**	**11.09**
济南市	Jinan	22.01	11.22		10.44	0.25	0.52	10.79	2.68
青岛市	Qingdao	139.97	102.87	84.62	17.94		0.31	37.10	12.84
淄博市	Zibo	13.58	7.56		6.28		1.28	6.02	2.28
枣庄市	Zaozhuang	15.86	8.97		8.97			6.89	3.47
东营市	Dongying	456.77	339.96	277.45	20.59	0.07	41.85	116.81	57.65
烟台市	Yantai	178.75	141.65	127.70	13.25	0.64	0.05	37.11	13.04
潍坊市	Weifang	215.95	106.13	80.92	20.53	0.80	3.88	109.82	13.62
济宁市	Jining	152.36	67.86		20.04	45.74	2.09	84.50	13.48
泰安市	Tai'an	50.72	36.14		19.51	14.69	1.94	14.58	6.53
威海市	Weihai	114.57	85.44	79.03	6.25		0.17	29.13	21.08
日照市	Rizhao	39.21	25.53	19.68	5.85			13.68	7.38
莱芜市	Laiwu	5.70	2.96		2.96			2.74	2.55
临沂市	Linyi	57.64	32.66		32.66			24.98	3.36
德州市	Dezhou	25.94	11.47		11.47			14.47	2.51
聊城市	Liaocheng	15.31	7.11		6.69	0.42		8.20	1.76
滨州市	Binzhou	176.32	72.19	59.11	11.25		1.82	104.13	18.65
菏泽市	Heze	56.82	43.33		43.12	0.01	0.20	13.49	4.57

12-9 造林面积情况
Area of Afforestation

单位:公顷 (hectare)

年份 Year / 地区 Region		造林总面积 Total Area of Afforestation	按造林方式分 By Approach	按林种用途分 By Function of Forest				
			人工造林 Manual Planting	用材林 Timber Forests	经济林 By-product Forests	防护林 Protection Forests	薪炭林 Fuel Forests	特种用途林 Forests for Special Purpose
2000		153389	153389	18007	100769	34268	63	282
2001		135259	135259	19019	84039	32155		46
2002		152597	152597	43671	80066	27670	1098	92
2003		344079	344079	192653	92130	57709	1039	548
2004		262711	262711	134193	53536	74441	233	308
2005		141141	141141	47470	42674	49559	633	805
2006		134423	134423	40421	34252	59193	7	550
2007		156738	156738	49409	26971	68046	66	254
2008		185575	184928	69516	25947	89726	20	366
2009		182171	180529	42463	26172	113067		469
2010		205131	198998	36101	37856	129877		1297
2011		219028	219028	34598	51154	130896		2380
2012		197956	195875	25178	49195	122277		1306
2013		220473	219129	32569	63604	122536		1764
2014		224972	223560	43411	66219	113208		2134
2015		206552	206552	41627	60372	102643		1910
济南市	Jinan	12013	12013	3622	3379	5012		
青岛市	Qingdao	10070	10070	1389	3178	5475		28
淄博市	Zibo	9908	9908	529	2445	6934		
枣庄市	Zaozhuang	11980	11980	1185	4789	5952		54
东营市	Dongying	3597	3597	514	96	2987		
烟台市	Yantai	13562	13562	514	3024	10024		
潍坊市	Weifang	21067	21067	4670	4067	11476		854
济宁市	Jining	15236	15236	1673	6531	6711		321
泰安市	Tai'an	14678	14678	3066	6998	4614		
威海市	Weihai	7173	7173	215	2512	4446		
日照市	Rizhao	6975	6975	2230	2771	1974		
莱芜市	Laiwu	4400	4400	613	1128	2639		20
临沂市	Linyi	22295	22295	4502	10829	6621		343
德州市	Dezhou	13832	13832	5287	908	7496		141
聊城市	Liaocheng	12336	12336	4127	2603	5606		
滨州市	Binzhou	13249	13249	3316	1039	8780		114
菏泽市	Heze	14181	14181	4175	4075	5896		35

12-10 供水用水情况
Water Supply and Water Use

年份 地区 Year Region	供水总量(亿立方米) Water Supply (100 millioncu.m)	地表水 Surface Water	地下水 Ground-water	其他 Others	用水总量(亿立方米) Water Use (100 millioncu.m)	农业 Agricul-ture	工业 Industry	生活 Consump-tion	生态 Ecological Protection
2000	249.46	114.40	131.81	3.25	244.09	179.84	43.65	20.61	
2001	251.61	115.60	133.71	2.30	252.73	187.40	41.92	23.08	0.34
2002	252.39	117.66	132.96	1.77	244.73	192.87	36.59	14.98	0.29
2003	219.34	104.12	113.95	1.27	215.70	162.54	27.96	23.92	1.38
2004	214.88	106.28	107.40	1.20	211.30	160.14	24.81	24.67	1.68
2005	211.02	106.70	102.67	1.65	207.65	161.73	18.38	25.17	2.37
2006	225.53	119.77	103.90	1.86	222.24	175.07	18.93	25.62	2.62
2007	219.55	115.59	101.98	1.98	219.55	164.81	24.12	27.42	3.20
2008	219.89	115.51	101.23	3.15	219.89	162.76	24.69	28.71	3.73
2009	219.99	119.62	97.05	3.33	219.99	161.60	24.70	29.77	3.94
2010	222.47	127.15	91.31	4.01	222.47	159.65	26.84	31.34	4.64
2011	224.05	127.33	89.34	7.38	224.05	154.26	29.72	32.89	7.17
2012	221.79	126.12	89.26	6.41	221.79	154.23	28.10	32.81	6.66
2013	217.94	124.94	86.86	6.15	217.94	149.72	28.86	33.31	6.06
2014	214.52	121.26	85.99	7.28	214.52	146.72	28.64	33.39	5.78
2015	212.77	122.00	83.11	7.65	212.77	143.29	29.59	32.99	6.89
济南市 Jinan	16.05	9.56	5.70	0.79	16.05	8.90	2.27	3.44	1.44
青岛市 Qingdao	8.76	5.68	2.44	0.64	8.76	2.43	1.98	3.73	0.61
淄博市 Zibo	10.69	4.34	6.21	0.14	10.69	5.77	3.17	1.39	0.36
枣庄市 Zaozhuang	6.10	1.48	4.10	0.51	6.10	2.97	1.11	1.56	0.46
东营市 Dongying	10.07	9.10	0.73	0.24	10.07	6.15	2.01	1.41	0.51
烟台市 Yantai	8.69	4.68	4.01		8.69	5.67	1.28	1.74	
潍坊市 Weifang	13.39	4.92	7.85	0.63	13.39	7.65	2.69	2.55	0.51
济宁市 Jining	23.60	12.71	9.27	1.62	23.60	18.47	2.27	2.53	0.34
泰安市 Tai'an	11.51	4.31	5.81	1.39	11.51	6.83	1.76	2.29	0.62
威海市 Weihai	4.06	2.59	1.47		4.06	2.35	0.76	0.92	0.04
日照市 Rizhao	5.11	3.14	1.68	0.29	5.11	2.60	1.25	1.09	0.17
莱芜市 Laiwu	2.77	0.85	1.59	0.34	2.77	1.00	1.17	0.54	0.06
临沂市 Linyi	17.19	12.62	4.56		17.19	11.20	2.05	3.23	0.70
德州市 Dezhou	19.16	12.21	6.84	0.11	19.16	16.28	1.45	1.33	0.10
聊城市 Liaocheng	18.08	9.80	7.91	0.37	18.08	14.36	1.90	1.61	0.21
滨州市 Binzhou	15.41	13.04	1.93	0.44	15.41	12.85	0.98	1.15	0.42
菏泽市 Heze	22.12	10.97	11.02	0.13	22.12	17.81	1.49	2.47	0.35

12-11 水资源情况
Water Resources

年 份 地 区	Year Region	水资源总量(亿立方米) Total Amount of Water Resources (100 millioncu.m)	地 表 水资源量 Surface Water Resources	地下水资源与地表水资源不重复量 Unduplicated Measurement Between Surface Water and Groundwater
2003		489.69	349.29	140.40
2004		349.46	234.51	114.55
2005		415.86	295.85	120.01
2006		199.78	109.56	90.22
2007		387.11	280.19	106.93
2008		328.71	228.96	99.75
2009		284.95	173.80	111.16
2010		309.12	199.08	110.04
2011		347.61	237.49	110.12
2012		274.08	182.17	91.90
2013		291.70	191.07	100.64
2014		148.44	76.61	71.83
2015		168.44	84.30	84.14
济 南 市	Jinan	11.83	5.16	6.67
青 岛 市	Qingdao	2.87	0.71	2.16
淄 博 市	Zibo	7.04	3.35	3.69
枣 庄 市	Zaozhuang	4.59	1.88	2.71
东 营 市	Dongying	5.04	3.65	1.39
烟 台 市	Yantai	17.60	13.80	3.80
潍 坊 市	Weifang	10.99	6.00	4.98
济 宁 市	Jining	13.95	5.27	8.68
泰 安 市	Tai'an	7.92	4.19	3.73
威 海 市	Weihai	6.22	4.08	2.14
日 照 市	Rizhao	6.75	4.78	1.97
莱 芜 市	Laiwu	1.81	0.85	0.96
临 沂 市	Linyi	21.57	17.21	4.36
德 州 市	Dezhou	12.44	2.55	9.89
聊 城 市	Liaocheng	6.63	0.63	6.00
滨 州 市	Binzhou	10.63	6.37	4.26
菏 泽 市	Heze	20.58	3.83	16.75

12-12 1981-2015年主要污染物排放及处理情况
Discharge and Treatment of Major Pollutants from 1981 to 2015

单位:万吨 (10 000 tons)

年 份 Year	废水排放量 Volume of Waste Water Discharged	# 工 业 Industry	二氧化硫排放量 Volume of Sulphur Dioxide Discharged	氮氧化物排放量 Volume of Nitrogen Oxides Discharged	烟(粉)尘排放量 Volume of Soot and Dust Discharged	工业固体废物产生量 Volume of Industrial Solid Waste	工业固体废物综合利用量 Volume of Industrial Solid Waste Utilized
1981	104790	87673	119		77	2522	639
1982	105942	82641	120		97	2615	723
1983	110938	88168	122		85	2559	716
1984	129033	106275	142		117	2743	760
1985	131898	105375	160		120	2748	765
1986	127277	98913	171		129	2860	847
1987	132770	93811	173		116	2848	894
1988	144346	97136	191		128	3325	968
1989	137165	91360	189		130	3610	1117
1990	136573	87631	193		121	3880	1337
1991	137051	88728	204		121	3837	2169
1992	137721	86412	226		125	3941	2410
1993	142322	86350	228		135	4201	2353
1994	147979	87316	225		130	4263	2871
1995	158681	96214	232		130	4484	2899
1996	204200	101018				4652	2824
1997	246100	130918	247		108	5131	3448
1998	234048	117069	226		92	5109	3777
1999	224100	107975	183		71	5166	3877
2000	229000	110324	180		67	5407	4173
2001	235271	115233	172		65	6215	5224
2002	230709	106668	169		62	6559	5704
2003	245782	115933	184		62	6786	6054
2004	264014	128706	182		52	7922	7191
2005	280377	139071	200		62	9175	8683
2006	302637	144365	196		58	11011	10397
2007	334255	166574	182		46	11935	11615
2008	358910	176977	169		44	12988	12173
2009	386731	182673	159		42	14138	13826
2010	436371	208257	154		39	16038	15297
2011	443331	187245	183	179	78	19533	18298
2012	479100	183634	175	174	70	18343	17073
2013	494570	181179	164	165	70	18172	17134
2014	514423	180022	159	159	121	19199	18380
2015	550230	185493	153	142	108	19797	18308

注：1.2011年以前，烟(粉)尘排放量为烟尘排放量。2.从2014年起烟(粉)尘排放量包含无组织排放的烟(粉)尘。

a) Before 2011,the volume of soot and dust discharged only includes the smoke discharged .

b)Since 2014,the volume of soot and dust discharged includes those discharged not through exhaust pipes.

12−13 各市主要污染物排放情况(2015年)

Dicharge of Major Pollutants by Region (2015)

地 区	Region	废水排放量(万吨) Volume of Waste Water Discharged (10 000 tons)	工 业 Industry	生 活 Daily Life	化学需氧量排放量(吨) Volume of COD Discharged (ton)	工 业 Industry	生 活 Daily Life	氨氮排放量(吨) Volume of Ammonia Nitrogen Discharged (ton)	工 业 Industry	生 活 Daily Life
全省总计	**Total**	**550230**	**185493**	**364399**	**1757630**	**125425**	**420274**	**152208**	**9028**	**77865**
济南市	Jinan	39454	7415	32021	107743	5515	34952	9050	360	5976
青岛市	Qingdao	53235	10566	42596	146506	8303	28339	12338	665	6619
淄博市	Zibo	36488	15556	20929	58144	12585	14252	5449	1007	2890
枣庄市	Zaozhuang	22952	9485	13459	49243	5525	16444	5222	328	3446
东营市	Dongying	19738	7819	11914	63512	4347	12192	3832	326	1661
烟台市	Yantai	36784	9762	27000	140274	6955	27518	11695	378	6101
潍坊市	Weifang	56732	27402	29311	161749	18934	25460	15549	1918	5735
济宁市	Jining	45571	16663	28897	130872	8533	34871	12936	353	6331
泰安市	Tai'an	29013	9771	19241	108865	6474	31788	8936	271	5310
威海市	Weihai	15580	2598	12953	30330	1891	10351	4208	139	2860
日照市	Rizhao	16029	6735	9278	42948	4445	12768	4439	206	2687
莱芜市	Laiwu	5923	1654	4267	17980	1071	9094	2025	50	1457
临沂市	Linyi	46572	10830	35730	145679	8216	45110	15753	565	9280
德州市	Dezhou	25852	7930	17825	147325	4288	33519	11960	322	4357
聊城市	Liaocheng	34385	8892	25486	141994	6461	18249	8998	347	3582
滨州市	Binzhou	34994	22522	12459	132422	14335	19855	7694	1345	2408
菏泽市	Heze	30928	9894	21033	132046	7547	45514	12126	450	7165

12−13 续表 continued

地 区	Region	二氧化硫排放量(吨) Volume of Sulphur Dioxide Discharged (ton)	工 业 Industry	生 活 Daily Life	氮氧化物排放量(吨) Volume of Nitrogen Oxides Discharged (ton)	工 业 Industry	生 活 Daily Life	烟(粉)尘排放量(吨) Volume of Soot and Dust Discharged (ton)	工 业 Industry	生 活 Daily Life
全省总计	**Total**	**1525670**	**1220938**	**304515**	**1423884**	**947797**	**71517**	**1083018**	**903511**	**141128**
济南市	Jinan	99652	70327	29270	91614	63781	3629	108643	92900	13828
青岛市	Qingdao	92093	65003	27089	103510	63680	2648	41491	28767	9806
淄博市	Zibo	187611	158349	29261	122601	102510	1144	107991	90347	16000
枣庄市	Zaozhuang	70854	59560	11293	69918	53465	488	36121	29462	5351
东营市	Dongying	49712	47860	1721	39393	27669	865	6903	5156	926
烟台市	Yantai	83196	67531	15664	87590	57241	5369	38699	30316	6458
潍坊市	Weifang	122062	106599	15461	108565	59942	2001	66505	55380	7012
济宁市	Jining	124053	83195	40842	147894	86188	25401	68778	54598	8834
泰安市	Tai'an	79943	43417	36526	59232	34798	10776	23112	16190	5739
威海市	Weihai	41853	24663	17190	39974	24211	2702	16810	12542	2956
日照市	Rizhao	58851	42128	16722	57220	42706	5705	116963	103306	12900
莱芜市	Laiwu	73464	64055	9408	59009	51604	2100	153869	144785	8400
临沂市	Linyi	101823	88976	12847	109666	54734	1980	127225	109750	12359
德州市	Dezhou	80538	69924	10608	58001	38063	1895	48086	39637	7020
聊城市	Liaocheng	71378	70863	515	81882	58194	2005	21809	17749	2657
滨州市	Binzhou	97571	93909	3661	111944	97083	1526	37651	30123	6681
菏泽市	Heze	91018	64581	26437	75870	31930	1285	62363	42504	14201

12-14 各市工业固体废物排放及处理利用情况(2015年)

Emission、Treatment and Utilization of Industrial Solid Wastes by Region(2015)

单位：万吨 (10 000 tons)

地 区	Region	一般工业固体废物产生量 Total Volume of Industrial Solid Waste Produced	一般工业固体废物综合利用量 Total Volume of Industrial Solid Waste Utilized	一般工业固体废物处置量 Volume of Industrial Solid Waste Treated	一般工业固体废物贮存量 Volume of Industrial Wastes in Solid Stocks	危险废物产生量 Hazardous Wastes Produced	危险废物综合利用量 Hazardous Wastes Utilized	危险废物处置量 Hazardous Wastes Disposed
全省总计	**Total**	**19797.0**	**18307.9**	**737.2**	**945.3**	**757.5**	**607.1**	**114.7**
济 南 市	Jinan	856.2	850.9	5.3		16.2	2.9	13.0
青 岛 市	Qingdao	708.0	664.5	28.9	15.4	6.6	1.2	5.3
淄 博 市	Zibo	1696.7	1483.9	140.8	76.9	68.1	44.8	23.2
枣 庄 市	Zaozhuang	698.1	699.8	6.8	2.4	0.2	0.1	0.1
东 营 市	Dongying	354.4	342.7	11.7		17.4	4.0	15.5
烟 台 市	Yantai	2434.3	1905.0	305.5	223.7	196.0	148.3	29.5
潍 坊 市	Weifang	1167.4	1081.2	18.3	77.9	15.2	8.1	5.9
济 宁 市	Jining	1829.5	1674.8	62.4	105.1	228.6	228.0	0.5
泰 安 市	Tai'an	1168.2	1285.4	1.4	14.7	3.0	2.7	0.3
威 海 市	Weihai	348.4	330.2	18.2	5.0	0.9		0.9
日 照 市	Rizhao	818.2	810.5	6.1	1.6	0.6	0.2	0.4
莱 芜 市	Laiwu	1780.1	1725.2	65.5		9.2	8.9	0.2
临 沂 市	Linyi	1536.3	1524.1	11.5	0.7	68.1	46.8	4.1
德 州 市	Dezhou	715.6	706.3	9.4	0.3	50.1	46.9	3.2
聊 城 市	Liaocheng	748.9	729.6	19.5	0.9	41.4	41.3	0.1
滨 州 市	Binzhou	2529.7	2090.4	21.9	420.7	21.5	9.4	11.9
菏 泽 市	Heze	406.9	403.3	3.9		14.4	13.4	0.7

主要统计指标解释

自然资源 指人类可以直接从自然界获得，并用于生产和生活的物质资源。自然资源一般可以分成可再生资源和非再生资源两大类。可再生资源指在较短时间内可以再生、可以循环利用的资源，包括土地资源、水资源、气候资源、生物资源和海洋资源等。非再生资源指在使用后不能再生的资源，包括矿产资源和地热能源。

土地资源 土地指陆地的表层部分，它主要由岩石、岩石的风化物和土壤构成。土地资源按利用类型可以分为农用地、建筑用地和未利用地。农用地包括耕地、园地、林地、牧草地和水面。建筑用地包括居民点及工矿用地、交通用地和水利设施用地。未利用地指农用地和建筑用地以外的土地，包括滩涂、荒漠、戈壁、冰川和石山等。

耕地面积 指经过开垦用以种植农作物并经常进行耕耘的土地面积。包括种有作物的土地面积、休闲地、新开荒地和抛荒未满三年的土地面积。

森林资源 指森林、林木、林地以及依托森林、林木、林地生存的野生动物、植物和微生物。林木指树木和竹子。森林指以乔木为主体的植物群落，是集生的乔木及与共同作用的植物、动物、微生物和土壤、气候等的总体。

森林面积 指由乔木树种构成，郁闭度 0.2 以上(含 0.2)的林地或冠幅宽度 10 米以上的林带的面积，即有林地面积。森林面积包括天然起源和人工起源的针叶林面积、阔叶林面积、针阔混交林面积和竹林面积，不包括灌木林地面积和疏林地面积。

水资源 水在自然界中以固体、液体和气态三种聚集状态存在，分布于海洋、陆地(包括土壤)以及大气之中，通过水循环形成水资源。水资源包括经人类控制并直接可供灌溉、发电、给水、航运、养殖等用途的地表水和地下水，以及江河、湖泊、井、泉、潮汐、港湾和养殖水域等。水资源是发展国民经济不可缺少的重要自然资源。

地表水和地下水 陆地上的水因空间分布不同，分为地表水和地下水。地表水指分别存在于河流、湖泊、沼泽、冰川和冰盖等水体中水分的总称，又称陆地水。地下水指储存在地面以下饱和岩土孔隙、裂隙及溶洞中的水。

水资源总量 指评价区内降水形成的地表和地下产水总量，即地表产流量与降水入渗补给地下水量之和，不包括过境水量。

地表水资源量 指评价区内河流、湖泊、冰川等地表水体中可以逐年更新的动态水量，即当地天然河川径流量。

地下水资源量 指评价区内降水和地表水对饱水岩土层的补给量，包括降水入渗补给量和河道、湖库、渠系、渠灌田间等地表水体的入渗补给量。

内陆水域总面积 指江、河、湖泊、池塘、塘堰、水库等各种流水或蓄水的水面占地面积。

海　洋 是海和洋的统称。洋为地球表面上相连接的广大咸水水体的主体部分。海为地球表面相连接的广大咸水水体被陆地、岛礁、半岛包围或分隔的边缘部分。

海水可养殖面积 指利用滩涂、浅海、港湾进行鱼、虾、蟹、贝、藻等海水经济动植物的人工养殖的水面面积。

径　流 指陆地上接受降水后扣除损耗外，从地表和地下向流域出口断面汇集的水流。径流可分为地表径流、地下径流和壤中流。地表径流指沿地表向河流、湖泊、沼泽、海洋等汇集的水流；地下径流指沿潜水层或隔水层间的含水层，向河流、湖泊、沼泽、海洋等汇集的地下水水流。

径流量 指在一定时段内通过河流某一过水断面的水量，用以反映一个国家或地区水资源的丰歉程度。计算公式为：

径流量=降水量−蒸发量

矿产资源 矿产指由地质作用形成，富集于地壳中或出露于地表达到工农业利用要求的有用矿物。矿产是一种重要的自然资源，是社会发展的重要物质基础。

矿产基础储量 基础储量是查明矿产资源的一部分。它能满足现行采矿和生产所需的指标要求，是控制的、探明的并通过可行性或预可行性研究认为属于经济的、边界经济的部分，用未扣除设计、采矿损失的数量表示。

气　温 指空气的温度，我国一般以摄氏度(℃)为单位表示。气象观测的温度表是放在离地面约 1.5 米处通风良好的百叶箱里测量的，因此，通常说的气温指的是离地面 1.5 米处百叶箱中的温度。其统计计算方法为：

月平均气温是将全月各日的平均气温相加，除以该月的天数而得。

年平均气温是将 12 个月的月平均气温累加后除以 12 而得。

相对湿度 指空气中实际所含水蒸气密度和同温度下饱和水蒸气密度的百分比值。其统计方法与气温相同。

降水量 指从天空降落到地面的液态或固态(经融化后)水，未经蒸发、渗透、流失而在地面上积聚的深度。其统计计算方法为：

月降水量是将全月各日的降水量累加而得。

年降水量是将 12 个月的月降水量累加而得。

日照时数 指太阳实际照射地面的时间。其统计方法与降水量相同。

工业废水排放量　指报告期内经过企业厂区所有排放口排到企业外部的工业废水量。包括生产废水、外排的直接冷却水、废气治理设施废水、超标排放的矿井地下水和与工业废水混排的厂区生活污水，不包括独立外排的间接冷却水（清浊不分流的间接冷却水应计算在内）。

城镇生活污水排放量　指城镇居民每年排放的生活污水。用人均系数法测算。测算公式为：

$$\frac{\text{生活污水}}{\text{排放量}}=\frac{\text{城镇生活污水}}{\text{排放系数}}\times\frac{\text{市镇非}}{\text{农业人口}}\times 365$$

城镇生活污水中化学需氧量(COD)产生量　指城镇居民每年排放的生活污水中的COD的产生量。用人均系数法测算。测算公式为：

$$\frac{\text{城镇生活污水}}{\text{中}COD\text{排放量}}=\frac{\text{城镇生活污水中}}{COD\text{产生系数}}\times\frac{\text{市镇非}}{\text{农业人口}}\times 365$$

化学需氧量（COD）　测量有机和无机物质化学分解所消耗氧的质量浓度的水污染指数。

工业废气排放量　指报告期内企业厂区内燃料燃烧和生产工艺过程中产生的各种排入大气的含有污染物的气体的总量，以标准状态(273K，101325Pa)计算。测算公式为：

$$\frac{\text{工业废气}}{\text{排放量}}=\frac{\text{燃料燃烧过程}}{\text{中废气排放量}}+\frac{\text{生产工艺过程}}{\text{中废气排放量}}$$

二氧化硫排放量　指报告期内企业在燃料燃烧和生产工艺过程中排入大气的二氧化硫总质量。工业中二氧化硫主要来源于化石燃料（煤、石油等）的燃烧，还包括含硫矿石的冶炼或含硫酸、磷肥等生产的工业废气排放。

氮氧化物排放量　指报告期内企业在燃料燃烧和生产工艺过程中排入大气的氮氧化物总质量。

烟（粉）尘排放量　指报告期内企业在燃料燃烧和生产工艺过程中排入大气的烟尘及工业粉尘的总质量之和。烟尘或工业粉尘排放量可以通过除尘系统的排风量和除尘设备出口烟尘浓度相乘求得。

一般工业固体废物产生量　指未被列入《国家危险废物名录》或者根据国家规定的危险废物鉴别标准（GB5085）、固体废物浸出毒性浸出方法（GB5086）及固体废物浸出毒性测定方法（GB／T 15555）鉴别方法判定不具有危险特性的工业固体废物。

一般工业固体废物综合利用量　指报告期内企业通过回收、加工、循环、交换等方式，从固体废物中提取或者使其转化为可以利用的资源、能源和其他原材料的固体废物量（包括当年利用的往年工业固体废物累计贮存量）。如用作农业肥料、生产建筑材料、筑路等。综合利用量由原产生固体废物的单位统计。

一般工业固体废物处置量　指报告期内企业将工业固体废物焚烧和用其他改变工业固体废物的物理、化学、生物特性的方法，达到减少或者消除其危险成分的活动，或者将工业固体废物最终置于符合环境保护规定要求的填埋场的活动中，所消纳固体废物的量。

一般工业固体废物贮存量　指报告期内企业以综合利用或处置为目的，将固体废物暂时贮存或堆存在专设的贮存设施或专设的集中堆存场所内的量。

危险废物　指列入国家危险废物名录或根据国家规定的危险废物鉴别标准和鉴别方法认定的，具有爆炸性、易燃性、易氧化性、毒性、腐蚀性、易传染疾病等危险特性之一的废物。

危险废物产生量　指报告期内调查对象实际产生的危险废物的量。危险废物指列入国家危险废物名录或者根据国家规定的危险废物鉴别标准和鉴别方法认定的，具有爆炸性、易燃性、易氧化性、毒性、腐蚀性、易传染性疾病等危险特性之一的废物。

危险废物综合利用量　指报告期内调查对象从危险废物中提取物质作为原材料或者燃料的活动中消纳危险废物的量。包括本单位利用或委托、提供给外单位利用的量。

危险废物处置量　指报告期内企业将危险废物焚烧和用其他改变工业固体废物的物理、化学、生物特性的方法，达到减少或者消除其危险成分的活动，或者将危险废物最终置于符合环境保护规定要求的填埋场的活动中，所消纳危险废物的量。处置量包括处置本单位或委托给外单位处置的量。

Explanatory Notes on Main Statistical Indicators

Natural Resources refers to material resources that could be obtained from the nature by human being and used for production and living. Natural resources in general can be classified as renewable resources and non-renewable resources. Renewable resources refer to resources that could be renewed and recycled during a relatively short period of time, including land resource, water resource, climate resource, biology resource and marine resource. Non-renewable resources include resources that could not be renewed, such as minerals and geothermal resource.

Land Resources refers to the surface of the earth, consisting of mainly rocks and its weathering and earth. Land resource can be classified, by its utilization, as land for agriculture, land for construction and unused land. Land for agriculture includes cultivated land, plantation land, forestland, grassland and waters. Land for construction includes land for residential purpose, for manufacturing and mining, for transportation and for water-conservancy projects. Unused land refers to land other than land for agriculture and construction, including beaches, deserts, Gobi, glaciers and rock mountains.

Area of Cultivated Land refers to area of land reclaimed for the regular cultivation of various farm crops, including crop-cover land, fallow, newly reclaimed land and land laid idle for less than 3 years.

Forest Resource refers to forests, trees, forestland and wild animals, plants and microorganism that live on forest and trees. Trees include trees and bamboo. Forest refers to the population of clusters of trees and other plants, animals and microorganism as well as the earth and climate that have interactions with the trees.

Forest Area refers to the area of forest where trees and bamboo grow with canopy density above 0.2, including land of natural woods and planted woods, but excluding bush land and thin forest land. It reflects the total areas of afforestation.

Water Resource refers to water that exists in the nature in solid, liquid and gaseous states, is distributed in the ocean, land (including earth) and air, and constitutes the water resource through the circulation of water. Water resource includes the surface water and underground water that is controlled by the human being for irrigation, power-generation, water supply, navigation and cultivation. It also includes rivers, lakes, wells, springs, tides, gulf and water area for cultivation. Water resource as an important natural resource is indispensable for the development of the national economy.

Surface Water and Underground Water Water on earth can be divided into surface water and underground water according to its distribution. Surface water refers to moisture exists in rivers, lakes, swamps, glaciers, icecaps and so on. It is also called land water. The underground water refers to water deposited underground in the cranny and the hole of saturated rock soil and in the water-eroded cave.

Total Water Resources refers to total volume of water resources measured as run-off for surface water from rainfall and recharge for groundwater in a given area, excluding transit water.

Surface Water Resources refers to total renewable resources which exist in rivers, lakes, glaciers and other collectors from rainfall and are measured as run-off of rivers.

Groundwater Resources refers to replenishment of aquifers with rainfall and surface water.

Inland Water Area refers to water area of rivers, lakes, ponds, reservoir, etc.

Ocean is the general name for sea and ocean. Ocean refers to the main body of large salt water connected with the earth. Sea refers to the edge areas of the salt water on the earth that are comparted or surrounded by land, island, reef or peninsula.

Marine Cultivatable Areas refer to water areas in beach, shallow sea and lough that are used to breed marine cash propagation, such as fish, shrimp, crab, shellfish, alga and so on.

Runoff refers to the water gathered at the way out of the cross section of drainage area either from the surface or underground after deducting the wastage of the precipitation on the land. Runoff can be divided into surface runoff, underground runoff and within soil runoff. Surface runoff refers to water flow to the rivers, lakes, swamps, and seas on the surface of the earth. Underground runoff refers to water flow to rivers, lakes, swamps, and seas through the water-bearing stratum of confined layer or unconfined layer.

Volume of Runoff refers to the total volume of water running through a certain cross section of a river during a certain period of time, reflecting the water resource condition in a country or a region. The formula for calculating volume or runoff is as follows:

Runoff =Precipitation-Evaporation

Mineral Resources refer to useful minerals that can be used for industrial or agricultural purposes enriched in lithosphere or on earth due to the geological process. Minerals are important natural resources, and important material base for social development.

Ensured Mineral Reserves refer to the actual mineral reserves, which equal to the proven mineral reserves (including industrial reserves and prospective reserves) minus extracted parts and underground losses.

Temperature refers to the air temperature. China uses centigrade as the unit. The thermometry used for weather observation is put in a breezy shutter, which is 1.5 meters high from the ground. Therefore, the commonly used temperature refers to the temperature in the breezy shutter 1.5 meters away from the ground. The calculation method is as follows:

Monthly Average Temperature is the summation of average daily temperature of one month divided by the actual days of that particular month.

Annual Average Temperature is the summation of monthly average of a year divided by 12 months.

Relative Humidity refers to the ratio of actual water vapor pressure to the saturation water vapor density under the current temperature. The statistical method is the same as that of temperature.

Volume of Precipitation refers to the deepness of liquid state or solid state (thawed) water falling from the sky to the ground that has not been evaporated, infiltrated or run off. The calculation method is as follows:

Monthly precipitation is the summation of daily precipitation of a month.

Annual precipitation is the summation of 12 months precipitation of a year.

Sunshine Hours refer to the actual hours of sun irradiating the earth. The calculation method is the same as that of the precipitation.

Industrial Waste Water Discharged Refers to the volume of industrial waste water discharged through all of the drainage system to the outside of factory complex by enterprises during the report period. It includes discharged waste water from production, direct cooling water, waste gas treatment facilities, mine groundwater beyond the standard and domestic sewage mixed with industrial waste water, does not include independently discharged indirect cooling water (voicing split-less indirect cooling water should be taken into account).

Urban Non industrial Waste Water Discharge refers to annual discharge of non-industrial waste water by urban households. It is estimated by per ca pita coefficient using the formula:

$$\begin{matrix}\text{Urban non - industrial}\\ \text{waste water discharge}\end{matrix} = \begin{matrix}\text{urban non - industrial waste}\\ \text{water discharge coefficient}\end{matrix} \times \begin{matrix}\text{urban non - agricultural}\\ \text{population}\end{matrix} \times 365$$

Volume of Chemical Oxygen Demand (COD) Generated by Urban Non-industrial Waster Water refers to chemical oxygen demand generated through the annual discharge of non-industrial waste water by urban households. It is estimated as:

$$\begin{matrix}\text{Volume of chemical oxygen}\\ \text{demand (cod) generated}\\ \text{by urban non - industrial}\\ \text{waster water}\end{matrix} = \begin{matrix}\text{Coefficient of COD}\\ \text{generated through urban}\\ \text{non - industrial waste water}\end{matrix} \times \begin{matrix}\text{urban}\\ \text{non - agricultural}\\ \text{population}\end{matrix} \times 365$$

Chemical Oxygen Demand (COD) refers to index of water pollution measuring the mass concentration of oxygen consumed by the chemical breakdown of organic and inorganic matter.

Industrial Waste Air Emission refers to discharge into atmosphere of waste air containing pollutants generated from fuel burning and production process in enterprises within a given period of time. It is calculated at standard status (273K, 101325Pa) as:

$$\begin{matrix}\text{Industrial waste}\\ \text{air emission}\end{matrix} = \begin{matrix}\text{emission through}\\ \text{fuel burning}\end{matrix} + \begin{matrix}\text{emission through}\\ \text{production process}\end{matrix}$$

SO2 Emission refers to the total volume of SO2 discharged into air during the process of fuel combustion and industrial production in enterprises in a given time, and is mainly caused by the combustion of fossil fuel, ore smelting and the production of sulphuric acid and phosphate fertilizers.

Nitrogen Oxides Emission refers to the total volume of nitrogen oxides discharged into air during the process of fuel combustion and industrial production.

Industrial Soot and Dust Emission refers to volume of soot and dust in smoke emitted in process of fuel burning and industrial production in premises of enterprises in the report period. It is calculated by multiplying exhaust volume of dust removal system by dust concentration.

Common Industrial Solid Wastes Produced refers to the industrial solid wastes not listed in the《National Catalogue of Hazardous Wastes》, or not regarded as hazardous according to the national hazardous waste identification standards (GB5085) ,solid waste-extraction procedure for leaching toxicity (GB5086), or solid waste-extraction procedure for leaching toxicity (GB/T 15555).

Common Industrial Solid Wastes Comprehensively Utilized refers to volume of solid wastes from which useful materials can be extracted or which can be converted into usable resources, energy or other materials by means of reclamation, processing, recycling and exchange (including utilizing in the year the stocks of industrial solid wastes of the previous year) during the report period, e.g. Examples of such utilization include fertilizers, building materials and road materials. The information shall be collected by the producing units of the wastes.

Common industrial Solid Wastes Disposed refers to the quantity of solid wastes which are burnt or specially disposed using other methods to alter the physical, chemical and biological properties and thus to reduce or eliminate hazards, or placed ultimately in the sites meeting the requirements for environmental protection during the report period.

Stock of Common Industrial Solid Wastes refers to the volume of sold wastes placed in special facilities or special sites by enterprises for purposes of utilization or disposal during the report period.

Hazardous Wastes refers to those included in the national hazardous wastes catalog or specified as any one of the following properties in the national hazardous wastes identification standards: explosive, ignitable, oxidizable, toxic, corrosive or liable to cause infectious diseases or lead to other dangers.

Hazardous Wastes Produced refers to the volume of actual hazardous wastes produced by surveyed samples throughout the year of the survey. Hazardous wastes refers to those included in the national hazardous wastes catalog or specified as any one of the following properties in light of the national hazardous wastes identification standards and methods: explosive, ignitable, oxidizable, toxic, corrosive, or liable to cause infectious diseases or lead to other dangers.

Hazardous Wastes Comprehensive Utilized refers to the volume of hazardous wastes that are used to extract materials for raw materials or fuel throughout the year of survey, including those utilized by the producing enterprises and those provided to other enterprises for utilization.

Hazardous Wastes Disposed refers to the quantity of hazardous wastes that are burnt or specially disposed using other methods to alter the physical, chemical and biological properties and thus to reduce or eliminate the hazard, or placed in the site meeting the requirement for environmental protection during the report period. The quantity includes all the hazardous wastes produced by the surveyed samples.

第13篇

农　　业

Agriculture

简 要 说 明

一、本篇资料的主要内容

本篇资料反映了全省农业生产和农村经济的基本情况，主要包括农林牧渔业总产值、增加值、耕地、主要农产品产量、农业机械年末拥有量、农村电气化和农业化学化情况以及农田水利建设等方面的统计资料。

二、本篇资料的来源

1、地类面积资料来源于省国土资源厅，由省统计局农村处整理提供。

2、灌溉面积资料来源于省水利厅，由省统计局农村处整理提供。

3、渔业生产资料来源于省海洋与渔业厅，由省统计局农村处整理提供。

4、林业生产资料来源于省林业厅，由省统计局农村处整理提供。

5、粮食生产情况由山东调查总队农业调查处整理提供。

6、农业机械资料来源于省农机局，由省统计局农村处整理提供。

7、其余资料来源于农村综合统计年报，由省统计局农村处整理提供。

三、本篇资料的统计范围和统计口径

本篇资料的统计范围包括省内所属的各种经济类型、各个系统的全部农林牧渔业生产单位以及各非农行业附属的农林牧渔业生产活动单位。军委系统的农业生产（除军马外）也包括在内，但不包括农业科学试验机构进行的农业生产。

Brief Introduction

I. Content

Data in this chapter show the basic conditions of agricultural production and rural economy, mainly including agricultural output, value added, cultivated land, output of main agricultural produces, agricultural machinery, electrification and chemistry in rural areas and basic construction on irrigation and drainage.

II. Source of Data

1. Data on land are provided by the Department of Land and Resources of Shandong Province.

2. Data on irrigated area are provided by the Water Resources Department of Shandong Province.

3. Data on fishery production means are provided by the Department of Ocean and Fisheries of Shandong Province.

4. Data on forestry production means are provided by the Department of Forestry of Shandong Province.

5. Data on grain output are provided by the Division of Agriculture Survey of the National Bureau of Statistics in Shandong.

6. Data on agricultural machinery are provided by the Department of Agricultural Machinery Supervision of Shandong Province.

7. Other data in this chapter are based on the statistical reporting summary tables of countryside statistics.

III. Scope and Coverage of Statistics

The coverage of the comprehensive statistical reporting includes all productive units of farming, forestry, animal husbandry and fishery and those related non-agricultural affiliated units with various ownership and the activities of horse raising for military purpose and those undertaken by agricultural research institutions are excluded.

13-1 主要年份农林牧渔业总产值

Gross Output Value of Farming,Forestry, Animal Husbandry and Fishery in Major Years

单位:亿元 (100 million yuan)

年 份 Year	农林牧渔业总产值 Gross Output Value of Farming, Forestry,Animal Husbandry and Fishery	农 业 Farming	种植业 Planting	林 业 Forestry	牧 业 Animal Husbandry	渔 业 Fishery	农林牧渔服务业 Farming,Forestry, Animal Husbandry and Fishery Service
1949	20.07	18.01	16.01	0.12	1.66	0.28	
1952	40.00	35.05	31.16	0.25	3.98	0.72	
1955	44.97	40.05	35.40	0.66	3.37	0.89	
1957	36.44	31.21	30.36	0.87	3.54	0.82	
1962	38.32	32.77	32.71	0.26	4.09	1.20	
1965	50.49	42.88	42.79	0.55	5.76	1.30	
1970	66.78	55.75	55.62	0.90	8.14	1.99	
1975	93.43	75.85	75.64	2.65	12.33	2.60	
1976	100.36	80.37	80.12	2.60	14.24	3.15	
1977	99.27	78.83	78.40	2.10	14.72	3.62	
1978	102.22	84.77	83.71	1.81	12.19	3.45	
1979	135.92	113.34	111.33	2.04	16.61	3.93	
1980	160.91	128.81	126.22	4.52	23.43	4.15	
1981	198.50	155.62	151.83	4.91	33.04	4.94	
1982	218.51	171.58	167.98	7.22	34.12	5.59	
1983	259.50	208.75	202.87	8.48	36.21	6.06	
1984	310.11	245.19	236.64	8.60	48.20	8.12	
1985	335.42	248.17	236.62	11.07	62.82	13.36	
1986	361.19	269.51	255.92	12.67	62.84	16.17	
1987	413.18	313.76	299.05	12.11	64.15	23.16	
1988	494.53	331.59	313.98	14.80	108.07	40.07	
1989	547.66	366.24	347.61	14.28	124.71	42.43	
1990	645.75	419.50	397.85	20.45	150.19	55.61	
1991	779.18	491.76	471.53	22.19	186.52	78.71	
1992	815.62	462.58	437.03	23.73	215.73	113.58	
1993	944.99	526.66	511.48	28.24	239.90	150.19	
1994	1282.25	660.13	649.84	36.78	348.78	236.56	
1995	1678.16	931.89	922.96	41.81	433.62	270.84	
1996	1962.12	1090.64	1078.05	49.97	512.60	308.91	
1997	2058.32	1137.19	1107.33	49.86	550.58	320.69	
1998	2174.54	1219.85	1184.65	45.91	583.40	325.38	
1999	2202.95	1254.87	1232.44	44.93	572.95	330.20	
2000	2294.35	1300.44	1280.12	47.62	599.17	347.12	
2001	2453.96	1401.34	1385.22	47.22	654.71	350.69	
2002	2526.05	1420.88	1402.81	48.25	698.44	358.48	
2003	2902.45	1599.32		53.70	831.34	370.04	48.05
2004	3453.91	1891.73		59.49	1022.84	426.09	53.76
2005	3741.81	2033.95		57.57	1125.04	465.52	59.73
2006	4058.62	2283.29		65.48	1025.37	522.94	161.54
2007	4766.23	2604.07		81.98	1313.00	580.35	186.83
2008	5612.96	2895.68		102.24	1704.90	686.28	223.87
2009	6003.09	3223.99		101.27	1683.83	747.42	246.58
2010	6650.94	3670.07		86.53	1774.46	847.37	272.52
2011	7409.75	3843.62		99.96	2171.92	999.11	295.14
2012	7945.76	3960.62		107.01	2285.92	1267.07	325.14
2013	8749.99	4509.88		120.30	2358.99	1397.42	363.40
2014	9198.26	4765.78		131.53	2418.30	1481.75	400.90
2015	9549.63	4929.85		139.91	2523.24	1524.74	431.89

注:本表绝对数按当年价格计算。
a)Data are caculated at current prices.

13-2 主要年份农林牧渔业总产值指数(以1952年为100)

Indices of Farming,Forestry,Animal Husbandry and Fishery in Major Years(1952=100)

年 份 Year	农林牧渔业总产值 Indices of Farming,Forestry, Animal Husbandry and Fishery	农 业 Farming	种植业 Planting	林 业 Forestry	牧 业 Animal Husbandry	渔 业 Fishery	农林牧渔服务业 Farming,Forestry, Animal Husbandry and Fishery Service
1949	57.7	59.1	59.1	56.9	48.0	44.2	
1952	100.0	100.0	100.0	100.0	100.0	100.0	
1955	108.1	109.9	109.3	256.9	81.3	118.4	
1957	94.2	92.1	100.8	360.8	91.9	118.4	
1962	65.5	63.9	71.8	70.6	70.0	114.3	
1965	99.8	96.7	108.6	174.5	114.3	142.9	
1970	123.5	117.7	132.1	264.7	151.2	204.8	
1975	163.2	151.2	169.6	745.1	216.5	252.4	
1976	166.9	152.6	171.1	692.2	237.8	291.8	
1977	164.8	149.4	167.1	556.9	245.5	334.7	
1978	177.1	160.6	178.2	680.4	253.4	383.7	
1979	193.9	177.1	195.7	637.3	287.2	338.8	
1980	212.1	190.0	209.7	680.4	347.4	375.5	
1981	218.8	198.2	218.1	627.5	352.9	336.1	
1982	239.2	215.3	236.9	1043.1	373.1	383.0	
1983	273.7	253.2	275.9	988.2	386.1	399.3	
1984	326.0	302.4	326.8	1109.8	462.2	449.7	
1985	338.2	306.5	326.8	1427.5	520.9	491.8	
1986	339.2	304.4	321.2	1380.4	539.2	566.0	
1987	366.3	331.7	350.4	1364.7	551.7	681.6	
1988	378.6	324.4	337.3	1325.5	703.9	887.8	
1989	383.5	321.8	333.9	1259.2	768.7	959.7	
1990	404.2	335.6	345.3	1235.3	823.3	1150.7	
1991	452.3	370.2	384.0	1315.6	922.9	1393.5	
1992	455.9	345.4	352.9	1380.1	985.7	1721.0	
1993	510.6	381.0	399.8	1526.4	1080.3	2103.1	
1994	578.0	411.1	436.2	1770.6	1295.3	2523.7	
1995	629.4	441.9	471.1	1839.7	1463.7	2720.5	
1996	675.3	478.1	507.4	2141.6	1551.5	2902.8	
1997	707.0	490.1	506.4	2154.4	1716.0	2975.4	
1998	777.0	589.3	562.1	2068.2	1915.1	3121.2	
1999	819.7	615.2	599.2	2072.3	2045.3	3345.9	
2000	851.7	639.8	625.6	2200.8	2155.7	3362.6	
2001	885.8	666.0	655.6	2064.4	2315.2	3315.5	
2002	895.5	649.4	637.2	1971.5	2472.6	3391.8	
2003	944.8	691.6		2121.3	2613.5	3449.5	111.5
2004	998.7	732.4		2138.3	2772.9	3601.3	108.0
2005	1050.6	761.0		2059.2	2975.3	3842.6	109.2
2006	1105.2	802.1		2279.5	3106.2	3992.5	118.8
2007	1141.7	829.4		2457.3	3131.0	4180.1	110.8
2008	1199.9	859.3		2798.9	3315.7	4426.7	113.3
2009	1251.5	882.5		3076.0	3488.1	4701.2	110.1
2010	1296.6	904.6		3380.5	3624.1	4931.6	109.9
2011	1345.9	939.9		3694.9	3714.7	5148.6	107.2
2012	1409.2	963.4		3820.5	4000.7	5359.7	107.7
2013	1462.7	1005.8		4164.3	4084.7	5536.6	109.5
2014	1521.2	1052.1		4568.3	4182.7	5686.1	109.3
2015	1586.6	1101.5		4938.3	4312.4	5868.1	108.5

注：本表按可比价格计算；农林牧渔服务业指数以上年为100。

a)Data are caculated at constant prices.Indices of Farming,Forestry,Animal Husbandry and Fishery service in preceding year is considered as 100%.

13-3 农林牧渔业总产值

Gross Output Value of Farming,Forestry,Animal Husbandry and Fishery

单位:亿元 (100 million yuan)

类 别	Category	2012	2013	2014	2015	2015为2014% 2014=100
农林牧渔业总产值	**Gross Output Value of Farming,Forestry, Animal Husbandry and Fishery**	**7945.76**	**8749.99**	**9198.26**	**9549.63**	**104.3**
一、农业产值	**Output Value of Farming**	**3960.62**	**4509.88**	**4765.78**	**4929.85**	**104.7**
1.谷物及其他作物	Cereal and Other Corps	1661.44	1793.18	1848.01	1829.44	102.5
#粮食	Grain	975.27	1056.32	1096.23	1084.21	102.6
油料	Oil	215.29	223.22	212.97	211.83	98.2
棉花	Cotton	203.94	186.25	198.07	190.36	84.8
2.蔬菜园艺作物	Vegetable Gardening Crops	1371.95	1671.01	1816.19	1937.52	105.1
#蔬菜(含菜用瓜)	Vegetables	1295.32	1582.00	1725.68	1836.98	103.9
3.水果坚果饮料	Fruit and Nut Beverages	883.64	997.64	1049.29	1104.32	107.7
#水果坚果(含果用瓜)	Fruit and Nut	870.31	972.23	1022.55	1077.18	106.8
4.中药材	Chinese Herbal Medicines	43.59	48.05	52.29	58.56	109.7
二、林业产值	**Output Value of Forestry**	**107.01**	**120.30**	**131.53**	**139.91**	**108.1**
1.林木的培育和种植	Trees Cultivation and Planting	45.92	51.21	55.99	58.56	106.7
2.竹木采运	Bamboo Logging and Transport	20.47	23.40	25.42	27.54	111.2
3.林产品	Forestry Products	40.62	45.69	50.12	53.81	108.1
三、牧业产值	**Output Value of Animal Husbandry**	**2285.92**	**2358.99**	**2418.30**	**2523.24**	**103.1**
1.牲畜饲养	Livestock Feeding	429.49	454.75	478.96	499.74	106.0
2.猪的饲养	Pig Feeding	924.44	947.43	933.19	968.69	98.3
3.家禽的饲养	Poultry Feeding	727.46	729.50	757.29	781.66	105.5
#肉禽	Poultry for Eating	363.63	362.10	349.36	353.60	103.7
禽蛋	Egg of Poultry	363.82	367.39	407.93	428.06	107.1
4.狩猎和捕捉动物	Animal Hunting and Trapping	1.35	1.59	1.68	1.79	105.7
5.其他畜牧业	Other Animal Husbandry	203.18	225.72	247.18	271.36	108.7
四、渔业产值	**Output Value of Fishery**	**1267.07**	**1397.42**	**1481.75**	**1524.74**	**103.2**
1.海水产品	Seawater Aquatic Products	1007.95	1112.64	1186.63	1222.52	103.8
2.内陆水域水产品	Inland waterways Aquatic Products	259.12	284.77	295.12	302.22	100.6
五、农林牧渔服务业产值	**Output Value of Farming,Forestry,Animal Husbandry and Fishery Service**	**325.14**	**363.40**	**400.90**	**431.89**	**108.5**

注:本表绝对数按当年价格计算,速度按可比口径及价格计算。

a)Absolute data in the table are calculated at current prices, the speed are caculated at constant price and caliber.

13-4 各市农林牧渔业总产值(2015年)
Gross Output Value of Farming,Forestry,Animal Husbandry and Fishery by Region(2015)

单位:万元 (10 000 yuan)

地 区	Region	农林牧渔业总产值 Output Value of Farming,Forestry, Animal Husbandry and Fishery	农业产值 Output Value of Farming	林业产值 Output Value of Forestry	牧业产值 Output Value of Animal Husbandry	渔业产值 Output Value of Fishery	农林牧渔服务业产值 Output Value of Services to Farming, Forestry,Animal Husbandry and Fishery
全省总计	**Total**	**95496309**	**49298543**	**1399078**	**25232372**	**15247402**	**4318914**
济南市	Jinan	5446768	3443905	131425	1620087	65475	185876
青岛市	Qingdao	6601353	3375921	27106	1624718	1300632	272977
淄博市	Zibo	2610553	1735769	146023	598064	55771	74926
枣庄市	Zaozhuang	3069897	2032101	29450	770005	79488	158853
东营市	Dongying	2518597	1041650	22906	630644	595627	227770
烟台市	Yantai	8102558	4030508	158892	1388529	2241285	283344
潍坊市	Weifang	9360081	5310756	72122	3132371	495600	349232
济宁市	Jining	9089699	5410329	120173	2646814	558080	354303
泰安市	Tai'an	4962827	2710056	73424	1782541	143879	252926
威海市	Weihai	4415092	1197766	10492	810008	2240658	156168
日照市	Rizhao	2562857	1212056	33911	677329	531110	108451
莱芜市	Laiwu	969453	603043	29025	304068	15064	18253
临沂市	Linyi	6451892	4193404	226316	1652873	178662	200637
德州市	Dezhou	6392796	3561147	143398	2185598	206698	295955
聊城市	Liaocheng	5952167	4278128	33140	1409932	109987	120980
滨州市	Binzhou	4495838	2318876	91688	1253891	571638	259745
菏泽市	Heze	4937847	3185197	105668	1364453	128356	154173

13-5 各市农林牧渔业增加值(2015年)
Added Value of Farming,Forestry, Animal Husbandry and Fishery by Region(2015)

单位:万元 (10 000 yuan)

地 区	Region	增加值 Added Value	农业 Farming	林业 Forestry	牧业 Animal Husbandry	渔业 Fishery	农林牧渔服务业 Services to Farming, Forestry,Animal Husbandry and Fishery
全省总计	**Total**	**51828978**	**29008203**	**984042**	**10436864**	**9361685**	**2038184**
济南市	Jinan	3149865	2101438	99578	808168	44689	95992
青岛市	Qingdao	3790597	2059558	14785	757736	807738	150779
淄博市	Zibo	1487141	1050991	89999	280431	27442	38278
枣庄市	Zaozhuang	1629751	1181578	16904	293504	49100	88665
东营市	Dongying	1266910	648812	11262	244356	273071	89409
烟台市	Yantai	4573184	2362501	100804	734162	1211019	164698
潍坊市	Weifang	4763653	3168555	44322	1099686	238871	212219
济宁市	Jining	4675703	3082960	70044	1130549	258381	133769
泰安市	Tai'an	2819268	1695199	55981	836235	105370	126483
威海市	Weihai	2246870	567576	5346	335752	1262727	75469
日照市	Rizhao	1473940	735472	24684	341926	304001	67857
莱芜市	Laiwu	533034	404038	17417	97302	8436	5842
临沂市	Linyi	3571552	2604777	148490	601226	110348	106711
德州市	Dezhou	3071227	1756631	93973	870592	115908	234123
聊城市	Liaocheng	3237115	2500295	25814	565739	72064	73203
滨州市	Binzhou	2296165	1405690	48492	447415	273719	120850
菏泽市	Heze	2749273	1928704	79805	590176	102218	48370

13-6 主要年份粮、棉、油产量
Output of Grain,Cotton and Oil-bearing Crops in Major Years

年份 Year	粮食 Grain		棉花 Cotton		油料 Oil-bearing Crops	
	总产量(万吨) Gross Output (10 000 tons)	单产(千克/公顷) Output Per Hectare (kg/hectare)	总产量(万吨) Gross Output (10 000 tons)	单产(千克/公顷) Output Per Hectare (kg/hectare)	总产量(万吨) Gross Output (10 000 tons)	单产(千克/公顷) Output Per Hectare (kg/hectare)
1949	870.0	795	8.1	180	55.6	1170
1952	1199.0	1035	16.9	240	84.5	1470
1955	1276.0	1110	20.9	285	106.1	1485
1957	1126.0	990	17.4	225	70.0	945
1962	910.0	915	3.9	105	42.4	1875
1965	1332.0	1350	19.9	300	67.1	1395
1970	1465.0	1575	27.3	390	78.5	1575
1975	2170.5	2355	24.1	390	84.2	1515
1976	2241.5	2460	15.8	255	58.5	1065
1977	2099.0	2370	14.9	240	67.7	2025
1978	2288.0	2595	15.4	255	95.9	1785
1979	2472.0	2835	16.7	315	109.1	1800
1980	2384.0	2820	53.7	735	143.0	2160
1981	2312.5	2835	67.5	720	142.1	2010
1982	2375.0	3090	96.0	720	142.5	2190
1983	2700.0	3465	122.5	825	152.0	2460
1984	3040.0	3885	172.5	1005	182.0	2790
1985	3137.7	3930	106.2	915	267.9	2745
1986	3250.0	3840	94.1	930	207.6	2355
1987	3393.7	4125	124.4	1020	234.3	2940
1988	3225.0	3990	113.7	825	197.8	2505
1989	3250.0	4035	102.5	780	150.0	1995
1990	3570.0	4380	102.8	690	212.1	2910
1991	3916.9	4845	135.1	870	233.1	3285
1992	3589.3	4533	67.7	455	166.3	2380
1993	4100.0	4992	41.0	539	268.4	3434
1994	4091.1	5015	55.9	705	338.3	3781
1995	4245.0	5220	47.1	707	315.0	3580
1996	4332.7	5260	37.2	773	309.3	3767
1997	3852.2	4766	35.4	894	240.9	2977
1998	4264.8	5244	41.3	996	335.6	3908
1999	4269.0	5271	39.2	1072	320.5	3614
2000	3837.7	4938	59.0	1085	356.9	3730
2001	3720.6	5201	78.1	1062	377.3	3743
2002	3292.7	4763	72.2	1086	340.4	3458
2003	3435.5	5355	87.7	994	361.8	3572
2004	3516.7	5570	109.8	1036	369.7	3913
2005	3917.4	5837	84.6	1000	363.9	4044
2006	4093.0	5848	102.3	1149	328.2	4136
2007	4148.8	5981	100.1	1112	328.6	4097
2008	4260.5	6125	104.1	1172	340.6	4192
2009	4316.3	6140	92.1	1151	334.5	4247
2010	4335.7	6120	72.4	945	342.2	4193
2011	4426.3	6194	78.5	1043	341.0	4227
2012	4511.4	6264	69.8	1012	351.0	4409
2013	4528.2	6208	62.1	923	349.6	4398
2014	4596.6	6178	66.5	1122	335.9	4344
2015	4712.7	6290	53.7	1042	324.1	4274

13-7 1978-2015年畜牧业生产情况

Production of Animal Husbandry1978 to 2015

年 份 Year	肉类总产量 (万吨) Output of Meat (10 000 tons)	猪存栏 (万头) Stocked Pigs (10 000 heads)	牛存栏 (万头) Stocked Cattle (10 000 heads)	羊存栏 (万只) Stocked Sheep (10 000 heads)	家禽存栏 (万只) Stocked Poultry (10 000 heads)
1978	60.80	1992.00	227.60	756.40	6766.00
1979	65.18	2117.60	221.50	925.80	7204.00
1980	90.10	2112.50	217.80	1041.30	7997.00
1981	96.26	1901.10	213.70	1025.60	8075.00
1982	94.98	1726.20	213.60	989.50	9115.00
1983	94.54	1562.70	222.10	901.80	10216.80
1984	104.38	1681.50	232.60	753.90	14688.90
1985	128.62	1812.80	258.00	783.30	16548.20
1986	141.78	1668.90	292.50	985.30	15120.70
1987	141.02	1547.00	344.60	1404.10	16916.30
1988	171.47	1688.60	416.00	1436.40	21582.10
1989	195.63	1604.10	472.40	1491.30	20471.30
1990	221.61	1576.70	511.80	1528.10	23974.60
1991	241.49	1599.40	501.40	1591.20	24136.80
1992	250.67	1602.60	531.90	1655.20	25810.80
1993	286.61	1603.70	603.00	1703.50	27188.70
1994	338.77	1701.50	681.30	1799.80	35118.60
1995	394.42	1718.10	714.10	1866.10	34613.80
1996	405.52	1723.60	740.10	1877.20	37485.00
1997	460.64	2209.70	811.90	2038.60	41833.00
1998	497.90	2485.90	911.80	2322.00	48484.00
1999	524.49	2560.48	977.25	2536.22	53332.00
2000	499.99	2401.81	779.90	2260.06	47789.90
2001	531.49	2500.29	778.54	2357.24	50263.73
2002	559.66	2602.80	787.88	2466.79	53236.24
2003	591.00	2686.09	804.31	2543.26	55031.28
2004	621.72	2761.01	771.51	2667.51	56875.64
2005	657.78	2771.96	750.45	2645.96	54641.26
2006	681.00	2508.50	632.70	2368.30	52100.30
2007	618.70	2656.50	570.70	2342.30	48779.50
2008	660.31	2725.80	522.49	2142.88	53971.78
2009	684.13	2753.06	485.61	2096.94	52028.80
2010	704.36	2747.55	483.67	2138.88	54352.49
2011	711.05	2837.13	492.86	2150.90	58541.17
2012	764.16	2902.39	499.27	2163.81	64050.31
2013	774.77	2931.41	500.07	2158.05	62298.99
2014	770.24	2910.70	495.36	2174.56	60934.34
2015	774.01	2849.58	503.57	2235.66	61526.89

13-7 续表 continued

年 份 Year	猪出栏 (万头) Slaughtered Pigs (10 000 heads)	牛出栏 (万头) Slaughtered Cattle (10 000 heads)	羊出栏 (万只) Slaughtered Sheeps (10 000 heads)	家禽出栏 (万只) Slaughtered Poultry (10 000 heads)	禽蛋产量 (万吨) Output of Poultry Eggs (10 000 tons)	奶类产量 (万吨) Output of Milk (10 000 tons)
1978	901.20	4.60	142.40		22.50	6.83
1979	1047.50	6.70	228.60		23.67	6.95
1980	1241.60	8.80	377.50		25.62	6.80
1981	1296.80	11.50	460.70		29.47	5.24
1982	1213.20	10.60	521.60		34.30	8.77
1983	1159.20	18.90	616.30		41.07	11.43
1984	1284.00	18.40	519.10		62.28	13.34
1985	1482.60	27.60	558.30	8283.10	72.50	13.26
1986	1681.20	32.30	617.60	9234.50	69.66	15.81
1987	1514.00	49.80	842.10	11397.30	79.14	17.28
1988	1619.60	69.00	1219.00	15904.00	102.97	19.53
1989	1845.40	82.80	1348.40	16701.20	109.43	21.24
1990	1936.20	110.10	1416.40	22769.00	124.25	22.53
1991	1983.50	119.50	1348.70	30792.70	149.14	23.65
1992	2046.00	140.90	1366.10	33467.90	154.30	25.17
1993	2092.90	177.10	1411.00	42837.30	184.07	28.05
1994	2185.70	213.10	1668.20	64716.70	240.75	32.45
1995	2453.00	248.40	2034.10	71286.50	247.15	36.98
1996	2500.90	272.40	2051.80	73508.00	267.30	41.14
1997	2801.10	334.50	2269.30	82549.00	294.30	45.82
1998	3123.20	354.90	2518.90	91299.00	322.00	53.98
1999	3248.13	391.10	2838.80	100246.00	349.06	61.29
2000	3213.24	322.25	2375.73	91195.00	301.04	62.72
2001	3370.69	359.63	2530.15	99493.75	311.58	80.48
2002	3566.19	380.13	2646.54	105550.38	328.33	103.92
2003	3765.90	396.47	2731.23	113458.25	349.11	132.05
2004	4060.41	413.21	2869.43	122660.64	355.83	167.92
2005	4263.54	425.73	3002.98	145089.38	363.20	196.66
2006	4389.90	436.60	3026.20	151090.90	353.90	212.40
2007	3654.00	449.70	3080.70	139652.90	359.90	242.18
2008	3916.74	458.24	3098.80	152889.08	365.63	254.92
2009	4155.66	454.34	3057.08	156864.19	377.72	258.15
2010	4301.11	449.35	3005.11	163572.63	384.84	271.56
2011	4234.24	433.39	2901.22	173553.90	401.64	278.95
2012	4599.87	437.29	2915.73	188715.23	402.44	294.09
2013	4797.67	443.41	2967.34	184002.02	396.59	281.22
2014	4955.06	440.75	3117.82	169647.01	388.38	289.59
2015	4836.14	447.50	3195.76	177148.89	424.28	284.90

13-8 1978-2015年渔业生产情况
Output of Fishery from 1978 to 2015

单位：吨 (tons)

年 份 Year	水产品总产量 Total Aquatic Products	海 水 产 品 Seawater Aquatic Products	海洋捕捞 Ocean Fishing	海水养殖 Mariculture
1978	740283	691451	501504	189947
1979	627531	581165	432700	148465
1980	619591	570854	416814	154040
1981	589905	540408	407194	133214
1982	657698	611824	477729	134095
1983	674813	623122	465382	157740
1984	754572	693277	525027	168250
1985	814047	729568	531977	197591
1986	914411	806086	599376	206710
1987	1106641	983119	717588	265531
1988	1355865	1220408	809820	410588
1989	1539905	1403323	899265	504058
1990	1677973	1522059	1032683	489376
1991	1981169	1779214	1138436	640778
1992	2481648	2251437	1384628	866809
1993	3192828	2896171	1555657	1340514
1994	3506539	3053106	1608172	1444934
1995	3440763	2956402	1461525	1494876
1996	5299159	4683795	2337772	2346023
1997	5512326	4840507	2686824	2153683
1998	5875574	5116993	3003764	2113228
1999	6277843	5440155	3003387	2436767
2000	6306551	5375169	2780483	2594685
2001	6196988	5266599	2511170	2755430
2002	6277536	5403654	2457272	2946382
2003	6378795	5456872	2421393	3035479
2004	6486528	5528613	2440631	3087982
2005	6648983	5655207	2421396	3233811
2006	6837469	5783299	2359570	3423729
2007	7133795	5986873	2451596	3535277
2008	7303048	6094766	2481256	3613510
2009	7535939	6263895	2449591	3814304
2010	7838259	6463345	2350888	3962643
2011	8138280	6647212	2512437	4134775
2012	8418840	6860649	2498206	4362443
2013	8631599	6994590	2428240	4566350
2014	9037382	7461343	2662236	4799107
2015	9312693	7746994	2751340	4995654

13-8 续表 continued

年 份 Year	淡水产品产量(吨) Freshwater Aquatic Products (ton)	捕捞量 Fishing Output	养殖量 Breeding Output	水产品养殖面积(万亩) Water Area for Breeding Aquatics (10 000 mu)	海 水 Seawater	淡 水 Freshwater
1978	48832	32507	16325	202.30	26.80	175.50
1979	46366	30968	15398	193.29	26.54	166.75
1980	48737	32436	16301	203.21	28.50	174.71
1981	49497	31489	18008	182.24	28.66	153.58
1982	45874	29696	16178	176.15	35.18	140.97
1983	51691	31713	19978	160.05	32.31	127.74
1984	61295	34438	26857	165.10	37.70	127.40
1985	84479	37370	47109	215.14	49.58	165.56
1986	108325	38641	69684	243.14	56.70	186.44
1987	123522	34103	89419	257.65	70.87	186.78
1988	135457	29354	106103	234.90	104.27	180.63
1989	136582	26847	109735	246.73	103.72	143.01
1990	155914	31545	124369	273.52	105.01	168.51
1991	201955	41772	160183	304.04	112.54	191.50
1992	230211	41074	189137	312.30	115.89	196.41
1993	296657	50088	246569	400.16	223.76	176.40
1994	453433	58373	395060	466.56	197.36	269.21
1995	484362	55428	428933	497.39	197.81	299.58
1996	615364	67222	548142	564.54	242.45	322.09
1997	671819	73221	598598	618.91	274.04	344.87
1998	758582	80336	678246	649.80	283.22	366.58
1999	837689	80002	757687	722.78	336.14	386.65
2000	931382	81214	850168	788.35	420.71	367.64
2001	930389	79991	850397	829.39	434.99	394.40
2002	873882	71142	802740	802.51	439.15	363.36
2003	921923	91019	830904	930.91	537.52	393.38
2004	957915	93484	864431	1014.34	598.02	416.32
2005	993776	110887	882889	1033.11	611.09	422.02
2006	1054170	117390	936780	840.03	564.62	275.42
2007	1146922	114368	1032554	884.99	609.26	275.73
2008	1208282	129643	1078639	993.45	639.33	354.12
2009	1272044	128342	1143702	1029.30	662.10	367.20
2010	1374914	130896	1244018	1136.51	751.42	385.09
2011	1491068	135378	1355690	1174.40	768.19	406.21
2012	1558191	139308	1418883	1205.16	785.56	419.60
2013	1637009	142253	1494756	1240.35	820.23	420.12
2014	1576039	111983	1464056	1252.66	822.73	429.93
2015	1565699	102627	1463072	1269.23	844.80	424.43

13-9 农作物播种面积和产量

Sown Area and Output of Farm Crops

类　别	Category	2014 播种面积(公顷) Sown Area (hectare)	2014 总产量(吨) Total Output (ton)	2014 单产(千克/公顷) Output per Hectare (kg/hectare)	2015 播种面积(公顷) Sown Area (hectare)	2015 总产量(吨) Total Output (ton)	2015 单产(千克/公顷) Output per Hectare (kg/hectare)
农作物总播种面积	**Total Sown Area of Crops**	**11037922**			**11026572**		
一、粮食作物合计	**Grain**	**7440033**	**45966000**	**6178**	**7492100**	**47127000**	**6290**
(一)夏收粮食	Summer Harvest Grain	3741400	22645000	6053	3801300	23473000	6175
1.谷物	Cereals	3740833	22641711	6053	3800520	23469500	6175
#小麦	Wheat	3740227	22638400	6053	3799833	23466000	6176
2.夏杂豆	Beans	567	3290	5805	780	3500	4487
(二)秋收粮食	Autumn Harvest Grain	3698633	23321000	6305	3690800	23654000	6409
1.谷物	Cereals	3273607	20973100	6407	3312160	21531400	6501
(1)稻谷	Rice	122400	1010200	8253	116280	951000	8179
(2)玉米	Corn	3126473	19883400	6360	3173797	20509000	6462
(3)谷子	Millet	18800	59674	3174	16870	53400	3165
(4)高粱	Chinese Sorghum	4733	15697	3316	4333	15000	3462
(5)其他	Others	1200	4129	3441	880	3000	3409
2.豆类合计	Beans	168120	414000	2463	151640	384000	2532
#大豆	Soybean	149467	367164	2456	137150	348300	2540
3.薯类(按折粮计算)	Tubers	256907	1933900	7528	227000	1738600	7659
二、油料作物合计	**Oil-bearing Crops**	**773182**	**3358878**	**4344**	**758260**	**3241016**	**4274**
#花生果	Peanuts	755302	3312957	4386	740440	3194038	4314
油菜籽	Rapeseeds	9641	24494	2541	9413	24432	2595
芝　麻	Sesame	530	938	1769	631	1110	1758
三、棉花	**Cotton**	**592900**	**665000**	**1122**	**515500**	**537000**	**1042**
四、生麻	**Fiber Crops**	**48**	**97**	**2036**	**43**	**78**	**1837**
#生黄红麻	Jute and Ambary Hemp	8	23	3007			
生 大 麻	Hemp	40	74	1851	43	78	1837
五、甜菜	**Beetroots**	**1**	**51**	**36648**			
六、烟叶	**Tobacco**	**27926**	**70938**	**2540**	**24359**	**62773**	**2577**
#烤烟	Flue-cured Tobacco	27911	70824	2538	24359	62773	2577
七、中草药材	**Medical Materials**	**32100**			**33104**		
八、蔬菜及食用菌	**Vegetable and Mushroom**	**1862410**	**99736978**	**53553**	**1888555**	**102728735**	**54395**
九、瓜果类	**Melon**	**282005**	**14685661**	**52076**	**286759**	**15156109**	**52853**
#西瓜	Watermelon	209352	11385490	54384	210946	11731154	55612
十、其它农作物	**Other Farm Crops**	**27317**			**27891**		
#青饲料	Fresh Feed	3226			1941		

13-10 各市农作物播种面积和产量(2015年)
Sown Area and Output of Farm Crops by Region(2015)

地 区	Region	农作物总播种面积(公顷) Total Sown Area of Farm Crops (hectare)	一、粮食作物合计 Grain Crops			(一)夏收粮食 Summer Harvest Grain		
			播种面积(公顷) Sown Area (hectare)	总产量(吨) Total Output (ton)	单 产(千克/公顷) Output per Hectare (kg/hectare)	播种面积(公顷) Sown Area (hectare)	总产量(吨) Total Output (ton)	单 产(千克/公顷) Output per Hectare (kg/hectare)
全省总计	**Total**	**11026572**	**7492100**	**47127000**	**6290**	**3801300**	**23473000**	**6175**
济 南 市	Jinan	570094	432467	2645545	6117	209867	1297500	6182
青 岛 市	Qingdao	689502	493060	3214000	6518	245933	1535245	6243
淄 博 市	Zibo	263267	220307	1460000	6627	102307	671341	6562
枣 庄 市	Zaozhuang	377935	260213	1680000	6456	138207	855000	6186
东 营 市	Dongying	272882	160597	998370	6217	75923	480652	6331
烟 台 市	Yantai	469021	321167	1934515	6023	137747	784991	5699
潍 坊 市	Weifang	1052036	723373	4560000	6304	348240	2206211	6335
济 宁 市	Jining	941499	645753	4553000	7051	328820	2231500	6786
泰 安 市	Tai'an	579857	374297	2768061	7395	182629	1315833	7205
威 海 市	Weihai	222530	132867	812607	6116	55067	312996	5684
日 照 市	Rizhao	244023	155967	932186	5977	74487	426281	5723
莱 芜 市	Laiwu	84334	43267	259500	5998	10067	51999	5165
临 沂 市	Linyi	1024464	668067	4277500	6403	316204	1914592	6055
德 州 市	Dezhou	1024689	862660	6486500	7519	460200	3340000	7258
聊 城 市	Liaocheng	989137	743333	5049500	6793	384207	2595500	6755
滨 州 市	Binzhou	601548	453433	3103500	6844	228760	1527500	6677
菏 泽 市	Heze	1386847	974667	6207500	6369	573793	3699762	6448

13-10 续表 1 continued

地 区	Region	1.谷 物 Cereals			#小 麦 Wheat			2.夏杂豆 Beans		
		播种面积(公顷) Sown Area (hectare)	总产量(吨) Total Output (ton)	单 产(千克/公顷) Output per Hectare (kg/hectare)	播种面积(公顷) Sown Area (hectare)	总产量(吨) Total Output (ton)	单 产(千克/公顷) Output per Hectare (kg/hectare)	播种面积(公顷) Sown Area (hectare)	总产量(吨) Total Output (ton)	单 产(千克/公顷) Output per Hectare (kg/hectare)
全省总计	**Total**	**3800520**	**23469500**	**6175**	**3799833**	**23466000**	**6176**	**780**	**3500**	**4487**
济 南 市	Jinan	209867	1297500	6182	209867	1297500	6182			
青 岛 市	Qingdao	245933	1535245	6243	245933	1535245	6243			
淄 博 市	Zibo	102307	671341	6562	102307	671341	6562			
枣 庄 市	Zaozhuang	138207	855000	6186	138207	855000	6186			
东 营 市	Dongying	75923	480652	6331	75923	480652	6331			
烟 台 市	Yantai	137747	784991	5699	137747	784991	5699			
潍 坊 市	Weifang	347484	2202967	6340	347484	2202967	6340	756	3245	4291
济 宁 市	Jining	328820	2231500	6786	328820	2231500	6786			
泰 安 市	Tai'an	182629	1315833	7205	182629	1315833	7205			
威 海 市	Weihai	55067	312996	5684	55067	312996	5684			
日 照 市	Rizhao	74487	426281	5723	74483	426271	5723			
莱 芜 市	Laiwu	10067	51999	5165	10067	51999	5165			
临 沂 市	Linyi	316204	1914592	6055	315529	1910926	6056			
德 州 市	Dezhou	460200	3340000	7258	460200	3340000	7258			
聊 城 市	Liaocheng	384207	2595500	6755	384207	2595500	6755			
滨 州 市	Binzhou	228760	1527500	6677	228760	1527500	6677			
菏 泽 市	Heze	573793	3699762	6448	573793	3699762	6448			

13-10 续表 2 continued

地 区 Region	(二)秋收粮食 Autumn Harvest Grain			1.谷 物 Cereals			(1)稻 谷 Rice		
	播种面积(公顷) Sown Area (hectare)	总产量(吨) Total Output (ton)	单 产(千克/公顷) Output per Hectare (kg/hectare)	播种面积(公顷) Sown Area (hectare)	总产量(吨) Total Output (ton)	单 产(千克/公顷) Output per Hectare (kg/hectare)	播种面积(公顷) Sown Area (hectare)	总产量(吨) Total Output (ton)	单 产(千克/公顷) Output per Hectare (kg/hectare)
全省总计 Total	**3690800**	**23654000**	**6409**	**3312160**	**21531400**	**6501**	**116280**	**951000**	**8179**
济南市 Jinan	222600	1348046	6056	206658	1278962	6189	2091	15176	7259
青岛市 Qingdao	247127	1678755	6793	238755	1638376	6862	75	542	7196
淄博市 Zibo	118000	788659	6684	114199	773156	6770	518	4304	8312
枣庄市 Zaozhuang	122007	825000	6762	108751	746536	6865	2034	14211	6988
东营市 Dongying	84673	517718	6114	83229	513691	6172	6779	40731	6009
烟台市 Yantai	183420	1149524	6267	164489	1051001	6389	134	877	6527
潍坊市 Weifang	375133	2353789	6275	364803	2303948	6316	73	312	4260
济宁市 Jining	316933	2321500	7325	287955	2171632	7542	39664	320461	8079
泰安市 Tai'an	191668	1452228	7577	177201	1391958	7855	229	1784	7784
威海市 Weihai	77800	499611	6422	67131	442774	6596	2	11	7602
日照市 Rizhao	81480	505905	6209	69898	426080	6096	3371	23369	6932
莱芜市 Laiwu	33200	207501	6250	30020	183765	6122			
临沂市 Linyi	351863	2362908	6715	286942	1978416	6895	39540	340486	8611
德州市 Dezhou	402460	3146500	7818	399879	3132891	7835	10	93	9267
聊城市 Liaocheng	359127	2454000	6833	353371	2426554	6867	123	902	7309
滨州市 Binzhou	224673	1576000	7015	222053	1565580	7050	493	3566	7229
菏泽市 Heze	400873	2507738	6256	377407	2430407	6440	4616	38714	8387

13-10 续表 3 continued

地 区 Region	(2)玉 米 Corn			(3)谷 子 Millet			(4)高 粱 Chinese Sorghum		
	播种面积(公顷) Sown Area (hectare)	总产量(吨) Total Output (ton)	单 产(千克/公顷) Output per Hectare (kg/hectare)	播种面积(公顷) Sown Area (hectare)	总产量(吨) Total Output (ton)	单 产(千克/公顷) Output per Hectare (kg/hectare)	播种面积(公顷) Sown Area (hectare)	总产量(吨) Total Output (ton)	单 产(千克/公顷) Output per Hectare (kg/hectare)
全省总计 Total	**3173797**	**20509000**	**6462**	**16870**	**53400**	**3165**	**4333**	**15000**	**3462**
济南市 Jinan	198191	1243919	6276	5393	17364	3220	883	2204	2497
青岛市 Qingdao	238406	1636611	6865	167	726	4340	41	171	4147
淄博市 Zibo	112296	764638	6809	1184	3581	3024	197	623	3171
枣庄市 Zaozhuang	106240	730394	6875	387	1523	3933	87	389	4453
东营市 Dongying	76108	471371	6193	140	591	4211	202	999	4949
烟台市 Yantai	163555	1047597	6405	566	1655	2923	132	471	3575
潍坊市 Weifang	361293	2292003	6344	3091	10402	3366	301	1082	3599
济宁市 Jining	247447	1847745	7467	546	2249	4115	248	1035	4167
泰安市 Tai'an	176164	1387196	7874	692	2573	3716	116	405	3497
威海市 Weihai	67123	442744	6596				4	13	3067
日照市 Rizhao	65648	399273	6082	772	2968	3842	66	289	4388
莱芜市 Laiwu	29581	182244	6161	317	1125	3553	122	396	3258
临沂市 Linyi	244187	1627259	6664	2442	8143	3335	723	2392	3309
德州市 Dezhou	399678	3131526	7835	183	1246	6796	8	25	3125
聊城市 Liaocheng	352697	2423894	6872	459	1448	3153	91	311	3396
滨州市 Binzhou	220646	1558169	7062	158	391	2483	756	3454	4569
菏泽市 Heze	372231	2389659	6420	454	1631	3596	100	374	3752

13-10 续表 4 continued

地 区	Region	(5)其它谷物 Other Cereals			2.豆 类 Beans			#大 豆 Soybean		
		播种面积(公顷) Sown Area (hectare)	总产量(吨) Total Output (ton)	单 产(千克/公顷) Output per Hectare (kg/hectare)	播种面积(公顷) Sown Area (hectare)	总产量(吨) Total Output (ton)	单 产(千克/公顷) Output per Hectare (kg/hectare)	播种面积(公顷) Sown Area (hectare)	总产量(吨) Total Output (ton)	单 产(千克/公顷) Output per Hectare (kg/hectare)
全省总计	**Total**	**880**	**3000**	**3409**	**151640**	**384000**	**2532**	**137150**	**348300**	**2540**
济 南 市	Jinan	100	300	3000	7141	19159	2683	6158	16607	2697
青 岛 市	Qingdao	65	326	5022	5370	14647	2728	5370	14647	2728
淄 博 市	Zibo	4	10	2500	1236	3204	2592	1033	2734	2645
枣 庄 市	Zaozhuang	3	19	6048	6820	21974	3222	6520	21048	3228
东 营 市	Dongying				1242	2507	2019	1036	2135	2061
烟 台 市	Yantai	102	402	3941	9016	25006	2773	8289	23258	2806
潍 坊 市	Weifang	46	149	3224	4354	12073	2773	4264	11906	2792
济 宁 市	Jining	50	143	2871	15793	47258	2992	15523	46564	3000
泰 安 市	Tai'an				7160	20271	2831	6873	19483	2835
威 海 市	Weihai	2	5	2914	5414	15101	2789	5392	15058	2793
日 照 市	Rizhao	41	181	4471	2993	8238	2752	2940	8123	2763
莱 芜 市	Laiwu				226	615	2717	226	615	2717
临 沂 市	Linyi	50	136	2687	21511	58877	2737	20632	56983	2762
德 州 市	Dezhou				1458	4407	3022	1313	3765	2867
聊 城 市	Liaocheng				4188	14803	3535	3850	13743	3569
滨 州 市	Binzhou				1680	3519	2095	1435	3072	2141
菏 泽 市	Heze	7	29	4182	18901	51201	2709	17922	49045	2737

13-10 续表 5 continued

地 区	Region	3.薯类(按折粮薯类计算) Tubers			二、油 料 Oil-bearing Crops			#花 生 果 Peanuts		
		播种面积(公顷) Sown Area (hectare)	总产量(吨) Total Output (ton)	单 产(千克/公顷) Output per Hectare (kg/hectare)	播种面积(公顷) Sown Area (hectare)	总产量(吨) Total Output (ton)	单 产(千克/公顷) Output per Hectare (kg/hectare)	播种面积(公顷) Sown Area (hectare)	总产量(吨) Total Output (ton)	单 产(千克/公顷) Output per Hectare (kg/hectare)
全省总计	**Total**	**227000**	**1738600**	**7659**	**758260**	**3241016**	**4274**	**740440**	**3194038**	**4314**
济 南 市	Jinan	8801	49925	5673	12963	45942	3544	11277	42261	3748
青 岛 市	Qingdao	3003	25732	8570	81997	345516	4214	81997	345515	4214
淄 博 市	Zibo	2565	12298	4794	6560	22583	3443	6532	22552	3453
枣 庄 市	Zaozhuang	6436	56489	8777	22264	95780	4302	20503	89996	4389
东 营 市	Dongying	203	1520	7491	1211	3402	2809	1076	3120	2901
烟 台 市	Yantai	9914	73517	7415	102504	423928	4136	102418	423644	4136
潍 坊 市	Weifang	5976	37767	6320	44132	200390	4541	44079	200253	4543
济 宁 市	Jining	13185	102610	7782	38881	168814	4342	38531	167902	4358
泰 安 市	Tai'an	7306	39998	5475	51890	233696	4504	51463	232457	4517
威 海 市	Weihai	5256	41737	7941	63146	242916	3847	63146	242916	3847
日 照 市	Rizhao	8589	71588	8335	55182	229739	4163	55155	229577	4162
莱 芜 市	Laiwu	2954	23121	7826	6995	19642	2808	6991	19634	2808
临 沂 市	Linyi	43411	325615	7501	174700	815715	4669	174134	814732	4679
德 州 市	Dezhou	1122	9202	8199	5437	23920	4399	3964	18253	4605
聊 城 市	Liaocheng	1568	12643	8063	23966	102168	4263	22337	99282	4445
滨 州 市	Binzhou	941	6901	7336	3412	11346	3326	3324	11164	3359
菏 泽 市	Heze	4566	26130	5723	63019	255517	4055	53512	230781	4313

13-10 续表 6 continued

地 区	Region	#油菜籽 Rapeseeds 播种面积(公顷) Sown Area (hectare)	总产量(吨) Total Output (ton)	单 产(千克/公顷) Output per Hectare (kg/hectare)	#芝 麻 Sesame 播种面积(公顷) Sown Area (hectare)	总产量(吨) Total Output (ton)	单 产(千克/公顷) Output per Hectare (kg/hectare)	三、棉 花 Cotton 播种面积(公顷) Sown Area (hectare)	总产量(吨) Total Output (ton)	单 产(千克/公顷) Output per Hectare (kg/hectare)
全省总计	**Total**	**9413**	**24432**	**2595**	**631**	**1110**	**1758**	**515500**	**537000**	**1042**
济 南 市	Jinan	1199	2911	2427	289	488	1686	11762	14746	1254
青 岛 市	Qingdao							1429	2220	1553
淄 博 市	Zibo				26	25	967	3004	3969	1321
枣 庄 市	Zaozhuang	1543	3673	2380	84	179	2123	3424	4922	1438
东 营 市	Dongying	64	98	1525	5	4	890	85328	86260	1011
烟 台 市	Yantai	11	35	3071	6	14	2384	210	330	1569
潍 坊 市	Weifang	39	109	2817	14	28	1924	24862	24742	995
济 宁 市	Jining	296	825	2786	53	85	1605	58893	85410	1450
泰 安 市	Tai'an	397	1127	2841	12	17	1406	6097	8266	1356
威 海 市	Weihai									
日 照 市	Rizhao							1149	2544	2214
莱 芜 市	Laiwu				4	6	1347	986	1559	1581
临 沂 市	Linyi	530	916	1728	29	39	1361	7209	9465	1313
德 州 市	Dezhou				2	18	7500	44533	66254	1488
聊 城 市	Liaocheng	840	1882	2240	20	21	1050	29946	40478	1352
滨 州 市	Binzhou	76	164	2159	1	2	1133	87933	93885	1068
菏 泽 市	Heze	4417	12692	2873	84	184	2186	120005	167551	1396

13-10 续表 7 continued

地 区	Region	四、烟 叶 Tobacco 播种面积(公顷) Sown Area (hectare)	总产量(吨) Total Output (ton)	单 产(千克/公顷) Output per Hectare (kg/hectare)	#烤 烟 Cigarettes 播种面积(公顷) Sown Area (hectare)	总产量(吨) Total Output (ton)	单 产(千克/公顷) Output per Hectare (kg/hectare)	五、药材播种面积(公顷) Sown Area of Medical Materials (hectare)
全省总计	**Total**	**24359**	**62773**	**2577**	**24359**	**62773**	**2577**	**33104**
济 南 市	Jinan							874
青 岛 市	Qingdao	329	817	2485	329	817	2485	26
淄 博 市	Zibo	707	1677	2371	707	1677	2371	3673
枣 庄 市	Zaozhuang	1			1			222
东 营 市	Dongying							67
烟 台 市	Yantai							85
潍 坊 市	Weifang	9256	24866	2686	9256	24866	2686	1497
济 宁 市	Jining							660
泰 安 市	Tai'an	9	25	2721	9	25	2721	1231
威 海 市	Weihai							2674
日 照 市	Rizhao	3532	8935	2530	3532	8935	2530	4215
莱 芜 市	Laiwu	1383	2789	2016	1383	2789	2016	655
临 沂 市	Linyi	9141	23663	2589	9141	23663	2589	10870
德 州 市	Dezhou							115
聊 城 市	Liaocheng							1373
滨 州 市	Binzhou							108
菏 泽 市	Heze							4760

13-10 续表 8 continued

地 区	Region	六、蔬菜及食用菌 Vegetable and Edible Fungi		#马铃薯 Potato		七、瓜果类 Melon	
		播种面积(公顷) Sown Area (hectare)	总产量(吨) Total Output (ton)	播种面积(公顷) Sown Area (hectare)	总产量(吨) Total Output (ton)	播种面积(公顷) Sown Area (hectare)	总产量(吨) Total Output (ton)
全省总计	**Total**	**1888555**	**102728735**	**118895**	**5258822**	**286759**	**15156109**
济南市	Jinan	97280	6497337	4355	199419	12777	769962
青岛市	Qingdao	104502	5790950	20274	963669	8158	428622
淄博市	Zibo	26211	1937978	864	34708	2775	139071
枣庄市	Zaozhuang	87698	4666326	28058	1217094	4039	205801
东营市	Dongying	19442	1322774	4	163	4499	181907
烟台市	Yantai	37895	2037531	2556	111133	6615	319957
潍坊市	Weifang	200250	12359023	18373	829461	42035	2291707
济宁市	Jining	176175	6478261	7468	276507	20926	985525
泰安市	Tai'an	137198	8068087	17298	838529	2859	134498
威海市	Weihai	20382	971257	2208	83236	3324	146107
日照市	Rizhao	19735	1124814	1243	54371	2866	165831
莱芜市	Laiwu	29307	1193574	2765	112887	800	15790
临沂市	Linyi	135153	6956703	9558	355924	16778	904686
德州市	Dezhou	105347	5949531	1110	58146	6597	383529
聊城市	Liaocheng	163592	9397727	504	25390	26277	1412180
滨州市	Binzhou	38096	1995716	1118	47666	17507	833224
菏泽市	Heze	160817	7201450	1139	50518	59829	2694795

13-10 续表 9 continued

地 区	Region	#西 瓜 Watermelon		#香瓜(甜瓜) Muskmelon		八、其它农作物播种面积(公顷) Sown Area of Other Farm Crops (hectare)	#青饲料播种面积 Fresh Feed Succulence
		播种面积(公顷) Sown Area (hectare)	总产量(吨) Total Output (ton)	播种面积(公顷) Sown Area (hectare)	总产量(吨) Total Output (ton)		
全省总计	**Total**	**210946**	**11731154**	**49719**	**2286451**	**27891**	**1941**
济南市	Jinan	9370	606317	2298	112290	1971	93
青岛市	Qingdao	4419	281551	2797	114808		
淄博市	Zibo	2360	127653	205	6431	30	30
枣庄市	Zaozhuang	3018	164334	435	19629	76	
东营市	Dongying	3647	148175	527	22512	1737	1140
烟台市	Yantai	3671	211001	980	35988	544	14
潍坊市	Weifang	28026	1542577	6375	333778	6631	73
济宁市	Jining	13281	727963	6579	217724	212	
泰安市	Tai'an	2103	104786	416	14838	6233	
威海市	Weihai	1688	84224	419	12841	135	23
日照市	Rizhao	1584	94513	221	9258	1377	
莱芜市	Laiwu	85	4852	23	849	940	13
临沂市	Linyi	10308	604571	2216	117790	2546	21
德州市	Dezhou	6032	353363	468	23403		
聊城市	Liaocheng	18244	997990	7974	412291	651	
滨州市	Binzhou	17116	819559	314	11367	1059	400
菏泽市	Heze	50613	2345777	9132	346513	3749	133

13-11 各市茶叶、水果生产情况(2015年)
Production of Tea and Fruits by Region(2015)

单位:吨 (ton)

地 区	Region	茶叶产量 Output of Tea	水果产量 Output of Fruits	苹果 Apple	梨 Pear	葡萄 Grape	桃 Peach	杏 Apricot	红枣 Jujube
全省总计	**Total**	**18909**	**17029979**	**9584325**	**1354230**	**1211922**	**2775251**	**183115**	**1072540**
济南市	Jinan	20	530094	253593	40462	21843	105357	49435	10027
青岛市	Qingdao	2064	758675	444633	72998	123086	68659	8742	1599
淄博市	Zibo	59	970289	487865	7567	140590	285190	3349	1766
枣庄市	Zaozhuang		263614	72775	13890	8415	80834	2768	12045
东营市	Dongying		92389	52280	8295	11544	3096	149	16688
烟台市	Yantai	555	5586615	4636511	258480	419465	79922	10268	1917
潍坊市	Weifang	327	808114	274085	55299	78926	234732	7080	19345
济宁市	Jining	20	278651	78786	17296	90114	53001	7739	14554
泰安市	Tai'an	453	552914	171150	26123	16049	178129	40482	28130
威海市	Weihai	357	1009938	909873	43900	23037	19098	248	130
日照市	Rizhao	13470	258507	145922	8741	5580	78903	1000	469
莱芜市	Laiwu	185	98239	20688	3305	1900	46241	1802	876
临沂市	Linyi	1401	2164382	562357	55617	94254	1288709	27377	8827
德州市	Dezhou		399333	85968	32829	19972	20637	4683	223907
聊城市	Liaocheng		623445	294780	200047	64156	26285	5836	17605
滨州市	Binzhou		1039200	133835	273446	8178	29916	9240	581922
菏泽市	Heze		555579	329222	105934	34811	76542	2917	2734

13-11 续表 continued

单位:公顷 (hectare)

地 区	Region	柿子(吨) Persimmon (ton)	山楂(吨) Hawthorn (ton)	其它(吨) Others (ton)	年末实有果园面积 Orchard Area at the Year-end	#苹果园 Apple	梨园 Pear	葡萄园 Grape	桃园 Peach
全省总计	**Total**	**145843**	**225684**	**477068**	**652638**	**299675**	**45805**	**43283**	**113163**
济南市	Jinan	18631	11045	19698	32288	14857	1770	1232	5569
青岛市	Qingdao	9516	3663	25779	27203	12544	2020	4286	4144
淄博市	Zibo	6391	7784	29786	31022	13335	386	3856	9270
枣庄市	Zaozhuang	10058	2709	60117	16825	3603	563	594	4352
东营市	Dongying	3		335	5560	2478	311	442	429
烟台市	Yantai	9837	2176	168038	162896	119866	8384	16398	3288
潍坊市	Weifang	32544	78979	27123	36643	8868	1747	2643	11493
济宁市	Jining	3095	4356	9710	18484	3584	722	2907	3903
泰安市	Tai'an	8294	17951	66606	29716	7482	1011	737	7884
威海市	Weihai	983	159	12509	34772	28484	1898	1451	914
日照市	Rizhao	6985	2604	8301	21367	6645	368	264	5106
莱芜市	Laiwu	11401	10132	1894	10993	1978	247	123	4648
临沂市	Linyi	23082	74682	29477	83400	17659	1818	3063	42041
德州市	Dezhou	379	6371	4588	13696	3261	982	682	635
聊城市	Liaocheng	708	2363	11664	38792	15250	9337	2995	2015
滨州市	Binzhou	1818	563	283	38045	4404	7485	271	1123
菏泽市	Heze	2118	145	1156	17604	10711	2755	1337	2351

13-12　各市林业生产情况(2015年)

Production of Forestry by Region(2015)

地　区	Region	按主要林种用途分(公顷) by Purpose of Major Forest Types(hectare)			主要林产品产量(吨) Output of Major Forestry Products(ton)		农村集体、农民采伐木材消耗蓄积量(立方米) Volume of Timber Consumption Cut by Rural Collective and Households (cu.m)
		用材林 Forest for Timber	经济林 Economic Forest	防护林 Protection Forest	核 桃 Walnut	板 栗 Chestnut	
全省总计	**Total**	**41627**	**60372**	**102643**	**219717**	**313346**	**3389503**
济 南 市	Jinan	3622	3379	5012	31913	11710	106929
青 岛 市	Qingdao	1389	3178	5475	289	1969	74911
淄 博 市	Zibo	529	2445	6934	2181	8900	39870
枣 庄 市	Zaozhuang	1185	4789	5952	2497	8270	38250
东 营 市	Dongying	514	96	2987			54027
烟 台 市	Yantai	514	3024	10024	1692	26055	21834
潍 坊 市	Weifang	4670	4067	11476	4174	32216	248472
济 宁 市	Jining	1673	6531	6711	23063	22108	307301
泰 安 市	Tai'an	3066	6998	4614	42058	55460	187236
威 海 市	Weihai	215	2512	4446	25	17574	9382
日 照 市	Rizhao	2230	2771	1974	1126	32172	75287
莱 芜 市	Laiwu	613	1128	2639	1417	3318	13532
临 沂 市	Linyi	4502	10829	6621	108312	93592	401265
德 州 市	Dezhou	5287	908	7496	67		258532
聊 城 市	Liaocheng	4127	2603	5606	225		228497
滨 州 市	Binzhou	3316	1039	8780	338	2	314774
菏 泽 市	Heze	4175	4075	5896	340		1009404

13-12　续表 continued

单位:公顷 (hectare)

地　区	Region	营林情况 Forestation			
		当年人工造林面积 Forested Area in the Year	零星植树(万株) Surrounding Tree Planting (10000 trees)	育苗面积 Area of Nursery Garden	森林抚育面积 Laid out Area of Forest Tending
全省总计	**Total**	**206552**	**170888173**	**256120**	**358253**
济 南 市	Jinan	12013	13110000	14439	3466
青 岛 市	Qingdao	10070	4841000	16090	18720
淄 博 市	Zibo	9908	6294900	10213	30000
枣 庄 市	Zaozhuang	11980	8311065	3898	20532
东 营 市	Dongying	3597	1449500	11702	10500
烟 台 市	Yantai	13562	2820602	6734	20000
潍 坊 市	Weifang	21067	28166530	19130	30362
济 宁 市	Jining	15236	27540500	33361	31664
泰 安 市	Tai'an	14678	11940000	25352	28133
威 海 市	Weihai	7173	3312000	3519	18226
日 照 市	Rizhao	6975	6006000	3398	5533
莱 芜 市	Laiwu	4400	1929750	889	6724
临 沂 市	Linyi	22295	16783727	63798	13152
德 州 市	Dezhou	13832	12251000	9654	44811
聊 城 市	Liaocheng	12336	10943000	8006	39616
滨 州 市	Binzhou	13249	4588600	18427	19668
菏 泽 市	Heze	14181	10599999	7510	17146

13—13 各市畜牧业生产情况(2015年)

Production of Animal Husbandry by Region(2015)

地区 Region	大牲畜年末存栏(万头) Stocked Large Livestock at Year-end (10000 heads)	#牛 Cattle	猪年末存栏(万头) Stocked Pigs at Year-end (10000 heads)	羊年末存栏(万只) Stocked Sheep and Goats at Year-end (10000	山羊 Goats	绵羊 Sheep	家禽年末存栏(万只) Stocked Poultry at Year-end (10000 heads)	兔年末存栏(万只) Stocked Hare at Year-end (10000 heads)
全省总计 Total	**518.38**	**503.57**	**2849.58**	**2235.66**	**1639.59**	**596.07**	**61526.89**	**3260.22**
济南市 Jinan	72.58	72.05	189.69	145.02	101.78	43.24	3548.74	240.10
青岛市 Qingdao	19.28	19.26	187.33	20.34	12.62	7.72	5268.46	112.88
淄博市 Zibo	13.15	13.15	56.02	47.44	43.19	4.25	1489.47	99.77
枣庄市 Zaozhuang	11.40	10.83	119.33	122.54	118.90	3.64	2566.57	361.22
东营市 Dongying	18.25	18.07	63.46	80.61	27.71	52.90	2034.83	22.56
烟台市 Yantai	15.98	15.88	250.16	43.47	33.50	9.97	4828.61	48.53
潍坊市 Weifang	35.78	35.64	424.01	118.25	59.81	58.43	10618.50	75.65
济宁市 Jining	30.83	30.76	337.36	230.85	142.53	88.32	7226.71	461.89
泰安市 Tai'an	40.63	40.40	225.78	187.19	124.97	62.23	3487.66	184.28
威海市 Weihai	5.97	5.97	95.42	10.46	10.17	0.29	2096.17	57.47
日照市 Rizhao	7.56	7.52	143.44	62.92	61.71	1.21	3091.55	269.64
莱芜市 Laiwu	1.62	1.62	50.58	36.36	30.15	6.21	710.13	82.07
临沂市 Linyi	30.28	30.20	372.69	248.80	230.97	17.83	6885.42	800.88
德州市 Dezhou	121.67	116.57	376.96	162.75	123.34	39.42	5978.11	56.24
聊城市 Liaocheng	40.88	36.12	166.31	155.78	97.63	58.15	5649.79	65.54
滨州市 Binzhou	52.16	50.88	122.05	80.35	31.67	48.68	4214.73	34.29
菏泽市 Heze	47.22	45.49	397.78	709.25	601.28	107.97	4877.48	287.20

13—13 续表 1 continued

地区 Region	牛当年出栏(万头) Slaughtered Cattle in the Year (10000 heads)	猪当年出栏(万头) Slaughtered Pigs in the Year (10000 heads)	羊当年出栏(万只) Slaughtered Sheep and Goats in the Year (10000 heads)	家禽当年出栏(万只) Slaughtered Poultry in the Year (10000 heads)	兔当年出栏(万只) Slaughtered Hare in the Year (10000 heads)
全省总计 Total	**447.50**	**4836.14**	**3195.76**	**177148.89**	**6419.01**
济南市 Jinan	48.11	304.44	217.40	5500.28	361.87
青岛市 Qingdao	5.91	304.18	19.77	19303.92	400.41
淄博市 Zibo	9.68	103.58	50.63	5009.35	338.33
枣庄市 Zaozhuang	7.44	180.87	216.14	7319.21	488.41
东营市 Dongying	11.16	92.44	87.66	5924.80	66.37
烟台市 Yantai	6.85	420.28	42.05	12458.31	27.37
潍坊市 Weifang	27.41	806.28	142.41	43380.56	256.90
济宁市 Jining	20.90	572.47	304.36	16119.70	1670.61
泰安市 Tai'an	20.05	397.70	320.50	8740.77	403.88
威海市 Weihai	3.06	146.63	12.18	5314.95	31.51
日照市 Rizhao	7.27	200.52	76.36	8267.42	509.12
莱芜市 Laiwu	0.63	53.41	34.87	1477.97	93.19
临沂市 Linyi	30.21	611.33	313.54	16528.89	846.91
德州市 Dezhou	65.88	580.26	168.86	11939.16	83.01
聊城市 Liaocheng	25.31	283.46	244.08	19545.76	167.26
滨州市 Binzhou	50.58	168.40	130.64	14108.71	144.52
菏泽市 Heze	45.92	585.65	1035.22	8676.52	168.66

13-13 续表 2 continued

单位:吨 (ton)

地 区	Region	肉类总产量 Output of Meat	#牛肉 Beef	#猪肉 Pork	#羊肉 Mutton	#禽肉 Poultry Meat	奶类产量 Output of Milk	#牛奶 Cow Milk
全省总计	**Total**	**7740106**	**678714**	**3974436**	**370921**	**2596000**	**2849016**	**2753800**
济南市	Jinan	394410	65875	227413	21813	74655	291582	291578
青岛市	Qingdao	546914	8101	222051	2331	308424	354138	318649
淄博市	Zibo	156870	13262	74954	4974	59454	90900	90622
枣庄市	Zaozhuang	264004	9818	132477	17660	97178	49093	48879
东营市	Dongying	184857	15441	68534	9362	90258	312243	312243
烟台市	Yantai	507691	10242	303587	5320	188305	194260	165151
潍坊市	Weifang	1338398	38493	605741	14393	675851	250165	243116
济宁市	Jining	724363	28510	431829	27082	213973	122762	122256
泰安市	Tai'an	478229	27591	295928	32460	116510	593411	593411
威海市	Weihai	186011	4265	110410	1209	69520	158073	139398
日照市	Rizhao	261247	9057	129173	6987	111347	26040	26010
莱芜市	Laiwu	62673	850	38077	3393	19201	1899	1899
临沂市	Linyi	766869	40160	442832	30068	243421	102063	98591
德州市	Dezhou	679056	90942	427497	15281	143793	184759	184752
聊城市	Liaocheng	580408	34597	224078	25057	291454	106723	106458
滨州市	Binzhou	410457	67478	126888	12603	200779	85701	85582
菏泽市	Heze	695210	64200	428003	97244	101782	68499	68499

13-13 续表 3 continued

单位:吨 (ton)

地 区	Region	羊毛产量 Output of Wool	山羊毛 Goat Wool	绵羊毛 Sheep Wool	禽蛋产量 Poultry Eggs	#鸡蛋 Hen's Eggs	蚕茧产量 Output of Cocoon	#桑蚕茧 Cocoon	#柞蚕茧 Oak Cocoon
全省总计	**Total**	**13735**	**4541**	**9194**	**4242788**	**4067612**	**22334**	**22263**	**70**
济南市	Jinan	1153	568	585	354604	339093	9	9	
青岛市	Qingdao	8	1	7	182836	181251	92	92	
淄博市	Zibo	164	120	44	61098	51287	1834	1834	
枣庄市	Zaozhuang	378	243	136	112645	95780			
东营市	Dongying	256	34	222	111111	95009	1	1	
烟台市	Yantai	197	4	193	242290	236482	373	351	22
潍坊市	Weifang	776	94	682	256611	237652	1056	1056	
济宁市	Jining	1624	708	917	477191	344713	24	24	
泰安市	Tai'an	1374	266	1108	206562	192075	7268	7268	
威海市	Weihai	1	0	0	143567	139480	189	162	26
日照市	Rizhao	19	12	8	113746	111514	3121	3099	22
莱芜市	Laiwu	145	78	67	31495	30985	139	139	
临沂市	Linyi	666	529	137	292020	254795	1485	1485	
德州市	Dezhou	300	145	155	412810	250983			
聊城市	Liaocheng	1637	221	1416	327840	306181	220	220	
滨州市	Binzhou	818	77	741	227496	192049	482	482	
菏泽市	Heze	4221	1444	2777	416643	378554	6041	6041	

13−14 各市水产品产量和养殖面积(2015年)

Output and Breeding Area of Aquatic Products by Region (2015)

地区	Region	水产品总产量(吨) Total Aquatic Products (ton)	海水产品 Seawater Aquatic products	海洋捕捞 Ocean Fishing	海水养殖 Seawater Cultured	淡水产品产量 Freshwater Aquatic Products
全省总计	**Total**	**9312693**	**7746994**	**2751340**	**4995654**	**1565699**
济南市	Jinan	47565				47565
青岛市	Qingdao	1227314	1183620	396700	786920	43694
淄博市	Zibo	29395				29395
枣庄市	Zaozhuang	90958				90958
东营市	Dongying	570024	465714	91929	373785	104310
烟台市	Yantai	2003020	1961405	730560	1230845	41615
潍坊市	Weifang	601004	492322	177079	315243	108682
济宁市	Jining	314872				314872
泰安市	Tai'an	92355				92355
威海市	Weihai	2796029	2752645	1015405	1737240	43384
日照市	Rizhao	595616	563088	242393	320695	32528
莱芜市	Laiwu	3523				3523
临沂市	Linyi	152963	546	546		152417
德州市	Dezhou	85567				85567
聊城市	Liaocheng	84173				84173
滨州市	Binzhou	460932	301271	70345	230926	159661
菏泽市	Heze	131000				131000
省属远洋捕捞企业	Provincial Ocean Fishing Enterprises	26383	26383	26383		

13−14 续表 continued

地区	Region	内陆捕捞 Landlocked Fishing	内陆养殖 Landlocked Cultured	水产品养殖面积(公顷) Breeding Area of Aquatic Products (hectare)	海水养殖 Seawater Cultured	内陆养殖 Landlocked Cultured
全省总计	**Total**	**102627**	**1463072**	**846151**	**563198**	**282953**
济南市	Jinan	650	46915	7285		7285
青岛市	Qingdao		43694	49028	33255	15773
淄博市	Zibo	533	28862	5621		5621
枣庄市	Zaozhuang	4750	86208	12649		12649
东营市	Dongying	4475	99835	130733	108200	22533
烟台市	Yantai	800	40815	175705	163577	12128
潍坊市	Weifang	11674	97008	95767	65759	30008
济宁市	Jining	26111	288761	58812		58812
泰安市	Tai'an	16323	76032	11361		11361
威海市	Weihai		43384	80811	76267	4544
日照市	Rizhao	434	32094	53958	41797	12161
莱芜市	Laiwu	391	3132	1948		1948
临沂市	Linyi	18381	134036	28726		28726
德州市	Dezhou	1368	84199	9975		9975
聊城市	Liaocheng	4744	79429	9264		9264
滨州市	Binzhou	2887	156774	90876	74343	16533
菏泽市	Heze	9106	121894	23632		23632
省属远洋捕捞企业	Provincial Ocean Fishing Enterprises					

13-15 主要农业机械年末拥有量
Major Agricultural Machinery at the Year-end

类 别	单位	Category	Unit	2014	2015
农业机械总动力	**(万千瓦)**	**total power of agricultural machinery**	**(10000 kw)**	**13100.78**	**13353.02**
一、拖拉机及配套机械		**Tractors and related machinery**			
拖拉机	(万台)	Tractor	(10000 units)	248.57	244.45
	(万千瓦)		(10000 kw)	3532.74	3615.36
#大中型(14.7千瓦及以上)	(万台)	Large and Medium-sized(14.7 kw and above)	(10000 units)	51.84	53.52
	(万千瓦)		(10000 kw)	1896.90	2021.94
拖拉机配套农具	(万部)	Tractor Supporting Tools	(10000 units)	431.36	427.96
#大中型	(万部)	Large and Medium-sized	(10000 units)	100.85	103.30
二、种植业机械		**Farming Machinery**			
机引犁	(万台)	Mechanical Power Plow	(10000 units)	143.82	144.17
旋耕机	(万台)	Rotary Tiller	(10000 units)	32.81	33.16
播种机	(万台)	Seeder	(10000 units)	71.40	72.52
农用水泵	(万台)	Agricultural Water-pump	(10000 units)	296.10	296.44
节水灌溉类机械	(万套)	Water-saving Irrigation Machinery	(10000 units)	51.25	52.30
机动喷雾(粉)机	(万台)	Mobile Spray (Powder) Machinery	(10000 units)	49.99	50.91
	(万千瓦)		(10000 kw)	108.74	110.68
联合收获机	(万台)	Combine Harvester	(10000 units)	25.60	26.93
	(万千瓦)		(10000 kw)	998.41	1118.49
#玉米联合收获机	(万台)	Corn Combine Harvester	(10000 units)	9.69	10.35
秸秆粉碎还田机	(万台)	Straw crushing Machinery	(10000 units)	10.87	11.11
机动脱粒机	(万台)	Thresher	(10000 units)	40.32	39.53
三、畜牧养殖机械	**(万台)**	**Animal Husbandry Machinery**	**(10000 units)**	**22.41**	**22.58**
	(万千瓦)		(10000 kw)	128.92	130.67
四、渔业机械	**(万台)**	**Fishery Machinery**	**(10000 units)**	**13.68**	**13.81**
	(万千瓦)		(10000 kw)	231.58	231.55
五、林果业机械	**(万台)**	**Fruit Industry Machinery**	**(10000 units)**	**1.37**	**1.39**
	(万千瓦)		(10000 kw)	7.59	8.06
六、农产品初加工机械		**Agricultural Products Primary Processing Machinery**			
农产品初加工动力机械	(万台)	Agricultural Products Primary Processing Power Machinery	(10000 units)	101.20	101.12
	(万千瓦)		(10000 kw)	915.60	915.73
农产品初加工作业机械	(万台)	Agricultural Products Primary Processing Operating Machinery	(10000 units)	50.88	51.34
七、农田基本建设机械	**(万台)**	**Farmland Capital Construction Machinery**	**(10000 units)**	**4.41**	**4.33**
	(万千瓦)		(10000 kw)	295.10	289.97
八、运输机械		**Transport Machinery**			
#农村运输车	(万台)	Rural Transport Vehicles	(10000 units)	285.45	283.77
	(万千瓦)		(10000 kw)	3641.80	3644.86
九、其他机械		**Other Machinery**			
#农用飞机	(架)	Agricultural Aircraft	(unit)	33	45
农业机械原值	**(亿元)**	**Total Value of Agricultural Machinery**	**(100 million Yuan)**	**843.15**	**884.07**

13-16 各市主要农业机械年末拥有量(2015年)

Number of Major Agricultural Machinery at the Year-end by Region(2015)

地区	Region	农业机械总动力(千瓦) total power of agricultural machinery (kw)	#拖拉机及配套机械 Tractors and related machinery			#联合收获机 Combine Harvester		农业机械原值(万元) Total Value of Agricultural Machinery (10000 yuan)
			拖拉机 Tractor		拖拉机配套农具 Tractor Supporting Tools			
			(台) (unit)	(千瓦) (kw)	(部) (unit)	(台) (unit)	(千瓦) (kw)	
全省总计	**Total**	**133530195**	**2444489**	**36153890**	**4279636**	**269349**	**11184863**	**8840700**
济南市	Jinan	5849766	61292	1265486	106001	12933	530849	353451
青岛市	Qingdao	8541596	207809	3176871	406386	16329	841094	572560
淄博市	Zibo	3707893	26708	825224	55524	9596	316356	348150
枣庄市	Zaozhuang	3604876	35853	970991	115262	11110	637340	331348
东营市	Dongying	2632468	57302	1055187	121906	7332	308310	294074
烟台市	Yantai	9903822	274644	2847921	358927	9511	395269	666638
潍坊市	Weifang	13798962	182591	2981234	284134	24884	1221661	1019518
济宁市	Jining	11176604	103126	2465565	208347	31033	772800	738679
泰安市	Taian	5661315	83837	1554833	155799	17765	425216	402941
威海市	Weihai	5554970	284734	2510513	504893	5216	180125	397052
日照市	Rizhao	3089040	172210	1331877	522925	2083	93247	310151
莱芜市	Laiwu	1131824	24310	318068	31568	916	15777	99310
临沂市	Linyi	9927892	461166	4317687	623674	12996	573704	602583
德州市	Dezhou	15095624	242151	4364646	307230	33466	1576827	839400
聊城市	Liaocheng	12480095	72615	1891372	130554	27629	1218291	624404
滨州市	Binzhou	6282752	78231	1624319	145932	16185	603569	358762
菏泽市	Heze	15090696	75910	2652096	200574	30365	1474428	881680

13-17　各市地类面积(2014年)

Land Category Area by Region(2014)

单位:公顷

地　区	Region	农用地 Agricultural Land	#耕地 Cultivated Land	#水浇地 Irrigated Land	#园 地 Garden Land	#牧草地 Grazing and Pasture Land
全省总计	**Total**	**11548061**	**7620647**	**5160910**	**724189**	**5759**
济 南 市	Jinan	541383	359725	264796	26148	
青 岛 市	Qingdao	805518	522901	246634	38003	
淄 博 市	Zibo	417829	209785	138827	58697	
枣 庄 市	Zaozhuang	331040	236918	126720	14740	
东 营 市	Dongying	424390	222983	166586	4320	5596
烟 台 市	Yantai	1061174	446083	143081	232808	81
潍 坊 市	Weifang	1159497	795849	481393	58517	
济 宁 市	Jining	773846	607820	457946	9401	
泰 安 市	Tai'an	585588	364159	222802	40048	
威 海 市	Weihai	443829	194859	26712	35874	63
日 照 市	Rizhao	424348	239916	54302	26079	
莱 芜 市	Laiwu	146067	72570	35452	15898	
临 沂 市	Linyi	1321676	841547	329363	103068	
德 州 市	Dezhou	814928	643784	643410	13956	
聊 城 市	Liaocheng	696383	564892	564450	10268	
滨 州 市	Binzhou	636475	465831	433968	29659	11
菏 泽 市	Heze	964090	831025	824468	6705	8

13-18　各市灌溉面积(2015年)

Irrigated Area by Region(2015)

单位:千公顷　　(1000 hectares)

地　区	Region	有效灌溉面积 Effective Irrigated Area	#当年实灌 Irrigated in the Year	林地灌溉面积 Irrigated Area of Forest Lands	果园灌溉面积 Irrigated Area of Orchard
全省总计	**Total**	**5126.78**	**4649.82**	**202.90**	**347.63**
济 南 市	Jinan	256.14	245.58	9.04	7.25
青 岛 市	Qingdao	323.41	256.80	15.99	28.51
淄 博 市	Zibo	129.17	128.05	4.48	36.97
枣 庄 市	Zaozhuang	170.73	132.81	3.39	10.09
东 营 市	Dongying	186.48	180.90	8.56	5.24
烟 台 市	Yantai	246.09	213.51	4.54	67.28
潍 坊 市	Weifang	529.27	440.25	30.40	42.18
济 宁 市	Jining	470.64	457.64	10.61	8.25
泰 安 市	Tai'an	239.22	227.48	5.78	15.49
威 海 市	Weihai	120.64	86.99	1.05	19.32
日 照 市	Rizhao	104.14	69.72	5.83	10.79
莱 芜 市	Laiwu	36.70	34.59	0.40	3.43
临 沂 市	Linyi	360.20	296.17	14.03	29.62
德 州 市	Dezhou	489.76	483.23	41.68	17.21
聊 城 市	Liaocheng	463.22	462.22	8.90	9.30
滨 州 市	Binzhou	372.42	340.54	7.28	12.24
菏 泽 市	Heze	628.55	593.34	30.94	24.46

13-19 各市农村电气化和农业化学化情况(2015年)
Rural Electrification and Agriculture Chemicals by Region(2015)

单位:吨 (ton)

地区	Region	农用化肥施用量(实物量) Consumption of Chemical Fertilizer (physical volume)	氮肥 Nitrogenous Fertilizer	磷肥 Phosphate Fertilizer	钾肥 Potash Fertilizer	复合肥 Compound Fertilizer	农用化肥施用量(折纯量) Consumption of Chemical Fertilizer (convert to pure volume)	氮肥 Nitrogenous Fertilizer	磷肥 Phosphate Fertilizer
全省总计	**Total**	**13952225**	**5014629**	**2193556**	**1148034**	**5596006**	**4634965**	**1510133**	**480791**
济南市	Jinan	814839	351808	181116	50636	231278	224619	84296	34252
青岛市	Qingdao	781140	174252	63404	52851	490632	284923	49657	12643
淄博市	Zibo	318525	105392	38217	21156	153760	97074	29540	7249
枣庄市	Zaozhuang	643067	237290	51185	40023	314569	210639	72000	11763
东营市	Dongying	361944	145748	84807	20568	110821	119354	41035	19783
烟台市	Yantai	1092435	303510	132311	115463	541151	387557	100639	28835
潍坊市	Weifang	1386547	324238	126857	101925	833527	518171	104056	31035
济宁市	Jining	1153235	390583	182429	104198	476025	420427	135507	43881
泰安市	Tai'an	651762	254932	99149	72274	225407	207285	56935	21557
威海市	Weihai	380200	125016	45266	42865	167052	109721	31204	9468
日照市	Rizhao	356679	96377	35224	29411	195668	121422	28334	9761
莱芜市	Laiwu	122040	47436	15163	12208	47233	38280	11425	2733
临沂市	Linyi	1315020	494766	130555	133106	556593	373971	111080	28514
德州市	Dezhou	1175634	550882	234905	77412	312435	380546	176065	46302
聊城市	Liaocheng	1128842	445436	233026	94788	355593	412414	159022	64521
滨州市	Binzhou	690358	314099	116158	41757	218345	234978	91720	31817
菏泽市	Heze	1579956	652864	423783	137393	365916	493583	227617	76676

13-19 续表 continued

单位:吨 (ton)

地区	Region	钾肥 Potash Fertilizer	复合肥 Compound Fertilizer	农用塑料薄膜使用量 Plastic Film Consumption	地膜使用量 Film Consumption	农用柴油量 Diesel Consumption	农药施用量 Pesticides Consumption	地膜覆盖面积(公顷) Film Coverage (hectare)	农村用电量(万千瓦时) Electricity Consumption in Rural Area (10000 kwh)
全省总计	**Total**	**403624**	**2240416**	**301575**	**123397**	**1658256**	**151004**	**2171923**	**4823032**
济南市	Jinan	17441	88630	13439	4145	50341	3074	49330	265100
青岛市	Qingdao	15594	207028	18732	8171	206987	6252	143997	401122
淄博市	Zibo	6937	53348	7621	1600	19827	5375	24061	442705
枣庄市	Zaozhuang	13774	113102	8272	3327	15328	4669	31148	317200
东营市	Dongying	8244	50292	7770	5429	36262	5664	119117	46032
烟台市	Yantai	43768	214315	11592	7524	189013	20227	125883	980086
潍坊市	Weifang	39722	343357	77198	14871	148559	13943	220252	615285
济宁市	Jining	40280	200760	11855	8412	101587	15289	144336	159919
泰安市	Tai'an	25454	103339	10383	4773	53402	6979	73476	109818
威海市	Weihai	15793	53255	3596	2326	258902	8453	31982	154382
日照市	Rizhao	10200	73127	7210	4613	217416	4240	91925	120001
莱芜市	Laiwu	5139	18983	2422	1655	10546	1197	26396	78989
临沂市	Linyi	41038	193339	46233	19096	96526	15027	312601	305955
德州市	Dezhou	27134	131045	21971	11896	60656	12127	311566	126755
聊城市	Liaocheng	36163	152708	22965	6400	73078	8951	124142	145876
滨州市	Binzhou	15263	96178	6590	5341	33658	8036	122043	96616
菏泽市	Heze	41679	147611	23726	13819	86169	11502	219670	457191

主要统计指标解释

农林牧渔业总产值　指以货币表现的农、林、牧、渔业全部产品和对农林牧渔业生产活动进行的各种支持性服务活动的价值总量，它反映一定时期内农林牧渔业生产总规模和总成果。1957 年以前的农林牧渔业总产值中包括了厩肥和农民自给性手工业(如农民自制衣服、鞋、袜，自己从事粮食初步加工等)。1958 年及以后，林业中增加了村及村以下竹木采伐产值；牧业中取消了厩肥产值；副业中取消了农民自给性手工业产值，增加了村及村以下办的工业产值；渔业中增加了海洋捕捞水产品产值。1980 年及以后，在副业中增加了农民家庭兼营工业商品部分的产值。从 1984 年起村及村以下工业产值划归工业。从 1993 年起取消副业，将野生动物的捕猎划入牧业，野生植物采集和农民家庭兼营商品性工业划归农业。从 2003 年起，执行新的国民经济行业分类标准，农林牧渔业总产值中包括了农林牧渔服务业产值。林业中增加了森林采运业产值。农业中取消了家庭兼营商品性工业产值，将野生林产品的采集划归林业。

农林牧渔业总产值的计算方法通常是按农、林、牧、渔业产品及其副产品的产量分别乘以各自单位产品价格求得；少数生产周期较长，当年没有产品或产品产量不易统计的，则采用间接方法匡算其产值；然后将四业产品产值相加即为农林牧渔业总产值。

粮食产量　指全社会的产量。包括国有经济经营的、集体统一经营的和农民家庭经营的粮食产量，还包括工矿企业办的农场和其他生产单位的产量。粮食除包括稻谷、小麦、玉米、高粱、谷子及其他杂粮外，还包括薯类和豆类。其产量计算方法，豆类按去豆荚后的干豆计算；薯类(包括甘薯，不包括芋头和木薯)1963 年以前按每 4 公斤鲜薯折 1 公斤粮食计算，从 1964 年开始改为按 5 公斤鲜薯折 1 公斤粮食计算。作为蔬菜的薯类(如马铃薯等)按鲜品计算，并且不作粮食统计。其他粮食一律按脱粒后的原粮计算。1989 年以前全国粮食产量数据主要靠全面报表取得，1989 年开始使用抽样调查数据。

棉花产量　指全社会的产量。包括春播棉和夏播棉。产量按皮棉计算。不包括木棉。

油料产量　指全部油料作物的生产量。包括花生、油菜籽、芝麻、向日葵籽、胡麻籽（亚麻籽）和其他油料。不包括大豆、木本油料和野生油料。花生以带壳干花生计算。

水产品产量　指人工养殖的水产品和天然生长的水产品的捕捞量。包括海水的鱼类、虾蟹类、贝类和藻类以及内陆水域的鱼类、虾蟹类和贝类，不包括淡水生植物。水产品产量是通过各级水产和统计部门逐级上报取得数据。1995 年及以前，贝类中牡蛎按鲜肉计算；蚶、蛤、蛙按 5 斤鲜品折 1 斤计算。1996 年以后则统一按鲜品计算。

猪、牛、羊肉产量　指当年出栏并已屠宰、除去头蹄下水后带骨肉(即胴体重)的重量。包括全社会范围内的产量。由于畜牧业产品年报数据与普查数据之间存在一定的差距，

根据国家统计局有关文件精神，从 2000 年起，对畜牧业年报数据与普查数据进行衔接。

期初(末)畜禽存栏头(只)数　指报告期初(末)农村各种合作经济组织和国营农场、农民个人、机关、团体、学校、工矿企业、部队等单位以及城镇居民饲养的大牲畜、猪、羊、家禽等畜禽的存栏数。数据上报方式及数据调整情况同猪、牛、羊肉产量。

农作物播种面积　指实际播种或移植有农作物的面积。凡是实际种植有农作物的面积，不论种植在耕地上还是种植在非耕地上，均包括在农作物播种面积中。在播种季节基本结束后，因遭灾而重新改种和补种的农作物面积，也包括在内。它是反映我国耕地面积利用情况的一个重要指标。目前，农作物播种面积主要包括粮食、棉花、油料、糖料、麻类、烟叶、蔬菜和瓜类、药材和其他农作物九大类。

有效灌溉面积　指具有一定的水源，地块比较平整，灌溉工程或设备已经配套，在一般年景下，当年能够进行正常灌溉的耕地面积。在一般情况下，有效灌溉面积应等于灌溉工程或设备已经配备，能够进行正常灌溉的水田和水浇地面积之和。它是反映我国耕地抗旱能力的一个重要指标。

农用化肥施用量　指本年内实际用于农业生产的化肥数量，包括氮肥、磷肥、钾肥和复合肥。化肥施用量要求按折纯量计算数量。折纯量是指把氮肥、磷肥、钾肥分别按含氮、含五氧化二磷、含氧化钾的百分之百成份进行折算后的数量。复合肥按其所含主要成分折算。公式为：

折纯量=实物量×某种化肥有效成份含量的百分比

农业机械总动力　指主要用于农、林、牧、渔业的各种动力机械的动力总和。包括耕作机械、排灌机械、收获机械、农用运输机械、植物保护机械、牧业机械、林业机械、渔业机械和其他农业机械〔内燃机按引擎马力折成瓦(特)计算、电动机按功率折成瓦(特)计算〕。不包括专门用于乡、镇、村、组办工业、基本建设、非农业运输、科学试验和教学等非农业生产方面用的动力机械与作业机械。这个指标的统计数据主要来源于农机部门。

Explanatory Notes on Main Statistical Indicators

Gross Output Value of Farming, Forestry, Animal Husbandry and Fishery refers to the total value of products of farming, forestry, animal husbandry and fishery, and total value of services rendered to support farming, forestry, animal husbandry and fishery activities. It reflects the total scale and results of agricultural production during a given period. Prior to 1957, China's gross agricultural output value included barnyard manure and handicraft products for self consumption (clothes, shoes, stockings, and initial grain processing undertaken by peasants). Since 1958, cutting and felling of bamboo and trees by villages and other cooperative organizations under villages have been included in forestry; value of barnyard manure has been excluded from animal husbandry; self consumed handicrafts has been excluded from sideline occupations, while the output value of industries run by villages and cooperative organizations under village had been included in sideline occupations and the output value of fish catches by motor fishing boats has been added to fishery. Since 1980, the value of handicraft products made for sale by individuals in households had been added to sideline occupations. Since 1984, industries run by villages and under villages have been included in the sector of industry. Since 1993, the subdivision of sideline occupations has been canceled, and the hunting of wild animals has been classified into animal husbandry, and the gathering of wild plants and commodity industry run by rural household have been included in farming. A new industrial classification of economic activities was introduced in 2003. Under the new classification, value of services to farming, forestry, animal husbandry and fishery is included in the gross output value of agriculture, value of wood felling and transport is included in forestry, value of industrial output by rural households is not included in agriculture, and the collection of wild forest products is taken from agriculture and included in the forestry. The first agriculture census of China revealed some discrepancy between the production of animal products from the annual reports and that from the census. Efforts were made by the Rural Socio economic Survey Organization of NBS to adjust the output value of animal husbandry to make the figures from the annual reports consistent with the census data.

Gross output value of agriculture is obtained by first multiplying the output of each product or by product by its price, resulting in the output value of each single item. For a small number of products, annual output of which is not available or difficult to get due to the long production (growing) process involved, the output value is estimated through an indirect approach. The sum of output value of all products of farming, forestry, animal husbandry and fishery is then equal to the gross output value of agriculture.

Grain Output refers to the total output in the whole country including grains produced by state farms, collective units, rural households, as well as by farms affiliated to industrial and mining enterprises and other production units. Grain includes rice, wheat, corn, sorghum, millet and other miscellaneous grains as well as tubers and bean. Output of beans refers to dry beans without pods. The output of tubers (sweet potatoes, not including taros and cassava) was converted into that of grain at the ratio 4： 1, i.e. 4 kilograms of fresh tubers was equivalent to 1 kilogram of grain up to 1963. Since 1964 the ratio for conversion has been 5:1. Tubers supplied as vegetables (such as potatoes) are calculated as fresh vegetables and their output is not included in the output of grain. Output of all other grains refers to husked grain. Data on grain production before 1989 were obtained through Comprehensive Statistical Reporting System. Since 1989, data from sample surveys are used.

Cotton Output refers to the cotton production in the whole country including cotton sown in spring and in autumn. Output is measured as the weight of ginned cotton. Ceiba is not included.

Output of Oil-bearing Crops refers to the total production of oil bearing crops of various kinds, including peanuts, (dry, in shell) rapeseeds, sesame, sunflower seeds, flax seeds, and other oil bearing crops. Soybeans, oil bearing woody plants, and wild oil bearing crops are not included.

Output of Aquatic Products refers to catches of both artificially cultured and naturally grown aquatic products, including fish, shrimps, crabs and shellfish in sea and inland water as well as seaweed. Freshwater plants are not included. Data on output of aquatic products are reported by aquatic product and statistical agencies level by level. Before 1995, among the shellfish, the oyster was counted as fresh meat; 5 kilograms of ark shell, clams and frogs are equivalent to 1 kilogram of fresh aquatic products; they are all counted as fresh aquatic products since 1996.

Output of Pork, Beef, and Mutton refers to the meat of slaughtered hogs, cattle, sheep and goats with head, feet, and offal taken away. Data refers to the production of the whole country. The first agriculture census of China in 1996 revealed some discrepancy between the production of animal products from the annual reports and that from the census. Efforts were made by the Rural Socio economic Survey Organization of NBS to adjust the output value of animal husbandry to make the figures from the annual reports consistent with the census data. Since 1999, NBS conducted sample survey for the major animal husbandry products, such as hogs, cattle, sheep and goats and fowls, and the data from sample surveys are used as national finalized data. Those products, which are not covered by the sample survey, are still reported by statistical agencies level by level.

Number of Livestock or Poultry in Stock at Beginning (or End) refers to the total number of large animals, pigs, sheep, fowls, etc. raised by rural cooperative organizations, state farms, rural individuals, government agencies, schools, industrial and mining enterprises, army, and urban residents at the beginning (or end) of the reference period. Data reporting system and data adjustment are the same as that in the output of pork, beef and mutton.

Sown Area of Crops refers to area of land sown or

transplanted with crops regardless of being in cultivated area or non cultivated area. Area of land re sown due to natural disasters is also included. This is an important indicator that can reflect the utilization condition of the cultivated land in China. At present, the sown area of crops mainly include the following 9 categories of crops: grain, cotton, oil bearing crops, sugar crops, fiber crops, Tobacco, Vegetables and melons, medicinal materials and other farm crops.

Irrigated Area refers to areas that are effectively irrigated, i.e. level land, which has water source and complete sets of irrigation facilities to lift and move adequate water for irrigation purpose under normal conditions. Under normal conditions, irrigated area is the sum of watered fields and irrigated fields where irrigation systems or equipment have been installed for regular irrigation purpose. This important indicator reflects drought resistance capacity of the cultivated land in China.

Consumption of Chemical Fertilizers in Agriculture refers to the quantity of chemical fertilizers applied in agriculture in the year, including nitrogenous fertilizer, phosphate fertilizer, potash fertilizer, and compound fertilizer. The consumption of chemical fertilizers is required in calculation to convert the gross weight into weight containing 100% effective component (e.g. 100% nitrogen content in nitrogenous fertilizer, 100% phosphorous pent oxide contents in phosphate fertilizer, 100% potassium oxide contents in potash fertilizer). Compound fertilizer is converted with its major component. The formula is:

Volume of effective component=physical quantity×effective component of certain chemical fertilizer (%)

Total Power of Farm Machinery refers to total mechanical power of machinery used in farming, forestry, animal husbandry, and fishery, including ploughing, irrigation and drainage, harvesting, transport, plant protection, stock breeding, forestry and fishery. The power of internal combustion engines is required to convert horsepower into watts and the power of electric motors is required to be converted into watts. Machinery employed for non agricultural purposes, such as the machines used in township run and village run industry, construction, non agricultural transport, scientific experiments and teaching, is excluded. Data are mainly from agricultural machinery agencies.

第14篇

工　业

Industry

简 要 说 明

一、本篇资料的主要内容

本篇资料反映了全省工业生产和基本效益情况，主要包括历年工业总产值及指数、规模以上工业、国有控股工业、国有工业、集体工业、外商投资和港澳台投资工业、大中型工业企业、非公有工业、高新技术产业的主要经济指标、相关的财务分析指标和主要工业产品产量等方面的内容。自 2011 年开始，规模以上工业企业划分标准由年主营业务收入 500 万元及以上提高到 2000 万元及以上。

二、本篇资料的来源

本篇资料来源于工业统计年报，由省统计局工业统计处整理提供。

Brief Introduction

I. Content

Data in this chapter show the basic condition of industry in Shandong, mainly including the gross industrial output value and indices, the output of major industrial products and major economic and relevant financial indicators of industrial enterprises. Industrial enterprises include enterprises above designated size, state share holding enterprises, state owned enterprises, collective owned enterprises, foreign funded enterprises, enterprises with funds from Hong Kong, Macao and Taiwan, large and medium sized enterprises, private enterprises and high tech enterprises.Since 2011, criteria of revenue from principal business for the industrial enterprises above designated size has been increased from 5 million yuan and above to 20 million yuan and above.

II. Source of Data

Data in this chapter are based on the annual report of industrial statistics and are prepared and provide by the Division of Industry Statistics of Shandong Provincial Bureau of Statistics.

14-1 主要年份工业总产值

Gross Industrial Output Value in Major Years

年 份 Year	工业总产值 (亿元) Gross Industrial Output Value (100 millioon yuan)	国 有 经 济 State-owned	集 体 经 济 Collective-owned	轻工业 Light Industry	重工业 Heavy Industry	占全部工业总产值的比重(%) As Percentage of Gross Industrial Output Value(%) 国有经济 State-owned	集体经济 Collective-owned	轻工业 Light Industry	重工业 Heavy Industry
1949	9.15	3.42	0.01	8.25	0.90	37.38	0.11	90.16	9.84
1952	20.08	9.07	0.88	17.84	2.24	45.17	4.38	88.84	11.16
1955	30.10	14.81	2.31	25.36	4.74	49.20	7.67	84.25	15.75
1957	43.31	15.83	2.36	35.34	7.97	36.55	5.45	81.60	18.40
1962	45.70	33.99	6.27	31.22	14.48	74.38	13.72	68.32	31.68
1965	71.38	55.79	8.95	48.21	23.17	78.16	12.54	67.54	32.46
1970	141.22	109.22	21.37	81.88	59.34	77.34	15.13	57.98	42.02
1975	189.78	138.41	38.39	96.65	93.13	72.93	20.23	50.93	49.07
1976	220.00	157.01	52.12	107.03	112.97	71.37	23.69	48.65	51.35
1977	262.24	178.85	70.70	127.92	134.32	68.20	26.96	48.78	51.22
1978	296.82	200.74	78.60	144.28	152.54	67.63	26.48	48.61	51.39
1979	314.34	217.62	78.52	157.52	156.82	69.23	24.98	50.11	49.89
1980	340.32	229.89	90.46	183.81	156.51	67.55	26.58	54.01	45.99
1981	358.37	238.57	96.69	212.33	146.04	66.57	26.98	59.25	40.75
1982	393.21	261.91	100.28	233.57	159.64	66.61	25.50	59.40	40.60
1983	441.85	292.55	110.46	261.04	180.81	66.21	25.00	59.08	40.92
1984	534.91	318.30	164.80	317.58	217.33	59.51	30.81	59.37	40.63
1985	682.78	397.07	205.53	370.41	312.37	58.15	30.10	54.25	45.75
1986	784.33	415.12	234.86	419.38	364.95	52.93	29.94	53.47	46.53
1987	1032.88	521.66	302.57	533.38	499.50	50.51	29.29	51.64	48.36
1988	1455.24	662.48	441.05	751.70	703.54	45.52	30.31	51.65	48.35
1989	1920.94	833.86	575.95	982.99	937.95	43.41	29.98	51.17	48.83
1990	2200.85	911.88	650.38	1118.76	1082.09	41.43	29.55	50.83	49.17
1991	2599.17	1038.69	764.67	1326.78	1272.39	39.96	29.42	51.05	48.95
1992	3115.45	1301.39	993.81	1536.64	1578.81	41.77	31.90	49.32	50.68
1993	4713.48	1678.89	1285.42	2125.93	2587.55	35.62	27.27	45.10	54.90
1994	7023.23	2012.72	1812.72	3367.58	3655.65	28.66	25.81	47.95	52.05
1995	8906.60	2600.54	1840.75	4403.84	4502.76	29.20	20.67	49.44	50.56
1996	9126.63	2423.77	2380.09	4540.14	4586.49	26.56	26.08	49.75	50.25
1997	9984.12	2513.03	2512.01	4926.50	5057.61	25.17	25.16	49.34	50.66
1998	10579.17	2177.73	2206.64	5110.02	5469.15	20.59	20.86	48.30	51.70
1999	11195.46	2058.49	2218.99	5373.71	5821.75	18.39	19.82	48.00	52.00
2000	12509.53	2474.49	2393.99	5964.70	6544.83	19.78	19.14	47.68	52.32
2001	13277.37	1223.49	2078.33	6437.42	6839.96	9.21	15.65	48.48	51.52
2002	15588.53	1377.03	2348.82	7630.45	7958.08	8.83	15.07	48.95	51.05
2003	19891.54	1484.04	2526.39	9049.49	10842.05	7.46	12.70	45.49	54.51
2004	26295.24	2087.28	2819.30	11382.95	14912.29	7.94	10.72	43.29	56.71
2005	35387.43	1982.94	2264.87	13124.13	22263.30	5.60	6.40	37.09	62.91
2006	43900.21	2307.84	2469.67	15638.85	28261.36	5.26	5.63	35.62	64.38
2007	54428.27	2988.11	2922.80	19011.79	35416.48	5.49	5.37	34.93	65.07
2008	62958.53	4577.21	2464.08	21315.28	41643.25	7.27	3.91	33.86	66.14
2009	71209.42	4074.70	2775.66	24195.79	47013.62	5.72	3.90	33.98	66.02
2010	83851.40	5486.12	2632.65	27161.78	56689.62	6.54	3.14	32.39	67.61
2011	99504.98	6200.76	2983.41	31019.15	68485.83	6.23	3.00	31.17	68.83
2012	114707.29	5022.12	3129.06	36682.83	78024.46	4.38	2.73	31.98	68.02
2013	129906.01	4250.08	1750.38	40763.79	89142.21	3.27	1.35	31.38	68.62
2014	141415.02	4262.15	1672.30	43837.12	97577.90	3.01	1.18	31.00	69.00
2015	145964.20	4547.07	1686.34	46775.90	99188.30	3.12	1.16	32.05	67.95

注：1.本表按当年价格计算，1998年及以后集体工业为规模以上集体工业；

2.自2011年开始，规模以上工业企业划分标准由年主营业务收入500万元及以上提高到2000万元及以上(下表同)。

a)Data in this table are caculated at current prices,collective-owned industry refers to collective-owned industry above designated size since 1998.

b)The criteria of revenue from principal business for the industrial enterprises above designated size has been increased from 5 million yuan and above to 20 million yuan and above since 2011.The same applies to the fllowing tables.

14-2 主要年份工业总产值指数(以1952年为100)

Indice of Gross Industrial Output Value in Major Years(1952=100)

年份 Year	工业总产值指数 Indice of Gross Industrial Output Value			按轻重工业分 Grouped by Light & Heavy Industries	
		国有单位 State-owned	集体单位 Collective-owned	轻工业 Light Industry	重工业 Heavy Industry
1949	45.2	37.4	1.3	46.2	39.9
1952	100.0	100.0	100.0	100.0	100.0
1955	151.6	165.0	264.9	141.0	210.4
1957	236.0	224.7	344.2	206.0	370.0
1962	214.9	353.9	671.4	154.4	570.4
1965	366.7	633.5	1045.4	260.2	995.8
1970	723.4	1238.6	2494.8	435.6	2514.1
1975	1122.4	1812.0	5168.8	590.4	4529.6
1976	1304.7	2061.0	7037.7	655.5	5508.5
1977	1560.1	2352.4	9564.9	785.1	6563.4
1978	1766.4	2644.2	10646.8	886.7	7464.3
1979	1850.0	2834.6	10522.1	957.5	7589.3
1980	2001.2	2992.2	12111.7	1116.6	7571.8
1981	2091.4	3081.7	12845.4	1280.8	7014.1
1982	2269.7	3309.1	13571.4	1393.6	7583.1
1983	2524.2	3652.8	14849.3	1541.5	8500.0
1984	2887.8	3651.0	21459.7	1772.2	9655.9
1985	3530.6	4267.7	26046.7	1979.7	13293.4
1986	4110.2	4592.0	29223.4	2271.5	15740.8
1987	5089.9	5247.0	36481.8	2716.5	20260.6
1988	6803.9	6289.4	49739.0	3718.2	26390.7
1989	8029.9	6845.8	59622.0	4368.6	31314.3
1990	9081.8	7221.1	67151.9	4910.3	35635.7
1991	10630.2	7880.3	79849.3	5814.8	41232.5
1992	13203.8	9169.6	104332.3	6983.6	52983.8
1993	17410.5	10252.6	152395.2	8422.2	75660.9
1994	22325.5	10611.4	201009.3	11471.0	90112.1
1995	27482.7	12230.2	219100.8	14563.6	110026.9
1996	31954.1	12946.9	272154.0	17820.0	121491.7
1997	35820.6	13736.4	294951.4	19946.0	136423.0
1998	39954.3	12309.5	267429.8	21672.0	156345.4
1999	44702.4	12274.7	267143.4	23594.6	173193.0
2000	52713.1	13031.4	314292.3	28303.2	200740.0
2001	58288.7	7085.8	269624.9	31681.3	218566.7
2002	66406.7	8105.5	289070.9	36715.1	267094.8
2003	80723.9	8209.3	305837.0	41983.7	346635.6
2004	105142.9	9409.0	366085.2	54702.7	451415.2
2005	143609.4	10969.1	274178.2	60887.4	711789.0
2006	174082.5	12474.5	292134.7	71800.2	871484.8
2007	213754.5	15993.0	340762.7	88991.2	1081129.3
2008	243985.2	19063.9	371280.7	103190.2	1205057.4
2009	293138.0	18027.4	444262.5	124426.5	1445148.9
2010	328691.6	15909.7	496117.7	140021.7	1617429.3
2011	367977.8	16964.2	530394.5	150855.5	1843387.5
2012	431094.8	13963.1	565333.7	181300.5	2134280.9
2013	496153.3	12008.7	321387.7	204746.1	2478044.6
2014	548892.2	12238.6	312043.4	223762.9	2756652.8
2015	595115.1	13715.1	330528.6	250802.1	2943432.7

注：本表按可比价格计算，1998年及以后集体工业指数为规模以上集体工业指数。

a)Data in this table are caculated at current prices,the index of collective-owned industry refers to index of collective-owned industry above designated size since 1998.

14-3 2007-2015年规模以上工业增加值

Value Added of Industry Enterprises above Designated Size From 2007 to 2015

单位:万元 (10 000 yuan)

类别	Category	2007 工业增加值 Value Added of Industry Enterprises	2007 比上年增长(%) Growth Rate(%)	2008 工业增加值 Value Added of Industry Enterprises	2008 比上年增长(%) Growth Rate(%)	2009 工业增加值 Value Added of Industry Enterprises	2009 比上年增长(%) Growth Rate(%)
全省总计	**Total**	**132121756**	**20.77**	**167187522**	**13.80**	**188477760**	**14.93**
在总计中:轻工业	of which:Light Industry	44745712	18.96	54514692	13.21	62715602	12.13
重工业	Heavy Industry	87376044	21.70	112672831	14.10	125762158	16.24
在总计中:国有企业	of which:State-owned Enterprises	7548811	10.08	9844121	4.60	8776650	4.57
集体企业	Collective-owned Enterprises	6851061	14.46	8265316	8.27	8267032	17.82
股份制企业	Cooperative Enterprises	76973065	21.08	98632264	15.11	112143312	15.96
外商及港澳台商投资企业	Enterprises with Funds from Foreign Countries,Hong Kong, Macao and Taiwan	25719594	23.24	31373575	14.06	35485979	11.01
在总计中:国有控股企业	of which:State-holding Enterprises	29953246	11.69	37261436	8.17	33276261	4.67
在总计中:大中型工业企业	of which:Large and Medium-sized Enterprises	73064688	14.94	73106839	8.73	76047431	9.14

注:本表绝对数按当年价格计算,增幅按可比价计算。

a)Data in this table are calculated at current prices, growth rate at costant prices.

14-3 续表 continued

单位:万元 (10 000 yuan)

类别	Category	2010 工业增加值比上年增长(%) Growth Rate(%)	2011 工业增加值比上年增长(%) Growth Rate(%)	2012 工业增加值比上年增长(%) Growth Rate(%)	2013 工业增加值比上年增长(%) Growth Rate(%)	2014 工业增加值比上年增长(%) Growth Rate(%)	2015 工业增加值比上年增长(%) Growth Rate(%)
全省总计	**Total**	**15.00**	**14.03**	**11.43**	**11.34**	**9.62**	**7.50**
在总计中:轻工业	of which:Light Industry	12.91	11.88	11.21	10.25	8.48	7.41
重工业	Heavy Industry	16.08	15.06	11.54	11.85	10.15	7.54
在总计中:国有企业	of which:State-owned Enterprises	13.24	15.71	6.07	5.28	-0.17	-0.53
集体企业	Collective-owned Enterprises	9.93	11.50	10.54	10.65	5.66	4.19
股份制企业	Cooperative Enterprises	15.64	14.59	12.32	12.29	10.25	7.82
外商及港澳台商投资企业	Enterprises with Funds from Foreign Countries,Hong Kong, Macao and Taiwan	14.12	11.13	7.85	10.32	9.04	7.54
在总计中:国有控股企业	of which:State-holding Enterprises	12.54	6.08	3.68	4.84	2.76	-1.91
在总计中:大中型工业企业	of which:Large and Medium-sized Enterprises Enterprises	13.31	11.04	7.97	9.45	8.10	5.83

14-4 按行业分规模以上工业增加值构成
Its Composition of Industry Enterprises above Designated Size by Sector

类　　别	Category	2014 增加值占规模以上工业比重(%) Composition (%)	2014 工业增加值比上年增长(%) Growth Rate (%)
全省总计	**Total**	**100.0**	**9.6**
采掘业	**Mining**	**7.3**	**6.2**
煤炭开采和洗选业	Mining and Washing of Coal	2.7	12.5
石油和天然气开采业	Extraction of Petroleum and Natural Gas	3.1	0.5
黑色金属矿采选业	Mining of Ferrous Metal Ores	0.6	9.3
有色金属矿采选业	Mining of Non-ferrous Metal Ores	0.3	15.2
非金属矿采选业	Mining and Processing of Nonmetal Ores	0.4	5.7
开采辅助活动	Mining Support Activities	0.2	-9.2
其他采矿业	Mining of Other Ores	0.0	-19.0
制造业	**Manufacturing**	**88.3**	**10.5**
农副食品加工业	Processing of Food from Agricultural Products	7.8	10.4
食品制造业	Manufacture of Foods	2.0	8.8
酒、饮料和精制茶制造业	Manufacture of Wine, Drinks and Refined Tea	1.2	3.1
烟草制品业	Manufacture of Tobacco	0.8	-0.9
纺织业	Manufacture of Textile	5.7	7.1
纺织服装、服饰业	Manufacture of Textile Wearing Apparel and Finery	2.1	9.3
皮革、毛皮、羽毛及其制品和制鞋业	Manufacture of Leather, Fur, Feather & Its Products and Footwear	0.8	0.9
木材加工及木 竹、藤、棕、草制品业	Processing of Timbers, Manufacture of Wood, Bamboo, Rattan, Palm, and Straw Products	1.6	13.6
家具制造业	Manufacture of Furniture	0.7	10.9
造纸及纸制品业	Manufacture of Paper and Paper Products	1.7	7.9
印刷和记录媒介复制业	Printing, Reproduction of Recording Media	0.5	9.7
文教、工美、体育和娱乐用品制造业	Manufacture of Culture, Education,Arts and crafts, Sport and Entertainment Goods	1.3	10.6
石油加工、炼焦和核燃料加工业	Processing of Petroleum, Coking and Nucleus Fuel	4.5	11.5
化学原料和化学制品制造业	Manufacture of Chemical Raw Material and Chemical Products	9.7	11.7
医药制造业	Manufacture of Medicines	2.9	10.1
化学纤维制造业	Manufacture of Chemical Fiber	0.2	0.8
橡胶和塑料制品业	Manufacture of Rubber and Plastic	3.7	10.9
非金属矿物制品业	Manufacture of Non-metallic Mineral Products	5.7	8.5
黑色金属冶炼及压延加工业	Manufacture and Processing of Ferrous Metals	3.2	7.9
有色金属冶炼及压延加工业	Manufacture & Processing of Non-ferrous Metals	4.5	15.3
金属制品业	Manufacture of Metal Products	3.7	15.1
通用设备制造业	Manufacture of General Purpose Machinery	6.0	11.1
专用设备制造业	Manufacture of Special Purpose Machinery	4.6	9.1
汽车制造业	Manufacture of Automotive	4.0	10.9
铁路、船舶、航空航天和其他运输设备制造业	Manufacture of Railroad,Marine,Aerospace and Other Transportation Equipment	1.4	22.5
电气机械及器材制造业	Manufacture of Electrical Machinery & Equipment	3.8	11.8
计算机、通信和其他电子设备制造业	Manufacture of Computer, Communications and Other Electronic Equipment	3.6	12.8
仪器仪表制造业	Manufacture of Measuring Instrument	0.5	11.8
其他制造业	Other Manufacture	0.3	-4.4
废弃资源综合利用业	Comprehensive Utilization of Waste	0.1	6.7
金属制品、机械和设备修理业	Metal Products, Machinery and Equipment Repair Industry	0.0	-5.1
电力、燃气及水的生产和供应业	**Production and Supply of Electric,Gas and Water**	**4.3**	**0.0**
电力、热力生产和供应业	Production and Supply of Electric Power and Heat Power	4.0	-0.6
燃气生产和供应业	Production and Supply of Gas	0.2	9.8
水的生产和供应业	Production and Supply of Water	0.1	11.7

14-4 续表 continued

类 别	Category	2015 增加值占规模以上工业比重(%) Composition(%)	2015 工业增加值比上年增长(%) Growth Rate (%)
全省总计	**Total**	**100.0**	**7.5**
采掘业	**Mining**	**5.0**	**-7.0**
煤炭开采和洗选业	Mining and Washing of Coal	2.0	-4.2
石油和天然气开采业	Extraction of Petroleum and Natural Gas	1.6	-16.0
黑色金属矿采选业	Mining of Ferrous Metal Ores	0.5	11.0
有色金属矿采选业	Mining of Non-ferrous Metal Ores	0.3	8.0
非金属矿采选业	Mining and Processing of Nonmetal Ores	0.4	16.9
开采辅助活动	Mining Support Activities	0.1	-28.2
其他采矿业	Mining of Other Ores	0.0	-26.6
制造业	**Manufacturing**	**90.9**	**8.9**
农副食品加工业	Processing of Food from Agricultural Products	7.7	5.8
食品制造业	Manufacture of Foods	2.0	7.3
酒、饮料和精制茶制造业	Manufacture of Wine, Drinks and Refined Tea	1.3	4.8
烟草制品业	Manufacture of Tobacco	0.8	-0.9
纺织业	Manufacture of Textile	5.8	8.9
纺织服装、服饰业	Manufacture of Textile Wearing Apparel and Finery	2.2	8.9
皮革、毛皮、羽毛及其制品和制鞋业	Manufacture of Leather, Fur, Feather & Its Products and Footwear	0.8	4.9
木材加工及木 竹、藤、棕、草制品业	Processing of Timbers, Manufacture of Wood, Bamboo, Rattan, Palm, and Straw Products	1.8	8.6
家具制造业	Manufacture of Furniture	0.8	12.1
造纸及纸制品业	Manufacture of Paper and Paper Products	1.8	7.4
印刷和记录媒介复制业	Printing, Reproduction of Recording Media	0.5	6.0
文教、工美、体育和娱乐用品制造业	Manufacture of Culture, Education,Arts and crafts, Sport and Entertainment Goods	1.5	9.9
石油加工、炼焦和核燃料加工业	Processing of Petroleum, Coking and Nucleus Fuel	4.1	19.8
化学原料和化学制品制造业	Manufacture of Chemical Raw Material and Chemical Products	10.0	12.3
医药制造业	Manufacture of Medicines	3.2	8.3
化学纤维制造业	Manufacture of Chemical Fiber	0.2	7.1
橡胶和塑料制品业	Manufacture of Rubber and Plastic	3.9	11.8
非金属矿物制品业	Manufacture of Non-metallic Mineral Products	5.9	6.1
黑色金属冶炼及压延加工业	Manufacture and Processing of Ferrous Metals	2.6	8.3
有色金属冶炼及压延加工业	Manufacture & Processing of Non-ferrous Metals	4.6	14.4
金属制品业	Manufacture of Metal Products	3.9	9.6
通用设备制造业	Manufacture of General Purpose Machinery	6.1	3.7
专用设备制造业	Manufacture of Special Purpose Machinery	4.6	6.0
汽车制造业	Manufacture of Automotive	4.4	6.6
铁路、船舶、航空航天和其他运输设备制造业	Manufacture of Railroad,Marine,Aerospace and Other Transportation Equipment	1.6	11.6
电气机械及器材制造业	Manufacture of Electrical Machinery & Equipment	3.8	7.9
计算机、通信和其他电子设备制造业	Manufacture of Computer, Communications and Other Electronic Equipment	3.8	9.5
仪器仪表制造业	Manufacture of Measuring Instrument	0.5	8.6
其他制造业	Other Manufacture	0.3	8.3
废弃资源综合利用业	Comprehensive Utilization of Waste	0.1	15.4
金属制品、机械和设备修理业	Metal Products, Machinery and Equipment Repair Industry	0.0	7.4
电力、燃气及水的生产和供应业	**Production and Supply of Electric,Gas and Water**	**4.1**	**3.4**
电力、热力生产和供应业	Production and Supply of Electric Power and Heat Power	3.7	3.0
燃气生产和供应业	Production and Supply of Gas	0.2	1.6
水的生产和供应业	Production and Supply of Water	0.1	19.4

14-5 规模以上工业企业主要经济指标

单位:万元

类　　别	Category	企业单位数(个) Number of Industial Enterprises (unit)	#亏损企业 Loss Enterprises
2000		11679	1444
2001		12268	1672
2002		13468	1759
2003		16177	1885
2004		23915	3407
2005		27540	2390
2006		31936	2529
2007		36145	2445
2008		42629	3134
2009		45518	2723
2010		44037	2114
2011		35813	1715
2012		37625	2301
2013		40467	2403
2014		40756	2646
2015		41485	3106
一、按登记注册类型分	**by Status of Registration**		
内资企业	Domestic Funded Enterprises	**37472**	**2428**
国有企业	State-owned Enterprises	303	90
中央企业	Central Enterprises	59	8
地方企业	Local Enterprises	244	82
集体企业	Collective-owned Enterprises	260	25
股份合作企业	Cooperative Enterprises	62	8
联营企业	Joint Ownership Enterprises	8	
国有联营企业	State Joint Ownership Enterprises		
集体联营企业	Collective Joint Ownership Enterprises	6	
国有与集体联营企业	Joint State-collective Enterprises	1	
其他联营企业	Other Joint Ownership Enterprises	1	
有限责任公司	Limited Liability Corporations	8671	1028
国有独资公司	State Sole funded Corporations	201	72
其他有限责任公司	Other Limited Liability Corporations	8470	956
股份有限公司	Share-holding Corporations Limited	1040	128
私营企业	Private Enterprises	26973	1138
私营独资企业	Private-funded Enterprises	1511	19
私营合作企业	Private Partnership Enterprises	66	1
私营有限责任公司	Private Limited Liability Corporations	24461	1058
私营股份有限公司	Private Share-holding Corporations Ltd.	935	60
其他企业	Other Enterprises	155	11
港、澳、台商投资企业	Enterprises with Funds from Hong Kong, Macao and Taiwan	1029	178
合资经营企业(港或澳、台资)	Joint-ventures Enterprises	540	83
合作经营企业(港或澳、台资)	Cooperative Enterprises	18	2
港澳台商独资经营企业	Enterprises with Sole Investment	444	89
港澳台商投资股份有限公司	Share-holding Corporations Ltd. With Funds from Hong Kong, Macao and Taiwan	20	2
其他企业	Others	7	2
外商投资企业	Foreign Funded Enterprises	2984	500
中外合资经营企业	Joint-venture Enterprises	1151	158
中外合作经营企业	Cooperation Enterprises	56	10
外资企业	Enterprises with Sole Foreign Funds	1712	324
外商投资股份有限公司	Share-holding Corporations Ltd. With Foreign Investment	50	6
其他企业	Others	15	2
二、在总计中:亏损企业	**of which:Loss Enterprises**	**3106**	**3106**
在总计中:国有控股企业	of which:State-holding Enterprises	1258	334
在总计中:农村工业	of which:Industry in Rural Area	309	19
按轻重工业分	**by Light & Heavy Industry**		
轻工业	Light Industry	16348	1067
重工业	Heavy Industry	25137	2039
按企业规模分	**by Enterprise Size**		
大型企业	Large-sized Enterprises	917	90
中型企业	Medium-sized Enterprises	4368	611
小型企业	Small-sized Enterprises	36200	2405

Main Economic Indicators of Industrial Enterprises above Designated Size

(10 000 yuan)

工 业 总产值 Gross Industrial Output Value	工 业 销售产值 Industrial Output Value of Products Sold	#出 口 交货值 Export Delivery Value	资产合计 Total Assets	产成品 Finished Products	流动资产合 计 Total Working Capitals	固定资产合 计 Total Fixed Assets
83115250	81333731		97019617	5828823	38953991	39837025
93773726	91686051		105219953	6362129	42865444	42135407
114975327	112416603		119048719	6598734	48110953	46802238
153795446	150617682	20455625	144616035	7407029	58577265	55559493
225218944	220390333	29112157	185873748	9317070	76760058	70552540
305228616	299821716	34900993	221312416	11733123	94374934	83096180
387800991	381725527	45088074	264753536	13044729	112015984	101857165
498730040	490205752	55241949	319449143	15902408	133694410	123329283
629585284	607312375	62670428	392245052	19647783	165790969	149254050
712094180	701481473	55916115	460526941	20467726	192869139	202208903
838513994	826521387	66380488	537612783	22484979	238304625	227881083
995049762	980059403	71054688	608187652	22576063	286009369	243357519
1147072920	1131142455	73454167	711076642	27387746	334398297	273129323
1299060058	1284887277	82831071	815347755	27803173	390102784	305127670
1414150238	1396266198	86710238	933308733	30785366	430636310	364198451
1459642012	1442335459	83895491	1013434956	34042764	455037682	399137920
1267124004	**1251283144**	**46016476**	**892220583**	**29074863**	**390513121**	**354721472**
45470693	45311020	361084	38905792	598464	10132320	20191056
32821259	32761695	74244	24771569	340036	4970630	13439605
12649434	12549324	286840	14134223	258429	5161690	6751450
16863408	16690666	831755	21031768	1165356	15408497	2444497
1046455	1013482	42335	543826	16619	228644	213601
146061	145217		77284	1117	41963	6100
136621	135568		68749	1117	34688	5119
4363	4361		5829		5098	653
5078	5289		2707		2176	328
409275201	405695396	16705523	391780760	12917859	174659054	143155637
50886552	50237656	2941717	104985499	3318623	42287303	32354961
358388649	355457741	13763806	286795261	9599236	132371751	110800676
116797693	114708834	7636595	126907038	3802982	55169278	49705369
674544947	664781932	20329714	311489650	10529430	134181308	138360852
31696351	31270547	189933	8481337	187620	2557875	4723802
1577469	1546690	12331	722828	10552	140819	389581
595688127	587016284	17407262	276657023	9446422	119323031	123084126
45583000	44948411	2720187	25628463	884836	12159584	10163343
2979546	2936597	109470	1484466	43036	692059	644361
42557253	41733763	6622575	31307256	1445957	17103596	11190092
26150740	25691702	3805524	18574787	926406	10157548	6799243
813841	796919	31061	241150	8486	131143	90786
14637386	14289541	2677108	11101875	457257	6271177	3677367
861008	862286	82337	1283056	43167	502150	562110
94279	93314	26546	106388	10642	41577	60588
149960755	149318553	31256440	89907116	3521944	47420964	33226356
63088394	62625478	8168927	44051987	1523585	24172814	15890335
5306245	5383775	2539018	3446879	188427	2374332	1305252
76303693	75538538	19662639	37006416	1568534	18983805	14284386
4909549	5418920	836142	5245395	237704	1823008	1660776
352875	351842	49715	156439	3694	67005	85609
63591412	**62672723**	**6222692**	**136432940**	**4571690**	**58366751**	**55893332**
198351954	196231519	6357086	283445022	7334965	107167702	114352941
14170778	14018509	555521	6542553	283723	2768880	3052420
467759046	464809960	37441142	272836552	10768714	131337471	106046803
991882967	977525499	46454349	740598404	23274050	323700211	293091118
499148884	495637654	41688270	484822447	16474444	229286316	175153259
291815621	287394491	19189998	203993969	9068191	100198991	77527857
668677508	659303314	23017223	324618540	8500129	125552375	146456805

14-5 续表 1

单位:万元

类别	Category	企业单位数(个) Number of Industial Enterprises (unit)	#亏损企业 Loss Enterprises
三、按行业大类分	**by Sector**		
采掘业	**Mining**		
煤炭开采和洗选业	Mining and Washing of Coal	200	61
石油和天然气开采业	Extraction of Petroleum and Natural Gas	18	10
黑色金属矿采选业	Mining of Ferrous Metal Ores	135	25
有色金属矿采选业	Mining of Non-ferrous Metal Ores	85	7
非金属矿采选业	Mining and Processing of Nonmetal Ores	269	16
开采辅助活动	Mining Support Activities	3	2
其他采矿业	Mining of Other Ores	2	
制造业	**Manufacturing**		
农副食品加工业	Processing of Food from Agricultural Products	4032	249
食品制造业	Manufacture of Foods	1134	75
酒、饮料和精制茶制造业	Manufacture of Wine, Drinks and Refined Tea	482	29
烟草制品业	Manufacture of Tobacco	11	1
纺织业	Manufacture of Textile	2646	205
纺织服装、服饰业	Manufacture of Textile Wearing Apparel and Finery	1344	90
皮革、毛皮、羽毛及其制品和制鞋业	Manufacture of Leather, Fur, Feather & Its Products and Footwear	508	42
木材加工及木 竹、藤、棕、草制品业	Processing of Timbers, Manufacture of Wood, Bamboo, Rattan, Palm, and Straw Products	1590	35
家具制造业	Manufacture of Furniture	570	22
造纸及纸制品业	Manufacture of Paper and Paper Products	695	54
印刷和记录媒介复制业	Printing, Reproduction of Recording Media	564	29
文教、工美、体育和娱乐用品制造业	Manufacture of Culture, Education,Arts and crafts, Sport and Entertainment Goods	1273	63
石油加工、炼焦和核燃料加工业	Processing of Petroleum, Coking and Nucleus Fuel	339	50
化学原料和化学制品制造业	Manufacture of Chemical Raw Material and Chemical Products	3785	335
医药制造业	Manufacture of Medicines	828	57
化学纤维制造业	Manufacture of Chemical Fiber	85	4
橡胶和塑料制品业	Manufacture of Rubber and Plastic	1868	104
非金属矿物制品业	Manufacture of Non-metallic Mineral Products	4025	280
黑色金属冶炼及压延加工业	Manufacture and Processing of Ferrous Metals	731	82
有色金属冶炼及压延加工业	Manufacture & Processing of Non-ferrous Metals	483	53
金属制品业	Manufacture of Metal Products	2270	178
通用设备制造业	Manufacture of General Purpose Machinery	3489	257
专用设备制造业	Manufacture of Special Purpose Machinery	2441	160
汽车制造业	Manufacture of Automotive	1401	97
铁路、船舶、航空航天和其他运输设备制造业	Manufacture of Railroad,Marine,Aerospace and Other Transportation Equipment	431	45
电气机械及器材制造业	Manufacture of Electrical Machinery & Equipment	1704	109
计算机、通信和其他电子设备制造业	Manufacture of Computer, Communications and Other Electronic Equipment	732	98
仪器仪表制造业	Manufacture of Measuring Instrument	369	27
其他制造业	Other Manufacture	88	1
废弃资源综合利用业	Comprehensive Utilization of Waste	72	9
金属制品、机械和设备修理业	Metal Products, Machinery and Equipment Repair Industry	20	1
电力、燃气及水的生产和供应业	**Production and Supply of Electric,Gas and Water**		
电力、热力的生产和供应业	Production and Supply of Electric Power and Heat Power	510	93
燃气生产和供应业	Production and Supply of Gas	115	11
水的生产和供应业	Production and Supply of Water	138	40

continued

(10 000 yuan)

工 业 总产值 Gross Industrial Output Value	工 业 销售产值 Industrial Output Value of Products Sold	#出 口 交货值 Export Delivery Value	资产合计 Total Assets	产成品 Finished Products	流动资产 合 计 Total Working Capitals	固定资产 合 计 Total Fixed Assets
19530962	19187590	23328	66752278	1599729	24509413	20788476
6429567	6426293		16785312	50674	1343926	15381659
4120141	4066633	2253	5780784	93209	2038920	2516014
11095382	11050150	971	8737327	280824	2653889	3241780
4909771	4843328	1740	2516562	112706	1013890	1004311
1187328	1187328		1597580	1710	661103	932105
35889	35956		23869	247	5813	16666
125656492	124737512	9673283	58763898	2978623	27123950	25239787
26716144	26371833	1932417	15967850	478969	6562399	7443939
14107255	14570811	531742	10913654	493619	4640215	3976252
4584458	4540881	31822	3624458	4199	2344135	1059859
90190305	91296459	5317605	41232699	1483144	18480450	18544659
24665023	24293448	4004972	11291185	490522	4864182	5171456
9735784	9577842	1341366	4432322	184913	2293421	1599496
25167951	24657086	1086089	8203456	290714	3318839	3795409
9313894	9139727	1186871	4490985	175857	1819696	2283247
25548719	25246450	545505	27148103	614869	12808454	10168734
10159366	9960505	167709	4219180	131697	1727651	1947777
24418232	24079643	4665217	9018948	392967	3664090	4513897
71797544	70924393	216924	42358290	2506986	23124764	15097781
170324296	167920589	4637755	109841569	3550937	47664517	43370784
42665936	41793019	2542945	32433216	1191668	16245008	11353295
2629485	2569734	182760	2193584	72135	979086	935935
64510973	63248134	8096702	36971006	1579810	17526859	15473076
80656388	79278895	1676842	50074878	1449642	20726784	21315674
46550769	45640650	1469653	50685262	1547441	22538042	20289786
66804919	66070562	409127	44676893	1073162	20327092	19244309
57696909	56702121	2999528	31366097	1251924	16183328	11107880
83200076	81744759	2799379	52744366	2137389	24049180	19389910
63092559	61938636	2671903	39617354	2069260	19859055	14089851
64406439	63807878	3963877	47017054	1758407	27592713	12740408
22159261	21895713	2465046	17892005	315104	10745705	4909188
65611566	64725830	2887904	52079846	2179289	31726747	11968107
55080895	54318034	15758080	26004595	1184714	16750044	6241342
8765786	8640832	434348	5200134	206792	2995983	1442488
1473675	1461265	148422	621393	13933	282771	293963
942991	933706		666634	25178	307845	274876
432667	411311	17438	173736	13157	92044	61891
49138420	48986643	6	60347811	35125	10475908	35747052
2798574	2731445		3982883	15019	1288054	1938234
1329227	1321837	3966	4985903	6506	1681719	2226569

14-5 续表 2

单位:万元

类别	Category	负债合计 Total Liabilities	主营业务收入 Revenue from Principal Business
2000		60677134	80613925
2001		63422782	90888177
2002		71042729	110385253
2003		85861030	149322101
2004		110649305	218097900
2005		129169987	300238710
2006		152945606	381160618
2007		178855860	491862417
2008		215766273	620341916
2009		246764808	708261319
2010		289698944	836629973
2011		338476209	997662407
2012		392415791	1180869228
2013		461421063	1321303408
2014		508428422	1431402690
2015		549794689	1456288678
一、按登记注册类型分	**by Status of Registration**		
内资企业	Domestic Funded Enterprises	489181801	1267561878
国有企业	State-owned Enterprises	25301303	39953785
中央企业	Central Enterprises	15913816	26822715
地方企业	Local Enterprises	9387487	13131069
集体企业	Collective-owned Enterprises	15347599	17991014
股份合作企业	Cooperative Enterprises	210587	1031685
联营企业	Joint Ownership Enterprises	36845	142028
国有联营企业	State Joint Ownership Enterprises		
集体联营企业	Collective Joint Ownership Enterprises	30828	132436
国有与集体联营企业	Joint State-collective Enterprises	4771	4337
其他联营企业	Other Joint Ownership Enterprises	1246	5255
有限责任公司	Limited Liability Corporations	241152574	422078929
国有独资公司	State Sole funded Corporations	73367206	54335231
其他有限责任公司	Other Limited Liability Corporations	167785368	367743698
股份有限公司	Share-holding Corporations Limited	69371786	117968134
私营企业	Private Enterprises	137137373	665383810
私营独资企业	Private-funded Enterprises	2594614	31286523
私营合作企业	Private Partnership Enterprises	261335	1487287
私营有限责任公司	Private Limited Liability Corporations	122970619	587658227
私营股份有限公司	Private Share-holding Corporations Ltd.	11310805	44951773
其他企业	Other Enterprises	623734	3012493
港、澳、台商投资企业	Enterprises with Funds from Hong Kong, Macao and Taiwan	16464552	41950183
合资经营企业(港或澳、台资)	Joint-ventures Enterprises	9729866	26054393
合作经营企业(港或澳、台资)	Cooperative Enterprises	88478	773023
港澳台商独资经营企业	Enterprises with Sole Investment	6041104	14185247
港澳台商投资股份有限公司	Share-holding Corporations Ltd. With Funds from Hong Kong, Macao and Taiwan	542551	851597
其他企业	Others	62553	85924
外商投资企业	Foreign Funded Enterprises	44148337	146776618
中外合资经营企业	Joint-venture Enterprises	23185220	61126489
中外合作经营企业	Cooperation Enterprises	1924620	4886529
外资企业	Enterprises with Sole Foreign Funds	17019209	74999288
外商投资股份有限公司	Share-holding Corporations Ltd. With Foreign Investment	1977178	5412987
其他企业	Others	42109	351324
二、在总计中:亏损企业	**of which:Loss Enterprises**	**99810740**	**63902559**
在总计中:国有控股企业	of which:State-holding Enterprises	182863357	198076752
在总计中:农村工业	of which:Industry in Rural Area	2981228	13698298
按轻重工业分	**by Light & Heavy Industry**		
轻工业	Light Industry	131986562	475048410
重工业	Heavy Industry	417808128	981240268
按企业规模分	**by Enterprise Size**		
大型企业	Large-sized Enterprises	288553731	516667287
中型企业	Medium-sized Enterprises	114966843	289310443
小型企业	Small-sized Enterprises	146274115	650310949

continued

(10 000 yuan)

#主营业务税金及附加 Taxes and Other Charges on Principal Business	营业费用 Cost of Business	管理费用 Cost of Management	利润总额 Total Profits	亏损企业亏损总额 Losses of Loss Enterprises	利税总额 Total Profits and Taxes	本年应交增值税 Value-added Tax Payable	全部从业人员年平均人数(人) Annual Average of Empolyed Persons (person)
979126	2655084	4361840	5440003	413877	10025880	3606752	5223652
1065092	3057361	4674791	5609071	460741	10510808	3837726	5230823
1238379	3520233	5545515	6218859	458789	11619227	4161988	5563693
1537247	4375115	6625794	9202699	480295	16057373	5317427	5954189
2084286	5799204	9356350	14078571	1059788	23533842	7370985	6901536
2806248	7274800	10179479	21646981	711535	34529239	10076010	7382292
3904132	8525325	11812749	26325786	975994	42707592	12477674	7881051
4975418	10669050	14853591	33911532	835577	54603330	15716380	8305254
7391871	13010112	21464407	39235594	3426307	66056176	19428711	9126970
8845353	14718012	21594578	45126582	1450096	74490030	20518095	9266002
10836997	17692625	31919733	61079916	1207839	97376175	25459263	9315033
12191685	18943364	29271577	70977118	2307650	112335263	28636010	8597697
14105167	22107655	34155618	80163518	3461849	128710297	34261957	9184645
14958253	24315410	36422550	87153560	2793481	141241730	38897305	9482280
15592837	26636170	37057931	88439068	3570429	144501439	40226121	9296936
15223443	29093310	38256349	86604804	5251360	135740126	33733538	9151196
13892371	24348960	32952631	74711767	4355099	118095429	29321855	7821465
1603582	341641	1344328	1951815	254116	4944936	1383390	189195
1532866	114075	466797	1732383	40378	4223520	954040	52001
70716	227565	877531	219432	213739	721416	429350	137194
130683	1444091	985043	1515427	8198	2082828	436566	71825
11323	13278	33721	64077	4012	110287	34883	7562
912	1746	3134	7207		11812	3693	921
766	1662	2317	6349		10231	3116	540
138	75	752	179		873	556	243
8	9	66	679		708	21	138
4475596	8293815	12311736	20564810	2136187	34132111	9033687	2874824
626010	1486194	3036908	1548870	761380	3669136	1472818	582024
3849586	6807621	9274828	19015939	1374807	30462975	7560869	2292800
3003832	2673898	4915466	6600803	1313351	13073755	3405749	782222
4647960	11526365	13303169	43815536	634412	63462869	14957632	3872817
256062	630927	622137	2109266	3184	3198082	828607	173869
18948	30226	35005	95195	10	146336	32184	7374
4091683	9889291	11679008	38737696	571029	56036025	13169385	3470871
281267	975921	967019	2873379	60190	4082426	927455	220703
18483	54127	56034	192092	4823	276833	66257	22099
264716	1458661	1361031	2907380	233787	4235855	1061797	324042
167310	1026961	774857	2083153	56226	2906746	654446	162145
11678	20383	35497	44332	225	77161	21152	4428
76758	385644	509126	737679	149372	1188780	374218	144552
8473	22948	37555	44084	24335	63159	10601	10189
497	2725	3997	-1868	3629	9	1380	2728
1066356	3285689	3942687	8985658	662475	13408843	3349886	1005689
544897	1389277	1637154	4198693	221902	6443221	1694688	363163
17171	98625	75847	278089	5003	429490	134227	24114
436546	1367961	2043965	3986869	419820	5802629	1377457	566741
65257	425995	179049	508722	14487	711131	136911	47406
2485	3832	6672	13285	1262	22372	6602	4265
1258897	**1522419**	**4727491**	**-5251360**	**5251360**	**-2320627**	**1661387**	**1114913**
6657737	3949298	9344726	9489135	2652453	23095058	6854175	1492699
80058	140487	225562	976006	7312	1309808	253698	63459
4770094	13671730	12073459	29355105	815193	45178316	11016929	3578941
10453348	15421580	26182890	57249699	4436168	90561811	22716609	5572255
7048942	11358032	15331045	29257695	2257239	47864741	11433851	3142054
2956997	6061890	8030379	16349949	1638826	25464247	6140371	2278794
5217504	11673389	14894925	40997160	1355295	62411138	16159316	3730348

14-5 续表 3

单位:万元

类　　别	Category	负债合计 Total Liabilities	主营业务收入 Revenue from Principal Business
三、按行业大类分	**by Sector**		
采掘业	**Mining**		
煤炭开采和洗选业	Mining and Washing of Coal	46418814	22599297
石油和天然气开采业	Extraction of Petroleum and Natural Gas	7933488	6390617
黑色金属矿采选业	Mining of Ferrous Metal Ores	2964254	4105605
有色金属矿采选业	Mining of Non-ferrous Metal Ores	4943975	10821969
非金属矿采选业	Mining and Processing of Nonmetal Ores	1138540	4871572
开采辅助活动	Mining Support Activities	1117424	1253265
其他采矿业	Mining of Other Ores	5356	36003
制造业	**Manufacturing**		
农副食品加工业	Processing of Food from Agricultural Products	27141078	126664295
食品制造业	Manufacture of Foods	6734917	26207254
酒、饮料和精制茶制造业	Manufacture of Wine, Drinks and Refined Tea	4368316	15044685
烟草制品业	Manufacture of Tobacco	1143316	3247488
纺织业	Manufacture of Textile	19680320	97460696
纺织服装、服饰业	Manufacture of Textile Wearing Apparel and Finery	4703409	23927415
皮革、毛皮、羽毛及其制品和制鞋业	Manufacture of Leather, Fur, Feather & Its Products and Footwear	1878737	10703324
木材加工及木 竹、藤、棕、草制品业	Processing of Timbers, Manufacture of Wood, Bamboo, Rattan, Palm, and Straw Products	2994071	24806441
家具制造业	Manufacture of Furniture	1901256	9117773
造纸及纸制品业	Manufacture of Paper and Paper Products	17114128	25513281
印刷和记录媒介复制业	Printing, Reproduction of Recording Media	1629845	9868064
文教、工美、体育和娱乐用品制造业	Manufacture of Culture, Education,Arts and crafts, Sport and Entertainment Goods	3695011	23951806
石油加工、炼焦和核燃料加工业	Processing of Petroleum, Coking and Nucleus Fuel	28974435	74152471
化学原料和化学制品制造业	Manufacture of Chemical Raw Material and Chemical Products	60820577	170455016
医药制造业	Manufacture of Medicines	12593595	41616608
化学纤维制造业	Manufacture of Chemical Fiber	1172694	2616555
橡胶和塑料制品业	Manufacture of Rubber and Plastic	18271268	62486763
非金属矿物制品业	Manufacture of Non-metallic Mineral Products	23481906	79783025
黑色金属冶炼及压延加工业	Manufacture and Processing of Ferrous Metals	33021921	48093808
有色金属冶炼及压延加工业	Manufacture & Processing of Non-ferrous Metals	24530661	65975170
金属制品业	Manufacture of Metal Products	15594813	56134971
通用设备制造业	Manufacture of General Purpose Machinery	23503736	82437398
专用设备制造业	Manufacture of Special Purpose Machinery	18626984	61902595
汽车制造业	Manufacture of Automotive	28011440	64608862
铁路、船舶、航空航天和其他运输设备制造业	Manufacture of Railroad,Marine,Aerospace and Other Transportation Equipment	11823207	21871265
电气机械及器材制造业	Manufacture of Electrical Machinery & Equipment		
计算机、通信和其他电子设备制造业	Manufacture of Computer, Communications and	30937052	65183481
	Other Electronic Equipment	13473197	54831663
仪器仪表制造业	Manufacture of Measuring Instrument	2366704	8451425
其他制造业	Other Manufacture	286818	1485966
废弃资源综合利用业	Comprehensive Utilization of Waste	297466	958527
金属制品、机械和设备修理业	Metal Products, Machinery and Equipment Repair Industry	50823	395713
电力、燃气及水的生产和供应业	**Production and Supply of Electric,Gas and Water**		
电力、热力的生产和供应业	Production and Supply of Electric Power and Heat Power	39447813	42046544
燃气生产和供应业	Production and Supply of Gas	2104600	2849100
水的生产和供应业	Production and Supply of Water	2896727	1360901

continued

(10 000 yuan)

#主营业务税金及附加 Taxes and Other Charges on Principal Business	营业费用 Cost of Business	管理费用 Cost of Management	利润总额 Total Profits	亏损企业亏损总额 Losses of Loss Enterprises	利税总额 Total Profits and Taxes	本年应交增值税 Value-added Tax Payable	全部从业人员年平均人数（人） Annual Average of Empolyed Persons (person)
478925	490894	1909622	808951	465577	2465307	1156610	475415
579873	32395	985165	-938131	966764	231592	589849	104608
58272	43909	143823	251312	73031	469041	159014	36458
44509	60918	468891	589330	12265	682155	48260	50479
71139	158746	151679	374609	10278	621080	175277	39796
12527	460	79026	-23021	23641	87208	96777	28311
256	151	308	1989		3251	1007	386
603530	2215963	2271623	6421816	245506	9093049	2049475	823801
195489	868964	718925	1908750	44459	2760444	655965	199090
441194	954141	420071	1357871	33458	2310731	507039	116746
1443895	87953	226892	326152	1246	2109714	339668	11873
456130	883578	1435945	5080648	143741	7401272	1862345	730226
205287	656749	764437	1492977	29221	2301569	601674	360868
75681	185821	242047	561193	17602	882275	245249	118691
176137	493198	465451	1590952	12382	2406480	639213	199752
83410	219888	219771	607045	16485	956699	265852	79364
113479	566151	663081	1303415	83985	2005039	586612	171335
98320	213215	339182	680332	17424	1023865	244066	73021
213745	630609	706670	1476794	17620	2372314	679818	222375
3714648	482295	1027854	2635975	197402	8124805	1721629	118587
1186444	2683669	3627090	10359146	549410	14863454	3309719	650488
391806	3192528	1637859	4265222	55790	6132502	1473006	249390
18419	46399	69297	150917	7291	234254	64906	19466
357615	1155523	1340212	4159155	62037	5649960	1131056	371420
573895	1677964	2044599	5566406	290428	8541533	2398251	577177
173748	555478	1012575	1160529	365862	1985883	650696	297522
141446	399852	662530	3893291	103176	5138595	1103802	181967
462285	928562	1438826	3350051	160786	5033436	1218951	342193
661731	1846426	2613777	5285639	215891	8098799	2146222	574437
476463	1437934	1952692	4057349	256259	6000048	1462388	414562
589786	1192685	1746691	3842875	182051	5687634	1252184	375681
148820	403526	970852	1144740	183853	1756859	463072	118694
470663	2573538	2424512	4137939	63207	5982158	1353005	352226
187038	1252711	1678066	3025744	67751	4170023	956438	340345
61097	250741	358819	591863	14685	911667	258590	63649
14314	34345	31729	82130	3	137553	41100	15151
10476	10567	22331	65174	5907	95814	20165	6308
4148	3372	24851	32047	1552	46752	9619	3859
199689	66475	1087571	4632014	193352	6549523	1702057	187891
17490	98571	128233	242214	12653	312719	51256	19818
9624	36450	142775	51406	47333	103073	41658	27770

14-6 规模以上国有控股工业企业主要经济指标

单位:万元

类　　别	Category	企业单位数(个) Number of Industial Enterprises (unit)	#亏损企业 Loss Enterprises
2000		2774	596
2001		2403	569
2002		2082	498
2003		1961	471
2004		1496	492
2005		1394	370
2006		1360	357
2007		1306	316
2008		1238	347
2009		1287	301
2010		1215	265
2011		1115	266
2012		1165	308
2013		1199	287
2014		1212	303
2015		1258	334
在总计中:	**of which:**		
亏损企业	Loss Enterprises	334	334
一、按隶属关系分	**by Type of Ownership**		
中央企业	Central Enterprises	250	50
地方企业	Local Enterprises	1008	284
二、按轻重工业分	**by Light & Heavy Industry**		
轻工业	Light Industry	255	68
重工业	Heavy Industry	1003	266
三、按企业规模分	**by Enterprise Size**		
大型企业	Large-sized Enterprises	203	39
中型企业	Medium-sized Enterprises	411	150
小型企业	Small-sized Enterprises	644	145

Main Economic Indicators of State-holding Industrial Enterprises above Designated Size

(10 000 yuan)

工业总产值 Gross Industrial Output Value	工业销售产值 Industrial Output Value of Products Sold	#出口交货值 Export Delivery Value	资产合计 Total Assets	产成品 Finished Products	流动资产合计 Total Working Capitals	固定资产合计 Total Fixed Assets
34865374	34582037		61171986	2648035	21559936	26865483
36451434	36075026		63133220	2596606	22619070	27560219
42011174	41427624		66635177	2450859	23463473	28577367
51487207	50844736	3517105	74887872	2695640	26726934	31848291
61113296	60064712	3613516	77434607	2467721	27344202	32361321
74010339	73313626	4044683	83290508	2852847	30467518	34492399
92291515	91593439	5307039	100154308	3002772	35011142	43339200
106319329	105639312	5825394	110202051	3354872	37987413	48369892
124176021	112293098	5970544	121311503	3880315	44288814	51646274
128851751	128318585	3727250	148415245	3846745	53040758	71533991
167269747	166962124	6385364	171793672	5044322	66485777	78535944
194537092	193514621	6527608	196679001	5825084	77628679	84039276
187946816	186360682	6560195	219524744	6782764	85148983	83129393
201736606	200248055	6269932	236681052	5854804	89367748	90348004
207189012	205745821	6404517	256447812	7059096	96542897	107791234
198351954	196231519	6357086	283445022	7334965	107167702	114352941
25137091	24728899	805389	65707205	1371660	18562951	35372017
78257570	77740247	899475	85771489	1244042	22224542	49173380
120094383	118491272	5457612	197673533	6090923	84943160	65179562
21899022	21436418	2452377	29654593	1058863	17511428	7541599
176452931	174795101	3904709	253790429	6276102	89656274	106811342
129433305	127988380	5825132	208555275	5863506	86211063	76249516
32976099	32548618	354097	39125141	1070665	13417554	18835469
35942550	35694521	177858	35764606	400794	7539085	19267957

14-6 续表 1

单位:万元

类　别	Category	企业单位数(个) Number of Industial Enterprises (unit)	#亏损企业 Loss Enterprises
采掘业	**Mining**		
煤炭开采和洗选业	Mining and Washing of Coal	73	43
石油和天然气开采业	Extraction of Petroleum and Natural Gas	14	9
黑色金属矿采选业	Mining of Ferrous Metal Ores	14	7
有色金属矿采选业	Mining of Non-ferrous Metal Ores	20	4
非金属矿采选业	Mining and Processing of Nonmetal Ores	8	3
开采辅助活动	Mining Support Activities	1	1
其他采矿业	Mining of Other Ores		
制造业	**Manufacturing**		
农副食品加工业	Processing of Food from Agricultural Products	34	9
食品制造业	Manufacture of Foods	17	1
酒、饮料和精制茶制造业	Manufacture of Wine, Drinks and Refined Tea	34	4
烟草制品业	Manufacture of Tobacco	10	1
纺织业	Manufacture of Textile	14	5
纺织服装、服饰业	Manufacture of Textile Wearing Apparel and Finery	2	1
皮革、毛皮、羽毛及其制品和制鞋业	Manufacture of Leather, Fur, Feather & Its Products and Footwear	3	1
木材加工及木 竹、藤、棕、草制品业	Processing of Timbers, Manufacture of Wood, Bamboo, Rattan, Palm, and Straw Products	6	1
家具制造业	Manufacture of Furniture		
造纸及纸制品业	Manufacture of Paper and Paper Products	13	3
印刷和记录媒介复制业	Printing, Reproduction of Recording Media	18	4
文教、工美、体育和娱乐用品制造业	Manufacture of Culture, Education,Arts and crafts, Sport and Entertainment Goods	2	1
石油加工、炼焦和核燃料加工业	Processing of Petroleum, Coking and Nucleus Fuel	19	6
化学原料和化学制品制造业	Manufacture of Chemical Raw Material and Chemical Products	99	24
医药制造业	Manufacture of Medicines	25	2
化学纤维制造业	Manufacture of Chemical Fiber	2	
橡胶和塑料制品业	Manufacture of Rubber and Plastic	17	9
非金属矿物制品业	Manufacture of Non-metallic Mineral Products	101	26
黑色金属冶炼及压延加工业	Manufacture and Processing of Ferrous Metals	19	8
有色金属冶炼及压延加工业	Manufacture & Processing of Non-ferrous Metals	10	2
金属制品业	Manufacture of Metal Products	35	10
通用设备制造业	Manufacture of General Purpose Machinery	67	14
专用设备制造业	Manufacture of Special Purpose Machinery	42	14
汽车制造业	Manufacture of Automotive	43	10
铁路、船舶、航空航天和其他运输设备制造业	Manufacture of Railroad,Marine,Aerospace and Other Transportation Equipment	39	13
电气机械及器材制造业	Manufacture of Electrical Machinery & Equipment	36	5
计算机、通信和其他电子设备制造业	Manufacture of Computer, Communications and Other Electronic Equipment	19	6
仪器仪表制造业	Manufacture of Measuring Instrument	6	1
其他制造业	Other Manufacture	3	
废弃资源综合利用业	Comprehensive Utilization of Waste	1	
金属制品、机械和设备修理业	Metal Products, Machinery and Equipment Repair Industry	1	
电力、燃气及水的生产和供应业	**Production and Supply of Electric,Gas and Water**		
电力、热力的生产和供应业	Production and Supply of Electric Power and Heat Power	304	53
燃气生产和供应业	Production and Supply of Gas	28	3
水的生产和供应业	Production and Supply of Water	59	30

continued

(10 000 yuan)

工业总产值 Gross Industrial Output Value	工业销售产值 Industrial Output Value of Products Sold	#出口交货值 Export Delivery Value	资产合计 Total Assets	产成品 Finished Products	流动资产合计 Total Working Capitals	固定资产合计 Total Fixed Assets
17265506	16944242	4316	64512420	1565018	23253684	20451037
6413499	6410386		16747876	50674	1324614	15363581
788678	770368		2392244	23157	566682	1328886
8482103	8450851	662	7715902	253667	2270276	2753360
89520	81377	1740	106311	26723	61822	34881
1172299	1172299		1546706	923	629359	917347
1972694	1939786	245255	928404	82143	595855	276676
1135645	1054075	2080	451374	21180	168184	237544
2157640	2105782	56389	2427272	127544	1144997	1048609
4557998	4514942	31822	3619958	4199	2343668	1055827
841425	823870	389801	1194464	116644	721755	306915
21675	20674		53760	1611	25558	20563
32688	32820	5234	32672	8539	26469	4471
187971	187614		164807	6769	66777	53395
2213792	2171773	176737	8394048	108431	5340436	1487960
175560	174269		267066	12531	145510	101597
33450	33049	1957	15802	201	4190	11611
21544092	21259110	4143	10831692	776111	4754731	4956405
14032676	13843648	698933	18186532	635154	5603599	8028288
2415195	2278013	311218	2815695	159515	1564942	875215
210687	200115	23163	275809	18996	150648	114029
703581	697773	240168	1328485	76054	644226	347272
2480041	2391907	166042	6731141	155642	3143528	2432893
8979754	8762960	358320	16667484	357363	5561180	6827719
8210447	8197431	47321	2050686	59758	809021	758308
690440	714886	13301	967019	53624	682879	208135
4278878	4368504	223247	10899816	476224	5588008	2337473
2152114	2153776	145498	4305259	353644	2875772	964601
17701812	17624260	1040713	20599061	831014	14283934	3366108
9019846	8896336	653899	9605287	154680	6523228	2020274
2527830	2481304	236537	3195826	233003	1872683	755965
8395163	8209506	1277439	6559361	532414	4786968	833377
87496	83845		122891	10674	80424	32754
58090	58072	1151	38500	329	32070	4629
10662	10662		6104	1304	5525	561
43559	43559		9194	3698	4783	3102
45670022	45532580		52246667	25765	7761674	31547525
1019237	960034		1779463	7025	521822	899308
578193	575065		3651968	3025	1226223	1584743

14-6 续表 2

单位:万元

类别	Category	负债合计 Total Liabilities	主营业务收入 Revenue from Principal Business
	2000	38067876	37970654
	2001	37483411	40271259
	2002	39713021	44943840
	2003	44344094	56629328
	2004	46536736	63587181
	2005	50122726	77742855
	2006	60927702	95306527
	2007	65045428	111558833
	2008	70344746	128756909
	2009	86788971	133129344
	2010	102957123	174910226
	2011	124052763	200407014
	2012	137390693	218890641
	2013	152451724	221409116
	2014	163868657	222548933
	2015	182863357	198076752
在总计中:	**of which:**		
亏损企业	Loss Enterprises	47015359	24502705
一、按隶属关系分	**by Type of Ownership**		
中央企业	Central Enterprises	53492067	70307399
地方企业	Local Enterprises	129371290	127769353
二、按轻重工业分	**by Light & Heavy Industry**		
轻工业	Light Industry	16709419	22395662
重工业	Heavy Industry	166153938	175681090
三、按企业规模分	**by Enterprise Size**		
大型企业	Large-sized Enterprises	133171638	137358293
中型企业	Medium-sized Enterprises	26173868	32793592
小型企业	Small-sized Enterprises	23517851	27924867

continued

(10 000 yuan)

#主营业务税金及附加 Taxes and Other Charges on Principal Business	营业费用 Cost of Business	管理费用 Cost of Management	利润总额 Total Profits	亏损企业亏损总额 Losses of Loss Enterprises	利税总额 Total Profits and Taxes	本年应交增值税 Value-added Tax Payable	全部从业人员年平均人数(人) Annual Average of Empolyed Persons (person)
701911	1100187	2583426	3038705	255271	5946153	2205537	2447147
759947	1296629	2641532	2826951	278147	5747731	2160883	2210739
831106	1371031	3099209	2667128	262877	5675976	2177741	2046430
993791	1580906	3586621	3976276	252046	7618829	2648762	2012836
1098150	1559258	4272468	5083589	573420	9232606	3050867	1664496
1266031	1744348	4268502	7470903	299658	12199176	3462241	1490223
2063986	1904728	4562370	8889270	380727	15419255	4465998	1485997
2475585	2218373	5576619	9768777	377289	17304550	5060188	1440311
4184459	2432221	7836139	8704701	2448306	18378706	5489546	1383296
4581942	2701601	7254743	8737389	652659	18732617	5413285	1456558
6227344	3271169	9854555	12893837	610626	25924570	6803389	1548876
7682939	3746306	9602337	14886026	1413532	30473305	7584804	1477406
7941539	3914845	10143328	13440302	1919374	29675020	8246128	1583298
7633023	3553926	10079952	12730436	1276615	28984829	8530141	1616494
7585395	3724196	9656049	12093821	1599522	28092258	8346571	1519607
6657737	3949298	9344726	9489135	2652453	23095058	6854175	1492699
1063763	442280	2633461	-2652453	2652453	-424299	1155529	476545
5165189	603252	3002756	3852265	1509066	12388959	3308053	340186
1492547	3346046	6341970	5636869	1143386	10706099	3546122	1152513
1643794	1489996	1138489	1619058	156808	4246654	982221	192965
5013943	2459302	8206238	7870077	2495645	18848404	5871953	1299734
5311627	3176111	7204096	7025948	1839648	17377500	4955821	1113041
1203176	534607	1557954	1203905	602632	3503875	1091909	265624
142934	238580	582676	1259282	210173	2213683	806445	114034

14-6 续表 3

单位:万元

类　　别	Category	负债合计 Total Liabilities	主营业务收入 Revenue from Principal Business
采掘业	**Mining**		
煤炭开采和洗选业	Mining and Washing of Coal	45075757	20317186
石油和天然气开采业	Extraction of Petroleum and Natural Gas	7921774	6374555
黑色金属矿采选业	Mining of Ferrous Metal Ores	1082197	764306
有色金属矿采选业	Mining of Non-ferrous Metal Ores	4585464	8223911
非金属矿采选业	Mining and Processing of Nonmetal Ores	76059	91067
开采辅助活动	Mining Support Activities	1098169	1238236
其他采矿业	Mining of Other Ores		
制造业	**Manufacturing**		
农副食品加工业	Processing of Food from Agricultural Products	400938	1990108
食品制造业	Manufacture of Foods	273146	1066558
酒、饮料和精制茶制造业	Manufacture of Wine, Drinks and Refined Tea	1002930	2484585
烟草制品业	Manufacture of Tobacco	1142957	3221549
纺织业	Manufacture of Textile	838918	866622
纺织服装、服饰业	Manufacture of Textile Wearing Apparel and Finery	31330	36652
皮革、毛皮、羽毛及其制品和制鞋业	Manufacture of Leather, Fur, Feather & Its Products and Footwear	23278	32505
木材加工及木 竹、藤、棕、草制品业	Processing of Timbers, Manufacture of Wood, Bamboo, Rattan, Palm, and Straw Products	138379	187365
家具制造业	Manufacture of Furniture		
造纸及纸制品业	Manufacture of Paper and Paper Products	6436091	2406988
印刷和记录媒介复制业	Printing, Reproduction of Recording Media	125412	170279
文教、工美、体育和娱乐用品制造业	Manufacture of Culture, Education,Arts and crafts，Sport and Entertainment Goods	2453	32255
石油加工、炼焦和核燃料加工业	Processing of Petroleum, Coking and Nucleus Fuel	8018286	21863018
化学原料和化学制品制造业	Manufacture of Chemical Raw Material and Chemical Products	12828756	14751085
医药制造业	Manufacture of Medicines	1016277	2327209
化学纤维制造业	Manufacture of Chemical Fiber	45167	205497
橡胶和塑料制品业	Manufacture of Rubber and Plastic	778300	687561
非金属矿物制品业	Manufacture of Non-metallic Mineral Products	4563557	2380290
黑色金属冶炼及压延加工业	Manufacture and Processing of Ferrous Metals	11615980	10228114
有色金属冶炼及压延加工业	Manufacture & Processing of Non-ferrous Metals	1170806	8182994
金属制品业	Manufacture of Metal Products	705030	759218
通用设备制造业	Manufacture of General Purpose Machinery	5281038	4391514
专用设备制造业	Manufacture of Special Purpose Machinery	3168119	2714008
汽车制造业	Manufacture of Automotive	13549044	18659617
铁路、船舶、航空航天和其他运输设备制造业	Manufacture of Railroad,Marine,Aerospace and Other Transportation Equipment	6837275	9165409
电气机械及器材制造业	Manufacture of Electrical Machinery & Equipment	1840344	2716336
计算机、通信和其他电子设备制造业	Manufacture of Computer, Communications and Other Electronic Equipment	3590319	9087601
仪器仪表制造业	Manufacture of Measuring Instrument	56368	83911
其他制造业	Other Manufacture	25416	68515
废弃资源综合利用业	Comprehensive Utilization of Waste	2246	9916
金属制品、机械和设备修理业	Metal Products, Machinery and Equipment Repair Industry	967	43559
电力、燃气及水的生产和供应业	**Production and Supply of Electric,Gas and Water**		
电力、热力的生产和供应业	Production and Supply of Electric Power and Heat Power	34354720	38620390
燃气生产和供应业	Production and Supply of Gas	918502	1018420
水的生产和供应业	Production and Supply of Water	2241590	607846

continued

(10 000 yuan)

#主营业务税金及附加 Taxes and Other Charges on Principal Business	营业费用 Cost of Business	管理费用 Cost of Management	利润总额 Total Profits	亏损企业亏损总额 Losses of Loss Enterprises	利税总额 Total Profits and Taxes	本年应交增值税 Value-added Tax Payable	全部从业人员年平均人数(人) Annual Average of Empolyed Persons (person)
447265	449314	1801046	724303	411921	2255100	1063049	431548
579588	31494	983449	-939366	966137	229077	588853	104316
12924	7177	71464	-11231	49050	37031	34939	14974
33060	37579	401662	345244	9416	408621	30263	35738
2911	9535	6121	3337	4005	11551	5303	1355
12417	442	76840	-22730	22730	84401	93790	27839
3312	21524	21012	100296	1940	119246	15639	11172
3795	28905	27213	98198	127	125067	23016	7117
122921	259878	105793	240813	12555	482759	119018	22600
1443667	84098	226209	324416	1246	2107421	339337	11645
4777	15848	36514	6158	16678	49499	38565	23107
228	314	3297	46	1669	1790	1516	1467
130	1485	2486	391	345	1535	1014	1112
1273	3376	7025	3046	1443	6503	2184	976
5875	67205	115258	19462	56435	61966	35631	15998
1263	2767	20184	10443	688	21542	9735	5130
102	1781	1556	2391	151	3011	519	132
3182175	93595	527621	594639	79026	4804406	976034	34774
108629	232754	435976	500435	148260	788932	179019	69231
24357	326131	148214	400495	2941	562933	138080	31450
847	4346	12142	30848		36047	4351	5103
1617	30746	42457	-5513	19514	-9054	-5180	12022
17447	125368	186604	214501	41199	332506	100535	39482
23976	87912	349518	-130758	206471	9351	116132	105269
13064	26523	35151	235195	37391	330770	82511	11238
6212	17591	56614	-6766	35011	18906	19420	8464
26361	183231	393486	362692	40225	542116	152604	62508
10527	126194	203966	-7972	110246	62955	60279	32995
290552	351528	536130	1009868	47283	1721173	419392	73148
44317	243252	640756	430942	125383	691508	216182	39028
12297	143213	158047	114542	3630	189875	62712	19126
38906	843506	621589	498320	5518	839177	301929	45683
724	6642	11225	6772	382	11704	4183	1994
344	1245	1911	2302		4132	1485	307
64	181	719	45		598	489	106
613	108	124	5652		7688	1423	145
170211	26715	917589	4251460	146159	6025185	1587984	155745
3864	29064	48658	90204	6055	109199	14919	8498
5124	26733	109102	-13981	41227	8833	17322	20157

14—7 规模以上外商投资和港澳台商投资工业企业主要经济指标

单位:万元

类 别	Category	企业单位数(个) Number of Industial Enterprises (unit)	#亏损企业 Loss Enterprises
2000		1740	373
2001		2020	484
2002		2385	541
2003		2925	665
2004		4315	1059
2005		4684	773
2006		5227	819
2007		5747	847
2008		5900	1068
2009		6052	986
2010		5536	756
2011		4481	590
2012		4457	701
2013		4365	679
2014		4155	606
2015		4013	678
在总计中:	**of which:**		
亏损企业	Loss Enterprises	678	678
在总计中:	**of which:**		
港、澳、台商投资企业	Enterprises with Funds from Hong Kong,Macao and Taiwan	1029	178
合资经营企业(港或澳、台资)	Joint-ventures Enterprises	540	83
合作经营企业(港或澳、台资)	Cooperative Enterprises	18	2
港澳台商独资经营企业	Enterprises with Sole Investment	444	89
港澳台商投资股份有限公司	Share-holding Corporations Ltd. with Funds from Hong Kong, Macao and Taiwan	20	2
其他企业	Others	7	2
外商投资企业	Foreign Funded Enterprises	2984	500
中外合资经营企业	Joint-venture Enterprises	1151	158
中外合作经营企业	Cooperation Enterprises	56	10
外资企业	Enterprises with Sole Foreign Funds	1712	324
外商投资股份有限公司	Share-holding Corporations Ltd. with Foreign Investment	50	6
其他企业	Others	15	2
在总计中:	**of which:**		
国有控股企业	State-holding Enterprises	95	20
在总计中:	**of which:**		
农村工业	Industry in Rural Area	24	2
一、按轻重工业分	**by Light & Heavy Industry**		
轻工业	Light Industry	2058	303
重工业	Heavy Industry	1955	375
二、按企业规模分	**by Enterprise Size**		
大型企业	Large-sized Enterprises	169	19
中型企业	Medium-sized Enterprises	860	137
小型企业	Small-sized Enterprises	2984	522

Main Economic Indicators of Industrial Enterprises above Designated Size with Funds from Foreign Countries (Territories),Hong Kong,Macao and Taiwan

工 业 总产值 Gross Industrial Output Value	工 业 销售产值 Industrial Output Value of Products Sold	#出 口 交货值 Export Delivery Value	资产合计 Total Assets	产 成 品 Finished Products	流动资产合计 Total Working Capitals	固定资产合计 Total Fixed Assets
11733444	11407902		11450417	766490	5149741	4763392
14570101	14184782		13978219	885669	6218800	5561049
17707902	17224508		16056232	965904	7330202	6278224
24832436	24336050	9283568	22387343	1189967	9810521	9084614
37836423	36920480	13536351	30386016	1636652	13195818	12040507
54014093	53031835	16756713	38447493	2063357	16996280	15011741
72090688	71138467	22454787	49903969	2635215	22336522	18732001
96955087	95104911	28979286	63158104	3186410	28783090	23543356
115354778	112502839	33732027	71304227	4060074	33656735	24364312
129775048	127998832	32424654	86379610	3878036	39585096	33430492
143659376	140914565	34755802	94554908	4123696	47889846	34450993
157964343	155929217	36071412	97369768	4071581	52534687	36493277
173259205	170199834	35718741	109629355	4644505	58337502	40856902
185437624	183273885	39580069	112633779	4184245	61163937	39474108
192400578	190527209	40803834	127893738	4401214	68667759	46030297
192518009	191052315	37879015	121214373	4967901	64524560	44416448
13198630	13112540	3471658	17865711	943129	9969168	6085366
42557253	41733763	6622575	31307256	1445957	17103596	11190092
26150740	25691702	3805524	18574787	926406	10157548	6799243
813841	796919	31061	241150	8486	131143	90786
14637386	14289541	2677108	11101875	457257	6271177	3677367
861008	862286	82337	1283056	43167	502150	562110
94279	93314	26546	106388	10642	41577	60588
149960755	149318553	31256440	89907116	3521944	47420964	33226356
63088394	62625478	8168927	44051987	1523585	24172814	15890335
5306245	5383775	2539018	3446879	188427	2374332	1305252
76303693	75538538	19662639	37006416	1568534	18983805	14284386
4909549	5418920	836142	5245395	237704	1823008	1660776
352875	351842	49715	156439	3694	67005	85609
15518268	15341004	259217	12562513	140315	7168317	5115400
1349621	1321752	68693	537370	21332	244483	215825
73362137	73192408	14943078	47597622	2235790	22773930	19287076
119155872	117859907	22935937	73616750	2732110	41750630	25129373
77765931	77659842	16920378	49835884	1729098	28413255	16643138
53514944	52895221	10221422	34167084	1960659	18610411	12445699
61237134	60497253	10737215	37211405	1278144	17500895	15327612

14-7 续表 1

单位:万元

类　别	Category	企业单位数(个) Number of Industial Enterprises (unit)	#亏损企业 Loss Enterprises
四、按行业大类分	**by Sector**		
采掘业	**Mining**		
煤炭开采和洗选业	Mining and Washing of Coal	2	1
石油和天然气开采业	Extraction of Petroleum and Natural Gas		
黑色金属矿采选业	Mining of Ferrous Metal Ores	3	
有色金属矿采选业	Mining of Non-ferrous Metal Ores	3	
非金属矿采选业	Mining and Processing of Nonmetal Ores	3	
开采辅助活动	Mining Support Activities		
其他采矿业	Mining of Other Ores		
制造业	**Manufacturing**		
农副食品加工业	Processing of Food from Agricultural Products	530	66
食品制造业	Manufacture of Foods	137	14
酒、饮料和精制茶制造业	Manufacture of Wine, Drinks and Refined Tea	52	10
烟草制品业	Manufacture of Tobacco		
纺织业	Manufacture of Textile	184	49
纺织服装、服饰业	Manufacture of Textile Wearing Apparel and Finery	281	46
皮革、毛皮、羽毛及其制品和制鞋业	Manufacture of Leather, Fur, Feather & Its Products and Footwear	112	24
木材加工及木 竹、藤、棕、草制品业	Processing of Timbers, Manufacture of Wood, Bamboo, Rattan, Palm, and Straw Products	41	6
家具制造业	Manufacture of Furniture	58	6
造纸及纸制品业	Manufacture of Paper and Paper Products	54	13
印刷和记录媒介复制业	Printing, Reproduction of Recording Media	53	9
文教、工美、体育和娱乐用品制造业	Manufacture of Culture, Education,Arts and crafts, Sport and Entertainment Goods	284	26
石油加工、炼焦和核燃料加工业	Processing of Petroleum, Coking and Nucleus Fuel	16	3
化学原料和化学制品制造业	Manufacture of Chemical Raw Material and Chemical Products	258	55
医药制造业	Manufacture of Medicines	75	7
化学纤维制造业	Manufacture of Chemical Fiber	9	2
橡胶和塑料制品业	Manufacture of Rubber and Plastic	164	22
非金属矿物制品业	Manufacture of Non-metallic Mineral Products	206	40
黑色金属冶炼及压延加工业	Manufacture and Processing of Ferrous Metals	41	11
有色金属冶炼及压延加工业	Manufacture & Processing of Non-ferrous Metals	26	8
金属制品业	Manufacture of Metal Products	199	36
通用设备制造业	Manufacture of General Purpose Machinery	217	47
专用设备制造业	Manufacture of Special Purpose Machinery	156	32
汽车制造业	Manufacture of Automotive	187	23
铁路、船舶、航空航天和其他运输设备制造业	Manufacture of Railroad,Marine,Aerospace and Other Transportation Equipment	62	12
电气机械及器材制造业	Manufacture of Electrical Machinery & Equipment	175	22
计算机、通信和其他电子设备制造业	Manufacture of Computer, Communications and Other Electronic Equipment	260	69
仪器仪表制造业	Manufacture of Measuring Instrument	40	6
其他制造业	Other Manufacture	14	
废弃资源综合利用业	Comprehensive Utilization of Waste	6	2
金属制品、机械和设备修理业	Metal Products, Machinery and Equipment Repair Industry	4	
电力、燃气及水的生产和供应业	**Production and Supply of Electric,Gas and Water**		
电力、热力的生产和供应业	Production and Supply of Electric Power and Heat Power	43	6
燃气生产和供应业	Production and Supply of Gas	40	3
水的生产和供应业	Production and Supply of Water	18	2

continued

(10 000 yuan)

工 业 总产值 Gross Industrial Output Value	工 业 销售产值 Industrial Output Value of Products Sold	#出 口 交货值 Export Delivery Value	资产合计 Total Assets	产成品 Finished Products	流动资产合计 Total Working Capitals	固定资产合计 Total Fixed Assets
422377	418190		898166	4546	432060	466106
144728	144377		106523	378	10541	72785
28392	28223		24129	1680	5639	14318
184782	181556		79619	184	19098	22755
22485072	22490663	4113111	11608829	764287	5902493	4915578
6538086	6405122	972695	4658631	146302	2321449	1833914
3103036	3751659	314150	3646837	160091	1423596	990336
4733988	4652859	1311764	3488584	219234	1474300	1520404
5594897	5493996	1588044	3101457	149613	1331656	1569019
2767915	2699831	790678	1334790	56462	783686	401194
1025055	1011289	294295	629151	42698	302795	238676
1254279	1237457	231763	588753	28406	217241	347808
2690529	2644608	114916	4021152	92174	1575226	2105773
1375183	1329083	74701	883998	35411	452606	304708
5440073	5371997	2144680	1782213	69744	778476	856965
488137	478776	9669	458432	14170	262840	161458
18211475	17950021	1201956	12537274	391902	6238532	3991176
8500858	8315886	1188253	7652530	312602	3956748	2801425
147443	145551	80045	228577	12021	139607	70613
4840324	4820871	1198366	2696371	141918	1310008	1140577
5511110	5398505	435738	3996159	150102	1941380	1725381
2059741	2057973	85131	2605270	115797	1569191	943977
4503108	4483863	37416	2486323	37701	1873926	473723
8484065	8291269	1714501	4062795	236462	2042175	1602869
6203774	6165849	1657009	5307107	299863	3052680	1769042
6597426	6596715	1027489	4974787	527703	3125231	1325691
16910382	16845657	1505396	11540118	304632	8025272	3064640
4046494	4015070	1491863	3618967	40638	2133928	1212543
7498153	7342220	1327000	3989173	193775	2141102	1089725
34222807	33874839	12565120	10616167	331056	7226072	2564520
1375405	1354936	292163	980124	54226	683300	226745
212486	211820	97267	126404	7933	80554	39371
96083	94239		104293	2730	67714	19962
65400	63111	13839	64303	411	32585	28236
2953640	2947151		3897218	11115	627905	3506668
1636868	1574350		1844477	9909	755897	777849
164439	162734		574674	28	207052	219923

14-7 续表 2

单位:万元

类 别	Category	负债合计 Total Liabilities	主营业务收入 Revenue from Principal Business
2000		6974187	10608335
2001		7975312	12695597
2002		9002705	15655508
2003		12602882	23176116
2004		16498501	35828528
2005		21083916	52377071
2006		26832468	70456341
2007		34261658	94561330
2008		38145531	110043170
2009		45394957	127005719
2010		49181433	138639700
2011		51712845	152985089
2012		57272370	169409527
2013		59266450	180782207
2014		64226799	190219193
2015		60612888	188726801
在总计中:	**of which:**		
亏损企业	Loss Enterprises	12346647	13451233
在总计中:	**of which:**		
港、澳、台商投资企业	Enterprises with Funds from Hong Kong,Macao and Taiwan	16464552	41950183
合资经营企业(港或澳、台资)	Joint-ventures Enterprises	9729866	26054393
合作经营企业(港或澳、台资)	Cooperative Enterprises	88478	773023
港澳台商独资经营企业	Enterprises with Sole Investment	6041104	14185247
港澳台商投资股份有限公司	Share-holding Corporations Ltd. with Funds from Hong Kong, Macao and Taiwan	542551	851597
其他企业	Others	62553	85924
外商投资企业	Foreign Funded Enterprises	44148337	146776618
中外合资经营企业	Joint-venture Enterprises	23185220	61126489
中外合作经营企业	Cooperation Enterprises	1924620	4886529
外资企业	Enterprises with Sole Foreign Funds	17019209	74999288
外商投资股份有限公司	Share-holding Corporations Ltd. with Foreign Investment	1977178	5412987
其他企业	Others	42109	351324
在总计中:	**of which:**		
国有控股企业	State-holding Enterprises	6906812	14086748
在总计中:	**of which:**		
农村工业	Industry in Rural Area	217546	1340238
一、按轻重工业分	**by Light & Heavy Industry**		
轻工业	Light Industry	21461396	73434634
重工业	Heavy Industry	39151492	115292167
二、按企业规模分	**by Enterprise Size**		
大型企业	Large-sized Enterprises	26698872	76188731
中型企业	Medium-sized Enterprises	16946083	53091379
小型企业	Small-sized Enterprises	16967933	59446691

continued

(10 000 yuan)

#主营业务税金及附加 Taxes and Other Charges on Principal Business	营业费用 Cost of Business	管理费用 Cost of Management	利润总额 Total Profits	亏损企业亏损总额 Losses of Loss Enterprises	利税总额 Total Profits and Taxes	本年应交增值税 Value-added Tax Payable	全部从业人员年平均人数(人) Annual Average of Empolyed Persons (person)
45189	397752	511820	607409	123586	1068901	416302	570940
42749	500409	587803	747735	133568	1381549	591069	677208
52771	656697	715305	946420	121496	1585217	586026	782462
77214	844733	893503	1437357	173975	2218336	703765	942482
142675	1155656	1409829	2388875	238522	3616446	1084896	1268481
256875	1404591	1578402	3498964	215791	5220808	1464969	1485932
305226	1989506	2156705	4373503	235135	6473118	1794389	1607730
410640	2621917	2640990	5535820	252042	8226755	2280295	1716875
433346	2871686	3300860	5972969	595461	8957825	2551510	1689902
561210	3061011	3482913	7213796	558728	10879283	3104278	1740004
770021	3668294	5700645	10010172	351316	14429266	3649074	1657493
732375	3427756	4713939	10851122	527423	15764843	4109348	1512465
1063958	4017676	5592666	11374074	793262	16933454	4484316	1546846
1162327	4330618	5655046	12070359	674920	18259068	5001382	1492867
1284581	4671789	5478605	12074458	692043	18542925	5122759	1437787
1331072	4744351	5303718	11893038	896262	17644697	4411683	1329731
61393	440838	715988	-896262	896262	-639271	194908	183566
264716	1458661	1361031	2907380	233787	4235855	1061797	324042
167310	1026961	774857	2083153	56226	2906746	654446	162145
11678	20383	35497	44332	225	77161	21152	4428
76758	385644	509126	737679	149372	1188780	374218	144552
8473	22948	37555	44084	24335	63159	10601	10189
497	2725	3997	-1868	3629	9	1380	2728
1066356	3285689	3942687	8985658	662475	13408843	3349886	1005689
544897	1389277	1637154	4198693	221902	6443221	1694688	363163
17171	98625	75847	278089	5003	429490	134227	24114
436546	1367961	2043965	3986869	419820	5802629	1377457	566741
65257	425995	179049	508722	14487	711131	136911	47406
2485	3832	6672	13285	1262	22372	6602	4265
315896	159671	270657	1652370	21830	2523552	553748	48839
6081	14849	21717	82889	1954	121945	32934	5295
549868	2889272	2288886	4836302	323405	7149142	1758224	674165
781204	1855079	3014832	7056736	572857	10495555	2653459	655566
548608	1715755	1602307	5398967	168640	7779483	1828276	467265
285722	1774691	1624985	3227772	333403	4718770	1203381	478382
496742	1253905	2076427	3266299	394218	5146444	1380025	384084

14—7 续表 3

单位：万元

类　　别	Category	负债合计 Total Liabilities	主营业务收入 Revenue from Principal Business
三、按行业大类分	**by Sector**		
采掘业	**Mining**		
煤炭开采和洗选业	Mining and Washing of Coal	671496	413407
石油和天然气开采业	Extraction of Petroleum and Natural Gas		
黑色金属矿采选业	Mining of Ferrous Metal Ores	45106	160788
有色金属矿采选业	Mining of Non-ferrous Metal Ores	10778	27851
非金属矿采选业	Mining and Processing of Nonmetal Ores	23362	181523
开采辅助活动	Mining Support Activities		
其他采矿业	Mining of Other Ores		
制造业	**Manufacturing**		
农副食品加工业	Processing of Food from Agricultural Products	5677902	23043761
食品制造业	Manufacture of Foods	2017149	6199339
酒、饮料和精制茶制造业	Manufacture of Wine, Drinks and Refined Tea	1343680	3846321
烟草制品业	Manufacture of Tobacco		
纺织业	Manufacture of Textile	1380566	4721621
纺织服装、服饰业	Manufacture of Textile Wearing Apparel and Finery	1179717	5490629
皮革、毛皮、羽毛及其制品和制鞋业	Manufacture of Leather, Fur, Feather & Its Products and Footwear	609053	2747550
木材加工及木 竹、藤、棕、草制品业	Processing of Timbers, Manufacture of Wood, Bamboo, Rattan, Palm, and Straw Products	251022	955441
家具制造业	Manufacture of Furniture	248716	1226698
造纸及纸制品业	Manufacture of Paper and Paper Products	2610030	2644858
印刷和记录媒介复制业	Printing, Reproduction of Recording Media	378598	1361359
文教、工美、体育和娱乐用品制造业	Manufacture of Culture, Education,Arts and crafts, Sport and Entertainment Goods	723149	5234137
石油加工、炼焦和核燃料加工业	Processing of Petroleum, Coking and Nucleus Fuel	225297	480702
化学原料和化学制品制造业	Manufacture of Chemical Raw Material and Chemical Products	7201981	17832740
医药制造业	Manufacture of Medicines	2878169	8179584
化学纤维制造业	Manufacture of Chemical Fiber	104809	151843
橡胶和塑料制品业	Manufacture of Rubber and Plastic	1259340	4269091
非金属矿物制品业	Manufacture of Non-metallic Mineral Products	1658731	5422877
黑色金属冶炼及压延加工业	Manufacture and Processing of Ferrous Metals	1565823	1893629
有色金属冶炼及压延加工业	Manufacture & Processing of Non-ferrous Metals	1369575	4345531
金属制品业	Manufacture of Metal Products	1995798	8293774
通用设备制造业	Manufacture of General Purpose Machinery	2364436	6296694
专用设备制造业	Manufacture of Special Purpose Machinery	2690122	6329405
汽车制造业	Manufacture of Automotive	6646102	16282405
铁路、船舶、航空航天和其他运输设备制造业	Manufacture of Railroad,Marine,Aerospace and Other Transportation Equipment	2547060	3988970
电气机械及器材制造业	Manufacture of Electrical Machinery & Equipment	1577312	7224142
计算机、通信和其他电子设备制造业	Manufacture of Computer, Communications and Other Electronic Equipment	6136485	33649565
仪器仪表制造业	Manufacture of Measuring Instrument	354488	1293090
其他制造业	Other Manufacture	75076	211779
废弃资源综合利用业	Comprehensive Utilization of Waste	40996	109365
金属制品、机械和设备修理业	Metal Products, Machinery and Equipment Repair Industry	12687	65235
电力、燃气及水的生产和供应业	**Production and Supply of Electric,Gas and Water**		
电力、热力的生产和供应业	Production and Supply of Electric Power and Heat Power	1469118	2296961
燃气生产和供应业	Production and Supply of Gas	992632	1691037
水的生产和供应业	Production and Supply of Water	276529	163098

continued

(10 000 yuan)

#主营业务税金及附加 Taxes and Other Charges on Principal Business	营业费用 Cost of Business	管理费用 Cost of Management	利润总额 Total Profits	亏损企业亏损总额 Losses of Loss Enterprises	利税总额 Total Profits and Taxes	本年应交增值税 Value-added Tax Payable	全部从业人员年平均人数（人） Annual Average of Empolyed Persons (person)
18552	26757	30499	104661	217	172778	49564	1630
1731	2991	2359	11989		17707	3987	480
120	933	1592	3662		4119	337	573
656	24206	12340	21520		27523	5347	1557
92059	394577	447934	1028131	154954	1505736	385316	171933
54280	303614	210133	646941	16963	885744	184367	40960
97353	472495	110596	433651	13475	681461	150457	30393
32403	86381	211087	292501	35448	408779	83589	70569
41792	185542	212121	334532	11599	507915	130901	101122
22009	49843	84604	129056	9796	198018	46923	47187
6889	27760	31135	62925	1927	84649	14826	8396
9659	32698	42243	67074	6626	113679	36946	14631
9090	81036	106640	86303	8617	148647	53243	17068
20428	40773	79521	80060	13671	137719	37125	10643
46275	125478	177701	288479	10437	461493	125591	58404
3532	16878	16584	38985	1069	54020	11503	2048
93978	427093	465934	730192	131400	1110190	285016	62255
52019	871480	336529	995654	19264	1430450	381055	43367
760	6559	9086	4767	6460	7679	2153	1908
35204	117264	152990	295558	14461	437287	106158	40910
30634	146586	180752	336956	60191	568311	200619	45747
7045	37393	40632	80140	12671	120842	33658	9617
6331	25138	40901	180007	5468	462983	276636	7971
92926	166237	321615	354215	60961	594169	147006	52173
47216	208402	342336	409015	72140	609195	152856	56833
29754	164927	262092	378710	57150	579271	170140	41633
275974	192300	287347	1258897	30607	1933185	397032	76468
27648	46134	120975	233554	41374	334773	73546	25471
52530	170329	220644	388846	18817	586464	145073	59739
70859	168732	496621	1617379	58275	2123604	435202	183230
8900	53592	71729	93563	10698	150072	47584	12020
1111	2412	6010	8286		12157	2751	4773
124	407	3714	3886	2402	5757	1747	703
667	355	12198	4812		8389	2910	1842
30608	9699	69817	706905	3446	932317	194804	12866
9061	56981	68741	159330	2735	200702	31604	10455
898	371	15966	21899	2945	26915	4113	2156

14-8 规模以上国有工业企业主要经济指标

单位:万元

类　别	Category	企业单位数(个) Number of Industial Enterprises (unit)	#亏损企业 Loss Enterprises
2000		2114	486
2001		1592	400
2002		1387	349
2003		1151	309
2004		972	332
2005		842	243
2006		746	212
2007		661	184
2008		609	186
2009		649	162
2010		597	148
2011		517	135
2012		506	152
2013		340	95
2014		304	97
2015		303	90
在总计中:	**of which:**		
亏损企业	Loss Enterprises	90	90
在总计中:	**of which:**		
中央企业	Central Enterprises	59	8
地方企业	Local Enterprises	244	82
一、按轻重工业分	**by Light & Heavy Industry**		
轻工业	Light Industry	78	30
重工业	Heavy Industry	225	60
二、按企业规模分	**by Enterprise Size**		
大型企业	Large-sized Enterprises	36	6
中型企业	Medium-sized Enterprises	117	45
小型企业	Small-sized Enterprises	150	39

Main Economic Indicators of State-owned Industrial Enterprises above Designated Size

(10 000 yuan)

工 业 总产值 Gross Industrial Output Value	工 业 销售产值 Industrial Output Value of Products Sold	#出 口 交货值 Export Delivery Value	资产合计 Total Assets	产 成 品 Finished Products	流动资产合计 Total Working Capitals	固定资产合计 Total Fixed Assets
24744936	24607993		42208919	1617992	14019235	19245575
12234932	12037423		27531520	921428	9429088	11637665
13770330	13600891		27580401	813504	9294926	11563565
14840375	14566769	749626	28068618	732614	9725574	11768793
19715003	19142465	817147	27013217	607810	8782685	12164842
19829441	19639882	687504	24493249	561662	8482461	10266814
23078362	22921402	582201	27104824	521067	9139735	11828055
27367017	27151997	571583	30119677	569429	9963162	13476671
45772078	35078287	1117299	44055195	1007282	12046865	22574394
40747007	40355963	1164851	42604000	986200	14396493	20675274
54861225	54639308	1408178	49684216	1107398	18421339	24524408
62007599	61464686	1616105	53398134	1206047	18802859	24894871
50221213	49609803	1609776	56610910	1253476	19648070	26465685
42500774	42456523	437807	39075447	649917	11631804	11749543
42621533	42464420	414799	37197478	748227	10569511	32854593
45470693	45311020	361084	38905792	598464	10132320	20191056
2057650	2038695	14070	5010753	110351	1599247	2533412
32821259	32761695	74244	24771569	340036	4970630	13439605
12649434	12549324	286840	14134223	258429	5161690	6751450
5794352	5710562	266334	6653322	166258	4049436	1988175
39676342	39600458	94750	32252470	432207	6082884	18202880
12797367	12699895	347282	12265556	433319	6166844	5076526
8063845	8022428	3839	7742239	100324	2282199	4769886
24609482	24588697	9963	18897997	64821	1683278	10344644

14-8 续表 1

单位:万元

类 别	Category	企业单位数(个) Number of Industial Enterprises (unit)	#亏损企业 Loss Enterprises
三、按行业大类分	**by Sector**		
采掘业	**Mining**		
煤炭开采和洗选业	Mining and Washing of Coal	14	10
石油和天然气开采业	Extraction of Petroleum and Natural Gas		
黑色金属矿采选业	Mining of Ferrous Metal Ores	1	
有色金属矿采选业	Mining of Non-ferrous Metal Ores	1	
非金属矿采选业	Mining and Processing of Nonmetal Ores	3	3
开采辅助活动	Mining Support Activities		
其他采矿业	Mining of Other Ores		
制造业	**Manufacturing**		
农副食品加工业	Processing of Food from Agricultural Products	18	3
食品制造业	Manufacture of Foods	6	
酒、饮料和精制茶制造业	Manufacture of Wine, Drinks and Refined Tea	4	
烟草制品业	Manufacture of Tobacco	1	
纺织业	Manufacture of Textile	2	1
纺织服装、服饰业	Manufacture of Textile Wearing Apparel and Finery		
皮革、毛皮、羽毛及其制品和制鞋业	Manufacture of Leather, Fur, Feather & Its Products and Footwear		
木材加工及木 竹、藤、棕、草制品业	Processing of Timbers, Manufacture of Wood, Bamboo, Rattan, Palm, and Straw Products	2	
家具制造业	Manufacture of Furniture		
造纸及纸制品业	Manufacture of Paper and Paper Products	1	
印刷和记录媒介复制业	Printing, Reproduction of Recording Media	7	3
文教、工美、体育和娱乐用品制造业	Manufacture of Culture, Education,Arts and crafts, Sport and Entertainment Goods		
石油加工、炼焦和核燃料加工业	Processing of Petroleum, Coking and Nucleus Fuel	1	1
化学原料和化学制品制造业	Manufacture of Chemical Raw Material and Chemical Products	13	3
医药制造业	Manufacture of Medicines	1	1
化学纤维制造业	Manufacture of Chemical Fiber		
橡胶和塑料制品业	Manufacture of Rubber and Plastic		
非金属矿物制品业	Manufacture of Non-metallic Mineral Products	8	4
黑色金属冶炼及压延加工业	Manufacture and Processing of Ferrous Metals	1	
有色金属冶炼及压延加工业	Manufacture & Processing of Non-ferrous Metals		
金属制品业	Manufacture of Metal Products	1	
通用设备制造业	Manufacture of General Purpose Machinery	16	5
专用设备制造业	Manufacture of Special Purpose Machinery	11	4
汽车制造业	Manufacture of Automotive	2	2
铁路、船舶、航空航天和其他运输设备制造业	Manufacture of Railroad,Marine,Aerospace and Other Transportation Equipment	4	
电气机械及器材制造业	Manufacture of Electrical Machinery & Equipment	2	1
计算机、通信和其他电子设备制造业	Manufacture of Computer, Communications and Other Electronic Equipment		
仪器仪表制造业	Manufacture of Measuring Instrument	1	
其他制造业	Other Manufacture		
废弃资源综合利用业	Comprehensive Utilization of Waste		
金属制品、机械和设备修理业	Metal Products, Machinery and Equipment Repair Industry		
电力、燃气及水的生产和供应业	**Production and Supply of Electric,Gas and Water**		
电力、热力的生产和供应业	Production and Supply of Electric Power and Heat Power	144	27
燃气生产和供应业	Production and Supply of Gas	4	
水的生产和供应业	Production and Supply of Water	34	22

continued

(10 000 yuan)

工业总产值 Gross Industrial Output Value	工业销售产值 Industrial Output Value of Products Sold	#出口交货值 Export Delivery Value	资产合计 Total Assets	产成品 Finished Products	流动资产合计 Total Working Capitals	固定资产合计 Total Fixed Assets
453107	457319	384	2116220	2957	838785	864970
76243	81961		541841	4671	222374	319467
69384	69384		63134	53	5465	57669
20563	17981		55457	24924	36823	18634
1412023	1372079	202167	740783	50768	496021	205922
84193	81658	2080	112409	7288	39834	71971
40349	39966		41304	6078	19459	14310
3123810	3089202	20114	3205919	3578	2198237	1007682
21670	21330		7980	2265	4265	1315
25098	25397		37828	1566	18080	17963
13516	13190		44524	5190	14154	25524
48425	47323		72775	1569	37963	26986
70902	72354		103712	11319	50222	37224
3529316	3488001	41015	2666578	262534	1253008	993038
22611	22611		66484	1848	19328	12666
77281	71295	2007	163746	18963	104785	48933
18302	18035		18271	837	10457	7814
4040	4040		4195	14	3675	321
353808	350727	48188	944792	63393	504060	386604
392642	388002	5708	1176436	56032	718819	191379
25021	25846		53965	1436	30526	22262
296407	283748	3156	414244	21262	324554	84513
529590	538800	36266	513979	40799	311249	47073
5958	5958		3633	1322	3564	69
34374620	34345540		24828742	7030	2555038	15286486
179389	178985		90478	18	23514	32656
202425	200287		816365	751	288063	407607

14-8 续表 2

单位:万元

类　别	Category	负债合计 Total Liabilities	主营业务收入 Revenue from Principal Business	#主营业务税金及附加 Taxes and Other Charges on Principal Business
	2000	26686324	27821717	492552
	2001	17653620	16006815	294059
	2002	17777286	17815410	343306
	2003	18009322	19793599	385228
	2004	17664902	20631866	234423
	2005	16133478	20149674	215660
	2006	17375838	23656937	673855
	2007	18561850	27623229	777269
	2008	21171736	47675137	3251935
	2009	26103211	42480695	1094712
	2010	32202345	56271894	1501435
	2011	34552035	64126688	1617389
	2012	36998582	66890135	1856220
	2013	25807785	45690608	1661471
	2014	23805945	41971889	1672153
	2015	25301303	39953785	1603582
在总计中:	**of which:**			
亏损企业	Loss Enterprises	3779992	2075778	17161
在总计中:	**of which:**			
中央企业	Central Enterprises	15913816	26822715	1532866
地方企业	Local Enterprises	9387487	13131069	70716
一、按轻重工业分	**by Light & Heavy Industry**			
轻工业	Light Industry	3102973	6462146	1455259
重工业	Heavy Industry	22198330	33491638	148323
二、按企业规模分	**by Enterprise Size**			
大型企业	Large-sized Enterprises	7236521	13389428	1518988
中型企业	Medium-sized Enterprises	5221924	8086994	36888
小型企业	Small-sized Enterprises	12842858	18477363	47706

continued

(10 000 yuan)

营业费用 Cost of Business	管理费用 Cost of Management	利润总额 Total Profits	亏损企业亏损总额 Losses of Loss Enterprises	利税总额 Total Profits and Taxes	本年应交增值税 Value-added Tax Payable	全部从业人员年平均人数（人） Annual Average of Empolyed Persons (person)
547576	1754897	2554426	194180	4711091	1664113	1652934
351126	1044379	520439	149112	1542737	728243	984032
329434	1073754	610973	131676	1748879	794695	883357
339400	1135605	724762	126296	1944990	835000	769190
259600	1345339	508887	358415	1679671	936360	668702
233128	1153373	767749	130004	1827104	843695	536010
276963	1308489	1098603	116777	2868286	1095828	480364
324251	1493013	1304975	162156	3361138	1278894	453495
729708	2645622	6139923	630451	12337647	2945789	568582
961122	2234651	1523331	314887	4140177	1522134	491752
1122616	2993266	2338185	267808	5787735	1948115	489028
1133742	3118712	2776635	511041	6514906	2108989	433337
1072948	3122828	3467936	367401	7621470	2287898	424081
383406	1676921	2392883	187827	5617626	1545434	244979
362483	1603845	1463191	254505	4627511	1486583	217628
341641	1344328	1951815	254116	4944936	1383390	189195
64271	255162	-254116	254116	-161396	74883	49033
114075	466797	1732383	40378	4223520	954040	52001
227565	877531	219432	213739	721416	429350	137194
246044	381888	452262	23594	2304971	397180	43145
95596	962440	1499552	230522	2639965	986210	146050
247251	617144	1234155	62470	3337135	582347	73355
60223	574325	51550	152387	359530	270113	75635
34167	152859	666110	39260	1248270	530930	40205

14-8 续表 3

单位:万元

类　别	Category	负债合计 Total Liabilities	主营业务收入 Revenue from Principal Business
三、按行业大类分	by Sector		
采掘业	Mining		
煤炭开采和洗选业	Mining and Washing of Coal	1206332	453184
石油和天然气开采业	Extraction of Petroleum and Natural Gas		
黑色金属矿采选业	Mining of Ferrous Metal Ores	27668	77323
有色金属矿采选业	Mining of Non-ferrous Metal Ores	54639	65956
非金属矿采选业	Mining and Processing of Nonmetal Ores	48993	18920
开采辅助活动	Mining Support Activities		
其他采矿业	Mining of Other Ores		
制造业	Manufacturing		
农副食品加工业	Processing of Food from Agricultural Products	314774	1405789
食品制造业	Manufacture of Foods	68727	88086
酒、饮料和精制茶制造业	Manufacture of Wine, Drinks and Refined Tea	37034	40270
烟草制品业	Manufacture of Tobacco	1025894	3089202
纺织业	Manufacture of Textile	4604	22405
纺织服装、服饰业	Manufacture of Textile Wearing Apparel and Finery		
皮革、毛皮、羽毛及其制品和制鞋业	Manufacture of Leather, Fur, Feather & Its Products and Footwear		
木材加工及木 竹、藤、棕、草制品业	Processing of Timbers, Manufacture of Wood, Bamboo, Rattan, Palm, and Straw Products	57079	25398
家具制造业	Manufacture of Furniture		
造纸及纸制品业	Manufacture of Paper and Paper Products	33393	13542
印刷和记录媒介复制业	Printing, Reproduction of Recording Media	31921	47920
文教、工美、体育和娱乐用品制造业	Manufacture of Culture, Education,Arts and crafts, Sport and Entertainment Goods		
石油加工、炼焦和核燃料加工业	Processing of Petroleum, Coking and Nucleus Fuel	88635	72523
化学原料和化学制品制造业	Manufacture of Chemical Raw Material and Chemical Products	2257548	3537100
医药制造业	Manufacture of Medicines	66429	28855
化学纤维制造业	Manufacture of Chemical Fiber		
橡胶和塑料制品业	Manufacture of Rubber and Plastic		
非金属矿物制品业	Manufacture of Non-metallic Mineral Products	106264	74743
黑色金属冶炼及压延加工业	Manufacture and Processing of Ferrous Metals	8643	17703
有色金属冶炼及压延加工业	Manufacture & Processing of Non-ferrous Metals		
金属制品业	Manufacture of Metal Products	2524	4040
通用设备制造业	Manufacture of General Purpose Machinery	465998	363722
专用设备制造业	Manufacture of Special Purpose Machinery	719766	835642
汽车制造业	Manufacture of Automotive	25030	21715
铁路、船舶、航空航天和其他运输设备制造业	Manufacture of Railroad,Marine,Aerospace and Other Transportation Equipment	273464	281641
电气机械及器材制造业	Manufacture of Electrical Machinery & Equipment	347820	781213
计算机、通信和其他电子设备制造业	Manufacture of Computer, Communications and Other Electronic Equipment		
仪器仪表制造业	Manufacture of Measuring Instrument	711	5958
其他制造业	Other Manufacture		
废弃资源综合利用业	Comprehensive Utilization of Waste		
金属制品、机械和设备修理业	Metal Products, Machinery and Equipment Repair Industry		
电力、燃气及水的生产和供应业	Production and Supply of Electric,Gas and Water		
电力、热力的生产和供应业	Production and Supply of Electric Power and Heat Power	17424583	28195034
燃气生产和供应业	Production and Supply of Gas	32023	178764
水的生产和供应业	Production and Supply of Water	570809	207138

continued

(10 000 yuan)

#主营业务税金及附加 Taxes and Other Charges on Principal Business	营业费用 Cost of Business	管理费用 Cost of Management	利润总额 Total Profits	亏损企业亏损总额 Losses of Loss Enterprises	利税总额 Total Profits and Taxes	本年应交增值税 Value-added Tax Payable	全部从业人员年平均人数(人) Annual Average of Empolyed Persons (person)
21316	5814	84479	1585	51896	81466	58110	22668
775	2068	15822	3864		10307	5426	2897
809	378	9850	11264		12093		431
1101	1597	3002	-4005	4005	-1229	1675	754
3168	14761	13975	92670	797	110291	14453	8420
649	5107	4465	2986		8063	4428	1816
1400	1944	2678	1664		3905	842	1315
1441878	78998	210730	312653		2088551	334020	5717
498	164	395	1194	114	2881	1189	355
128	614	1380	827		2130	1176	352
210	300	320	2		542	330	1802
489	624	5534	1809	680	4518	2219	1679
227	1345	332	-5155	5155	-3186	1743	869
38245	32246	71028	83414	30187	182098	60353	11138
294	19010	3019	-1923	1923	610	2238	293
648	5316	13516	-3449	5915	1221	4022	2944
145	350	4297	977		2307	1186	257
49	272	1112	142		565	375	97
2274	16357	52344	-15771	21335	-3917	9297	7962
3992	61951	63607	47374	10282	71249	19877	8400
104	39	4246	-3098	3098	-2234	760	1226
825	4857	28014	24009		31040	6206	2967
1725	53561	25775	5529	50	21160	13906	5621
39	765	1289	19		451	394	81
80038	16928	648959	1398594	98600	2313704	830284	86538
1155	3103	12273	11750		16401	3496	2275
1404	13174	61888	-17109	20081	-10049	5388	10321

14-9 规模以上非公有工业主要经济指标

单位:万元

类　别	Category	企业单位数(个) Number of Industial Enterprises (unit)	#亏损企业 Loss Enterprises
2002		8377	1047
2003		11584	1247
2004		20324	2726
2005		24092	1871
2006		28015	1920
2007		32395	1884
2008		39486	2569
2009		43942	2508
2010		41210	1712
2011		34758	1558
2012		36626	2126
2013		39783	2290
2014		40165	2531
2015		39306	2623
在总计中:	**of which:**		
亏损企业	Loss Enterprises	2623	2623
在总计中:	**of which:**		
农村工业	Industry in Rural Area	139	7
一、按轻重工业分	**by Light & Heavy Industry**		
轻工业	Light Industry	15818	954
重工业	Heavy Industry	23488	1669
二、按企业规模分	**by Enterprise Size**		
大型企业	Large-sized Enterprises	646	40
中型企业	Medium-sized Enterprises	3743	417
小型企业	Small-sized Enterprises	34917	2166

Main Economic Indicators of Non-public Industry above Designated Size

(10 000 yuan)

工 业 总产值 Gross Industrial Output Value	工 业 销售产值 Industrial Output Value of Products Sold	#出 口 交货值 Export Delivery Value	资产合计 Total Assets	产成品 Finished Products	流动资产合计 Total Working Capitals	固定资产合计 Total Fixed Assets
45461718	44155651		35949602	2814383	16729064	12760819
73393784	71515263	14474997	52877008	3521911	23879407	18379772
138152594	135022277	22988004	95685397	5954466	42876737	34492541
200549717	196288717	28331918	122189852	7796259	55761512	44012262
243089184	238524116	33703704	132257499	8023085	61749264	47266989
330029176	323122998	42754269	171807847	10132134	77982898	62484427
449737185	440291558	51970618	237467651	13989404	105926599	86484833
643590615	633853190	53674627	404207876	18823010	172041728	175656063
606536704	595826013	54743512	322702466	15339365	150171419	132698502
903208063	888938143	68315148	536092157	20645959	256825142	212133365
1065561126	1050554293	70879204	634695966	25257558	303657882	239722487
1239055445	1225080191	81652556	763058811	26361078	369156076	291034464
1354805684	1337244043	85426080	878065953	29117339	406624227	343428731
1198836441	1184485795	74318973	672322738	24012712	314502700	269521207
34657488	34260864	5134196	61350915	2824928	34999423	17945594
6369243	6300501	86113	2921719	104941	1123243	1617913
423721434	421532468	32926543	214072554	8084649	94590240	92813120
775115007	762953327	41392430	458250184	15928063	219912460	176708087
337058193	335435216	33631335	238574674	8870471	120393283	90375004
245241309	241290105	18247561	155199392	7382330	81247910	55654656
616536939	607760474	22440077	278548671	7759911	112861507	123491547

14-9 续表 1

单位:万元

类 别	Category	企业单位数(个) Number of Industial Enterprises (unit)	#亏损企业 Loss Enterprises
三、按行业大类分	**by Sector**		
采掘业	**Mining**		
煤炭开采和洗选业	Mining and Washing of Coal	115	13
石油和天然气开采业	Extraction of Petroleum and Natural Gas	3	
黑色金属矿采选业	Mining of Ferrous Metal Ores	114	18
有色金属矿采选业	Mining of Non-ferrous Metal Ores	32	1
非金属矿采选业	Mining and Processing of Nonmetal Ores	231	12
开采辅助活动	Mining Support Activities	2	1
其他采矿业	Mining of Other Ores	2	
制造业	**Manufacturing**		
农副食品加工业	Processing of Food from Agricultural Products	3925	232
食品制造业	Manufacture of Foods	1096	73
酒、饮料和精制茶制造业	Manufacture of Wine, Drinks and Refined Tea	441	25
烟草制品业	Manufacture of Tobacco	1	
纺织业	Manufacture of Textile	2601	191
纺织服装、服饰业	Manufacture of Textile Wearing Apparel and Finery	1329	84
皮革、毛皮、羽毛及其制品和制鞋业	Manufacture of Leather, Fur, Feather & Its Products and Footwear	498	39
木材加工及木 竹、藤、棕、草制品业	Processing of Timbers, Manufacture of Wood, Bamboo, Rattan, Palm, and Straw Products	1580	34
家具制造业	Manufacture of Furniture	568	22
造纸及纸制品业	Manufacture of Paper and Paper Products	655	48
印刷和记录媒介复制业	Printing, Reproduction of Recording Media	539	24
文教、工美、体育和娱乐用品制造业	Manufacture of Culture, Education,Arts and crafts，Sport and Entertainment Goods	1254	57
石油加工、炼焦和核燃料加工业	Processing of Petroleum, Coking and Nucleus Fuel	310	39
化学原料和化学制品制造业	Manufacture of Chemical Raw Material and Chemical Products	3576	293
医药制造业	Manufacture of Medicines	783	54
化学纤维制造业	Manufacture of Chemical Fiber	81	4
橡胶和塑料制品业	Manufacture of Rubber and Plastic	1820	90
非金属矿物制品业	Manufacture of Non-metallic Mineral Products	3810	236
黑色金属冶炼及压延加工业	Manufacture and Processing of Ferrous Metals	696	70
有色金属冶炼及压延加工业	Manufacture & Processing of Non-ferrous Metals	458	50
金属制品业	Manufacture of Metal Products	2180	158
通用设备制造业	Manufacture of General Purpose Machinery	3356	234
专用设备制造业	Manufacture of Special Purpose Machinery	2349	135
汽车制造业	Manufacture of Automotive	1335	83
铁路、船舶、航空航天和其他运输设备制造业	Manufacture of Railroad,Marine,Aerospace and Other Transportation Equipment	380	28
电气机械及器材制造业	Manufacture of Electrical Machinery & Equipment	1617	97
计算机、通信和其他电子设备制造业	Manufacture of Computer, Communications and Other Electronic Equipment	700	91
仪器仪表制造业	Manufacture of Measuring Instrument	355	25
其他制造业	Other Manufacture	85	1
废弃资源综合利用业	Comprehensive Utilization of Waste	70	8
金属制品、机械和设备修理业	Metal Products, Machinery and Equipment Repair Industry	18	1
电力、燃气及水的生产和供应业	**Production and Supply of Electric,Gas and Water**		
电力、热力的生产和供应业	Production and Supply of Electric Power and Heat Power	183	34
燃气生产和供应业	Production and Supply of Gas	84	8
水的生产和供应业	Production and Supply of Water	74	10

continued

(10 000 yuan)

工业总产值 Gross Industrial Output Value	工业销售产值 Industrial Output Value of Products Sold	#出口交货值 Export Delivery Value	资产合计 Total Assets	产成品 Finished Products	流动资产合计 Total Working Capitals	固定资产合计 Total Fixed Assets
2101139	2083024	19012	1998993	34069	1071758	324891
15256	15096		35009		18959	16041
3098101	3064260	2253	3282123	68783	1431933	1125230
919750	914498	308	389965	8214	133307	168787
4165124	4118779		2185664	78894	834209	879230
15029	15029		50874	787	31744	14758
35889	35956		23869	247	5813	16666
118695966	117834749	9115445	53968597	2574435	24662338	23305406
24512533	24304385	1803838	14659109	400371	5939897	6867662
11739704	12255468	461530	8261484	345428	3380130	2877253
26460	25939		4500		467	4033
87770629	88966305	4773891	38861187	1293640	17171517	17850446
24335661	23966940	3914977	11035823	480202	4714562	5080179
9646045	9487115	1336132	4362074	175938	2245559	1588907
24848231	24337972	1086089	7887361	272801	3188127	3680494
9296501	9122720	1186871	4473576	175703	1814150	2272293
20575174	20345470	299839	15817958	449119	6347601	7302754
9838232	9642922	164182	3862132	114722	1542429	1829774
23942329	23615535	4551890	8686273	362285	3484634	4409671
48682090	48091269	212782	30688298	1707131	17803906	9936474
148190306	146083643	3584450	85484157	2772605	39323709	33215638
39323752	38616570	2201391	28882096	995345	14312743	10187013
2388930	2339750	159597	1903223	53139	825659	812878
62776800	61577108	7712998	35005289	1472162	16635044	14803522
74172736	72961175	1330863	40634351	1182238	16189246	17995859
34071073	33375322	1106960	28330109	1016107	14027974	11589483
54277489	53614245	334912	39844952	809137	18307107	17877193
54823620	53838070	2791446	29172440	1140051	14821677	10407667
77038349	75511667	2525639	40388087	1573878	17684438	16568290
57751539	56670348	2118091	33930135	1618472	16175660	12873765
42690013	42187009	2885643	25023085	874121	12616583	8739795
12106485	11985551	1652033	7724854	155397	3889350	2747725
52096140	51342360	1941561	29611300	927457	15201540	9503207
46119989	45570964	14455161	18937330	622520	11631146	5347437
8468333	8350439	434348	5007610	191420	2869101	1393974
1415585	1403193	147271	582893	13604	250702	289334
928035	918751		656944	23383	300165	272884
354115	331095	3599	112359	9048	65459	31776
3123066	3112624	6	7234676	8873	2424486	3735975
1759866	1755918		2099911	7995	730713	975380
700379	696566	3966	1222070	2992	397161	601464

14-9 续表 2

单位：万元

类　别	Category	负债合计 Total Liabilities	主营业务收入 Revenue from Principal Business	#主营业务税金及附加 Taxes and Other Charges on Principal Business
	2002	21313899	41315596	265544
	2003	31712472	67129307	391312
	2004	56824804	130437492	827335
	2005	70425050	192709468	1329910
	2006	73382178	235060091	1511572
	2007	93063256	319128552	2110216
	2008	126815011	436168759	2871983
	2009	214058654	637480523	7568442
	2010	162927222	595223019	4197912
	2011	294259825	902292626	10363286
	2012	345482335	1081250402	12049937
	2013	426809768	1256258770	13167882
	2014	471341513	1370487079	13792058
	2015	332031477	1195046243	8235437
在总计中：	**of which:**			
亏损企业	Loss Enterprises	46549632	35593063	181991
在总计中：	**of which:**			
农村工业	Industry in Rural Area	1475929	6099304	38555
一、按轻重工业分	**by Light & Heavy Industry**			
轻工业	Light Industry	95286568	429203490	2983838
重工业	Heavy Industry	236744909	765842753	5251600
二、按企业规模分	**by Enterprise Size**			
大型企业	Large-sized Enterprises	131921812	345339190	1598092
中型企业	Medium-sized Enterprises	82999915	243093847	1677809
小型企业	Small-sized Enterprises	117109750	606613205	4959536

continued

(10 000 yuan)

营业费用 Cost of Business	管理费用 Cost of Management	利润总额 Total Profits	亏损企业亏损总额 Losses of Loss Enterprises	利税总额 Total Profits and Taxes	本年应交增值税 Value-added Tax Payable	全部从业人员年平均人数(人) Annual Average of Empolyed Persons (person)
1406356	1694016	2220200	171370	3776911	1291168	2478177
1989872	2256070	3746152	208135	6123624	1986160	3020689
3514626	4298966	7637171	461794	12172233	3707727	4610483
4679003	5123287	12365312	389101	19492812	5797590	5269529
5209981	5788106	13992516	453323	22082783	6578696	5444440
6920189	7575783	19972972	404202	30976672	8893484	5893386
9042107	11320595	26931151	875847	42263661	12460527	7025463
12595614	18188751	41734576	1126436	67554841	18251824	8479293
11855499	19120365	42864781	539966	63939221	16876527	7036804
16533052	25029180	65803258	1783797	102402332	25718545	7957302
19697931	29862331	73977449	3076861	117287023	31089690	8568781
22797555	33958776	83320655	2593761	133596914	36893825	9130655
24879161	34482623	85547391	3309397	137860353	38283182	9003303
23011869	26815613	73099504	2370565	106970310	25552072	7228883
992439	1899847	-2370565	2370565	-1745558	442020	559544
65984	90721	334436	1021	457124	84088	20635
10523964	9772765	26063219	612986	38538910	9457340	3209991
12487906	17042848	47036286	1757579	68431400	16094731	4018892
6517017	6821205	20217053	307815	27737273	5882576	1801125
5293510	6051731	14350672	948962	20738572	4698386	1899883
11201343	13942677	38531779	1113789	58494465	14971110	3527875

14—9 续表 3

单位:万元

类 别	Category	负债合计 Total Liabilities	主营业务收入 Revenue from Principal Business
三、按行业大类分	**by Sector**		
采掘业	**Mining**		
煤炭开采和洗选业	Mining and Washing of Coal	1131428	2107129
石油和天然气开采业	Extraction of Petroleum and Natural Gas	10706	15250
黑色金属矿采选业	Mining of Ferrous Metal Ores	1841483	3111097
有色金属矿采选业	Mining of Non-ferrous Metal Ores	109811	894508
非金属矿采选业	Mining and Processing of Nonmetal Ores	962403	4134315
开采辅助活动	Mining Support Activities	19255	15029
其他采矿业	Mining of Other Ores	5356	36003
制造业	**Manufacturing**		
农副食品加工业	Processing of Food from Agricultural Products	24937903	119537563
食品制造业	Manufacture of Foods	6026007	24156266
酒、饮料和精制茶制造业	Manufacture of Wine, Drinks and Refined Tea	3233280	12345295
烟草制品业	Manufacture of Tobacco	360	25939
纺织业	Manufacture of Textile	18178252	95075550
纺织服装、服饰业	Manufacture of Textile Wearing Apparel and Finery	4541259	23584731
皮革、毛皮、羽毛及其制品和制鞋业	Manufacture of Leather, Fur, Feather & Its Products and Footwear	1826370	10616472
木材加工及木 竹、藤、棕、草制品业	Processing of Timbers, Manufacture of Wood, Bamboo, Rattan, Palm, and Straw Products	2747583	24507241
家具制造业	Manufacture of Furniture	1899007	9100307
造纸及纸制品业	Manufacture of Paper and Paper Products	8991760	20363165
印刷和记录媒介复制业	Printing, Reproduction of Recording Media	1460821	9561632
文教、工美、体育和娱乐用品制造业	Manufacture of Culture, Education,Arts and crafts, Sport and Entertainment Goods	3521643	23439973
石油加工、炼焦和核燃料加工业	Processing of Petroleum, Coking and Nucleus Fuel	20202199	50774997
化学原料和化学制品制造业	Manufacture of Chemical Raw Material and Chemical Products	45057440	147701295
医药制造业	Manufacture of Medicines	11183516	38384322
化学纤维制造业	Manufacture of Chemical Fiber	1124646	2381643
橡胶和塑料制品业	Manufacture of Rubber and Plastic	17194418	60820705
非金属矿物制品业	Manufacture of Non-metallic Mineral Products	17464472	73428463
黑色金属冶炼及压延加工业	Manufacture and Processing of Ferrous Metals	18031046	34198606
有色金属冶炼及压延加工业	Manufacture & Processing of Non-ferrous Metals	22062344	53743394
金属制品业	Manufacture of Metal Products	14322988	53220441
通用设备制造业	Manufacture of General Purpose Machinery	17457252	76135929
专用设备制造业	Manufacture of Special Purpose Machinery	14607343	56127218
汽车制造业	Manufacture of Automotive	13977677	41945831
铁路、船舶、航空航天和其他运输设备制造业	Manufacture of Railroad,Marine,Aerospace and Other Transportation Equipment	4730756	11699179
电气机械及器材制造业	Manufacture of Electrical Machinery & Equipment	14496211	50206520
计算机、通信和其他电子设备制造业	Manufacture of Computer, Communications and Other Electronic Equipment	9564473	45215343
仪器仪表制造业	Manufacture of Measuring Instrument	2272368	8161736
其他制造业	Other Manufacture	261402	1417452
废弃资源综合利用业	Comprehensive Utilization of Waste	291996	943664
金属制品、机械和设备修理业	Metal Products, Machinery and Equipment Repair Industry	39385	315498
电力、燃气及水的生产和供应业	**Production and Supply of Electric,Gas and Water**		
电力、热力的生产和供应业	Production and Supply of Electric Power and Heat Power	4516099	3092625
燃气生产和供应业	Production and Supply of Gas	1157178	1800090
水的生产和供应业	Production and Supply of Water	571585	703829

continued

(10 000 yuan)

#主营业务税金及附加 Taxes and Other Charges on Principal Business	营业费用 Cost of Business	管理费用 Cost of Management	利润总额 Total Profits	亏损企业亏损总额 Losses of Loss Enterprises	利税总额 Total Profits and Taxes	本年应交增值税 Value-added Tax Payable	全部从业人员年平均人数(人) Annual Average of Empolyed Persons (person)
29366	39644	94784	76516	46405	184363	78154	37881
277	900	1327	1862		3076	938	254
42676	33256	69100	243338	23981	401789	115731	20283
1424	5036	20684	69534	650	76615	5655	5059
59602	138662	127482	321364	6270	525142	144121	32688
110	18	2185	-291	911	2807	2988	472
256	151	308	1989		3251	1007	386
582843	2105996	2136177	6035939	235306	8566924	1929917	756996
181044	811635	668818	1747606	43802	2549016	620185	186352
304036	661398	304114	1103619	20903	1790704	378428	92297
227	3855	683	1735		2293	331	228
445379	849444	1362984	5021673	101281	7240673	1771472	676089
203755	644027	748511	1474645	23833	2270014	589983	352803
74670	183874	238665	559872	16561	877210	242516	116570
174591	488500	453902	1567578	10939	2378876	636531	198104
83207	218746	218362	606176	16485	954765	264991	79165
100659	455518	493498	1071770	26997	1611158	438224	137810
93472	208668	315884	665222	15945	987547	227807	66522
211631	615847	689550	1447669	16439	2327468	666214	214584
531335	382761	479855	1980772	98673	3251607	738511	80694
1047797	2345264	3012854	9409061	388277	13489566	3025532	541602
360757	2825042	1438747	3779031	52737	5453518	1311261	209181
17158	41174	56037	117785	7291	194269	59314	14062
352309	1104214	1271663	4099324	40071	5575069	1121323	350667
529862	1450915	1744262	5065289	231816	7738525	2140441	501227
140653	451969	597308	1248082	74886	1870124	480479	163629
121128	351809	562009	3423486	65384	4515378	970707	156157
441297	874180	1326763	3201198	120273	4788329	1143759	315442
623388	1638141	2162529	4806168	161487	7385187	1950883	494597
448775	1269572	1671453	3879458	137118	5640921	1309634	362495
285143	795742	1154601	2627608	134180	3712109	797931	275433
102937	157875	309296	682784	57679	1016144	230262	73386
366676	1067836	1406336	2957013	53036	4388038	1044247	298415
146334	397847	1020963	2507389	61937	3299966	645462	288873
58608	229927	337164	571712	14139	867798	237393	60194
13969	33099	29818	79827	3	133421	39614	14844
10375	10317	20135	65928	5108	95713	19410	6128
2959	2925	13913	24645	1552	34928	6386	2072
27381	38094	148538	347928	45509	480411	104869	27864
13316	69504	76584	143092	6599	193900	35948	10705
4056	8489	27769	64110	6107	91700	23517	6673

14-10 规模以上工业企业主要财务分析指标

类别	Category	总资产贡献率 (%) Ratio of Total Assets to Industrial Output Value (%)
2000		
2001		
2002		
2003		
2004		
2005		
2006		19.07
2007		18.74
2008		18.48
2009		17.56
2010		19.45
2011		19.88
2012		19.66
2013		18.80
2014		16.85
2015		14.70
一、按登记注册类型分	**by Status of Registration**	
内资企业	Domestic Funded Enterprises	14.59
国有企业	State-owned Enterprises	13.77
中央企业	Central Enterprises	17.90
地方企业	Local Enterprises	6.52
集体企业	Collective-owned Enterprises	10.26
股份合作企业	Cooperative Enterprises	20.84
联营企业	Joint Ownership Enterprises	16.56
国有联营企业	State Joint Ownership Enterprises	
集体联营企业	Collective Joint Ownership Enterprises	16.22
国有与集体联营企业	Joint State-collective Enterprises	15.86
其他联营企业	Other Joint Ownership Enterprises	26.54
有限责任公司	Limited Liability Corporations	10.28
国有独资公司	State Sole funded Corporations	5.07
其他有限责任公司	Other Limited Liability Corporations	12.19
股份有限公司	Share-holding Corporations Limited	11.48
私营企业	Private Enterprises	21.63
私营独资企业	Private-funded Enterprises	38.91
私营合作企业	Private Partnership Enterprises	21.01
私营有限责任公司	Private Limited Liability Corporations	21.49
私营股份有限公司	Private Share-holding Corporations Ltd.	17.41
其他企业	Other Enterprises	19.64
港、澳、台商投资企业	Enterprises with Funds from Hong Kong, Macao and Taiwan	14.56
合资经营企业(港或澳、台资)	Joint-ventures Enterprises	16.76
合作经营企业(港或澳、台资)	Cooperative Enterprises	33.75
港澳台商独资经营企业	Enterprises with Sole Investment	11.64
港澳台商投资股份有限公司	Share-holding Corporations Ltd. With Funds from Hong Kong, Macao and Taiwan	5.41
其他企业	Others	1.17
外商投资企业	Foreign Funded Enterprises	15.83
中外合资经营企业	Joint-venture Enterprises	15.64
中外合作经营企业	Cooperation Enterprises	12.69
外资企业	Enterprises with Sole Foreign Funds	16.55
外商投资股份有限公司	Share-holding Corporations Ltd. with Foreign Investment	14.43
其他企业	Others	14.73
二、在总计中:亏损企业	**of which:Loss Enterprises**	**-0.22**
在总计中:国有控股企业	of which:State-holding Enterprises	9.46
在总计中:农村工业	of which:Industry in Rural Area	20.79
在总计中:轻工业	of which:Light Industry	17.87
重工业	Heavy Industry	13.53
在总计中:大型企业	of which:Large-sized Enterprises	11.35
中型企业	Medium-sized Enterprises	13.79
小型企业	Small-sized Enterprises	20.26

Main Financial Indicators of Industrial Enterprises above Designated Size

产值利税率 (%) Ratio of Profits and Taxes to Output Value (%)	销售产值利税率 (%) Ratio of Profits and Taxes to Output Value of Sales (%)	资产负债率 (%) Assets-Liability Ratio (%)	流动资产周转率 (次) Ratio of Turnover Working Capitals (time)	成本费用利润率 (%) Ratio of Profits to Cost (%)	产品销售率 (%) Proportion of Products Sold (%)
12.06	12.33	62.54	2.07	7.31	97.86
11.21	11.46	60.28	2.12	6.61	97.77
10.11	10.34	59.68	2.43	6.02	97.77
10.44	10.66	59.37	2.55	6.62	97.93
10.45	10.68	59.53	3.22	6.96	97.86
11.31	11.52	58.37	3.53	7.91	98.23
11.01	11.19	57.77	3.40	7.58	98.43
10.95	11.14	55.99	3.68	7.57	98.29
10.49	10.88	55.01	3.74	6.87	96.46
10.46	10.46	53.58	3.67	6.96	98.51
11.61	11.78	53.89	3.51	7.93	98.57
11.29	11.46	55.65	3.54	7.70	98.49
11.22	11.38	55.19	3.58	7.34	98.61
10.87	10.99	56.59	3.43	7.07	98.91
10.22	10.35	54.48	3.37	6.54	98.74
9.30	9.41	54.25	3.25	6.27	98.81
9.32	9.44	54.83	3.30	6.20	98.75
10.87	10.91	65.03	4.00	5.26	99.65
12.87	12.89	64.24	5.45	7.29	99.82
5.70	5.75	66.42	2.60	1.64	99.21
12.35	12.48	72.97	1.19	8.98	98.98
10.54	10.88	38.72	4.52	6.69	96.85
8.09	8.13	47.68	3.38	5.38	99.42
7.49	7.55	44.84	3.82	5.07	99.23
20.01	20.02	81.86	0.85	4.46	99.95
13.94	13.38	46.04	2.41	14.87	104.16
8.34	8.41	61.55	2.50	4.98	99.13
7.21	7.30	69.88	1.47	2.56	98.72
8.50	8.57	58.50	2.83	5.39	99.18
11.19	11.40	54.66	2.19	5.87	98.21
9.41	9.55	44.03	4.97	7.05	98.55
10.09	10.23	30.59	12.25	7.28	98.66
9.28	9.46	36.15	10.58	6.68	98.05
9.41	9.55	44.45	4.94	7.06	98.54
8.96	9.08	44.13	3.71	6.83	98.61
9.29	9.43	42.02	4.40	6.77	98.56
9.95	10.15	52.59	2.48	7.40	98.06
11.12	11.31	52.38	2.59	8.66	98.24
9.48	9.68	36.69	5.90	6.16	97.92
8.12	8.32	54.42	2.30	5.41	97.62
7.34	7.32	42.29	1.71	5.35	100.15
0.01	0.01	58.80	2.11	-2.11	98.98
8.94	8.98	49.10	3.12	6.50	99.57
10.21	10.29	52.63	2.55	7.35	99.27
8.09	7.98	55.84	2.06	6.05	101.46
7.60	7.68	45.99	3.97	5.62	99.00
14.48	13.12	37.69	3.05	9.73	110.38
6.34	6.36	26.92	5.27	3.94	99.71
-3.65	**-3.70**	**73.16**	**1.16**	**-7.29**	**98.56**
11.64	11.77	64.51	1.96	4.86	98.93
9.24	9.34	45.57	4.96	7.70	98.93
9.66	9.72	48.38	3.64	6.57	99.37
9.13	9.26	56.41	3.09	6.12	98.55
9.59	9.66	59.52	2.32	5.87	99.30
8.73	8.86	56.36	2.92	5.96	98.48
9.33	9.47	45.06	5.20	6.73	98.60

14-10 续表

类 别	Category	总资产贡献率 (%) Ratio of Total Assets to Industrial Output Value (%)
三、按行业大类分	**by Sector**	
采掘业	**Mining**	
煤炭开采和洗选业	Mining and Washing of Coal	5.54
石油和天然气开采业	Extraction of Petroleum and Natural Gas	2.34
黑色金属矿采选业	Mining of Ferrous Metal Ores	8.78
有色金属矿采选业	Mining of Non-ferrous Metal Ores	9.36
非金属矿采选业	Mining and Processing of Nonmetal Ores	25.97
开采辅助活动	Mining Support Activities	6.23
其他采矿业	Mining of Other Ores	13.81
制造业	**Manufacturing**	
农副食品加工业	Processing of Food from Agricultural Products	16.88
食品制造业	Manufacture of Foods	18.47
酒、饮料和精制茶制造业	Manufacture of Wine, Drinks and Refined Tea	22.03
烟草制品业	Manufacture of Tobacco	58.37
纺织业	Manufacture of Textile	20.48
纺织服装、服饰业	Manufacture of Textile Wearing Apparel and Finery	21.34
皮革、毛皮、羽毛及其制品和制鞋业	Manufacture of Leather, Fur, Feather & Its Products and Footwear	21.20
木材加工及木 竹、藤、棕、草制品业	Processing of Timbers, Manufacture of Wood, Bamboo, Rattan, Palm, and Straw Products	30.46
家具制造业	Manufacture of Furniture	22.73
造纸及纸制品业	Manufacture of Paper and Paper Products	9.17
印刷和记录媒介复制业	Printing, Reproduction of Recording Media	25.11
文教、工美、体育和娱乐用品制造业	Manufacture of Culture, Education,Arts and crafts, Sport and Entertainment Goods	27.47
石油加工、炼焦和核燃料加工业	Processing of Petroleum, Coking and Nucleus Fuel	20.86
化学原料和化学制品制造业	Manufacture of Chemical Raw Material and Chemical Products	14.89
医药制造业	Manufacture of Medicines	19.85
化学纤维制造业	Manufacture of Chemical Fiber	12.08
橡胶和塑料制品业	Manufacture of Rubber and Plastic	17.00
非金属矿物制品业	Manufacture of Non-metallic Mineral Products	18.27
黑色金属冶炼及压延加工业	Manufacture and Processing of Ferrous Metals	5.54
有色金属冶炼及压延加工业	Manufacture & Processing of Non-ferrous Metals	13.09
金属制品业	Manufacture of Metal Products	17.21
通用设备制造业	Manufacture of General Purpose Machinery	16.26
专用设备制造业	Manufacture of Special Purpose Machinery	16.05
汽车制造业	Manufacture of Automotive	12.84
铁路、船舶、航空航天和其他运输设备制造业	Manufacture of Railroad,Marine,Aerospace and Other Transportation Equipment	10.25
电气机械及器材制造业	Manufacture of Electrical Machinery & Equipment	12.27
计算机、通信和其他电子设备制造业	Manufacture of Computer, Communications and Other Electronic Equipment	16.76
仪器仪表制造业	Manufacture of Measuring Instrument	18.47
其他制造业	Other Manufacture	23.11
废弃资源综合利用业	Comprehensive Utilization of Waste	15.21
金属制品、机械和设备修理业	Metal Products, Machinery and Equipment Repair Industry	27.58
电力、燃气及水的生产和供应业	**Production and Supply of Electric,Gas and Water**	
电力、热力的生产和供应业	Production and Supply of Electric Power and Heat Power	12.23
燃气生产和供应业	Production and Supply of Gas	8.66
水的生产和供应业	Production and Supply of Water	2.65

continued

产值利税率 (%) Ratio of Profits and Taxes to Output Value (%)	销售产值利税率 (%) Ratio of Profits and Taxes to Output Value of Sales (%)	资产负债率 (%) Assets-Liability Ratio (%)	流动资产周转率 (次) Ratio of Turnover Working Capitals (time)	成本费用利润率 (%) Ratio of Profits to Cost (%)	产品销售率 (%) Proportion of Products Sold (%)
12.62	12.85	69.54	1.18	2.88	98.24
3.60	3.60	47.26	4.98	-13.89	99.95
11.38	11.53	51.28	2.04	6.51	98.70
6.15	6.17	56.58	4.08	5.75	99.59
12.65	12.82	45.24	4.88	8.29	98.65
7.34	7.34	69.94	1.90	-1.81	100.00
9.06	9.04	22.44	6.19	5.89	100.18
7.24	7.29	46.19	4.69	5.33	99.27
10.33	10.47	42.18	4.04	7.83	98.71
16.38	15.86	40.03	3.29	9.87	103.29
46.02	46.46	31.54	1.39	21.76	99.05
8.21	8.11	47.73	5.30	5.46	101.23
9.33	9.47	41.66	4.93	6.67	98.49
9.06	9.21	42.39	4.67	5.50	98.38
9.56	9.76	36.50	7.48	6.90	97.97
10.27	10.47	42.33	5.01	7.15	98.13
7.85	7.94	63.04	2.01	5.33	98.82
10.08	10.28	38.63	5.73	7.42	98.04
9.72	9.85	40.97	6.55	6.56	98.61
11.32	11.46	68.40	3.32	3.75	98.78
8.73	8.85	55.37	3.63	6.39	98.59
14.37	14.67	38.83	2.58	11.42	97.95
8.91	9.12	53.46	2.79	5.84	97.73
8.76	8.93	49.42	3.59	7.11	98.04
10.59	10.77	46.89	3.86	7.50	98.29
4.27	4.35	65.15	2.20	2.38	98.04
7.69	7.78	54.91	3.30	6.18	98.90
8.72	8.88	49.72	3.48	6.36	98.28
9.73	9.91	44.56	3.46	6.81	98.25
9.51	9.69	47.02	3.14	7.01	98.17
8.83	8.91	59.58	2.36	6.29	99.07
7.93	8.02	66.08	2.04	5.55	98.81
9.12	9.24	59.40	2.07	6.72	98.65
7.57	7.68	51.81	3.32	5.76	98.62
10.40	10.55	45.51	2.83	7.51	98.57
9.33	9.41	46.16	5.27	5.89	99.16
10.16	10.26	44.62	3.13	7.36	99.02
10.81	11.37	29.25	4.33	8.81	95.06
13.33	13.37	65.37	4.06	12.01	99.69
11.17	11.45	52.84	2.32	8.74	97.60
7.75	7.80	58.10	0.86	3.55	99.44

14-11 规模以上国有控股工业企业主要财务分析指标

类 别	Category	总资产贡献率 (%) Ratio of Total Assets to Industrial Output Value (%)
2000		
2001		
2002		
2003		
2004		
2005		
2006		18.25
2007		17.64
2008		16.65
2009		13.95
2010		16.35
2011		16.81
2012		14.96
2013		13.59
2014		12.29
2015		9.46
在总计中：	**of which:**	
亏损企业	Loss Enterprises	0.96
在总计中：	**of which:**	
中央企业	Central Enterprises	15.64
地方企业	Local Enterprises	6.78
一、按轻重工业分	**by Light & Heavy Industry**	
轻工业	Light Industry	15.06
重工业	Heavy Industry	8.81
二、按企业规模分	**by Enterprise Size**	
大型企业	Large-sized Enterprises	13.43
中型企业	Medium-sized Enterprises	10.63
小型企业	Small-sized Enterprises	6.16

Enterprises above Designated Size

产值利税率 (%) Ratio of Profits and Taxes to Output Value (%)	销售产值利税率 (%) Ratio of Profits and Taxes to Output Value of Sales (%)	资产负债率 (%) Assets-Liability Ratio (%)	流动资产周转率 (次) Ratio of Turnover Working Capitals (time)	成本费用利润率 (%) Ratio of Profits to Cost (%)	产品销售率 (%) Proportion of Products Sold (%)
17.05	17.19	62.23	1.76	8.85	99.19
15.77	15.93	59.37	1.78	7.65	98.97
13.51	13.70	59.60	1.95	6.39	98.61
14.80	14.98	59.21	2.12	7.71	98.75
15.11	15.37	60.10	2.35	8.82	98.28
16.48	16.64	60.18	2.52	10.83	99.06
16.71	16.83	60.83	2.72	10.51	99.24
16.28	16.38	59.02	2.94	9.91	99.36
14.80	16.37	57.99	2.91	7.36	90.43
14.54	14.54	58.48	2.51	7.19	99.59
15.50	15.53	59.93	2.63	8.07	99.82
15.66	15.75	63.07	2.72	7.80	99.47
15.79	15.92	62.59	2.67	6.49	99.16
14.37	14.47	64.41	2.56	6.04	99.26
13.56	13.65	63.90	2.40	5.68	99.30
11.64	11.77	64.51	1.96	4.86	98.93
-1.69	-1.72	71.55	1.43	-9.49	98.38
15.83	15.94	62.37	3.22	6.15	99.34
8.91	9.04	65.45	1.63	4.25	98.67
19.39	19.81	56.35	1.33	7.96	97.89
10.68	10.78	65.47	2.08	4.50	99.06
13.43	13.58	63.85	1.71	5.15	98.88
10.63	10.77	66.90	2.50	3.81	98.70
6.16	6.20	65.76	3.81	4.62	99.31

14-11 续表

类　　别	Category	总资产贡献率 (%) Ratio of Total Assets to Industrial Output Value (%)
三、按行业大类分	**by Sector**	
采掘业	**Mining**	
煤炭开采和洗选业	Mining and Washing of Coal	5.37
石油和天然气开采业	Extraction of Petroleum and Natural Gas	2.33
黑色金属矿采选业	Mining of Ferrous Metal Ores	2.36
有色金属矿采选业	Mining of Non-ferrous Metal Ores	6.73
非金属矿采选业	Mining and Processing of Nonmetal Ores	12.09
开采辅助活动	Mining Support Activities	6.20
其他采矿业	Mining of Other Ores	
制造业	**Manufacturing**	
农副食品加工业	Processing of Food from Agricultural Products	13.87
食品制造业	Manufacture of Foods	28.24
酒、饮料和精制茶制造业	Manufacture of Wine, Drinks and Refined Tea	20.31
烟草制品业	Manufacture of Tobacco	58.37
纺织业	Manufacture of Textile	5.28
纺织服装、服饰业	Manufacture of Textile Wearing Apparel and Finery	4.74
皮革、毛皮、羽毛及其制品和制鞋业	Manufacture of Leather, Fur, Feather & Its Products and Footwear	6.31
木材加工及木 竹、藤、棕、草制品业	Processing of Timbers, Manufacture of Wood, Bamboo, Rattan, Palm, and Straw Products	4.46
家具制造业	Manufacture of Furniture	
造纸及纸制品业	Manufacture of Paper and Paper Products	2.23
印刷和记录媒介复制业	Printing, Reproduction of Recording Media	8.37
文教、工美、体育和娱乐用品制造业	Manufacture of Culture, Education,Arts and crafts,	19.05
	Sport and Entertainment Goods	46.52
石油加工、炼焦和核燃料加工业	Processing of Petroleum, Coking and Nucleus Fuel	46.52
化学原料和化学制品制造业	Manufacture of Chemical Raw Material and Chemical Products	6.16
医药制造业	Manufacture of Medicines	20.94
化学纤维制造业	Manufacture of Chemical Fiber	13.02
橡胶和塑料制品业	Manufacture of Rubber and Plastic	0.57
非金属矿物制品业	Manufacture of Non-metallic Mineral Products	6.77
黑色金属冶炼及压延加工业	Manufacture and Processing of Ferrous Metals	1.80
有色金属冶炼及压延加工业	Manufacture & Processing of Non-ferrous Metals	17.10
金属制品业	Manufacture of Metal Products	2.94
通用设备制造业	Manufacture of General Purpose Machinery	5.60
专用设备制造业	Manufacture of Special Purpose Machinery	1.91
汽车制造业	Manufacture of Automotive	8.81
铁路、船舶、航空航天和其他运输设备制造业	Manufacture of Railroad,Marine,Aerospace and Other Transportation Equipment	7.30
电气机械及器材制造业	Manufacture of Electrical Machinery & Equipment	6.78
计算机、通信和其他电子设备制造业	Manufacture of Computer, Communications and Other Electronic Equipment	13.33
仪器仪表制造业	Manufacture of Measuring Instrument	9.54
其他制造业	Other Manufacture	11.38
废弃资源综合利用业	Comprehensive Utilization of Waste	12.14
金属制品、机械和设备修理业	Metal Products, Machinery and Equipment Repair Industry	83.89
电力、燃气及水的生产和供应业	**Production and Supply of Electric,Gas and Water**	
电力、热力的生产和供应业	Production and Supply of Electric Power and Heat Power	12.89
燃气生产和供应业	Production and Supply of Gas	7.07
水的生产和供应业	Production and Supply of Water	0.72

continued

产值利税率 (%) Ratio of Profits and Taxes to Output Value (%)	销售产值利税率 (%) Ratio of Profits and Taxes to Output Value of Sales (%)	资产负债率 (%) Assets-Liability Ratio (%)	流动资产周转率 (次) Ratio of Turnover Working Capitals (time)	成本费用利润率 (%) Ratio of Profits to Cost (%)	产品销售率 (%) Proportion of Products Sold (%)
13.06	13.31	69.87	1.15	2.81	98.14
3.57	3.57	47.30	5.04	-13.93	99.95
4.70	4.81	45.24	1.38	-1.42	97.68
4.82	4.84	59.43	3.63	4.38	99.63
12.90	14.19	71.54	1.48	3.88	90.90
7.20	7.20	71.00	1.97	-1.81	100.00
6.04	6.15	43.19	3.36	5.27	98.33
11.01	11.87	60.51	6.54	9.80	92.82
22.37	22.93	41.32	2.19	11.15	97.60
46.24	46.68	31.57	1.38	21.99	99.06
5.88	6.01	70.23	1.22	0.70	97.91
8.26	8.66	58.28	2.13	0.09	95.38
4.69	4.68	71.25	1.23	1.21	100.40
3.46	3.47	83.96	2.81	1.67	99.81
2.80	2.85	76.67	0.45	0.79	98.10
12.27	12.36	46.96	1.23	6.24	99.27
9.00	9.11	15.52	7.70	8.03	98.80
22.30	22.60	74.03	4.82	3.12	98.68
5.62	5.70	70.54	2.73	3.41	98.65
23.31	24.71	36.09	1.51	20.40	94.32
17.11	18.01	16.38	1.38	16.06	94.98
-1.29	-1.30	58.59	1.12	-0.75	99.17
13.41	13.90	67.80	0.78	9.00	96.45
0.10	0.11	69.69	2.00	-1.14	97.59
4.03	4.04	57.09	10.17	2.96	99.84
2.74	2.64	72.91	1.13	-0.88	103.54
12.67	12.41	48.45	0.82	8.43	102.09
2.93	2.92	73.59	1.02	-0.27	100.08
9.72	9.77	65.78	1.33	5.67	99.56
7.67	7.77	71.18	1.41	4.96	98.63
7.51	7.65	57.59	1.48	4.32	98.16
10.00	10.22	54.74	2.03	5.34	97.79
13.38	13.96	45.87	1.05	8.59	95.83
7.11	7.12	66.01	2.14	3.49	99.97
5.61	5.61	36.80	1.93	0.42	100.00
17.65	17.65	10.51	9.11	15.16	100.00
13.19	13.23	65.75	5.03	12.00	99.70
10.71	11.37	51.62	2.08	8.99	94.19
1.53	1.54	61.38	0.56	-1.86	99.46

14-12 规模以上国有工业企业主要财务分析指标

类 别	Category	总资产贡献率 (%) Ratio of Total Assets to Industrial Output Value (%)
2000		
2001		
2002		
2003		
2004		
2005		
2006		12.35
2007		18.92
2008		16.65
2009		11.01
2010		12.91
2011		13.39
2012		14.74
2013		15.48
2014		13.50
2015		13.77
在总计中：	**of which:**	
亏损企业	Loss Enterprises	-1.64
在总计中：	**of which:**	
中央企业	Central Enterprises	17.90
地方企业	Local Enterprises	6.52
一、按轻重工业分	**by Light & Heavy Industry**	
轻工业	Light Industry	35.24
重工业	Heavy Industry	9.34
二、按企业规模分	**by Enterprise Size**	
大型企业	Large-sized Enterprises	28.63
中型企业	Medium-sized Enterprises	6.13
小型企业	Small-sized Enterprises	7.25

Main Financial Indicators of State-owned Industrial Enterprises above Designated Size

产值利税率 (%) Ratio of Profits and Taxes to Output Value (%)	销售产值利税率 (%) Ratio of Profits and Taxes to Output Value of Sales (%)	资产负债率 (%) Assets-Liability Ratio (%)	流动资产周转率 (次) Ratio of Turnover Working Capitals (time)	成本费用利润率 (%) Ratio of Profits to Cost (%)	产品销售率 (%) Proportion of Products Sold (%)
19.04	19.14	63.22	1.98	10.21	99.45
12.61	12.82	64.12	1.70	3.37	98.39
12.70	12.86	64.46	1.90	3.57	98.77
13.11	13.35	64.16	2.04	3.83	98.16
8.52	8.77	65.39	2.23	2.55	97.10
9.21	9.30	65.87	2.05	4.01	99.04
12.43	12.51	64.11	2.59	4.99	99.32
12.28	12.38	61.63	2.77	5.11	99.21
26.95	35.17	48.06	3.96	15.97	76.64
10.16	10.16	61.27	2.95	3.77	99.04
10.55	10.59	64.81	3.05	4.36	99.60
10.51	10.60	64.71	3.48	4.42	99.12
15.18	15.36	65.36	3.48	5.40	98.78
13.22	13.23	66.05	3.97	5.56	99.90
10.86	10.90	64.00	3.96	3.76	99.63
10.87	10.91	65.03	4.00	5.26	99.65
-7.84	-7.92	75.44	1.40	-9.80	99.08
12.87	12.89	64.24	5.45	7.29	99.82
5.70	5.75	66.42	2.60	1.64	99.21
39.78	40.36	46.64	1.61	9.77	98.55
6.65	6.67	68.83	5.59	4.61	99.81
26.08	26.28	59.00	2.22	11.19	99.24
4.46	4.48	67.45	3.60	0.62	99.49
5.07	5.08	67.96	11.05	3.76	99.92

14-12 续表

类　别	Category	总资产贡献率 (%) Ratio of Total Assets to Industrial Output Value (%)
三、按行业大类分	**by Sector**	
采掘业	**Mining**	
煤炭开采和洗选业	Mining and Washing of Coal	4.16
石油和天然气开采业	Extraction of Petroleum and Natural Gas	
黑色金属矿采选业	Mining of Ferrous Metal Ores	1.60
有色金属矿采选业	Mining of Non-ferrous Metal Ores	40.59
非金属矿采选业	Mining and Processing of Nonmetal Ores	-0.29
开采辅助活动	Mining Support Activities	
其他采矿业	Mining of Other Ores	
制造业	**Manufacturing**	
农副食品加工业	Processing of Food from Agricultural Products	15.93
食品制造业	Manufacture of Foods	8.86
酒、饮料和精制茶制造业	Manufacture of Wine, Drinks and Refined Tea	10.05
烟草制品业	Manufacture of Tobacco	65.34
纺织业	Manufacture of Textile	37.08
纺织服装、服饰业	Manufacture of Textile Wearing Apparel and Finery	
皮革、毛皮、羽毛及其制品和制鞋业	Manufacture of Leather, Fur, Feather & Its Products and Footwear	
木材加工及木 竹、藤、棕、草制品业	Processing of Timbers, Manufacture of Wood, Bamboo, Rattan, Palm, and Straw Products	5.63
家具制造业	Manufacture of Furniture	
造纸及纸制品业	Manufacture of Paper and Paper Products	1.71
印刷和记录媒介复制业	Printing, Reproduction of Recording Media	6.58
文教、工美、体育和娱乐用品制造业	Manufacture of Culture, Education,Arts and crafts, Sport and Entertainment Goods	
石油加工、炼焦和核燃料加工业	Processing of Petroleum, Coking and Nucleus Fuel	-2.15
化学原料和化学制品制造业	Manufacture of Chemical Raw Material and Chemical Products	10.71
医药制造业	Manufacture of Medicines	2.95
化学纤维制造业	Manufacture of Chemical Fiber	
橡胶和塑料制品业	Manufacture of Rubber and Plastic	
非金属矿物制品业	Manufacture of Non-metallic Mineral Products	1.42
黑色金属冶炼及压延加工业	Manufacture and Processing of Ferrous Metals	12.79
有色金属冶炼及压延加工业	Manufacture & Processing of Non-ferrous Metals	
金属制品业	Manufacture of Metal Products	13.48
通用设备制造业	Manufacture of General Purpose Machinery	0.12
专用设备制造业	Manufacture of Special Purpose Machinery	7.33
汽车制造业	Manufacture of Automotive	-4.35
铁路、船舶、航空航天和其他运输设备制造业	Manufacture of Railroad,Marine,Aerospace and Other Transportation Equipment	7.22
电气机械及器材制造业	Manufacture of Electrical Machinery & Equipment	5.11
计算机、通信和其他电子设备制造业	Manufacture of Computer, Communications and Other Electronic Equipment	
仪器仪表制造业	Manufacture of Measuring Instrument	12.43
其他制造业	Other Manufacture	
废弃资源综合利用业	Comprehensive Utilization of Waste	
金属制品、机械和设备修理业	Metal Products, Machinery and Equipment Repair Industry	
电力、燃气及水的生产和供应业	**Production and Supply of Electric,Gas and Water**	
电力、热力的生产和供应业	Production and Supply of Electric Power and Heat Power	10.29
燃气生产和供应业	Production and Supply of Gas	19.16
水的生产和供应业	Production and Supply of Water	-0.88

continued

产值利税率 (%) Ratio of Profits and Taxes to Output Value (%)	销售产值利税率 (%) Ratio of Profits and Taxes to Output Value of Sales (%)	资产负债率 (%) Assets-Liability Ratio (%)	流动资产周转率 (次) Ratio of Turnover Working Capitals (time)	成本费用利润率 (%) Ratio of Profits to Cost (%)	产品销售率 (%) Proportion of Products Sold (%)
17.98	17.81	57.00	0.56	0.34	100.93
13.52	12.58	5.11	0.36	4.39	107.50
17.43	17.43	86.54	12.14	20.88	100.00
-5.98	-6.83	88.34	0.52	-17.38	87.44
7.81	8.04	42.49	2.83	7.07	97.17
9.58	9.87	61.14	2.23	3.47	96.99
9.68	9.77	89.66	2.07	4.47	99.05
66.86	67.61	32.00	1.41	23.34	98.89
13.29	13.50	57.70	5.25	5.76	98.43
8.49	8.39	150.89	1.41	3.28	101.19
4.01	4.11	75.00	0.96	0.02	97.59
9.33	9.55	43.86	1.28	3.92	97.73
-4.49	-4.40	85.46	1.44	-6.61	102.05
5.16	5.22	84.66	3.01	2.28	98.83
2.70	2.70	99.92	1.49	-5.75	100.00
1.58	1.71	64.90	0.77	-4.04	92.25
12.60	12.79	47.30	1.78	5.79	98.54
13.99	13.99	60.15	1.10	3.70	100.00
-1.11	-1.12	49.32	0.75	-3.88	99.13
18.15	18.36	61.18	1.18	5.95	98.82
-8.93	-8.64	46.38	0.73	-11.13	103.30
10.47	10.94	66.02	0.88	9.27	95.73
4.00	3.93	67.67	2.55	0.70	101.74
7.58	7.58	19.57	1.68	0.31	100.00
6.73	6.74	70.18	11.12	5.17	99.92
9.14	9.16	35.39	7.71	6.78	99.77
-4.96	-5.02	69.92	0.83	-6.49	98.94

14－13 各市规模以上工业企业主要经济指标(2015年)
Main Economic Indicators of Industrial Enterprises above Designated Size by Region(2015)

地 区	Region	企业单位数(个) Number of Industial Enterprises (unit)	大型企业 Large-sized Enterprises	中型企业 Medium-sized Enterprises	小型企业 Small-sized Enterprises	亏损企业数(个) Number of Loss Enterprises (unit)	工业总产值(万元) Gross Industrial Output Value (10 000 yuan)	内资企业 Domestic Funded Enterprises
全省总计	**Total**	**41485**	**917**	**4368**	**36200**	**3106**	**1459642012**	**1267124004**
济南市	Jinan	2022	44	183	1795	215	53071658	48353190
青岛市	Qingdao	4876	89	566	4221	487	167962457	124025143
淄博市	Zibo	2981	63	287	2631	274	111355829	99413743
枣庄市	Zaozhuang	1468	16	256	1196	67	34853916	32653115
东营市	Dongying	996	54	145	797	117	131890514	122901575
烟台市	Yantai	2657	104	421	2132	326	152975567	97722347
潍坊市	Weifang	4050	100	426	3524	261	125292083	114470683
济宁市	Jining	2631	52	200	2379	194	54720650	52108475
泰安市	Tai'an	2003	56	187	1760	102	61999152	59273383
威海市	Weihai	1817	88	310	1419	204	69325616	49965448
日照市	Rizhao	668	15	101	552	104	25398801	19776015
莱芜市	Laiwu	635	11	46	578	90	17088360	16758940
临沂市	Linyi	4145	71	460	3614	158	102760229	92322408
德州市	Dezhou	3156	47	270	2839	74	97895932	93012780
聊城市	Liaocheng	2852	35	170	2647	69	89297058	87659678
滨州市	Binzhou	1379	48	138	1193	274	71885627	69739060
菏泽市	Heze	3145	21	202	2922	90	71891200	67642421

14－13 续表 1 continued

单位:万元 (10 000 yuan)

地 区	Region	国有工业 State-owned Enterprises	集体工业 Collective-owned Enterprises	股份合作企业 Cooperative Enterprises	联营企业 Joint Ownership Enterprises	有限责任公司 Limited Liability Corporations	股份有限公司 Share-holding Corporations Limited
全省总计	**Total**	**45470693**	**16863408**	**1046455**	**146061**	**409275201**	**116797693**
济南市	Jinan	2047887	316581	18250		28339799	4592157
青岛市	Qingdao	2053313	8550363	233699		37087718	11189631
淄博市	Zibo	2108746	2276054	533787	71099	29553259	14346184
枣庄市	Zaozhuang	768146	95700			11595305	450233
东营市	Dongying	3468656	538456			25502121	19841031
烟台市	Yantai	1430865	2974643	11171		22344421	9189963
潍坊市	Weifang	1723994	528551	20148		23264559	14107675
济宁市	Jining	2485852	53357	30808		23198015	4217317
泰安市	Tai'an	421381	382348	1533		23215159	2668113
威海市	Weihai	844654	708402	93624	20284	13618008	5290478
日照市	Rizhao	511365	3186	7984	16195	12547167	1215055
莱芜市	Laiwu	449942	4515		4363	12741867	998715
临沂市	Linyi	2385672	203087	14477	5078	24530689	8647687
德州市	Dezhou	2078690	118400	32542		27427090	6182269
聊城市	Liaocheng	1864939	40090	48433	29043	30383891	3456810
滨州市	Binzhou	636259	29132			48656913	5824333
菏泽市	Heze	1693442	40545			15269219	3751334

14-13 续表 2 continued

单位:万元 (10 000 yuan)

地 区	Region	私营企业 Private Enterprises	其他企业 Other Enterprises	港澳台商投资企业 Enterprises with Funds from Hong Kong, Macao and Taiwan	外商投资企业 Foreign Funded Enterprises	高新技术产业 High and New-tech Industry: 总产值 Gross Output Value	高新技术产业 High and New-tech Industry: 占规模以上工业比重(%) Portion in Industries Above Designated Size	工业销售产值(当年价) Industrial Output Value of Products Sold (current prices)	#出口交货值 Export Delivery Value
全省总计	**Total**	**674544947**	**2979546**	**42557253**	**149960755**	**477188119**	**32.51**	**1442335459**	**83895491**
济 南 市	Jinan	12964237	74279	1231479	3486989	22501052	42.63	52218850	2828081
青 岛 市	Qingdao	64829679	80740	9097271	34840043	71134221	41.00	165615315	21271406
淄 博 市	Zibo	50369510	155104	2906934	9035152	37238681	31.83	109154664	3343099
枣 庄 市	Zaozhuang	19708073	35658	974132	1226669	7029676	19.83	34670976	690108
东 营 市	Dongying	73250796	300516	3803040	5185899	46447061	35.02	130431972	3200263
烟 台 市	Yantai	61678686	92599	8769904	46483315	64321076	41.11	151516396	18185122
潍 坊 市	Weifang	74760223	65534	4577031	6244369	41884661	31.85	123474993	9580797
济 宁 市	Jining	22078514	44612	994504	1617671	15629236	28.87	54111917	2850523
泰 安 市	Tai'an	32447822	137027	700422	2025347	18296449	26.85	61411084	1124223
威 海 市	Weihai	29233908	156091	1426359	17933809	27542119	38.83	68097776	8628587
日 照 市	Rizhao	5453212	21851	224228	5398557	5189189	20.12	24676266	2357002
莱 芜 市	Laiwu	2543177	16362	103422	225998	3362372	19.85	16731677	952434
临 沂 市	Linyi	56066292	469426	3197062	7240759	24115400	27.21	101272550	2904167
德 州 市	Dezhou	56744703	429086	729065	4154088	27235877	28.05	96374619	1273061
聊 城 市	Liaocheng	51178911	657561	478746	1158634	24012302	26.26	88385747	1217745
滨 州 市	Binzhou	14360729	231695	733420	1413147	18828026	26.26	73294370	1785471
菏 泽 市	Heze	46876475	11407	2610235	1638544	22420720	31.61	70953532	1683285

14-13 续表 3 continued

单位:万元 (10 000 yuan)

地 区	Region	资产合计 Total Assets	产成品 Finished Products	流动资产合计 Total Working Capitals	固定资产合计 Total Fixed Assets	负债合计 Total Liabilities	主营业务收入 Revenue from Principal Business	#主营业务税金及附加 Taxes and Other Charges on Principal Business
全省总计	**Total**	**1013434956**	**34042764**	**455037682**	**399137920**	**549794689**	**1456288678**	**15223443**
济 南 市	Jinan	49877640	2385933	28875417	12118779	28188968	50362140	1133036
青 岛 市	Qingdao	116221181	4342409	62878578	33713397	66512165	166668781	2970603
淄 博 市	Zibo	68671720	2703962	29164532	27959156	36062587	109156167	1575495
枣 庄 市	Zaozhuang	22675155	766733	8700582	10278103	12666116	35812181	274212
东 营 市	Dongying	94675810	3102075	43532219	43638815	46562365	131528217	1304631
烟 台 市	Yantai	89301181	3696554	41875610	33952908	44999589	151570052	667696
潍 坊 市	Weifang	92786538	3692140	43478880	37411486	53484110	123206718	652873
济 宁 市	Jining	73154066	2067659	31121580	23839843	44329232	54531525	475218
泰 安 市	Tai'an	47178373	1268092	19273243	15186597	27947292	62148947	687142
威 海 市	Weihai	43802773	1650163	19487125	20516640	19585382	68530938	440717
日 照 市	Rizhao	29500950	864884	15776473	11335592	20369291	24766570	113955
莱 芜 市	Laiwu	12184361	463412	4900216	5716876	8057907	15559120	48106
临 沂 市	Linyi	52754476	1873646	23020103	21869203	26631831	102991894	631350
德 州 市	Dezhou	47928767	861507	14701320	25853794	16548243	95933579	1091252
聊 城 市	Liaocheng	46732777	1134579	20062196	20206098	22366918	88188294	501713
滨 州 市	Binzhou	60152211	1963986	28760834	23235807	39577023	80579113	414785
菏 泽 市	Heze	33861584	1111285	13810707	17930722	16572565	70765897	739114

14-13 续表 4 continued

单位:万元 (10 000 yuan)

地区	Region	营业费用 Cost of Business	管理费用 Cost of Management	利润总额 Total Profits	亏损企业亏损总额 Losses of Loss Enterprises	利税总额 Total Profits and Taxes	本年应交增值税 Value-added Tax Payable	全部从业人员年平均人数(人) Annual Average Empolyed Persons (person)
全省总计	**Total**	**29093310**	**38256349**	**86604804**	**5251360**	**135740126**	**33733538**	**9151196**
济南市	Jinan	1941788	2730662	3119417	257485	5980150	1723360	405333
青岛市	Qingdao	5989104	7076119	9331220	643746	16482372	4160727	1022797
淄博市	Zibo	1417440	2576395	7054333	253421	11901251	3215226	610260
枣庄市	Zaozhuang	818816	1257797	1615113	194600	2863210	973339	424895
东营市	Dongying	1078988	2439098	8620564	1128412	12776732	2848762	403073
烟台市	Yantai	2285736	3252755	10997631	394940	14483779	2816904	868451
潍坊市	Weifang	2516973	3288220	6749367	184424	9850224	2445624	838750
济宁市	Jining	1099737	1885439	3106930	409834	5296295	1681036	585542
泰安市	Tai'an	1205110	1992356	4272091	172260	6563214	1597747	491616
威海市	Weihai	1583664	2155967	3718224	257464	5565023	1398484	566979
日照市	Rizhao	384310	619541	621139	184321	1169099	414062	158042
莱芜市	Laiwu	189741	356007	180670	240707	355967	126064	136633
临沂市	Linyi	3253395	2692084	5804992	290254	8161510	1721465	780162
德州市	Dezhou	1911254	1603590	5624549	112951	9256901	2539317	497048
聊城市	Liaocheng	1245562	1383353	5904648	127044	8292922	1884776	448850
滨州市	Binzhou	691326	1336781	2600713	231301	3925397	904717	397779
菏泽市	Heze	1377448	1246995	5478650	168199	8540188	2317596	468041

14-14 各市规模以上国有控股工业企业主要经济指标(2015年)

Main Economic Indicators of State-holding Industrial Enterprises above Designated Size by Region(2015)

单位:万元 (10 000 yuan)

地区	Region	企业单位数(个) Number of Industial Enterprises (unit)	#亏损企业 Number of Loss Enterprises	工业总产值 Gross Industrial Output Value	工业销售产值 Industrial Output Value of Products Sold	#出口交货值 Export Delivery Value	资产合计 Total Assets
全省总计	**Total**	**1258**	**334**	**198351954**	**196231519**	**6357086**	**283445022**
济南市	Jinan	155	39	20607412	20266338	1224262	26481613
青岛市	Qingdao	141	45	28932010	28676714	1968857	31674778
淄博市	Zibo	89	29	14398754	14283695	368568	15838943
枣庄市	Zaozhuang	70	33	5387644	5389066	100131	11068007
东营市	Dongying	40	9	14336869	14305679	118554	23198711
烟台市	Yantai	135	33	27091518	26840243	731116	24067296
潍坊市	Weifang	82	18	12844621	12682358	278613	22987978
济宁市	Jining	127	40	11083880	10957835	268986	42440885
泰安市	Tai'an	75	19	7793071	7623623	132259	18264654
威海市	Weihai	49	11	2554845	2509594	264528	4329650
日照市	Rizhao	22	4	1501100	1493216	202167	1838955
莱芜市	Laiwu	23	7	4536284	4377675	156613	4196509
临沂市	Linyi	59	10	4581493	4547908	20114	5140970
德州市	Dezhou	55	13	6986825	6885076	49022	5644439
聊城市	Liaocheng	64	9	9895049	9651989	101913	7150021
滨州市	Binzhou	29	4	3164583	3145473	351123	3287261
菏泽市	Heze	38	11	2678634	2652282	147	3858957

14-14 续表 1 continued

单位:万元 (10 000 yuan)

地 区	Region	产成品 Finished Products	流动资产合计 Total Working Capitals	固定资产合计 Total Fixed Assets	负债合计 Total Liabilities	主营业务收入 Revenue from Principal Business	#主营业务税金及附加 Taxes and Other Charges on Principal Business
全省总计	**Total**	**7334965**	**107167702**	**114352941**	**182863357**	**198076752**	**6657737**
济南市	Jinan	1327294	15050380	6120686	17230525	18569174	825854
青岛市	Qingdao	986886	18150147	8096391	20442325	30082809	1319134
淄博市	Zibo	618491	5419754	7955214	9074934	13845052	1081962
枣庄市	Zaozhuang	463989	4982458	3873759	7255073	6459855	83198
东营市	Dongying	430869	3537683	19255805	11938287	14735538	653432
烟台市	Yantai	705146	8576214	9009887	15107107	27980426	340289
潍坊市	Weifang	574874	11891041	6671134	14753569	13096059	130152
济宁市	Jining	1062829	15600843	13267969	28909880	10106926	225618
泰安市	Tai'an	379372	6768571	5792162	14753857	8113184	111350
威海市	Weihai	47896	1339429	2300627	2511277	2098680	13714
日照市	Rizhao	80758	742018	1508961	1077054	1636038	10759
莱芜市	Laiwu	56432	789407	2978427	3453383	2035914	11545
临沂市	Linyi	68074	1106142	3486146	3703906	4678247	33453
德州市	Dezhou	139008	1970771	3181985	3368456	6325430	124181
聊城市	Liaocheng	166833	3089589	2828878	4782159	9291700	34875
滨州市	Binzhou	98366	1263116	1448264	2390305	3182547	118773
菏泽市	Heze	34102	1272072	2202544	2778151	1850627	37904

14-14 续表 2 continued

单位:万元 (10 000 yuan)

地 区	Region	营业费用 Cost of Business	管理费用 Cost of Management	利润总额 Total Profits	亏损企业亏损总额 Losses of Loss Enterprises	利税总额 Total Profits and Taxes	本年应交增值税 Value-added Tax Payable	全部从业人员年平均人数(人) Annual Average Empolyed Persons (person)
全省总计	**Total**	**3949298**	**9344726**	**9489135**	**2652453**	**23095058**	**6854175**	**1492699**
济南市	Jinan	721747	1290253	482524	162653	1879056	568999	137668
青岛市	Qingdao	990294	1372896	1423279	234439	3579344	835323	122645
淄博市	Zibo	337177	764712	680653	112824	2461392	644031	116156
枣庄市	Zaozhuang	131839	463097	114827	134447	341485	143076	119344
东营市	Dongying	67084	1126534	-661727	990897	779740	787027	140330
烟台市	Yantai	369301	845046	1557878	147748	2449102	550338	113493
潍坊市	Weifang	243468	477566	694597	28381	1203137	377798	78502
济宁市	Jining	288741	907984	660555	241157	1628067	728978	231034
泰安市	Tai'an	146869	588820	280563	94888	680576	283835	134558
威海市	Weihai	68967	185314	253162	61383	356580	84957	23502
日照市	Rizhao	12973	62990	143351	7111	215483	57796	9817
莱芜市	Laiwu	21381	103275	-156905	183057	-101848	43357	49508
临沂市	Linyi	79739	151517	886664	26081	1021941	101655	33284
德州市	Dezhou	76027	134000	390117	53259	674397	159969	40179
聊城市	Liaocheng	228864	241814	689034	69544	958346	233328	45365
滨州市	Binzhou	25484	139370	145077	12335	431303	167283	24880
菏泽市	Heze	36426	126347	100931	92250	261066	122093	25489

14-15 各市规模以上外商和港澳台投资工业主要经济指标(2015年)
Main Economic Indicators of Industry with Funds from Foreign Countries (Territories), Hong Kong,Macao and Taiwan by Region(2015)

单位:万元 (10 000 yuan)

地区	Region	企业单位数(个) Number of Industial Enterprises (unit)	#亏损企业 Number of Loss Enterprises	工业总产值 Gross Industrial Output Value	工业销售产值 Industrial Output Value of Products Sold	#出口交货值 Export Delivery Value	资产合计 Total Assets
全省总计	**Total**	**4013**	**678**	**192518009**	**191052315**	**37879015**	**121214373**
济南市	Jinan	167	27	4718468	4590242	444330	4997818
青岛市	Qingdao	1361	225	43937313	43784945	11516529	27829979
淄博市	Zibo	182	33	11942086	11743508	1399943	9106807
枣庄市	Zaozhuang	70	12	2200801	2173647	200577	1662406
东营市	Dongying	47	8	8988939	8891598	162625	5538441
烟台市	Yantai	648	129	55253220	55064411	13460979	24109586
潍坊市	Weifang	327	37	10821400	10688887	1991525	9191824
济宁市	Jining	123	34	2612175	2739520	517123	2886966
泰安市	Tai'an	81	15	2725769	2681214	96898	1437392
威海市	Weihai	465	69	19360168	18903123	5224739	10014980
日照市	Rizhao	80	21	5622786	5634766	705424	5497069
莱芜市	Laiwu	24	6	329420	323603	60999	549748
临沂市	Linyi	197	18	10437822	10355509	1153180	7788151
德州市	Dezhou	87	8	4883152	4821377	441393	2571995
聊城市	Liaocheng	40	10	1637380	1632276	141889	1079946
滨州市	Binzhou	48	21	2146567	2125989	113926	2507591
菏泽市	Heze	65	5	4248779	4245937	246937	3374137

14-15 续表 1 continued

单位:万元 (10 000 yuan)

地区	Region	产成品 Finished Products	流动资产合计 Total Working Capitals	固定资产合计 Total Fixed Assets	负债合计 Total Liabilities	主营业务收入 Revenue from Principal Business	#主营业务税金及附加 Taxes and Other Charges on Principal Business
全省总计	**Total**	**4967901**	**64524560**	**44416448**	**60612888**	**188726801**	**1331072**
济南市	Jinan	213751	2734509	1626387	2177211	4553410	27990
青岛市	Qingdao	971324	15749523	8472744	13220061	43087321	509259
淄博市	Zibo	364665	4297328	3156037	4555698	11806960	49757
枣庄市	Zaozhuang	59390	701433	804718	1049439	1997843	11708
东营市	Dongying	199490	3955804	1085996	3348405	8711442	15774
烟台市	Yantai	1087484	15005076	7384661	13638222	54540423	320411
潍坊市	Weifang	474342	4535295	3747238	5118497	10757501	58923
济宁市	Jining	189691	1375743	1230717	1223590	2752844	25046
泰安市	Tai'an	41035	649912	602693	635845	2340225	19731
威海市	Weihai	306955	4098607	5463868	3602621	18619268	115513
日照市	Rizhao	158751	2361041	3101042	3303336	5777903	16713
莱芜市	Laiwu	9184	344492	151408	264374	318706	3215
临沂市	Linyi	477433	4014687	2607390	3474967	10279799	53828
德州市	Dezhou	60050	955056	1319697	892982	4785216	30314
聊城市	Liaocheng	61300	548242	474935	483957	1362713	8329
滨州市	Binzhou	80304	1379258	703973	1693054	2123069	12445
菏泽市	Heze	212750	1716797	1555541	1439190	4260393	44027

14-15 续表 2 continued

单位:万元 (10 000 yuan)

地 区	Region	营业费用 Cost of Business	管理费用 Cost of Management	利润总额 Total Profits	亏损企业亏损总额 Losses of Loss Enterprises	利税总额 Total Profits and Taxes	本年应交增值税 Value-added Tax Payable	全部从业人员年平均人数(人) Annual Average Empolyed Perss (person)
全省总计	**Total**	**4744351**	**5303718**	**11893038**	**896262**	**17644697**	**4411683**	**1329731**
济南市	Jinan	218898	264733	449403	27990	640678	163042	50385
青岛市	Qingdao	1508802	1687101	2414414	250256	3858094	930253	348420
淄博市	Zibo	228655	320288	750885	22782	1074631	273477	78038
枣庄市	Zaozhuang	60036	64566	58492	38465	113956	43743	33311
东营市	Dongying	72905	91093	393112	11757	764487	355060	11442
烟台市	Yantai	610258	916033	3659665	132223	5006973	1026735	291842
潍坊市	Weifang	340201	410602	621556	36401	909407	228825	82543
济宁市	Jining	77352	143463	122593	65149	221216	73559	36031
泰安市	Tai'an	87382	78721	141183	26699	235523	74450	20893
威海市	Weihai	282171	557695	940104	86864	1409265	352861	166035
日照市	Rizhao	112272	130194	158649	57467	260493	85120	24249
莱芜市	Laiwu	25825	19426	38001	7629	48677	7459	3502
临沂市	Linyi	558629	329061	613631	45436	936200	266735	94550
德州市	Dezhou	72445	76702	390817	20231	577480	156196	30516
聊城市	Liaocheng	35873	38351	28166	32188	59458	22962	14775
滨州市	Binzhou	48545	64779	64133	29755	118778	42177	17828
菏泽市	Heze	404103	94117	815201	4969	1101711	242483	22261

14-16 各市规模以上非公有工业主要经济指标(2015年)

Main Economic Indicators of Non-public Industry Enterprises above Designated Size by Region(2015)

单位:万元 (10 000 yuan)

地 区	Region	企业单位数(个) Number of Industial Enterprises (unit)	#亏损企业 Number of Loss Enterprises	工业总产值 Gross Industrial Output Value	工业销售产值 Industrial Output Value of Products Sold	#出口交货值 Export Delivery Value	资产合计 Total Assets
全省总计	**Total**	**39306**	**2623**	**1198836441**	**1184485795**	**74318973**	**672322738**
济南市	Jinan	1801	167	30670729	30152736	1564670	22110139
青岛市	Qingdao	4660	428	128562848	126606665	18435461	65400745
淄博市	Zibo	2718	214	87110812	85168566	2329365	44447144
枣庄市	Zaozhuang	1373	32	29028097	28850544	589977	11095222
东营市	Dongying	899	97	109918358	108635042	2802361	66012443
烟台市	Yantai	2362	274	115257882	114197308	17173081	59633874
潍坊市	Weifang	3907	233	109766874	108195880	9107248	67532979
济宁市	Jining	2469	142	42047031	41578785	2512471	29208602
泰安市	Tai'an	1883	78	51717224	51317222	967285	26667231
威海市	Weihai	1694	184	62096627	60975052	7863143	36254860
日照市	Rizhao	630	95	23751466	23039776	2125697	27318232
莱芜市	Laiwu	604	81	12146496	11964937	782699	7648158
临沂市	Linyi	4037	140	95271870	93848477	2835816	44515839
德州市	Dezhou	3078	59	90552711	89131256	1218062	42008333
聊城市	Liaocheng	2763	59	74594031	73941127	955077	37477144
滨州市	Binzhou	1330	263	67329577	68829411	1374627	55267939
菏泽市	Heze	3098	77	69013808	68053012	1681934	29723854

14—16 续表 1 continued

单位:万元 (10 000 yuan)

地 区	Region	产成品 Finished Products	流动资产合计 Total Working Capitals	固定资产合计 Total Fixed Assets	负债合计 Total Liabilities	主营业务收入 Revenue from Principal Business	#主营业务税金及附加 Taxes and Other Charges on Principal Business
全省总计	**Total**	**24012712**	**314502700**	**269521207**	**332031477**	**1195046243**	**8235437**
济南市	Jinan	996338	13212571	5545465	10371014	29967714	286913
青岛市	Qingdao	2337162	29920921	24224434	31365257	124834233	1566752
淄博市	Zibo	1826956	19451765	17316953	22078637	85668692	451260
枣庄市	Zaozhuang	289572	3481083	6180991	5151994	28918171	187823
东营市	Dongying	2536020	37545551	22312931	31574461	109421623	615965
烟台市	Yantai	2645047	30437973	22866335	27086211	113407523	282020
潍坊市	Weifang	2979812	30432450	29796542	37354758	107463014	513488
济宁市	Jining	942696	14569979	10221492	14484225	42847310	245081
泰安市	Tai'an	806052	11126345	8702186	12023119	51341635	552309
威海市	Weihai	1440068	16808685	16515411	15837431	61675702	404740
日照市	Rizhao	755190	14813645	9742624	18980121	22980947	102266
莱芜市	Laiwu	382310	3930383	2618408	4471809	13125819	35464
临沂市	Linyi	1707675	20527608	17430751	21114639	95344898	581395
德州市	Dezhou	711560	12606122	22546138	13099703	89234289	963324
聊城市	Liaocheng	899345	16163301	16377607	16748522	74094896	452586
滨州市	Binzhou	1810269	27164491	21444673	36600771	76068000	293740
菏泽市	Heze	946641	12309827	15678268	13688806	68651776	700310

14—16 续表 2 continued

单位:万元 (10 000 yuan)

地 区	Region	营业费用 Cost of Business	管理费用 Cost of Management	利润总额 Total Profits	亏损企业亏损总额 Losses of Loss Enterprises	利税总额 Total Profits and Taxes	本年应交增值税 Value-added Tax Payable	全部从业人员年平均人数（人） Annual Average Empolyed Persons (person)
全省总计	**Total**	**23011869**	**26815613**	**73099504**	**2370565**	**106970310**	**25552072**	**7228883**
济南市	Jinan	1180976	1341879	2508803	88448	3866744	1068375	250606
青岛市	Qingdao	3609912	4826592	6975310	398332	11634546	3074270	862764
淄博市	Zibo	941673	1602251	5829494	124110	8610460	2328318	432232
枣庄市	Zaozhuang	672230	776149	1485469	57636	2488308	814872	299085
东营市	Dongying	931031	1161448	8671370	121876	11179717	1891235	235390
烟台市	Yantai	1763547	2150819	8594417	231047	10974251	2096868	695892
潍坊市	Weifang	2230580	2755081	5944780	151830	8472345	2012306	737712
济宁市	Jining	788631	945821	2393030	154357	3590581	932434	342471
泰安市	Tai'an	1014270	1329460	3789528	62892	5580297	1237160	334675
威海市	Weihai	1456116	1852894	3207910	193232	4821265	1205785	489746
日照市	Rizhao	365334	542459	491916	161513	962130	351593	144483
莱芜市	Laiwu	162260	241055	305606	55080	419819	77781	80955
临沂市	Linyi	3126970	2469109	4926113	175245	7096245	1585222	715665
德州市	Dezhou	1831055	1455549	5203416	58746	8535139	2366747	451975
聊城市	Liaocheng	955501	1073755	4975233	57068	7027820	1599325	364003
滨州市	Binzhou	644358	1175201	2459608	203464	3476860	718499	351631
菏泽市	Heze	1337426	1116090	5337503	75691	8233785	2191283	439598

14－17 各市规模以上工业主要财务分析指标(2015年)

Main Financial Indicators of Industry above Designated Size by Region(2015)

单位：% (%)

地 区	Region	总资产贡献率 Ratio of Total Assets to Industrial Output Value	产值利税率 Ratio of Profits and Taxes to Output Value	销售产值利税率 Ratio of Profits and Taxes to Output Value of Sales	资产负债率 Assets-Liability Ratio	流动资产周转率(次) Ratio of Turnover Working Capitals (time)	成本费用利润率 Ratio of Profits to Cost	产品销售率 Proportion of Products Sold
全省总计	**Total**	**14.70**	**9.30**	**9.41**	**54.25**	**3.25**	**6.27**	**98.81**
济 南 市	Jinan	12.86	11.27	11.45	56.52	1.77	6.59	98.39
青 岛 市	Qingdao	14.87	9.81	9.95	57.23	2.69	5.93	98.60
淄 博 市	Zibo	18.48	10.69	10.90	52.51	3.78	6.95	98.02
枣 庄 市	Zaozhuang	13.96	8.21	8.26	55.86	4.16	4.70	99.48
东 营 市	Dongying	15.11	9.69	9.80	49.18	3.06	7.02	98.89
烟 台 市	Yantai	17.16	9.47	9.56	50.39	3.63	7.81	99.05
潍 坊 市	Weifang	12.02	7.86	7.98	57.64	2.87	5.65	98.55
济 宁 市	Jining	8.83	9.68	9.79	60.60	1.98	5.31	98.89
泰 安 市	Tai'an	15.42	10.59	10.69	59.24	3.26	7.31	99.05
威 海 市	Weihai	14.29	8.03	8.17	44.71	3.53	5.72	98.23
日 照 市	Rizhao	5.19	4.60	4.74	69.05	1.62	2.50	97.16
莱 芜 市	Laiwu	4.85	2.08	2.13	66.13	3.22	1.16	97.91
临 沂 市	Linyi	16.65	7.94	8.06	50.48	4.50	5.97	98.55
德 州 市	Dezhou	20.44	9.46	9.61	34.53	6.56	6.27	98.45
聊 城 市	Liaocheng	19.48	9.29	9.38	47.86	4.41	7.18	98.98
滨 州 市	Binzhou	8.63	5.46	5.36	65.79	2.87	3.26	101.96
菏 泽 市	Heze	26.57	11.88	12.04	48.94	5.18	8.38	98.70

14－18 各市规模以上国有控股工业主要财务分析指标(2015年)

Main Financial Indicators of State holding Industry Enterprises above Designated Size by Region(2015)

单位：% (%)

地 区	Region	总资产贡献率 Ratio of Total Assets to Industrial Output Value	产值利税率 Ratio of Profits and Taxes to Output Value	销售产值利税率 Ratio of Profits and Taxes to Output Value of Sales	资产负债率 Assets-Liability Ratio	流动资产周转率(次) Ratio of Turnover Working Capitals (time)	成本费用利润率 Ratio of Profits to Cost	产品销售率 Proportion of Products Sold
全省总计	**Total**	**9.46**	**11.64**	**11.77**	**64.51**	**1.96**	**4.86**	**98.93**
济 南 市	Jinan	8.08	9.12	9.27	65.07	1.27	2.67	98.34
青 岛 市	Qingdao	11.80	12.37	12.48	64.54	1.72	4.95	99.12
淄 博 市	Zibo	16.98	17.09	17.23	57.30	2.67	5.36	99.20
枣 庄 市	Zaozhuang	4.25	6.34	6.34	65.55	1.37	1.73	100.03
东 营 市	Dongying	4.59	5.44	5.45	51.46	4.33	-4.40	99.78
烟 台 市	Yantai	11.28	9.04	9.12	62.77	3.29	5.90	99.07
潍 坊 市	Weifang	6.71	9.37	9.49	64.18	1.13	5.45	98.74
济 宁 市	Jining	5.62	14.69	14.86	68.12	1.03	4.26	98.86
泰 安 市	Tai'an	6.02	8.73	8.93	80.78	1.26	3.41	97.83
威 海 市	Weihai	13.96	13.96	14.21	58.00	1.59	13.60	98.23
日 照 市	Rizhao	12.84	14.36	14.43	58.57	2.65	7.74	99.47
莱 芜 市	Laiwu	-0.59	-2.25	-2.33	82.29	2.62	-7.06	96.50
临 沂 市	Linyi	21.22	22.31	22.47	72.05	4.26	23.16	99.27
德 州 市	Dezhou	13.23	9.65	9.80	59.68	3.28	6.52	98.54
聊 城 市	Liaocheng	15.07	9.69	9.93	66.88	3.04	7.89	97.54
滨 州 市	Binzhou	14.94	13.63	13.71	72.71	2.55	4.86	99.40
菏 泽 市	Heze	8.63	9.75	9.84	71.99	1.47	5.64	99.02

14-19 规模以上工业主要产品产量(2015年)

Output of Major Industrial Products above Designated Size(2015)

名　　称		Item		生产量 Output
铁矿石原矿量	(万吨)	Ironstone in Original Iron Ores	(10 000 tons)	2158.4
原　盐	(万吨)	Salt	(10 000 tons)	1658.9
大　米	(万吨)	Rice	(10 000 tons)	55.5
小麦粉	(万吨)	Wheat Flour	(10 000 tons)	2375.0
精制食用植物油	(万吨)	Refined Edible Vegetable Oil	(10 000 tons)	694.2
鲜、冷藏肉	(万吨)	Frozen,Fresh Meat	(10 000 tons)	981.9
配合饲料+混合饲料	(万吨)	Formula Feed & Mixed Feed	(10 000 tons)	3256.1
速冻米面食品	(万吨)	Quick-frozen Food	(10 000 tons)	7.6
方便面	(万吨)	Instant Noodles	(10 000 tons)	33.7
乳制品	(万吨)	Milk Products	(10 000 tons)	250.9
液体乳	(万吨)	Liquid Milk	(10 000 tons)	242.2
罐　头	(万吨)	Canned Food	(10 000 tons)	112.6
酱　油	(万吨)	Soy Sauce	(10 000 tons)	94.5
发酵酒精(折96度,商品量)	(万千升)	Fermenting Alcohol	(10 000 kiloliter)	42.9
饮料酒	(万千升)	Liquor	(10 000 kiloliter)	756.4
白酒(折65度,商品量)	(万千升)	White Spirit	(10 000 kiloliter)	113.1
啤　酒	(万千升)	Beer	(10 000 kiloliter)	589.4
葡萄酒	(万千升)	Wine	(10 000 kiloliter)	40.1
软饮料	(万吨)	Soft Drinks	(10 000 tons)	773.2
碳酸饮料	(万吨)	Carbonated Drinks	(10 000 tons)	65.2
果汁及果汁饮料	(万吨)	Juice and Vegetable Juice Beverage	(10 000 tons)	68.4
包装饮用水	(万吨)	Bottled Drinking Water	(10 000 tons)	543.7
冷冻饮品	(万吨)	Frozen Drinks	(10 000 tons)	11.4
精制茶	(万吨)	Refined Tea	(10 000 tons)	0.3
卷　烟	(亿支)	Cigarettes	(100 million pieces)	1441.5
化学纤维用浆粕	(万吨)	Chemical Fiber Pulp	(10 000 tons)	27.5
化学纤维	(万吨)	Chemical Fiber	(10 000 tons)	87.5
粘胶纤维	(万吨)	Viscose Fiber	(10 000 tons)	22.5
合成纤维	(万吨)	Synthetic Fiber	(10 000 tons)	64.6
锦纶纤维	(万吨)	Nylon Fiber	(10 000 tons)	16.8
涤纶纤维	(万吨)	Polyester Fiber	(10 000 tons)	33.7
腈纶纤维	(万吨)	Acrylic Fiber	(10 000 tons)	4.6
丙纶纤维	(万吨)	Polypropylene Fiber	(10 000 tons)	0.4
纱	(万吨)	Yarn	(10 000 tons)	892.9
布	(亿米)	Cloth	(100 million m)	115.9
棉　布	(亿米)	Cotton Cloth	(100 million m)	97.9
棉混纺布(混纺交织布)	(亿米)	Cotton Blended Cloth	(100 million m)	13.4
化学纤维短纤布	(亿米)	Chemical Fiber Cloth	(100 million m)	4.5
印染布	(亿米)	Printed Fabric	(100 million m)	27.5
帘子布	(万吨)	Cord Fabric	(10 000 tons)	30.3
绒线(毛线)	(万吨)	Knitting Wool	(10 000 tons)	6.1
毛机织物(呢绒)	(万米)	Wool Fabric	(10 000 m)	14125.9
亚麻布	(万米)	Ramie and Flax Cloth	(10 000 m)	2915.6

14-19 续表 1 continued

名 称		Item		生产量 Output
服 装	(万件)	Garments	(10 000 pieces)	305152.5
梭织服装	(万件)	Woven Garments	(10 000 pieces)	103846.6
西服套装	(万件)	Suits	(10 000 pieces)	6072.3
衬 衫	(万件)	Shirts	(10 000 pieces)	4740.3
羽绒服	(万件)	Down Wear	(10 000 pieces)	2143.3
针织服装	(万件)	Knitted Clothing	(10 000 pieces)	201305.9
轻 革	(万平方米)	Leather	(10 000 sq.m)	5439.4
皮革鞋靴	(万双)	Shoes	(10 000 pairs)	19741.9
皮革服装	(万件)	Leather Apparel	(10 000 pieces)	149.9
天然毛皮服装	(万件)	Natural Fur Apparel	(10 000 units)	21.7
人造板	(万立方米)	Manmade Plates	(10 000 cu.m)	6316.4
胶合板	(万立方米)	Plywood	(10 000 cu.m)	5123.0
纤维板	(万立方米)	Fiberboard	(10 000 cu.m)	529.3
刨花板	(万立方米)	Flakeboard	(10 000 cu.m)	95.7
人造板表面装饰板(人造板	(万立方米)	Secondary Processing Decorative Plates	(10 000 cu.m)	496.2
实木地板(木地板)	(万平方米)	Solid Wood Floor	(10 000 sq.m)	7.6
复合木地板	(万平方米)	Engineered Wooden Floor	(10 000 sq.m)	5916.9
家 具	(万件)	Furniture	(10 000 units)	3948.0
木质家具	(万件)	Wood Furniture	(10 000 units)	3478.6
软体家具(包括床垫、沙发)	(万件)	Soft Furniture	(10 000 units)	151.4
金属家具	(万件)	Metal Furniture	(10 000 units)	135.4
纸 浆	(万吨)	Paper Pulp	(10 000 tons)	567.4
机制纸及纸板	(万吨)	Machine-made Paper and Paperboards	(10 000 tons)	2001.5
新闻纸	(万吨)	Newsprint	(10 000 tons)	191.3
未涂布印刷书写用纸	(万吨)	Uncoated Writing Printing Paper	(10 000 tons)	306.3
纸制品	(万吨)	Paper Products	(10000 tons)	393.4
瓦楞纸箱(纸箱)	(万吨)	Corrugated Box	(10000 tons)	240.6
硫酸(折100%)	(万吨)	Sulfuric	(10 000 tons)	631.0
盐酸(含量31%以上)	(万吨)	Hydrochloric Acid(content of more than 31%)	(10 000 tons)	80.4
氢氧化钠(烧碱)(折100%)	(万吨)	Caustic	(10 000 tons)	747.4
离子膜法烧碱	(万吨)	Ionic Membrane Caustic	(10 000 tons)	555.9
碳酸钠(纯碱)	(万吨)	Soda Ash	(10 000 tons)	446.7
碳化钙(电石)(折300升/千克)	(万吨)	Calcium carbide(convert to 300 L/kg)	(10 000 tons)	0.3
合成氨	(万吨)	Synthetic Ammonia	(10 000 tons)	744.9
农用氮、磷、钾化学肥料总计(折纯)	(万吨)	Chemical Fertilizer	(10 000 tons)	617.5
氮 肥(折含N 100%)	(万吨)	Nitrogen Fertilizer	(10 000 tons)	504.0
尿 素	(万吨)	Urea	(10 000 tons)	456.3
磷肥(折合P2O5 100%)	(万吨)	Phosphate Fertilizer	(10 000 tons)	62.3

14-19 续表 2 continued

名 称		Item		生产量 Output
化学农药原药(折有效成分100%)	(万吨)	Chemical Pesticide	(10 000 tons)	100.0
杀虫剂原药	(万吨)	Insecticides Pesticide	(10 000 tons)	6.8
杀菌剂原药	(万吨)	Fungicides Pesticide	(10 000 tons)	0.6
除草剂原药	(万吨)	Herbicide Pesticide	(10 000 tons)	73.2
乙 烯	(万吨)	Ethylene	(10 000 tons)	102.4
纯 苯	(万吨)	Benzene	(10 000 tons)	91.5
精甲醇	(万吨)	Extracted Methanol	(10 000 tons)	613.6
冰醋酸	(万吨)	Acetic Acid	(10 000 tons)	138.4
涂料(油漆)	(万吨)	Paint	(10 000 tons)	96.6
初级形态的塑料(塑料树脂及共聚物)	(万吨)	Primary Plastic	(10 000 tons)	551.9
聚氯乙烯树脂	(万吨)	PVC Colophony	(10 000 tons)	100.4
聚丙烯树酯	(万吨)	Polypropylene Colophony	(10 000 tons)	106.6
合成橡胶	(万吨)	Synthetic Rubber	(10 000 tons)	70.0
合成纤维单体	(万吨)	Synthetic Fiber Monomer	(10 000 tons)	24.3
合成纤维聚合物	(万吨)	Synthetic Fiber Polymers	(10 000 tons)	39.0
合成洗涤剂	(万吨)	Synthetic Detergents	(10 000 tons)	70.9
中成药	(万吨)	Traditional Chemical Medicine	(10 000 tons)	18.8
橡胶轮胎外胎(轮胎外胎)	(万条)	Tires	(10 000 tires)	41300.3
子午线轮胎外胎	(万条)	Radial Tires	(10 000 tires)	32746.0
塑料制品	(万吨)	Plastic Articles	(10 000 tons)	463.5
塑料薄膜	(万吨)	Plastic Film	(10 000 tons)	99.3
农用薄膜	(万吨)	Agricultural Film	(10 000 tons)	48.3
塑料人造革、合成革	(万吨)	Plastic leather and synthetic leather	(10 000 tons)	3.5
泡沫塑料	(万吨)	Foam	(10 000 tons)	6.8
日用塑料制品	(万吨)	Plastic Products for Daily Use	(10 000 tons)	23.3
硅酸盐水泥熟料	(万吨)	Portland Cement Clinker	(10 000 tons)	8178.4
窑外分解窑熟料(预分解窑熟料)	(万吨)	Precalciner Kiln Clinker	(10 000 tons)	7714.7
水 泥	(万吨)	Cement	(10 000 tons)	15173.9
水泥混凝土排水管	(千米)	Cement and Concrete Drain Pipes	(1 000 m)	28618.8
水泥混凝土压力管	(千米)	Cement and Concrete Pressure Pipes	(1 000 m)	1704.8
水泥混凝土电杆	(万根)	Cement Concrete Poles	(10 000 units)	73.7
商品混凝土	(万立方米)	Concrete	(10 000 cu.m)	8147.9
预应力混凝土桩	(万米)	Prestressed concrete piles	(10 000 m)	712.8
砖(折标准砖)	(亿块)	Brick	(100 million units)	315.0
瓦	(亿片)	Tile	(100 million units)	27.5
天然大理石建筑板材(大理石板材)	(万平方米)	Natural Marble Building Block	(10 000 sq.m)	816.3
天然花岗石建筑板材(花岗石板材)	(万平方米)	Natural Granite Building Block	(10 000 sq.m)	6640.1

14—19　续表 3 continued

名　　称		Item		生产量 Output
工业锅炉	(蒸发量吨)	Industrial Boilers	(evaporation ton)	45872.4
电站汽轮机	(万千瓦)	Turbine Power Plant	(10 000 kw)	379.6
金属切削机床	(万台)	Metal-cutting Machine Tools	(10 000 units)	17.8
金属成形机床(锻压设备)	(万台)	Metal Forming Machine	(10 000 units)	2.0
数控金属成形机床(数控锻压设备)	(台)	CNC Metal Forming Machine	(units)	1653.0
铸造机械	(万台)	Casting Machinery	(10 00 0 units)	16.1
起重机	(万吨)	Lifting Equipment	(10 000 tons)	420.0
输送机械	(万吨)	Conveyer	(10 000 tons)	8.2
泵(液体泵)	(万台)	Pumps	(10 000 units)	114.6
风　机	(万台)	Fans	(10 000 units)	32.7
气体压缩机	(台)	Gas Compressor	(unit)	889.8
减速机	(万台)	Reducer	(10 000 units)	9.8
滚动轴承(轴承)	(亿套)	Rolling Bearings	(100 million units)	28.8
阀　门	(万吨)	Valves	(10 000 tons)	34.7
液压元件	(万件)	Hydraulic Components	(10 000 units)	998.1
气动元件	(万件)	Pneumatic Components	(10 000 units)	367.2
粉末冶金零件	(万吨)	Sintered Metal Products	(10 000 tons)	23.7
采矿设备(矿山设备)	(万吨)	Mining Equipment	(10 000 tons)	60.7
饲料生产专用设备	(台)	Specialized Feed Processing Machinery	(unit)	19832.0
棉花加工设备	(台)	Cotton Processing Machinery	(unit)	7215.0
印刷专用设备	(吨)	Printing Special Equipment	(ton)	4021.0
水泥专用设备(水泥设备)	(吨)	Cement Special Equipment	(ton)	64281.0
金属冶炼设备(冶炼设备)	(吨)	Metal Smelting Equipment	(ton)	57872.6
金属轧制设备	(吨)	Metal Rolling Equipment	(ton)	278.0
包装专用设备(包装机械)	(台)	Packaging Special Equipment	(unit)	8618.0
大型拖拉机	(台)	Large Tractors	(unit)	39869.0
中型拖拉机	(台)	Medium Tractors	(unit)	125340.0
小型拖拉机	(万台)	Small Tractors	(10 000 units)	38.3
收获机械	(台)	Harvesting Machinery	(unit)	116544.0
挖掘、铲土运输机械	(台)	Mining and Shoveling Transport Machinery	(unit)	96259.0
压实机械	(台)	Compacting Machinery	(unit)	3572.0
混凝土机械	(台)	Concrete Machinery	(unit)	18867.0
环境污染防治专用设备	(台(套))	Special Equipment for Environmental Protection	(unit)	111305.0
水质污染防治设备	(台(套))	Water Pollution Control Equipment	(unit)	19360.0
大气污染防治设备	(台(套))	Air Pollution Control Equipment	(unit)	89368.0
铁路客车	(辆)	Railway Passenger Coaches	(unit)	27.0
铁路货车	(辆)	Railway Freight Wagons	(unit)	1051.0

14-19 续表 4 continued

名　　称		Item		生产量 Output
汽　车	(万辆)	Motor Vehicles	(10 000 units)	117.1
载货汽车	(万辆)	Trucks	(10 000 units)	57.3
客车	(万辆)	Buses	(10 000 units)	1.8
轿　车	(万辆)	Cars	(10 000 units)	26.8
改装汽车	(万辆)	Modified Cars	(10 000 units)	16.1
摩托车	(万辆)	Motorcycles	(10 000 units)	49.6
两轮自行车(自行车)	(万辆)	bicycles	(10 000 units)	0.0
电动自行车	(万辆)	Electric Bicycle	(10000 units)	666.4
民用钢质船舶	(万载重吨)	Civil Steel Vessels	(10 000 dwts)	325.4
发电设备	(万千瓦)	Power Generating Equipment	(10 000 kw)	1345.3
汽轮发电机	(万千瓦)	Steam Turbogenerator	(10 000 kw)	733.0
交流电动机	(万千瓦)	AC Motors	(10 000 kw)	2491.1
变压器	(万千伏安)	Transformers	(10 000 KVA pm)	22174.1
高压开关板	(万面)	High Voltage Switch Plate	(10 000 units)	15.6
低压开关板	(万面)	Low Voltage Switch Plate	(10 000 units)	4.6
电力电缆	(万千米)	Power Cable	(10 000 km)	332.9
通信及电子网络用电缆	(万对千米)	Cable for Communications and Electronic Network	(10 000 couples·km)	44.6
光缆(光纤通讯电缆)	(万芯千米)	Fire Optic Cable	(10 000 cores·km)	1749.0
绝缘制品	(吨)	Insulation Products	(ton)	71531.0
原电池及原电池组(非扣式)	(亿只)	Primary Cells and Batteries	(100 million units)	29.3
灯具及照明装置	(万套(台、个)	Lamps and Lighting Fixtures	(10 000 units)	3806.6
电光源(灯泡)	(万只)	Light Bulbs	(10 000 units)	31036.1
家用洗衣机	(万台)	Household Washing Machines	(10 000 units)	712.7
家用电冰箱	(万台)	Household Refrigerators	(10000 units)	872.1
冷柜(含冷冻箱、冷藏箱、展示柜)	(万台)	Freezers	(10000 units)	591.3
房间空气调节器	(万台)	Air Conditioners	(10000 units)	623.2
吸排油烟机	(万台)	Vacuum Cleaners	(10000 units)	191.3
电热水器	(万台)	Electric Water Heater	(10000 units)	393.6
微波炉	(万台)	Microwave Ovens	(10000 units)	43.3
电饭锅	(万个)	Electric Cookers	(10000 units)	129.4
电焊机	(万台)	Welders	(10000 units)	8.6
程控交换机	(万线)	Program-controlled Switchboards	(10000 lines)	0.0
电话单机	(万台)	Telephone Sets	(10000 units)	327.2
移动通信手持机(手机)	(万台)	Mobile Telephones	(10000 units)	6732.6
电子计算机	(万台)	Computers	(10000 units)	88.2
笔记本计算机	(万台)	Notebook computer	(10000 units)	23.2
显示器	(万台)	Display	(10000 units)	125.1
打印机	(万台)	Printers	(10000 units)	410.0
半导体分立器件	(亿只)	Discrete Semiconductor Devices	(100 million units)	173.7
彩色电视机	(万台)	Color Television Sets	(10000 units)	1766.9

主要统计指标解释

工　业　指从事自然资源的开采，对采掘品和农产品进行加工和再加工的物质生产部门。具体包括：(1)对自然资源的开采，如采矿、晒盐等(但不包括禽兽捕猎和水产捕捞)；(2)对农副产品的加工、再加工，如粮油加工、食品加工、缫丝、纺织、制革等；(3)对采掘品的加工、再加工，如炼铁、炼钢、化工生产、石油加工、机器制造、木材加工等，以及电力、自来水、煤气的生产和供应等；(4)对工业品的修理、翻新，如机器设备的修理、交通运输工具(如汽车)的修理等。

工业统计调查单位为独立核算法人工业企业。

独立核算法人工业企业指从事工业生产经营活动的单位。独立核算法人工业企业应同时具备以下条件：①依法成立，有自己的名称、组织机构和场所，能够承担民事责任；②独立拥有和使用资产，承担负债，有权与其他单位签订合同；③独立核算盈亏，并能够编制资产负债表。

本年鉴中涉及的企业登记注册类型：

国有及国有控股企业　指国有企业加上国有控股企业。国有企业(即原全民所有制工业或国营工业)指企业全部资产归国家所有，并按《中华人民共和国企业法人登记管理条例》规定登记注册的非公司制的经济组织。包括国有企业、国有独资公司和国有联营企业。1957 年以前的公私合营和私营工业，后均改造为国营工业，1992 年改为国有工业，这部分工业的资料不单独分列时，均包括在国有企业内。国有控股企业是对混合所有制经济的企业进行的“国有控股”分类。它是指这些企业的全部资产中国有资产(股份)相对其他所有者中的任何一个所有者占资(股)最多的企业。该分组反映了国有经济控股情况。

集体企业　指企业资产归集体所有，并按《中华人民共和国企业法人登记管理条例》规定登记注册的经济组织。是社会主义公有制经济的组成部分。包括城乡所有使用集体投资举办的企业，以及部分个人通过集资自愿放弃所有权并依法经工商行政管理机关认定为集体所有制的企业。

股份合作企业　指以合作制为基础，由企业职工共同出资入股，吸收一定比例的社会资产投资组建，实行自主经营，自负盈亏，共同劳动，民主管理，按劳分配与按股分红相结合的一种集体经济组织。

联营企业　指两个及两个以上相同或不同所有制性质的企业法人或事业单位法人，按自愿、平等、互利的原则，共同投资组成的经济组织。联营企业包括：

国有联营企业指国有企业与国有企业间的联营；

集体联营企业指集体企业与集体企业间的联营；

国有与集体联营企业指国有企业与集体企业间的联营。

有限责任公司　指根据《中华人民共和国公司登记管理条例》规定登记注册，由两个以上，五十个以下的股东共同出资，每个股东以其所认缴的出资额对公司承担有限责任，公司以其全部资产对其债务承担责任的经济组织。

有限责任公司包括国有独资公司以及其他有限责任公司。

股份有限公司　指根据《中华人民共和国企业法人登记管理条例》规定登记注册，其全部注册资本由等额股份构成并通过发行股票筹集资本，股东以其认购的股份对公司承担有限责任，公司以其全部资产对其债务承担责任的经济组织。

私营企业　指由自然人投资设立或由自然人控股，以雇佣劳动为基础的营利性经济组织。包括按照《公司法》、《合伙企业法》、《私营企业暂行条例》规定登记注册的私营有限责任公司、私营股份有限公司、私营合伙企业和私营独资企业。

港、澳、台商投资企业　指企业注册登记类型中的港、澳、台资合资、合作、独资经营企业和股份有限公司之和。

外商投资企业　指企业注册登记类型中的中外合资、合作经营企业、外资企业和外商投资股份有限公司之和。

“三资”企业系指港、澳、台商投资企业和外资企业的简称。

轻工业　指主要提供生活消费品和制作手工工具的工业。按其所使用的原料不同，可分为两大类：(1)以农产品为原料的轻工业，是指直接或间接以农产品为基本原料的轻工业。主要包括食品制造、饮料制造、烟草加工、纺织、缝纫、皮革和毛皮制作、造纸以及印刷等工业；(2)以非农产品为原料的轻工业，是指以工业品为原料的轻工业。主要包括文教体育用品、化学药品制造、合成纤维制造、日用化学制品、日用玻璃制品、日用金属制品、手工工具制造、医疗器械制造、文化和办公用机械制造等工业。

重工业　指为国民经济各部门提供物质技术基础的主要生产资料的工业。按其生产性质和产品用途，可以分为下列三类：(1)采掘(伐)工业，是指对自然资源的开采，包括石油开采、煤炭开采、金属矿开采、非金属矿开采等工业；(2)原材料工业，指向国民经济各部门提供基本材料、动力和燃料的工业。包括金属冶炼及加工、炼焦及焦炭、化学、化工原料、水泥、人造板以及电力、石油和煤炭加工等工业；(3)加工工业，是指对工业原材料进行再加工制造的工业。包括装备国民经济各部门的机械设备制造工业、金属结构、水泥制品等工业，以及为农业提供的生产资料如化肥、农药等工业。

根据上述划分原则，修理业中以重工业产品为修理作业对象的划为重工业，反之划为轻工业。

工业总产值

(1)定义：

工业总产值是以货币形式表现的，工业企业在一定时期内生产的工业最终产品或提供工业性劳务活动的总价值量。它反映一定时间内工业生产的总规模和总水平。

(2)计算原则：

工业生产的原则，即凡是企业在报告期生产的经检验合格的产品，不管是否在报告期销售，均包括在内。

最终产品的原则，即凡是计入工业总产值的产品，必须是本企业生产的经检验合格的，不需要再进行任何加工的最终产品。如果企业有中间产品(半成品)对外销售，则对外销售的中间产品应视为企业的最终产品。

工厂法原则，即工业总产值是以工业企业作为基本计算(核算)单位，即按企业的最终产品计算工业总产值。按这种方法计算的工业总产值，不允许同一产品价值在企业内部重复计算，不能把企业内部各个车间(分厂)生产的成果相加，但允许企业间的重复计算。

(3)内容及计算方法：

1995 年全国工业普查对工业总产值(原规定)的内容及计算原则和方法做了某些修订，修订后的工业总产值(新规定)包括三项内容：即本期生产成品价值、对外加工费收入、在制品半成品期末期初差额价值三部分。

本期生产成品价值：指企业本期生产，并在报告期内不再进行加工，经检验、包装入库的全部工业成品(半成品)价值合计，包括企业生产的自制设备及提供给本企业在建工程、其他非工业部门和福利部门等单位使用的成品价值。本期生产成品价值为按自备原材料生产的产品的数量乘以本期不含增值税(销项税额)的产品实际销售平均单价计算；会计核算中按成本价格转帐的自制设备和自产自用的成品，按成本价格计算生产成品价值。生产成品价值中不包括用定货者来料加工的成品(半成品)价值。

对外加工费收入：指企业在报告期内完成的对外承接的工业品加工(包括用定货者来料加工产品)的加工费收入和对外工业修理作业所取得的加工费收入。对外加工费收入按不含增值税(销项税额)的价格计算，可根据会计“产品销售收入”科目的有关资料取得。

对于本企业对内非工业部门提供的加工修理、设备安装的劳务收入，如果企业会计核算基础较好，能取得这部分资料，而且这部分价值所占比重较大，应包括在对外加工费收入中。自制半成品在制品期末期初差额价值：指企业报告期在制品期末减期初的差额价值，本指标一般可以从会计核算资料中取得。如果会计产品成本核算中不计算半成品、在制品的成本，则总产值中也不包括这部分价值，反之则包括。

(4)工业总产值统计范围变化和计算方法修订情况：

1984 年以前工业总产值不包括村办工业，村办工业总产值划归农业。1984 年以后工业总产值包括村办工业。

1995 年工业普查对工业总产值计算方法做了修订，即从 1995 年始按新修订(新规定)方法计算工业总产值。新规定与原规定的区别如下：

全价与加工费的计算原则不同：新规定为凡自备原材料，不论其生产繁简程度如何，一律按全价计算工业总产值；凡来料加工，允许按加工费计算工业总产值。原规定则视生产加工的繁简程度不同，规定哪些行业按全价，哪些行业按加工费计算工业总产值。

自制半成品、在产品期末期初差额价值的计算原则不同：新规定要求，凡会计产品成本核算时计算了成本的差额价值，总产值中就应包括，否则可不包括；原规定则按生产周期六个月的界限区分，凡生产周期六个月以上的企业，总产值计算中应包括这部分差额价值，否则可不包括。

计算价格不同：新规定按不含增值税(销项税额)的价格计算；原规定则按含增值税(销项税额)的价格计算。

工业增加值　指工业企业在报告期内以货币表现的工业生产活动的最终成果。

工业增加值有两种计算方法：一是生产法，即工业总产出减去工业中间投入加上应交增值税；二是收入法，即从收入的角度出发，根据生产要素在生产过程中应得到的收入份额计算，具体构成项目有固定资产折旧、劳动者报酬、生产税净额、营业盈余，这种方法也称要素分配法。本年鉴中的工业增加值是以生产法计算的。

生产法工业增加值的计算方法为：

工业增加值=工业总产出−工业中间投入+应交增值税

(1)工业总产出：指工业企业在一定时期内工业生产活动的总成果。工业总产出包括：成品生产价值，对外加工费收入，自制半成品、在产品期末期初差额价值。1995 年后用新规定计算的工业总产值代替。

(2)工业中间投入：指工业企业在工业生产活动中消耗的外购物质产品和对外支付的服务费用。服务费用包括支付给物质生产部门(工业、农业、批发零售贸易业、建筑业、运输邮电业)的服务费用和支付给非物质生产部门(如保险、金融、文化教育、科学研究、医疗卫生、行政管理等)的服务费用。工业中间投入的确定须遵循以下原则：必须从外部购入的，并已计入工业总产出的产品和服务价值；必须是本期投入生产，并一次性消耗掉(包括本期摊销的低值易耗品等)的产品和服务价值。

工业中间投入包括直接材料费用、制造费用中的工业中间投入、管理费用中的工业中间投入、销售费用中的工业中间投入和利息支出五部分。

资产总计　指企业拥有或控制的能以货币计量的经济资源，包括各种财产、债权和其他权利。资产按流动性分为流动资产、长期投资、固定资产、无形资产、递延资产和其他资产。该指标根据企业会计“资产负债表”中“资产总计”项目的期末数增列。

流动资产　指企业可以在一年内或者超过一年的一个生产周期内变现或者耗用的资产，包括现金及各种存款、短期投资，应收及预付款项、存货等。

流动资产平均余额　指企业在报告期内全部流动资产

的平均余额。

固定资产原价　指企业在建造、购置、安装、改建、扩建、技术改造某项固定资产时所支出的全部货币总额。它一般包括买价、包装费、运杂费和安装费等。

固定资产净值年平均余额　指固定资产净值在报告期内余额的平均数。计算公式为：

$$\text{固定资产净值年平均余额}=\frac{\text{1至12月各月月初、月末固定资产净值之和}}{24}$$

该指标根据“资产负债表”中“固定资产原价”、“累计折旧”指标的期初、期末数计算填列。

固定资产净值指固定资产原价减去历年已提折旧额后的净额。计算公式为：

固定资产净值=固定资产原价−累计折旧

负债合计　指企业所承担的能以货币计量，将以资产或劳务偿付的债务，偿还形式包括货币、资产或提供劳务。负债一般按偿还期长短分为流动负债和长期负债。根据会计“资产负债表”中“负债合计”的年末数填列。

所有者权益　指企业投资人对企业净资产的所有权。企业净资产等于企业全部资产减去全部负债后的余额，包括企业投资人对企业的最初投入的实际到位的资产及资本公积金、盈余公积金和未分配利润。所有者权益合计数小于零，表示企业资不抵债。

主营业务收入　指会计“利润表”中对应指标的本年累计数。未执行 2001 年《企业会计制度》的企业，用“产品销售收入”的本期累计数代替。

主营业务成本　指会计“利润表”中对应指标的本年累计数。未执行 2001 年《企业会计制度》的企业，用“产品销售成本”的本期累计数代替。

主营业务税金及附加　指会计“利润表”中对应指标的本年累计数。未执行 2001 年《企业会计制度》的企业，用“产品销售税金及附加”的本期累计数代替。

利润总额　指企业生产经营活动的最终成果，是企业在一定时期内实现的盈亏相抵后的利润总额(亏损以“−”号表示)，它等于营业利润加上补贴收入加上投资收益加上营业外净收入再加上以前年度损益调整。

本年应交增值税　指企业在报告期内应交纳的增值税额。它等于本年销项税额加上出口退税加上进项税额转出数减去本年进项税额。小规模纳税企业直接按全年计税销售额乘以征收率计算取得。

从业人员平均人数　是指报告期内每天拥有的从业人员人数。其计算公式为：

$$\text{季平均人数}=\frac{\text{季内各月平均人数之和}}{3}$$

$$\text{月平均人数}=\frac{\text{报告月内每天实有人数之和}}{\text{报告月日历日数}}$$

$$\text{年平均人数}=\frac{\text{年内各月平均人数之和}}{12}$$

总资产贡献率　反映企业全部资产的获利能力，是企业经营业绩和管理水平的集中体现，是评价和考核企业盈利能力的核心指标。计算公式为：

$$\text{总资产贡献率(\%)}=\frac{\text{利润总额+税金总额+利息支出}}{\text{平均资金总额}}\times100\%$$

公式中：税金总额为产品销售税金及附加与应交增值税之和；平均资产总额为期初期末资产之和的算术平均值。

资产负债率　该指标既反映企业经营风险的大小，也反映企业利用债权人提供的资金从事经营活动的能力。计算公式为：

$$\text{资产负债率(\%)}=\frac{\text{负债总额}}{\text{资产总额}}\times100\%$$

资产与负债均为报告期期末数。

流动资产周转次数　指一定时期内流动资产完成的周转次数，反映投入工业企业流动资金的周转速度。计算公式为：

$$\text{流动资产周转次数}=\frac{\text{产品销售收入}}{\text{全部流动资产平均余额}}$$

公式中：全部流动资产平均余额为期初和期末的流动资产之和的算术平均值。

成本费用利润率　反映企业投入的生产成本及费用的经济效益，同时也反映企业降低成本所取得的经济效益。计算公式为：

$$\text{成本费用利润率(\%)}=\frac{\text{利润总额}}{\text{成本费用总额}}\times100\%$$

公式中：成本费用总额为产品销售成本、销售费用、管理费用、财务费用之和。

全员劳动生产率　该指标反映企业的生产效率和劳动投入的经济效益。计算公式为：

$$\text{全员劳动生产率}\left(\text{元/人}\right)=\frac{\text{工业增加值}}{\text{全部从业人员平均人数}}$$

产品销售率　该指标反映工业产品已实现销售的程度，是分析工业产销衔接情况，研究工业产品满足社会需求的指标。计算公式为：

$$\text{产品销售率(\%)}=\frac{\text{工业销售产值}}{\text{工业总产值(现价)}}\times100\%$$

Explanatory Notes on Main Statistical Indicators

Industry refers to the material production sector which is engaged in extraction of natural resources and processing and reprocessing of minerals and agricultural products, including (1) extraction of natural resources, such as mining, salt production (but not including hunting and fishing); (2) processing and reprocessing of farm and sideline produces, such as rice husking, flour milling, wine making, oil pressing, silk reeling, spinning and weaving, and leather making; (3) manufacture of industrial products, such as steel making, iron smelting, chemicals manufacturing, petroleum processing, machine building, timber processing; water and gas production and electricity generation and supply; (4)repairing of industrial products such as the repairing of machinery and means of transport (including cars).

Units of industrial statistics survey corporate industrial enterprises with independent accounting system.

Corporate industrial enterprises with independent accounting system refer to enterprises engaging in industrial production activities, which meet the following requirements: (1)They are established legally, having their own names, organizations, location, able to take civil liability; (2)They possess and use their assets independently, assume liabilities, and are entitled to sign contracts with other units; (3)They are financially independent and compile their own balance sheets.

Enterprises covered in the industrial statistics in the Yearbook include following categories by their registration:

State-owned and State-holding Enterprises refer to state owned enterprises plus state holding enterprises. State owned enterprises (originally known as state run enterprises with ownership by the whole society) are non corporate economic entities registered in accordance with the Regulation of the People's Republic of China on the Management of Registration of Legal Enterprises, where all assets are owned by the state. Included in this category are state owned enterprises, state funded corporations and state owned joint operation enterprises. Joint state private industries and private industries, which existed before 1957, were transformed into state run industries since 1957, and into state owned industries after 1992. Statistics on those enterprises are included in the state owned industries instead of grouping them separately. State holding enterprises is a sub classification of enterprises with mixed ownership, referring to enterprises where the percentage of state assets (or shares by the state) is larger than any other single share holder of the same enterprise. This sub classification illustrates the control of the state over a particular industry.

Collective-owned Enterprises refer to economic entities registered in accordance with the Regulation of the People's Republic of China on the Management of Registration of Legal Enterprises, where assets are owned by collectively. Collective enterprises constitute an integral part of the socialist economy with public ownership. They include urban and rural enterprises invested by collectives, and some enterprises registered in industrial and commercial administration agency as collective units where funds are pulled together by individuals who voluntarily give up their right of ownership.

Share-holding Cooperative Enterprises refer to economic units set up on cooperative basis, with funding partly from members of the enterprise and partly from outside investment, where the operation and management is decided by the members who also participate in the production, and the distribution of income is based both on work (labour input) and on shares (capital input).

Joint Operation Enterprises refer to economic units that are established by joint investment by two or more corporate enterprises or institutions of the same or different types of ownership on voluntary, equal and mutual beneficial basis. They include:

a)state owned joint operation enterprises (joint operation between state owned enterprises);

b)collective joint operation enterprises (joint operation between collective enterprises; and

c)state collective joint operation enterprises (joint operation between state and collective enterprises).

Limited Liability Corporations refer to economic units registered in accordance with the Regulation of the People's Republic of China on the Management of Registration of Corporations, with capitals from 2 to 49 investors, each investor bears limited liability to the corporation depending on his/her holding of shares, and the corporation bears liability to its debt to the maximum of its total assets.

Share-holding Corporations Ltd. refer to economic units registered in accordance with the Regulation of the People's Republic of China on the Management of Registration of Corporate Enterprises, with total registered capitals divided into equal shares and raised through issuing stocks. Each investor bears limited liability to the corporation depending on the holding of shares, and the corporation bears liability to its debt to the maximum of its total assets.

Private Enterprises refer to economic units invested or controlled (by holding the majority of the shares) by natural persons who hire labours for profit making activities. Included in this category are private limited liability corporations, private share holding corporations Ltd., private partnership enterprises and private sole investment enterprises registered in accordance with the Corporation Law, Partnership Enterprise Law and Tentative Regulation on Private Enterprises.

Enterprises with Funds from Hong Kong, Macao and Taiwan refers to all industrial enterprises registered as the joint venture, cooperative, sole (exclusive) investment industrial enterprises and limited liability corporations with funds from Hong Kong, Macao and Taiwan.

Foreign Funded Enterprises refers to all industrial enterprises registered as the joint venture, cooperative, sole (exclusive) investment industrial enterprises and limited liability corporations with foreign funds.

Enterpries with Hong Kong, Macao, Taiwan and foreign fund refer to all the enterpries with funds from Hong Kong Macao and Taiwan and foreign funded enterprises.

Light Industry refers to the industry that produces consumer goods and hand tools. It consists of two categories, depending on the materials used:

(1) Industries using farm products as raw materials. These are branches of light industry which directly or indirectly use farm products as basic raw materials, including the manufacture of food and beverages, tobacco processing, textile, clothing, fur and leather manufacturing, paper making, printing, etc.

(2) Industries using non farm products as raw materials. These are branches of light industry which use manufactured goods as raw materials, including the manufacture of cultural, educational articles and sports goods, chemicals, synthetic fiber, chemical products for daily use, glass products for daily use, metal products for daily use, hand tools, medical apparatus and instruments, and the manufacture of cultural and clerical machinery.

Heavy Industry refers to the industry which produces capital goods, and provides various sectors of the national economy with necessary material and technical basis. It consists of the following three branches according to the purpose of production or the use of products:

(1) Mining, quarrying and logging industry refers to the industry that extracts natural resources, including extraction of petroleum, coal, metal and non metal ores.

(2) Raw materials industry refers to the industry that provides various sectors of the national economy with raw materials, fuels and power. It includes smelting and processing of metals, coking and coke chemistry, chemical materials and building materials such as cement, plywood, and power, petroleum refining and coal dressing.

(3) Manufacturing industry refers to the industry that processes raw materials. It includes machine building industry which equips sectors of the national economy, industries of metal structure and cement products, industries producing means of agricultural production, such as chemical fertilizers and pesticides.

According to the above principle of classification, the repairing trades, which are engaged primarily in repairing products of heavy industry are classified into heavy industry while these engaged in repairing products of light industry are classified into light industry.

Gross Industrial Output Value

(1) Definition: Gross industrial output value is the total volume of final industrial products produced and industrial services provided during a given period. It reflects the total achievements and overall scale of industrial production during a given period.

(2) Principles for calculation:

Statistics on industrial production follow the principle that all products produced by the enterprises and accepted during the reference period are to be included no matter whether they are sold or not during the reference period.

Determination of final products follow the principle that all products that are included in the calculation of grow industrial output value are the final products of the enterprise which have been accepted through quality check and require no further processing. If an enterprise has intermediate (semi finished) products to sell, these intermediate products are considered as the final products of the enterprise.

Gross industrial output value is calculated following the principle of factory approach, i.e. industrial enterprise is used as the basic accounting unit in calculating the gross industrial output value. By this approach, value of the same product is not to be double counted, and the output value of different workshops (branch factories) should not be added. However, this approach does not exclude the possibility of double counting between enterprises.

(3) Content and calculation method: The old definition of gross industrial output value was modified during the national industrial census in 1995. The revised (new) definition of gross industrial output value consists of 3 components: value of the finished products during the reference period, income from external processing, and value of change in semi finished products at the end and at the beginning of the reference period.

Value of the finished products during the reference period: refers to the value of all finished (semi finished) industrial products that are produced during the reference period without the need for further processing, checked for acceptance, packed and put into the warehouse of the enterprise, including the value of own produced equipment and the value of products provided to the projects under construction of the enterprise, and to other non industrial or welfare units. Value of finished products during the reference period is calculated by the quantity of products produced using own materials multiplied by the average unit prices at which products are sold (excluding value added tax). Own produced equipment and products produced for own use are value at cost prices as in the case of enterprise accounting. Value of finished products does not include the value of finished products (semi finished products) that are produced using the materials from the clients who make the orders.

Income from external processing: refers to income from contracted external processing of industrial products (including processing of industrial products using materials from the clients), and the income from industrial repairing work provided to other units. Income from external processing is calculated using information from the item “products sales income” in the enterprise accounting at the prices excluding value added tax.

For income from services such as processing, repairing and installation of equipment provided to non industrial units within the enterprise, if the accounting work of the enterprise is good enough to separate it from other records, and the share of such services is significant, it should also be included in the income from external processing.

Value of change in semi finished products at the end and at the beginning of the reference period: refers to the value of change in semi finished products at the end and at the beginning of the reference period, which generally can be obtained from accounting records of enterprises. If the enterprise accounting excludes the cost of semi finished products, then it should not be included in the gross industrial output value, and vice versa.

(4) Changes in the coverage and method of calculation of gross industrial output value

Prior to 1984, the value of rural industry run by villages was classified into agriculture instead of industry. Since 1984, it has been included in the gross industrial output value. Method of calculation for the gross industrial output value was modified in the industrial census in 1995. The difference in the new method as compared with the old one is outlined below:

Principle in using full value vs. processing fee: The new method stipulates that all products produced using own materials are to be calculated with full value in reporting the gross industrial output value irrespective of sophistication of production, and for external processing, it allows calculation using processing fee. In the old method, however, the use of full value or processing fee was determined by the degree of sophistication of production in different branches of industries.

Principle in determining the value of change in semi finished products: The new method requires that value of the change in semi finished products should be included in the gross industrial output value if it is included in the accounting record of the enterprise, otherwise it should not be included. By the old method, it is determined by the type of enterprises in terms of production cycle. If the production cycle is over 6 months, the value of change in semi finished products is included in the gross industrial output value, otherwise it is excluded.

Difference in prices: The new method uses prices excluding value added tax in the calculation of gross industrial output value, while the old method used prices including value added tax.

Value-added of Industry refers to the final results of industrial production of industrial enterprises in money terms during the reference period.

Industrial value added can be calculated by two approaches: the production approach, i.e. gross industrial output value minus intermediate input plus value added tax, and the income approach, i.e. income for various factors used in the course of production, including depreciation of fixed assets, remuneration of labourers, net of production tax, and operating surplus. Value added of industry in the Yearbook is calculated by production approach as following:

Value added of industry=gross industrial outputindustrial intermediate input+value added tax

(1)Gross industrial output: refers to the total achievements of industrial production during a given period. Gross industrial output includes value of finished products, income from external processing, and value of change in semi finished products at the end and at the beginning of the reference period. Since 1995, it was substituted by the gross industrial output value by new method.

(2) Industrial intermediate input: refers to purchased goods and paid services consumed during the industrial production of enterprises. Fees paid for services include fees paid for the services provided by material production sectors (industry, agriculture, wholesale and retail trade, construction, transport, post and telecommunications) and by non material production sectors (insurance, banking, culture, education, scientific research, health and medical care, public administration, etc.). The determination of industrial intermediate input follows the principle that the goods and services must be purchased from outside and included in the gross industrial output, and that the goods and services are inputted into production and consumed (include low value consumables) during the reference period.

Industrial intermediate input includes 5 components, namely direct consumption of materials, industrial intermediate input in manufacturing cost, industrial intermediate input in management cost, industrial intermediate input in marketing cost and expenditure on interest.

Total Assets refer to all economic resources, in monetary terms, that is owned or controlled by enterprises, including properties, creditors equity and other economic rights of all forms. Classified by the degree of equitability, total assets include circulating assets, long term investment, fixed assets, intangible assets and deferred assets, and other assets. Data on this indicator can be obtained by the year end figures of total assets in the Assets and Liability Table of accounting records of enterprises.

Working Capitals refer to capitals that an enterprise can cash or use during one year or one production cycle that may exceeds one year, including cash and savings deposits of various forms, short term investment,money receivable and prepaid money, inventories, etc.

Annual Average Value of Working Capitals refers to the average value of all working capitals of the enterprise during the reference period.

Original Value of Fixed Assets refers to the total value, in monetary terms, that an enterprise spent on fixed assets, through construction, purchase, installation, transformation, expansion or technical upgrading. Generally, it covers cost ofpurchase, packing, transportation and installation, etc.

Annual Average of Net Value of Fixed Assets refer to average of the net value of fixed assets during the reference period, calculated with the following formula:

$$\text{Annual Average of Net Value of Fixed Assets} = \frac{\text{sum of net value of fixed assets at the beginning and at the end of each month from January to December}}{24}$$

Information on this indicator can be obtained from the beginning and ending figures of the original value of fixed assets and cumulative depreciation from the Assets and Liability Table of enterprises.

Net value of fixed assets refers to the original value of fixed assets minus depreciation over the years, i.e.:

Net value of fixed assets=original value of fixed assets cumulative depreciation

Total Liabilities refer to payable liabilities of enterprises that have to repay in terms of money, assets or labour services. In terms of payment, it can be divided into liquid liabilities and long term liabilities. Data on this item is obtained from the ending figures on total liabilities from the Assets and Liability Table from the enterprises.

Owner's Equity refers to the ownership of net assets of enterprise by its investors. The net assets equal the total assets minus total liabilities of the enterprise, including the actual assets invested into the enterprise by investors, accumulation of capitals and operating surplus and non distributed profits. The enterprise's assets is less than its liabilities if the sum of owner's equity is smaller than zero.

Revenue from Principal Business refers to the annual accumulation of corresponding item in the "profit table"of the accountant. For enterprises that do not follow the 2001 Enterprise Accounting Standards, the year end accumulation of revenue from the sales of products is used as a substitute.

Cost of Principal Business refers to the annual accumulation of corresponding item in the "profit table" of the accountant. For enterprises that do not follow the 2001 Enterprise Accounting Standards, the year end accumulation of cost for the sales of products is used as a substitute.

Tax and Extra Charges from Principal Business refer to the annual accumulation of corresponding item in the"profit table" of the accountant. For enterprises that do not follow the 2001 Enterprise Accounting Standards, the year end accumulation of tax and extra charges from the sales of products is used as a substitute.

Total Profits refer to the final achievements of production and operation of the enterprises, represented by the total profits after deducting losses (loss is expressed by the negative figure). It is the sum of profits from operation, income from subsidies, investment earnings, net income from activities other than operation, and adjustment of profits and losses of previous years.

Value added Tax Payable refers to the amount of the value added tax which should be paid by the enterprises during the reference period. It is the sum of tax on sales, export rebate, and transferred tax on purchases of the current year, minus the tax on purchases of the current year. Value added tax payable of small size enterprises is determined by the taxable sales of the year multiplied by the tax rate.

Average Annual Number of Employed Persons Employed persons refer to all those who are employed in enterprises and receive remunerations therefrom, including currently working employees, retirees who are re employed, teachers of local run schools, as well as foreigners, staff from Hong Kong, Macao and Taiwan, part time employees and persons with second job who are employed by the enterprise, and employees of other units temporarily working in the enterprises, but excluding former employees who left the enterprise with their employment records still kept by the enterprises.

Average number of employed persons refers to the number of employees everyday during the reference period, calculated with the following formula:

$$\text{Monthly average number} = \frac{\text{sum of actual employees everyday in reference month}}{\text{number of calendar dates in reference month}}$$

$$\text{Quarterly average number} = \frac{\text{sum of monthly average number in reference quarter}}{3}$$

$$\text{Annual average number} = \frac{\text{sum of monthly average number in reference year}}{12}$$

Ratio of Profits, Taxes and Interests to Average Assets reflects the profit making capability of all assets of the enterprise and is a key indicator manifesting the performance and management and evaluating the profit making potential of the enterprise. It is calculated as follows:

$$\text{Ratio of Profits, Taxes and Interests to Average Assets (\%)} = \frac{\text{total profits + total taxes + interest payment}}{\text{average assets}} \times 100\%$$

In the above formula, total taxes is the sum of tax and extra charges on the sales of products and value added tax payable; and average assets is the arithmetic mean of the sum of beginning assets and ending assets.

Ratio of Debts to Assets reflect both the operation risk and the capability of the enterprise in making use of the capital from the creditors. It is calculated as follows:

$$\text{Ratio of Debts to Assets (\%)} = \frac{\text{total debts}}{\text{total assets}} \times 100\%$$

Both assets and debts are figures at the end of the reference period.

Turnover of Working Capitals refers to the number of times of turnover of working capital in a given period of time, which reflects the speed of the turnover of working capital of industrial enterprises, and is calculated as follows:

$$\text{Turnover of Working Capital} = \frac{\text{sales revenue of products}}{\text{average balance of total working capital}}$$

In the above formula, average balance of total working capital refers to the arithmetic mean of the sum of working capital at the beginning and at the end of the reference period.

Ratio of Profits to Total Industrial Costs refers to the ratio of profits realized in a given period to the total costs in the same period, which reflects the economic efficiency of input cost and is calculated as follows:

$$\text{Ratio of Profits to Total Industrial Cost (\%)} = \frac{\text{total profits}}{\text{total costs}} \times 100\%$$

Total costs in the above formula is the sum of cost of products sold, marketing cost, management cost and financial cost.

Overall Labour Productivity is an indicator reflecting the production efficiency of an enterprise and the economic efficiency of its labour input, calculated by the formula:

$$\text{Overall Labour Productivity (yuan/person)} = \frac{\text{industrial value-added}}{\text{average of all persons engaged}}$$

Sales Ratio of Products is an indicator reflecting the actual sale of industrial products, analyzing the production selling and supply demand relations. It is calculated as:

$$\text{Sales Ratio of Products (\%)} = \frac{\text{value of industrial sales}}{\text{gross industrial output value (current prices)}} \times 100\%$$

第15篇

建筑业

Construction

简 要 说 明

一、本篇资料的主要内容

本篇资料反映了全省建筑业基本情况，主要包括建筑业总产值、从业人员、建筑企业生产指标、财务指标等方面的内容。

二、本篇资料的来源

本篇资料来源于建筑业统计年报，由省统计局投资处整理提供。

Brief Introduction

I. Content

Data in this chapter show the basic conditions of the construction industry in Shandong Province, mainly including the gross output value of construction, number of employed persons, major production indices and financial indicators.

II. Source of Data

Data in this chapter are based on the annual report of construction industry, and are prepared and provided by the Division of Investment and Construction Statistics of Shandong Provincial Bureau of Statistics

15-1 主要年份建筑业总产值

Gross Output Value of Construction Enterprises in Major Years

单位:亿元 (100 million yuan)

年 份 Year	总 计 Total	#国有经济 State-owned Construction Enterprises	中 央 Central	地 方 Local	#集体经济 Collective Owned Construction Enterprises	#城 镇 Township
1957	1.32	1.32	0.67	0.65		
1962	1.20	0.99	0.44	0.55	0.21	0.21
1965	2.51	1.66	0.53	1.13	0.85	0.85
1970	3.02	1.76	0.76	1.00	1.26	1.26
1975	7.24	4.66	2.27	2.39	2.58	2.58
1978	11.34	7.62	2.54	5.08	3.72	3.72
1979	11.96	8.14	2.62	5.52	3.82	3.82
1980	14.26	9.76	4.01	5.75	4.50	4.50
1981	13.42	9.41	4.98	4.43	4.01	4.01
1982	14.50	9.46	4.41	5.05	5.04	5.04
1983	15.89	10.45	4.56	5.89	5.44	5.44
1984	23.07	16.25	8.62	7.63	6.82	6.82
1985	31.21	22.05	12.21	9.84	9.16	9.16
1986	34.71	24.44	14.87	9.57	10.27	10.27
1987	40.91	28.67	17.51	11.16	12.24	12.24
1988	49.38	33.34	20.04	13.30	16.04	16.04
1989	55.24	37.94	22.36	15.71	17.30	17.30
1990	58.89	40.60	24.27	16.33	18.29	18.29
1991	71.40	47.77	27.40	20.38	32.63	32.63
1992	98.66	61.86	32.81	29.05	36.81	36.81
1993	141.14	93.32	46.57	46.75	46.71	46.71
1994	206.42	133.92	78.70	55.22	65.13	65.13
1995	257.95	163.73	92.25	71.48	82.08	82.08
1996	593.90	198.27	101.45	96.82	363.92	100.44
1997	652.59	228.26	112.47	115.79	387.09	120.19
1998	702.64	279.97	104.79	135.25	328.63	102.06
1999	770.80	248.19	113.14	135.05	326.12	113.55
2000	820.52	249.48	120.37	129.11	310.30	110.27
2001	986.49	246.45	94.37	152.08	286.76	189.22
2002	1153.24	254.86	86.30	168.56	274.99	186.23
2003	1485.89	331.17	126.80	204.37	294.14	201.40
2004	1969.01	657.70	302.85	354.85	263.02	
2005	2509.17	782.56	365.49	417.07	320.29	
2006	2791.81	799.34	370.15	429.19	309.72	
2007	3289.05	977.26	459.81	517.45	329.43	
2008	3842.52	963.53	478.23	485.30	338.76	
2009	4579.15	1136.65	599.49	537.16	337.03	
2010	5496.59	1368.34	704.30	664.04	377.57	
2011	6482.90	1680.49	920.80	759.69	401.61	
2012	7281.33	1811.97	968.40	843.57	426.27	
2013	8467.67	1984.39	1068.93	915.46	383.52	
2014	9313.45	2197.68	1242.32	955.36	418.33	
2015	9378.54	2322.58	1323.14	999.45	385.92	

注:1.1995年前不含县以下集体施工企业。2.从2004年开始国有经济含国有控股。

a)Data in this table don't include the data of enterprises of collective owned ones under county level.

b)Since 2004,state-owned enterprises include state-controlled ones.

15–2 主要年份计算建筑业劳动生产率的平均人数
Average Number of Employed Persons in Construction Enterprises for calculating the Labor Productivity in Major Years

单位:万人 (10 000 persons)

年 份 Year	总 计 Total	#国有经济 State-owned Construction Enterprises	中 央 Central	地 方 Local	#集体经济 Collective Owned Construction Enterprises	#城 镇 Township
1957	4.21	4.21	2.14	2.07		
1962	6.48	4.91	2.13	2.78	1.56	1.56
1965	7.35	4.77	1.52	3.25	2.59	2.59
1970	10.31	5.76	2.66	3.10	4.52	4.52
1975	18.81	11.33	5.36	5.97	7.47	7.47
1978	25.20	16.21	5.40	10.81	9.07	9.07
1979	26.00	16.96	6.24	10.72	8.88	8.88
1980	26.91	18.07	8.91	9.16	9.00	9.00
1981	28.55	19.20	11.07	8.20	9.11	9.11
1982	27.36	17.52	9.00	8.71	9.51	9.51
1983	27.88	18.02	6.42	11.55	9.71	9.71
1984	33.93	22.26	9.37	12.93	11.56	11.56
1985	40.53	26.89	13.13	13.67	13.47	13.47
1986	38.57	24.69	15.17	9.67	13.88	13.88
1987	39.34	24.50	14.97	9.62	14.93	14.93
1988	40.48	24.88	14.74	10.08	15.73	15.73
1989	38.90	22.86	13.63	10.83	14.54	14.54
1990	38.15	21.83	11.65	10.18	14.87	14.87
1991	39.72	23.83	12.51	11.32	15.89	15.89
1992	45.10	23.44	11.66	11.78	19.85	19.85
1993	52.78	29.57	11.87	17.70	22.94	22.94
1994	66.22	37.17	20.10	17.07	27.36	27.36
1995	66.84	35.32	14.91	20.40	29.13	29.13
1996	188.02	40.96	14.82	26.14	138.19	38.19
1997	175.78	40.49	14.39	26.10	126.15	40.15
1998	169.11	38.59	11.28	27.30	100.52	31.99
1999	164.95	33.56	10.86	22.70	92.07	26.96
2000	171.94	31.80	10.27	21.53	85.33	25.60
2001	181.07	29.15	8.15	21.00	71.17	50.65
2002	183.56	23.08	4.57	18.50	61.28	39.98
2003	210.11	29.43	8.50	20.93	54.59	34.83
2004	238.91	53.85	16.50	37.35	43.98	
2005	249.81	48.93	16.21	32.72	45.07	
2006	282.30	59.04	27.76	31.28	42.53	
2007	288.40	51.78	17.36	34.42	41.09	
2008	300.24	44.74	18.32	26.42	41.15	
2009	305.99	42.81	17.99	24.82	33.15	
2010	344.88	54.00	25.20	28.80	34.19	
2011	307.56	45.07	21.18	23.89	27.74	
2012	270.26	38.87	18.57	20.30	22.76	
2013	305.01	44.17	23.15	21.02	20.57	
2014	332.49	48.78	25.04	23.74	22.58	
2015	310.73	43.10	21.65	21.45	19.29	

注:1.1995年前不含县以下集体施工企业。2.从2004年开始国有经济含国有控股。

a)Data in this table don't include the data of enterprises of collective owned ones under county level.

b)Since 2004,state-owned enterprises include State-controlled ones.

15-3 建筑业企业生产指标(2015年)

Main Production Indicators of Construction Enterprises(2015)

类 别	Category	企业个数(个) Number of Enterprises (unit)	建筑业总产值(万元) Gross Output Value (10 000 yuan)	竣工产值(万元) Value of Projects Completed (10 000 yuan)	签定合同额(万元) Value of Contracts (10 000 yuan)	#上年结转 Carryover of Last Year
总 计	**Total**	**6074**	**93785441**	**51998666**	**152572898**	**60141312**
#国有及国有控股企业	State-owned and State-controlled Enterprises	482	23225823	9272272	52868260	24627554
一、按登记注册类型分	**Grouped by Registration Status**					
内资企业	Domestic Funded	6046	93379518	51874531	151469114	59353689
国有企业	State-owned	263	5993697	3322628	11263806	4578369
集体企业	Collective-owned	381	3859205	2623362	4934206	1758128
股份合作企业	Stock-holding Cooperation	41	224573	104296	229086	81292
联营企业	Joint-owned	5	52198	46961	53845	6472
国有联营企业	State-owned					
集体联营企业	Collective-owned	3	34302	29660	35076	2158
国有与集体联营企业	State-and-collective owned					
其他联营企业	Others	2	17896	17301	18769	4314
有限责任公司	Company with Limited Liabilition	2126	48365727	25733096	84042045	36042496
国有独资公司	State-owned	56	6886598	2583404	15618144	8632553
其他有限责任公司	Others	2070	41479129	23149692	68423901	27409942
股份有限公司	Stock-holding Company limited	300	11635608	5364543	19344586	6369287
私营企业	Private-owned	2916	23118686	14570654	31378384	10440956
私营独资企业	Solely Owned	21	104959	106200	167263	56688
私营合伙企业	Joint Owned	6	109786	24778	264264	120059
私营有限责任公司	Company with Limited Liabilition	2708	21368506	13364955	29077755	9539225
私营股份有限公司	Stock-holding Company limited	181	1535435	1074721	1869103	724984
其他企业	Others	14	129823	108991	223157	76690
港、澳、台商投资企业	Funded from Hong Kong,Macao and Taiwan	14	359890	86598	1036004	784137
合资经营企业(港或澳、台资)	Joint Ventures	13	359885	86598	1035999	784132
合作经营企业(港或澳、台资)	Cooperative Joint Venture	1	5		6	5
港、澳、台商独资经营企业	Solely Owned					
港、澳、台商投资股份有限公司	Share-holding Company Limited					
外商投资企业	Foreign Funded	14	46033	37538	67779	3487
中外合资经营企业	Chinese-foreign Joint Venture	9	37995	30251	59758	3153
中外合作经营企业	Chinese-foreign Cooperative Joint Venture	2	6954	6202	7145	334
外资企业	Solely Owned	2	810	810	810	
外商投资股份有限公司	Share-holding Company Limited					

15-3 续表 1 continued

类 别	Category	企业个数(个) Number of Enterprises (unit)	建筑业总产值(万元) Gross Output Value (10 000 yuan)	竣工产值(万元) Value of Projects Completed (10 000 yuan)	签定合同额(万元) Value of Contracts (10 000 yuan)	#上年结转 Carryover of Last Year
二、按国民经济行业分	**by Sector**					
房屋和土木工程建筑业	Building and Civil Engineering Construction	4378	84886677	46561121	141130016	57713671
房屋工程建筑	Building	3228	61242248	35830807	98871080	41109324
土木工程建筑	Civil Engineering	1150	23644428	10730313	42258936	16604347
建筑安装业	Construction Installation	679	4365097	2869867	5951847	1521401
建筑装饰业	Construction Decoration	738	3471265	1754570	4134225	646721
其它建筑业	Others	279	1062402	813108	1356810	259520
工程准备	Preparation	93	328540	253691	382125	78386
提供工程设备服务	Service	31	197279	128641	200136	22904
其它未列明的建筑活动	Others	155	536584	430776	774550	158231
三、按隶属关系分	**by Ownership**					
中 央	Central	60	13530356	4819644	39260508	20769086
地 方	Local	6014	80255085	47179022	113312390	39372226
省(自治区、直辖市)	Provincial	71	3707985	1565271	5798802	1571156
地(区、市、州、盟)	Region	463	14897845	7211200	23554129	9873178
县(区、市、旗)及县以下	County	5480	61649255	38402550	83959459	27927891
四、按企业资质等级分	**by Qualification Criteria**					
施工总承包	Construction Contract	4092	84972163	46426247	142048870	58194002
特 级	Special Grade	16	11353241	5173139	19514187	7563265
一 级	First Grade	374	42078805	20721505	80516687	36899915
二 级	Second Grade	1599	20148700	12985307	27607757	9879791
三级及以下	Third Grade and below	2103	11391416	7546295	14410239	3851031
专业承包	Professional Contract	1982	8813278	5572419	10524028	1947311
一 级	First Grade	186	3401777	1822689	4390463	855149
二 级	Second Grade	625	2595758	1713331	3029845	676693
三级及以下	Third Grade and below	1171	2815743	2036399	3103720	415468
五、按营业状态分	**by Business Status**					
营 业	Open	5998	92795193	51711599	150302423	59717256
停业(歇业)	Close	39	81065	45263	82726	36947
筹 建	Prepared to Start					
当年关闭	Closed in Current Year	21	859171	201060	2134669	381510
当年破产	Bankruptcy	4				
其 它	Others	12	50012	40744	53080	5600
六、按控股情况分	**by Share Holding**					
#国有控股	State-controlled	482	23225823	9272272	52868260	24627554
#集体控股	Collective-controlled	690	9164575	5817945	12458079	4155850
#私人控股	Private-controlled	4390	52437982	32147821	71733681	24208973
#港澳台商控股	Controlled by Investors from Hong Kong,Macao and Taiwan	6	103180	92059	184699	39824
#外商控股	Foreign-controlled	10	33560	25065	48305	3187

15-3 续表 2 continued

类 别	Category	房屋建筑施工面积（平方米）Floor Space of Buildings under Construction (sq.m)	房屋建筑竣工面积（平方米）Floor Space of Buildings Completed (sq.m)	#住 宅 Residential	年末从业人员（人）Staff Employed (person)
总 计	**Total**	**694016139**	**236295369**	**167942684**	**2533779**
#国有及国有控股企业	State-owned and State-controlled Enterprises	103053181	17849646	9517992	340409
一、按登记注册类型分	**Grouped by Registration Status**				
内资企业	DomesticFunded	693873150	236295369	167942684	2530968
国有企业	State-owned	10401130	3915233	2469144	117580
集体企业	Collective-owned	37584055	17640432	14338577	178500
股份合作企业	Stock-holding Cooperation	1736578	706520	562124	9010
联营企业	Joint-owned	418823	362998	230860	1832
国有联营企业	State-owned				
集体联营企业	Collective-owned	337823	282998	200860	1287
国有与集体联营企业	State-and-collective owned				
其他联营企业	Others	81000	80000	30000	545
有限责任公司	Company with Limited Liabilition	381489343	112338294	76949283	1134047
国有独资公司	State-owned	44003918	7072322	2220504	84914
其他有限责任公司	Others	337485425	105265972	74728779	1049133
股份有限公司	Stock-holding Company limited	89199077	27172090	18857475	236571
私营企业	Private-owned	172270209	73839337	54272531	849806
私营独资企业	Solely Owned	1037820	650591	437284	3531
私营合伙企业	Joint Owned	335115	144288	77268	3331
私营有限责任公司	Company with Limited Liabilition	162073697	69223933	50864544	781447
私营股份有限公司	Stock-holding Company limited	8823577	3820525	2893435	61497
其他企业	Others	773935	320465	262690	3622
港、澳、台商投资企业	Funded from Hong Kong,Macao and Taiwan	50400			1668
合资经营企业(港或澳、台资)	Joint Ventures	45800			1656
合作经营企业(港或澳、台资)	Cooperative Joint Venture	4600			12
港、澳、台商独资经营企业	Solely Owned				
港、澳、台商投资股份有限公司	Share-holding Company Limited				
外商投资企业	Foreign Funded	92589			1143
中外合资经营企业	Chinese-foreign Joint Venture	92589			729
中外合作经营企业	Chinese-foreign Cooperative Joint Venture				255
外资企业	Solely Owned				117
外商投资股份有限公司	Share-holding Company Limited				

15-3 续表 3 continued

类 别	Category	房屋建筑施工面积(平方米) Floor Space of Buildings under Construction (sq.m)	房屋建筑竣工面积(平方米) Floor Space of Buildings Completed (sq.m)	#住 宅 Residential	年 末从业人员(人) Staff Employed (person)
二、按国民经济行业分	**by Sector**				
房屋和土木工程建筑业	Building and Civil Engineering Construction	683252449	231915983	165908195	2311423
房屋工程建筑	Building	666178278	227378816	163431096	1900331
土木工程建筑	Civil Engineering	17074171	4537167	2477099	411092
建筑安装业	Construction Installation	9479994	3502181	1772372	126708
建筑装饰业	Construction Decoration	108870	215088	48401	66333
其它建筑业	Others	1174826	662117	213716	29315
工程准备	Preparation	150266	121029	91040	9348
提供工程设备服务	Service	72773	7648		4302
其它未列明的建筑活动	Others	951787	533440	122676	15665
三、按隶属关系分	**by Ownership**				
中 央	Central	62241081	9316314	3781158	141643
地 方	Local	631775058	226979055	164161526	2392136
省(自治区、直辖市)	Provincial	21633927	5625077	3996573	72319
地(区、市、州、盟)	Region	125469932	27185371	17362951	277218
县(区、市、旗)及县以下	County	484671199	194168607	142802002	2042599
四、按企业资质等级分	**by Qualification Criteria**				
施工总承包	Construction Contract	681350646	229075838	166006898	2311591
特 级	Special Grade	109855969	23859026	14261958	167783
一 级	First Grade	311406772	87720661	58295820	857045
二 级	Second Grade	166818547	71842066	57276947	788546
三级及以下	Third Grade and below	93269358	45654085	36172173	498217
专业承包	Professional Contract	12665493	7219531	1935786	222188
一 级	First Grade	3223721	2056327	10837	53193
二 级	Second Grade	4608403	2386361	963365	76663
三级及以下	Third Grade and below	4833369	2776843	961584	92332
五、按营业状态分	**by Business Status**				
营 业	Open	690321173	235412079	167258378	2522674
停业(歇业)	Close	260388	44791	44791	2901
筹 建	Prepared to Start				
当年关闭	Closed in Current Year	2992112	433995	235011	6542
当年破产	Bankruptcy				
其 它	Others	442466	404504	404504	1662
六、按控股情况分	**by Share Holding**				
#国有控股	State-controlled	103053181	17849646	9517992	340409
#集体控股	Collective-controlled	76550616	32996001	24892417	311892
#私人控股	Private-controlled	433297052	164350758	118361969	1635139
#港澳台商控股	Controlled by Investors from Hong Kong,Macao and Taiwan	28500			1048
#外商控股	Foreign-controlled	92589			839

15-4 建筑业主要财务指标(2015年)

Major Financial Indicators of Construction Enterprises(2015)

单位:万元 (10 000 yuan)

类 别	Category	年初存货 Inventory at Beginning of year	流动资产 Liquid Assets	固定资产 Fixed Assets	在建工程 Project under Construction	资产合计 Total Assets	流动负债 Liquid Liabilities
总 计	**Total**	**16937902**	**81557516**	**10389891**	**718902**	**99206358**	**62042135**
#国有及国有控股企业	State-owned and State-controlled Enterprises	5368994	25901850	2790477	126100	30786768	22900460
一、按登记注册类型分	**Grouped by Registration Status**						
内资企业	Domestic Funded	16815163	80837812	10301102	715364	98253532	61354495
国有企业	State owned	1539571	7138630	778095	42716	8402598	5819911
集体企业	Collective-owned	550848	2344453	495567	31822	3050466	1653126
股份合作企业	Stock-holding Cooperation	98485	302609	24235	2626	359500	251097
联营企业	Joint-owned	5114	15797	5692	65	22229	7263
国有联营企业	State-owned						
集体联营企业	Collective-owned	1623	9399	3301		12700	3639
国有与集体联营企业	State and collective owned						
其他联营企业	Others	3492	6398	2391	65	9529	3624
有限责任公司	Company with Limited Liabilition	9260228	43223651	4479276	324741	51244011	33814432
国有独资公司	State owned	1569323	7241176	544189	42158	8734018	6404482
其他有限责任公司	Others	7690905	35982475	3935087	282583	42509994	27409951
股份有限公司	Stock holding Company limited	1555462	10281155	1289093	51132	12631100	8467361
私营企业	Private owned	3788754	17223125	3188327	229424	22108149	11104685
私营独资企业	Solely Owned	13320	91409	26850	1364	119762	60334
私营合伙企业	Joint Owned	18895	103878	46395	564	178436	80078
私营有限责任公司	Company with Limited Liabilition	3450789	15599355	2868088	205024	20014203	10075558
私营股份有限公司	Stock holding Company limited	305750	1428484	246994	22473	1795748	888714
其他企业	Others	16701	308393	40817	32838	435479	236620
港、澳、台商投资企业	Funded from Hong Kong,Macao and Taiwan	115844	660657	54868	1811	859206	629585
合资经营企业(港或澳、台资)	Joint Ventures	114526	659055	54542	1811	857278	628591
合作经营企业(港或澳、台资)	Cooperative Joint Venture	1319	1602	326		1928	993
港、澳、台商独资经营企业	Solely Owned						
港、澳、台商投资股份有限公司	Share holding Company Limited						
外商投资企业	Foreign Funded	6895	59047	33921	1728	93620	58055
中外合资经营企业	Chinese foreign Joint Venture	5239	33993	30950	1726	65316	45028
中外合作经营企业	Chinese foreign Cooperative Joint Venture	792	23592	2489		26082	12426
外资企业	Solely Owned	863	988	475	2	1740	601
外商投资股份有限公司	Share holding Company Limited						

15-4 续表 1 continued

单位:万元 (10 000 yuan)

类 别	Category	年初存货 Inventory at Beginning of year	流动资产 Liquid Assets	固定资产 Fixed Assets	在建工程 Project under Construction	资产合计 Total Assets	流动负债 Liquid Liabilities
二、按国民经济行业分	**by Sector**						
房屋和土木工程建筑业	Building and Civil Engineering Construction	15556853	74518927	9151651	600439	90213995	57319320
房屋工程建筑	Building	9842616	45597759	5533864	408694	54944052	32862769
土木工程建筑	Civil Engineering	5714236	28921168	3617787	191746	35269943	24456552
建筑安装业	Construction Installation	657601	3411330	639556	43744	4366249	2465371
建筑装饰业	Construction Decoration	580665	2311983	344570	35191	2895843	1393654
其它建筑业	Others	142783	1315276	254115	39529	1730271	863789
工程准备	Preparation	44465	325614	82603	4077	434076	205071
提供工程设备服务	Service	14738	165768	30040	813	198201	45034
其它未列明的建筑活动	Others	83580	823893	141471	34639	1097994	613684
三、按隶属关系分	**by Ownership**						
中 央	Central	2526860	13388470	1561306	44992	15796259	12377977
地 方	Local	14411041	68169046	8828585	673911	83410099	49664158
省(自治区、直辖市)	Provincial	1458880	4962183	379345	10065	5757114	4309404
地(区、市、州、盟)	Region	2759949	15729729	1085115	98384	18455991	13047913
县(区、市、旗)及县以下	County	10192213	47477135	7364125	565462	59196994	32306841
四、按企业资质等级分	**by Qualification Criteria**						
施工总承包	Construction Contract	15464528	73719035	9049940	602431	89293339	56850490
特 级	Special Grade	1875103	11170270	1086120	53313	12997218	8594968
一 级	First Grade	7980268	36818331	3379322	198351	43470911	30276554
二 级	Second Grade	3861560	17290803	2702009	206206	21516486	12281542
三级及以下	Third Grade and below	1747597	8439632	1882490	144562	11308724	5697426
专业承包	Professional Contract	1473374	7838482	1339951	116471	9913019	5191645
一 级	First Grade	561101	2621897	276208	25580	3053456	1903535
二 级	Second Grade	470847	2714822	450459	63806	3482110	1650466
三级及以下	Third Grade and below	441425	2501763	613284	27085	3377454	1637644
五、按营业状态分	**by Business Status**						
营 业	Open	16765141	80657630	10258167	702560	98130517	61183636
停业(歇业)	Close	17738	46941	14751	1150	71040	41387
筹 建	Prepared to Start						
当年关闭	Closed in Current Year	149982	779711	108646	14547	917701	748600
当年破产	Bankruptcy						
其 它	Others	5042	73234	8327	645	87100	68512
六、按控股情况分	**by Share Holding**						
#国有控股	State-controlled	5368994	25901850	2790477	126100	30786768	22900460
#集体控股	Collective-controlled	1708733	7153476	1020006	75362	8647896	5287450
#私人控股	Private-controlled	8062078	38656306	5799209	464025	48377018	25735986
#港澳台商控股	Controlled by Investors from Hong Kong,Macao and Taiwan	11764	103176	14057		120629	90262
#外商控股	Foreign-controlled	5967	48765	32227	1728	81635	49943

15-4 续表 2 continued

单位:万元 (10 000 yuan)

类 别	Category	非流动负债 Non-current liabilities	负债合计 Total Liabilities	所有者权益 Creditors' Equity	主营业务收入 Revenue from Principal Business	主营业务成本 Cost of Principal Business
总 计	**Total**	**2912420**	**68848120**	**30358189**	**89295807**	**77010757**
#国有及国有控股企业	State owned and State controlled Enterprises	1563129	25072319	5714450	24617389	21236502
一、按登记注册类型分	**Grouped by Registration Status**					
内资企业	Domestic Funded	2886720	68113430	30140052	88486490	76279948
国有企业	State-owned	644675	6573636	1828963	7157785	6432951
集体企业	Collective-owned	108494	1895524	1154942	3313330	2766468
股份合作企业	Stock-holding Cooperation	570	260411	99089	212326	185419
联营企业	Joint-owned	9	10613	11616	43661	35556
国有联营企业	State-owned					
集体联营企业	Collective-owned		6792	5908	26360	21108
国有与集体联营企业	State-and-collective owned					
其他联营企业	Others	9	3821	5708	17301	14448
有限责任公司	Company with Limited Liabilition	1088982	37754600	13489411	44547880	39348823
国有独资公司	State-owned	157249	7030648	1703369	6879805	6227910
其他有限责任公司	Others	931733	30723952	11786042	37668075	33120913
股份有限公司	Stock-holding Company limited	708409	9409884	3221216	11507343	9248185
私营企业	Private-owned	226893	11863394	10244705	21577005	18160937
私营独资企业	Solely Owned	712	61737	58025	103991	85416
私营合伙企业	Joint Owned	12	80090	98346	105809	79549
私营有限责任公司	Company with Limited Liabilition	202448	10739315	9274888	19739181	16653967
私营股份有限公司	Stock-holding Company limited	23721	982251	813447	1628023	1342005
其他企业	Others	108689	345368	90111	127160	101611
港、澳、台商投资企业	Funded from Hong Kong,Macao and Taiwan	17165	668096	191110	747752	690703
合资经营企业(港或澳、台资)	Joint Ventures	17165	667103	190176	747747	690699
合作经营企业(港或澳、台资)	Cooperative Joint Venture		993	935	5	4
港、澳、台商独资经营企业	Solely Owned					
港、澳、台商投资股份有限公司	Share-holding Company Limited					
外商投资企业	Foreign Funded	8536	66594	27026	61565	40106
中外合资经营企业	Chinese-foreign Joint Venture		45031	20285	53353	38432
中外合作经营企业	Chinese-foreign Cooperative Joint Venture	8536	20962	5120	7072	501
外资企业	Solely Owned		601	1139	839	927
外商投资股份有限公司	Share-holding Company Limited					

15-4 续表 3 continued

单位:万元 (10 000 yuan)

类 别	Category	非流动负债 Non-current liabilities	负债合计 Total Liabilities	所有者权益 Creditors' Equity	主营业务收入 Revenue from Principal Business	主营业务成本 Cost of Principal Business
二、按国民经济行业分	**by Sector**					
房屋和土木工程建筑业	Building and Civil Engineering Construction	2575371	63497045	26716950	80498308	69684771
房屋工程建筑	Building	1156454	36735080	18208972	54649408	47784162
土木工程建筑	Civil Engineering	1418916	26761965	8507978	25848900	21900610
建筑安装业	Construction Installation	134865	2687691	1678559	4315069	3604685
建筑装饰业	Construction Decoration	75029	1538571	1357222	3431087	2868594
其它建筑业	Others	127155	1124813	605458	1051343	852707
工程准备	Preparation	5261	237531	196545	314182	261695
提供工程设备服务	Service	11496	141288	56913	199153	170923
其它未列明的建筑活动	Others	110399	745994	352000	538008	420089
三、按隶属关系分	**by Ownership**					
中 央	Central	1020922	13686302	2109957	15443810	13256304
地 方	Local	1891498	55161818	28248232	73851997	63754454
省(自治区、直辖市)	Provincial	151805	4495092	1262022	3731651	3264246
地(区、市、州、盟)	Region	663298	14118296	4337695	13696881	12290768
县(区、市、旗)及县以下	County	1076396	36548429	22648515	56423465	48199439
四、按企业资质等级分	**by Qualification Criteria**					
施工总承包	Construction Contract	2575633	62957913	26335426	80636431	69849546
特 级	Special Grade	662688	10134620	2862599	10990021	9032541
一 级	First Grade	1302306	32841238	10629673	40598860	36311578
二 级	Second Grade	307652	13349464	8167022	18714224	16053928
三级及以下	Third Grade and below	302988	6632592	4676132	10333325	8451499
专业承包	Professional Contract	336787	5890206	4022763	8659376	7161211
一 级	First Grade	113845	2049009	1004447	3495806	3025664
二 级	Second Grade	190504	1998468	1483642	2552637	2073914
三级及以下	Third Grade and below	32438	1842729	1534674	2610933	2061634
五、按营业状态分	**by Business Status**					
营 业	Open	2882011	67956081	30174386	88325847	76144852
停业(歇业)	Close		43548	27492	59403	45599
筹 建	Prepared to Start					
当年关闭	Closed in Current Year	27598	776738	140963	860931	775951
当年破产	Bankruptcy					
其 它	Others	2812	71753	15347	49627	44356
六、按控股情况分	**by Share Holding**					
#国有控股	State-controlled	1563129	25072319	5714450	24617389	21236502
#集体控股	Collective-controlled	208305	5863795	2784101	8079770	6895484
#私人控股	Private-controlled	812386	29196810	19180158	47314686	40678679
#港澳台商控股	Controlled by Investors from Hong Kong,Macao and Taiwan		90595	30034	108144	94141
#外商控股	Foreign-controlled	8536	58479	23156	49991	28989

15-4 续表 4 continued

单位:万元 (10 000 yuan)

类 别	Category	主营业务税金及附加 Taxes and Other Charges on Principal Business	销售费用 Sales Expenses	管理费用 Management Expenses	财务费用 Financial Expenses	利润总额 Total Profits
总 计	**Total**	**2728124**	**335365**	**2984327**	**824792**	**4071327**
#国有及国有控股企业	State-owned and State-controlled Enterprises	655585	36811	846906	198632	744978
一、按登记注册类型分	**Grouped by Registration Status**					
内资企业	Domestic Funded	2712540	320924	2964316	814349	4055037
国有企业	State-owned	172009	12340	275193	55307	232444
集体企业	Collective-owned	120189	18860	116511	20106	244107
股份合作企业	Stock-holding Cooperation	7351	1445	9215	5925	4462
联营企业	Joint-owned	1625	1185	1870	176	3207
国有联营企业	State-owned					
集体联营企业	Collective-owned	1036	322	1483	161	2205
国有与集体联营企业	State-and-collective owned					
其他联营企业	Others	589	863	387	15	1002
有限责任公司	Company with Limited Liabilition	1365609	104122	1483885	383685	1759415
国有独资公司	State-owned	209268	4383	188875	66811	186810
其他有限责任公司	Others	1156341	99739	1295010	316874	1572605
股份有限公司	Stock-holding Company limited	295532	57731	342135	103067	487612
私营企业	Private-owned	748007	124762	727308	236470	1318931
私营独资企业	Solely Owned	4090	1563	3170	729	8354
私营合伙企业	Joint Owned	3731	491	7585	5438	8250
私营有限责任公司	Company with Limited Liabilition	677258	115038	669881	209378	1199580
私营股份有限公司	Stock-holding Company limited	62929	7670	46672	20925	102747
其他企业	Others	2218	480	8199	9615	4859
港、澳、台商投资企业	Funded from Hong Kong,Macao and Taiwan	14593	13699	15058	9903	6922
合资经营企业(港或澳、台资)	Joint Ventures	14593	13699	15057	9903	6922
合作经营企业(港或澳、台资)	Cooperative Joint Venture			1		
港、澳、台商独资经营企业	Solely Owned					
港、澳、台商投资股份有限公司	Share-holding Company Limited					
外商投资企业	Foreign Funded	992	742	4953	541	9368
中外合资经营企业	Chinese-foreign Joint Venture	967	549	4037	184	8728
中外合作经营企业	Chinese-foreign Cooperative Joint Venture	3	148	745	231	918
外资企业	Solely Owned	11	45	127	126	-277
外商投资股份有限公司	Share-holding Company Limited					

15−4 续表 5 continued

单位:万元 (10 000 yuan)

类别	Category	主营业务税金及附加 Taxes and Other Charges on Principal Business	销售费用 Sales Expenses	管理费用 Management Expenses	财务费用 Financial Expenses	利润总额 Total Profits
二、按国民经济行业分	by Sector					
房屋和土木工程建筑业	Building and Civil Engineering Construction	2480460	246655	2495055	758582	3581650
房屋工程建筑	Building	1790322	177247	1427402	501593	2599135
土木工程建筑	Civil Engineering	690138	69408	1067653	256989	982515
建筑安装业	Construction Installation	121846	38779	267797	25481	229269
建筑装饰业	Construction Decoration	96531	33733	152502	22090	200512
其它建筑业	Others	29287	16198	68973	18640	59896
工程准备	Preparation	9904	3046	20372	3854	14875
提供工程设备服务	Service	5558	1906	10484	932	8685
其它未列明的建筑活动	Others	13825	11246	38117	13854	36336
三、按隶属关系分	by Ownership					
中　央	Central	385776	20531	445934	81246	352463
地　方	Local	2342348	314834	2538393	743546	3718864
省(自治区、直辖市)	Provincial	103176	6016	188351	61477	129633
地(区、市、州、盟)	Region	384396	22013	450439	164907	445864
县(区、市、旗)及县以下	County	1854776	286806	1899604	517162	3143367
四、按企业资质等级分	by Qualification Criteria					
施工总承包	Construction Contract	2489006	246874	2494254	748322	3538655
特　级	Special Grade	261006	23808	294718	117963	381704
一　级	First Grade	1214632	68122	1129037	388629	1424493
二　级	Second Grade	642109	78747	638207	164654	1028486
三级及以下	Third Grade and below	371259	76197	432291	77076	703972
专业承包	Professional Contract	239118	88491	490073	76470	532672
一　级	First Grade	84110	24350	136984	18654	164293
二　级	Second Grade	73946	23912	156559	33306	180900
三级及以下	Third Grade and below	81062	40230	196530	24511	187479
五、按营业状态分	by Business Status					
营　业	Open	2693161	334787	2952101	818008	4048363
停业(歇业)	Close	5351	350	3598	1546	5863
筹　建	Prepared to Start					
当年关闭	Closed in Current Year	28108	79	27845	5150	14386
当年破产	Bankruptcy					
其　它	Others	1504	150	783	89	2716
六、按控股情况分	by Share Holding					
#国有控股	State-controlled	655585	36811	846906	198632	744978
#集体控股	Collective-controlled	256353	38844	324699	60902	428211
#私人控股	Private-controlled	1563973	229223	1488966	459944	2568698
#港澳台商控股	Controlled by Investors from Hong Kong,Macao and Taiwan	3260	17	2147	2404	6639
#外商控股	Foreign-controlled	910	600	4350	478	9781

15-5 各市建筑业主要生产指标(2015年)
Main Production Indicators of Construction Enterprises by Region(2015)

地 区 Region	企业个数(个) Number of Enterprises (unit)	建筑业合同(万元) Value of Construction Contracts (10 000 yuan)	#上年结转合同额 Carryover of Last Year	建筑业总产值(万元) Gross Output Value of Construction (10 000 yuan)	竣工产值(万元) Value of Construction Completed (10 000 yuan)	房屋建筑施工面积(平方米) Floor Space under Construction (sq.m)	房屋建筑竣工面积(平方米) Floor Space Completed (sq.m)	#住宅 Residential	年末从业人员(人) Employees at year-end (person)
全省总计 Total	**6074**	**152572898**	**60141312**	**93785441**	**51998666**	**694016139**	**236295369**	**167942684**	**2533779**
济南市 Jinan	441	38788714	19594570	16638332	7613104	101891988	20390493	11776674	321297
青岛市 Qingdao	562	26607011	10980313	13386271	5506894	112101354	21081964	13752277	195335
淄博市 Zibo	406	12041603	3576067	8377920	4933593	67904748	27124754	17735326	298885
枣庄市 Zaozhuang	228	3951058	1274234	2789437	1807027	23908545	10867679	8793338	118529
东营市 Dongying	231	3713528	1047751	2758542	2127740	7930465	4754913	3038594	86368
烟台市 Yantai	802	8344648	2897318	6497746	4064650	36615478	16433042	12047201	192485
潍坊市 Weifang	508	10492578	3877984	7675789	4641462	71488392	24291379	16407650	201788
济宁市 Jining	435	10827144	4532871	6805768	3891946	50642116	18764660	14993064	193025
泰安市 Tai'an	324	8593572	2443978	6663169	3770538	32587734	17226908	14329135	242517
威海市 Weihai	419	3176320	947145	2668506	1663492	24289327	7842351	4957674	74855
日照市 Rizhao	233	3500058	1113117	2566484	1389434	14665599	6205088	4830714	74507
莱芜市 Laiwu	133	1048188	430012	783419	537932	4464869	2919500	1925732	39037
临沂市 Linyi	391	9098908	2926218	7052050	4497564	72715076	27919892	20042650	170921
德州市 Dezhou	195	3381031	1056144	2699642	1414455	17926709	7287095	5555754	81901
聊城市 Liaocheng	260	3790006	1924716	2074071	1429292	24649241	8254108	5957825	64474
滨州市 Binzhou	230	2269167	800752	2000195	1277390	11836765	5640367	4558583	55012
菏泽市 Heze	276	2949364	718123	2348100	1432155	18397733	9291176	7240493	122843

15-6 各市建筑业主要财务指标(2015年)
Financial Indicators of Construction Enterprises by Region(2015)

单位:万元 (10 000 yuan)

地 区	Region	流动资产 Liquid Assets	固定资产 Fixed Assets	在建工程 Projects under Construction	资产合计 Total Assets	流动负债 Liquid Liabilities	非流动负债 Non-current liabilities	负债合计 Total Liabilities
全省总计	**Total**	**81557516**	**10389891**	**718902**	**99206358**	**62042135**	**2912420**	**68848120**
济 南 市	Jinan	16618632	1567917	69395	19452817	14683745	644300	15445409
青 岛 市	Qingdao	13188851	1152249	94429	15447191	10264160	1191752	11570642
淄 博 市	Zibo	4688301	714799	24447	5673677	3058189	58345	3225574
枣 庄 市	Zaozhuang	2414731	417275	9096	2944868	1814437	15489	1903263
东 营 市	Dongying	3461918	618290	31867	4228759	2494085	78072	2632165
烟 台 市	Yantai	6523409	891681	61906	7915762	4934862	140430	5201647
潍 坊 市	Weifang	6042792	842468	72503	7484536	4409561	175640	4832211
济 宁 市	Jining	6083838	552122	45082	7142745	4445001	-16290	4938044
泰 安 市	Tai'an	3166008	584882	45727	3994905	2115227	46742	2576578
威 海 市	Weihai	2485653	587917	33592	3244354	1829645	77358	1963188
日 照 市	Rizhao	2247371	310311	40916	2947475	1849735	26819	1916127
莱 芜 市	Laiwu	654751	141516	24580	839408	362230	5234	385369
临 沂 市	Linyi	6687481	588745	56479	8325372	4569594	249761	6002908
德 州 市	Dezhou	2014518	300890	27344	2494811	1491060	16776	1562758
聊 城 市	Liaocheng	2174414	279953	50151	2687983	1724777	121658	1885841
滨 州 市	Binzhou	1757698	373882	21623	2268156	1447514	22912	1524522
菏 泽 市	Heze	1347152	464995	9765	2113540	548312	57424	1281873

15-6 续表 continued

单位:万元 (10 000 yuan)

地 区	Region	所有者权益 Owner's Equity	实收资本 Paid-in Capitals	主营业务收入 Revenue from Principal Business	主营业务成本 Cost of Principal Business	主营业务税金及附加 Taxes and Other Charges on Principal Business	管理费用 Management Expenses	财务费用 Financial Expenses	利润总额 Total Profits
全省总计	**Total**	**30358189**	**15405013**	**89295807**	**77010757**	**2728124**	**2984327**	**824792**	**4071327**
济 南 市	Jinan	4007408	2238264	16954234	14303460	465696	576931	98695	569622
青 岛 市	Qingdao	3876549	2258346	14558881	13052537	356196	426935	168197	465402
淄 博 市	Zibo	2448102	1111033	8183352	7233575	271859	269082	55426	325171
枣 庄 市	Zaozhuang	1041605	458995	2650683	2241303	96279	116191	14176	140223
东 营 市	Dongying	1596595	689997	2930463	2505672	84553	116105	47413	158213
烟 台 市	Yantai	2714114	1436738	6135930	5112838	200881	230485	74163	430358
潍 坊 市	Weifang	2652325	1100620	6929987	5978606	232448	178948	56588	451364
济 宁 市	Jining	2204650	1152846	5661362	4936835	182050	190183	61665	209910
泰 安 市	Tai'an	1418327	747490	5442426	4560469	196238	237874	39004	348896
威 海 市	Weihai	1281166	674193	2208234	1790780	82404	110805	22189	125083
日 照 市	Rizhao	1031347	590218	2405456	2086253	78124	74183	25126	108679
莱 芜 市	Laiwu	454040	217431	661194	550263	21390	23914	7043	51667
临 沂 市	Linyi	2322464	894714	6112969	5299944	179867	174849	59962	303575
德 州 市	Dezhou	932054	451513	2396829	2093709	80211	64996	23428	124056
聊 城 市	Liaocheng	802142	512157	2245117	1993350	71551	81194	29628	59800
滨 州 市	Binzhou	743634	417186	1645449	1356776	52616	60337	21201	97720
菏 泽 市	Heze	831666	453273	2173241	1914386	75760	51315	20888	101588

主要统计指标解释

建筑业统计单位 指从事房屋、构筑物建造和设备安装活动的法人企业。建筑业法人企业应具有建筑业资质并能够独立核算，同时其应具备以下条件：①依法成立，有自己的名称、组织机构和场所，能够承担民事责任；②独立拥有和使用资产，承担负债，有权与其他单位签订合同；③独立核算盈亏，能够编制资产负债表。

建筑业总产值 是以货币形式表现的建筑业企业在一定时期内生产的建筑业产品和提供的服务的总和。建筑业总产值包括：

⑴建筑工程产值：指列入建筑工程预算内的各种工程价值。

⑵安装工程产值：指设备安装工程价值，不包括被安装设备本身的价值。

⑶其他产值：建筑业总产值中除建筑工程、安装工程以外的产值。包括房屋构筑物修理产值、非标准设备制造产值、总包企业向分包企业收取的管理费以及不能明确划分的施工活动所完成的产值。

a.房屋构筑物修理产值：指房屋和构筑物修理所完成的产值，但不包括被修理房屋、构筑物本身价值和生产设备的修理产值。

b.非标准设备制造产值：指加工制造没有定型的非标准生产设备的加工费和原材料价值(如化工厂、炼油厂用的各种罐、槽，矿井生产统一使用的各种漏斗、三角槽、阀门等)以及附属加工厂为本企业承建工程制作的非标准设备的价值。

建筑业增加值 指建筑业企业在报告期内以货币形式表现的建筑业生产经营活动的最终成果。

从 2004 年第一次全国经济普查开始，建筑业现价增加值按生产法和分配法(收入法)两种方法计算，以收入法的计算结果为准，即从收入的角度出发，根据生产要素在生产过程中应得的收入份额计算。具体计算方法：经济普查年度建筑业增加值按照《经济普查年度 GDP 核算方案》计算，非经济普查年度建筑业增加值按照《非经济普查年度 GDP 核算方案》计算。

房屋建筑施工面积 指在报告期内施过工的全部房屋建筑面积，包括本期新开工的房屋面积、上期施工跨入本期继续施工的房屋面积、上期停缓建在本期恢复施工的房屋面积、本期竣工的房屋面积及本期施工后又停缓建的房屋面积。

房屋建筑竣工面积 指在报告期内房屋建筑按照设计要求全部完工，达到了使用条件，经验收鉴定合格，正式移交使用单位的房屋建筑面积。

Explanatory Notes on Main Statistical Indicators

Statistical Unit in Construction refers to corporate enterprise engaged in the construction of buildings and structures and in the installation of equipment. A corporate construction enterprise should have qualification certificates with independent accounting system, and should meet the following 3 requirements: a) being set up in line with relevant legal basis, having its full name, organization and location, and capable of taking civil liabilities; b) independently possessing and using its assets and assuming its liabilities, and entitled to sign contracts with other institutions; and c) making independent accounts of its profits and losses, and capable of compiling its own balance sheet.

Gross Output Value of Construction refers to total of construction products and services, expressed in money terms, produced or rendered by construction and installation enterprises during a given period of time. It includes:

(1)Output value of construction projects, that is the value of projects covered by the project budgets;

(2)Output value of installation projects, that is the value of the installation of equipment, (excluding the value of the equipment to be installed);

(3)Output value of others, that is the output value of construction industry excluding that of construction projects and installation projects. It includes: output value of repair of buildings and structures; output value of non standard equipment manufacturing; overhead expenses received by contracted enterprises to the sub contracted enterprises and the completed output value of construction activities that have no clear definition.

a. Output value of repair of buildings and structures, that is the value created through the repairs of buildings or structures, but does not include the value of buildings or structures being repaired and the value of the repair of production equipment;

b. Output value of manufactured non standard equipment, that is the value of non standard production equipment including raw materials and manufacturing cost made for the construction project (i.e., chemical plant; kettles or tanks used by refineries; various fillers, triangle tanks, valves used by mines), and the output value of equipment manufactured by subsidiary workshops.

Value added of Construction refers to the final result of the activities of production and management of construction industry in monetary terms in the reference period.

Starting from the 2004 economic census, value added of construction is calculated by both production approach and income approach, with the income approach as the final approach, where the calculation is based on the share of production factor in the production process. Specifically, value added of construction for census years is calculated in accordance with the Programme of Compilation of GDP and National Accounts for the Year of Economic Census, and value added of construction for other years is calculated in accordance with the Programme of Compilation of GDP and National Accounts for the Non Economic Census Years.

Floor Space of Buildings under Construction refers to floor space of buildings under construction during the reference period, including newly started buildings, buildings started earlier and continued during the reference period, and buildings suspended earlier but restarted during the reference period, buildings completed during the reference period, and buildings under construction and then suspended during the reference period.

Floor Space of Buildings Completed refers to the floor space of buildings that are completed in the reference period in accordance with the requirements of the design, up to the standard for putting them into use, and have been checked and accepted by concerned departments as qualified ones.

第16篇 运输和邮电

Transport, Post and Telecommunication Services

简 要 说 明

一、本篇资料的主要内容

本篇资料反映了全省交通运输业和邮电通讯业发展的基本状况，主要包括交通设施基本情况、客货运量及周转量、交通运输企业主要技术经济指标、沿海主要港口货物吞吐量、邮政和电信基本情况、地方交通和营业性运输车辆、民用汽车拥有量等方面的内容。

二、本篇资料的来源

本篇资料中，交通运输资料分别来源于济南铁路局、山东省地方铁路局、邯济铁路有限公司、省交通厅、省民航安监办、省公安厅交警总队，邮电通信业资料来源于省通信管理局和省邮政局。

本篇资料由省统计局服务业处整理提供。

Brief Introduction

I. Content

Data in this chapter cover mainly the basic conditions of the development of transport, post and telecommunications in Shandong Province, including the basic conditions of transport, the freight traffic and passenger traffic accomplished by various means, major financial indices of related enterprises, cargo handled at principal sea ports, the possession of the transport equipment and the basic conditions of post and telecommunication services.

II. Source of Data

Data in this chapter are provided by Jinan Railway Board, Shandong Local Railway Board, Hanji Railway Co., Ltd, Shandong Communications Department, Shandong Aviation Administration of Work Security, and Traffic Police General Brigade of Shandong Public Security Department. Data on post and telecommunication services are provided by Shandong Communication Administration and Shandong Post Bureau.

Data in this chapter are prepared and compiled by the Division of Comprehensive Service Statistics of Shandong Provincial Bureau of Statistics.

16-1 主要年份运输线路长度
Length of Transport Routes in Major Years

单位:公里 (km)

年 份 Year	铁 路 通车里程 Length of Railways in operation	公 路 通车里程 Length of Highways in Operation	#晴雨通车 In Operation Regardless of Weather	内 河 通航里程 Length of Navigabe Inland Waterways	#通机动船 In Operation for Motor Vessels
1949	887	3152	65	1082	
1952	954	7669	170	1459	409
1955	956	9070	667	1459	409
1957	1154	13425	2115	1642	1063
1962	1168	15766	4189	2179	1353
1965	1208	22176	5669	1827	1310
1970	1276	29159	12666	1821	1629
1975	1275	31712	20212	1876	1764
1976	1386	32978	21645	2118	1802
1977	1386	33629	23636	2343	1811
1978	1385	34244	25289	2403	1880
1979	1388	35139	26106	1972	1953
1980	1411	35311	26544	1970	1736
1981	1582	35292	27284	1849	1712
1982	1565	35504	27875	1859	1722
1983	1565	35722	28480	1859	1722
1984	1569	35935	29427	1859	1725
1985	1572	36327	30250	1840	1706
1986	2041	37005	31286	1840	1706
1987	2042	37530	32468	1840	1706
1988	2042	38759	34057	1840	1706
1989	2042	39783	35557	1840	1706
1990	2041	40772	37015	1840	1706
1991	2042	41937	39081	1891	1780
1992	2048	43134	40612	1891	1780
1993	2048	46033	43992	1891	1780
1994	2048	50225	48385	1891	1780
1995	2048	54243	52702	1891	1780
1996	2620	57271	55882	1891	1780
1997	2721	59260	58028	1414	1302
1998	2658	64145	63142	1414	1302
1999	2672	67847	67055	1476	
2000	2672	70686	70038	1476	
2001	2709	71128	70701	1476	
2002	2709	74029	73665	1476	
2003	3236	76266	75948	1012	
2004	3348	77768	77483	1012	
2005	3402	80132	79854	1012	
2006	3405	204911	203363	1012	
2007	3379	212236	211279	1012	
2008	3329	220687	219525	1012	
2009	3620	226693	225235	1012	
2010	3833	229858	228906	1150	
2011	4177	233189	232264	1150	
2012	4306	244586	243779	1150	
2013	4397	252785	252066	1150	
2014	4546	259514	259031	1150	
2015	4863	263447	262986	1150	

注:2006年起，村道纳入公路通车里程。

a)Length of highways includes that of village-level highways since 2006.

16–2 主要年份旅客运量及周转量

Passenger Traffic and Turnover Volume in Major Years

年 份 Year	客运量 (万人) Passenger Traffic (10 000 Persons)	铁 路 Railways	公 路 Highways	水 路 Waterways	周转量 (百万人公里) Passenger Turnover (million Passenger-km)	铁 路 Railways	公 路 Highways	水 路 Waterways
1949	928	846	82		1368	1287	81	
1952	1196	938	251	7	1553	1365	180	8
1955	1775	1086	678	11	2229	1786	438	5
1957	3019	1872	1128	19	3002	2427	565	10
1962	7590	5923	1599	68	7664	6690	933	41
1965	4566	2457	2077	32	3664	2699	953	12
1970	5725	2454	3240	31			1445	14
1975	7084	3202	3844	38	6676	4708	1953	15
1976	7614	3233	4239	52	6996	4791	2189	16
1977	8679	3522	5103	54	7702	5127	2560	15
1978	9431	3467	5897	67	8448	5535	2895	18
1979	10857	3431	7338	88	9373	5950	3403	19
1980	12208	3586	8532	90	10624	6769	3839	16
1981	12682	3600	8994	88	11365	7272	4077	16
1982	13109	3695	9322	92	12283	7788	4477	18
1983	14839	3792	10942	102	14237	8954	5264	19
1984	17309	4071	13125	113	17058	10615	6423	20
1985	19772	4073	15565	134	20357	12433	7901	23
1986	26459	4005	22311	143	24671	13895	10752	24
1987	25209	4212	20811	186	27316	15608	11680	28
1988	29035	4447	24297	291	32412	17974	14402	36
1989	30718	3905	26419	344	32286	16552	15693	41
1990	29798	3303	26136	359	30138	14830	15255	53
1991	31940	3286	28240	405	32620	15873	16598	96
1992	33920	3244	30145	486	35164	17043	18002	119
1993	33634	3346	29693	595	34068	17785	16114	169
1994	34592	3587	30253	627	35627	18273	17126	222
1995	36425	3414	32317	694	35097	17418	17449	230
1996	39199	2854	35611	734	35344	15317	19696	331
1997	43218	3071	39234	913	40060	17277	22347	436
1998	50904	3223	46467	868	45229	18327	24599	483
1999	59350	3670	54817	863	51828	20568	28846	414
2000	66128	3840	61466	822	54873	22180	32358	335
2001	70497	3723	65787	987	59432	23373	35573	486
2002	74626	3566	69948	1112	64294	24644	39173	477
2003	75492	3324	71053	1115	61769	22024	39223	522
2004	89388	3857	84290	1241	74799	26696	47545	558
2005	98485	3952	93178	1355	82778	28268	53910	600
2006	109472	4757	103298	1417	93014	32223	60128	663
2007	123963	5127	117309	1527	106879	34039	72022	818
2008	213387	5470	205917	2000	141867	36694	104569	604
2009	234234	5806	226134	2294	158713	37993	119723	997
2010	248720	6041	240044	2635	164471	42135	121151	1185
2011	250469	6609	241457	2403	172751	45872	125691	1188
2012	264935	7650	254711	2574	183196	50951	130995	1250
2013	269391	8484	258327	2580	189285	54995	133137	1153
2014	73582	9508	62052	2022	114056	61734	51141	1181
2015	59625	10666	46960	1999	112745	64444	47137	1164

注：1.2008年起，公路、水路数据改用全国公路水路运输量专项调查数据(下同)。

2.交通运输部2014年修订了公路、水运运输量统计试行方案，统计口径发生了变化。

a)Since 2008，data on highways and waterways are based on the National Special Highway and Waterways Survey.The same as the following tables.

b)The pilot statistical investigation program on passenger traffic and turnover was revised in 2014,and the statistical scope was adjusted.

16–3 主要年份货物运量及周转量

Freight Traffic and Turnover Volume in Major Years

年 份 Year	货运量 (万吨) Freight Traffic (10 000 tons)	铁 路 Railways	公 路 Highways	水 路 Waterways	周转量 (百万吨公里) Freight Turnover (million ton-km)	铁 路 Railways	公 路 Highways	水 路 Waterways
1949	547	381	166	0.2	1245	1178	66	1
1952	1802	640	1029	133	3711	3346	154	211
1955	3305	895	2013	397	4919	4359	246	344
1957	4558	1238	2973	347	6923	6190	327	406
1962	4500	1801	2419	280	8106	7309	421	376
1965	7544	2821	4339	385	11929	10721	750	458
1970	10081	3911	5693	477	19167	17346	1186	635
1975	14598	4214	9781	603	22198	18947	2374	877
1976	17320	4904	11732	684	24062	20096	2942	1024
1977	21484	5365	15255	864	27326	22293	3865	1168
1978	22964	5940	16128	896	31005	25746	4060	1199
1979	22536	5951	15748	837	31586	26540	3634	1113
1980	22086	5687	15629	770	31329	26087	4005	1237
1981	20496	5306	14427	763	31941	26332	4093	1516
1982	21641	5415	15413	813	35160	28400	4937	1823
1983	23726	5655	17216	855	38996	30966	5787	2243
1984	25310	6035	18389	886	41974	33250	6505	2219
1985	27371	6403	20105	863	48431	37342	8139	2468
1986	32299	6789	24619	893	57599	44618	10287	2694
1987	36012	7072	28008	932	64533	49069	12231	3234
1988	39866	7322	31670	874	72723	53851	15325	3547
1989	43098	7934	34331	833	78996	58657	16612	3727
1990	41443	8012	32654	777	77845	58546	15705	3594
1991	44145	8372	34587	1186	81402	59694	16660	5047
1992	47676	8609	37684	1381	87617	62750	18931	5936
1993	51250	9023	40820	1407	92257	63127	20444	8687
1994	57187	9259	46485	1443	101437	66744	23069	11625
1995	66546	9256	55669	1621	112655	69857	26397	16401
1996	70664	10226	58270	2168	122849	71385	30559	20895
1997	72780	10368	60340	2072	126093	73323	31915	20855
1998	76813	10224	64716	1867	118753	65877	34322	18513
1999	80212	10553	67696	1956	127304	73588	35350	18330
2000	92483	11253	76778	4452	403315	79964	40575	282776
2001	99464	12426	81574	5464	467545	84815	41143	341587
2002	107454	13624	89714	4116	304075	92525	46009	165541
2003	117712	17167	95900	4645	342906	107157	50987	184762
2004	132036	17862	106887	7287	478309	111109	59606	307594
2005	147999	18338	120455	9206	558286	121908	71182	365196
2006	167511	19126	136750	11635	665521	151159	84510	429852
2007	198507	19923	163959	14625	642854	131151	106926	404777
2008	247489	20872	216604	10013	1010234	134133	511792	364309
2009	284463	19596	251587	13280	1095569	134139	604502	356928
2010	298055	18056	264366	15633	1174705	144775	621680	408250
2011	314962	19711	279380	15871	1258364	152606	662435	443323
2012	330270	19814	296752	13704	1099119	149384	705922	243813
2013	344401	19043	311812	13546	1026088	138910	749888	137290
2014	260983	16792	230018	14172	817690	123808	571138	122744
2015	258444	15786	227934	14724	833415	107728	587699	137988

注：交通运输部2014年修订了公路、水运运输量统计试行方案，统计口径发生了变化。

a)The pilot statistical investigation program on passenger traffic and turnover was revised in 2014,and the statistical scope was adjusted.

16–4 沿海主要港口货物吞吐量
Volume of Freight Handled in Major Coastal Ports

单位:千吨 (1000 tons)

港口名称	Seaport	1990	1995	2000	2005	2010	2011	2012	2013	2014	2015
总 计	**Total**	**54449**	**105940**	**160249**	**384010**	**864210**	**961880**	**1066554**	**1181370**	**1285930**	**1342180**
青岛港	Qingdao	30340	51030	86607	186785	350121	372297	414658	457825	477010	497490
烟台港	Yantai	6680	13610	19639	45060	150327	180293	243453	286800	319710	330270
日照港	Rizhao	9250	14520	26738	84208	225967	252603	283870	318085	353240	360820
威海港	Weihai	1001	3787	6583	15317	24072	30025	62000	70007	71100	73240

16–5 交通运输企业主要技术经济指标
Major Technical and Economic Indicators of Transportation Enterprises

类 别	Category	2010	2011	2012	2013	2014	2015
铁路运输	**Railway Transport**						
货车周转时间 (天)	Turning Around Time of Freight Locomotives (day)	1.8	1.8	2.0	2.0	1.9	2.0
货车全周转距离 (公里)	Turning Around Length of Freight Locomotives (km)	415	410	428	426	427	432
货车中转距离 (公里)	Transfer Length of Freight Locomotives (km)	203	198	196	198	194	190
平均一日装车数 (车)	Daily Loading Coach (coach)	7905	8601	8578	8251	7351	7081
平均一日卸车数 (车)	Daily Unloading Coach (coach)	9213	9707	9285	9099	8857	8461
货车静载重 (吨)	Static Load of Freight Locomotives (ton)	62.6	62.8	63.1	63.2	62.6	61.1
货运机车日产量 (万总重吨公里)	Average Daily Ton-kilometers of Freight Locomotives (10 000 tonkm)	137.1	143.7	142.7	133.9	132.3	131.7
内燃机车每万吨公里耗油 (公斤)	Oil Consumption of Diesel Locomotives per 10000 Ton-km (kg)	25.1	27.6	27.8	27.9	28.4	33.4
沿海水运船舶	**Coastal Waterways Transport**						
全部船舶净载重量 (万吨)	Static Load of Vessels (10 000 tons)	1190	1296	1430	1489	1598	1755
码头舶位 (个)	Berths in Ports (unit)	473	485	501	519	540	556
最大靠船能力 (万吨)	Maximum Capacity on Berths (10 000 tons)	30	30	30	30	30	30
年综合通过能力 (万吨)	Integrated Capacity (10 000 tons)	45642	48212	53099	57309	63236	67089
旅客吞吐量 (万人)	Passenger Handled (10 000 persons)	2266	1879	1313	1298	1321	1378

16-6 1978-2015年邮政基本情况
Basic Conditions of Post Services 1978 to 2015

年 份 Year	邮政局总计 (处) Post &Telecommunication offices (unit)	#设在农村 in Rural Area	邮路总长度 (万公里) Length of Postal Routes (10 000 km)	函 件 (万件) Letters (10 000 pcs)	报刊期发数 (万份) Issue of Newspapers and Magazines (10 000 copies)
1978	2349	2048		15532	542
1979	2348	2042	22.6	16336	613
1980	2363	2057	22.5	17324	775
1981	2363	2052	22.8	17540	859
1982	2371	2050	4.2	17340	946
1983	2384	2048	4.2	17434	1131
1984	2415	2060	4.4	18958	1572
1985	2516	2153	4.7	21930	2017
1986	2531	2174	5.0	23745	1743
1987	2540	2176	5.2	26940	1888
1988	2576	2196	5.3	28884	1777
1989	2608	2210	5.3	30043	1176
1990	2647	2233	5.8	29486	1047
1991	2672	2247	5.7	28001	1174
1992	2699	2267	6.7	28266	1326
1993	3259	2492	8.5	32966	1247
1994	4180		9.7	35920	982
1995	4080	3400	10.5	38789	1180
1996	3727	3013	13.4	35112	1020
1997	5397		15.1	32859	996
1998	5382		15.1	33114	1147
1999	4414	3497	18.5	35138	1568
2000	3011	2255	17.0	32878	1701
2001	3040	2225	15.9	31400	1324
2002	3012	2193	16.5	51496	972
2003	3007	2166	15.7	58220	1152
2004	3009	2118	16.2	50087	716
2005	3025	2118	17.3	24075	823
2006	3043	2105	17.0	44356	703
2007	3046	2086	17.4	47157	763
2008	2934	2080	17.7	46362	823
2009	2862	2030	18.1	52074	868
2010	2840	1991	6.8	53963	1618
2011	2851	2012	6.6	46014	796
2012	2856	2022	7.3	45663	976
2013	2861	2022	7.3	42389	914
2014	2870	2044	7.6	29233	976
2015	2870	2049	8.0	18787	943

16-7 1978-2015年电信业务总量
Business Volume of Telecommunication Services 1978 to 2015

年份 Year	电信业务总量(万元) Business Volume of Telecommunication Services (10 000 Yuan)	电报(万份) Telegraph (10 000 copies)	长话电路(路) Lines of Long-distance Calls (line)	长途电话(万次) Long-distance Calls (10 000 times)	市内电话(万户) Local Telephones (10 000 subscribers)	农村电话(万户) Rural Telephones (10 000 subscribers)
1978	10058	588	1082	1308	6.3	3.8
1979	10515	632	1177	1428	7.1	4.3
1980	11030	711	1282	1525	7.5	4.4
1981	11291	789	1415	1532	8.0	4.5
1982	11629	805	1532	1649	8.5	4.6
1983	12529	917	1653	1789	9.4	4.8
1984	13751	908	1929	1963	10.7	5.1
1985	16186	1132	2190	2325	12.1	5.2
1986	17735	1203	2638	2569	13.4	5.5
1987	20719	1519	3341	2984	15.2	5.9
1988	27124	1918	4392	3987	18.5	6.4
1989	32153	1812	5694	4693	22.3	6.9
1990	39401	1634	7436	5800	26.5	7.3
1991	103322	1651	12675	8724	32.9	8.1
1992	156134	1673	18422	16978	45.8	9.5
1993	274917	1412	32615	32273	69.6	12.8
1994	404027	987	47589	52719	84.8	19.2
1995	537135	667	40634	55755	165.8	46.1
1996	697719	458	54179	61409	227.0	80.0
1997	957400	324	67834	79719	283.5	128.6
1998	1338886	226	98760	97077	346.7	179.6
1999	1411800	202	163381	96553	413.8	283.8
2000	1865000	178	222500	96010	547.0	559.0
2001	2300200	138	108000	101682	661.0	827.0
2002	2759820		135000	99470	790.0	950.0
2003	3325632		268530	149245	1008.0	1085.0
2004	4846250		510000	121275	1314.0	1198.0
2005	6754670		290996	152883	1410.9	1275.7
2006	9286877		462662	148631	1380.5	1256.7
2007	11799357		350028	157152	1377.6	1211.5
2008	14262026		413082	124858	1398.4	1053.7
2009	15867854		1238400	123510	1291.3	965.0
2010	19209000				1193.5	829.6
2011	7236000				1087.6	809.0
2012	7976000				1101.3	786.8
2013	8637000				1032.2	712.2
2014	10678489				879.3	538.9
2015	12531166				773.2	343.9

注：2011年起，电信业务总量按2010年价格计算。

a)The business volume of telecommunication services was calculated at 2010 constant prices since 2011.

16-8 邮电业务基本情况

Basic Conditions of Post and Telecommunication Services

类别		Category		2011	2012	2013	2014	2015
邮电业务总量	(亿元)	Business Volume of Telecommunication Services	(100 million yuan)	771.2	849.2	919.7	1213.6	1458.6
函　件	(万件)	Letters	(10 000 pcs)	46014	45663	42389	29233	18787
特快专递	(万件)	Express Mail Services	(10000 pcs)					
报刊期发数	(万份)	Issue of Newspapers and Magazines	(10 000 copies)	796	976	914	976	943
年末移动电话用户	(万户)	Number of Mobile Telephone Subscribers at Year-end	(10 000 subscribers)	7118	7588.9	8333.4	8664.1	9413.8
#3G移动电话用户	(万户)	3G Mobile Phone Subscribers	(10 000 subscribers)	881	1517	2592	3402	3075
固定电话年末用户	(万户)	Number of Fixed Telephone Subscribers at Year-end	(10 000 subscribers)	1896.6	1888.1	1744.4	1418.3	1117.1
#城市电话用户	(万户)	Urban Fixed Telephone Subscribers	(10 000 subscribers)	1087.6	1101.3	1032.2	879.4	773.2
农村电话用户	(万户)	Rural Telephone Subscribers	(10 000 subscribers)	809.0	786.8	712.2	538.9	343.9
邮政所	(处)	Post Offices	(unit)	2851	2856	2861	2870	2870
邮路总长度	(公里)	Length of Postal Routes	(km)	66179	72556	72703	75699	79605
国际互联网总网民数	(万人)	Number of Internet Subscribers	(10 000 persons)	3625	3866	4329	4634	4789
互联网宽带接入用户	(万户)	Number of Internet Broad Band Subscribers	(10 000 subscribers)	1154.1	1364.1	1465.1	1523.9	1625.7
移动互联网用户	(万户)	Number of Mobile Internet Subscribers	(10 000 persons)	4371	4865.1	5556.1	5569.2	6110

注：2011年起，邮电业务总量按2010年价格计算。

a)The business volume of post and telecommunication services was calculated at 2010 constant prices since 2011.

16-9 各市邮电业务基本情况(2015年)

Basic Conditions of Post and Telecommunication Services by Region (2015)

地区	Region	邮电业务总量(亿元) Business Volume of Post and Telecommunication Services (100 million yuan)	邮政业务总量(亿元) Business Volume of Post Services (100 million yuan)	电信业务总量(亿元) Business Volume of Telecommunication Services (100 million yuan)	移动电话用户数(万户) Number of Mobile Telephone Subscribers (10 000 subscribers)	固定电话用户数(万户) Number of Fixed Telephone Subscribers (10 000 subscribers)	互联网宽带接入用户(万户) Number of Internet Broad Band Subscribers (10 000 subscribers)
全省总计	**Total**	**1458.6**	**205.5**	**1253.1**	**9413.8**	**1117.1**	**1625.7**
济南市	Jinan	191.4	38.4	153.0	916.7	164.2	201.6
青岛市	Qingdao	229.8	41.6	188.2	1158.8	176.8	214.6
淄博市	Zibo	73.6	9.5	64.1	495.6	81.4	77.1
枣庄市	Zaozhuang	44.5	5.2	39.3	310.9	39.8	54.0
东营市	Dongying	40.7	2.7	38.0	256.8	45.6	53.8
烟台市	Yantai	112.0	12.9	99.1	771.9	81.0	138.9
潍坊市	Weifang	132.9	16.2	116.7	890.8	111.4	132.4
济宁市	Jining	91.9	9.4	82.5	685.6	44.7	104.2
泰安市	Tai'an	62.7	6.8	55.9	466.9	63.7	77.2
威海市	Weihai	53.3	8.4	44.9	361.0	55.5	72.8
日照市	Rizhao	37.3	4.1	33.2	258.0	27.6	52.4
莱芜市	Laiwu	14.1	1.8	12.3	115.7	20.2	22.1
临沂市	Linyi	125.7	18.4	107.3	847.9	61.5	131.7
德州市	Dezhou	58.4	8.1	50.3	436.5	43.6	70.6
聊城市	Liaocheng	60.2	8.5	51.7	464.3	37.8	73.0
滨州市	Binzhou	46.2	4.6	41.6	339.1	41.7	61.5
菏泽市	Heze	82.7	8.9	73.8	637.6	20.5	87.9

16-10 各市公路情况(2015年)

Basic Conditions of Highways by Region (2015)

单位:公里 (km)

地 区	Region	公路里程 Length of Highways	等级公路里程 Expressway and Class I to IV Highways	二级及二级以上公路合计 Second Class and Above	高速公路里程 Length of Expressway	晴雨通车里程 Length of Highways Regardless of Weather	公路密度(公里/百平方公里) Road Density (km/100 sq.km)
全省总计	**Total**	**263447**	**262445**	**35287**	**5348**	**262986**	**168**
济南市	Jinan	13104	13104	1572	419	13104	160
青岛市	Qingdao	16290	16283	3401	808	16290	147
淄博市	Zibo	11214	10776	1564	206	11013	188
枣庄市	Zaozhuang	8368	8264	1188	164	8321	183
东营市	Dongying	9040	9040	1012	181	9040	105
烟台市	Yantai	18846	18846	3699	518	18846	138
潍坊市	Weifang	26269	26269	4018	428	26269	163
济宁市	Jining	19098	18924	2201	254	18979	171
泰安市	Tai'an	15178	15099	1906	239	15114	196
威海市	Weihai	7147	7147	1616	165	7147	123
日照市	Rizhao	8274	8274	1348	163	8274	154
莱芜市	Laiwu	4325	4311	572	140	4320	193
临沂市	Linyi	27038	27038	3681	515	27038	157
德州市	Dezhou	21979	21979	1742	399	21979	212
聊城市	Liaocheng	17967	17967	1695	242	17967	206
滨州市	Binzhou	16193	16008	2036	199	16169	177
菏泽市	Heze	23116	23116	2036	309	23116	189

16-11 各市地方交通旅客运输量(2015年)

Passenger Transport Volume of Local Traffic by Region (2015)

地 区	Region	客运量(万人) Passenger Traffic (10 000persons)	公路 Highways	水运 Waterways	周转量(百万人公里) Passenger-Kilometers (million passenger-km)	公路 Highways	水运 Waterways
全省总计	**Total**	**48959**	**46960**	**1999**	**48301**	**47137**	**1164**
济南市	Jinan	3139	3114	25	5181	5180	1.0
青岛市	Qingdao	4660	4372	288	7164	7133	31.1
淄博市	Zibo	564	564		1623	1623	
枣庄市	Zaozhuang	2431	2368	63	1727	1725	2.4
东营市	Dongying	589	563	26	991	990	1.1
烟台市	Yantai	5462	4822	640	5260	4633	627.7
潍坊市	Weifang	5755	5754	1	4581	4581	
济宁市	Jining	3715	3497	218	2453	2444	9.5
泰安市	Tai'an	2857	2816	41	1932	1930	1.6
威海市	Weihai	3013	2528	485	3132	2714	417.5
日照市	Rizhao	2396	2291	105	1952	1887	65.5
莱芜市	Laiwu	164	130	34	183	180	2.6
临沂市	Linyi	4765	4734	31	4446	4445	1.7
德州市	Dezhou	1876	1850	26	1598	1597	1.0
聊城市	Liaocheng	1739	1728	11	1399	1398	0.8
滨州市	Binzhou	1129	1124	5	1131	1131	0.2
菏泽市	Heze	4705	4705		3549	3549	

注：交通运输部2014年修订了公路、水运运输量统计试行方案，统计口径发生了变化。

a)The pilot statistical investigation program on passenger traffic and turnover was revised in 2014,and the statistical scope was adjusted.

16-12 各市地方交通货物运输量(2015年)

Freight Transport Volume of Local Traffic by Region (2015)

地 区	Region	货运量(万吨) Volume of Freight Traffic (10 000tons)	公路 Highways	水运 Waterways	周转量(百万吨公里) Freight Turnover (million ton-km)	公路 Highways	水运 Waterways
全省总计	**Total**	**242658**	**227934**	**14724**	**725686**	**587699**	**137988**
济南市	Jinan	19469	19359	110	41406	40556	850
青岛市	Qingdao	20306	18900	1406	101104	45531	55573
淄博市	Zibo	15587	15587		35695	35695	
枣庄市	Zaozhuang	5780	4804	976	17183	13248	3935
东营市	Dongying	4890	4660	230	14661	12352	2309
烟台市	Yantai	19469	15990	3479	50444	35213	15232
潍坊市	Weifang	23106	21631	1475	60717	50087	10630
济宁市	Jining	26701	22633	4068	71602	54308	17294
泰安市	Tai'an	6150	6114	36	14064	13918	147
威海市	Weihai	8001	6333	1668	35807	14635	21171
日照市	Rizhao	7827	6942	885	25671	15877	9793
莱芜市	Laiwu	6160	6160		8667	8667	
临沂市	Linyi	26843	26843		121518	121518	
德州市	Dezhou	12231	12231		23859	23859	
聊城市	Liaocheng	15578	15578		42153	42153	
滨州市	Binzhou	11306	11103	203	32573	32279	295
菏泽市	Heze	13254	13066	188	28563	27804	759

注：交通运输部2014年修订了公路、水运运输量统计试行方案，统计口径发生了变化。

a)The pilot statistical investigation program on passenger traffic and turnover was revised in 2014,and the statistical scope was adjusted.

16-13 各市民用汽车拥有量(2015年)

Possession of Private Vehicles by Region(2015)

单位:辆 (Unit)

地 区	Region	民用汽车总计 Total	载客汽车 Passenger Vehicles	大型 Large	中型 Medium	小型 Small	微型 Minicar
全省总计	**Total**	**15535869**	**13391219**	**95932**	**43245**	**12802183**	**449859**
济南市	Jinan	1540448	1399987	11193	3761	1347341	37692
青岛市	Qingdao	1946223	1759259	18002	7894	1670042	63321
淄博市	Zibo	791722	708899	5516	1908	688394	13081
枣庄市	Zaozhuang	456706	398119	2670	1285	372136	22028
东营市	Dongying	562237	493141	3523	1802	478866	8950
烟台市	Yantai	1258253	1123412	8100	4877	1078629	31806
潍坊市	Weifang	1766883	1495748	7611	3166	1427206	57765
济宁市	Jining	922743	749976	5919	1999	726418	15640
泰安市	Tai'an	561292	466760	4164	1691	450530	10375
威海市	Weihai	565907	491242	4429	2750	472475	11588
日照市	Rizhao	452613	393066	2536	795	376241	13494
莱芜市	Laiwu	183546	163568	1419	366	157565	4218
临沂市	Linyi	1656416	1399768	6531	3109	1306916	83212
德州市	Dezhou	776081	652808	2674	1446	626690	21998
聊城市	Liaocheng	720398	589625	3862	1063	559931	24769
滨州市	Binzhou	663673	564105	3659	1089	546747	12610
菏泽市	Heze	665278	497359	3337	2061	474980	16981

16–13 续表 continued

单位:辆 (Unit)

地 区	Region	载货汽车 Trucks	大 型 Large	中 型 Medium	小 型 Small	微 型 Minicar	其它汽车 Others
全省总计	**Total**	**1650590**	**492056**	**80618**	**1073897**	**4019**	**494060**
济南市	Jinan	123803	24630	3798	95153	222	16658
青岛市	Qingdao	172345	43482	15496	113043	324	14619
淄博市	Zibo	70869	24584	3783	42284	218	11954
枣庄市	Zaozhuang	49648	19078	1646	28854	70	8939
东营市	Dongying	54637	18281	1697	34448	211	14459
烟台市	Yantai	104493	31657	7161	65608	67	30348
潍坊市	Weifang	213434	44441	12428	156017	548	57701
济宁市	Jining	141248	62998	3370	74731	149	31519
泰安市	Tai'an	54079	12063	3398	38562	56	40453
威海市	Weihai	64278	12423	2737	48826	292	10387
日照市	Rizhao	52184	12489	1525	37935	235	7363
莱芜市	Laiwu	14769	3781	665	10306	17	5209
临沂市	Linyi	223344	75551	12345	134218	1230	33304
德州市	Dezhou	80969	24028	2642	54178	121	42304
聊城市	Liaocheng	80672	36879	2017	41651	125	50101
滨州市	Binzhou	73311	20788	2683	49803	37	26257
菏泽市	Heze	75952	24893	3168	47797	94	91967

16–14 各市私人汽车拥有量(2015年)

Possession of Private Vehicles by Region (2015)

单位:辆 (Unit)

地 区	Region	汽车总计 Total	载客汽车 Passenger Vehicles	大 型 Large	中 型 Medium	小 型 Small	微 型 Minicar
全省总计	**Total**	**13911321**	**12435482**	**5450**	**14713**	**11988094**	**427225**
济南市	Jinan	1377604	1289669	740	1465	1251585	35879
青岛市	Qingdao	1667221	1568691	192	2081	1509638	56780
淄博市	Zibo	710184	659461	695	812	645279	12675
枣庄市	Zaozhuang	389529	353604	135	631	331213	21625
东营市	Dongying	496793	456599	640	502	446823	8634
烟台市	Yantai	1135597	1040025	66	1668	1007666	30625
潍坊市	Weifang	1652268	1424657	1176	1318	1366258	55905
济宁市	Jining	795978	702140	327	875	685981	14957
泰安市	Tai'an	510793	437415	152	628	426476	10159
威海市	Weihai	509155	455518	93	886	443540	10999
日照市	Rizhao	410777	368003	430	318	354309	12946
莱芜市	Laiwu	168638	152746	20	120	148469	4137
临沂市	Linyi	1517214	1341151	323	1547	1261307	77974
德州市	Dezhou	712309	621444	213	573	599204	21454
聊城市	Liaocheng	641703	556946	81	420	532655	23790
滨州市	Binzhou	608504	534006	81	337	521395	12193
菏泽市	Heze	603116	469469	86	529	452432	16422

16-14 续表 continued

单位:辆 (Unit)

地 区	Region	载货汽车 Trucks	大 型 Large	中 型 Medium	小 型 Small	微 型 Minicar	其它汽车 Others
全省总计	**Total**	**1054128**	**108443**	**46901**	**895116**	**3668**	**421711**
济南市	Jinan	75437	7042	1617	66569	209	12498
青岛市	Qingdao	89328	2192	3016	83905	215	9202
淄博市	Zibo	40533	5109	2534	32697	193	10190
枣庄市	Zaozhuang	29621	4004	959	24592	66	6304
东营市	Dongying	30026	2867	786	26174	199	10168
烟台市	Yantai	68900	12084	4350	52408	58	26672
潍坊市	Weifang	177214	27018	9872	139801	523	50397
济宁市	Jining	78184	14468	1807	61780	129	15654
泰安市	Tai'an	39999	4419	2293	33235	52	33379
威海市	Weihai	45238	6039	1473	37488	238	8399
日照市	Rizhao	36747	2475	803	33255	214	6027
莱芜市	Laiwu	11120	1788	492	8824	16	4772
临沂市	Linyi	145705	8153	9922	126431	1199	30358
德州市	Dezhou	50626	1123	1617	47769	117	40239
聊城市	Liaocheng	36541	2212	878	33337	114	48216
滨州市	Binzhou	50931	4701	2136	44060	34	23567
菏泽市	Heze	47978	2749	2346	42791	92	85669

16-15 各市营业性运输车辆(2015年)

Transport Vehicles in Operation by Region (2015)

单位:辆 (Unit)

地 区	Region	汽 车 Vehicles	客 车 Passenger Vehicles	货 车 Trucks
全省总计	**Total**	**969205**	**26938**	**942267**
济南市	Jinan	95083	3075	92008
青岛市	Qingdao	73214	3204	70010
淄博市	Zibo	49809	867	48942
枣庄市	Zaozhuang	33041	955	32086
东营市	Dongying	30512	482	30030
烟台市	Yantai	62290	2870	59420
潍坊市	Weifang	90987	2768	88219
济宁市	Jining	99236	1324	97912
泰安市	Tai'an	24371	1605	22766
威海市	Weihai	30301	1211	29090
日照市	Rizhao	19540	936	18604
莱芜市	Laiwu	10644	130	10514
临沂市	Linyi	130004	1849	128155
德州市	Dezhou	61167	1124	60043
聊城市	Liaocheng	65541	1519	64022
滨州市	Binzhou	43877	700	43177
菏泽市	Heze	49588	2319	47269

注:公路营运载客汽车不包括在公路运输管理部门管理并注册登记为公共汽车和出租汽车的车辆。

a)Passenger vehicles do not include those managed by department of highway transportation and registered as buses and taxis.

16-16 按行业分企业信息化及电子商务情况(2015年)

行　业	Industry	企业数(个) Number of Enterprises (unit)	期末使用计算机数(台) Computers Used at the End of Period (unit)
全　省	**Total**	**84649**	**2598066**
采矿业	Mining	645	156623
制造业	Manufacturing	38737	1135132
电力、热力、燃气及水生产和供应业	Production and Supply of Electricity, Heat, Gas and Water	748	134385
建筑业	Construction	6141	235651
批发和零售业	Wholesale and Retail Trades	16851	293447
交通运输、仓储和邮政业	Transport, Storage and Post	4635	111281
住宿和餐饮业	Hotels and Catering Services	3146	48339
信息传输、软件和信息技术服务业	Information Transmission, Software and Information Technology	686	168827
房地产业	Real Estate	7197	115293
租赁和商务服务业	Leasing and Business Services	1947	59253
科学研究和技术服务业	Scientific Research and Technical Services	1895	62429
水利、环境和公共设施管理业	Management of Water Conservancy, Environment and Public Facilities	513	7504
居民服务、修理和其他服务业	Service to Households, Repair and Other Services	485	5060
教育	Education	456	29985
卫生和社会工作	Health and Social Service	263	17030
文化、体育和娱乐业	Culture, Sports and Entertainment	304	17827

注：有电子商务交易活动的企业是指通过计算机网络开展电子商务销售或电子商务采购的企业。

a) Enterprises with E-Commerce Transactions refers to those enterprises which performed sales or purchases through internet.

Informatization and E-Commerce of Enterprises by Industrial Sector (2015)

每百人使用计算机数(台) Computers Used Per 100 Persons (unit)	企业拥有网站数(个) Websites of Enterprises (unit)	每百家企业拥有网站数(个) Websites Per 100 Enterprises (unit)	有电子商务交易活动 With E-Commerce Transactions		电子商务销售额(万元) Sales of E-Commerce (10 000 yuan)	电子商务采购额(万元) Purchases of E-Commerce (10 000 yuan)
			企业数(个) Enterprises (unit)	比重(%) Proportion (%)		
18	**45546**	**54**	**5550**	**6.6**	**59892046**	**37132162**
21	339	53	18	2.8	1471075	1779928
14	24856	64	2634	6.8	37368143	23272936
57	396	53	30	4.0	16731	3200551
9	2782	45	184	3.0	27300	41334
30	7100	42	1119	6.6	12533735	7993664
19	1706	37	157	3.4	1497543	401749
21	1520	48	738	23.5	197426	4957
89	739	108	180	26.2	1691135	387610
36	3276	46	163	2.3	13839	5159
29	952	49	89	4.6	4999095	28769
42	750	40	69	3.6	22342	10160
11	226	44	49	9.6	10911	234
14	165	34	24	4.9	6447	1523
76	292	64	16	3.5	18	380
43	214	81	15	5.7	800	576
57	233	77	65	21.4	35506	2632

16-17 各市企业信息化及电子商务情况(2015年)

地 区	Region	企业数(个) Number of Enterprises (unit)	期末使用计算机数(台) Computers Used at the End of Period (unit)	每百人使用计算机数(台) Computers Used Per 100 Persons (unit)	企业拥有网站数(个) Websites of Enterprises (unit)
全省总计	**Total**	**84649**	**2598066**	**18**	**45546**
济南市	Jinan	5773	416321	35	3874
青岛市	Qingdao	9768	423205	27	5322
淄博市	Zibo	5200	158691	15	3069
枣庄市	Zaozhuang	3075	86912	14	1432
东营市	Dongying	2234	152086	25	1627
烟台市	Yantai	6529	224723	17	3155
潍坊市	Weifang	8157	239659	19	4801
济宁市	Jining	6548	154482	16	3221
泰安市	Tai'an	4686	105064	12	1892
威海市	Weihai	4106	107486	14	2087
日照市	Rizhao	1446	57048	19	1122
莱芜市	Laiwu	1256	36654	18	862
临沂市	Linyi	7092	139021	12	3657
德州市	Dezhou	5738	84572	12	3009
聊城市	Liaocheng	4423	71972	12	2079
滨州市	Binzhou	2526	76149	15	1583
菏泽市	Heze	6092	64021	9	2754

注：有电子商务交易活动的企业是指通过计算机网络开展电子商务销售或电子商务采购的企业。

a) Enterprises with E-Commerce Transactions refers to those enterprises which performed sales or purchases through internet.

Informatization and E-Commerce of Enterprises by Region (2015)

每百家企业拥有网站数(个) Websites Per 100 Enterprises (unit)	有电子商务交易活动 With E-Commerce Transactions		电子商务销售额(万元) Sales of E-Commerce (10 000 yuan)	电子商务采购额(万元) Purchases of E-Commerce (10 000 yuan)
	企业数(个) Enterprises (unit)	比重(%) Proportion (%)		
54	**5550**	**6.6**	**59892046**	**37132162**
67	421	7.3	8472538	5837881
54	645	6.6	10373037	10088674
59	310	6.0	1612696	1513219
47	265	8.6	773212	374461
73	169	7.6	5847697	1945936
48	321	4.9	6343031	2634950
59	628	7.7	5716380	3166393
49	436	6.7	5220449	2490958
40	265	5.7	1222344	753024
51	165	4.0	2234402	1638174
78	136	9.4	1199668	1434630
69	112	8.9	365238	113912
52	485	6.8	3597536	425866
52	391	6.8	1814284	1013724
47	170	3.8	3112125	1491505
63	154	6.1	841648	1422004
45	477	7.8	1145761	786851

主要统计指标解释

铁路营业里程 又称营业长度(包括正式营业和临时营业里程)，指办理客货运输业务的铁路正线总长度。凡是全线或部分建成双线及以上的线路，以第一线的实际长度计算；复线、站线、段管线、岔线和特殊用途线以及不计算运费的联络线都不计算营业里程。该指标可以反映铁路运输业基础设施的发展水平，也是计算客货周转量、运输密度和机车车辆运用效率等指标的基础资料。

公路里程 指在一定时期内实际达到《公路工程\[WTBZ\]技术标准 JTJ01-88》规定的等级公路，并经公路主管部门正式验收交付使用的公路里程数。包括大中城市的郊区公路以及通过小城镇街道部分的公路里程和桥梁、渡口的长度，不包括大中城市的街道、厂矿、林区生产用道和农业生产用道的里程。两条或多条公路共同经由同一路段，只计算一次，不得重复计算里程长度。该指标可以反映公路建设的发展规模，也是计算运输网密度等指标的基础资料。

内河航道里程 也称内河通航里程，指在一定时期内，能通航运输船舶及排筏的天然河流、湖泊水库、运河及通航渠道的长度。包括全年季节性通航累计三个月以上的航道，不包括仅供零散流放竹、木排的河道。该指标可以反映内河水运网的规模、水平和发展情况。

货(客)运量 指在一定时期内，各种运输工具实际运送的货物(旅客)数量。该指标是反映运输业为国民经济和人民生活服务的数量指标，也是制定和检查运输生产计划、研究运输发展规模和速度的重要指标。货运按吨计算，客运按人计算。货物不论运输距离长短、货物类别，均按实际重量统计。旅客不论行程远近或票价多少，均按一人一次客运量统计；半价票、小孩票也按一人统计。

货物(旅客)周转量 指在一定时期内，由各种运输工具运送的货物(旅客)数量与其相应运输距离的乘积之总和。该指标可以反映运输业生产的总成果，也是编制和检查运输生产计划，计算运输效率、劳动生产率以及核算运输单位成本的主要基础资料。计算货物周转量通常按发出站与到达站之间的最短距离，也就是计费距离计算。计算公式为：

$$货物（旅客）周转量=\Sigma（货物（旅客）运输量\times运输距离）$$

铁路货车平均静载重 指铁路货车在始发站静止状态下平均每车装载的货物重量，用以分析货车完成装车时车辆载重力的利用情况。计算公式为：

$$货车平均静载量=\frac{货物发送吨数}{装车数}$$

铁路货运机车日产量 指在一定时期内，平均每台货运机车在一昼夜内所完成的总重吨公里数，包括载运货物的重量和车辆本身的自重。该指标从时间和牵引能力两方面反映了机车运用效率。计算公式为：

$$货运机车平均日产量=\frac{货运总重吨公里数}{货运机车台日数}$$

沿海主要港口货物吞吐量 指经水运进出沿海主要港区范围，并经过装卸的货物数量，包括邮件及办理托运手续的行李、包裹以及补给运输船舶的燃、物料和淡水。货物吞吐量按货物流向分为进口、出口吞吐量，按货物交流性质分为外贸货物吞吐量和国内贸易货物吞吐量。货物吞吐量的货类构成及其流向，是衡量港口生产能力大小的重要指标。

民用汽车拥有量 指报告期末，在公安交通管理部门按照《机动车注册登记工作规范》，已注册登记领有民用车辆牌照的全部汽车数量。汽车拥有量统计的主要分类：根据汽车结构分为载客汽车、载货汽车及其他汽车；根据汽车所有者不同分为个人(私人)汽车、单位汽车；根据汽车的使用性质分为营运汽车、非营运汽车；根据汽车大小规格不同载客汽车分为大型、中型、小型和微型，载货汽车分为重型、中型、轻型和微型。

邮电业务总量 指以价值量形式表现的邮电通信企业为社会提供各类邮电通信服务的总数量。邮电业务量按专业分类包括函件、包件、汇票、报刊发行、邮政快件、特快专递、邮政储蓄、集邮、公众电报、用户电报、传真、长途电话、出租电路、无线寻呼、移动电话、分组交换数据通信、出租代维等。计算方法为各类产品乘以相应的平均单价(不变价)之和，再加上出租电路和设备、代用户维护电话交换机和线路等的服务收入。该指标综合反映了一定时期邮电业务发展的总成果，是研究邮电业务量构成和发展趋势的重要指标。计算公式为：

$$\begin{aligned}邮电业务总量&=\Sigma（各类邮电业务量\times不变单价）\\&+出租代维及其他业务收入\\&=邮政业务总量+电信业务总量\end{aligned}$$

移动电话用户 指通过移动电话交换机进入移动电话网、占用移动电话号码的各类电话用户。包括签约用户和智能网预付费用户。一个移动电话号码统计为一户。

互联网上网人数 指平均每周使用互联网至少 1 小时的中国公民人数。

本地电话用户 指接入本地电信运营商固定电话网上的电话用户。包括：住宅用户、单位用户、公用电话用户等。按电话用户位置又分为市内电话用户和农村电话用户。1997年以前，“市内电话用户”是指接入县城及县以上城市的电话网上的电话用户；“农村电话用户”是指接入县邮电局农话台及县以下农村电话交换点，以县城为中心(除市话用户外)联通县、乡(镇)、行政村、村民小组的用户。从 1997 年起，电话用户数分组调整为以用户所在区域划分为“城市电话用户”和“乡村电话用户”，与过去的按市内电话和农村电话划分方法不同。而电话用户总数、电话机总部数统计范围不变。

城市电话用户 指直辖市、省辖市、地级市、县级市的市区、市郊区及县城(包括县人民政府所在地的县城关区或行政建制相当于县人民政府所在地的镇)范围内接入局用交换机的电话用户数，包括分布在农村地区的独立工矿区、林区、驻军等电话用户数。

农村电话用户 指按行政区划属于城市范围以外的乡(镇)、村的电话用户数。

Explanatory Notes on Main Statistical Indicators

Length of Railways in Operation refers to the total length of the trunk line under passenger and freight transportation (including both full operation and temporary operation). The calculation is based on the actual length of the first line even if this line has a full or partial double track or more tracks, excluding double tracks, station sidings, tracks under the charge of stations, branch lines, special purpose lines and the non payable connecting lines. The length of railways in operation is an important indicator to show the development of the infrastructure for the railway transport, and also the essential data to calculate volume of passenger freight transport, traffic density and utilization efficiency of the locomotives and carriages.

Length of Highways refers to the length of highways which are built in conformity with the grades specified by the highway engineering standard formulated by the Ministry of Communications,and have been formally checked and accepted by the departments of highways and put into use. The length of highways includes that of the suburb highways at large and medium sized cities, highways passing through streets at small cities and towns, and also the length of bridges and ferries. It does not include the length of streets in big and medium sized cities and highways built for the production purpose at factories, mines, forest areas and agricultural areas. If two or more highways go the same section of the way, the length of the section is only calculated for once and no duplication is allowed. The length of highways is an important indicator to show the development of the highway construction and to provide essential information to calculate the transport network density.

Length of Navigable Inland Waterways it is an indicator reflecting the size and development of inland water network, it refers to the length of the natural rivers, lakes, reservoirs, canals, and ditches open to navigation during a given period, which enables the transport by ships and rafts. It includes the channels open to navigation for over an accumulative 3 months in a year, yet this does not include the river courses, which are only used to float odd logs and bamboo rafts. This indicator can reflect the scale, level and development situation of the inland waterway network.

Freight (Passenger) Traffic refers to the volume of freight (passenger) transported with various means. Freight transport is calculated in tons and passenger traffic is calculated in the number of persons. Despite the type of freight and traveling distance, the freight transport is calculated in the actual weight of the goods: and despite the traveling distance and ticket price, the passenger traffic is calculated by the principle that one person can be counted only once in one travel. The passengers who travel with a half price ticket or a child ticket is also calculated as one person. The freight (passenger) traffic provides a quantitative measure to show how the transport industry serves the national economy and people, and is also an important indicator for planning the transport industry and for studying the development scale and speed of the transport industry.

Freight Ton kilometers (Passenger kilometers) refer to the sum of the products of the volume of transported cargo (passengers) multiplying by the transport distance. It is an important indicator to reflect the achievement of transportation industry. Normally, the shortest distance between the departure station and the destination station (i.e., the payable distance) is the basis to calculate the freight ton kilometers. This is an important indicator to show the total results of the transport industry, to prepare and examine the transport plan and to measure the efficiency, the labour productivity and the unit cost of transport.The formula is as follows:

$$\begin{matrix}\text{Freight ton - kilometres} \\ \text{(passenger - kilometres)}\end{matrix} = \sum \begin{matrix}\text{freight} \\ \text{(passenger)traffic}\end{matrix} \times \begin{matrix}\text{distance of} \\ \text{transportation}\end{matrix}$$

Static Load of Freight Cars refers to the average cargo weight as loaded by each freight car under the static condition at the departure station. It is used to show the utilization extent of the loading capacity of the freight cars. The formula is:

$$\begin{matrix}\text{Static load (ton)} \\ \text{of freight car}\end{matrix} = \frac{\text{tonnage of goods dispatched}}{\text{number of freight cars loaded}}$$

Average Daily Haul of Freight Locomotives refers to the average total ton kilometers accomplished by each freight transport locomotive over day and night during a given period of time. It includes both the weight of the goods carried and the dead weight of the train itself. It is a comprehensive indicator reflecting the locomotive efficiency in terms of both time and the pulling force.

$$\begin{matrix}\text{Average daily haul of} \\ \text{freight transport locomotive} \\ \text{(ton - kilometre)}\end{matrix} = \frac{\begin{matrix}\text{Total ton - kilometres} \\ \text{of freight}\end{matrix}}{\begin{matrix}\text{Daily number of freight} \\ \text{transport locomotive}\end{matrix}}$$

Volume of Freight Handled in Major Coastal Ports refers to the volume of cargo passing in and out the harbor area of the major coastal ports and having been loaded and unloaded. The volume includes that of the postal matters, registered luggage and fuels, materials and fresh water as supplies of the ships. The volume of freight handled may be classified by direction of flow as freight for import and freight for export, or by nature of cargo as freight for domestic trade and freight for foreign trade. As an important indicator, the volume of freight handled by type of cargo and by main flow direction reflects the production capacity of ports.

Possession of Civil Motor Vehicles refer to the total

numbers of vehicles that are registered and received vehicles license tags according to the Work Standard for Motor Vehicles Registration formulated by transport management office under department of public security at the end of reference period. They are divided into following categories according to the structure of motor vehicles: passenger vehicles, trucks and others; and private vehicles and vehicles for units use according to ownerships; working vehicles and non working vehicles according to kind of usage; large passenger vehicles, medium passenger vehicles, small passenger vehicles and mini passenger vehicle, heavy trucks, light heavy trucks, light trucks and mini trucks according to sizes of vehicles.

Business Volume of Post and Telecommunications refers to the total amount of post and telecommunication services, expressed in value terms, provided by the post and telecommunications departments for the society. Post and telecommunication services can be classified as letters, parcels, remittance, issue of newspapers and magazines, fast mail service, express mail service, savings deposits, stamps for collection, public and individual telegraph service, facsimiles, long distance telephone service, leasing of telephone lines, urban paging service, mobile telephone service, data transfer and transmission, etc. The accounting approach is to multiply the service products of all types with their average unit price (constant price) to get sum of business value, plus income from other services such as leasing of telephone lines and equipment, maintenance of telephone switchboards and lines on behalf of customers. This indicator reflects the overall results of post and telecommunications service during a given period, and is important to study the composition of business service and the development of post and telecommunications service.

The formula is as follows:

Business volume of post and telecommunications

=∑(Transaction of post and telecommunication services ×price[constant price])

+Income from leasing, maintenance and other services

= business volume of postal service

+ business volume of telecommunications service

Mobile Telephone Subscribers refer to the persons who own mobile telephone numbers and are connected with the mobile telephone communication network through the mobile telephone switchboards, including contracted subscribers and pre paid subscribers for intelligent network. One mobile telephone is taken as a subscriber.

Internet Users refer to the number of Chinese citizens who use Internet at least for one hour each week.

Local Telephone Subscribers refer to subscribers that are connected to the local telecommunication service provider through fix line network, including household subscribers, institutional subscribers and public telephones. They are also classified as city subscribers and rural subscribers according to locations. Before 1997, city subscribers referred to those connected to city telephone networks in county towns and cities, while village subscribers referred to those connected to village telephone stations at and below counties. Since 1997, the classification of telephone subscribers was modified on the basis of physical location of the subscribers as urban telephone subscribers and rural telephone subscribers, which is different from the previous classification of categorizing local telephones and rural telephones, while the definition of total subscribers and total number of telephones remain unchanged.

Urban Telephone Subscribers refer to number of telephone subscribers, located at municipalities, cities under the jurisdiction of province, cities at prefecture level, downtown and suburb of city at county level town and county towns (including country towns where county government located, and towns of county level according to the administrative organizational system), that are connected to the public line telephone network, including rural mineral area, forest area, military area.

Rural Telephone Subscribers refer to telephone subscribers, located at counties (towns) and villages outside the range of cities according to administrative jurisdiction.

第
17
篇

批发和零售、住宿和餐饮业

Wholesale, Retail, Hotels and
Catering Services

简 要 说 明

一、本篇资料的主要内容

本篇资料反映全省市场发展情况、批发和零售业、住宿和餐饮业经营情况和效益情况等，主要包括 2015 年批发和零售业商品流转情况及财务状况、住宿和餐饮业经营情况及财务状况、社会消费品零售总额等内容。

二、本篇资料的来源

本篇资料中除特别注明外，其余均来自 2015 年限额以上批发和零售业、住宿和餐饮业年报资料和 2015 年定期报表统计资料。

本篇资料由省统计局贸易外经处整理提供。

Brief Introduction

I. Content

Data in this chapter are supposed to show the development of Shandong's domestic market, wholesale and retail trade, hotels and catering services, mainly including the circulation of commodities in the wholesale and retail trade, the financial indices of related businesses and the total retail sales of consumer goods in 2015.

II. Source of Data

Except the data specifically noted, all data in this chapter are based on the annual report of wholesale, retail, hotels and catering services and periodic statistical statements of 2015.

Data in this chapter are prepared and compiled by the Division of Trade and External Economic Relations Statistics of Shandong Provincial Bureau of Statistics.

17-1 批发和零售业情况

Basic Conditions of Wholesale and Retail Trades

指　　标		Item		2011	2012	2013	2014	2015
批发和零售业		**Wholesale and Retail Trades**						
法人企业	(个)	Number of Corporation Enterprises	(unit)	12026	13644	17134	17474	17157
年末从业人数	(万人)	Engaged Persons at Year-end	(10 000 persons)	81	87	102	102	98
商品购进额	(亿元)	Total Purchases	(100 million yuan)	18306.3	22845.8	27460.6	29233.1	27089.1
#进口额	(亿元)	Imports	(100 million yuan)	819.8	1135.8	1337.5	1290.7	817.7
商品销售额	(亿元)	Total Sale	(100 million yuan)	20586.7	24366.9	31193.4	32112	29650.1
#出口额	(亿元)	Exports	(100 million yuan)	712.4	1000.2	998.5	955.5	1002.2
期末商品库存额	(亿元)	Total Stock at Year-end	(100 million yuan)	1208.7	1353.8	1901.5	1693.2	1701.3
批发业		**Wholesalel Trade**						
法人企业	(个)	Number of Corporation Enterprises	(unit)	5237	6398	8431	8681	8452
年末从业人数	(万人)	Engaged Persons at Year-end	(10 000 persons)	29	34	41	42	39
商品购进额	(亿元)	Total Purchases	(100 million yuan)	12244.8	15784.5	19379.9	20350.7	18067.2
#进口额	(亿元)	Imports	(100 million yuan)	758.5	1052.8	1255.5	1173.2	729.7
商品销售额	(亿元)	Total Sales	(100 million yuan)	13926.1	16786.2	22074.2	22154.2	19692.5
#出口额	(亿元)	Exports	(100 million yuan)	708.9	997.4	994.4	938	996.5
期末商品库存额	(亿元)	Total Stock at Year-end	(100 million yuan)	702.6	773.5	982.4	975	1015.5
零售业		**Retail Trade**						
法人企业	(个)	Number of Corporation Enterprises	(unit)	6789	7246	8703	8793	8705
年末从业人数	(万人)	Engaged Persons at Year-end	(10 000 persons)	52	53	61	60	59
商品购进额	(亿元)	Total Purchases	(100 million yuan)	6061.5	7061.3	8080.7	8882.4	9021.8
#进口额	(亿元)	Imports	(100 million yuan)	61.0	83.0	82.0	117.5	88.0
商品销售额	(亿元)	Total Sales	(100 million yuan)	6660.6	7580.7	9119.2	9957.8	9957.6
#出口额	(亿元)	Exports	(100 million yuan)	3.6	2.9	4.1	17.5	5.7
期末商品库存额	(亿元)	Total Stock at Year-end	(100 million yuan)	506.1	580.4	919.1	718.2	685.8
年末零售营业面积	(万平方米)	Business Area of Retail at Year-end	(10 000 sq.m)	2350	2490	2894	3074	3111

17-2 限额以上批发和零售业商品购进、销售、库存总额(2015年)

单位:万元

指标名称	Indicator	法人单位(个) Corporate Unit (unit)
总　计	**Total**	**17140**
一、批发业	**Wholesale Trade**	**8438**
1.按登记注册类型分	by Status of Registration	
内　资	Domestic Funded Enterprises	8321
国　有	State-owned	108
集　体	Collective-owned	77
股份合作	Cooperative	9
联营企业	Joint Ownership	3
有限责任公司	Limited Liability Corporations	1924
股份有限公司	Share-holding Corporations Ltd.	128
私营企业	Private Enterprises	5809
其　他	Others	263
港澳台商投资企业	Enterprises with Funds from Hong Kong,Macao and Taiwan	37
与港澳台商合资经营	Joint-venture	6
与港澳台商合作经营	Cooperative	1
港澳台商独资	Sole Investment	25
港澳台商独资股份有限公司	Share-holding Corporations Ltd. with Sole Investment	3
其他港澳台投资企业	Others	2
外商投资企业	Foreign Funded Enterprises	80
中外合资经营	Joint-venture	17
中外合作经营	Cooperative	3
外资企业	Sole Foreign Investment	58
外商投资股份有限公司	Share-holding Corporations Ltd. with Foreign Investment	2
其他外商投资企业	Others	
2.按国民经济行业分	by Sector	
农、林、牧产品批发业	Wholesale of Farm Produce and Livestock Products	683
食品、饮料及烟草制品批发	Wholesale of Food, Beverages and Tobaccos	1154
纺织、服装及家庭用品批发	Wholesale of Textiles, Garments and Daily Consumer Articles	528
文化、体育用品及器材批发	Wholesale of Culture, Sports Appliances and Equipments	163
医药及医疗器材批发	Wholesale of Medicines and Medical Appliances	343
矿产品、建材及化工产品批发	Wholesale of Mineral Products, Building Materials and Chemical Products	4086
机械设备、五金产品及电子产品批发	Wholesale of Machinery, Hardware and Electronic Equipment	1175
贸易经纪与代理	Trade Broker and Agency	51
其他批发业	Other Wholesale not Classified Elsewhere	255

Total Purchases,Sales and Inventory of Enterprises above Designated Size of Wholesale and Retail Trades(2015)

(10 000 yuan)

购进总额 Total Purchases Value	#进口 Import	销售总额 Total Sale Value 合计 Total	批发 Wholesale	#出口 Export	零售 Retail	年末库存总额 Inventory (year-end)
270890710	**8176984**	**296500995**	**189933332**	**10022033**	**106567663**	**17013200**
180672426	**7296581**	**196924668**	**179835849**	**9964821**	**17088819**	**10154766**
176541923	6838845	191836377	174976403	8833752	16859974	9570415
7710941	158082	8423509	7443511	15695	979997	514719
1652225	322078	1727958	1400036	8919	327922	251301
161052	8712	181768	130201		51567	18458
130792		110758	51158		59600	26806
71890758	3743980	78756043	73600442	4032194	5155601	3586340
8196589	226568	9518842	6916240	228740	2602602	487439
85137733	2377470	91352683	83837713	4528310	7514969	4630911
1661834	1956	1764816	1597101	19895	167715	54442
1994963	136435	2851794	2744464	843930	107330	282342
20027		22356	17705	2176	4651	911
301584		296511	225184		71327	13251
1315656	122622	2117749	2091330	836513	26419	243680
229189	13813	271889	266957	5242	4932	24497
128507		143288	143288			3
2135541	321301	2236497	2114982	287139	121515	302009
374596	14657	413490	408277	23227	5213	210598
145179		147678	132396		15282	4395
1409413	306644	1455917	1445976	263913	9941	81077
206354		219412	128333		91079	5938
6998033	214477	7612610	7225024	208313	387586	797843
26144830	667682	31506342	28065138	700467	3441204	1679291
13363048	543353	14276362	13092933	3539114	1183429	1008034
3841372	37527	4117304	3689007	105884	428297	409191
9702276	14735	10656350	9528687	77850	1127663	847275
99333155	4376506	104820856	95859846	2290303	8961010	3473005
15380229	689886	17472724	16242387	2490631	1230338	1690487
1523206	226819	1770743	1683144	64732	87599	117611
4386277	525597	4691378	4449685	487528	241693	132029

17-2 续表

单位:万元

指标名称	Indicator	法人单位(个) Corporate Unit (unit)
二、零售业	**Retail Trade**	**8702**
1.按登记注册类型分	by Status of Registration	
内　资	Domestic Funded Enterprises	8591
国　有	State-owned	66
集　体	Collective-owned	292
股份合作	Cooperative	24
联营企业	Joint Ownership	14
有限责任公司	Limited Liability Corporations	2249
股份有限公司	Share-holding Corporations Ltd.	219
私营企业	Private Enterprises	5590
其　他	Others	137
港澳台商投资企业	Enterprises with Funds from Hong Kong,Macao and Taiwan	63
与港澳台商合资经营	Joint-venture	12
与港澳台商合作经营	Cooperative	
港澳台商独资	Sole Investment	45
港澳台商独资股份有限公司	Share-holding Corporations Ltd. with Sole Investment	3
其他港澳台投资企业	Others	3
外商投资企业	Foreign Funded Enterprises	48
中外合资经营	Joint-venture	14
中外合作经营	Cooperative	2
外资企业	Sole Foreign Investment	30
外商投资股份有限公司	Share-holding Corporations Ltd. With Foreign Investment	2
其他外商投资企业	Others	
2.按国民经济行业分	by Sector	
综合零售	Integrated Retail	1287
食品、饮料及烟草制品专门零售	Retail of Food, Beverages and Tobaccos	817
纺织、服装及日用品专门零售	Special Retail of Textiles, Garments and Daily Consumer Articles	495
文化、体育用品及器材专门零售	Retail of Culture, Sports Appliances and Equipments	302
医药及医疗器材专门零售业	Retail of Medicines and Medical Appliances	435
汽车、摩托车、燃料及零配件专门零售	Retail of Motor Vehicles, Motorcycles,Fuel and Parts	3166
家用电器及电子产品专门零售业	Special Retail of Household Electric Appliances and Electronic Products	960
五金、家具及室内装修材料专门零售	Special Retail of Hardware, Furniture and Decoration Materials	809
货摊、无店铺及其他零售业	Non-shop and Other Retails	431

continued

(10 000 yuan)

购进总额 Total Purchases Value		销售总额 Total Sale Value				年末库存总额 Inventory (year-end)
	#进口 Import	合计 Total	批发 Wholesale	#出口 Export	零售 Retail	
90218284	**880403**	**99576327**	**10097483**	**57211**	**89478844**	**6858434**
87190321	770095	95843918	9884652	51109	85959266	6517847
755086	10	801611	58135		743476	39675
3895328	28	4161738	599682		3562056	96950
236398		291106	651		290454	16469
89326		84167	5029		79138	15079
30650659	383181	33719827	3405369	9500	30314458	2713986
13562701	10665	15343464	1504872		13838591	592707
37375262	345454	40737784	4236810	41609	36500974	2988386
625561	30758	704222	74102		630119	54596
1921979	68470	2399428	163187	36	2236241	216608
414747	6371	485045	90942		394102	26250
1438618	58488	1827886	69609	36	1758276	187530
27875	3610	33879	2635		31244	2368
40740		52618			52618	460
1105984	41838	1332981	49644	6066	1283337	123979
530443		643799	34781		609018	55582
113461		136255			136255	9311
355360	41833	373161	14864	6066	358297	42066
106720	6	179767			179767	17020
27234930	33471	30256732	2209004	3581	28047728	1565268
3496863	28357	3826011	756456	9538	3069555	217075
2827576	32319	3424653	414138	6566	3010515	346682
1549696	3165	1712441	240093	3800	1472348	224355
4627303	2952	5140635	1034391		4106245	346245
34553832	766429	37492570	2532565	17765	34960005	3262126
7709435	2486	8274083	954506	10260	7319577	517821
5011416	2872	5834146	1055860	5105	4778286	254155
3207233	8352	3615057	900470	597	2714587	124708

17-3 限额以上批发和零售业企业财务状况(2015年)

单位:万元

指标名称	Indicator	企业数(个) Number of Enterprises (unit)
总 计	**Total**	**17140**
一、批发业	**Wholesale Trade**	**8438**
1.按登记注册类型分	by Status of Registration	
内 资	Domestic Funded Enterprises	8321
国 有	State-owned	108
集 体	Collective-owned	77
股份合作	Cooperative	9
联营企业	Joint Ownership	3
有限责任公司	Limited Liability Corporations	1924
股份有限公司	Share-holding Corporations Ltd.	128
私营企业	Private Enterprises	5809
其 他	Others	263
港澳台商投资企业	Enterprises with Funds from Hong Kong,Macao and Taiwan	37
与港澳台商合资经营	Joint-venture	6
与港澳台商合作经营	Cooperative	1
港澳台商独资	Sole Investment	25
港澳台商独资股份有限公司	Share-holding Corporations Ltd. with Sole Investment	3
其他港澳台投资企业	Others	2
外商投资企业	Foreign Funded Enterprises	80
中外合资经营	Joint-venture	17
中外合作经营	Cooperative	3
外资企业	Sole Foreign Investment	58
外商投资股份有限公司	Share-holding Corporations Ltd. with Foreign Investment	2
其他外商投资企业	Others	
2.按国民经济行业分	by Sector	
农、林、牧产品批发业	Wholesale of Farm Produce and Livestock Products	683
食品、饮料及烟草制品批发	Wholesale of Food, Beverages and Tobaccos	1154
纺织、服装及家庭用品批发	Wholesale of Textiles, Garments and Daily Consumer Articles	528
文化、体育用品及器材批发	Wholesale of Culture, Sports Appliances and Equipments	163
医药及医疗器材批发	Wholesale of Medicines and Medical Appliances	343
矿产品、建材及化工产品批发	Wholesale of Mineral Products, Building Materials and Chemical Products	4086
机械设备、五金产品及电子产品批发	Wholesale of Machinery, Hardware and Electronic Equipment	1175
贸易经纪与代理	Trade Broker and Agency	51
其他批发业	Other Wholesale not Classified Elsewhere	255

Financial Indicators of Enterprises above Designated Size of Wholesale and Retail Trades(2015)

(10 000 yuan)

年末资产负债 Assets and Liabilities at Year-end						损益及分配 Losses,Profits and Distribution	
流动资产合计 Total Working Capitals	固定资产原价 Original Value of Fixed Assets	本年折旧 Depreciation in the Year	资产合计 Total Assests	负债合计 Total Liabilities	所有者权益合计 Total Owner's Equities	营业收入合计 Business Revenue	主营业务收入 Revenue from Principal Business
84065469	**22133669**	**1190332**	**117738908**	**85900824**	**31838313**	**279065436**	**276211127**
57599781	**11387633**	**540298**	**75840262**	**54919298**	**20920964**	**187264948**	**185212699**
55000809	11094803	529289	72641343	52772779	19868563	182615170	180593662
1775043	442407	23763	2346787	1516223	830564	7962898	7919718
640905	100910	5509	769673	638345	131328	1644923	1640602
51720	17498	1226	70422	47641	22781	179244	178620
31451	20070	22	72373	56799	15574	110106	104843
25222601	3016091	176696	30554727	24290766	6263961	73361199	71726084
3701209	1606104	75848	6070100	3661226	2408874	14601317	14357413
23422452	5702313	237658	32369594	22438216	9931378	83061434	82972600
155428	189409	8567	387667	123563	264104	1694050	1693782
1634902	195330	6128	2010215	1445303	564911	2564067	2555503
14837	34422	1316	29348	21474	7874	20410	20410
126841	28654	1127	158651	32155	126497	201548	201548
1174336	116437	3058	1388237	1037591	350646	1981626	1973062
264267	15612	613	377479	299880	77599	233438	233438
54621	205	14	56500	54204	2296	127045	127045
964070	97500	4881	1188705	701216	487489	2085711	2063534
379593	20527	1051	469274	222823	246451	381177	374813
37595	26382	20	52612	41088	11524	147686	147686
537238	34171	2093	598479	390682	207797	1372398	1356585
9644	16420	1718	68340	46623	21717	184450	184450
2492621	866246	32871	3788602	2181554	1607047	7445822	7428092
7524630	2630414	133666	10442021	5590768	4851253	28615049	28512013
5707088	414552	31834	6664848	5576935	1087914	13237427	13169176
2390787	319651	16960	2934885	2266607	668278	4197443	4166261
4974829	465488	28728	5844478	4668407	1176071	9614803	9604328
26439743	5167503	245801	35889541	27174462	8715079	103753670	102033308
5940106	1072349	37045	7469744	5366144	2103600	14320342	14239295
613865	67785	2793	801302	719929	81373	1665888	1658519
1516113	383646	10601	2004841	1374491	630349	4414504	4401706

17-3 续表 1

单位:万元

指标名称	Indicator	企业数（个）Number of Enterprises (unit)
二、零售业	**Retail Trade**	**8702**
1.按登记注册类型分	by Status of Registration	
内 资	Domestic Funded Enterprises	8591
国 有	State-owned	66
集 体	Collective-owned	292
股份合作	Cooperative	24
联营企业	Joint Ownership	14
有限责任公司	Limited Liability Corporations	2249
股份有限公司	Share-holding Corporations Ltd.	219
私营企业	Private Enterprises	5590
其 他	Others	137
港澳台商投资企业	Enterprises with Funds from Hong Kong,Macao and Taiwan	63
与港澳台商合资经营	Joint-venture	12
与港澳台商合作经营	Cooperative	
港澳台商独资	Sole Investment	45
港澳台商独资股份有限公司	Share-holding Corporations Ltd. with Sole Investment	3
其他港澳台投资企业	Others	3
外商投资企业	Foreign Funded Enterprises	48
中外合资经营	Joint-venture	14
中外合作经营	Cooperative	2
外资企业	Sole Foreign Investment	30
外商投资股份有限公司	Share-holding Corporations Ltd. With Foreign Investment	2
其他外商投资企业	Others	
2.按国民经济行业分	by Sector	
综合零售	Integrated Retail	1287
食品、饮料及烟草制品专门零售	Retail of Food, Beverages and Tobaccos	817
纺织、服装及日用品专门零售	Special Retail of Textiles, Garments and Daily Consumer Articles	495
文化、体育用品及器材专门零售	Retail of Culture, Sports Appliances and Equipments	302
医药及医疗器材专门零售业	Retail of Medicines and Medical Appliances	435
汽车、摩托车、燃料及零配件专门零售	Retail of Motor Vehicles, Motorcycles,Fuel and Parts	3166
家用电器及电子产品专门零售业	Special Retail of Household Electric Appliances and Electronic Products	960
五金、家具及室内装修材料专门零售	Special Retail of Hardware, Furniture and Decoration Materials	809
货摊、无店铺及其他零售业	Non-shop and Other Retails	431

continued

(10 000 yuan)

年末资产负债 Assets and Liabilities at Year-end						损益及分配 Losses,Profits and Distribution	
流动资产合计 Total Working Capitals	固定资产原价 Original Value of Fixed Assets	本年折旧 Depreciation in the Year	资产合计 Total Assests	负债合计 Total Liabilities	所有者权益合计 Total Owner's Equities	营业收入合计 Business Revenue	#主营业务收入 Revenue from Principal Business
26465688	**10746036**	**650034**	**41898646**	**30981526**	**10917349**	**91800488**	**90998428**
25328746	10070010	605495	40141319	29790619	10350928	88412829	87687522
184902	68124	2864	260481	262576	-2095	735762	726254
361434	379726	16767	774535	430818	343717	3823115	3808319
50546	36029	5755	87452	53501	33951	245576	241783
5215	10142	2606	11841	3592	8250	81181	79798
10006543	3652487	183527	15910912	12354212	3556700	30964790	30654912
5758343	2064071	174569	9018319	7517645	1500674	14263080	14046353
8844174	3762895	213859	13852266	9053792	4798702	37630325	37462130
117591	96537	5548	225513	114483	111030	669001	667972
655600	423282	29715	1065851	670388	395463	2207790	2173092
99343	87282	3322	191386	154874	36513	457844	456898
532129	316880	24316	836146	494219	341927	1666948	1634621
6094	11921	1349	14902	5128	9773	35379	33989
18035	7200	729	23416	16167	7249	47619	47584
481341	252744	14824	691476	520519	170957	1179869	1137814
187195	147265	9202	302095	227225	74870	557263	527613
191577	50027	2264	214387	168378	46009	128987	121505
72422	42806	2569	121962	106992	14970	346624	342752
30148	12645	789	53032	17924	35109	146995	145944
8856973	4626522	301448	14896158	10895326	4000832	27076628	26583441
769632	537369	24274	1818648	780882	1037766	3623202	3608722
808099	284796	18009	1223722	809891	413831	3065276	3063518
538191	185431	8325	785801	513053	272749	1580726	1568565
2379650	379436	23581	2850046	2185310	664736	4653325	4642407
9509792	2853409	206108	13421026	11000601	2420654	35812725	35622255
1522655	442041	25947	2170697	1535501	635196	7454821	7416241
1085129	699739	36610	1777008	977528	799481	5103889	5092351
995567	737293	5731	2955540	2283436	672104	3429896	3400928

17-3 续表 2

单位:万元

指标名称	Indicator	主营业务成本 Cost of Principal Business
总　计	**Total**	**248850910**
一、批发业	**Wholesale Trade**	**168866475**
1.按登记注册类型分	by Status of Registration	
内　资	Domestic Funded Enterprises	164593926
国　有	State-owned	7236853
集　体	Collective-owned	1485932
股份合作	Cooperative	171056
联营企业	Joint Ownership	97974
有限责任公司	Limited Liability Corporations	65775613
股份有限公司	Share-holding Corporations Ltd.	13287562
私营企业	Private Enterprises	75184194
其　他	Others	1354743
港澳台商投资企业	Enterprises with Funds from Hong Kong,Macao and Taiwan	2387222
与港澳台商合资经营	Joint-venture	15739
与港澳台商合作经营	Cooperative	158414
港澳台商独资	Sole Investment	1862716
港澳台商独资股份有限公司	Share-holding Corporations Ltd. with Sole Investment	226238
其他港澳台投资企业	Others	124114
外商投资企业	Foreign Funded Enterprises	1885328
中外合资经营	Joint-venture	307456
中外合作经营	Cooperative	139098
外资企业	Sole Foreign Investment	1280935
外商投资股份有限公司	Share-holding Corporations Ltd. with Foreign Investment	157839
其他外商投资企业	Others	
2.按国民经济行业分	by Sector	
农、林、牧产品批发业	Wholesale of Farm Produce and Livestock Products	6536843
食品、饮料及烟草制品批发	Wholesale of Food, Beverages and Tobaccos	23141773
纺织、服装及家庭用品批发	Wholesale of Textiles, Garments and Daily Consumer Articles	12178774
文化、体育用品及器材批发	Wholesale of Culture, Sports Appliances and Equipments	3819438
医药及医疗器材批发	Wholesale of Medicines and Medical Appliances	8716254
矿产品、建材及化工产品批发	Wholesale of Mineral Products, Building Materials and Chemical Products	96070121
机械设备、五金产品及电子产品批发	Wholesale of Machinery, Hardware and Electronic Equipment	12772555
贸易经纪与代理	Trade Broker and Agency	1524451
其他批发业	Other Wholesale not Classified Elsewhere	4106267

continued

(10 000 yuan)

损益及分配 Losses,Profits and Distribution							工资、福利、增值税 Wages,Welfare and Value Added Tax	
主营业务税金及附加 Taxes and Other Charges on Principal Business	营业费用 Expenses on Business	管理费用 Expenses on Management	财务费用 Expenses on Finance	营业利润 Profits from Business	利润总额 Total Profits	应交所得税 Income Tax Payable	本年应付工资总额 Total Wages Payable	本年应交增值税 Value Added Tax Payable
2361227	**7935057**	**5238515**	**1847317**	**10911358**	**9596062**	**1594831**	**4609895**	**3495374**
1619188	**4258569**	**2833045**	**1085378**	**6861364**	**5716346**	**953363**	**2263341**	**2124241**
1610727	4097969	2726494	1069836	6793456	5639108	935422	2193449	2102371
182295	144495	171295	28643	182434	203866	50320	125827	150550
10019	25245	46456	14596	61315	53709	7450	33577	20409
351	3297	2421	1184	1254	1543	624	2180	1411
184	5739	1787	1200	-71	-511	4	4790	2394
828136	1533060	1022883	405049	2366305	1469453	355273	868572	869787
29489	616792	220332	24126	176885	202181	34823	293698	164580
539441	1733900	1225390	584478	3768977	3490287	469176	832570	852015
20813	35440	35929	10559	236357	218581	17753	32237	41227
2511	71351	59038	7028	35172	39061	11657	41545	10439
802	2702	1083	1013	-931	-948	160	1096	656
325	13251	22515	532	6510	8645	1884	16874	5781
1352	51048	32975	1183	30607	32107	9592	20741	3777
16	546	1850	4471	317	345	20	2647	73
15	3804	615	-172	-1332	-1087		187	152
5951	89249	47513	8514	32736	38176	6285	28347	11431
283	28050	11589	87	26618	26812	1605	8538	2787
393	5192	2435	3331	-2773	-2860	297	4257	2197
4789	36454	26912	4256	9738	15071	4004	14511	5952
486	19554	6577	841	-847	-847	379	1042	496
59790	139238	127007	60920	551067	537635	45612	99165	77327
960643	967825	876431	102733	2526432	2460037	339861	675709	722609
63416	434823	185285	26389	336538	340496	50389	187500	153161
11240	123781	104555	1346	103847	97485	9241	114397	24508
23001	424392	185351	58964	201665	194682	43708	146983	124557
394749	1673766	992146	679737	2330727	1283683	354614	737811	796973
70009	394032	300595	97434	627380	629591	86768	254086	155488
6709	43016	13152	28690	49484	48338	7204	12145	11116
29631	57695	48524	29166	134225	124399	15968	35546	58501

17-3 续表 3

单位:万元

指标名称	Indicator	主营业务成本 Cost of Principal Business
二、零售业	**Retail Trade**	**79984435**
1.按登记注册类型分	by Status of Registration	
内资	Domestic Funded Enterprises	77222643
国有	State-owned	623633
集体	Collective-owned	3243009
股份合作	Cooperative	212995
联营企业	Joint Ownership	63523
有限责任公司	Limited Liability Corporations	27166670
股份有限公司	Share-holding Corporations Ltd.	12762748
私营企业	Private Enterprises	32582077
其他	Others	567988
港澳台商投资企业	Enterprises with Funds from Hong Kong,Macao and Taiwan	1822614
与港澳台商合资经营	Joint-venture	411447
与港澳台商合作经营	Cooperative	
港澳台商独资	Sole Investment	1338255
港澳台商独资股份有限公司	Share-holding Corporations Ltd. with Sole Investment	30080
其他港澳台投资企业	Others	42832
外商投资企业	Foreign Funded Enterprises	939178
中外合资经营	Joint-venture	436743
中外合作经营	Cooperative	102560
外资企业	Sole Foreign Investment	305568
外商投资股份有限公司	Share-holding Corporations Ltd. with Foreign Investment	94307
其他外商投资企业	Others	
2.按国民经济行业分	by Sector	
综合零售	Integrated Retail	23047822
食品、饮料及烟草制品专门零售	Retail of Food, Beverages and Tobaccos	3025449
纺织、服装及日用品专门零售	Special Retail of Textiles, Garments and Daily Consumer Articles	2517282
文化、体育用品及器材专门零售	Retail of Culture, Sports Appliances and Equipments	1316132
医药及医疗器材专门零售业	Retail of Medicines and Medical Appliances	3973470
汽车、摩托车、燃料及零配件专门零售	Retail of Motor Vehicles, Motorcycles,Fuel and Parts	32640625
家用电器及电子产品专门零售业	Special Retail of Household Electric Appliances and Electronic Products	6409559
五金、家具及室内装修材料专门零售	Special Retail of Hardware, Furniture and Decoration Materials	4178668
货摊、无店铺及其他零售业	Non-shop and Other Retails	2875428

continued

(10 000 yuan)

损益及分配 Losses,Profits and Distribution							工资、福利、增值税 Wages,Welfare and Value Added Tax	
主营业务税金及附加 Taxes and Other Charges on Principal Business	营业费用 Expenses on Business	管理费用 Expenses on Management	财务费用 Expenses on Finance	营业利润 Profits from Business	利润总额 Total Profits	应交所得税 Income Tax Payable	本年应付工资总额 Total Wages Payable	本年应交增值税 Value Added Tax Payable
742039	**3676489**	**2405470**	**761939**	**4049994**	**3879716**	**641467**	**2346553**	**1371133**
725252	3332183	2262914	749846	3959483	3786083	608468	2189171	1316715
7139	29370	30012	5090	39431	41080	7072	23226	13709
49491	78591	94518	21317	317970	302934	32240	54032	68951
2369	15706	6628	1387	6479	6033	904	4176	1869
1216	2660	2221	863	10406	9078	1182	2111	1457
190532	1372761	866535	295372	1037679	1055720	182293	817655	447210
65298	691882	329670	76484	303496	307257	53290	410187	151148
402303	1121927	916713	341374	2195348	2019530	326499	858135	627295
6905	19288	16618	7958	48675	44452	4989	19650	5077
9078	211925	50451	10330	91929	93766	28122	90977	34126
1542	21013	9242	4387	10079	9924	2696	6870	7881
7224	182457	39231	5508	82959	84923	25193	80016	23436
121	3723	1138	82	240	262	172	2225	374
191	4733	840	353	-1349	-1343	62	1866	2435
7709	132380	92106	1764	-1418	-132	4877	66405	20292
2695	46463	74293	-1562	-7261	-8200	1822	39715	11167
1216	14618	3870	796	3574	7255	1836	4585	2425
1854	28041	10324	2191	-1246	-2345	942	11865	4805
1944	43259	3620	339	3516	3158	278	10240	1894
219772	1579104	949838	212330	1053163	1096100	201268	938973	424025
49189	120371	96664	32890	273785	258174	34708	104929	57257
43493	180143	100263	21460	205756	203464	41930	123477	54810
19793	65921	54910	12971	106234	97538	14641	70813	26308
31428	224850	171482	42314	219630	210234	41677	153912	104028
191496	965700	659215	288183	934057	805501	141114	619137	435840
58402	280801	145986	39327	511118	483151	68518	139705	106133
94272	134631	126730	42157	516696	493284	63434	124674	87152
34193	124967	100383	70309	229556	232272	34178	70933	75581

17-4 各市限额以上批发和零售业商品购进、销售、库存总额(2015年)

Total Purchases,Sales and Inventory of Enterprises above Designated Size of Wholesale and Retail Trades by Region(2015)

单位：亿元 (100 million yuan)

地区	Region	法人单位(个) Corporate Unit (unit)	年末从业人数(万人) Persons Employed at Year-end (10 000 person)	购进总额 Total Purchases Value	#进口 Import	销售总额 Total Sale Value 合计 Total	批发 Wholesale	#出口 Export	零售 Retail	年末库存总额 Inventory (year-end)
全省总计	**Total**	**17140**	**98.1**	**27089.1**	**817.7**	**29650.1**	**18993.3**	**1002.2**	**10656.8**	**1701.3**
济南市	Jinan	1616	13.0	3405.9	62.5	3738.9	2496.1	125.2	1242.8	294.7
青岛市	Qingdao	1717	11.7	4197.8	340.4	4626.2	3444.8	459.8	1181.4	270.1
淄博市	Zibo	817	5.5	1526.5	32.3	1624.8	930.7	13.6	694.2	95.4
枣庄市	Zaozhuang	731	3.4	671.9	0.0	754.3	509.7	6.0	244.6	28.8
东营市	Dongying	484	3.8	1129.2	69.7	1226.9	906.9	123.5	320.0	64.8
烟台市	Yantai	1271	7.4	2302.7	32.8	2556.8	1662.7	51.5	894.1	170.0
潍坊市	Weifang	1682	9.0	2165.0	27.7	2355.2	1542.3	68.3	812.9	143.4
济宁市	Jining	1544	7.3	1636.9	6.0	1781.5	1134.7	14.7	646.8	168.8
泰安市	Tai'an	1202	5.8	1929.7	0.3	2095.0	1299.0	3.9	796.0	97.4
威海市	Weihai	570	3.8	880.1	64.3	1033.8	428.3	59.1	605.5	33.4
日照市	Rizhao	223	1.9	1146.4	101.9	1285.6	1064.9	4.9	220.8	51.6
莱芜市	Laiwu	274	1.2	310.9	1.5	335.5	257.9	1.6	77.6	17.5
临沂市	Linyi	1372	8.1	2334.3	73.9	2535.3	1176.0	10.9	1359.2	116.8
德州市	Dezhou	1234	5.8	1109.3	0.2	1184.8	578.0	0.6	606.8	37.4
聊城市	Liaocheng	659	2.9	811.6	2.3	877.2	631.4	15.4	245.8	32.7
滨州市	Binzhou	409	2.5	531.3	1.5	614.5	424.9	24.3	189.6	33.9
菏泽市	Heze	1335	5.0	999.5	0.4	1023.8	505.1	18.7	518.7	44.6

17-5 各市限额以上批发和零售业财务状况(2015年)

Financial Indicators of Enterprises above Designated Size of Wholesale and Retail Trades by Region(2015)

单位:亿元 (100 million yuan)

地区	Region	企业数(个) Number of Enterprises (unit)	流动资产合计 Total Working Capitals	固定资产原价 Original Value of Fixed Assets	本年折旧 Depreciati-on in the Year	资产合计 Total Assests	负债合计 Total Liabilities	所有者权益合计 Total Owners' Equities	营业收入合计 Business Revenue	主营业务收入 Revenue from Principal Business
全省总计	**Total**	**17140**	**8406.5**	**2213.4**	**119.0**	**11773.9**	**8590.1**	**3183.8**	**27906.5**	**27621.1**
济南市	Jinan	1616	1524.0	278.2	15.7	1993.2	1567.4	425.8	4096.2	3922.6
青岛市	Qingdao	1717	1705.4	257.9	11.6	2155.3	1750.3	405.0	4099.4	4072.6
淄博市	Zibo	817	419.5	107.3	5.7	682.5	514.8	167.7	1495.9	1490.8
枣庄市	Zaozhuang	731	128.0	74.1	2.8	212.9	105.1	107.8	738.2	736.0
东营市	Dongying	484	418.4	108.8	4.5	556.0	396.0	159.9	1165.5	1161.5
烟台市	Yantai	1271	741.9	184.0	8.9	996.9	700.2	296.7	2336.2	2321.6
潍坊市	Weifang	1682	765.0	210.0	10.0	1015.9	754.8	261.1	2137.1	2119.0
济宁市	Jining	1544	389.2	113.9	8.0	549.8	320.8	229.0	1443.1	1434.8
泰安市	Tai'an	1202	241.8	164.3	5.7	437.0	204.0	233.0	2018.7	2017.2
威海市	Weihai	570	309.8	86.7	12.6	415.9	322.3	93.5	952.6	948.3
日照市	Rizhao	223	323.5	43.6	2.7	447.3	392.2	55.1	1154.6	1146.7
莱芜市	Laiwu	274	79.9	22.3	1.6	108.1	99.8	8.3	336.1	334.9
临沂市	Linyi	1372	550.5	178.1	10.0	932.8	628.2	304.6	2396.4	2389.6
德州市	Dezhou	1234	177.9	153.3	6.8	360.0	264.0	96.0	1160.2	1157.6
聊城市	Liaocheng	659	241.5	63.4	4.3	319.1	221.6	97.5	801.6	796.9
滨州市	Binzhou	409	258.8	75.2	3.8	346.9	227.5	119.3	589.6	587.6
菏泽市	Heze	1335	131.5	92.3	4.2	244.3	120.9	123.4	985.1	983.4

17-5 续表 continued

单位:亿元 (100 million yuan)

地区	Region	主营业务成本 Cost of Principal Business	主营业务税金及附加 Taxes and Other Charges on Principal Business	营业费用 Expenses on Business	管理费用 Expenses on Managem-ent	财务费用 Expenses on Finance	营业利润 Profits from Business	利润总额 Total Profits	应交所得税 Income Tax Payable	本年应付工资总额 Total Wages Payable	本年应交增值税 Value Added Tax Payable
全省总计	**Total**	**24885.1**	**236.1**	**793.5**	**523.9**	**184.7**	**1091.1**	**959.6**	**159.5**	**461.0**	**349.5**
济南市	Jinan	3663.7	15.6	136.2	70.4	13.1	40.3	49.3	11.4	76.5	38.2
青岛市	Qingdao	3774.8	22.2	126.0	75.9	21.5	79.8	74.5	16.6	65.5	46.4
淄博市	Zibo	1354.6	11.5	41.8	32.1	12.7	45.8	40.8	6.0	23.1	15.3
枣庄市	Zaozhuang	635.1	10.4	17.4	11.8	3.3	60.4	49.1	5.8	13.6	17.8
东营市	Dongying	1069.4	5.5	26.0	18.1	12.3	32.1	30.9	3.6	17.0	9.6
烟台市	Yantai	2051.1	21.0	96.3	50.5	13.9	99.7	101.2	17.3	41.0	42.8
潍坊市	Weifang	1909.0	15.6	63.9	44.1	13.9	82.1	81.1	10.3	44.4	21.7
济宁市	Jining	1283.2	17.3	43.1	28.6	8.1	58.6	55.7	7.0	23.8	17.1
泰安市	Tai'an	1755.0	28.3	38.1	37.0	14.3	143.6	144.3	23.2	22.1	35.6
威海市	Weihai	833.0	19.6	36.0	21.5	3.8	34.9	34.7	5.1	23.6	8.7
日照市	Rizhao	1086.0	4.9	16.3	15.5	12.4	15.5	-69.4	1.8	8.6	4.2
莱芜市	Laiwu	318.0	1.4	6.6	4.1	4.8	-0.6	-0.7	0.5	4.7	1.4
临沂市	Linyi	2117.0	17.1	62.5	43.4	18.8	133.4	118.6	11.5	32.8	25.1
德州市	Dezhou	935.9	22.3	25.3	22.1	8.8	144.4	139.2	17.5	24.8	27.4
聊城市	Liaocheng	719.0	7.0	17.5	13.5	9.3	34.5	34.6	5.7	12.1	11.0
滨州市	Binzhou	533.5	6.1	14.3	11.1	4.8	18.8	17.7	3.5	10.6	6.8
菏泽市	Heze	846.8	10.2	26.2	24.3	8.9	67.8	57.8	12.8	16.8	20.3

17–6 限额以上住宿和餐饮业情况
Basic Conditions of Hotels and Catering Services

指　标	Item	2011	2012	2013	2014	2015
住宿和餐饮业	**Hotels and Catering Services**					
法人企业 (个)	Number of Corporation Enterprises (unit)	3401	3188	3538	3354	3211
年末从业人数 (万人)	Engaged Persons at Year-end (10 000 persons)	28.6	28.0	27.4	24.8	23.0
营业额 (亿元)	Business Revenue (100 million yuan)	504.4	540.3	553.6	538.4	547.3
#餐费收入 (亿元)	From Meals (100 million yuan)	347.3	377.9	377.3	369.6	374.7
年末餐饮营业面积(万平方米)	Business Area of Catering Services at Year-end(10 000 sq.m)	849.81	706.78	738.56	714.56	598.70
住宿业	**Hotels**					
法人企业 (个)	Number of Corporation Enterprises (unit)	949	1020	1108	1086	1089
年末从业人数 (万人)	Engaged Persons at Year-end (10 000 persons)	11.6	12.1	11.7	10.5	10.3
营业额 (亿元)	Business Revenue (100 million yuan)	186.3	211.3	217.7	211.4	219.1
#客房收入 (亿元)	From Hotel Rooms (100 million yuan)	82.7	82.4	91.7	91.7	96.8
餐费收入 (亿元)	From Meals (100 million yuan)	83.5	107.8	105.0	100.4	102.9
客房数 (万间)	Number of Room (10 000 rooms)	11.4	19.4	15.3	20.8	14.7
床位数 (万位)	Number of Beds (10 000 beds)	19.7	33.3	26.4	32.3	24.5
年末餐饮营业面积 (万平方米)	Business Area of Catering Services at Year-end (10 000 sq.m)	259.9	251.3	234.0	233.7	219.8
餐饮业	**Catering Services**					
法人企业 (个)	Number of Corporation Enterprises (unit)	2452	2168	2430	2268	2122
年末从业人数 (万人)	Engaged Persons at Year-end (10 000 persons)	17.0	15.9	15.7	14.3	12.7
营业额 (亿元)	Business Revenue (100 million yuan)	318.1	328.9	335.9	327.0	328.2
#餐费收入 (亿元)	From Meals (100 million yuan)	263.8	270.1	272.3	269.2	271.7
年末餐饮营业面积 (万平方米)	Business Area of Catering Services at Year-end (10 000 sq.m)	589.9	455.5	504.6	480.8	378.9

17—7 限额以上住宿和餐饮业经营情况(2015年)

Business of Hotels and Catering Services above Designated Size(2015)

指标名称	Indicator	法人单位(个) Corporate Unit (unit)	从业人数(人) Employed Persons (person)
总计	**Total**	**3211**	**229801**
一、住宿业	**Hotels**	**1089**	**103207**
1.按登记注册类型分	by Status of Registration		
内资	Domestic Funded Enterprises	1061	97865
国有	State-owned	131	21105
集体	Collective-owned	27	1933
股份合作	Cooperative	2	240
联营企业	Joint Ownership		
有限责任公司	Limited Liability Corporations	350	39171
股份有限公司	Share-holding Corporations Ltd.	43	4520
私营企业	Private Enterprises	492	29543
其他	Others	16	1353
港澳台商投资企业	Enterprises with Funds from Hong Kong,Macao and Taiwan	13	3125
与港澳台商合资经营	Joint-venture	5	1821
与港澳台商合作经营	Cooperative		
港澳台商独资	Sole Investment	8	1304
港澳台商独资股份有限公司	Share-holding Corporations Ltd. with Sole Investment		
其他港澳台投资企业	Others		
外商投资企业	Foreign Funded Enterprises	15	2217
中外合资经营	Joint-venture	8	1492
中外合作经营	Cooperative	1	210
外资企业	Sole Foreign Investment	5	404
外商投资股份有限公司	Share-holding Corporations Ltd. With Foreign Investment	1	111
其他外商投资企业	Others		
2.按国民经济行业分	by Sector		
旅游饭店	Tourist Hotels	673	81047
一般旅馆	General Hotels	386	20379
其他住宿业	Other Accommodation Services	30	1781

17-7 续表 1 continued

指 标 名 称	Indicator	法人单位(个) Corporate Unit (unit)	从业人数(人) Employed Persons (person)
二、餐饮业	**Catering Services**	**2122**	**126594**
1.按登记注册类型分	by Status of Registration		
内 资	Domestic Funded Enterprises	2087	121845
国 有	State-owned	64	7442
集 体	Collective-owned	16	959
股份合作	Cooperative	3	191
联营企业	Joint Ownership	1	52
有限责任公司	Limited Liability Corporations	560	38264
股份有限公司	Share-holding Corporations Ltd.	50	6673
私营企业	Private Enterprises	1355	65803
其 他	Others	38	2461
港澳台商投资企业	Enterprises with Funds from Hong Kong,Macao and Taiwan	14	2715
与港澳台商合资经营	Joint-venture	5	1034
与港澳台商合作经营	Cooperative		
港澳台商独资	Sole Investment	9	1681
港澳台商独资股份有限公司	Share-holding Corporations Ltd. with Sole Investment		
其他港澳台投资企业	Others		
外商投资企业	Foreign Funded Enterprises	21	2034
中外合资经营	Joint-venture	8	283
中外合作经营	Cooperative		
外资企业	Sole Foreign Investment	13	1751
外商投资股份有限公司	Share-holding Corporations Ltd. with Foreign Investment		
其他外商投资企业	Others		
2.按国民经济行业分	by Sector		
正餐服务	Dinner service	2022	115210
快餐服务	Fast Food Service	74	7550
饮料及冷饮服务	Beverages and cold drinks service	1	244
其他餐饮业	Other Catering Services	25	3590

17-7 续表 2 continued

单位:万元 (10 000 yuan)

指标名称	Indicator	营业额 Business Revenue	客房收入 Revenue from Hotel Rooms	餐费收入 Revenue from Meals	商品销售收入 Revenue from Commodities	其他收入 Other Revenue
总　计	**Total**	**5472687**	**1308051**	**3746512**	**246652**	**171472**
一、住宿业	**Hotels**	**2190546**	**968478**	**1029261**	**78101**	**114706**
1.按登记注册类型分	by Status of Registration					
内　资	Domestic Funded Enterprises	2062803	911583	981751	71110	98360
国　有	State-owned	387087	145319	197126	9464	35178
集　体	Collective-owned	38917	15674	19206	2780	1256
股份合作	Cooperative	5053	1961	2944	148	
联营企业	Joint Ownership					
有限责任公司	Limited Liability Corporations	730454	334623	330985	23434	41412
股份有限公司	Share-holding Corporations Ltd.	91415	38233	44198	4764	4220
私营企业	Private Enterprises	784502	365802	373787	29120	15793
其　他	Others	25376	9971	13504	1400	501
港澳台商投资企业	Enterprises with Funds from Hong Kong, Macao and Taiwan	75993	30415	25229	5842	14507
与港澳台商合资经营	Joint-venture	33887	13286	8920	4143	7539
与港澳台商合作经营	Cooperative					
港澳台商独资	Sole Investment	42106	17130	16309	1699	6968
港澳台商独资股份有限公司	Share-holding Corporations Ltd. with Sole Investment					
其他港澳台投资企业	Others					
外商投资企业	Foreign Funded Enterprises	51750	26480	22282	1149	1839
中外合资经营	Joint-venture	35364	17264	16915	60	1126
中外合作经营	Cooperative	3580	719	2569		291
外资企业	Sole Foreign Investment	11482	7652	2318	1090	422
外商投资股份有限公司	Share-holding Corporations Ltd. With Foreign Investment	1325	845	480		1
其他外商投资企业	Others					
2.按国民经济行业分	by Sector					
旅游饭店	Tourist Hotels	1623206	656219	811884	55768	99335
一般旅馆	General Hotels	537763	294967	206287	21426	15082
其他住宿业	Other Accommodation Services	29577	17292	11090	906	289

17–7 续表 3 continued

单位:万元 (10 000 yuan)

指标名称	Indicator	营业额 Business Revenue	客房收入 Revenue from Hotel Rooms	餐费收入 Revenue from Meals	商品销售收入 Revenue from Commodities	其他收入 Other Revenue
二、餐饮业	**Catering Services**	**3282141**	**339573**	**2717250**	**168551**	**56766**
1.按登记注册类型分	by Status of Registration					
内 资	Domestic Funded Enterprises	3002846	334124	2448130	165747	54846
国 有	State-owned	144630	35779	99756	6466	2629
集 体	Collective-owned	23253	2179	20621	401	52
股份合作	Cooperative	2628	908	1692	28	
联营企业	Joint Ownership	436	70	318	32	15
有限责任公司	Limited Liability Corporations	701845	118074	526503	33594	23674
股份有限公司	Share-holding Corporations Ltd.	106139	23066	74493	4162	4417
私营企业	Private Enterprises	1951501	147081	1661476	119133	23813
其 他	Others	72415	6967	63272	1930	246
港澳台商投资企业	Enterprises with Funds from Hong Kong, Macao and Taiwan	61083	3598	54204	1815	1466
与港澳台商合资经营	Joint-venture	18063	3360	12335	902	1466
与港澳台商合作经营	Cooperative					
港澳台商独资	Sole Investment	43020	238	41869	913	
港澳台商独资股份有限公司	Share-holding Corporations Ltd.					
其他港澳台投资企业	with Sole Investment					
外商投资企业	Foreign Funded Enterprises	218212	1852	214917	990	454
中外合资经营	Joint-venture	5233	900	2957	923	454
中外合作经营	Cooperative					
外资企业	Sole Foreign Investment	212979	952	211960	67	
外商投资股份有限公司	Share-holding Corporations Ltd.					
其他外商投资企业	with Foreign Investment					
2.按国民经济行业分	by Sector					
正餐服务	Dinner service	2850166	337734	2302526	157351	52555
快餐服务	Fast Food Service	373259	877	366800	4715	867
饮料及冷饮服务	Beverages and cold drinks service	9925		9024	901	
其他餐饮业	Other Catering Services	48792	963	38900	5585	3344

17-8 各市限额以上住宿和餐饮业经营情况(2015年)

Business of Hotels and Catering Services above Designated Size by Region (2015)

地区	Region	法人单位(个) Corporation Unit (unit)	从业人数(人) Persons Employed (person)	营业额(万元) Business Revenue (10000 yuan)	客房收入 Revenue from Hotel Rooms	餐费收入 Revenue from Meals	商品销售收入 Revenue from Commodi-ties	其他收入 Other Revenue
全省总计	**Total**	**3211**	**229801**	**5472687**	**1308051**	**3746512**	**246652**	**171472**
济南市	Jinan	298	33494	563483	180131	330624	8441	44288
青岛市	Qingdao	334	35894	890751	227676	592233	29715	41127
淄博市	Zibo	182	10606	302142	54072	226440	17708	3923
枣庄市	Zaozhuang	114	5841	122374	27367	82196	11193	1618
东营市	Dongying	53	8782	114034	30811	72269	3802	7153
烟台市	Yantai	351	21666	770604	182698	562795	12422	12689
潍坊市	Weifang	267	17975	235792	62384	154247	11538	7623
济宁市	Jining	290	16010	265150	68876	184529	7991	3754
泰安市	Tai'an	257	13839	620473	119741	476150	17181	7401
威海市	Weihai	186	12994	357619	75698	245305	21048	15569
日照市	Rizhao	61	4494	56895	20367	35041	1153	334
莱芜市	Laiwu	42	2215	21662	5950	12810	2329	573
临沂市	Linyi	150	11658	229508	54542	133690	28112	13165
德州市	Dezhou	176	11048	382935	88277	271405	18459	4795
聊城市	Liaocheng	97	7089	101699	25310	66896	5786	3708
滨州市	Binzhou	70	4683	55151	15291	36869	2228	763
菏泽市	Heze	283	11513	382415	68862	263015	47548	2990

17-9 限额以上住宿和餐饮业财务状况(2015年)

单位:万元

指 标 名 称	Indicator	企业数(个) Number of Enterprises (unit)
总　计	**Total**	**3211**
一、住宿业	**Hotels**	**1089**
1.按登记注册类型分	by Status of Registration	
内 资	Domestic Funded Enterprises	1061
国 有	State-owned	131
集 体	Collective-owned	27
股份合作	Cooperative	2
联营企业	Joint Ownership	
有限责任公司	Limited Liability Corporations	350
股份有限公司	Share-holding Corporations Ltd.	43
私营企业	Private Enterprises	492
其　他	Others	16
港澳台商投资企业	Enterprises with Funds from Hong Kong,Macao and Taiwan	13
与港澳台商合资经营	Joint-venture	5
与港澳台商合作经营	Cooperative	
港澳台商独资	Sole Investment	8
港澳台商独资股份有限公司	Share-holding Corporations Ltd. With Sole Investment	
其他港澳台投资企业	Others	
外商投资企业	Foreign Funded Enterprises	15
中外合资经营	Joint-venture	8
中外合作经营	Cooperative	1
外资企业	Sole Foreign Investment	5
外商投资股份有限公司	Share-holding Corporations Ltd. with Foreign Investment	1
其他外商投资企业	Others	
2.按国民经济行业分	by Sector	
旅游饭店	Tourist Hotels	673
一般旅馆	General Hotels	386
其他住宿业	Other Accommodation Services	30

Financial Indicators of Enterprises above Designated Size of Hotels and Catering Services(2015)

(10 000 yuan)

年末资产负债 Assets and Liabilities at Year-end						损益及分配 Losses,Profits and Distribution	
流动资产合计 Total Working Capitals	固定资产原价 Original Value of Fixed Assets	本年折旧 Depre-ciation in the Year	资产合计 Total Assests	负债合计 Total Liabilities	所有者权益合计 Total Owner's Equities	营业收入合计 Business Revenue	主营业务收入 Revenue from Principal Business
3073763	**5773604**	**298987**	**8751827**	**6166778**	**2585049**	**5467102**	**5436836**
1741813	**3475375**	**163136**	**4865100**	**3521484**	**1343616**	**2174298**	**2156519**
1655675	2900807	143555	4353255	3145429	1207826	2043889	2034794
232307	844081	34566	806953	366669	440285	385486	383559
20296	51559	1350	60018	27965	32053	37854	37854
3028	4850	210	9397	7396	2001	5053	5053
805629	1228847	55051	1989474	1643312	346162	729416	724862
53381	171732	6165	270060	209872	60188	90294	89580
517230	581560	45232	1180862	870968	309894	770501	769146
23804	18177	981	36491	19248	17243	25286	24741
36358	483833	15473	406390	284970	121420	78780	70792
19914	233529	8224	192070	195363	-3293	36675	36673
16443	250304	7249	214320	89607	124712	42106	34118
49780	90734	4108	105455	91085	14370	51628	50933
45083	64992	2983	81725	66092	15634	36034	35343
915	11273	747	5986	6030	-44	3378	3378
3565	14399	379	17425	18731	-1306	10891	10887
218	71		320	233	87	1325	1325
1514677	3045728	141011	4169103	2975034	1194069	1614888	1598030
192756	378338	21416	617405	498888	118517	530445	529553
34379	51308	709	78592	47562	31031	28965	28936

17-9 续表 1

单位:万元

指标名称	Indicator	企业数(个) Number of Enterprises (unit)
二、餐饮业	**Catering Services**	**2122**
1.按登记注册类型分	by Status of Registration	
内资	Domestic Funded Enterprises	2087
国有	State-owned	64
集体	Collective-owned	16
股份合作	Cooperative	3
联营企业	Joint Ownership	1
有限责任公司	Limited Liability Corporations	560
股份有限公司	Share-holding Corporations Ltd.	50
私营企业	Private Enterprises	1355
其他	Others	38
港澳台商投资企业	Enterprises with Funds from Hong Kong,Macao and Taiwan	14
与港澳台商合资经营	Joint-venture	5
与港澳台商合作经营	Cooperative	
港澳台商独资	Sole Investment	9
港澳台商独资股份有限公司	Share-holding Corporations Ltd. With Sole Investment	
其他港澳台投资企业	Others	
外商投资企业	Foreign Funded Enterprises	21
中外合资经营	Joint-venture	8
中外合作经营	Cooperative	
外资企业	Sole Foreign Investment	13
外商投资股份有限公司	Share-holding Corporations Ltd. with Foreign Investment	
其他外商投资企业	Others	
2.按国民经济行业分	by Sector	
正餐服务	Dinner service	2022
快餐服务	Fast Food Service	74
饮料及冷饮服务	Beverages and cold drinks service	1
其他餐饮业	Other Catering Services	25

continued

(10 000 yuan)

年末资产负债 Assets and Liabilities at Year-end						损益及分配 Losses,Profits and Distribution	
流动资产合计 Total Working Capitals	固定资产原价 Original Value of Fixed Assets	本年折旧 Depre-ciation in the Year	资产合计 Total Assests	负债合计 Total Liabilities	所有者权益合计 Total Owner's Equities	营业收入合计 Business Revenue	#主营业务收入 Revenue from Principal Business
1331950	**2298229**	**135851**	**3886727**	**2645294**	**1241433**	**3292804**	**3280317**
1273616	2143846	128653	3641517	2421561	1219956	3012106	2999690
57957	245166	13903	244878	126808	118070	141110	140802
6886	14974	623	20023	10528	9495	22834	22826
529	1859	96	1509	600	909	2353	2353
543	173		631	2117	-1486	437	437
423507	1008702	59661	1471154	960422	510732	737801	731028
113532	54079	2970	299841	261295	38546	106776	106678
639873	804643	50579	1562498	1028706	533792	1932527	1927754
30789	14250	821	40985	31085	9900	68270	67814
31647	94865	4414	145265	160321	-15056	62442	62370
22651	77444	3360	117647	124960	-7313	18063	17992
8996	17420	1054	27618	35362	-7743	44379	44379
26687	59518	2785	99945	63413	36533	218257	218257
8745	8780	341	15801	7662	8139	5350	5350
17942	50738	2444	84145	55751	28394	212907	212907
1266445	2196794	127713	3687563	2495749	1191814	2860976	2849283
44295	90629	7254	159708	128086	31622	373413	372656
3419	1450	88	6627	1912	4716	9856	9856
17792	9357	796	32829	19548	13281	48559	48522

17-9 续表 2

单位:万元

指 标 名 称	Indicator	主营业务成本 Cost of Principal Business
总 计	**Total**	**2970392**
一、住宿业	**Hotels**	**1022270**
1.按登记注册类型分	by Status of Registration	
内 资	Domestic Funded Enterprises	981976
国 有	State-owned	179704
集 体	Collective-owned	21040
股份合作	Cooperative	2149
联营企业	Joint Ownership	
有限责任公司	Limited Liability Corporations	293712
股份有限公司	Share-holding Corporations Ltd.	44541
私营企业	Private Enterprises	427458
其 他	Others	13372
港澳台商投资企业	Enterprises with Funds from Hong Kong,Macao and Taiwan	24461
与港澳台商合资经营	Joint-venture	8741
与港澳台商合作经营	Cooperative	
港澳台商独资	Sole Investment	15720
港澳台商独资股份有限公司	Share-holding Corporations Ltd. with Sole Investment	
其他港澳台投资企业	Others	
外商投资企业	Foreign Funded Enterprises	15833
中外合资经营	Joint-venture	8600
中外合作经营	Cooperative	1264
外资企业	Sole Foreign Investment	5773
外商投资股份有限公司	Share-holding Corporations Ltd. With Foreign Investment	196
其他外商投资企业	Others	
2.按国民经济行业分	by Sector	
旅游饭店	Tourist Hotels	710147
一般旅馆	General Hotels	293492
其他住宿业	Other Accommodation Services	18631

continued

(10 000 yuan)

损益及分配 Losses,Profits and Distribution							工资、福利费 Wages and Welfare
主营业务税金及附加 Taxes and Other Charges on Principal Business	营业费用 Expenses on Business	管理费用 Expenses on Management	财务费用 Expenses on Finance	营业利润 Profits from Business	利润总额 Total Profits	应交所得税 Income Tax Payable	本年应付工资总额 Total Wages Payable
252158	**1030789**	**781939**	**148127**	**271155**	**258604**	**75399**	**871336**
104366	**507895**	**426484**	**73266**	**30392**	**29803**	**21562**	**409979**
97657	480880	384466	65914	34810	43407	20900	381476
17203	104951	91499	2246	-9222	-2266	2469	84887
1810	6561	5726	454	2455	2348	726	6259
292	1070	1582	26	-66	-37		1049
37045	221818	169758	34961	-28197	-20359	4178	162924
5652	20667	13537	4070	2757	3309	583	15008
34525	121839	97378	23547	65877	59566	12730	106422
1130	3974	4987	611	1207	846	214	4928
3981	14360	26794	2850	-5471	-14605	168	16756
2091	9384	21137	693	-5370	-5151	166	10080
1890	4977	5657	2157	-101	-9453	2	6676
2728	12655	15224	4503	1053	1001	494	11747
1975	9054	12135	4073	196	222	103	7970
192	1168	1282	336	-864	-862		1598
485	1923	1383	84	1609	1527	365	1708
75	509	424	10	111	114	27	472
80677	403057	370226	59904	-17870	-17525	12134	329789
22480	100637	53167	12927	46783	46386	9137	74505
1210	4202	3091	435	1479	941	292	5685

17-9 续表 3

单位:万元

指 标 名 称	Indicator	主营业务成本 Cost of Principal Business
二、餐饮业	**Catering Services**	**1948123**
1.按登记注册类型分	by Status of Registration	
内 资	Domestic Funded Enterprises	1815527
国 有	State-owned	77545
集 体	Collective-owned	14637
股份合作	Cooperative	1328
联营企业	Joint Ownership	344
有限责任公司	Limited Liability Corporations	414038
股份有限公司	Share-holding Corporations Ltd.	60253
私营企业	Private Enterprises	1202417
其 他	Others	44967
港澳台商投资企业	Enterprises with Funds from Hong Kong,Macao and Taiwan	25469
与港澳台商合资经营	Joint-venture	8671
与港澳台商合作经营	Cooperative	
港澳台商独资	Sole Investment	16798
港澳台商独资股份有限公司	Share-holding Corporations Ltd. with Sole Investment	
其他港澳台投资企业	Others	
外商投资企业	Foreign Funded Enterprises	107127
中外合资经营	Joint-venture	3528
中外合作经营	Cooperative	
外资企业	Sole Foreign Investment	103598
外商投资股份有限公司	Share-holding Corporations Ltd. With Foreign Investment	
其他外商投资企业	Others	
2.按国民经济行业分	by Sector	
正餐服务	Dinner service	1725189
快餐服务	Fast Food Service	188200
饮料及冷饮服务	Beverages and cold drinks service	2515
其他餐饮业	Other Catering Services	32218

continued

(10 000 yuan)

损 益 及 分 配 Losses,Profits and Distribution							工资、福利费 Wages and Welfare
主营业务税金及附加 Taxes and Other Charges on Principal Business	营业费用 Expenses on Business	管理费用 Expenses on Management	财务费用 Expenses on Finance	营业利润 Profits from Business	利润总额 Total Profits	应交所得税 Income Tax Payable	本年应付工资总额 Total Wages Payable
147792	**522894**	**355455**	**74860**	**240762**	**228801**	**53837**	**461357**
132517	433870	324353	67435	237425	225233	50079	436928
6128	34536	23218	1530	-1714	3674	1245	30921
1214	2319	2428	202	2034	2034	555	3658
101	587	702	1	-365	-359		702
29	233	73	1	-243	-241		147
33291	155870	104452	23805	6396	4202	7335	133051
5648	24382	15549	4393	-3352	-1747	859	29864
84129	209281	172036	36612	227387	210579	38802	229975
1978	6662	5895	892	7281	7092	1283	8610
3609	27961	7462	6050	-8061	-8034	414	15043
1420	4863	4784	4808	-6484	-6500		4240
2189	23099	2677	1242	-1577	-1535	414	10803
11666	61062	23640	1376	11399	11603	3344	9387
245	1167	790	300	-706	-625	14	1206
11421	59896	22851	1076	12105	12228	3330	8181
127486	404020	317783	71435	214120	203201	47894	409207
17770	109531	31317	2948	20863	20829	4983	37277
510	5099	331	23	1378	1320	333	4000
2026	4244	6024	455	4401	3452	628	10873

17-10 各市限额以上住宿和餐饮业财务状况(2015年)

Financial Indicators of Enterprises above Designated Size of Hotels and Catering Services by Region(2015)

单位:万元 (10 000 yuan)

地区	Region	企业数(个) Number of Enterprises (unit)	流动资产合计 Total Working Capitals	固定资产原价 Original Value of Fixed Assets	本年折旧 Deprecia-tion in the Year	资产合计 Total Assests	负债合计 Total Liabilities	所有者权益合计 Total Owners' Equities	营业收入合计 Business Revenue	主营业务收入 Revenue from Principal Business
全省总计	**Total**	**3211**	**3073763**	**5773604**	**298987**	**8751827**	**6166778**	**2585049**	**5467102**	**5436836**
济南市	Jinan	298	642715	766627	40488	1246391	1027081	219310	603679	598636
青岛市	Qingdao	334	643495	1090006	46226	1621154	1260266	360889	892226	879482
淄博市	Zibo	182	135431	217050	13146	352096	338116	13979	293338	291276
枣庄市	Zaozhuang	114	78229	122203	5302	224157	142357	81800	124382	124068
东营市	Dongying	53	134813	137722	10342	420816	366674	54142	113659	113397
烟台市	Yantai	351	243482	595427	26956	760858	392222	368636	758155	756516
潍坊市	Weifang	267	317813	367832	26268	680849	603319	77530	234657	232389
济宁市	Jining	290	115071	334262	16598	475865	305879	169986	263132	260940
泰安市	Tai'an	257	99030	269384	14119	341049	160008	181042	602930	602822
威海市	Weihai	186	185753	419633	20078	663415	431589	231825	355130	354848
日照市	Rizhao	61	33455	99304	5185	123622	109640	13982	57858	57696
莱芜市	Laiwu	42	43402	56953	1521	114807	90492	24315	22292	21892
临沂市	Linyi	150	131828	456446	18358	601767	296722	305045	229981	228497
德州市	Dezhou	176	79033	416558	33630	438865	182467	256398	378408	377814
聊城市	Liaocheng	97	52836	99094	4921	146751	87821	58930	103162	102829
滨州市	Binzhou	70	63804	189707	5702	308798	269142	39656	55260	54973
菏泽市	Heze	283	73573	135397	10148	230567	102983	127584	378853	378764

17-10 续表 continued

单位:万元 (10 000 yuan)

地区	Region	主营业务成本 Cost of Principal Business	主营业务税金及附加 Taxes and Other Charges on Principal Business	营业费用 Expenses on Business	管理费用 Expenses on Management	财务费用 Expenses on Finance	营业利润 Profits from Business	利润总额 Total Profits	应交所得税 Income Tax Payable	本年应付工资总额 Total Wages Payable
全省总计	**Total**	**2970392**	**252158**	**1030789**	**781939**	**148127**	**271155**	**258604**	**75399**	**871336**
济南市	Jinan	241233	29120	245127	109855	16586	-35447	-32994	1231	141381
青岛市	Qingdao	365132	46908	251834	189911	32412	-6644	-6466	8662	170062
淄博市	Zibo	156139	14253	46333	39843	14313	23509	15504	2124	36988
枣庄市	Zaozhuang	79285	5252	11458	9720	730	18489	16920	3795	16616
东营市	Dongying	58625	6157	32398	22357	7455	-13253	-11037	212	37507
烟台市	Yantai	479549	29773	98519	96032	10708	42761	45450	9266	83616
潍坊市	Weifang	108358	11309	64006	50258	9619	-11070	-8945	988	63422
济宁市	Jining	164153	12340	35757	43221	3002	2861	-1290	2538	46134
泰安市	Tai'an	387966	29124	41328	40053	11156	93076	92227	11159	56324
威海市	Weihai	216744	15286	48691	49939	8828	15622	21820	6099	46895
日照市	Rizhao	29597	3147	18762	13526	863	-7709	-7189	54	16152
莱芜市	Laiwu	10407	1093	8106	4174	937	-2427	-2025	12	5483
临沂市	Linyi	120493	9560	51109	42226	11716	-3463	-4827	1081	39999
德州市	Dezhou	253506	13455	17084	17420	4896	71476	65777	10528	38685
聊城市	Liaocheng	58219	4520	19546	15033	2428	2943	-835	961	21855
滨州市	Binzhou	29853	2588	13024	12658	3688	-6807	-3267	429	14597
菏泽市	Heze	211133	18272	27708	25711	8791	87238	79779	16261	35622

17-11 亿元以上商品交易市场情况(2015年)

Basic Statistics on Commodity Exchange Markets of Turnover above 100 Million Yuan (2015)

类别	Category	市场数量(个) Number of Markets (unit)	摊位数(个) Number of Booths (unit)	年末出租摊位数(个) Number of Booths Rented at Year End (unit)	年末营业面积(平方米) Operating Area at Year End (sq.m)	成交额(亿元) Turnover (100 million yuan)
总计	**Total**	**595**	**434074**	**401629**	**41501886**	**9866.3**
一、按市场类别分组	**Grouped by Market Category**	**96**	**98782**	**88223**	**5959624**	**1008.7**
综合市场	Comprehensive Markets	96	98782	88223	5959624	1008.7
生产资料综合市场	Means of production Comprehensive Markets	6	1645	1447	238312	30.4
工业消费品综合市场	Industrial consumer products Comprehensive Markets	35	51120	44238	3321813	677.8
农产品综合市场	Farmer Produces Comprehensive Markets	26	23234	21641	1175563	214.6
其他综合市场	Other Comprehensive Markets	29	22783	20897	1223936	85.9
专业市场	Special Markets	499	335292	313406	35542262	8857.6
生产资料市场	Means of Production Markets	95	37044	33723	11586627	3490.6
农业生产用具市场	Agricultural Tools Markets	5	627	596	169000	19.4
农用生产资料市场	Agricultural Production Markets	5	755	725	72400	28.6
煤炭市场	Coal and Charcoal Markets					
木材市场	Wood Markets	16	4489	4029	2318666	338.0
建材市场	Building Materials Markets	23	13768	12589	1725619	263.8
化工材料及制品市场	Chemical Materials and Products Markets	5	3664	3544	374316	689.6
金属材料市场	Metal Materials Markets	33	8865	7503	5716010	1990.0
机械设备市场	Mechanical Device Markets	5	3388	3358	358359	132.5
其他生产资料市场	Other Means of Production Markets	3	1488	1379	852257	28.6
农产品市场	Agricultural Products Markets	149	141864	133703	11753375	2675.5
粮油市场	Grain and Oil Markets	16	10327	10246	657743	288.0
肉禽蛋市场	Meat, Poultry and Eggs Markets	7	3620	3221	96610	17.6
水产品市场	Aquatic Products Markets	24	39009	34679	1557112	620.9
蔬菜市场	Vegetables Markets	63	58560	56798	5362428	939.8
干鲜果品市场	Dried and Fresh Melons and Fruits Markets	22	19076	18158	1007941	372.2
棉麻土畜、烟叶市场	Cotton ,Hemp,Local Livestock and Tobacco Markets	7	1804	1673	2547650	248.2
其他农产品市场	Other Agricultural Products Markets	10	9468	8928	523891	188.7
食品、饮料及烟酒市场	Food, Beverages, Tobacco, and Liquor Markets	27	20685	19625	1115490	255.0
食品饮料市场	Food and Beverage Markets	9	9793	9702	371690	129.2
茶叶市场	Tea Markets	3	1160	1160	220000	35.4
烟酒市场	Tobacco and Liquor Markets	8	3097	2722	192140	41.1
其他食品饮料及烟酒市场	Other Food, Beverages, Tobacco, and Liquor Markets	7	6635	6041	331660	49.3
纺织、服装、鞋帽市场	Textile, Garments, Footgear, and Hats Markets	66	57751	55089	2364638	744.3
布料及纺织品市场	Fabrics and Textile Markets	9	3899	3634	340006	124.1
服装市场	Clothing Markets	41	41680	39944	1453462	444.3
鞋帽市场	Shoes and Hats Markets	7	3554	3376	156237	66.3
其他纺织服装鞋帽市场	Others	9	8618	8135	414933	109.6
日用品及文化用品市场	Daily Use and Cultural Goods Markets	21	15930	14433	886195	309.9
小商品市场	Merchandise Markets	11	11614	10289	550811	243.6
箱包市场	Case and Bag Markets	1	150	150	8400	1.5

17—11 续表 continued

类 别	Category	市场数量(个) Number of Markets (unit)	摊位数(个) Number of Booths (unit)	年末出租摊位数(个) Number of Booths Rented at Year End (unit)	年末营业面积(平方米) Operating Area at Year End (sq.m)	成交额(亿元) Turnover (100 million yuan)
玩具市场	Toy Markets	2	1023	942	106660	15.9
文具市场	Stationery Markets	1	578	578	60000	3.3
图书、报刊杂志市场	Books, Newspapers and Magazines Markets	2	340	273	34324	9.8
音像制品及电子出版物市场	Video products and E-journal Markets					
体育用品市场	Sports Goods Markets					
其他日用品及文化用品市场	Other Daily Use and Cultural Goods Markets	4	2225	2201	126000	35.8
黄金、珠宝、玉器等首饰市场	Gold,Jewelry,Jade Markets	3	2306	2069	308579	42.8
电器、通讯器材、电子设备市场	Electrical Appliances, Communication Appliances, Electronic Equipment Markets	10	3509	3336	300300	92.4
家电市场	Household Appliances Markets	4	1284	1237	188800	58.8
通讯器材市场	Communication Appliances					
照相、摄像器材市场	Camera Equipment Markets					
计算机及辅助设备市场	Computers and Auxiliary Equipment Markets	6	2225	2099	111500	33.6
其他电器、通讯器材、电子设备市场	Others					
医药、医疗用品及器材市场	Medicine,Medical Supplies and Equipment Markets	1	968	870	60000	3.0
中药材市场	Chinese Medicine Markets	1	968	870	60000	3.0
其他医药、医疗用品及器材市场	Others					
家具、五金及装饰材料市场	Furniture,Hardware,and Decorative Materials Markets	75	39122	35688	4757706	802.8
家具市场	Furniture Markets	18	6917	5956	1116748	162.2
装饰材料市场	Decoration Materials Markets	32	12805	11513	1747250	290.1
灯具市场	Lamps Markets	3	1320	1315	268000	48.8
厨具、盥洗设备市场	Kitchen Utensils and Washing Equipment Markets	1	366	353	21608	2.2
五金材料市场	Hardware Materials Markets	15	9813	8990	841221	188.1
其他装修市场	Others	6	7901	7561	762879	111.3
汽车、摩托车及零配件市场	Automobile, Motorcycle and Spare Parts Markets	36	7230	6767	1626442	352.3
汽车市场	Automobile Markets	20	3092	2934	1270083	228.0
摩托车市场	Motorcycle Markets					
机动车零配件市场	Motor Vehicle Spare Parts Markets	16	4138	3833	356359	124.2
花、鸟、鱼、虫市场	Flowers,Birds,Fish,Insects Markets	2	1950	1790	189960	33.9
花卉市场	Flower Markets	2	1950	1790	189960	33.9
鸟市场	Bird Markets					
观赏鱼市场	Ornamental Fish Markets					
其他花鸟鱼虫市场	Others					
旧货市场	Second Hand Markets	3	756	682	87000	9.0
古玩、古董、字画市场	Antique,Antiques,Calligraphy and Painting Markets					
邮票、硬币市场	Stamps,Coins Markets					
其他旧货市场	Other Second Hand Markets	3	756	682	87000	9.0
其他专业市场	Others	11	6177	5631	505950	46.2
二、按营业状态分组	**Grouped by Operating Status**					
1.常年营业	Perennial operating	572	420348	388604	40153232	9626.6
2.季节性营业	Seasonal operating	23	13726	13025	1348654	239.7
3.其他	Others					
三、按经营方式分组	**Grouped by Operating Mode**					
1.以批发为主	Wholesale	428	325843	299151	35058746	8884.3
2.以零售为主	Retail	167	108231	102478	6443140	982.0
四、按经营环境分组	**Grouped by Operating Environment**					
1.露天式	Open Air	186	108679	103221	14465316	3057.9
2.封闭式	Closed	359	279492	258192	21416628	5855.0
3.其他	Others	50	45903	40216	5619942	953.4

17-12 亿元以上商品交易市场成交情况(2015年)

Basic Statistics on Commodity Exchange Markets of Turnover above 100 Million Yuan(2015)

类　　别	Category	年末出租摊位数(个) Number of Booths Rented at Year end (unit)	全年成交额(亿元) Turnover (100 million yuan)
合　计	**Total**	**401629**	**9866.3**
1.粮油、食品类	Grain、Oil and Food	153806	2651.2
#粮油类	Grain and Oil	13796	329.7
肉禽蛋类	Meal,Doultr and Eggs	10805	144.1
水产品类	Aquatil Prodults	27936	634.7
蔬菜类	Vegetables	72576	1000.3
干鲜果品类	Dried and Fresh Molons and Fruits	24782	469.4
2.饮料类	Beverages	6396	130.9
3.烟酒类	Tobacco and Liquor	9471	100.3
4.服装、鞋帽、针、纺织品类	Clothing, Shoes, Hats and Textiles	86476	1049.4
(1)服装类	Clothing	56362	560.0
(2)鞋帽类	Shoes and Hats	15287	200.0
(3)针、纺织品类	Knitwear and Textiles	14827	289.4
5.化妆品类	Cosmetics	2929	34.8
6.金银珠宝类	Gold,Silver and Jewelry	1679	40.5
7.日用品类	Articles for Daily Use	25487	467.4
#儿童玩具类	Children Toys	4562	50.7
8.五金电料类	Hardware & Electrical Materials	15026	261.6
9.体育、娱乐用品类	Sports & Recreational Articles	1852	14.1
#照相器材类	Cameras and Related Equipments	47	0.3
10.书报杂志类	Newspapers and Magazines	715	12.2
11.电子出版物及音像制品类	E-journals and Video Products	497	3.4
12.家用电器和音像器材类	Household Appliances and Video Appliance	4042	89.8
13.中西药材类	Traditional Chinese and Western Medicines	1143	4.7
#西药类	Western Medicines	130	0.9
中草药及中成药品类	Traditional Chinese Medicines	926	3.2
14.文化办公用品类	Cultural and Offices Appliances	5519	68.0
#计算机及其配套产品	Computers and Auxiliary Equipments	2125	33.6
15.家具类	Furniture	9106	226.1
16.通讯器材类	Communication Appliances	1633	17.0
17.煤炭及制品类	Coal and Related Products	67	1.2
18.木材及制品类	Wood and Wooden Products	5343	366.1
19.石油及制品类	Petroleum and Related Products	174	110.5
20.化工材料及制品类	Chemical Materials and Related Products	4032	604.6
#化肥类	Fertilizers	456	17.5
21.金属材料类	Metal Materials	7932	1988.1
22.建筑及装潢材料类	Building and Decoration Materials	29050	671.0
23.机电产品及设备类	Mechanical & Electrical Products	5640	161.8
#农机类	Agricultural Machineries	700	25.1
24.汽车类	Automobiles	6529	358.4
25.种子饲料类	Seeds and Feedstuff	893	12.4
26.棉麻类	Cotton and Hemp	1669	238.8
27.其他类	Others	14523	181.9

17-13 各市亿元以上商品交易市场情况(2015年)

Basic Statistics on Commodity Exchange Markets of Turnover above 100 Million Yuan by Region(2015)

地区	Region	市场数量(个) Number of Markets	摊位数(个) Number of Booths	年末出租摊位数(个) Number of Booths Rented at Year End (unit)	年末营业面积(平方米) Operating Area at Year End (sq.m)	成交额(万元) Turnover (10 000 yuan)
全省总计	**Total**	**595**	**434074**	**401629**	**41501886**	**98662938**
济南市	Jinan	34	21884	20889	1898556	4019687
青岛市	Qingdao	70	63917	60793	5602078	11096120
淄博市	Zibo	24	15550	14378	1286780	9020150
枣庄市	Zaozhuang	26	21388	19136	922748	3011611
东营市	Dongying	16	8619	7441	717086	567143
烟台市	Yantai	22	21177	20149	1784108	4080187
潍坊市	Weifang	34	33428	31322	3794736	5755591
济宁市	Jining	28	28546	24290	2549194	3568540
泰安市	Tai'an	11	21222	20872	3178591	7033334
威海市	Weihai	11	6545	6499	296348	577925
日照市	Rizhao	12	20026	15940	1884000	4434450
莱芜市	Laiwu					
临沂市	Linyi	88	52427	50495	5390584	16882193
德州市	Dezhou	118	61361	58943	7458307	14834129
聊城市	Liaocheng	13	13724	11671	1760068	4718263
滨州市	Binzhou	18	8716	7720	1053779	6920793
菏泽市	Heze	70	35544	31091	1924923	2142822

17-14 连锁门店及配送中心分布情况(2015年)

Distribution of Stores and Distribution Centers of chain stores of Wholesale and Retail Trades and Hotel and Catering Services(2015)

单位：个 (unit)

地区	Region	门店总数 Number of Stores	直营店数 Under Direct Management	加盟店数 Through License Arrangement	配送中心数 Distribution Centers	自有 Under Direct Management
合计	**Total**	**11855**	**9923**	**1932**	**219**	**194**
批发和零售业	**Wholesale and etail Trades**	**11383**	**9495**	**1888**	**204**	**179**
北京	Beijing	6	6			
天津	Tianjin	1	1			
河北	Hebei	12	12			
山西	Shanxi	1	1			
内蒙古自治区	Inner Mongolia	1	1			
辽宁	Liaoning	2	2			
吉林省	Jilin	1	1			
黑龙江省	Heilongjiang	1	1			
上海	Shanghai	1	1			
江苏	Jiangsu	6	6			
浙江	Zhejiang	4	4			
安徽	Anhui	1	1			
福建	Fujian	3	3			
江西	Jiangxi	2	2			
山东	Shandong	11318	9430	1888	204	179
济南	Jinan	404	379	25	17	17
青岛	Qingdao	3001	2237	764	69	64
河南	Henan	10	10			
湖北	Hubei	1	1			
湖南	Hunan	1	1			
广东	Guangdong	3	3			
海南省	Hainan	1	1			
重庆	Chongqing	1	1			
四川	Sichuan	1	1			
云南	Yunnan	1	1			
陕西省	Shanxi	1	1			
甘肃省	Ganshu	1	1			
宁夏回族自治区	Ningxia	1	1			
新疆	Xinjiang	1	1			
住宿和餐饮业	**Hotel and Catering Services**	**472**	**428**	**44**	**15**	**15**
北京	Beijing	4	4			
上海	Shanghai	1	1			
山东	Shandong	467	423	44	15	15
济南	Jinan	88	88			
青岛	Qingdao	166	135	31	11	11

注：本表数据是指总部设在山东的连锁企业的门店及配送中心的分布情况。
a)Data in this table refers to the distribution of stores and distribution centers of chain stores that headquarters in Shandong.

17－15 批发和零售业连锁经营情况(2015年)

指　标	Item	连锁总店(总部)数(个) Number of chain head stores (unit)	合 计 Total
总　计	**Total**	**151**	**11383**
一、按行业分组	**by Sector**		
批发业	Wholesale Trade	16	4032
零售业	Retail Trade	135	7351
二、按登记注册类型分组	**by Status of Registration**		
内资企业	Domestic Funded Enterprises	141	10878
国有企业	State-owned Enterprises	6	248
集体企业	Collective-owned Enterprises	4	181
股份合作企业	Cooperative Enterprises	1	9
联营企业	Joint Ownership Enterprises		
有限责任公司	Limited Liability Corporations	55	3159
股份有限公司	Share-holding Corporations Limited	18	4900
私营企业	Private Enterprises	53	2269
其他企业	Other Enterprises	4	112
港、澳、台商投资企业	Enterprises with Funds from Hong Kong, Macao and Taiwan	3	365
合资经营企业(港或澳、台资)	Joint-ventures Enterprises	2	187
合作经营企业(港或澳、台资)	Cooperative Enterprises		
港、澳、台商独资经营企业	Enterprises with Sole Investment	1	178
港、澳、台商投资股份有限公司	Share-holding Corporations Ltd. With Funds from Hong Kong,Macao and Taiwan		
其他港澳台投资企业	Others		
外商投资企业	Foreign Funded Enterprises	7	140
中外合资经营企业	Joint-venture Enterprises	2	71
中外合作经营企业	Cooperation Enterprises	1	2
外资企业	Enterprises with Sole Foreign Funds	4	67
外商投资股份有限公司	Share-holding Corporations Ltd. With Foreign Investment		
其他外商投资企业	Others		
三、按连锁零售业态分组	**by Business Categories**		
便利店	Convenience Store	2	63
折扣店	Discount store		
超　市	Supermarket	26	2186
大型超市	Large supermarket	9	200
仓储会员店	Warehouse club stores		
百货商店	Department store	12	868
专业店	Professional store	84	6636
其中：加油站	In:Gas Station	19	3655
专卖店	Specialty store	8	660
家居建材商店	Home-furnishings store	1	2
厂家直销中心	Factory Outlet Center		
其　他	Others	9	768

Business of chain operation of Wholesale and Retail Trade(2015)

门店总数(个) Number of Stores(unit)		年末零售营业面积(平方米) Operational Area(sq.m)			年末从业人员数(人) Engaged Persons(person)		
直营店 Under Direct Management	加盟店 Through License Arrangement	合 计 Total	直营店 Under Direct Management	加盟店 Through License Arrangement	合 计 Total	直营店 Under Direct Management	加盟店 Through License Arrangement
9495	**1888**	**17028143**	**16806613**	**221530**	**175316**	**167643**	**7673**
3316	716	5134482	5028681	105801	23339	20245	3094
6179	1172	11893661	11777932	115729	151977	147398	4579
9001	1877	16413572	16192922	220650	163642	156006	7636
248		95501	95501		5294	5294	
39	142	200620	181280	19340	1091	714	377
9		10210	10210		298	298	
2689	470	4066192	4013649	52543	48615	46863	1752
3869	1031	11418778	11277861	140917	92705	87602	5103
2085	184	600598	594748	5850	15157	14855	302
62	50	21673	19673	2000	482	380	102
365		128884	128884		4071	4071	
187		75900	75900		2129	2129	
178		52984	52984		1942	1942	
129	11	485687	484807	880	7603	7566	37
71		429260	429260		5443	5443	
2		12120	12120		740	740	
56	11	44307	43427	880	1420	1383	37
52	11	5107	4227	880	507	470	37
1753	433	2159410	2111512	47898	42462	40799	1663
200		2562113	2562113		25308	25308	
366	502	5203850	5147449	56401	60384	57927	2457
6478	158	5530081	5515741	14340	31070	30625	445
3655		4910206	4910206		11075	11075	
472	188	31210	27160	4050	2182	1892	290
2		7841	7841		54	54	
172	596	1528531	1430570	97961	13349	10568	2781

17-15 续表 1 continued

指 标	Item	连锁门店商品购进额(万元) Total Purchases of chain store(10000 yuan)		
		合 计 Total	直营店 Under Direct Management	加盟店 Through License Arrangement
总 计	**Total**	**17778461**	**17379058**	**399403**
一、按行业分组	**by Sector**			
批发业	Wholesale Trade	4051545	3891361	160184
零售业	Retail Trade	13726916	13487696	239220
二、按登记注册类型分组	**by Status of Registration**			
内资企业	Domestic Funded Enterprises	16083372	15687194	396178
国有企业	State-owned Enterprises	517536	517536	
集体企业	Collective-owned Enterprises	293407	220137	73270
股份合作企业	Cooperative Enterprises	9280	9280	
联营企业	Joint Ownership Enterprises			
有限责任公司	Limited Liability Corporations	4226301	4168846	57455
股份有限公司	Share-holding Corporations Limited	10121363	9893323	228040
私营企业	Private Enterprises	888925	851871	37054
其他企业	Other Enterprises	26561	26201	360
港、澳、台商投资企业	Enterprises with Funds from Hong Kong, Macao and Taiwan	257726	257726	
合资经营企业(港或澳、台资)	Joint-ventures Enterprises	129929	129929	
合作经营企业(港或澳、台资)	Cooperative Enterprises			
港、澳、台商独资经营企业	Enterprises with Sole Investment	127797	127797	
港、澳、台商投资股份有限公司	Share-holding Corporations Ltd. With Funds from Hong Kong,Macao and Taiwan			
其他港澳台投资企业	Others			
外商投资企业	Foreign Funded Enterprises	1437363	1434138	3225
中外合资经营企业	Joint-venture Enterprises	1279916	1279916	
中外合作经营企业	Cooperation Enterprises	74051	74051	
外资企业	Enterprises with Sole Foreign Funds	83396	80171	3225
外商投资股份有限公司	Share-holding Corporations Ltd. With Foreign Investment			
其他外商投资企业	Others			
三、按连锁零售业态分组	**by Business Categories**			
便利店	Convenience Store	12386	9161	3225
折扣店	Discount store			
超 市	Supermarket	2596751	2538187	58564
大型超市	Large supermarket	2222820	2222820	
仓储会员店	Warehouse club stores			
百货商店	Department store	5621159	5481651	139508
专业店	Professional store	5382713	5372149	10564
其中：加油站	In:Gas Station	3323715	3323715	
专卖店	Specialty store	344821	311049	33772
家居建材商店	Home-furnishings store	6242	6242	
厂家直销中心	Factory Outlet Center			
其 他	Others	1591568	1437798	153770

17-15 续表 2 continued

指　　标	Item	连锁门店商品销售额(万元) Sale Value of chain store(10000 yuan) 合 计 Total	直营店 Under Direct Management	加盟店 Through License Arrangement
总　　计	**Total**	**20178641**	**19864670**	**313972**
一、按行业分组	**by Sector**			
批发业	Wholesale Trade	4947405	4838976	108429
零售业	Retail Trade	15231236	15025694	205542
二、按登记注册类型分组	**by Status of Registration**			
内资企业	Domestic Funded Enterprises	18399453	18087537	311915
国有企业	State-owned Enterprises	534383	534383	
集体企业	Collective-owned Enterprises	392091	351678	40413
股份合作企业	Cooperative Enterprises	16892	16892	
联营企业	Joint Ownership Enterprises			
有限责任公司	Limited Liability Corporations	5008398	4945581	62817
股份有限公司	Share-holding Corporations Limited	11432722	11268747	163976
私营企业	Private Enterprises	987933	943824	44109
其他企业	Other Enterprises	27034	26434	600
港、澳、台商投资企业	Enterprises with Funds from Hong Kong, Macao and Taiwan	267342	267342	
合资经营企业(港或澳、台资)	Joint-ventures Enterprises	139452	139452	
合作经营企业(港或澳、台资)	Cooperative Enterprises			
港、澳、台商独资经营企业	Enterprises with Sole Investment	127890	127890	
港、澳、台商投资股份有限公司	Share-holding Corporations Ltd. With Funds from Hong Kong,Macao and Taiwan			
其他港澳台投资企业	Others			
外商投资企业	Foreign Funded Enterprises	1511847	1509791	2056
中外合资经营企业	Joint-venture Enterprises	1328456	1328456	
中外合作经营企业	Cooperation Enterprises	86594	86594	
外资企业	Enterprises with Sole Foreign Funds	96797	94740	2056
外商投资股份有限公司	Share-holding Corporations Ltd. With Foreign Investment			
其他外商投资企业	Others			
三、按连锁零售业态分组	**by Business Categories**			
便利店	Convenience Store	12033	9977	2056
折扣店	Discount store			
超　市	Supermarket	2920412	2857293	63118
大型超市	Large supermarket	2929470	2929470	
仓储会员店	Warehouse club stores			
百货商店	Department store	5780222	5684827	95395
专业店	Professional store	5611761	5599600	12161
其中：加油站	In:Gas Station	3477346	3477346	
专卖店	Specialty store	406079	364971	41108
家居建材商店	Home-furnishings store	7496	7496	
厂家直销中心	Factory Outlet Center			
其　他	Others	2511168	2411035	100133

17-16 住宿和餐饮业连锁经营情况(2015年)

指标名称	Indicator	连锁总店或总部数(个) Number of chain head stores (unit)	门店总数(个) Number of Stores (unit)
总计	**Total**	**14**	**472**
一、按行业分组	**by Sector**		
住宿业	Hotel Services	2	6
餐饮业	Catering Services	12	466
二、按登记注册类型分组	**by Status of Registration**		
内资企业	Domestic Funded Enterprises	11	151
国有企业	State-owned Enterprises		
集体企业	Collective-owned Enterprises		
股份合作企业	Cooperative Enterprises		
联营企业	Joint Ownership Enterprises		
有限责任公司	Limited Liability Corporations	6	68
股份有限公司	Share-holding Corporations Limited	1	25
私营企业	Private Enterprises	4	58
其他企业	Other Enterprises		
港、澳、台商投资企业	Enterprises with Funds from Hong Kong, Macao and Taiwan	1	23
合资经营企业(港或澳、台资)	Joint-ventures Enterprises		
合作经营企业(港或澳、台资)	Cooperative Enterprises		
港、澳、台商独资经营企业	Enterprises with Sole Investment	1	23
港、澳、台商投资股份有限公司	Share-holding Corporations Ltd. With Funds from Hong Kong, Macao and Taiwan		
其他港澳台投资企业	Others		
外商投资企业	Foreign Funded Enterprises	2	298
中外合资经营企业	Joint-venture Enterprises		
中外合作经营企业	Cooperation Enterprises		
外资企业	Enterprises with Sole Foreign Funds	2	298
外商投资股份有限公司	Share-holding Corporations Ltd. With Foreign Investment		
其他外商投资企业	Others		

Business of chain operation of Hotels and Catering Services(2015)

直营店 Under Direct Management	年末从业人员(人) Engaged Persons (person)	直营店 Under Direct Management	年末餐饮营业面积(平方米) Operational Area (sq.m)	直营店 Under Direct Management	客房数(间) Number of rooms (room)	直营店 Under Direct Management	床位数(个) Number of Beds (unit)	直营店 Under Direct Management
428	**17524**	**15583**	**254572**	**239841**	**5768**	**5768**	**8678**	**8678**
6	196	196	4100	4100	890	890	1550	1550
422	17328	15387	250472	235741	4878	4878	7128	7128
107	10843	8902	181341	166610	5768	5768	8678	8678
68	598	598	16804	16804	350	350	700	700
25	7667	7667	119461	119461	4788	4788	6948	6948
14	2578	637	45076	30345	630	630	1030	1030
23	215	215	4573	4573				
23	215	215	4573	4573				
298	6466	6466	68658	68658				
298	6466	6466	68658	68658				

17-16 续表

指标名称	Indicator	餐位数(位) Number of Diningseats (unit)	直营店 Under Direct Management
总　计	**Total**	**72390**	**67682**
一、按行业分组	**by Sector**		
住宿业	Hotel Services	650	650
餐饮业	Catering Services	71740	67032
二、按登记注册类型分组	**by Status of Registration**		
内资企业	Domestic Funded Enterprises	33402	28694
国有企业	State-owned Enterprises		
集体企业	Collective-owned Enterprises		
股份合作企业	Cooperative Enterprises		
联营企业	Joint Ownership Enterprises		
有限责任公司	Limited Liability Corporations	7512	7512
股份有限公司	Share-holding Corporations Limited	17830	17830
私营企业	Private Enterprises	8060	3352
其他企业	Other Enterprises		
港、澳、台商投资企业	Enterprises with Funds from Hong Kong,Macao and Taiwan	1537	1537
合资经营企业(港或澳、台资)	Joint-ventures Enterprises		
合作经营企业(港或澳、台资)	Cooperative Enterprises		
港、澳、台商独资经营企业	Enterprises with Sole Investment	1537	1537
港、澳、台商投资股份有限公司	Share-holding Corporations Ltd. With Funds from Hong Kong, Macao and Taiwan		
其他港澳台投资企业	Others		
外商投资企业	Foreign Funded Enterprises	37451	37451
中外合资经营企业	Joint-venture Enterprises		
中外合作经营企业	Cooperation Enterprises		
外资企业	Enterprises with Sole Foreign Funds	37451	37451
外商投资股份有限公司	Share-holding Corporations Ltd. With Foreign Investment		
其他外商投资企业	Others		

continued

连锁门店商品购进额（万元）Total Purchases of chain store (10000 yuan)	直营店 Under Direct Management	统一配送商品购进额 Centralized Purchases and Delivery	连锁门店营业额（万元）Bussiness Revenue of chain store (10000 yuan)	直营店 Under Direct Management	餐费收入 From Meals	直营 Under Direct Management
136937	**126591**	**125660**	**436196**	**406828**	**380503**	**351135**
122	122	17	4579	4579	382	382
136815	126469	125643	431617	402249	380121	350754
28676	18331	25491	202946	173579	148155	118787
6687	6687	6573	18567	18567	16875	16875
8681	8681	5633	143643	143643	93426	93426
13309	2964	13285	40736	11368	37854	8486
2967	2967	2967	9925	9925	9024	9024
2967	2967	2967	9925	9925	9024	9024
105294	105294	97203	223325	223325	223325	223325
105294	105294	97203	223325	223325	223325	223325

17−17 主要年份社会消费品零售总额

Retail Sale of Consumer Goods in Major Years

单位:亿元 (100 million yuan)

年 份 Year	社会消费品零售总额 Retail Sale of Consumer Goods	按所在地分 by Location			按行业分 by Sector				
		市 City	县 County	县以下 Under County Level	批发和零售业 Wholesale and Retail Trades	住宿和餐饮业 Hotels and Catering Services	制造业 Manufacturing	农业生产者 Agricultural Producers	其他行业 Other Sectors
1949	6.23				3.92	0.63	1.68		
1952	19.01				13.23	1.92	3.21	0.53	0.12
1957	26.00				21.86	1.08	2.19	0.51	0.45
1962	30.49				25.39	1.37	1.98	1.60	0.15
1965	33.85				29.92	1.83	1.35	0.60	0.15
1970	40.94				36.53	1.37	1.87	0.95	0.22
1975	60.32				51.98	2.72	2.85	1.54	1.22
1978	79.73	23.39	21.14	35.19	68.40	3.65	4.57	2.34	0.77
1979	92.22	27.46	23.10	41.66	78.38	4.25	6.09	2.64	0.86
1980	114.01	32.36	27.78	53.86	94.61	5.03	10.00	3.38	0.99
1981	131.47	35.84	34.40	61.23	107.10	5.82	13.42	3.53	1.60
1982	141.48	41.63	34.22	65.64	112.90	7.64	14.12	4.82	2.00
1983	162.14	47.85	37.49	76.80	127.67	9.83	16.93	5.16	2.55
1984	189.08	66.58	37.98	84.52	147.25	11.23	20.57	6.16	3.87
1985	227.03	84.16	46.50	96.38	173.62	13.86	25.27	8.94	5.34
1986	261.64	96.22	54.18	111.25	194.85	15.48	31.38	12.32	7.61
1987	300.69	119.11	58.69	122.89	217.34	18.16	41.14	14.91	9.14
1988	392.37	164.12	73.40	154.85	287.09	22.88	49.85	20.50	12.05
1989	430.74	199.91	72.75	158.09	315.80	23.93	49.86	26.34	14.81
1990	460.13	218.97	79.19	161.96	338.02	25.07	50.24	30.41	16.38
1991	536.03	263.90	86.76	185.36	392.19	30.67	59.41	35.48	18.28
1992	653.23	336.37	99.77	217.08	471.87	37.56	77.87	44.17	21.76
1993	884.71	481.28	124.74	278.69	617.53	53.08	125.63	68.12	20.35
1994	1210.08	670.38	171.83	367.87	813.17	87.13	142.79	113.75	53.24
1995	1583.96	921.86	177.40	484.70	1024.82	129.88	194.83	158.40	76.03
1996	1916.51	1134.57	195.48	586.46	1226.57	168.65	243.40	176.32	101.57
1997	2237.83	1378.50	219.31	640.02	1425.50	194.69	279.73	232.73	105.18
1998	2564.54	1572.06	246.20	746.28	1600.27	238.50	328.26	271.84	125.67
1999	2872.82	1763.91	275.79	833.12	1807.00	281.54	344.74	304.52	135.02
2000	3264.05	2017.18	313.35	933.52	2075.94	339.46	359.05	332.93	156.67
2001	3634.60	2253.45	352.56	1028.59	2340.68	399.81	363.46	356.19	174.46
2002	4078.02	2577.31	379.26	1121.45	2691.49	477.13	358.87	362.94	187.59
2003	4644.86	2977.36	469.13	1198.37	3836.66	585.25			222.95
2004	5290.50	3320.64	588.76	1381.10	4444.04	661.06			185.40
2005	6166.94	3890.93	687.50	1588.51	5173.89	776.51			216.54
2006	7217.13	4593.55	804.90	1818.68	6044.60	925.47			247.06
2007	8607.45	5488.52	971.12	2147.81	7205.96	1123.47			278.02
2008	10658.76	6766.32	1240.07	2652.37	9314.97	1063.78			280.00
2009	12362.97	8038.46	1437.80	2886.71	10348.40	1673.61			340.96
2010	14620.30								
2011	17155.49								
2012	19651.94								
2013	22294.84								
2014	25111.53								
2015	27761.41								

注：2005－2008年社会消费品零售总额及分组数据，根据国家统一办法，依据第二次经济普查数据进行了调整。自2010年，社会消费品零售总额分组重新调整。

a)According to national regulation,data in this table from 2005 to 2008 are modified on the second national economic census.Since 2010,the group of Retail Sale of Consumer Goods has been adjusted.

17–18 各市社会消费品零售总额(2015年)

Retail Sale of Consumer Goods by Region(2015)

地 区 Region	绝对额（亿元） Amount (100 million yuan)					比上年增长 (%) Growth Rate (%)				
	社会消费品零售总额 Total Retail Sales of Consumer Goods	按经营地分 by Operation Place		按消费形态分 by Consumption Pattern		社会消费品零售总额 Total Retail Sales of Consumer Goods	按经营地分 by Operation Place		按消费形态分 by Consumption pattern	
		城镇 Urban	乡村 Rural	商品零售 Retail Sales	餐饮收入 Catering Income		城镇 Urban	乡村 Rural	商品零售 Retail Sales	餐饮收入 Catering Income
全省总计 Total	**27761.41**	**22179.38**	**5582.03**	**24921.29**	**2840.12**	**10.6**	**10.3**	**11.4**	**10.3**	**13.1**
济南市 Jinan	3410.31	3095.36	314.95	2876.41	533.90	10.5	10.5	10.0	10.6	9.8
青岛市 Qingdao	3713.69	3109.14	604.56	3249.38	464.31	10.5	10.7	9.4	10.3	11.9
淄博市 Zibo	1949.72	1661.70	288.02	1733.70	216.03	10.6	10.5	11.1	9.7	17.9
枣庄市 Zaozhuang	805.38	585.17	220.21	717.33	88.06	10.8	10.7	11.1	10.6	12.9
东营市 Dongying	728.05	639.20	88.85	662.33	65.73	9.0	9.3	6.5	7.9	20.8
烟台市 Yantai	2679.45	2133.05	546.40	2449.13	230.33	10.9	10.4	12.6	10.4	15.6
潍坊市 Weifang	2277.45	1549.31	728.15	2061.05	216.40	10.6	9.3	13.3	10.3	13.4
济宁市 Jining	1910.98	1485.72	425.26	1723.66	187.32	10.5	10.3	11.1	10.2	12.9
泰安市 Tai'an	1331.61	1166.78	164.82	1192.16	139.45	10.8	10.4	13.1	10.0	17.8
威海市 Weihai	1311.66	1087.63	224.03	1181.63	130.03	11.0	11.1	10.5	10.5	15.4
日照市 Rizhao	603.87	488.52	115.36	557.65	46.23	10.3	10.1	10.9	10.0	13.0
莱芜市 Laiwu	320.88	265.47	55.41	294.61	26.27	10.5	9.5	15.6	10.9	6.6
临沂市 Linyi	2234.98	2024.08	210.91	2136.42	98.56	10.7	11.5	4.2	10.9	6.4
德州市 Dezhou	1257.41	1126.05	131.36	1122.96	134.45	10.7	9.7	19.6	10.6	11.6
聊城市 Liaocheng	1060.22	815.49	244.73	924.23	135.98	10.5	10.1	11.7	10.2	12.5
滨州市 Binzhou	813.63	556.15	257.48	716.90	96.73	9.0	9.0	9.2	8.9	10.2
菏泽市 Heze	1352.11	1114.54	237.56	1224.19	127.92	11.3	11.2	11.5	11.1	12.7

主要统计指标解释

社会消费品零售总额 指企业（单位、个体户）通过交易直接售给个人、社会集团非生产、非经营用的实物商品金额，以及提供餐饮服务所取得的收入金额。个人包括城乡居民和入境人员，社会集团包括机关、社会团体、部队、学校、企事业单位、居委会或村委会等。

商品购进额 指从本企业以外的单位和个人购进（包括从国外直接进口）作为转卖或加工后转卖的商品金额（含增值税）。本指标反映批发和零售业从国内外市场上购进商品的总价。

商品购进包括：（1）从工农业生产者、批发和零售业企业、住宿和餐饮业企业、出版社或报社的出版发行部门和其他服务业企业购进的商品；（2）从机关团体、事业单位购进的商品；（3）从海关、市场管理部门购进的缉私和没收的商品；（4）从居民收购的废旧商品等。

不包括：（1）企业为本单位自身经营用，不是作为转卖而购进的商品，如材料物资、包装物、低值易耗品、办公用品等；（2）未通过买卖行为而收入的商品，如接受其他部门移交的商品、借入的商品、收入代其他单位保管的商品、其他单位赠送的样品、加工回收的成品等；（3）经本单位介绍，由买卖双方直接结算，本单位只收取手续费的业务；（4）销售退回和买方拒付货款的商品；（5）商品溢余。

商品销售额 指对本单位以外的单位和个人出售的商品金额（包括售给本单位消费用的商品，含增值税），在批发和零售业中，本指标反映在国内市场上销售商品以及出口商品的总价。

商品销售包括：（1）售给城乡居民和社会集团消费用的商品；（2）售给农业、工业、建筑业、服务业等国民经济各行业用于生产、经营用的商品，包括售予批发和零售业作为转卖或加工后转卖的商品；（3）对国（境）外直接出口的商品。

商品销售不包括：（1）未通过买卖行为付出的商品，如随机构变动移交给其他企业单位的商品、借出的商品、归还受其他单位委托代保管的商品、付出的加工原料和赠送给其他单位的样品等；（2）经本单位介绍，由买卖双方直接结算，本单位只收取手续费的业务；（3）购货退回的商品；（4）商品损耗和损失；（5）出售本单位自用的废旧物资。

商品库存额 对于批发和零售业法人单位和个体经营户，是指报告期末取得所有权的全部商品金额（含增值税）；对于批发和零售业产业活动单位，是指报告期末实际在库且归属法人具有所有权的全部商品金额（含增值税）。这个指标反映批发和零售业的商品库存情况，以及对市场商品供应的保证程度。

库存商品包括：（1）存放在本单位（如门市部、批发站、采购站、经营处）的仓库、货场、货柜和货架中的商品；（2）挑选、整理、包装中的商品；（3）已记入购进而尚未运到本单位的商品，即发货单或银行承兑凭证已到而货未到的商品；（4）寄放他处的商品，如因购货方拒绝付款而暂时存在购货方的商品；（5）委托其他单位代销（未作销售或调出）尚未售出的商品；（6）代其他单位购进尚未交付的商品。

库存商品不包括：（1）所有权不属于本单位的商品，如商品已作销售但买方尚未取走的商品，代替他人保管、运输、加工的商品，代其他单位销售（未做购进或调入）而未售出的商品；（2）委托外单位加工的商品（包括本单位所属加工厂和其他生产单位加工生产尚未收回成品的商品）；（3）外贸企业代理其他单位从国外进口，尚未付给订货单位的商品；（4）代国家储备部门保管的商品。

库存商品金额可以采用进价或售价进行核算。采用进价核算的商品，应按商品进货原则（或实际采购成本）计算期末库存；采用售价核算的商品，应按商品的售价计算期末库存。购入的商品，在商品到达验收入库后计算期末库存（对已记入购进尚未运到的商品，也可计算期末库存）；对于月终尚未开出承兑商业汇票的入库商品，按应付给供货单位的价款暂估计算期末库存；年度终了，凡已转入库存和已作销售的进口商品，属于国外以离岸价格成交、有应付未付国外运保费的，应先估计期末库存，委托其他单位代销的商品包括在期末库存中；委托外单位加工的商品，在发出商品时作减少期末库存，当加工商品收回时增加期末库存（包括商品进货原价、加工费用、加工税金等）。

营业额 指住宿和餐饮业单位在经营活动中因提供服务或销售商品等取得的全部收入，包括：客房收入、餐费收入、商品销售额（含增值税）和其他收入。不包括法人企业附营的其他行业产业活动单位的餐费收入、商品销售收入等各项收入。

客房收入 指住宿和餐饮业单位在经营活动中因提供住宿服务取得的收入。不包括法人企业附营的其他行业产业活动单位的客房收入。

餐费收入 指本单位为顾客提供就餐服务取得的收入。包括：经烹饪、调制加工后出售的各种食品，如主食、炒菜、凉拌菜等的收入。不包括法人企业附营的其他行业产业活动单位的餐费收入。

亿元商品交易市场成交额 指年成交额达到亿元以上，经工商部门批准、专门从事商品批发、零售业务活动的市场。其市场所有摊位成交总额称为商品交易市场成交额。

连锁企业（或称连锁店、连锁公司） 指在核心企业或总店的领导下，由分散的、经营同类商品或服务的企业或活动单位，采取共同方针，实行集中采购和分散销售的有机结合，通过规范化经营，实现规模效益的经济联合组织形式。一般连锁店应由若干个分店组成。其经营特征：(1)经营同类商品；(2)使用统一商号；(3)统一采购配送，采购与销售相分离（部分商品可根据物流合理和保质保鲜原则，由供应商直接送货到门店，其余均由总部统一配送）。

连锁门店包括下列三种形式：

直营连锁：也叫正规连锁。连锁门店均由总部独资或控股开设，在总部的直接领导下统一经营。总部采取纵深似的管理方式，直接下令掌管所有的零售门店，零售门店也必须完全接受总部指挥。他是大型垄断商业资本通过吞并、兼并或独资、控股等途径，发展壮大自身实力和规模的一种形式。

特许连锁：各连锁门店（被特许人）通过合同形式，取得使用总部（特许人）商标、商号、经营技术和销售总部开发的商品的特许权，各加盟连锁门店为独立法人，在总部指导下统一经营。

自由连锁：也称自愿连锁。连锁公司的门店均为独立法人，各自的资产所有权关系不变，在公司总部的指导下共同经营。各成员店使用共同的店名，与总部订阅有关购、销、宣传等方面的合同，并按合同开展经营活动。在合同规定的范围之外，各成员店可以自由活动。根据自愿原则，各成员店可自由加入连锁体系，也可自由退出。

特许连锁加上自由连锁等于加盟连锁。

Explanatory Notes on Main Statistical Indicators

Total Retail Sales of Consumer Goods refers to the amount obtained by enterprises (units, self-employed individuals) through direct sales of non-production and non-business physical commodity to individuals, social institutions, and revenue from providing catering services. Individuals include rural and urban households, population from abroad, social institutions include government agencies, social organizations, military units, schools, institutions, neighbourhood (village) committees.

Total Purchases of Commodities refers to the total value of purchases of commodities by the enterprises (establishments) from other establishments or individuals (including direct import from abroad) for the purpose of re-selling, either with or without further processing of the commodities purchased (including VAT). This indicator is used to show the total value of purchases of commodities by wholesale and retail establishments from domestic and overseas markets. The commodities include: (1) commodities purchased from agricultural and industrial producer, wholesaler, retailer, publishing house and other service business; (2) commodities purchased from institutions and government departments; (3) confiscated goods purchased from customs authorities or market management agencies; (4) second-hand goods and wastes purchased from residents. The commodities exclude: (1)commodities purchased by enterprises (establishments) for use in their own business operation, commodities obtained without buying or selling procedures, such as material supplies, packing materials, low-value consumption goods, office supplies, etc.; (2)received goods without trading, such as goods handed over from others, borrowed goods, preserved goods for others, donated goods from others, processed and retrieved goods, etc.; (3)goods of direct settlement between buyer and seller with handling fees introduced by others; (4)goods returned or refused to pay by the buyer; (5)excessive goods.

Total Sales of Commodities refers to value of commodities sold by the establishments to other establishments and individuals (including commodities sold to the establishments for consumption, including VAT). This indicator is used to show the total value of sales of commodities at domestic markets and export.

The commodities includes: (1) commodities sold to urban and rural residents and social groups for their consumption; (2) commodities sold to establishments in agriculture, industry, construction, service and various sectors of national economy for their production and operation, including commodities sold to wholesale and retail establishments for re-selling with or without further processing; (3) commodities for directing export to other countries.

The commodities excludes: (1) extended commodities without trading, such as goods handed over to other enterprises and institutions because of the change of organizations, lent goods, return goods preserved for others, extended processing materials and samples donated to others; (2) goods of direct settlement between buyer and seller with handling fees introduced by others; (3) goods returned after purchase; (4) damaged and spoiled goods; (5) waste and used goods of self use.

Total Stock of Commodities refers to total (including VAT) of commodities possessed at the end of the reference period, for the legal entities and self-employed individuals engaged in wholesale and retail trade; and for the wholesale and retail establishments, it refers to the value (including VAT) of all commodities actually in stock and owned by their legal persons at the end of the reference period.

The commodity in stock includes: (1) commodities located in storages, garages, counters, and shelves of operating places of wholesale and retailed trades (such as sale stores, wholesale centers, procurement stations and operating offices); (2) commodities in the process of being selected, sorted, and packed; (3) commodities not arrived but recorded as purchase in the account, i.e., commodities not arrived but payment receipts for the commodities from the sellers or the banks arrived; (4) commodities deposited in other places rather than places mentioned above, for instance: commodities in the hold of purchasers temporarily due to the refusal of payment; (5) commodities entrusted to other units to sell but not sold yet; (6) commodities purchased for other units but not delivered yet.

The commodity in stock excludes: (1) commodities not owned by the enterprises (units), as a commodity for sale but the buyer has not removed the goods, instead of others for safekeeping and transportation and processing of goods, and other units sales (not purchased or transferred) and unsold goods; (2) commissioned by the processing of goods (including the production of goods that have not been recovered by the processing plant and other production units of the unit); (3) foreign trade enterprises and other units from foreign imports, has not been paid to the order of the unit of goods; (4) goods for the preservation of National Reserve。

The amount of inventory goods can be calculated using the purchase price or the selling price. In order to calculate the ending stocks at purchase price, the principle of accounting on the basis of actual purchase cost should be adopted; and to calculated the ending stocks at selling price, the principle of accounting on the basis of selling price adopted. Goods purchased should be calculated when they are delivered, checked and put in storage (for the goods purchase but not delivered, they are also included in the ending stocks). For the goods in storage and without commercial acceptance, the ending stocks are calculated at the price provided by the suppliers; at the end of the year, all the imported goods in storage or sold, which are transacted at F.O.B. prices and have not been paid the premiums payable, should be calculated as ending stocks, including the goods entrusted other units to sell.

When the goods entrusted other units to manufacture are delivered, the ending stocks should be reduced; when it delivered back, the ending stocks increased (including purchase price, processing cost, processing taxes, etc.).

Business Revenue refers to the total income that the hotels and catering services enterprise received from providing services or selling commodities through business activities, including income from hotels, catering services, selling of commodities (including VAT) and other services. It excludes the income provided by the industrial units in other industries of this corporate enterprise.

Income from hotel rooms refers to the income of hotel and catering services provided by the enterprise in the hotel and catering service industry. It excludes the room income provided by the industrial units in other industries of this corporate enterprise.

Income from catering services refers to the income that the enterprise received by providing catering services, including selling of cooked or prepared foods, such as stable food, cooked dishes or cold dishes. It excludes the income provided by the industrial units in other industries of this corporate enterprise.

Volume of Transaction at Large Commodity Markets (with transaction value over 100 million yuan) refers to markets approved by the industrial and commercial administration departments, which specialize in wholesale and retail of commodities with an annual transaction of over 100 million yuan. The sum of sales of all sellers in the markets makes up the transaction value of the markets.

Chain Enterprise (also called chain stores or chain corporations) refers to a form of joint economic entities under which scattered enterprises or establishments engaged in providing homogeneous commodities or services, with the central leadership of core enterprise or headquarters and guided by common policies, conduct centralized purchase and distributed selling of commodities, in order to gain better efficiency through standardized operation. Consisting of a number of branch stores, the chain stores have in general the following features: 1) homogeneous commodities, 2) unique name of stores, 3) centralized purchase and delivery which is separated from distributed selling operation (most commodities are delivered from the headquarters except some items which, from logistics, quality or freshness considerations, might be delivered by the suppliers directly).

Chain stores have 3 categories:

a) Chain stores under direct management: These are formal chain stores invested or controlled by the headquarters. They operate under the direct and unified management from the headquarters. Adopting a direct management approach, the headquarters give orders and control all retail stores, which follow completely the directives from the headquarters. Large monopolized commercial companies develop and expand their business through purchasing, merging, direct investment and controlling of shares.

b) Chain stores through special permit: Through contracts, chain stores (or their owners) obtain licenses from the headquarters to use designated trade marks, names, operation know how, and to sell the commodity developed by the headquarters. Under this arrangement, each store in the chain is an independent legal entity and operates under the guidance from the headquarters.

c) Chain stores through voluntary arrangement: Under this arrangement, all stores operate together under the guidance of the headquarters, while maintaining their status of independent legal entities with full ownership of their assets. They use the same store name, sign contracts with the headquarters concerning purchase, sale, publicity, etc. and operate under the contract. They are free to engage in other activities which are not bounded in the contract. They could join or leave the chain on voluntary basis.

Chain stores through special permit and those through voluntary arrangement make up chain stores through license arrangement.

第18篇

教育和科技

Education,Science and Technology

简 要 说 明

一、本篇资料的主要内容

本篇资料反映了全省教育和科技事业基本情况。教育部分主要包括高等教育、中等教育、初等教育、成人高等教育、职业教育、幼儿园等方面基本情况；科技部分主要包括科技成果、专利、规模以上工业科技活动和全社会科技活动情况；

二、本篇资料的来源

1.教育部分中，技工学校的资料来源于省人力资源和社会保障厅规划财务处，其他资料来源于省教育厅发展规划处。

2.科技部分中，科技成果资料来源于省科学技术厅，专利资料来源于省知识产权局，规模以上工业企业科技活动和全社会科技活动资料来源于省统计局统计年报。

本篇资料由省统计局社科处整理提供。

Brief Introduction

I. Content

Data in this chapter show the basic conditions of education and technology. Data on education show the development of higher education, secondary education, primary education, vocational education and kindergartens. Data on technology show the basic conditions of scientific and technological achievements and prizes, number of patent applications examined and granted, scientific and technological activities of industrial enterprises above designate size and basic conditions of R&D institutions.

II. Source of Data

(1)Data on the basic conditions of technical schools are provided by the Planning and Finance Division of Shandong Human Resources and Social Security Department and other data on education are provided by the Planning and Finance Division of Shandong Provincial Education Department.

(2)Data on scientific and technological are provided by Department of Science and Technology of Shandong Province. Data on patents are provided by Shandong Provincial Intellectual Property Office. Data on scientific and technological activities come from the annual report of scientific and technological activities, which is provided by Shandong Provincial Bureau of Statistics.

Data in this chapter are provided and compiled by the Division of Social, Science and Technology Statistics of Shandong Provincial Bureau of Statistics.

18-1 各级各类学校基本情况(2015年)
Basic Statistics on Education Institutions(2015)

项　目	Item	学校数(所) Number of Schools (unit)	招生数(人) New Enrollment (person)	在校学生数(人) Total Enrol-lment (person)	毕业生数(人) Graduates (person)	教职工数(人) Teachers and Staff (person)	#专任教师 Full-time Teachers
高等教育	**Higher Education**						
研究生培养机构	Institutions Providing Postgraduate Programs	33	27548	77630	23192		
普通高校	Regular Institutions of Higher Education	30	27498	77482	23146		
科研机构	Research Institutions	3	50	148	46		
普通高等学校	Regular Institutions of Higher Education	143	595646	1900612	474195	147035	104724
本科院校	Universities with Full Undergraduate Courses	67	330138	1226263	300582	100403	70605
#独立学院	Non-university Tertiary	11	26654	86809	23829	6465	4480
专科(高职)院校	Colleges with Specialized Courses	76	265177	671124	171054	46632	34119
#高等职业学校	Vocational and Technical Colleges	70	242945	613796	154847	43142	31499
成人高等教育	Institutions of Higher Education for Adult	11	163012	484493	161377	2200	1493
民办的其他高等教育机构	Other Private Institutions of Higher Education	79				2956	1651
中等教育	**Secondary Education**						
高中阶段教育	Senior Secondary Education						
普通高中	Regular Senior Secondary Schools	555	553698	1691196	568865	156803	125209
中等职业学校	Vocational Secondary Education	435	294033	857264	320353	62319	48926
技工学校	Technical Schools	194	131550	318182	98154	29228	22613
职业技术培训机构	Vocational and Technical Training						
初中阶段教育	Junior Secondary Education						
普通初中	Regular Junior Secondary Schools	2891	957502	3108127	991225	318995	264850
初等教育	**Primary Education**						
普通小学	Regular Primary Schools	10404	1244308	6746258	989232	379239	396368
特殊教育学校	**Special Education**	**147**	**4026**	**23877**	**2935**	**5807**	**4892**
学前教育	**Pre-school Education**	**18648**	**1089294**	**2717839**	**993958**	**228575**	**154602**

注：1、研究生机构的学生数据为硕士研究生和博士研究生数据；2、普通高等学校的学生数据为普通本专科学生数据，按学校类型归类；3、成人高等教育学生数含普通高校开展的成人高等教育学生数。

a)Data on students of Institutions Providing Postgraduate Programs refers to graduate students and doctoral students.

b)Data on students of Regular Institutions of Higher Education refers to undergraduats.

c)Data on students of Higher Adult Education including those in both Institutions of Higher Education for Adult and Regular Institutions of Higher Education.

18-2 主要年份普通高等教育基本情况

Basic Statistics on Higher Education in Major Years

年 份 Year	学校数 (所) Number of Schools (unit)	招生数 (人) New Enrollment (person)	在校学生数 (人) Total Enrollment (person)	毕业生数 (人) Graduates (person)	教职工数 (人) Teachers and Staff (person)	#专任教师 Full-time Teachers
1949	7	1405	3969	70	1908	484
1952	7	2777	6753	1703	3684	1024
1955	7	3280	8915	1825	3397	1471
1957	7	3122	12532	1686	4518	2114
1962	26	3496	26001	7148	10144	4318
1965	16	5621	22164	6102	9156	3898
1970	16			9162	10185	4526
1975	21	7366	17582	6033	13858	5601
1976	22	8896	21340	6072	15035	5941
1977	27	13192	25735	7203	17712	7028
1978	34	19712	38390	7015	20202	7855
1979	35	12856	44771	5364	23544	9478
1980	35	14402	51427	7684	26130	10347
1981	37	14160	59645	6311	27512	10379
1982	37	15765	51794	23993	30381	12065
1983	41	19827	55276	16806	31535	12943
1984	47	24862	66429	13563	33591	13919
1985	49	32745	83567	16159	36383	14974
1986	49	30211	92422	21183	39009	15951
1987	50	32972	95891	29428	41620	16716
1988	50	35714	101281	30869	43990	17585
1989	51	34308	103928	31766	46037	18162
1990	49	35023	105822	33104	46704	18377
1991	49	36067	107093	34500	46839	17825
1992	51	57878	130188	34994	47483	18059
1993	51	57918	151758	33935	48156	18405
1994	49	55036	156639	50457	49537	19460
1995	49	55611	160398	52083	50829	19932
1996	49	56544	169184	47835	51490	20079
1997	48	56950	175920	50141	50374	20414
1998	49	62994	187473	51477	50261	20581
1999	52	82410	213679	49612	49624	21252
2000	58	124817	303826	49687	54910	24764
2001	65	183553	449360	69583	64362	30902
2002	75	218719	583601	94697	72408	37412
2003	85	273894	761417	117253	84391	45457
2004	97	327452	946124	166959	93653	53847
2005	104	400573	1171284	224611	109920	64636
2006	109	445034	1338122	268384	121167	74676
2007	111	453479	1440378	355735	128761	81889
2008	114	514176	1534009	411143	134072	87432
2009	128	501082	1592974	431598	136753	89734
2010	133	495722	1631373	444003	139100	91413
2011	139	497292	1645589	472882	142698	94621
2012	137	498621	1658490	474266	142370	96058
2013	140	527539	1698545	475858	142240	98685
2014	142	580763	1796665	464076	143939	101380
2015	143	595646	1900612	474195	147035	104724

注：普通高等教育学生数据含普通高校、部分成人高校举办的高职班和电大普通专科班。

a)Data on Students includes regular HEIS,higher vocational hold by some adult HEIS and regular vocational secondary courses held by eduction institutions.

18-3　主要年份中等专业教育基本情况

Basic Statistics on Vocational Secondary Education in Major Years

年　份 Year	学校数 (所) Number of Schools (unit)	招生数 (人) New Enrollment (person)	毕业生数 (人) Graduates (person)	在校学生数 (人) Total Enrollment (person)	教职工数 (人) Teachers and Staff (person)	#专任教师 Full-time Teachers
1949	34	4784	1778	13738	1207	441
1950	48	7734	4292	14206	1663	709
1951	80	11179	4855	21918	3372	1307
1952	171	33756	5223	50175	6845	2744
1953	76	8478	23488	33516	4916	1812
1954	69	9478	9812	32458	4509	1807
1955	58	7738	11553	25336	3707	1477
1956	90	30047	9403	45706	6522	2573
1957	86	7972	12089	40738	6112	2742
1958	394	106779	15584	129494	8704	4537
1959	487	58777	21286	110617	11394	4955
1960	474	79722	32699	143184	15798	7893
1961	198	10395	22687	65735	12433	6008
1962	85	585	16909	23599	6072	2797
1963	79	9685	13814	18942	5883	3312
1964	94	15282	6751	27420	6086	2769
1965	275	35768	2242	72974	9197	4850
1966	158	2831	3403	50097	9128	4310
1967	160	2810	11544	41288	9159	4388
1968	155	11861	28731	24411	9461	4328
1969	128	2107	10537	15956	8410	3942
1970	126	2648	12356	6238	8121	3997
1971	135	18497	11758	12823	7776	5403
1972	140	9746	1313	11581	8756	3773
1973	122	16377	1980	25717	8366	3771
1974	129	18963	9440	34035	10175	4434
1975	144	21442	15786	40798	11378	5038
1976	178	23328	19908	44345	13296	5522
1977	176	23195	29665	33142	14004	5649
1978	189	25961	9006	49466	14814	6158
1979	195	26574	2882	75484	16080	6792
1980	203	28137	35212	68593	17617	7898
1981	165	27797	32661	63864	18563	8115
1982	174	29235	26782	66640	20482	9204
1983	179	31570	21413	77601	21503	9775
1984	188	33597	27166	84125	22539	10184
1985	208	45163	30024	100176	24511	11333
1986	227	44130	31422	114039	27320	12807
1987	214	40120	36247	103128	26820	12846
1988	225	44606	33551	114168	28985	14522
1989	230	48407	28370	134515	29314	14719
1990	236	48634	35423	148504	31634	16000
1991	240	52092	45259	155092	31842	15617
1992	234	55353	52088	158309	32857	15972
1993	241	77875	51360	185062	34354	16769
1994	243	89643	50801	222551	35066	17526
1995	244	95442	58680	258801	36084	18211
1996	255	105468	78496	289827	38030	19898
1997	252	112348	90545	311161	38458	20291
1998	254	114956	99483	327031	39160	20949
1999	251	122331	106740	344062	39274	21311
2000	243	93493	103629	333184	37241	20409
2001	200	92215	110827	310508	28002	15607
2002	165	115941	111333	314135	27005	15369
2003	154	94625	64046	256655	23630	13761
2004	145	87889	65953	260276	21621	12771
2005	134	86044	75076	257161	20406	12193
2006	130	90432	79902	264456	20563	12634
2007	135	98634	92275	283231	20985	13223
2008	130	93217	83077	271905	20308	13224
2009	124	99212	88355	271993	19981	13093

18–4 主要年份普通中学基本情况

Basic Statistics on Senior and Junior Secondary Education in Major Years

年 份 Year	学校数 (所) Number of Schools (unit)	招生数 (万人) New Enrollment (10 000 persons)	毕业生数 (万人) Graduates (10 000 persons)	在校学生数 (万人) Total Enrollment (10 000 persons)	教职工数 (人) Teachers and Staff (person)	#专任教师 Full-time Teachers
1949	66	1.08	0.34	3.89	3431	1585
1952	189	6.12	0.99	10.44	10170	4507
1955	218	6.74	5.08	17.51	14778	6756
1957	1004	17.64	6.20	33.99	24369	14054
1962	1247	15.04	12.77	43.21	37062	21542
1965	6166	34.06	11.67	80.74	53914	37339
1970	13938	103.39	58.50	188.13	122751	100261
1975	14621	172.20	113.98	305.11	200906	161092
1976	19822	263.31	127.48	437.85	275864	228657
1977	20171	260.62	161.35	522.33	330445	277784
1978	17361	210.68	218.75	478.22	318128	264663
1979	16322	176.14	192.39	418.22	304551	246035
1980	14646	144.10	107.90	407.91	309538	247920
1981	12974	125.17	117.55	361.45	296240	233102
1982	11160	119.41	106.37	328.57	271664	212707
1983	9971	112.21	86.35	315.39	256926	200957
1984	9175	115.88	85.31	334.42	257968	201521
1985	9038	123.80	96.87	356.32	268321	209202
1986	8259	125.02	105.22	376.19	283726	220304
1987	7877	125.52	116.95	379.54	297083	232958
1988	7474	125.17	120.41	373.53	307364	241845
1989	6997	123.30	118.61	363.74	315494	245260
1990	6699	125.60	115.14	367.30	324027	249459
1991	6310	129.17	115.30	372.98	329927	253428
1992	5897	132.87	115.58	382.49	335020	258308
1993	5640	139.14	115.88	395.28	337259	260896
1994	5429	154.67	116.82	427.15	345640	268514
1995	5073	167.06	118.14	470.46	358301	279301
1996	4820	169.69	122.97	512.22	375463	294849
1997	4693	178.19	141.95	541.38	392365	310926
1998	4635	201.28	159.91	571.54	404824	322785
1999	4586	222.20	164.88	620.43	414538	333884
2000	4575	234.18	167.96	678.60	430754	350353
2001	4684	220.94	188.59	702.18	451014	359665
2002	4648	201.65	205.62	689.17	461898	369664
2003	4606	192.94	222.82	654.34	468627	374811
2004	4569	192.32	213.80	628.34	473687	379100
2005	4404	179.71	207.29	592.49	470584	377133
2006	4175	164.60	196.70	554.04	462298	372370
2007	4039	162.49	191.02	520.31	454920	370255
2008	3893	160.54	172.88	502.14	445545	367658
2009	3750	160.24	158.65	499.34	442447	372550
2010	3645	164.12	156.89	501.07	438787	372082
2011	3569	161.83	157.80	501.58	462765	376760
2012	3522	159.88	153.20	492.64	464942	376819
2013	3464	158.53	156.04	488.48	466088	382340
2014	3461	153.58	153.73	486.06	471653	386923
2015	3446	151.12	156.01	479.93	475798	390059

注：专任教师按照教师教授学生层次归类。

a)Full-time teachers classified according to the academic level of their students.

18-5 主要年份技工学校基本情况

Basic Statistics on Technical Schools in Major Years

年 份 Year	学校数 (所) Number of Schools (unit)	招生数 (人) New Enrollment (person)	毕业生数 (人) Graduates (person)	在校学生数 (人) Total Enrollment (person)	教职工数 (人) Teachers and Staff (person)	#专任教师 Full-time Teachers
1953	1	150		150	25	15
1955	2	452	150	802	206	72
1957	6	1525	452	2300	614	213
1962	19	1274	906	5188	2078	688
1965	18	2336	1381	6662	1214	503
1970	6		452		639	106
1975	26	3407	1700	5652	1751	345
1976	26	3144	1704	5841	2204	435
1977	29	6083	5421	6414	3189	735
1978	64	13669	301	19651	7042	1563
1979	72	11673	4950	26632	7055	1951
1980	94	15698	9854	32208	8974	2978
1981	100	9323	11190	29605	9749	3474
1982	103	9379	12857	25953	10154	3474
1983	106	10698	11562	24343	10560	3508
1984	119	12851	8624	28302	11215	3732
1985	134	16748	9219	35163	14142	3423
1986	163	22069	10035	47114	19968	3928
1987	206	28114	11281	63839	22647	5390
1988	236	40381	16036	87832	26382	5996
1989	256	40821	22402	105330	27843	7088
1990	266	42429	28654	118605	19084	10084
1991	279	44081	39679	122591	33739	11210
1992	290	46436	39628	128557	37579	12233
1993	302	55920	42320	142660	37222	12853
1994	306	67812	45358	165989	39351	13424
1995	312	70251	65457	169023	38891	13948
1996	312	77595	62981	185253	37747	13778
1997	305	74054	65310	192675	35160	14059
1998	305	55668	59292	188493	33806	14035
1999	302	50896	71460	161531	28871	14531
2000	279	48008	66546	137718	24484	14066
2001	278	53283	55769	132122	23152	16060
2002	249	83186	49634	165386	22190	13072
2003	244	105896	46247	212811	20684	13371
2004	249	121444	58834	274432	21370	14607
2005	229	138505	78091	325924	22049	15058
2006	197	148625	98239	357648	22309	16211
2007	200	159954	110278	385325	26744	23586
2008	197	161000	121000	415000	24700	18847
2009	196	147000	140300	396200	24963	19378
2010	209	136995	133615	397719	18183	14962
2011	208	149407	123404	381503	24379	21050
2012	213	154546	113066	401207	29909	21451
2013	207	144165	121782	369922	30860	23977
2014	203	128007	108046	329473	29404	23000
2015	194	131550	98154	318182	29228	22613

18-6 主要年份小学基本情况

Basic Statistics on Primary Schools in Major Years

年 份 Year	学校数 (所) Number of Schools (unit)	招生数 (万人) New Enrollment (10 000 persons)	毕业生数 (万人) Graduates (10 000 persons)	在校学生数 (万人) Total Enrollment (10 000 persons)	教职工数 (人) Teachers and Staff (person)	#专任教师 Full-time Teachers
1949	27476	64.85	5.92	193.00	47640	45710
1952	55096	138.44	15.52	453.75	130791	122107
1955	52171	91.05	19.65	432.74	135050	126975
1957	52337	90.99	43.32	490.88	153512	146366
1962	58670	125.37	40.61	487.56	185043	180870
1965	143202	289.83	44.92	966.72	322560	316441
1970	79041	206.71	138.66	813.58	331613	296931
1975	82327	240.58	143.75	1091.22	401530	390571
1976	78698	215.88	208.06	1059.68	403562	391905
1977	78137	220.55	198.87	1035.87	399653	388337
1978	79375	234.57	181.42	1041.84	395247	384540
1979	78828	219.38	164.83	1040.06	407704	393271
1980	78796	211.68	155.64	1041.70	418828	402739
1981	78829	197.06	154.84	1017.62	417223	400449
1982	77893	190.23	159.74	978.73	414849	395455
1983	76610	184.50	160.87	946.26	414753	393013
1984	74314	176.38	160.80	927.50	410443	387448
1985	71062	167.67	164.07	894.06	405550	379751
1986	65447	161.76	158.81	870.41	412879	384564
1987	64095	152.42	158.86	844.87	421864	394296
1988	63006	156.57	154.47	830.01	432249	404509
1989	62321	162.45	149.77	823.19	439419	408468
1990	61845	158.09	144.84	818.21	446395	414653
1991	59976	156.99	143.85	815.15	447368	414924
1992	56885	163.94	141.97	826.21	450396	416662
1993	54009	185.75	145.75	853.57	448575	415928
1994	50824	206.15	153.03	895.54	448601	414912
1995	47068	205.33	154.07	940.36	456568	422989
1996	40458	194.37	152.29	971.86	463651	429345
1997	37377	183.70	155.59	990.19	468548	434671
1998	34480	146.34	173.92	951.34	467987	435156
1999	29453	116.04	191.40	870.72	451063	418828
2000	26017	104.48	195.12	774.88	440161	408200
2001	21342	101.36	176.17	699.19	422905	390374
2002	19590	107.26	144.10	662.59	414600	383816
2003	18303	107.86	128.24	642.78	410968	380066
2004	16943	110.17	124.69	627.80	410264	378793
2005	15871	104.27	113.31	615.37	410394	377729
2006	14611	107.18	101.69	623.02	415117	381673
2007	14064	111.46	103.87	634.01	420353	386641
2008	13503	104.61	107.48	632.98	420552	387957
2009	12858	101.78	109.47	626.81	421057	389962
2010	12405	111.30	110.26	629.25	417504	387453
2011	12047	119.40	106.82	644.07	393612	386280
2012	11573	109.55	106.16	627.67	387203	382562
2013	11151	115.69	103.30	625.98	383692	387312
2014	10770	124.70	101.02	648.47	378886	389080
2015	10404	124.43	98.92	674.63	379239	396368

注：专任教师按照教师教授学生层次归类。

a)Full-time teachers classified according to the academic level of their students.

18-7 1985-2015年成人高等教育基本情况

Basic Statistics on Adult Education from 1985 to 2015

年 份 Year	学校数 (所) Number of Schools (unit)	招生数 (人) New Enrollment (person)	毕业生数 (人) Graduates (person)	在校学生数 (人) Total Enrollment (person)	教职工数 (人) Teachers and Staff (person)	#专任教师 Full-time Teachers
1985	53	41358	14543	85909	7918	3677
1986	55	38305	18626	119123	9514	4417
1987	58	30789	30352	110258	8900	3847
1988	53	43784	35680	101606	10179	4137
1989	53	43386	30687	115753	11552	4754
1990	53	32580	29317	114764	12745	5164
1991	54	26409	40382	104560	12669	4926
1992	51	49078	41748	105427	12883	5017
1993	53	71210	31104	149282	12648	5257
1994	53	81379	30786	196381	13048	5872
1995	53	61032	55764	198934	13159	6037
1996	53	59850	65204	194454	13308	6495
1997	53	65775	74017	185029	14096	6925
1998	46	73618	61603	198780	13023	6557
1999	40	87117	61611	221161	14335	7131
2000	40	82423	70810	219977	14090	7084
2001	34	103165	57373	255775	13911	6841
2002	29	111023	69723	316605	11797	6182
2003	27	128242	79518	373086	9877	5300
2004	24	132313	107645	268112	11056	6247
2005	24	108707	118379	258521	11481	6683
2006	24	95858	34999	295189	12775	7516
2007	23	106857	97584	297085	12627	7537
2008	22	152713	93079	355307	7390	4840
2009	21	136048	105081	377343	6240	4142
2010	18	133191	110347	388741	4225	2946
2011	17	147677	144703	386481	3951	2731
2012	17	166515	120404	428180	4286	2917
2013	11	165522	128297	459803	2843	1982
2014	11	178737	147592	485274	2259	1544
2015	11	163012	161377	484493	2200	1493

注：自2001年起成人高等学历教育统计口径调整为不含电大普通专科班及高职。

a)After 2001,adult higher education exclude regular specialized courses and vocational education.

18-8 研究生教育基本情况
Basic Statistics on Postgraduate Education

项　　目		Item		2011	2012	2013	2014	2015
一、培养单位数	**（个）**	**Institutions Providing Postgraduate Programs**	**(unit)**	**31**	**33**	**33**	**33**	**33**
高等学校	（个）	Regular Institutions of Higher Education	(unit)	27	29	29	30	30
科研单位	（个）	Research Institutions	(unit)	4	4	4	3	3
二、招生数	**（人）**	**Enrollment**	**(person)**	**24314**	**25483**	**26404**	**26545**	**27548**
攻读博士学位	（人）	Appliants for Doctor's Degree	(person)	1954	1980	2033	1967	2025
高等学校	（人）	Regular Institutions of Higher Education	(person)	1877	1905	1954	1967	2025
科研单位	（人）	Research Institutions	(person)	77	75	79		
攻读硕士学位	（人）	Appliants for Master's Degree	(person)	22360	23503	24371	24578	25523
高等学校	（人）	Regular Institutions of Higher Education	(person)	22218	23372	24235	24528	25473
科研单位	（人）	Research Institutions	(person)	142	131	136	50	50
三、在校生数	**（人）**	**Total Enrollment**	**(person)**	**69004**	**70455**	**72962**	**74313**	**77630**
攻读博士学位	（人）	Appliants for Doctor's Degree	(person)	7871	8062	8495	8467	8913
高等学校	（人）	Regular Institutions of Higher Education	(person)	7664	7850	8274	8467	8913
科研单位	（人）	Research Institutions	(person)	207	212	221		
攻读硕士学位	（人）	Appliants for Master's Degree	(person)	61133	62393	64467	65846	68717
高等学校	（人）	Regular Institutions of Higher Education	(person)	60690	61960	64059	65701	68569
科研单位	（人）	Research Institutions	(person)	443	433	408	145	148
四、毕业生数	**（人）**	**Graduates**	**(person)**	**19112**	**22882**	**22623**	**23379**	**23192**
攻读博士学位	（人）	Appliants for Doctor's Degree	(person)	1508	1657	1557	1532	1494
高等学校	（人）	Regular Institutions of Higher Education	(person)	1430	1590	1488	1532	1494
科研单位	（人）	Research Institutions	(person)	78	67	69		
攻读硕士学位	（人）	Appliants for Master's Degree	(person)	17604	21225	21066	21847	21698
高等学校	（人）	Regular Institutions of Higher Education	(person)	17508	21117	20939	21800	21652
科研单位	（人）	Research Institutions	(person)	96	108	127	47	46

18－9　各市中等职业学校基本情况(2015年)

Basic Statistics on Secondary Vocational Schools by Region (2015)

地　区	Region	学校数(所) Schools (unit)	招生数(人) New Enrollment (person)	毕业生数(人) Graduates (person)	在校学生数(人) Total Enrollment (person)	专任教师数(人) Full-time Teachers (person)
全省总计	**Total**	**435**	**294033**	**320353**	**857264**	**48926**
济南市	Jinan	41	21023	27537	59292	4068
青岛市	Qingdao	57	32215	35556	88926	6477
淄博市	Zibo	18	12600	19454	37818	2511
枣庄市	Zaozhuang	18	17050	12574	49758	1745
东营市	Dongying	9	8072	6205	23740	866
烟台市	Yantai	33	19569	24546	63898	4617
潍坊市	Weifang	34	30918	41434	94388	4563
济宁市	Jining	20	18532	20575	48710	3237
泰安市	Tai'an	20	20594	17194	53786	2361
威海市	Weihai	21	7424	8887	22077	1854
日照市	Rizhao	12	10486	10430	31488	1754
莱芜市	Laiwu	9	2300	3853	7104	265
临沂市	Linyi	44	25995	23979	79657	3995
德州市	Dezhou	26	19585	22533	56634	2888
聊城市	Liaocheng	20	11803	9744	35123	2986
滨州市	Binzhou	17	15134	15282	46968	1989
菏泽市	Heze	36	20733	20570	57897	2750

注：不含技工学校数据。
a)Data in the table excludes that on Technical Schools.

18－10　各市普通中学情况(2015年)

Basic Statistics of Secondary Schools by Region (2015)

地　区	Region	普通高中 Senior Secondary Schools					普通初中 Junior Secondary Schools				
		学校数(所) Schools (unit)	招生数(人) New Enrollment (person)	毕业生数(人) Graduates (person)	在校学生数(人) Total Enrollment (person)	专任教师数(人) Full-time Teachers (person)	学校数(所) Schools (unit)	招生数(人) New Enrollment (person)	毕业生数(人) Graduates (person)	在校学生数(人) Total Enrollment (person)	专任教师数(人) Full-time Teachers (person)
全省总计	**Total**	**555**	**553698**	**568865**	**1691196**	**125209**	**2891**	**991225**	**957502**	**3108127**	**264850**
济南市	Jinan	38	37252	37804	113636	7559	176	64468	60061	187956	16084
青岛市	Qingdao	62	38034	41143	116686	10662	231	76505	73176	238715	22278
淄博市	Zibo	33	31086	33729	96693	6675	153	45236	42751	172889	14756
枣庄市	Zaozhuang	26	24676	26453	74463	4725	99	41589	37164	116914	9145
东营市	Dongying	17	13741	15923	42288	3335	72	22924	22438	86810	7612
烟台市	Yantai	46	29804	34765	97618	8937	210	51140	45968	200716	20481
潍坊市	Weifang	54	58482	67143	179914	15980	265	88713	81502	251903	24432
济宁市	Jining	36	44737	45289	136156	9032	247	86731	82005	259237	21706
泰安市	Tai'an	31	34851	32853	107002	7245	144	60796	78820	232798	15661
威海市	Weihai	17	10697	12437	34425	3830	85	19705	19381	77874	8775
日照市	Rizhao	17	16766	16679	49392	3817	78	31090	28554	88666	7633
莱芜市	Laiwu	9	9984	11022	33234	1864	40	14326	13193	51770	4070
临沂市	Linyi	49	57229	62862	178495	12926	283	107940	108494	323127	27730
德州市	Dezhou	20	29383	27758	91440	6611	168	62573	61811	189851	14069
聊城市	Liaocheng	34	36638	28433	104251	7014	172	61813	56757	179859	14594
滨州市	Binzhou	23	23033	23700	70847	5386	140	40740	38502	120282	10933
菏泽市	Heze	43	57305	50872	164656	9611	328	114936	106925	328760	24891

注：专任教师按照教师教授学生层次归类。
a)Full-time teachers classified according to the academic level of their students.

18－11 各市小学基本情况(2015年)

Basic Statistics on Primary Schools by Region (2015)

地 区	Region	学校数(所) Schools (unit)	招生数(人) New Enrollment (Person)	毕业生数(人) Graduates (person)	在校学生数(人) Total Enrollment (person)	专任教师数(人) Full-time Teachers (person)
全省总计	**Total**	**10404**	**1244308**	**989232**	**6746258**	**396368**
济南市	Jinan	582	69973	61059	414424	25795
青岛市	Qingdao	772	91748	73773	536492	34457
淄博市	Zibo	311	38345	43290	213032	15503
枣庄市	Zaozhuang	520	65746	38313	324937	18351
东营市	Dongying	125	21091	22483	115958	8005
烟台市	Yantai	295	51164	46611	267223	18518
潍坊市	Weifang	818	87341	81556	591744	37330
济宁市	Jining	1068	120127	86667	635303	34468
泰安市	Tai'an	528	52856	79969	276939	18527
威海市	Weihai	89	22564	19330	110992	7651
日照市	Rizhao	297	33110	28157	197542	11538
莱芜市	Laiwu	126	10411	13297	55929	4374
临沂市	Linyi	1337	183826	112144	909530	48052
德州市	Dezhou	877	69556	61694	415606	26117
聊城市	Liaocheng	750	106891	58450	513976	25842
滨州市	Binzhou	353	39440	39003	244435	16209
菏泽市	Heze	1556	180119	123436	922196	45631

注：专任教师按照教师教授学生层次归类。
a)Full-time teachers classified according to the academic level of their students.

18－12 各市中小学教职工情况(2015年)

Basic Statistics on Teachers and Staff of Primary and Secondary Schools by Region (2015)

单位：人 (person)

地 区	Region	普通中学教职工 Teachers and Staff of Secondary Schools	#专任教师 Full-time Teachers	小学教职工 Teachers and Staff of Primary Schools	#专任教师 Full-time Teachers
全省总计	**Total**	**475798**	**390059**	**379239**	**396368**
济南市	Jinan	30239	23643	24069	25795
青岛市	Qingdao	38042	32940	34725	34457
淄博市	Zibo	26186	21431	14359	15503
枣庄市	Zaozhuang	18221	13870	18694	18351
东营市	Dongying	14523	10947	6114	8005
烟台市	Yantai	36688	29418	16334	18518
潍坊市	Weifang	49575	40412	33965	37330
济宁市	Jining	37162	30738	34008	34468
泰安市	Tai'an	26487	22906	18034	18527
威海市	Weihai	16156	12605	6103	7651
日照市	Rizhao	13677	11450	11001	11538
莱芜市	Laiwu	7135	5934	4154	4374
临沂市	Linyi	49301	40656	46004	48052
德州市	Dezhou	24514	20680	26866	26117
聊城市	Liaocheng	25289	21608	25976	25842
滨州市	Binzhou	21726	16319	13879	16209
菏泽市	Heze	40877	34502	44954	45631

注：专任教师按照教师教授学生层次归类。
a)Full-time teachers classified according to the academic level of their students.

18-13 各市普通中小学专任教师学历情况(2015年)

Basic Statistics on Education of Teachers and Staff of Primary and Secondary Schools by Region (2015)

单位:人

地区	Region	普通高中专任教师 Full-time Teachers of Senior Secondary Schools	#本科及以上 With Undergraduate Education or Higher	普通初中专任教师 Full-time Teachers of Junior Secondary Schools	#本科及以上 With Undergraduate Education or Higher	普通小学专任教师 Full-time Teachers of Regular Primary Schools	#本科及以上 With Undergraduate Education or Higher
全省总计	**Total**	**125209**	**123455**	**264850**	**223052**	**396368**	**216912**
济南市	Jinan	7559	7518	16084	14800	25795	16976
青岛市	Qingdao	10662	10626	22278	20936	34457	24075
淄博市	Zibo	6675	6638	14756	13953	15503	11674
枣庄市	Zaozhuang	4725	4669	9145	8439	18351	12501
东营市	Dongying	3335	3253	7612	6508	8005	4865
烟台市	Yantai	8937	8867	20481	18169	18518	13015
潍坊市	Weifang	15980	15753	24432	21281	37330	22577
济宁市	Jining	9032	8885	21706	17013	34468	15302
泰安市	Tai'an	7245	7189	15661	12493	18527	9479
威海市	Weihai	3830	3778	8775	8153	7651	6204
日照市	Rizhao	3817	3783	7633	6289	11538	6562
莱芜市	Laiwu	1864	1855	4070	3666	4374	2648
临沂市	Linyi	12926	12576	27730	24068	48052	28080
德州市	Dezhou	6611	6346	14069	9620	26117	7920
聊城市	Liaocheng	7014	6918	14594	11754	25842	11769
滨州市	Binzhou	5386	5299	10933	8977	16209	8229
菏泽市	Heze	9611	9502	24891	16933	45631	15036

注：专任教师按照教师教授学生层次归类。
a)Full-time teachers classified according to the academic level of their students.

18-14 各市幼儿园情况(2015年)

Basic Statistics on Kindergartens by Region

地区	Region	幼儿园数(所) Number of Kindergartens (unit)	入园(班)幼儿数(人) Entrants (person)	在园（班）幼儿数(人) Enrolment (person)	离园（班）幼儿数(人) Graduates (person)	专任教师数(人) Full-timeTeachers (person)
全省总计	**Total**	**18648**	**1089294**	**2717839**	**993958**	**154602**
济南市	Jinan	1423	68053	199330	59062	13134
青岛市	Qingdao	2221	88796	232564	77469	17253
淄博市	Zibo	795	33364	115720	37556	8603
枣庄市	Zaozhuang	710	50127	97243	46591	3708
东营市	Dongying	375	20297	59990	17968	5171
烟台市	Yantai	961	43621	151673	49839	10060
潍坊市	Weifang	1712	82016	222344	78482	15991
济宁市	Jining	1854	112750	255024	99990	11722
泰安市	Tai'an	1133	60184	155851	49894	10627
威海市	Weihai	295	19872	64445	21220	3743
日照市	Rizhao	607	27530	92379	33468	4559
莱芜市	Laiwu	358	11941	34835	10459	2455
临沂市	Linyi	2547	123252	356818	152602	20473
德州市	Dezhou	920	71571	152434	56732	6871
聊城市	Liaocheng	397	68129	163522	70832	3688
滨州市	Binzhou	563	46888	101334	32999	5454
菏泽市	Heze	1777	160903	262333	98795	11090

18-15 1978-2015年重要科技成果数量

Major Achievements in Science and Technology from 1978 to 2015

单位:项 (unit)

年份 Year	成果数量 Number of Achievements	#农业 Agriculture	#工业 Industry	国际领先先进水平 Advanced Internationally	国内领先先进水平 Advanced nationally	省内领先先进水平 Advanced on Provincial Level
1978	652	116	443	19	283	350
1979	456	90	261	21	149	286
1980	657	195	396	25	210	422
1981	704	169	485	29	201	474
1982	732	153	516	35	298	399
1983	977	209	660	26	378	573
1984	997	196	730	21	420	556
1985	1196	277	758	41	566	589
1986	1337	183	933	75	634	628
1987	1525	264	964	92	838	595
1988	1786	300	1104	118	1045	623
1989	1957	325	1220	135	1081	741
1990	2112	375	1246	150	1148	814
1991	2488	541	1405	175	1503	810
1992	2668	57	1265	327	1538	803
1993	2858	605	1418	372	1745	741
1994	3113	696	1487	416	2131	566
1995	3251	702	1524	466	2272	513
1996	3388	709	1599	471	2353	564
1997	3507	737	1517	456	2678	373
1998	3558	614	1515	724	2516	318
1999	3688	557	1270	744	2737	207
2000	3728	575	1289	599	2861	182
2001	3112	494	1138	506	2439	167
2002	3018	452	1117	486	2371	161
2003	2896	433	1071	466	2276	154
2004	3028	454	1120	485	2392	151
2005	2408	320	539	534	1741	133
2006	2313	338	630	448	1742	123
2007	2346	330	704	543	1662	
2008	2330	301	677	592	1618	
2009	2364	306	849	751	1412	
2010	2367	391	751	676	1316	
2011	2379	305	723	647	1296	
2012	2393	338	853	609	1349	
2013	2332	297	866	681	1067	
2014	2955	440	1095	817	1146	
2015	3011	385	1019	967	1212	

18−16 科技成果情况

Basic Statistics on Science and Technology

单位:项 (unit)

类别	Category	2009	2010	2011	2012	2013	2014	2015
一、国家级科技成果奖励成果	**National Scientific and Techinical Award**	**33**	**36**	**39**	**26**	**21**	**28**	**33**
国家发明奖	National Invention Award	2	4	6	9	7	5	5
国家自然科学奖	State Natural Science Award					1	3	2
国家科技进步奖	The State Scientific and Technological Progress Award	31	31	33	17	13	20	26
国际合作奖	International Cooperation Award		1					
二、省级重要科技成果	**Important Scientific and Technical Award**	**2364**	**2367**	**2379**	**2393**	**2332**	**2955**	**3011**
三、省科学技术奖	**Provincial Science and Technology Award**							
自然科学奖	Natural Science Award	24	18	17	14	17	20	13
技术发明奖	Technological Invention Award	18	12	16	13	16	20	13
科技进步奖	Scientific and Technological Progress Award	454	467	461	472	413	195	112
四、专利情况	**Patent Applications**							
申请量	Number of Patent Applications	66857	80856	109599	128614	155170	158619	193220
其中发明专利	Inventions	13983	17259	25623	40381	67642	77298	93475
授权量	Number of Patent Applications Granted	34513	51490	58843	75522	76976	72818	98101
其中发明专利	Inventions	2865	4106	5856	7454	8913	10538	16881

注:国家自然科学奖每两年评一次。

a)State Natural Science Award is issued every other year.

18-17 各市国内三种专利申请受理数和授权数（2015年）
Patents Application Accepted and Granted by Region(2015)

单位：件 (unit)

地 区	Region	申请受理数合计 Number of Patents Application Accepted	发 明 Inventions	实用新型 Utility Models	外观设计 Designs	申请授权数合计 Number of Patents Application Granted	发 明 Inventions	实用新型 Utility Models	外观设计 Designs
总 计	**Total**	**193220**	**93475**	**85872**	**13873**	**98101**	**16881**	**68776**	**12444**
济南市	Jinan	28944	15096	12222	1626	15537	3913	10054	1570
青岛市	Qingdao	63691	44973	15915	2803	20168	5170	12309	2689
淄博市	Zibo	9654	3928	5078	648	6478	1163	4754	561
枣庄市	Zaozhuang	3973	1170	2348	455	2446	179	1875	392
东营市	Dongying	4828	1318	3314	196	3189	309	2639	241
烟台市	Yantai	9285	4052	4505	728	6065	1141	4218	706
潍坊市	Weifang	18571	6093	10784	1694	11055	1348	8119	1588
济宁市	Jining	8699	2005	6081	613	6349	527	5186	636
泰安市	Tai'an	5619	1954	3346	319	3191	327	2546	318
威海市	Weihai	9344	3279	4903	1162	3795	573	2371	851
日照市	Rizhao	2784	1003	1561	220	1779	167	1427	185
莱芜市	Laiwu	2813	448	2320	45	2380	223	2117	40
临沂市	Linyi	7658	3197	2828	1633	4211	609	2245	1357
德州市	Dezhou	4120	827	2713	580	2975	320	2179	476
聊城市	Liaocheng	4068	1335	2427	306	2583	299	2041	243
滨州市	Binzhou	4871	1529	3074	268	3268	418	2644	206
菏泽市	Heze	4298	1268	2453	577	2632	195	2052	385

18-18 R&D人员折合全时当量情况

Basic Statistics On Full-time Equivalent of R&D Personnel

单位：人年 (man year)

年份 类别	Year Category	R&D人员折合全时当量 Full-time Equivalent of R&D Personnel	基础研究人员 Basic Research Personnel	应用研究人员 Applied Research Personnel	试验发展人员 Experimental Development Personnel
2010		190329	9481	20070	160777
2011		228623	11249	19772	197604
2012		254013	12104	21908	220002
2013		279331	13597	22883	242851
2014		286352	14119	25449	246785
2015		297845	14627	25228	257991
一、按行业分	**by Sector**				
农、林、牧、渔业	Agriculture,Forestry,Animal Husbandry and Fishing	780	22	93	666
采矿业	Mining	17088	22	1852	15214
制造业	Manufacturing	222876	105	3414	219357
电力、燃气及水的生产和供应业	Production and Supply of Electric Power and Heat Power	1432	1	226	1205
建筑业	Construction	5489		300	5190
批发和零售业	Wholesale and Retail Trade				
交通运输、仓储和邮政业	Traffic,Transport,Storage and Post	703	19	3	682
住宿和餐饮业	Hotels and Catering Services				
信息传输、软件和信息技术服务业	Information Transfer, Software and Information Technology Services	4764	22	163	4580
金融业	Financial Intermediation	52		35	16
房地产业	Real Estate				
租赁和商务服务业	Leasing and Business Services	273		22	251
科学研究和技术服务业	Scientific Research and Technical Service	13401	2267	4200	6934
水利、环境和公共设施管理业	Management of Water Conservancy,Environment and Public Facilities	92		31	61
居民服务、修理和其他服务业	Households Services, Repair and Other Services				
教育	Education	21053	9920	9780	1353
卫生和社会工作	Health and Social Work	9836	2250	5104	2482
文化、体育和娱乐业	Culture,Sports and Entertainment	7	1	6	
公共管理、社会保障和社会组织	Public management and Social Organization				
国际组织	International Organization				
二、按地区分	**by Region**				
济南市	Jinan	51938	5557	6414	39968
青岛市	Qingdao	48626	3038	4037	41551
淄博市	Zibo	21783	458	1370	19955
枣庄市	Zaozhuang	5733	160	789	4784
东营市	Dongying	11736	278	1351	10108
烟台市	Yantai	28823	784	1210	26830
潍坊市	Weifang	24278	400	2040	21838
济宁市	Jining	16988	937	1148	14903
泰安市	Tai'an	15918	1596	2408	11914
威海市	Weihai	13225	63	781	12381
日照市	Rizhao	4011	55	163	3793
莱芜市	Laiwu	4455		187	4267
临沂市	Linyi	16229	240	732	15257
德州市	Dezhou	7579	226	711	6642
聊城市	Liaocheng	7064	386	515	6163
滨州市	Binzhou	12375	259	448	11669
菏泽市	Heze	5358	193	273	4892

18-19 R&D经费支出情况

单位：万元

年 份 类 别	Year Category	R&D经费内部支出合计 Internal Expenditure on R&D	基础研究支出 Basic Research	应用研究支出 Applied Research
2010		6720045	132841	366053
2011		8443766	188276	541682
2012		10203266	224023	644022
2013		11758027	264467	686417
2014		13040695	243948	794643
2015		14271890	297454	774193
一、按行业分	**by Sector**			
农、林、牧、渔业	Agriculture,Forestry,Animal Husbandry and Fishing	23887	271	807
采矿业	Mining	762042	184	97607
制造业	Manufacturing	12092960	5825	250538
电力、燃气及水的生产和供应业	Production and Supply of Electric Power and Heat Power	62715	1	1854
建筑业	Construction	189119		9929
批发和零售业	Wholesale and Retail Trade			
交通运输、仓储和邮政业	Traffic,Transport,Storage and Post	36140	334	188
住宿和餐饮业	Hotels and Catering Services			
信息传输、软件和信息技术服务业	Information Transfer, Software and Information Technology Services	82682	300	779
金融业	Financial Intermediation	1916		102
房地产业	Real Estate			
租赁和商务服务业	Leasing and Business Services	3702		164
科学研究和技术服务业	Scientific Research and Technical Service	512412	91276	164708
水利、环境和公共设施管理业	Management of Water Conservancy,Environment and Public Facilities	2265		1058
居民服务、修理和其他服务业	Households Services, Repair and Other Services			
教 育	Education	373713	160993	166427
卫生和社会工作	Health and Social Work	128281	38262	79984
文化、体育和娱乐业	Culture,Sports and Entertainment	58	9	48
公共管理、社会保障和社会组织	Public management and Social Organization			
国际组织	International Organization			
二、按地区分	**by Region**			
济南市	Jinan	1330544	106229	136507
青岛市	Qingdao	2637076	105795	179725
淄博市	Zibo	881966	9009	28262
枣庄市	Zaozhuang	305183	1844	16676
东营市	Dongying	903696	9378	54581
烟台市	Yantai	1638184	11781	34797
潍坊市	Weifang	1337722	6777	63573
济宁市	Jining	713564	9575	22985
泰安市	Tai'an	762628	20649	91894
威海市	Weihai	681502	229	29166
日照市	Rizhao	204986	242	874
莱芜市	Laiwu	168022		3007
临沂市	Linyi	762050	2263	17763
德州市	Dezhou	392539	2193	36580
聊城市	Liaocheng	563139	3412	29975
滨州市	Binzhou	610078	4987	14186
菏泽市	Heze	295888	3092	7458

Basic Statistics On Expenditure on R&D

(10 000 yuan)

试验发展支出 Experimental Development	政府资金 Government Appropriation Funds	企业资金 Self-raised Funds by Enterprises	境外资金 Foreign funds	其他资金 Other Funds	R&D经费外部支出合计 External expenditure on R&D	对境内研究机构的支出 Expenditure On Domestic Research Institutions	对境内高等学校支出 Expenditure On Domestic colleges and universities	对境内企业支出 Expenditure On Domestic Enterprises	对境外支出 Expenditure On Overseas
6221155	588821	6001743	28443	101041	483222	196572	139603	103457	42753
7713809	720630	7562821	36808	123506	481700	194548	157518	81576	48050
9335221	921855	9070407	56712	154293	551699	209214	196407	103954	42033
10807143	985532	10559249	51981	161265	573486	256027	183895	78068	53062
12002104	1013777	11793738	52891	180289	644153	272664	195456	98698	76823
13200242	1110158	12872231	56731	232771	594239	225253	150703	153473	64368
22809	4018	19825		44	1105	861	245		
664251	50240	709236		2565	29782	7120	16318	5624	720
11836598	270734	11643505	42268	136453	503076	188368	118482	133406	62821
60860	2621	59774		321	8384	5214	323	2848	
179190	2433	183689		2998	8473	2567	5370	347	188
35619	1649	34342		149	533	209	251	74	
81602	5807	67348	9365	162	3893	3183	285	374	52
1813		1916							
3537	70	3632			79	22	17	27	14
256428	430720	28156	3961	49576	11879	6334	3186	1813	107
1207	16	2241		8	150		150		
46294	244899	90528	826	37460	26884	11377	6077	8961	466
10034	96903	28039	302	3036					
	48		9						
1087808	278549	976324	14035	61636	42612	22406	12415	6318	1035
2351556	324385	2264619	21041	27031	192707	44563	30517	88807	28818
844695	40023	824663	2638	14643	25222	12274	7520	4572	856
286663	11822	291498		1863	8293	3179	4174	900	40
839737	68736	827895	1593	5472	34846	11846	12448	6004	4549
1591606	55185	1572916	2644	7439	29797	8279	9393	5774	6350
1267372	39301	1280535	1453	16434	64726	21478	7593	21920	13734
681004	32916	666576	1322	12750	23077	8726	8405	5384	561
650085	50115	689166	869	22477	12142	4728	5684	1320	411
652107	29533	646779	1378	3812	22900	14200	4156	2195	2350
203871	5870	194173	2996	1947	9359	6690	1342	257	1071
165015	8133	157160		2729	3104	1832	973	299	
742024	24228	723394	3015	11413	38714	19861	13590	3303	1961
353765	12284	371624	8	8624	9490	5179	3703	575	33
529753	20518	530758		11862	22875	11649	9155	2071	
590905	24154	569764	475	15684	31998	16190	13961	1617	231
285338	5284	284387	3267	2951	21971	12173	5270	2160	2368

18-20 R&D人员情况

年 份 / 类 别	Year / Category	有研究与试验发展活动单位数（个） Number of Units with Research and Development Activities (unit)
2010		2988
2011		3023
2012		3742
2013		4306
2014		5238
2015		6432
一、按行业分	**by Sector**	
农、林、牧、渔业	Agriculture,Forestry,Animal Husbandry and Fishing	34
采矿业	Mining	90
制造业	Manufacturing	5618
电力、燃气及水的生产和供应业	Production and Supply of Electric Power and Heat Power	58
建筑业	Construction	56
批发和零售业	Wholesale and Retail Trade	
交通运输、仓储和邮政业	Traffic,Transport,Storage and Post	13
住宿和餐饮业	Hotels and Catering Services	
信息传输、软件和信息技术服务业	Information Transfer, Software and Information Technology Services	64
金融业	Financial Intermediation	2
房地产业	Real Estate	
租赁和商务服务业	Leasing and Business Services	10
科学研究和技术服务业	Scientific Research and Technical Service	169
水利、环境和公共设施管理业	Management of Water Conservancy,Environment and Public Facilities	8
居民服务、修理和其他服务业	Households Services, Repair and Other Services	
教 育	Education	190
卫生和社会工作	Health and Social Work	118
文化、体育和娱乐业	Culture,Sports and Entertainment	2
公共管理、社会保障和社会组织	Public management and Social Organization	
国际组织	International Organization	
二、按地区分	**by Region**	
济南市	Jinan	803
青岛市	Qingdao	1121
淄博市	Zibo	527
枣庄市	Zaozhuang	274
东营市	Dongying	148
烟台市	Yantai	451
潍坊市	Weifang	658
济宁市	Jining	374
泰安市	Tai'an	326
威海市	Weihai	380
日照市	Rizhao	86
莱芜市	Laiwu	90
临沂市	Linyi	445
德州市	Dezhou	220
聊城市	Liaocheng	139
滨州市	Binzhou	191
菏泽市	Heze	196

Basic Statistics On R&D Personnel

研究与试验发展人员（人）Research and Development Personnel (person)	全时人员 Full-time Personnel	非全时人员 Part-time Personnel	博士毕业 Doctor	硕士毕业 Master
275360	176314	99046	9900	28961
327256	218662	108594	11822	34966
382057	253493	128564	13342	41509
409441	274390	135051	14478	43445
432430	285916	146514	16353	49835
447191	297758	149433	17489	52632
954	651	303	42	78
24363	11660	12703	371	1770
327498	236251	91247	3817	23430
2714	1504	1210	52	172
7617	4874	2743	61	562
1408	547	861	11	57
6209	5321	888	36	592
328	46	282		3
324	200	124	3	15
14599	12247	2352	2331	4640
111	81	30	2	3
42966	19525	23441	10195	18143
18081	4846	13235	567	3165
19	5	14	1	2
75383	51297	24086	6042	14024
69687	48989	20698	3787	10976
30860	21060	9800	689	2391
8580	4713	3867	127	606
16797	10999	5798	854	2395
39060	27835	11225	1114	4140
39081	26587	12494	579	3332
25089	14747	10342	897	2917
26791	15194	11597	1170	2697
20708	13455	7253	337	1262
6440	3571	2869	91	430
7086	4541	2545	76	305
22328	14800	7528	393	1955
12986	8484	4502	343	1150
14161	8451	5710	331	1266
20910	15007	5903	264	936
9517	6301	3216	330	1215

18—21 规模以上工业企业R&D经费支出情况

单位：万元

年 份 类 别	Year Category	R&D经费内部支出合计 Internal Expenditure on R&D	基础研究支出 Basic Research
	2010	5892400	5142
	2011	7431352	7444
	2012	9056007	5102
	2013	10528097	3246
	2014	11755482	5733
	2015	12917718	6010
一、按企业规模分	**by Enterprise Size**		
大型企业	Large-sized Enterprises	7601406	1240
中型企业	Medium-sized Enterprises	2449003	2446
小型企业	Small-sized Enterprises	2835598	2323
微型企业	Micro-enterprises	31712	1
二、按登记注册类型分	**by Status of Registration**		
内资企业	Domestic Funded Enterprises	11481007	3709
国有企业	State-owned Enterprises	118751	1
集体企业	Collective-owned Enterprises	522268	
股份合作企业	Cooperative Enterprises	6777	
联营企业	Joint Ownership Enterprises	906	
有限责任公司	Limited Liability Corporations	5179191	800
股份有限公司	Share-holding Corporations Limited	1853577	1088
私营企业	Private Enterprises	3790019	1731
其他企业	Other Enterprises	9517	89
港、澳、台商投资企业	Enterprises with Funds from Hong Kong, Macao and Taiwan	377547	2301
合资经营企业(港或澳、台资)	Joint-ventures Enterprises	253402	2301
合作经营企业(港或澳、台资)	Cooperative Enterprises	4192	
港、澳、台商独资经营企业	Enterprises with Sole Investment	109588	
港、澳、台商投资股份有限公司	Share-holding Corporations Ltd. With Funds from Hong Kong, Macao and Taiwan	10364	
外商投资企业	Foreign Funded Enterprises	1059164	
中外合资经营企业	Joint-venture Enterprises	644670	
中外合作经营企业	Cooperation Enterprises	61895	
外资企业	Enterprises with Sole Foreign Funds	267375	
外商投资股份有限公司	Share-holding Corporations Ltd. With Foreign Investment	84140	
其他外商投资企业		1084	
三、按工业行业大类分	**by Sector**		
采掘业	**Mining**	**762042**	**184**
煤炭开采和洗选业	Mining and Washing of Coal	449343	184
石油和天然气开采业	Extraction of Petroleum and Natural Gas	68646	
黑色金属矿采选业	Mining of Ferrous Metal Ores	15910	
有色金属矿采选业	Mining of Non-ferrous Metal Ores	148639	
非金属矿采选业	Mining and Processing of Nonmetal Ores	14054	
开采辅助活动	Mining Support Activities	65450	
其他采矿业	Mining of Other Ores		
制造业	**Manufacturing**	**12092960**	**5825**
农副食品加工业	Processing of Food from Agricultural Products	653268	170
食品制造业	Manufacture of Foods	240750	245
酒、饮料和精制茶制造业	Manufacture of Wine, Drinks and Refined Tea	156863	1160
烟草制品业	Manufacture of Tobacco	3003	
纺织业	Manufacture of Textile	466888	
纺织服装、服饰业	Manufacture of Textile Wearing Apparel and Finery	164614	
皮革、毛皮、羽毛及其制品和制鞋业	Manufacture of Leather, Fur, Feather & Its Products and Footwear	58831	
木材加工及木 竹、藤、棕、草制品业	Processing of Timbers, Manufacture of Wood, Bamboo, Rattan, Palm, and Straw Products	51211	
家具制造业	Manufacture of Furniture	16668	

Expenditures of Industrial Enterprises above Designated Size on R&D

(10 000 yuan)

应用研究支出 Applied Research	试验发展支出 Experimental Development	政府资金 Government Appropriation Funds	企业资金 Self-raised Funds by Enterprises	境外资金 Foreign funds	其他资金 Other Funds	R&D经费外部支出合计 External expenditure on R&D	对境内研究机构的支出 Expenditure On Domestic Research Institutions	对境内高等学校支出 Expenditure On Domestic colleges and universities	对境外支出 Expenditure On Overseas
93552	5793707	168876	5657574	23030	42921	443343	178233	128849	34653
244720	7179188	207510	7135731	25637	62474	445682	182129	144338	41712
274444	8776461	295552	8620680	43986	95789	504971	189870	178230	40970
288217	10236634	316005	10075481	36468	100143	526462	231774	169999	51803
402398	11347351	299897	11313042	38726	103817	599185	252289	179613	76129
349999	12561709	323595	12412516	42268	139338	541242	200701	135123	63541
197975	7402191	171246	7353564	12546	64049	391689	134610	87082	55851
60171	2386386	68028	2330488	21775	28712	89948	41173	26701	4915
90032	2743244	81008	2700671	7947	45972	55433	22971	20831	2776
1822	29889	3313	27793		606	4172	1948	509	
311219	11166079	293598	11031538	23417	132454	498804	175509	129059	60441
2204	116546	6398	103770		8583	6941	4124	861	16
2553	519716	9595	511294		1380	63195	3729	3649	14654
	6777	309	5742		727	33	33		
	906	409	497						
145838	5032553	128284	4984859	11565	54483	192232	94552	61938	9816
57812	1794676	72603	1760453	3900	16621	142655	33663	27997	25704
102812	3685476	75536	3655889	7951	50642	93366	39198	34451	10251
	9428	466	9034		18	383	210	163	
21510	353736	6789	364942	2846	2970	17897	10212	2917	708
15542	235560	4899	244949	1135	2420	16200	9838	1624	688
	4192	170	4022			13	4		6
5769	103819	805	107073	1711		1684	371	1293	14
200	10164	916	8898		550				
17269	1041895	23208	1016035	16006	3915	24542	14980	3147	2392
3399	641271	18090	610710	14553	1317	19401	13369	1936	912
	61895	308	61588			343	335	8	
9174	258202	1732	261651	1453	2540	4322	844	1166	1473
4128	80011	2989	81093		58	475	431	37	6
569	515	90	994						
97607	**664251**	**50240**	**709236**		**2565**	**29782**	**7120**	**16318**	**720**
57991	391167	3903	444330		1110	16393	4087	8464	
27961	40686	29851	38795			7954	1366	5186	
	15910	583	15327			240	44	182	14
2716	145923	1370	147198		71	3262	904	1458	695
6168	7886	490	13190		374	32		21	11
2771	62679	14044	50396		1011	1901	719	1008	
250538	**11836598**	**270734**	**11643505**	**42268**	**136453**	**503076**	**188368**	**118482**	**62821**
18694	634404	10834	631089	836	10508	32349	15004	16400	42
5021	235483	4932	231496	74	4247	6107	1365	2553	
12128	143575	4453	151248		1162	4446	2147	1759	206
823	2180		3003			86			
12930	453958	14594	443555	1509	7229	9000	4394	3611	826
357	164257	1224	163250		140	5782	1408	775	309
	58831	1607	55807		1417	672	634	38	
2585	48626	380	46489	958	3384	2179	1322	296	
	16668	10	15382		1276	11		2	

18−21 续表

单位：万元

类 别	Category	R&D经费内部支出合计 Internal Expenditure on R&D	基础研究支出 Basic Research
造纸及纸制品业	Manufacture of Paper and Paper Products	304431	269
印刷和记录媒介复制业	Printing, Reproduction of Recording Media	28607	
文教、工美、体育和娱乐用品制造业	Manufacture of Culture, Education,Arts and crafts, Sport and Entertainment Goods	111823	
石油加工、炼焦和核燃料加工业	Processing of Petroleum, Coking and Nucleus Fuel	372358	
化学原料和化学制品制造业	Manufacture of Chemical Raw Material and Chemical Products	1496146	29
医药制造业	Manufacture of Medicines	839211	3299
化学纤维制造业	Manufacture of Chemical Fiber	60901	
橡胶和塑料制品业	Manufacture of Rubber and Plastic	523666	180
非金属矿物制品业	Manufacture of Non-metallic Mineral Products	470980	
黑色金属冶炼及压延加工业	Manufacture and Processing of Ferrous Metals	299778	
有色金属冶炼及压延加工业	Manufacture & Processing of Non-ferrous Metals	777384	
金属制品业	Manufacture of Metal Products	370136	
通用设备制造业	Manufacture of General Purpose Machinery	798021	456
专用设备制造业	Manufacture of Special Purpose Machinery	660806	17
汽车制造业	Manufacture of Automotive	668179	
铁路、船舶、航空航天和其他运输设备制造业	Manufacture of Railroad,Marine,Aerospace and Other Transportation Equipment	360089	
电气机械及器材制造业	Manufacture of Electrical Machinery & Equipment	1063102	
计算机、通信和其他电子设备制造业	Manufacture of Computer, Communications and Other Electronic Equipment	908147	
仪器仪表制造业	Manufacture of Measuring Instrument	150930	
其他制造业	Other Manufacture	5148	
废弃资源综合利用业	Comprehensive Utilization of Waste	7023	
金属制品、机械和设备修理业	Metal Products, Machinery and Equipment Repair Industry	4001	
电力、燃气及水的生产和供应业	**Production and Supply of Electric,Gas and Water**	**62715**	**1**
电力、热力的生产和供应业	Production and Supply of Electric Power and Heat Power	48420	1
燃气生产和供应业	Production and Supply of Gas	9411	
水的生产和供应业	Production and Supply of Water	4885	
四、按地区分	**by Region**		
济南市	Jinan	951320	
青岛市	Qingdao	2172436	
淄博市	Zibo	822787	
枣庄市	Zaozhuang	290012	905
东营市	Dongying	829585	1
烟台市	Yantai	1578859	415
潍坊市	Weifang	1292447	1056
济宁市	Jining	685110	35
泰安市	Tai'an	701413	
威海市	Weihai	669414	
日照市	Rizhao	203189	
莱芜市	Laiwu	166975	
临沂市	Linyi	739086	214
德州市	Dezhou	384476	1232
聊城市	Liaocheng	543269	
滨州市	Binzhou	592876	
菏泽市	Heze	294464	2152

continued

(10 000 yuan)

应用研究支出 Applied Research	试验发展支出 Experimental Development	政府资金 Government Appropriation Funds	企业资金 Self-raised Funds by Enterprises	境外资金 Foreign funds	其他资金 Other Funds	R&D经费外部支出合计 External expenditure on R&D	对境内研究机构的支出 Expenditure On Domestic Research Institutions	对境内高等学校支出 Expenditure On Domestic colleges and universities	对境外支出 Expenditure On Overseas
3684	300478	1885	301393		1153	7190	4242	2663	
	28607	204	27707		695	26	23	3	
3046	108777	1894	106664	1184	2082	1393	520	399	114
3209	369149	3459	352052	3602	13246	19445	8056	4062	3037
50284	1445833	27098	1455042	2342	11663	38890	21787	10554	1208
22250	813662	35881	798256	4	5071	75018	40512	17995	7376
40	60861	4782	55707		413	3302	1462	1807	
15579	507907	7806	511116	710	4034	15793	9615	3341	1009
13590	457390	16302	445992	1140	7547	7674	4115	2128	750
8315	291463	1715	297463		600	2709	1274	691	20
12862	764523	5309	765632	1913	4531	7820	3368	2499	1200
6552	363584	7515	355700	151	6771	16793	5108	5790	4156
25050	772515	26186	756895	3326	11614	27283	5800	5796	6617
10003	650786	19598	636299	924	3984	13130	2295	4499	5921
2998	665180	12723	647403	4451	3602	30175	17841	9116	342
2925	357164	5337	351916	1000	1835	79577	15564	13048	13445
6788	1056315	20931	1036240	233	5699	71675	8594	6517	14828
4547	903600	27889	841145	17850	21263	21451	10757	1511	278
4915	146014	5735	144628	61	506	1733	810	630	125
1363	3785	375	4041		733	1367	354		1013
	7023		7023						
	4001	80	3872		49				
1854	**60860**	**2621**	**59774**		**321**	**8384**	**5214**	**323**	
1854	46565	2433	45808		179	8178	5120	243	
	9411		9411						
	4885	187	4556		141	206	94	80	
26157	925163	35077	893685	3929	18629	27311	14454	8490	949
16243	2156192	34620	2101740	17106	18969	162354	30381	22110	28672
9792	812995	24908	785265	2638	9977	23210	11980	6719	282
9032	280076	5892	282355		1766	7335	2426	3969	40
47332	782252	52217	770925	1570	4874	34178	11506	12311	4534
19645	1558800	28253	1543960	2641	4006	29384	8088	9222	6350
38945	1252446	21834	1253108	1453	16053	64197	21345	7299	13734
14384	670691	13053	660624	1321	10113	22757	8669	8214	556
61842	639571	15200	682540	473	3201	11054	4291	5359	411
25769	643645	26773	637615	1378	3647	22900	14200	4156	2350
719	202471	5635	192847	2996	1712	9240	6600	1332	1070
2479	164497	7744	156502		2729	3104	1832	973	
14485	724387	17604	707541	3015	10926	38031	19861	12907	1961
34962	348282	10054	366073	8	8341	9490	5179	3703	33
17993	525276	9681	525980		7608	22726	11526	9129	
3232	589644	10785	567462	475	14154	31998	16190	13961	231
6989	285323	4267	284296	3267	2634	21971	12173	5270	2368

18-22 规模以上工业企业R&D人员情况

单位：人

年 份 / 类 别	Year / Category	研究与试验发展人员 Research and Development Personnel
	2010	204906
	2011	252024
	2012	303862
	2013	326793
	2014	342259
	2015	354575
一、按企业规模分	**by Enterprise Size**	
大型企业	Large-sized Enterprises	192084
中型企业	Medium-sized Enterprises	77994
小型企业	Small-sized Enterprises	82664
微型企业	Micro-enterprises	1833
二、按登记注册类型分	**by Status of Registration**	
内资企业	Domestic Funded Enterprises	312367
国有企业	State-owned Enterprises	6769
集体企业	Collective-owned Enterprises	5932
股份合作企业	Cooperative Enterprises	274
联营企业	Joint Ownership Enterprises	25
有限责任公司	Limited Liability Corporations	149433
股份有限公司	Share-holding Corporations Limited	55709
私营企业	Private Enterprises	93852
其他企业	Other Enterprises	373
港、澳、台商投资企业	Enterprises with Funds from Hong Kong, Macao and Taiwan	10676
合资经营企业(港或澳、台资)	Joint-ventures Enterprises	6320
合作经营企业(港或澳、台资)	Cooperative Enterprises	154
港、澳、台商独资经营企业	Enterprises with Sole Investment	3799
港、澳、台商投资股份有限公司	Share-holding Corporations Ltd. With Funds from Hong Kong, Macao and Taiwan	403
外商投资企业	Foreign Funded Enterprises	31532
中外合资经营企业	Joint-venture Enterprises	16637
中外合作经营企业	Cooperation Enterprises	1294
外资企业	Enterprises with Sole Foreign Funds	10897
外商投资股份有限公司	Share-holding Corporations Ltd. With Foreign Investment	2691
其他外商投资企业		13
三、按工业行业大类分	**by Sector**	
采掘业	**Mining**	**24363**
煤炭开采和洗选业	Mining and Washing of Coal	13727
石油和天然气开采业	Extraction of Petroleum and Natural Gas	3849
黑色金属矿采选业	Mining of Ferrous Metal Ores	1256
有色金属矿采选业	Mining of Non-ferrous Metal Ores	2535
非金属矿采选业	Mining and Processing of Nonmetal Ores	326
开采辅助活动	Mining Support Activities	2670
其他采矿业	Mining of Other Ores	
制造业	**Manufacturing**	**327498**
农副食品加工业	Processing of Food from Agricultural Products	13838
食品制造业	Manufacture of Foods	6895
酒、饮料和精制茶制造业	Manufacture of Wine, Drinks and Refined Tea	3811
烟草制品业	Manufacture of Tobacco	173
纺织业	Manufacture of Textile	20115
纺织服装、服饰业	Manufacture of Textile Wearing Apparel and Finery	5432
皮革、毛皮、羽毛及其制品和制鞋业	Manufacture of Leather, Fur, Feather & Its Products and Footwear	1151
木材加工及木 竹、藤、棕、草制品业	Processing of Timbers, Manufacture of Wood, Bamboo, Rattan, Palm, and Straw Products	1430
家具制造业	Manufacture of Furniture	610

Basic Statistics On R&D Personnel of Industrial Enterprises above Designated Size

(person)

本年度参加项目人员 Personnel involved in the project current year	科技管理和服务人员 Technology management and service personnel	全时人员 Full-time Personnel	非全时人员 Part-time Personnel
184206	20700	140123	64783
225292	26732	176275	75749
276593	27269	211149	92713
299528	27265	229530	97263
313571	28688	238037	104222
322849	31726	249415	105160
174129	17955	136862	55222
70199	7795	54458	23536
76780	5884	57157	25507
1741	92	938	895
283662	28705	217972	94395
6441	328	4273	2496
5602	330	4784	1148
258	16	218	56
24	1	1	24
136496	12937	103757	45676
48307	7402	40047	15662
86166	7686	64613	29239
368	5	279	94
9791	885	7543	3133
5652	668	4027	2293
146	8	120	34
3637	162	3034	765
356	47	362	41
29396	2136	23900	7632
15261	1376	12659	3978
1213	81	969	325
10300	597	8324	2573
2610	81	1947	744
12	1	1	12
22507	**1856**	**11660**	**12703**
12646	1081	6197	7530
3516	333	2417	1432
1183	73	483	773
2199	336	1174	1361
293	33	252	74
2670		1137	1533
297840	**29658**	**236251**	**91247**
12992	846	9370	4468
6198	697	4841	2054
3401	410	2748	1063
171	2	49	124
18636	1479	14416	5699
4743	689	3107	2325
1095	56	952	199
1345	85	943	487
536	74	317	293

18−22 续表

单位：人

类 别	Category	研究与试验发展人员 Research and Development Personnel
造纸及纸制品业	Manufacture of Paper and Paper Products	5778
印刷和记录媒介复制业	Printing, Reproduction of Recording Media	1032
文教、工美、体育和娱乐用品制造业	Manufacture of Culture, Education,Arts and crafts, Sport and Entertainment Goods	3724
石油加工、炼焦和核燃料加工业	Processing of Petroleum, Coking and Nucleus Fuel	5166
化学原料和化学制品制造业	Manufacture of Chemical Raw Material and Chemical Products	36671
医药制造业	Manufacture of Medicines	23197
化学纤维制造业	Manufacture of Chemical Fiber	1645
橡胶和塑料制品业	Manufacture of Rubber and Plastic	12325
非金属矿物制品业	Manufacture of Non-metallic Mineral Products	15220
黑色金属冶炼及压延加工业	Manufacture and Processing of Ferrous Metals	9125
有色金属冶炼及压延加工业	Manufacture & Processing of Non-ferrous Metals	8395
金属制品业	Manufacture of Metal Products	10171
通用设备制造业	Manufacture of General Purpose Machinery	29018
专用设备制造业	Manufacture of Special Purpose Machinery	22379
汽车制造业	Manufacture of Automotive	18335
铁路、船舶、航空航天和其他运输设备制造业	Manufacture of Railroad,Marine,Aerospace and Other Transportation Equipment	9554
电气机械及器材制造业	Manufacture of Electrical Machinery & Equipment	23404
计算机、通信和其他电子设备制造业	Manufacture of Computer, Communications and Other Electronic Equipment	31923
仪器仪表制造业	Manufacture of Measuring Instrument	6301
其他制造业	Other Manufacture	105
废弃资源综合利用业	Comprehensive Utilization of Waste	133
金属制品、机械和设备修理业	Metal Products, Machinery and Equipment Repair Industry	442
电力、燃气及水的生产和供应业	**Production and Supply of Electric,Gas and Water**	**2714**
电力、热力的生产和供应业	Production and Supply of Electric Power and Heat Power	2404
燃气生产和供应业	Production and Supply of Gas	131
水的生产和供应业	Production and Supply of Water	179
四、按地区分	**by Region**	
济南市	Jinan	43785
青岛市	Qingdao	52025
淄博市	Zibo	26985
枣庄市	Zaozhuang	7333
东营市	Dongying	13674
烟台市	Yantai	34198
潍坊市	Weifang	34520
济宁市	Jining	18910
泰安市	Tai'an	20078
威海市	Weihai	19486
日照市	Rizhao	5960
莱芜市	Laiwu	6843
临沂市	Linyi	20466
德州市	Dezhou	11173
聊城市	Liaocheng	10967
滨州市	Binzhou	19416
菏泽市	Heze	8756

continued

(person)

本年度参加项目人员 Personnel involved in the project current year	科技管理和服务人员 Technology management and service personnel	全时人员 Full-time Personnel	非全时人员 Part-time Personnel
5474	304	2979	2799
1002	30	698	334
3382	342	2410	1314
4739	427	3519	1647
33575	3096	25095	11576
21635	1562	17915	5282
1470	175	1109	536
11232	1093	8620	3705
14193	1027	10132	5088
6885	2240	5627	3498
7233	1162	6293	2102
8865	1306	6931	3240
26236	2782	20785	8233
20319	2060	16567	5812
17364	971	13871	4464
9079	475	7541	2013
21448	1956	17275	6129
28110	3813	27114	4809
5824	477	4717	1584
96	9	73	32
130	3	105	28
432	10	132	310
2502	**212**	**1504**	**1210**
2236	168	1320	1084
109	22	107	24
157	22	77	102
39759	4026	34060	9725
49145	2880	38835	13190
25327	1658	18984	8001
6702	631	4473	2860
12315	1359	8642	5032
31118	3080	25631	8567
29147	5373	24438	10082
17478	1432	11658	7252
17257	2821	12050	8028
17700	1786	13349	6137
4679	1281	3367	2593
5887	956	4445	2398
19512	954	13735	6731
10010	1163	7804	3369
10363	604	7452	3515
18301	1115	14555	4861
8149	607	5937	2819

18-23 规模以上工业企业R&D人员折合全时当量情况

Full-time Equivalent of R&D Personnel of Industrial Enterprises above Designated Size

单位：人年 (man year)

年份 类别	Year Category	R&D人员折合全时当量 Full-time Equivalent of R&D Personnel	基础研究人员 Basic Research Personnel	应用研究人员 Applied Research Personnel	试验发展人员 Experimental Development Personnel
	2010	144561	88	1671	142802
	2011	180846	162	4237	176447
	2012	204398	121	4610	199667
	2013	227403	91	4683	222629
	2014	230800	117	5834	224849
	2015	241395	127	5492	235776
一、按企业规模分	**by Enterprise Size**				
大型企业	Large-sized Enterprises	133201	46	3029	130127
中型企业	Medium-sized Enterprises	52015	38	1001	50976
小型企业	Small-sized Enterprises	54968	42	1255	53671
微型企业	Micro-sized Enterprises	1211	1	208	1002
二、按登记注册类型分	**by Status of Registration**				
内资企业	Domestic Funded Enterprises	212115	99	4998	207017
国有企业	State-owned Enterprises	4555	1	236	4319
集体企业	Collective-owned Enterprises	2488		20	2469
股份合作企业	Cooperative Enterprises	199			199
联营企业	Joint Ownership Enterprises	22			22
有限责任公司	Limited Liability Corporations	103885	33	2113	101738
股份有限公司	Share-holding Corporations Limited	38476	25	1356	37095
私营企业	Private Enterprises	62216	37	1274	60905
其他企业	Other Enterprises	274	3		271
港、澳、台商投资企业	Enterprises with Funds from Hong Kong, Macao and Taiwan	7295	28	178	7089
合资经营企业(港或澳、台资)	Joint-ventures Enterprises	4658	28	121	4509
合作经营企业(港或澳、台资)	Cooperative Enterprises	114			114
港、澳、台商独资经营企业	Enterprises with Sole Investment	2133		50	2083
港、澳、台商投资股份有限公司	Share-holding Corporations Ltd. With Funds from Hong Kong, Macao and Taiwan	389		7	383
外商投资企业	Foreign Funded Enterprises	21985		316	21670
中外合资经营企业	Joint-venture Enterprises	11640		81	11559
中外合作经营企业	Cooperation Enterprises	1021			1021
外资企业	Enterprises with Sole Foreign Funds	8051		158	7893
外商投资股份有限公司	Share-holding Corporations Ltd. With Foreign Investment	1262		72	1191
其他外商投资企业		11		5	6
三、按工业行业大类分	**by Sector**				
采掘业	**Mining**	**17088**	**22**	**1852**	**15214**
煤炭开采和洗选业	Mining and Washing of Coal	9699	22	760	8918
石油和天然气开采业	Extraction of Petroleum and Natural Gas	3171		904	2267
黑色金属矿采选业	Mining of Ferrous Metal Ores	958			958
有色金属矿采选业	Mining of Non-ferrous Metal Ores	1539		60	1479
非金属矿采选业	Mining and Processing of Nonmetal Ores	211		53	158
开采辅助活动	Mining Support Activities	1511		75	1436
其他采矿业	Mining of Other Ores				
制造业	**Manufacturing**	**222875**	**105**	**3414**	**219357**
农副食品加工业	Processing of Food from Agricultural Products	9274	11	262	9001
食品制造业	Manufacture of Foods	4685	6	122	4557
酒、饮料和精制茶制造业	Manufacture of Wine, Drinks and Refined Tea	2728	24	129	2575
烟草制品业	Manufacture of Tobacco	116		16	100
纺织业	Manufacture of Textile	11609		85	11524
纺织服装、服饰业	Manufacture of Textile Wearing Apparel and Finery	4548		10	4538
皮革、毛皮、羽毛及其制品和制鞋业	Manufacture of Leather, Fur, Feather & Its Products and Footwear	779			779
木材加工及木 竹、藤、棕、草制品业	Processing of Timbers, Manufacture of Wood, Bamboo, Rattan, Palm, and Straw Products	832		51	780
家具制造业	Manufacture of Furniture	374			374

18-23 续表 continued

单位：人年 (man year)

类　别	Category	R&D人员折合全时当量 Full-time Equivalent of R&D Personnel	基础研究人员 Basic Research Personnel	应用研究人员 Applied Research Personnel	试验发展人员 Experimental Development Personnel
造纸及纸制品业	Manufacture of Paper and Paper Products	3626	11	41	3574
印刷和记录媒介复制业	Printing, Reproduction of Recording Media	834			834
文教、工美、体育和娱乐用品制造业	Manufacture of Culture, Education,Arts and crafts, Sport and Entertainment Goods	2482		27	2455
石油加工、炼焦和核燃料加工业	Processing of Petroleum, Coking and Nucleus Fuel	3621		33	3588
化学原料和化学制品制造业	Manufacture of Chemical Raw Material and Chemical Products	25152	1	572	24579
医药制造业	Manufacture of Medicines	16165	35	291	15840
化学纤维制造业	Manufacture of Chemical Fiber	1110		1	1110
橡胶和塑料制品业	Manufacture of Rubber and Plastic	7648	6	82	7560
非金属矿物制品业	Manufacture of Non-metallic Mineral Products	10387		354	10033
黑色金属冶炼及压延加工业	Manufacture and Processing of Ferrous Metals	5475		179	5297
有色金属冶炼及压延加工业	Manufacture & Processing of Non-ferrous Metals	6569		81	6488
金属制品业	Manufacture of Metal Products	6735		83	6652
通用设备制造业	Manufacture of General Purpose Machinery	19206	8	328	18871
专用设备制造业	Manufacture of Special Purpose Machinery	14650	4	212	14434
汽车制造业	Manufacture of Automotive	12281		89	12192
铁路、船舶、航空航天和其他运输设备制造业	Manufacture of Railroad,Marine,Aerospace and Other Transportation Equipment	6956		47	6909
电气机械及器材制造业	Manufacture of Electrical Machinery & Equipment	14364		166	14198
计算机、通信和其他电子设备制造业	Manufacture of Computer, Communications and Other Electronic Equipment	25363		72	25291
仪器仪表制造业	Manufacture of Measuring Instrument	4673		68	4606
其他制造业	Other Manufacture	82		14	68
废弃资源综合利用业	Comprehensive Utilization of Waste	125			125
金属制品、机械和设备修理业	Metal Products, Machinery and Equipment Repair Industry	426			426
电力、燃气及水的生产和供应业	**Production and Supply of Electric,Gas and Water**	**1432**	**1**	**226**	**1205**
电力、热力的生产和供应业	Production and Supply of Electric Power and Heat Power	1233	1	226	1006
燃气生产和供应业	Production and Supply of Gas	77			77
水的生产和供应业	Production and Supply of Water	121			121
四、按地区分	**by Region**				
济南市	Jinan	33349		569	32780
青岛市	Qingdao	37412		193	37220
淄博市	Zibo	19207		397	18810
枣庄市	Zaozhuang	4764	24	162	4578
东营市	Dongying	9417	1	1082	8333
烟台市	Yantai	25945	35	269	25641
潍坊市	Weifang	21722	24	390	21308
济宁市	Jining	13073	2	304	12767
泰安市	Tai'an	11906		702	11204
威海市	Weihai	12442		367	12075
日照市	Rizhao	3729		5	3724
莱芜市	Laiwu	4289		90	4198
临沂市	Linyi	14932	4	340	14588
德州市	Dezhou	6482	15	344	6123
聊城市	Liaocheng	6069		139	5931
滨州市	Binzhou	11661		55	11606
菏泽市	Heze	4996	22	85	4890

18−24 按行业分规模以上工业企业新产品开发及生产情况(2015年)

New Products Development and Production of Industrial Enterprises above Designated Size by Industrial Sector(2015)

行业	Sector	新产品项目数(项) New Products (unit)	开发新产品经费(万元) Expenditure on new products Development (10 000 yuan)	新产品产值(万元) Output Value of New Products (10 000 yuan)	新产品销售收入(万元) Sales Revenue of New Products (10 000 yuan)
总计	**Total**	**28306**	**11221423**	**148205729**	**146984304**
煤炭开采和洗选业	Mining and Washing of Coal	350	202210	1938008	1936646
石油和天然气开采业	Extraction of Petroleum and Natural Gas	92	14498	8235	8036
黑色金属矿采选业	Mining of Ferrous Metal Ores	9	2993	2600	204
有色金属矿采选业	Mining of Non-ferrous Metal Ores	61	84495	965945	916880
非金属矿采选业	Mining and Processing of Nonmetal Ores	16	7324	16102	15297
开采辅助活动	Mining Support Activities	106	49560	3487	3487
其他采矿业	Mining of Other Ores				
农副食品加工业	Processing of Food from Agricultural Products	1246	619659	5845229	5737537
食品制造业	Manufacture of Foods	640	204988	1604495	1551804
酒、饮料和精制茶制造业	Manufacture of Wine, Drinks and Refined Tea	376	111580	832164	1029738
烟草制品业	Manufacture of Tobacco	78	24110	995708	995703
纺织业	Manufacture of Textile	820	419380	19059797	19290695
纺织服装、服饰业	Manufacture of Textile Wearing Apparel and Finery	278	142318	1514088	1333353
皮革、毛皮、羽毛及其制品和制鞋业	Manufacture of Leather, Fur, Feather & Its Products and Footwear	125	53199	630420	829175
木材加工及木竹、藤、棕、草制品业	Processing of Timbers, Manufacture of Wood, Bamboo, Rattan, Palm, and Straw Products	100	38076	139039	133959
家具制造业	Manufacture of Furniture	60	15593	45827	45109
造纸及纸制品业	Manufacture of Paper and Paper Products	299	191573	4017527	3941746
印刷和记录媒介复制业	Printing, Reproduction of Recording Media	117	24915	165617	166013
文教、工美、体育和娱乐用品制造业	Manufacture of Culture, Education,Arts and crafts, Sport and Entertainment Goods	335	101361	987229	1024672
石油加工、炼焦和核燃料加工业	Processing of Petroleum, Coking and Nucleus Fuel	331	383962	7576701	7517022
化学原料和化学制品制造业	Manufacture of Chemical Raw Material and Chemical Products	2978	1188085	13990056	13843479
医药制造业	Manufacture of Medicines	2722	756621	8921426	8514897
化学纤维制造业	Manufacture of Chemical Fiber	147	58668	583050	573493
橡胶和塑料制品业	Manufacture of Rubber and Plastic	1039	493289	4404121	4496400
非金属矿物制品业	Manufacture of Non-metallic Mineral Products	1232	322437	2846782	2820668
黑色金属冶炼及压延加工业	Manufacture and Processing of Ferrous Metals	437	242779	3186987	3083910
有色金属冶炼及压延加工业	Manufacture & Processing of Non-ferrous Metals	624	491121	8942308	8902416
金属制品业	Manufacture of Metal Products	808	332714	3218068	3095436
通用设备制造业	Manufacture of General Purpose Machinery	2704	789597	5221826	5222946
专用设备制造业	Manufacture of Special Purpose Machinery	2349	709828	5668679	5374324
汽车制造业	Manufacture of Automotive	1755	683808	9122151	9036780
铁路、船舶、航空航天和其他运输设备制造业	Manufacture of Railroad,Marine,Aerospace and Other Transportation Equipment	769	350727	6486521	6767831
电气机械及器材制造业	Manufacture of Electrical Machinery & Equipment	2232	1046970	11651588	11419846
计算机、通信和其他电子设备制造业	Manufacture of Computer, Communications and Other Electronic Equipment	1982	866782	16436529	16292110
仪器仪表制造业	Manufacture of Measuring Instrument	893	147680	1043459	928660
其他制造业	Other Manufacture	7	2210	19500	19176
废弃资源综合利用业	Comprehensive Utilization of Waste	16	7194		
金属制品、机械和设备修理业	Metal Products, Machinery and Equipment Repair Industry	23	3407	37644	38921
电力、热力生产和供应业	Production and Supply of Electric Power and Heat Power	104	22689	74288	73401
燃气生产和供应业	Production and Supply of Gas	18	7604	2531	2531
水的生产和供应业	Production and Supply of Water	28	5419		

18-25 高技术制造业R&D活动及新产品开发情况(2014年)

Statistics on R&D Activities and New Products Development in High-tech Manufacturing Industry(2014)

行业	Industry	有R&D活动的企业数(个) Number of Enterprises with R&D Activities (unit)	R&D人员折合全时当量(人年) Full-time Equivalent of R&D Personnel (man year)	R&D经费内部支出(万元) Internal Expenditure on R&D (10 000 yuan)
合　计	**Total**	**627**	**49122**	**1760079**
医药制造业	Medical and Pharmaceutical Products	253	16970	681394
航空、航天器及设备制造业	Aviation and Aircrafts Manufacturing	5	261	13227
电子及通信设备制造业	Electronic and Communication Equipment	200	14258	633165
计算机及办公设备制造业	Electronic Computers and Office Equipments	17	12519	262595
医疗仪器设备及仪器仪表制造业	Medical Treatment Instruments and Meters	152	5115	169699

18-25 续表 continued

行业	Industry	专利申请数(件) Patent Applications (piece)	拥有发明专利(件) Patents in Force (piece)	新产品开发项目数(项) New Products (units)	新产品开发经费支出(万元) Expenditure on New Products Development (10 000 yuan)
合　计	**Total**	**9775**	**6883**	**6237**	**1722243**
医药制造业	Medical and Pharmaceutical Products	2030	2984	2802	654898
航空、航天器及设备制造业	Aviation and Aircrafts Manufacturing	46	5	45	21915
电子及通信设备制造业	Electronic and Communication Equipment	3860	2203	2002	642192
计算机及办公设备制造业	Electronic Computers and Office Equipments	2241	519	371	200463
医疗仪器设备及仪器仪表制造业	Medical Treatment Instruments and Meters	1598	1172	1017	202776

注：本表的数据口径为规模以上工业企业。

a)Data in this table cover industrial enterprises above designated size.

18-26 高技术制造业基本情况
Statistics on Production and Management in High-tech Manufacturing Industry

项目		Item		2010	2011	2012	2013	2014
生产经营情况		**Production Operation**						
企业数	(个)	Number of Enterprises	(unit)	1847	1514	1875	2015	2114
从业人员年平均人数	(万人)	Annual Average Number of Persons Engaged	(10 000 persons)	54.5	55.3	67.5	69.1	72.6
当年价总产值	(亿元)	Gross Output Value	(100 million yuan)	5175.6	6201.1	7881.1	9026.5	
主营业务收入	(亿元)	Revenue from Principal Business	(100 million yuan)	5148.8	6121.4	7729.2	8946.5	10212.1
利润	(亿元)	Profits	(100 million yuan)	383.6	463.7	612.9	700.3	781.3
利税	(亿元)	Pre-tax Profits	(100 million yuan)	554.7	660.9	901.1	1037.3	1160.2
R&D及相关活动情况		**R&D and related Activities**						
有R&D活动的企业数	(个)	Number of Enterprises with R&D Activities	(unit)	331	320	472	535	627
R&D人员全时当量	(人年)	Full-time Equivalent of R&D Personnel	(man year)	20704	29257	37499	46887	49122
R&D经费内部支出	(亿元)	Internal Expenditure on R&D	(100 million yuan)	72.0	99.0	134.6	156.2	176.0
新产品开发经费	(亿元)	Expenditure on New Products Development	(100 million yuan)	79.5	109.6	142.7	163.7	172.2
专利申请数	(件)	Number of Patent Applications Examined	(unit)	4129	5611	6970	8106	9775
拥有发明专利数	(件)	Number of Invention Patents	(unit)	1640	2375	3912	4667	6883
固定资产投资情况		**Investment in Fixed Assets**						
施工项目数	(个)	Number of Projects Under Construction	(unit)	762	980	1154	1233	1254
#新开工项目数	(个)	Number of New Projects	(unit)	464	631	806	874	863
全部建成或投产项目数	(个)	Number of Projects Completed or Put into Use	(unit)	384	626	695	746	811
投资额	(亿元)	Investment	(100 million yuan)	521.0	695.3	1086.6	1277.7	1412.9
新增固定资产	(亿元)	New Added Fixed Assets	(100 million yuan)	260.7	383.9	598.7	842.3	911.8

注：生产经营情况的数据口径为规模以上工业企业。

a)Data on production operation cover industrial enterprises above designated size.

主要统计指标解释

普通高等学校 指按照国家规定的设置标准和审批程序批准举办的，通过全国普通高等学校统一招生考试，招收高中毕业生为主要培养对象，实施高等教育的全日制大学、独立设置的学院和高等专科学校、高等职业学校和其他机构。

大学、独立设置的学院主要实施本科层次以上教育，高等专科学校、高等职业学校实施专科层次教育，其他机构是承担国家普通招生计划任务不计校数的机构。包括普通高等学校分校和批准筹建的普通高等学校等。

成人高等学校 指按照国家规定的设置标准和审批程序批准举办的，通过全国成人高等学校统一招生考试，招收具有高中毕业或同等学历的在职从业人员为主要培养对象，利用函授、业余、脱产等多种形式对其实施高等学历教育的学校。包括职工高等学校、农民高等学校、管理干部学院、教育学院、独立函授学院、广播电视大学、其他机构等。其他机构是承担国家成人招生计划任务不计校数的机构。

小学学龄儿童净入学率 指调查范围内已入小学学习的学龄儿童占校内外学龄儿童总数(包括弱智儿童，不包括盲聋哑儿童)的比重。计算公式为：

$$\text{小学学龄儿童净入学率}=\frac{\text{已入学的小学学龄儿童数}}{\text{校内外小学学龄儿童总数}}\times 100\%$$

国家财政性教育经费 包括国家财政预算内教育经费，各级政府征收用于教育的税费，企业办学校教育经费，校办产业、勤工俭学和社会服务收入用于教育的经费。

财政预算内教育经费 指中央、地方各级财政或上级主管部门在年度内安排，并计划拨到教育部门和其他部门主办的各级各类学校、教育事业单位，列入国家预算支出科目的教育经费，包括教育事业拨款、科研经费拨款、基建拨款和其他经费拨款。

研究与试验发展(R&D) 指在科学技术领域，为增加知识总量，以及运用这些知识去创造新的应用进行的系统的创造性的活动，包括基础研究、应用研究、试验发展三类活动。国际上通常采用R&D活动的规模和强度指标反映一国的科技实力和核心竞争力。

基础研究 指为了获得关于现象和可观察事实的基本原理的新知识(揭示客观事物的本质、运动规律，获得新发现、新学说)而进行的实验性或理论性研究，它不以任何专门或特定的应用或使用为目的。其成果以科学论文和科学著作为主要形式。用来反映知识的原始创新能力。

应用研究 指为获得新知识而进行的创造性研究，主要针对某一特定的目的或目标。应用研究是为了确定基础研究成果可能的用途，或是为达到预定的目标探索应采取的新方法(原理性)或新途径。其成果形式以科学论文、专著、原理性模型或发明专利为主。用来反映对基础研究成果应用途径的探索。

试验发展 指利用从基础研究、应用研究和实际经验所获得的现有知识，为产生新的产品、材料和装置，建立新的工艺、系统和服务，以及对已产生和建立的上述各项作实质性的改进而进行的系统性工作。其成果形式主要是专利、专有技术、具有新产品基本特征的产品原型或具有新装置基本特征的原始样机等。在社会科学领域，试验发展是指把通过基础研究、应用研究获得的知识转变成可以实施的计划(包括为进行检验和评估实施示范项目)的过程。人文科学领域没有对应的试验发展活动。主要反映将科研成果转化为技术和产品的能力，是科技推动经济社会发展的物化成果。

研究与试验发展人员 指参与研究与试验发展项目研究、管理和辅助工作的人员，包括项目(课题)组人员，企业科技行政管理人员和直接为项目(课题)活动提供服务的辅助人员。反映投入从事拥有自主知识产权的研究开发活动的人力规模。

研究与试验发展人员全时当量 指全时人员数加非全时人员按工作量折算为全时人员数的总和。例如：有两个全时人员和三个非全时人员(工作时间分别为 20%、30%和70%)，则全时当量为 2+0.2+0.3+0.7=3.2 人年。为国际上比较科技人力投入而制定的可比指标。

R&D 经费内部支出合计 指调查单位用于内部开展R&D活动（基础研究、应用研究和试验发展）的实际支出。包括用于R&D项目（课题）活动的直接支出，以及间接用于R&D活动的管理费、服务费、与R&D有关的基本建设支出以及外协加工费等。不包括生产性活动支出、归还贷款支出以及与外单位合作或委托外单位进行R&D活动而转拨给对方的经费支出。

专　利 是专利权的简称，是对发明人的发明创造经审查合格后，由专利局依据专利法授予发明人和设计人对该项发明创造享有的专有权。包括发明、实用新型和外观设计。反映拥有自主知识产权的科技和设计成果情况。

发　明 指对产品、方法或者其改进所提出的新的技术方案。是国际通行的反映拥有自主知识产权技术的核心指标。

Explanatory Notes on Main Statistical Indicators

Regular Institutions of Higher Learning refer to educational establishments set up according to the government evaluation and approval procedures, enrolling graduates from senior secondary schools and providing higher education courses and training for senior professionals. They include full time universities, colleges, high professional schools, high professional vocational schools and others.

Universities and colleges are mainly providing undergraduate courses; those high professional schools and high professional vocational schools are mainly providing professional trainings; and others refer to educational establishments, which are responsible for enrolling students but not covered in the total number of schools, including: branch schools of universities and colleges, and universities and colleges that have been proved and prepared to construct.

Institutions of Higher Learning for Adults refer to educational establishments, set up in line with relevant rules approved by the government, enrolling staff and workers with senior secondary school or equivalent education, and providing higher education courses in many forms of correspondence, spare time, or full time for adults. Professionals thus trained receive a qualification equivalent to graduates studying regular courses at regular universities, colleges and professional colleges. Institutions of higher learning for adults include schools of high education for staff and workers, schools of high education for peasants, colleges for management cadres, pedagogical colleges, independent correspondence colleges, Radio and TV universities and other educational establishments. Other educational establishments are responsible for enrolling adult students but not covered in the number of schools.

Enrollment Rate of Primary School Age Children refers to the proportion of school age children enrolled at schools to the total number of school age children both in and outside schools (including retarded children, but excluding blind, deaf and mute children). The formula is:

$$\begin{array}{c}\text{Enrolment Rate}\\ \text{of Primary}\\ \text{School-age Children}\end{array} = \frac{\begin{array}{c}\text{Total Primary School-age}\\ \text{Children at Schools}\end{array}}{\begin{array}{c}\text{Total Primary School-age}\\ \text{Children Whether or}\\ \text{Not Attending School}\end{array}} \times 100\%$$

Government Appropriation for Education refers to state budgetary fund for education, taxes and fees collected by governments at all levels that are used for education purpose, education fund for enterprise run schools, income from school run enterprises, work study programme and social services that are used for education purpose.

Budgetary Fund for Education refers to education fund that is planned to allocate to various schools and education institutions by central and local financial departments at various levels within the reference year, which is within the state budgetary expenditure, including: appropriate funds for education, science and research, capital construction and others.

Research and Development (R&D) refers to systematic and creative activities in the field of science and technology aiming at increasing the knowledge and using the knowledge for new application. R&D includes 3 categories of activities: basic research, applied research and experiments and development. The scale and intensity of R&D are widely used internationally to reflect the strength of S&T and the core competitiveness of a country in the world.

Basic Research refers to empirical or theoretical research aiming at obtaining new knowledge on the fundamental principles of phenomena of observable facts to reveal the nature and law of movement of objects and to acquire new discoveries or new theories. Basic research takes no specific or designated application as the aim of the research. Results of basic research are mainly released or disseminated in the form of scientific papers or monographs. This indicator reflects the original innovation capacity of knowledge.

Applied Research refers to creative research aiming at obtaining new knowledge on a specific objective or target. Purpose of the applied research is to identify the possible use of results from basic research, or to explore new (fundamental) methods or new approaches. Results of applied research are expressed in the form of scientific papers, monographs, fundamental models or invention patents. This indicator reflects the exploration of ways to apply the results of basic research.

Experiments and Development refer to systematic activities aiming at using the knowledge from basic and applied researches or from practical experience to develop new products, materials and equipment, to establish new production process, systems and services, or to make substantial improvement on the existing products, process or services. Results of experiment and development activities are embodied in patents, exclusive technology, and monotype of new products or equipment. In social sciences, experiment and development activities refer to the process of converting the knowledge from basic or applied researches into feasible programmes (including conduct of demonstration projects for assessment and evaluation). There are no experiment and development activities in the science of humanities. This indicator reflects the capability of transferring the results of S&T into technique and products, which is the materialized measurement of S&T pushing forward the economic and social development.

R&D Personnel refer to persons engaged in research, management and supporting activities of R&D, including persons in the project teams, persons engaged in the management of S&T activities of enterprises and supporting staff providing direct service to the research projects. This indicator reflects the size of personnel engaged in R&D activities with independent intellectual property.

Full time Equivalent of R&D Personnel refers to the sum of the full time persons and the full time equivalent of part time persons converted by workload. For instance, if there are 2 full time persons and 3 part time workers (20%, 30% and 70% of working hours respectively on R&D activities), the full time equivalent is 2+0.2+0.3+0.7=3.2 person years. This is an internationally comparable indicator of input of personnel in S&T activities.

Total Internal Expenditure of Funds on R&D refers to the real expenditure of surveyed units on their own R&D activities(basic research, application study, test and development)including direct expenditure on R&D activities,expenditure on capital construction and material processing by others.Excluding the expenditure on production activities,return of loan,and fee transferred to coopertated and entrusted agencies on R&D activities.

Patent is an abbreviation for the patent right and refers to the exclusive right of ownership by the inventors or designers for the creation or inventions, given from the patent offices after due process of assessment and approval in accordance with the Patent Law. Patents are granted for inventions, utility models and designs. This indicator reflects the achievements of S&T and design with independent intellectual property.

Inventions refer to the new technical proposals to the products or methods or their modifications. This is universal core indicator reflecting the technologies with independent intellectual property.

第19篇

文化、体育和卫生

Culture, Sports and Health

简 要 说 明

一、本篇资料的主要内容

本篇资料反映了全省文化、体育和卫生基本情况。文化部分主要包括文化、文物、广播、电视、档案、报纸杂志出版、图书出版等方面的发展状况。体育部分主要包括运动员、教练员、裁判员发展人数等情况。卫生部分主要包括卫生机构及其人员、床位数、县及县以上医院诊疗人次数、入院人数等基本情况。

二、本篇资料的来源

1.文化部分中，艺术事业、图书馆事业、群众文化事业的资料来源于省文化厅计划财务处，广播电视资料来源于省广播电视局计划财务处，新闻出版有关资料来源于省新闻出版局办公室，档案馆有关资料来源于省档案局法规经济科技处。

2.体育部分的资料来源于省体育局财务经济处。

3.卫生部分的资料来源于省卫生厅信息中心。

本篇资料由省统计局社科处整理提供。

Brief Introduction

I. Content

Data in this chapter show the basic conditions of culture,sports and health. Data on culture show the basic conditions on arts, cultural relics, broadcasting, television, archives and publication. Data on sports mainly include the number of athletes, coaches and referees. Data on health include the number of institutions, personnel, hospital beds.

II. Source of Data

(1)Data on the causes of arts, libraries, mass culture are provided by the Planning and Finance of Shandong Provincial Culture Department. Data on broadcasting and television are provided by the Planning and Finance of Shandong Provincial Administration of Radio and Television. Data on news and publication are provided by the Administrative Office of Shandong Provincial Administration of Press and Publication. Data on archives and publication are provided by the Division of Technology and Economy of Shandong Provincial Archives Administration.

(2)Data on sports are provided by the Division of Planning and Finance of Shandong Provincial Physical Culture Administration.

(3)Data on public health are provided by the Information Center of Shandong Provincial Department of Health.

In this chapter, data are prepared by the Division of Social,Science and Technology Statistics of Shandong Provincial Bureau of Statistics.

19-1 主要年份文化、文物事业基本情况

Number of Institutions for Culture and Cultural Relics of Major Years

年 份 Year	文化(艺术)馆 Cultural Centre		文化站 Cultural Station		艺术表演团体 Art Performance Troups	
	机构数 (个) Number (unit)	人 数 (人) Personnel (person)	机构数 (个) Number (unit)	人 数 (人) Personnel (person)	机构数 (个) Number (unit)	人 数 (人) Personnel (person)
1949	39				46	
1952	166		139		113	
1957	134		283		175	
1962	130		500		180	
1965	141	1261	6	10	176	9923
1970	137	1601			154	9599
1975	151	1891	887	944	157	12709
1976	150	1979	1644	1803	157	13396
1977	155	2110	1988	2185	156	13557
1978	155	2151	2103	2196	155	13219
1979	155	2138	2104	2163	155	12896
1980	155	2251	2117	2197	156	12562
1981	156	2420	2099	2218	157	11930
1982	155	2490	2107	2268	157	11280
1983	155	2609	2102	2172	157	10584
1984	154	2590	2132	2204	159	9922
1985	157	2818	2198	2230	158	9317
1986	159	2940	2276	2292	149	9177
1987	157	2849	2345	2410	139	7751
1988	159	3043	2423	2787	127	7344
1989	159	3140	2452	2643	123	6992
1990	159	3127	2482	2666	119	6703
1991	156	3100	2504	2783	120	6640
1992	156	3129	2481	2798	120	6657
1993	157	3145	2454	2862	119	6430
1994	157	3197	2387	2882	118	6448
1995	158	3265	2363	3117	118	6170
1996	159	3237	2466	3286	118	6090
1997	158	3264	2482	3177	118	6148
1998	158	3252	2494	3339	118	6170
1999	158	3194	2493	3293	117	6077
2000	159	3055	2422	3304	118	5943
2001	159	2975	1912	2943	121	5990
2002	156	2935	1866	3019	121	6030
2003	157	2968	1792	3022	120	5988
2004	159	3136	1783	3190	118	5995
2005	158	2982	1768	3166	117	6066
2006	158	3058	1857	3330	118	6250
2007	157	3012	1826	3715	119	6163
2008	156	3025	1826	3754	119	6254
2009	158	3115	1867	4593	118	6279
2010	158	3055	1855	4543	119	6268
2011	160	3086	1828	4643	116	6163
2012	158	3033	1821	4987	104	5722
2013	159	3062	1807	4915	103	5557
2014	158	3047	1811	5181	104	5728
2015	157	3034	1814	5534	104	5368

19-1 续表 continued

年 份 Year	剧 场(院) Theaters		图 书 馆 Libraries		博 物 馆 Museums	
	机构数 (个) Number (unit)	人 数 (人) Personnel (person)	机构数 (个) Number (unit)	人 数 (人) Personnel (person)	机构数 (个) Number (unit)	人 数 (人) Personnel (person)
1949	5		3			
1952	15		3			
1957	44		40			
1962	129		84			
1965	128	755	27	257	7	183
1970	83	600	12	193	5	155
1975	81	592	43	436	8	211
1976	71	577	62	564	9	237
1977	76	658	66	621	9	246
1978	75	661	80	737	10	298
1979	77	705	88	876	10	310
1980	71	627	88	924	10	317
1981	72	649	89	1004	9	268
1982	71	667	89	1075	15	338
1983	61	660	89	1131	17	364
1984	65	678	92	1240	19	380
1985	62	705	99	1338	23	488
1986	123	2193	101	1486	30	527
1987	119	2310	105	1613	36	763
1988	116	2388	111	1780	40	876
1989	118	2413	113	1796	40	979
1990	117	2516	115	1876	41	1021
1991	121	2736	118	1956	45	1141
1992	120	2772	122	2055	45	1215
1993	119	2837	126	2178	52	1329
1994	118	2878	126	2256	54	1418
1995	115	2783	130	2318	56	1462
1996	111	2727	131	2359	54	1522
1997	107	2652	131	2471	54	1562
1998	107	2577	131	2536	56	1422
1999	107	2544	133	2555	57	1663
2000	105	2473	133	2506	59	1633
2001	105	2444	136	2503	66	1611
2002	104	2434	140	2559	70	1566
2003	104	2353	140	2573	73	1634
2004	95	2088	142	2633	72	1684
2005	94	1881	145	2690	75	1723
2006	95	2098	143	2624	76	1770
2007	92	1937	145	2640	87	1915
2008	90	1827	147	2606	96	2064
2009	82	1640	150	2669	111	2307
2010	91	1904	149	2680	114	2456
2011	93	2134	150	2697	120	2787
2012	93	2083	150	2647	178	4353
2013	93	1719	153	2760	194	4748
2014	93	1734	153	2730	243	5369
2015	92	1632	154	2750	312	6310

19—2 文化、文物机构人员情况(2015年)

Number of Institution and Personnel in Culture and Culture Relics(2015)

项 目	Item	机构数（个）Number of Institutions (unit)	人员数（人）Number of Employed Persons (person)
总计	**Total**	16955	106667
文化	Culture	2666	24422
公有制艺术表演团体	Public Arts Performance Troupes	104	5368
公有制艺术表演场馆	Public Arts Centers	92	1632
艺术展览创作机构	Art exhibition and Creation Institutions	76	567
公共图书馆业	Public Libraries	154	2750
群众文化服务业	Mass Culture	1971	8568
艺术馆、文化馆	Cultural and Art Centers	157	3034
文化站	Cultural Stations	1814	5534
艺术教育业	Culture Education	3	268
文艺科研机构	Art Research	7	149
文化行政主管部门	Administrative department of culture	160	3435
其他文化机构	Other cultural institutions	99	1685
文物	Cultural Relics	506	11510
文物保护管理机构	Agency of Relics Preservation	113	3196
文物科研机构	Scientific and Research Historical Relics Agency	13	118
博物馆	Museums	312	6310
文物商店	Cultural Relics Agencies	5	95
其他文物机构	Other cultural relics institutions	63	1791
文化市场经营机构	Business Units Dealing in Culture Market	13783	70735
娱乐场所	Place of entertainment	2661	29280
互联网上网服务营业场所（网吧）	Internet service establishments (Internet bar)	10015	28395

注：文化市场经营机构含互联网上网服务营业场所和娱乐场所。
a) Business units dealing in culture market include internet service and entertainment venues.

19—3 各市文化、文物事业基本情况(2015年)

Basic Statistics on Culture and Cultural Relics by Region (2015)

地区	Region	公共图书馆数（个）Public Libraries (unit)	公共图书馆藏书量（万册）Total Collections (10 000 volumes)	艺术表演团体（个）Performance Troupes (unit)	艺术表演场所（个）Art Performance Places (unit)	文化馆（群众艺术馆）（个）Cultural (Mass Art) Centers (unit)	文化站（个）Cultural Stations (unit)	文化事业费（万元）Total Cultural Expenditures (10 000 yuan)	文物事业费（万元）Total Cultural Relics Expenditures (10 000 yuan)	博物馆（个）Museums (unit)
全省总计	**Total**	**154**	**4727**	**104**	**92**	**157**	**1814**	**299770**	**147711**	**312**
济南市	Jinan	11	398	8	8	11	143	28710	5762	20
青岛市	Qingdao	12	604	9	10	12	136	39216	7405	48
淄博市	Zibo	9	248	3	8	9	88	14709	13725	33
枣庄市	Zaozhuang	7	139	3	4	7	62	5682	4784	14
东营市	Dongying	6	129	4	1	6	40	10054	2394	8
烟台市	Yantai	14	573	10	8	14	155	26223	5907	23
潍坊市	Weifang	12	387	6	2	13	118	16716	6388	22
济宁市	Jining	12	188	11	8	12	153	21590	24200	25
泰安市	Tai'an	7	158	3	4	7	87	10320	6263	14
威海市	Weihai	5	178	4	2	6	73	9658	5917	9
日照市	Rizhao	5	74	1	2	5	54	4632	2038	8
莱芜市	Laiwu	2	50	1		2	20	1857	600	10
临沂市	Linyi	13	278	4	5	13	161	12720	31632	26
德州市	Dezhou	12	145	6	9	12	133	9218	1537	12
聊城市	Liaocheng	8	115	5	7	9	132	10052	3939	13
滨州市	Binzhou	8	135	8	1	8	91	9678	724	11
菏泽市	Heze	10	132	11	9	10	168	11497	7214	14

注：全省数据含省本级数据。
a)Provincial data include provincial level data.

19-4 广播电视基本情况

Basic Statistics on Radio and Television Stations

项　目		Item		2012	2013	2014	2015
广播		**Radio**					
广播节目综合人口覆盖率	(%)	Radio Coverage Rate of the Population	(%)	98.3	98.5	98.7	98.8
广播节目套数	(套)	Number of Radio Programs	(set)	157	158	158	162
广播节目制作时间	(万小时)	Length of Radio Programs Produced	(10 000 hours)	48.2	50.0	60.8	53.4
公共广播节目播出时间	(万小时)	Length of Public Radio Programs Broadcasted	(10 000 hours)	87.1	88.3	90.4	93.9
对外广播节目播出套数	(套)	Number of International Radio Programs Broadcasted	(set)	2.0	2	1	1
对外广播节目播出时间	(万小时)	Length of International Radio Programs Broadcasted	(10 000 hours)	0.9	0.1	0.1	0.1
广播节目播出语言种类	(种)	Kinds of Languages of Radio Programs Broadcasted	(kind)	1	1	1	1
电视		**Television**					
电视节目综合人口覆盖率	(%)	TV Coverage Rate of Population	(%)	98.0	98.2	98.5	98.6
有线广播电视用户数	(万户)	Number of Users of Cable Radio and TV	(10 000 households)	1835.4	1870.2	1889.8	1806.8
有线广播电视入户率	(%)	Popularization Rate of Cable Radio and TV	(%)	61.4	61.8	61.9	58.5
电视节目套数	(套)	Number of TV Programs	(set)	171	188	194	224
电视节目制作时间	(万小时)	Length of TV Programs Produced	(10 000 hours)	20.6	21.3	21.9	22.2
公共电视节目播出时间	(万小时)	Length of Public TV Programs Broadcasted	(10 000 hours)	97.4	104.5	107.6	115.5
电视节目播出语言种类	(种)	Kinds of Languages of TV Programs Broadcasted	(kind)	3	3	3	3
对外电视节目播出套数	(套)	Number of International TV Programs Broadcasted	(set)	1	1	1	1
对外电视节目播出时间	(万小时)	Length of International TV Programs Broadcasted	(10 000 hours)	0.9	0.9	0.9	0.9
电影		**Movies**					
国有电影制片厂	(个)	State-owned Movie Studios	(unit)	1	1	1	1
#电影故事片厂		Feature Film Movie Studios		1	1	1	1
电影院线	(条)	Movie Circuit	(line)	20	24	26	26
#银幕	(块)	Screen	(unit)	1037	1348	1560	1918
电影综合收入	(亿元)	Revenue of Movies	(100 million yuan)	6.7		12.6	18.5
#国内电影票房收入		Domestic Movie Box Office Revenue		5.8	7.6	11.0	17.3
广播电视技术及其他		**TV Technology and Others**					
广播电视总收入	(亿元)	Revenue of Radio and TV	(100 million yuan)	122.9	145.4	158.7	172.3
广播电视从业人员数	(万人)	Staff and Workers of Radio and TV	(10 000 persons)	5.0	5.3	5.7	5.8
中、短波转播发射台	(座)	Transmission and Relaying Stations of Medium and Short Wave Broadcast	(unit)	30	30	30	30
调频转播发射台	(座)	Relaying Stations of Frequency Modulation Broadcasting	(unit)	132	133	131	
电视转播发射台	(座)	TV Transmission and Relaying Stations	(unit)	150	151	150	
调频、电视转播发射台	(座)	Relaying Stations and TV Transmission of Frequency Modulation Broadcasting	(unit)				206
微波实有站	(座)	Microwave Stations	(unit)	54	38	38	38

19—5 图书、期刊和报纸出版情况(2015年)

Number of Books,Magazines and Newspapers Published (2015)

类 别	Item	种 数 (种) Number of Publications (kind)	总印数 (万册、万份) Total Printed Copies (10 000 Copies)
图书总计	**Books**	**14760**	**53169**
马列主义、毛泽东思想	Marxism-Leninism, Mao Zedong Thought	10	4
哲学	Philosophy	80	32
社会科学总论	General Social Sciences	82	35
政治、法律	Politics and Law	111	101
军事	Military Affairs	20	41
经济	Economics	163	51
文化、科学、教育、体育	Culture, Science, Education and Sports	9902	47960
语言、文字	Languages	150	141
文学	Literature	1688	2845
艺术	Arts	1073	1032
历史、地理	History and Geography	340	219
自然科学总论	General Natural Sciences	6	3
数理科学、化学	Mathematics and Chemistry	57	20
天文学、地球科学	Astronomy and Geology	55	33
生物科学	Biology	32	16
医学、卫生	Medicine and Health Care	217	142
农业科学	Agricultural Science	119	51
工业技术	Industrial Technology	500	358
交通运输	Transportation	41	13
航空、航天	Aeronautics and Aerospace	1	
环境科学	Environmental Science	20	5
综合性图书	General Books	75	44
期刊总计	**Magazine**	**262**	**11083**
综 合	Synthesis	19	342
哲学社会科学	Philosophy and Social Science	72	4261
自然科学技术	Natural Science and Technology	127	1454
文化教育	Culture and Education	31	4245
文学艺术	Literature and Arts	13	782
画 刊	Pictorial	2	60
少 儿	Children's Books	6	2731
报纸总计	**Newspaper**	**136**	**294122**
综合报	Synthetical Newspaper	40	238680
专业报	Special Newspaper	20	30685
高校校报	College Newspaper	49	

注：2015年起，高校校报总印数不再统计。

a)Since 2015,the total printed copies amount of college newspaper no statistics.

19-6　档案馆基本情况(2015年)
Statistics on Archive Institution(2015)

项　目		Item		总 计 Total	国家综合档案馆 National Comprehen-sive Archive	省 级 Provincial Level	市地级 City Level	县 级 County Level
档案馆	(个)	Number of Institutions	(unit)	214	162	1	17	144
现有专职人数	(人)	Number of Personnel	(person)	2054	1463		222	1241
档案馆面积	(平方米)	Floor Space of Archives Institution	(sq.m)	489390	397159	49230	109137	238792
馆藏档案		Number of Archives						
全　宗	(个)	Whole Volume	(unit)	21687	21510	322	4194	16994
案　卷	(卷)	Files	(volume)	17459092	11305445	880084	3072336	7353025
建国前档案案卷	(卷)	Before 1949 Files	(volume)	806977	800150	460612	329430	10108
建国后档案案卷	(卷)	After 1949 Files	(volume)	16652115	10505295	419472	2742906	7342917
馆藏资料	(册)	Number of Material Stored	(volume)	4767392	2495831	86292	495424	1914115
档案资料利用情况		Use of Archiver						
利用档案	(卷次)	Number of Archives Used	(volume-times)	886163	394171	7021	53427	333723
利用资料	(册次)	Number of Material Used	(vomume-times)	36270	29892	213	5494	24185
利用档案人次	(人次)	Number of Persons Using Material	(person-times)	614315	185689	2983	26249	156457
开放案卷	(卷)	Opening Archives	(volume)	5396406	1444345	535290	417693	1026652
开放档案目录(案卷级)	(万条)	Catalog of Opening Archives (Files)	(10 000 units)	15265.21	5973.16	26.72	29.24	5943.92

19-6　续表 continued

项　目		Item		国家专门档案馆 National Special Archives	部　门档案馆 Departm-ent Archives	大型企业档 案 馆 Enterprise Archive Institution	省、部属事业单位档案馆 Province and Ministry Archive Institution
档案馆	(个)	Number of Institutions	(unit)	16	7	7	22
现有专职人数	(人)	Number of Personnel	(person)	299	25	83	184
档案馆面积	(平方米)	Floor Space of Archives Institution	(sq.m)	40857	4672	19990	26712
馆藏档案		Number of Archives					
全　宗	(个)	Whole Volume	(unit)	13	3	70	91
案　卷	(卷)	Files	(volume)	3681900	365391	752967	1353389
建国前档案案卷	(卷)	Before 1949 Files	(volume)	6315		12	500
建国后档案案卷	(卷)	After 1949 Files	(volume)	3675585	365391	752955	1352889
馆藏资料	(册)	Number of Material Stored	(volume)	2045058	33885	161031	31587
档案资料利用情况		Use of Archiver					
利用档案	(卷次)	Number of Archives Used	(volume-times)	298288	51403	18566	123735
利用资料	(册次)	Number of Material Used	(vomume-times)	1446	40	2833	2059
利用档案人次	(人次)	Number of Persons Using Material	(person-times)	285457	78882	5756	58531
开放案卷	(卷)	Opening Archives	(volume)	3241765	249893	104293	356110
开放档案目录(案卷级)	(万条)	Catalog of Opening Archives (Files)	(10 000 units)	248.26		15.18	9028.61

19–7　等级运动员、教练员、裁判员发展人数

Basic Statistics on Athletes, Coaches and Referees

单位:人　(person)

项　目	Item	2009	2010	2011	2012	2013	2014	2015
等级运动员	**Number of Athletes and Referees in Grades**	**4667**	**4831**	**2512**	**3360**	**4650**	**4045**	**4006**
国际运动健将	International Master of Sportsmen	12	13	16	7	23	13	21
运动健将	Master of Sportsmen	108	95	14	121	110	83	134
一　级	First Grade Sportsmen	789	1098	691	1067	572	1109	907
二　级	Second Grade Sportsmen	3758	3625	1791	2165	3945	2840	2944
聘任教练员	**Employeed Referees**	**83**	**33**	**95**	**29**		**135**	**94**
高级职称	Senior Title	11	3	9	1		26	9
中级职称	Intermediate Title	21	15	37	5		41	25
初级职称	Junior Title	51	15	49	23		68	60
等级裁判员	**Number of Referees in Grades**	**2253**	**1900**	**1076**	**1784**	**3213**	**3481**	**3630**
国际级	International Referees	1						
国家级	National Referees	10	25	20	55	1	30	2
一　级	First Grade Referees	231	352	473	450	544	928	745
二　级	Second Grade Referees	2011	1523	583	1279	2668	2523	2883

19-8 分项目分技术等级运动员发展人数（2015年）
Certified Athletes by Type of Sports and Technical Grade(2015)

单位：人 (person)

项 目	Item	合 计 Total	国际级运动健将 International Master of Sportsmen	运动健将 Master of Sportsmen	一级运动员 First Grade Sportsmen	二级运动员 Second Grade Sportsmen
合计	**Total**	**4006**	**21**	**134**	**907**	**2944**
田径	Track and Field Events	677		8	4	665
游泳	Swimming	349		9	26	314
跳水	Diving	46		5	2	39
体操	Artistic Gymnastics	14	3		11	
艺术体操	Eurhythmics	10			10	
蹦床	Trampoline	2		1	1	
举重	Weightlifting	33		3	6	24
拳击	Boxing	82		1	29	52
摔跤	Wrestling	103		2	33	68
中国式摔跤	Chinese Wrestling	75		5	13	57
柔道	Judo	55	1	5	21	28
跆拳道	Taekwondo	50			20	30
自行车	cycling	38		5	4	29
击剑	Fencing	41		1	10	30
现代五项	Modern Pentathlon	9		2	7	
射击	Shooting	30	3	3	8	16
射箭	Archery	5		2	3	
赛艇	Rowing	189	5	15	70	99
皮划艇	Canoe Kayak	185	2	5	76	102
帆船	Sailing	64	4	2	34	24
帆板	Windsurfing	16			12	4
足球	Football	249		12	127	110
篮球	Basketball	329		1	64	264
排球	Volleyball	131	2	7	49	73
沙滩排球	Beach Volleyball	30		3	14	13
乒乓球	Table Tennis	124	1	5	47	71
羽毛球	Badminton	18			6	12
网球	Tennis	57			12	45
手球	Handball	108		7	25	76
曲棍球	Hockey	8				8
棒球	Baseball	48		2	14	32
垒球	Softball	27			10	17
短道速滑	Short Track Speed Skatin	2		1	1	
技巧	Skill	2				2
软式网球	Lawn Tennis	1		1		
武术	Wushu	610		2	35	573
围棋	Weiqi	12		1	5	6
国际象棋	Chess	12		6	2	4
象棋	Chinese Chess	6		1	4	1
攀岩	rock climbing	4			3	1
铁人三项	Triathlon	5			4	1
橄榄球	Rugby	110		6	69	35
航海模型	Navigation model	6			3	3
速度轮滑	speed roller skating	1			1	
健美	vigorous and graceful	2			2	
健美操	Aerobics	31		5	10	16

19-9 体育系统机构人员情况（2015年）

Number of Institutions and Engaged Persons of Physical Education System(2015)

单位：个、人 (unit,person)

指 标	Item	省级 Provincial Level 机构 Institutions	省级 Provincial Level 人员 Persons	地级 Prefectural Level 机构 Institutions	地级 Prefectural Level 人员 Persons	县级 County Level 机构 Institutions	县级 County Level 人员 Persons
总 计	**Total**	**32**	**3501**	**75**	**3216**	**194**	**4943**
体育行政机关	Administrative Agencies	1	57	17	394	98	1953
运动项目管理部门	Sports Events Management	16	2216	1	85		
本科院校	Colleges	1	681				
体育运动学校	Physical Education and Sports Schools			15	1486	1	40
竞技体校	Competitive Sports School			2	76	2	92
少儿体育运动学校(业余体校)	Spare-time Sports School			4	199	17	345
单项运动学校	Individual Sports Schools						
训练基地	Training Bases	1	36	3	65		
体育场馆	Stadium and Gymnasium	1	142	17	626	3	25
科研所	Science and Technology Institute	1	49				
其他事业单位	Other Institutions	10	311	14	246	65	2291
其他	Others	1	9	2	39		
体育中学	Sports middle school					8	197

19-10 卫生总费用

Total Health Expenditure

年份 Year	卫生总费用(亿元) Total Health Expenditure (100 million yuan)	政府卫生支出 Government Health Expenditure 绝对数(亿元) Level (100 million yuan)	政府卫生支出 占卫生总费用比重(%) As Percentage of Health Expenditure (%)	社会卫生支出 Social Health Expenditure 绝对数(亿元) Level (100 million yuan)	社会卫生支出 占卫生总费用比重(%) As Percentage of Health Expenditure (%)	个人现金卫生支出 Out-of-pocket Health Expenditure 绝对数(亿元) Level (100 million yuan)	个人现金卫生支出 占卫生总费用比重(%) As Percentage of Health Expenditure (%)	人均卫生总费用(元) Per Capita Health Expenditure (yuan)	卫生总费用占GDP比重(%) Health Expenditure as Percentage of GDP (%)
1998	195.71	30.66	15.67	56.62	28.93	108.43	55.40	221	2.79
1999	227.96	31.96	14.02	58.05	25.46	137.96	60.52	257	3.04
2000	271.98	34.96	12.85	67.16	24.69	169.85	62.45	302	3.26
2001	301.92	39.60	13.12	90.42	29.95	171.89	56.93	334	3.28
2002	353.46	48.42	13.70	96.92	27.42	208.13	58.88	389	3.44
2003	399.68	59.13	14.79	117.92	29.50	222.64	55.70	438	3.31
2004	448.60	69.68	15.53	136.31	30.39	242.61	54.08	489	2.99
2005	542.13	83.83	15.46	168.77	31.13	289.53	53.41	586	2.93
2006	650.10	108.89	16.75	219.95	33.83	321.26	49.42	698	2.94
2007	801.02	148.01	18.48	272.91	34.07	380.10	47.45	855	3.08
2008	987.17	193.19	19.57	359.72	36.44	434.26	43.99	1048	3.18
2009	1163.20	254.02	21.84	428.68	36.85	480.51	41.31	1228	3.43
2010	1345.30	327.40	24.34	497.02	36.95	520.88	38.72	1403	3.43
2011	1648.65	425.10	25.78	616.02	37.37	607.53	36.85	1711	3.63
2012	1928.88	498.38	25.84	726.42	37.66	704.09	36.50	1992	3.86
2013	2245.97	571.45	25.44	874.71	38.95	799.80	35.61	2307	4.11
2014	2484.16	619.70	24.95	1039.50	41.84	824.97	33.21	2538	4.18

19-11 卫生事业基本情况

Basic Statistics of Health Institutions

年份 Year	卫生机构数（个） Number of Health Institutions (unit)	#医院、卫生院 Hospitals and Township Hospitals	卫生机构床位数（万张） Number of Beds (10 000 sets)	#医院、卫生院 Hospitals and Township Hospitals	卫生技术人员数（万人） Medical Technical Personnel (10 000 persons)	#医生 Doctors
1949	288	112	0.3	0.3	2.6	1.8
1952	1879	223	1.8	0.9	3.9	2.0
1955	4620	221	2.1	1.1	6.0	2.9
1957	10235	232	2.4	1.5	7.3	3.3
1962	19460	349	4.9	3.4	9.0	4.3
1965	16336	502	5.4	3.8	8.9	4.4
1970	6173	2155	6.2	5.7	7.9	3.7
1975	7092	2336	9.3	8.6	12.4	5.0
1976	7438	2402	10.2	9.4	13.6	5.2
1977	8003	2420	11.1	10.3	14.4	5.5
1978	8389	2453	12.0	11.1	15.0	5.7
1979	8731	2541	12.5	11.6	16.1	6.2
1980	8908	2552	12.7	11.7	16.9	6.2
1981	9448	2565	12.9	11.8	17.9	6.9
1982	9830	2583	13.2	12.0	18.7	7.3
1983	9965	2597	13.5	12.2	19.3	7.6
1984	9972	2626	14.1	12.8	19.8	7.7
1985	10304	2623	14.7	13.4	20.5	8.0
1986	10399	2659	15.3	13.9	21.3	8.3
1987	10634	2690	16.2	14.7	22.1	8.7
1988	10475	2767	16.8	15.2	22.8	9.2
1989	10707	2975	17.2	15.5	23.4	10.4
1990	11040	3037	17.7	16.0	24.1	10.7
1991	11141	3066	18.2	16.5	24.1	10.5
1992	10865	3097	18.7	17.1	24.7	10.6
1993	10881	3096	19.5	17.7	25.8	11.1
1994	10654	3134	19.9	18.1	26.4	11.5
1995	10463	3104	20.0	18.2	27.1	11.9
1996	11968	3139	20.0	18.7	28.7	12.8
1997	10993	3151	20.7	19.4	29.4	13.0
1998	11008	3170	20.8	19.6	30.1	13.3
1999	14611	3151	21.3	20.1	30.8	13.9
2000	17118	3150	21.5	20.3	31.5	14.5
2001	17348	3000	21.8	20.7	31.8	14.9
2002	17500	2980	22.1	21.0	32.2	15.4
2003	16025	2929	21.8	20.8	31.1	13.4
2004	16574	2891	23.2	21.6	32.3	13.9
2005	16788	2922	25.1	23.5	32.5	14.1
2006	17016	2942	25.9	24.3	33.7	14.6
2007	15337	3075	28.3	26.5	34.6	15.0
2008	14973	3008	32.0	29.7	37.6	16.0
2009	15094	3024	34.7	32.1	40.6	16.9
2010	16496	3099	38.2	35.1	44.1	17.8
2011	68275	3135	41.6	37.8	48.2	18.6
2012	68840	3188	47.3	43.0	53.0	20.1
2013	75475	3426	49.0	44.6	59.8	23.2
2014	77066	3491	50.0	45.9	60.4	23.1
2015	77435	3556	51.9	47.7	61.9	23.7

注：1.自2011年，医疗卫生机构数含村卫生室。2.自2013年，医疗卫生机构数含部分计划生育技术服务机构。

a)Since 2011, the number of health institutions include village health room.

b)Since 2013 ,the data of health institutions include technical service centers for birth control.

19-12 医院工作状况

Basic Statistics of Hospitals above County Level

项　　目		Item		2011	2012	2013	2014	2015
机构数	(个)	Number of Medical Units	(unit)	1490	1549	1783	1854	1926
诊疗人次数	(万人次)	Number of Patients Treated	(10 000 person-times)	13472	15224	16580	17921	18711
#门诊急诊人次数	(万人次)	Out-Patients and Emergency Patients	(10 000 person-times)	13155	14807	16116	17455	18257
#死亡人数	(人)	Casualties	(person)	21135	21398	22955	23031	24180
观察室收容病人数	(万人次)	Number of Inpatients	(10 000 person-times)	616	253	238	228	216
#死亡人数	(人)	Casualties In-Patient	(person)	4138	4391	4185	3884	4223
健康检查人数	(万人)	Number of People Having Physical Checkup	(10 000 persons)	863	1070	1006	1103	1145
本年入院人数	(万人)	Hospital Admissions	(10 000 persons)	835.4	1392.4	1029.8	1129.3	1167.3
本年出院人数	(万人)	Number of People Discharged from Hospitals	(10 000 persons)	832.3	1399.2	1023.7	1124.4	1162.0
本年住院病人手术人次数	(万人次)	Number of Operations on Inpatients	(10 000 person-times)	206	253	245	279	283
年底实有病床数	(张)	Beds Owned by Hospitals at the Year-end	(set)	280385	322007	342078	358855	378320
实际开放总床日数	(万床日)	Total Number of Beds Used at Midnight	(10 000 bed-days)	9683	11092	11905	12482	13208
平均每日开放病床数	(张)	Average Number of Beds Used Every Day	(set)	265283	303069	325286	341961	361851
实际占用总床日数	(万床日)	Total Number of Beds Occupied	(10 000 bed-days)	8230	9493	10139	10825	11135
出院者占用总床日数	(万床日)	Total Number of Beds for Patients Discharged	(10 000 bed-days)	8005	9257	9828	10617	10882
病床周转次数	(次)	Turnover of Beds	(time)	31.4	32.3	31.5	32.9	32.1
病床工作日	(日)	Days of Beds in Use	(day)	310.2	313.2	311.7	316.6	307.7
病床使用率	(%)	Utilization Rate of Beds	(%)	85.0	85.6	85.2	86.7	84.3
出院者平均在院日数	(日)	Average Hospitalization Period	(day)	9.6	9.5	9.6	9.4	9.4

19−13 各类医疗卫生机构基本情况(2015年)
Basic Statistics on Medical Institutions(2015)

医疗机构分类	Institutions	机构数(个) Number of Institutions (unit)	床位数(张) Number of Beds	卫生技术人员(人) Number of Medical Personnel (person)	执业(助理)医师 Licensed (Assistant) Doctors	注册护士 Registered Nurse	诊疗人次数(万人次) Visit (10 000 times)
总计	**Total**	**77435**	**519342**	**618644**	**237108**	**254167**	**61559**
医院	**Hospital**	**1926**	**378854**	**384713**	**133122**	**183618**	**18711**
综合医院	Genaral Hospital	1216	270627	287270	98094	140506	14322
中医医院	Traditional Chinese Medicine Hospital	189	53373	53855	20345	22858	2671
专科医院	Specialized Hospital	494	51150	40288	13423	18967	1550
基层医疗卫生机构	**Basic Medical Institutions**	**73164**	**116199**	**183668**	**86019**	**55688**	**40797**
社区卫生服务中心(站)	Health Service Center for Community	2308	16880	29534	12153	10270	3256
乡镇卫生院	Township Health Center	1630	98577	98858	39772	27544	7523
村卫生室	Village clinic	53905		8872	7000	1872	24704
门诊部	Outpatient Department	497	709	5073	2411	1903	314
诊所、卫生所、医务室	Infirmaries and Clinics	14824	33	41331	24683	14099	5000
专业公共卫生机构	**Specialized Public Health Institutions**	**2140**	**21208**	**47251**	**16810**	**14021**	**2028**
疾病预防控制中心	Center for Disease Control and Prevention	181		9250	4363	678	
专科疾病防治院(所、站)	Specialized Disease Prevention &Treatment Institution	128	4378	3973	1551	1246	204
健康教育所(站、中心)	Health Education Institute	4		26	19	5	
妇幼保健院(所、站)	Women and Children Care Agencies	158	16700	23191	8181	10235	1763
急救中心(站)	First-Aid Center	17	130	287	87	141	62
采供血机构	Pick and Supply Blood Institution	27		1558	346	604	
卫生监督所(中心)	Medical Supervision Institution	159		3185			
计划生育技术服务机构	Institutions of Technical Service for Family Planning	1466		5781	2263	1112	
其他机构	**Other Institutions**	**205**	**3081**	**3012**	**1157**	**840**	**23**
疗养院	Sanatorium	18	3081	1208	442	523	21
临床检验中心	Clinical Laboratory Center	6		389	51	5	3

注：我省卫生院类别只有乡镇卫生院，卫生院与乡镇卫生院数据重复，只保留乡镇卫生院。
a)In Shan Dong Pronvince Health Centers contain only Township Health Center.

19−14 各市卫生事业基本情况(2015年)

Statistics on Health Service by Region(2015)

地 区	Region	卫生机构数(个) Number of Health Institutions (unit)	医院 Hospitals	疾病预防控制机构数 Sanitation Stations	妇幼保健机构 Maternity and Child Care Center	床位数(张) Beds (set)	医院 Hospitals	卫生机构人员(人) Health Care Institutions personnel (person)	卫生技术人员(人) Medical Technical Personnel (person)	医生 Doctors	注册护士 Nurses
全省总计	**Total**	**77435**	**1926**	**181**	**158**	**519342**	**378854**	**856367**	**618644**	**237108**	**254167**
济南市	Jinan	5786	213	12	12	49311	42204	89117	67471	26383	29281
青岛市	Qingdao	7848	201	27	12	48601	37342	84976	66164	27055	28416
淄博市	Zibo	5125	137	9	9	29774	22342	44879	34194	13366	13453
枣庄市	Zaozhuang	2457	66	8	7	19150	14188	28966	21023	8197	9374
东营市	Dongying	1799	77	6	5	12776	11118	20058	15858	5918	6755
烟台市	Yantai	5395	150	15	13	41772	29331	58958	45936	17609	16084
潍坊市	Weifang	7649	150	18	13	49059	34106	81125	59417	23456	24986
济宁市	Jining	6825	155	12	13	44367	32422	75640	51827	19704	21988
泰安市	Tai'an	4198	94	9	8	29035	21905	48852	34864	12537	14555
威海市	Weihai	2626	30	4	5	17443	12033	25050	19654	7188	8704
日照市	Rizhao	2304	36	5	5	13632	9205	21476	14858	5495	6076
莱芜市	Laiwu	1294	28	3	3	6509	4941	11111	7632	3139	3075
临沂市	Linyi	7002	152	14	13	51807	33708	75054	49854	17447	20304
德州市	Dezhou	4879	81	12	13	22259	15154	42199	27581	11617	10227
聊城市	Liaocheng	5619	92	9	9	26280	18940	43320	29606	10669	11895
滨州市	Binzhou	2780	106	8	8	20020	14944	32995	24411	8852	9829
菏泽市	Heze	3849	158	10	10	37547	24971	72591	48294	18476	19165

注:1.医院中不包括卫生院。2.本表内数字包括诊所、卫生保健所、医务室的机构、人员数。3.妇幼保健机构包括妇幼保健院、所、站。
a)Number of hospitals exclude the township hospitals.b)Data in this table include the number of clinics,health care centers,medical staff.
c)Maternity and child care centers include centers on different level.

主要统计指标解释

医疗卫生机构 指从卫生计生行政部门取得《医疗机构执业许可证》，或从民政、工商行政、机构编制管理部门取得法人单位登记证书，为社会提供医疗保健、疾病控制、卫生监督服务或从事医学科研和医学在职培训等工作的单位。医疗卫生机构包括医院、基层医疗卫生机构、专业公共卫生机构、其他医疗卫生机构。

医院 包括综合医院、中医医院、中西医结合医院、民族医院、各类专科医院和护理院，不包括专科疾病防治院、妇幼保健院和疗养院。

卫生人员 指在医院、基层医疗卫生机构、专业公共卫生机构及其他医疗卫生机构工作的职工，包括卫生技术人员、乡村医生和卫生员、其他技术人员、管理人员和工勤人员。一律按支付年底工资的在岗职工统计，包括各类聘任人员(含合同工)及返聘本单位半年以上人员，不包括临时工、离退休人员、退职人员、离开本单位仍保留劳动关系人员、本单位返聘和临聘不足半年人员。

卫生技术人员 包括执业医师、执业助理医师、注册护士、药师(士)、检验技师(士)、影像技师(士)、卫生监督员和见习医(药、护、技)师(士)等卫生专业人员。不包括从事管理工作的卫生技术人员(如院长、副院长、党委书记等)。

床位数 指年底固定实有床位(非编制床位)，包括正规床、简易床、监护床、正在消毒和修理床位、因扩建或大修而停用的床位，不包括产科新生儿床、接产室待产床、库存床、观察床、临时加床和病人家属陪侍床。

总诊疗人次数 指所有诊疗工作的总人次数，统计界定原则为：①按挂号数统计，包括门诊、急诊、出诊、预约诊疗、单项健康检查、健康咨询指导（不含健康讲座）人次。患者一次就诊多次挂号，按实际诊疗次数统计，不包括根据医嘱进行的各项检查、治疗、处置工作量以及免疫接种、健康管理服务人次数；②未挂号就诊、本单位职工就诊及外出诊（不含外出会诊）不收取挂号费的，按实际诊疗人次统计。

Explanatory Notes on Main Statistical Indicators

Health Care Institutions refer to the units which have been qualified the Certification of Health Care Institution issued by the administration of public health, or qualified the Certification of Corporate Unit issued by the administration of civil affairs, the administration for industry and commerce, or the commission office for public sector reform, and which engage in medical care, disease prevention and control, health supervision and inspection, medicine research and health education, etc, including: hospitals, primary-level medical and health care institutions, public health centers, and so on.

Hospitals include polyclinics, traditional Chinese therapeutics and western therapeutics, ethical hospitals, various specialty hospitals and nursing hospitals, exclusive of women and children care agencies, special disease prevention and curing agencies.

Health Care Employees refer to the employees engaged in hospitals, primary-level medical and health care institutions, and other medical and health institutions, including medical technical personnel, rural doctors and hygienists, other technical personnel, administrative staff and handymen. The data is based on the year end payroll, including all kinds employees (contract workers) and rehired retired staff, and excluding temporary workers, retired personnel, resigned personnel, personnel who have left the institution but kept labor relations, and rehired personnel on duty less than six months.

Medical Technical Personnel refers to the professional staff engaged in health care, including licensed doctors, licensed assistant doctors, registered nurses, pharmacists, and laboratory technicians, imaging technicians, health care supervisors, and intern doctors ,pharmacists, nurses, and technicians and so on, excluding the personnel engaged in managerial jobs, such as presidents, vice presidents or party secretaries.

The Number of Beds refer to the number of fixed existing beds which include regular beds, simple beds, care beds, beds being disinfected or fixed and beds not in use because of expansion and housing repairs, excluding neonatal beds, beds for expectant mothers, stored beds, observation beds, temporarily added beds and accompanying beds.

Total Visits refer to all the people visiting health institutions. The data is based on the registration number, including outpatients, emergency treatments, home visits, appointment clinics, health examinations and health counseling, and also on the number of people on medical treatment unregistered in and out of their units, with excluded the number of people on medical device for physical checkup, treatment, disposal workload, immunization and health management.

第20篇

公共管理和社会服务

Public Management and Social Services

简 要 说 明

一、本篇资料的主要内容

本篇资料反映了全省民政、司法、测绘、标准计量和残疾人事业发展情况。

二、本篇资料的来源

1.民政部分的资料来源于省民政厅规划财务处。

2.司法部分的资料来源于省司法厅办公室。

3.测绘部分的资料来源于省国土资源厅测绘管理处。

4.标准计量部分的资料来源于省质量技术监督局计划财务处。

5.残联资料由山东残疾人联合会整理提供。

本篇资料中，测绘和标准计量部分由省统计局综合处加工整理，其他各部分资料由省统计局社科处整理提供。

Brief Introduction

I. Content

Data in this chapter show the basic conditions of civil affairs, legal and judicial affairs, surveying and mapping, standard measuring and work for persons with disabilities .

II. Source of Data

(1)Data on civil affairs are provided by the Division of Planning and Finance of Shandong Provincial Department of Civil Affairs.

(2)Data on legal and judicial affairs are provided by the Administrative Office of Shandong Provincial Department of Justice.

(3)Data on surveying and mapping are provided by the Division of Survey and Mapping of Shandong Provincial Department of Land and Resources.

(4)Data on standard measuring are provided by the Division of Planning and Finance of Shandong Provincial Administration of Quality and Technical Supervision.

(5)Data on Disabled persons are from the Shandong Disabled Persons Federation.

In this chapter, data on surveying are prepared by the Division of Comprehensive Statistics of Shandong Provincial Bureau of Statistics. Other data are prepared by the Division of Social,Science and Technology Statistics of Shandong Provincial Bureau of Statistics.

20-1 民政事业基本情况

Basic Statistics on Civil Affairs

项　　目		Item		2011	2012	2013	2014	2015
一、救灾工作情况		**calamity Relief**						
救灾支出	(万元)	Expenditures on Calamity Relief	(10 000 yuan)	26380	60973	30256	20589	24697
#生活救济费	(万元)	Expenditure on Victims' Life	(10 000 yuan)	20024	48080	24921	17652	21786
二、社会救助情况		**Social Relief**						
居民最低生活保障		Resident Minimum Livelihood Guarantee						
城镇居民低保人数	(人)	Number of Urban Residents for Minimum Livelihood Guarantee	(person)	605956	530065	487176	446119	372321
城镇最低生活保障支出	(万元)	Expenditures by Urban Residents for Minimum Livelihood Guarantee	(10 000 yuan)	161939	187894	197649	183590	163876
农村居民低保人数	(人)	Number of Rural residents for Minimum Livelihood Guarantee	(person)	2393488	2507064	2598685	2582089	2374164
农村最低生活保障支出	(万元)	Expenditures by Rural residents for Minimum Livelihood Guarantee	(10 000 yuan)	283800	410136	472997	505161	515061
城乡医疗救助人数	(人次)	Medical Assistance of Civil Affairs Departments	(person)	198097	323776	287824	269221	2411578
民政部门资助参加医疗保险人数	(人次)	Number of Aid for Medical Insurance in Urban	(person)	215981	218715	164309	327748	700422
民政部门资助参加合作医疗人数	(人次)	Number of Aid for Cooperative Medical Care in Rural	(person)	1942281	1977391	1859876	2221243	1711156
三、社会福利事业情况		**Social Welfare Institutions**						
单位数	(个)	Number of Institutions	(unit)	2358	2406	2635	2763	2047
床位数	(张)	Number of Beds	(set)	332224	354244	402749	429844	331076
收养人数	(人)	Number of People Adopted	(person)	250021	255291	276538	274067	182443
四、社会福利企业情况		**Social Welfare Enterprises**						
单位数	(个)	Number of Social Welfare Enterprises	(unit)	1424	1385	1298	1222	1154
职工数	(人)	Number of Employees	(person)	100075	99122	94411	92097	88288
#残疾职工	(人)	Physically-challenged	(person)	39991	38312	36890	34861	32943
利润额	(万元)	Profits	(10 000 yuan)	99238	88487	91039	76394	76528
五、社会捐赠情况		**Social Donations**						
资金数	(万元)	Amount	(10 000 yuan)	73023	91860	100899	19348	8539
捐赠衣被总数	(万件)	Number of donated clothing	(10 000 units)	2.9				
六、福利彩票情况		**Welfare Lottery**						
销售额	(万元)	Sales	(10 000 yuan)	1095063	1223638	1344280	1478073	1448689
提取公益金	(万元)	Public Welfare Fund	(10 000 yuan)	156326	176199	188822	210302	203343

注：2015年社会福利事业情况是指提供住宿的社会服务机构的相关机构、床位和人员数据。

a)2015 Social welfare undertakings refer to the relevant institutions,beds and personnel of the social service institutions which provide accommodation

20−2 婚姻登记情况

Basic Statistics on Marriages and Divorces

项　　目		Item		2010	2011	2012	2013	2014	2015
一、国内登记结婚		**Domestic Marriage Registration**							
准予登记结婚	(对)	Registered Marriage	(couple)	924657	969092	933262	891370	831823	701034
#恢复结婚	(对)	Resuming of Marriage	(couple)	8543	7945	4521	4212	3566	1955
初婚人数	(人)	First Marriage	(person)	1648745	1725831	1640652	1516968	1358269	1104987
再婚人数	(人)	Number of Remarriage	(person)	200569	212353	225872	265772	305377	297081
男　性	(人)	Male	(person)	106059	104570	108825	124808	146149	139453
女　性	(人)	Female	(person)	94510	107783	117047	140964	159228	157628
二、涉外登记结婚		**Marriage Registration Concerning Foreigners**							
准予登记结婚	(对)	Registered Marriage	(couple)	1135	1212	1166	1231	1365	1085
准予登记结婚人数	(人)	Number of Persons Registered	(person)	2270	2424	2332	2462	2730	2170
国内公民	(人)	Domestic Citizens	(person)	1125	1202	1144	1200	1339	1069
男　性	(人)	Male	(person)	153	206	235	335	502	329
女　性	(人)	Female	(person)	972	996	909	865	837	740
港澳居民	(人)	Compatriots in Hong Kong and Macao	(person)	35	47	36	37	46	51
台湾居民	(人)	Compatriots in Taiwan	(person)	172	210	182	198	203	180
华　侨	(人)	Overseas Chinese	(person)	37	39	32	32	39	22
外国人	(人)	Foreigners	(person)	901	926	938	995	1103	848
三、离婚登记		**Divorce Registration**							
法院受理离婚案件	(件)	Divorce Case Handled	(unit)	97276	104293	107686	110594	115323	121126
准予登记离婚总数	(对)	Number of Registered Divorce	(couple)	167545	181597	196685	225060	234143	240933
民政部门办理离婚	(对)	Divorces Handled through Civil Administration Departments	(couple)	116386	127850	142951	172125	181336	185305
#涉外婚姻	(对)	Divorces Concerning Foreigners	(couple)	104	134	133	132	151	152
法院调解离婚	(对)	Divorces through Law Court Mediation	(couple)	38592	41131	40660	37655	36307	36222
法院判决离婚	(对)	Divorces through Law Court Judgment	(couple)	12567	12616	13074	15280	16500	19406

20-3 殡葬服务情况

Statistics on Funeral and Interment Services

年 份 地 区	Year Region	殡葬类单位数(个) Number of Funeral and Interment Enterprises (unit)	年末职工总数(人) Employeesat Year-end (person)	火化炉数(台) Number of Cremators (set)	全年处理遗体数(具) Cremated Remains During the Year (bodies)	当年安葬数(人) Number of the Buried During the Year (persons)	火化率(%) Cremation Rate (%)
2005		162	3403	390	540020	15405	97.0
2006		164	3338	397	512846	13058	96.0
2007		165	3450	422	540641	9092	97.0
2008		167	3457	430	565845	10468	98.0
2009		168	3353	440	585799	15814	98.0
2010		166	3372	456	616092	17336	98.5
2011		168	3366	466	610564	17130	98.6
2012		167	3342	474	629825	17098	95.0
2013		168	3372	477	599057	13449	96.2
2014		173	3509	494	581500	8808	93.1
2015		172	3511	504	586755	18909	91.7
济 南 市	Jinan	8	316	34	41340	1125	89.2
青 岛 市	Qingdao	10	215	48	60808	675	102.8
淄 博 市	Zibo	9	117	31	25342	728	84.0
枣 庄 市	Zaozhuang	6	106	17	14633	128	58.1
东 营 市	Dongying	4	70	16	11237		81.9
烟 台 市	Yantai	15	290	47	53401	909	117.1
潍 坊 市	Weifang	18	371	56	63550	5830	105.4
济 宁 市	Jining	18	493	43	48379	1006	89.7
泰 安 市	Tai'an	9	172	24	37892	10	104.1
威 海 市	Weihai	8	85	20	22153	734	121.5
日 照 市	Rizhao	7	67	13	17661	445	94.3
莱 芜 市	Laiwu	2	49	6	7166	253	81.6
临 沂 市	Linyi	13	293	43	63658	5844	95.0
德 州 市	Dezhou	14	234	33	32657	294	87.5
聊 城 市	Liaocheng	10	252	27	27642	169	71.2
滨 州 市	Binzhou	11	172	23	28234	499	112.6
菏 泽 市	Heze	10	209	23	31002	260	56.1

20-4 律师、公证工作基本情况
Basic Statistics on Lawyers and Notarization

项目		Item		2009	2010	2011	2012	2013	2014	2015
律师工作		**Lawyers**								
律师事务所	(个)	Number of Law Offices	(unit)	991	1106	1199	1283	1372	1512	1629
国资所	(个)	State-owned	(unit)	43	43	43	43	42	41	37
合作所	(个)	Cooperative	(unit)							
合伙所	(个)	Partnership	(unit)	816	843	866	893	936	1021	1079
个人发起所	(个)	Initiated by Individual	(unit)	132	219	290	347	394	450	513
执业律师	(人)	Number of Lawyers	(person)	10531	12091	14137	15633	16941	18405	20043
专职律师	(人)	Full-time Lawyers	(person)	9638	11608	13102	14497	15724	17147	18726
兼职律师	(人)	Part-time Lawyers	(person)	437	483	506	532	556	568	615
公证工作		**Notarization**								
公证处	(个)	Number of Notary Offices	(unit)	158	158	158	158	158	158	157
公证员	(人)	Notaries	(person)	852	846	903	908	903	1040	1054
公证员助理	(人)	Assistant Notaries	(person)	317	392	386	369	513	518	528
办理各类公证事项	(万件)	Number of Notarized Affair	(10 000 units)	49.3	51.5	53.0	58.9	64.0	67.8	70.9

20-5 各市交通事故情况（2015年）
Basic Statistics on Traffic Accidents by Region (2015)

地区	Region	发生数 (起) Number of Traffic Accidents (case)	死亡人数 (人) Number of Deaths (person)	受伤人数 (人) Number of Injuries (person)	直接财产损失 (万元) Direct Property Losses (10 000 yuan)
全省总计	**Total**	**13375**	**3640**	**12996**	**5277**
济南市	Jinan	2946	439	3446	840
青岛市	Qingdao	1814	313	1785	509
淄博市	Zibo	1125	316	1053	514
枣庄市	Zaozhuang	290	107	203	93
东营市	Dongying	451	129	481	197
烟台市	Yantai	645	221	599	93
潍坊市	Weifang	1130	297	1071	557
济宁市	Jining	812	222	763	371
泰安市	Tai'an	466	189	397	143
威海市	Weihai	172	143	80	24
日照市	Rizhao	439	116	334	158
莱芜市	Laiwu	286	61	258	88
临沂市	Linyi	497	274	346	227
德州市	Dezhou	675	224	483	212
聊城市	Liaocheng	1058	234	1243	402
滨州市	Binzhou	262	113	203	91
菏泽市	Heze	177	153	119	122

注：全省总计含高速交警总队和直属公安局数据。
a)The total including data of high-speed traffic police corps and directly under the provincial public security bureau.

20-6 火灾事故情况（2015年）
Basic Statistics on Fire Accidents(2015)

项　目	Item	合计 Total	特　大 Extraordinarily Serious	重　大 Serious	较　大 Comparatively Serious	一　般 Ordinary
发　生　（起）	Fire Accidents (case)	25371				25371
死　亡　（人）	Deaths (person)	57				57
受　伤　（人）	Injuries (person)	21				21
直接经济损失（万元）	Direct Economic Losses (10 000 yuan)	21930				21930
平均每起事故损失（元）	Average Loss of Fire (yuan)	8644				8644

20-7 各市火灾事故情况（2015年）
Basic Statistic on Fires by Region(2015)

地　区	Region	发生数（起） Number of Fire Accidents (case)	死亡人数（人） Number of Deaths (person)	受伤人数（人） Number of Injuries (person)	直接经济损失（万元） Direct Economic Losses (10 000 yuan)
全省总计	**Total**	**25371**	**57**	**21**	**29193**
济南市	Jinan	2602	12		1550
青岛市	Qingdao	1003	10	3	1491
淄博市	Zibo	988			360
枣庄市	Zaozhuang	615	1	1	892
东营市	Dongying	1086	1	5	885
烟台市	Yantai	3267	4	1	4798
潍坊市	Weifang	1720	1	3	2395
济宁市	Jining	2181	2	1	1229
泰安市	Tai'an	2152		1	1644
威海市	Weihai	1461	3		1004
日照市	Rizhao	291	2		2952
莱芜市	Laiwu	170	4		484
临沂市	Linyi	2860	2	5	3951
德州市	Dezhou	873	4		1717
聊城市	Liaocheng	1559	6		1789
滨州市	Binzhou	668	3	1	546
菏泽市	Heze	1875	2		1507

20-8 人民检察院审查批准、决定逮捕犯罪嫌疑人和提起公诉被告人情况（2015年）
Arrests of Criminal Suspects and Defendants under Public Prosecution Approved by People's Procuratorate (2015)

案件分类	Category of Cases	批捕、决定逮捕合计 Total of Arrests		决定起诉合计 Total of Public Prosecutions	
		件 (case)	人 (person)	件 (case)	人 (case)
合　计	**Total**	**32110**	**40828**	**60373**	**82374**
公安、安全、监狱机关提请小计	Sub-total of Requests by Departments of State and Public Security and Prisons	30937	39562	58101	79280
危害国家安全案	Offences Against State Security	7	7	13	14
危害公共安全案	Offences Against Public Security	4585	4825	18208	18768
破坏社会主义市场经济秩序案	Offences Against Socialist Economic Order	2394	3302	3424	6548
侵犯公民人身、民主权利案	Offences Against Citizens' Personal and Democratic Rights	7070	8250	12663	16162
侵犯财产案	Offences Against Properties	9119	11879	12223	17107
妨害社会管理秩序案	Offences Against Social Management of Or	7750	11287	11563	20673
危害国防利益案	Offences Against National Defense	12	12	7	8
军人违反职责案	Offences on Dereliction of Duty by Servicemen				
检察机关直接立案侦查案件小计	Sub-total of Cases Handled Directly by Procuratorate's Offices	1173	1266	2272	3094
贪污贿赂案	Offences on Corruption and Bribery	1118	1193	1889	2497
渎职侵权案	Offences on Abuse and Dereliction of Duty	55	73	383	597

20-9 人民法院审理一审案件情况
First Trial Cases by Courts

单位：件 (case)

年份 Year	收案 Cases Accepted	刑事 Criminal	民事 Civil	经济纠纷 Economic Disputes	行政 Administrative
2005	537098	41768	238479	237926	18925
2006	530542	42175	232841	235616	19910
2007	535832	43501	238244	234124	19963
2008	603565	44935	259623	274427	24580
2009	625334	45711	284706	267925	26992
2010	652618	44885	303987	274384	29362
2011	681311	48777	325380	278457	28697
2012	711631	56597	328131	301168	25735
2013	699878	54966	327889	298620	18403
2014	730167	58763	344765	310431	16208
2015	848676	63910	404181	363793	16792

注：一审案件指人民法院按照诉讼级别管辖按第一审程序审理的案件。
a) First trial cases refer to cases accepted by people's courts according to the first trial proceedings.

20−10 分系统测绘持证部门情况(2015年)
Basic Statistics on Surveying and Mapping Departments(2015)

系统名称	Sector	持证单位数(个) Departments with Certificate (unit)	#甲级 First -class	乙级 Second -class	测绘专业技术人员(人) Employed Staff (person)	#高级职称 Senior Title	中级职称 Intermediate Title	测绘服务总值(万元) Output Value (10 000 yuan)
测绘	Surveying and Mapping	4	2	1	434	69	208	36405
国土资源	Land and Resources	99	3	20	1233	145	444	33781
城乡建设与规划	Urban-Rural Construction and Planning	189	7	15	2417	272	914	88830
铁道	Railway	2		1	34		9	1471
交通运输	Transportation	16		4	290	103	105	2693
水利水电	Water and Hydro	31	2	7	421	122	154	11036
石油	Oil	4	1	3	97	30	41	2007
煤炭	Coal	21	2	4	366	36	106	8222
有色金属	Non-Ferrous Metal	1			4	2	2	34
农业	Agriculture	2			15	9	2	32
地震	Earthquake	1		1	25	6	12	20
海洋	Ocean	12	1	2	144	49	60	2133
科教文卫	Science and Technology, Education,Culture,Health	3	1		107	79	22	593
冶金	Metallurgy	14	4	2	451	55	154	44708
其他	Others	471	11	49	4731	455	1673	121314

20−11 各市测绘持证单位个数和人员情况(2015年)
Basic Statistics on Surveying and Mapping Departments by Region(2015)

地区	Region	持证单位数(个) Departments with Certificate (unit)	#甲级 First-class	乙级 Second-class	测绘专业技术人员(人) Surveying and Mapping Technical Personnel (person)	#高级职称 Senior Title	中级职称 Intermediate Title	测绘服务总值(万元) Output Value (10 000 yuan)
全省总计	**Total**	**870**	**34**	**109**	**10769**	**1432**	**3906**	**353279**
济南市	Jinan	113	16	24	3079	441	1063	147568
青岛市	Qingdao	107	4	19	1329	290	489	60019
淄博市	Zibo	44	2	3	524	51	177	14939
枣庄市	Zaozhuang	30		4	294	37	112	3292
东营市	Dongying	51	2	9	591	77	211	19492
烟台市	Yantai	73	2	9	958	121	332	34258
潍坊市	Weifang	71	2	6	589	54	219	13405
济宁市	Jining	59	1	6	612	63	221	11016
泰安市	Tai'an	44	2	2	429	58	159	9002
威海市	Weihai	33	1	5	286	26	118	7862
日照市	Rizhao	30	1	2	289	43	112	6263
莱芜市	Laiwu	24		1	173	13	59	2290
临沂市	Linyi	51	1	6	478	40	177	7691
德州市	Dezhou	53		6	454	54	170	5131
聊城市	Liaocheng	31		4	259	21	105	4101
滨州市	Binzhou	25		2	184	23	86	2289
菏泽市	Heze	31		1	241	20	96	4659

20-12 残疾人事业基本情况
Basic Statistics on the Work for Persons with Disabilities

项目		Item		2011	2012	2013	2014	2015
康复		**Rehabilitation**						
视力残疾康复		Rehabilitation of Persons with Visual Disability						
白内障复明手术	(万例)	Sight-restoring Surgeries for Cataract Patients	(10 000 cases)	7.4	5.8	5.4	5.1	4.4
#贫困白内障患者免费手术		Free Surgeries for Poor Cataract Patients		3.4	2.7	2.0	2.1	1.7
低视力者配用助视器	(人)	Persons with Low-vision Fitted withVision-aids	(person)	1598	2795	3602	5041	5475
盲人定向行走训练	(人)	Blind Persons Receiving Oriention Skill Training	(person)	2585	6432	6169	6451	5372
听力语言残疾康复		Rehabilitation of Persons with Hearing and Speech Disability						
新收训聋儿	(人)	Deaf Children Trained	(person)	1097	1176	1390	1078	1065
培训家长	(人)	Parents Trained	(person)	1819	2465	2794	2415	2384
肢体残疾康复	(人)	Rehabilitation of Persons with Physical Disability	(person)					
肢体残疾儿童康复训练		Rehabilitation of Persons with Children Physical Disability		2417	3334	4832	5389	5587
成人肢体残疾人社区、家庭康复训练		Adults with Physical Disability Receiving Rehabilitation Training in Communities and Families		19519	47505	49076	45244	45483
智力残疾康复	(人)	Rehabilitation of Persons with Intellectual Disability	(person)					
智残儿童康复训练		Children with Intellectual Disability Receiving Rehabilitation Training		3167	4562	9920	9909	11632
精神病防治康复		Prevention and Rehabilitation of Mental Illness (PRMI)						
开展精神病防治康复工作县(市、区)	(个)	Counties/cities/districts Where PRMI Have Been Conducted	(unit)	133	132	138	134	134
监护精神病人	(万人)	People with Mental Illness under Guardianship	(10 000 persons)	33.8	33.9	32.3	32.0	30.0
监护率	(%)	Guardianship Rate	(%)	85.0	84.8	83.7	83.9	83.6
显好率	(%)	Significant Improvement Rate	(%)	63.3	63.1	61.6	62.9	63.1
社会参与率	(%)	Social Involvement Rate	(%)	52.3	52.6	51.3	52.7	52.1
肇事率	(%)	Violent Events Rate	(%)	0.04	0.04	0.03	0.03	0.04
孤独症儿童机构训练	(人)	Children with Autism Trained in Institutions	(person)	855	900	1402	1678	1988
残疾人辅助器具供应服务		Provision of Assistive Devices						
辅助器具供应	(万件)	Assistive Devices	(10 000 pieces)	5.0	8.2	9.7	8.7	8.1
普及型假肢装配	(例)	Low-cost Artificial Limbs Fitted	(case)	1130	1263	1722	1057	1295
矫形器装配	(例)	Orthotic Devices Fitted	(case)	207	377	624	589	426
教育	**(人)**	**Education**	**(person)**					
未入学学龄残疾儿童少年	(万人)	School-age Disabled Children Unable to Enter School	(10 000 persons)	0.5	0.4	0.4	0.6	0.7
特殊教育普通高中在校生		Students at Special Education Senior High Schools		457	365	632	567	452
残疾人中等职业教育在校生		Students at Secondary Vocational Schools for PWDs		518	536	1315	1719	1588
高等院校录取残疾考生		Disable Students Admitted to Higher Education Institutions		395	388	353	322	499
就业		**Employment**						
城镇残疾人就业状况		Employed Disabled Persons						
当年安排就业	(万人)	Newly Employed in the Year	(10 000 persons)	1.9	1.9	2.1	1.7	1.6
按比例就业		Employed by Quota Scheme		0.7	0.7	0.6	0.6	0.6
集中就业		Employed in Collective Form		0.7	0.7	0.8	0.5	0.4
公益性岗位就业		Employed Through Welfare Post		0.04	0.03	0.03	0.03	0.03
个体及其他形式就业		Self-employed or Employed in Other Forms		0.5	0.5	0.7	0.6	0.5
残疾人就业服务机构	(个)	Employment Service Institutions for PWDs	(unit)	136	138	141	143	144
社会保障	**(万人)**	**Social Security**	**(10 000 persons)**					
城镇残疾职工参加社会保险		Urban Workers with Disabilities Covered by Social Insurance		18.4	25.3	25.4	35.1	38.0
城乡残疾人纳入最低生活保障		PWDs Covered by the Basic Living Allowance System		33.2	41.0	42.9	45.4	47.1
扶贫		**Poverty Alleviation**						
扶贫开展情况	(万人次)	Outcome of Poverty Alleviation	(10 000 person-times)					
扶持贫困残疾人		Impoverished PWDs Assisted		8.9	8.2	11.9	13.7	12.5
实用技术培训		Training on Applied Technologies for PWDs		6.8	5.6	5.0	4.5	4.0
农村贫困残疾人危房改造		House Renovation for Poor PWDs in Rural Areas						
危房改造	(万户)	House Renovation for Poor PWDs	(10 000 households)	0.3	0.5	0.4	0.2	0.1
受益残疾人	(万人)	PWDs Benefited	(10 000 persons)	0.4	0.6	0.5	0.2	0.1

20－13 制造业各大类行业产品质量合格率(2015年)

Product Quality Qualified Rate of Manufacturing Industry(2015)

类别	Category	产品质量合格率(%) Product Quality Qualified Rate (%)
农副食品加工业	Processing of Food from Agricultural Products	94.18
食品制造业	Manufacture of Foods	97.98
酒、饮料和精制茶制造业	Manufacture of Wine, Drinks and Refined Tea	96.36
烟草制品业	Manufacture of Tobacco	100.00
纺织业	Manufacture of Textile	97.26
纺织服装、服饰业	Manufacture of Textile Wearing Apparel and Finery	95.01
皮革、毛皮、羽毛及其制品和制鞋业	Manufacture of Leather, Fur, Feather & Its Products and Footwear	95.94
木材加工和木、竹、藤、棕、草制品业	Processing of Timbers, Manufacture of Wood, Bamboo, Rattan, Palm and Straw Products	93.25
家具制造业	Manufacture of Furniture	94.48
造纸和纸制品业	Manufacture of Paper and Paper Products	88.67
印刷和记录媒介复制业	Printing, Reproduction of Recording Media	98.25
文教、工美、体育和娱乐用品制造业	Manufacture of Culture, Education,Arts and crafts，Sport and Entertainment Goods	97.14
石油加工、炼焦和核燃料加工业	Processing of Petroleum, Coking and Nucleus Fuel	100.00
化学原料和化学制品制造业	Manufacture of Chemical Raw Material and Chemical Products	94.37
医药制造业	Manufacture of Medicines	96.10
橡胶和塑料制品业	Manufacture of Rubber and Plastic	93.45
非金属矿物制品业	Manufacture of Non-metallic Mineral Products	94.32
黑色金属冶炼和压延加工业	Manufacture and Processing of Ferrous Metals	100.00
有色金属冶炼和压延加工业	Manufacture & Processing of Non-ferrous Metals	95.32
金属制品业	Manufacture of Metal Products	84.68
通用设备制造业	Manufacture of General Purpose Machinery	89.89
专用设备制造业	Manufacture of Special Purpose Machinery	94.05
汽车制造业	Manufacture of Automotive	92.30
铁路、船舶、航空航天和其他运输设备制造业	Manufacture of Railroad,Marine,Aerospace and Other Transportation Equipment	84.66
电气机械和器材制造业	Manufacture of Electrical Machinery & Equipment	88.02
计算机、通信和其他电子设备制造业	Manufacture of Computer, Communications and Other Electronic Equipment	100.00
仪器仪表制造业	Manufacture of Measuring Instrument	95.73
其他制造业	Other Manufacture	100.00

20-14 产品质量监督抽查情况(2015年)
Results of Sampling Checks on Product Quality(2015)

类别	Category	监督检验企业数(个) Number of Enterprises Supervised and Checked (unit)	检验批次(批次) Number of Batch-time Checked (unit)	合格批次(批次) Number of Batch-time Qualified (unit)	批次合格率(%) Rate of Batch-time Qualified (%)
安全带	Safety Belt	13	17	17	100.00
安全帽	Safety Hat	8	12	12	100.00
安全网	Safety Net	53	57	55	96.49
工业硫酸	Industrial Sulfuric Acid	20	20	20	100.00
工业甲醛	Industrial Formaldehyde	40	40	40	100.00
羊毛羊绒针织品	Wool and Cashmere knitwear	15	15	14	93.33
婴幼儿服装	Baby Garments	62	101	94	93.07
中小学生服	Primary and Middle School Students' Clothing	80	80	78	97.50
车用汽油	Gasoline for Motor Vehicles	31	31	31	100.00
床上用品	Bedding Items	38	62	57	91.94
低压成套开关设备	Low Voltage Switchgear	28	28	24	85.71
植物保护机械	Plant Protection Machinery	30	35	31	88.57
电动自行车	Electric Bicycle	14	14	12	85.71
储水式电热水器	Water Storage Type Electric Water Heater	11	12	11	91.67
电热毯	Electric Blanket	18	18	18	100.00
儿童服装	Children's Wear	26	30	28	93.33
防火门	Fire-proof Door	32	40	34	85.00
钢筋混凝土用热轧带肋钢筋	Hot Rolled Ribbed Steel Reinforced Concrete	14	28	28	100.00
纸面石膏板	Papered Gypsum Board	16	16	16	100.00
建筑保温材料	Building Insulation Materials	40	40	33	82.50
建筑防水卷材	Building Waterproofing Membrane	188	188	178	94.68
建筑排水用硬聚氯乙烯管材	PVC Pipe for Building Drainage	50	50	45	90.00
劳动防护鞋	Labor Protection Shoes	29	36	34	94.44
铝合金建筑型材	Aluminium Alloy Building Section	30	30	28	93.33
汽车轮胎、摩托车轮胎	Automobile Tires, Motorcycle Tires	89	89	84	94.38
胶合板	Plywood	20	20	20	100.00
农膜	Agricultural Film	30	30	27	90.00
润滑油	Lubricating Oil	45	45	41	91.11
汽车制动软管	Automobile Brake Hose	27	27	26	96.30
日用陶瓷	Ceramics for Daily Use	30	30	29	96.67
中空玻璃	Insulating Glass	40	40	40	100.00
食品用塑料包装、容器、工具	Plastic Packaging, Containers, Tools for Food	789	860	842	97.91
食品用纸包装、容器	Paper Food Packaging, Containers	62	68	64	94.12
水泥	Cement	275	275	272	98.91
塑料购物袋	Plastic Bags for Shopping	26	30	21	70.00

20-15 各市质量强省和名牌战略实施情况(2015年)
Statistics on Quality Province and Famous Brand Strategy by Region(2015)

单位：个 (unit)

地 区	Region	年度山东名牌产品 Famous-brand Products of Shandong Province of This Year	年末累计山东名牌产品 Famous-brand Products of Shandong end to This Year	年度山东省服务名牌 Famous-brand Services of Shandong of This Year	年末累计山东省服务名牌 Famous-brand Services of Shandong end to This Year	年度省长质量奖 Shandong provincial governor Quality Award of This Year	年末累计省长质量奖 Shandong provincial governor Quality Award end to This Year	年度地理标志保护产品 Products Protected by Geographical Indications of This Year	年末累计地理标志保护产品 Products Protected by Geographical Indications end to This Year
全省总计	**Total**	**264**	**1685**	**146**	**388**		**61**	**2**	**60**
济南市	Jinan	16	123	11	26		10		1
青岛市	Qingdao	32	242	35	79		8		6
淄博市	Zibo	12	110	6	14		3		3
枣庄市	Zaozhuang	6	46	2	8				4
东营市	Dongying	11	68	2	13		3		1
烟台市	Yantai	35	173	22	53		5		8
潍坊市	Weifang	25	208	14	47		8	1	12
济宁市	Jining	16	111	5	22		3		6
泰安市	Tai'an	17	88	9	18				1
威海市	Weihai	20	114	15	33		5		3
日照市	Rizhao	8	53	1	7		2		1
莱芜市	Laiwu	2	24		2		1		
临沂市	Linyi	13	79	11	20		2		2
德州市	Dezhou	13	51	6	16		2		1
聊城市	Liaocheng	17	72	4	9		5		4
滨州市	Binzhou	13	82	1	10		2		3
菏泽市	Heze	8	41	2	11		2	1	4

注：山东名牌产品和山东省服务名牌有效期为三年，故2015年年末累计数不等于2014年年末累计数加上2015年年度数据。

a)Famous-brand products of Shandong Province and Famous-brand services of Shandong valid for three years,so cumulative data of late 2015 is not equal to 2015 annual data plus cumulative data of late 2014.

20-16 各市标准化工作情况(2015年)
Statistics on Standardization by Region(2015)

地 区	Region	制定国际标准数量 Number of Formulation International Standards		主导制定国家标准数量 Number of Leading Formulation National Standards		制修订地方标准数量 Number of Formulation or Revision Local Standards		标准化实施项目数量 Number of Standardization Project			
								国家级 National		省级 Provincial	
		本年度 This Year	累计 Accumul -ative	本年度 This Year	累计 Accumul -ative	本年度 This Year	累计 Accumul -ative	本年度 This Year	累计 Accumul -ative	本年度 This Year	累计 Accumul -ative
全省总计	**Total**		**64**	**71**	**897**	**293**	**2515**	**8**	**346**	**33**	**313**
省 直	Shengzhi			6	156	172	1431			1	1
济南市	Jinan		8	17	173	29	287	2	31	6	39
青岛市	Qingdao		53	18	247	19	106	1	30	3	16
淄博市	Zibo		3	9	71	2	82		22	1	19
枣庄市	Zaozhuang			1	6		53		10		17
东营市	Dongying			2	32	10	63	2	15	2	14
烟台市	Yantai			4	50	33	124		28	1	10
潍坊市	Weifang			4	48	1	27		46	2	28
济宁市	Jining				17	2	30		13	1	14
泰安市	Tai'an			6	18	19	61	1	23	3	28
威海市	Weihai			1	29		156		18	3	23
日照市	Rizhao			1	5	4	25		13	1	17
莱芜市	Laiwu				10	1	7	1	7	2	9
临沂市	Linyi				12		21	1	28	3	22
德州市	Dezhou				7		10		18		11
聊城市	Liaocheng			1	5	1	11		14	3	21
滨州市	Binzhou			1	6		10		15	1	19
菏泽市	Heze				5		11		15		5

主要统计指标解释

粗离婚率 指当年离婚对数占年平均人口的比重，计算公式为：

$$粗离婚率=\frac{当年离婚对数}{年平均人口数}\times 1000‰$$

律　师 指依法取得律师执业证书，担任法律顾问，民事(刑事、行政)案件代理人、刑事案件辩护人、办理非诉讼业务，解答法律询问，代写法律事务文书等，为社会提供法律服务的人员。

公证人员 指在公证处工作的人员总称，包括公证处主任、副主任、公证员、公证员助理(助理公证员)和其他从事辅助性工作的人员。

公证文书 指公证处根据当事人申请，依照事实和法律，按照法定程序制作的，具有法律效力的司法证明文书。根据公证书用途和使用地，公证书分为国内公证书、国内经济公证书、涉外民事公证书、涉外经济公证书四类。

调解民间纠纷 指调解委员会按照法律规定，根据自愿原则，用说服教育的方法调解民间发生的有关民事权利和义务争执的件数，包括调解成功数和调解未成功数。该指标主要反映人民调解委员会的工作量。

受理劳动争议案件数 指劳动争议仲裁委员会根据国家有关规定，对劳动争议当事人的申请予以审查，符合受理条件而正式立案、准备处理的劳动争议案件数。

Explanatory Notes on Main Statistical Indicators

Crude Divorce Rate refers to proportion of divorced people to the annual average population for the reference year, the formula is:

$$\text{Crude Divorce rate} = \frac{\text{number of couples divorced for the reference year}}{\text{annual average population}} \times 1000‰$$

Lawyers are certified legal workers according to law, and who are employed by legal counseling firms to act as legal advisers, agents in criminal or civil lawsuits, or defenders in criminal lawsuits, or to handle non litigious legal affairs, to advise on matters of law or to write legal papers for others, and provide service to the public.

Notary Personnel refer to people working for notary offices including:directors,deputy directors,notaries,assistant notaries and other people providing assistance.

Notary Documents refer to the judicial notary documents drawn up at the request of the interested party and are in accordance with facts and the law and following certain legal proceedings.

Mediation of Civil Disputes refers to number of cases made by mediation committees in mediating in civil disputes concerning civil rights and duties through persuasion and education in accordance with the provisions of law on a voluntary basis, so as to solve disputes by helping the parties involved come to an agreement and understanding, including those unsuccessful ones. This indicator reflects the workload of the mediation committees.

Number of Labour Dispute Cases Accepted refers to the number of cases of labour dispute submitted that, after being reviewed by the labour dispute arbitration committees in line with the relevant national regulations, are accepted and registered for treatment.

第21篇

各县(市、区)主要经济指标

Main Indicators of Counties (Cities and Districts at County Level)

简 要 说 明

一、本篇资料的主要内容

本篇资料反映了全省各县（市、区）经济社会事业发展基本情况，主要包括人口、土地面积、从业人员、农业、工业、投资、财政、金融、出口、农民收入和教育等方面的内容。

二、本篇资料的来源

本篇资料粮食数据、农民人均纯收入分别由山东调查总队农业调查处、居民收支调查处整理提供，其余资料来源于县域经济统计年报和农村统计年报，由省统计局农村处整理提供。

Brief Introduction

I. Content

Data in this chapter show the development in society and economy of counties or cities on the county level, mainly including population, area, employed persons, agriculture, industry, investment, finance, banking, post services and telecommunication, foreign trade, income of rural households and education

.

II. Source of Data

Grain data and per capita net income of rural residents in this chapter are provided respectively by the Division of Rural Surveys and the Division of Residents' Income and Expenditure Surveys of NBS Survey office in Shandong. The rest of data are based on the annul reports of county and rural surveys, and are provided by the Division of Countryside Statistics of Shandong Provincial Bureau of Statistics.

21-1 各县(市、区)主要经济指标(2015年)

Major Economic Indicators of Counties(Cities and Districts at County Level,2015)

地 区	Region	年末总人口(万人) Total Population at Year-end (10 000 persons)	行政区域土地面积(平方公里) Area of Local land (sq.km)	公共财政预算收入(万元) Local Financial Budgetary Revenue (10 000 yuan)	公共财政预算支出(万元) Local Financial Budgetary Expenditure (10 000 yuan)	年末金融机构各项存款余额(万元) Deposit Balance of Financial Institution at Year-end (10 000 yuan)	城乡居民储蓄存款余额(万元) Urban and Rural Household Savings Deposits (10 000 yuan)
济南市	**Jinan**						
历下区	Lixia	56.0	101	1305958	562324		
市中区	Shizhong	60.9	280	922817	390276		
槐荫区	Huaiyin	39.8	151	450489	318610		
天桥区	Tianqiao	51.5	259	390544	287586		
历城区	Licheng	86.7	1299	701012	562696		
长清区	Changqing	56.0	1178	179413	284514		
平阴县	Pingyin	37.4	827	153367	258038	1446373	1037555
济阳县	Jiyang	57.6	1099	170949	291016	1563857	1146685
商河县	Shanghe	63.7	1162	90227	282950	1384992	1039431
章丘市	Zhangqiu	102.6	1719	469917	630605	5225314	3688111
青岛市	**Qingdao**						
市南区	Shinan	54.4	30	1113719	446556	52624000	
市北区	Shibei	93.6	65	1000667	705486		
黄岛区	Huangdao	118.6	2117	1877453	1704415	12925935	6565298
崂山区	Laoshan	26.6	396	1190145	748465		
李沧区	Licang	34.9	99	576013	406784	5541678	3284576
城阳区	Chengyang	49.0	553	993478	838668	8110278	4008212
胶州市	Jiaozhou	82.8	1324	800616	929001	5464683	3564428
即墨市	Jimo	114.9	1921	930493	1148887	7407574	4714297
平度市	Pingdu	138.6	3176	580239	836603	5449451	4050501
莱西市	Laixi	74.0	1568	475080	575517	3391644	2489474
淄博市	**Zibo**						
淄川区	Zichuan	64.6	960	280887	349370	4631996	3385775
张店区	Zhangdian	80.0	360	771755	739981		
博山区	Boshan	45.1	698	209872	270077	2714875	2091996
临淄区	Linzi	61.5	664	579485	478500	6413574	4035328
周村区	Zhoucun	34.5	306	173771	220015	2834647	2134196
桓台县	Huantai	50.2	509	303412	357052	3370985	1757658
高青县	Gaoqing	36.8	831	126713	209528	1276474	906327
沂源县	Yiyuan	56.8	1636	183555	273786	1957094	1319217
枣庄市	**Zaozhuang**						
市中区	Shizhong	56.9	374	222513	265326	3593051	2330498
薛城区	Xuecheng	53.0	507	231402	267785	3133977	1879320
峄城区	Yicheng	42.3	635	89391	173837	865395	581905
台儿庄区	Taierzhuang	33.0	532	79401	157813	781389	571806

21-1 续表 1 continued

地 区	Region	年 末 总人口 (万人) Total Population at Year-end (10 000 person)	行政区域 土地面积 (平方公里) Area of Local land (sq.km)	公共财政 预算收入 (万元) Local Financial Budgetary Revenue (10 000 yuan)	公共财政 预算支出 (万元) Local Financial Budgetary Expenditure (10 000 yuan)	年末金融 机构各项 存款余额 (万元) Deposit Balance of Financial Institution at Year-end (10 000 yuan)	城乡居民储 蓄存款余额 (万元) Urban and Rural Household Savings Deposits (10 000 yuan)
山亭区	Shanting	52.6	1019	54612	195726	813536	574154
滕州市	Tengzhou	169.9	1495	705028	853484	5055758	3895082
东营市	**Dongying**						
东营区	Dongying	62.7	1178	311441	311286	23105094	7195631
河口区	Hekou	21.9	2267	174001	202501	2288221	1389147
垦利县	Kenli	22.8	2331	210177	256649	3429155	1440088
利津县	Lijin	29.8	1666	125000	232814	1180901	718241
广饶县	Guangrao	51.7	1166	424045	513060	6136318	2305941
烟台市	**Yantai**						
芝罘区	Zhifu	69.5	179	600083	330600	15670076	3125653
福山区	Fushan	46.7	711	1092669	1016832	12414918	4044286
牟平区	Mouping	46.7	1549	235681	311298	3499100	2274442
莱山区	Laishan	23.5	334	403443	377573	4154387	2067099
长岛县	Changdao	4.2	59	12901	68781	453862	287679
龙口市	Longkou	63.6	901	900517	869280	8213108	4479320
莱阳市	Laiyang	86.4	1731	138376	295820	3466797	2659740
莱州市	Laizhou	85.1	1928	572757	619232	5932653	4627974
蓬莱市	Penglai	44.9	1129	300017	376966	3773512	2375874
招远市	Zhaoyuan	56.7	1432	502200	534618	4726618	2961871
栖霞市	Qixia	61.3	2016	100006	248418	2212218	1788045
海阳市	Haiyang	65.5	1910	269567	333557	3191750	2334439
潍坊市	**Weifang**						
潍城区	Weicheng	35.7	270	205799	165851		
寒亭区	Hanting	39.1	1301	438100	406646		
坊子区	Fangzi	53.2	895	139443	240488		
奎文区	Kuiwen	49.6	168	689916	437836		
临朐县	Linqu	89.7	1831	141666	297160	3173888	2434776
昌乐县	Changle	62.4	1101	228939	280063	2698783	1889967
青州市	Qingzhou	93.7	1569	419550	468763	6620695	4545235
诸城市	Zhucheng	110.2	2151	682416	702156	5543192	3605571
寿光市	Shouguan	107.4	1990	900517	948700	8445227	4680394
安丘市	Anqiu	95.5	1712	190617	355472	3612076	2630491
高密市	Gaomi	89.0	1527	453730	492785	3937993	2747248
昌邑市	Changyi	58.5	1628	273326	421786	3590861	2670400
济宁市	**Jining**						
任城区	Rencheng	118.9	891	723425	547996	18213600	9215200
兖州区	Yanzhou	64.9	650	597649	521268	3646857	2421339
微山县	Weishan	72.6	1738	311896	403916	1858300	1252800
鱼台县	Yutai	47.2	654	101518	204976	1139774	936591

21-1 续表 2 continued

地 区	Region	年末总人口（万人）Total Population at Year-end (10 000 person)	行政区域土地面积（平方公里）Area of Local land (sq.km)	公共财政预算收入（万元）Local Financial Budgetary Revenue (10 000 yuan)	公共财政预算支出（万元）Local Financial Budgetary Expenditure (10 000 yuan)	年末金融机构各项存款余额（万元）Deposit Balance of Financial Institution at Year-end (10 000 yuan)	城乡居民储蓄存款余额（万元）Urban and Rural Household Savings Deposits (10 000 yuan)
金乡县	Jinxiang	65.6	888	132166	293191	1882205	1546630
嘉祥县	Jiaxiang	91.3	975	153789	302396	2382659	1973347
汶上县	Wenshang	80.4	889	137645	279105	2063000	1572100
泗水县	Sishui	63.3	1118	88700	272300	1426900	1153600
梁山县	Liangshan	81.0	961	117619	277216	2300758	1898235
曲阜市	Qufu	64.4	815	256928	413363	2629429	1803577
邹城市	Zoucheng	118.5	1617	671366	697551	7055946	3252634
泰安市	**Taian**						
泰山区	Taishan	65.3	337	313993	234205	2254800	1600300
岱岳区	Daiyue	97.6	1750	160917	347602	4918000	3036000
宁阳县	Ningyang	83.0	1125	137386	334390	1978265	1555672
东平县	Dongping	81.2	1339	125871	338084	2239146	1675013
新泰市	Xintai	141.3	1934	417017	652256	5061816	3681687
肥城市	Feicheng	99.0	1277	388306	537287	4224213	3040122
威海市	**Weihai**						
环翠区	Huancui	74.0	991	976102	683056	14687721	5511026
文登区	Wendeng	58.1	1615	492468	579255	4307176	2591359
荣成市	Rongcheng	66.8	1526	672789	1006177	6105911	3194390
乳山市	Rushan	55.8	1665	310358	406036	2803435	1957131
日照市	**Rizhao**						
东港区	Donggang	90.9	1262	777095	1032452	10985932	4870782
岚山区	Lanshan	42.8	778	209545	212826	1845233	1138800
五莲县	Wulian	51.1	1497	101795	246360	2051469	1495154
莒 县	Juxian	111.2	1821	128077	362300	3566172	2491249
莱芜市	**Laiwu**						
莱城区	Laicheng	98.0	1740	317768	398088	6496148	3673918
钢城区	Gangcheng	30.3	506	116642	117180	1845000	1078900
临沂市	**Linyi**						
兰山区	Lanshan	119.6	818	707177	489290	16768000	8008000
罗庄区	Luozhuang	63.2	642	233940	298305	4644763	1557240
河东区	Hedong	79.3	834	337857	405129	3816768	2750593
沂南县	Yinan	93.8	1719	148136	354134	2461128	2044848
郯城县	Tancheng	97.8	1195	116777	330165	2021375	1728544
沂水县	Yishui	115.1	2414	228819	450307	3648304	2844496
兰陵县	Lanling	137.5	1724	145826	385698	2633580	1976879
费 县	Feixian	86.5	1660	154599	349969	2371390	1866692
平邑县	Pingyi	105.4	1823	127804	351917	2209684	1689058
莒南县	Junan	103.8	1751	194131	427747	3005323	2328489
蒙阴县	Mengyin	56.9	1602	97562	306955	1673085	1283938
临沭县	Linshu	65.3	1010	138006	303890	2369298	1475929

21-1 续表 3 continued

地 区	Region	年末总人口(万人) Total Population at Year-end (10 000 persons)	行政区域土地面积(平方公里) Area of Local land (sq.km)	公共财政预算收入(万元) Local Financial Budgetary Revenue (10 000 yuan)	公共财政预算支出(万元) Local Financial Budgetary Expenditure (10 000 yuan)	年末金融机构各项存款余额(万元) Deposit Balance of Financial Institution at Year-end (10 000 yuan)	城乡居民储蓄存款余额(万元) Urban and Rural Household Savings Deposits (10 000 yuan)
德州市	**Dezhou**						
德城区	Decheng	63.3	538	461234	386198	8435697	4621661
陵城区	Lingcheng	59.8	1213	116601	225470	1677835	1358412
宁津县	Ningjin	51.7	833	71925	171056	1828754	1532350
庆云县	Qingyun	33.3	502	57045	180856	950985	694432
临邑县	Linyi	54.5	1016	142789	225886	1771012	1382979
齐河县	Qihe	63.7	1411	277165	366901	2099004	1494590
平原县	Pingyuan	46.9	1047	82429	183417	1590822	1267995
夏津县	Xiajin	51.3	882	79233	211740	1454985	1160502
武城县	Wucheng	39.5	751	88683	183047	1408116	1148126
乐陵市	Leling	70.7	1173	100775	296492	1736962	1354743
禹城市	Yucheng	52.5	992	181827	272866	1748904	1259243
聊城市	**Liaocheng**						
东昌府区	Dongchangfu	123.1	1443	712956	1304892	10113738	4965288
阳谷县	Yanggu	81.4	1066	123400	312600	2928300	2059700
莘 县	Shenxian	105.4	1420	103007	385674	2228076	1836810
茌平县	Chiping	55.1	1003	294457	407483	2404500	1646000
东阿县	Donge	40.4	729	108507	204178	1562552	1091300
冠 县	Guanxian	85.3	1161	103171	314404	2167717	1540883
高唐县	Gaotang	50.6	949	137822	248885	1818143	1210694
临清市	Linqing	80.2	950	176020	317421	2699796	2190270
滨州市	**Binzhou**						
滨城区	Bincheng	66.9	1041	539890	460358	7657950	3230504
沾化区	Zhanhua	39.6	2218	113500	219722	1145500	664913
惠民县	Huimin	64.9	1362	88006	281016	1692200	1110520
阳信县	Yangxin	46.4	798	73493	231688	1190822	754266
无棣县	Wudi	47.6	2090	197752	332118	1660663	983166
博兴县	Boxing	49.6	901	267070	378926	4315894	1987144
邹平县	Zouping	73.6	1250	620120	667017	6089686	2513915
菏泽市	**Heze**						
牡丹区	Mudan	158.2	1415	567691	1042127	7495357	4350565
曹 县	Caoxian	167.5	1974	220401	552096	2728311	2303693
单 县	Shanxian	125.4	1670	163656	434786	2352952	2005609
成武县	Chengwu	72.0	998	90016	252616	1622068	1337596
巨野县	Juye	107.4	1308	203478	372455	2589801	2089162
郓城县	Yuncheng	127.0	1643	220479	469156	3204637	2769794
鄄城县	Juancheng	90.9	1032	83614	305940	1954520	1685244
定陶县	Dingtao	69.3	846	77000	241323	1472738	1165549
东明县	Dongming	85.5	1370	150236	333900	2084313	1415405

21-1 续表 4 continued

地 区	Region	年末金融机构各项贷款余额（万元）Loan Balance of Financial Institution at Year-end (10 000 yuan)	粮食面积（公顷）Area of Grain (hectares)	粮食产量（吨）Output of Grain (ton)	油料产量（吨）Output of Oil-bearing Crops (ton)	蔬菜产量（吨）Output of Vegetables (ton)	水果产量（吨）Output of Fruits (ton)	肉类总产量（吨）Output of Meat (ton)	奶类产量（吨）Output of Milk (ton)
济南市	**Jinan**								
历下区	Lixia								
市中区	Shizhong		5040	22000	68	10252	2491	7031	11153
槐荫区	Huaiyin		3013	17000	14	7157		1814	7682
天桥区	Tianqiao		12453	67500	658	22454	1837	4963	446
历城区	Licheng		25973	139999	3340	849188	184997	44483	79449
长清区	Changqing		46487	275475	15879	675402	48280	32856	37821
平阴县	Pingyin	693046	32727	180951	11708	657871	139712	40200	31925
济阳县	Jiyang	891171	91593	570883	5850	1399640	48804	61057	38405
商河县	Shanghe	775989	106447	725812	344	978671	28838	79644	7293
章丘市	Zhangqiu	3092192	108733	645925	8081	1896702	75135	122364	77408
青岛市	**Qingdao**								
市南区	Shinan	69462000							
市北区	Shibei								
黄岛区	Huangdao	11001695	50147	252500	71317	410013	82971	59719	12480
崂山区	Laoshan		180	1100	542	9425	5810	1271	654
李沧区	Licang	4904211							
城阳区	Chengyang	6353139	4180	19695	114	75074	10802	8854	14240
胶州市	Jiaozhou	4783729	67293	405205	29893	1120624	44267	46430	17021
即墨市	Jimo	6977152	81047	478000	63268	564095	15397	60557	36268
平度市	Pingdu	2622648	200640	1456500	102956	2449274	357718	168126	29036
莱西市	Laixi	2478837	89573	601000	77426	1162445	241711	201956	244439
淄博市	**Zibo**								
淄川区	Zichuan	2229025	17873	65000	1493	28691	8558	15082	208
张店区	Zhangdian		5667	28500	168	19140	4528	3856	2765
博山区	Boshan	1288073	6867	22500	1472	135703	44786	7404	236
临淄区	Linzi	5216745	47500	345000	18	918447	9403	44445	14729
周村区	Zhoucun	1323731	14640	69500	681	45136	9705	10093	4001
桓台县	Huantai	3689939	46040	371500	5	61851	1224	12795	7529
高青县	Gaoqing	1202000	74327	534000	2050	382485	21393	36445	58989
沂源县	Yiyuan	1384412	7393	24000	16696	346526	870692	26749	2442
枣庄市	**Zaozhuang**								
市中区	Shizhong	2881982	12773	69000	10228	151130	10298	28118	3840
薛城区	Xuecheng	2094368	36080	209000	5409	236794	13739	31020	323
峄城区	Yicheng	727080	43600	249000	17028	672654	35895	21445	971
台儿庄区	Taierzhuang	556188	44280	251000	1410	560785	12879	23630	35053

21-1 续表 5 continued

地 区	Region	年末金融机构各项贷款余额(万元) Loan Balance of Financial Institution at Year-end (10 000 yuan)	粮食面积(公顷) Area of Grain (hectares)	粮食产量(吨) Output of Grain (ton)	油料产量(吨) Output of Oil-bearing Crops (ton)	蔬菜产量(吨) Output of Vegetables (ton)	水果产量(吨) Output of Fruits (ton)	肉类总产量(吨) Output of Meat (ton)	奶类产量(吨) Output of Milk (ton)
山亭区	Shanting	396638	22853	128500	23471	157120	131036	42055	8115
滕州市	Tengzhou	4155001	100627	773500	38235	2887843	59765	117735	790
东营市	**Dongying**								
东营区	Dongying	14618325	17273	100775	78	207756	8142	22875	15813
河口区	Hekou	1473772	15954	87511	1498	27706	37609	28184	169876
垦利县	Kenli	4078309	19102	108169	720	42184	10115	21346	22010
利津县	Lijin	1218169	32554	194091	1102	339271	31045	46971	328
广饶县	Guangrao	8539563	75714	507824	4	705857	5479	65482	103096
烟台市	**Yantai**								
芝罘区	Zhifu	12400552	37	208	165	17059	3334	754	3120
福山区	Fushan	7717933	2676	13941	6704	17273	79632	12521	3552
牟平区	Mouping	1857751	19841	106466	34956	103727	607255	75969	33287
莱山区	Laishan	2904755	2204	12242	3773	34899	40311	9165	3037
长岛县	Changdao	157331	87	308			398	16	24
龙口市	Longkou	5966273	15706	102862	9277	227663	392568	35737	42570
莱阳市	Laiyang	1790438	76533	458644	88278	498021	443818	102622	54408
莱州市	Laizhou	2657652	90968	579129	47655	279202	318764	89572	15620
蓬莱市	Penglai	2815622	10165	61964	29808	162369	792410	54571	7053
招远市	Zhaoyuan	2707661	37772	227634	60964	82003	587636	48832	10598
栖霞市	Qixia	1173063	16941	101993	59285	184356	1870565	23462	2418
海阳市	Haiyang	2126139	48236	269125	83062	430958	449925	54470	18572
潍坊市	**Weifang**								
潍城区	Weicheng		11953	74000	66	43847	20412	14024	4472
寒亭区	Hanting		39847	244000	605	171849	48614	46512	40209
坊子区	Fangzi		51260	320500	8869	540586	13001	43797	3372
奎文区	Kuiwen		2500	13000	120	526		1477	1431
临朐县	Linqu	2206946	47567	249000	14451	210226	204476	124477	82566
昌乐县	Changle	2222195	39060	234500	36804	1123275	63431	114489	45944
青州市	Qingzhou	4566884	53787	303000	40	1794391	97499	92922	18206
诸城市	Zhucheng	4913435	125913	795500	53792	1063217	63798	319524	4015
寿光市	Shouguan	7488103	87947	601500	282	4154245	61778	167188	9596
安丘市	Anqiu	2806871	58073	355500	48082	1674535	98311	121494	3868
高密市	Gaomi	3424372	126280	867500	30299	1034635	53271	198266	32616
昌邑市	Changyi	2261971	79187	502000	6981	547692	83523	94227	3870
济宁市	**Jining**								
任城区	Rencheng	13762400	58613	434500	276	333028	33753	38699	10171
兖州区	Yanzhou	2940343	55627	415500	3743	512418	5482	97268	4789
微山县	Weishan	953743	50007	343500	2013	360392	3385	44487	
鱼台县	Yutai	475251	38447	271000		677531	2149	35562	794

21-1 续表 6 continued

地 区	Region	年末金融机构各项贷款余额(万元) Loan Balance of Financial Institution at Year-end (10 000 yuan)	粮食面积(公顷) Area of Grain (hectares)	粮食产量(吨) Output of Grain (ton)	油料产量(吨) Output of Oil-bearing Crops (ton)	蔬菜产量(吨) Output of Vegetables (ton)	水果产量(吨) Output of Fruits (ton)	肉类总产量(吨) Output of Meat (ton)	奶类产量(吨) Output of Milk (ton)
金乡县	Jinxiang	1096774	8367	61500	579	1784303	27559	41920	6522
嘉祥县	Jiaxiang	1151633	85653	597500	2810	465677	13462	59751	7159
汶上县	Wenshang	1197800	81347	592500	8869	209359	9249	93617	46433
泗水县	Sishui	840400	34420	205500	63103	611775	54953	84802	4885
梁山县	Liangshan	949702	85367	595500	15976	727065	45370	70605	19885
曲阜市	Qufu	1410519	71507	517000	10555	219991	41340	63076	6186
邹城市	Zoucheng	5393450	76400	519000	60892	576721	41949	94576	15938
泰安市	**Taian**								
泰山区	Taishan	1532200	5330	40171	48	161019	9196	9416	115716
岱岳区	Daiyue	2503000	66529	503456	29325	2513145	206378	70865	146427
宁阳县	Ningyang	1019054	79925	589721	72686	1027210	49849	105152	108456
东平县	Dongping	1504211	87830	633769	20929	729168	10995	56765	11727
新泰市	Xintai	3601810	57647	423869	99719	1486549	156304	152847	122100
肥城市	Feicheng	2691311	77036	577076	10988	2150997	120192	83185	88986
威海市	**Weihai**								
环翠区	Huancui	9485942	14007	73001	25018	79955	132664	14728	11693
文登区	Wendeng	2884401	39373	255013	82353	267715	237359	47119	87113
荣成市	Rongcheng	4161188	39054	237557	62604	237035	159181	37913	52951
乳山市	Rushan	1890954	40433	247036	72941	386553	480735	86251	6316
日照市	**Rizhao**								
东港区	Donggang	12937243	28280	169252	45571	110932	96465	53463	3858
岚山区	Lanshan	2834544	23247	141726	36465	117441	36842	41701	4071
五莲县	Wulian	1625961	37800	206995	55737	229968	47647	45852	750
莒 县	Juxian	3034255	66640	414213	91966	666473	77552	120231	17361
莱芜市	**Laiwu**								
莱城区	Laicheng	3909661	37753	226500	11753	963742	56103	50830	990
钢城区	Gangcheng	2483800	5513	33000	7889	229832	42136	11843	910
临沂市	**Linyi**								
兰山区	Lanshan	13735000	32040	182500	23565	92196	34023	23214	15604
罗庄区	Luozhuang	3946116	27700	161000	10580	71965	4768	20406	29436
河东区	Hedong	2956310	46527	284500	20681	192450	18658	29134	3957
沂南县	Yinan	1190603	63520	364000	79337	1298993	69809	131594	16068
郯城县	Tancheng	1099869	95320	743500	14394	545894	10204	53013	1265
沂水县	Yishui	2484062	59313	363000	92990	715786	536148	147616	19526
兰陵县	Lanling	1672192	95913	650500	63609	2736597	63814	82311	3681
费 县	Feixian	1217279	51173	294000	87033	492137	203539	51251	3163
平邑县	Pingyi	1265912	49233	301000	80814	288618	192941	38179	1913
莒南县	Junan	1868892	77833	500500	126829	231957	44224	107297	725
蒙阴县	Mengyin	872044	20253	140500	41715	145055	976041	31369	
临沭县	Linshu	1688146	49240	292500	174168	145055	10213	51485	6725

21-1 续表 7 continued

地 区	Region	年末金融机构各项贷款余额(万元) Loan Balance of Financial Institution at Year-end (10 000 yuan)	粮食面积(公顷) Area of Grain (hectares)	粮食产量(吨) Output of Grain (ton)	油料产量(吨) Output of Oil-bearing Crops (ton)	蔬菜产量(吨) Output of Vegetables (ton)	水果产量(吨) Output of Fruits (ton)	肉类总产量(吨) Output of Meat (ton)	奶类产量(吨) Output of Milk (ton)
德州市	**Dezhou**								
德城区	Decheng	5861964	20447	143000	22	155145	17513	21025	9627
陵城区	Lingcheng	791243	119413	925500	6	234093	4552	82317	46775
宁津县	Ningjin	663101	65420	487500	3101	487500	23177	29435	6990
庆云县	Qingyun	635171	33227	225000	18	92367	43934	11425	136
临邑县	Linyi	1137663	97227	731000	22	549160	5593	118503	28987
齐河县	Qihe	1463571	131727	1016500	6009	1147148	11634	112166	22072
平原县	Pingyuan	623283	99127	762000	1289	894289	18470	77791	16858
夏津县	Xiajin	659143	63287	432000	2643	214572	24111	47154	1207
武城县	Wucheng	877857	58467	437000	6012	111742	6468	13788	4030
乐陵市	Leling	1218504	91833	696000	96	225008	236006	79992	7829
禹城市	Yucheng	1528509	82487	631000	4701	1838507	7876	85460	40249
聊城市	**Liaocheng**								
东昌府区	Dongchangfu	7629913	106820	746000	4859	1261017	20098	84957	21031
阳谷县	Yanggu	1842700	103627	725500	10278	1724670	43884	76033	30483
莘 县	Shenxian	1175261	106747	705000	27480	2402103	39129	145658	4563
茌平县	Chiping	2020400	89187	609500	22967	1520241	82655	72386	4500
东阿县	Donge	1081150	71893	490500	1081	336533	24007	27803	7372
冠 县	Guanxian	1502447	99627	657000	15078	1258948	319296	79531	14044
高唐县	Gaotang	1780469	78500	535500	18422	295930	8414	60369	4148
临清市	Linqing	1690927	86933	580500	2003	598286	85963	33671	20582
滨州市	**Binzhou**								
滨城区	Bincheng	5633351	49673	313500	335	147004	24766	20730	17298
沾化区	Zhanhua	828643	25847	166500	1509	60587	356812	48743	3734
惠民县	Huimin	1228740	94893	654102	7329	1227964	131276	58776	7360
阳信县	Yangxin	907167	70407	477500		153824	275931	90969	4486
无棣县	Wudi	1323456	42227	253898	1043	21675	220789	98904	2741
博兴县	Boxing	4115198	63020	457000	139	189618	2347	44167	2239
邹平县	Zouping	7091152	107367	781000	990	195044	27279	48167	47843
菏泽市	**Heze**								
牡丹区	Mudan	5363244	106073	678500	21502	834794	54575	80454	2884
曹 县	Caoxian	1764117	173093	1095500	24650	418238	21145	88465	44255
单 县	Shanxian	1495221	108327	690000	43673	1634255	236578	104260	7861
成武县	Chengwu	910575	78167	505000	1760	924777	30541	59764	745
巨野县	Juye	1500638	80867	510500	10047	818226	73943	53554	3150
郓城县	Yuncheng	1650109	165220	1054000	30235	1061249	48713	91407	2356
鄄城县	Juancheng	940265	85940	545500	56132	404063	38146	78520	1557
定陶县	Dingtao	831818	85620	548547	5593	681981	23293	75155	2478
东明县	Dongming	1898264	91360	579887	61926	423866	28644	63632	3212

21-1 续表 8 continued

地 区	Region	规模以上工业企业(万元) Industrial Enterprises above Designated Size (10 000 yuan) 工业总产值 Gross Industrial Output Value	主营业务收入 Revenue from Principal Business	利税总额 Total Profits and Taxes	社会消费品零售额(万元) Total Retail Sales of Consumer Goods (10 000 yuan)	出口总额(万美元) Total Exports (10 000 USD)	固定资产投资完成额(万元) Investment in Fixed Asset (10 000 yuan)
济南市	**Jinan**						
历下区	Lixia	3015547	3102400	981200	8293492	66718	2177776
市中区	Shizhong	3044560	3819527	198087	4399444	33338	1932930
槐荫区	Huaiyin	1663764	1623000	171000	4340591	31706	2561427
天桥区	Tianqiao	547803	576480	-37013	3698543	35692	1963504
历城区	Licheng	5680678	5859200	577200	4761638	111934	5102456
长清区	Changqing	2003621	1909293	75419	1243561	6550	2686908
平阴县	Pingyin	3427406	3350600	355360	866302	62843	2308077
济阳县	Jiyang	4693327	4557512	489592	1136578	17374	2629460
商河县	Shanghe	1931798	1883880	131052	798570	8463	1144921
章丘市	Zhangqiu	16176350	16557680	1965394	3513760	60279	5634895
青岛市	**Qingdao**						
市南区	Shinan	1375500	362423	1448	4916896	607308	1253379
市北区	Shibei	3090610	3595513	341489	6600403	162098	3244808
黄岛区	Huangdao	52197347	51131953	5158958	4590240	801746	17101586
崂山区	Laoshan	6062372	5752564	72477	1959831	495612	2197364
李沧区	Licang	3118800	4174600	490624	3329905	100165	4383811
城阳区	Chengyang	19408492	17537957	1355927	2240042	824013	7481470
胶州市	Jiaozhou	26281633	25714779	3176468	3289637	453096	8980124
即墨市	Jimo	31121334	30232178	3329649	3870665	408000	9479045
平度市	Pingdu	17261484	17399415	1949086	3501652	161000	6778909
莱西市	Laixi	11576800	10900333	823738	2662102	241372	6019000
淄博市	**Zibo**						
淄川区	Zichuan	23537533	23597097	2926070	2604167	108879	3755577
张店区	Zhangdian	23625226	22438204	2793477	6996008	156371	6356896
博山区	Boshan	7283390	6990335	788055	2274925	45978	3130917
临淄区	Linzi	25860019	25302721	1238527	2403006	74019	4146782
周村区	Zhoucun	10238200	10036684	981136	2109324	38285	2807630
桓台县	Huantai	17900764	17758686	931752	1948715	92606	3809504
高青县	Gaoqing	2938868	2914180	297576	611716	9302	1415894
沂源县	Yiyuan	5358442	5260645	990361	1339212	30610	1892588
枣庄市	**Zaozhuang**						
市中区	Shizhong	5113393	4882964	426766	1186085	39779	2062712
薛城区	Xuecheng	7297913	8760648	615765	1197078	16116	3856715
峄城区	Yicheng	3734123	3726436	313264	643788	12567	1884464
台儿庄区	Taierzhuang	3162918	3132482	256624	666668	8763	1259006

21-1 续表 9 continued

地 区	Region	规模以上工业企业(万元) Industrial Enterprises above Designated Size (10 000 yuan)			社会消费品零售额(万元) Total Retail Sales of Consumer Goods (10 000 yuan)	出口总额(万美元) Total Exports (10 000 USD)	固定资产投资完成额(万元) Investment in Fixed Asset (10 000 yuan)
		工业总产值 Gross Industrial Output Value	主营业务收入 Revenue from Principal Business	利税总额 Total Profits and Taxes			
山亭区	Shanting	2276502	2226162	193826	715605	14827	1179274
滕州市	Tengzhou	13878466	13659834	1316963	3644596	48219	6017086
东营市	**Dongying**						
东营区	Dongying	14498833	14113465	1034597	3404554	90238	5985183
河口区	Hekou	10122612	9926029	949160	509295	11567	3576851
垦利县	Kenli	22712320	22565237	3094135	608863	46387	4364123
利津县	Lijin	16333807	16304907	1512646	330651	10279	1715709
广饶县	Guangrao	42950002	42640954	4711823	1731671	293160	7704296
烟台市	**Yantai**						
芝罘区	Zhifu	1394597	1362831	81761	3998719	163970	1688477
福山区	Fushan	41545818	41290462	3627012	2266842	1539855	8814555
牟平区	Muping	11191585	10193799	1006395	1551880	67427	4155515
莱山区	Laishan	3539189	3387933	489178	1042244	105826	4013960
长岛县	Changdao	25006	27050	2319	188925	4579	65819
龙口市	Longkou	30731328	29969433	3042438	3545131	184547	5947851
莱阳市	Laiyang	8502216	8571392	760567	2591570	82263	1588261
莱州市	Laizhou	15790861	14917542	1597518	3066942	126227	4402366
蓬莱市	Penglai	14206668	14195153	1414950	1473841	80689	4011424
招远市	Zhaoyuan	17670411	17058797	1512050	1697583	145006	4032102
栖霞市	Qixia	2843438	2835888	202141	1366091	41571	1416603
海阳市	Haiyang	2859522	2691016	205543	1669490	78534	3882949
潍坊市	**Weifang**						
潍城区	Weicheng	2882979	2758200	103147	1476069	35855	2305500
寒亭区	Hanting	11483910	11488066	1241154	903365	160672	6343112
坊子区	Fangzi	3083948	3109658	159823	862079	52328	1603894
奎文区	Kuiwen	7477706	7451407	902036	4730169	146799	2560030
临朐县	Linqu	4233521	4250787	244736	1374982	34246	2770047
昌乐县	Changle	9514745	9575704	531064	1233357	78913	2983810
青州市	Qingzhou	14687975	14179457	1469674	2290146	52586	4895968
诸城市	Zhucheng	24675593	24635988	2209634	2329355	167699	5617980
寿光市	Shouguan	18605072	18896095	1367263	2788237	209127	5755595
安丘市	Anqiu	4847264	4871442	267973	1526038	91183	2701300
高密市	Gaomi	19265923	19165304	1753779	1865503	150716	4795111
昌邑市	Changyi	9436498	9685182	780222	1622471	65164	3236545
济宁市	**Jining**						
任城区	Rencheng	11612384	14507175	347800	4343470	56007	5525650
兖州区	Yanzhou	15418400	15177000	1034124	2062000	81149	4217127
微山县	Weishan	3477727	3437700	291800	1142503	10482	2316430
鱼台县	Yutai	607294	598222	23011	850396	9203	1320397

21-1 续表 10 continued

地 区	Region	规模以上工业企业(万元) Industrial Enterprises above Designated Size (10 000 yuan)			社会消费品零售额(万元) Total Retail Sales of Consumer Goods (10 000 yuan)	出口总额(万美元) Total Exports (10 000 USD)	固定资产投资完成额(万元) Investment in Fixed Asset (10 000 yuan)
		工业总产值 Gross Industrial Output Value	主营业务收入 Revenue from Principal Business	利税总额 Total Profits and Taxes			
金乡县	Jinxiang	2724264	2727171	252800	978497	39951	1453172
嘉祥县	Jiaxiang	2462896	2511400	252014	1020977	12450	1989300
汶上县	Wenshang	1611944	1877200	242500	1046080	8502	2016619
泗水县	Sishui	1485197	1578111	189067	854800	10559	1314000
梁山县	Liangshan	2596078	2578791	262600	903815	7548	1982864
曲阜市	Qufu	2398099	2632288	477359	1787747	16055	2379433
邹城市	Zoucheng	8169998	8393892	1373134	2635939	10740	4171171
泰安市	**Taian**						
泰山区	Taishan	5647783	5339556	748858	3147527	57950	3596847
岱岳区	Daiyue	6645452	6793731	422584	1658642	18714	4891304
宁阳县	Ningyang	13924334	13062736	1462195	1509872	14099	3488407
东平县	Dongping	11432864	11798074	1073993	1426005	6515	2931732
新泰市	Xintai	17179611	16649690	1519043	2924452	18094	5800915
肥城市	Feicheng	13313156	13166645	1373114	2621941	44801	5473192
威海市	**Weihai**						
环翠区	Huancui	15442497	15897254	1495001	4607547	837640	7460957
文登区	Wendeng	16955990	16911015	1196368	3101592	127776	5889902
荣成市	Rongcheng	29218016	28266284	2279037	3265187	229470	7336383
乳山市	Rushan	7709114	7456385	594616	2142272	67201	4750000
日照市	**Rizhao**						
东港区	Donggang	8888224	8960167	468068	2762575	206816	5314429
岚山区	Lanshan	6338554	5913459	103849	912668	142614	5119635
五莲县	Wulian	5522863	5386111	272532	794275	23156	1376642
莒 县	Juxian	4649160	4506833	324650	1569212	40800	2267359
莱芜市	**Laiwu**						
莱城区	Laicheng	12626427	13692009	306163	2601717	89350	4495390
钢城区	Gangcheng	4312477	4634838	-166839	607048	9063	1695349
临沂市	**Linyi**						
兰山区	Lanshan	19336813	18196563	1450000	5198974	156779	6451575
罗庄区	Luozhuang	10680688	10734189	595000	2436924	85423	4065683
河东区	Hedong	16099240	16317548	898000	1850073	79072	4070734
沂南县	Yinan	4920692	4965462	406000	1213695	23461	1838041
郯城县	Tancheng	6235554	6222528	760000	1360587	20508	1898424
沂水县	Yishui	11019834	10950960	861000	1835212	54270	2550780
兰陵县	Lanling	5601672	5643122	539000	2253285	27830	1856452
费 县	Feixian	6835491	6900189	809000	1091820	39110	1571730
平邑县	Pingyi	4927635	4923931	419000	1572480	17594	1608096
莒南县	Junan	7805014	7752076	564000	1400827	58970	3246468
蒙阴县	Mengyin	2634343	2682281	195000	1068136	11291	1233215
临沭县	Linshu	5297353	5861919	346000	1067830	31683	1800659

21-1 续表 11 continued

地 区	Region	规模以上工业企业(万元) Industrial Enterprises above Designated Size (10 000 yuan)			社会消费品零售额(万元) Total Retail Sales of Consumer Goods (10 000 yuan)	出口总额(万美元) Total Exports (10 000 USD)	固定资产投资完成额(万元) Investment in Fixed Asset (10 000 yuan)
		工业总产值 Gross Industrial Output Value	主营业务收入 Revenue from Principal Business	利税总额 Total Profits and Taxes			
德州市	**Dezhou**						
德城区	Decheng	14093624	13916378	1591318	2874003	62518	4444521
陵城区	Lingcheng	9394270	9062000	963000	918500	14639	1899677
宁津县	Ningjin	7586202	7466235	650000	992613	10916	1833943
庆云县	Qingyun	4634773	4657000	530000	708900	4421	1151073
临邑县	Linyi	8764000	8743000	893000	1133800	34365	2075503
齐河县	Qihe	10501952	10350445	1186000	1177705	27947	2122957
平原县	Pingyuan	6373500	6329000	628000	898400	10797	1614534
夏津县	Xiajin	8371754	8176013	886000	841500	2447	1413841
武城县	Wucheng	8360402	8358000	955000	790311	989	1669983
乐陵市	Leling	8486307	8388000	644000	1126695	21584	2071016
禹城市	Yucheng	10530841	10216000	972000	1111619	30269	2082012
聊城市	**Liaocheng**						
东昌府区	Dongchangfu	11272900	11424000	774500	3425574	65891	4615427
阳谷县	Yanggu	10110800	10010700	1036400	1496500	42645	2701600
莘 县	Shenxian	8267200	8231900	790595	1119498	4446	2260139
茌平县	Chiping	14769065	14641339	1199600	911761	23736	2704653
东阿县	Donge	5388631	5224479	823972	396733	13135	1245258
冠 县	Guanxian	10578704	10449432	958300	799045	44860	2197770
高唐县	Gaotang	17536800	17433100	1075100	962452	25494	2593129
临清市	Linqing	13516500	13457500	1294300	1490520	33485	2689918
滨州市	**Binzhou**						
滨城区	Bincheng	10148343	10051634	408996	2213952	116934	5430737
沾化区	Zhanhua	2562620	2534623	84411	773973	6811	1700150
惠民县	Huimin	4442862	4362792	252113	1020814	23464	1972938
阳信县	Yangxin	2454652	2120739	114434	635970	19380	1311173
无棣县	Wudi	4212022	3863927	233328	832209	9259	3498220
博兴县	Boxing	12195787	12507585	294447	1003581	101122	2496343
邹平县	Zouping	35595348	44699053	1999084	1656677	86946	2518742
菏泽市	**Heze**						
牡丹区	Mudan	15717229	14846851	2433613	2769175	28426	2616552
曹 县	Caoxian	10482648	10226789	1188366	2110020	83489	1349996
单 县	Shanxian	6615945	6512559	687619	1666200	14863	928161
成武县	Chengwu	4879930	4940538	758664	943720	9799	773118
巨野县	Juye	4992767	5070156	526405	1346850	31995	1001156
郓城县	Yuncheng	7909049	7899319	894472	1634690	9498	1264023
鄄城县	Juancheng	5485186	5500304	793811	1104340	28018	744619
定陶县	Dingtao	3710889	3712753	385483	856890	4359	732069
东明县	Dongming	12097557	12056628	871755	1089200	9256	1323783

21-1 续表 12 continued

地 区	Region	普通中学专任教师数（人）Full-time Teachers in Secondary Schools (person)	小 学 专任教师数（人）Full-time Teachers in Primary Schools (person)	普通中学在校学生数（人）Total Enrollment in Secondary Schools (person)	小 学 在校学生数（人）Total Enrollment in Primary Schools (person)	农村居民人均可支配收入（元）Per Captita Disposable Income of Rural Households (yuan)
济南市	**Jinan**					
历下区	Lixia	2143	2988	26357	51259	
市中区	Shizhong	2827	2661	35893	45513	16188
槐荫区	Huaiyin	1024	1645	11995	36715	
天桥区	Tianqiao	1181	2210	16622	36326	13186
历城区	Licheng	4150	3558	54344	69045	15718
长清区	Changqing	2111	2036	23834	29621	13990
平阴县	Pingyin	2045	1103	16728	18981	11793
济阳县	Jiyang	1191	2527	18187	32621	13226
商河县	Shanghe	1900	2683	28339	38950	11735
章丘市	Zhangqiu	4343	4007	53672	55471	16665
青岛市	**Qingdao**					
市南区	Shinan	817	1904	8551	29105	
市北区	Shibei	1677	3456	18962	51735	
黄岛区	Huangdao	5553	5936	57580	93417	16799
崂山区	Laoshan	1215	1367	11788	20035	19181
李沧区	Licang	1199	1732	14072	29230	
城阳区	Chengyang	2338	2883	21072	52307	18230
胶州市	Jiaozhou	3557	3916	40910	64124	17220
即墨市	Jimo	5084	5516	54247	84169	16912
平度市	Pingdu	5843	4992	59040	75769	16032
莱西市	Laixi	3250	2613	36864	36695	16447
淄博市	**Zibo**					
淄川区	Zichuan	3471	2269	38182	30426	14416
张店区	Zhangdian	3967	3235	56096	55272	16865
博山区	Boshan	2212	1413	24255	17656	13548
临淄区	Linzi	3202	2356	38276	30634	16671
周村区	Zhoucun	1808	1270	22670	17765	14150
桓台县	Huantai	2558	1673	33718	21920	15622
高青县	Gaoqing	1747	1298	22564	15644	11556
沂源县	Yiyuan	2647	2107	33966	23806	13536
枣庄市	**Zaozhuang**					
市中区	Shizhong	2405	2362	34679	62416	12548
薛城区	Xuecheng	2577	2865	34148	43745	11576
峄城区	Yicheng	1192	2305	17611	46884	12209
台儿庄区	Taierzhuang	902	1713	13504	33103	10585

21-1 续表 13 continued

地 区	Region	普通中学专任教师数(人) Full-time Teachers in Secondary Schools (person)	小 学专任教师数(人) Full-time Teachers in Primary Schools (person)	普通中学在校学生数(人) Total Enrollment in Secondary Schools (person)	小 学在校学生数(人) Total Enrollment in Primary Schools (person)	农村居民人均可支配收入(元) Per Captita Disposable Income of Rural Households (yuan)
山亭区	Shanting	1310	2627	15048	36500	10214
滕州市	Tengzhou	6211	6636	75680	102289	12925
东营市	**Dongying**					
东营区	Dongying	936	1032	10995	17013	15900
河口区	Hekou	887	993	10157	12366	14420
垦利县	Kenli	849	1014	10340	12201	14442
利津县	Lijin	1515	1001	15502	13648	13677
广饶县	Guangrao	3088	1606	31522	27741	15993
烟台市	**Yantai**					
芝罘区	Zhifu	2547	2199	27985	36888	
福山区	Fushan	2037	1703	23079	28440	17438
牟平区	Mouping	1835	1130	17800	13862	16061
莱山区	Laishan	514	614	5414	12398	17722
长岛县	Changdao	265	145	1700	1100	17208
龙口市	Longkou	3149	1832	30374	30428	17704
莱阳市	Laiyang	3381	2051	36288	33738	13269
莱州市	Laizhou	3772	2082	39822	32106	16849
蓬莱市	Penglai	1385	1268	12955	17406	16958
招远市	Zhaoyuan	2760	1406	27172	22088	16946
栖霞市	Qixia	2965	1882	22403	17381	12569
海阳市	Haiyang	2978	1743	28773	21037	15013
潍坊市	**Weifang**					
潍城区	Weicheng	1401	1628	14553	28845	15601
寒亭区	Hanting	1743	1922	19174	22762	14754
坊子区	Fangzi	2293	2361	28691	37401	14598
奎文区	Kuiwen	1625	2076	13037	42598	
临朐县	Linqu	3661	3500	34506	52254	13606
昌乐县	Changle	3442	2595	37413	38184	14297
青州市	Qingzhou	4144	3695	45136	49623	14936
诸城市	Zhucheng	4638	4502	54298	79422	15833
寿光市	Shouguan	3173	4330	33018	66518	16218
安丘市	Anqiu	3857	3760	40261	67041	14047
高密市	Gaomi	4646	3683	45646	66413	14408
昌邑市	Changyi	2351	2281	25627	33243	15082
济宁市	**Jining**					
任城区	Rencheng	3400	3981	44888	80858	12975
兖州区	Yanzhou	2504	2320	27948	40190	13921
微山县	Weishan	2678	2804	25275	44312	12113
鱼台县	Yutai	1792	1657	19500	31705	11588

21-1 续表 14 continued

地 区	Region	普通中学专任教师数（人）Full-time Teachers in Secondary Schools (person)	小 学专任教师数（人）Full-time Teachers in Primary Schools (person)	普通中学在校学生数（人）Total Enrollment in Secondary Schools (person)	小 学在校学生数（人）Total Enrollment in Primary Schools (person)	农村居民人均可支配收入（元）Per Captita Disposable Income of Rural Households (yuan)
金乡县	Jinxiang	2255	2619	28697	49783	12580
嘉祥县	Jiaxiang	2431	4281	37664	94519	11772
汶上县	Wenshang	1953	2893	19751	54306	12079
泗水县	Sishui	1829	2423	24786	32402	9495
梁山县	Liangshan	2403	2607	34383	56552	11452
曲阜市	Qufu	2444	2413	25130	29593	12111
邹城市	Zoucheng	4553	4786	47658	68164	13276
泰安市	**Taian**					
泰山区	Taishan	3435	1858	57219	42377	14200
岱岳区	Daiyue	3415	2386	54028	33713	12758
宁阳县	Ningyang	3246	3044	45728	34557	12605
东平县	Dongping	3056	2470	43741	34636	12126
新泰市	Xintai	5887	5023	83573	75489	13350
肥城市	Feicheng	4273	4738	52059	66243	14009
威海市	**Weihai**					
环翠区	Huancui	3960	2924	44447	51962	15768
文登区	Wendeng	2916	1599	20877	18962	17413
荣成市	Rongcheng	3258	1696	30015	26085	17856
乳山市	Rushan	2471	1432	16960	13983	13775
日照市	**Rizhao**					
东港区	Donggang	4029	4120	53199	68243	11076
岚山区	Lanshan	1609	1331	16152	23594	12481
五莲县	Wulian	2219	1873	22220	26867	12020
莒 县	Juxian	3827	4176	46529	78796	11757
莱芜市	**Laiwu**					
莱城区	Laicheng	4823	3411	70391	43623	13370
钢城区	Gangcheng	1111	963	14613	12306	14135
临沂市	**Linyi**					
兰山区	Lanshan	5368	6957	78391	162538	11621
罗庄区	Luozhuang	2120	3079	30081	68861	11506
河东区	Hedong	2324	3619	28955	65721	11319
沂南县	Yinan	3629	3722	39491	62867	10284
郯城县	Tancheng	3594	4379	35965	69157	10887
沂水县	Yishui	4237	4244	45152	65693	11218
兰陵县	Lanling	4316	5928	64089	147907	11092
费 县	Feixian	3281	2923	32652	63424	10584
平邑县	Pingyi	2982	4197	42148	61951	10721
莒南县	Junan	3940	4124	46370	52371	10284
蒙阴县	Mengyin	2102	1980	24701	32833	10042
临沭县	Linshu	2665	2696	32332	51031	10403

21-1 续表 15 continued

地 区	Region	普通中学专任教师数（人）Full-time Teachers in Secondary Schools (person)	小 学专任教师数（人）Full-time Teachers in Primary Schools (person)	普通中学在校学生数（人）Total Enrollment in Secondary Schools (person)	小 学在校学生数（人）Total Enrollment in Primary Schools (person)	农村居民人均可支配收入（元）Per Captita Disposable Income of Rural Households (yuan)
德州市	**Dezhou**					
德城区	Decheng	1653	2743	27497	56997	11606
陵城区	Lingcheng	1834	2631	25747	34398	11234
宁津县	Ningjin	1524	2076	20634	37489	11287
庆云县	Qingyun	1380	1634	15235	27446	10942
临邑县	Linyi	1800	3008	25372	35954	11347
齐河县	Qihe	1906	2988	28770	32913	11390
平原县	Pingyuan	1485	2653	23451	28129	11235
夏津县	Xiajin	1850	2333	26494	50198	10956
武城县	Wucheng	1366	1666	17908	28405	11289
乐陵市	Leling	2341	2753	25856	50691	11283
禹城市	Yucheng	1893	2179	25914	31899	11366
聊城市	**Liaocheng**					
东昌府区	Dongchangfu	5444	5633	74171	116919	10585
阳谷县	Yanggu	2696	3424	33575	54546	10349
莘 县	Shenxian	3988	4204	48514	92364	10540
茌平县	Chiping	2247	2281	25776	39281	10938
东阿县	Donge	1155	1473	16889	21902	10421
冠 县	Guanxian	2505	3160	29565	72303	10432
高唐县	Gaotang	1683	1896	22470	35538	10693
临清市	Linqing	2366	3061	32268	91365	10370
滨州市	**Binzhou**					
滨城区	Bincheng	2848	3033	36843	48432	13638
沾化区	Zhanhua	1508	1546	15907	20293	12944
惠民县	Huimin	2161	2333	26489	36453	12100
阳信县	Yangxin	2256	1532	23312	30026	11570
无棣县	Wudi	2188	2343	21421	29517	13143
博兴县	Boxing	2361	2279	26695	31523	13376
邹平县	Zouping	3300	2901	40462	48200	14678
菏泽市	**Heze**					
牡丹区	Mudan	6285	7640	85923	139246	9953
曹 县	Caoxian	4724	7371	76182	160252	9691
单 县	Shanxian	4132	5413	61341	94837	9757
成武县	Chengwu	2985	3526	31338	74894	9865
巨野县	Juye	3670	4809	46256	101518	9925
郓城县	Yuncheng	4435	6187	66827	119648	9977
鄄城县	Juancheng	2981	3997	48941	83353	9506
定陶县	Dingtao	2346	2908	30979	61058	9731
东明县	Dongming	2944	3780	45629	87390	9717

附录1

全国各省（市、自治区）主要经济指标

Main Economic Indicators of the Whole Country by Region

简 要 说 明

一、本篇资料的主要内容

本篇资料反映了全国各省、自治区、直辖市经济社会发展基本情况，主要包括行政区划、人口、国内生产总值及其构成、劳动工资、财政、农业、工业、投资、建筑业、交通运输、国内贸易、进出口、价格指数、居民生活和国际旅游等方面的资料。

二、本篇资料的来源

本篇资料来源于中国统计出版社出版的《中国统计摘要 2016》，由省统计局综合处整理。

Brief Introduction

I. Content

Data in this chapter reflect the basic Socio-economic development of some provinces, mainly including divisions of administrative areas, population, GDP and its components, wages, finance, agriculture, industry, investment, construction industry, communications, domestic trade, exports and imports, price indices, livelihood and tourism, etc.

II. Source of Data

Data in this chapter come from China Statistics Abstract 2016 published by China Statistics Press and are prepared and compiled by the Division of Comprehensive Statistics of Shandong Provincial Bureau of Statistics.

附录 1-1 各地区行政区划(2015年底)

Divisions of Administrative Areas by Region(Year-end of 2015)

单位:个 (unit)

省级区划名称	Provinces, Autonomous Regions and Municipalities	地级区划数 Number of Regions at Prefecture Level	#地级市 Cities at Prefecture Level	县级区划数 Number of Regions at County Level	#市辖区 Districts under the Jurisdiction of Cities	#县级市 Cities at County Level	#县 Counties	#自治县 Autonomous Counties
全国总计	**National Total**	**334**	**291**	**2850**	**921**	**361**	**1397**	**117**
北京市	Beijing			16	16			
天津市	Tianjin			16	15		1	
河北省	Hebei	11	11	170	42	20	102	6
山西省	Shanxi	11	11	119	23	11	85	
内蒙古自治区	Inner Mongolia	12	9	102	22	11	17	
辽宁省	Liaoning	14	14	100	57	16	19	8
吉林省	Jilin	9	8	60	21	20	16	3
黑龙江省	Heilongjiang	13	12	128	65	18	44	1
上海市	Shanghai			16	15		1	
江苏省	Jiangsu	13	13	97	55	21	21	
浙江省	Zhejiang	11	11	90	36	20	33	1
安徽省	Anhui	16	16	105	44	6	55	
福建省	Fujian	9	9	85	28	13	44	
江西省	Jiangxi	11	11	100	22	10	68	
山东省	**Shandong**	**17**	**17**	**137**	**51**	**28**	**58**	
河南省	Henan	17	17	158	51	21	86	
湖北省	Hubei	13	12	103	39	24	37	2
湖南省	Hunan	14	13	122	35	16	64	7
广东省	Guangdong	21	21	119	62	20	34	3
广西壮族自治区	Guangxi	14	14	110	37	8	53	12
海南省	Hainan	4	4	23	8	5	4	6
重庆市	Chongqing			38	23		11	4
四川省	Sichuan	21	18	183	50	16	113	4
贵州省	Guizhou	9	6	88	14	7	55	11
云南省	Yunnan	16	8	129	14	14	72	29
西藏自治区	Tibet	7	4	74	4		70	
陕西省	Shaanxi	10	10	107	28	3	76	
甘肃省	Gansu	14	12	86	17	4	58	7
青海省	Qinghai	8	2	43	6	3	27	7
宁夏回族自治区	Ningxia	5	5	22	9	2	11	
新疆维吾尔自治区	Xinjiang	14	3	104	12	24	62	6
香港特别行政区	Hong Kong Special Administrative Region							
澳门特别行政区	Macao Special Administrative Region							
台湾省	Taiwan							

注：本表资料由民政部提供。

a)Data in this table are provided by the Ministry of Civil Affairs.

附录 1-1 续表 continued

单位:个 (unit)

省级区划名称	Provinces, Autonomous Regions and Municipalities	乡镇级区划数 Number of Regions at Township Level	镇数 Number of Towns	乡数 Number of Townships	#民族乡 Minority Autonomous Township	街道办事处 Street Communities
全国总计	**National Total**	**39789**	**20515**	**11315**	**991**	**7957**
北京市	Beijing	331	143	38	5	150
天津市	Tianjin	244	121	6	1	117
河北省	Hebei	2251	1067	890	50	293
山西省	Shanxi	1398	564	632		202
内蒙古自治区	Inner Mongolia	1010	496	275	18	239
辽宁省	Liaoning	1532	648	213	56	671
吉林省	Jilin	901	429	182	28	290
黑龙江省	Heilongjiang	1234	512	374	52	348
上海市	Shanghai	213	107	2		104
江苏省	Jiangsu	1281	767	72	1	442
浙江省	Zhejiang	1350	641	265	14	444
安徽省	Anhui	1494	946	303	9	245
福建省	Fujian	1105	633	294	19	178
江西省	Jiangxi	1552	820	582	8	150
山东省	**Shandong**	**1826**	**1115**	**75**		**636**
河南省	Henan	2433	1105	703	12	625
湖北省	Hubei	1233	761	168	10	304
湖南省	Hunan	1911	1119	417	83	375
广东省	Guangdong	1584	1128	11	7	445
广西壮族自治区	Guangxi	1251	773	350	59	128
海南省	Hainan	218	175	21		22
重庆市	Chongqing	1025	617	195	14	213
四川省	Sichuan	4635	2032	2271	98	332
贵州省	Guizhou	1370	796	401	194	173
云南省	Yunnan	1389	681	545	140	163
西藏自治区	Tibet	694	140	544	9	10
陕西省	Shaanxi	1291	989	23		279
甘肃省	Gansu	1351	628	600	34	123
青海省	Qinghai	399	140	225	28	34
宁夏回族自治区	Ningxia	236	102	90		44
新疆维吾尔自治区	Xinjiang	1046	320	548	42	178
香港特别行政区	Hong Kong Special Administrative Region					
澳门特别行政区	Macao Special AdministrativeRegion					
台湾省	Taiwan					

附录 1-2 地区生产总值

Gross Domestic Product

单位:亿元 (100 million yuan)

地区	Region	2009	2010	2011	2012	2013	2014	2015
北京	Beijing	12153.0	14113.6	16251.9	17879.4	19800.8	21330.8	22968.6
天津	Tianjin	7521.9	9224.5	11307.3	12893.9	14442.0	15726.9	16538.2
河北	Hebei	17235.5	20394.3	24515.8	26575.0	28443.0	29421.2	29806.1
山西	Shanxi	7358.3	9200.9	11237.6	12112.8	12665.3	12761.5	12802.6
内蒙古	Inner Mongolia	9740.3	11672.0	14359.9	15880.6	16916.5	17770.2	18032.8
辽宁	Liaoning	15212.5	18457.3	22226.7	24846.4	27213.2	28626.6	28743.4
吉林	Jilin	7278.8	8667.6	10568.8	11939.2	13046.4	13803.1	14274.1
黑龙江	Heilongjiang	8587.0	10368.6	12582.0	13691.6	14454.9	15039.4	15083.7
上海	Shanghai	15046.5	17166.0	19195.7	20181.7	21818.2	23567.7	24965.0
江苏	Jiangsu	34457.3	41425.5	49110.3	54058.2	59753.4	65088.3	70116.4
浙江	Zhejiang	22990.4	27722.3	32318.9	34665.3	37756.6	40173.0	42886.5
安徽	Anhui	10062.8	12359.3	15300.7	17212.1	19229.3	20848.7	22005.6
福建	Fujian	12236.5	14737.1	17560.2	19701.8	21868.5	24055.8	25979.8
江西	Jiangxi	7655.2	9451.3	11702.8	12948.9	14410.2	15714.6	16723.8
山东	**Shandong**	**33896.7**	**39169.9**	**45361.9**	**50013.2**	**55230.3**	**59426.6**	**63002.3**
河南	Henan	19480.5	23092.4	26931.0	29599.3	32191.3	34938.2	37010.3
湖北	Hubei	12961.1	15967.6	19632.3	22250.5	24791.8	27379.2	29550.2
湖南	Hunan	13059.7	16038.0	19669.6	22154.2	24621.7	27037.3	29047.2
广东	Guangdong	39482.6	46013.1	53210.3	57067.9	62474.8	67809.9	72812.6
广西	Guangxi	7759.2	9569.9	11720.9	13035.1	14449.9	15672.9	16803.1
海南	Hainan	1654.2	2064.5	2522.7	2855.5	3177.6	3500.7	3702.8
重庆	Chongqing	6530.0	7925.6	10011.4	11409.6	12783.3	14262.6	15719.7
四川	Sichuan	14151.3	17185.5	21026.7	23872.8	26392.1	28536.7	30103.1
贵州	Guizhou	3912.7	4602.2	5701.8	6852.2	8086.9	9266.4	10502.6
云南	Yunnan	6169.8	7224.2	8893.1	10309.5	11832.3	12814.6	13717.9
西藏	Tibet	441.4	507.5	605.8	701.0	815.7	920.8	1026.4
陕西	Shaanxi	8169.8	10123.5	12512.3	14453.7	16205.5	17689.9	18171.9
甘肃	Gansu	3387.6	4120.8	5020.4	5650.2	6330.7	6836.8	6790.3
青海	Qinghai	1081.3	1350.4	1670.4	1893.5	2122.1	2303.3	2417.1
宁夏	Ningxia	1353.3	1689.7	2102.2	2341.3	2577.6	2752.1	2911.8
新疆	Xinjiang	4277.1	5437.5	6610.1	7505.3	8443.8	9273.5	9324.8

注：本表按当年价格计算。
a)Data in this table are calculated at current prices.

附录 1-3　地区生产总值和增长速度(2015年)

Gross Domestic Product and Growth Rate(2015)

地　区　Region	地区生产总值(亿元) Gross Domestic Product (100 million yuan)	第一产业 Primary Industry	第二产业 Secondary Industry	第三产业 Tertiary Industry	#工　业 Industry	#建筑业 Construct-ion	#交通运输、仓储和邮政 Transport, Storage and Post	#批发和零售 Wholesale and Retail	地区生产总值比上年增长(%) Growth Rate (%)
北　京 Beijing	22968.6	140.2	4526.4	18301.9	3662.9	965.9	957.9	2400.3	6.9
天　津 Tianjin	16538.2	208.8	7688.7	8640.7	6981.3	742.3	764.7	2075.1	9.3
河　北 Hebei	29806.1	3439.5	14388.0	11978.7	12626.2	1782.0	2479.9	2410.4	6.8
山　西 Shanxi	12802.6	788.1	5224.3	6790.2	4389.6	847.2	897.8	1077.1	3.1
内蒙古 Inner Mongolia	18032.8	1618.7	9200.6	7213.5	7939.2	1263.2	1087.3	1728.3	7.7
辽　宁 Liaoning	28743.4	2384.0	13382.6	12976.8	11637.3	1881.3	1578.3	2839.5	3.0
吉　林 Jilin	14274.1	1596.3	7337.1	5340.8	6439.8	927.1	522.0	1104.9	6.5
黑龙江 Heilongjiang	15083.7	2633.5	4798.1	7652.1	4053.8	850.1	697.8	1689.2	5.7
上　海 Shanghai	24965.0	109.8	7940.7	16914.5	7109.9	856.8	1130.9	3826.4	6.9
江　苏 Jiangsu	70116.4	3987.9	32043.6	34084.8	27996.4	4055.5	2705.4	6992.7	8.5
浙　江 Zhejiang	42886.5	1832.8	19707.1	21346.6	17209.4	2563.3	1598.7	5202.2	8.0
安　徽 Anhui	22005.6	2456.7	11342.3	8206.6	9659.8	1698.9	792.6	1603.5	8.7
福　建 Fujian	25979.8	2117.7	13218.7	10643.5	10974.4	2268.9	1469.4	2098.2	9.0
江　西 Jiangxi	16723.8	1773.0	8487.3	6463.5	6987.0	1500.6	736.2	1196.7	9.1
山　东 Shandong	**63002.3**	**4979.1**	**29485.9**	**28537.4**	**25910.8**	**3664.9**	**2434.5**	**8464.1**	**8.0**
河　南 Henan	37010.3	4209.6	18189.4	14611.3	16100.9	2160.3	1806.2	2465.4	8.3
湖　北 Hubei	29550.2	3309.8	13503.6	12736.8	11532.6	2039.6	1242.3	2332.3	8.9
湖　南 Hunan	29047.2	3331.6	12955.4	12760.2	11090.8	1877.7	1267.8	2344.0	8.6
广　东 Guangdong	72812.6	3344.8	32511.5	36956.2	30137.5	2441.9	2901.9	8134.4	8.0
广　西 Guangxi	16803.1	2566.0	7694.7	6542.4	6338.3	1360.9	764.4	1196.6	8.1
海　南 Hainan	3702.8	855.8	875.1	1971.8	485.9	390.4	185.8	446.8	7.8
重　庆 Chongqing	15719.7	1150.2	7071.8	7497.8	5557.5	1514.3	761.3	1345.4	11.0
四　川 Sichuan	30103.1	3677.3	14293.2	12132.6	12084.9	2325.6	1132.4	1690.8	7.9
贵　州 Guizhou	10502.6	1640.6	4146.9	4715.0	3315.6	832.6	920.4	671.4	10.7
云　南 Yunnan	13717.9	2055.7	5492.8	6169.4	3925.2	1574.5	304.5	1334.6	8.7
西　藏 Tibet	1026.4	96.9	376.2	553.3	69.9	306.3	31.7	67.4	11.0
陕　西 Shaanxi	18171.9	1597.6	9360.3	7213.9	7634.2	1787.2	686.5	1504.7	8.0
甘　肃 Gansu	6790.3	954.5	2494.8	3341.0	1778.1	730.9	274.7	508.0	8.1
青　海 Qinghai	2417.1	208.9	1207.3	1000.8	893.9	313.8	90.6	154.8	8.2
宁　夏 Ningxia	2911.8	238.5	1379.0	1294.3	979.7	400.0	200.7	137.6	8.0
新　疆 Xinjiang	9324.8	1559.1	3565.0	4200.7	2690.0	958.0	571.9	523.6	8.8

注：本表绝对数按当年价格计算，增长速度按不变价格计算。

a)Absolute figure are calculated at current prices,growth rate at constant prices.

附录 1-4 地区生产总值构成(2015年)

Composition of Gross Domestic Product by Region(2015)

(地区生产总值=100) (Gross Domestic Product=100)

地区 Region	第一产业 Primary Industry	第二产业 Secondary Industry	第三产业 Tertiary Industry	#工业 Industry	#建筑业 Construct-ion	#交通运输、仓储和邮政 Transport, Storage and Post	#批发和零售 Wholesale and Retail
北京 Beijing	0.6	19.7	79.7	15.9	4.2	4.2	10.5
天津 Tianjin	1.3	46.5	52.2	42.2	4.5	4.6	12.5
河北 Hebei	11.5	48.3	40.2	42.4	6.0	8.3	8.1
山西 Shanxi	6.2	40.8	53.0	34.3	6.6	7.0	8.4
内蒙古 Inner Mongolia	9.0	51.0	40.0	44.0	7.0	6.0	9.6
辽宁 Liaoning	8.3	46.6	45.1	40.5	6.5	5.5	9.9
吉林 Jilin	11.2	51.4	37.4	45.1	6.5	3.7	7.7
黑龙江 Heilongjiang	17.5	31.8	50.7	26.9	5.6	4.6	11.2
上海 Shanghai	0.4	31.8	67.8	28.5	3.4	4.5	15.3
江苏 Jiangsu	5.7	45.7	48.6	39.9	5.8	3.9	10.0
浙江 Zhejiang	4.3	46.0	49.8	40.1	6.0	3.7	12.1
安徽 Anhui	11.2	51.5	37.3	43.9	7.7	3.6	7.3
福建 Fujian	8.2	50.9	41.0	42.2	8.7	5.7	8.1
江西 Jiangxi	10.6	50.7	38.6	41.8	9.0	4.4	7.2
山东 Shandong	**7.9**	**46.8**	**45.3**	**41.1**	**5.8**	**3.9**	**13.4**
河南 Henan	11.4	49.1	39.5	43.5	5.8	4.9	6.7
湖北 Hubei	11.2	45.7	43.1	39.0	6.9	4.2	7.9
湖南 Hunan	11.5	44.6	43.9	38.2	6.5	4.4	8.1
广东 Guangdong	4.6	44.7	50.8	41.4	3.4	4.0	11.2
广西 Guangxi	15.3	45.8	38.9	37.7	8.1	4.5	7.1
海南 Hainan	23.1	23.6	53.3	13.1	10.5	5.0	12.1
重庆 Chongqing	7.3	45.0	47.7	35.4	9.6	4.8	8.6
四川 Sichuan	12.2	47.5	40.3	40.1	7.7	3.8	5.6
贵州 Guizhou	15.6	39.5	44.9	31.6	7.9	8.8	6.4
云南 Yunnan	15.0	40.0	45.0	28.6	11.5	2.2	9.7
西藏 Tibet	9.4	36.7	53.9	6.8	29.8	3.1	6.6
陕西 Shaanxi	8.8	51.5	39.7	42.0	9.8	3.8	8.3
甘肃 Gansu	14.1	36.7	49.2	26.2	10.8	4.0	7.5
青海 Qinghai	8.6	49.9	41.4	37.0	13.0	3.7	6.4
宁夏 Ningxia	8.2	47.4	44.4	33.6	13.7	6.9	4.7
新疆 Xinjiang	16.7	38.2	45.0	28.8	10.3	6.1	5.6

注：本表按当年价格计算。
a)Data in this table are calculated at current prices.

附录 1–5 年末总人口

Basic Statistics on National Population by Region

单位:万人 (10 000 persons)

地区	Region	2007	2008	2009	2010	2011	2012	2013	2014	2015
全国	**Total**	**132129**	**132802**	**133450**	**134091**	**134735**	**135404**	**136072**	**136782**	**137462**
北京	Beijing	1676	1771	1860	1962	2019	2069	2115	2152	2171
天津	Tianjin	1115	1176	1228	1299	1355	1413	1472	1517	1547
河北	Hebei	6943	6989	7034	7194	7241	7288	7333	7384	7425
山西	Shanxi	3393	3411	3427	3574	3593	3611	3630	3648	3664
内蒙古	Inner Mongolia	2429	2444	2458	2472	2482	2490	2498	2505	2511
辽宁	Liaoning	4298	4315	4341	4375	4383	4389	4390	4391	4382
吉林	Jilin	2730	2734	2740	2747	2749	2750	2751	2752	2753
黑龙江	Heilongjiang	3824	3825	3826	3833	3834	3834	3835	3833	3812
上海	Shanghai	2064	2141	2210	2303	2347	2380	2415	2426	2415
江苏	Jiangsu	7723	7762	7810	7869	7899	7920	7939	7960	7976
浙江	Zhejiang	5155	5212	5276	5447	5463	5477	5498	5508	5539
安徽	Anhui	6118	6135	6131	5957	5968	5988	6030	6083	6144
福建	Fujian	3612	3639	3666	3693	3720	3748	3774	3806	3839
江西	Jiangxi	4368	4400	4432	4462	4488	4504	4522	4542	4566
山东	**Shandong**	**9367**	**9417**	**9470**	**9588**	**9637**	**9685**	**9733**	**9789**	**9847**
河南	Henan	9360	9429	9487	9405	9388	9406	9413	9436	9480
湖北	Hubei	5699	5711	5720	5728	5758	5779	5799	5816	5852
湖南	Hunan	6355	6380	6406	6570	6596	6639	6691	6737	6783
广东	Guangdong	9660	9893	10130	10441	10505	10594	10644	10724	10849
广西	Guangxi	4768	4816	4856	4610	4645	4682	4719	4754	4796
海南	Hainan	845	854	864	869	877	887	895	903	911
重庆	Chongqing	2816	2839	2859	2885	2919	2945	2970	2991	3017
四川	Sichuan	8127	8138	8185	8045	8050	8076	8107	8140	8204
贵州	Guizhou	3632	3596	3537	3479	3469	3484	3502	3508	3530
云南	Yunnan	4514	4543	4571	4602	4631	4659	4687	4714	4742
西藏	Tibet	289	292	296	300	303	308	312	318	324
陕西	Shaanxi	3708	3718	3727	3735	3743	3753	3764	3775	3793
甘肃	Gansu	2548	2551	2555	2560	2564	2578	2582	2591	2600
青海	Qinghai	552	554	557	563	568	573	578	583	588
宁夏	Ningxia	610	618	625	633	639	647	654	662	668
新疆	Xinjiang	2095	2131	2159	2185	2209	2233	2264	2298	2360

注:1.全国总计含中国人民解放军现役军人数,不包括香港、澳门特别行政区和台湾地区数据;分省数据不含中国人民解放军现役军人数。

a)The military personnel were included in the national total population,but excluded in the regional total population.The national total population excluded the population of Hong Kong,Macao and Taiwan.

附录 1-6 全社会固定资产投资

Total Investment in Fixed Assets in the Whole Country

单位：亿元 (100 million yuan)

地 区	Region	2009	2010	2011	2012	2013	2014	2015
全国总计	**Total**	**224598.8**	**278121.9**	**311485.1**	**374694.7**	**446294.1**	**512760.7**	**561999.8**
北 京	Beijing	4616.9	5403.0	5578.9	6112.4	6847.1	6924.2	7496.0
天 津	Tianjin	4738.2	6278.1	7067.7	7934.8	9130.2	10518.2	11832.0
河 北	Hebei	12269.8	15083.4	16389.3	19661.3	23194.2	26671.9	29448.2
山 西	Shanxi	4943.2	6063.2	7073.1	8863.3	11031.9	12296.1	14074.2
内蒙古	Inner Mongolia	7336.8	8926.5	10365.2	11875.7	14217.4	17585.0	13702.3
辽 宁	Liaoning	12292.5	16043.0	17726.3	21836.3	25107.7	24730.8	17917.9
吉 林	Jilin	6411.6	7870.4	7441.7	9511.5	9979.3	11486.5	12705.3
黑龙江	Heilongjiang	5028.8	6812.6	7475.4	9694.7	11453.1	9878.2	10183.0
上 海	Shanghai	5043.8	5108.9	4962.1	5117.6	5647.8	6016.5	6352.7
江 苏	Jiangsu	18949.9	23184.3	26692.6	30854.2	36373.3	41938.7	46246.9
浙 江	Zhejiang	10742.3	12376.0	14185.3	17649.4	20782.1	24262.8	27323.3
安 徽	Anhui	8990.7	11542.9	12455.7	15425.8	18621.9	21688.5	24385.9
福 建	Fujian	6231.2	8199.1	9910.9	12439.9	15327.4	18219.8	21301.4
江 西	Jiangxi	6643.1	8772.3	9087.6	10774.2	12850.3	15109.9	17388.1
山 东	**Shandong**	**19034.5**	**23280.5**	**26749.7**	**31256.0**	**36789.1**	**42495.5**	**48312.5**
河 南	Henan	13704.5	16585.9	17769.0	21450.0	26087.5	30782.2	35660.4
湖 北	Hubei	7866.9	10262.7	12557.3	15578.3	19307.3	22965.3	26563.9
湖 南	Hunan	7703.4	9663.6	11880.9	14523.2	17841.4	21269.7	25045.1
广 东	Guangdong	12933.1	15623.7	17069.2	18751.5	22308.4	26294.0	30343.1
广 西	Guangxi	5237.2	7057.6	7990.7	9808.6	11907.7	13843.2	16227.7
海 南	Hainan	988.3	1317.0	1657.2	2145.4	2697.9	3112.3	3451.2
重 庆	Chongqing	5214.3	6688.9	7473.4	8736.2	10435.2	12281.1	14353.2
四 川	Sichuan	11371.9	13116.7	14222.2	17040.0	20326.1	23318.7	25525.9
贵 州	Guizhou	2412.0	3104.9	4235.9	5717.8	7373.6	9025.7	10945.5
云 南	Yunnan	4526.4	5528.7	6191.0	7831.1	9968.3	11498.6	13500.6
西 藏	Tibet	378.3	462.7	516.3	670.5	876.0	1069.2	1295.7
陕 西	Shaanxi	6246.9	7963.7	9431.1	12044.5	14884.1	17192.1	18582.2
甘 肃	Gansu	2363.0	3158.3	3965.8	5145.0	6527.9	7884.1	8754.2
青 海	Qinghai	798.2	1016.9	1435.6	1883.4	2361.1	2861.2	3210.7
宁 夏	Ningxia	1075.9	1444.2	1644.7	2096.9	2651.1	3173.8	3505.4
新 疆	Xinjiang	2725.5	3423.2	4632.1	6158.8	7732.3	9438.3	10813.0
不分地区	Not Classified by Region	5779.7	6759.1	5651.3	6106.4	5655.4	6928.7	5552.4

附录 1-7 固定资产投资
Investment in Fixed Assets

单位:亿元 (100 million yuan)

地区	Region	2009	2010	2011	2012	2013	2014	2015
全国总计	**Total**	**193920.39**	**241430.89**	**302396.06**	**364854.15**	**435747.43**	**502004.90**	**551590.04**
北京	Beijing	4149.63	4916.53	5519.84	6064.86	6797.54	6873.44	7446.02
天津	Tianjin	4446.57	5896.52	7040.68	7913.26	9103.01	10490.37	11814.57
河北	Hebei	10476.50	12922.66	15780.26	19104.63	22629.77	26147.20	28905.74
山西	Shanxi	4509.56	5526.60	6837.69	8584.85	10745.35	11976.96	13744.59
内蒙古	Inner Mongolia	7143.84	8687.99	10252.97	11749.77	14072.39	17431.05	13529.15
辽宁	Liaoning	11605.12	15106.33	17431.46	21535.37	24791.40	24426.83	17640.37
吉林	Jilin	5958.95	7395.23	7226.65	9262.23	9725.76	11254.84	12508.59
黑龙江	Heilongjiang	4695.74	6292.67	7157.92	9375.44	11121.28	9587.09	9884.28
上海	Shanghai	4618.91	4630.47	4959.93	5114.64	5644.13	6012.97	6349.39
江苏	Jiangsu	14266.80	17416.47	26313.46	30473.74	35982.52	41552.75	45905.17
浙江	Zhejiang	7454.33	8438.08	13651.65	17095.96	20194.07	23554.76	26664.72
安徽	Anhui	7945.50	10281.29	12007.87	14943.81	18091.21	21069.24	23803.93
福建	Fujian	5548.61	7385.78	9677.09	12182.52	15045.81	17911.71	20973.98
江西	Jiangxi	6008.12	7856.94	8753.93	10378.37	12434.95	14677.04	16993.90
山东	**Shandong**	**15439.10**	**18844.41**	**25907.38**	**30319.76**	**35875.86**	**41599.13**	**47381.46**
河南	Henan	11454.89	13934.82	16934.32	20558.61	25188.06	30012.28	34951.28
湖北	Hubei	7183.67	9405.63	12195.39	15148.71	18796.85	22491.67	26086.42
湖南	Hunan	6880.00	8617.98	11407.74	13966.26	17225.19	20575.33	24324.17
广东	Guangdong	10230.05	12599.26	16599.16	18250.13	21795.52	25843.06	29950.48
广西	Guangxi	4689.88	6383.26	7580.90	9345.18	11383.93	13287.60	15654.95
海南	Hainan	942.68	1257.50	1599.14	2064.44	2625.59	3039.46	3355.40
重庆	Chongqing	4855.11	6170.61	7366.95	8610.37	10290.95	12136.52	14208.15
四川	Sichuan	9090.09	11061.38	13687.75	16530.31	19755.29	22662.26	24965.56
贵州	Guizhou	2049.83	2609.36	4026.47	5504.95	7102.78	8778.40	10676.70
云南	Yunnan	4117.51	5052.61	5932.75	7553.51	9621.83	11073.86	13069.39
西藏	Tibet	327.64	404.98	516.31	670.52	876.00	1069.23	1295.68
陕西	Shaanxi	5888.37	7569.90	9108.98	11705.83	14533.51	16840.44	18231.03
甘肃	Gansu	2076.36	2808.55	3870.08	5040.03	6407.20	7759.62	8626.60
青海	Qinghai	689.09	840.01	1365.91	1808.67	2285.30	2788.91	3144.17
宁夏	Ningxia	964.16	1292.80	1589.14	2033.03	2577.79	3093.92	3426.42
新疆	Xinjiang	2434.15	3065.13	4444.99	5857.98	7371.24	9058.31	10525.42
不分地区	Not Classified by Region	5779.66	6759.14	5651.29	6106.38	5655.37	6928.66	5552.35

注：2010年以前为城镇固定资产投资口径，2011年以后为固定资产投资(不含农户)口径。

a)Caliber of data is Investment in Urban Area before 2010 and investment in fixed assets (excluding farmers) after 2011.

附录 1-8　房地产开发企业房屋施工、竣工面积和商品房销售面积

Floor Space of Buildings for Real Estate Development

单位:万平方米　　(10 000 sq.m)

地　区	Region	房屋施工面积 Floor Space of Builings under Construction		房屋竣工面积 Floor Space of Builings Completed		商品房销售面积 Floor Space of Builings Sold	
		2014	2015	2014	2015	2014	2015
全国总计	**Total**	**726482**	**735693**	**107459**	**100039**	**120649**	**128495**
北　京	Beijing	13588	12993	3054	2631	1454	1554
天　津	Tianjin	10652	10230	2925	2904	1613	1771
河　北	Hebei	31628	30435	4038	4039	5706	5855
山　西	Shanxi	15477	15734	2182	2114	1576	1593
内蒙古	Inner Mongolia	18474	17641	2012	1697	2457	2369
辽　宁	Liaoning	38617	29283	6147	3238	5755	3916
吉　林	Jilin	12268	11566	1574	1287	1582	1492
黑龙江	Heilongjiang	14218	12410	3001	2924	2476	1997
上　海	Shanghai	14690	15095	2313	2647	2085	2431
江　苏	Jiangsu	57638	58118	9620	10297	9847	11414
浙　江	Zhejiang	42144	41687	6390	5893	4677	5985
安　徽	Anhui	33479	34245	5196	5538	6202	6174
福　建	Fujian	30052	30891	3584	3437	4119	4038
江　西	Jiangxi	13333	15294	1872	1908	3067	3478
山　东	**Shandong**	**54508**	**57206**	**7787**	**8278**	**9180**	**9727**
河　南	Henan	38858	40994	7324	5390	7880	8556
湖　北	Hubei	26322	28296	3431	2785	5602	6245
湖　南	Hunan	27748	28322	4023	3970	5440	6363
广　东	Guangdong	53977	57942	7328	6044	9316	11681
广　西	Guangxi	17472	18608	1866	1675	3157	3523
海　南	Hainan	7557	8317	1204	1069	1004	1052
重　庆	Chongqing	28624	28986	3718	4630	5100	5381
四　川	Sichuan	36499	38981	5334	4546	7142	7671
贵　州	Guizhou	20369	20878	2842	2583	3178	3560
云　南	Yunnan	20035	20722	1789	2547	3194	3145
西　藏	Tibet	273	381	52	92	59	51
陕　西	Shaanxi	19466	20752	2189	1682	3094	2979
甘　肃	Gansu	7660	8586	813	962	1326	1435
青　海	Qinghai	2546	2586	559	454	416	393
宁　夏	Ningxia	7019	7046	1204	1169	1129	839
新　疆	Xinjiang	11289	11465	2086	1609	1816	1825

附录 1-9 房地产开发企业(单位)投资和商品房销售额

Investment and Total Sale of Commercial Buildings of Enterprises for Real Estate Development

单位:亿元 (100 million yuan)

地区	Region	房地产开发投资额 Investment for Real Estate		商品房销售额 Total Sale of Commercial Buildings		#住宅 Residential	
		2014	2015	2014	2015	2014	2015
全国总计	**Total**	**95035.6**	**95978.8**	**76292.4**	**87280.8**	**62411.0**	**72753.0**
北京	Beijing	3715.3	4177.0	2738.7	3517.6	2102.5	2512.9
天津	Tianjin	1699.6	1871.5	1486.9	1790.0	1309.7	1646.4
河北	Hebei	4059.7	4285.3	2928.0	3371.6	2501.6	2854.2
山西	Shanxi	1403.6	1494.9	746.1	775.6	639.8	702.3
内蒙古	Inner Mongolia	1370.9	1081.1	1064.8	1052.2	765.0	766.1
辽宁	Liaoning	5301.3	3558.6	3092.1	2255.0	2518.9	1907.6
吉林	Jilin	1030.1	924.2	808.6	816.9	667.6	680.3
黑龙江	Heilongjiang	1324.1	992.1	1208.5	1027.1	962.7	824.2
上海	Shanghai	3206.5	3468.9	3499.5	5093.5	2923.4	4319.9
江苏	Jiangsu	8240.2	8153.7	6898.4	8396.2	5969.6	7374.9
浙江	Zhejiang	7262.4	7111.9	4923.0	6299.5	4172.6	5519.3
安徽	Anhui	4339.0	4424.9	3345.2	3369.4	2691.8	2714.3
福建	Fujian	4567.4	4469.6	3763.5	3585.8	2939.6	2839.8
江西	Jiangxi	1322.5	1520.1	1621.8	1863.7	1379.5	1606.7
山东	**Shandong**	**5818.0**	**5892.2**	**4879.7**	**5408.0**	**4009.5**	**4510.8**
河南	Henan	4375.7	4818.9	3440.6	3945.6	2739.7	3300.3
湖北	Hubei	3983.8	4249.2	3088.3	3661.4	2543.8	3198.5
湖南	Hunan	2883.6	2613.7	2299.1	2738.9	1858.6	2253.8
广东	Guangdong	7638.5	8538.5	8461.8	11442.8	6960.3	9967.3
广西	Guangxi	1838.5	1909.1	1532.1	1747.8	1274.6	1459.4
海南	Hainan	1431.7	1704.0	935.2	982.8	873.2	908.6
重庆	Chongqing	3630.2	3751.3	2815.0	2952.2	2253.3	2244.4
四川	Sichuan	4380.1	4813.0	3997.4	4199.8	3145.0	3269.5
贵州	Guizhou	2187.7	2205.1	1370.3	1571.7	1000.0	1068.1
云南	Yunnan	2846.7	2669.0	1596.4	1666.9	1165.4	1236.8
西藏	Tibet	52.9	50.0	34.3	21.1	28.6	16.7
陕西	Shaanxi	2426.5	2494.3	1598.0	1597.4	1368.1	1381.3
甘肃	Gansu	721.5	768.1	602.3	704.9	513.5	603.1
青海	Qinghai	308.3	336.0	211.3	206.0	155.8	139.8
宁夏	Ningxia	654.8	633.6	465.0	370.3	352.0	284.0
新疆	Xinjiang	1014.8	998.9	840.5	849.2	625.3	641.6

附录 1–10　地方财政收入

Final Statement of Government Revenue by Region

单位:亿元　　(100 million yuan)

地　区　Region	2005	2006	2007	2008	2009	2010	2011	2012	2013	2014	2015
地方总计　Total	**14884.2**	**18303.6**	**23572.6**	**28644.9**	**32580.7**	**40610.0**	**52547.1**	**61078.3**	**69011.2**	**75876.6**	**82982.7**
北　京　Beijing	919.2	1117.2	1492.6	1837.3	2026.8	2353.9	3006.3	3314.9	3661.1	4027.2	4723.9
天　津　Tianjin	331.9	417.0	540.4	675.5	821.4	1068.8	1455.1	1760.0	2079.1	2390.4	2667.0
河　北　Hebei	515.7	620.5	789.1	944.6	1066.2	1330.8	1737.8	2084.3	2295.6	2446.6	2648.5
山　西　Shanxi	368.3	583.4	597.9	747.9	805.8	969.7	1213.4	1516.4	1701.6	1820.6	1642.2
内蒙古　Inner Mongolia	277.5	343.4	492.4	649.6	850.8	1070.0	1356.7	1552.7	1721.0	1843.7	1963.5
辽　宁　Liaoning	675.3	817.7	1082.7	1356.1	1591.0	2004.8	2643.2	3105.4	3343.8	3192.8	2125.6
吉　林　Jilin	207.2	245.2	320.7	422.8	487.1	602.4	850.1	1041.3	1157.0	1203.4	1229.3
黑龙江　Heilongjiang	318.2	386.8	440.5	578.4	641.6	755.6	997.6	1163.2	1277.4	1301.3	1165.2
上　海　Shanghai	1417.4	1576.1	2074.5	2358.7	2540.3	2873.6	3429.8	3743.7	4109.5	4585.6	5519.5
江　苏　Jiangsu	1322.7	1656.7	2237.7	2731.1	3228.6	4079.9	5148.9	5860.7	6568.5	7233.1	8028.6
浙　江　Zhejiang	1066.6	1298.2	1649.5	1933.1	2142.4	2608.5	3150.8	3441.2	3796.9	4122.0	4809.5
安　徽　Anhui	334.0	428.0	543.7	724.6	863.9	1149.4	1463.6	1792.7	2075.1	2218.4	2454.2
福　建　Fujian	432.6	541.2	699.5	833.3	932.3	1151.5	1501.5	1776.2	2119.4	2362.2	2544.1
江　西　Jiangxi	252.9	305.5	389.9	488.6	581.2	777.8	1053.4	1372.0	1621.2	1881.8	2165.5
山　东　Shandong	**1073.1**	**1356.3**	**1675.4**	**1957.1**	**2198.6**	**2749.4**	**3455.9**	**4059.4**	**4559.9**	**5026.8**	**5529.3**
河　南　Henan	537.7	679.2	862.1	1009.1	1126.1	1381.0	1721.8	2040.3	2415.4	2739.3	3009.6
湖　北　Hubei	375.5	476.1	590.4	710.2	800.4	1011.2	1526.9	1823.1	2191.2	2566.9	3005.4
湖　南　Hunan	395.3	477.9	606.6	722.7	845.0	1066.0	1517.1	1782.2	2030.9	2262.8	2515.8
广　东　Guangdong	1807.2	2179.5	2785.8	3310.0	3649.2	4515.7	5514.8	6229.2	7081.5	8065.1	9364.8
广　西　Guangxi	283.0	342.6	418.8	518.7	620.8	772.3	947.7	1166.1	1317.6	1422.3	1515.1
海　南　Hainan	68.7	81.8	108.3	145.0	178.2	271.1	340.1	409.4	481.0	555.3	627.7
重　庆　Chongqing	256.8	317.7	442.7	577.2	655.6	1018.4	1488.3	1703.5	1693.2	1922.0	2155.1
四　川　Sichuan	479.7	607.6	850.9	1041.7	1174.2	1561.0	2044.8	2421.3	2784.1	3061.1	3349.2
贵　州　Guizhou	182.5	226.8	285.1	349.5	416.5	533.9	773.1	1014.1	1206.4	1366.7	1503.3
云　南　Yunnan	312.6	380.0	486.7	613.6	698.2	871.2	1111.2	1338.2	1611.3	1698.1	1808.1
西　藏　Tibet	12.0	14.6	20.1	24.9	30.1	36.7	54.8	86.6	95.0	124.3	137.1
陕　西　Shaanxi	275.3	362.5	475.2	591.3	733.9	957.9	1500.2	1600.7	1748.3	1890.4	2059.9
甘　肃　Gansu	123.5	141.2	190.9	264.9	286.7	353.6	450.1	520.4	607.3	672.7	743.9
青　海　Qinghai	33.8	42.2	56.7	71.6	87.7	110.2	151.8	186.4	223.9	251.7	267.1
宁　夏　Ningxia	47.7	61.4	80.0	95.0	111.5	153.6	220.0	264.0	308.3	339.9	373.7
新　疆　Xinjiang	180.3	219.5	285.9	361.1	388.8	500.6	720.4	909.0	1128.5	1282.3	1331.0

注：本表数据为地方财政本级收入。

a)Data in this table are the revenue of local governments.

附录 1-11 地方财政支出

Final Statement of Government Expenditure by Region

单位:亿元 (100 million yuan)

地 区	Region	2005	2006	2007	2008	2009	2010	2011	2012	2013	2014	2015
地方总计	**Total**	**25154.3**	**30431.3**	**38339.3**	**49052.7**	**60593.8**	**73602.0**	**92733.7**	**107188.3**	**119740.3**	**129215.5**	**150218.8**
北京	Beijing	1058.3	1296.8	1649.5	1956.0	2301.7	2716.0	3245.2	3685.3	4173.7	4524.7	5751.4
天津	Tianjin	442.1	543.1	674.3	869.0	1099.2	1351.3	1796.3	2143.2	2549.2	2884.7	3233.0
河北	Hebei	979.2	1180.4	1506.6	1851.7	2311.8	2778.9	3537.4	4079.4	4409.6	4677.3	5593.2
山西	Shanxi	668.8	915.6	1049.9	1313.1	1556.7	1928.4	2363.9	2759.5	3030.1	3085.3	3443.4
内蒙古	Inner Mongolia	681.9	812.1	1082.3	1465.2	1925.1	2280.5	2989.2	3426.0	3686.5	3880.0	4293.4
辽宁	Liaoning	1204.4	1422.7	1764.3	2151.9	2651.4	3194.4	3905.9	4558.6	5197.4	5080.5	4461.8
吉林	Jilin	631.1	718.4	883.8	1180.1	1479.2	1787.3	2201.7	2471.2	2744.8	2913.2	3217.1
黑龙江	Heilongjiang	787.8	968.5	1187.3	1542.3	1877.7	2253.3	2794.1	3171.5	3369.2	3434.2	4022.1
上海	Shanghai	1646.3	1795.6	2181.7	2593.9	2989.6	3302.9	3914.9	4184.0	4528.6	4923.4	6191.6
江苏	Jiangsu	1673.4	2013.3	2553.7	3201.6	3885.0	4835.2	6221.7	7027.7	7798.5	8472.4	9681.5
浙江	Zhejiang	1265.5	1471.9	1806.8	2208.3	2653.8	3208.4	3842.6	4161.9	4730.5	5159.6	6645.6
安徽	Anhui	713.1	940.2	1243.8	1621.6	2101.0	2566.9	3303.0	3961.0	4349.7	4664.1	5233.2
福建	Fujian	593.1	728.7	910.6	1125.3	1403.8	1678.7	2198.2	2607.5	3068.8	3306.7	3995.8
江西	Jiangxi	564.0	696.4	905.1	1208.4	1548.6	1911.0	2534.6	3019.2	3470.3	3882.7	4419.9
山东	**Shandong**	**1466.2**	**1833.4**	**2261.8**	**2704.7**	**3267.7**	**4145.0**	**5002.1**	**5904.5**	**6688.8**	**7177.3**	**8249.9**
河南	Henan	1116.0	1440.1	1870.6	2283.9	2902.6	3413.2	4248.8	5006.4	5582.3	6028.7	6806.5
湖北	Hubei	778.7	1047.0	1277.3	1638.0	2107.3	2465.2	3214.7	3759.8	4371.6	4934.1	6094.2
湖南	Hunan	873.4	1064.5	1357.0	1717.7	2118.6	2702.5	3520.8	4119.0	4690.9	5017.4	5657.3
广东	Guangdong	2289.1	2553.3	3159.6	3756.7	4305.4	5414.8	6712.4	7387.9	8411.0	9152.6	12801.6
广西	Guangxi	611.5	729.5	985.9	1287.1	1606.3	1994.4	2545.3	2985.2	3208.7	3479.8	4069.4
海南	Hainan	151.2	174.5	245.2	356.0	485.0	578.5	778.8	911.7	1011.2	1099.7	1241.5
重庆	Chongqing	487.4	594.3	768.4	1010.7	1298.4	1771.0	2570.2	3046.4	3062.3	3304.4	3793.8
四川	Sichuan	1082.2	1347.4	1759.1	2965.4	3591.0	4242.5	4674.9	5451.0	6220.9	6796.6	7506.7
贵州	Guizhou	520.7	610.6	795.4	1048.6	1358.8	1640.2	2249.4	2755.7	3082.7	3542.8	3930.2
云南	Yunnan	766.3	893.6	1135.2	1470.7	1949.8	2285.7	2929.6	3572.7	4096.5	4438.0	4712.9
西藏	Tibet	185.5	200.2	275.4	380.7	470.1	551.0	758.1	905.3	1014.3	1185.5	1383.9
陕西	Shaanxi	639.0	824.2	1054.0	1435.6	1839.9	2217.6	2930.8	3323.8	3665.1	3962.5	4375.5
甘肃	Gansu	429.4	528.6	675.3	965.4	1245.6	1466.7	1791.2	2059.6	2309.6	2541.5	2964.6
青海	Qinghai	169.8	214.7	282.2	363.8	486.7	743.4	967.5	1159.0	1228.0	1347.4	1505.4
宁夏	Ningxia	160.3	193.2	241.9	323.1	427.8	555.9	705.9	864.4	922.5	1000.5	1138.2
新疆	Xinjiang	519.0	678.5	795.2	1056.1	1349.2	1698.9	2284.5	2720.1	3067.1	3317.8	3804.3

注:本表数据为地方财政本级支出。

a)Data in this table are the expenditure of local governments.

附录 1-12 居民消费价格分类指数(2015年)

Consumer Price Indices by Category and Region(2015)

(上年=100) (preceding year=100)

地　区	Region	居民消费价格指数 General Index	食　品 Food	烟　酒及用品 Tobacco, Liquor and Articles	衣　着 Clothing	家庭设备用品及服务 Household Facilities, Articles and Services	医疗保健和个人用品 Health Care and Personal Articles	交通和通信 Transportation and Communication	娱乐教育文化 Recreation, Education and Culture	居　住 Residence
全　国	**Total**	**101.4**	**102.3**	**102.1**	**102.7**	**101.0**	**102.0**	**98.3**	**101.4**	**100.7**
北　京	Beijing	101.8	101.6	102.0	103.6	99.9	100.2	102.8	100.8	102.6
天　津	Tianjin	101.7	101.7	101.9	103.0	101.0	99.8	97.4	104.2	102.6
河　北	Hebei	100.9	100.8	101.7	103.1	101.0	102.7	98.3	101.1	99.9
山　西	Shanxi	100.6	100.4	102.6	102.2	100.1	101.8	97.3	101.7	100.2
内蒙古	Inner Mongolia	101.1	101.4	103.7	102.8	100.9	102.3	98.0	101.4	99.7
辽　宁	Liaoning	101.4	102.5	103.0	102.0	100.5	101.5	99.0	101.1	100.3
吉　林	Jilin	101.7	102.0	103.1	103.2	100.4	103.0	98.9	100.4	101.5
黑龙江	Heilongjiang	101.1	101.1	102.1	101.6	100.8	102.7	99.0	101.3	100.7
上　海	Shanghai	102.4	102.9	104.2	107.8	102.9	99.3	97.6	100.3	104.6
江　苏	Jiangsu	101.7	103.0	101.9	103.0	102.8	101.6	97.3	101.8	100.9
浙　江	Zhejiang	101.4	103.3	103.3	101.8	100.9	102.7	96.0	101.4	100.8
安　徽	Anhui	101.3	102.3	101.9	101.4	100.7	104.1	98.1	101.4	99.6
福　建	Fujian	101.7	102.3	102.3	102.9	100.8	104.5	98.3	101.2	101.3
江　西	Jiangxi	101.5	103.3	103.0	103.2	101.0	101.4	98.8	101.1	98.5
山　东	**Shandong**	**101.2**	**101.2**	**101.8**	**103.5**	**101.7**	**101.6**	**98.4**	**101.9**	**100.8**
河　南	Henan	101.3	101.8	101.1	102.3	100.5	102.4	97.9	102.1	101.0
湖　北	Hubei	101.5	102.2	102.6	102.7	100.6	101.7	100.2	101.3	100.6
湖　南	Hunan	101.4	103.0	102.4	102.2	100.9	101.9	98.1	101.4	99.2
广　东	Guangdong	101.5	103.5	101.7	102.3	100.9	101.8	97.9	101.4	100.0
广　西	Guangxi	101.5	102.6	101.3	105.0	100.8	101.8	98.5	101.3	99.6
海　南	Hainan	101.0	102.9	101.8	103.7	100.6	103.2	96.0	102.8	97.7
重　庆	Chongqing	101.3	101.8	99.1	102.8	100.0	102.6	98.0	101.2	101.2
四　川	Sichuan	101.5	102.9	100.1	101.4	100.4	102.1	99.3	101.1	100.5
贵　州	Guizhou	101.8	102.6	103.2	100.8	101.3	100.7	100.6	103.4	100.6
云　南	Yunnan	101.9	103.4	103.9	102.0	101.0	102.5	98.3	101.1	100.6
西　藏	Tibet	102.0	103.1	103.6	102.4	101.5	101.4	98.5	101.4	100.7
陕　西	Shaanxi	101.0	100.9	102.4	102.3	99.8	102.0	99.7	101.5	100.2
甘　肃	Gansu	101.6	101.7	103.1	103.1	101.6	101.6	98.6	100.6	101.9
青　海	Qinghai	102.6	102.5	101.4	105.1	101.4	102.3	100.4	103.1	103.2
宁　夏	Ningxia	101.1	100.4	102.6	102.8	101.4	101.0	98.6	105.7	100.3
新　疆	Xinjiang	100.6	99.2	102.0	103.4	100.6	101.5	99.3	100.9	102.0

附录 1-13 城镇居民人均可支配收入
Per Capita Disposable Income of Urban Households

单位:元 (yuan)

地 区	Region	2006	2007	2008	2009	2010	2011	2012	2013	2014	2015
全国总计	**Total**	**11759**	**13786**	**15781**	**17175**	**19109**	**21810**	**24565**	**26467**	**28844**	**31195**
北 京	Beijing	19978	21989	24725	26738	29073	32903	36469	44564	48532	52859
天 津	Tianjin	14283	16357	19423	21402	24293	26921	29626	28980	31506	34101
河 北	Hebei	10305	11690	13441	14718	16263	18292	20543	22227	24141	26152
山 西	Shanxi	10028	11565	13119	13997	15648	18124	20412	22258	24069	25828
内蒙古	Inner Mongolia	10358	12378	14433	15849	17698	20408	23150	26004	28350	30594
辽 宁	Liaoning	10370	12300	14393	15761	17713	20467	23223	26697	29082	31126
吉 林	Jilin	9775	11286	12829	14006	15411	17797	20208	21331	23218	24901
黑龙江	Heilongjiang	9182	10245	11581	12566	13857	15696	17760	20848	22609	24203
上 海	Shanghai	20668	23623	26675	28838	31838	36230	40188	44878	48841	52962
江 苏	Jiangsu	14084	16378	18680	20552	22944	26341	29677	31585	34346	37173
浙 江	Zhejiang	18265	20574	22727	24611	27359	30971	34550	37080	40393	43714
安 徽	Anhui	9771	11474	12990	14086	15788	18606	21024	22789	24839	26936
福 建	Fujian	13753	15506	17961	19577	21781	24907	28055	28174	30722	33275
江 西	Jiangxi	9551	11452	12866	14022	15481	17495	19860	22120	24309	26500
山 东	**Shandong**	**12192**	**14265**	**16305**	**17811**	**19946**	**22792**	**25755**	**26882**	**29222**	**31545**
河 南	Henan	9810	11477	13231	14372	15930	18195	20443	21741	23672	25576
湖 北	Hubei	9803	11486	13153	14367	16058	18374	20840	22668	24852	27051
湖 南	Hunan	10505	12294	13821	15084	16566	18844	21319	24352	26570	28838
广 东	Guangdong	16016	17699	19733	21575	23898	26897	30227	29537	32148	34757
广 西	Guangxi	9899	12200	14146	15451	17064	18854	21243	22689	24669	26416
海 南	Hainan	9395	10997	12608	13751	15581	18369	20918	22411	24487	26356
重 庆	Chongqing	11570	12591	14368	15749	17532	20250	22968	23058	25147	27239
四 川	Sichuan	9350	11098	12633	13839	15461	17899	20307	22228	24234	26205
贵 州	Guizhou	9117	10678	11759	12863	14143	16495	18701	20565	22548	24580
云 南	Yunnan	10070	11496	13250	14424	16065	18576	21075	22460	24299	26373
西 藏	Tibet	8941	11131	12482	13544	14980	16196	18028	20394	22016	25457
陕 西	Shaanxi	9268	10763	12858	14129	15695	18245	20734	22346	24366	26420
甘 肃	Gansu	8921	10012	10969	11930	13189	14989	17157	19873	21804	23767
青 海	Qinghai	9000	10276	11640	12692	13855	15603	17566	20352	22307	24542
宁 夏	Ningxia	9177	10859	12932	14025	15344	17579	19831	21476	23285	25186
新 疆	Xinjiang	8871	10313	11432	12258	13644	15514	17921	21091	23214	26275

注:1.本表绝对数按当年价格计算。从2013年起，国家统计局开展了城乡一体化住户收支与生活状况调查，本表数据来源于此调查，与2013年前的分城镇和农村住户调查的调查范围、调查方法、指标口径有所不同(下表同)。

a)Absolute figures in this table are calculated at current prices.The NBS started an integrated household income and expenditure survey in 2013, including both urban and rural households. The data are compiled on the basis of the survey. The coverage, methodology and definitions used in the survey are different from those used for the separate urban and rural household surveys prior to 2013. (The same applies to tables following).

附录 1-14 城镇、农村居民人均收支情况

Per Capita Income and Expenditure of Urban And Rural Households

单位:元

地区	Region	城镇居民 Urban Households				农村居民 Rural Households			
		#人均可支配收入 Per Capita Disposable Income		#人均消费支出 Per Capita Consumption Expenditure		#人均可支配收入 Per Capita Disposable Income		#人均消费支出 Per Capita Consumption Expenditure	
		2014年	2015年	2014年	2015年	2014年	2015年	2014年	2015年
全国总计	**Total**	**28844**	**31195**	**19968**	**21392**	**10489**	**11422**	**8383**	**9223**
北京	Beijing	48532	52859	33717	36642	18867	20569	14535	15811
天津	Tianjin	31506	34101	24290	26230	17014	18482	13739	14739
河北	Hebei	24141	26152	16204	17587	10186	11051	8248	9023
山西	Shanxi	24069	25828	14637	15819	8809	9454	6992	7421
内蒙古	Inner Mongolia	28350	30594	20885	21876	9976	10776	9972	10637
辽宁	Liaoning	29082	31126	20520	21557	11191	12057	7801	8873
吉林	Jilin	23218	24901	17156	17973	10780	11326	8140	8783
黑龙江	Heilongjiang	22609	24203	16467	17152	10453	11095	7830	8391
上海	Shanghai	48841	52962	35182	36946	21192	23205	14820	16152
江苏	Jiangsu	34346	37173	23476	24966	14958	16257	11820	12883
浙江	Zhejiang	40393	43714	27242	28661	19373	21125	14498	16108
安徽	Anhui	24839	26936	16107	17234	9916	10821	7981	8975
福建	Fujian	30722	33275	22204	23520	12650	13793	11056	11961
江西	Jiangxi	24309	26500	15142	16732	10117	11139	7548	8486
山东	**Shandong**	**29222**	**31545**	**18323**	**19854**	**11882**	**12930**	**7962**	**8748**
河南	Henan	23672	25576	16184	17154	9966	10853	7277	7887
湖北	Hubei	24852	27051	16681	18192	10849	11844	8681	9803
湖南	Hunan	26570	28838	18335	19501	10060	10993	9025	9691
广东	Guangdong	32148	34757	23612	25673	12246	13360	10043	11103
广西	Guangxi	24669	26416	15045	16321	8683	9467	6675	7582
海南	Hainan	24487	26356	17514	18448	9913	10858	7029	8210
重庆	Chongqing	25147	27239	18279	19742	9490	10505	7983	8938
四川	Sichuan	24234	26205	17760	19277	9348	10247	8301	9251
贵州	Guizhou	22548	24580	15255	16914	6671	7387	5970	6645
云南	Yunnan	24299	26373	16268	17675	7456	8242	6030	6830
西藏	Tibet	22016	25457	15669	17022	7359	8244	4822	5580
陕西	Shaanxi	24366	26420	17546	18464	7932	8689	7252	7901
甘肃	Gansu	21804	23767	15942	17451	6277	6936	6148	6830
青海	Qinghai	22307	24542	17493	19201	7283	7933	8235	8566
宁夏	Ningxia	23285	25186	17216	18984	8410	9119	7676	8415
新疆	Xinjiang	23214	26275	17685	19415	8724	9425	7365	7698

附录 1-15 农村居民人均纯收入
Per Capita Net Income of Rural Households

单位:元

地 区	Region	2006	2007	2008	2009	2010	2011	2012	2013
全国总计	**Total**	**3587**	**4140**	**4761**	**5153**	**5919**	**6977**	**7917**	**8896**
北 京	Beijing	8275	9440	10662	11669	13262	14736	16476	18337
天 津	Tianjin	6228	7010	7911	8688	10075	12321	14026	15841
河 北	Hebei	3802	4293	4795	5150	5958	7120	8081	9102
山 西	Shanxi	3181	3666	4097	4244	4736	5601	6357	7154
内 蒙 古	Inner Mongolia	3342	3953	4656	4938	5530	6642	7611	8596
辽 宁	Liaoning	4090	4773	5576	5958	6908	8297	9384	10523
吉 林	Jilin	3641	4191	4933	5266	6237	7510	8598	9621
黑 龙 江	Heilongjiang	3552	4132	4856	5207	6211	7591	8604	9634
上 海	Shanghai	9139	10145	11440	12483	13978	16054	17804	19595
江 苏	Jiangsu	5813	6561	7356	8004	9118	10805	12202	13598
浙 江	Zhejiang	7335	8265	9258	10007	11303	13071	14552	16106
安 徽	Anhui	2969	3556	4202	4504	5285	6232	7160	8098
福 建	Fujian	4835	5467	6196	6680	7427	8779	9967	11184
江 西	Jiangxi	3460	4045	4697	5075	5789	6892	7829	8781
山 东	**Shandong**	**4368**	**4985**	**5641**	**6119**	**6990**	**8342**	**9446**	**10620**
河 南	Henan	3261	3852	4454	4807	5524	6604	7525	8475
湖 北	Hubei	3419	3997	4656	5035	5832	6898	7852	8867
湖 南	Hunan	3390	3904	4512	4909	5622	6567	7440	8372
广 东	Guangdong	5080	5624	6400	6907	7890	9372	10543	11669
广 西	Guangxi	2770	3224	3690	3980	4543	5231	6008	6791
海 南	Hainan	3256	3791	4390	4744	5275	6446	7408	8343
重 庆	Chongqing	2874	3509	4126	4478	5277	6480	7383	8332
四 川	Sichuan	3002	3547	4121	4462	5087	6129	7001	7895
贵 州	Guizhou	1985	2374	2797	3005	3472	4145	4753	5434
云 南	Yunnan	2250	2634	3103	3369	3952	4722	5417	6141
西 藏	Tibet	2435	2788	3176	3532	4139	4904	5719	6578
陕 西	Shaanxi	2260	2645	3136	3438	4105	5028	5763	6503
甘 肃	Gansu	2134	2329	2724	2980	3425	3909	4507	5108
青 海	Qinghai	2358	2684	3061	3346	3863	4608	5364	6196
宁 夏	Ningxia	2760	3181	3681	4048	4675	5410	6180	6931
新 疆	Xinjiang	2737	3183	3503	3883	4643	5442	6394	7296

注:本表按当年价格计算。

a)Figures in this table are calculated at current prices.

附录 1-16　农林牧渔业总产值及增长速度(2015年)

Gross Output Value and Growth Rate of Farming,Forestry, Animal Husbandry and Fishery(2015)

地　区	Region	农林牧渔业总产值(亿元) Gross Output Value (100 million yuan)	#农业 Farming	#林业 Forestry	#牧业 Animal Husbandry	#渔业 Fishery	农林牧渔业总产值比上年增长(%) Growth Rate (%)
全国总计	**Total**	**107056.4**	**57635.8**	**4436.4**	**29780.4**	**10880.6**	**3.9**
北　京	Beijing	368.2	154.5	57.3	135.9	11.9	-11.7
天　津	Tianjin	467.4	238.0	7.7	130.2	80.4	2.6
河　北	Hebei	5978.9	3441.4	121.5	1904.1	198.7	2.7
山　西	Shanxi	1522.6	969.5	97.4	359.0	9.9	1.1
内蒙古	Inner Mongolia	2751.6	1418.3	99.4	1160.9	30.8	2.4
辽　宁	Liaoning	4686.7	2068.6	166.1	1561.4	689.8	3.8
吉　林	Jilin	2880.6	1400.4	109.8	1244.9	39.9	4.3
黑龙江	Heilongjiang	5044.9	2911.9	204.2	1704.8	117.6	5.2
上　海	Shanghai	302.6	162.0	12.2	65.6	51.8	-6.7
江　苏	Jiangsu	7030.8	3722.1	129.1	1262.1	1517.5	2.6
浙　江	Zhejiang	2933.4	1434.7	151.6	426.2	855.9	1.2
安　徽	Anhui	4390.8	2174.6	290.1	1259.0	475.1	4.2
福　建	Fujian	3717.9	1618.6	314.3	571.3	1082.3	3.9
江　西	Jiangxi	2859.1	1326.9	293.7	719.8	420.0	4.0
山　东	**Shandong**	**9549.6**	**4929.9**	**139.9**	**2523.2**	**1524.7**	**4.3**
河　南	Henan	7641.3	4610.7	134.3	2445.3	123.6	4.6
湖　北	Hubei	5728.6	2780.4	180.6	1503.3	922.8	5.4
湖　南	Hunan	5630.7	3043.5	317.4	1601.7	366.9	3.7
广　东	Guangdong	5520.0	2793.8	296.7	1117.1	1117.2	3.1
广　西	Guangxi	4197.1	2146.4	313.9	1140.3	429.8	3.7
海　南	Hainan	1323.9	613.9	99.2	238.5	324.9	5.5
重　庆	Chongqing	1738.1	1033.7	60.4	542.9	74.9	4.6
四　川	Sichuan	6377.8	3335.5	205.8	2515.6	210.5	3.6
贵　州	Guizhou	2738.7	1772.6	137.7	665.2	55.9	6.8
云　南	Yunnan	3383.1	1841.5	317.1	1031.0	81.7	6.0
西　藏	Tibet	149.5	68.0	2.1	75.3	0.2	4.5
陕　西	Shaanxi	2813.5	1910.7	75.8	665.5	23.6	5.0
甘　肃	Gansu	1722.1	1252.5	28.6	279.4	2.2	5.7
青　海	Qinghai	319.3	145.0	7.4	158.4	2.8	1.8
宁　夏	Ningxia	483.0	311.0	11.6	122.9	15.8	4.4
新　疆	Xinjiang	2804.4	2005.4	53.2	649.5	21.8	6.3

注：本表绝对数按当年价格计算，增长速度按可比价格计算。

a)Absolute figures in this table are calculated at current prices while growth rate at constant prices.

附录 1-17 主要农产品产量(2015年)

Output of Major Agriculture Products(2015)

单位:万吨 (10 000 tons)

地区	Region	粮食 Grain	油料 Oil Crops	棉花 Cotton	蔬菜 Vegetables	水果 Fruits	肉类 Meat	#猪肉 Pork	#牛肉 Beef	#羊肉 Mutton	奶类 Milk
全国总计	**Total**	**62143.9**	**3537.0**	**560.3**	**78526.1**	**27375.0**	**8625.0**	**5486.5**	**700.1**	**440.8**	**3870.3**
北京	Beijing	62.6	0.6	0.01	205.1	87.9	36.4	22.5	1.5	1.2	57.2
天津	Tianjin	181.7	0.4	2.6	441.5	62.7	45.8	29.2	3.4	1.6	68.0
河北	Hebei	3363.8	151.5	37.3	8243.7	2117.2	462.5	275.0	53.2	31.7	480.9
山西	Shanxi	1259.6	15.3	1.4	1302.2	842.6	85.6	60.3	5.9	6.9	92.7
内蒙古	Inner Mongolia	2827.0	193.6	0.02	1445.3	296.7	245.7	70.8	52.9	92.6	812.2
辽宁	Liaoning	2002.5	46.1	0.02	2932.8	882.0	429.4	227.1	40.3	8.5	142.6
吉林	Jilin	3647.0	76.4		860.0	209.0	261.1	136.0	46.6	4.8	52.8
黑龙江	Heilongjiang	6324.0	18.3		957.4	213.5	228.7	138.4	41.6	12.3	574.4
上海	Shanghai	112.1	1.2	0.04	364.5	61.5	20.3	16.1	0.1	0.6	27.7
江苏	Jiangsu	3561.3	143.1	11.7	5595.7	914.8	369.4	225.8	3.2	8.1	59.6
浙江	Zhejiang	752.2	31.3	2.0	1806.9	740.9	131.1	103.3	1.2	1.8	16.5
安徽	Anhui	3538.1	227.9	23.4	2714.2	1029.8	419.4	259.1	16.2	16.6	30.6
福建	Fujian	661.1	30.7	0.0	1903.6	837.0	216.6	134.5	3.1	2.4	15.4
江西	Jiangxi	2148.7	124.0	11.5	1359.1	663.4	336.5	253.5	13.6	1.2	13.0
山东	**Shandong**	**4712.7**	**324.1**	**53.7**	**10272.9**	**3218.6**	**774.0**	**397.4**	**67.9**	**37.1**	**284.9**
河南	Henan	6067.1	599.7	12.6	7456.5	2665.1	711.1	468.0	82.6	25.9	352.3
湖北	Hubei	2703.3	339.6	29.8	3852.0	966.3	433.3	331.5	23.0	8.8	16.9
湖南	Hunan	3002.9	242.9	14.5	3996.9	981.0	540.1	448.0	19.9	11.6	9.7
广东	Guangdong	1358.1	110.3		3438.8	1648.5	424.2	274.2	7.0	0.9	12.9
广西	Guangxi	1524.8	64.7	0.3	2786.4	1720.0	417.3	258.8	14.4	3.2	10.1
海南	Hainan	184.0	11.3		572.2	405.9	78.0	45.8	2.6	1.0	0.2
重庆	Chongqing	1154.9	59.9		1780.5	375.9	213.8	156.2	8.8	3.8	5.4
四川	Sichuan	3442.8	307.6	1.0	4240.8	934.2	706.8	512.4	35.4	26.3	67.5
贵州	Guizhou	1180.0	101.3	0.1	1731.9	224.9	201.9	160.7	16.8	4.2	6.2
云南	Yunnan	1876.4	65.9	0.01	1873.9	726.5	378.3	288.6	34.3	15.0	62.5
西藏	Tibet	100.6	6.4		69.6	1.5	28.0	1.5	16.5	8.2	35.0
陕西	Shaanxi	1226.8	62.7	3.9	1822.5	1930.9	116.2	90.4	7.9	7.8	189.9
甘肃	Gansu	1171.1	71.6	4.3	1823.1	679.0	96.3	50.8	18.8	19.6	39.9
青海	Qinghai	102.7	30.5		166.4	3.6	34.7	10.3	11.5	11.6	32.7
宁夏	Ningxia	372.6	15.3		575.8	298.9	29.2	7.1	9.7	10.1	136.5
新疆	Xinjiang	1521.3	62.9	350.3	1933.9	1635.0	153.2	33.1	40.4	55.4	163.8

注:水果产量含果用瓜。

a)Data of output of fruits include yield of melon and fruit.

附录 1-18 主要工业产品产量(2015年)
Output of Major Industrial Products(2015)

地　区	Region	原　油（万吨）Crude Petroleum Oil (10 000 tons)	发电量（亿千瓦小时）Electricity (100 million kwh)	生　铁（万吨）Pig Iron (10 000 tons)	粗　钢（万吨）Crude Steel (10 000 tons)	钢　材（万吨）Steel (10 000 tons)	水　泥（万吨）Cement (10 000 tons)
全国总计	**Total**	**21455.6**	**58105.8**	**69141.3**	**80382.5**	**112349.6**	**235939.6**
北　京	Beijing		420.9		1.5	175.0	553.5
天　津	Tianjin	3496.8	622.8	1953.2	2068.9	8186.2	777.6
河　北	Hebei	580.1	2497.8	17382.3	18832.0	25244.3	9126.2
山　西	Shanxi		2449.3	3576.4	3847.0	4267.3	3777.1
内蒙古	Inner Mongolia	45.8	3928.8	1461.4	1735.1	1897.2	5830.8
辽　宁	Liaoning	1037.1	1665.2	6059.0	6071.3	6321.6	4567.7
吉　林	Jilin	665.5	731.3	974.9	1066.8	1152.5	3325.0
黑龙江	Heilongjiang	3838.6	873.6	408.9	418.5	403.8	3111.9
上　海	Shanghai	6.8	792.7	1686.7	1783.8	2202.7	433.6
江　苏	Jiangsu	190.5	4360.8	7044.8	10995.2	13560.8	18056.1
浙　江	Zhejiang		3010.8	1072.5	1594.9	4047.7	11330.9
安　徽	Anhui		2061.9	2092.5	2506.0	3334.7	13207.9
福　建	Fujian		1901.0	980.1	1586.5	2820.7	7787.5
江　西	Jiangxi		982.1	2083.2	2211.0	2577.6	9458.1
山　东	**Shandong**	**2608.0**	**4684.6**	**6747.9**	**6619.3**	**9003.2**	**15249.1**
河　南	Henan	412.1	2624.6	2903.6	2897.4	4766.8	16676.2
湖　北	Hubei	71.0	2301.4	2288.7	2919.8	3421.2	11145.5
湖　南	Hunan		1314.0	1762.8	1852.8	1951.3	11680.1
广　东	Guangdong	1572.6	4034.9	1146.3	1761.7	3271.0	14560.0
广　西	Guangxi	50.5	1299.9	1220.3	2146.0	3545.4	11144.5
海　南	Hainan	30.0	261.0		23.9	34.7	2225.2
			679.8				
重　庆	Chongqing			366.6	689.5	1411.4	6840.2
四　川	Sichuan	15.4	3129.6	1747.4	1947.7	2702.5	14091.0
贵　州	Guizhou		1814.9	407.6	466.4	463.0	9940.9
云　南	Yunnan		2553.4	1235.4	1418.1	1695.4	9436.2
西　藏	Tibet		44.8			2.5	467.9
			1623.1				
陕　西	Shaanxi	3736.7		800.9	1027.3	1655.6	8578.7
甘　肃	Gansu	66.6	1242.2	690.5	852.1	847.8	4764.3
青　海	Qinghai	223.0	565.6	112.6	120.6	113.6	1767.9
宁　夏	Ningxia	13.4	1154.7	175.3	181.8	201.6	1749.8
新　疆	Xinjiang	2795.1	2478.5	759.5	739.6	1070.5	4278.5

附录 1-18 续表 continued

地 区	Region	布 (亿米) Cloth (100 million m)	家 用 电冰箱 (万台) Home Refrigerators (10 000 units)	农 用 化 肥 (万吨) Chemical Fertilizes (10 000 tons)	汽 车 (万辆) Motor Vehicles (10 000 sets)	程 控 交换机 (万线) Program Controlled Switchboards (10 000 lines)	移动通信 手持机 (万台) Mobile Communication Handsets (10 000 units)	微型计算机 设备 (万台) Microcomputer Equipments (10 000 units)
全国总计	**Total**	**892.6**	**7992.8**	**7432.0**	**2450.4**	**1880.3**	**181261.4**	**31418.7**
北 京	Beijing	0.0			202.4	266.5	9540.8	885.6
天 津	Tianjin	2.5	58.4	13.1	52.9		7315.6	1029.7
河 北	Hebei	78.4		215.8	112.9	13.4		
山 西	Shanxi	0.8		465.0			2038.4	
内蒙古	Inner Mongolia			293.0	2.6			
辽 宁	Liaoning	3.5	147.1	64.7	109.0	60.8	1614.5	0.2
吉 林	Jilin	0.4		57.1	208.1			
黑龙江	Heilongjiang	0.1		49.4	8.0			1.7
上 海	Shanghai	1.0	140.4	1.5	243.0	95.3	6747.5	3652.0
江 苏	Jiangsu	140.5	844.6	205.3	115.8	0.8	4691.0	5911.6
浙 江	Zhejiang	239.6	710.5	38.8	41.1	187.3	4036.0	151.4
安 徽	Anhui	15.3	2703.2	309.8	117.0		64.3	1801.5
福 建	Fujian	79.2		52.2	19.2		2133.6	818.8
江 西	Jiangxi	10.8	85.9	141.5	42.1		4195.3	
山 东	**Shandong**	**126.0**	**872.1**	**584.0**	**81.9**		**6732.6**	**24.3**
河 南	Henan	33.5	184.4	558.9	32.9		19841.8	
湖 北	Hubei	88.2	286.2	1171.8	196.4		5475.7	1121.5
湖 南	Hunan	4.4	8.9	112.7	36.3	3.5	34.2	33.9
广 东	Guangdong	33.9	1523.6	72.0	239.4	1246.9	83795.4	3241.7
广 西	Guangxi	0.4		114.3	229.4			3.1
海 南	Hainan			64.2	7.0			
重 庆	Chongqing	5.8	179.8	222.4	260.9		17605.1	6180.8
四 川	Sichuan	19.7	73.6	507.2	42.3		3375.3	6342.7
贵 州	Guizhou	0.5	174.1	603.6			2015.2	218.2
云 南	Yunnan			354.5	11.7	5.8		
西 藏	Tibet							
陕 西	Shaanxi	7.6		187.1	34.1		9.1	
甘 肃	Gansu			48.0	2.4			
青 海	Qinghai			520.2				
宁 夏	Ningxia			82.5				
新 疆	Xinjiang	0.7		321.5	1.6			

附录 1-19 规模以上工业主要经济指标(2015年)

Main Indicators on Economic Efficiency of Industrial Enterprises above Designated Size(2015)

单位:亿元 (100 million yuan)

地区	Region	主营业务收入 Revenue from Principal Business	主营业务成本 Cost of Principal Business	销售费用 Cost of Business	管理费用 Cost of Management	财务费用 Cost of Financing	利润总额 Total Profits
全国总计	**Total**	**1103300.7**	**945359.2**	**28740.0**	**41135.4**	**13371.2**	**63554.0**
北京	Beijing	19026.0	15915.1	925.5	938.3	209.2	1580.3
天津	Tianjin	27958.9	23937.3	626.0	854.1	193.7	2002.9
河北	Hebei	44843.9	39487.5	809.3	1278.0	568.3	2181.4
山西	Shanxi	14393.7	12569.6	502.9	745.1	593.5	-68.1
内蒙古	Inner Mongolia	18522.7	15648.6	430.3	686.3	441.2	940.5
辽宁	Liaoning	37123.7	32264.5	882.8	1484.4	595.6	1191.1
吉林	Jilin	22045.9	18626.8	857.3	952.5	242.6	1171.5
黑龙江	Heilongjiang	11384.5	9649.7	288.0	597.1	145.4	409.9
上海	Shanghai	33468.0	27025.0	1303.4	2169.8	148.4	2635.4
江苏	Jiangsu	148283.8	127321.0	3634.1	5458.9	1300.5	9617.1
浙江	Zhejiang	62740.5	53198.9	1678.2	2998.0	941.6	3717.7
安徽	Anhui	38364.4	33626.2	934.6	1287.0	454.9	1852.7
福建	Fujian	39106.6	33728.7	988.5	1376.4	428.1	2208.7
江西	Jiangxi	32459.4	28591.1	551.3	736.9	198.8	2128.0
山东	**Shandong**	**146886.7**	**128905.0**	**2896.1**	**3720.1**	**1663.8**	**8617.2**
河南	Henan	72381.4	63351.3	1324.5	1568.3	758.8	4840.6
湖北	Hubei	42470.2	36326.7	1278.0	1625.7	508.2	2233.1
湖南	Hunan	35152.2	29644.3	1011.8	1447.8	413.0	1548.6
广东	Guangdong	117461.7	99329.8	4020.1	5573.9	716.8	7208.8
广西	Guangxi	20078.4	17076.3	468.1	761.4	235.2	1175.4
海南	Hainan	1660.6	1314.8	66.1	63.5	37.7	89.6
重庆	Chongqing	20370.3	17241.4	587.1	843.3	218.9	1396.8
四川	Sichuan	37876.3	32039.4	1120.1	1492.6	702.8	2044.0
贵州	Guizhou	9221.4	7440.6	295.6	398.1	233.6	606.5
云南	Yunnan	9823.3	7614.3	269.0	423.0	362.6	462.0
西藏	Tibet	130.9	104.7	6.1	9.5	4.7	6.4
陕西	Shaanxi	18336.3	14822.0	478.8	811.6	312.3	1339.7
甘肃	Gansu	8155.8	7351.5	129.4	268.4	230.4	-72.3
青海	Qinghai	2130.1	1777.6	78.2	71.7	105.6	68.8
宁夏	Ningxia	3403.9	2936.2	69.5	127.7	127.7	79.3
新疆	Xinjiang	8039.1	6493.3	229.4	365.9	277.1	340.5

附录 1-19 续表 continued

单位:亿元 (100 million yuan)

地 区	Region	亏损企业亏损总额 Lossed Value of Loss-suffering Enterprises	应收账款 Account Receivables	存货 Stock	产成品 Finished Product	资产合计 Total Assets	负债合计 Total Liabilities
全国总计	**Total**	**9115.5**	**114546.9**	**100107.2**	**38700.1**	**999741.1**	**561560.3**
北 京	Beijing	209.5	3835.5	2186.9	776.2	38788.9	17943.5
天 津	Tianjin	215.3	3325.5	2707.5	966.8	24349.0	14910.0
河 北	Hebei	492.1	3373.0	3789.5	1423.3	41809.4	23419.7
山 西	Shanxi	613.2	2358.9	1925.3	831.8	31508.4	23826.4
内蒙古	Inner Mongolia	520.2	1670.1	1497.3	643.1	28380.8	17722.5
辽 宁	Liaoning	612.7	3764.4	3823.0	1340.2	38085.9	22430.7
吉 林	Jilin	242.0	1369.8	1741.1	569.5	17399.8	9361.7
黑龙江	Heilongjiang	220.7	1281.3	1368.7	463.7	14556.9	8261.5
上 海	Shanghai	335.0	6203.0	4363.6	1453.9	36238.2	17288.6
江 苏	Jiangsu	730.2	17445.9	11854.2	4540.7	106814.7	56733.0
浙 江	Zhejiang	372.1	10413.4	7935.7	3309.7	66515.7	38078.9
安 徽	Anhui	277.2	3887.7	3100.6	1257.0	30487.3	17592.7
福 建	Fujian	255.7	3840.0	3539.5	1428.9	29285.5	15609.3
江 西	Jiangxi	65.5	1779.6	1775.7	778.8	18971.6	9400.7
山 东	**Shandong**	**496.2**	**8310.0**	**10373.2**	**4481.6**	**99610.3**	**53804.2**
河 南	Henan	413.0	4899.6	4141.9	1572.2	54227.5	25352.8
湖 北	Hubei	259.8	3815.7	3803.0	1549.2	33540.3	18188.7
湖 南	Hunan	186.4	2787.2	2645.2	891.9	22732.2	11876.7
广 东	Guangdong	507.6	16478.0	12122.3	4533.0	93808.1	53474.6
广 西	Guangxi	165.9	1357.0	1626.4	731.7	14692.4	9120.5
海 南	Hainan	23.3	172.7	205.7	90.4	2723.9	1482.6
重 庆	Chongqing	149.0	2100.0	1558.8	710.9	17006.4	10430.5
四 川	Sichuan	343.9	3766.4	3442.7	1283.3	38999.5	23498.6
贵 州	Guizhou	123.6	813.3	1052.1	306.2	12100.3	7720.1
云 南	Yunnan	296.4	1047.2	2154.2	566.9	18096.1	11705.7
西 藏	Tibet	17.7	19.5	23.7	7.7	883.8	424.7
陕 西	Shaanxi	194.4	1969.2	1862.3	795.0	25905.2	14470.4
甘 肃	Gansu	297.8	763.6	1376.6	545.1	11160.0	7113.7
青 海	Qinghai	72.0	257.3	295.1	111.0	5553.1	3847.4
宁 夏	Ningxia	89.0	453.2	713.9	268.8	7701.4	5203.4
新 疆	Xinjiang	318.1	988.8	1101.3	471.7	17808.1	11266.4

附录 1-20 建筑业总产值和房屋建筑面积

Output Value of Construction and Floor Space of Buildings

地 区	Region	总产值(亿元) Total Output Value (100 million yuan)		施工面积(万平方米) Floor Space of Buildings Under Construction (10 000 sq.m)		竣工面积(万平方米) Floor Space of Buildings Completed (10 000 sq.m)	
		2014	2015	2014	2015	2014	2015
全国总计	**Total**	**176713.4**	**180757.5**	**1249826.3**	**1242569.9**	**423357.3**	**420802.6**
北 京	Beijing	8209.8	8436.7	56477.1	59776.7	9275.0	9886.3
天 津	Tianjin	4123.5	4488.9	14158.8	15644.6	3232.0	3547.2
河 北	Hebei	5625.8	5252.6	37112.7	35616.5	12582.7	11613.0
山 西	Shanxi	3103.5	2931.3	13928.5	13943.4	3940.0	3634.4
内蒙古	Inner Mongolia	1402.9	1123.5	8053.4	6974.6	3648.9	3103.1
辽 宁	Liaoning	7851.1	5413.8	47861.0	28937.1	16514.4	10398.0
吉 林	Jilin	2521.0	2216.3	13992.9	12237.3	7335.0	5602.6
黑龙江	Heilongjiang	2150.8	1680.4	7034.6	5524.3	3884.6	2968.1
上 海	Shanghai	5499.9	5652.5	34994.7	36659.8	7580.8	7258.7
江 苏	Jiangsu	24592.9	24785.8	213038.8	215592.0	76795.0	76823.9
浙 江	Zhejiang	22668.2	23980.6	201851.3	201553.2	66483.0	68337.6
安 徽	Anhui	5482.9	5695.9	39488.4	44322.2	15339.4	15553.6
福 建	Fujian	6689.2	7605.8	57385.7	59277.3	15392.7	16631.3
江 西	Jiangxi	4122.6	4602.5	27732.0	28895.4	12724.7	14255.6
山 东	**Shandong**	**9313.5**	**9381.7**	**71083.3**	**69478.6**	**24220.8**	**23657.0**
河 南	Henan	7911.9	8047.7	48825.3	53132.5	19818.3	17963.8
湖 北	Hubei	10059.6	10592.9	62227.9	62204.7	24867.3	26825.3
湖 南	Hunan	6021.0	6630.8	47433.2	47504.4	16583.0	17390.0
广 东	Guangdong	8356.5	8865.7	53443.2	50461.6	13885.5	14373.4
广 西	Guangxi	2608.9	2953.4	21168.1	23432.0	6733.0	7720.7
海 南	Hainan	276.3	278.6	2016.0	2132.0	778.8	744.6
重 庆	Chongqing	5552.2	6256.9	32886.9	32801.6	12815.6	13542.6
四 川	Sichuan	8066.7	8768.2	53362.6	52795.4	19544.2	20666.8
贵 州	Guizhou	1640.2	1947.7	13889.7	16769.6	2800.8	3195.8
云 南	Yunnan	3054.7	3268.9	15824.4	15432.7	7246.5	6941.1
西 藏	Tibet	71.3	106.9	225.2	295.4	157.5	173.9
陕 西	Shaanxi	4557.7	4752.6	23031.3	23991.2	6917.8	7087.4
甘 肃	Gansu	1814.5	1849.0	11531.1	10757.1	4172.0	4083.2
青 海	Qinghai	432.9	409.5	1072.8	908.7	479.4	350.2
宁 夏	Ningxia	625.2	524.5	4355.2	3285.0	1493.2	1226.6
新 疆	Xinjiang	2306.3	2255.7	14340.2	12233.3	6115.4	5247.2

附录 1-21 建筑业主要效益指标(2015年)

Main Economic Indicators on Construction Enterprises(2015)

地区	Region	企业个数(个) Number of Enterprises (unit)	从事建筑业活动的从业人员平均人数(万人) Average Number of Employed Persons (10 000 persons)	按建筑业总产值计算的劳动生产率(元/人) Labor Productivity in Terms of Total Output Value (yuan/person)	人均竣工产值(元/人) Per Capita Output Value of Buildings Completed (yuan/person)	人均施工面积(平方米/人) Per Capita Floor Space of Buildings Under Construction (sq.m/person)	人均竣工面积(平方米/人) Per Capita Floor Space of Buildings Completed (sq.m/person)
全国总计	**Total**	**80911**	**5583.5**	**323733**	**197216**	**222.5**	**75.4**
北京	Beijing	2909	162.5	519350	263904	368.0	60.9
天津	Tianjin	1551	90.5	495814	266380	172.8	39.2
河北	Hebei	2375	139.2	377267	204859	255.8	83.4
山西	Shanxi	2285	99.5	294641	154706	140.2	36.5
内蒙古	Inner Mongolia	841	40.6	276794	187931	171.8	76.4
辽宁	Liaoning	5563	170.9	316831	190486	169.3	60.9
吉林	Jilin	2270	88.2	251269	195192	138.7	63.5
黑龙江	Heilongjiang	1601	73.6	228326	137450	75.1	40.3
上海	Shanghai	2779	126.8	445768	246167	289.1	57.2
江苏	Jiangsu	8909	833.3	297437	245183	258.7	92.2
浙江	Zhejiang	6133	782.5	306482	198236	257.6	87.3
安徽	Anhui	2763	167.1	340948	191078	265.3	93.1
福建	Fujian	3402	293.6	259016	161113	201.9	56.6
江西	Jiangxi	1739	165.7	277758	181891	174.4	86.0
山东	**Shandong**	**5945**	**311.2**	**301452**	**167566**	**223.2**	**76.0**
河南	Henan	4684	279.7	287718	157725	190.0	64.2
湖北	Hubei	3218	232.8	454961	230963	267.2	115.2
湖南	Hunan	2022	221.3	299667	187549	214.7	78.6
广东	Guangdong	4311	224.7	394640	216588	224.6	64.0
广西	Guangxi	1071	98.7	299354	178603	237.5	78.3
海南	Hainan	148	7.8	358958	272076	274.7	95.9
重庆	Chongqing	2492	200.0	312848	165344	164.0	67.7
四川	Sichuan	3449	296.4	295780	165231	178.1	69.7
贵州	Guizhou	742	55.7	349670	141389	301.1	57.4
云南	Yunnan	2417	117.7	277639	156324	131.1	59.0
西藏	Tibet	167	3.5	308317	207311	85.2	50.1
陕西	Shaanxi	1878	127.4	373123	175536	188.4	55.6
甘肃	Gansu	1264	60.9	303816	169036	176.8	67.1
青海	Qinghai	366	12.8	318902	161606	70.8	27.3
宁夏	Ningxia	503	19.7	266856	205510	167.1	62.4
新疆	Xinjiang	1114	79.4	284034	188862	154.0	66.1

附录 1-22　客运量和旅客周转量(2015年)

Passenger Traffic and Passenger-Kilometers(2015)

地　区	Region	客运量（万人）Passenger Traffic (10 000 persons)	#铁　路 Railways	#公　路 Highways	#水　运 Waterways	旅客周转量（亿人公里）Passenger Kilometers (100 million passenger km)	#铁　路 Railways	#公　路 Highways	#水　运 Waterways
全国总计	**Total**	**1941444**	**251657**	**1619097**	**27072**	**30059.0**	**11960.6**	**10742.7**	**73.1**
北　京	Beijing	62752	12821	49931		279.4	149.3	130.1	
天　津	Tianjin	18345	4054	14219	72	252.3	170.5	81.7	0.1
河　北	Hebei	53274	9706	43563	5	1213.2	944.4	268.4	0.3
山　西	Shanxi	29587	7393	22085	109	380.0	215.4	164.5	0.1
内蒙古	Inner Mongolia	16125	5108	11017		371.1	210.8	160.3	
辽　宁	Liaoning	73685	12912	60269	504	923.8	604.7	313.1	6.0
吉　林	Jilin	36359	7158	29013	188	430.3	252.2	177.8	0.3
黑龙江	Heilongjiang	42713	9709	32632	372	487.5	257.6	229.6	0.4
上　海	Shanghai	13844	9692	3766	386	215.2	89.0	125.5	0.8
江　苏	Jiangsu	138308	16116	119800	2392	1453.7	625.5	825.5	2.7
浙　江	Zhejiang	110951	14806	92304	3841	1092.5	541.9	544.8	5.8
安　徽	Anhui	86810	8553	78072	185	1218.2	642.9	574.9	0.4
福　建	Fujian	51646	9256	40394	1996	575.5	305.3	267.3	2.8
江　西	Jiangxi	62418	8458	53687	273	953.8	668.7	284.7	0.3
山　东	**Shandong**	**60142**	**11183**	**46960**	**1999**	**1147.3**	**664.3**	**471.4**	**11.6**
河　南	Henan	124981	12166	112535	280	1630.6	886.1	743.9	0.5
湖　北	Hubei	101659	13132	87953	574	1218.7	726.1	489.3	3.3
湖　南	Hunan	131311	10511	119266	1534	1527.5	888.8	635.6	3.1
广　东	Guangdong	123709	22932	98050	2727	1796.5	751.1	1034.9	10.5
广　西	Guangxi	49101	7046	41522	533	731.8	318.2	410.8	2.7
海　南	Hainan	13728	1651	10363	1714	112.9	30.2	79.3	3.5
重　庆	Chongqing	62282	3994	57556	732	533.6	151.0	376.4	6.1
四　川	Sichuan	135969	9207	124014	2748	987.8	313.5	671.6	2.6
贵　州	Guizhou	87541	4901	80621	2019	658.2	229.9	422.8	5.5
云　南	Yunnan	48513	3668	43688	1157	456.6	123.9	330.2	2.5
西　藏	Tibet	1092	221	871		38.3	14.1	24.2	
陕　西	Shaanxi	69680	7866	61436	378	758.3	464.4	293.2	0.6
甘　肃	Gansu	40453	3123	37240	90	619.7	370.7	248.7	0.2
青　海	Qinghai	5602	936	4596	70	119.2	74.4	44.6	0.1
宁　夏	Ningxia	9300	661	8444	195	115.5	47.4	68.0	0.1
新　疆	Xinjiang	35948	2719	33229		477.3	228.0	249.3	
不分地区	Not Classified by Region	43618				7282.6			

注：不分地区合计为民航完成数。
a)The total passenger traffic not classified by region refers to that completed by civil aviation.

附录 1-23　货运量和货物周转量(2015年)

Freight Traffic and Freight Ton-kilometers(2015)

地　区	Region	货运量(万吨) Total (10 000 tons)	#铁　路 Railways	#公　路 Highways	#水　运 Waterways	货　物 周转量 (亿吨公里) Total (100 million ton-km)	#铁　路 Railways	#公　路 Highways	#水　运 Waterways
全国总计	**Total**	**4171109**	**335801**	**3150019**	**613567**	**177835.0**	**23754.3**	**57955.7**	**91772.5**
北　京	Beijing	20078	1034	19044		901.4	745.1	156.4	
天　津	Tianjin	48779	8378	30551	9850	2519.2	444.8	345.2	1729.2
河　北	Hebei	198024	17843	175637	4544	12007.3	3633.0	6821.5	1552.8
山　西	Shanxi	161765	70509	91240	16	3438.5	2063.7	1374.8	0.1
内蒙古	Inner Mongolia	175112	55612	119500		4190.3	1950.3	2240.0	
辽　宁	Liaoning	202021	16442	172140	13439	11711.9	898.1	2850.7	7963.2
吉　林	Jilin	43333	4432	38708	193	1425.3	373.5	1051.2	0.6
黑龙江	Heilongjiang	54478	9033	44200	1245	1545.3	608.0	929.3	8.1
上　海	Shanghai	90893	496	40627	49770	19495.9	10.8	289.6	19195.5
江　苏	Jiangsu	198998	5304	113351	80343	8270.2	310.5	2073.0	5886.7
浙　江	Zhejiang	201231	3887	122547	74797	9869.7	213.2	1513.9	8142.6
安　徽	Anhui	345756	10158	230649	104949	10402.3	739.4	4721.9	4941.0
福　建	Fujian	111041	2820	79802	28419	5447.5	128.7	1020.3	4298.5
江　西	Jiangxi	130349	4019	115436	10894	3753.5	497.2	3022.7	233.6
山　东	**Shandong**	**261849**	**19191**	**227934**	**14724**	**8418.0**	**1161.2**	**5877.0**	**1379.9**
河　南	Henan	192859	9969	172431	10459	6948.1	1700.1	4542.7	705.3
湖　北	Hubei	153904	4135	115801	33968	5674.1	762.6	2380.6	2530.9
湖　南	Hunan	199716	4407	172248	23061	3895.5	761.7	2553.5	580.3
广　东	Guangdong	339225	8117	255995	75113	14882.2	258.9	3108.8	11514.5
广　西	Guangxi	149714	5779	119194	24741	4061.8	674.5	2122.6	1264.7
海　南	Hainan	22287	779	11279	10229	1181.7	12.1	78.7	1090.9
重　庆	Chongqing	103833	1862	86931	15040	2709.5	158.2	851.2	1700.1
四　川	Sichuan	154597	7287	138622	8688	2387.4	723.4	1480.6	183.5
贵　州	Guizhou	84540	5736	77341	1463	1379.0	561.3	782.5	35.3
云　南	Yunnan	107608	5108	101993	507	1500.3	410.0	1077.9	12.4
西　藏	Tibet	2125	48	2077		119.6	23.5	96.1	
陕　西	Shaanxi	140900	32951	107731	218	3263.5	1435.9	1826.8	0.8
甘　肃	Gansu	58251	5936	52281	34	2225.8	1313.6	912.1	0.058
青　海	Qinghai	15962	2729	13233		445.6	223.4	222.1	
宁　夏	Ningxia	42626	5631	36995		816.9	245.1	571.8	
新　疆	Xinjiang	70673	6168	64505		1772.9	712.5	1060.5	
不分地区	Not Classified by Region	88586			16864	21174.5			16821.9

注：1.不分地区合计中包括铁路行包运输、管道运输企业、民航运输企业、中远集团海外公司及中海集团香港有限公司完成数。货运量和货物周转量的全国总计，等于分省数与不分地区中民航、管道运输数据之和。

a)The data not classified by region refers to railway baggage freight, pipelines, civil aviation and that completed by companies abroad under China Ocean Shipping (group) Company and that of China Shipping Container Lines(HongKong)Co.,Ltd.The total freight traffic and freight ton-kilometers of China refers to the sum of the data classified by region and the data completed by civil aviation and pipelines.

附录 1–24 社会消费品零售总额

Total Retail Sale of Consumer Goods

单位:亿元 (100 million yuan)

地 区	Region	2010	2011	2012	2013	2014	2015
全国总计	**Total**	**158008.0**	**187205.8**	**214432.7**	**242842.8**	**271896.1**	**300930.8**
北 京	Beijing	6340.3	7222.2	8123.5	8872.1	9638.0	10338.0
天 津	Tianjin	2860.2	3395.1	3921.4	4470.4	4738.7	5257.3
河 北	Hebei	6821.8	8035.5	9254.0	10516.7	11820.5	12990.7
山 西	Shanxi	3318.2	3903.4	4506.8	5139.3	5717.9	6033.7
内蒙古	Inner Mongolia	3384.0	3991.7	4572.5	5114.2	5657.6	6107.7
辽 宁	Liaoning	6887.6	8095.3	9304.2	10581.4	11857.0	12787.2
吉 林	Jilin	3504.9	4119.8	4772.9	5426.4	6080.9	6651.9
黑龙江	Heilongjiang	4039.2	4750.1	5491.0	6251.2	7015.3	7640.2
上 海	Shanghai	6186.6	7185.8	7840.4	8557.0	9303.5	10131.5
江 苏	Jiangsu	13606.3	16058.3	18411.1	20878.2	23458.1	25876.8
浙 江	Zhejiang	10387.0	12532.8	14199.6	15970.8	17835.3	19784.7
安 徽	Anhui	4300.5	5288.2	6142.8	7044.7	7957.0	8908.0
福 建	Fujian	5310.0	6276.2	7256.5	8275.3	9346.7	10505.9
江 西	Jiangxi	2971.0	3560.5	4123.3	4696.1	5292.6	5925.5
山 东	**Shandong**	**14620.3**	**17155.5**	**19651.9**	**22294.8**	**25111.5**	**27761.4**
河 南	Henan	8004.2	9453.6	10915.6	12426.6	14005.0	15740.4
湖 北	Hubei	7014.4	8363.3	9682.4	11035.9	12449.3	14003.2
湖 南	Hunan	5952.6	7209.0	8318.7	9509.5	10723.5	12024.0
广 东	Guangdong	17458.4	20297.5	22677.1	25453.9	28471.1	31517.6
广 西	Guangxi	3312.0	3908.2	4516.6	5133.1	5772.8	6348.1
海 南	Hainan	663.8	822.5	950.2	1090.9	1224.5	1325.1
重 庆	Chongqing	3051.1	3782.3	4403.0	5055.8	5710.7	6424.0
四 川	Sichuan	6884.8	8290.8	9622.0	11001.0	12393.0	13877.7
贵 州	Guizhou	1531.6	1899.9	2266.3	2601.2	2936.9	3283.0
云 南	Yunnan	2555.8	3105.9	3597.9	4112.6	4632.9	5103.2
西 藏	Tibet	192.4	237.5	277.9	322.2	364.5	408.5
陕 西	Shaanxi	3257.5	3900.6	4581.6	5245.0	5918.7	6578.1
甘 肃	Gansu	1435.5	1772.9	2064.4	2368.8	2668.3	2907.2
青 海	Qinghai	351.0	413.4	480.3	549.6	620.8	691.0
宁 夏	Ningxia	418.5	515.5	590.5	668.5	737.2	789.6
新 疆	Xinjiang	1386.1	1662.4	1916.1	2179.5	2436.5	2606.0

附录 1-25 货物进出口总额(按经营单位所在地分)

Total Volume of Imports and Exports (by Location of Foreign Trade Managing Units)

单位:亿美元 (100 million USD)

地区	Region	2009	2010	2011	2012	2013	2014	2015
全国总计	**Total**	**22075.4**	**29740.0**	**36418.6**	**38671.2**	**41589.9**	**43015.3**	**39569.0**
北京	Beijing	2147.3	3017.2	3895.6	4081.1	4290.0	4155.2	3196.2
天津	Tianjin	638.3	821.0	1033.8	1156.3	1285.0	1338.9	1143.5
河北	Hebei	296.3	420.6	536.0	505.6	549.1	598.8	514.8
山西	Shanxi	85.7	125.8	147.4	150.4	157.9	162.3	147.2
内蒙古	Inner Mongolia	67.7	87.3	119.3	112.6	119.9	145.6	127.5
辽宁	Liaoning	629.3	807.1	960.4	1040.9	1144.8	1140.0	959.6
吉林	Jilin	117.4	168.5	220.6	245.6	258.3	263.8	189.4
黑龙江	Heilongjiang	162.3	255.2	385.2	375.9	388.8	389.0	209.9
上海	Shanghai	2777.1	3689.5	4375.5	4365.9	4412.7	4664.0	4492.4
江苏	Jiangsu	3387.4	4658.0	5395.8	5479.6	5508.0	5635.5	5456.1
浙江	Zhejiang	1877.3	2535.3	3093.8	3124.0	3357.9	3550.4	3473.4
安徽	Anhui	156.8	242.7	313.1	392.8	455.2	491.8	479.7
福建	Fujian	796.5	1087.8	1435.2	1559.4	1693.2	1774.1	1693.6
江西	Jiangxi	127.8	216.2	314.7	334.1	367.5	427.3	424.7
山东	**Shandong**	**1390.5**	**1891.6**	**2358.9**	**2455.4**	**2665.3**	**2769.3**	**2417.5**
河南	Henan	134.8	178.3	326.2	517.4	599.6	649.7	738.4
湖北	Hubei	172.5	259.3	335.9	319.6	363.8	430.4	456.0
湖南	Hunan	101.5	146.6	189.4	219.5	251.8	308.3	293.3
广东	Guangdong	6110.9	7849.0	9134.7	9840.2	10915.8	10765.8	10228.7
广西	Guangxi	142.5	177.4	233.6	294.8	328.3	405.5	512.6
海南	Hainan	48.8	86.5	127.6	143.2	149.9	158.6	139.6
重庆	Chongqing	77.1	124.3	292.1	532.0	686.9	954.3	744.8
四川	Sichuan	241.7	326.9	477.2	591.4	645.7	702.0	514.7
贵州	Guizhou	23.0	31.5	48.9	66.3	82.9	107.7	122.2
云南	Yunnan	80.5	134.3	160.3	210.1	253.0	296.1	245.2
西藏	Tibet	4.0	8.4	13.6	34.2	33.2	22.5	9.1
陕西	Shaanxi	84.1	121.0	146.5	148.0	201.3	273.6	305.0
甘肃	Gansu	38.7	74.0	87.3	89.0	102.4	86.4	80.0
青海	Qinghai	5.9	7.9	9.2	11.6	14.0	17.2	19.3
宁夏	Ningxia	12.0	19.6	22.9	22.2	32.2	54.4	37.9
新疆	Xinjiang	139.5	171.3	228.2	251.7	275.6	276.7	196.8

附录 1–26 货物进出口总额(按境内目的地、货源地分)

Total Volume of Imports and Exports (by Destination and Origion of Goods in China)

单位:亿美元 (100 million USD)

地区	Region	2009	2010	2011	2012	2013	2014	2015
全国总计	**Total**	**22075.4**	**29740.0**	**36418.6**	**38671.2**	**41589.9**	**43015.3**	**39569.0**
北京	Beijing	870.9	1106.9	1293.0	1286.7	1315.6	1431.1	1307.9
天津	Tianjin	720.3	916.1	1116.8	1228.5	1346.0	1444.2	1190.6
河北	Hebei	402.7	620.5	841.5	822.9	902.2	942.7	802.0
山西	Shanxi	93.2	138.6	162.2	165.9	171.6	185.1	175.2
内蒙古	Inner Mongolia	94.6	116.8	148.2	139.7	143.9	152.9	139.2
辽宁	Liaoning	698.5	952.9	1129.5	1183.4	1213.6	1253.9	1071.2
吉林	Jilin	118.8	170.2	230.5	244.8	251.9	270.4	200.3
黑龙江	Heilongjiang	133.6	183.4	261.6	282.1	274.0	294.2	163.1
上海	Shanghai	2733.3	3654.4	4331.5	4341.6	4342.8	4526.0	4230.0
江苏	Jiangsu	3659.3	4987.8	5812.4	5886.7	5933.0	6091.3	5810.4
浙江	Zhejiang	2107.1	2872.5	3514.1	3481.9	3655.1	3782.7	3595.7
安徽	Anhui	156.6	233.8	303.3	329.6	389.3	432.0	426.2
福建	Fujian	812.4	1105.5	1345.7	1461.9	1544.8	1645.0	1479.2
江西	Jiangxi	138.3	209.5	279.9	302.4	336.5	391.1	407.1
山东	**Shandong**	**1635.2**	**2251.6**	**2845.6**	**2966.5**	**3149.4**	**3284.1**	**2795.4**
河南	Henan	150.7	200.2	355.9	543.3	627.7	684.8	770.1
湖北	Hubei	176.7	260.3	337.5	324.4	356.4	408.5	446.1
湖南	Hunan	116.1	156.1	201.0	214.5	243.2	283.0	293.3
广东	Guangdong	6319.9	8340.1	10067.9	11153.3	12811.9	12419.4	11658.6
广西	Guangxi	135.6	195.5	323.2	408.7	387.0	448.9	464.0
海南	Hainan	84.8	103.7	134.5	145.6	147.6	169.3	155.1
重庆	Chongqing	77.2	118.3	244.8	452.4	587.9	825.6	587.2
四川	Sichuan	215.2	263.0	401.1	517.0	550.9	612.4	472.2
贵州	Guizhou	27.3	34.6	49.2	50.5	47.6	51.4	78.3
云南	Yunnan	74.6	103.3	122.6	121.2	158.2	199.1	190.2
西藏	Tibet	2.9	5.9	11.0	21.2	21.0	21.4	6.7
陕西	Shaanxi	86.7	117.0	140.8	151.9	202.2	276.9	298.8
甘肃	Gansu	44.8	73.9	78.3	71.6	68.4	52.7	44.1
青海	Qinghai	7.2	8.2	7.6	8.1	8.6	6.2	5.9
宁夏	Ningxia	19.6	25.7	28.1	26.7	26.1	40.1	34.4
新疆	Xinjiang	161.3	213.6	299.2	336.3	375.7	388.9	270.7

附录 1–27 货物进出口总额(2015年)

Total Volume of Imports and Exports (2015)

单位:亿美元 (100 million USD)

地区	Region	按经营单位所在地分 by Location of Foreign Tade Managing Units		按境内目的地、货源地分 by Destination and Origion of Goods	
		出口额 Exports	进口额 Imports	出口额 Exports	进口额 Imports
全国总计	**Total**	**22749.5**	**16819.5**	**22749.5**	**16819.5**
北京	Beijing	546.7	2649.5	290.1	1017.8
天津	Tianjin	511.8	631.6	483.8	706.8
河北	Hebei	329.4	185.4	476.6	325.3
山西	Shanxi	84.2	62.9	114.7	60.5
内蒙古	Inner Mongolia	56.5	71.0	61.4	77.8
辽宁	Liaoning	507.1	452.5	511.2	560.0
吉林	Jilin	46.5	142.8	53.9	146.4
黑龙江	Heilongjiang	80.3	129.6	63.1	100.0
上海	Shanghai	1959.4	2533.0	1787.1	2442.9
江苏	Jiangsu	3386.7	2069.5	3488.6	2321.7
浙江	Zhejiang	2766.0	707.5	2832.3	763.4
安徽	Anhui	322.8	156.9	276.6	149.6
福建	Fujian	1130.2	563.4	939.7	539.5
江西	Jiangxi	331.3	93.4	301.4	105.7
山东	**Shandong**	**1440.6**	**976.9**	**1485.3**	**1310.1**
河南	Henan	430.7	307.7	457.8	312.3
湖北	Hubei	292.1	163.8	271.0	175.1
湖南	Hunan	191.4	101.9	190.9	102.5
广东	Guangdong	6435.1	3793.6	7308.2	4350.5
广西	Guangxi	280.3	232.4	141.4	322.6
海南	Hainan	37.4	102.2	42.7	112.4
重庆	Chongqing	551.9	192.9	399.4	187.8
四川	Sichuan	332.3	182.4	285.2	187.0
贵州	Guizhou	99.5	22.7	54.5	23.8
云南	Yunnan	166.2	79.0	106.7	83.5
西藏	Tibet	5.9	3.3	5.3	1.4
陕西	Shaanxi	147.9	157.2	146.2	152.6
甘肃	Gansu	58.1	21.8	21.6	22.4
青海	Qinghai	16.4	2.9	3.7	2.2
宁夏	Ningxia	29.8	8.1	23.8	10.6
新疆	Xinjiang	175.1	21.7	125.3	145.4

附录 1-28 外商投资企业进出口总额

Volume of Import and Export of Foreign-funded Enterprises

单位:万美元 (10 000 USD)

地区	Region	2014 进出口总额 Total	2014 出口额 Exports	2014 进口额 Imports	2015 进出口总额 Total	2015 出口额 Exports	2015 进口额 Imports
全国总计	**Total**	**198355768**	**107461992**	**90893776**	**183461480**	**100472740**	**82988741**
北京	Beijing	7935786	2074065	5861721	6516562	1475583	5040979
天津	Tianjin	7740329	3367803	4372526	6723206	3213006	3510200
河北	Hebei	1643398	893742	749656	1397853	768923	628930
山西	Shanxi	691159	419516	271644	761808	442071	319737
内蒙古	Inner Mongolia	163137	85410	77727	131995	70481	61514
辽宁	Liaoning	4857891	2173048	2684843	4132465	1873051	2259415
吉林	Jilin	1234859	154491	1080368	939958	141088	798870
黑龙江	Heilongjiang	133044	59071	73974	121513	64321	57193
上海	Shanghai	31011514	14144621	16866892	30068400	13104906	16963494
江苏	Jiangsu	34980319	19878022	15102298	33731947	19388612	14343335
浙江	Zhejiang	9677166	6257983	3419183	8413876	5665116	2748760
安徽	Anhui	1393858	835564	558295	1284062	812056	472006
福建	Fujian	7457719	4259253	3198466	6655501	3997276	2658225
江西	Jiangxi	1316305	685094	631212	1282088	697488	584600
山东	**Shandong**	**10704204**	**6228652**	**4475551**	**9346572**	**5613097**	**3733476**
河南	Henan	4380362	2452909	1927452	5209381	2944792	2264589
湖北	Hubei	1452938	771928	681010	1231125	674909	556215
湖南	Hunan	674666	344109	330556	623860	355780	268080
广东	Guangdong	58884637	35607492	23277145	54280117	33304019	20976098
广西	Guangxi	1060209	437073	623135	1034298	442944	591354
海南	Hainan	1268416	285065	983351	1053636	242688	810948
重庆	Chongqing	4310234	3143386	1166848	3610367	2642000	968367
四川	Sichuan	3434464	2040785	1393679	2674131	1527977	1146154
贵州	Guizhou	18777	8973	9803	26656	14130	12525
云南	Yunnan	64792	33931	30861	50367	32185	18181
西藏	Tibet	16	16				
陕西	Shaanxi	1803012	787891	1015121	2092226	927972	1164254
甘肃	Gansu	4089	2414	1675	3746	2427	1319
青海	Qinghai	1701	72	1629	1328	300	1028
宁夏	Ningxia	35549	20750	14799	37294	26116	11178
新疆	Xinjiang	21219	8863	12356	25142	7426	17717

附录2

国际统计资料

International Statistical Data

简 要 说 明

一、本篇资料的主要内容

本篇资料反映了近年来世界主要国家经济社会事业发展基本情况，主要包括人口、土地面积、国内生产总值及其增长、农业、工业、国际贸易、直接投资、国际旅游、国际储备、外债、医疗卫生、互联网用户、人文发展指数和世界500强等方面的内容。

二、本篇资料的来源

本篇资料来源于中国统计出版社出版的《国际统计年鉴2015》，由省统计局综合处整理。

Brief Introduction

I. Content

Data in this chapter show the social and economic indicators of other countries, mainly including population, territory, GDP, agriculture, industry, international trade, direct investment, international tourism, international reserve, international debts, public health, internet users, indicators on development of population and culture, and TOP500 of international companies, etc.

II. Source of Data

Data in this chapter come from International Statistical Yearbook 2015 published by China Statistics Press and are prepared and compiled by the Division of Comprehensive Statistics of Shandong Provincial Bureau of Statistics.

附录2-1 中国主要指标居世界的位次

Ranking of China in the World in Terms of Main Indicators

资料来源：联合国贸发会议数据库、世界贸易组织数据库、世界银行WDI数据库、国际货币基金组织数据库。
Source: UNCTAD Database;WTO Database;World Bank WDI Database;IMF Database.

指　标	Indicator	1978	1980	1990	2000	2010	2012	2013	2014
国土面积	Country Area	4	4	4	4	4	4	4	4
人　口	Population	1	1	1	1	1	1	1	1
国内生产总值	Gross Domestic Product	10	12	11	6	2	2	2	2
人均国民总收入①	GNI per capita ①	175(188)	177(188)	178(200)	141(207)	120(215)	112(214)	109(214)	100(214)
进出口贸易总额	Foreign Trade Total	29	26	16	8	2	2	1	1
出口额	Exports	30	28	14	7	1	1	1	1
进口额	Imports	27	22	17	9	2	2	2	2
外商直接投资	Foreign Direct Investment Inflow	129	56	14	11	2	2	2	1
外汇储备	Foreign Exchange Reserves	38	37	7	2	1	1	1	1

注：①括号中所列为参加排序的国家或地区数。
Note: ① The number in the parentheses indicates the number of countries or territories the order based on.

附录2-2 中国主要指标占世界的比重

Major Chinese Indicators as Percentage of the World

资料来源：联合国贸发会议数据库、世界贸易组织数据库、联合国FAO数据库、世界银行WDI数据库、国际货币基金组织数据库。
Source: UNCTAD Database; WTO Database; FAO Database; World Bank WDI Database; IMF Database.
单位：% (%)

指　标	Indicator	1978	1980	1990	2000	2010	2013	2014
国土面积	Country Area	7.1	7.1	7.1	7.1	7.1	7.1	7.1
人　口	Population	22.3	22.1	21.5	20.7	19.4	19.1	18.9
国内生产总值	Gross Domestic Product	1.7	1.7	1.6	3.6	9.2	12.5	13.3
进出口贸易总额	Foreign Trade Total	0.8	0.9	1.6	3.6	9.7	11.0	11.3
出口额	Exports	0.8	0.9	1.8	3.9	10.3	11.7	12.4
进口额	Imports	0.8	1.0	1.5	3.3	9.0	10.3	10.3
外商直接投资	Foreign Direct Investment Inflow		0.1	1.7	3.0	8.6	8.4	10.5
外汇储备	Foreign Exchange Reserves				8.6	30.7	32.7	33.2
稻谷产量	Rice Production	36.7	36.2	37.1	31.8	28.0	27.5	
小麦产量	Wheat Production	12.1	12.5	16.6	17.0	17.7	17.0	
玉米产量	Maize Production	14.2	15.8	20.1	17.9	20.9	21.5	
大豆产量	Soybeans Production	10.1	9.8	10.1	9.6	5.7	4.3	

附录2-3 中国农业主要产品产量居世界的位次

Ranking of China in the World in Terms of Major Agricultural Products

资料来源：联合国FAO数据库。
Source: United Nations FAO Database.

项 目	Item	1978	1980	1990	2000	2005	2010	2012	2013
谷 物	Cereals	2	1	1	1	1	1	1	1
肉 类①	Meat①	3	3	2	1	1	1	1	1
籽 棉	Seed Cotton	2	2	1	1	1	1	1	1
大 豆	Soybeans	3	3	3	4	4	4	5	4
花 生	Groundnuts in Shell	2	2	2	1	1	1	1	1
油菜籽	Rapeseed	2	2	1	1	1	1	2	2
甘 蔗	Sugar Cane	7	5	4	3	3	3	3	3
茶 叶	Tea	2	2	2	2	1	1	1	1
水 果②	Fruit②	9	8	4	1	1	1	1	1

注：①1990年以前为猪、牛、羊肉产量的位次。②不包括瓜类。
Note: ①Data refer to pork,beef and mutton prior to 1990.②Excluding melons.

附录2-4 中国工业主要产品产量居世界的位次

Ranking of China in the World in Terms of Major Industrial Products

资料来源：联合国统计月报数据库、联合国FAO数据库。
Source: United Nations MBS Database; FAO Database.

项 目	Item	1978	1980	1990	2000	2005	2010	2013	2014
粗 钢	Crude Steel	5	5	4	1	1	1	1	1
煤	Coal	3	3	1	1	1	1	1	1
原 油	Crude Petroleum	8	6	5	5	5	4	4	4
发 电 量	Electricity	7	6	3	2	2	1	1	1
水 泥	Cement	4	4	1	1	1	1	1	1
化 肥	Fertilizer	3	3	3	1	1	1	1	1
棉 布	Woven Cotton Fabrics	1	1	1	2	2	1	1	1

附录2-5　国土面积与人口密度

Surface Area and Population Density

资料来源：世界银行WDI数据库。
Source: World Bank WDI Database.

国家或地区	Country or Area	国土面积（万平方公里）Surface Area (10 000 sq.km)	人口密度（人/平方公里）Population Density (persons/sq.km)		
		2013	2005	2010	2013
世　界	**World**	**13432.5**	**50.0**	**53.1**	**54.9**
中　国	China	960.0	138.9	142.5	144.6
中国香港	Hong Kong, China	0.1	6488.8	6689.7	6845.2
中国澳门	Macao, China	…	16719.6	18000.9	18942.3
孟加拉国	Bangladesh	14.9	1099.6	1161.0	1203.0
文　莱	Brunei Darussalam	0.6	69.8	76.0	79.3
柬埔寨	Cambodia	18.1	75.7	81.4	85.7
印　度	India	328.7	379.1	405.5	421.1
印度尼西亚	Indonesia	191.1	123.9	132.9	137.9
伊　朗	Iran	174.5	43.1	45.7	47.6
以色列	Israel	2.2	320.3	352.3	372.4
日　本	Japan	37.8	350.5	351.3	349.3
哈萨克斯坦	Kazakhstan	272.5	5.6	6.1	6.3
韩　国	Korea, Rep.	10.0	497.0	508.2	515.9
老　挝	Laos	23.7	25.1	27.7	29.3
马来西亚	Malaysia	33.1	78.7	86.1	90.5
蒙　古	Mongolia	156.4	1.6	1.8	1.8
缅　甸	Myanmar	67.7	76.8	79.5	81.5
巴基斯坦	Pakistan	79.6	204.9	224.6	236.3
菲律宾	Philippines	30.0	287.8	313.4	330.0
新加坡	Singapore	0.1	6191.3	7252.4	7713.1
斯里兰卡	Sri Lanka	6.6	313.3	329.3	326.6
泰　国	Thailand	51.3	128.3	130.0	131.2
越　南	Viet Nam	33.1	265.7	280.4	289.3
埃　及	Egypt	100.2	72.1	78.4	82.4
尼日利亚	Nigeria	92.4	153.3	175.4	190.6
南　非	South Africa	121.9	39.0	41.9	43.8
加拿大	Canada	998.5	3.6	3.7	3.9
墨西哥	Mexico	196.4	57.0	60.6	62.9
美　国	United States	983.2	32.3	33.8	34.6
阿根廷	Argentina	278.0	14.1	14.8	15.2
巴　西	Brazil	851.6	22.3	23.4	24.0
委内瑞拉	Venezuela	91.2	30.3	32.9	34.5
捷　克	Czech Rep.	7.9	132.2	135.6	136.1
法　国	France	54.9	115.4	118.8	120.4
德　国	Germany	35.7	236.5	234.6	231.4
意大利	Italy	30.1	197.1	201.5	204.8
荷　兰	Netherlands	4.2	483.4	493.2	498.4
波　兰	Poland	31.3	124.6	124.2	124.2
俄罗斯	Russia	1709.8	8.8	8.7	8.8
西班牙	Spain	50.6	87.5	93.4	93.5
土耳其	Turkey	78.4	88.0	93.7	97.4
乌克兰	Ukraine	60.4	81.3	79.2	78.5
英　国	United Kingdom	24.4	249.7	259.4	265.0
澳大利亚	Australia	774.1	2.7	2.9	3.0
新西兰	New Zealand	26.8	15.7	16.5	16.9

附录2-6　国内生产总值

Gross Domestic Product

资料来源：世界银行WDI数据库。
Source: World Bank WDI Database.
单位：亿美元 (100 million USD)

国家或地区	Country or Area	1990	2000	2005	2010	2013	2014
世　界	**World**	**225467**	**332762**	**470337**	**654892**	**761240**	**778688**
高收入国家	**High Income**	**195880**	**280096**	**384419**	**473856**	**522426**	**529067**
经合组织高收入国家	**High Income: OECD Countries**	**182625**	**261511**	**356089**	**424986**	**459085**	**466738**
非经合组织高收入国家	**High Income: nonOECD**	**13277**	**18586**	**28356**	**49061**	**63698**	**62598**
中等收入国家	**Middle Income**	**28668**	**51564**	**84415**	**178497**	**235519**	**245973**
中等偏下收入国家	**Lower Middle Income**	**9063**	**13073**	**21346**	**45212**	**54628**	**57803**
中等偏上收入国家	**Upper Middle Income**	**19569**	**38491**	**63065**	**133278**	**180803**	**188083**
中低收入国家	**Low and Middle Income**	**29486**	**52637**	**85928**	**181308**	**239231**	**249968**
东亚和太平洋	**East Asia and Pacific**	**6704**	**17302**	**30838**	**77865**	**116856**	**125713**
欧洲和中亚	**Europe and Central Asia**	**4166**	**4323**	**8975**	**15234**	**18760**	**18110**
拉丁美洲和加勒比	**Latin America and Caribbean**	**8916**	**16709**	**22334**	**41062**	**47646**	**47639**
中东和北非国家	**Middle East and North Africa**	**5381**	**4410**	**6590**	**13119**	**16211**	**15226**
南　亚	**South Asia**	**4116**	**6292**	**10539**	**20866**	**23553**	**26079**
撒哈拉以南非洲	**Sub-Saharan Africa**	**2997**	**3618**	**6733**	**13329**	**16489**	**17283**
低收入国家	**Low Income**	**899**	**1096**	**1520**	**2793**	**3688**	**3974**
最不发达地区	**Least Developed Countries**	**1505**	**2012**	**3223**	**6313**	**7979**	**8679**
重债穷国	**Heavily Indebted Poor Countries**	**1276**	**1547**	**2404**	**4613**	**5981**	**6326**
中　国	China	3590	12053	22686	60397	94906	103601
中国香港	Hong Kong, China	769	1717	1816	2286	2757	2909
中国澳门	Macao, China	30	61	118	284	513	555
阿富汗	Afghanistan			63	159	203	208
阿尔巴尼亚	Albania	21	37	84	119	129	134
阿尔及利亚	Algeria	621	548	1032	1612	2102	2141
安道尔	Andorra	10	14	33	34	33	
安哥拉	Angola	100	91	282	825	1242	1314
安提瓜和巴布达	Antigua and Barbuda	4	8	10	11	12	13
阿根廷	Argentina	1414	2842	2229	4628	6221	5402
亚美尼亚	Armenia	23	19	49	93	104	109
阿鲁巴岛	Aruba		19	23	25		
澳大利亚	Australia	3109	4150	6933	11413	15604	14538
奥地利	Austria	1661	1964	3147	3897	4283	4363
阿塞拜疆	Azerbaijan	89	53	133	529	736	752
巴哈马	Bahamas	32	63	77	79	84	85
巴　林	Bahrain	42	91	160	257	329	339
孟加拉国	Bangladesh	312	534	694	1153	1500	1738
巴巴多斯	Barbados	20	31	39	45	43	44
白俄罗斯	Belarus	174	127	302	552	731	761
比利时	Belgium	2061	2373	3870	4844	5248	5334
伯利兹	Belize	4	8	11	14	16	
贝　宁	Benin	20	24	44	66	83	88
百慕大	Bermuda	16	35	49	57	56	
不　丹	Bhutan	3	4	8	16	18	18
玻利维亚	Bolivia	49	84	96	197	306	342
波　黑	Bosnia and Herzegovinian		55	109	169	179	183
博茨瓦纳	Botswana	38	58	99	128	150	158
巴　西	Brazil	4620	6572	8921	22094	23921	23461
文　莱	Brunei Darussalam	35	60	95	124	161	173
保加利亚	Bulgaria	207	134	293	487	545	557
布基纳法索	Burkina Faso	31	26	55	90	121	125
布隆迪	Burundi	11	9	11	20	27	31
柬埔寨	Cambodia		37	63	112	152	167
喀麦隆	Cameroon	112	93	166	236	296	326
加拿大	Canada	5920	7395	11641	16140	18390	17867
佛得角	Cape Verde	3	5	10	17		
中　非	Central African Rep.	14	9	14	20	15	18

附录2-6　续表 1　continued

单位：亿美元　　(100 million USD)

国家或地区	Country or Area	1990	2000	2005	2010	2013	2014
乍　得	Chad	17	14	67	107	130	139
海峡群岛	Channel Islands		64	88			
智　利	Chile	316	793	1244	2175	2767	2581
哥伦比亚	Colombia	403	999	1466	2870	3801	3777
科摩罗	Comoros	3	2	4	5	6	7
刚果(金)	Congo, Dem. Rep.	94	191	120	205	300	330
刚果(布)	Congo, Rep.	28	32	61	120	141	141
哥斯达黎加	Costa Rica	74	160	200	363	492	496
科特迪瓦	Cote D'Ivoire	108	107	171	249	313	343
克罗地亚	Croatia	248	218	454	597	579	572
古　巴	Cuba	287	306	426	643	772	
塞浦路斯	Cyprus	56	99	183	253	241	232
捷　克	Czech Rep.	403	615	1360	2070	2088	2055
丹　麦	Denmark	1381	1642	2646	3198	3359	3420
吉布提	Djibouti	5	6	7	11	15	16
多米尼克	Dominica	2	3	4	5	5	5
多米尼加	Dominican Rep.	71	240	334	530	612	640
厄瓜多尔	Ecuador	152	183	415	696	945	1005
埃　及	Egypt	431	998	897	2189	2720	2865
萨尔瓦多	El Salvador	48	131	171	214	243	252
赤道几内亚	Equatorial Guinea	1	11	82	116	156	143
厄立特里亚	Eritrea		7	11	21	34	39
爱沙尼亚	Estonia	50	57	140	195	249	259
埃塞俄比亚	Ethiopia	122	82	124	299	475	548
法罗群岛	Faeroe Islands		11	17	23	26	
斐　济	Fiji	13	17	30	31	39	40
芬　兰	Finland	1415	1255	2044	2478	2682	2707
法　国	France	12753	13684	22037	26470	28103	28292
法属波立尼西亚	French Polynesia	32	35				
加　蓬	Gabon	60	51	95	145	172	172
冈比亚	Gambia	3	8	6	10	9	8
格鲁吉亚	Georgia	78	31	64	116	161	165
德　国	Germany	17650	19472	28576	34122	37303	38526
加　纳	Ghana	59	50	107	322	486	387
希　腊	Greece	983	1306	2477	2996	2422	2376
格陵兰	Greenland	10	11	17			
危地马拉	Guatemala	77	193	272	413	539	587
几内亚	Guinea	27	30	29	47	62	66
几内亚比绍	Guinea-Bissau	2	4	6	9	10	10
圭亚那	Guyana	4	7	8	23	30	32
海　地	Haiti	29	40	43	66	85	87
洪都拉斯	Honduras	31	71	97	158	185	194
匈牙利	Hungary	331	471	1119	1296	1334	1371
冰　岛	Iceland	65	90	168	133	154	171
印　度	India	3266	4766	8342	17085	18618	20669
印度尼西亚	Indonesia	1144	1650	2859	7551	9105	8885
伊　朗	Iran	1160	1013	1920	4226	4938	4153
伊拉克	Iraq	1799	259	500	1385	2325	2205
爱尔兰	Ireland	493	993	2104	2185	2321	2459
马恩岛	Isle of Man		16	30			
以色列	Israel	525	1315	1412	2329	2906	3042
意大利	Italy	11778	11422	18535	21268	21370	21443
牙买加	Jamaica	46	90	112	132	144	
日　本	Japan	31037	47312	45719	54954	49196	46015

附录2-6 续表 2 continued

单位：亿美元 (100 million USD)

国家或地区	Country or Area	1990	2000	2005	2010	2013	2014
约　旦	Jordan	42	85	126	264	336	358
哈萨克斯坦	Kazakhstan	269	183	571	1481	2319	2123
肯尼亚	Kenya	86	127	187	400	549	609
基里巴斯	Kiribati	…	1	1	2	2	2
韩　国	Korea, Rep.	2848	5616	8981	10945	13056	14104
科威特	Kuwait	184	377	808	1154	1758	
吉尔吉斯斯坦	Kyrgyzstan	27	14	25	48	73	74
老　挝	Laos	9	17	27	72	112	118
拉脱维亚	Latvia	75	99	171	239	309	319
黎巴嫩	Lebanon	28	173	213	380	444	457
莱索托	Lesotho	5	8	14	22	22	21
利比里亚	Liberia	4	5	5	13	20	20
利比亚	Libya	289	383	473	748	655	411
列支敦士登	Liechtenstein	14	25	37	51		
立陶宛	Lithuania	105	114	261	371	464	482
卢森堡	Luxemburg	133	213	370	522	601	
马其顿	Macedonia	45	38	63	94	108	113
马达加斯加	Madagascar	31	39	50	87	106	106
马拉维	Malawi	19	17	28	54	39	43
马来西亚	Malaysia	440	938	1435	2475	3132	3269
马尔代夫	Maldives	2	6	11	23	27	30
马　里	Mali	24	24	53	94	111	121
马耳他	Malta	26	40	60	82	96	
马绍尔群岛	Marshall Islands	1	1	1	2	2	
毛里塔尼亚	Mauritania	10	13	22	43	51	51
毛里求斯	Mauritius	27	46	63	97	119	126
墨西哥	Mexico	2627	6837	8664	10511	12623	12827
密克罗尼西亚	Micronesia, Fed.	2	2	3	3	3	
摩尔多瓦	Moldova	36	13	30	58	80	79
摩纳哥	Monaco	25	27	43	54		
蒙　古	Mongolia	26	11	25	72	126	120
黑　山	Montenegro		10	23	41	44	46
摩洛哥	Morocco	288	370	595	908	1039	1070
莫桑比克	Mozambique	25	43	66	101	155	164
缅　甸	Myanmar					587	643
纳米比亚	Namibia	28	39	73	113	129	134
尼泊尔	Nepal	36	55	81	160	192	196
荷　兰	Netherlands	3130	4134	6724	8364	8535	8695
新喀里多尼亚	New Caledonia	25	27				
新西兰	New Zealand	455	526	1151	1453	1884	
尼加拉瓜	Nicaragua	10	51	63	87	109	118
尼日尔	Niger	25	18	34	57	77	82
尼日利亚	Nigeria	308	464	1123	3691	5150	5685
挪　威	Norway	1198	1713	3087	4285	5224	5001
阿　曼	Oman	117	195	311	586	782	818
巴基斯坦	Pakistan	400	740	1095	1774	2323	2469
帕　劳	Palau	1	2	2	2	2	3
巴拿马	Panama	53	116	155	288	427	462
巴布亚新几内亚	Papua New Guinea	32	35	49	97	154	
巴拉圭	Paraguay	57	82	87	201	289	310
秘　鲁	Peru	257	510	750	1485	2024	2029
菲律宾	Philippines	443	810	1031	1996	2721	2846
波　兰	Poland	647	1719	3044	4767	5261	5480
葡萄牙	Portugal	787	1184	1973	2383	2249	2296

附录2-6 续表 3 continued

单位：亿美元 (100 million USD)

国家或地区	Country or Area	1990	2000	2005	2010	2013	2014
波多黎各	Puerto Rico	306	617	839	984	1031	
卡塔尔	Qatar	74	178	445	1251	2032	2118
罗马尼亚	Romania	383	373	992	1648	1896	1990
俄罗斯	Russia	5168	2597	7640	15249	20790	18606
卢旺达	Rwanda	26	17	26	57	75	79
圣基茨和尼维斯	Saint Kitts and Nevis	2	4	5	7	8	8
圣卢西亚	Saint Lucia	4	8	9	12	13	14
圣文森特和格林纳丁斯	Saint Vincent and the Grenadines	2	4	6	7	7	7
萨摩亚	Samoa	1	3	5	7	8	8
圣马力诺	San Marino		8	14			
圣多美和普林西比	Sao Tome and Principe		1	1	2	3	3
沙特阿拉伯	Saudi Arabia	1168	1884	3285	5268	7443	7463
塞内加尔	Senegal	57	47	87	129	148	156
塞尔维亚	Serbia		65	263	395	455	439
塞舌尔	Seychelles	4	6	9	10	14	14
塞拉利昂	Sierra Leone	7	6	16	26	49	49
新加坡	Singapore	389	958	1274	2364	3023	3079
斯洛伐克	Slovakia	127	291	627	890	977	998
斯洛文尼亚	Slovenia	174	203	364	480	480	494
所罗门群岛	Solomon Islands	3	4	4	7	11	12
南非	South Africa	1120	1364	2578	3754	3661	3498
西班牙	Spain	5351	5954	11573	14317	13930	14043
斯里兰卡	Sri Lanka	80	163	244	496	672	749
苏丹	Sudan	124	123	265	656	665	738
苏里南	Suriname	4	9	18	44	53	
斯威士兰	Swaziland	11	15	26	35	35	34
瑞典	Sweden	2582	2598	3890	4884	5795	5706
瑞士	Switzerland	2574	2717	4075	5812	6854	
叙利亚	Syrian Arab Republic	123	193	289	592		
塔吉克斯坦	Tajikistan	26	9	23	56	85	92
坦桑尼亚	Tanzania	43	102	169	311	443	492
泰国	Thailand	853	1227	1764	3189	3873	3738
东帝汶	Timor-Leste		4	5	9	15	16
多哥	Togo	16	13	21	32	43	45
汤加	Tonga	1	2	3	4	4	4
特立尼达和多巴哥	Trinidad And Tobago	51	82	160	206	244	
突尼斯	Tunisia	123	215	323	444	470	
土耳其	Turkey	1507	2666	4830	7312	8232	7995
土库曼斯坦	Turkmenistan	32	29	81	222	410	479
乌干达	Uganda	43	62	90	188	247	263
乌克兰	Ukraine	815	313	861	1364	1833	1318
阿联酋	United Arab Emirates	507	1043	1806	2861	4023	4017
英国	United Kingdom	10932	15487	24121	24079	26782	29419
美国	United States	59796	102848	130937	149644	167681	174190
乌拉圭	Uruguay	93	228	174	403	575	575
乌兹别克斯坦	Uzbekistan	134	138	143	393	568	626
瓦努阿图	Vanuatu	2	3	4	7	8	
委内瑞拉	Venezuela	470	1172	1455	3938	3713	5100
越南	Viet Nam	65	336	576	1159	1712	1862
约旦河西岸和加沙	West Bank and Gaza		43	48	89	125	127
也门	Yemen	57	96	168	309	360	
赞比亚	Zambia	33	36	83	203	268	271
津巴布韦	Zimbabwe	88	67	58	95	135	137

附录2-7　人均国内生产总值
GDP per Capita

资料来源：世界银行WDI数据库。
Source: World Bank WDI Database.

单位：美元 (USD)

国家或地区	Country or Area	1990	2000	2005	2010	2013	2014
世 界	**World**	**4271**	**5453**	**7247**	**9513**	**10684**	**10804**
高收入国家	**High Income**	**16287**	**21843**	**29086**	**34674**	**37636**	**37897**
经合组织高收入国家	**OECD Countries**	**19701**	**26436**	**34921**	**40447**	**43128**	**43619**
非经合组织高收入国家	**High Income: nonOECD**	**4815**	**6342**	**9390**	**15531**	**19683**	**19199**
中等收入国家	**Middle Income**	**764**	**1173**	**1803**	**3595**	**4583**	**4732**
中等偏下收入国家	**Lower Middle Income**	**477**	**570**	**859**	**1686**	**1949**	**2033**
中等偏上收入国家	**Upper Middle Income**	**1055**	**1832**	**2870**	**5836**	**7737**	**7987**
中低收入国家	**Low and Middle Income**	**723**	**1092**	**1663**	**3286**	**4170**	**4301**
东亚和太平洋	**East Asia and Pacific**	**419**	**955**	**1629**	**3966**	**5826**	**6223**
欧洲和中亚	**Europe and Central Asia**	**1756**	**1757**	**3594**	**5934**	**7148**	**6850**
拉丁美洲和加勒比	**Latin America and Caribbean**	**2410**	**3806**	**4751**	**8233**	**9231**	**9127**
中东和北非国家	**Middle East and North Africa**	**2118**	**1594**	**2191**	**3998**	**4693**	**4333**
南 亚	**South Asia**	**363**	**455**	**703**	**1299**	**1410**	**1541**
撒哈拉以南非洲	**Sub-Saharan Africa**	**591**	**545**	**889**	**1542**	**1760**	**1796**
低收入国家	**Low Income**	**279**	**258**	**313**	**505**	**617**	**648**
最不发达地区	**Least Developed Countries**	**296**	**303**	**431**	**753**	**888**	**944**
重债穷国	**Heavily Indebted Poor Countries**	**361**	**327**	**443**	**742**	**888**	**915**
中 国	China	316	955	1740	4515	6992	7594
中国香港	Hong Kong, China	13486	25757	26650	32550	38364	40170
中国澳门	Macao, China	8312	14128	25190	53046	90600	96444
阿 富 汗	Afghanistan			252	561	665	666
阿尔巴尼亚	Albania	640	1194	2782	4094	4458	4619
阿尔及利亚	Algeria	2365	1727	3039	4350	5361	5361
安 道 尔	Andorra	18877	21433	39990	42953	41015	
安 哥 拉	Angola	968	656	1707	4219	5783	5936
安提瓜和巴布达	Antigua and Barbuda	6325	10095	12080	13017	13342	13961
阿 根 廷	Argentina	4333	7701	5768	11464	15009	12922
亚美尼亚	Armenia	637	621	1625	3125	3504	3647
澳大利亚	Australia	18221	21667	33996	51801	67473	61887
奥 地 利	Austria	21629	24517	38242	46593	50513	51127
阿塞拜疆	Azerbaijan	1237	655	1578	5843	7812	7884
巴 哈 马	Bahamas	12351	21251	23417	21941	22343	22246
巴 林	Bahrain	8529	13563	18156	20546	24695	25198
孟加拉国	Bangladesh	291	403	485	763	958	1097
巴巴多斯	Barbados	7802	11675	14225	15854	15040	15199
白俄罗斯	Belarus	1705	1273	3126	5819	7722	8040
比 利 时	Belgium	20679	23152	36928	44361	46927	47517
伯 利 兹	Belize	2202	3486	4098	4527	4894	
贝 宁	Benin	392	340	533	690	805	825
百 慕 大	Bermuda	26842	56284	75882	88207	85748	
不 丹	Bhutan	560	778	1259	2211	2363	2379
玻利维亚	Bolivia	716	989	1021	1935	2868	3151
波 黑	Bosnia and Herzegovinian		1436	2810	4381	4662	4796
博茨瓦纳	Botswana	2739	3298	5294	6493	7411	7757
巴 西	Brazil	3087	3766	4793	11318	11939	11613
文 莱	Brunei Darussalam	13702	18087	25914	30882	38563	40776
保加利亚	Bulgaria	2377	1634	3786	6581	7499	7713
布基纳法索	Burkina Faso	352	227	407	578	716	720
布 隆 迪	Burundi	202	130	144	220	267	295
柬 埔 寨	Cambodia		299	471	783	1006	1084
喀 麦 隆	Cameroon	924	583	915	1145	1329	1426
加 拿 大	Canada	21302	24032	36028	47464	52305	50271
佛 得 角	Cape Verde	872	1219	2031	3403		
中 非	Central African Rep.	495	251	341	457	335	379
乍 得	Chad	292	167	664	909	1010	1054
海峡群岛	Channel Islands		43299	57209			

附录2-7 续表 1 continued

单位：美元 (USD)

国家或地区	Country or Area	1990	2000	2005	2010	2013	2014
智　利	Chile	2388	5133	7615	12684	15703	14520
哥伦比亚	Colombia	1209	2504	3394	6180	7865	7720
科 摩 罗	Comoros	606	382	633	777	842	861
刚果(金)	Congo, Dem. Rep.	268	407	222	330	445	475
刚果(布)	Congo, Rep.	1174	1030	1718	2920	3167	3101
哥斯达黎加	Costa Rica	2405	4058	4621	7773	10106	10035
科特迪瓦	Cote D'Ivoire	891	664	982	1311	1540	1646
克罗地亚	Croatia	5185	4920	10224	13506	13598	13507
古　巴	Cuba	2702	2744	3777	5702	6848	
塞浦路斯	Cyprus	9642	14307	24738	30439	27911	27194
捷　克	Czech Rep.	3902	5995	13318	19764	19858	19554
丹　麦	Denmark	26862	30744	48817	57648	59819	60634
吉 布 提	Djibouti	767	763	913	1353	1668	1784
多米尼克	Dominica	2345	4820	5250	6927	7176	7434
多米尼加	Dominican Rep.	976	2770	3578	5295	5882	6076
厄瓜多尔	Ecuador	1505	1462	3013	4637	6003	6291
埃　及	Egypt	766	1510	1250	2804	3315	3436
萨尔瓦多	El Salvador	898	2204	2815	3445	3826	3951
赤道几内亚	Equatorial Guinea	300	2019	13613	16612	20581	18389
厄立特里亚	Eritrea		179	226	369	544	590
爱沙尼亚	Estonia	3193	4070	10336	14632	18877	19720
埃塞俄比亚	Ethiopia	253	125	163	344	505	568
斐　济	Fiji	1836	2075	3656	3649	4375	4543
芬　兰	Finland	28381	24253	38969	46205	49310	49541
法　国	France	21834	22466	34881	40709	42631	42736
法属波立尼西亚	French Polynesia	16037	14530				
加　蓬	Gabon	6287	4135	6857	9302	10292	10068
冈 比 亚	Gambia	346	637	435	566	482	423
格鲁吉亚	Georgia	1619	692	1470	2614	3597	3670
德　国	Germany	22220	23685	34651	41726	46255	47627
加　纳	Ghana	403	265	502	1326	1876	1462
希　腊	Greece	9673	11961	22327	26863	21966	21683
格 陵 兰	Greenland	18327	19004	29903			
格林纳达	Grenada	2296	5118	6754	7367	7890	8299
危地马拉	Guatemala	861	1722	2146	2882	3481	3703
几 内 亚	Guinea	443	343	307	435	531	550
几内亚比绍	Guinea-Bissau	240	291	413	534	556	586
圭 亚 那	Guyana	547	957	1084	2874	3739	4017
罗马教廷	Holy See						
洪都拉斯	Honduras	622	1140	1402	2078	2284	2347
匈 牙 利	Hungary	3186	4614	11092	12958	13487	13903
冰　岛	Iceland	25675	31820	56611	41696	47549	52111
印　度	India	376	457	740	1417	1487	1631
印度尼西亚	Indonesia	641	790	1274	3137	3644	3515
伊　朗	Iran	2059	1537	2737	5675	6376	5293
伊 拉 克	Iraq	10270	1086	1825	4474	6957	6433
爱 尔 兰	Ireland	14017	26101	50569	47904	50470	53314
马 恩 岛	Isle of Man		20359	36980			
以 色 列	Israel	11264	20902	20378	30551	36051	37032
意 大 利	Italy	20765	20059	31974	35878	35478	34960
牙 买 加	Jamaica	1921	3479	4252	4917	5291	
日　本	Japan	25124	37300	35781	42909	38634	36194
约　旦	Jordan	1312	1763	2327	4371	5200	5423
哈萨克斯坦	Kazakhstan	1648	1229	3771	9071	13612	12276
肯 尼 亚	Kenya	366	406	524	978	1239	1338
基里巴斯	Kiribati	400	816	1173	1539	1651	1604

附录2-7 续表 2 continued

单位：美元 (USD)

国家或地区	Country or Area	1990	2000	2005	2010	2013	2014
韩 国	Korea, Rep.	6643	11948	18658	22151	25998	27971
科 威 特	Kuwait	8947	19787	35186	38580	52196	
吉尔吉斯斯坦	Kyrgyzstan	609	280	477	880	1282	1269
老 挝	Laos	204	321	472	1123	1653	1708
拉脱维亚	Latvia	2796	4170	7634	11379	15357	16038
黎 巴 嫩	Lebanon	1050	5335	5339	8756	9928	10139
莱 索 托	Lesotho	341	416	711	1089	1035	996
利比里亚	Liberia	183	183	166	327	453	461
利 比 亚	Libya	6786	7394	8461	12379	10564	6575
列支敦士登	Liechtenstein	49452	75058	105335	140707		
立 陶 宛	Lithuania	2841	3267	7864	11977	15689	16445
卢 森 堡	Luxemburg	34872	48827	79596	102863	110665	
马 其 顿	Macedonia	2225	1839	2995	4475	5110	5371
马达加斯加	Madagascar	267	246	276	414	463	449
马 拉 维	Malawi	199	154	213	360	237	253
马来西亚	Malaysia	2417	4005	5554	8754	10538	10830
马尔代夫	Maldives	996	2289	3763	7162	7841	8625
马 里	Mali	304	236	444	674	726	766
马 耳 他	Malta	7192	10377	14834	19694	22776	
马绍尔群岛	Marshall Islands	1659	2127	2646	3127	3627	
毛里塔尼亚	Mauritania	504	478	694	1202	1300	1270
毛里求斯	Mauritius	2506	3861	5116	7772	9477	10006
墨 西 哥	Mexico	3052	6582	7824	8917	10318	10361
密克罗尼西亚	Micronesia, Fed.	1528	2171	2353	2838	3054	
摩尔多瓦	Moldova	972	354	831	1632	2244	2234
摩 纳 哥	Monaco	84290	82537	126599	145221		
蒙 古	Mongolia	1172	474	999	2650	4419	4170
黑 山	Montenegro		1627	3675	6637	7111	7371
摩 洛 哥	Morocco	1159	1276	1948	2823	3095	3140
莫桑比克	Mozambique	185	236	313	422	598	619
缅 甸	Myanmar					1101	1198
纳米比亚	Namibia	1981	2059	3582	5174	5615	5720
尼 泊 尔	Nepal	200	237	322	596	692	698
荷 兰	Netherlands	20937	25958	41200	50341	50793	51590
新喀里多尼亚	New Caledonia	14800	12580				
新 西 兰	New Zealand	13663	13641	27834	33394	42409	
尼加拉瓜	Nicaragua	244	1001	1159	1501	1785	1914
尼 日 尔	Niger	320	164	258	360	431	441
尼日利亚	Nigeria	322	378	804	2311	2966	3185
挪 威	Norway	28243	38147	66775	87646	102832	97363
阿 曼	Oman	6456	8897	12323	20923	21523	20832
巴基斯坦	Pakistan	360	514	693	1025	1275	1334
帕 劳	Palau	5096	7827	9722	9005	10927	11880
巴 拿 马	Panama	2137	3804	4595	7834	11037	11771
巴布亚新几内亚	Papua New Guinea	774	655	798	1417	2105	
巴 拉 圭	Paraguay	1340	1532	1479	3104	4248	4479
秘 鲁	Peru	1181	1961	2703	5076	6662	6594
菲 律 宾	Philippines	715	1044	1201	2136	2765	2843
波 兰	Poland	1698	4493	7976	12530	13829	14423
葡 萄 牙	Portugal	7885	11502	18785	22540	21508	22081
波多黎各	Puerto Rico	8653	16192	21959	26436	28682	
卡 塔 尔	Qatar	15446	29914	54229	71510	93714	93397
罗马尼亚	Romania	1651	1662	4652	8139	9490	9997
俄 罗 斯	Russia	3485	1772	5324	10675	14487	12736
卢 旺 达	Rwanda	354	207	274	526	639	652
圣基茨和尼维斯	Saint Kitts and Nevis	3899	9224	11054	13227	14284	15210

附录2-7 续表 3 continued

单位：美元 (USD)

国家或地区	Country or Area	1990	2000	2005	2010	2013	2014
圣卢西亚	Saint Lucia	2875	4976	5656	7014	7328	7437
圣文森特和格林纳丁斯	Saint Vincent and the Grenadines	1844	3673	5064	6233	6573	6663
萨摩亚	Samoa	772	1541	2588	3531	4181	4173
圣马力诺	San Marino		28696	46194			
圣多美和普林西比	Sao Tome and Principe		550	797	1128	1610	1692
沙特阿拉伯	Saudi Arabia	7206	9355	13303	19327	25819	25409
塞内加尔	Senegal	761	475	773	999	1047	1071
塞尔维亚	Serbia		870	3528	5412	6354	6153
塞舌尔	Seychelles	5266	7579	11087	10805	15696	15359
塞拉利昂	Sierra Leone	161	154	318	448	809	788
新加坡	Singapore	12766	23793	29870	46570	55980	56287
斯洛伐克	Slovakia	2396	5402	11666	16510	18050	18417
斯洛文尼亚	Slovenia	8699	10228	18169	23418	23297	23963
所罗门群岛	Solomon Islands	970	1055	882	1276	1888	2022
南非	South Africa	3182	3099	5444	7390	6886	6478
西班牙	Spain	13773	14788	26511	30738	29881	30262
斯里兰卡	Sri Lanka	472	855	1242	2400	3281	3631
苏丹	Sudan	482	357	669	1440	1751	1904
苏里南	Suriname	955	1912	3591	8321	9826	
斯威士兰	Swaziland	1292	1433	2339	2957	2825	2682
瑞典	Sweden	30162	29283	43085	52076	60365	58887
瑞士	Switzerland	38332	37813	54798	74277	84733	
叙利亚	Syrian Arab Republic	989	1181	1589	2747		
塔吉克斯坦	Tajikistan	496	139	340	740	1036	1099
坦桑尼亚	Tanzania	172	308	449	712	927	998
泰国	Thailand	1508	1969	2690	4803	5779	5561
东帝汶	Timor-Leste		431	500	876	1244	1280
多哥	Togo	430	266	382	503	636	646
汤加	Tonga	1193	1926	2563	3553	4110	4106
特立尼达和多巴哥	Trinidad And Tobago	4148	6431	12323	15495	18219	
突尼斯	Tunisia	1507	2248	3218	4212	4317	
土耳其	Turkey	2791	4220	7130	10136	10986	10543
土库曼斯坦	Turkmenistan	881	645	1707	4393	7827	9032
图瓦卢	Tuvalu	980	1459	2253	3239	3880	
乌干达	Uganda	246	255	314	553	657	677
乌克兰	Ukraine	1570	636	1829	2974	4030	3083
阿联酋	United Arab Emirates	28066	34476	43534	33886	43049	42522
英国	United Kingdom	19096	26296	39935	38362	41777	45603
美国	United States	23954	36450	44308	48374	52980	54630
乌拉圭	Uruguay	2990	6873	5222	11947	16884	16811
乌兹别克斯坦	Uzbekistan	651	558	547	1377	1878	2038
瓦努阿图	Vanuatu	1080	1470	1886	2966	3172	
委内瑞拉	Venezuela	2382	4800	5445	13559	12213	16530
越南	Viet Nam	98	433	700	1334	1909	2052
约旦河西岸和加沙	West Bank and Gaza		1477	1456	2339	2992	2966
也门	Yemen	479	550	832	1358	1473	
赞比亚	Zambia	419	357	726	1533	1845	1802
津巴布韦	Zimbabwe	840	535	453	723	953	936

附录2-8 三次产业对国内生产总值的贡献率

Share of the Contributions of the Three Strata of Industry to the Increase of GDP

资料来源：世界银行WDI数据库。
Source: World Bank WDI Database.
单位：%

(%)

国家或地区	Country or Area	第一产业 Primary Industry		第二产业 Secondary Industry		第三产业 Tertiary Industry	
		2000	2014	2000	2014	2000	2014
中　国	**China**	**3.6**	**4.8**	**57.2**	**47.1**	**39.2**	**48.1**
中国香港	Hong Kong, China		-0.1		15.4		84.7
中国澳门	Macao, China						
孟加拉国	Bangladesh	26.2	9.1	24.0	39.5	49.8	51.4
文　莱	Brunei Darussalam	2.3	4.6①	66.5	168.0①	31.2	-72.6①
柬埔寨	Cambodia	-1.7	-5.4	64.2	49.1	37.4	56.3
印　度	India	-0.1	2.6	47.0	25.1	53.1	72.4
印度尼西亚	Indonesia	6.6	11.3	57.2	36.4	36.3	52.2
伊　朗	Iran	10.2		60.1		29.7	
日　本	Japan	1.5	2.7①	37.8	20.8①	60.7	76.5①
哈萨克斯坦	Kazakhstan	-3.1	10.0①	56.7	21.0①	46.5	69.0①
韩　国	Korea, Rep.	0.6	1.8	49.9	41.2	49.5	57.0
老　挝	Laos	38.5	27.7	26.1	33.9	35.5	38.4
马来西亚	Malaysia	6.3	3.0①	57.9	30.3①	35.9	66.7①
蒙　古	Mongolia	224.0	18.5	-29.2	58.7	-94.8	22.8
巴基斯坦	Pakistan	38.5	11.0	6.0	28.9	55.5	60.1
菲律宾	Philippines	10.8	4.7②	50.1	33.5②	39.1	61.9②
新加坡	Singapore	-0.1	0.0①	36.1	15.4①	63.9	84.6①
斯里兰卡	Sri Lanka	4.4	0.5	34.2	48.2	61.4	51.3
泰　国	Thailand	15.2	13.0	49.2	-56.0	35.6	143.0
越　南	Viet Nam	17.4	10.3	50.6	46.0	32.0	43.7
埃　及	Egypt	9.8	21.2	31.8	74.9	58.4	3.9
尼日利亚	Nigeria	11.9	16.0	68.6	-48.1	19.5	132.1
南　非	South Africa	3.7	9.0	34.9	-2.9	61.4	93.9
加拿大	Canada	-0.7	1.0③	47.8	50.1③	52.9	48.9③
墨西哥	Mexico	1.1	4.2	34.7	30.1	64.2	65.8
美　国	United States	3.7	7.2①	26.4	19.9①	69.8	72.9①
阿根廷	Argentina	15.7	71.0	115.4	-65.9	-31.1	94.8
巴　西	Brazil	3.8	10.9	30.0	-206.2	66.2	295.3
委内瑞拉	Venezuela	9.6	-4.9①	50.2	-8.9①	40.2	113.8①
捷　克	Czech Rep.		3.5	39.6	64.9	60.4	31.6
法　国	France	-0.5	48.5	28.2	-98.1	72.3	149.6
德　国	Germany	-1.1	3.3	42.7	29.9	58.4	66.9
意大利	Italy	-0.9	14.5	21.8	101.7	79.1	-16.3
荷　兰	Netherlands	0.4	9.3	31.5	-21.1	68.0	111.8
波　兰	Poland	0.2	6.5①	31.5	84.4①	68.3	9.1①
俄罗斯	Russia	8.5	-6.9①	48.2	1.8①	43.3	105.1①
西班牙	Spain	5.4	7.5	28.2	11.8	66.4	80.7
土耳其	Turkey	13.5	-5.5	31.4	35.0	55.1	70.5
乌克兰	Ukraine	22.7	-7.1	49.0	73.1	28.3	34.0
英　国	United Kingdom	-0.3	0.5	11.3	20.2	89.0	79.4
澳大利亚	Australia	4.7	5.4	25.1	35.4	70.2	59.2
新西兰	New Zealand	6.5	-5.9①	4.2	35.4①	89.3	70.5①

注：①2013年数据。②2012年数据。③2010年数据。
Note:①Data refer to 2013.②Data refer to 2012.③Data refer to 2010.

附录2-9 资本形成总额、消费支出及净出口对国内生产总值增长的贡献率

Share of the Contributions of Gross Capital Formation,Final Consumption Expenditure and External Balance on Goods and Services to the Increase of GDP

资料来源：世界银行数据库。
Source: World Bank Database.
单位：% (%)

国家或地区	Country or Area	资本形成总额 Gross Capital Formation		消费支出 Final Consumption Expenditure		净出口 External Balance on Goods and Services	
		2000	2014	2000	2014	2000	2014
中　国	**China**	**24.5**	**48.5**	**70.8**	**50.2**	**4.7**	**1.3**
中国香港①	Hong Kong, China①		22.4		111.0		-33.4
中国澳门	Macao, China	-266.1	7.9①	-109.3	14.3①	475.4	77.8①
孟加拉国①	Bangladesh①		28.6		66.1		5.3
文　莱	Brunei Darussalam	-122.5	-11.3②	-0.5	-45.9②	223.0	157.2②
印度尼西亚	Indonesia	67.3	24.5①	21.3	63.3①	11.5	12.2①
伊　朗	Iran	37.5		74.7		-12.2	
以 色 列③	Israel③		71.1		51.8		-22.9
日　本①	Japan①		14.4		99.1		-13.6
哈萨克斯坦	Kazakhstan	41.4	43.5②	46.4	82.5②	12.1	-26.0②
韩　国①	Korea, Rep.①		-1.2		47.5		53.7
马来西亚	Malaysia	69.8	28.1①	49.2	94.4①	-18.9	-22.5①
菲 律 宾①	Philippines①		76.4		67.3		-43.8
新 加 坡	Singapore	72.2	-5.3①	77.7	59.5①	-49.9	45.8①
斯里兰卡	Sri Lanka						
泰　国	Thailand	52.5	18.0①	72.1	23.0①	-24.6	59.0①
越　南①	Viet Nam①		29.9		68.6		1.5
埃　及②	Egypt②		53.3		230.0		-183.3
尼日利亚①	Nigeria①		21.5		338.3		-259.7
南　非	South Africa	10.7	53.3③	58.6	94.9③	30.6	-48.2③
加 拿 大	Canada	30.6		52.4		17.0	
墨 西 哥	Mexico	42.7		96.8		-39.5	
阿 根 廷④	Argentina④		65.1		68.0		-33.1
委内瑞拉	Venezuela	49.8		84.1		-33.9	
捷　克	Czech Rep.	78.1	178.8①	17.5	-76.1①	4.4	-2.7①
法　国	France	47.6		63.1		-10.7	
德　国①	Germany①		26.6		441.1		-367.7
意 大 利	Italy	32.7	42.3①	55.7	112.0①	11.6	-54.3①
荷　兰	Netherlands	3.1	134.1①	62.8	98.2①	34.1	-132.4①
波　兰①	Poland①		-54.9		64.9		90.0
俄 罗 斯	Russia	85.8	870.2④	36.2	560.3④	-22.0	-1330.4④
西 班 牙①	Spain①		62.4		141.9		-104.3
土 耳 其④	Turkey④		93.8		54.0		-47.8
澳大利亚	Australia	24.8	78.3②	61.6	55.1②	13.6	-33.4②
新 西 兰	New Zealand	-43.5	66.8③	46.5	79.1③	97	-45.9③

注：①2013年数据。②2012年数据。③2011年数据。④2010年数据。
Note:①Data refer to 2013.②Data refer to 2012.③Data refer to 2011.④Data refer to 2010.

附录2-10　年中人口

Mid-year Population

资料来源：世界银行WDI数据库。
Source: World Bank WDI Database.

国家或地区	Country or Area	年中人口（万人） Mid-year Population (10 000 persons)				增长率(%) Growth Rate (%)
		2000	2005	2010	2014	2014
世　界	**World**	**610195.7**	**649029.0**	**688434.9**	**720773.5**	**1.2**
高收入国家	**High Income**	**128229.8**	**132167.6**	**136660.5**	**139607.3**	**0.6**
中等收入国家	**Middle Income**	**439465.6**	**468312.0**	**496512.3**	**519847.1**	**1.2**
中低收入国家	**Low and Middle Income**	**481966.0**	**516861.4**	**551774.3**	**581166.2**	**1.3**
低收入国家	**Low Income**	**42500.4**	**48549.4**	**55262.1**	**61319.2**	**2.6**
中　国	China	126264.5	130372.0	133770.5	136427.0	0.5
中国香港	Hong Kong, China	666.5	681.3	702.4	724.2	0.8
中国澳门	Macao, China	43.2	46.8	53.5	57.5	1.6
阿富汗	Afghanistan	2059.5	2486.1	2839.8	3128.1	2.4
阿尔巴尼亚	Albania	308.9	301.1	291.3	289.4	-0.1
阿尔及利亚	Algeria	3171.9	3396.1	3706.3	3992.9	1.8
美属萨摩亚	American Samoa	5.8	5.9	5.6	5.5	0.3
安道尔	Andorra	6.5	8.1	7.8	8.0	1.2
安哥拉	Angola	1392.5	1654.4	1954.9	2213.7	3.1
安提瓜和巴布达	Antigua and Barbuda	7.8	8.3	8.7	9.1	1.0
阿根廷	Argentina	3690.3	3864.8	4037.4	4180.3	0.9
亚美尼亚	Armenia	307.6	301.5	296.3	298.4	0.2
阿鲁巴岛	Aruba	9.1	10.0	10.2	10.3	0.5
澳大利亚	Australia	1915.3	2039.5	2203.2	2349.1	1.6
奥地利	Austria	801.2	822.8	836.3	853.4	0.6
阿塞拜疆	Azerbaijan	804.9	839.2	905.4	953.8	1.3
巴哈马	Bahamas	29.8	32.9	36.0	38.3	1.4
巴　林	Bahrain	66.8	88.0	125.2	134.4	0.9
孟加拉国	Bangladesh	13238.3	14313.5	15112.5	15851.3	1.2
巴巴多斯	Barbados	26.7	27.4	28.0	28.6	0.5
白俄罗斯	Belarus	1000.5	966.3	949.0	947.0	
比利时	Belgium	1025.1	1047.9	1092.0	1122.5	0.4
伯利兹	Belize	23.9	27.2	30.9	34.0	2.3
贝　宁	Benin	694.9	818.2	951.0	1060.0	2.6
百慕大	Bermuda	6.2	6.4	6.5	6.5	0.3
不　丹	Bhutan	56.4	65.0	71.7	76.6	1.5
玻利维亚	Bolivia	849.5	935.5	1015.7	1084.8	1.6
波　黑	Bosnia and Herzegovinian	383.4	388.0	384.6	382.5	-0.1
博茨瓦纳	Botswana	175.5	187.6	196.9	203.9	0.9
巴　西	Brazil	17450.5	18614.2	19521.0	20203.4	0.8
文　莱	Brunei Darussalam	33.2	36.8	40.1	42.3	1.3
保加利亚	Bulgaria	817.0	774.0	739.6	722.6	-0.5
布基纳法索	Burkina Faso	1160.8	1342.2	1554.0	1742.0	2.8
布隆迪	Burundi	667.4	777.0	923.3	1048.3	3.1
柬埔寨	Cambodia	1222.3	1335.6	1436.5	1540.8	1.8
喀麦隆	Cameroon	1592.8	1813.8	2062.4	2281.9	2.5
加拿大	Canada	3077.0	3231.2	3400.5	3554.0	1.1
佛得角	Cape Verde	44.2	47.9	48.8		
开曼群岛	Cayman Islands	4.2	4.9	5.6	5.9	1.3
中　非	Central African Rep.	363.8	396.1	435.0	470.9	2.0
乍　得	Chad	830.1	1001.4	1172.1	1321.1	3.0
海峡群岛	Channel Islands	14.9	15.4	16.0	16.3	0.5
智　利	Chile	1545.4	1633.8	1715.1	1777.3	0.9
哥伦比亚	Colombia	3989.8	4318.4	4644.5	4893.0	1.3
科摩罗	Comoros	52.8	60.1	68.3	75.2	2.4
刚果(金)	Congo, Dem. Rep.	4694.9	5402.8	6219.1	6936.0	2.7
刚果(布)	Congo, Rep.	312.6	354.3	411.2	455.9	2.5
哥斯达黎加	Costa Rica	393.0	432.0	467.0	493.8	1.3
科特迪瓦	Cote D'Ivoire	1613.1	1739.4	1897.7	2080.5	2.4
克罗地亚	Croatia	442.6	444.2	441.8	423.6	-0.5

附录2-10 续表 1 continued

国家或地区	Country or Area	年中人口（万人） Mid-year Population (10 000 persons)				增长率(%) Growth Rate (%)
		2000	2005	2010	2014	2014
古　巴	Cuba	1113.8	1129.2	1128.2	1125.9	-0.1
塞浦路斯	Cyprus	94.3	103.3	110.4	115.3	1.0
捷　克	Czech Rep.	1025.5	1021.1	1047.4	1051.1	
丹　麦	Denmark	534.0	541.9	554.8	564.0	0.4
吉布提	Djibouti	72.3	77.7	83.4	88.6	1.5
多米尼克	Dominica	7.0	7.1	7.1	7.2	0.5
多米尼加	Dominican Rep.	866.3	934.3	1001.7	1052.9	1.2
厄瓜多尔	Ecuador	1253.3	1377.7	1500.1	1598.3	1.5
埃　及	Egypt	6613.7	7177.8	7807.6	8338.7	1.6
萨尔瓦多	El Salvador	595.9	607.3	621.8	638.4	0.7
赤道几内亚	Equatorial Guinea	51.8	60.4	69.6	77.8	2.7
厄立特里亚	Eritrea	393.9	485.4	574.1	653.6	3.2
爱沙尼亚	Estonia	139.7	135.5	133.1	131.4	-0.3
埃塞俄比亚	Ethiopia	6602.4	7616.7	8709.5	9650.6	2.5
法罗群岛	Faeroe Islands	4.6	4.9	5.0	4.9	
斐　济	Fiji	81.2	82.2	86.1	88.7	0.7
芬　兰	Finland	517.6	524.6	536.3	546.4	0.5
法　国	France	6091.1	6317.6	6502.3	6620.1	0.4
法属波立尼西亚	French Polynesia	23.7	25.5	26.8	28.0	1.1
加　蓬	Gabon	122.6	137.9	155.6	171.1	2.3
冈比亚	Gambia	122.9	143.7	168.1	190.9	3.2
格鲁吉亚	Georgia	441.8	436.1	445.3	450.4	0.4
德　国	Germany	8221.2	8246.9	8177.7	8089.0	0.3
加　纳	Ghana	1882.5	2138.4	2426.3	2644.2	2.1
直布罗陀	Gibraltar	2.7	2.9	2.9		
希　腊	Greece	1091.7	1109.3	1115.3	1095.8	-0.6
格陵兰	Greenland	5.6	5.7	5.7	5.6	-0.3
格林纳达	Grenada	10.2	10.3	10.5	10.6	0.4
关　岛	Guam	15.5	15.8	15.9	16.8	1.5
危地马拉	Guatemala	1120.4	1267.9	1434.2	1586.0	2.5
几内亚	Guinea	874.6	957.6	1087.6	1204.4	2.5
几内亚比绍	Guinea-Bissau	127.3	142.2	158.7	174.6	2.4
圭亚那	Guyana	74.4	76.1	78.6	80.4	0.5
海　地	Haiti	857.8	926.1	989.6	1046.1	1.4
洪都拉斯	Honduras	623.6	689.9	762.1	826.1	2.0
匈牙利	Hungary	1021.1	1008.7	1000.0	986.2	-0.3
冰　岛	Iceland	28.1	29.7	31.8	32.8	1.2
印　度	India	104226.2	112714.4	120562.5	126740.2	1.2
印度尼西亚	Indonesia	20893.9	22448.1	24067.6	25281.2	1.2
伊　朗	Iran	6591.1	7015.2	7446.2	7847.0	1.3
伊拉克	Iraq	2380.1	2737.7	3096.2	3427.8	2.5
爱尔兰	Ireland	380.5	416.0	456.0	461.3	0.3
马恩岛	Isle of Man	7.7	8.0	8.4	8.6	0.7
以色列	Israel	628.9	693.0	762.4	821.5	1.9
意大利	Italy	5694.2	5796.9	5927.7	6133.6	1.8
牙买加	Jamaica	258.9	264.4	269.1	272.1	0.2
日　本	Japan	12684.3	12777.3	12807.0	12713.2	-0.2
约　旦	Jordan	479.7	541.1	604.6	660.7	2.3
哈萨克斯坦	Kazakhstan	1488.4	1514.7	1632.2	1728.9	1.5
肯尼亚	Kenya	3128.5	3578.6	4090.9	4554.6	2.7
基里巴斯	Kiribati	8.3	9.0	9.8	10.4	1.5
朝　鲜	Korea, Dem.	2284.0	2381.3	2450.1	2502.7	0.5
韩　国	Korea, Rep.	4700.8	4813.8	4941.0	5042.4	0.4
科威特	Kuwait	190.6	229.6	299.2	347.9	3.2
吉尔吉斯斯坦	Kyrgyzstan	489.8	516.3	544.8	583.4	2.0

附录2-10　续表 2　continued

国家或地区	Country or Area	年中人口（万人） Mid-year Population (10 000 persons)				增长率(%) Growth Rate (%)
		2000	2005	2010	2014	2014
老　挝	Laos	538.8	579.1	639.6	689.4	1.8
拉脱维亚	Latvia	236.8	223.9	209.8	199.0	-1.1
黎巴嫩	Lebanon	323.5	398.7	434.1	451.0	1.0
莱索托	Lesotho	185.6	192.6	200.9	209.8	1.1
利比里亚	Liberia	289.2	327.0	395.8	439.7	2.4
利比亚	Libya	517.6	559.4	604.1	625.3	0.8
列支敦士登	Liechtenstein	3.3	3.5	3.6	3.7	0.7
立陶宛	Lithuania	350.0	332.3	309.7	292.9	-1.0
卢森堡	Luxemburg	43.6	46.5	50.7	55.6	2.3
前南马其顿	Macedonia, FYR	205.2	209.0	210.2	210.8	0.1
马达加斯加	Madagascar	1574.5	1829.0	2108.0	2357.2	2.8
马拉维	Malawi	1132.1	1292.5	1501.4	1682.9	2.8
马来西亚	Malaysia	2342.1	2584.3	2827.6	3018.8	1.6
马尔代夫	Maldives	27.3	29.8	32.6	35.2	1.9
马　里	Mali	1026.1	1194.1	1398.6	1576.8	3.0
马耳他	Malta	38.1	40.4	41.5	42.7	0.9
马绍尔群岛	Marshall Islands	5.2	5.2	5.2	5.3	0.3
毛里塔尼亚	Mauritania	270.8	314.6	360.9	398.4	2.4
毛里求斯	Mauritius	118.7	122.8	125.0	126.1	0.2
马约特岛	Mayotte	14.9	17.5	20.4		
墨西哥	Mexico	10387.4	11073.2	11788.6	12379.9	1.2
密克罗尼西亚	Micronesia, Fed.	10.7	10.6	10.4	10.4	0.3
摩尔多瓦	Moldova	364.0	359.5	356.2	355.6	-0.1
摩纳哥	Monaco	3.2	3.4	3.7	3.8	0.6
蒙　古	Mongolia	239.7	252.7	271.3	288.1	1.5
黑　山	Montenegro	60.5	61.4	61.9	62.2	0.1
摩洛哥	Morocco	2871.0	3012.5	3164.2	3349.3	1.5
莫桑比克	Mozambique	1827.6	2101.0	2396.7	2647.3	2.4
缅　甸	Myanmar	4845.3	5018.1	5193.1	5371.9	0.9
纳米比亚	Namibia	189.8	202.7	217.9	234.8	1.9
尼泊尔	Nepal	2318.4	2529.2	2684.6	2812.1	1.2
荷　兰	Netherlands	1592.6	1632.0	1661.5	1685.4	0.3
荷属安的列斯	Netherlands Antilles	18.1	18.6			
新喀里多尼亚	New Caledonia	21.3	23.2	25.0	26.6	1.5
新西兰	New Zealand	385.8	413.4	435.1	451.0	1.5
尼加拉瓜	Nicaragua	510.1	545.5	582.2	616.9	1.5
尼日尔	Niger	1099.0	1318.4	1589.4	1853.5	3.9
尼日利亚	Nigeria	12287.7	13958.6	15970.8	17851.7	2.8
北马里亚纳群岛	Northern Mariana Islands	6.8	6.4	5.4	5.5	1.2
挪　威	Norway	449.1	462.3	488.9	513.6	1.1
阿　曼	Oman	219.3	252.2	280.3	392.6	7.8
巴基斯坦	Pakistan	14383.2	15797.1	17314.9	18513.3	1.6
帕　劳	Palau	1.9	2.0	2.0	2.1	0.9
巴拿马	Panama	305.5	336.6	367.8	392.6	1.6
巴布亚新几内亚	Papua New Guinea	537.9	609.6	685.9	747.6	2.1
巴拉圭	Paraguay	535.0	590.4	646.0	691.8	1.7
秘　鲁	Peru	2600.0	2772.3	2926.3	3076.9	1.3
菲律宾	Philippines	7765.2	8582.1	9344.4	10009.6	1.7
波　兰	Poland	3825.9	3816.5	3804.3	3799.6	-0.1
葡萄牙	Portugal	1029.0	1050.3	1057.3	1039.7	-0.6
波多黎各	Puerto Rico	381.1	382.1	372.2	354.8	-1.3
卡塔尔	Qatar	59.4	82.1	175.0	226.8	4.5
罗马尼亚	Romania	2244.3	2132.0	2024.7	1991.1	-0.4
俄罗斯	Russia	14659.7	14351.9	14284.9	14382.0	0.2
卢旺达	Rwanda	839.6	942.9	1083.7	1210.0	2.7

附录2-10 续表 3 continued

国家或地区	Country or Area	年中人口（万人） Mid-year Population (10 000 persons)				增长率(%) Growth Rate (%)
		2000	2005	2010	2014	2014
圣基茨和尼维斯	Saint Kitts and Nevis	4.6	4.9	5.2	5.5	1.1
圣卢西亚	Saint Lucia	15.7	16.5	17.7	18.4	0.7
圣文森特和格林纳丁斯	Saint Vincent and the Grenadines	10.8	10.9	10.9	10.9	
萨摩亚	Samoa	17.5	18.0	18.6	19.2	0.8
圣马力诺	San Marino	2.7	3.0	3.1	3.2	0.6
圣多美和普林西比	Sao Tome and Principe	13.9	15.5	17.8	19.8	2.5
沙特阿拉伯	Saudi Arabia	2014.5	2469.0	2725.8	2936.9	1.9
塞内加尔	Senegal	986.2	1127.1	1295.1	1454.8	2.9
塞尔维亚	Serbia	751.6	744.1	729.1	712.9	-0.5
塞舌尔	Seychelles	8.1	8.3	9.0	9.2	1.8
塞拉利昂	Sierra Leone	414.0	512.0	575.2	620.5	1.8
新加坡	Singapore	402.8	426.6	507.7	547.0	1.3
斯洛伐克	Slovakia	538.9	537.3	539.1	541.9	0.1
斯洛文尼亚	Slovenia	198.9	200.0	204.9	206.2	0.1
所罗门群岛	Solomon Islands	41.2	46.9	52.6	57.3	2.1
索马里	Somalia	738.5	846.7	963.6	1080.6	2.9
南非	South Africa	4400.0	4734.9	5079.2	5400.2	1.6
西班牙	Spain	4026.3	4365.3	4657.7	4640.5	-0.5
斯里兰卡	Sri Lanka	1910.2	1964.4	2065.3	2063.9	0.8
苏丹	Sudan	2773.0	3158.6	3565.2	3876.4	2.1
苏里南	Suriname	46.7	50.0	52.5	54.4	0.9
斯威士兰	Swaziland	106.4	110.5	119.3	126.8	1.4
瑞典	Sweden	887.2	903.0	937.8	969.0	0.9
瑞士	Switzerland	718.4	743.7	782.5	819.0	1.2
叙利亚	Syrian Arab Republic	1637.1	1816.7	2153.3	2330.1	2.0
塔吉克斯坦	Tajikistan	618.6	680.6	762.7	840.9	2.4
坦桑尼亚	Tanzania	3402.1	3882.4	4497.3	5075.7	3.0
泰国	Thailand	6234.3	6555.9	6640.2	6722.3	0.3
东帝汶	Timor-Leste	85.4	98.3	106.6	121.2	2.7
多哥	Togo	486.5	554.0	630.6	699.3	2.6
汤加	Tonga	9.8	10.1	10.4	10.6	0.4
特立尼达和多巴哥	Trinidad And Tobago	126.8	129.7	132.8	134.4	0.2
突尼斯	Tunisia	955.3	1002.9	1054.7	1099.7	1.0
土耳其	Turkey	6317.4	6774.3	7213.8	7583.7	1.2
土库曼斯坦	Turkmenistan	450.1	474.8	504.2	530.7	1.3
特克斯和凯科斯群岛	Turks and Caicos Islands	1.9	2.6	3.1	3.4	1.9
图瓦卢	Tuvalu	0.9	1.0	1.0	1.0	0.2
乌干达	Uganda	2427.6	2872.5	3398.7	3884.5	3.3
乌克兰	Ukraine	4917.6	4710.5	4587.1	4536.3	-0.3
阿联酋	United Arab Emirates	302.6	414.9	844.2	944.6	1.1
英国	United Kingdom	5889.3	6040.1	6276.6	6451.0	0.6
美国	United States	28216.2	29551.7	30934.7	31885.7	0.7
美属维尔京群岛	Virgin Islands(US)	10.9	10.8	10.6	10.4	-0.5
乌拉圭	Uruguay	332.1	332.5	337.2	341.9	0.3
乌兹别克斯坦	Uzbekistan	2465.0	2616.7	2856.2	3074.3	1.6
瓦努阿图	Vanuatu	18.5	20.9	23.6	25.8	2.2
委内瑞拉	Venezuela	2440.8	2672.6	2904.3	3085.1	1.5
越南	Viet Nam	7763.1	8239.2	8693.3	9073.0	1.1
约旦河西岸和加沙	West Bank and Gaza	292.2	332.0	381.1	429.5	3.0
也门	Yemen	1752.3	2014.0	2276.3	2496.9	2.3
赞比亚	Zambia	1010.1	1147.0	1321.7	1502.1	3.3
津巴布韦	Zimbabwe	1250.4	1271.1	1307.7	1459.9	3.1

附录2-11 万美元国内生产总值能耗(2011年不变价，PPP)

Energy Use per Ten Thousand USD of GDP (Constant 2011 PPP)

资料来源：世界银行WDI数据库。
Source:World Bank WDI Database.

单位：吨标准油/万美元 (ton of oil equivalent per 10 000 USD)

国家或地区	Country or Area	2000	2005	2009	2010	2011	2012
世　　界	**World**	**1.56**	**1.48**	**1.38**	**1.38**	**1.36**	**1.34**
高收入国家	**High Income**	**1.50**	**1.39**	**1.29**	**1.30**	**1.26**	**1.24**
中等收入国家	**Middle Income**	**1.66**	**1.61**	**1.48**	**1.47**	**1.46**	**1.45**
中　　国	**China**	**2.50**	**2.40**	**2.01**	**2.00**	**1.99**	**1.95**
中国香港	Hong Kong, China	0.60	0.46	0.48	0.42	0.43	0.41
孟加拉国	Bangladesh	0.84	0.82	0.80	0.82	0.80	0.79
文　　莱	Brunei Darussalam	0.96	0.81	1.10	1.15	1.32	1.31
柬 埔 寨	Cambodia	2.04	1.31	1.44	1.39	1.38	1.32
印　　度	India	1.72	1.47	1.40	1.32	1.29	1.28
印度尼西亚	Indonesia	1.27	1.16	1.04	1.02	0.95	0.93
伊　　朗	Iran	1.59	1.70	1.75	1.64	1.62	1.79
以 色 列	Israel	1.13	1.03	1.01	1.03	0.99	1.01
日　　本	Japan	1.27	1.20	1.12	1.13	1.05	1.01
哈萨克斯坦	Kazakhstan	2.47	2.15	2.13	2.16	2.25	2.07
韩　　国	Korea, Rep.	1.93	1.71	1.62	1.66	1.67	1.65
马来西亚	Malaysia	1.35	1.44	1.36	1.31	1.30	1.27
蒙　　古	Mongolia	2.15	1.72	1.64	1.64	1.47	1.43
巴基斯坦	Pakistan	1.32	1.23	1.16	1.16	1.13	1.10
菲 律 宾	Philippines	1.21	0.94	0.78	0.77	0.74	0.73
新 加 坡	Singapore	0.90	0.82	0.64	0.69	0.67	0.62
斯里兰卡	Sri Lanka	0.88	0.78	0.63	0.62	0.61	0.63
泰　　国	Thailand	1.30	1.39	1.36	1.38	1.40	1.39
越　　南	Viet Nam	1.40	1.44	1.46	1.51	1.47	1.49
埃　　及	Egypt	0.79	1.00	0.94	0.88	0.90	0.91
尼日利亚	Nigeria	2.47	1.83	1.47	1.47	1.48	1.50
南　　非	South Africa	2.50	2.43	2.39	2.32	2.24	2.16
加 拿 大	Canada	2.19	2.08	1.86	1.81	1.77	1.73
墨 西 哥	Mexico	0.95	1.02	1.01	0.97	0.97	0.96
美　　国	United States	1.75	1.58	1.45	1.45	1.41	1.35
巴　　西	Brazil	0.94	0.93	0.90	0.93	0.91	0.93
委内瑞拉	Venezuela	1.60	1.55	1.43	1.57	1.41	1.45
捷　　克	Czech Rep.	1.90	1.72	1.46	1.51	1.43	1.43
法　　国	France	1.19	1.18	1.08	1.09	1.03	1.03
德　　国	Germany	1.11	1.08	0.97	0.99	0.90	0.90
意 大 利	Italy	0.84	0.85	0.79	0.80	0.79	0.77
荷　　兰	Netherlands	1.10	1.11	1.04	1.10	1.00	1.03
波　　兰	Poland	1.60	1.43	1.21	1.24	1.19	1.13
俄 罗 斯	Russia	3.21	2.51	2.18	2.27	2.29	2.27
西 班 牙	Spain	0.99	0.97	0.83	0.83	0.82	0.84
土 耳 其	Turkey	0.92	0.82	0.89	0.88	0.86	0.87
乌 克 兰	Ukraine	5.66	4.18	3.32	3.68	3.34	3.23
英　　国	United Kingdom	1.16	1.01	0.88	0.89	0.81	0.83
澳大利亚	Australia	1.60	1.43	1.37	1.35	1.32	1.33
新 西 兰	New Zealand	1.58	1.29	1.28	1.32	1.29	1.31

附录2-12 广义货币占国内生产总值比重

Money and Quasi Money (M2) as Percentage of GDP

资料来源：世界银行WDI数据库。
Source: World Bank WDI Database.

单位：% (%)

国家或地区	Country or Area	2000	2005	2010	2011	2012	2013	2014
中 国	**China**	**136.3**	**152.2**	**177.5**	**175.9**	**182.4**	**188.2**	**193.0**
中国香港	Hong Kong, China	224.4	251.7	325.4	328.2	336.1	350.5	361.9
中国澳门	Macao, China	173.4	143.3	107.0	101.3	109.0	107.6	110.3
孟加拉国	Bangladesh	30.6	47.3	58.7	59.7	60.7	61.3	62.8
文 莱	Brunei Darussalam	85.7	57.8	74.5	65.9	65.9	70.3	66.9
柬 埔 寨	Cambodia	13.0	19.3	41.6	39.1	50.0	53.6	63.2
印 度	India	53.7	64.5	76.2	78.0	76.6	77.4	76.8
印度尼西亚	Indonesia	53.9	43.4	36.0	36.7	38.4	39.2	39.6
伊 朗	Iran	40.2	49.0	62.9	53.5	48.9	48.7	52.8
以 色 列	Israel	81.9	93.2	81.8	86.6			
日 本	Japan	240.6	206.6	226.1	238.0	241.3	247.8	251.2
哈萨克斯坦	Kazakhstan	15.3	27.2	38.9	35.4	34.7	32.9	33.7
韩 国	Korea, Rep.	65.0	111.1	131.2	131.4	133.3	134.4	139.9
老 挝	Laos	16.5	19.1	35.9				
马来西亚	Malaysia	122.7	125.0	133.6	137.9	141.1	143.8	141.8
蒙 古	Mongolia	21.1	37.5	48.0	48.7	45.6	49.5	48.7
缅 甸	Myanmar	31.5				33.7	39.3	
巴基斯坦	Pakistan	38.6	49.2	41.1	37.5	40.0	40.9	40.1
菲 律 宾	Philippines	57.7	54.3	61.4	60.0	58.9	69.7	71.7
新 加 坡	Singapore	103.4	103.6	125.0	128.0	131.2	131.1	131.4
斯里兰卡	Sri Lanka	38.4	41.7	37.4	38.1	38.7	39.4	39.6
泰 国	Thailand	114.5	111.4	116.2	128.2	131.1	134.5	138.0
越 南	Viet Nam	41.3	71.0	114.9	99.8	106.5	117.0	127.5
埃 及	Egypt	76.7	97.1	80.7	75.8	74.1	79.1	80.4
尼日利亚	Nigeria	22.0	17.7	21.0	20.7	21.2	21.4	20.2
南 非	South Africa	52.7	67.0	75.8	74.6	72.7	71.1	71.0
加 拿 大	Canada	71.6	148.0					
墨 西 哥	Mexico	23.2	26.9	30.8	30.9	31.7	33.3	35.3
美 国	United States	68.3	71.9	84.7	87.2	87.8	88.4	89.5
阿 根 廷	Argentina	31.8	25.8	23.2	22.9	25.8	26.7	26.9
巴 西	Brazil	46.4	53.7	66.6	70.1	75.4	75.1	79.6
委内瑞拉	Venezuela	19.8	23.7	32.2	35.9	45.7	52.9	
捷 克	Czech Rep.	60.9	55.7	69.8	70.5	73.4	77.0	78.1
法 国	France	101.0	76.1	89.9	89.7	90.5	87.7	89.8
德 国	Germany	169.6	73.8	84.0	84.7	88.0	89.2	90.0
意 大 利	Italy	81.5	64.6	84.2	82.6	87.0	87.6	89.6
荷 兰	Netherlands	138.2	100.6	108.4	110.2	110.0	107.3	117.4
波 兰	Poland	40.5	43.4	54.5	56.7	57.0	58.9	61.3
俄 罗 斯	Russia	21.5	33.4	51.4	51.4	51.8	56.3	60.3
西 班 牙	Spain	97.8	94.0	107.2	104.8	109.0	104.6	108.4
土 耳 其	Turkey	34.5	40.5	56.1	54.7	55.4	60.6	60.4
乌 克 兰	Ukraine	18.6	44.0	55.2	52.7	55.0	62.0	61.1
英 国	United Kingdom	101.2	122.5	168.7	155.3	153.0	150.9	140.9
澳大利亚	Australia	67.7	78.5	101.1	100.5	101.9	106.4	109.8
新 西 兰	New Zealand	78.9	78.5	93.5				

附录2-13 生产者价格指数

Producer Price Indices

资料来源：联合国统计月报数据库。
Source: UN Monthly Bulletin of Statistics Database.

2010年=100 (2010=100)

国家或地区	Country or Area	2010	2011	2012	2013	2014
中国香港	**Hong Kong, China**					
工业产品	Industrial Products	100.0	108.3	108.4	105.0	103.3
孟加拉国①	**Bangladesh①**					
按生产阶段分	by Stage of Processing					
中间产品	Intermediate Products		232.4	271.9	291.1	328.1
按最终用途分	by End-Use					
消费品	Consumers' Goods		311.1	328.8	350.5	351.4
投资用品	Capital Goods		288.2	291.4	293.2	292.6
印　度	**India**					
按供给组成分	by Components of Supply					
国内供应	Domestic Supply	100.0	109.5	117.7	125.2	130.0
农业产品	Agricultural Products	100.0	109.1	118.3	134.1	142.7
工业产品	Industrial Products	100.0	107.3	113.5	117.2	121.0
按生产阶段分	by Stage of Processing					
原材料	Raw Materials	100.0	112.1	122.2	135.2	141.2
印度尼西亚	**Indonesia**					
按供给组成分	by Components of Supply					
农业产品	Agricultural Products	100.0	108.2	112.6	120.0	128.8
工业产品	Industrial Products	100.0	106.9	111.4	115.7	123.3
伊　朗②	**Iran②**					
按供给组成分	by Components of Supply					
国内供应	Domestic Supply		74.5	100.0	132.4	178.1
农业产品	Agricultural Products		85.4	100.0	139.3	199.9
工业产品	Industrial Products		64.8	100.0	137.4	185.4
以色列	**Israel**					
按供给组成分	by Components of Supply					
工业产品	Industrial Products	100.0	107.8	112.4	112.9	111.4
日　本	**Japan**					
按供给组成分	by Components of Supply					
国内供应	Domestic Supply	100.0	102.8	102.0	106.2	108.2
国内生产	Domestic Production	100.0	101.5	100.6	101.9	105.1
农业产品	Agricultural Products	100.0	99.4	103.5	107.1	107.1
工业产品	Industrial Products	100.0	101.3	99.7	100.3	103.2
进口产品	Import Products	100.0	107.5	107.2	122.7	127.9
按生产阶段分	by Stage of Processing					
原材料	Raw Materials	100.0	118.6	120.0	135.9	138.3
中间产品	Intermediate Products	100.0	102.5	101.5	105.2	108.0
按最终用途分	by End-Use					
消费品	Consumers' Goods	100.0	99.6	98.4	100.7	101.4
投资用品	Capital Goods	100.0	97.7	97.3	98.5	99.4
韩　国	**Korea, Rep.**					
按供给组成分	by Components of Supply					
国内生产	Domestic Production	100.0	108.7	108.9	106.2	104.8
农业产品	Agricultural Products	100.0	107.4	108.3	101.9	102.5
工业产品	Industrial Products	100.0	109.0	108.6	105.3	103.1
按生产阶段分	by Stage of Processing					
原材料	Raw Materials	100.0	125.6	129.3	119.8	111.7
中间产品	Intermediate Products	100.0	108.1	107.5	103.7	101.0
按最终用途分	by End-Use					
消费品	Consumers' Goods	100.0	104.1	105.5	103.7	104.3
投资用品	Capital Goods	100.0	102.1	102.9	100.6	99.0

附录2-13 续表 1 continued

2010年=100 (2010=100)

国家或地区	Country or Area	2010	2011	2012	2013	2014
马来西亚	**Malaysia**					
按供给组成分	by Components of Supply					
国内供应	Domestic Supply	100.0	109.6	109.7	107.8	109.3
国内生产	Domestic Production	100.0	112.3	111.8	108.8	110.4
进口产品	Import Products	100.0	104.1	105.3	105.8	106.9
巴基斯坦	**Pakistan**					
按供给组成分	by Components of Supply					
国内供应	Domestic Supply	100.0	118.8	127.3	137.2	143.7
农业产品	Agricultural Products	100.0	117.9	117.8	131.1	138.4
菲律宾	**Philippines**					
按供给组成分	by Components of Supply					
国内供应	Domestic Supply	100.0	108.7	109.9	111.6	114.7
工业产品	Industrial Products	100.0	100.9	100.4	92.8	91.8
新加坡	**Singapore**					
按供给组成分	by Components of Supply					
国内供应	Domestic Supply	100.0	108.4	108.9	106.0	102.5
国内生产	Domestic Production	100.0	105.3	105.7	102.5	98.9
进口产品	Import Products	100.0	104.8	104.5	103.8	100.9
泰国	**Thailand**					
按供给组成分	by Components of Supply					
国内供应	Domestic Supply	100.0	105.5	106.6	106.9	107.0
按生产阶段分	by Stage of Processing					
原材料	Raw Materials	100.0	112.3	103.8	102.9	99.5
按最终用途分	by End-Use					
消费品	Consumers' Goods	100.0	94.7	101.3	107.1	109.9
投资用品	Capital Goods	100.0	101.5	102.5	103.2	103.3
埃及④	**Egypt④**					
按供给组成分	by Components of Supply					
国内生产	Domestic Production		180.9	194.1	201.8	208.1
农业产品	Agricultural Products		244.6	260.1	274.6	292.0
按生产阶段分	by Stage of Processing					
原材料	Raw Materials		202.3	237.7	235.8	237.4
中间产品	Intermediate Products		141.5	145.7	155.3	157.9
按最终用途分	by End-Use					
消费品	Consumers' Goods		111.2	116.2	122.9	123.7
投资用品	Capital Goods		156.6	166.2	169.0	170.1
南非②	**South Africa②**					
按供给组成分	by Components of Supply					
农业产品	Agricultural Products			100.0	102.6	108.0
工业产品	Industrial Products			100.0	106.0	113.9
按生产阶段分	by Stage of Processing					
中间产品	Intermediate Products			100.0	107.9	116.7
加拿大	**Canada**					
按供给组成分	by Components of Supply					
农业产品	Agricultural Products	100.0	115.7	120.7	122.7	124.1
工业产品	Industrial Products	100.0	107.0	108.1	108.6	111.3
按生产阶段分	by Stage of Processing					
原材料	Raw Materials	100.0	119.5	114.7	115.7	117.6

附录2-13 续表 2 continued

2010年=100 (2010=100)

国家或地区	Country or Area	2010	2011	2012	2013	2014
墨西哥	**Mexico**					
按供给组成分	by Components of Supply					
国内供应	Domestic Supply	100.0	104.9	110.6	111.9	114.9
国内生产	Domestic Production	100.0	105.2	110.1	111.6	114.6
农业产品	Agricultural Products	100.0	105.9	112.4	114.8	115.2
工业产品	Industrial Products	100.0	104.5	109.5	109.4	111.9
进口产品	Import Products	100.0	107.3	108.4	108.3	109.0
按生产阶段分	by Stage of Processing					
中间产品	Intermediate Products	100.0	107.0	112.8	114.7	118.2
按最终用途分	by End-Use					
消费品	Consumers' Goods	100.0	104.4	110.7	113.4	116.5
投资用品	Capital Goods	100.0	105.7	110.5	110.0	113.0
美国	**United States**					
按供给组成分	by Components of Supply					
国内生产	Domestic Production	100.0	108.8	109.5	110.1	111.2
农业产品	Agricultural Products	100.0	123.6	127.4	129.3	130.8
工业产品	Industrial Products	100.0	108.0	108.1	108.6	109.3
按生产阶段分	by Stage of Processing					
原材料	Raw Materials	100.0	117.5	113.7	116.2	117.5
中间产品	Intermediate Products	100.0	108.9	109.4	109.5	110.2
按最终用途分	by End-Use					
消费品	Consumers' Goods	100.0	107.5	109.6	111.2	113.5
投资用品	Capital Goods	100.0	101.5	103.5	104.4	105.8
阿根廷	**Argentina**					
按供给组成分	by Components of Supply					
国内供应	Domestic Supply	100.0	113.4	128.1	146.8	186.3
国内生产	Domestic Production	100.0	113.7	128.7	147.6	186.6
农业产品	Agricultural Products	100.0	114.3	125.8	150.1	200.6
工业产品	Industrial Products	100.0	112.4	126.7	144.0	180.3
进口产品	Import Products	100.0	110.2	119.9	135.9	181.1
白俄罗斯	**Belarus**					
按供给组成分	by Components of Supply					
工业产品	Industrial Products	100.0	171.4	301.6	342.7	386.6
按生产阶段分	by Stage of Processing					
中间产品	Intermediate Products	100.0	181.5	318.8	361.6	405.8
按最终用途分	by End-Use					
消费品	Consumers' Goods	100.0	160.1	276.1	319.5	370.1
投资用品	Capital Goods	100.0	163.0	300.6	333.5	359.1
捷克	**Czech Rep.**					
按供给组成分	by Components of Supply					
农业产品	Agricultural Products	100.0	121.2	125.8	131.9	127.0
工业产品	Industrial Products	100.0	105.5	107.8	108.7	107.8
进口产品	Import Products	100.0	98.5	102.7	103.1	104.4
按生产阶段分	by Stage of Processing					
中间产品	Intermediate Products	100.0	106.7	108.2	108.1	109.6
按最终用途分	by End-Use					
消费品	Consumers' Goods	100.0	104.7	107.8	109.6	110.4
投资用品	Capital Goods	100.0	100.0	100.5	101.4	103.4
法国	**France**					
按供给组成分	by Components of Supply					
国内供应	Domestic Supply					105.6
农业产品	Agricultural Products	100.0	112.5	118.7	121.6	115.6
工业产品	Industrial Products	100.0	105.3	108.2	108.6	107.1
进口产品	Import Products	100.0	106.2	108.5	106.5	103.4
按生产阶段分	by Stage of Processing					
原材料	Raw Materials	100.0				115.0
中间产品	Intermediate Products	100.0				102.8
按最终用途分	by End-Use					
消费品	Consumers' Goods	100.0				105.9
投资用品	Capital Goods	100.0				101.0

附录2−13 续表 3 continued

2010年=100 (2010=100)

国家或地区	Country or Area	2010	2011	2012	2013	2014
德 国	**Germany**					
按供给组成分	by Components of Supply					
农业产品	Agricultural Products	100.0	113.4	119.4	120.7	111.8
工业产品	Industrial Products	100.0	105.3	107.0	106.9	105.9
进口产品	Import Products	100.0	106.3	108.6	106.9	103.6
按生产阶段分	by Stage of Processing					
中间产品	Intermediate Products	100.0	105.6	105.8	104.7	103.6
按最终用途分	by End-Use					
消费品	Consumers' Goods	100.0	103.5	106.3	108.4	109.0
投资用品	Capital Goods	100.0	101.2	102.2	103.0	103.5
意 大 利	**Italy**					
按供给组成分	by Components of Supply					
工业产品	Industrial Products	100.0	105.1	109.5	108.1	106.2
按生产阶段分	by Stage of Processing					
中间产品	Intermediate Products	100.0	104.9	105.3	104.9	104.3
按最终用途分	by End-Use					
消费品	Consumers' Goods	100.0	102.9	105.3	106.6	107.1
投资用品	Capital Goods	100.0	101.7	102.4	102.8	103.3
荷 兰	**Netherlands**					
按供给组成分	by Components of Supply					
工业产品	Industrial Products	100.0	110.0	114.0	112.4	108.9
按生产阶段分	by Stage of Processing					
中间产品	Intermediate Products	100.0	113.1	116.4	115.1	112.1
按最终用途分	by End-Use					
消费品	Consumers' Goods	100.0	106.9	110.8	111.8	111.5
投资用品	Capital Goods	100.0	102.5	103.2	103.5	103.9
波 兰	**Poland**					
按供给组成分	by Components of Supply					
工业产品	Industrial Products	100.0	107.6	111.5	110.2	108.7
按生产阶段分	by Stage of Processing					
原材料	Raw Materials	100.0	113.6	121.4	116.9	114.4
中间产品	Intermediate Products	100.0	108.7	111.5	110.0	108.7
按最终用途分	by End-Use					
消费品	Consumers' Goods	100.0	105.5	109.3	110.2	109.2
投资用品	Capital Goods	100.0	99.8	100.7	100.3	99.8
俄 罗 斯	**Russia**					
按供给组成分	by Components of Supply					
农业产品	Agricultural Products	100.0	116.2	112.7	120.8	131.5
工业产品	Industrial Products	100.0	117.7	125.7	129.9	137.8

附录2-13 续表 4 continued

2010年=100 (2010=100)

国家或地区	Country or Area	2010	2011	2012	2013	2014
西 班 牙	**Spain**					
按供给组成分	by Components of Supply					
工业产品	Industrial Products	100.0	106.9	111.3	111.7	110.2
按生产阶段分	by Stage of Processing					
中间产品	Intermediate Products	100.0	107.3	108.6	108.2	106.6
按最终用途分	by End-Use					
消费品	Consumers' Goods	100.0	102.7	104.9	107.5	107.0
投资用品	Capital Goods	100.0	101.0	101.6	101.4	101.7
土 耳 其	**Turkey**					
按供给组成分	by Components of Supply					
农业产品	Agricultural Products	100.0	101.4	107.5	106.1	117.7
工业产品	Industrial Products	100.0	111.1	117.9	123.1	135.8
乌 克 兰③	**Ukraine③**					
按供给组成分	by Components of Supply					
农业产品	Agricultural Products		270.8	268.6	269.3	317.0
工业产品	Industrial Products		271.9	281.8	281.3	329.3
英 国	**United Kingdom**					
按供给组成分	by Components of Supply					
农业产品	Agricultural Products	100.0	112.9	119.3	126.8	114.6
工业产品	Industrial Products	100.0	104.8	107.0	108.4	108.4
进口产品	Import Products	100.0	108.9	108.8	109.5	105.0
按生产阶段分	by Stage of Processing					
原材料	Raw Materials	100.0	114.5	116.0	117.4	109.8
中间产品	Intermediate Products	100.0	106.3	107.5	108.3	107.8
按最终用途分	by End-Use					
消费品	Consumers' Goods	100.0	104.2	106.9	109.5	109.9
投资用品	Capital Goods	100.0	102.4	104.4	106.1	107.4
澳大利亚	**Australia**					
按供给组成分	by Components of Supply					
国内供应	Domestic Supply	100.0	103.0	104.2	105.9	107.8
国内生产	Domestic Production	100.0	104.0	105.2	106.9	108.5
农业产品	Agricultural Products	100.0	110.4	104.4	106.3	114.3
工业产品	Industrial Products	100.0	103.3	102.9	103.9	107.2
进口产品	Import Products	100.0	96.3	96.5	98.5	103.1
按生产阶段分	by Stage of Processing					
原材料	Raw Materials	100.0	105.9	107.8	109.7	111.5
中间产品	Intermediate Products	100.0	104.9	106.8	108.6	110.5
按最终用途分	by End-Use					
消费品	Consumers' Goods	100.0	105.1	106.7	108.4	110.1
投资用品	Capital Goods	100.0	101.3	102.1	103.9	106.0
新 西 兰	**New Zealand**					
按供给组成分	by Components of Supply					
农业产品	Agricultural Products	100.0	108.7	102.0	112.7	114.5
工业产品	Industrial Products	100.0	105.8	103.5	106.7	107.4
按生产阶段分	by Stage of Processing					
中间产品	Intermediate Products	100.0	104.7	105.8	107.4	107.5
工业产品	Industrial Products	121.2	126.4	133.7	130.8	134.9
按生产阶段分	by Stage of Processing					
中间产品	Intermediate Products	118.6	121.8	127.5	128.8	130.7

注：①1988年7月1日至1989年6月30日为基期。②以2012年为基期。③以2005年为基期。④2004年7月1日至2005年6月30日为基期。

Note: ①The base year is from 1 July 1988 to 30 June 1989.②The base year is 2012.③The base year is 2005.④The base year is from 1 July 2004 to 30 June 2005.

附录2-14 消费者价格指数

Consumer Price Indices

资料来源：联合国统计月报数据库。
Source: UN Monthly Bulletin of Statistics Database.
2010年=100 (2010=100)

国家或地区	Country or Area	消费者价格指数 Consumer Price Indices			食品消费价格指数 Food Consumer Price Indices		
		2012	2013	2014	2012	2013	2014
中　国①	**China①**	**133.4**	**136.9**	**139.9**	**193.6**	**202.6**	**208.9**
中国香港	Hong Kong, China	109.6	114.3	119.4	113.3	118.2	123.1
中国澳门	Macao, China	112.3	118.4	125.6	164.5	175.4	
孟加拉国	Bangladesh	117.6	126.4	135.3	237.4①	251.9①	271.8①
柬埔寨	Cambodia	108.6	111.8	116.1	114.2	118.7	
印　度	India	119.0	132.0	140.4	227.9①	259.6①	276.8①
印度尼西亚	Indonesia	109.9	116.9	124.4	157.3	176.1	
伊　朗②	Iran②	119.1	161.4	188.6	131.1	198.1	225.1
以色列	Israel	105.2	106.8	107.3	104.2	109.4	108.7
日　本	Japan	99.7	100.0	102.8	99.7	99.6	103.3
韩　国	Korea, Rep.	106.3	107.7	109.0	112.4	113.4	113.7
老　挝	Laos	112.2	119.3	124.2	168.5③		
马来西亚	Malaysia	104.9	107.1	110.5	107.6	111.5	115.2
缅　甸	Myanmar	106.6	112.5	118.6	102.4	108.6	114.9
巴基斯坦	Pakistan	122.8	132.2	141.7	333.6①	361.8①	
菲律宾	Philippines	108.0	111.2	115.8	107.9	111.1	118.5
新加坡	Singapore	110.0	112.6	113.8	94.9④	97.1④	100.0
斯里兰卡	Sri Lanka	114.8	122.7	126.7	113.9	122.9	127.5
泰　国	Thailand	106.9	109.3	111.3	139.0②	108.4②	112.7②
越　南	Viet Nam	129.5	138.0	143.6	266.5③		
埃　及	Egypt	117.9	129.0	142.1	270.6③	304.1③	341.7③
尼日利亚	Nigeria	124.4	134.9	145.8	436.7①	479.1①	524.5①
南　非	South Africa	110.9	117.3	124.4	114.8	121.3	130.6
加拿大	Canada	104.5	105.5	107.5	106.3	107.6	110.1
墨西哥	Mexico	107.7	111.8	116.2	113.1	119.0	125.0
美　国	United States	105.3	106.8	108.6	107.4	108.4	110.9
阿根廷	Argentina	185.8	205.6		188.5	201.8	
巴　西	Brazil	112.4	119.4	126.9	117.7	130.8	140.7
委内瑞拉	Venezuela	152.7	214.7	348.2	162.1	249.9	466.7
捷　克	Czech Rep.	105.3	106.8	107.2	111.8	117.4	119.7
法　国	France	104.1	105.0	105.5	104.9	106.1	105.3
德　国	Germany	104.1	105.7	106.6	106.3	110.4	111.5
意大利	Italy	105.9	107.2	107.4	105.0	107.5	107.6
荷　兰	Netherlands	104.9	107.5	108.5	104.3	106.8	106.7
波　兰	Poland	107.9	109.0	109.0	109.6	111.7	110.6
俄罗斯	Russia	113.9	121.6	131.2	114.5	121.5	133.6
西班牙③	Spain③	118.8	118.1	117.9	117.1	119.0	118.5
土耳其	Turkey	115.9	124.6	135.7	115.2	125.7	141.5
乌克兰	Ukraine	108.6	108.3	121.5	104.1	101.9	114.3
英　国③	United Kingdom③	126.4	130.3	133.4	138.7	143.8	143.9
澳大利亚	Australia	105.1	107.7	110.4	103.1	104.0	106.6
新西兰	New Zealand	105.1	106.3	107.6	104.8	105.3	105.9
新西兰	New Zealand	119.5	120.8	122.2	130.7	129.9	130.5

注：①2000年=100。②2011年=100。③2005年=100。④2014年=100。
Note:①2000=100.②2011=100.③2005=100.④2014=100.

附录2-15 主要农产品产量

Production of Major Farm Crops

资料来源：联合国FAO数据库。
Source:FAO Database.
单位：万吨

(10 000 tons)

国家或地区	Country or Area	谷物 Cereals,Total 2000	2013	国家或地区	Country or Area	稻谷 Rice, Paddy 2000	2013
世　界	**World**	**205819.8**	**277994.0**	**世　界**	**World**	**59692.7**	**74090.3**
中　国	China	40733.7	55287.6	中　国	China	18981.4	20361.2
美　国	United States	34262.8	43655.4	印　度	India	12746.5	15920.0
印　度	India	23493.1	29394.0	印度尼西亚	Indonesia	5189.8	7128.0
巴　西	Brazil	4589.3	10090.2	孟加拉国	Bangladesh	3762.8	5150.0
俄罗斯	Russia	6432.6	9037.5	越　南	Viet Nam	3253.0	4403.9
印度尼西亚	Indonesia	6157.5	8979.2	泰　国	Thailand	2584.4	3606.3
法　国	France	6569.8	6751.8	缅　甸	Myanmar	2132.4	2876.7
加拿大	Canada	5109.0	6637.2	菲律宾	Philippines	1238.9	1843.9
乌克兰	Ukraine	2380.7	6320.0	巴　西	Brazil	1109.0	1178.3
孟加拉国	Bangladesh	3950.3	5425.3	日　本	Japan	943.4	1075.8
阿根廷	Argentina	3875.5	5179.3	柬埔寨	Cambodia	402.6	939.0
越　南	Viet Nam	3453.7	4923.2	美　国	United States	865.8	861.3
德　国	Germany	4527.1	4775.7	巴基斯坦	Pakistan	720.4	679.8
泰　国	Thailand	3052.9	4153.3	埃　及	Egypt	600.1	610.0
土耳其	Turkey	3224.9	3747.5	韩　国	Korea, Rep.	719.7	563.2
巴基斯坦	Pakistan	3046.1	3645.0	尼日利亚	Nigeria	329.8	470.0
澳大利亚	Australia	3444.7	3559.8	斯里兰卡	Sri Lanka	286.0	462.1
墨西哥	Mexico	2799.5	3321.0	尼泊尔	Nepal	421.7	450.5
缅　甸	Myanmar	2212.6	3106.8	马达加斯加	Madagascar	248.1	361.1
波　兰	Poland	2234.1	2842.9	老　挝	Laos	220.2	341.5
尼日利亚	Nigeria	2137.0	2697.0	秘　鲁	Peru	189.2	305.1
菲律宾	Philippines	1690.1	2581.7	朝　鲜	Korea, Dem.	169.0	290.1
西班牙	Spain	2455.6	2523.2	伊　朗	Iran	197.2	290.0
埃塞俄比亚	Ethiopia	802.0	2270.7	马来西亚	Malaysia	214.1	262.7
伊　朗	Iran	1287.4	2265.0	马　里	Mali	74.3	221.2
埃　及	Egypt	2010.6	2230.5	坦桑尼亚	Tanzania	78.2	219.5
罗马尼亚	Romania	1049.9	2094.6	几内亚	Guinea	114.1	205.3
英　国	United Kingdom	2398.9	2007.6	哥伦比亚	Colombia	269.4	204.9
哈萨克斯坦	Kazakhstan	1154.0	1814.1	科特迪瓦	Cote D'Ivoire	62.2	193.4
意大利	Italy	2066.1	1808.4	中国台湾	Taiwan, China	190.6	159.4
南　非	South Africa	1452.7	1487.3	阿根廷	Argentina	90.4	156.4
匈牙利	Hungary	1003.6	1362.1	厄瓜多尔	Ecuador	124.7	151.6
日　本	Japan	1036.7	1178.7	乌拉圭	Uruguay	120.9	135.9
柬埔寨	Cambodia	418.3	1031.7	意大利	Italy	123.0	133.9
摩洛哥	Morocco	199.6	987.4	塞拉利昂	Sierra Leone	19.9	125.6
塞尔维亚	Serbia		918.0	澳大利亚	Australia	110.1	116.1
丹　麦	Denmark	941.3	911.4	委内瑞拉	Venezuela	67.7	100.5
坦桑尼亚	Tanzania	362.7	886.7	俄罗斯	Russia	58.6	93.5
尼泊尔	Nepal	711.6	858.0	土耳其	Turkey	35.0	90.0
保加利亚	Bulgaria	438.7	836.5	西班牙	Spain	82.7	85.2
乌兹别克斯坦	Uzbekistan	391.4	770.5	多米尼加	Dominican Rep.	58.1	82.4
捷　克	Czech Rep.	646.8	751.8	圭亚那	Guyana	44.9	82.4
白俄罗斯	Belarus	456.5	723.5	古　巴	Cuba	55.3	67.3
阿富汗	Afghanistan	194.0	652.0	巴拉圭	Paraguay	10.1	61.7
伊拉克	Iraq	90.5	650.1	加　纳	Ghana	24.9	57.0
巴拉圭	Paraguay	100.3	627.2	阿富汗	Afghanistan	26.0	51.2
韩　国	Korea, Rep.	750.1	581.8	伊拉克	Iraq	6.0	45.2
马　里	Mali	231.0	573.6	玻利维亚	Bolivia	29.9	42.6
秘　鲁	Peru	355.4	524.9	塞内加尔	Senegal	20.2	42.4
朝　鲜	Korea, Dem.	294.2	523.3	尼加拉瓜	Nicaragua	29.0	37.8

附录2-15 续表 1 continued

单位：万吨 (10 000 tons)

国家或地区	Country or Area	小麦 Wheat 2000	2013	国家或地区	Country or Area	玉米 Maize 2000	2013
世 界	**World**	**58569.1**	**71590.9**	**世 界**	**World**	**59247.9**	**101811.2**
中 国	China	9963.6	12192.6	美 国	United States	25185.2	35369.9
印 度	India	7636.9	9351.0	中 国	China	10617.8	21848.9
美 国	United States	6063.9	5796.7	巴 西	Brazil	3187.9	8027.3
俄罗斯	Russia	3445.6	5209.1	阿根廷	Argentina	1678.1	3211.9
法 国	France	3735.3	3861.4	乌克兰	Ukraine	384.8	3095.0
加拿大	Canada	2653.6	3753.0	印 度	India	1204.3	2329.0
德 国	Germany	2162.2	2501.9	墨西哥	Mexico	1755.7	2266.4
巴基斯坦	Pakistan	2107.9	2421.1	印度尼西亚	Indonesia	967.7	1851.2
澳大利亚	Australia	2210.8	2285.6	法 国	France	1601.8	1505.3
乌克兰	Ukraine	1019.7	2279.3	加拿大	Canada	695.4	1419.4
土耳其	Turkey	2100.9	2205.0	南 非	South Africa	1143.1	1248.6
伊 朗	Iran	808.8	1400.0	俄罗斯	Russia	153.0	1163.5
哈萨克斯坦	Kazakhstan	907.4	1394.1	罗马尼亚	Romania	489.8	1134.8
英 国	United Kingdom	1670.4	1192.1	尼日利亚	Nigeria	410.7	1040.0
波 兰	Poland	850.3	947.0	意大利	Italy	1013.8	790.0
埃 及	Egypt	656.4	946.0	菲律宾	Philippines	451.1	737.7
阿根廷	Argentina	1614.7	918.8	匈牙利	Hungary	498.4	672.5
西班牙	Spain	729.4	760.3	埃塞俄比亚	Ethiopia	268.3	667.4
罗马尼亚	Romania	445.6	729.6	土耳其	Turkey	230.0	590.0
意大利	Italy	746.4	727.8	塞尔维亚	Serbia		586.4
摩洛哥	Morocco	138.1	693.4	埃 及	Egypt	647.5	580.0
乌兹别克斯坦	Uzbekistan	353.2	684.2	坦桑尼亚	Tanzania	196.5	535.6
巴 西	Brazil	166.2	573.9	越 南	Viet Nam	200.6	519.1
阿富汗	Afghanistan	146.9	516.9	泰 国	Thailand	447.3	506.3
保加利亚	Bulgaria	278.1	509.7	巴基斯坦	Pakistan	164.3	494.4
匈牙利	Hungary	369.3	509.6	西班牙	Spain	399.2	492.6
捷 克	Czech Rep.	408.4	470.1	德 国	Germany	332.4	438.7
伊拉克	Iraq	38.4	417.8	巴拉圭	Paraguay	64.7	412.0
丹 麦	Denmark	469.3	413.9	波 兰	Poland	92.3	404.2
埃塞俄比亚	Ethiopia	123.5	403.9	马拉维	Malawi	250.1	364.0
墨西哥	Mexico	349.3	335.7	肯尼亚	Kenya	216.0	339.1
阿尔及利亚	Algeria	76.0	329.9	乌干达	Uganda	109.6	274.8
叙利亚	Syrian Arab Republic	310.6	318.2	伊 朗	Iran	112.0	254.0
立陶宛	Lithuania	123.8	286.2	赞比亚	Zambia	104.0	253.3
塞尔维亚	Serbia		269.0	保加利亚	Bulgaria	80.4	230.0
白俄罗斯	Belarus	96.6	210.2	委内瑞拉	Venezuela	169.0	224.7
南 非	South Africa	242.8	187.9	希 腊	Greece	209.4	218.5
瑞 典	Sweden	237.2	186.9	朝 鲜	Korea, Dem.	104.1	200.2
阿塞拜疆	Azerbaijan	115.0	184.1	尼泊尔	Nepal	141.5	199.9
比利时	Belgium	168.8	180.4	克罗地亚	Croatia	152.6	187.4
尼泊尔	Nepal	118.4	172.7	哥伦比亚	Colombia	120.5	177.9
斯洛伐克	Slovakia	125.4	168.4	加 纳	Ghana	101.3	176.5
奥地利	Austria	131.3	159.8	危地马拉	Guatemala	105.4	173.2
希 腊	Greece	232.6	158.6	缅 甸	Myanmar	35.9	170.0
乌拉圭	Uruguay	32.4	153.3	秘 鲁	Peru	124.1	167.1
智 利	Chile	149.3	147.5	喀麦隆	Cameroon	74.1	164.7
拉脱维亚	Latvia	42.7	143.5	奥地利	Austria	185.2	163.9
巴拉圭	Paraguay	22.0	143.0	莫桑比克	Mozambique	118.0	163.1
土库曼斯坦	Turkmenistan	169.0	137.0	布基纳法索	Burkina Faso	42.4	158.5
荷 兰	Netherlands	114.3	133.1	安哥拉	Angola	39.5	154.9

附录2-15 续表 2 continued

单位：万吨 (10 000 tons)

国家或地区	Country or Area	大豆 Soybeans 2000	大豆 Soybeans 2013	国家或地区	Country or Area	根茎类作物 Roots and Tubers 2000	根茎类作物 Roots and Tubers 2013
世　界	**World**	**16129.8**	**27603.2**	**世　界**	**World**	**69968.7**	**84018.1**
美　国	United States	7505.4	8948.3	中　国	China	18957.4	17290.3
巴　西	Brazil	3273.5	8172.5	尼日利亚	Nigeria	6516.4	10205.0
阿 根 廷	Argentina	2013.6	4930.6	印　度	India	3212.5	5371.3
中　国	China	1541.2	1195.1	泰　国	Thailand	1937.0	3068.2
印　度	India	527.6	1194.8	俄 罗 斯	Russia	3398.0	3019.9
巴 拉 圭	Paraguay	298.0	908.6	印度尼西亚	Indonesia	1926.9	2776.7
加 拿 大	Canada	270.3	519.8	巴　西	Brazil	2663.2	2578.8
乌 拉 圭	Uruguay	0.7	320.0	加　纳	Ghana	1318.7	2446.1
乌 克 兰	Ukraine	6.4	277.4	乌 克 兰	Ukraine	1983.8	2225.9
玻利维亚	Bolivia	119.7	234.7	美　国	United States	2392.2	2097.0
俄 罗 斯	Russia	34.2	163.6	安 哥 拉	Angola	468.4	1828.2
南　非	South Africa	15.4	78.5	刚果(金)	Congo, Dem. Re	1687.4	1791.5
印度尼西亚	Indonesia	101.8	78.0	越　南	Viet Nam	391.4	1142.9
意 大 利	Italy	90.4	62.5	莫桑比克	Mozambique	587.8	1109.9
尼日利亚	Nigeria	42.9	60.0	坦桑尼亚	Tanzania	616.0	1000.5
塞尔维亚	Serbia		38.5	德　国	Germany	1369.4	967.0
朝　鲜	Korea, Dem.	35.0	34.0	马 拉 维	Malawi	483.2	935.0
赞 比 亚	Zambia	2.8	26.1	孟加拉国	Bangladesh	331.1	886.3
墨 西 哥	Mexico	10.2	23.9	乌 干 达	Uganda	784.2	859.0
缅　甸	Myanmar	9.7	20.5	埃塞俄比亚	Ethiopia	471.3	852.2
哈萨克斯坦	Kazakhstan	0.4	20.3	科特迪瓦	Cote D'Ivoire	667.9	833.0
日　本	Japan	23.5	20.0	柬 埔 寨	Cambodia	20.2	809.2
泰　国	Thailand	31.2	19.0	喀 麦 隆	Cameroon	354.6	731.3
乌 干 达	Uganda	12.8	19.0	法　国	France	643.4	697.5
伊　朗	Iran	14.2	18.6	贝　宁	Benin	416.1	693.9
土 耳 其	Turkey	4.5	18.0	荷　兰	Netherlands	822.7	680.1
越　南	Viet Nam	14.9	16.8	卢 旺 达	Rwanda	290.8	644.2
韩　国	Korea, Rep.	11.3	15.4	秘　鲁	Peru	470.3	634.8
罗马尼亚	Romania	7.0	15.0	波　兰	Poland	2423.2	633.4
柬 埔 寨	Cambodia	2.8	12.2	白俄罗斯	Belarus	871.8	591.4
马 拉 维	Malawi		11.2	英　国	United Kingdom	663.6	558.0
克罗地亚	Croatia	6.5	11.1	伊　朗	Iran	365.8	556.0
法　国	France	20.1	11.0	埃　及	Egypt	206.6	524.4
澳大利亚	Australia	10.5	9.2	阿尔及利亚	Algeria	120.8	492.8
津巴布韦	Zimbabwe	14.4	9.0	哥伦比亚	Colombia	351.5	479.2
厄瓜多尔	Ecuador	9.4	8.7	马达加斯加	Madagascar	345.3	470.3
哥伦比亚	Colombia	3.9	8.5	加 拿 大	Canada	456.7	462.0
奥 地 利	Austria	3.3	8.3	肯 尼 亚	Kenya	164.3	448.5
匈 牙 利	Hungary	3.1	8.2	巴基斯坦	Pakistan	230.1	426.2
摩尔多瓦	Moldova	1.2	6.6	塞拉利昂	Sierra Leone	34.5	403.9
孟加拉国	Bangladesh		6.2	日　本	Japan	447.9	395.0
埃塞俄比亚	Ethiopia	0.5	4.9	土 耳 其	Turkey	537.0	394.9
斯洛伐克	Slovakia	0.5	4.0	比 利 时	Belgium	292.2	348.0
委内瑞拉	Venezuela	0.5	3.9	哈萨克斯坦	Kazakhstan	169.3	334.4
危地马拉	Guatemala	3.0	3.8	布 隆 迪	Burundi	145.8	333.8
尼 泊 尔	Nepal	1.7	2.9	罗马尼亚	Romania	347.0	329.0
卢 旺 达	Rwanda	1.4	2.5	菲 律 宾	Philippines	252.1	314.6
刚果(金)	Congo, Dem. Rep.	1.1	2.3	巴 拉 圭	Paraguay	278.9	284.9
埃　及	Egypt	1.1	2.3	尼 泊 尔	Nepal	130.9	284.5
布基纳法索	Burkina Faso	0.4	2.2	阿 根 廷	Argentina	265.8	258.9

附录2−15　续表 3　continued

单位：万吨　　　　(10 000 tons)

国家或地区	Country or Area	花生 Groundnuts, with Shell		国家或地区	Country or Area	油菜籽 Rapeseed	
		2000	2013			2000	2013
世　界	**World**	**3472.8**	**4565.4**	**世　界**	**World**	**3952.6**	**7270.0**
中　国	China	1451.6	1697.2	加拿大	Canada	720.5	1793.5
印　度	India	648.0	947.2	中　国	China	1138.1	1445.8
尼日利亚	Nigeria	290.1	300.0	印　度	India	578.8	782.0
美　国	United States	148.1	189.3	德　国	Germany	358.6	578.4
缅　甸	Myanmar	63.4	137.5	法　国	France	347.7	437.0
印度尼西亚	Indonesia	129.2	134.0	澳大利亚	Australia	177.5	414.2
阿根廷	Argentina	42.0	102.6	波　兰	Poland	95.8	267.8
坦桑尼亚	Tanzania	5.2	78.5	乌克兰	Ukraine	13.2	235.2
塞内加尔	Senegal	106.2	71.0	英　国	United Kingdom	115.7	212.8
喀麦隆	Cameroon	19.7	63.6	捷　克	Czech Rep.	84.4	144.3
越　南	Viet Nam	35.5	49.2	俄罗斯	Russia	14.8	139.3
乍　得	Chad	35.9	41.4	美　国	United States	90.9	88.0
加　纳	Ghana	20.9	40.9	罗马尼亚	Romania	7.6	70.2
巴　西	Brazil	18.5	39.0	丹　麦	Denmark	29.4	68.8
马拉维	Malawi	12.2	38.1	白俄罗斯	Belarus	7.3	67.6
刚果(金)	Congo, Dem. Rep.	38.2	37.0	立陶宛	Lithuania	8.1	54.9
布基纳法索	Burkina Faso	16.9	35.0	匈牙利	Hungary	17.9	52.7
乌干达	Uganda	13.9	29.5	斯洛伐克	Slovakia	13.4	37.4
尼日尔	Niger	11.3	28.0	伊　朗	Iran	…	35.0
几内亚	Guinea	20.0	26.0	保加利亚	Bulgaria	2.0	32.9
马　里	Mali	19.3	22.0	瑞　典	Sweden	12.2	32.8
埃　及	Egypt	18.7	20.9	拉脱维亚	Latvia	1.0	29.7
安哥拉	Angola	1.3	19.2	孟加拉国	Bangladesh	24.9	29.4
尼加拉瓜	Nicaragua	9.7	19.0	哈萨克斯坦	Kazakhstan	0.3	24.2
中　非	Central African Rep.	10.5	16.2	巴基斯坦	Pakistan	29.7	23.2
土耳其	Turkey	7.8	14.1	奥地利	Austria	12.5	19.7
贝　宁	Benin	12.1	13.4	爱沙尼亚	Estonia	3.9	17.4
赞比亚	Zambia	5.2	10.7	智　利	Chile	4.8	15.6
莫桑比克	Mozambique	12.4	10.6	阿根廷	Argentina	0.6	12.8
埃塞俄比亚	Ethiopia	1.2	10.3	南　非	South Africa	…	11.2
津巴布韦	Zimbabwe	19.1	10.2	西班牙	Spain	5.0	10.8
巴基斯坦	Pakistan	9.1	10.1	土耳其	Turkey	…	10.2
墨西哥	Mexico	14.2	10.0	芬　兰	Finland	7.1	8.0
科特迪瓦	Cote D'Ivoire	7.2	9.5	瑞　士	Switzerland	3.9	7.3
冈比亚	Gambia	13.8	9.4	巴拉圭	Paraguay	0.9	7.0
塞拉利昂	Sierra Leone	1.5	8.6	比利时	Belgium	1.4	6.1
孟加拉国	Bangladesh	3.2	5.1	巴　西	Brazil	4.1	5.8
老　挝	Laos	1.3	4.8	爱尔兰	Ireland	0.9	4.9
泰　国	Thailand	13.2	4.7	克罗地亚	Croatia	2.9	4.8
中国台湾	Taiwan, China	7.9	4.7	阿尔及利亚	Algeria	2.9	4.7
几内亚比绍	Guinea-Bissau	2.0	4.6	摩尔多瓦	Moldova	0.1	4.3
多　哥	Togo	2.6	4.3	意大利	Italy	4.1	3.9
南　非	South Africa	13.6	4.2	埃塞俄比亚	Ethiopia	1.4	3.6
摩洛哥	Morocco	3.9	3.9	乌拉圭	Uruguay	…	3.3
刚果(布)	Congo, Rep.	2.3	3.3	塞尔维亚	Serbia		2.7
马达加斯加	Madagascar	3.5	3.3	卢森堡	Luxemburg	0.8	1.5
巴拉圭	Paraguay	2.2	3.0	斯洛文尼亚	Slovenia	…	1.5
柬埔寨	Cambodia	0.8	3.0	蒙　古	Mongolia		1.2
菲律宾	Philippines	2.7	2.9	挪　威	Norway	0.9	1.1
斯里兰卡	Sri Lanka	0.7	2.8	荷　兰	Netherlands	0.3	1.0

附录2-15 续表 4 continued

单位：万吨 (10 000 tons)

国家或地区	Country or Area	芝麻 Sesame Seed 2000	芝麻 Sesame Seed 2013	国家或地区	Country or Area	籽棉 Seed Cotton 2000	籽棉 Seed Cotton 2013
世　界	**World**	**279.1**	**484.8**	**世　界**	**World**	**5308.2**	**7305.3**
缅　甸	Myanmar	29.6	89.0	中　国	China	1325.1	1893.0
印　度	India	51.8	63.6	印　度	India	512.8	1891.3
中　国	China	81.2	62.4	美　国	United States	958.1	762.6
坦桑尼亚	Tanzania	3.9	42.0	巴基斯坦	Pakistan	547.6	624.3
埃塞俄比亚	Ethiopia	1.6	18.7	巴　西	Brazil	201.0	341.7
乌干达	Uganda	9.7	18.0	乌兹别克斯坦	Uzbekistan	300.2	336.1
尼日利亚	Nigeria	7.2	16.5	澳大利亚	Australia	178.7	267.6
布基纳法索	Burkina Faso	0.7	13.7	土耳其	Turkey	226.1	225.0
莫桑比克	Mozambique	0.5	11.0	希　腊	Greece	129.7	105.0
尼日尔	Niger	1.4	9.2	布基纳法索	Burkina Faso	21.3	76.6
索马里	Somalia	2.3	9.0	墨西哥	Mexico	22.4	58.7
危地马拉	Guatemala	1.9	5.3	土库曼斯坦	Turkmenistan	103.0	57.0
泰　国	Thailand	3.9	5.2	阿根廷	Argentina	41.8	54.3
喀麦隆	Cameroon	0.6	4.9	马　里	Mali	24.3	48.4
墨西哥	Mexico	4.1	4.2	埃　及	Egypt	55.4	43.5
埃　及	Egypt	3.7	4.0	科特迪瓦	Cote D'Ivoire	40.2	40.5
乍　得	Chad	3.3	3.9	哈萨克斯坦	Kazakhstan	28.7	39.7
马　里	Mali	0.4	3.5	塔吉克斯坦	Tajikistan	33.5	39.3
孟加拉国	Bangladesh	2.2	3.4	坦桑尼亚	Tanzania	12.3	35.7
越　南	Viet Nam	1.7	3.3	贝　宁	Benin	34.0	30.7
委内瑞拉	Venezuela	3.3	3.3	津巴布韦	Zimbabwe	32.7	29.0
巴基斯坦	Pakistan	5.1	3.2	缅　甸	Myanmar	17.6	28.0
阿富汗	Afghanistan	2.3	3.2	喀麦隆	Cameroon	20.4	24.0
巴拉圭	Paraguay	0.8	3.0	尼日利亚	Nigeria	39.9	20.9
伊　朗	Iran	2.7	2.8	伊　朗	Iran	49.7	20.0
中　非	Central African Rep.	3.7	2.8	叙利亚	Syrian Arab Republic	108.2	16.9
柬埔寨	Cambodia	1.0	2.6	马拉维	Malawi	3.7	15.9
也　门	Yemen	1.8	2.5	莫桑比克	Mozambique	3.5	15.0
土耳其	Turkey	2.4	1.6	西班牙	Spain	29.5	14.6
斯里兰卡	Sri Lanka	0.5	1.4	赞比亚	Zambia	6.2	14.0
老　挝	Laos	0.5	1.4	玻利维亚	Bolivia	4.5	11.6
韩　国	Korea, Rep.	3.2	1.2	埃塞俄比亚	Ethiopia	4.6	10.5
肯尼亚	Kenya	1.0	1.2	乍　得	Chad	18.0	10.5
贝　宁	Benin	1.0	1.0	秘　鲁	Peru	15.4	8.3
伊拉克	Iraq	1.4	0.8	多　哥	Togo	11.7	7.0
巴　西	Brazil	1.5	0.7	吉尔吉斯斯坦	Kyrgyzstan	8.8	6.9
尼加拉瓜	Nicaragua	0.4	0.6	哥伦比亚	Colombia	11.1	6.4
沙特阿拉伯	Saudi Arabia	0.3	0.5	乌干达	Uganda	7.6	6.3
乌兹别克斯坦	Uzbekistan	2.0	0.4	孟加拉国	Bangladesh	4.1	5.5
刚果(金)	Congo, Dem. Rep.	0.5	0.4	巴拉圭	Paraguay	24.7	5.0
塞内加尔	Senegal	0.1	0.4	阿塞拜疆	Azerbaijan	9.2	4.5
海　地	Haiti	0.4	0.4	阿富汗	Afghanistan	5.7	4.2
意大利	Italy	…	0.3	几内亚	Guinea	6.6	4.2
塞拉利昂	Sierra Leone	0.2	0.3	朝　鲜	Korea, Dem.	3.5	3.9
科特迪瓦	Cote D'Ivoire	0.4	0.3	伊拉克	Iraq	3.3	3.6
安哥拉	Angola	0.2	0.3	塞内加尔	Senegal	2.0	3.3
萨尔瓦多	El Salvador	0.6	0.3	以色列	Israel	4.4	2.9
哥伦比亚	Colombia	0.4	0.3	刚果(金)	Congo, Dem. Rep.	2.9	2.8
多　哥	Togo	0.1	0.2	委内瑞拉	Venezuela	1.7	2.6
洪都拉斯	Honduras	0.1	0.1	南　非	South Africa	7.0	2.3

附录2-15 续表 5 continued

单位：万吨 (10 000 tons)

国家或地区	Country or Area	甘蔗 Sugar Cane 2000	甘蔗 Sugar Cane 2013	国家或地区	Country or Area	甜菜 Sugar Beets 2000	甜菜 Sugar Beets 2013
世 界	**World**	**125745.9**	**191118.0**	**世 界**	**World**	**25010.2**	**24652.2**
巴 西	Brazil	32770.5	76809.0	俄 罗 斯	Russia	1405.4	3932.1
印 度	India	29932.4	34120.0	法 国	France	3112.1	3361.4
中 国	China	6929.9	12820.1	美 国	United States	3254.1	2976.8
泰 国	Thailand	5405.2	10009.6	德 国	Germany	2787.0	2282.9
巴基斯坦	Pakistan	4633.3	6375.0	土 耳 其	Turkey	1882.1	1648.3
墨 西 哥	Mexico	4410.0	6118.2	乌 克 兰	Ukraine	1319.9	1078.9
哥伦比亚	Colombia	3500.0	3487.6	波 兰	Poland	1313.4	1059.1
印度尼西亚	Indonesia	2390.0	3370.0	埃 及	Egypt	289.0	1004.4
菲 律 宾	Philippines	2449.1	3187.4	中 国	China	807.4	926.0
美 国	United States	3611.4	2790.6	英 国	United Kingdom	907.9	800.0
澳大利亚	Australia	3816.5	2713.6	荷 兰	Netherlands	679.8	572.7
危地马拉	Guatemala	1655.2	2633.5	比 利 时	Belgium	615.2	442.9
阿 根 廷	Argentina	1840.0	2370.0	白俄罗斯	Belarus	147.4	434.3
越 南	Viet Nam	1504.4	2013.1	伊 朗	Iran	433.2	418.5
南 非	South Africa	2387.6	1800.0	捷 克	Czech Rep.	280.9	374.4
埃 及	Egypt	1570.6	1610.0	奥 地 利	Austria	256.0	346.6
古 巴	Cuba	3640.0	1610.0	日 本	Japan	367.3	343.5
秘 鲁	Peru	753.5	1099.2	塞尔维亚	Serbia		298.3
缅 甸	Myanmar	580.1	965.0	西 班 牙	Spain	793.0	246.9
玻利维亚	Bolivia	360.2	806.6	瑞 典	Sweden	260.2	232.6
委内瑞拉	Venezuela	883.2	734.0	丹 麦	Denmark	334.5	230.0
萨尔瓦多	El Salvador	514.0	716.3	意 大 利	Italy	1237.0	215.9
厄瓜多尔	Ecuador	540.2	715.8	摩 洛 哥	Morocco	288.3	214.2
尼加拉瓜	Nicaragua	352.4	704.1	智 利	Chile	309.3	188.6
伊 朗	Iran	236.7	620.0	瑞 士	Switzerland	140.8	137.6
洪都拉斯	Honduras	397.4	608.2	斯洛伐克	Slovakia	96.2	114.5
肯 尼 亚	Kenya	394.2	590.0	克罗地亚	Croatia	48.2	105.1
巴 拉 圭	Paraguay	224.5	554.5	罗马尼亚	Romania	66.7	102.9
斯威士兰	Swaziland	388.5	545.0	摩尔多瓦	Moldova	94.4	100.9
哥斯达黎加	Costa Rica	380.0	485.0	立 陶 宛	Lithuania	88.2	96.7
多米尼加	Dominican Rep.	451.1	477.1	匈 牙 利	Hungary	197.6	95.0
孟加拉国	Bangladesh	691.0	443.4	加 拿 大	Canada	82.1	59.9
赞 比 亚	Zambia	160.0	400.0	芬 兰	Finland	104.6	48.0
津巴布韦	Zimbabwe	422.8	388.0	希 腊	Greece	303.3	33.6
毛里求斯	Mauritius	511.0	381.6	叙 利 亚	Syrian Arab Republic	117.5	31.7
莫桑比克	Mozambique	39.7	380.0	土库曼斯坦	Turkmenistan	23.0	23.8
乌 干 达	Uganda	147.6	335.0	吉尔吉斯斯坦	Kyrgyzstan	45.0	19.5
马达加斯加	Madagascar	218.9	325.0	阿塞拜疆	Azerbaijan	4.7	18.8
坦桑尼亚	Tanzania	135.5	299.2	亚美尼亚	Armenia	0.1	6.5
尼 泊 尔	Nepal	210.3	293.0	哈萨克斯坦	Kazakhstan	27.3	6.5
马 拉 维	Malawi	210.0	290.0	委内瑞拉	Venezuela	1.7	5.8
埃塞俄比亚	Ethiopia	217.7	275.0	阿尔巴尼亚	Albania	4.2	4.0
巴 拿 马	Panama	178.9	248.2	哥伦比亚	Colombia	1.2	3.5
圭 亚 那	Guyana	271.0	246.0	巴基斯坦	Pakistan	15.9	2.5
刚果(金)	Congo, Dem. Rep.	166.9	200.0	伊 拉 克	Iraq	0.8	1.7
科特迪瓦	Cote D'Ivoire	167.2	196.9	阿 富 汗	Afghanistan	0.1	1.5
留 尼 汪	Reunion	184.5	190.0	葡 萄 牙	Portugal	46.2	1.0
斐 济	Fiji	359.8	160.0	马 其 顿	Macedonia	5.7	1.0
尼日利亚	Nigeria	69.5	145.5	厄瓜多尔	Ecuador	0.3	0.4
牙 买 加	Jamaica	202.5	140.3	马 里	Mali	…	0.4

附录2-15 续表 6 continued

单位：万吨 (10 000 tons)

国家或地区	Country or Area	茶叶 Tea 2000	茶叶 Tea 2013	国家或地区	Country or Area	水果(不包括瓜类) Fruit excl. Melons 2000	水果(不包括瓜类) Fruit excl. Melons 2013
世　界	**World**	**298.8**	**534.6**	**世　界**	**World**	**47917.3**	**67667.0**
中　国	China	70.4	192.5	中　国	China	6427.9	15183.8
印　度	India	82.6	120.9	印　度	India	4300.1	8263.2
肯尼亚	Kenya	23.6	43.2	巴　西	Brazil	3698.7	3777.4
斯里兰卡	Sri Lanka	30.6	34.0	美　国	United States	3280.5	2698.6
越　南	Viet Nam	7.0	21.4	西班牙	Spain	1611.6	1769.9
土耳其	Turkey	13.9	21.2	墨西哥	Mexico	1331.4	1755.3
伊　朗	Iran	5.0	16.0	意大利	Italy	1799.0	1637.1
印度尼西亚	Indonesia	16.3	14.8	印度尼西亚	Indonesia	841.3	1600.3
阿根廷	Argentina	7.4	10.5	菲律宾	Philippines	1079.6	1588.7
日　本	Japan	8.5	8.5	土耳其	Turkey	1086.1	1534.1
泰　国	Thailand	3.2	7.5	伊　朗	Iran	1228.8	1180.7
孟加拉国	Bangladesh	4.6	6.4	泰　国	Thailand	1046.9	1109.6
马拉维	Malawi	4.2	5.4	尼日利亚	Nigeria	928.3	1090.3
乌干达	Uganda	2.9	5.3	埃　及	Egypt	696.6	1090.0
布隆迪	Burundi	0.7	4.2	乌干达	Uganda	1009.1	956.0
坦桑尼亚	Tanzania	2.4	3.4	哥伦比亚	Colombia	731.8	953.3
缅　甸	Myanmar	1.9	3.2	阿根廷	Argentina	717.4	837.0
莫桑比克	Mozambique	1.1	2.3	法　国	France	1128.1	818.3
卢旺达	Rwanda	1.5	2.2	厄瓜多尔	Ecuador	767.1	735.7
尼泊尔	Nepal	0.5	2.1	越　南	Viet Nam	456.5	712.7
津巴布韦	Zimbabwe	2.2	1.9	智　利	Chile	389.0	680.6
马来西亚	Malaysia	0.6	1.8	南　非	South Africa	511.1	642.1
中国台湾	Taiwan, China	2.0	1.5	巴基斯坦	Pakistan	518.6	611.5
埃塞俄比亚	Ethiopia	0.4	0.7	哥斯达黎加	Costa Rica	381.5	569.4
巴布亚新几内亚	Papua New Guinea	0.6	0.5	喀麦隆	Cameroon	199.4	564.4
喀麦隆	Cameroon	0.4	0.5	秘　鲁	Peru	318.7	548.2
秘　鲁	Peru	0.6	0.4	加　纳	Ghana	239.1	533.4
格鲁吉亚	Georgia	2.4	0.3	坦桑尼亚	Tanzania	187.8	490.9
韩　国	Korea, Rep.	0.1	0.3	危地马拉	Guatemala	197.3	442.3
厄瓜多尔	Ecuador	0.1	0.3	阿尔及利亚	Algeria	142.8	423.2
刚果(金)	Congo, Dem. Rep.	0.2	0.3	波　兰	Poland	224.7	417.7
毛里求斯	Mauritius	0.1	0.2	安哥拉	Angola	44.7	391.9
玻利维亚	Bolivia	0.1	0.1	孟加拉国	Bangladesh	136.1	370.0
老　挝	Laos	0.0	0.1	卢旺达	Rwanda	230.4	363.6
赞比亚	Zambia	0.1	0.1	摩洛哥	Morocco	268.1	363.0
南　非	South Africa	1.3	0.1	乌兹别克斯坦	Uzbekistan	141.5	358.2
留尼汪	R閿nion	0.1	0.1	澳大利亚	Australia	308.4	338.2
巴　西	Brazil	0.8	0.1	俄罗斯	Russia	340.2	336.8
阿塞拜疆	Azerbaijan	0.1	0.1	希　腊	Greece	415.2	333.5
马达加斯加	Madagascar	0.1	0.1	多米尼加	Dominican Rep.	141.2	327.6
萨尔瓦多	El Salvador	0.0	0.1	委内瑞拉	Venezuela	319.0	303.5
危地马拉	Guatemala	0.1	0.1	日　本	Japan	382.1	298.5
马　里	Mali			肯尼亚	Kenya	218.0	285.7
巴拿马	Panama			刚果(金)	Congo, Dem. Rep.	242.7	276.6
葡萄牙	Portugal			乌克兰	Ukraine	191.7	275.5
哥伦比亚	Colombia			韩　国	Korea, Rep.	262.6	275.2
黑　山	Montenegro			中国台湾	Taiwan, China	224.8	252.0
俄罗斯	Russia	0.2		布隆迪	Burundi	159.8	235.6
塞舌尔	Seychelles			巴布亚新几内亚	Papua New Guinea	166.6	234.5
阿尔巴尼亚	Albania			德　国	Germany	529.1	233.4

附录2-16 国际互联网用户

Internet Users

资料来源：世界银行WDI数据库。
Source: World Bank WDI Database.
单位：个/千人 (unit per 1 000 persons)

国家或地区	Country or Area	2000	2010	2011	2012	2013	2014
世　界	**World**	**67.7**	**292.0**	**318.2**	**351.5**	**379.9**	**406.9**
高收入国家	**High Income**	**261.0**	**675.7**	**689.3**	**742.1**	**781.4**	**806.1**
中等收入国家	**Middle Income**	**15.0**	**215.1**	**248.1**	**280.0**	**307.8**	**340.5**
低收入国家	**Low Income**	**1.0**	**32.9**	**37.2**	**44.1**	**56.1**	**62.9**
中　国	China	17.8	343.0	383.0	423.0	458.0	493.0
中国香港	Hong Kong, China	278.3	720.0	722.0	729.0	742.0	745.6
中国澳门	Macao, China	136.1	552.0	602.0	613.1	658.0	697.8
孟加拉国	Bangladesh	0.7	37.0	45.0	50.0	66.3	96.0
文　莱	Brunei Darussalam	90.0	530.0	560.0	602.7	645.0	687.7
柬 埔 寨	Cambodia	0.5	12.6	31.0	49.4	68.0	90.0
印　度	India	5.3	75.0	100.7	125.8	151.0	180.0
印度尼西亚	Indonesia	9.3	109.2	122.8	145.2	149.4	171.4
伊　朗	Iran	9.3	159.0	190.0	227.3	299.5	393.5
以 色 列	Israel	208.7	675.0	688.7	708.0	708.0	714.5
日　本	Japan	299.9	782.1	790.5	795.0	897.1	905.8
哈萨克斯坦	Kazakhstan	6.7	316.0	506.0	533.2	540.0	548.9
韩　国	Korea, Rep.	447.0	837.0	837.6	840.7	847.7	843.3
老　挝	Laos	1.1	70.0	90.0	107.5	125.0	142.6
马来西亚	Malaysia	213.9	563.0	610.0	658.0	669.7	675.0
蒙　古	Mongolia	12.6	102.0	125.0	164.0	200.0	270.0
缅　甸	Myanmar		2.5	9.8	10.7	16.0	21.0
巴基斯坦	Pakistan		80.0	90.0	99.6	109.0	138.0
菲 律 宾	Philippines	19.8	250.0	290.0	362.4	370.0	396.9
新 加 坡	Singapore	360.0	710.0	710.0	720.0	810.0	820.0
斯里兰卡	Sri Lanka	6.5	120.0	150.0	182.9	219.0	258.0
泰　国	Thailand	36.9	224.0	236.7	264.6	289.4	348.9
越　南	Viet Nam	2.5	306.5	350.7	394.9	439.0	483.1
埃　及	Egypt	6.4	216.0	256.0	264.0	294.0	317.0
尼日利亚	Nigeria	0.6	240.0	284.3	328.0	380.0	426.8
南　非	South Africa	53.5	240.0	339.7	410.0	465.0	490.0
加 拿 大	Canada	513.0	803.0	830.0	830.0	858.0	871.2
墨 西 哥	Mexico	50.8	310.5	371.8	397.5	434.6	443.9
美　国	United States	430.8	716.9	697.3	793.0	842.0	873.6
阿 根 廷	Argentina	70.4	450.0	510.0	558.0	599.0	647.0
巴　西	Brazil	28.7	406.5	456.9	485.6	510.4	576.0
委内瑞拉	Venezuela	33.6	373.7	402.2	490.5	549.0	570.0
捷　克	Czech Rep.	97.8	688.2	704.9	734.3	741.1	797.1
法　国	France	143.1	772.8	778.2	814.4	819.2	837.5
德　国	Germany	302.2	820.0	812.7	823.5	841.7	861.9
意 大 利	Italy	231.1	536.8	543.9	558.3	584.6	619.6
荷　兰	Netherlands	439.8	907.2	914.2	928.6	939.6	931.7
波　兰	Poland	72.9	623.2	619.5	623.1	628.5	666.0
俄 罗 斯	Russia	19.8	430.0	490.0	638.0	679.7	705.2
西 班 牙	Spain	136.3	658.0	676.0	698.1	716.4	761.9
土 耳 其	Turkey	37.6	398.2	430.7	451.3	462.5	510.4
乌 克 兰	Ukraine	7.2	233.0	287.1	352.7	410.0	434.0
英　国	United Kingdom	268.2	850.0	853.8	874.8	898.4	916.1
澳大利亚	Australia	467.6	760.0	794.9	790.0	830.0	845.6
新 西 兰	New Zealand	473.8	804.6	812.3	820.0	827.8	855.0

附录2-17　世界主要国家或地区货物进出口总额

Merchandise Imports and Exports by Country or Area

资料来源：世界贸易组织数据库。
Source: WTO Database.
单位：亿美元　　(100 million USD)

国家或地区	Country or Area	2000	2005	2010	2012	2013	2014
世　界	**World**	**131830**	**213790**	**308120**	**370230**	**377300**	**379590**
中　国	China	4743	14219	29740	38671	41590	43030
中国香港	Hong Kong, China	4167	5923	8421	10464	11566	11247
中国澳门	Macao, China	52	70	65	100	114	126
孟加拉国	Bangladesh	153	232	470	593	662	726
文　莱	Brunei Darussalam	50	77	114	166	151	139
柬埔寨	Cambodia	33	70	119	192	220	243
印　度	India	939	2425	5766	7865	7802	7778
印度尼西亚	Indonesia	1090	1627	2934	3817	3692	3545
伊　朗	Iran	426	963	1667	1611	1315	1408
以色列	Israel	691	899	1196	1385	1416	1435
日　本	Japan	8588	11108	14638	16844	15483	15061
哈萨克斯坦	Kazakhstan	139	452	911	1328	1335	1195
韩　国	Korea, Rep.	3327	5457	8916	10675	10752	10982
老　挝	Laos	9	14	38	53	53	60
马来西亚	Malaysia	1802	2559	3632	4239	4342	4430
蒙　古	Mongolia	12	22	62	111	106	110
缅　甸	Myanmar	40	57	134	181	233	328
巴基斯坦	Pakistan	199	414	592	687	698	723
菲律宾	Philippines	751	907	1100	1174	1218	1289
新加坡	Singapore	2723	4297	6627	7881	7833	7760
斯里兰卡	Sri Lanka	117	152	221	286	282	309
泰　国	Thailand	1309	2291	3762	4792	4789	4555
越　南	Viet Nam	301	692	1571	2283	2641	2997
埃　及	Egypt	199	354	794	986	868	946
尼日利亚	Nigeria	297	712	1282	1660	1590	1617
南　非	South Africa	597	1139	1882	2268	2223	2130
加拿大	Canada	5214	6829	7902	9305	9326	9492
墨西哥	Mexico	3458	4424	6085	7511	7709	8091
美　国	United States	20412	26338	32477	38822	39087	40326
阿根廷	Argentina	515	690	1250	1483	1553	1372
巴　西	Brazil	1138	1962	3935	4760	4926	4642
委内瑞拉	Venezuela	497	797	1047	1581	1434	1248
捷　克	Czech Rep.	611	1546	2596	2985	3065	3260
法　国	France	6666	9676	11348	12431	12624	12624
德　国	Germany	10490	17480	23137	25683	26434	27283
意大利	Italy	4793	7579	9343	9899	9977	10004
荷　兰	Netherlands	4514	7702	10907	12423	12613	12591
波　兰	Poland	808	1911	3378	3844	4126	4347
俄罗斯	Russia	1499	3692	6493	8647	8646	8047
西班牙	Spain	2714	4814	5814	6326	6584	6787
土耳其	Turkey	823	1903	2994	3890	4035	3998
乌克兰	Ukraine	285	704	1124	1532	1411	1085
英　国	United Kingdom	6335	9101	10071	11634	11968	11897
澳大利亚	Australia	1354	2314	4143	5174	4948	4778
新西兰	New Zealand	272	479	620	756	791	841

附录2-18 货物出口总额
Merchandise Export

资料来源：世界贸易组织数据库。
Source: WTO Database.
单位：亿美元 (100 million USD)

国家或地区	Country or Area	2000	2005	2010	2012	2013	2014
世　界	**World**	**64580**	**105090**	**153010**	**184080**	**188260**	**189350**
中　国	China	2492	7620	15778	20487	22090	23427
中国香港	Hong Kong, China	2027	2921	4007	4929	5352	5241
中国澳门	Macao, China	25	25	9	10	11	12
孟加拉国	Bangladesh	64	93	192	251	291	304
文　莱	Brunei Darussalam	39	62	89	130	114	105
柬埔寨	Cambodia	14	31	51	78	92	108
印　度	India	424	996	2264	2968	3148	3174
印度尼西亚	Indonesia	654	870	1578	1900	1826	1763
伊　朗	Iran	287	563	1013	1040	825	888
以色列	Israel	314	428	584	631	668	681
日　本	Japan	4792	5949	7698	7986	7151	6838
哈萨克斯坦	Kazakhstan	88	278	600	864	847	782
韩　国	Korea, Rep.	1723	2844	4664	5479	5596	5727
老　挝	Laos	3	6	17	23	23	27
马来西亚	Malaysia	982	1416	1986	2275	2283	2341
蒙　古	Mongolia	5	11	29	44	43	58
缅　甸	Myanmar	16	38	87	89	112	150
巴基斯坦	Pakistan	90	161	214	246	251	247
菲律宾	Philippines	381	413	515	521	567	618
新加坡	Singapore	1378	2296	3519	4084	4102	4098
斯里兰卡	Sri Lanka	54	63	86	94	102	112
泰　国	Thailand	690	1109	1933	2292	2285	2276
越　南	Viet Nam	145	324	722	1145	1320	1505
埃　及	Egypt	53	129	264	294	285	271
尼日利亚	Nigeria	210	505	840	1150	1030	980
南　非	South Africa	300	516	913	996	959	910
加拿大	Canada	2766	3605	3875	4556	4583	4743
墨西哥	Mexico	1664	2142	2983	3706	3800	3975
美　国	United States	7819	9011	12785	15457	15796	16232
阿根廷	Argentina	263	404	682	802	817	719
巴　西	Brazil	551	1185	2019	2426	2420	2251
委内瑞拉	Venezuela	335	557	657	973	890	805
捷　克	Czech Rep.	291	781	1330	1570	1623	1738
法　国	France	3276	4634	5238	5687	5810	5832
德　国	Germany	5518	9709	12589	14051	14518	15109
意大利	Italy	2405	3731	4473	5013	5183	5287
荷　兰	Netherlands	2331	4064	5743	6554	6716	6724
波　兰	Poland	317	894	1597	1854	2050	2167
俄罗斯	Russia	1050	2438	4006	5293	5233	4967
西班牙	Spain	1153	1926	2544	2953	3178	3228
土耳其	Turkey	278	735	1139	1525	1518	1576
乌克兰	Ukraine	146	342	515	685	643	542
英　国	United Kingdom	2854	3909	4160	4728	5410	5068
澳大利亚	Australia	639	1061	2126	2564	2526	2402
新西兰	New Zealand	133	217	314	373	394	416

附录2-19 货币汇率(年平均价)
Exchange Rate (Period Average)

资料来源：世界银行WDI数据库。
Source: World Bank WDI Database.
单位：1美元合本币数 (local currency unit per US dollar)

国家或地区	Country or Area	2000	2005	2010	2012	2013	2014
中　　国	**China**	**8.28**	**8.19**	**6.77**	**6.31**	**6.20**	**6.14**
中国香港	Hong Kong, China	7.79	7.78	7.77	7.76	7.76	7.75
中国澳门	Macao, China	8.03	8.01	8.00	7.99	7.99	7.99
孟加拉国	Bangladesh	52.14	64.33	69.65	81.86	78.10	77.64
文　　莱	Brunei Darussalam	1.72	1.66	1.36	1.25	1.25	1.27
柬 埔 寨	Cambodia	3840.75	4092.50	4184.92	4033.00	4027.25	4037.50
印　　度	India	44.94	44.10	45.73	53.44	58.60	61.03
印度尼西亚	Indonesia	8421.78	9704.74	9090.43	9386.63	10461.24	11865.21
伊　　朗	Iran	1765.03	8963.96	10254.18	12175.55	18414.45	25941.66
以 色 列	Israel	4.08	4.49	3.74	3.86	3.61	3.58
日　　本	Japan	107.77	110.22	87.78	79.79	97.60	105.95
哈萨克斯坦	Kazakhstan	142.13	132.88	147.35	149.11	152.13	179.19
韩　　国	Korea, Rep.	1130.96	1024.12	1156.06	1126.47	1094.85	1052.96
老　　挝	Laos	7887.64	10655.17	8258.77	8007.76	7860.14	8048.96
马来西亚	Malaysia	3.80	3.79	3.22	3.09	3.15	3.27
蒙　　古	Mongolia	1076.67	1205.25	1357.06	1357.58	1523.93	1817.94
缅　　甸	Myanmar	6.52	5.82	5.64	640.65	933.57	984.35
巴基斯坦	Pakistan	53.65	59.51	85.19	93.40	101.63	101.10
菲 律 宾	Philippines	44.19	55.09	45.11	42.23	42.45	44.40
新 加 坡	Singapore	1.72	1.66	1.36	1.25	1.25	1.27
斯里兰卡	Sri Lanka	77.01	100.50	113.06	127.60	129.07	130.57
泰　　国	Thailand	40.11	40.22	31.69	31.08	30.73	32.48
越　　南	Viet Nam	14167.75	15858.92	18612.92	20828.00	20933.42	21148.00
埃　　及	Egypt	3.47	5.78	5.62	6.06	6.87	7.08
尼日利亚	Nigeria	101.70	131.27	150.30	157.50	157.31	
南　　非	South Africa	6.94	6.36	7.32	8.21	9.65	10.85
加 拿 大	Canada	1.49	1.21	1.03	1.00	1.03	1.11
墨 西 哥	Mexico	9.46	10.90	12.64	13.17	12.77	13.29
美　　国	United States	1.00	1.00	1.00	1.00	1.00	1.00
阿 根 廷	Argentina	1.00	2.90	3.90	4.54	5.46	8.07
巴　　西	Brazil	1.83	2.43	1.76	1.95	2.16	2.35
委内瑞拉	Venezuela	0.68	2.09	2.58	4.29	6.05	6.28
捷　　克	Czech Rep.	38.60	23.96	19.10	19.58	19.57	20.76
法　　国	France	1.09	0.80	0.76	0.78	0.75	0.75
德　　国	Germany	1.09	0.80	0.76	0.78	0.75	0.75
意 大 利	Italy	1.09	0.80	0.76	0.78	0.75	0.75
荷　　兰	Netherlands	1.09	0.80	0.76	0.78	0.75	0.75
波　　兰	Poland	4.35	3.24	3.02	3.26	3.16	3.16
俄 罗 斯	Russia	28.13	28.28	30.37	30.84	31.84	38.38
西 班 牙	Spain	1.09	0.80	0.76	0.78	0.75	0.75
土 耳 其	Turkey	0.63	1.34	1.50	1.80	1.90	2.19
乌 克 兰	Ukraine	5.44	5.13	7.94	7.99	7.99	11.89
英　　国	United Kingdom	0.66	0.55	0.65	0.63	0.64	0.61
澳大利亚	Australia	1.73	1.31	1.09	0.97	1.04	1.11
新 西 兰	New Zealand	2.20	1.42	1.39	1.23	1.22	1.21

附录2–20　外商直接投资
Foreign Direct Investment

资料来源：联合国贸发会议FDI数据库。
Source: UNCTAD FDI Database .
单位：亿美元　　　　(100 million USD)

国家或地区	Country or Area	外商直接投资 FDI Inflows			对外直接投资 FDI Outflows		
		2000	2010	2013	2000	2010	2013
世　界	**World**	**14150.0**	**14222.6**	**14519.7**	**12412.2**	**14675.8**	**14108.1**
中　国	China	407.2	1147.3	1239.1	9.2	688.1	1010.0
中国香港	Hong Kong, China	705.1	827.1	766.3	700.1	984.1	915.3
中国澳门	Macao, China	0.0	28.3	23.3		-4.4	0.5
孟加拉国	Bangladesh	5.8	9.1	16.0		0.2	0.3
文　莱	Brunei Darussalam	5.5	6.3	9.0	0.3	0.1	-1.4
柬埔寨	Cambodia	1.5	7.8	14.0	0.1	0.2	0.4
印　度	India	35.9	274.3	282.0	5.1	159.3	16.8
印度尼西亚	Indonesia		137.7	184.4		26.6	36.8
伊　朗	Iran	1.9	36.5	30.5	0.2	3.5	3.8
以色列	Israel	69.6	55.1	118.0	33.4	86.6	49.3
日　本	Japan	83.2	-12.5	23.0	315.6	562.6	1357.5
哈萨克斯坦	Kazakhstan	12.8	74.6	97.4		37.9	19.5
韩　国	Korea, Rep.	115.1	95.0	122.2	48.4	282.8	291.7
老　挝	Laos	0.3	2.8	3.0			-0.1
马来西亚	Malaysia	37.9	90.6	123.1	20.3	134.0	136.0
蒙　古	Mongolia	0.5	16.9	20.5		0.6	0.5
缅　甸	Myanmar	2.1	12.9	26.2			
巴基斯坦	Pakistan	3.1	20.2	13.1	0.1	0.5	2.4
菲律宾	Philippines	22.4	10.7	38.6	1.3	27.1	36.4
新加坡	Singapore	155.2	550.8	637.7	66.5	333.8	269.7
斯里兰卡	Sri Lanka	1.7	4.8	9.2		0.4	0.7
泰　国	Thailand	34.1	91.5	129.5	-0.2	44.7	66.2
越　南	Viet Nam	12.9	80.0	89.0		9.0	19.6
埃　及	Egypt	12.4	63.9	55.5	0.5	11.8	3.0
尼日利亚	Nigeria	13.1	61.0	56.1	1.7	9.2	12.4
南　非	South Africa	8.9	36.4	81.9	2.7	-0.8	56.2
加拿大	Canada	668.0	284.0	623.3	446.8	347.2	426.4
墨西哥	Mexico	183.0	233.5	382.9	3.6	150.5	129.4
美　国	United States	3140.1	1980.5	1875.3	1426.3	2777.8	3383.0
阿根廷	Argentina	104.2	113.3	90.8	9.0	9.7	12.3
巴　西	Brazil	327.8	485.1	640.5	22.8	115.9	-35.0
委内瑞拉	Venezuela	47.0	18.5	70.4	5.2	17.8	21.5
捷　克	Czech Rep.	49.9	61.4	49.9	0.4	11.7	32.9
法　国	France	432.5	336.3	48.8	1774.5	645.8	-25.6
德　国	Germany	1982.8	656.2	267.2	565.6	1263.1	575.5
意大利	Italy	133.8	91.8	165.1	66.9	326.6	316.6
荷　兰	Netherlands	638.6	-73.2	243.9	756.3	683.4	374.3
波　兰	Poland	94.5	138.8	-60.4	0.2	72.3	-48.5
俄罗斯	Russia	27.1	431.7	792.6	31.8	526.2	949.1
西班牙	Spain	395.8	398.7	391.7	582.1	378.4	260.4
土耳其	Turkey	9.8	90.6	128.7	8.7	14.6	31.1
乌克兰	Ukraine	6.0	65.0	37.7		7.4	4.2
英　国	United Kingdom	1219.0	496.2	371.0	2354.0	394.2	194.4
澳大利亚	Australia	153.6	358.0	498.3	40.3	196.1	63.6
新西兰	New Zealand	13.5	4.3	9.9	6.1	4.5	6.9

附录2-21　外汇储备与黄金储备
Foreign Exchange and Gold Reserves

资料来源：国际货币基金组织IFS数据库。
Source: IMF IFS Database.

国家或地区	Country or Area	外汇储备（亿美元） Foreign Exchange (100 million USD)			黄金储备（万盎司） Gold Reserves(10000 fine troy ounces)		
		2000	2010	2014	2000	2010	2014
世　界	**World**	**19358.6**	**92652.9**	**115889.1**	**106603.9**	**99153.8**	**102975.6**
发达国家	**Developed Countries**	**12191.9**	**31054.0**	**38564.1**	**81731.8**	**70449.8**	**70681.0**
发展中国家	**Developing Economies**				**14028.4**	**17541.9**	
中　国	China	1655.7	28473.4	38430.2	1270.0	3389.0	3389.0
中国香港	Hong Kong, China	1075.4	2686.5	3283.8	6.7	6.7	6.7
中国澳门	Macao, China	33.2	237.3	164.4			
孟加拉国	Bangladesh	14.9	99.0	208.0	10.9	43.4	44.3
文　莱	Brunei Darussalam	3.6	12.1	31.4			14.7
柬埔寨	Cambodia	5.0	31.5	55.3	40.0	40.0	40.0
印　度	India	372.6	2678.1	2959.5	1150.2	1793.2	1793.2
印度尼西亚	Indonesia	282.8	899.7	1060.7	310.1	235.0	251.0
以色列	Israel	231.6	692.7	843.4			
日　本	Japan	3472.1	10362.6	12001.6	2454.7	2460.2	2460.2
哈萨克斯坦	Kazakhstan	15.9	246.9	210.2	184.0	216.4	616.6
韩　国	Korea, Rep.	958.6	2869.3	3536.0	43.9	46.4	335.8
老　挝	Laos	1.4	6.3	8.0	1.7	28.5	28.5
马来西亚	Malaysia	274.3	1023.3	1117.7	117.0	117.0	115.0
蒙　古	Mongolia	1.8	21.2	14.8	8.5	6.5	9.2
缅　甸	Myanmar	2.2	57.1	69.64①	23.1	23.4	23.37①
巴基斯坦	Pakistan	15.0	131.2	110.5	209.1	207.0	207.3
菲律宾	Philippines	129.8	539.9	702.6	722.9	495.4	627.9
新加坡	Singapore	795.1	2236.8	2545.6	409.6	409.6	409.6
斯里兰卡	Sri Lanka	9.8	66.3	72.4	33.7	34.6	74.2
泰　国	Thailand	319.3	1656.6	1490.6	236.7	320.0	490.0
越　南	Viet Nam	34.2	120.5	338.0			
埃　及	Egypt	129.1	323.5	108.0	243.2	243.1	243.1
尼日利亚	Nigeria	99.1	323.4	342.4	68.7	68.7	68.7
南　非	South Africa	57.9	354.2	414.9	590.0	401.6	402.5
加拿大	Canada	290.2	448.9	627.6	118.4	10.9	9.6
墨西哥	Mexico	351.4	1148.8	1851.8	24.9	22.7	394.6
美　国	United States	312.4	520.8	419.4	26161.1	26149.9	26149.9
阿根廷	Argentina	244.1	466.2	260.4	1.9	176.0	198.5
巴　西	Brazil	324.3	2805.7	3548.1	211.8	108.1	216.1
委内瑞拉	Venezuela	126.3	91.9	20.64②	1024.0	1176.0	1182.0②
捷　克	Czech Rep.	130.2	403.4	523.5	44.6	40.8	34.0
法　国	France	321.1	362.1	286.6	9724.5	7830.1	7830.0
德　国	Germany	496.7	373.6	372.1	11151.9	10934.4	10880.5
意大利	Italy	224.2	356.8	333.1	7882.9	7882.9	7882.9
荷　兰	Netherlands	70.0	89.0	97.6	2931.5	1969.1	1969.1
波　兰	Poland	263.2	863.2	940.6	330.6	330.9	330.9
俄罗斯	Russia	242.6	4329.5	3277.3	1235.9	2535.5	3884.5
西班牙	Spain	295.2	133.1	328.9	1682.9	905.4	905.3
土耳其	Turkey	223.1	790.5	1053.4	373.9	373.3	1701.1
乌克兰	Ukraine	11.0	333.2	66.2	45.4	88.5	76.0
英　国	United Kingdom	341.6	493.4	764.0	1567.4	997.5	997.5
澳大利亚	Australia	167.8	327.9	446.8	256.3	256.7	256.7
新西兰	New Zealand	36.2	151.3	140.7			

注：①2012年数据。②2013年数据。
Note:①Data refer to 2012.②Data refer to 2013.

附录2-22 研究与开发经费支出和公共教育经费支出占国内生产总值比重

Research and Development Expenditure and Public Spending on Education as Percentage of GDP

资料来源：世界银行WDI数据库。
Source: World Bank WDI Database.
单位：% (%)

国家或地区	Country or Area	研究与开发经费支出占国内生产总值比重 Research and Development Expenditure as of GDP			公共教育经费支出占国内生产总值比重 Public Spending on Education, Total as of GDP		
		2000	2005	2013	2000	2005	2013
世界	**World**	**2.1**	**2.0**	**2.1①**	**4.0**	**4.2**	**4.7①**
高收入国家	**High Income**	**2.3**	**2.2**	**2.3②**	**4.6**	**4.9**	**5.1①**
中等收入国家	**Middle Income**	**0.6**	**0.8**	**1.3①**	**3.8**	**4.1**	**4.4③**
中　　国	China	0.9	1.3	2.0②	1.9④		
中国香港	Hong Kong, China	0.5	0.8	0.7③		4.1	3.8
中国澳门	Macao, China		0.1	…①	3.7	2.3	3.3②
孟加拉国	Bangladesh				2.4	2.2⑤	
文　　莱	Brunei Darussalam		…⑤		3.7		3.5
柬 埔 寨	Cambodia		0.1⑥		1.7	1.7	2.6③
印　　度	India	0.7	0.8	0.8①	4.3	3.1	3.9②
印度尼西亚	Indonesia	0.1			1.1⑦	2.9	3.6②
伊　　朗	Iran		0.7		4.4	4.7	3.7
以 色 列	Israel	4.2	4.3	3.9②	6.2	5.8	5.6①
日　　本	Japan	3.0	3.3	3.4①	3.6	3.5	3.8
哈萨克斯坦	Kazakhstan	0.2	0.3	0.2①	3.3	2.3	
韩　　国	Korea, Rep.	2.3	2.8	4.0①	3.4④	3.9	4.6②
老　　挝	Laos		0.0⑥		1.5	2.4	2.8③
马来西亚	Malaysia	0.5	0.6⑤	1.1①	6.0	7.5	5.9①
蒙　　古	Mongolia	0.2	0.2	0.3①	5.6	4.3⑤	5.5①
缅　　甸	Myanmar	0.1	0.2⑥		0.6		0.8①
巴基斯坦	Pakistan	0.1	0.4	0.3①	1.8	2.3	2.5
菲 律 宾	Philippines		0.1		3.3	2.4	3.4
新 加 坡	Singapore	1.9	2.2	2.1②	3.3	3.2	2.9
斯里兰卡	Sri Lanka	0.1	0.2⑤	0.2③	3.1⑧		1.7②
泰　　国	Thailand	0.3	0.2		5.4	4.2	4.9②
越　　南	Viet Nam		0.2⑥				6.3②
埃　　及	Egypt	0.2	0.2	0.4①		4.8	
南　　非	South Africa	0.6⑦	0.9	0.8③	5.4	5.1	6.0
加 拿 大	Canada	1.9	2.0	1.7②	5.5	4.8	5.3①
墨 西 哥	Mexico	0.3	0.4	0.4①	4.1	4.9	5.1①
美　　国	United States	2.6	2.5	2.8②	4.8④	5.1	5.2①
阿 根 廷	Argentina	0.4	0.5	0.6①	4.6	3.5	5.1②
巴　　西	Brazil	1.0	1.0	1.2①	4.0	4.5	6.3②
委内瑞拉	Venezuela	0.4	0.2				
捷　　克	Czech Rep.	1.2	1.2	1.9②	3.7	3.9	4.3①
法　　国	France	2.2	2.1	2.3②	5.5	5.5	5.5②
德　　国	Germany	2.5	2.5	2.9②	4.5	4.5	4.8①
意 大 利	Italy	1.0	1.1	1.3②	4.3	4.2	4.1①
荷　　兰	Netherlands	1.9	1.9	2.2②	4.6	5.2	5.5②
波　　兰	Poland	0.6	0.6	0.9②	5.0	5.5	4.9①
俄 罗 斯	Russia	1.1	1.1	1.1②	2.9	3.8	
西 班 牙	Spain	0.9	1.1	1.3②	4.2	4.1	4.4②
土 耳 其	Turkey	0.5	0.6	0.9①	2.6	3.1⑤	
乌 克 兰	Ukraine	1.0	1.2	0.7①	4.2	6.1	6.7②
英　　国	United Kingdom	1.8	1.7	1.7②	4.4	5.2	5.8①
澳大利亚	Australia	1.6	1.9⑤	2.4③	4.9	4.9	4.9②
新 西 兰	New Zealand	1.0④	1.1	1.3①	6.7④	6.3	7.4②

注：①2011年数据。②2012年数据。③2010年数据。④1999年数据。⑤2004年数据。⑥2002年数据。⑦1997年数据。⑧1998年数据。
Note:①Data refer to 2011.②Data refer to 2012.③Data refer to 2010.④Data refer to 1999.⑤Data refer to 2004.⑥Data refer to 2002.⑦Data refer to 1997.⑧Data refer to 1998.

附录2-23 医疗支出占国内生产总值比重及人均医疗支出
Health Expenditure as Percentage of GDP and Health Expenditure per Capita

资料来源：世界银行WDI数据库。
Source: World Bank WDI Database.

国家或地区	Country or Area	医疗支出占国内生产总值的比重(%) Health Expenditure, Total as Percentage of GDP(%)			人均医疗支出(美元) Health Expenditure per Capita(USD)		
		2000	2005	2013	2000	2005	2013
世　界	**World**	**9.1**	**9.9**	**9.9**	**494.7**	**710.9**	**1047.8**
高收入国家	**High Income**	**9.9**	**10.9**	**11.9**	**2161.7**	**3181.9**	**4462.8**
中等收入国家	**Middle Income**	**5.0**	**5.3**	**5.8**	**59.9**	**95.6**	**256.5**
低收入国家	**Low Income**	**4.4**	**5.6**	**6.4**	**12.5**	**17.1**	**37.6**
中　国	China	4.6	4.7	5.6	43.0	79.7	366.9
孟加拉国	Bangladesh	2.6	3.1	3.7	9.1	12.4	31.6
文　莱	Brunei Darussalam	3.0	2.6	2.5	543.4	671.4	973.6
柬埔寨	Cambodia	5.8	5.8	7.5	17.5	27.2	75.8
印　度	India	4.3	4.3	4.0	20.1	32.0	61.4
印度尼西亚	Indonesia	2.0	2.8	3.1	15.5	35.5	106.6
伊　朗	Iran	4.6	5.3	6.7	229.0	155.2	432.3
以色列	Israel	7.1	7.4	7.2	1490.1	1515.1	2598.9
日　本	Japan	7.6	8.2	10.3	2865.0	2927.7	3965.6
哈萨克斯坦	Kazakhstan	4.2	4.1	4.3	52.1	153.9	580.1
韩　国	Korea, Rep.	4.5	5.7	7.2	504.4	992.8	1880.1
老　挝	Laos	3.3	4.3	2.0	10.7	20.4	32.4
马来西亚	Malaysia	3.0	3.3	4.0	121.6	182.8	423.4
蒙　古	Mongolia	4.7	6.0	6.0	22.1	59.8	243.8
缅　甸	Myanmar	2.1	2.1	1.8	3.1	4.7	14.4
巴基斯坦	Pakistan	3.0	3.2	2.8	15.0	22.0	36.9
菲律宾	Philippines	3.2	3.9	4.4	33.5	47.0	121.6
新加坡	Singapore	2.7	3.7	4.6	661.8	1057.8	2507.4
斯里兰卡	Sri Lanka	3.7	4.0	3.2	32.4	49.2	102.5
泰　国	Thailand	3.4	3.6	4.6	66.8	95.5	264.4
越　南	Viet Nam	4.9	5.4	6.0	20.3	36.5	111.2
埃　及	Egypt	5.4	5.1	5.1	80.4	66.6	151.3
尼日利亚	Nigeria	2.8	4.1	3.9	17.2	53.1	115.0
南　非	South Africa	8.3	8.8	8.9	245.6	450.5	593.5
加拿大	Canada	8.7	9.6	10.9	2099.8	3474.4	5718.0
墨西哥	Mexico	5.1	5.9	6.2	328.5	478.4	664.3
美　国	United States	13.1	15.2	17.1	4817.9	6775.9	9145.8
阿根廷	Argentina	9.2	6.9	7.3	709.9	394.8	1074.1
巴　西	Brazil	7.2	8.4	9.7	264.7	396.2	1084.6
委内瑞拉	Venezuela	5.7	5.4	3.6	273.1	295.5	519.6
捷　克	Czech Rep.	6.3	6.9	7.2	361.2	884.4	1367.0
法　国	France	10.1	10.9	11.7	2209.2	3721.1	4863.6
德　国	Germany	10.4	10.8	11.3	2386.7	3624.2	5006.5
意大利	Italy	7.9	8.7	9.1	1527.2	2698.7	3154.9
荷　兰	Netherlands	8.0	10.9	12.9	1931.8	4261.2	6144.9
波　兰	Poland	5.5	6.2	6.7	247.1	494.7	894.9
俄罗斯	Russia	5.4	5.2	6.6	96.0	276.3	956.9
西班牙	Spain	7.2	8.3	8.9	1045.5	2164.7	2581.0
土耳其	Turkey	5.0	5.5	5.6	197.2	367.5	607.7
乌克兰	Ukraine	5.6	6.4	7.8	35.6	117.5	312.7
英　国	United Kingdom	6.9	8.1	9.1	1761.4	3135.4	3597.9
澳大利亚	Australia	8.1	8.5	9.4	1713.6	3139.7	6109.8
新西兰	New Zealand	7.6	8.3	9.7	1056.1	2307.1	4063.2

附录3

山东省统计局工作大事记

Chronicle of Events of Shandong Provincial Statistical Bureau

简 要 说 明

一、本篇资料的主要内容

本篇按时间顺序记载了 2015 年山东省统计局发生的大事要事，包括局领导重要活动、方法制度改革、统计法制建设、统计基层基础建设、统计信息化建设、统计干部队伍建设等方面的内容。

二、本篇资料的来源

本篇资料由省统计局办公室整理提供。

Brief Introduction

I. Content

Events happened in 2015 of Shandong Statistical Bureau are recorded in time order, mainly including important activities of leaders, reform of statistical laws, development of primary-level statistical work, construction of information system, and training of statistics professionals, etc.

II. Source of Data

Data and files are provided by the Administrative Office of Shandong Provincial Bureau of statistics.

2015年山东省统计局大事记

1月5-6日，省统计局召开2014年统计公报编写工作会议，正式启动全省2014年统计公报编写工作。

1月6日，省统计局组织召开专题会议，传达学习全国、全省安全生产电视电话会议精神，并就做好统计系统的安全生产工作作出要求和部署。

1月7日，国家统计局党组书记、局长马建堂在《山东省统计局关于2014年度工作总结的报告》上作出批示："2014年，山东省统计局以党的十八大和十八届三中、四中全会精神为指引，深入学习贯彻习近平总书记系列重要讲话精神，紧紧围绕全省稳增长、促改革、调结构、强区域、惠民生工作大局，全面深化统计制度方法改革，认真做好第三次全国经济普查工作，大力提升统计服务水平，着力提高统计质量和效益，各项工作取得新进展。希望2015年百尺竿头更进一步，按照国家统计局和省委、省政府的统一部署，高质量完成各项统计调查任务，巩固和拓展统计生产方式变革成果，奋力夯实统计基层基础，大力推进法治统计建设，加快建成与经济发展新常态相适应的现代化服务型统计，坚决打造廉洁统计，不断开创山东统计改革发展新局面。"

1月12日，省统计局召开2014年度处级干部述职述评会议，党组书记、局长潘振文主持会议，副局长刘银田、刘兴慧、左振华，副巡视员刘绍辉、周尊考出席会议。

1月14日，省统计局组织召开2014年度经济形势分析会，局长潘振文到会并讲话。

1月16-22日，省统计局派调研组到济南市开展第三次全国农业普查方案设计前期调研。

1月19日，全省统计工作暨第三次经济普查总结表彰会议在济南召开。会议深入学习贯彻党的十八大、十八届三中、四中全会和中央、全省经济工作会议、全国统计工作会议精神，总结2014年统计工作和第三次经济普查工作，表彰第三次经济普查先进集体和先进个人，部署2015年统计工作任务。各市统计局局长签订了统计行风建设责任书。省统计局局长潘振文作工作报告，副局长刘银田作总结讲话，副局长刘兴慧、左振华、于涛，副巡视员刘绍辉、周尊考出席会议。

1月20-21日，国家统计局副局长张为民一行到寿光调研基层统计调查工作情况，省统计局局长潘振文、山东调查总队总队长刘同星陪同调研。

1月20-21日，全省贸易统计报表业务暨数据处理程序培训班在济南举办。国家统计局贸易外经司司长孟庆欣到场授课，省统计局副局长左振华出席开班式。

1月26日，省统计局召开党组扩大会议，传达学习省纪委十届六次全体会议精神。省统计局党组书记、局长潘振文主持会议，并对抓好学习贯彻提出要求。

1月26日，中共山东省统计局机关委员会第七届党员代表大会在济南召开。会议听取并审议通过了第六届机关委员会和纪律检查委员会工作报告、党费收缴使用和管理情况的报告，选举产生了中共山东省统计局第七届机关委员会和纪律检查委员会。局党组书记、局长潘振文到会并讲话。

1月28日，省统计局派出调研组到济南市开展网上零售统计工作专题调研。

1月29-30日，省统计局组织召开全省统计系统2014年度决算编制培训班。

1月30日，省委常委、常务副省长孙伟主持召开改进城镇化统计核算专题会，并对城镇化统计提出要求。

1月30日，省统计局、省经信委在济南联合召开全省2014年物流统计会审会议。

1月，省委副书记、省长郭树清在全省经济工作会议上强调统计工作要坚持依法统计，加快统计改革步伐，切实提高统计数据质量。

1月，省统计局组织开展网络与信息安全应急演练。

1月，省统计局组织召开老干部座谈会。

1月，省委办公厅向省统计局发出感谢函，并对省统计局上报省委信息工作取得的成绩表示祝贺。

1月，省统计局公布2015年全省性工作会议计划，严格控制会议数量。

2月2日，省统计局党组书记、局长潘振文与新任包村第一书记集体谈话，对做好新一轮第一书记工作进行战前动员。

2月13日，省统计局召开2014年度总结表彰暨老干部通报会议。党组书记、局长潘振文总结了2014年主要工作开展情况，对下一步工作提出了希望和要求。会议通报表彰了2014年度全局先进集体、先进个人，

"统计分析工作标兵"、"统计政务信息工作标兵"，优秀党务工作者、优秀共产党员，工会工作优秀个人，优秀团干部、优秀团员。

2 月 12-13 日，全省能源统计工作暨 2014 年能源数据联审会议在济南召开。

2 月 17 日，省委常委、宣传部部长孙守刚在省统计局报送的《积极引导投资结构调整打造新常态下文化产业发展新亮点》上作出批示："这份报告数据详实，分析客观，既反映出我省文化产业发展成就趋势，又指出薄弱环节、隐忧和突出问题，对于我们清醒分析形势，深入研究指导新常态下全省文化产业持续健康发展有很大帮助。"

2 月 17 日，《山东省第三次经济普查主要数据公报》发布。

2 月 25 日，省统计局召开局务会，通报春节前主要工作情况，安排部署节后重点工作，局长潘振文主持会议并讲话。

2 月 27 日，《2014 年山东省国民经济和社会发展统计公报》发布。

2 月 28 日，省委常委、常务副省长孙伟主持召开改进城镇化统计核算专题会议，对城镇化统计工作进行专题研究。

2 月，省委副书记、省长郭树清，省委常委、常务副省长孙伟分别在省统计局报送的《关于改进我省城镇化率统计核算工作的建议》上作出批示。

2 月，省统计局编印出版《山东省优秀统计科研成果汇编（2012～2013）》、《2014 年统计调查分析精品选》。

3 月 3-4 日，全省农村统计工作暨县乡统计联网直报培训会议在济南召开，省统计局副巡视员周尊考到会并讲话。

3 月 6 日，省统计局召开全局党风廉政工作会议。

3 月 10-11 日，省委常委、常务副省长孙伟一行赴国家统计局汇报城镇化统计、城乡划分等工作，省统计局局长潘振文、副巡视员刘绍辉陪同。

3 月 12 日，省统计局组织部分妇女党员干部参观焦裕禄纪念馆。

3 月 17 日，省统计局副巡视员周尊考一行赴浪潮集团就云计算大数据技术在统计中的应用开展调研。

3 月 17 日，省统计局参加山东省人民广播电台"阳光政务热线"节目，副局长左振华参加节目。

3 月 18 日，各市统计局局长会议在济南召开，省统计局局长潘振文到会并讲话，副局长刘银田主持会议，纪检组长刘福谋，副局长左振华，副巡视员刘绍辉、周尊考参加会议。

3 月 19-25 日，省统计局在济南举办县级统计岗位知识培训班，副巡视员周尊考参加开班仪式并讲话。

3 月 24-27 日，省统计局副巡视员周尊考一行赴德州、聊城、泰安，就全省一季度农业生产形势、农村三次产业融合发展情况以及"省会城市群经济圈"经济形势开展调研。

3 月 26-27 日，全省国民经济核算工作暨第三次经济普查年度地区 GDP 数据联算会议在济南召开，省统计局副局长刘兴慧到会并讲话。

3 月 30 日-4 月 3 日，国家统计局总经济师李晓超一行来山东调研当前经济运行形势。

3 月，省统计局印发《山东省工业主要数据质量控制与评估办法》。

3 月，省统计局完成山东省 2014 年人才工作满意度电话调查。

4 月 1 日，据省委办公厅反馈，省委副书记王军民于 3 月 31 日对省统计局报送的《我省农村土地流转状况调查分析》作出批示。

4 月 1 日，全省综合统计工作暨一季度经济形势分析会议在济南召开，省统计局副局长刘兴慧到会并讲话。

4 月 2-3 日，全省服务业统计工作暨年定报数据审核会议在济南召开，省统计局副局长刘兴慧到会并讲话。

4 月 3 日，省统计局举办全局党务干部培训班，省委省直机关工委组织部部长王树山出席培训班并作党务工作辅导报告，省统计局党组书记、局长潘振文出席并讲话，党组成员、机关党委书记、副局长刘银田主持并作总结讲话。

4 月 4 日，据省政府督查室反馈，省委副书记、省长郭树清，副省长夏耕于 3 月 26 日对省统计局报送的《关于学习贯彻中央领导同志关于统计工作重要批示精神的报告》作出批示。

4 月 14-15 日，省委宣传部、省统计局联合召开全省文化产业统计工作暨业务培训会议，省委宣传部副部长林建宁、省统计局副巡视员刘绍辉到会并讲话，省委宣传部副巡视员孙杏林主持会议。

4 月 14-15 日，全省社会科技统计工作暨科技统计年报数据联审会议在济南召开，省统计局副巡视员刘绍辉到会并讲话。

4 月 16-17 日，全省统计系统办公室主任暨培训会议在济南召开，省统计局副局长刘银田到会并讲话。

4 月 20-21 日，省统计局副巡视员周尊考赴德州调研第一书记包村帮扶工作。

4 月 22 日，省统计局印发《2015 年全省统计行风建设工作要点》。

4 月 23 日，省统计局局长潘振文与选派参加第一轮第一书记调研评估工作人员进行集体谈话。

4 月 23 日，省统计局召开部门环境综合统计年报会议。

4 月 23-24 日，全省 1%人口抽样调查办公室主任会议在济南召开，省统计局副巡视员、省 1%人口抽样调查工作协调小组办公室主任刘绍辉到会并讲话。

4 月 24 日，省统计局成立省级政务服务平台建设工作领导小组。

4 月 28 日，全省统计信息化工作会议在济南召开，省统计局副巡视员周尊考到会并讲话。

4 月 28-29 日，全省一季度工业统计数据联审会议在济南召开。

4 月 29 日，全省一季度建设领域数据联审会议在济南召开。

4 月 30 日，省统计局召开信息、档案、保密联席会议。

4 月，省统计局创办《统计基层基础工作交流简报》。

4 月，省统计局与省旅游局联合印发《关于加强旅游业统计工作的指导意见》。

4 月，省统计局完成视频会议专线调整升级工作。

4 月，省经普办完成“三经普”课题招标工作。

4 月，省统计局被表彰为全省理论教育工作先进单位。

4 月，省统计学会被评为 2012-2013 年度全国统计学会先进单位。

5 月 4 日，省统计局举办 2015 年第一期青年论坛。

5 月 5 日，省政府办公厅印发《关于贯彻国办发〔2014〕60 号文件进一步加强和完善部门统计工作的实施意见》。

5 月 7 日，潘振文局长主持召开局长办公会议，审议通过了全局“三严三实”专题教育实施方案。

5 月 12 日，省长郭树清对省统计局报送的《关于居民自有住房虚拟折旧计算方法及数据的说明》上作出批示。

5 月 13 日，省直部门社会科技统计工作会议在济南召开。

5 月 14-15 日，全省贸易统计数据联审暨贸易外经形势座谈会在济南召开。

5 月 14-15 日，全省统计科研工作暨全面建成小康社会统计监测培训会议在济南召开，省统计局副局长刘兴慧到会讲话。

5 月 20 日，省统计局召开“三严三实”专题教育党课暨动员部署会议，党组书记、局长潘振文讲授专题教育党课，副局长刘银田主持会议并对省统计局开展“三严三实”专题教育进行动员部署，副局长刘兴慧、左振华，副巡视员刘绍辉、周尊考出席会议。

5 月 20-22 日，省统计局、省发展和改革委员会在日照联合召开全省部门服务业统计工作会议，省统计局副局长刘兴慧、省发展和改革委员会服务业办公室主任孟雷到会讲话。

5 月 21 日，省统计局举办 Office 2013 办公软件升级培训班。

5 月 21-22 日，省统计局副巡视员刘绍辉带队赴滨州调研城乡划分数据质量清查工作和 1%人口抽样调查抽样框整理工作。

5 月 26 日，全省城市年报暨资源枯竭城市转型监测统计工作会议在济南召开。

5 月 26 日，省统计局转发国统办政法字〔2015〕27 号文件，部署统计“六五”普法总结工作。

5 月 27-28 日，全省社情民意调查工作现场会在枣庄召开，省统计局副局长刘兴慧到会讲话，枣庄市委常委、常务副市长王邵军到会致辞。

5 月 29 日，省统计局召开“三严三实”专题教育老干部座谈会。

6 月 3 日，省统计局印发《关于做好 2015 年统计星级单位管理工作的通知》。

6 月 4 日，中共山东省委下发通知，任命刘银田同志为中共山东省统计局党组副书记。

6 月 9 日，省统计局印发《关于认真做好大城市月度劳动力调查工作的通知》。

6 月 11-12 日，省统计局举办乡镇统计人员岗位知识师资培训班。

6 月 15-16 日，全省劳动工资统计季报暨企业用工调查工作会议在济南召开。

6 月 16-17 日，全省重点联系企业调研工作业务培训会议在泰安召开，省统计局副局长刘兴慧到会并讲话。

6 月 18 日，省统计局召开《山东经济普查年鉴-2013》编辑工作会议，全面启动第三次经济普查年鉴编辑工作。

6 月 23-24 日，全省能源历史数据调整工作动员会议在济南召开，省统计局副局长刘银田到会并讲话。

6 月 25 日，全省统计系统文明创建工作现场会议在济宁召开，省统计局副局长刘银田到会并讲话。

6 月 29 日，省统计局党组召开“严以修身，对党忠诚”专题学习研讨会，党组书记、局长潘振文主持会议，并结合自身实际，交流个人学习心得体会。刘银田、刘福谋、左振华、刘绍辉、周尊考等领导班子成员以“严以修身，对党忠诚”为主题，分别交流学习心得体会。

6 月 30 日，省统计局召开改革涉外调查机构资格认定工作座谈会，省委宣传部、省外事办、省公安厅、省国家安全厅、省民政厅、省商务厅、省工商局、省保密局等部门参加会议。

6 月 30 日-7 月 2 日，全省大城市月度劳动力调查培训班在烟台举办。

6 月，中共山东省委、山东省政府分别下发通知，任命马金栋同志为山东省统计局党组成员、副局长。

6 月，统计星级单位情况纳入“厚道鲁商”倡树行动三级联创评估项目指引。

6 月，中共山东省统计局机关委员会被省直机关工委授予“2013-2014 年度山东省省直机关先进基层党组织”荣誉称号。

7 月 2-3 日，全省统计法治工作会议在滨州举行。省统计局局长潘振文出席会议并讲话，副局长左振华传达了全国统计法治工作会议精神并提出要求，副局长刘银田主持会议，副局长刘兴慧，纪检组长、监察专员刘福谋，副局长马金栋，副巡视员刘绍辉、周尊考出席会议。

7 月 2-3 日，全省上半年经济形势分析会议在滨州召开。省统计局局长潘振文出席会议并讲话，副局长刘银田、刘兴慧分别主持了会议，刘银田对会议进行了小结，纪检组长、监察专员刘福谋，副局长左振华、马金栋，副巡视员刘绍辉、周尊考出席会议。

7 月 6 日，省统计局下发通知，开展探索编制自然资源资产负债表县级试点工作。

7 月 7-8 日，全省社情民意调查培训会议在济南召开。

7 月 10-12 日，全省 1%人口抽样调查试点工作动员培训会议在济宁市泗水县召开，山东省 2015 年 1%人口抽样调查试点工作全面启动。

7 月 13 日，省统计局副巡视员刘绍辉带队赴济南实地调研指导月度劳动力调查入户登记工作。

7 月 16-17 日，全国统计网站工作培训班在山东威海举办，国家统计局统计资料管理中心副主任万晓君到会并讲话，省统计局副局长左振华、国家统计局山东调查总队党组纪检组长傅东海分别致辞。

7 月 21-24 日，全省上半年地区 GDP 数据评审暨派生产业增加值核算制度培训会议在威海召开，省统计局副局长刘兴慧到会并讲话。

7 月 23-25 日，全省行政区划代码编制和城乡划分业务培训会议在烟台召开，省统计局副巡视员刘绍辉到会并讲话。

7 月 27 日，省委宣传部、省统计局联合在济南召开第二届山东省文化强省建设先进市县考评工作动员会议，省委宣传部副部长王红勇、省统计局副局长马金栋到会并讲话。

7 月 27 日，省统计局召开推进“三严三实”专题教育工作座谈会，党组副书记、副局长刘银田主持会议并讲话。

7 月 27-30 日，第一期全国普查中心系统干部培训班在青岛举办。国家统计局普查中心主任杜希双到会讲话并授课，省统计局副巡视员刘绍辉到会致辞。

7 月 30 日，省统计局召开局长办公会，研究第三次农业普查准备工作，决定成立山东省第三次农业普查筹备小组及办公室。

7 月 30 日，省统计局组织“三严三实”专题教育第二阶段党组中心组理论学习，党组书记、局长潘振文主持会议并讲话。

7 月 30 日，省统计局召开部门座谈会，传达《国务院关于开展第三次全国农业普查的通知》（国发〔2015〕34 号）及省领导批示精神，征求有关部门对《山东省人民政府关于开展第三次农业普查的通知（代拟稿）》意见建议。

7 月 30 日，全省 2015 年上半年工业数据联审会议在济南召开。

7 月 31 日，省统计局党组中心组召开“严以律己，严守党的政治纪律和政治规矩，自觉做政治上的‘明白人’”专题学习研讨会，党组书记、局长潘振文主持会议并讲话，部分局领导及处室负责人发言。

7 月，省统计局开展 2015 年上半年 17 市科学发展综合考核群众满意度电话调查和 2015 年年中山东省城乡环卫一体化满意度电话调查。

8 月 4 日，省统计局组织参观中国人民抗日战争暨世界反法西斯战争胜利 70 周年主题展。

8 月 5 日，省档案局检查组对省统计局 2014 年文件材料归档工作进行检查，省统计局副局长刘银田会见检查组一行。

8 月 5-6 日，省统计局副巡视员周尊考到潍坊调研第三次农业普查有关基础工作。

8 月 7 日，省统计局印发《关于加强新形势下档案工作科学化管理的意见》。

8 月 7 日，省统计局召开半年信息工作联席会议。

8 月 11-15 日，省统计局开展能源生产和流通企业调研。

8 月 12 日，省统计局、省经信委联合召开全省 2015 年上半年物流统计会审会议。

8 月 12 日，省统计局下发通知，要求扎实做好 2015 年 1%人口抽样调查经费物资保障工作。

8 月 12 日、8 月 19-20 日，省统计局副局长刘兴慧分别到泰山区、垦利县督导调研全省自然资源资产负债表县级试点工作。

8 月 14 日，省政府印发《山东省人民政府关于开展第三次农业普查的通知》。

8月17日，省统计局召开“第一书记”工作总结推进会，党组书记、局长潘振文主持会议并讲话。

8月19-20日，全省建设领域数据联审暨投资统计改革工作会在济南召开，省统计局副局长马金栋到会并讲话。

8月19-21日，全国旅游及相关产业消费结构一次性调查工作布置及调查方案培训班在济南举办，省统计局副局长左振华到会致辞，国家统计局贸经司司长孟庆欣讲话，王克臣巡视员作总结讲话。

8月21日，省统计局党组中心组开展“三严三实”专题教育第二专题“严以律己，严守党的政治纪律和政治规矩，自觉做政治上的‘明白人’”第二次学习研讨，党组书记、局长潘振文主持；党组副书记、副局长刘银田，党组成员、纪检组长刘福谋作主旨发言。

8月21日，省统计局印发《山东省基本单位名录库日常核查工作方案》。

8月24日，国家软件正版化工作检查组到省统计局检查软件正版化工作落实情况，对省统计局软件正版化工作给予充分肯定。检查组由国家新闻出版广电总局版权管理司司长于慈珂率队，省新闻出版广电局副局长钟华陪同。省统计局局长潘振文、副巡视员周尊考出席检查座谈会。

8月24-25日，全省1%人口抽样调查试点工作总结会议在青岛胶州召开，省统计局副巡视员、省1%人口抽样调查工作协调小组办公室主任刘绍辉到会并讲话。

8月24-28日，省统计局在浙江大学举办第一期领导干部综合能力提升研修班，副局长刘银田在开班仪式上讲话。

8月25日，省统计局走访慰问抗日战争时期参加工作的离休干部。

8月25-26日，省统计局副巡视员刘绍辉到胶州、即墨调研统计基层基础建设情况。

8月27-28日，国家统计局投资司司长贾海一行来山东专题调研房地产市场形势和大数据应用情况。

8月27-28日，国家统计局人口司司长冯乃林一行来山东调研农村新型社区和城镇化统计工作。

8月，省统计局对全局离休干部生活待遇落实情况开展问卷调查。

9月1日，省统计局参加山东省人民广播电台的“阳光政务热线”节目，省统计局副巡视员刘绍辉作为主嘉宾参加节目。

9月7-9日，国家统计局副局长郑京平一行来山东青岛、潍坊调研当前经济形势。青岛市委常委、常务副市长牛俊宪，潍坊市委书记、市人大常委会主任杜昌文，市委常委、常务副市长邹庆忠等分别会见郑京平一行。国家统计局中国信息报社社长钟守洋、数管中心副主任韦晶，省统计局局长潘振文、副局长左振华，山东调查总队总队长刘同星等陪同调研。

9月7-10日，中国信息报社全国工作会议暨新闻业务培训会在青岛召开，国家统计局党组成员、副局长郑京平到会并讲话，中国信息报社社长钟守洋作工作报告。省统计局局长潘振文、副局长左振华，国家统计局山东调查总队总队长刘同星等应邀参加会议。

9月7-11日，全省1%人口抽样调查培训班先后在潍坊、济南分期举办。

9月7-11日，省统计局开展服务业统计督导工作。

9月9日，省统计局组织参观山东省“三严三实”专题教育展。

9月14-18日，第二期全省统计系统领导干部综合能力提升研修班在浙江大学举办，省统计局副局长刘银田出席开班典礼并作动员讲话。

9月15日，全省基本单位比对核实工作培训会议在新泰召开。

9月18日，省统计局召开全局政务信息工作培训会议，省政府办公厅信息调研室调研员戴小栋作辅导报告，副局长刘银田主持会议并讲话。

9月23-24日，全国统计公文处理工作培训班在烟台举办，国家统计局办公室副主任安平年作开班动员讲话。省统计局办公室围绕如何做好公文审核把关作典型发言。

9月23日，省统计局与临沂市统计局、国家统计局临沂调查队以“统计服务民生”为主题，联合举办第六届“中国统计开放日”及“统计进高校”系列活动。省统计局副局长刘兴慧致辞，临沂市副市长侯晓滨到会祝贺并讲话。

9月24日，全省农业普查经费预算编制暨农业生产形势分析会议在济南召开，省统计局副巡视员周尊考到会并讲话。

9月24日，省统计局组织到省监狱开展警示教育活动。

9月28-29日，2014-2015年度全省外专统计调查工作培训会议在济南召开，省统计局副局长刘兴慧、省外国专家局副局长林建春到会并讲话。

9月28-30日，国家统计局投资司司长贾海来山东调研建设领域经济形势及商品房供应专项调查工作进展情况。省统计局局长潘振文、济宁市副市长石爱作等分别会见贾海一行，省统计局副局长马金栋等陪同调研。

9月29日，省统计局组织“三严三实”专题教育第三阶段第一次党组中心组理论学习并召开“说老实话、办老实事、做老实人”专题学习研讨会，党组书记、局长潘振文主持会议并发言。

9月29-30日，全省1%人口抽样调查工作会议在济南召开，省1%人口抽样调查办公室主任、省统计局副巡视员刘绍辉到会作动员讲话。

9月29-30日，全省企业创新调查工作总结暨资料开发培训会议在济南召开。

9月30日，省统计局召开工作职责清单编制工作和《统计数据质量管理办法》修订工作会议。

9月，省统计局、国家统计局山东调查总队联合出版《山东统计年鉴-2015》。

9月，省统计局编印《山东省第三次经济普查数据摘要》。

10月14日，省委省直机关工委副书记周杰华到省统计局督查“三严三实”专题教育开展情况，省统计局副局长刘银田会见督查组并介绍有关情况。

10月15-16日，全省统计新闻写作培训会议在济南召开，省统计局副局长左振华到会并讲话。

10月16日，省统计局副巡视员刘绍辉赴德州禹城督导1%人口抽样调查入户摸底工作。

10月16日，省统计局下发通知，要求做好2015年年度调查单位审核确认工作。

10月18-20日，宁夏回族自治区统计局局长贾红邦一行来我省学习考察服务业统计工作。省统计局局长潘振文会见并主持召开座谈会，副局长刘兴慧陪同考察。

10月19-23日，省统计局副局长左振华赴烟台、潍坊调研开发区统计制度执行情况。

10月20日，2015年三季度市级GDP数据联算暨文化产业增加值审核会议在济南召开。

10月20-22日，省统计局副局长马金栋赴临沂、泰安调研建设领域经济形势。

10月21-23日，国家统计局信息网络安全检查组来省统计局检查重要信息系统和重点网站安全工作。省统计局局长潘振文会见检查组，副巡视员周尊考主持召开检查座谈会并陪同检查。

10月23日，全省2015年统计年报和2016年定期统计报表制度布置会议在济南召开。

10月30日，省统计局组织干部职工参加2015年无偿献血活动。

10月，省统计局完成企业对政府“大众创业、万众创新”工作认知和评价调查、2015年度公众气象服务调查。

11月2-5日，国家统计局设管司副巡视员刘勇绪一行赴临沂、青岛调研统计基层基础工作及地方统计调查项目管理情况，临沂市委副书记、市长张术平，市委常委、常务副市长左沛廷会见调研组并交换意见，省统计局总经济师孙思栋等陪同调研。

11月3日，省统计局印发《关于组建山东省第三次农业普查领导小组办公室的通知》。

11月3日，省委办公厅信息调研室主任王玉河一行来省统计局就统计政务信息报送工作进行调研座谈交流，省统计局副局长刘银田参加座谈。

11月3-5日，国家统计局人口和就业统计司普查处处长武超一行来山东调研指导2015年全国1%人口抽样调查入户登记工作，省1%人口抽样调查办公室主任刘绍辉等陪同调研。

11月4-5日，省统计局局长潘振文赴泰安、枣庄就统计改革创新工作开展调研。

11月5日，全省农村统计年报布置会议在济南召开。

11月10日，省统计局组织“三严三实”第三专题第二次学习研讨会议，党组书记、局长潘振文主持会议并发言，省直机关工委副书记周杰华出席会议。

11月11-12日，省统计局副局长刘银田赴菏泽调研统计工作开展情况和经济运行情况。

11月12日，省统计局印发《关于全省统计行政处罚案卷评查结果的通报》。

11月12-13日，全省普查中心系统工作暨基本单位比对核实试点总结会议在泰安新泰市召开，省统计局副巡视员刘绍辉到会并讲话。

11月13日，省统计局被评为山东省2015年度信息网络安全管理工作先进单位。

11月16-18日，省统计局局长潘振文赴烟台宣讲十八届五中全会精神，在威海参加省政府召开的关于城镇化率核算、扶贫开发等工作座谈会，并就烟台、威海统计工作开展调研。

11月17-18日，全省统计网站建设暨资料管理工作会议在济南召开，省统计局副局长左振华到会并讲话。

11月18-19日，全省服务业统计报表制度布置会议在济南召开，省统计局副局长刘兴慧到会并讲话。

11月19-25日，省1%人口抽样调查办公室开展2015年全国1%人口抽样调查事后质量抽查工作。

11月26-27日，全省建设领域统计工作暨三季度建设领域数据联审会议在济南召开。

11月27日，全省贸易统计报表制度布置会议在济南召开，省统计局副局长左振华到会并讲话。

11月30日-12月1日，全省劳动工资统计年报工作会议在济南召开。

11月，省政府办公厅印发《关于建立年度全省1%人口抽样调查制度的通知》，决定在全省每年开展1%

人口抽样调查工作。

11月，省统计局完成全省基本单位比对核实试点工作。

11月，省统计局完成2015年度小康达标主观满意度电话调查、全省新型城镇化发展工作满意度电话调查。

11月，省统计局编印出版《山东省第三次经济普查技术业务论文汇编》。

11月，省统计局完成全省2014年度统计科研重点课题结项工作。

11月，省统计局选派3名处级干部赴淄博市县区挂职担任区委常委、副区长，局长潘振文与挂职干部进行任前谈话，副局长刘银田将挂职干部送到任。

12月2日，省统计局党组书记、局长潘振文赴德州庆云县东辛店镇北赵、大李、鲁家村考察扶贫工作进展情况，并开展给特困户送温暖活动。

12月2日，省农普办召开全省第三次农业普查领导小组办公室成员会议，省统计局副巡视员、省农普办主任周尊考到会并讲话。

12月3日，省统计局印发《关于创建全国文明单位的意见》。

12月10日，全省自然资源资产负债表编制试点座谈会在泰安召开。

12月10日，全省基本单位统计年定报工作布置会议在济南召开。

12月11日，省统计局局长潘振文赴聊城茌平，就重点企业节能降耗工作开展专题调研。

12月11日，2014-2015年度全省外专统计调查数据审核评估会议在济南召开。

12月14-15日，全省能源核算数据通报暨2016年报表制度培训会议在济南召开。

12月17日，全省统计系统行风建设工作现场会议在泰安市召开，省统计局党组副书记、副局长刘银田到会并讲话，泰安市委常委、副市长刘卫东致辞。

12月17日，全省社情民意调查工作会议在济南召开，省统计局副局长刘兴慧到会并讲话。

12月17日，省统计局副巡视员周尊考实地检查指导全省视频会议系统建设工作。

12月17日，全省社科统计年报会议在济南召开。

12月21-25日，国家统计局能源司调研组来山东调研原油加工企业的成品油生产、销售情况。

12月22日，省统计局召开创建全国文明单位动员大会，局党组书记、局长潘振文作动员讲话，省委省直机关工委副书记周杰华、省文明办副主任王龙飞、省直机关工委宣传部副部长王树海到会指导。

12月23日，省统计局领导班子向省委常委、常务副省长孙伟述职述廉。

12月23-24日，全省区域统计摘要资料编审暨重点联系企业生产运营形势研讨会议在济南召开。

12月24日，省委宣传部，省统计局、发展改革委、公安厅、卫生计生委、教育厅、民委、民政厅、财政厅、人力资源社会保障厅、住房城乡建设厅、新闻出版广电局、工商局联合印发《关于成立山东省1%人口抽样调查工作协调小组及办公室的通知》，正式成立山东省1%人口抽样调查工作协调小组。

12月29-30日，全省贸易统计报表业务暨数据处理程序培训班在济南举办。

12月30日，省统计局党组召开“三严三实”专题民主生活会。

12月，省1%人口抽样调查协调小组办公室主任、省统计局副巡视员刘绍辉参加山东省人民政府网站“领导访谈”节目，专题介绍2015年全省1%人口抽样调查工作情况。

12月，省统计局完成“四上”企业统计执法大检查。

12月，省统计局编印《聚焦山东民生事业2015》、《聚焦山东科技进步2015》和《聚焦山东妇女儿童事业2015》。

12月，省统计局信息网络安全检查组赴淄博、泰安、枣庄、济宁检查网络安全工作。

12月，省统计局完成2015年度全省公安机关群众满意度电话调查和全省17市科学发展综合考核工作群众满意度电话调查。